兩周古文字編注 中

陳靖 編著

河南美術出版社
·鄭州·

清華八·邦道 25  清華七·子犯 4 晉　　璽彙 3056　　璽彙 3411　　璽彙

3433 、　分研一 280

【注】從壬虍聲。●楚簡多讀吾，自身代詞。《清華八·邦道 25》："侯〈医〉（殹）虖（吾）乍（作）事，是亓（其）不旹（時）唬（乎）？"自身代詞，齊、三晉、燕則用"䖒"字，秦多從聲符吾作。●讀乎，介詞。《上博二·魯旱 5》："邦大旱，母（毋）乃遊（失）者（諸）型（刑）與惪（德）虖（乎）？"●讀呼。《清華一·尹誥 3》："於（嗚）虖=（呼！吾）可（何）复（作）于民，卑（俾）我眾勿韋（違）朕言？"該句係商湯發問，問伊尹當為何於民，使我民眾不違朕之言。●讀恕。《上博二·民之 11》："亡（無）備（服）之喪，內虖（恕）巽悲。"●《璽彙3433》"虖丘疤"，"虖丘"讀吾丘，複姓，亦作虞丘。●《分研一 280》"邯鄲㠯虖"，"㠯虖"二字合文，讀"邯鄲夷吾"，以複姓為人名。

 分研 066

【注】從邑虖聲。●齊璽"鄌齒忎（信）鉨"，讀吾，姓氏。

處（尻）

智鼎　　臣諫簋　　邢人婡鐘　　邢人婡鐘　　瘭鐘　　牆盤

牆盤　　䩠簋 齊　　叔夷鎛　　郏君鐘 楚　　工𢾭太子姑發劍　　冉鉦

鋮　　鄂君啟車節　　鄂君啟舟節　　包山 238　　郭店·成之 8　　清華七·晉

文公 4　　清華三·赤鳩 7　　清華三·赤鳩 12　　清華八·邦政 13　　清華八·處

位 1　　上博五·姑成 1　　安大二·仲尼 11　　清華五·湯丘 1　　清華五·湯

丘 15　　清華九·廼命二 3 晉　　鿜壺　　魚顛匕　　璽彙 3145　　璽彙 0414

璽彙 1726　　　货系 2487　　秦　　石鼓文　　陶彙 5·132　　陶彙 5·149　　秦印

267　　里耶 8·1518　　睡簡·答問 125　　睡簡·答問 126　　關簡 260

【注】金文象人處几上之形，會居處之意；虍聲。《猷簋》省几形。《鄂君啟車節》省去聲符"虍"，遂為《說文》所本。或增繁從土作"屋"。《說文》："处，止也。得几而止。從几從夊。處或從虍聲。"本義居住。●處所、住地。《癲鐘》："且（祖）來見武王，武王則令周公舍寓昌（以）五十頌處。"●暫止、休息。《盄壺》："不能寧處，達（率）師征郾（燕）。"《鄂君啟舟節》："王尻（處）於藏郢之遊宮。"●讀虞，樂也。《郑君鐘》："竈（郑）君求吉金，用自乍（作）其龢鐘鈴，用處（虞）大政。"●戰國文字多用本義，義為居處、處位等義。《包山 32》："辛巳之日不以所死於其州者之居尻（處）名族至（致）命。"或用為動詞。

【注】從㸚處聲，郭沫若謂"齱"即"齱"字，諸家多從之。從器銘觀之，二者當為異體字。齱、齱、㸚器銘用瀘同。●讀楚。同"齱"，鮮明也。《牆盤》："文考弌（式）竈受（授）牆爾齱福。"授牆爾齱福，意為傳授給牆好福气。●人名，見于《齱簋》。

唇楚　　郭店·緇衣 9　　清華八·邦道 12　　上博一·緇衣 6　　上博八·志

書 4　　清華十·四時 19　　清華十·四時 23　　清華十一·五紀 5　　清華

十一·五紀 30

【注】從日尻聲，"暑"之異體。●讀暑。暑、处古音同屬魚部。《上博一·緇衣 5》："日昬（暑）雨，少（小）民隹（唯）日月（怨）。"《清華八·邦道 12》："飢溧（渴）、寒唇（暑）、裝（勞）㺍（逸）。"●讀蹢。《清華十·四時 23》："鳥星盟（蹢）唇（躕）。"

虐楚　　璽彙 5303　　璽彙 2208

【注】從火虍聲，疑"爐"之省形。●人名。

虞楚　　璽彙 1571　　望山 1·136

【注】從曰虍聲。●楚文字均為人名。

虍 齊　　璽彙 3028　晉　　璽彙 1738

【注】從犬虍聲，“猇”之異體。猇、虍均屬曉紐。●人名。

虖　　盉駒尊　　虖簋　　般仲虖簋 齊　　陶彙 3·794　晉　　侯馬

【注】從虎從豖，會虎豖相斗之意；虎兼聲。唐桂馨曰：“此字有數義，孰為原始，孰為後起，殊難斷定。然諦觀其形。虖當是劇烈之本字，豖斗相扺不解，如虎之劇烈耳。豖不能斗虎，不待言也……以造字之次第言之。劇烈之義當為原始義。其後則取虖字從而名之耳。”（《説文識小錄》，《古學叢刊》第三期）《説文》：“　，鬥相扺不解也。從豖、虍。豖、虍之鬥，不解也。司馬相如說：虖，封豖（大豖）之屬。一曰虎兩足舉。”本義為獸類互斗相持不解。“大豬”“虎兩足舉”當為後起義也。●人名。《虖簋》：“虖弗敢聖（忘）公白（伯）休。”盟書亦為人名。

據 秦　　秦印 232　　陶彙 9·79　　類編 391

【注】從手虖聲。●人名。

勮 秦　　秦印 264　　里耶 8·1514

【注】從力虖聲。字亦見於馬王堆帛書作 　（帛編 563）；帛書讀據。●秦印“勮里鄉印”，鄉名。●讀劇。《里耶 8·1514》：“勮者為甲，次為乙，次為丙，各以其事勮（劇）易次之。”勮，《校釋》訓為難。

遽 　　遽父己卣　　師遽簋　　師遽方彝　　師遽方彝　　師遽方彝　　僕

父己盉　　遽從鼎　　遽從鼎　　憧季遽父卣　　般仲遽簋 齊　　洹子孟姜壺

楚　　清華七·越公 17　秦　　睡簡·日甲 56 背　　、　　、　　印增 67

【注】從辵（或從彳，同）虖（聲符或省為虍）聲。《憧季遽父卣》等聲符訛為從虍從攴。《説

文》："𨘲，傳也。一曰窘也。從辵豦聲。"本義指送信的快車或快馬。●傳車、驛車。《洹子孟姜壺》："齊侯命大子乘遽來句宗白（伯）。"●讀競，剛强。《牆盤》："害（䚹）屖（遲）文考乙公，遽趬得屯（純），無誎農嗇（穡），戉𣋑隹（唯）辟。"于省吾釋"遽趬"即"競爽"，剛强爽明之意。(《牆盤銘文十二解》)●人名。《師遽簋蓋》："王乎（呼）師朕（朕）易（賜）師遽貝十朋。"●秦印"遽更""遽囷"，應為姓氏。

[走豦] 秦  睡簡・日甲70背

【注】從走豦聲。●人名。《睡簡・日甲70背》："多〈名〉徐善[走豦]以未。"

[犭豦] 楚  曾侯172

【注】從犬豦聲。●人名。

虡 齊  璽彙0208 晉  璽彙3159

【注】從木虍聲，疑"椃"之省文。●讀閭。《璽彙3159》"虡丘坮（府）"應讀作"閭丘"，齊陶文作"𨷶丘"。●讀虞。《璽彙0208》"虡之鉨"，為齊負責管理山澤的官吏所用之物。

[竹豦] 齊  璽彙3106  璽彙3107

【注】從竹虡聲，疑"篪"之異文。●齊璽"[竹豦]唇""[竹豦]貼"，姓氏。清華簡《皇門》中的"椃"字，今本作"據"，因此璽文"[竹豦]"似亦可讀作姓氏之"蘧"。《通志・氏族略》："蘧氏，衛大夫蘧瑗字伯玉之後，漢有大行令蘧正，望出黎陽。'

遽 楚  清華五・封許8

【注】從辵（簡形）虡聲。●讀慮。《清華五・封許8》："女（汝）亦隹（惟）就（淑）章尔遽（慮）。"

虛 楚  璽彙5559  璽補87  郭店・老甲24  上博三・恒先10  上博三・恒先1  新蔡零304  清華六・子産22  清華六・管仲27  上博五・三

德 10　清華四·筮法 4　　清華四·筮法 1　　清華九·禱辭 11　　清華九·禱

辭 5 秦　睡簡·日乙 36　　睡簡·日乙 34

【注】從丘虍聲。清華簡或從虒。●二十八星宿之一。《睡簡·日甲 48 正》：“十一月，斗、婁、虛大凶。”●空也。《郭店·老甲 24》：“至虛，亙（恒）也；獸（守）中，篤（篤）也。”●《璽補 87》“大（太）虛之鈢”，是掌管天文機構的璽印。

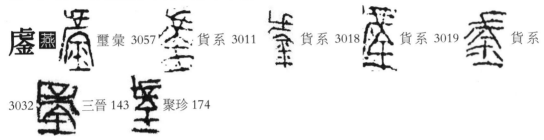

燕　璽彙 3057　　貨系 3011　　貨系 3018　　貨系 3019　　秦　貨系

3032　三晉 143　　聚珍 174

【注】從金虍聲，疑“鑪”之省文。●《璽彙 3057》“鑪比”，姓氏。讀鑪或讀盧。●燕明刀讀爐，冶煉貨幣之用。

楚　帛書乙　　清華十一·五紀 1　晉　安邑司寇狄戈

【注】從豆虍聲。《說文》：“䖐，古陶器也。從豆虍聲。”古代的一種陶器。●讀戲。帛書“雹䖐”讀伏戲，亦作伏羲。●人名。《安邑司寇狄戈》：“廿一年，安邑司寇狄，冶勻嗇夫䖐，冶芈。”●讀戲。《清華十一·五紀 1》：“䖐（戲）亓（其）又（有）惪（德），以緟（乘）衋（亂）天紀。”“戲”訓為虐，《尚書·西伯戡黎》：“非先王不相我後人，惟王淫戲用自絕。”《史記》引“戲”即作“虐”。

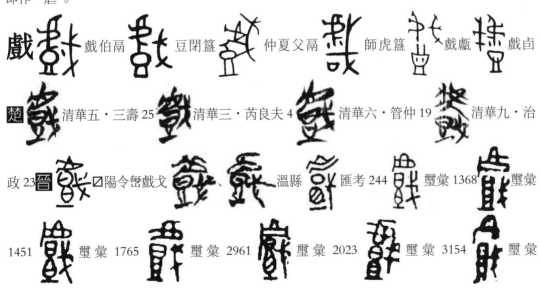

戲　戲伯鬲　　豆閉簋　　仲夏父鬲　　師虎簋　　戲瓶　　戲卣

楚　清華五·三壽 25　　清華三·芮良夫 4　　清華六·管仲 19　　清華九·治

政 23 晉　□陽令耳戲戈　　　、　溫縣　　匯考 244　　璽彙 1368　　璽彙

1451　璽彙 1765　　璽彙 2961　　璽彙 2023　　璽彙 3154　　璽彙

3435 ^秦 睡簡・日甲 32 背　　　里耶 8・1094 　類編 402 　類編 402 　、

 秦印 244 　　集證 152・306 　　戲參量

【注】從戈虘聲。聲符"虘"，西周金文僅見于偏旁，字從"虘聲"或有疑焉。陳夢家謂"戲是大軍之旂麾"。(《金文論文選・西周銅器斷代》)高鴻縉謂："按此字本意當為戈綏，倚戈畫其內垂綏形由物形𠂇生意，故為戈綏，象形，名詞。周時變為戲，形聲，從戈虘聲……戲字又以同音通假代嬉，故有戲弄，遊戲等義。戲又假借為三軍之偏。阮元曰：戈之內末每作三垂，疑古制必有物下垂以為飾，是即戈綏矣。《中國字例》二篇)。諸說殊難定斷。《說文》："戲，三軍之偏也。一曰兵也。""三軍之偏"即偏師，中軍的側翼。●國名。戲國傳為伏羲氏之後。今陝西臨潼東北戲水西岸有古戲亭，或即戲國遺址。《戲伯鬲》："戲白(伯)乍(作)餴(饎)齋。"《國語・魯語上》："桀奔南巢，紂踣于京，厲流于彘，幽滅于戲。"《集證 152・306》"戲丞之印"。今有戲下村。●偏師。《師虎簋》："令女(汝)更乃曼(祖)考啻(適)官，嗣(司)𠂇右戲緐(繁)刜(荊)。"左右戲，即左右偏軍。郭沫若說："官司左右戲繁荊，謂管理兩偏之馬政也。"《睡簡・封診 32》："今日見丙戲旒，直以劍伐痍丁。"今天在軍戲駐地道路上看見，丙故意用劍砍傷丁。●戲弄。《睡簡・日甲 32 背》："人毋(無)故而鬼惑之，是摯鬼，善戲人。"●官名。《豆閉簋》："王各于師戲大室。"師戲，或為周王處理軍事要務的別宮。●《璽彙 3435》"戲陽觸"，戲陽，複姓。●《清華九・治政 23》："武威，卑(譬)之若蓼莉之易戲；文威，卑(譬)之若凼(溫)甘之𤲚(雟)𤲚(墰)。"戲，《方言》卷十："戲、泄，歇也。"或說讀靡，靡散。劉向《九歎》："名靡散而不彰。"

 貨系 2485

【注】從邑戲聲。●趙三孔布讀戲，地名。

 申簋

【注】從皿戲聲。戴家祥謂"戲"之繁文，猶"鄆"之作𥁕。《說文》無。●西周采邑名，具體地望不明。《申簋》："更乃且(祖)考疋(胥)大祝，官嗣(司)豐人眔九戲祝。"

繬 ^楚 　曾侯 66 　　曾侯 31

【注】從糸虘聲。●《曾侯 31》"紫繬之綏"，疑讀纑。《說文》："纑，布縷也。從糸盧聲。"

虘 ^楚 　發孫虘鼎 　包山 19 　清華一・楚居 12 ^燕 　璽彙 3478 ^秦 　里耶

里耶 8·1677

【注】從田從力，虍聲，與《説文》篆文同。●燕璽讀盧，姓氏。●讀盧。《清華一·楚居12》："盍（闔）虜（盧）内（入）郢。"盍虜，張家山漢簡作"蓋盧"，即吳王闔盧。公元前五○六年，吳王闔廬用伍子胥、孫武等人之謀，攻入郢都，事見《左傳》《國語》《史記》等。

石鼓文

【注】從广從邑虜聲。●地名。《石鼓文》："徒馭孔庶，廟☑宣搏。"董珊認為讀鹵，即《漢書·地理志》安定郡屬縣之"鹵"。《説文》："虜，廎也。從广、虜聲。讀若鹵。"《漢書·地理志》云"安定郡，武帝元鼎三年置"下屬縣二十一，有"鹵，濯（一作濯）水出西"。在今天甘肅崇信縣錦屏、九功、赤城、銅城等鄉鎮徵集到一批鈐印有"鹵市""市""亭"字樣的戰國秦陶器，《石鼓文》之廟當在此地。

吳王闔廬劍　　清華二·繫年84　　清華二·繫年110　　清華二·繫年109　　新蔡甲一15　　新蔡乙一15

【注】從力虍聲（或虎聲）。新蔡簡其虎旁寫法雖有別，但仍不失為一字，簡文為犧牲名。●讀盧或讀盧。《吳王闔廬劍》："攻敔王者彶戲虜自乍元用鎩（劍）。"《吳王闔廬劍》董珊釋為"虐"。（《吳王者彶盧虐劍銘考》）吳振武釋為"虜"。（《者彶戲虜即吳王闔廬説》）二人都認為"者彶戲虐"是吳王僚闔廬的名字之一。以吳王句余在他自作的劍上稱"戲句此郐"或"盧丩此郐"為例，可以推知在"者彶戲虜"一名中，當以第二字"彶"和第四字"虜"去對應某位吳王名。而在已知的吳王名中，有可能在字音上與"彶虜"二字對應的，則只有吳王夫差之父闔廬。吳振武從聲韻上證明了"彶虜"可讀"闔廬"（同上引）《清華二·繫年110》："盍（闔）虜（盧）即殊（世），夫差王即立（位）。"●讀搏。《新蔡乙一15》："司命、司禵（禍）各一虜，與禱磊（厭）之。"簡文或作"犕""犕"。

曉紐宁聲

攸宁父戊爵　　宁父丁觶　　剌攸宁鼎　　覎方彝　　宁未盃　　宁鼎

【注】甲骨文作𠔼、𠔼、𠔼、𠔼、𠔼，象櫥櫃之形，上下兩旁有楮柱，中空可貯物，"貯"之初文。甲骨文"貯"從宁作𠔼，正象貯貝之形。《説文》："㑶，辨積物也。象形。凡宁之屬皆從宁。"本義貯積。宁，古文字均讀賈。上古音宁、賈准雙聲，同屬魚部。●讀賈，不及物動詞，經商。

《剌鼎》："剌攷（肇）宁，用乍（作）父庚寶障彝。"●讀賈，及物動詞，跟……做生意。《㝠方彝》："㝠啓（肇）卿宁百生（姓），揚用乍（作）高文考父癸寶障彝。"●族氏名。《宁鼎》："宁。"

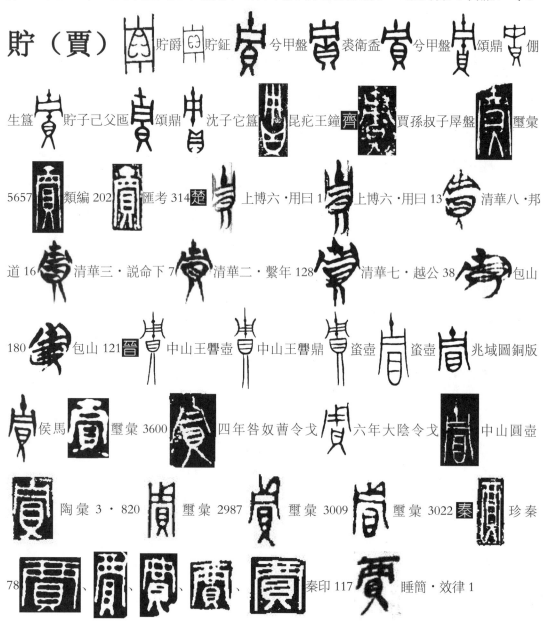

貯（賈）　　貯爵　　貯鉦　　兮甲盤　　裘衛盉　　兮甲盤　　頌鼎　　佣

生簋　　貯子己父匜　　頌鼎　　沈子它簋　　昆疕王鐘　齊　　賈孫叔子屖盤　　璽彙

5657　　類編202　　匯考314　楚　　上博六·用曰1　　上博六·用曰13　　清華八·邦

道16　　清華三·說命下7　　清華二·繫年128　　清華七·越公38　　包山

180　　包山121　晉　　中山王璺壺　　中山王璺鼎　　盝壺　　盝壺　　兆域圖銅版

侯馬　　璽彙3600　　四年咎奴曹令戈　　六年大陰令戈　　中山圓壺

陶彙3·820　　璽彙2987　　璽彙3009　　璽彙3022　秦　　珍秦

78　、　　　、　　　、　　　、　　　秦印117　　睡簡·效律1

【注】甲骨文作、、、、，從貝從中（"宁"之本字，象櫥櫃之形。宁兼聲），象藏貝于櫃中，會積聚之意。貝在商周時代，是商品交換的等價物，相當于今天的貨幣，是應當好好收藏的物品。金文中形或訛為用形，貝形或訛為目形。《說文》："，從貝宁聲。積也。"本義是積存、儲藏。金文在釋讀上舊存爭議，楊懷原認為在字形上應釋為"貯"，可破讀賈。（詳《西周金文中的""》）以後學者直接隸為"賈"。六國文字舊或釋為腸，誤。●讀賈，交易、交換，此為金文中的主要義項。《佣生簋》："格白（伯）取良馬乘于佣生，氒（厥）貯（賈）卅田。"是說格伯用良馬換得三十田。《衛盉》："矩白（伯）庶人取堇（觀）章（璋）于裘衛，才八十朋，氒（厥）貯（賈），其舍田十田。"矩伯在裘衛那裏取了一個瑾璋，其價值為八十朋，

908

他交易這個瑾璋，付出了田地十田。《兮甲盤》：“其進人、其貯（賈），母（毋）敢不即𠂤朿（次）、即市。”“進人（力役）”對應“即𠂤朿”，“賈”對應“即市”。“𠂤朿”文獻作次，有處所一類的意思。謂淮夷如“進人”，則必須到規定的場所去。如交易物品，則當到規定的商品市場去。●讀賈，經商。《齊生魯方彝蓋》：“齊生魯肈（肇）貯（賈）休多贏。”《清華三・説命下7》：“若賈，汝毋非貨如戠（埴）石。”貨，《周禮・大宰》注：“金玉曰貨。”●讀賈，指與商賈有關的賈正、賈師等一類人。《頌鼎》：“頌，令女官嗣（司）成周貯（賈）廿家。”這裏的賈字為名詞，即賈正、賈師和周朝官府内部的賈人一類人物，意即王命頌管理這些人員。●國名，典籍作“賈”。《貯子己父匜》：“貯子己父乍（作）寶匜。”●族氏名。《貯爵》：“貯。”●人名。《中山王𰯌壺》：“中山王𰯌命相邦貯罼（擇）郾（燕）吉金，釛（鑄）為彝壺。”●讀賈，氏名。《六年大陰令戈》：“六年，大陰（陰）倫（令）賈砮。”晉璽、秦印多為姓氏。●讀賈，買。《清華八・邦道16》：“士戰（守）教，攻（工）戰（守）丂（巧），價戰（守）賈儥（鬻）聚賜（貨），戎（農）戰（守）豙（稼）𥝌（穡），此之曰攸（修）。”賈，《左傳》昭公二十九年“平子每歲賈馬”，杜注：“買也。”●秦簡多讀價，價格、價值。《睡簡・封診39》：“賈（價）若干錢。”●《璽彙3600》“賈市”，職官名，就是《周禮》所載的“賈師”。《周禮・地官・司市》：“市之群吏平肆展成奠賈，上旌於思次以令市，市師涖焉，而聽大治大訟；胥師、賈師涖於介次，而聽小治小訟。”《賈師》：“賈師各掌其次之貨賄之治，辨其物而均平之，展其成而奠其賈，然後令市。”賈師，又稱賈正。《左傳・昭公二十五年》：“郈魴假使為賈正焉。”杜預注：“賈正，掌貨物，使有常價，若市吏。”孔穎達疏：“賈正如《周禮》之賈師也。”這些材料説明，賈師的職責主要是鑒別市場上的貨物並監管其價格。

價 楚  清華八・邦道16  清華九・成人12

【注】從人賈聲。●讀賈。《清華八・邦道16》：“士戰（守）教，攻（工）戰（守）丂（巧），價戰（守）賈儥（鬻）聚賜（貨）。”整理者注：“價，即賈人。《周禮・天官・序官》‘賈八人’，鄭注：‘賈主市買，知物賈。’”●價格、定價。《清華九・成人12》：“市無訊（𢓊），商無𤸤（肆），價不棠（常），無型。”

𤔲 楚  清華八・邦道26

【注】從爪賈省聲。隸定為“𤔲”。●讀賈，訓為賣。《周禮・地官・司市》“以商賈阜貨而行市”，注：“商店賣物曰賈。”《清華八・邦道26》：“則儥𤔲（賣）亓（其）臣𡭊（僕）。”《周禮・地官・質人》：“凡賣儥者質劑焉，大市以質，小市以劑。”《周禮・地官・賈師》：“凡國之賣儥，各帥其屬，而嗣掌其月。”所言“賣儥”即對應《治邦之道》此處的“儥賣”。

匣紐吳聲

吳  戉箙卣  吳爵 楚  璽彙1183  璽彙1184

【注】甲骨文作𠰵、𠮩（舊或釋嘆、兄、夭，地名或人名用字），象人正面站立張口大呼狀，當釋作"吳"。《玉篇·口部》："吳，大聲也。"《漢書·郊祀志上》："不吳不敖，胡考之休。"顏師古注："吳，謹譁也。""吳"與吅、讙、喧字當為一字。《説文》："吅，驚嘑也。從二口。讀若讙。"徐鉉校："或通用讙，今俗別作喧。"●族徽用字。《戈簠卣》："辰吳辰。"●楚璽"吳易""吳瞿"讀權，姓氏。《姓觿·先韻》："權，《路史》云：葛天氏之後。《唐氏系表》云：權國，子姓，商武丁之裔；滅于楚，因氏。《姓纂》云：楚大夫斗緡為權尹，因氏。"或以為"吳"之分化字。

緊 ^晉  二十一年鄭令戈

【注】從糸吳聲。●人名。《二十一年鄭令戈》："冶緊。"

匣紐朵聲

朵 ^楚 包山 121　包山 120　包山 184　包山 190　上博三·周

易 23　清華十·四時 14　璽補 59

【注】舊釋為"样"。徐在國釋為朵（上從屮為訛變）。侯乃峰認為：《説文》中"朵""裹"同為下從木上象朵形的兩刃矛，且二字古音同在魚部，可以近似地認為二字是同源字（《説文》"兩刃矛也。從木；朵，象形。宋魏曰朵也。釾，或從金從于。互瓜切"，《説文》中"朵"字讀音應是因方言不同而稍有轉變），只是"裹"比"朵"多加了一個聲符"眀"。而"裹"本從"眀"聲，則與"瞿""衢"相通是毫無疑問的。（《竹書《周易》"衢"字補釋（修訂）》）朵，甲骨文作𣏟，用牲之法。●包山簡多讀衢，姓。《千家姓》記載其古代家族在江陵郡。古籍中又記載有"瞿"姓，地望與江陵無涉，説明"衢"和"瞿"作為姓氏時有別。●讀衢。《上博三·周易 22》："上九：姷（何）天之朵（衢），卿（亨）。"其中朵字，馬王堆漢墓帛書本作"瞿"，今本作"衢"。《清華十·四時 14》："天朵（衢）乃頠（睨）。"整理者注："美，字見於上博簡《周易》，對應今本作'衢'，在本簡亦當讀'衢'，道路，簡文指黃道。天衢，當指房宿之天衢。房宿中兩星夾黃道，所以稱天衢。頠，讀為'睨'，偏斜。《莊子·天下》：'日方中方睨。'簡文指星象偏斜。此日房宿昏時出現在東部天空。"

郲 ^楚  包山 168

【注】從邑朵聲。●讀衢，姓氏。簡文"夜基之里人郲墜"，其中"郲"原來隸定為"郲"。

歪 ^楚 上博七·吳命 1

【注】從止朵聲。●讀卻，義為停止。《上博七·吳命1》："先=（先人）又（有）言曰：'馬牺（將）走，或（又）童（縱）之，速羞。'"《莊子·天道》："昔者吾有刺於子，今吾心正卻矣，何故也？"成玄英疏："卻，空也，息也。"《韓非子·外儲説右上》："海上有賢者狂喬，太公望聞之往請焉，三卻馬於門而狂喬不報見也，太公望誅之。"簡文意為："馬將要奔逃，卻又縱容它，應該讓它速速停止。"

麋 師害簋 齊 匯考 69

【注】從鹿朵聲。●金文義不詳。●齊璽"麋陕者害坏"，疑為地名。

匣紐乎聲

乎 隸簋 諫簋 遟觶 休盤 大師虘簋蓋 師求簋 克鼎
師晨鼎 無叀鼎 師餘簋 頌鼎 大師虘簋 師求簋 頌簋
楚 曾公脉鐘 乎 清華八·攝命 32

【注】甲骨文作𠂤、𠂤、𠂤、𠂤，從丂從川，下邊是一種樂器，上邊象吹奏時發出的聲气，與"兮"作𠂤相近，惟"乎"多一豎畫。或謂乎是兮之分化字；兮，匣紐支部，乎，匣紐魚部，魚、支旁轉；甲骨文乎或寫作𠂤，可證。金文同甲骨文，但多于上增一橫畫。《頌簋》中間豎筆相聯，則與"平"相混。《説文》："乎，語之余也。從兮，象聲上越揚之形也。"本義當為樂聲嫋嫋。●讀呼，即呼喚之"呼"。《克鼎》："王乎（呼）尹氏冊令（命）善夫克。"《清華八·攝命 32》："王乎（呼）乍（作）冊任冊命白（伯）䍽（攝）。"●人名。《乎簋》："乎其萬人永用。"

虖 寡子卣 效卣 叔趯父卣 班簋 何尊 沈子它簋 沈子它簋
禹鼎 毛公鼎 敔鼎 楚 陶彙 3·816 清華五·厚父 9 郭
店·唐虞 21 清華十一·五紀 75 郭店·語叢一 60 郭店·語叢三 57 晉 中山

王孫壽壺　鼄壺　、　、　、　侯馬　秦　秦印 88

【注】早期金文從虍從兮，後中間一豎穿透横畫，字下部遂成乎字。後便訛為從乎聲。古文字兮、乎皆從丂得聲，音可相通。虖是個雙聲字。（詳劉釗《古文字構形學》90 頁）《唐虞之道》的"虖"大概是從 、 一類寫法筆畫粘連、增繁而來的。《語叢一》和《語叢三》音化從釆作 、 ，是個雙聲符字。古音"虎"在匣紐魚部，"釆"在並紐元部。與"獻"例同，"害"在匣紐月部，"夫"在帮紐魚部，可證在齊國語音中見系聲母和帮系聲母也存在相通的條件。（葉玉英《古文字構形與上古音研究》415 頁）《説文》："　，哮虖也。"段玉裁注："疑此哮虖當作哮唬。漢書多假虖為乎字。"●語气詞。《中山王壽鼎》："而皇（況）才（在）于𤔲（少）君虖？"文獻作"乎"。《左傳·隱公元年》："況君之寵弟乎？"●讀呼，感歎詞。《效卣》："烏虖（呼），效不敢不邁（萬）年夙夜奔走。"文獻作"嗚呼"。《清華五·厚父 9》："於（嗚）虖（呼），天命不可瀆斯，民心難測。"●讀乎，介詞。《郭店·唐虞25》："古（故）堯之𢼈（禪）虖（乎）舜也。"●侯馬盟書"虖盟"，讀詛盟，即詛盟。虖、詛均為魚部字。《周禮·春官·詛祝》："掌盟詛。"注："盟詛，主於要誓，大事曰盟，小事曰詛。"

嘑 楚 　余購𨒋兒鐘 晉 　、　 侯馬 秦 　　關簡 330 　　關簡 376

【注】從口虖聲。●讀呼。《余購𨒋兒鐘》："於嘑（呼）敬哉。"秦文字亦讀呼。●盟書"嘑盟者"，讀詛、或讀詛，詳"虖"字。

嫭 秦 　里耶 8·1710 　　里耶 8·2101

【注】從女虖聲。●人名。

諕 秦 　睡簡·日甲 11 背 　　睡簡·日甲 33 背

【注】從言虖聲。●讀呼。《睡簡·日甲 33 背》："行到邦門困（閫），禹步三，勉壹步，諕（呼）……。"

徲 晉 　侯馬

【注】從彳虖聲。●盟書讀詛，詳"虖"字。

陣　　中鼎　　中鼎

【注】從二昌虖聲，與《說文》或體略同。《説文》：“壚，墣也。從土虖聲。𨺈壚或從阝。”段玉裁注：“與缶部之䖊音義皆同。”●坼裂、山口。《中鼎》：“王令中先眚（省）南或（國），貫行，埶（執）王応，在夔𨻅真山。”或以為地名。

匣紐于聲

于  二祀邲其卣　毛 合㝬簋　于 克鼎　于 㤅卣　王 毓且辛卣　开 戍鄘鼎　开 史嗌簋　开 婦未於鼎　貝 弔觶　齊 于 淳于公戈　天 郑公牼鐘　弌 璽彚4033楚　开 王子午鼎　另 二十九年弩機　于 郭店·性自18　于 清華一·保訓9　于 清華一·祭公14　另 清華七·越公13　弓 清華八·攝命14　于 清華二·繫年9　于 清華二·繫年23　亏 清華一·程寤1　亏 清華一·程寤7燕　毛 貨系2919晉　于 中山王𧊟鼎　于 梁十九年亡智鼎　于 趙孟介壺　于 貨系1065秦　亐 石鼓文　另 、手 秦印85

【注】甲骨文作开、于、弓。徐中舒謂开形之于象大圓規，上一橫畫象定點，下一橫畫可以移動，于旁一曲綫表示移動之意。或作于，是开的簡省。（詳《甲骨文字典》510頁）李孝定謂“竽”字初文，曰：“作于者其省文也，字蓋竽之象形初文，竽為管樂，字象管之曲折，吹之成聲，故引申有气之舒于之義。用為語詞，則為假借。”（《金文詁林讀後記》183頁）金文同甲骨文。《説文》：“亐，于也。象气之舒亏。從丂從一。一者，其气平之也。凡亏之屬皆從亏。今變隸作于。”析形不確，所釋當為假借義。本義待考，同音假借用作語气詞、介詞等。●動詞，往。《令簋》：“隹（唯）王于伐楚白（伯），才（在）炎。”《儐匜》：“事（吏）𦎫于會。”于會，參預聚會。●介詞，給、對。《大保簋》：“王降征令（命）于大保。”●介詞，自、從。《佣生簋》：“格伯受良馬乘于佣生。”●介詞，在……方面。《王孫遺鼠鐘》：“惠于政德，淑于威義。”●連詞，表示並列。《杜伯盨》：“杜白（伯）乍（作）寶盨，其用𩠨（享）孝于皇申（神）且（祖）考、于好佣（朋）友。”●句首語气助詞。《中山王𧊟鼎》：“中山王𧊟詐（作）鼎，于銘曰。”●副詞，到、在。《夨尊》：“明公用牲于京宫。”●于方：方國名。《師旂鼎》：“唯三月丁卯，師旂眾僕不從王征于方。”●讀吁，表示驚歎。《上博三·彭祖2》：“于（吁），女（汝）𡥈=（孳孳）尃（布）

昏（問），余告女（汝）人綸（倫）。"●如、好像。《上博三·周易 14》："六二：矜(介)于石，不
冬(終)日，貞吉。"

仔 楚 仟 包山 44 仟 包山 71 晉 何、倚、俘 溫縣

【注】從人于聲。●《包山 44》"右仟尹"、《包山 71》"仟門人"、《包山 191》"仟公"，均為楚
官名，具體執掌待考。●盟書均為人名。

好 秦 ⬚ 印增 605

【注】從女于聲。●秦印單字。

玖 楚 ⬚ 王子玖戈

【注】從欠于聲，疑"歕"之省文。●人名。《王子玖戈》："王子玖之用戈。"

肝 晉 ⬚ 陶彙 4·176 ⬚ 璽彙 0954 ⬚ 貨系 0431 ⬚ 璽彙 0954 秦 ⬚ 秦印

65 ⬚、⬚、⬚ 印增 128

【注】從目于聲。●古文字多為人名。●周空首布（貨系 0431）讀邘，地名。《左傳·僖公二十
四年》："應、晉、邘、韓，武之穆也。"在今河南沁陽西北。

狞 秦 ⬚ 里耶 8·890 ⬚ 印增 597

【注】從犬于聲。●人名。

耵 晉 ⬚ 璽彙 1890 ⬚ 璽彙 2440 ⬚ 璽彙 2858 ⬚ 珍戰 111 ⬚ 陶彙 9·57

【注】從耳于聲。●人名。

吁 齊 ⬚ 吁戈 楚 ⬚ 吳王光鑒 ⬚ 郭店·語叢二 16 ⬚ 清華一·楚居 14 ⬚ 郭

店·語叢二 15 ⬚ 望山 2·45 ⬚ 郭店·語叢二 15 ⬚ 清華八·虞夏 2 ⬚ 清華十

一‧五紀 101  璽彙 0269 晉  璽彙 5280  璽彙 4019  璽彙 5279 秦  、  印增 51

【注】從口于聲，與小篆同。此字舊或釋為"号"。其理據是王堆帛中的"號"字與此字形相類，馬王堆漢墓帛書《老子》甲本二七行"號"字作，銀雀山漢墓竹簡《尉繚子》四八六簡："發號施令"，"號"字作，《守法守令等十二篇》八六零簡"號"作，於是將金文、楚璽、楚簡中的均釋為号。王慶衛通過辭例解釋和字形分析，將楚系文字中的均釋為吁，認為與漢簡中的只是字形的混同。（《試析戰國楚系文字中的"吁"》）号，從口丂聲。戰國文字丂或作于形，如"考"作（郳公華鐘）、（叔尸鐘）、（雲夢），其所從的實際是丂的變體。這種寫法恰恰和"于"字字形一樣，因此很容易形成混同，銀雀山漢簡和馬王堆帛書中的"號"字之所以作、（號字所從）、（號字所從），可能就是由於其所從的"丂"訛變作"于"形的緣故，這種寫法應是從秦系文字沿襲而來。《説文》："吁，驚也。從口于聲。"本義為欸气之聲。●人名。《吳王光鑒》："台（以）乍（作）弔（叔）姬寺吁宗彝（彝）薦鑒。"秦印人名。●《璽彙 4019》"鮮吁"讀鮮于，複姓。●《清華八‧虞夏 2》："百（首）備（服）作吁（冔）。"讀冔，殷代冠名，《説文》作"吁"。《詩‧文王》"厥作裸將，常服黼冔"，鄭箋："冔，殷冠也。"●讀訏，詭詐。《郭店‧語叢二 16》："吁（訏）生於椺（諼），忘（誑）生於吁（訏）。"●《璽彙 0269》"吁易☑璽"，"吁易"當為地名，地望待考。●語詞，驚訝。《清華十一‧五紀 101》："百神（皆）瞿（懼），曰：吁！"

祇 楚  新蔡甲三 195

【注】從示吁聲。●神名，或地名。《新蔡甲三 195》："豐禱五山、祇祟☑。"

訏 楚  郭店‧尊德 15  左塚漆桐  清華七‧越公 56 晉  林氏壺 秦  睡簡‧語書 12

【注】從言于聲，與小篆同。《説文》："訏，詭訛也。從言于聲。一曰訏，譱。齊楚謂信曰訏。"本義當為大言、夸口。●《林氏壺》："自頌既好，多寡不訏。"多寡不訏，言壺的容量適度。《爾雅‧釋詁》："訏，大也。"●讀夸，華而無實。《郭店‧尊德 15》："教以言，則民訏（夸）以寡信。"●《睡簡‧語書 12》："因悉（佯）瞑目扼捐（腕）以視（示）力，訏詢疾言以視（示）治。""訏詢"為同義複詞，詭詐義。《新書‧禮容語下》："今郤伯之語犯，郤叔訏，郤季伐。犯則凌人，訏則誣人，伐則掩人。"詢，整理小組讀為諼。《説文‧言部》："諼，詐也。"《廣雅‧釋詁二》："諼，欺也。"《公羊傳‧文公三年》："晉陽處父帥師伐楚救江。此伐楚也，其言救江何？

為譀也。"何休注："譀，詐。"又《漢書·息夫躬傳》："虛造詐譀之策。"●讀酃。酃，《説文》妘姓之國。《春秋·昭十八年》邾人入酃。《註》酃國，今琅邪開陽縣。《清華七·越公 56》："尼（夷）訏（酃）綟（蠻）吳，乃遝（趣）取殹（戮）。"

 肝 石鼓文

【注】從月于聲。●讀吁。《石鼓文》："囗具肝來。""肝來"從强運開説，讀與《呂刑》"王曰吁來"之"吁來"同，意思是周王將某種人都招唤來。

 赶 居簋

【注】從走于聲，疑"迂"之異文。《説文》："訏，避也。從辵于聲。"本義曲折、繞遠，和"遠"互為轉注字。●出行回轉。《居簋》："赶（迂），舍余一斧（釜）。"意為：轉回來，又賞給我一釜米。

迂 陶新 2083

【注】從辵于聲。●秦陶"右迂"，人名。

夈 印增 599

【注】秦印習見人名，當從文于聲。●人名。有學者釋為"宇"。

芋 信陽 2·1　包山牘 1 反　上博一·詩論 9　上博五·三德 8　上博五·競建 9　璽彙 2262　上博八·李頌 2　清華十·四時 8　安大二·仲尼 1　三年鄭令矛　元年鄭令矛　陶彙 6·105　璽彙 2290

【注】從艸于聲。●讀于，姓氏。《三年鄭令矛》："司寇芋慶。"或謂讀華，《璽彙 2262》"芋莒"，理應也讀華。古有華氏，《通志·氏族略第三·以邑為氏》："華氏，子姓，宋戴公子考父，食采於華，因氏焉。世為宋卿。"●楚簡多讀華，今作花。《信陽 2·1》："二芋（華）瓠。"《上博一 詩論 9》"裳裳者芋"讀"裳裳者華"，為詩經篇名。《包山牘 1 反》："綽組綏，番芋之童（幢）。"義不詳。

竿 楚 璽彙0283　璽彙0346　包山157　上博七·君甲3

【注】從竹于聲。●《包山157》"宎竿駔信"、《璽彙0346》"竿鈢"、《璽彙0283》"蒿夌竿鈢"，有人認為"竿"即"芋尹"之"芋"。"竿駔官"之"竿"，當與簡之"竿官"和印文"竿鈢""蒿陵竿鈢"之"竿"同義。《史記·楚世家》："芋尹申無宇之子申亥曰，吾父再犯王命。"正義"芋尹，種芋之尹也"。●樂器。《上博七·君甲3》："竿阮（管）臭（衡）於荐（前）。"

龥 楚 龡鐘　龡鐘

【注】從龠于聲，為"竿"之本字。●讀竿。《龡鐘》："至者（諸）長龥（竿）。"至，讀實，放置。銘意是說，編鐘編鑄還與長竿一起演奏。

杅 杅氏鼎

【注】從木于聲，與小篆同。字亦見於馬王堆帛書作 杅、杅（帛編224），帛書讀刳，繫辭35上"杅木为舟"即"刳木为舟"。《說文》："杅，所以塗也。秦謂之杅，關東謂之槾。從木亏（于）聲。"按古文杅同杇，今分。●《杅氏鼎》："杅氏。"杅氏，讀烏氏，地名。《史記·匈奴列傳》："涇北有烏氏之戎。"在今甘肅平涼西北。

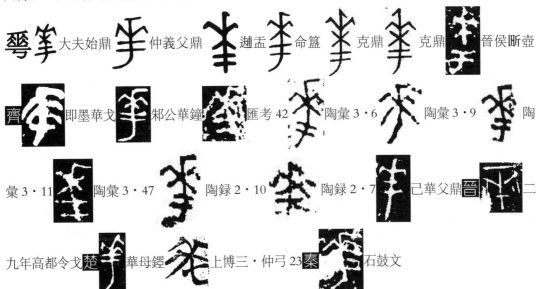

華 大夫始鼎　仲義父鼎　遹盂　命簋　克鼎　克鼎　晉侯穌壺

齊 即墨華戈　邾公華鐘　匯考42　陶彙3·6　陶彙3·9　陶

彙3·11　陶彙3·47　陶録2·10　陶録2·7　己華父鼎 晉 二

九年高都令戈 楚 華母鎣　上博三·仲弓23 秦 石鼓文

【注】甲骨文作 華、華，象草木生土上、花葉下垂之形，為整體象形字。金文綫條化，其本形當為 華，下部或加一橫、二橫，乃飾筆，戰國齊陶"華"字作 華 可證。《說文》將字割裂為"芔"和"于"兩部分，並以"于"為聲符。究其原因，就是因為加了飾筆的 華 下部形體與"于"相同，而且"于"的讀音與"華"非常接近。古音"華"在曉紐魚部，"于"在匣紐魚部。楚文字"華"多作"芋"，可證。《說文》："華，艸木華也。從芔亏聲。凡華之屬皆從華。華 華或從艸

917

從夸."𠌶，俗作花，其字起于北朝。本義是花朵。●宮名。《何簋》："王在𠌶宮。"●人名。如《邾公華鐘》之"邾公𠌶"。●國族名，並以為氏。《華季嗌鼎》："𠌶季嗌乍（作）寶鼎。"嗌，華國公族。●讀華。《石鼓文》："亞箬其𠌶。"●讀華，指紋飾華麗。《晉侯斷壺》："晉侯斷乍（作）隓（尊）𠌶壺。"●《上博三·仲弓 23》："夫行，巽𠌶學杏（本）也，所目（以）立生也，不可不斳（慎）也。"李銳認為是"年"之誤寫，陳劍釋為求，存疑。

 璽彙 0614

【注】從卄𠌶聲。●人名。

秦集一·四·6　陶彙 6·184　戰編 391

印增 230　里耶 8·2014

【注】從艸𠌶聲。"華"為"𠌶"之晚出字，二字本同，《説文》分為二字。《説文》："𧾱，艸榮也。從艸從𠌶。"●形容鐘聲之華美。《𩰫鎛》："龢（和）平均（韻）説，霝色若華。"秦文字用"華"表示英華之華，楚文字則用"芋"表示華。●秦印有"華麗"，姓氏。●《秦集一·四·6》"華陽丞印"，華陽，地名。秦封泥中又見"華陽禁印"。

 里耶 8·1043

【注】從木華聲。●"都鄉守樺"，人名。

 郭店·語叢二 43　郭店·語叢二 46

【注】從口𠌶聲。●讀誇。《郭店·語叢二 43》："嘩，自愳（懅）也。"《簡 46》"未又（有）嘩而忠者"。

 秦駰玉牘　印增 230

【注】從山𠌶聲。李零、王輝、李家浩、曾憲通指出應是華山之專用字，此字應即《説文·山

918

部》"崋"字，即華山專字。崋，漢篆作 （漢篆158）。●讀華。《秦駰玉牘》："以告于崋大山，大山又（有）賜。"華山，山名。●秦印"崋瘛"，姓氏，讀華。

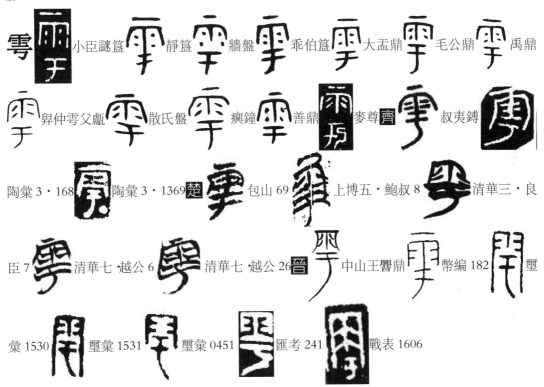

【注】楚系金文從鼎于聲，為"鼎"之別名。●春秋時楚式大鼎。《王子吳鼎》："自乍（作）飤鼾。"

【注】甲骨文作 𩁹、𩂉、𩂋、𩂌、𩂎、𩂏、𩂐，從雨于聲（丨為增飾符）。或從雨從舞，會以樂舞祈求降雨之意；舞兼聲。甲骨文"雩"從舞，是知殷代即以樂舞求雨，卜辭中多用其本義。金文同甲骨文。《説文》："雩，夏祭，樂于赤帝，以祈甘雨也。從雨于聲 𩂑或從羽。雩，羽舞也。"本義為以樂舞降神祈雨。借用作語氣詞，相當于"于"。●助詞，典籍作"粵""聿""越""曰"，用于句首或句中。《大盂鼎》："雩我其遹省先王受民受彊（疆）土。"《靜簋》："雩（粵）八月初吉庚寅。"文獻粵、雩音近而義通。"雩"本魚部字，後來由于表助詞"雩"音變讀入月部，人們就另造"粵"字，"雩""粵"于是成了形音義都不同的字。讀音不同造成字形的分化，"粵"小篆作粵，《説文》以為"從亏從宷"，"宷"即金文雨之訛。●讀與，連詞。《毛公鼎》："命女（汝）𤔲嗣（司）公族，雩（與）參有嗣（司）、小子、師氏、虎臣，雩（與）朕褻事。"●讀于。《大盂鼎》："眍正乿（厥）民，在雩（于）𨛜（御）事。"●讀越，古國名。《中山王𧓸鼎》："吳人並雩（越），雩（越）人㪅（修）敎（教）備㤶（信），五年覆吳。"《清華七·越公6》亦讀越，指越國。●讀于，介詞。《靜簋》："雩八月初吉庚寅。"●讀羽，羽毛。《曾侯6》："紫雩（羽）之常。"●讀雨。《上博五·鮑叔8》："雩（雨）旁（平）地至膝，復。"

 𩛰 𩵋 鈇侯之孫陳鼎

【注】從鼎霝聲。●為"鼎"之別名。詳"𩛰"字。

 饇 晉 璽彙 0809

【注】從食霝聲。●晉璽人名。

 鄂 秦 莧陽鼎 、 印增 245

【注】從邑霝聲。●《莧陽鼎》地名。●秦印"鄂回""鄂薄",姓氏。《姓氏考略》注云:"以地為氏。戶、扈、鄂三字同,(見姚察《訓纂》)是鄂氏,即戶氏、扈氏。"

 阡 晉 璽彙 2332

【注】從阝于聲。●"阡陰(陰)𡎺(府)",地名。

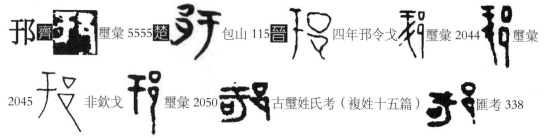 邘 齊 璽彙 5555 楚 包山 115 晉 四年邘令戈 璽彙 2044 璽彙 2045 非欽戈 璽彙 2050 古璽姓氏考(複姓十五篇) 匯考 338

【注】從邑于聲。●地名。《非欽戈》:"非欽業邘洽(合)陽,廿四。"邘,地望不詳。《璽彙 5555》"邘倉之鈢",地名。●包山簡姓氏。邘氏即後世習見之于氏,《唐書·宰相世系表》云:"于氏出自姬姓,周武王第二子邘叔,子孫以國為氏,其後去邑,為于氏。"《通志·氏族略》説同。●讀于。《匯考 338》"獻邘",讀"鮮于",複姓。

 宇 牆盤 鈇簋 楚 清華一·楚居 8 秦 睡簡·日乙 251 睡簡·日甲 21 背 戰編 495

【注】從宀于聲。《説文》:"宇,屋邊也。從宀于聲。《易》曰:'上棟下宇。'𡧃籀文宇從禹。"本義屋檐。引申之凡邊遠謂之宇。●宏大。《牆盤》:"井(型)帥宇誨。"《爾雅·釋詁》:"宇,

大也。"《獣簋》:"陀陀降余多福壽（憲）羹宇慕遠猷。"宇慕遠猷,遠大的謀略和計畫。●居、房屋。《睡簡・為吏19》:"勿鼠（予）田宇。"●《清華一・楚居8》:"衆不容於免,乃渭（潰）疆涅之波（陂）而宇人女（安—焉）,氏（至）今曰郢。"宇人,使人居住。《詩・緜》傳:"宇,居也。"

宇晉 璽彙5673

【注】從穴于聲。《字彙補》古"宇"字。●晉璽"宇緟",讀宇,姓氏。

汙楚 九店56・47 上博五・三德12 上博九・卜書3 秦 睡

簡・封診57 睡簡・日甲140 睡簡・日甲146

【注】從水于聲。俗作"污"。●讀污。《睡簡・日甲140》:"甲子生子,少孤,衣汙。""衣汙"之"衣"可作"卒"字解,"衣汙"即"卒汙"。"汙"之義,王子今謂"身為下層勞動者",也就是地位低賤的意思,"卒汙"即終生地位低賤。簡文的意思是甲子日生子,少時孤苦,終生低賤。●《上博九・卜書3》:"尻（處）,不沾不汙（污）,乃沾大浴（谷）。"《説文》濁水不流也。這裏的意思是:居住的地方不是靠近沼澤,就是靠近大山谷。●讀穸。《九店56・47》:"又汙（穸）安（汝）,尻（居）之不溫（盈）志。"《馬融・長笛賦》運襄穸汝。《注》穸汝,卑曲不平也。●讀洿。《上博五・三德12》:"百乘之家,十室之造,宮室汙池,各慐（慎）元毛（度）,毋遊（失）元道。""汙"與"洿"音義皆近常可通用。洿池,指挖掘的華麗的宮廷建築。《禮・檀弓》洿其宮而豬焉。

沂晉 鋚壺

【注】從口汙聲。●讀宇,疆域也。《鋚壺》:"遝（率）師征郾（燕）,大啟邦沂（宇）,枋（方）譻（數）百里。"

刊晉 璽彙1848 侯馬

【注】從刀于聲。●人名。

玗玗 瘚秉卣

【注】從玉從○于聲。玉、○皆為玉之象形。小篆省○。《説文》:"玗,石之似玉者。從玉于聲。"本義是一種似玉的美石。●美玉。《瘚秉卣》:"子易（賜）瘚秉玗一,瘚秉用乍（作）丁師彝。"

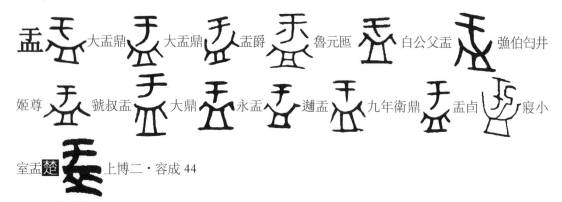

 室盂楚 上博二·容成 44

【注】甲骨文作、、、、，從皿于聲。金文多同甲骨文。或增從升、從金。異體頗多，但均從于得聲。《說文》：" ，從皿亏聲。飯器也。"本義是指盛液體的器皿，如《史記》："操一豚蹄，酒一盂。"引申泛指食器。●大型盛器。侈口，深腹，圈足，有附耳，與有附耳的簋相似而大于簋。考古發現較少，主要是商代和西周的。有少量的盂呈方形，稱作方盂。《虢叔盂》："虢叔乍（作）旅盂。"《上博二·容成 44》："實盂炭其下，加圓木於其上。"●人名。《大盂鼎》："王才（在）宗周令（命）盂。"

齊侯匜

【注】從升盂聲。●讀盂，盛水器。《齊侯匜》："齊侯乍（作）媵（媵）寡圓孟姜盥 。"

釪齊 宋君夫人鼎蓋楚 上博九·陳公 13秦 里耶 8·410

【注】從金于聲，為"鼎"之別名。●為"鼎"之別名。詳"鈃"字。●讀于。《上博九·陳公 13》："鈍釪目（以）右。"錞于，樂器名。《集韻》："釪通于。"

 史宋鼎楚 郜公平侯鼎

【注】從皿釪聲。●為"鼎"之別名。詳"鈃"字。

 紆晉 圓形器 璽彙 2600 類編 483

【注】從糸于聲。●金文辭殘意不詳。●晉璽"紆成""紆午"，人名。

 祜秦 璽集二-SY-175

【注】從衣于聲，應是"紆"的異體。●秦印"趙祜"，人名。

疛晉璽彙 0791陶録 5・97

【注】從疒于聲。●晉文字人名。

閈秦集證 634

【注】從門于聲。●秦印“周閈”，人名。字書無“閈”字，不知是否是“閈”字之訛。《漢印文字徵》12・3 有“周閈之印”。

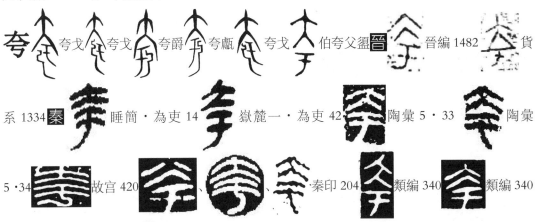

夸夸戈夸戈夸爵夸甗夸戈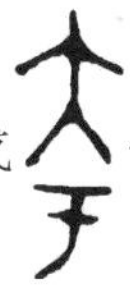伯夸父盨晉晉編 1482貨系 1334秦睡簡・為吏 14嶽麓一・為吏 42陶彙 5・33陶彙 5・34故宫 420、、秦印 204類編 340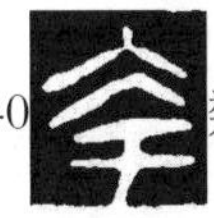類編 340

【注】甲骨文作、，從大于聲。聲符“于”兼表意，徐中舒考釋為圓規之象，上一横畫象定點，下一横畫可以移動，由此引申出“夸（跨）度”“夸張”“夸奢”等義。金文承襲甲骨文，聲符作，乃“于”之古體。戰國于字多加飾筆，進而演變為丂。段玉裁曰：“亏與丂音不同而字形相似，字義相近。故古文或以丂為亏。”《説文》：“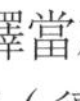，奢也。從大于聲。”所釋當為引申義。卜辭中用為方國名。●金文均為人名。《伯夸父盨》：“白（伯）夸父乍（作）寶鎮（盨）。”●奢侈。《睡簡・為吏 14》：“一曰夸以泄。”楚簡文字中“夸”及部分從“夸”之字的職務大多就是由從“于”之字所分擔的（《郭店・尊德 15》以“訏”為夸）。秦系文字也有用“于”為“夸”的情況，如馬王堆帛書《周易》的《繫辭》“杅木為周（舟）”句，以“杅”為“刳”。●魏橋形布（貨系 1334）“梁夸釿五十尚寽”，讀胯，指橋形布胯足。胯亦作跨。或説“夸釿”相當於新莽布“大布”。《廣雅・釋詁》：“夸，大也。”

刳楚帛書甲

【注】從刀夸聲。●讀跨。《説文》：“跨，渡也。”《帛書甲》：“共攻（工）刳（跨）步，十日四時☑。”

胯秦里耶 8・1327

【注】從肉夸聲。●人名。

 鄌 秦 里耶 8·1025　里耶 8·1364

【注】從邑夸聲。●"郵小莫鄌般"，"小莫鄌"疑為地名。

 姱 秦 里耶 8·145

【注】從女夸聲。●人名。

 綺 秦 里耶 8·1356　嶽麓三 152

【注】從糸夸聲。●均讀褲。《里耶 8·1356》："陽里靜以當襦綺。"

匣紐羽聲

羽 齊 璽彙 0259　匯考 43 楚　郤王之子羽戈　包山 260　包山

牘 1　清華三·良臣 10　上博四·采風 4　安大一 10　清華十一·五

紀 30 晉　貨系 41　先秦編 113　幣編 88 秦　陶新 3161　上白羽壺

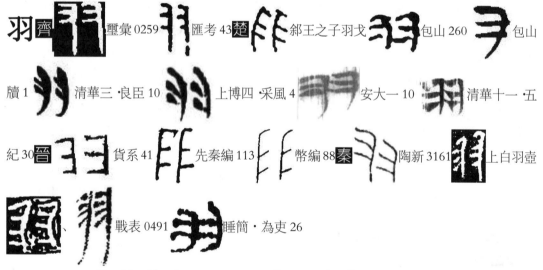 戰表 0491　睡簡·為吏 26

【注】甲骨文有⬚、⬚、⬚、⬚、⬚、⬚、⬚、⬚、⬚、⬚、⬚、⬚、⬚、⬚、⬚，徐中舒、唐蘭釋為"羽"，誤。⬚形在甲骨文金文中均用為"翌""翊""昱"，"羽"為匣紐魚部字，與余紐職部字的"翌""翊""昱"相去甚遠，故文字學家多釋為"翼"，象鳥翼之形。或因甲骨文又有⬚字，形近《説文》"羽"，釋⬚為"羽"，亦不確。⬚應是帚形，是"彗"的初文。西周中早期有所謂從羽之字，如⬚（⬚父鼎）、⬚（賢簋）、⬚（枼鼎），實際上也應該從"彗"。"羽"字形成不應該早於西周中期。《説文》："⬚，鳥長毛也。象形。凡羽之屬皆從羽。"本義是鳥羽，如《詩經》："七月莎雞振羽。"●多用為本義，羽毛。《包山 260》："一羽�[竹/戔]（翣）。"●人名。《郤

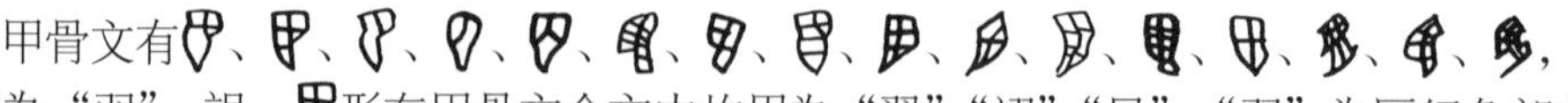

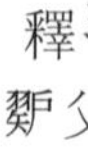

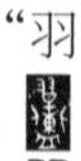

王之子羽戈》：“郐王之子羽元用戈。”羽，即徐王章羽。《上白羽壺》：“上白、羽。”●《璽彙0259》
“羽工”，職官名，當是掌羽毛加工之工官。《周禮·地官》有“羽人”一職，“掌以時徵羽翮之
政於山澤之農，以當邦賦之政令”。賈公彥疏：“染以為後之車飾及旌旗之屬也。”則“羽工”乃
是羽人下屬，或即相當於羽人之職。●《上博四·采風4》為五音之一。《周禮·春官·大師》：
“皆文之以五聲：宮、商、角、徵、羽。”《國語·周語下》：“琴瑟尚宮，鍾尚羽。”《宋書·謝
靈運傳論》：“欲使宮羽相變，低昂互節。若前有浮聲，則後須切響。”

印增451

【注】從羽從于，羽、于雙聲，《説文》以為“雩”之或體。●讀羽，音名，即傳統五音中的羽。
《曾侯乙鐘》：“新鐘之翆（羽）。”●《曾侯乙鐘》：“為屖（夷）則翆（羽）角。”羽角：楚音名。
凡傳統五音名後加尾碼詞“角”，表示為該音的上行大三度音。●翆曾：楚音名，即羽音下行大
三度音，相當于傳統音名的清角。《曾侯乙鐘》：“翆曾。”曾有層意，作為尾碼加在五音之後，
表示為該音的下行大三度音。●讀羽。《包山253》：“二翆（羽）膚，皆彤中刿（漆）外。”●《清
華八·虞夏1》：“乍（作）樂《翆鱍（管）》九成。”翆管，簡文中為夏之樂名。

【注】從頁羽聲。●齊璽人名

【注】從能羽聲。羆、翵（《篇海》奴勒切，能入聲，蟲名）位置互易，殆非一字。●楚文字多
讀一，數詞。羽，匣母魚部；一，影母質部。二者均屬喉音。以羆為一，猶以壺為一；羽、壺
聲韻同。《鄂君啟舟節》：“歲羆（一）返。”《清華五·啻門6》：“者（胡）獸是人，而羆（一）
亞（惡）羆（一）好？”楚文字或用“一”“弌”。●讀一，表示程度。《上博五·季庚1》：“羆
（一）不智（知）民矛（務）之安（焉）才（在）？”●《包山200》：“羆禱文坪（平）夜（輿）
君。”“羆禱”是説祭的一種操作方式，新蔡楚簡乙四82、148號簡中有“弌禱”，即“羆禱”異
寫。“羆禱”似當讀為“一禱”，具體含義待考。●疑讀能。《郭店·成之18》：“貴而羆（能）纕

（讓），則民谷（欲）其貴之上也。”裘錫圭懷疑“罷讓”讀為“能讓”。“貴而罷讓”還見於上博簡《君子為禮》9號簡。用同一個結構複雜的借字替換常用字去記錄一個常用詞，從文字使用規律角度考慮，似乎有些費解。因此，此處“罷”字有其他讀法的可能。黃德寬讀“罷讓”為“抑讓”或“揖讓”。（《古文字譜系疏證》1302頁）

秦印 102

【注】從木羽聲。●人名。

璽彙 1487　　璽彙 2972

【注】從車羽聲。●晉璽人名。

新蔡零 204　　秦陶 338　　秦陶 348　　陶錄

6·154　　秦印 44

【注】從言羽聲。●秦文字均為人名。

匣紐禹聲

鼄公盨　禹鼎　清華五·厚父 1　　清華三·良臣 1

璽彙 5124　　璽彙 5125　秦公簋　陶彙 5·276　　睡簡·日乙

106　　睡簡·日甲 47　　睡簡·日甲 2　　秦印 275

【注】金文象有頭足尾之蟲形。《説文》：“虎，蟲也。從厹，象形。禼古文禹。”段玉裁注：“夏王以為名，學者眛其本義。”本義為蟲。●傳説中古代部落聯盟領袖，姒姓，亦稱大禹、夏禹、戎禹。其子啟建立了中國歷史上第一個初具規模的國家，即夏代。《秦公簋》：“不（丕）顯朕（朕）皇且（祖）受天命，鼏（宓）宅禹賣（迹）。”秦文字用“禹”表示大禹之禹，楚文字或作“墨”。●叔向父，名禹，字向父。西周夷王、厲王時期的執政大臣。《叔向父禹簋》：“降余多福緐（繁）

926

孳（嫠）廣啟禹身。" ●讀余。《攻吳大叔盤》："工（攻）盧（吳）大叔痞禹自乍（作）行盤。"
痞禹，讀"句余"，吳王余昧。 ●《睡簡·日甲 111 背》："禹步三。"禹步，一種巫術的方法。

 包山 198

【注】從心禹聲。 ●《包山 198》："思攻解於人愚。"整理者讀禹，可能指大禹。楚人自以為老
僮之後，當來自華夏，與禹有共同的祖先，故得祭祀大禹。

 關簡 326   關簡 326

【注】從齒禹聲。 ●《關簡 326》："已齲方。"《釋名》："齲，齒朽也。"

 毆觥

【注】從殳禹聲，疑"擖"之異文。口為贅符。 ●人名。《毆觥》："毆乍（作）寶彝。"

 毆鼎

【注】從宀毆聲。應為"毆"之繁文。 ●人名。

 遇甗

【注】從辵禹聲。 ●人名。《遇甗》："才（在）古自（次），遇從。"

 叔尸鎛   叔尸鎛   上博一·緇衣 7   上博二·容成 18   上博二·容
成 25   類編 450   上博二·子羔 10   郭店·唐虞 10   上博四·曹沫 65

上博九·舉治 29

【注】從土禹聲，"宇"之異文。《正字通》："堣，同宇，屋邊也。" ●均讀禹，大禹，上古帝王
名。《叔尸鎛》："咸有九州，處堣之堵。"《上博四·曹沫 65》："亦唯聞夫堣（禹）、湯、桀、紂
矣。"

927

訓義 1·156

【注】從立禹聲。●晉璽"司馬竫"，人名。

牆盤

【注】從囗禹聲。●讀宇，土地疆界。《牆盤》："武王則令周公舍（捨）圉（宇）于周。"

九年衛鼎 癲鐘

【注】從宀禹聲，與《說文》"宇"字籒文同。●讀宇，土地疆界。《九年衛鼎》："乃舍寓（宇）于氒（厥）邑：氒（厥）逆（朔）彊（疆）眔厲田，氒（厥）東彊（疆）眔散田，氒（厥）南彊（疆）眔散田，眔政父田，氒（厥）西彊（疆）眔厲田。"《左傳》昭公四年："或無難以喪其國，失其守宇。"杜預注說："于國則四垂為宇。"四垂就是四境。此處指田的四至。

匣紐雨聲

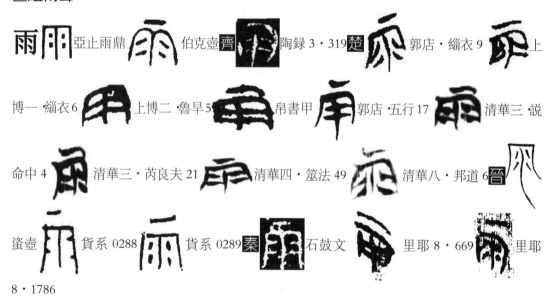

雨 亞止雨鼎　伯克壺 齊　陶録 3·319 楚　郭店·緇衣 9 上

博一·緇衣 6　上博二·魯旱 5　帛書甲　郭店·五行 17　清華三 說

命中 4　清華三·芮良夫 21　清華四·筮法 49　清華八·邦道 6 晉

蛮壺　貨系 0288　貨系 0289 秦　石鼓文　里耶 8·669　里耶

8·1786

【注】甲骨文作𩃬、𩃰、𩃰、𩃰、𩃱、𩃳、𩃵、𩃶、𩃷、𩃸、𩃹，一表示天空，下面數目不同的小點表示雨點。字或省作𣱝形。上部之雨點後漸與一聯成一體作𩃩，復又變作𩃬，是小篆所本。金文同甲骨文。《說文》："雨，水從云下也。一象天，冂象云，水霝其閒也。凡雨之屬皆從雨。𩃿古文。"本義是下雨，如《淮南子》："昔者倉頡作書而天雨粟，夜鬼哭。"●族氏名。《子雨爵》："子雨。"●讀雩，祭名。《蛮壺》："敬命新隆（地），雨（雩）祠先王。"此從張政烺說，詳《中山國胤嗣奵蛮壺釋文》。裘錫圭謂"雨"假作"永"。或謂同音假借為"禴"，"雨祠"即"禴祠"。《詩·小雅·天保》："禴祠蒸嘗，于公先王。"●"霸"之省文。《伯克壺》：

"隹（唯）十又六年七月既生雨（霸）乙未。"●雨水。《郭店·五行17》："瞻望弗及（及），深（泣）涕女（如）雨。"●魏方足布，"零"之省文，讀露或潞，地名。

印增604

【注】從門從雨，疑"扁"之異文。暫歸雨聲。●人名。

叔男父匜　霍鼎秦、秦印71

【注】甲骨文作𩙿、𩙾、𩙿、雨，從三隹（鳥），從雨（兼聲），會雨中群鳥疾飛霍然有聲之意。金文承之，或省從二隹。靃、霍、霍一字，《說文》作"靃"。霍，漢印作𩙿，在"隹"字上加"又"旁，使之變得與"隻"同形，因"霍""隻"同音，故可變形音化從隻聲。《說文》："靃，飛聲也。雨而雙飛者，其聲霍然。"本義為鳥在雨中疾飛，如《玉篇》："霍，鳥飛急疾貌。"鳥飛發出霍霍之聲，由此引申出象聲詞，如《木蘭詩》："磨刀霍霍向豬羊。"又引申為迅速、忽然等義。●國名。霍國始封之君為周武王弟叔處。今山西霍州西南有古霍城，即霍遺址。公元前661年為晉所滅。《叔男父匜》："弔（叔）男父乍（作）為靃（霍）姬媵（媵）旅它（匜）。"●人名。《霍鼎》："靃（霍）乍（作）己公寶鼎，其萬年用。"●秦印"靃高""靃翁""靃突"等，姓氏。三晉文字則用"雚"。

璽彙2269　三晉56　三晉56　璽彙2272　璽彙2275　璽彙

3734先秦編361　、先秦編361

【注】從艸霍聲。●晉璽"雚得""雚余""雚笨""雚旦"等，讀霍，姓氏。《通志·氏族略第二·以國為氏》："霍氏，周文王第八子霍叔處之國，今晉州霍邑是其地。閔元年，晉滅之，子孫以國為氏。"●趙尖足布"霍人"，地名。在今山西繁峙東南。

匣紐下聲

番生簋　虢叔鐘　長由盉齊　陶錄3·275　考古

1973·1楚　蔡侯申盤　上博一·緇衣3　上博二·容成30　郭店·老甲

29　包山182　信陽1·12　上博九·舉治29　清華八·處位

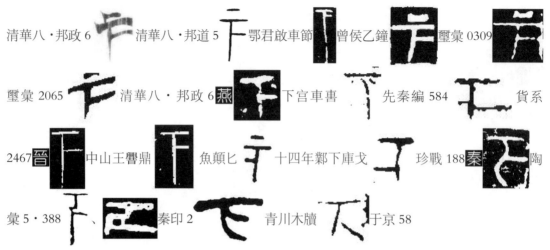

清華八·邦政 6　　　清華八·邦道 5　　　鄂君啟車節　　　曾侯乙鐘　　　璽彙 0309

璽彙 2065　　　清華八·邦政 6 燕　　　下官車書　　　先秦編 584　　　貨系

2467 晉　　　中山王嚳鼎　　　魚顛匕　　　十四年鄴下庫戈　　　珍戰 188 秦　　　陶

彙 5·388　　　秦印 2　　　青川木牘　　　于京 58

【注】甲骨文作 ∩、二，由兩畫構成。長橫象物體表面，短橫在下為指事符號，意謂在物體之下也。金文同甲骨文，為避免與數詞“二”混淆，列國器在短橫旁加一豎，作 下；或復增短飾作 下。●古文字多用為方位詞，與“上”相對，《番生簋》：“廣啟乑孫子于下。”或為地名前後綴。

忑 楚　　　酓忓鼎　　　酓忓鼎　　　酓忓鼎　　　璽彙 1555　　　璽彙 5567　　　珍

戰 41 晉　　　璽彙 0688　　　璽彙 2892

【注】從心下聲。聲符均寫作 下，上面一橫為飾筆，乃戰國文字書寫慣例。戰國時代的“忑”是一個形聲字，而“志忑”是表意字，從心一上一下會意，其意思是心不安。這就是文字學中同形字的概念，一個字形表示兩個不同的字。同形字產生的原因是多方面的，其中有一種是由文字結構的不同造成的。二者結構類型不同，自是不同的字。●戰國文字均為人名。《酓忓鼎》：“冶盤埜（野）、秦忑為之。”

还 齊　　　璽彙 0619

【注】從辵下聲。《餘文》“音匹”，與此殆非一字。●齊璽人名。

返 晉　　　十二年邦司寇鈹　　　十二年邦司寇肖口鈹　　　璽彙 2619

【注】從又还聲，“还”之繁文。●讀下。《十二年邦司寇鈹》：“返（下）庫工帀（師）。”●《璽彙 2619》“返官”，官名。或釋為“返”讀工。“工官”，為官名。《漢書·貢禹傳》有“工官”，顏師古謂“少府之屬官，考工室也，右公室也，東園匠也”。此印或是戰國時代“工官”所用之官璽。

弊編84

【注】從宀下聲，疑"庍"之異文，或作"廈"。●魏方足布"宀易"，地名，讀下或讀夏。

匣紐夏聲

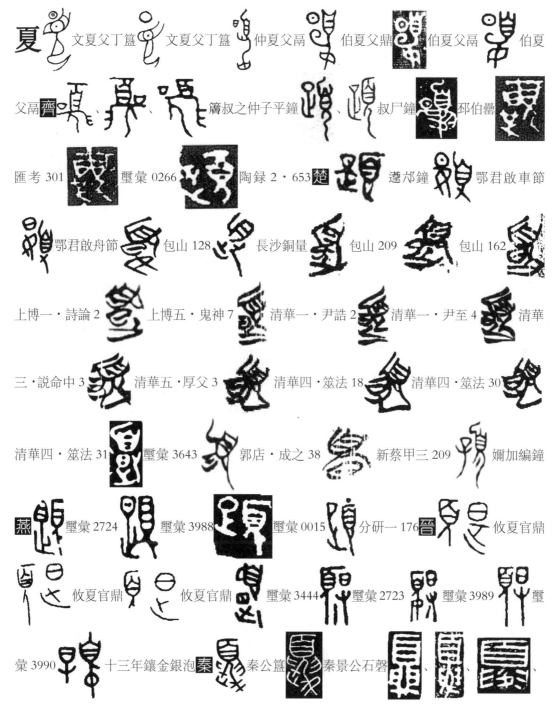

印增 193 、 封編 149 睡簡・日乙 207 睡簡・日乙

110 睡簡・日乙 225 類編 277

【注】甲骨文作，從日從頁，會夏日灼人之意。金文同甲骨文。或於頁旁兩側加手。或加止旁，止旁又訛為女形。女形移至"日"下，遂作。趾形或訛為、、，或與"日"結合而成。《長沙銅量》省日。戰國璽印文字或從寸作、，寸、止會意同。楚文字止或訛為又、中，古文字中又、中、止三字經常訛混。從又之夏經常見於三晉文字。秦系文字作，是由《秦公簋》之類形體演變，省日旁，旁加雙手，為小篆所本。夒、夏二字易混，《秦子簋蓋》"夒"作，突出臂、尾之形，臂、尾訛作止、巳。秦印從頁從臼作。縱觀古文字，"夏"形體最大的特點是從日、頁（包山 224 僅從日從頁），繁化則從頁、止、女、臼，簡化則僅從頁、止或頁、臼。楚文字或從它聲作"昰"。●《秦公簋》："嚴龏（恭）夤天命，保夒（業）乇（厥）秦，虩事縊（蠻）夏。""蠻夏"泛指邊遠地區和中原各族。●季節名。《鄂君啟舟節》："大司馬邵（昭）陽敗晉帀（師）于郯（襄）陵之歲，顕（夏）层之月，乙亥之日。"《包山 128》："顕（夏）层之月己酉之日。"秦簡作"夏尸"。●朝代名。《叔尸鐘》："塼受天命，剄伐夏后，敗乇（厥）靈師，伊少臣隹（唯）楠（輔），咸有九州。"夏后，即夏后氏，部落名。相傳禹是其領袖，後禹之子啟建立了我國歷史上第一個朝代夏。●《䢅𨜶鐘》："允唯吉金，乍（作）鑄龢鐘，我台（以）夏台（以）南。"夏，指華夏之樂；南，指南方之樂。孫作云曰："古書中猶有稱《大雅》為'大夏'、《小雅》為'小夏'者。這是證明《大小雅》的'雅'字原為'夏'字，其初義為指夏地之詩的最直接的證據。……《小雅・鼓鐘》篇所説的'以雅以南'，也就是'以夏以南'。"（《詩經與周代社會研究・説雅》）●讀雅。楚文字用"夏"為《詩》大小雅之雅，見上博《上博一・詩論》《上博一・緇衣》。傳世古書用雅則反映了秦文字的特點。

曾侯與編鐘

【注】從水夏聲；從水，當與水名有關。●讀夏，地名。《曾侯與編鐘》："王遣命南公，營宅汭土，君此淮夷，臨有江㵎（夏）。"

匣紐戶聲

𥴊作父乙簋 匯考 301 陳胎戈 祈室銅柱 齊陶

0381 上博三・周易 5 清華八・八氣 5 新蔡甲三 76 上博三・周

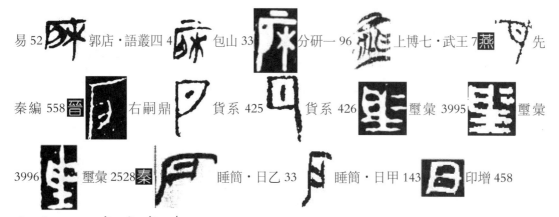

易52 郭店·語叢四4 包山33 分研一96 上博七·武王7 燕 先

秦編558 晉 右嗣鼎 貨系425 貨系426 璽彙3995 璽彙

3996 璽彙2528 秦 睡簡·日乙33 睡簡·日甲143 印增458

【注】甲骨文作 ，象單扇門。金文承之。或增從木，為繁文，與《説文》古文同。《上博七·武王7》所從的 乃"戶"，即古文字中常見的"戶"字。所從的 亦應為"戶"，類似形體的"戶"亦見於《璽彙》3995、3996。此類"戶"字形體，詳古文字中的"倉"及從"倉"之字。《説文》："戶，護也。半門曰戶。象形。凡戶之屬皆從戶。 古文戶從木。"本義是一扇門，如《詩經》："西南其戶。"●疑用為本義。《赫作父乙簋》："戊辰，弜師易（賜）赫喜戶、賣貝，用乍（作）父乙寶彝。"●人名。見于《右嗣鼎》。●門戶。《上博三·周易51》："閨（關）丌（其）床（戶）。"《集韻》戶，古作床。●讀扈。《匯考301》"公戶惑"讀"公扈惑"，複姓。●《璽彙3996》"東戶蒼"，"東戶"，複姓。漢代私印中有"東戶登"和"東戶政"（《璽印姓氏征》卷下第6頁上）。傳説上古君主中有一位叫東戶季子。《淮南子·繆稱訓》："昔東戶季子之世，道路不拾遺，耒耜餘糧宿諸畝首，使君子小人各得其宜也。"高注："東戶季子，古之人君。"舊以為"東戶"這個姓氏即來源於這位東戶季子（參夏樹芳《奇姓通》）。●《上博七·武王7》："戶機曰：'皇皇惟謹口，口生敬，口生奇（詧），繇（慎）之口。'""戶機"銘與"戶機"的特徵有關。意即"言如門戶之樞機，開合有節"，告誡人們要慎於言。

庫 楚 包山260

【注】從革戶聲。●讀戶。簡文"一敝庫"，疑應該讀為"蔽戶"。古人把遮蔽膝的巾叫"蔽膝"。"蔽戶"與"蔽膝"文例相同，當是指遮蔽門户的簾子。大概簡文"蔽戶"是革裂的，故"戶"字從"革"作。

所 齊 宋公差戈 嗣料盆蓋 即盂 庚壺 叔夷鎛 鄆左

戈 陶彙3·279 齊城戈 楚 襄城公競瞠戈 無所鼎 彭公孫無所

鼎 王子午鼎 蒹陵公戈 上博一·詩論20 上博一·緇衣4 上博

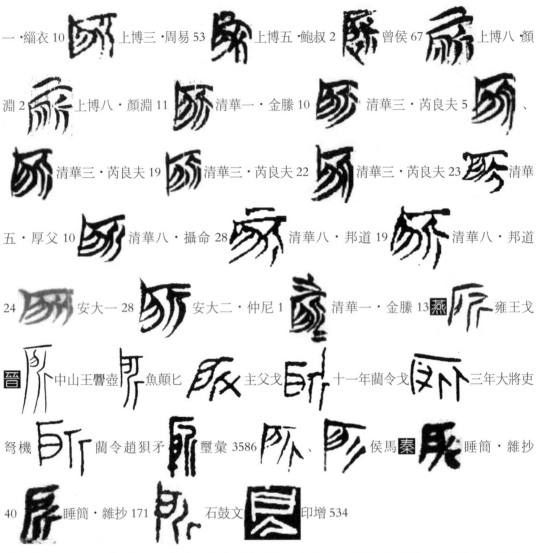

一·緇衣 10  上博三·周易 53  上博五·鮑叔 2  曾侯 67  上博八·顏淵 2  上博八·顏淵 11  清華一·金縢 10  清華三·芮良夫 5 、 清華三·芮良夫 19  清華三·芮良夫 22  清華三·芮良夫 23  清華五·厚父 10  清華八·攝命 28  清華八·邦道 19  清華八·邦道 24  安大一 28  安大二·仲尼 1  清華一·金縢 13 燕  雍王戈 晉  中山王嚳壺  魚顛匕  主父戈  十一年藺令戈  三年大將吏弩機  藺令趙狽矛  璽彙 3586 、 侯馬 秦  睡簡·雜抄 40  睡簡·雜抄 171  石鼓文  印增 534

【注】從斤戶聲。《清華一·金縢 13》為"之所"二字合文。《説文》:"所,伐木聲也。從斤戶聲。《詩》曰:'伐木所所。'"段玉裁注:"伐木聲,乃此字本義。用為處所者,叚借為處字也。"本義伐木聲。●地點、處所。《叔尸鐘》:"虩虩成唐(湯),又敢才(在)帝所。"帝所,天帝居住之地,即天廷。或作"帝廷",《㝬簋》:"其瀕(頻)才(在)帝廷陟降。"●代詞。用在動詞前,組成名詞性短語,表示"……的人""……的事物"。《中山王嚳壺》:"用隹(唯)朕(朕)所放(仿),慈孝寰惠,舉(舉)孯(賢)速(使)能。"《左傳·襄公十四年》:"賜我南鄙之田,狐狸所居,豺狼所嗥。"●《清華三·芮良夫 5》:"君子而受柬(諫),萬民之叡(咎),所(禦)而弗敬。"所,讀禦,禁止、抗拒。《周易·漸》"利禦寇"之"禦",馬王堆帛書《周易·六十四卦》即作"所"(第八十六行下)。《上博(三)·周易》第 4 號簡《訟》初六爻辭"不出御事","御"字今本及馬王堆漢墓帛書本作"所"。意為"君子受到諫言,卻厭惡萬民,抵觸而不加敬"。

所 楚  郭店·尊德 24  上博七·君甲 7

【注】從人所聲，"所"之異體。●讀所。《上博七·君甲7》："人目（以）君王為厎（所）目（以）戱（傲）。"●讀御，詳"所"字。《郭店·尊德24》："為邦而不以豊（禮），猷（猶）厎（御）之亡適也。"陳劍讀為"猶御之無策也"。

璽彙 3242

【注】從山所聲。●"崏皁"疑讀所，姓氏。

秦編 610

【注】從隹戶聲。●"雇里"，里名。

清華二·繫年 62　璽補 242

【注】從邑戶聲。●地名。《清華二·繫年62》："晉成公窣（卒）于扈。"●晉璽"扈悌"，姓氏。

匚紐壺聲

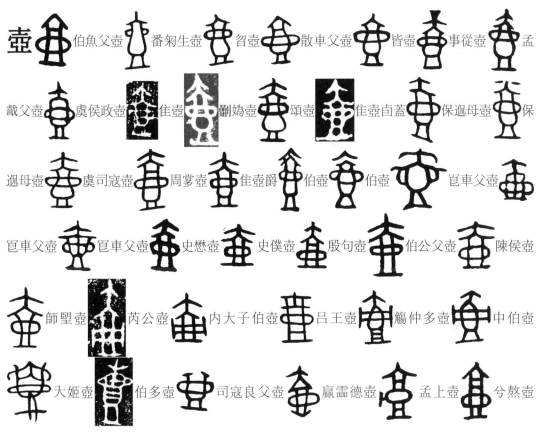

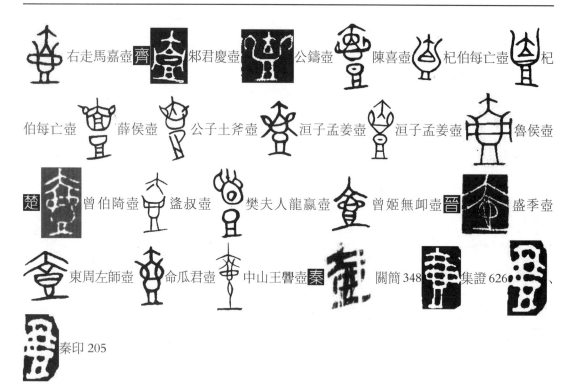

右走馬嘉壺 齊 郳君慶壺 公鑄壺 陳喜壺 杞伯每亡壺 杞伯每亡壺 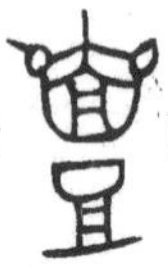薛侯壺 公子土斧壺 洹子孟姜壺 洹子孟姜壺 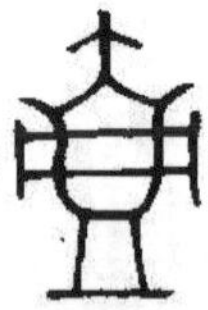魯侯壺 楚 曾伯陭壺 盜叔壺 樊夫人龍嬴壺 曾姬無卹壺 晉 盛季壺 東周左師壺 命瓜君壺 中山王嚳壺 秦 關簡 348 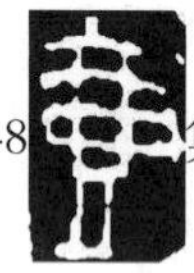集證 626 、秦印 205

【注】甲骨文作、、、、、，象一把酒壺的樣子，十分形象：上端有尖形的壺蓋，中間圓圓的壺身，下面是壺底，有的字形還有兩耳。金文同甲骨文。或增從廾、殳、金，均為繁文。●盛酒器名。《伯公父壺蓋》："白（伯）公父乍（作）弔（叔）姬醴壺。"三代彝器的壺均屬盛酒之器，並非後世的水壺。《周禮·秋官·掌客》："壺四十。"鄭玄注："壺，酒器也。"《詩·大雅·韓奕》："清酒百壺。"●秦印"壺辰""壺勳"姓氏。春秋時衛有壺黶；漢代有壺遂，諫議大夫；又有壺崇、壺充國。

⿱壺廾 咼壺 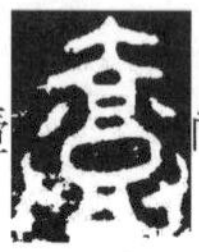咼壺 員壺 齊 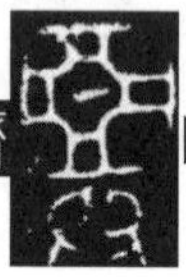圓君婦媿霝壺

【注】從廾壺聲。●讀壺，酒器。

⿰壺殳 伯致壺 伯作姬觶 曩仲壺

【注】從殳壺聲。●讀壺，酒器。

⿰金壺 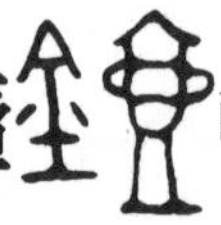函皇父盤 函皇父鼎 函皇父簋

【注】從金壺聲。●讀壺，酒器。

⿰方壺 ⿰方壺叔樊鼎

【注】從仝壺聲。●讀壺，國名。《廬叔樊鼎》：“廬弔（叔）樊乍（作）易姚寶鼎。”廬國為山西境內一小國，有地名壺口關在今山西黎城縣，古代屬黎國轄區；至今仍有壺姓者，當源於廬國國名。銘文中易讀為唐，因沒有媵字，可認為這是廬叔樊為其妻唐姚所作銅器，表明當時唐國為姚姓。據文獻記載，唐堯為祁姓，虞舜為姚姓，周為姬姓，都曾在唐地建立諸侯國。西周初年成王之弟叔虞被封于唐地，建立姬姓唐國，後更名為晉國。由此可以認為，銅鼎銘文中西周晚期的唐國應為姚姓，可能是虞舜後裔所建之國，其地當仍在山西境內。（《柯史簋與柯國、唐國》）

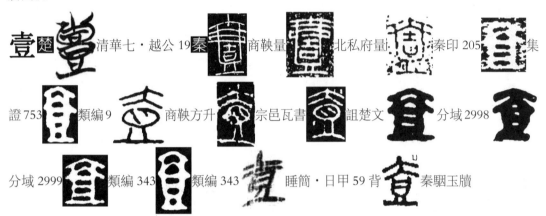

壹 楚 清華七·越公 19 秦 商鞅量 北私府量 秦印 205 集
證 753 類編 9 商鞅方升 宗邑瓦書 詛楚文 分域 2998
分域 2999 類編 343 類編 343 睡簡·日甲 59 背 秦駰玉牘

【注】從壺從吉，雙聲字。何琳儀曰：“壹，與壺為一字分化（參‘壺’字）。壺，匣紐；壹，影紐。影、匣均屬喉音，壹為壺之准聲。古文字以壺為壹。秦統一之後始迻加吉為音符。壹、吉均屬至部。”（《戰國古文字典》1079頁）秦文字多省簡。●讀一，數詞。《宗邑瓦書》：“顥以四年冬十壹月癸酉封之。”●統一、齊一。《商鞅量》：“灋度量則不壹歉疑者，皆明壹之。”●讀一。《清華七·越公 19》：“孤用銜（率）我壹（一）弍（二）子弟……”楚文字文本首見。●讀一，一體。《詛楚文》：“兩邦若壹。”●專一。《集證 753》“壹心慎事”。

懿 田 沈子它簋 師詢鼎 匜公盨 匜尊 班簋 穆父鼎
單伯鐘 異仲壺 異仲壺 禹鼎 瘋鐘 牆盤 齊 禾簋

【注】從欠壺（讀為壹）聲，古“懿”字。《匜尊》之 田，馬承源隸為“歙”，謂“歙”與“懿”相通。然古文字“亞”鮮有作 亞 形，金文“壺”或作 壹、壺，故 當為“壺”之省文。或說金文從壺從欠，會人張口飲酒之意；懿美之義自見矣。稍晚則字增心旁以足義。小篆易“壺”為“壹”，《說文》以為從恣省聲，誤。《說文》：“懿，專久而美也。從壹，從恣省聲。”本義為美。●美、美好。《班簋》：“不（丕）杯弔皇公受京宗懿釐。”懿釐，美好的福份。《牆盤》：“上帝降懿德大甹，匍（撫）有上下，迨（會）受萬邦。”懿德，美好的品行。《易·小畜·象傳》：“君子以懿文德。”孔穎達疏：“懿，美也。”《詩·大雅·烝民》：“民之秉彝，好是懿德。”●懿王：人名，即周懿王。《匜卣》：“隹（唯）四月初吉甲午，懿王才（在）射盧（廬）。”●人名。《邿大宰鐘》：“龕（邿）大宰檥子懿，自乍（作）其☑鐘。”

 清華十・四告 30

【注】整理者隸定為"歖"，從欠壹聲。，應該是 由 一類的古文字演變而來。●讀懿。《清華十・四告 30》："不秉歖（懿）德，茲好埜（野），余弗敢智（知）。"

 清華十・四告 28 清華十・四告 29 清華十・四告 32 清華十・四告 34

清華十・四告 34

【注】從壹，疊加音符印。●讀懿。《清華十・四告 28》："燮嚿（懿）朕心，母（毋）懟（慆）於非彝。"燮，和。懿，美。

見紐古聲

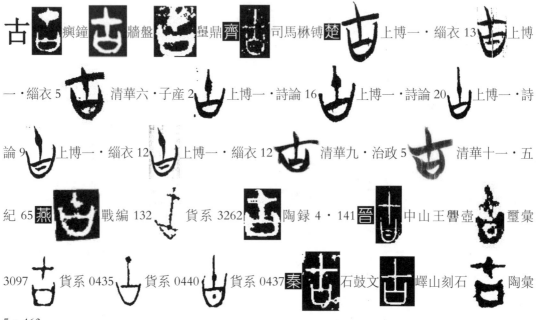 瘋鐘 牆盤 疐鼎 齊 司馬楙鐏 楚 上博一・緇衣 13 上博

一・緇衣 5 清華六・子產 2 上博一・詩論 16 上博一・詩論 20 上博一・詩

論 9 上博一・緇衣 12 上博一・緇衣 12 清華九・治政 5 清華十一・五

紀 65 燕 戰編 132 貨系 3262 陶錄 4・141 晉 中山王罍壺 璽彙

3097 貨系 0435 貨系 0440 貨系 0437 秦 石鼓文 嶧山刻石 陶彙

5・463

【注】甲骨文作 由、 古、 古、 由，構形不明。或曰從盾，從口為區別符號，以示盾之堅固，即"固"之本字。金文將中間虛框填實作 古。楚文字"古"作 古，上部為一長橫；"由"則作 古、古，上部為一點。上博簡作 由 者，與"由"混同，唯據文意別之耳。《說文》："古，故也。從十、口。識前言者也。凡古之屬皆從古。 古文古。"許慎以為會意字：上面是十字，下面是口，以十口相傳表示年代久遠的事物，文字出現前歷史是口傳的。本義是古代，與"今"相對，如《韓非子》："古今異俗。"●用為本義，往昔也。《瘋鐘》："曰古文王，初鼈龢于政，上帝降懿德大甹。"●讀故，所以。《大盂鼎》："古（故）天異（翼）臨子。"●讀姑，古國名。《疐方鼎》："隹（唯）周公于征伐東尸（夷），豐白（伯）、尃（薄）古（姑）咸戈。"薄姑，金文或作"亳姑""不故"。●晉古：或謂貨幣之名稱。《師旂鼎》："白（伯）懋父乃罰得晉古三百寽（鋝）。"周

938

灉高謂寽作為重量單位殷周之際已有古今之別，《師旂鼎》銘文特意注明古三百寽，以與當時之寽相區別。或謂讀居，《金文編》："不從厂，聞一多讀為居，美石也。"然居不得以寽計，是說存疑。●讀怙，依仗、依靠。《清華六·子產 2》："不良君古（怙）立（位）劫（固）福。"●讀鹽，訓為止息之義。《清華五·帝門 16》："起（起）事亡（無）穫，疠（病）民亡（無）古（鹽），此胃（謂）亞（惡）事。"《詩·唐風·鴇羽》："王事靡鹽，不能藝稷黍。"王引之《經義述聞·毛詩上》："鹽者，息也。王事靡鹽者，王事靡有止息也。王事靡息，故不能藝稷黍也。""無古（鹽）"即同"靡鹽"。●讀岵。《安大一 72》："陟皮（彼）古（岵）可（兮），詹（瞻）腥（望）父可（兮）。"《毛詩》作"陟彼岵兮"。《説文·山部》："岵，山有草木也。從山，古聲。《詩》曰：'陟彼岵兮。'"《釋名》："山有草木曰岵。岵，怙也，人所怙取以為事用也。山無草木曰屺。屺，圮也，無所出生也。"

站 晉 璽補 208

【注】從立古聲。●"郵（童）站"，人名。

劫 楚 清華六·子產 2

【注】從力古聲。●讀固。《清華六·子產 2》："不良君古（怙）立（位）劫（固）福。"王寧認為"'劫'似乎也應當讀為'怙'。'位'、'富'同樣是不良君怙恃的東西"。（王寧《清華簡六《子產》釋文校讀》）

故 楚 清華四·別卦 2

【注】從夜從古，雙聲字。●讀蠱，即"蠱"卦。馬國翰《歸藏》作"夜"，秦簡作"夜"或"亦"。帛書本作"箇"。因此"故"是一個古、夜雙聲字。

迠 齊 陶錄 3·649　　陶錄 3·649　　陶錄 3·337 楚 　　包山 129

【注】從辵古聲。●齊陶單字，應為人名。包山簡人名。

故 楚 清華八·八氣 4　　上博四·曹沫 55　　上博四·曹沫 54　　清

華十一·五紀 29

【注】從欠古聲，"甘苦"之"苦"的專造字。楚文字欠作偏旁常寫作次。●讀苦。《清華八·八氣 4》："甘為緩，故（苦）為固。"●《上博四·曹沫 55》："此復故戰之道。"在簡文"敗戰"下，陳劍先生加注釋説：原注釋謂"復敗戰"指"'挽救敗戰'"，"'敗'與陣形潰亂有關"。按

由下文曹沫的回答"有。三軍大敗，死者收之，傷者問之……"云云，可知"復敗戰之道"指已經打了敗戰之後，要再戰鬥即"復戰"的辦法。後文"復盤戰""復甘戰""復故戰"類同，只是"盤戰"等之具體含義不明。

【注】從老省古聲。●《包山 68》"耆州"地名。●讀庫。《清華一 · 皇門 1》"隹（惟）正〔月〕庚午，公畧（格）才（在）耆（庫）門。"古聲，見母魚部，讀為溪母魚部之"庫"。"耆門"即"庫門"。周制天子五門，自南數為皋、庫、雉、應、路。●讀胡，表疑問或反詰，相當於"為什麼"。《清華七 · 子犯 1》："耆（胡）晉邦又（有）禍（禍），公子不能弁（止）女（焉）？"●讀故。《上博五 · 鮑叔 3》："犧牲、珪璧必全女（如）耆（故），伽（加）之以敬。"

【注】從人古聲。●燕璽人名。

清華五・三壽 20 燕 陶彙 4・56 晉 上官豆 璽彙 3169 璽彙 2210 璽彙

0072 秦 九年相邦呂不韋戟 睡簡・效律 20 秦集一・二・46

秦集一・二・47

【注】從尸古聲。尸，象人曲脛蹲踞形，表意。《說文》：“居，蹲也。從尸古者，居從古。𡲢俗居從足。”本義蹲也。●居䣡：地名。《鄂君啟車節》：“就高丘、就下䣙（蔡）、就居䣡（巢）。”●人名用字。《九年相邦呂不韋戟》：“九年，相邦呂不韋造，蜀守金，東工守文居。”●讀偓。《上博六・鄭壽 5》：“王復見鄭壽。鄭壽出，居（偓）𨒪（僂）以須。”“偓”與“居”，“僂”與“𨒪”音近可通，此以俯身彎腰表示恭敬。●居功。《郭店・老甲 17》：“萬勿（物）作而弗怕（始）也，為而弗志（恃）也，成而弗居。”●處於、位於。《郭店・老丙 9》：“是以圣（偏）牂（將）軍居左，上牂（將）軍居右，言以喪豊（禮）居之也。”●居住。《清華一・楚居 7》：“至焚冒酓帥（率）自箸（都）遷（徙）居焚。”●治理。《上博五・季庚 10》：“是古（故），臤（賢）人之居邦家也。”●秦印有“居室丞印”“居室寺從”等，均為官名。《漢書・百官公卿表》載，居室為少府屬官，設令、丞。“居室”是拘禁犯罪官吏的監獄。“居室寺從”當為居室之屬官。

莒 楚  安大一 40

【注】從艸居聲，“葭”字異體。●讀葭。《安大一 40》：“皮（彼）蓻（茁）者莒（葭）。”《毛詩》作“彼茁者葭”。毛傳：“葭，蘆也。”

鋸 楚  上博九・陳公 13

【注】從壴居聲。●《上博九・陳公 13》：“鋸澫㠯（以）戕（壯）之，喬山㠯（以）退之。”鋸澫、喬山當為鼓鉦之類，具體含義不詳。

倨 秦 睡簡・為吏 38

【注】從人居聲。●秦簡本義，《說文》：“倨，不遜也。從人居聲。”《睡簡・為吏 38》：“倨驕毋（無）人。”

鋸 燕  郾王職戈 郾王職戈 郾王䃣戈

【注】從金居聲，與小篆同。《說文》：“鋸，槍唐也。”本義齒形工具。●戰國時燕國對戟的稱謂。《郾王職戈》：“郾（燕）王職乍（作）帀（師）萃鋸。”鋸，“此字古音入魚部見紐，與戟為鐸

部見紐音讀相近，應是戠的方音"。（《商周青銅器銘文選》566 頁）亦可讀瞿。《書·顧命》："一人冕，執戣，立于東垂。一人冕，執瞿，立于西垂。"《注》："戣、瞿皆戟屬。"

【注】從女古聲，與小篆同。《說文》："姑，夫母也。"古代稱姑有兩種意義：一指父親的姊妹。《詩·邶風·泉水》："問我諸姑。"鄭玄箋："父之姊妹稱姑"；二指婦女稱丈夫的母親。《禮記·內則》："婦事舅姑如事父母。"●丈夫的母親。《庚嬴卣》："用乍（作）氒（厥）文姑寶障彝。"●母親的姊妹。《婦姑鼎》："作婦姑𤔲（肆）彝。"《婦姑磚斝》："乍（作）婦姑尊彝。"●姑公：古代對丈夫的父母的合稱，或稱舅姑。《胡叔胡姬簋》："用畗（享）孝于其姑公，子子孫其萬年永寶用。"《徲盨》："用畗（享）考（孝）于姑公。"典籍或作"姑妐"。《呂氏春秋·遇合》："（女父母）于是令其女常外藏，姑妐知之，曰：'為我婦而有外心，不可畜。'因出之。"文中妐乃受姑字類化加女旁。●讀苦。《上博五·姑成1》："姑（苦）成家父事厰（厲）公為士。""姑成"，讀"苦成"，古地名。

【注】從攴古聲。金文或以古為故，蓋故、古常通同，猶工、攻，正、政之通用也。《說文》："故，使為之也。從攴古聲。"本義緣故，原因。●原因。《大盂鼎》："燮（榮）即罰譒氒（厥）故。"《左傳·莊公十年》："既克，公問其故。"●讀辜，罪行。《蠡盨》："雩邦人、足（胥）人、師氏人又（有）皋又（有）故（辜）。"辜，原指重罪。《韓非子·說疑》："賞無功之人，罰不辜之

942

民，非所謂明也。"●連詞，表因果關係。《班簋》："隹（唯）民亡徣才（哉），彝态天令，故亡。"
●讀姑。《鄧公簋》："不（薄）故（姑）女夫人孠（始）乍（迮）舞（鄧）公。"不故，古國名，
郭沫若謂"不故疑即薄姑"。●過去的，原來的。《睡簡·秦種155》："積者必先度故積，當堤（題），
乃入焉。"增積者必須先稱量原積穀物，與題識符合，然後入倉。秦文字用"故"表示故，楚文
字多用"古"，晉系文字作"旀"。

慈齊　陶録2·197　　陶録3·154　　陶録2·309　　璽彙1949

【注】從心故聲。●齊陶人名。

旀晉　中山王䶜壺　　十四棄方壺　　璽彙3477

【注】從肰古聲。"旀"應該是個具有中山王國語音特色的方言字，"旀"是個雙聲符字，古音
"肰"在影紐元部，"古"在見紐魚部，聲韻俱近。●讀故，舊也。《中山王䶜壺》："郾（燕）
旀（故）君子䶼（噲），新君子之，不用豊（禮）宜（義）。"●晉璽"旀耳"，疑為姓氏。

䏣楚　包山248　晉　䶂壺

【注】從死古聲，與《説文》古文同。死，或從歺從人作上下結構。《説文》："辜，辠也。從辛
古聲。㒸古文辜從死。"本義罪行。●讀辜，罪、罪過。《䶂壺》："以悥（憂）乑（厥）民之隹（雖）
不䏣（辜）。"不辜，即無辜，指沒有罪行和過失而遭到不應有的損害。《詩·小雅·正月》："民
之無辜。"鄭玄箋："辜，罪也。"《包山248》："思攻解日月與不䏣（辜）。"不辜，詳"殆"字。

殆楚　望山1·78　　包山217　　天星　　清華四·筮法48

清華七·子犯12　　清華九·治政36　　清華九·成人19　秦　　北大簡

【注】從歺古聲。●讀辜。《望山1·78》："與新（親）父，與不殆（辜）。"《包山217》："思攻
解於不殆（辜）。""不辜"，鬼名。睡虎地簡《日書》："人生子未能行而死，恆然，是不辜鬼處
之。"不辜，是無罪而死的冤鬼。●讀辜，罪也。《清華七·子犯12》："殺三無殆（辜）。"

骷楚　清華二·繫年52

【注】從辠古聲。●讀辜。《清華二·繫年52》："生人可（何）骷（辜）？"

肔 齊 璽彙 3691　楚 清華五·啻門 7　清華六·太伯乙 4　上博

六·競公 10　晉 七年相邦陽信君鈹　璽彙 2464　璽彙 1302　秦 睡簡·答問 74

【注】從肉古聲。●讀苦。《上博六·競公 10》："丌（其）人妻（數）多已，是皆貧肔（苦）疒（癘）疾。"此句與傳世本"愁苦約病"相對應。●讀固。《清華五·啻門 7》："四月乃胡（固）。"或曰讀骨。●疑讀枯，《淮南子》注："猶病也。"《睡簡·答問 74》："人奴妾治（笞）子，子以肔死。"私家奴婢笞打自己之子，子因此患病而死。或說讀辜。●讀股。《清華六·太伯乙 4》："奮亓（其）肔（股）扐（肱）。"甲本作"肠"。●晉文字人名。齊璽人名。

胡 秦 、 、 秦印 76　關簡 368

【注】從肉古聲。《說文》："胡，牛顄垂也。從肉古聲。"本義牛脖子下的垂肉。《詩·豳風》："狼跋其胡。"《傳》："老狼有胡，進則躓其胡。"●秦印姓氏。楚文字用"猷"表示表示地名、胡氏之胡。

鍸 晉 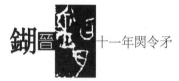 十一年閔令矛

【注】從金胡聲。●《十一年閔令矛》："冶人參所鈏（鑄）鍸者。"義不詳。

䣍 晉  璽彙 2214

【注】從邑胡聲。●"䣍疒"讀胡，姓氏。

駐 楚 曾侯 176　新蔡甲三 215

【注】從馬古聲。●疑讀騢，毛色赤白相雜的馬。《曾侯 176》："哀臣之駐為左騙，樂君之駐為右騙。"

羘 楚  包山 202　包山 233　包山 237

【注】從羊古聲，同"羖"。●讀羖。《爾雅·釋畜》牝羖。《疏》黑羊牝者曰羖。簡文中指犧牲。

 猎 秦 印增 597

【注】從犬古聲。● "猎印"，人名。

 豟 楚 包山 187　包山 219　包山 207　包山 207　清華

九·禱辭 13

【注】從豕古聲。●讀豭。《包山 207》："厎於埜（野）壄（地）宔（主）一豟（豭），宮壄（地）宔（主）一豟（豭）。" "豟"為公豬的專字，古書多用 "豭" 字表示。

 苦 楚 安大一 48 秦 戰編 27　、 秦印 10

【注】從艸苦聲。●秦漢印 "苦成裹" "苦成"，為複姓。●讀葭。《安大一 48》："兼（蒹）苦（葭）蒼=，白雺（露）為霜。"《毛詩》作 "蒹葭蒼蒼"。上古音 "苦" 屬溪紐魚部，"葭" 屬見紐魚部，音近可通。《史記·宋微子世家》："子共公瑕立。"《春秋》三傳共公名 "固"。（另參《古字通假會典》第八六四頁）

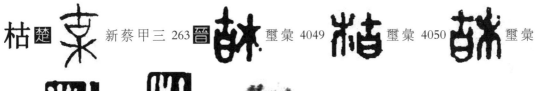 枯 楚 新蔡甲三 263 晉 璽彙 4049　璽彙 4050　璽彙

 4051 秦 吉大 129　秦印 107　睡簡·日甲 55 背

【注】從木古聲。●晉璽 "枯成" 讀苦成，複姓；又作 "古成" "姑成"。●秦簡本義，枯槁、乾枯。《睡簡·日甲 55 背》："必枯骨也。"

 秙 秦 睡簡·秦種 35

【注】從禾古聲。《集韻》穑禾不實也。●讀黏。《睡簡·秦種 35》："已獲上數，別粲、穤（糯）秙（黏）稻。"《説文·黍部》："黏，黏也。" 收穫後上報產量時，應將秈稻和糯稻區別開來。

 陆 晉 侯馬

【注】從阝古聲。●人名。

945

 陶錄 2・252

【注】從心陟聲。●齊陶人名。

 包山 153 二年梁令戟束 印增 586

【注】從邑古聲。●包山簡地名。《包山 153》："並一邑、郜一邑。" ●晉器人名。

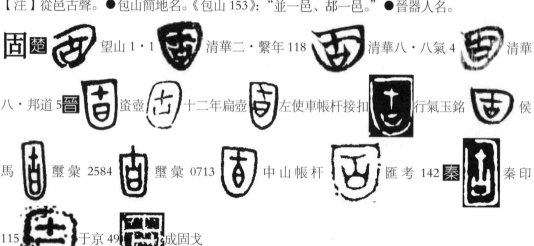 望山 1・1 清華二・繫年 118 清華八・八氣 4 清華

八・邦道 5 盉壺 十二年扁壺 左使車帳杆接扣 行氣玉銘 侯

馬 璽彙 2584 璽彙 0713 中山帳杆 匯考 142 秦印

115 于京 49 成固戈

【注】從口古聲，與小篆同。《説文》："固，四塞也。"本義為堅固。●人名。《十二年扁壺》："左使車嗇夫孫固工都。冢（重）五百六十九刀。" ●《成固戈》"成固"，《于京 49》"成固丞印"。"成固"為地名。治所在今陝西城固縣東八里湑水河西岸。●《匯考 142》"固陽郲☑"，"固陽"地名，戰國魏邑，在今綏遠境烏喇特旗故九原城東北。《史記魏世家》："築長城，塞固陽。"《正義》曰："魏築長城，自鄭濱洛，北達銀州，至勝州固陽縣為塞。" ●堅固。《行氣玉銘》："定則固，固則萌。"

 陶彙 3・31 分研 046 璽彙 3685

【注】從丰固聲；丰為疊加聲符。古，見紐魚部；丰，見紐月部。雙聲，魚月對轉。●齊文字人名。

 上博六・鄭壽 2

【注】從心固聲。"固"右邊一筆，因竹簡位置不夠缺失。●讀固。《上博六・鄭壽 2》："鄭壽乩

（辭），不敢答，王恩（固）俙（詢）之。"

怙 齊 陶録 2・669 楚 清華八・攝命 7

【注】從心古聲。●齊陶人名。●用為本義，依靠，仗恃。《清華八・攝命 7》："女（汝）母（毋）敢怙偈（匄）余曰乃嬔（毓）。"《詩・小雅・蓼莪》："無父何怙，無母何恃。"

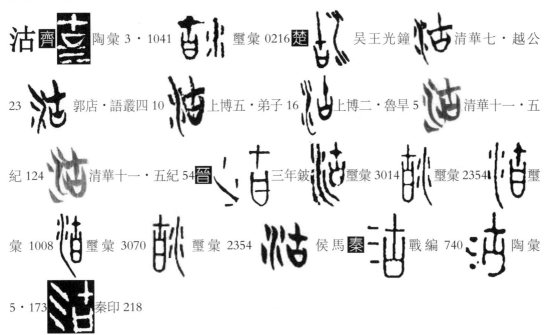

沽 齊 陶彙 3・1041 璽彙 0216 楚 吳王光鐘 怙 清華七・越公 23 沽 郭店・語叢四 10 怙 上博五・弟子 16 沽 上博二・魯旱 5 清華十一・五紀 124 清華十一・五紀 54 晉 三年鈹 璽彙 3014 璽彙 2354 璽彙 1008 璽彙 3070 璽彙 2354 侯馬 秦 戰編 740 陶彙 5・173 秦印 218

【注】從水古聲。《説文》："沽，水。出漁陽塞外，東入海。"本義為水名。●戰國文字多用為人名。《三年鈹》："冶沽戟齊（劑）。"●楚簡多讀湖。《清華七・越公 23》："余亓（其）與吳科（播）弃悁（怨）啓（惡）于潛（海）濾（濟）江沽（湖）。"●《璽彙 0216》"䖵沽之鉨"。䖵，讀司。司沽，疑讀"司酤"，職官名。齊官"司酤"疑與《周禮》所記"酒正""酒人"職掌不同，負責酒在民間的買賣，控制民間過度飲酒。（程燕《齊官考釋三則》）●讀涸。《上博二・魯旱 5》："女（如）天不雨，水牆（將）沽（涸），魚牆（將）死。"●讀固，蔽塞義。《上博五・弟子 16》："夏（寡）聝（聞）則沽（固）。"

澔 齊 璽彙 5678 陶彙 3・612 陶彙 3・618

【注】從水從二古。●《璽彙 5678》"澔毋"可讀胡母，複姓。●齊陶人名。

祜 瘕鐘 伯其父慶簠 楚 曾子簠 曾子簠

【注】從示古聲。其偏旁左右不固定，這是古文字的特點。《伯其父慶簠》所從乃示之訛變。金文或繁化從宀。《説文》："祜，上諱。臣鉉等曰：此漢安帝名也。福也。當從示古聲。"本義為福、大福。●福祿，特指大福。《曾子簠》："曾子㝅自乍（作）行器，則永祜福。"永祜福，即

947

文獻"永受胡福"。《儀禮·士冠禮》："眉壽萬年，永受胡福。"祜、胡古音同源，均有大義。●讀臣。《伯其父慶簠》："唯白（伯）其父慶乍（作）旅祜（臣）。"

祜 楚 黃子豆 黃子鬲 黃君孟鼎

【注】從宀祜聲。●讀祜，大也。《黃君孟鼎》："子孫則永祜（祜）祜（福）。"

罟 晉 首丘刻石 璽彙 0424 璽彙 0708 秦 石鼓文 秦印 151

【注】從网古聲。●晉文字均為人名。●《石鼓文》："徵=（秩秩）卣（卣-攸-所）罟。"應為"所罟秩秩"的倒文，"所罟"是罟網捕到的獵物，即指鳥。●秦印"罟趨丞印"。關於"罟趨"之意，其解有二：一為負責捕獵禽獸之官。"罟"為網之通稱。《易·繫辭》："包犧氏作結繩而為罔罟，以佃以漁。"《釋文》："取獸曰罔，取魚曰罟。""趨"作"歸附"解。因此，"罟趨"應為負責捕魚之官。漢代皇室設有捕魚官吏。"罟趨"也有可能為失載之地名。

罰 燕 璽彙 0562 璽彙 2826 璽彙 5686

【注】從刀罟聲。●燕璽人名。

繿 燕 璽彙 4126 璽彙 4127 璽彙 4129

【注】從糸罟聲，"罟"之繁文。●燕璽"繿昌""繿椅"等，疑為姓氏，讀古。

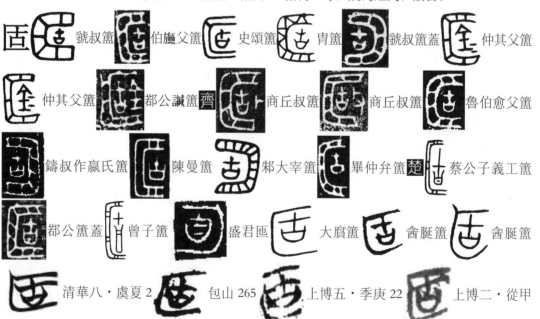

臣 虢叔簠 伯盧父簠 史頌簠 冑簠 虢叔簠蓋 仲其父簠
仲其父簠 都公諴簠 齊 商丘叔簠 商丘叔簠 魯伯愈父簠
鑄叔作嬴氏簠 陳曼簠 邾大宰簠 畢仲弁簠 楚 蔡公子義工簠
都公簠蓋 曾子簠 盛君匜 大膚簠 會脡簠 會脡簠
清華八·虞夏 2 包山 265 上博五·季庚 22 上博二·從甲

5燕 璽彙1887　　璽彙3891　　璽彙2750　晉 璽彙0712　　璽彙2428

匯考241　　璽彙0869　　璽彙3891

【注】金文多從匚古聲。或從古聲作匬、匫、匫（匫之省形）等，或從害聲作匫、匫、鎬、嘼，或作匯、匡。上述諸字皆應為《説文》之“匫”，是一種長方形斗狀器，舊誤為“簠”。自名為甫、箮、匫的青銅器當為“簠”，是一種與豆相似的圓形器。今沿用習慣稱號，對斗狀器“匫”仍稱簠。●青銅制的古代食器，長方形，口外侈，有四短足，有蓋。器與蓋的形狀相同，合上成一器，分開則成為相同的兩個器皿，用以盛黍、稷、稻、粱。西周晚期開始出現，沿用至戰國。《伯勇父簠》：“白（伯）戜（勇）父乍（作）匫（簠）。”《周禮·地官·舍人》：“凡祭祀，共（供）簠、簋、實之陳之。”鄭玄注：“方曰簠，圓曰簋，盛黍稷稻粱器。”古書中的“簠簋”，應為“匫簋”之誤。●晉璽均為人名。●讀固。《上博五·季庚22》：“句（苟）能匫（固）獸（守）。”

晉 璽彙2960　　璽彙1812

【注】從邑匫聲。●晉璽人名。

齊 西替簠

【注】從金古聲。●同“匫”，青銅制的古代食器。

伯公父簠　　伯公父簠

【注】從皿鈷聲。●同“匫”，青銅制的古代食器。

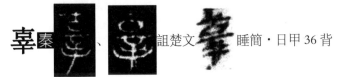

秦　　、　　詛楚文　　睡簡·日甲36背

【注】從辛古聲。●秦文字本義，罪。《詛楚文》：“内之則戲（暴）虐不（無）辜。”此義楚文字、三晉文字作“殌”“𣬠”等。

齊 璽彙4025　晉 璽彙2363

【注】從子古聲。●均為人名。

清華一·祭公 15

【注】從蚰古聲。●讀辜。《清華一·祭公 15》："女（汝）母（毋）目（以）戻绊（災）皋（罪）蟲（辜）亡（喪）寺（時）寏（遠）大邦。"詳"戻"字。

里耶 8·1839

【注】從皿古聲。●人名。

嶽麓一·為吏 18　（醢）睡簡·秦種 12

【注】從酉盍聲，疑"酤"之繁文。●讀酤。《睡簡·秦種 12》："百姓居田舍者毋敢醢（酤）酉（酒）。"整理小組注："田舍，農村中的居舍。酤酒，賣酒。《韓非子·外儲説右上》有宋人酤酒故事。《漢書·景帝紀》：'夏旱，禁酤酒。'注：'酤，謂賣酒也。'"居住在農村的百姓不准賣酒，酤酒則容易耽誤農事。

包山 170　包山 197　包山 212　包山 227　包山 180　包山 162　璽彙 3444　璽彙 3558　包山 238

【注】從盧古聲。"鹽"之省文，蓋鹽或省作盧。《包山 238》省皿，增飾符曰。●"鹽"在包山楚簡中除用作姓氏外，亦為地名，見簡 186"鹽昜（陽）敔（令）攝"。簡文中之鹽氏可能是以地名為氏者。楚璽亦為姓氏。

璽彙 0585　璽彙 3107　璽彙 3677

【注】從貝古聲，"賈"之異文。《篇韻》同賈。●齊璽人名。

陶彙 3·673　陶彙 3·674

【注】從网貼聲，疑"貼"之繁文。●齊陶人名。

結 楚 璽彙 2607　紳 包山 263　待 信陽 2·23　秦 苦 睡簡·封診 74

睡簡·秦種 116　粘 里耶 8·247

【注】從糸古聲。結，《說文》保任也。●讀婼，擔保。《睡簡·秦種 116》：“興徒以為邑中之紅（功）者，令結（婼）堵卒歲。”徵發徒作城邑的工程，要對所築的牆擔保一年。●《睡簡·封診 73》：“自宵臧（藏）乙復（複）結衣一乙房內中。”疑讀裾。裾衣，有長襟的衣服。一說應隸為“紬”，絲絹布。昨晚乙將本人的綿裾一件收在自己的居室側房中。●楚璽疑讀固，氏名。●《信陽 2·23》：“屯結芒之純。”《集韻》結縷，草名。“結芒”與包山簡“結無”“鱸蔫”皆一音之轉。結芒之純，謂以芒草花紋衣料以緣邊。

痁 晉 侯馬

【注】從广古聲。●人名，字或作瘡、疣、郎、痁、痁。

痁 晉 侯馬　類編 263

【注】從心痁聲。●人名。

詁 燕 璽彙 0824　璽彙 2809

【注】從言古聲。●燕璽人名。

鮕 楚 新蔡甲三 115

【注】從龜古聲。●“目（以）鮕黿為坪夜君〔貞〕”，“鮕黿”黿名，用為卜具。

窋 秦 印增 589

【注】從穴古聲。●人名。

見紐及聲

及 楚 安大一 104　清華十一·五紀 82　清華十一·五紀 83

951

【注】戰國文字"及"顯然是由人形和🐾（楚文字的及和秦國石鼓文"盈"所從及相似，都是在側面人形上加上一個特定的符號）構成的。所謂夊形原來和人形連成一體，後來才裂成兩部分。裂變方式和🀄（伯致簋）、🀄（《古陶文彙編》5·28）、🀄（睡虎地秦簡《秦律雜抄》35）相同。及其实就是股的本字。甲骨文作🀄，表示身體的某一個部位。這個字過去或釋為尻，不確。甲骨文另有尻字作🀄（《殷墟甲骨文字表》0010）。尻因為在身體的後面，所以用弧綫在尻所在部位標示出來。🀄則不同，是在股所在的部位劃個圈，表示股是腿上的某一段，不分前後。"股"本為指事字，後來字形演變，表意意圖不明顯，便在旁邊加形符月（肉）作🀄。再後來就用形聲字來取代它。《説文解字·夊部》及字，字頭作🀄。許慎解釋説："及，秦以市買多得為及。從乃從夊，益至也。《詩》曰：'我及酌彼金罍。'"所引詩句，出自《詩經·周南·卷耳》，今本作"我姑酌彼金罍"。《論語·子罕》："求善賈而沽諸？"《玉篇·夊部》引作"求善價而及諸？"這些材料，表明及與姑、沽相通假。《説文·皿部》又收從及構形的🀄，解釋為"器滿也。從皿及。"徐鉉等曰："及，古乎切。益多之義也。古者以買物多得為及。故從及。"《慧琳音義》十二引作"器滿也。從皿，從及，及亦聲"。由於及和盈讀音遠隔，"及亦聲"之説信從者甚少。大約系後人篡改的結果。（趙平安《關於及的形義來源》）●《安大一104》："索（素）衣朱及，從子于渼（鵠）。"《毛詩》作"素衣朱繡"。"繡"，《禮記·郊特牲》注引《詩》作"綃"。簡文"及"不明。●讀股。《清華十一·五紀82》："西桓（柱）右及（股），東桓（柱）左及（股）。"

盈 秦 石鼓文　睡簡·秦種58　睡簡·日甲16　橡膠效律3　睡簡·效律22　陝新738

【注】從皿及聲。及、盈讀音今不相同，趙平安認為是後人篡改的結果。●秦文字均用為本義，滿。《石鼓文》："流㳽滂滂，盈渼（海）濟濟。""盈海"謂靈雨致使水漲，盈湖溢池。《睡簡·效律164》："其不可食者不盈萬石以下。"秦文字用"盈"表示盈，楚文字用"涅""溼"表示盈，燕文字用"涅"表示盈。

汲 楚 上博三·周易9

【注】從水及聲，當釋為"水盈"之"盈"。●讀盈。《上博三·周易9》："又（有）孚汲（盈）缶，冬（終）逨（來）又（有）它吉。"

溼 楚 清華七·趙簡子8　清華六·孺子3　清華二·繫年123　安大一6

【注】從皿汲聲。●讀盈。《清華七·趙簡子8》："車廬（甲）外（閑），六貧（府）溼（盈）。"●可讀逞。《清華六·孺子3》："亡（無）不溼（逞）元（其）志於虔（吾）君之君呂（己）也。"

"盈亓志"其實讀為"逞其志"更佳。古書"逞志"一詞十分常見，出土古文字材料中亦不少見。君己，作自己的君主、統治自己。

朒 楚 清華六·太伯甲5　郭店·六德16　清華三·良臣7　清華九·治政4　清華十·四告32

【注】從肉及聲。●多讀股。《清華六·太伯甲5》："故（鼓）亓（其）腹心，奮亓（其）朒（股）扰（肱）。"《郭店·六德16》："孴（勞）亓（其）朒（股）忕（肱）之力弗敢單（憚）也。"●讀殺。《清華三·良臣7》："秦穆公又（有）朒（殺）大夫（＝）。"

羽 楚 望山1·125　新蔡甲二29　新蔡乙一28　天星

【注】從羊及聲。此字舊多釋為"羍"（"癢"之異文），誤。●讀牯，簡文中用為祭品。《望山1·125》："櫜禱遬，一羍。"及、古、股上古都是魚部見母字，古音很近。

見紐壴聲

壴 壴鼎　壴生鼎　女壴方彝 楚　王孫誥鐘　曾侯乙鐘　曾侯石磬　曾侯石磬　郭店·六德19　包山2　清華四·筮法58　上博八·道餓1　上博三·仲弓11　上博五·弟子9　璽彙5274 燕　郾侯載器　璽彙0368 晉　三年汪匋令戈　陶彙6·110　璽補185 秦　秦印87

【注】甲骨文作壴、壴、壴、壴、壴、壴，象鼓形，上為崇牙，中為鼓身，下為建鼓之虡，為鐘鼓之"鼓"本字。甲骨文或作鼓、鼓、鼓、鼓、鼓、鼓、鼓、鼓、鼓，增從殳、攴，會擊鼓之意。金文同甲骨文。甲骨文、金文壴、鼓一字。《說文》分為二字。加"口"分化出"喜"字。壴，見紐；喜，曉紐。曉、見為喉、牙通轉。《說文》："壴，陳樂立而上見也。從中從豆。凡壴之屬皆從壴。"《說文》："鼓，擊鼓也。從攴從壴，壴亦聲。""壴"今多用為偏旁。●讀鼓。

《郾侯載器》："☐焦金壴（鼓）。"●讀鼓，楚音名，相當傳統五音的羽，器銘亦作"鼓""皷"
"喜"，如《曾侯乙鐘》"獸鐘之壴反""坪皇之喜""墉音之鼓""大族之皷"。●族氏名，見于
《壴鼎》。或用為人名，《壴卣》："文考日癸，乃沈子壴。"●包山簡、韓陶讀鼓，姓氏。●讀矣。
《上博八·道餓1》："虗（吾）子齒年長壴（矣）。""壴"當音"喜"，古音"喜"在曉紐之部，
"矣"在匣紐之部，聲為一系，韻部相同，故可相通。●《璽彙0368》"中軍壴車"，"壴車"應
讀"鼓車"。所謂"鼓車"乃駕鼓之車，多用於儀仗。燕璽"中軍鼓車"乃軍隊中之儀仗車。郾
王兵器銘文中屢見"行議"，或讀"行儀"，其兵器也用於儀仗。"行議"與"鼓車"可以互為參
證。

【注】從水壴聲。●"渣耳"，應為人名。

【注】從艸壴聲。●璽文釋為"荳丘事人鉨"。"事人"，讀"使人"，見《左·宣十三》"使人不
至"。荳丘，地名。

【注】從耳壴聲，當為"聲"之省文。●燕璽人名。

【注】從彳壴聲。●或讀廚。《徝公右官鼎》："徝公右自（官）。"

【注】從戈壴聲。●晉璽人名。

【注】從匚壴聲。壴，為燕系文字獨有寫法，與"坒"易混。●燕璽人名。

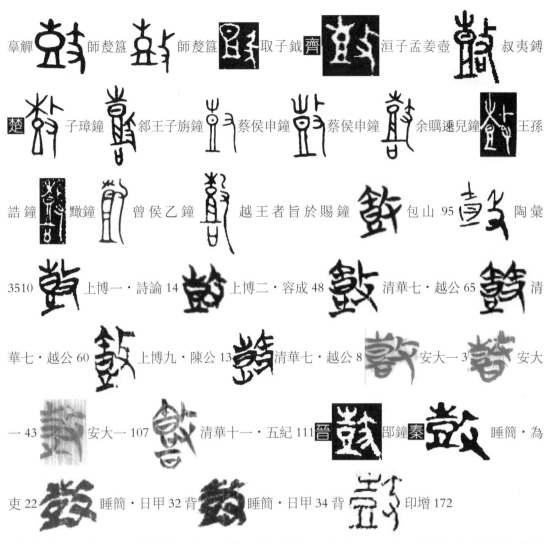

章觶 師嫠簋 師嫠簋 取子鉞 齊 洹子孟姜壺 叔夷鎛

楚 子璋鐘 郘王子旃鐘 蔡侯申鐘 蔡侯申鐘 余贎逐兒鐘 王孫

誥鐘 齟鐘 曾侯乙鐘 越王者旨於賜鐘 包山 95 陶彙

3510 上博一·詩論 14 上博二·容成 48 清華七·越公 65 清

華七·越公 60 上博九·陳公 13 清華七·越公 8 安大一 3 安大

一 43 安大一 107 清華十一·五紀 111 晉 邵鐘 秦 睡簡·為

吏 22 睡簡·日甲 32 背 睡簡·日甲 34 背 印增 172

【注】從攴壴聲。●打擊樂器。《大克鼎》："易（賜）女（汝）史小臣、霝鼓鐘。"●敲奏。《子璋鐘》："子子孫孫永保鼓之。"《安大一 43》："既見君子，立侳（坐）鼓瑟。"●樂官名。《師嫠簋》："令（令）女（汝）嗣（司）乃且（祖）舊官小輔鼓鐘。"鼓鐘，相當於《周禮》的鼓人和鐘師。《周禮·地官·鼓人》："鼓人掌教六鼓四金之音聲，以節聲樂，以和軍旅，以正田役。"《周禮·春官·鐘師》："鐘師掌金奏，凡樂事，以鐘鼓奏九夏：王夏、肆夏、昭夏、納夏、章夏、齊夏、族夏、械夏、驁夏。"

窰叔簋

【注】從心鼓聲。●人名。《窰叔簋》："豐姑憨用宿（夙）夜亯（享）考（孝）于詵公、于窰弔（叔）朋友。"

見紐蠱聲

蠱 楚 [上博三·周易18] 金 上博三·周易18 [上博三·周易18] 金 清華九·禱辭18 [晉] 侯馬

【注】甲骨文作 🐛、🐛、🐛、🐛、🐛、🐛、🐛、🐛，從蟲（兼聲）從皿。舊說把許多毒蟲放在器皿裏，使互相咬殺，最後剩下不死的毒蟲為"蠱"，可以用來毒害人。《說文》："蠱，腹中蟲也。《春秋傳》曰：'皿蟲為蠱。''晦淫之所生也。'臬桀死之鬼亦為蠱。從蟲從皿。皿，物之用也。"本義為毒蟲，如《周禮》："掌除毒蠱。"●侯馬盟書人名。●《上博三·周易》讀蠱，指蠱卦。●害蟲。《清華九·禱辭18》："吏（使）此邑之閑（閒）於列（厲）疾，母（毋）又（有）辠（罪）蠱。"

見紐斝聲

斝  斝器

【注】甲骨文作 🍶、🍶、🍶、🍶、🍶、🍶、🍶，象古代爵一類的酒器，似爵而大，無流及尾，有三足兩柱，一鋬，圓口，平底。甲骨文或增從又，象手持之形。金文同甲骨文。小篆增從斗，則為會意字。《說文》："斝，玉爵也。夏曰琖，殷曰斝，周曰爵。從叩從斗，冂象形。與爵同意。或說斝受六斗。"本義為古代青銅制的酒器。●族氏名。《斝器》："斝。"

見紐瓜聲

瓜 [師酉鼎] [齊] 陶彙3·708 陶徵156 楚 天星 [晉] 命瓜君壺 [秦] 秦陶1447 睡簡·日乙65

【注】商代文字作 🌱、🌱，金文多見于偏旁（《孤竹父丁罍》"晉"作 🌿，《亞霙孤竹罍》"晉"作 🌿），象瓜蔓瓜實之形。《命瓜君壺》瓜形形象化，瓜蔓向兩邊伸展。戰國文字承襲商周金文，演變為 🌱、🌱、🌱，又演變為 🌱、🌱、🌱。古文字"瓜"與"匕"寫灋有時相混，"瓜"旁常有意強調其中腹的肥筆，其中豎常向左彎曲，而"匕"字中豎多比較直，不作肥筆。《說文》："瓜，瓜也。象形。凡瓜之屬皆從瓜。"本義瓜果。●用為本義，瓜果。《睡簡·日乙65》："五穀龍日，子麥、丑黍、寅稷、辰麻、申戌叔（菽）、壬辰瓜、癸葵。"●讀狐。《令狐君嗣子壺》："命（令）瓜（狐）君嗣（嗣）子乍（作）鑄尊壺。"令狐，複姓。

弧瓜 楚 清華十一·五紀26 清華十一·五紀77

【注】從弦瓜聲。●整理者讀弧。《清華十一·五紀26》：“狼、弧（弧）、雖（咮）、張、東=（七星）、異（翼）、軫。”整理者注：“《楚辭·九歌·東君》‘舉長矢兮射天狼’，洪興祖補注引《晉書·天文志》：‘狼一星在東井南，為野將，主侵掠。’弧，《史記·天官書》：‘其東有大星曰狼。……下有四星曰弧，直狼。’《爾雅·釋天》：‘咮謂之柳。柳，鶉火也。’郭注：‘咮，朱鳥之口。鶉，鳥名。火屬南方。’七星，《史記·天官書》：‘柳為鳥注（案當讀為咮），主木草。七星，頸，為員官，主急事。張，素，為廚，主觴客。翼為羽翮，主遠客。’簡文張宿、七星與《天官書》等次序不同。”

 觚 秦 里耶 8·205 背

【注】從角瓜聲。●人名。

 瓠 楚 雅子奠瓠 信陽 2·1 清華十·病方 1

【注】《雅子奠壺》所作，劉洪濤據李家浩從“亞”聲之説，認為此字從“匕”，則其所從“匕”旁勢必是意符。但先秦的“匕”是用來插取肉類食物的工具，故董珊認為從瓜（聲符），隸為“瓠”，讀壺。（詳《信陽楚墓遺策所記的陶壺和木壺》）●從董珊説，讀壺。《信陽 2·1》：“四刺（團）瓠。”指四個無蓋圓壺。《雅子奠鉶》：“雅子奠障瓠。”●《清華十·病方 1》：“…… 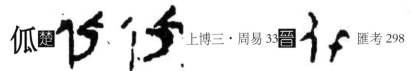 瓠渜（煮）目（以）酉（酒）。”整理者讀瓠，“瓠”為植物類藥名。

 㐌 楚 上博三·周易 33 晉 匯考 298

【注】從人瓜聲。●讀孤，幼年喪父或父母雙亡。《上博三·周易 33》：“椯（睽）㐌（孤），遇元夫，交孚，鬳（厲）亡（無）咎。”●晉璽“㫚㐌臧”，“㫚㐌”讀“純狐”，複姓。《姓觹》“純狐”氏條下謂：“《國名紀》云，古有純狐國，后羿妻即為純狐氏是也。”“純狐”原是傳説中的古國（部落）名，見於“楚辭”。《楚辭·天問》：“浞娶純狐，眩妻爰謀，何羿之射革，而交吞揆之？”“純狐”氏當是以國為氏。

孤 孤竹父丁罍 亞叟孤竹罍 子孤簋 亞叟父丁觚 亞叟父丁卣 楚 上博七·吳命 8 新蔡甲三 23 清華六·孺子 10 清華七·越公 75 清華七·子犯 10 清華七·晉文公 1 秦 睡簡·為吏

2  睡簡・日乙 143

【注】從子瓜聲。金文 ↄ 為無義之飾筆,因此字可釋為"孤"。楚簡聲符或訛為斤。●讀孤。《孤竹父丁罍》:"父丁。晉(孤)竹。"孤竹,古國名。《史記・周本紀》:"伯夷、叔齊在孤竹。"在今河北盧龍。●王侯謙稱。《清華七・子犯 10》:"寧孤是勿能用?"●辜負。《清華六・孺子 10》:"欮(訾)虐(吾)先君而孤乳=(孺子)。"●幼年喪父或無父母。《睡簡・日乙 238》:"甲子生,少孤。"

【注】甲骨文作 𤝏、𤝕、𤟟、𤜣、𤜔,從犬亡聲,葉玉森、郭沫若均釋為狐。亡古音讀為無,與瓜字古音同,故後世以瓜代亡。金文以"瓜"為之,或從犬瓜聲。《説文》:"狐,祅獸也。鬼所乘之。有三德:其色中和,小前大后,死則丘首。從犬瓜聲。"本義為狐狸。卜辭中用其本義。楚文字或作"狐"。●地名。《陽狐戈》:"陽狐。"●用為本義。《曾侯 5》:"狐白之聶。"狐白,《漢書・匡衡傳》"是有狐白之裘而反衣之也",顏師古注:"狐白,謂狐掖下之皮,其色純白,集以為貴,輕柔難得,故貴之。"●《璽彙 3987》"命狐買",讀"令狐買"。令狐,複姓。●秦印有"狐居""狐瑣""狐茅印"等,為姓氏。

 鄨狐戈

【注】從邑瓜聲,為地名用字。●讀狐,地名。《鄨狐戈》:"鄨鄔。"吳振武認為戈銘應即"惡狐",《史記・周本紀》:"秦取九鼎寶器,而遷西周公于狐。"在今河南省臨汝縣西北。

 關簡 358

【注】從女瓜聲。《集韻・麻韻》:"㜴,女名。"●讀孤。《關簡 358》:"甲午旬,辰巳為㜴(孤),戌亥為虛,從西北入。"

霓 楚 𩇓 上博二・容成 41

【注】從雨瓜聲（楚文字瓜、匕作偏旁相混，唯據文意別之）。●讀略，征伐之意。《上博二・容成 41》：“湯於是乎徵九州之師，以⿱雨瓜（略）四海之內。”⿱雨瓜的聲符“瓜”跟“略”聲母相近、韻部魚鐸陰入對轉，疑兩字可相通。（詳陳劍《上博楚簡容成氏與古史傳說》）

苽 楚  上博一・詩論 19  上博一・詩論 18  上博三・周易 41

【注】從艸瓜聲。●讀瓜。《上博一・詩論 19》：“因木苽（瓜）之報，以喻其悁（怨）者也。”木瓜，詩經篇名。

⿰鼠瓜 楚  包山 259  包山 164  天星  上博三・周易 37  安大一 50

【注】從鼠瓜聲。●包山簡地名。●讀狐。《安大一 50》：“君子至之，絵（錦）衣⿰鼠瓜（狐）裘。”

柧 楚  信陽 2・18  上博八・有皇 1 晉  璽彙 2605

【注】從木瓜聲。●《信陽 2・18》：“柧棨，刻彖。”李家浩認為：“柧棨”就是懸鐘磬的虡簨。上古音“柧”屬見母魚部，“虡”群母魚部，二字聲母都是喉音，韻母相同。“簨”屬心母真部，“棨”屬溪母月部。……疑“柧棨”應當讀為“虡簨”。“柧棨，刻彖”的意思是說，棧鐘的虡簨上，有漆繪的花纹。●木名。《上博八・有皇 1》：“何幾成夫今兮，能為余拜楮柧今兮。”●晉璽人名。

鈲 楚  包山 265  天星 晉 （）中山侯鉞

【注】從金瓜聲。《説文》無，《集韻》鐵鈲也。●軍鈲：器名，形如鉞，中山復國時周天子所授象徵權力的斧鉞的專名。《中山侯鉞》：“天子建邦中山侯忞乍（作）茲軍鈲，㠯（以）敬（儆）氒（厥）眾。”《金文編》原釋為“釪”。吴振武釋為“鈲”，⺪見于三晉文字狐字所從（參“狐”字）。鈲其實也就是鉞，不過是改戉聲為瓜聲，戉、瓜古音同，因此“鈲”可作為“鉞”的異體字。（詳吴振武《釋平山戰國中山王墓器物銘文中的“鈲”和“私庫”》）●讀壺。《包山 265》：“二少（小）鈲（壺）。”

⿸疒瓜 晉  璽彙 2670  璽彙 1780  璽集二-SY-25  璽彙 4056

【注】從疒瓜聲。●晉璽人名。

⿸厂瓜 楚  清華三・良臣 2 晉  璽彙 2867  璽彙 2868  璽彙 2869

【注】從戶瓜聲；戶為疊加音符，疑"瓜"之繁文。●晉璽"扈市""扈友""扈顛"，讀扈，姓氏。●人名，讀扈。《清華三·良臣2》："又（有）伊陟、又（有）臣扈（扈）。"《君奭》："在太戊，時則有若伊陟、臣扈，格于上帝。"

【注】從宀瓜聲。●讀瞽。《郭店·唐虞》中舜父之名，文獻中寫作"瞽叟""瞽瞍""鼓叟"。《上博二·子羔1》從古聲作"宀"（占為古之誤）。上古音"古""瓜"和"瞽"都是見母魚部字，可以通用。

見紐寡聲

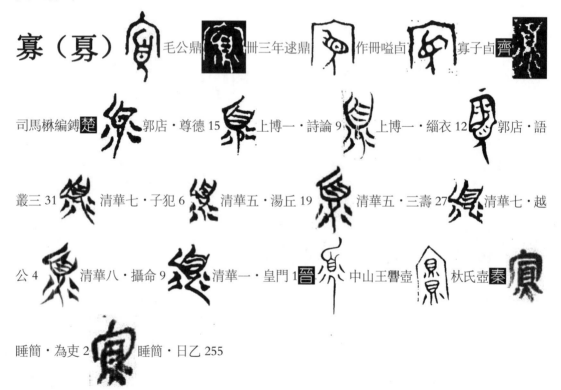

寡（夥）　毛公鼎　　冊三年逑鼎　作冊嗌卣　寡子卣齊

司馬楙編鎛楚　郭店·尊德15　上博一·詩論9　上博一·緇衣12　郭店·語

叢三31　清華七·子犯6　清華五·湯丘19　清華五·三壽27　清華七·越

公4　清華八·攝命9　清華一·皇門1晉　中山王譽壺　朴氏壺秦

睡簡·為吏2　睡簡·日乙255

【注】從宀從頁，回頭顧看之義。林義光曰："本義為鰥寡之寡，象人在屋下， 頁，顛沛見於顏面之形。"（《文源》卷六）亦可參。戰國文字或省宀並加四點為飾。或重迭宀下偏旁。頁形小篆訛為從須。《郭店·語叢三31》從雨從頁，與《古文四聲韻》引石經古文作 同，為"寡"字訛體，當是頁形兩邊飾點上移並與宀結合造成的。●數量上的少。《朴氏壺》："自頌既好，多寡不訏。"●女喪夫曰寡。《毛公鼎》："母（毋）敢龏橐，龏橐乃敉（侮）鰥寡。"《睡簡·為吏2參》："孤寡窮困。"●寡人：春秋以降王侯或自稱寡人。《中山王譽鼎》："寡人聞之，蒦（與）其汋（溺）于人斾（也），寧汋（溺）于涓。"●人名。《寡子卣》："寡子乍（作）永寶。"●楚文字多讀顧。《上博六·用曰05》："視前寡（顧）後。""寡"與"顧"皆為見紐魚部字。●少也。《郭店·尊德15》："教以言，則民訏以寡信。"

慁 楚　清華四·筮法 55

【注】從心惎聲。●簡文"為恖（憂），為慁"，讀懼。"惎"為見母魚部，"懼"為群母魚部。

贖 楚　郭店·緇衣 34　上博五·弟子 8　清華一·祭公 21　清華十·四
告 27

【注】從見惎聲，為"顧"之本字。●均讀顧。《上博五·弟子 8》："莫新（親）虖（乎）父母，死不贖（顧），生可言虖（乎）？"父母至親，如果父母去世沒有哀悼之心的話，父母在世時哪里談得上親情呢？《清華十·四告 27》："叟＝亡（無）得賑（瞻）贖（顧），慾（惱）於非彝，心好埜（野）。"

嬃 楚　清華九·廼命一 3

【注】從女惎聲。●簡文有殘缺。疑讀惎，為"惎"之繁文。

鶣 晉　中山王嚳壺

【注】從鳥惎聲。●讀顧，顧及。《中山王嚳壺》："不鶣（顧）大宜（義），不舊（忌）者（諸）侯，而臣宝（主）騽（易）立（位）。"

顧 　毛公鼎　沈子它簋　秦　秦印 173

【注】當從隹惎省聲。《說文》："顧，出額也。從頁隹聲。"●讀顧，眷念、關心。《沈子它簋蓋》："歔，吾考克淵克，乃沈子其顧褱（懷）多公能福。"《詩·商頌·那》："顧予烝嘗，湯孫之將。"鄭玄箋："顧猶念也。"《文選·東京賦》："神歆馨而顧德。"薛注："顧，眷也。"●讀顧。《說文》："顧，環視也。"《毛公鼎》："命女（汝）亟一方，酉我邦、我家，女顧于政，勿雝律庶人。"郭沫若讀推，"女顧于政"，言推行于政，勿壅累庶民。（《兩周金文辭大系考釋》138 頁）●秦印人名。

顧 秦　睡簡·答問 89

【注】從顧，戶為疊加聲符。●反而。《睡簡·答問 89》："鬭，為人毆毆（也），毋（無）疻痏，毆者顧折齒，可（何）論？"鬥毆，被人毆打，沒有青腫破傷，打人的人反而折斷了牙齒，應如何論處？

雥 _秦 睡簡·日甲130　　睡簡·日甲114

【注】從顡，爻為疊加聲符。●讀顧。《睡簡·日甲130》：“毋敢雥（顧）。”

見紐䀠聲

䀠　　　䀠鼎　　　䀠事占　　且癸鼎　䀠爵 _䀠　　王立事鈹　　王立事劍
南行陽令鈹　璽彙3261　類編112 _秦　漢印330

【注】從二目，象乖目而視之貌。《説文》：“䀠，左右視也。從二目。凡䀠之屬皆從䀠。讀若拘。又若良士瞿瞿。”《玉篇》與“瞿”同。段玉裁注：“或言瞿瞿。蓋皆䀠之假借。瞿行而䀠廢矣。”戰國文字易左右二目為上下二目。●人名。《䀠作父癸鼎》：“䀠。乍（作）父癸寶隣彝。”●族氏名。見于《䀠鼎》《䀠爵》等。●讀瞿，姓氏。《王立事劍》：“魚（漁）陽侖（令）䀠（瞿）卯。”

思 _楚　　玉印26　　上博五·姑成8　　上博二·從乙3　　上博七·武王5　清華一·楚居5　　清華七·子犯13　　清華一·者夜12　　清華一·者夜14　　清華五·三壽11　　清華十一·五紀1　　清華十一·五紀125

【注】從心䀠聲，“懼”之古文。“䀠”中一目或作貝（視）。●多讀懼，憂懼。《清華一·楚居5》：“思（懼）元（其）宔（主），夜而内（納）屍（尸）。”《清華一·者夜12》：“是隹（惟）良士之思=（懼懼）。”

㮯　　散氏盤

【注】從未䀠聲。●人名。《散氏盤》：“散人小子履田：戎，散父、效（教）㮯父、襮之有嗣橐、州豪（就）、焂選罍（嗣），凡散有嗣十夫。”

塁 _齊　　陶彙3·311　　陶彙3·237　　齊陶0850　　匯考66

【注】于為疊加音符，疑"眀"之繁文。《匯考66》復增一目。●齊陶人名。

惸 齊 陶彙3・234 燕 璽彙2813 璽彙3413

【注】從心睪聲，疑"睪"之繁文。●均為人名。

瞿 楚 郭店・語叢二32 郭店・語叢二32 清華十一・五紀101 璽彙

1184 秦 秦印71

【注】從隹眀聲。●讀懼。《郭店・語叢二32》："瞿（懼）生於眚（性），監生於瞿（懼）。"●
秦印有"瞿安"，姓氏。或用為人名。

寉 楚 上博七・武王2 清華八・邦道17 清華八・邦道18

【注】從宀瞿聲。●《上博七・武王2》："王女（如）谷（欲）寉之。"今本《大戴禮記・武王
踐阼》作"王欲聞之。""瞿"，驚貌、驚視貌。《禮記・雜記下》："免喪之外，行於道路，見似
目瞿，聞名心瞿。"孫希旦集解："瞿者，瞿瞿然，驚貌。"《尸子》卷上："聽言，耳目不瞿，視
聽不深，則善言不往焉。"●"雚"之訛文，讀觀。《清華八・邦道17》："古（故）興善人必管
（熟）䛗（問）元（其）行，女（焉）寉〈雚〉元（其）頁（貌）。"

瞿 秦 分研393

【注】從目瞿聲。●秦印人名。

懼 楚 九店621・13 上博六・鄭壽3 上博五・三德4 清華二・繫年

106 上博九・靈王4 上博九・陳公10 晉 中山王嚳鼎 秦 睡簡・為吏7

【注】從心瞿聲。戰國文字或省作 （上博五・姑成8），與《説文》古文作"思"同，從心從

963

眀，眀亦聲。《説文》："懼，恐也。從心瞿聲。古文。"本義恐懼。●害怕、恐懼。《中山王嚳鼎》："寡懼其忽然不可晝（得），憚憚慹慹，忑（恐）陨社稷（稷）之光。"《上博五·三德4》："憂懼之閑（閒），怲（疏）達之宋（次），毋胃（謂）之不敢，毋胃（謂）之不肰（然）。"怲（疏）達，讀"疏達"，豁達、開朗之義。《孔叢子·陳士義》："今東閭子疏達亮直，大丈夫也。"次有間隙義，如《莊子·田子方》"喜怒哀樂不入于胸次"。

 膃[楚] 安大一 102

【注】從丹懼聲。從丹當受"膃"之類化。●讀居。《安大一 102》："母（毋）巳（已）大康，獻（猶）思亓（其）膃（懼）。"《毛詩》作"職思其居"。上古音"懼"屬群紐魚部，"居"屬見紐魚部，音近可通。鄭箋解釋此句云："又當主思于所居之事。"不如簡文作"懼"文從字順。《説文·心部》："懼，恐也。"

 擢[秦] 秦印 233

【注】從手瞿聲，疑"攫"之省文。●秦印人名。

 朧[秦] 秦印 75 里耶 8·477 、 、 印增 148

【注】從肉瞿聲。●里耶簡"朧季"，人名。秦印均為人名。

 玃[秦] 睡簡·日甲 73 背

【注】從犬瞿聲。●人名。

 斠[秦] 璽彙 1278 璽彙 3584 集粹 585 類編 283 印封 1205

【注】從斗瞿聲，疑"斠"之異文。●秦印人名。《璽彙 1278》"童斠"，"童"作 ，明顯為楚文字風格；"斠"則為秦文字風格，歸屬不明。

 矍[楚] 九店 56·15 包山 58 上博九·史蒥 12

【注】從又瞿聲。●讀棗。《九店 56·15》："惻瞿之日，不利目（以）祭祀。"惻瞿，讀踐棗。《説文》："棗，朵，芒也。從木；入，象形；眔聲。"●包山簡人名。●讀懼。《上博九·史蒥 12》："臨事而瞿……。"

朡楚　安大一 103　楚　　包山 58　　包山 19　　新蔡甲三 15

【注】從丹瞿聲。●包山簡人名。●讀瞿。《安大一 103》："好樂母（毋）無（荒），良士朡（瞿）＝。"《毛詩》作"良士瞿瞿"，毛傳："瞿瞿然顧禮義也。"●讀懼，恐懼。《新蔡甲三 15》："隹潒栗忑（恐）朡（懼）。"

攫楚　郭店·老甲 33

【注】從手瞿聲。《説文》："攫，扟也。從手瞿聲。"●《郭店·老甲 33》："攫鳥狪（猛）獸弗扣。"今本《老子》五十五章作："猛獸不據，攫鳥不搏。"攫鳥，兇猛的鳥。

亞　沫伯疑鼎

【注】亞、眔一字之孳乳。眔，見紐魚部；亞，見紐陽部。魚陽陰陽對轉。《説文》："亞，乖也。從二臣相違。讀若誑。"《説文》"讀若誑"，或可歸入見母陽部字。●族徽文字，見于《沫伯疑鼎》《疑鼎》《疑觶》等器。

見紐叕聲

叕　頌鼎　晉　　錢典 136

【注】甲骨文作、、、、，象豕有勢之形，《頌鼎》所作，實際是"豭"字。叕為豭之象形字，豭則為形聲字。叕、豕在古文字偏旁中混同。《説文》："叕，豕也。"●金文讀家。《頌鼎》："令女官嗣（司）成周貯（賈）廿叕（家）。"●魏方足布讀瑕，地名。《左傳·僖公三十年》："許君焦、瑕。"

家　家戈爵　　　家且乙觚　　　毛公鼎　　缶鼎　　令簋　　伯家父作

孟姜簋　頌鼎　　　叔向父禹簋　　　鈇簋　　毛公鼎　　伯家父簋　　伯家父

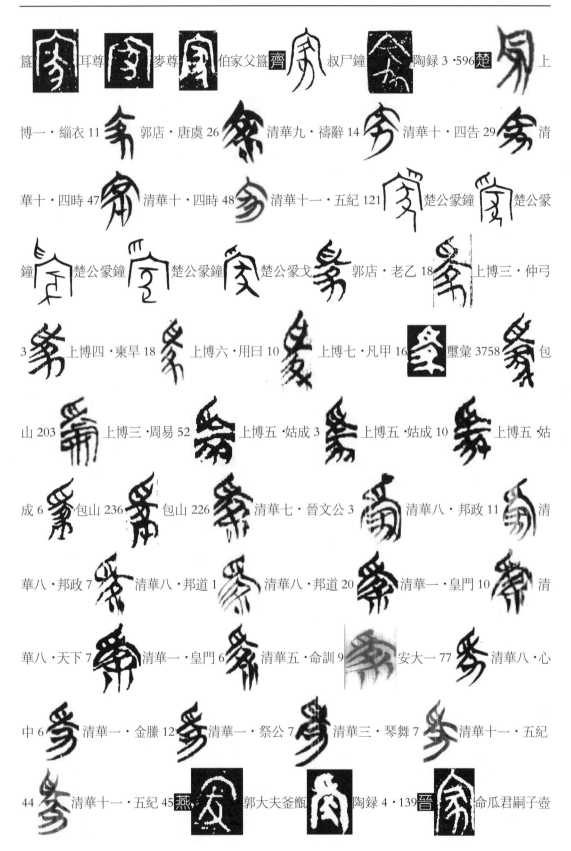

簋 耳尊 麥尊 伯家父簋 齊 叔尸鐘 陶録 3 ·596 楚 上

博一·緇衣 11 郭店·唐虞 26 清華九·禱辭 14 清華十·四告 29 清

華十·四時 47 清華十·四時 48 清華十一·五紀 121 楚公彖鐘 楚公彖

鐘 楚公彖鐘 楚公彖鐘 楚公彖戈 郭店·老乙 18 上博三·仲弓

3 上博四·柬旱 18 上博六·用曰 10 上博七·凡甲 16 璽彙 3758 包

山 203 上博三·周易 52 上博五·姑成 3 上博五·姑成 10 上博五·姑

成 6 包山 236 包山 226 清華七·晉文公 3 清華八·邦政 11 清

華八·邦政 7 清華八·邦道 1 清華八·邦道 20 清華一·皇門 10 清

華八·天下 7 清華一·皇門 6 清華五·命訓 9 安大一 77 清華八·心

中 6 清華一·金縢 12 清華一·祭公 7 清華三·琴舞 7 清華十一·五紀

44 清華十一·五紀 45 燕 郭大夫釜甑 陶録 4 ·139 晉 命瓜君嗣子壺

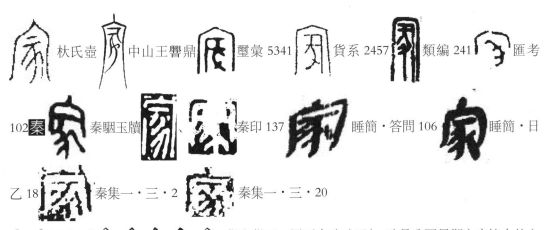

杕氏壺　中山王𗹭鼎　璽彙 5341　貨系 2457　類編 241　匯考 102秦　秦駰玉牘　秦印 137　睡簡·答問 106　睡簡·日乙 18　秦集一·三·2　秦集一·三·20

【注】甲骨文作𠖔、𠖗、𠖘、𠖙、𠖚，從宀從豕，屋下有豬（豕）；豬是我國早期家庭擁有的主要財富，以會家庭家室之意。甲骨文或作𠖛，"豕"變為"（叟）𧱤"，應該是有意識地聲化。古音"家""𧱤"均在見紐魚部。金文多從宀𧱤聲。楚系文字增從爪，"家"之繁文，從爪無義。《説文》："𡩅，居也。從宀，豭省聲。𠖜古文家。"本義即指家庭，如《韓非子》："儒者破家而葬，服喪三年。"引申為家族、國家、住所等義。●人名。《楚公豪鐘》："楚公豪自乍寶大鐘（林）鐘。"●家庭。《辛鼎》："辛乍（作）寶，其亡（無）彊（疆），乲（厥）家雝德。"●家族、宗族。《令狐君嗣子壺》："康樂我家。"●國家。《毛公鼎》："命女（汝）辥（乂）我邦我家内外。"●量詞，相當于"戶"。《令簋》："姜商（賞）令貝十朋、臣十家。"●人名。《家戈爵》："家戈。"●讀嫁。《睡簡·日乙 18》："家（嫁）子，攻毄（擊），吉、勝。"●讀稼。《清華一·皇門 6》："少（小）民用叚（格）、能𥢶（稼）嗇（穡）。"●《匯考 102》"家陽司寇"，"家陽"為地名，亦見於傳世大型三孔布面文（貨系 2457）。印文之"家陽"具體地望待考。●秦印有"家馬""下家馬丞""上家馬丞"等，均為官名。《漢書百官公卿表》："太僕，秦官，掌輿馬，有兩丞。屬官有大廄、未央、家馬三令，各五丞一尉。"顏師古注"家馬者，主供天子私用，非大祀、戎事軍國所需，故謂之家馬也。"家馬既有"五丞"，"上家馬丞""下家馬丞"當為其中之屬，"上""下"為區別字。

豪楚　郭店·五行 29

【注】從宀豪聲，疑"豪"之繁文。●讀家。《郭店·五行 29》："又（有）悳（德）則邦豪（家）𦥑（舉）。"

稼楚　清華七·越公 34　秦　睡簡·答問 158

【注】從禾家聲。●種植莊稼。《清華七·越公 34》："陵陸陵稼，水則為稻，乃亡（無）又（有）閑（間）卉（艸）。"●穀物。《睡簡·秦種 1》："稼已生後而雨，亦輒言雨少多。"

嫁秦　睡簡·日乙 53　睡簡·日乙 155

【注】從女家聲。●《說文》女適人也，跟"娶"相對。《睡簡·日乙 56》："不可取妻、嫁女。"

見紐戟聲

戟晉 毎叔子戟 璽彙 2373 璽彙 2374 璽彙 2372 ☑九年繭令戈

七年宅陽令矛秦 大良造鞅戟 商鞅戟 睡簡·答問 85 睡簡·效律 45

【注】從戈軟聲，或軟省聲。戰國他系文字多從屰聲作"戠""旗"（省形則為"族"）"旌""釬"等形，或從各聲作"𢧵"，或從建聲作"鍵"。●兵器名。郝本性認為戈、戟之區別有二：一是該器內上是否有刃，內上無刃為戈，內上有刃為戟，內頭平齊者為戈，內頭不平齊者為戟；二是其上是否需要再安裝一刺，戈無刺，戟有刺，銘文自稱為"戟束"。（《新鄭出土戰國銅兵器部分銘文考釋》）戰國式秦戈，絕大多數都內上有刃。這種內上有刃的戈，其實應當是戟上的戈的部分，是與矛分離後的戟所余的戈。所以實際上這種戈應該稱為戟刃。仍舊稱為"戈"只是為了適應習慣。（新鄭白廟范出土鄭韓兵器銘文中，內上有刃的，自名為"戟"；無刃的，自名為"戈"。）●晉璽有"戟梁""戟鮓"，讀棘，姓氏。

見紐戚聲

戚 師奎父鼎 五年師旋簋 袁盤 袁鼎 無更鼎 彌伯簋 休盤楚 璽彙 3244

【注】西周金文從肉從戈，會戟內邊緣有刃之意，"戟"之初文。●讀戟。《師奎父鼎》："戈珥戚。"●楚璽"戚鳴"讀棘，姓氏。

宬燕 璽彙 3422 貨系 3001

【注】從宀戚聲。●燕璽"宬張"讀棘，姓氏。

見紐乱聲

乱 沈子它簋 班簋 乱冊觚 邲鐘 邲鐘楚 清華十

一·五紀59　清華十一·五紀104　清華十一·五紀115　清華十一·五紀116

【注】甲骨文作 𦥑、𦥑、𦥑、𦥑、𦥑、𦥑、𦥑、𦥑、𦥑，象側面蹲踞之人，伸出兩手有所操持之狀。金文將兩手連在一起。小篆身手分離作𦥑。古文字每于"𦥑"下增從女或止（初從止，後訛為從女），如"聞"作𦥑、𦥑，"婚"作𦥑、𦥑，"揚"作𦥑、𦥑，"期"作𦥑。《説文》："𦥑，持也。象手有所𦥑據也。凡𦥑之屬皆從𦥑。讀若戟。"如今不單用，只作偏旁。字在甲骨文中多用作地名、人名、方國名。●第一人稱代詞。《班簋》："不（丕）杯𦥑皇公受京宗懿釐。"郭沫若曰："'不（丕）杯𦥑皇公'與秦公簋即鐘'丕顯朕皇祖'同例……𦥑當與朕同意。𦥑、朕均一音之轉。"（《兩周金文辭大系考釋》23頁）或釋為揚，句意不通。●《沈子它簋》："其𦥑哀乃沈子它唯福。"唐蘭讀惕。"惕，《説文》'憂也'，《廣雅·釋詁》一、'憂也'，二、'痛也'。𦥑哀，是憂痛傷哀，也就是憐惜乃沈子的意思。"（詳《論周昭王時代的青銅器銘刻》）●執也。《𨚵鐘》："余頡岡事君，余罟𦥑武。"𦥑武，猶文獻之執勇。銘意為，我為君主出力效勞，我狩獵時能服勇猛之人。或謂讀極，至也。"𣃁"則可讀戰。●《清華十一·五紀59》："𦥑豊（禮）唬（號）祝，曰隹（唯）川（順）是行。"整理者注："簡文出現多次，或可讀祝。"

訊 　𦥑　趞鼎

【注】從言從𦥑（暫歸𦥑聲）。字書不見。●人名。《趞鼎》："王在周康卲（昭）宮，各于大室，即立（位），宰訊右趞入門。"

溪紐去聲

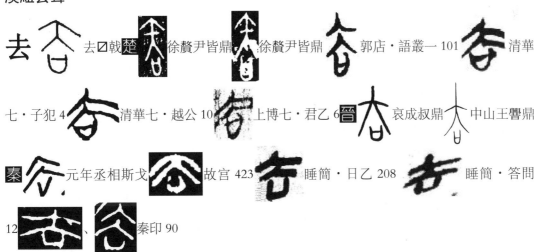

去 　去囗戟楚　　徐贅尹皆鼎　　徐贅尹皆鼎　　郭店·語叢一101　　清華

七·子犯4　　清華七·越公10　　上博七·君乙6　晉　哀成叔鼎　　中山王譻鼎

秦　元年丞相斯戈　　故宮423　　睡簡·日乙208　　睡簡·答問

12　　、　秦印90

【注】甲骨文作𣄿、𣄿、𣄿、𣄿、𣄿，從人從口（洞口門口，或省為凵），會離去之意。金文同甲骨文。或增從止、辵，則離違之意顯然。《徐贅尹皆鼎》作𣄿，舊多釋"知"。古文字"知"一般不作這種形體，並且都用"智"表"知"。廣瀨熏雄釋為"去"，戰國文字矢、大、夫相混。（《釋卜鼎——〈釋卜缶〉補説》）《説文》："𣄿，人相違也。從大凵聲。凡去之屬皆從去。"析形不確。本義為離開，如《韓非子》："陽虎去齊走趙。"●離去。《中山王譻鼎》："氏（是）目（以）寡

人匬（委）賃（任）之邦，而去之遊。"●去除、廢除。《螽壺》："大去型（刑）罰，以憂乒（厥）民之隹（罹）不赦（辜）。"《左傳·閔公二年》："衛侯不去其旌。"陸德明《釋文》："去，除也。"●洗去。《徐贅尹皆鼎》："余敢敬明（盟）祀，屮澅（洗）洰（沫）俗（浴），以去恤謱（辱）。""去恤辱"是洗掉憂念和污垢的意思。●失掉，失去。《郭店·老甲17》："天〈夫〉唯弗居也，是以弗去也。"

訜 楚  上博二·容成22

【注】從言去聲。疑"訟"之誤書，故"訟"之異體字作"訜"。●讀訟。《上博二·容成22》："禹乃建鼓於廷，以為民之有訜（訟）告者豻（鼓）焉。"

迲 齊  璽彙1433 故宮423 楚 郭店·老乙8 上博一·詩論
20 上博五·君禮3 安大一81 安大一82 上博九·卜書1
清華十·四告6 上博四·曹沫43 晉 螽壺 璽彙1161 晉陽令趙去疾戈
璽彙0856 璽彙0857 璽彙3190

【注】從辵去聲，"去"字繁文。辵或省為止。●讀去。《故宮423》"江迲疾"，《璽彙1433》"宋迲（去）疾"，"去疾"為古人習見之人名。可知迲、去一字異形。●讀去，去掉、缺少。《上博一·詩論20》："吾以《木瓜》得粼（幣）帛之不可迲（去）也，民性固然。"

狘 秦  印增395 印增597

【注】從犬去聲。●人名。

佉  亞岡佉卣

【注】從人去聲，與"祛"同。●人名。《亞岡佉卣》："昜（賜）岡佉貝朋。"

底  貉子卣

【注】增广佉聲，應為"佉"之繁文。●地名用字。《貉子卣》："王牢于厎。"

敊 齊 璽彙 1950　 璽彙 1185　 璽彙 0632 楚 帛書丙　 清華

九·禱辭 16 新蔡零 148

【注】從攴去聲，疑"抾"之異文。●《璽彙 1950》"郐（徐）敊"、《璽彙 1185》"吳敊之鈢"，人名。●讀抾，驅除、除去。《帛書丙》："敊（除）故不義于四☒。"《清華九·禱辭 16》："吏（使）虗（吾）邑昌，去敊亓（其）咎祛（殆）。"

陆 秦 睡簡·為吏 8

【注】從阝去聲。●讀隙。《睡簡·為吏 8》："上毋間陆。"或認為"卻"字之誤。間卻，間隙。

痣 晉 璽彙 1087

【注】從心疧聲，疑"疧"之繁文。●晉璽人名。

魼 秦 秦子戈　 秦子戈　 秦子矛　 印增 452

【注】從魚去聲。●《秦子戈》："秦子乍（作）簹（造），左辟元用，左右帀魼，用逸宜。"王輝認為"帀"應讀為師字，中間一豎不應出頭，這是由於當時鑄造時粗心所致，說明當時鑄造時是很草率的。(《關于秦子戈、矛的几個問題》)李學勤認為"帀"即為《説文》中訓為"周也"的"帀"，今作"匝"。"魼"也見於《説文》，朱駿聲說明該字從"劫"省聲，讀夾，訓為"輔"。"左右帀魼"意為軍隊對秦子輔佐保衛。(《"秦子"新解》)●秦印人名。

鈢 秦 秦政伯喪戈　 、 秦印 267　 印增 653

【注】從金去聲。●秦兵器銘文，與"魼"同。詳"魼"字。●秦印人名。

祛 楚 安大一 112 晉 廿年塚子戈　 匯考 324 秦 、

印增 326

【注】從衣去聲。《説文》："祛，衣袂也。從衣去聲。"本義衣袖。●用為本義，衣袖。《安大一 112》："羔裘豹（豹）祛。"毛傳："祛，袂也。"●人名。《廿年塚子戈》："庫吏祛。"《匯考 324》

"乘馬祛"。

祛 ^楚  清華九·禱辭 16

【注】從示去聲。●《清華九·禱辭 16》："吏（使）虐（吾）邑昌，去故亓（其）咎祛（祛）。"
整理者注："祛，在篇中押魚部韻，疑讀為'祛'，與'咎'同義連用。古人認為乘馬可禳除災
禍，睡虎地《馬禖》有'驅其殃，去其不祥'之語，三晉璽印中有'乘馬祛'的辭例，或與這
一信仰有關。"

軝 ^晉  類編 467

【注】從車去聲。●晉璽人名。

竑 ^晉  匯考 208

【注】從立去聲。●晉璽人名。

頍 ^齊  陶録 2·403

【注】從頁去聲。●"丘齊炻（匋）里王頍"，人名。

劫 ^秦  嶽麓三 111　嶽麓三 110

【注】從力去聲。●脅迫。《嶽麓三 110》："識劫婉曰。"

溪紐巨聲

矩 ^{伯矩簋}　矩尊　^{伯矩盂}　伯矩尊　^{伯矩鼎}　伯矩卣　^伯
矩盤　^{伯矩鬲}　伯矩鼎　^{登卣}　裘衛盉　^{矩叔壺}　九年衛鼎

【注】從大從巨，象人以手持巨之形；巨兼聲。大形或變形音化從夫（亦為人之象形），因夫與
矢近似（古文字夫、矢作形符，常混淆），故小篆後訛作從矢巨聲的形聲字，人持巨之意遂失。
《說文》："巨，規巨也。從工，象手持之。巨古文巨。㮨巨或從木、矢。矢者，其中正也。"小
篆即為巨之省，或為㓘之省。本義為矩尺。●國名。《裘衛盉》："矩白（伯）庶人取堇（覲）章

（璋）于裘衛。"●人名。《伯矩鬲》："匽（燕）侯易（賜）白（伯）矩貝。"

吳方彝　彔伯簋　師克盨　毛公鼎　伯晨鼎　智壺　吕鼎

冊十二年逨鼎　冊十三年逨鼎

【注】從鬯矩聲。聲符矩或省作巨、夫。《説文》："鬯，黑黍也。一稃二米，以釀也。從鬯矩聲。矩，鬯或從禾。"本義為黑黍，用以釀酒。或指用黑黍釀的酒。●銘文中用其本義，多指黑黍酒。《吕鼎》："王易（賜）吕戝（秬）三卣。"或"鬯鬯"連用。《吳方彝蓋》："易（賜）鬯（秬）鬯一卣。"秬鬯和鬱鬯不同，後者和以鬱金香之汁。

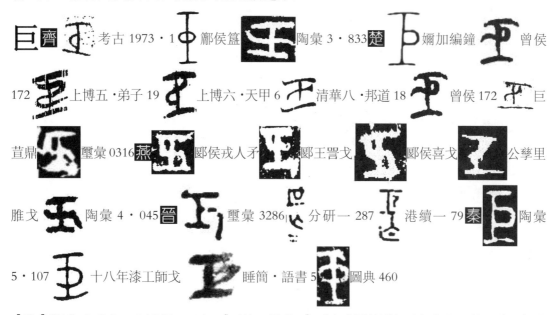
考古 1973・1　鄘侯簋　陶彙 3・833 楚　嬭加編鐘　曾侯
172　上博五・弟子 19　上博六・天甲 6　清華八・邦道 18　曾侯 172　巨
萆鼎　璽彙 0316 燕　鄘侯戎人矛　鄘王詈戈　鄘侯喜戈　公孳里
雁戈　陶彙 4・045 晉　璽彙 3286　分研一 287　港續一 79 秦　陶彙
5・107　十八年漆工師戈　睡簡・語書 5　圖典 460

【注】"矩"之省文。●讀距，至也。《睡簡・語書 5》："令吏民皆明智（知）之，毋巨（距）於罪。"距，《玉篇》違也，戾也，至也。使官吏、百姓都清楚瞭解，不要違法犯罪。●大也。《鄘王詈戈》："鄘（燕）王詈乍（作）巨攷鋸。"●讀蘧。《上博五・弟子 19》"巨白玉"，讀為"蘧伯玉"，即蘧瑗，字伯玉，春秋時衛國大夫。《史記・仲尼弟子列傳》："孔子之所嚴事：於周則老子；於衛，蘧伯玉。"●《圖典 460》"巨羃"，姓氏。●讀矩，規矩、法度。《上博六・天甲 6》："天子坐，目（以）巨（矩）；飤（食），目（以）義。"《嬭加編鐘》："余典冊乒（厥）德，毆民之羝（氏）巨。"《禮記・大學》："是以君子有絜矩之道也。"鄭玄注："矩，或作巨。"氏巨，即根本法則。●《分研一 287》"巨亡"作合文，讀巨無，複姓。《港續一 79》"巨亡"，以複姓為人名。●讀距。《璽彙 0316》"西州巨四"應是明確西州轄區範圍的信璽。"四距"謂該州東南西北四方之距。●讀距，至也。《睡簡・語書 5》："令吏民皆明智（知）之，毋巨（距）於罪。"使官吏、百姓都清楚瞭解，不要違法犯罪。

璽彙 2280

【注】從艸巨聲。●晉璽人名。

距[晉] 璽彙 3881　　璽彙 1763　　璽彙 3138　　圖典 273　　珍戰 128

【注】從立巨聲。●晉器、晉璽均為人名。《立事劍》："冶距。"

詎[燕] 璽彙 5282

【注】從言巨聲。●燕璽單字，當為人名。

怇[齊] 陶彙 3·978　　陶彙 3·979[燕]　　陶彙 4·33

【注】從心巨聲。●齊陶、燕陶均為人名。

豠[齊] 陶録 2·377　　陶録 2·379　　陶録 2·379

【注】從豕巨聲。●"楚郭巷蒦里豠"，人名。

懅[齊] 璽彙 3817

【注】從心豦聲。●人名。

邔[楚] 清華二·繫年 120

【注】從邑巨聲。●地名。

郪[楚] 匯考 151

【注】從井邔聲。●"郪侯㠯鉢"，地名，疑讀渠。

攱[楚] 包山 101

【注】從攴巨聲，疑《説文》拒字。偏旁攴、手可通用。攱，《字彙補》溪光切，音匡，於此不同字。●讀拒。《包山 101》："章邲（越）訟宋僞以攱（拒）田。""攱田"似指擴大田界。《韓非子·揚

權》："數披其木，無使木枝外拒；木枝外拒，將逼主處。"陳奇猷校注："《孟子‧盡心篇》'來者不拒'，《荀子‧君道篇》'內以固城，外以拒侮'，是'拒'字有推而向外之意。"

【注】從止巨聲，典籍亦作"距"。●越過。《睡簡‧封診80》："類足距之之迹。"●秦陶、秦印均為人名。

【注】從走巨聲。《玉篇》起，行貌。●人名。《七年宅陽令矛》："冶起。"

【注】從足巨聲。《說文》："距，雞距也。從足巨聲。"本義指雞爪後突出部分。雞距與爪的方向相反，故又引申為距離、離開等義。●距末：弓弩名。《愕距末》："愕乍（作）距末，用差（佐）商國。"《戰國策》："天下之強弓勁弩皆自韓出。谿子、少府、時力、距來，皆射六百步之外。"《荀子》："繁弱、巨黍，古之良弓也。"阮元在《商銅鋸末跋》中說："此器中空，一面有陷圓而向下，確是弓蕭末張弦之處，以今弓末驗之，可知矣。""距末"應為弓端飾件，當是"距來之末"或"距黍之末"的簡稱。●人名，見于《十四年鄭令趙距戈》《十五年鄭令趙距戈》等器。

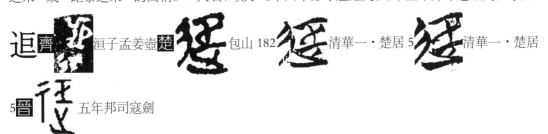

【注】從辵巨聲。●讀遽（駏），傳車。《洹子孟姜壺》："齊侯命大子乘迬（遽）來句宗白（伯）。"●《五年邦司寇劍》"迬庫工帀"，讀鉅。《荀子‧性惡篇》干將、莫邪、鉅闕、辟閭，此皆古之良劍也。"迬庫"疑為藏劍之庫。●晉器讀巨，姓氏。●《清華一‧楚居5》讀渠，人名。"酓迬"即熊渠。據《史記‧楚世家》，當周夷王、周厲王時人，《史記》《漢書》並作"熊渠"。楚公豪鐘、戈所見"豪"，張亞初先生認為卽熊渠。（《論楚公豪鐘和楚公逆鐘的年代》）《包山182》亦作人名。

0051 秦 [字形] 睡簡·為吏 19

【注】從木巨聲。●《璽彙 0051》"柜易（陽）都左司馬"。柜陽，讀劇陽。柜、劇均見紐魚部字，古音極近。《説文》"釀"或作"酲"。《荀子·修身》："有法而無志，其義則渠渠然。"楊倞注："渠讀為遽，古字渠遽通。"可資參證。劇陽，見《漢書·地理志》雁門郡。地在今山西應縣東北。（何琳儀、瑪勝君《燕璽簡述》）●用為本義，或作匦。《包山 261》："一鋇（昊）柜。"●秦簡讀倨。《睡簡·為吏 19》："一曰見民枲（倨）敖（傲）。"

渠 秦 [字形] 睡簡·為吏 16　[字形] 上郡守造戈　[字形]、[字形]、[字形]、[字形]

印增 441 [字形] 類編 367

【注】從水柜聲。《説文》："[字形]，水所居。從水，榘省聲。"本義水停積處。●用為本義。《睡簡·為吏 16》："溝渠水道。"●人名。《上郡守造戈》："工隸臣渠。"秦印多為人名。●秦印有"渠剌"，應為姓氏。春秋衛有渠禮；漢代有渠參。

眉 楚 [字形] 曾侯 45　[字形] 曾侯 6　[字形] 曾侯 88

【注】戶為疊加音符，疑"巨"之繁文。●不詳何物，與"扈"相當。詳"扈（盧聲）"字。

佢 楚 [字形] 璽彙 2558　[字形] 分域一 72　[字形] 包山 80　[字形] 包山 153　[字形] 包

山 153　[字形] 包山 181　[字形] 包山 190　[字形] 郭店·唐虞 16　[字形] 上博六·用曰

13　[字形] 上博四·曹沫 17　[字形] 上博四·曹沫　[字形] 清華六·太伯甲 11　[字形] 上博

五·三德 17　[字形] 上博九·舉治 9

【注】從人巨聲。或隸為"眉"。●讀居。《郭店·唐虞 16》："佢（居）草茅之中而不惪（憂）。"●讀弡。《上博六·用曰 13》："兇（凶）井（刑）屬政，玫亓（其）若佢。""玫"字《説文》從"文"，段玉裁、朱駿聲疑讀為"枚"，此疑讀為"微"。弡，《玉篇》："彊勇也。"●讀距。《包

山 153》"佢（距）疆"。"距疆"猶言接壤。《包山 154》作"執疆"，執、接音近義通，"執疆"
即接疆，今所謂接壤。●讀距。《上博四·曹沫 17》："疆地毋先而必取☑焉，所以佢邊。""距"
是隔離、分割的意思。●讀矩，法度、常規。《上博五·三德 17》："敬天之敀（敬），嬰（與）
地之佢（矩）。"●讀拒。《上博九·舉治 9》："天斎＝（之所）向，若或與之；天斎＝（之所）怀
（背），若佢（拒）之。"●楚璽"佢利"，讀巨，姓氏。

 苣 楚 安大一 59

【注】從艸佢聲，疑"苣"之異體。●讀渠。《安大一 59》："㠯（始）也於我，夏屋苣＝（渠渠），
今也愳（每）飤（食）亡（無）余（餘）。""苣""渠"諧聲可通。《詩集傳》："渠渠，深廣貌。"

 酏 番君鬲

【注】從酉巨聲。"醵"之或體，《說文》："醵，會歠酒也。從酉豦聲。酏，醵或從巨。"●人名。
《番君酏伯鬲》："隹（唯）番君酏白（伯）自乍（作）寶鼎。"

 鉅 秦 秦印 267、 類編 460、 于京 18、 鉅 、 印增 533

【注】從金巨聲。●讀巨。《于京 18》"鉅鹿之丞"，巨鹿，地名，今河北平鄉縣西南。●秦印人
名。

 䡱 齊 陶錄 3·165、 陶錄 3·164

【注】從䡱巨聲。●單字，應為人名。

溪紐兴聲

兴（臾） 兴父乙簋、 北子觚 楚、 兴王光趄戈 燕、 璽彙

 0186、 璽彙 0187、 璽彙 0189、 璽彙 5551、 璽彙 5443、 匯考 81

【注】商代金文象人舉雙手之形，"舉"之初文。春秋金文或增人之雙趾或雙手形作 、 、
等（"虞"字所從），戰國文字作 （"竉"所從）、 、 、 ，于人的腹部加飾點，或延
長飾點並析手形和身形為二處。戰國文字中人雙手舉物之形或訛為臼形（故或隸為"臾"）。《說
文》無。"虞""異"等字從之。●金文為族徽文字。●燕璽讀遽。（《燕官璽集釋》50 頁）遽馹

之遺，燕文字用"兴""虞"，三晉文字用"迸"，齊文字用"迋"表示，秦文字則用"遽"。●"吳"之訛體，讀吳。《兴王光趄戈》："兴王光趄。"

【注】甲骨文作、、，從子兴聲。古人有生子行舉禮之風俗。《左傳·桓公六年》："以大子生之禮舉之接以大牢。"《大戴禮·保傳》："古之王者，太子乃生，固舉以禮。"金文同甲骨文。增從爿者，疑為"兴"之異文，從爿表示生子在床。●均為族徽文字。

【注】從爿，或從片，或從鼎，以兴為基本聲符。●殷商文字，或作"兴"，族徽文字。

匯考96

【注】從辵兴聲。●印文"上堂（黨）迸（遽）司馬"，讀遽，指傳舍，即供應驛傳車馬及飲食休憩的機構。"遽司馬"當是掌傳驛的官職。

清華五·封許6

【注】從毛兴聲。●簡文中"毯毯"用為賞賜品，或可讀麑，當係毛織品名。

【注】從虍兴聲，或說虍為疊加聲符，"虞"之異體。象人兩足左右展開，兩手高舉托物之狀，

虡為鐘鼓之柎，所以負筍，故從𣏐。《上博六·競公 13》"𣔳"訛為"乘"。《説文》本作"虡"。《説文》："虡，鐘鼓之柎也。飾為猛獸，從虍，異象其下足。鐻虡或從金虞聲。𩫏篆文虡省。"本義指古代懸掛鐘或磬的架子。●鐘磬架下人形之豎柱，用以承栒。《邵鐘》："大鐘八隶（肆），其竈四鷬（堵），喬喬其龍，既旃（伸）𠙵虡，大鐘既縣（懸）。"《詩·大雅》虡業維樅。《傳》植者曰虡，橫者曰栒。𠙵虡，即暢虡，鐘架的長柱。"𠙵"讀暢。●劍名。《少虞劍》："胃（謂）之少虞。"●讀遽，傳車、驛車。《鷹節》："逮（傳）虞（遽）帚戉炅（郵）舟（造）右𡥈（契）。"●讀據，憑據。《上博五·弟子 20》："又（有）戎（農）植其橚而訶（歌）安（焉），子虞（據）唬（乎）軹……。"●讀據，占據。《清華十·四告 17》："惠皇𡔖=（上帝）命周文王虞（據）受殷命，剌（烈）且（祖）武王大龏（戴）𢏚（厥）啻（敵）。"

 上博六·競公 9

【注】從土𣔳聲。●讀據。《上博六·競公》"梁丘𣔳"傳世文獻作"梁丘據"，人名。

 清華十一·五紀 117 清華十一·五紀 117

【注】從匚𣔳聲。●讀距。《清華十一·五紀 117》："左匭（距）右匭（距），左昏（牙）右昏（牙），左弗（弼）右弗（弼），進退以我。"

 璽彙 5613 溫縣 侯馬 四年邘相樂寅鈹 璽彙

1636 璽彙 2492  璽彙 3265 類編 327

【注】從宀𣔳聲，疑"𣔳"之繁文。●人名。《四年邘相樂寅鈹》："邘相樂寅。"燕璽、晉璽均為人名。

 中山王𧊒鼎 中山王𧊒壺

【注】從心寅聲。朱德熙、裘錫圭曰："字從虞得聲，應該是《廣韻·魚韻》'強魚切'下訓為'怯也'的'𢙷'字的異體。"（《平山中山王墓銅器銘文的初步研究》）●讀懅。《中山王𧊒鼎》："氏（是）目（以）寡人𢓊（委）賃（任）之邦，而去之遊。亡寅（懅）煬（惕）之慇（慮）。"寅煬，典籍作"懅惕"。朱德熙、裘錫圭曰："懅與遽通，《廣韻·釋詁二》：'遽，懼也。'"（同上引）

979

溪紐大聲

大  同卣　大 散氏盤　大 大王尊　大 大戈　大 大鼎　大 散伯簋　大 能匋尊　大 令簋

大 大尊　大 大簋　大 大方彝　大 大王鼎蓋　大 叔虞鼎

【注】甲骨文作大、大、大、大、大、大，舊釋為"矢"。金文中"大"不是職部的"矢"，而是與"吳""虞"有孳乳關係。李學勤先生通過考察"吳（昗）"（從矢從日，古音與"矢"全同）的早期寫濾，指出商周職部的"矢"象側體，而非傾頭。而當時傾頭的"大"與後來職部的"矢"只是同形，實乃兩字。並認為"大""象一人正立，側首伺望警備之形"，為"望""備"義之"虞"的本字。司山澤的虞官，即由此得名。吳字從此得聲，因訓大言即喧嘩，故從口而加于頭側。虞又司畜，故有從虍，吳聲或大聲。（詳《叔虞方鼎試證・中國古代文明研究》）●讀吳，國族名，西周舊畿內小國，地望在今陝西省寶雞地區千河流域的隴縣、千陽、寶雞縣一帶。《散氏盤》："大王于豆新宮東廷。"《大王觶》："大王乍（作）寶彝。"位於今陝西汧水流域的千陽、隴縣、寶雞縣一帶的大國就是《詩經・大雅・綿》"虞芮質厥成"之"虞"國，約在西周末年滅亡。●讀虞，人名。大既能表示國族名的"吳"，而虞以吳為聲，將大讀為虞是可信的。《叔虞鼎》："王乎殷乒（厥）土觴（唐）弔（叔）大以宁衣、車馬、貝卅朋。"觴，陳斯鵬釋為"觴"之初文，讀唐。"叔大"就是晉的第一代封君唐叔虞，唐叔虞死後，他的兒子姬燮（亦稱姬燮父）繼位。姬燮繼位後，因遷居到晉水之傍，故將國號改稱"晉"。●人名。《大令尊》："令（命）大告于周公宮。"

医  考母壺　考母鬲　考母鬲　作聯鬲

【注】從匚大聲。●人名或族氏名。《考母簋》："考母乍（作）医聯。"其中"医聯"作合文 医聯，何琳儀謂：河南省洛陽市北窰村龐家溝 410 號墓一組青銅禮器中鬲、簋、罍、壺均自名為"医聯"，即《論語》《禮記》中記載的"瑚璉"，"瑚璉"是一種泛稱或通稱。（《"瑚璉"探源》）然字不從夫聲，與"瑚"音理不通。

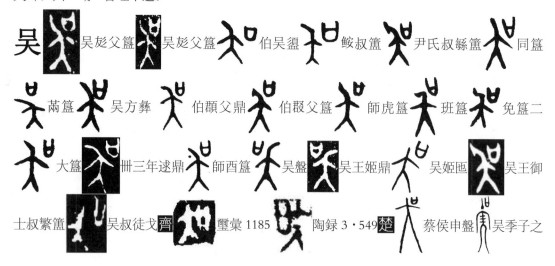

吳 吳彪父簋　吳彪父簋　伯吳盨　鮗叔簋　尹氏叔鯀簋　同簋

鬲簋　吳方彝　伯頵父鼎　伯鼓父簋　師虎簋　班簋　兔簋二

大簋　冊三年逑鼎　師酉簋　吳盤　吳王姬鼎　吳姬匜　吳王御

士叔繁簋　吳叔徒戈 齊　璽彙 1185　陶錄 3・549 楚　蔡侯申盤　吳季子之

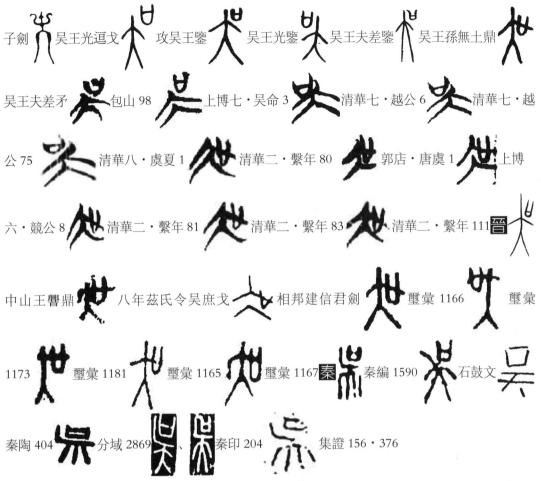

子劍　吳王光逗戈　攻吳王鑒　吳王光鑒　吳王夫差鑒　吳王孫無土鼎

吳王夫差矛　包山 98　上博七·吳命 3　清華七·越公 6　清華七·越

公 75　清華八·虞夏 1　清華二·繫年 80　郭店·唐虞 1　上博

六·競公 8　清華二·繫年 81　清華二·繫年 83　清華二·繫年 111 晉

中山王嚳鼎　八年茲氏令吳庶戈　相邦建信君劍　璽彙 1166　璽彙

1173　璽彙 1181　璽彙 1165　璽彙 1167　秦編 1590　石鼓文

秦陶 404　分域 2869　秦印 204　集證 156·376

【注】從口大聲。六國文字多省為"吳"。《說文》："吳，姓也。亦郡也。一曰吳，大言也。從大、口。𡗢古文如此。" ●讀虞，掌管山林之官。《同簋》："王命同左右吳大父嗣（司）昜（場）、林、吳（虞）、牧，自淲東至于河。"《免簋》："嗣令免乍（作）嗣（司）土（徒），嗣（司）奠（鄭）還歔（廩），眔吳（虞）、眔牧。"《上博六·競公 8》："今新（薪）登（蒸）思（使）吳（虞）守之；葦（澤）梁史（使）敓守之。" ●國名。《中山王嚳鼎》："昔者，吳人並雫（越），雫（越）人敆（修）斁（教）備恁（信），五年覆吳。"位于今蘇南地區的吳國為太伯、仲雍出奔后所建之吳國。(《太伯立國蘇南考——兼論吳、矢、虞的關係》) ●姓氏，出自姬姓，以國為氏，為黃帝軒轅氏後裔。《十八年平國君鈹》："邦右伐器段工帀（師）吳疧。"秦印姓氏。 ●讀吳，國族名。《吳王姬鼎》："吳王姬乍（作）南宮史弔（叔）飤鼎，其萬年子子孫孫永寶用。"與南宮氏有關的器物，近年多在寶雞、扶風一帶出土，是銘文中的吳必在畿內近郊之地。這個"吳"，或者就應當是從大國族中分出來的虞，它和日後的東南吳國並皆稱王。 ●《集證 156·376》"吳丞之印"，"吳"為地名。《漢志》會稽郡有吳縣，"故國，周太伯所邑。具區澤在西，揚州藪，故以為震澤"。班固自注："故國，周太伯所邑。"《三國吳志·虞翻傳》注引《會稽會典》："秦始皇二十五年，以吳越地為會稽郡，都吳。"秦吳縣約屬會稽郡，今在江蘇省蘇州市。

娛  陝新 1673

【注】從女吳聲。●單字璽。

 二十一年鄭令戈

【注】從糸吳聲。●人名。《二十一年鄭令戈》："冶縸。"

 里耶 8·1380

【注】從口吳聲。●"喎吳"，似為習字簡。

 清華一·尹至 2　　清華三·説命下 4　　清華九·成人 4

【注】從心吳聲。●均讀虞。《清華一·尹至 2》："龍（寵）二玉，弗愚（虞）亓（其）又（有）眾。"《左傳·昭公四年》："君若苟無四方之虞。"王引之述聞："虞，憂也。"

 曾侯與編鐘　　睡簡·效律 60　　睡簡·答問 209　　秦印 46

【注】從言吳聲。●讀虞，憂虞。《曾侯與編鐘》："荊邦既燔，而天命將誤（虞）。"此謂吳已殘伐楚邦，而天命將令人擔憂。●錯誤、失誤。《睡簡·答問 207》："不當氣（餼）而誤氣（餼）之，是謂'介人'。"

 秦陶 1036　　印增 602

【注】從水吳聲。●"渼邦""☐水渼"，應為人名。

 散氏盤　　散氏盤　　恒簋　　恒簋　　宜侯夨簋　　虞侯政壺　　虞司寇壺　齊　虞之戟　秦　珍秦 32　　、　　、　　、　　印增 173　（虞）睡簡·秦種 125

【注】從虍吳聲。《同簋》《免簋》"吳牧"皆當讀虞牧，可證"虞""吳"同音。古音"吳""虞"均在疑紐魚部，"虎"在曉紐魚部，韻同聲近，可知"虞"為雙聲符字。《説文》："虞，騶虞也。

白虎黑文，尾長于身。仁獸，食自死之肉。從虍吳聲。《詩》曰：'于嗟乎，騶虞。'"騶虞，神話傳說中的獸名，古與麟、鳳、龜、龍為五瑞，乃古人所想像之動物，不必實有也。●官名。《散氏盤》："豆人虞丂""原人虞芀。""虞"即指虞人，乃掌管山澤之官。《書·舜典》："帝曰：俞，咨益，汝作朕虞。"孔傳："虞，掌山澤之官。"虞在《周禮》中分作山虞、澤虞二職，《周禮·地官·山虞》："山虞掌山林之政令。"《澤虞》："澤虞掌國澤之政令。"●《虞侯政壺》："唯王二月初吉壬戌，虞侯政作寶壺，其萬年子子孫孫永寶用。"虞侯政壺在山西出土，當屬此姬姓虞國。位於今山西南部平陸一帶，為周武王克商之後封吳君周章弟虞仲建立的國家，是蘇南吳國的分支，魯僖公五年（前 655 年）冬滅于晉，姬姓。（《太伯立國蘇南考——兼論吳、夨、虞的關係》）●讀永。《恒簋蓋》："其萬年世子子孫虞寶用。"●地名。《虞之戟》："虞之戟。"從辭銘看，應屬齊地，虞當為齊之虞地。●"虞"之誤字。《睡簡·秦種 125》："縣、都官用貞（楨）、栽為偋（棚）牏，及載縣（懸）鐘虞〈虡〉用輻（膈），皆不勝任而折。"縣、都官用木棍、木板編成的築牆用的範本，和掛鐘木架上的橫木，由於不堪受力而折斷了。

众楚  上博四·曹沫 29　　上博四·曹沫 37

【注】與"虞"之古文众（《汗簡》h26）、众众（《古文四聲韻》1·24）同。●讀御。《上博四·曹沫 29》"众卒"，讀"御卒"。《上博四·曹沫 37》"众軍"，讀為"御軍"。《六韜·龍韜·立將》："臣聞國不可以從外治，軍不可以從中御。"

溪紐魚聲

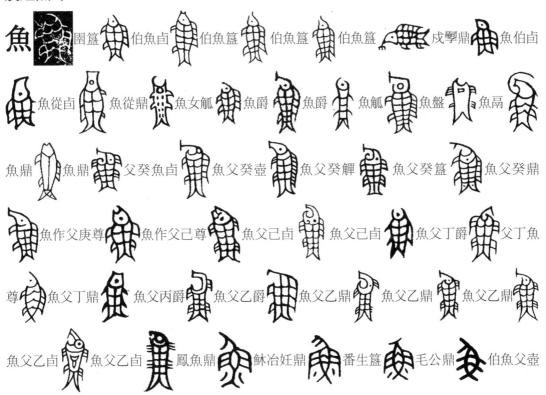

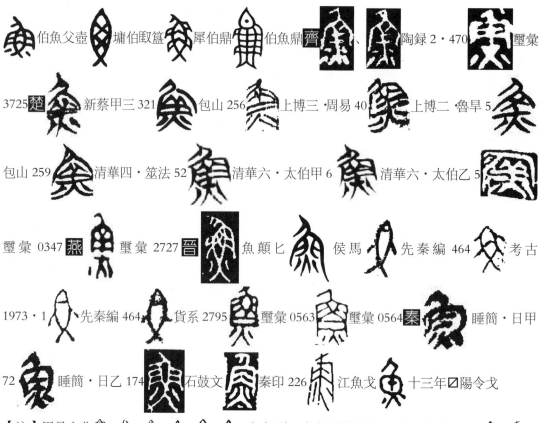

【注】甲骨文作𩵋、𩵋、𩵋、𩵋、𩵋、𩵋，象魚形。金文同甲骨文。戰國晚期戈文作魚、魚，與小篆無異。《説文》："魚，水蟲也。象形。魚尾與燕尾相似。凡魚之屬皆從魚。"本義魚。古也用同"漁"，表示打魚，此義後另加符"氵"寫作"漁"來表示。●魚。《公姞鬲》："使易（賜）公姞魚三百。"●讀漁，捕魚。《遹簋》："穆穆王才（在）𦤔京，乎（呼）漁于大沱（池）。"●族氏名。《魚父乙鼎》："魚父乙。"●人名。《魚作父己尊》："魚乍（作）父己寶障彝。"●《毛公鼎》："易（賜）女（汝）秬鬯一卣……魚葡（箙）、馬四匹。"魚葡：魚形的箭袋，一説繪有魚鱗紋的箭袋。文獻稱"魚服"。《詩・小雅・采薇》："象弭魚服。"《詩・小雅・采芑》："簟茀魚服。"●漁陽：地名。《漁陽大鼎》："魚（漁）易（陽）大器。"●讀狐。《璽彙3725》"命魚"讀令狐，複姓。●《江魚戈》："江魚。"黃盛璋先生認為其字體纖細，應屬南方文字體系，可能為楚兵，又按戰國不見江魚地名，且"江""魚"兩字不連讀，前後排列參差，應為兩地。地望不可確考。字應歸入秦系文字，為秦文字書寫風格；秦印有字作𨽵（秦印226），可以類比。

璽彙3935

【注】從肉魚聲。●"臧孫腺鈇"，人名。

璽彙1615

【注】從人魚聲。●晉璽人名。●《帛書甲》："乇田俤俤，□□□女，夢夢墨墨。"因字多殘漶

984

不清，故在文義釋讀上多有岐説，存疑。

簰 楚 信陽 2·3

【注】從竹魚聲。● "二笙、一簰竽"，或讀籣。

蓏 秦 印增 572

【注】從艸魚聲。●秦印 "李蓏"，人名。

矏 齊  叔尸鐘

【注】從目魚聲。●讀魯。《叔尸鐘》："其萬福屯矏（魯）。"

彊 彊伯鎣 彊伯簋

【注】從弓魚聲。●國名。《彊伯尊》："彊白（伯）乍（作）井（邢）姬用盂鎝。"彊國是西周畿内重要方國之一，史籍失載。其中心區域應在寶雞渭水以南、清薑河兩岸，興盛階段，北界逾渭水，與矢國界鄰，南界越秦嶺，至嘉陵江上游谷地。"古代彊國似為氐羌一支。茹家莊、竹園溝墓地銅器和陶器所表現出的不同于中原地區周族的種種地方特徵，可能是氐羌文化的一種具體表現。"（盧連成、胡智生《寶雞彊國墓地》462 頁）

彊 彊伯尊 彊伯簋

【注】從自彊聲。鼻，甲骨文作 ，從自魚聲。故字也可視為從弓鼻聲。●同彊，詳 "彊" 字。

魯 師虎簋 趩鼎 伯姜鼎 邢人妄鐘 屏敖簋蓋 小克鼎

 梁其鐘 士父鐘 齊 魯士浮父簋 魯西子安母簋 魯伯大父簋

 魯伯念盨 魯司徒仲齊盨 魯姬鬲 厚氏匜 魯伯愈父簋 魯

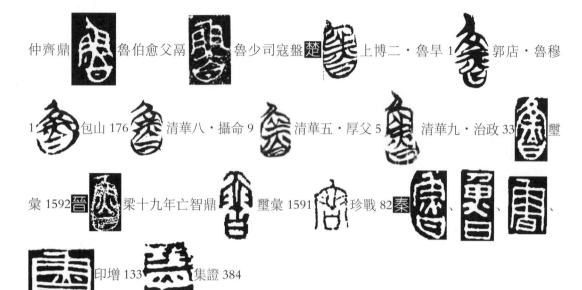

仲齊鼎　　魯伯愈父鬲　　魯少司寇盤　　上博二·魯旱1　　郭店·魯穆

1　包山176　　清華八·攝命9　　清華五·厚父5　　清華九·治政33　　璽

彙1592　晉梁十九年亡智鼎　　璽彙1591　珍戰82　秦　　、　　、　　、

印增133　集證384

【注】甲骨文作　、　、　、　、　、　。從口從魚，會口味嘉美之意；魚亦聲。姚孝遂説道："'魯'是'魚'所衍生的，今作'魯'，小篆譌從'白'。'魯'字所從之'口'亦與'口舌'之'口'無關，純粹是一個區別符號。卜辭'魚'既用為'魚肉'之'魚'，是其本義，又作'休美'之義的'魯'及地名之'魯'。但'魯'則不能用作'魚'，均有'同異'之辨，亦不可逆轉。"（姚孝遂《再論古漢字的性質》）金文同甲骨文，口形或變從甘，小篆又訛為從白。《説文》："魯，鈍詞也。從白，魯省聲。《論語》曰：'參也魯。'"'魯'之本義當為祭名。引申為美好，甲骨卜辭"王占曰：吉魯。"●嘉美、善好。《史記·周本紀》："魯天子之命。"《魯周公世家》作"嘉天子之命。"《牆盤》："宏（宏）魯卲（昭）王。"即歌頌昭王宏偉嘉善。●大。《何簋》："對揚天子魯命。"●國名。魯國在今山東西南部，建都曲阜（今屬山東）。其國以秉周禮著稱。《魯侯壺》："魯侯乍（作）尹叔姬壺。"●《清華八·攝命9》："隹（雖）民卣（攸）敊（協），弗霍（恭）其魯，亦勿殺其遹。"霍，用作意動詞。《説文》："霍，愨也。"又"愨，謹也。"《廣韻》："愨，謹也，善也，愿也，誠也。""愨"是"愨"俗字，恭謹、誠實質樸義。"魯"讀如字，愚鈍也。殺，讀孜，字亦作務。《説文》："孜，彊也。"《爾雅》："務，彊也。"遹，讀聰，聰慧也。簡文謂不以其人的魯鈍為誠實質樸，亦不去彊求其人的聰慧。（《清華簡（八）《攝命》校補》）●《集證384》"魯丞之印"。《漢書·地理志》魯國有"魯"縣，班固自注："伯禽所封。"魯國故秦薛郡，高后元年為魯國。

應侯視工簋

【注】從目魯聲。所從之目，是受前文"眾"字從"目"類化而成。●《應侯視工簋》："敢尃乓（厥）眾䁖（魯），敢加興乍（作）戎，廣伐南國。"尃，李學勤讀薄，訓為"迫"。（《〈首陽吉金〉應侯簋考釋》）"迫厥眾魯"之辭，便是指南淮夷之統治階層逼迫壓榨其下層民眾的意思，故而成為周王朝對南淮夷用兵的一種藉口。陳斯鵬訓"尃"為"敷"，訓"魯"為"旅"。"魯""旅"古通，《説文》云："旅，古文以為魯衛之魯。"《尚書·召誥》"拜手稽首旅王若公"，與金文中習見的"拜手稽首魯天子休"相若，《尚書序》"周公既得命禾，旅天子命"，其"旅"字

《周本紀》作"魯"。"旅"有"眾"義，如《詩經·小雅·北山》曰："旅力方剛，經營四方。"毛傳云："旅，眾也。""'敷其眾旅'即陳列其軍隊師旅，此所以'作戎'、'廣伐南國'也。"（《新見金文釋讀商補》）孟蓬生先生指出"膞夃（厥）眾魯"即《師寰簋》"博夃（厥）眾叚"。"古"與"叚"均屬見紐魚部，"叚"是在"叚"上添加偏旁而成的雙聲符字。純叚（叚魯）、永命、眉壽都屬於偏正結構，其中叚、叚、魯應為名詞，訓為福，記錄這個詞的後起本字就是"祜"。

 儚 楚 璽彙 2560

【注】從人魯聲。●楚璽人名。

 櫓 陳侯壺 陳侯壺

【注】從木魯聲，與小篆同。《説文》："櫓，大盾也。從木魯聲。㭠或從鹵。"本義為盾。●人名。《陳侯壺》："敶（陳）侯午（作）嬀櫓朕（媵）壺。"

 鄑 晉 璽彙 1594 璽彙 1595 璽彙 1596

【注】從邑魯聲。●晉璽"鄑車加""鄑安""鄑蚱"，讀魯，姓氏。

 譃 燕 璽彙 1668

【注】從言魚聲。●燕璽"易譃"，人名。

 漁 子漁罍 井鼎 井鼎 漁卣 漁卣 漁簋 通簋 秦 睡簡·日甲 138 印增 453

【注】甲骨文作 、 、 、 、 、 、 、 ，從魚；或作水中游魚，或用手捕魚，或持竿釣魚，或以网捕魚，會捕魚之意。金文同甲骨文，多增動符廾、又。《説文》："漁，捕魚也。從鱻從水。阿篆文㵼從魚。"本義是捕魚。●捕魚。《公姑鬲》："隹（唯）十又二月既生霸，子中（仲）漁☑沱（池）。"《通簋》："隹（唯）六月既生霸，穆穆王才（在）蒡京，乎（呼）漁于大池。"●讀魚，名詞。《井鼎》："乎（呼）井從漁。攸易（賜）漁。"鼎銘前一漁為動詞，後一漁為名詞；言王所賜之魚。●族氏名。《成䦰鼎》："犬魚。"另見于《子漁尊》《漁卣》等。

 石鼓文

【注】從又（古文字“寸”是“又”的繁化）漁聲。●讀漁。《石鼓文》：“鰋鯉處之，君子澎（漁）之。”

 匯考 169　　包山 121　　上博二·容成 3　　上博六·競

公 8  清華九·治政 36

【注】從攴魚聲，“漁”之異文。●《匯考 169》“敜鉨”，官名。另有“魚鉨”（璽彙 0347）。吳振武認為“敜鉨”或“魚鉨”是掌管漁事的官員所用之璽。●讀漁。《上博二·容成 3》：“瘦（瘠）者煮鹽，畐者敜（漁）澤。”

 璽彙 2504　　璽彙 1317　　璽彙 4015

【注】從宀魚聲。●晉璽人名。

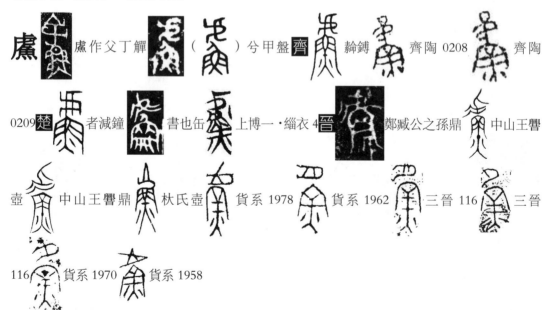

【注】甲骨文作 、 ，從魚從虍；魚、虍雙聲。金文同甲骨文。《說文》未收。●讀吾。《書也缶》：“虗（吾）㠯（以）旂（祈）鷺（眉）壽。”《中山王嚳壺》：“牃（將）與虗（吾）君並立于殜（世）。”張政烺說：“夫人之自稱本以發音之詞言之，實有音無義。傳世慣用之字，皆出假借，無所謂本字本義也。《爾雅·釋詁》：‘卬、吾、台、予、朕、身、甫、余、言，我也。朕、

余、躬，身也。台、朕、賚、畀、卜、陽，予也。’或以域地之殊，或因時代之異，聲韻通轉，假借茲紛。然皆非其字之本義，則可知也。”春秋以後代詞“吾”用了很多同音假借字，而且具有明顯的區域性特點。例如：春秋時期秦國用“遟”（石鼓文用了十四個），齊國用“盧”，燕國亦用“盧”，戰國時越國用“虞”，楚國用“虐”等等，均為假借字。●讀吾。《者減鐘》：“隹（唯）正月初吉丁亥，工盧王皮難之子者瀘罪（擇）其吉金。”工盧，吳國國名的另一稱瀘，或作“工敵”，《攻吳王夫差監》作“攻吳”，《攻敔王光戈》作“攻敔”。文獻作“句吳”，《史記·吳太伯世家》：“太伯之犇荊蠻，自號句吳。”工、攻、句及吳、敵、敔均為同聲通假。●地名。《兮甲盤》：“隹（唯）五年三月既死霸庚寅，王初各伐厰狁（玁狁）于畧盧。”●讀御。《上博一·緇衣 4》：“斁（謹）惡呂（以）盧（御）民淫，則民不惑。”●魏方足布“盧易”讀魯陽，古地名，在今河南魯山。●齊陶“陳不盧”為人名，齊系文字中的人名有“不”字的習見，如《璽彙 0266》“公石不夏”、《璽彙 0243》“蘸不愻（愻）”、《陶錄 2·738》“曹不忳”、《陶錄 2·81》“蔓園南里南里人不占”等，可證。

敵 〔齊〕 沇兒鐘 〔楚〕 曾侯與編鐘　曾侯與編鐘　者減鐘

【注】從攴盧聲。●讀吾或讀余。《曾侯與編鐘》：“敵（吾）用燮謞楚。”《沇兒鐘》：“敵（余）目（以）匽（宴）目（以）喜。”

鄘 〔晉〕 鄘左庫戈　鄘戈

【注】從邑盧聲。●讀虛，地名。《鄘戈》：“鄘戈。”《鄘左庫戈》：“鄘左庫戈。”《戰國策·秦策》：“舉河內，拔燕、酸棗、虛、桃人。”在今河南封丘北。

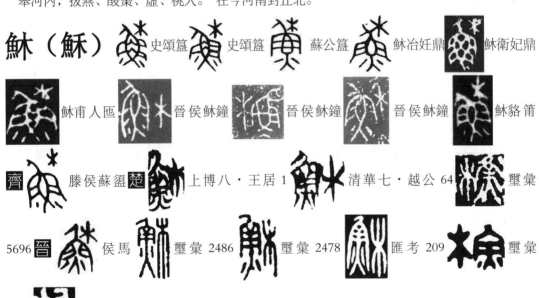

穌（穌）　史頌簋　史頌簋　蘇公簋　穌冶妊鼎　穌衛妃鼎
穌甫人匜　晉侯穌鐘　晉侯穌鐘　晉侯穌鐘　穌貉甫
〔齊〕滕侯蘇盪 〔楚〕上博八·王居 1　清華七·越公 64　璽彙
5696 〔晉〕　侯馬　璽彙 2486　璽彙 2478　匯考 209　璽彙
0254　分研 166

【注】從木魚聲；形符小篆從禾，木、禾均植物類，可作形符交換。《說文》："䅤，把取禾若也。從禾魚聲。"段玉裁注："把各本作把。今正。禾若散亂。把而取之。不當言把也。"許慎訓義與字結構不符。鐘鼎器彝用作人名，無義可説。初義有待再考。●讀蘇，國名。見"蘇"字。●人名。《滕侯穌盨》："滕（滕）侯穌（蘇）乍（作）氒（厥）文考滕（滕）中旅段。"●讀溯。《清華七·越公64》："乃命左軍監（衛）梂（枚）穌（溯）江五里以須。"●古璽印"穌湯""穌慶""穌姉"等均為姓氏，讀蘇。

蘇 寡兒鼎 寬兒缶 楚 二十九年弩機 秦 類編 11 、

、 、 印增 19 里耶 8·1194

【注】金文從艸穌聲。秦系文字從艸穌聲。《說文》："蘇，桂荏也。從艸穌聲。"本義植物名，即紫蘇。蘇性舒暢，行气和血，故謂之蘇。●國名。《寡兒鼎》："蘇公之孫寡兒𢆡（擇）其吉金。"蘇國為己姓之國，祝融之後，昆吾之子所封，又稱有蘇氏，在今河南濟源西北。商末，紂伐蘇，娶其女妲己。西周初年，蘇忿生遷都于溫（今河南溫縣西南）。公元前 650 年為狄所滅。《寡兒鼎》《寬兒缶》為春秋中晚期器，蘇國已滅，其族氏不絶。●秦文字均為姓氏。

簘 楚 信陽 2·3

【注】從竹魚聲。●讀箈，《集韻》竹名。《信陽 2·3》："一簘竿。"此謂一種竹製之竿。

郰 晉侯穌鐘 晉 璽彙 3227 類編 216 璽彙 2081

【注】從邑魚聲。●祭名。《廣雅·釋詁》："穌，取也。"或謂取物以祭。《晉侯穌鐘》："丁亥，旦王郰于邑伐宮，庚寅，旦，王各大室。"●晉璽"郰鮮""郰豫""郰息""郰懍"等，均讀魚，姓氏。

瘝 晉 璽彙 0598 璽彙 2998

【注】從疒魚聲。●晉璽人名。

溪紐五聲

五 伯中父簋 尹姞鼎 散氏盤 宰梂角 齊 鄦侯簋 陳肪

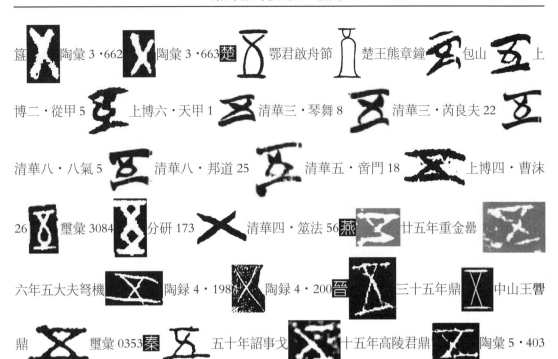

篡 陶彙 3・662　　陶彙 3・663　楚　鄂君啟舟節　　楚王熊章鐘　　包山　上

博二・從甲 5　　上博六・天甲 1　　清華三・琴舞 8　　清華三・芮良夫 22

清華八・八氣 5　　清華八・邦道 25　　清華五・啻門 18　　上博四・曹沫

26　璽彙 3084　　分研 173　　　清華四・筮法 56　燕　廿五年重金罍

六年五大夫弩機　　陶錄 4・198　　陶錄 4・200　晉　三十五年鼎　中山王譽

鼎　　璽彙 0353　秦　　五十年詔事戈　　十五年高陵君鼎　　陶彙 5・403

【注】甲骨文作 Ⅹ、Ｘ、Ｘ、Ｘ、Ⅹ、Ⅹ、Ⅹ，象兩物交叉形。于省吾曰："凡若干紀數位，均可以積畫為之，惟積至四畫，已覺其繁，勢不得不變繁為簡，於是五字以Ⅹ為之。山東城子崖所發現之黑陶，其時期至晚在卜辭之前；其紀數字，五作Ⅹ。此與契文第一期骨端紀數字，五作Ⅹ者正同。蓋之演變，……由Ⅹ而Ⅹ者，以其易與乂字之作Ⅹ者相混也。"（《甲骨文字釋林・釋一至十之紀數字》）金文同甲骨文。《説文》："Ⅹ，五行也。從二，陰陽在天地閑交午也。凡五之屬皆從五。Ⅹ古文五省。"本義當為縱橫交錯。後借用以表示為"五"。●數詞。《不娶簋》："臣五家。"《小臣宅簋》："隹（惟）五月王辰。"●五齲：地名。《小臣謎簋》："白（伯）懋父承王令，易（賜）自（師）達征自五齲貝。"●叔五父：人名。《叔五父盤》："叔五父作寶簋。"●讀伍，行伍。《上博四・曹沫 26》："五（伍）之間必有公孫公子。"●讀伍，姓氏。《包山 33》："癸巳之日不遲（將）五皮以廷。"伍氏見於經傳者最早為伍參，為楚莊王嬖臣。

伍 楚  璽彙 0135　璽彙 3540　秦　睡簡・雜抄 33　睡簡・雜抄 36

【注】從人五聲。●同伍的人。《睡簡・雜抄 33》："伍人，戶一盾。"同伍的人，每家罰一盾。●古代基層的戶政編制單位，以五家為一伍，十家為一什。《睡簡・秦種 68》："列伍長弗告，吏循之不謹，皆有罪。"列伍長不告發，吏檢查不嚴，都有罪。

疷 齊  陶彙 3・830

【注】從疒五聲。●齊陶人名。

秙 秦  印增 583

【注】從木五聲。●"枑褐",人名。

 楚 上博八·有皇5

【注】從炑五聲。●當讀忤。忤,《説文》逆也,本作啎。《上博八·有皇5》:"族援=必繇(慎)毋婪(忤)今可(兮)。"

 楚 清華三·芮良夫2　　清華三·芮良夫4

【注】從夢省五聲,即"寤"字。●讀啎,違逆。《清華三·芮良夫2》:"婪(啎)敗改繇(謡)。"你們行為的違逆和品德的敗壞會反映在民間流行歌謡的改變上。●讀寤。《清華三·芮良夫4》:"囻(滿)溫(盈)康戲,而不知婪(寤)告(覺)。"

迊 燕 鉨彙2626

【注】從辵五聲,疑"迺"之省文。●燕鉨"迊生矯"讀吾,姓氏。

遬 秦 石鼓文

【注】從攴迊聲。●讀薗,禁苑也。《石鼓文》:"趱=簑=(夋夋),即遬(薗)即時(埘)。"即遬(薗)即時(埘),言麀鹿已入獵圍。

吾 沈子它簋　　毛公鼎　　吾作媵公簋　　商尊 齊 鉨彙4010
匯考314　　陶録3·530 楚 包山248　　上博六·孔子5　　上博九·陳公11 秦 四年相邦戟　　吾戈　　秦駰玉牘

【注】從口五聲。吳大澄謂"吾"乃"敔"之省文。敔,禁也。《説文》:"吾,我,自稱也。從口五聲。"多用為第一人稱代詞。●第一人稱代詞,相當余、予、我。《沈子它簋》:"拜誚首敢昌邵告朕吾考令(命)。"●讀敔,防禦、捍禦。《毛公鼎》:"以乃族干吾(敔敔)王身。""干吾"即"敔敔",經籍通作捍禦。●《吾戈》:"吾。"吾,地名,讀薗,對此黃盛璋先生有詳實考證。(黃盛璋《秦兵器分國、斷代與有關制度研究》)《漢書·地理志》左馮翊有衙縣,在今陝西白水東北。●齊鉨"吾丘"為複姓。●讀部,地名。《包山248》:"塦禱吾(部)公子春。"何琳儀讀梧,地名,見《漢書·地理志》,在今安徽淮北東北。簡文或作"哉"。●讀語。《上博六·孔

子 5》："君子行，冠弗視也；吾（語），曾（儉）弗視也；魚（御），迅弗視也。"簡文當是在形容君子在行、語、御三個方面應有的良好表現。《論語·鄉黨》："食不語，寢不言。" ●讀伍，行伍。《上博九·陳公 11》："五人於吾（伍），十人於行。"

吾 楚 　清華八·虞夏 1　上博四·曹沫 24　安大一 2　安大一

53 秦 　里耶 8·140

【注】從人吾聲。 ●讀伍，古代軍隊編制的最低一級，由五人而編成。《上博四·曹沫 24》："車間容吾（伍），伍間容兵。" ●讀御，治也。《清華八·虞夏 1》："顓（夏）后受之，乍（作）政用吾（御）。" ●讀窈。《安大一 2》："要（窈）翟（窕）㝃（淑）女，吾（窈）㛤（寐）求之。" ●讀禦。《安大一 53》："佳此咸（鍼）虎，百夫之吾（御）。"《毛詩》作"百夫之御"。毛傳："御，當也。"

語 楚 　余義鐘　上博四·內禮 8　上博六·天乙 9　上博五·君禮

1　上博六·鄭壽 4　上博六·天甲 11　郭店·成之 36　上博九·舉治

9 晉 　中山王𧊒鼎　璽彙 3193　璽彙 3083　璽彙 2774　璽彙

1878 秦 　睡簡·為吏 2　睡簡·語書 14　印增 84

【注】從言吾聲。《說文》："語，論也。從言吾聲。"本義談論。 ●言論。《中山王𧊒鼎》："于（烏）虖，語不竟挈（哉）。" ●讀娛。《余義鐘》："孫孫用之，後民是語（娛）。"吳、吾聲系可通。《左傳·昭公三十年》："若好吳邊疆。"《釋文》吳作吾。《墨子·耕柱》："而陶鑄之於昆吾。"《文選·七命》李注引吾作吳。 ●《睡簡·語書 15》："語書。"語書，教戒的文告。 ●《璽彙 1878》"和語憂"，可讀御。"御憂"為習慣用語，用為人名。

歔 楚 　郭店·六德 36

【注】從攴語省聲；聲符作上下結構，并共用一橫。 ●讀語。《郭店·六德 36》："君子言，信言（焉）尔言，煬言（焉）尔歔，外內皆得也。""煬"，李零讀為"誠"。"煬言尔語"當讀為"誠焉尔語"，即"誠乎此語"，指心志專一於"夫夫、婦婦，父父、子子，君君、臣臣"之訓。（廖明春《郭店簡〈六德〉篇新讀》）

憖 楚  清華一・程寤 3

【注】從心吾聲。●讀寤。《清華一・程寤 3》：“憖（寤）敬（驚）。”

敔  敔簋 公作敔簋 敔戈 楚 攻敔王光劍 夫差劍

攻敔王光戈 攻敔臧孫鐘 曾仲子敔鼎 包山 143 上博四・曹沫

26 上博五・三德 10 上博五・三德 17 秦 石鼓文

【注】從攴吾聲。聲符多作兩五相重，或省口。“敔”為“御”本字，攻敵曰攻，自防曰敔，後世“御”行而“敔”廢矣。《説文》：“敔，禁也。一曰樂器，椌楬也，形如木虎。從攴吾聲。”本義禁御、保衛。《説文》又為樂器名，椌楬也，形如木虎，奏樂將終時，擊之使演奏停止。●停止。《石鼓文》：“其奔其敔。”“其奔其敔”似是説徒馭追趕行船，時奔時止的狀態。●人名。《敔簋》：“敔乍（作）寶簋。”●國名，讀吳，詳“䲣”字。●讀伍。《上博四・曹沫 26》：“五人以敔（伍），一人有多，四人皆賞，所以為斷。”●《包山 143》“鄝窢（國）礪敔”，地名。●《上博五・三德 10》：“毋改敔。”簡文敔，訓為“禁”，古書或作“圉”“圄”和“御”“禦”等。“改敔”即改變（舊有的各種）禁令。《上博五・三德 17》：“敬天之敔（敔），畢（與）地之距（矩）。”

俉 秦  詛楚文 、 秦印 286

【注】從彳吾聲。●讀吾，第一人稱。《詛楚文》：“以偪（逼）俉（吾）邊競（境）。”●秦印人名。

猇 晉  中山王䜌鼎

【注】從豕吾聲。從豕與從犬會意同，故字可釋為“猇”。猇，《集韻》獸名，如猿，善啼，或作“猇”。●讀悟。《中山王䜌鼎》：“昔者，郾（燕）君子儈（噲）賭（叡）弅夫猇（悟）。”“夫猇”即“膚悟”的聲借，廣見博識、大徹大悟的意思。器銘讚頌燕君噲深明博識。《説文通訓定聲》：《風俗通》：夫者，膚也，言其知膚敏。按：謂博也。”《説文・心部》：“悟，覺也。”

梧 秦  秦印 105

【注】從木吾聲。●秦印"蒼梧侯丞"。蒼梧，地名。詳"蒼"字。

陶彙 3・1325　包山 200　包山 206　包山

240　二十三年郚令垠戈

【注】從邑吾聲。《説文》："郚，東海縣。故紀侯之邑也。"古地名用字。●地名。典籍作"梧"，戰國時屬魏，今在河南許昌、鄢陵一帶。《二十三年郚令垠戈》："廿三年，郚命垠☒右工帀（師）☒，冶良。"《戰國策・韓策一》："觀鞅謂春申曰……魏且旦暮亡矣，不能愛其許、鄢陵與梧。"黃盛璋先生認為："梧應與許、鄢陵附近，去陳不遠。"●包山簡地名，讀梧，簡文或省為吾。●《陶彙 3・1325》單字。或釋為郚。

秦印 124　類編 215　集證 314

【注】從彳郚聲，疑"郚"之繁文。●《秦印 124》"衙印"、《類編 215》"楊衙"，均為人名。●《集證 314》"衙丞之印"，地名。《漢書・地理志》左馮翊有"衙縣"，"故城今白水縣東北"。

鄂君啟車節

【注】從米吾聲。●人名。

包山 34　王孫誥鐘　上博二・從政 17　清華六・孺子 9

【注】從戈吾聲。●多讀禦，抵禦。《國語・魯語上》："所以禦亂也。"《清華六・孺子 9》："吏（使）戓（禦）寇也。"●讀武。《王孫誥鐘》："肅折（哲）臧戓聞于四國。"伍仕謙考釋説："王孫遺鐘作'肅悊聖武'。臧，《説文》'善也'。戓，與毛公鼎'以乃族干𦟭王身'之𦟭，字形相近。吳大澂云'干當讀扞，𦟭乃敔之省文，禁也，古敔敵經典通作捍御，敔與圉通，又通御'。（原注：見《説文古籀補》）是也。《詩・蒸民》'不畏強御'。強御連言，亦強壯之意。故肅折臧戓，即肅、哲、善、強之意，與肅折聖武同也。"（《王子午鼎、王孫鐘銘文考釋》）●楚簡讀梧，地名。《包山 34》："郗𡎔（與）之聞（關）戓公。"戓，是一種地域概念。●《上博二・從甲 17》："弁戓"，讀為"變敔"，改變（舊有的各種）禁令。與《上博五・三德 10》"毋改敔"之"改敔"意同。

石鼓文

【注】從辵吾聲，午為疊加聲符。●讀吾。《石鼓文》："避（吾）車既工，避（吾）馬既同。"

痦 齊  陶録 3・22

【注】從广吾聲。●齊陶單字，人名。

癏 齊  陶彙 3・530　　齊陶 0954

【注】從立痦聲。●齊陶人名。

魯  遣小子𩰚簋　　季醤簋

【注】從皀酋聲，疑"魯"之異文。酋，甲骨文作，疑讀醜，祭名。●人名。《遣小子𩰚簋》："遣小子𩰚目（以）其友乍（作）醤男、王姬彝。"

溪紐午聲

午 作冊魖卣　戌嬰鼎 五年師旋簋 髖簋 鼄鼎 賢簋 伯鮮鼎

蔡大史鏞 叔朕簋 公父宅匜 齊 郑叔之伯鐘 子禾子釜 陳侯午錞

鄘侯簋 楚 曾伯霥簋 璽彙 1201 楚嬴匜 王子午鼎 包山

162　包山 58　新蔡甲三 116　九店 56・22 燕 璽彙 2796　璽彙

3949　鄢王職壺　陶彙 4・83　陶彙 4・120 晉 少虞劍　貨系

0134 秦 睡簡・日乙 35　　　　　　秦印 282

996

【注】甲骨文作 ↑、丨、卜、丨、士、↓、8、8、8、8、8、↑。徐中舒謂象束絲交午之形，或填實作 ↑，或簡形作 ↑。高鴻縉、林義光謂象舂米之杵形，是"杵"的本字。"舂"篆作 ↑，象兩手持杵形，↑正杵字。《説文》："↑，啎也。五月，陰气午逆陽。冒地而出。此予矢同意。凡午之屬皆從午。"本義為舂杵。後借為地支的第七位，與天干相配用以紀年、月、日。"午"遂借為干支名稱，于是另造"杵"。●地支第七位名，用于紀日。《趞曹鼎》："隹（惟）十又五年五月既生霸壬午。"《農卣》："唯正月甲午。"●陳侯午：人名。見于《十四年陳侯午錞》《陳侯午簠》《十年陳侯午敦》。

秦印298

【注】從戈午聲。●秦印"琴戓"，應為人名。

上博四·采風2 晉公盆

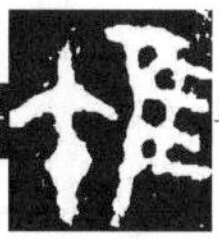

【注】從隹午聲。●讀午，晉定公名，見《左傳·哀公二年》注。《晉公盆》："雓余小子。"●《上博四·采風2》為曲目名。

陶彙6·18

【注】從人午聲。●晉陶"仵魚"，姓氏。春秋時晉人有仵戎。宋代"蒲田多此姓"。元代有仵正臣。清代有仵魁，乾隆壬辰進士。

姅父乙簠 姅父乙尊

【注】從女午聲。●舊釋為"姌"，然繹味銘意，當隸為"姅"，讀御，祭祀。《姅父乙器》："姅父乙。"午旁沿用甲骨文寫法。

盛君簠 菁華2 上博五·姑成4 璽彙2040

【注】從辵午聲，疑"御"之省文。●讀御，進用。《盛君簠》："盛君縈之迕（御）臣。"●《菁華2》"遊車迕（御）釱"。李家浩謂"遊車"或作"遊車""斿車"，是遊獵、巡遊之車。"遊車"相當於《周禮·春官·車僕》所掌五種兵車之一的"闕車"。（《戰國官印"車御令信"考釋》）"遊車御"為職官名，此為其所用官印。●晉璽人名。●抵禦。《上博五·姑成4》："初，虛（吾）�（強）立絧（治）眾，欲目（以）長畫（建）宔（主）君，而迕（御）☑難。"簡文疑殘一字，似可讀為"禦國難"。

997

遊 邵豆

【注】從女迁聲。●讀御，進用。《邵豆》："邵之遊（御）盨。"

郊清華六·太伯乙 6

【注】從邑從女午聲。●為"郊"之誤書，讀蔡。甲本作。

御（卸）競簋大盂鼎麥盉 御正衛簋 洎御事罍

山御作父乙器叔㚤父簋 吳王御士叔繁簋 御簋 遹簋 虢叔旅

鐘王后鼎齊鄦大史申鼎滕太宰得匜子和子釜 洹子孟姜壺

郑伯御戎鼎陳御寇戈 璽彙 3127楚 邡夫人孀鼎 吳王夫差鑒

曾侯與編鐘唐子仲瀕兒盤 上博一·緇衣 12包山 74 郭店 緇

衣 23清華二·繫年 48清華七·越公 20清華八·攝命 4清華

八·攝命 17燕郾王職戈作御司馬戈秦不娶簋 睡簡·雜抄 3

睡簡·日乙 181 宗邑瓦書 、 、 秦印 36 秦

集一·二·52  秦再一·11  西安一八·1

【注】甲骨文作綠、钐、钋、綠、抷、鬶、綠、鉹、钋、钋、钋、徣、彿、禮、䑛，從卩午聲（從土、丨者，乃叀之訛），可隸定為"卸"。徐中舒謂叀象交午之束絲，以交午喻主客之迎逆會晤。（《甲骨文字典》166 頁）李孝定以為字之本義當訓為迓。（《甲骨文字集釋》59 頁）卜辭多用為祭名，亦有迎擊義。金文同甲骨文，或增動符彳、止、辵。御、馭本不同字，《説文》以"馭"為"御"之古文，實誤。《説文》："御，使馬也。從彳從卸。徐鍇曰：'卸，解車馬也。或彳或卸皆御者之職。'纷古文御從又從馬。""使馬"當為馭字本義。●治理、管理。《大盂鼎》："在雩（于）卸（御）事。"御事，泛指執行具體事務的官史。《書·牧誓》："御事：司徒、司空、司馬。"鄭玄箋："治事三卿。"●用。《唐子仲頹兒匜》："盥（鑄）其御遬（沫）异（匜）。"《淳于公戈》："辜（淳）于公之御戈。"屈原《九章·涉江》："腥臊並御，芳不得薄兮。"王逸注曰："御，用也。"《吳王夫差鑒》："自乍（作）御監（鑒）。"《荀子·大略》："天子御珽、諸侯御荼、大夫服笏。"楊倞注："御服皆器用之名，尊者謂之御，卑者謂之服。"●侍奉。《叔㚔父簋》："牧師父弟帬（叔）㚔父御于君。"●饗、招待。《申鼎》："以御賓客。"《詩·小雅·吉日》："以御賓客。"《禮記·曲禮上》："御食于君。"鄭玄注："勸侑曰御。"●官名。《御正衛段》："懋父賞（賞）卸（御）正衛馬匹自王。"御正，官名，專司駕馭車馬之官。《吳王御士叔繇簋》："吳王御士尹氏叔繇（繇）乍（作）旅匜。"御士，官名，職司替王駕車。或謂"御士"即王之貼身衛士。●進也。《邶夫人嬗鼎》："乍（作）鑄迖鼎，以和御湯。""御湯"的"御"是"進"的意思，如《左傳·哀公三年》"命周人出御書俟于宮"，杜注云："御，進于君者也。""御湯"的"御"與此同例，"御湯"當是供主人洗浴的熱水，"和御湯"即凋和沐浴用的熱水。●嬪妃。《郭店·緇衣23》："毋以卑（嬖）御悤妝（莊）句（后）。"卑御：今本作"嬖御人"。《説文》："卑，卑賤也，執事也。"嬖，《説文》："嬖，卑賤。婢妾媚以色事人得幸者也。"鄭玄注："嬖御人，愛妾也。"●讀禦，抵禦。《致鼎》："王用肈（肇）事（使）乃子致率虎臣御雉（淮）戎。"●讀禦，阻止、制止。《上博一·詩論22》："〈猗（猗）差（嗟）〉曰：四矢弁（反），目（以）御（禦）亂。"●《秦集一·二·52》"御府丞印"。《漢書·百官公卿表》師古曰"御府，主天子衣物也"。《通典·職官八》："秦有御府令、丞，掌供御服。""御府丞"為"御府令"副貳。《秦再一·11》"御府工室"，御府也設工室，參見"少府工室"。●《西安一八·1》"御羞"。"御羞"即"御饈"，"羞"與"饈"通。"御羞"掌帝王膳饈之原料，實際是設在中央王室或皇室的"饈府"。

�‬ 我簋 御父辛觶 作冊嗌卣 敥簋楚 清華十·四告 10

【注】甲骨文作钋、钐、禮、穆，從示卸聲，疑"禦"之異文。金文同。●讀禦，祭祀，禦祭有禳除災禍之意。《我簋》："我乍（作）祈（禦）祟（祭）且（祖）乙、匕（妣）乙、且（祖）己、匕（妣）癸，征（延）礿禜二女（母），咸。"于省吾考證："羅（羅振玉）云：《説文解字》訓'禦'為'祭'，與此鼎正同，後世以為禁禦字，非其初義也。"（《雙劍誃吉金文選·我鼎》下）《敥簋》："敥其萬年䎟，實舨（朕）多祈（禦）。""多禦"蓋即多神之禦。《説文》："禦，祀也。從示御聲。"本義是一種祭祀。後人用此為禁禦字。《左傳·隱九年》："北戎侵鄭，鄭伯禦之。"今統一用"御"字。●讀御。《清華十·四告10》："亓（其）會邦君、者（諸）侯、大正、李（小子）、帀（師）氏、祈（御）事。"

馭（楚） 上博四・曹沫 42

【注】從馬卸聲。●讀御。《上博四・曹沫 42》："三軍出，其將卑，父兄不薦　（薦），由邦馭（御）之，此出師之機。"

訵（楚） 清華一・金縢 4　　清華一・金縢 5

【注】從言卸聲。●多數學者認為讀許。《清華一・金縢 4》："尔（爾）之訵（許）我=（我，我）則畐（厭）璧與珪。"陳劍認為當讀御，訓為禁，"爾之訵（御）我"就是指不接受周公的祈求。

戜（楚） 清華三・赤鳩 15

【注】從戈卸聲。●讀御。《清華三・赤鳩 15》："是刳（始）為埤（陴），卪者（諸）屋，以戜（御）白兔。"

嫛（晉） 趙韶戈

【注】從女御省聲。●讀御，用也。《趙韶戈》："趙韶之嫛（御）戈。"詳"御"字。

敔（楚） 工䖝太子姑發劍

【注】從支御省聲。●讀禦。《工䖝太子姑發劍》："莫敢敔（禦）余。"《詩經・秦風》："百夫之禦。"傳："禦，當也。"《小爾雅・廣言》："禦，抗也。"

馭（晉） 匯考 142　　璽彙 3415　　璽補 1576

【注】從馬御省聲。●《璽彙 3415》"任車馭"。李家浩謂"任車"是載重之車，《呂氏春秋・舉難》："甯戚欲干齊桓公，窮困無疑自進，於是為商旅將任車以至齊。"此事亦見《淮南子・道應》，高誘注："任，載也。""任車"相當於《周禮・春官・車僕》掌五種兵車之一的"廣車"。（《戰國官印"車御令信"考釋》）"任車御"為職官名，此為其所用官印。●《匯考 142》"車馭（御）佝（令）愳（信）"，"車御令"為官名。《璽彙 3415》"任車馭（御）"和"遊車御鈢"（《鑒印山房藏古璽印菁華》2 號），典籍中又見"戎御"，即戎車御。李家浩謂"車御令"當是"戎車御""任車御""遊車御"之長，疑即《周禮・春官》中"車僕"之別名，其職掌見《周禮・春官・車僕》："掌戎路之萃，廣車之萃，闕車之萃，蘋車之萃，輕車之萃。"鄭玄於"輕車之萃"下注：

"萃，猶副也。此五者皆兵車，所謂五戎也。"（《戰國官印"車御令信"考釋》）"車駊（御）伶（令）恁（信）"當為三晉地區的"車御令"一職用印。●《璽補1576》"旍駊"，人名。

毛公鼎　智鼎　珝生簋　楚 上博三·恒先12　上

博四·柬旱15　上博七·鄭乙6　清華十·行稱4　晉 二年戈　中山王

轡鼎 秦 陶彙3·808 、 　 、 　 、 　 、 　 、 　 、

印增85　睡簡·秦種61

【注】從言午聲。《說文》："詡，聽也。從言午聲。"本義應允、許可。戴家祥考證："許"之本義當為送杵聲，以聲音自勸。從言從午，午亦聲。引申為眾人共力之聲。《詩·小雅·伐木》："伐木許許。"即以"許"用作象聲詞。後引申為應允、許可。《智鼎》聲符增從口，可視為繁文。●《陶彙3·808》"許市"，地名。《詩·王風·揚之水》："不與我戍許。"在今河南許昌東。秦文字用"許"表示許地、許氏之許。楚文字用"鄦""䢜""邘"表示。齊文字用"邘"表示。三晉用"言""郚"表示。●應允。《裘衛鼎》："厲乃許曰。"《中山王轡鼎》："氏以寡人許之。"均用作此義。《左傳·隱公元年》："亟請于武公，公弗許。"●讀戲。《毛公鼎》："虩（赫）許（戲）上下若否雩四方，死（尸）母（毋）童（動）余一人在立（位）。"虩許，當讀作典籍之"赫戲"。《楚辭·離騷》："陟升皇之赫戲兮，忽臨睨夫舊鄉。"王逸注："皇，皇天也。赫戲，光明貌。"虩許、赫戲皆聲假字，用作動詞。銘意為，明察朝廷上下和天下的善惡之事。●讀牾，逆、違背。《智鼎》："限話（牾）曰：眡則卑（俾）我賞（償）馬，效父則卑（俾）復卑（厥）絲束。"●讀作。《上博三·恒先12》："天下之复（作）也，無許（作）亙（恒）；無非亓所。"如果舉天下之作，都不違離生物成物的"恒"道，那麼所有的"作"都將恰如其分，各得其所當然。

詡 晉 璽彙1546

【注】從心許聲，疑"許"之繁文。●晉璽人名。

夅 楚 清華十一·五紀89

【注】從又午聲。●讀御。《清華十一·五紀89》："足曰立步屖（遲）迷（速）還，手曰糕（搇）詄（椿）夅（御）量秉。"

娛 楚  清華十·四時 2

【注】從女夋聲。●讀御，進也。《清華十·四時 2》："孟旾（春）受舒（序），青燹（氣）乃娛（御）。"青氣，指春天之雲氣。

詙 楚  清華一·祭公 16

【注】從言夋聲。●讀御。《清華一·祭公 16》："女（汝）母（毋）目（以）俾（嬖）詙（御）息（塞）尔（爾）臧（莊）句（后）。"詳"御"字。

綬 楚  信陽 2·4

【注】從糸夋聲。●舊多謂"緶"之異文，從糸夋聲，讀鞭。劉信芳讀御，簡文或作"馭（馭）"。

粸 楚  清華十一·五紀 89

【注】從米夋聲。●整理者括注讀捿。《清華十一·五紀 89》："足曰立步屖（遲）迷（速）還，手曰糦（撍）詙（捿）夋（御）量秉。"

弳 楚  新蔡甲三 356 新蔡零 193

【注】從弓夋聲。●人名。

臿  晉侯穌簋 楚 璽彙 3758

【注】從臼午聲。●金文讀午，干支字。●楚璽為"嗌臿"合文，當讀"夷吾"，古姓氏。《通誌·氏族略四》："夷吾氏，姬姓。晉惠公名夷吾，懷公繼之，不享其位，其後支庶以名為氏也。"漢印中有"夷吾遂"。

忤 晉  璽彙 2461 類編 124

【注】從心午聲，"悟"之異文。●晉璽人名。

 里耶 8・461

【注】從午從吾，雙聲字。●讀吳。《里耶 8・461》："曰䇓曰荊。"

 港續一 54 、 秦印 282

【注】從吾從午，雙聲字。●人名用字。

 睡簡・日甲 50 背

【注】從木午聲。●用為本義，舂米或捶衣的木棒。《睡簡・日甲 50 背》："大如杵。"

疑紐牙聲

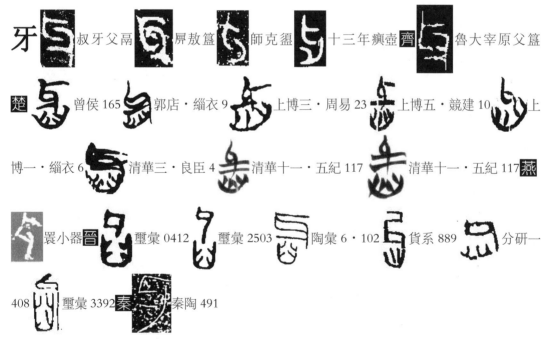

牙 叔牙父盙 屌敖簋 師克盨 十三年瘦壺 魯大宰原父簋

曾侯 165 郭店・緇衣 9 上博三・周易 23 上博五・競建 10 上

博一・緇衣 6 清華三・良臣 4 清華十一・五紀 117 清華十一・五紀 117

罘小器 璽彙 0412 璽彙 2503 陶彙 6・102 貨系 889 分研一

408 璽彙 3392 秦陶 491

【注】甲骨文作 ，象凹凸不平上下相錯的大牙，亦謂槽牙。金文同甲骨文。戰國文字或作 ，與古文同。《說文》："𤘽，牡齒也。象上下相錯之形。凡牙之屬皆從牙。 古文牙。"本義為大牙。●指猛獸之犬齒，或指牙形之物。《瘦壺》："畫䩅（靳）、牙𩏑、赤舃。"牙𩏑，謂衣領上鑲嵌的牙形之物。●爪牙：猶羽翼，比喻輔助的人。《師克盨》："干害王身，乍（作）爪牙。"●人名。《屌敖簋蓋》："戎獻金于子牙父百車，而易（賜）魯屌敖金十鈞。"●《上博一・緇衣 6》"《君𦣞（牙）》"，讀雅。牙、雅古音皆屬魚部疑紐，聲音相同故相通。《書・君牙》："穆王命君牙為周大司徒，作《君牙》。"孔穎達"君牙或作君雅"。●姓氏。三晉鈢有"邪"，也用為姓氏，

1003

何琳儀先生讀牙，並指出"牙"為古老的姓氏用字。作為姓氏用字時，文字形體往往增加"邑"旁。

盱 齊  陶彙 3・777

【注】從目牙聲。●齊陶人名。

呀 楚  璽彙 5565

【注】舊多釋為"呀"，出土文獻未見"呀"字。當釋為"訝"。●"黃訝"，人名。

絠 楚  郭店・語叢三 48

【注】從糸牙聲。●讀邪。《郭店・語叢三 48》："思亡彊（疆），思亡其（期），思亡絠（邪），思亡不邇（由）我者。"

忦 齊 滕之不忦劍燕 匯考 310

【注】從心牙聲。●均為人名。

迓 秦  睡簡・日甲 57 背

【注】從辵牙聲，"訝"之異文。●疑讀牙。《睡簡・日甲 57 背》："是粲迓之鬼處之。"粲迓，露齒。

雅 秦 睡簡・答問 12

【注】從隹牙聲。●素。《睡簡・答問 12》："甲乙雅不相智（知）。"

邪 齊 璽彙 0334 晉 貨系 887 璽彙 2142 三晉 48 貨系

882 貨系 886 貨系 879 璽彙 2142 聚珍 196 秦 丞相啟狀戈

集證 196·43 睡簡·語書 6 睡簡·秦種 89 秦印 124

【注】從邑牙聲，與小篆同。三晉文字多作"郘"。《説文》："郘，琅邪郡。"本義為地名。●奸邪、邪惡。《睡簡·語書 6》："而養匿邪避（僻）之民。"●《睡簡·秦種 89》："傳車、大車輪，葆繕參邪。"參邪，不齊正。傳車或大車的車輪，可修理其歪斜不正處。●人名。《十七年丞相啟狀戈》："丞相啟、狀造，合陽嘉、丞兼、庫腜、工邪。"●晉璽"邪桶""邪窖"，讀牙，姓氏。●趙尖足布單字地名。●《璽彙 0334》"邪閵圢罒（望）"。邪，疑"郎邪"之省，地名。見《管子·戒》："齊桓公將東遊，南至郎邪。"亦作"瑯邪""瑯琊"。地在今山東膠南西南海濱。

璽彙 0475

【注】從疒牙聲，"痕"之異文。●晉璽人名。

疑紐馭聲

噩侯鼎 師袁簋 令鼎 班簋 狀馭觥 虎簋

蓋 虎簋蓋 大盂鼎 軝 右軝車器 軝 大鼎 太保罍 齊 陶彙

3·961 陶彙 3·961 楚 包山 33 包山 179 包山 180 包山

33 天星 包山牘 1 清華七·越公 22 清華五·三壽 22 清

華六·孺子 7 曾侯 63 清華八·邦道 3 清華二·繫年 58 清華二·繫年

121 曾侯 67 曾侯 67 上博四·昭王 6 上博五·弟子 20 曾侯

4 曾侯 12　　曾侯 131 曾 蚉壺　　璽彙 2082　　璽彙 1818　　璽補

183 秦　　不嬰簋　　石鼓文

【注】甲骨文作 、 ，象以鞭驅馬形，會馭馬之意。金文鞭形多變。《説文》以"馭"為"御"之古文，然甲金文御、馭截然有別，本不同字。金文從攴（古鞭字，從攴）從馬。楚簡作 ，"攴"聲化為"午"聲。或作駻，午為疊加音符。戰國文字作馭、駻、駼、駥、駃、駛等，均為一字異形。統一隸定為"馭"。●古文字多讀馭，駕車者。《大盂鼎》："人鬲自馭至于庶人六百又五十又九夫。"馭，賞賜之物，乃為駕車之奴隸。《令鼎》："王馭溓仲僕（僕），令奔先馬走。"王馭，專門替周王駕車的低級官吏。《師獸簋》："魝嗣（司）我西扁（偏）東扁（偏）僕馭、百工、牧、臣妾。"《清華七·越公 22》："孤或（又）恧（恐）亡（無）良僕駻（馭）獴火於越邦。"僕馭，即趕車的僕人。《石鼓文》："徒馭孔庶，廓☒宣搏。""宣搏"謂徒馭在廓地獵場與野獸四處搏鬥。●統治、控制。《清華八·邦道 3》："可以馭眾、綢（治）正（政）、臨事、倀（長）官。"《周禮·天官·大宰》："以八柄詔王馭群臣。"●方國名。《克罍》："令（命）克侯于匽（燕），旃羌、狸、叡、雩、駿、兑（微）。"●方國名。《不嬰簋》："不嬰，馭方厰（獫）允（狁）廣伐西俞。"此"馭方"指西北外族之名。●人名。《鄂侯馭方鼎》："噩（鄂）侯馭方内（納）壺于王。"馭方，西鄂國首領鄂侯的名字，西周厲王時人，曾先臣服周王而受到王的賞賜。後率領南淮夷、東尸（夷）叛亂，被周王用武力平定，馭方也被俘。●《包山 33》："臨易（陽）之駻司敗黃異受卣（幾）。"駻司敗，為官名。●讀御，捍衛、保衛。《清華五·二壽 22》："牧民而駻（御）王。"《後漢書·馬融傳上》："莫敢嬰御。"李注："御，扞也。"《戰國策·西周策》："而設以國為王扞秦。"鮑注："扞，御也。""牧民"即管理人民，"御王"即保衛王。

端紐者聲

母宰㭍婦方彝 齊 匯考 69

【注】從木，上兩點象征楮木之葉，疑"楮"之初文。《説文》以"㭍"為"者"字古文。《説文》："者，別事詞也。從白㭍聲。㭍，古文旅字。"《説文》以㭍為旅，當為聲假。●讀諸。《母宰㭍婦方彝》："母宰㭍（諸）婦。"㭍婦，即諸婦。《禮記·昏義》"婦順者，順於舅姑，和於室人"，鄭玄注："室人，謂女蚣、女叔諸婦也。"孔穎達正義："女蚣，謂婿之姊也；女叔，謂婿之妹。"●齊璽"麋陕㭍害埮"，疑為地名。

塈鼎

【注】從土㭍聲，疑"堵"字初文。●讀諸。《麥鼎》："用盲多塈（諸）友。"

1006

散氏盤

【注】從木柴聲，疑“楮”字初文。●讀楮。《散氏盤》：“奉（封）于敝　、楼木。”以木名為地名。

四祀邲其卣

【注】從鬲從匕從肉柴聲。●讀煮。《四祀邲其卣》：“丁未，鸞（煮）。”

陶彙3·923

【注】從糸柴聲，疑“緒”字初文。●齊陶人名。

散氏盤

【注】從谷柴聲。●地名用字。

者 者方鼎 者婤罍 者婤尊 或者簋 曾者子鼎 叔家父簋 伯

公父簋 者旨瑹盤 麥鼎齊 陳侯因　錞 　彙0153 采者節

陶彙3·269楚者沪鐘 清華二·繫年7 清華二·繫年2 清

華二·繫年97 清華二·繫年70 清華六·子產14 郭店·五行40 郭

店·緇衣23 郭店·緇衣2 安大一40 安大一42 安大一

53 安大一99 清華十·四告16 上博九·邦人9 清華九·治政

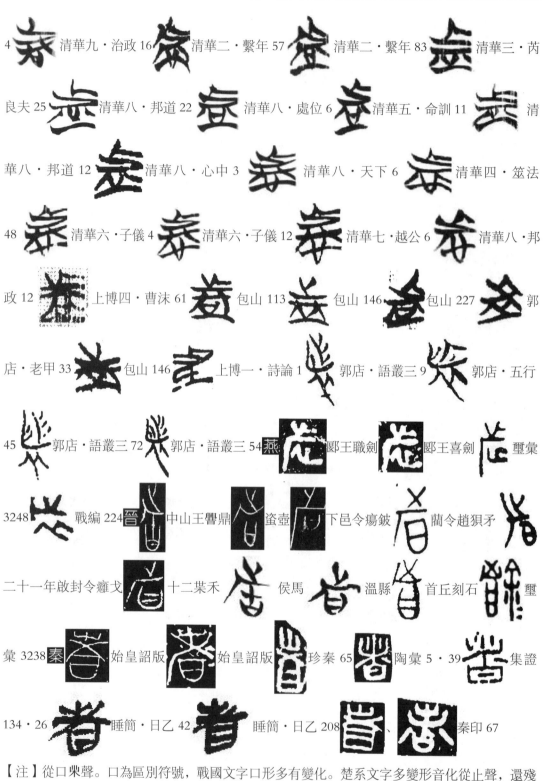

4 清華九‧治政16　　清華二‧繫年57　　清華二‧繫年83　　清華三‧芮

良夫25 清華八‧邦道22　　清華八‧處位6　　清華五‧命訓11　　清

華八‧邦道12　　清華八‧心中3　　清華八‧天下6　　清華四‧筮法

48 清華六‧子儀4　　清華六‧子儀12　　清華七‧越公6　　清華八‧邦

政12　　上博四‧曹沫61　　包山113　　包山146　　包山227　　郭

店‧老甲33　　包山146　　上博一‧詩論1　　郭店‧語叢三9　　郭店‧五行

45 郭店‧語叢三72　　郭店‧語叢三54 燕　　郾王職劍　　郾王喜劍　　璽彙

3248 戰編224 晉　　中山王嚳鼎　　蚉壺　　下邑令瘍鈹　　蘭令趙狽矛

二十一年啟封令癰戈　　十二葉禾　　侯馬　　溫縣　　首丘刻石　　璽

彙3238 秦　　始皇詔版　　始皇詔版　　珍秦65　　陶彙5‧39　　集證

134‧26 睡簡‧日乙42　　睡簡‧日乙208　　秦印67

【注】從口朱聲。口為區別符號，戰國文字口形多有變化。楚系文字多變形音化從止聲，還殘留着左邊的筆劃（郭店‧緇衣23）；或作，出現了左右都有斜筆的筆劃，并受皿同化，下面增一橫。燕系兵器銘文作，何琳儀釋為"旅"，吳振武《古璽文編校訂》釋為"者"。，當為"者"之訛，此與郭店簡作演變方法類似（詳"都"字）。《說文》："，別事詞也。從白朱聲。

1008

炊，古文旅字。"●讀諸，眾也。《王孫誥鐘》："及我父踓（兄）者（諸）士。"銘文中習見"者
子""者侯""者父""者兄"等，均用為"諸"。●語助詞。《中山王䦅鼎》："昔者，虘（吾）先
考成王，曩（早）棄群臣。"●讀書。《免簋》："王受（授）乍（作）冊尹者（書），卑（俾）冊
令（命）免。"●《中山王䦅壺》："者（諸）侯皆賀。"諸侯：周王朝所分封的各侯國的國君。
諸侯世襲占有封地及其居民，在封域內世代掌握統治大權。但規定要服從周王之命，定期向周
王室朝貢述職，並有出庫賦與服役的義務。●殷商金文，讀諸，古國名。《春秋·文公十二年》：
"季孫行父帥師城諸及鄆。"《者作妣丁爵》："者作妣丁。"●讀褚。《璽彙0153》"者帀"當讀為
"褚師"。《左傳·昭公二年》"請以印為褚師"，杜注："褚師，市官。"●《璽彙3238》"者余㧵"、
《璽彙3311》"者余疕"；"者余"作合文，複姓，讀"諸余"。諸余，古山、水名，見《山海經·北
山經》。該氏應屬以地為氏。

九年繭令戈

【注】從斤者聲。●人名。

印增547

【注】從阝者聲。●"陼璽"，應為人名。

上博二·魯旱1

【注】從囗者聲。●讀圖，圖謀。"圖"上古音為魚部定紐，"屠""都"為其同音字。《上博二·魯
旱1》："子不為我啚（圖）之？"

【注】從心啚聲。●讀圖，謀也。《清華六·孺子3》："既夏（得）慁（圖），乃為之毀。"

清華六·管仲4　清華五·湯丘11　清華八·邦道5　清華八·邦

道10　上博四·曹沫2　上博六·用曰14　郭店·成之2　郭店·成之31

郭店·緇衣23　上博五·姑成7　上博一·緇衣12　清華九·廼命二10　清

華九・廼命二 8 　清華十一・五紀 124　　清華十一・五紀 102　　清華十一・五紀

2 　清華十一・五紀 126

【注】從心者聲。●楚簡多讀圖，謀也。《上博四・曹沫 2》："今邦彌小而鐘愈大，君其者（圖）之。"此義楚文字或用"圄""圖"，秦文字用"圖"，三晉文字用"圝"。●讀著。《郭店・成之 2》："行不信則命不從，信不者（著）則言不樂。"

偖 楚 　璽彙 3552　 上博五・鮑叔 6 晉 　陶彙 4・153

【注】從人者聲。●戰國文字多為人名。●疑讀煮。《上博五・鮑叔 6》："愳（易）㕣（牙）人之與偖而飤（食）人，亓（其）為不息（仁）厚矣。公弗圖，必害公身。"《管子・小稱》："夫易牙以調和事公，公曰：惟烝嬰兒之未嘗。於是烝其首子而獻之公。"《韓非子》卷二："桓公好味，易牙蒸其首子而進之。"易牙是個邪僻的人，烹子進君，甚為不仁。

啫 晉 　璽彙 1410

【注】疑從丩者聲。者，為秦文字風格。●"宋啫"，人名。

屠 秦 、　秦印 166

【注】從尸者聲。《説文》："屠，刳也。從尸者聲。"屠殺義，楚文字作"脜""殐"。●秦印"屠行""屠吾"，姓氏。

殐 楚 　清華八・邦道 1

【注】從歺者聲，"屠"字異體。●讀屠。《清華八・邦道 1》："以孚（俘）亓（其）殐（屠）。"

奢 奢虖簠　 奢虖簠　奢簠 楚　邾㝅魯生鼎 秦　陶彙 5・88　秦印

206　詛楚文

1010

【注】從大者聲。《詛楚文》從大從多，與"奢"籀文同。《説文》："奢，張也。奓籀文。"段玉裁注："張也。張者，施弓弦也。引申為凡充庛之偁。侈下曰，一曰奢也。從大，者聲。"是字亦兼會意。籀文奓，從大從多，大與人同，故侈、奓同字。商承祚："奢訓張，侈訓大，同義。故經傳亦多以侈為奢。《左傳》昭公三年'于臣侈矣'注：'侈，奢也'，《荀子·正倫》：'然而暴國獨侈，安能誅之。'注：'侈謂奢汰放縱。'《論語·八佾》'與其奢也'，疏：'奢，侈也。'……《説文》侈，'一曰奢也'。《集韻》侈或作奓，是奓為古文侈，而奢通侈也。"奓、侈同，均為古文，奢為後起形聲字。本義為奢侈。●用為本義，奢侈。《詛楚文》："淫失（佚）甚（耽）亂，宣奓競從。"●奢虎：人名。《奢虎簠》："奢虎鑄其寶臣，子子孫永寶用。"秦印、秦陶均為人名。

都 楚　曾侯 147　　曾侯 167　　曾侯 170

【注】從邑奢聲。●讀屠，姓氏。《曾侯 147》："都牧之驥為左驂。"

歜 楚　包山 163　　屛敖簠蓋

【注】從欠者聲。●楚文字均為人名。《屛敖簠蓋》："其右子歜、吏孟。"

屠 晉　十四年鄭令戈　　大陰令戈　　卅一年鄭令戟

【注】從尸者聲。●均為人名。

覩 楚　包山 19

【注】從見者聲，"睹"之異文。●人名。

諸 秦　北私府橢量　　陶彙 5·389　　始皇詔版　　秦印 43

【注】從言者聲。●列國君主的統稱。《始皇詔版》："盡並兼天下諸侯。"●秦印人名。

睹 楚　郭店·窮達 5

【注】從肉者聲。●讀屠，屠殺。《郭店·窮達 5》："行年七十而睹（屠）牛於朝訶（歌）。"

鍺 楚　信陽 2·15　　包山 261　　望山 2·11

【注】從色者聲。●均讀赭，赤褐色。《包山 261》：“一縞衣，緒（赭）膚（鼴）之純。”赭，《説文》赤土也。《前漢·司馬相如傳》其土則丹青赭墍。《注》赭，今之赤土也。

豬楚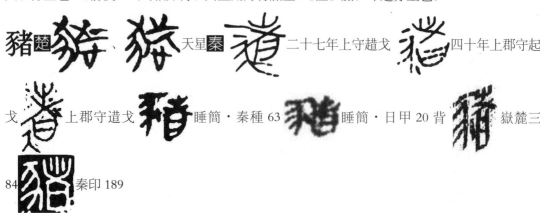

【注】從豕者聲。●用為本義，豬。《睡簡·日甲 20 背》：“園居西北，利豬，不利人。”●人名。《二十七年上守趙戈》：“漆工師豬、丞抶。”

香楚  新蔡乙三 54

【注】從禾者聲。●地名。《新蔡乙三 54》：“香室之里人禱⊠。”

楮楚

【注】從木者聲。●讀堵。《包山 149》“佶楮一邑”，疑讀“佶堵”，即製造牆堵之機構。●《上博八·有皇 1》木名，詳“柧”字。●讀佇，站立、停留。《睡簡·日甲 130》：“大顧（顧）是胃（謂）大楮，兇（凶）。”小顧就是小停，有小不利；大顧就是大停，有大凶。●《璽彙 0181》“楮里之鉥”，里名。

箸楚

清華一·金縢11　　上博七·武王13　　分研一160　　里耶5·10秦

詛楚文　　印增160

【注】從竹者聲。里耶第五層出土的數枚殘斷楚簡為後來混入的竹簡。●楚文字多讀書。《郭店·性自15》："時（詩）、箸（書）、豊（禮）、樂，其司（始）出皆生於人。"秦文字《詛楚文》亦讀為書。●包山簡"集箸""集箸言"。"集書"可理解為"匯集的文書"。"集箸""集箸言"的區別僅在於有無"言"字，陳偉認為二者為記言、記事之分，目前來看，這個意見較優。

著 秦　　陶録6·405

【注】從艸者聲。楚文字用用"煮""紙""罱"表示顯著之義。●單字，義不詳。

都 楚　　璽補6

【注】從邑著聲。●"都（著）君之☒"，地名。

粣 楚　　包山266　　璽彙0252　　鑄客鼎

【注】從米者聲。●掌管飲食之機構。《鑄客鼎》："鑄客為集粣為之。"●讀屠。《包山266》："一粣梮（欘）。一剚（宰）梮（欘）。"整理者認為讀楮，楮欘，用欘木做的案。李家浩疑讀屠，屠欘，指供屠割犧牲用的欘。

暑 楚　　包山173　　包山185　　包山184　　上博六·平王1　　上博

六·平王3　　上博七·吳命9　　清華十·四時19　　壽春鼎 秦　　睡簡·日

甲50背

【注】從日者聲。●包山簡人名。《説文》暑、睹一字，簡文中均用為人名，一字異寫。●用為本義。《睡簡·日甲50背》："其夏大暑，室毋（無）故而寒。"《清華十·四時19》："內（入）月四日，鶉火昏矴（晼），以晨（辰）亓（其）箮（篤），雨，追（歸）暑。"此義楚文字或作"昬"。●讀煮。《上博六·平王1》："暑食於郪寬（莬）。"或謂讀曙，"曙食於郪莬"即在郪莬吃早飯。典籍有"朝食"一語，指吃早飯。《詩·陳風·株林》："乘我乘駒，朝食于株。"《左傳》成公二年："余姑翦滅此而朝食。"

1013

堵齊 叔尸鎛 叔尸鐘楚 嬭加編鐘 清華七·越公 28

清華十·四告 20 清華十·四告 37

【注】從工者聲。●或謂讀土，所謂從工是"土"之訛。古音"土"在透紐魚部，"者"在章紐魚部，音極近。《叔尸鐘》："咸有九州，處禹之堵（土）。"禹堵，猶言禹土。禹治洪水，足迹遍佈九州，故稱中國為禹土，猶言禹迹。●讀渚。《清華七·越公 28》："王並（並）亡（無）好攸（修）于民，厽（三）工（江）之堵（渚）茲民暇自相。""相"訓為"將"，"相"屬心紐陽部，"將"屬精紐陽部，古音相近可對轉。"自將"表示自我保全，得以生存。這句話是指讓民眾暇安，以自保全。●讀緒。《清華十·四告 20》："者魯大神，之礼（機）若工，隹（唯）爾（爾）俞秉天商（常），弋（式）文受我乓（厥）堵（緒）。"

堵齊 陶録 2·4楚 帛書乙 清華十一·五紀 21 新蔡乙

四 92晉 子犯鐘 邵鐘 璽彙 3443 璽彙 0124秦 睡簡·雜抄 40

【注】從土者聲。晉系文字或作"牆"，為籀文。《説文》："牆，垣也。五版為一堵。從土者聲。牆籀文從嗇。""堵"字初義即用土壘築房屋大牆，一丈為一版，五版土壘成的牆壁，稱一堵。●讀堵，一組編鐘之單位量詞。《子犯鐘》："用為龢（和）鐘九堵（堵）。"古代鐘或磬，十六枚懸在一虡（鐘架）稱為一堵；鐘、磬各一堵合稱為肆。《周禮·小胥》："凡縣鍾磬半為堵，全是肆。"鄭玄注："鍾磬者，編縣之二八十六枚，而在一虡謂之堵。"一堵十六枚是周天子用樂的數目。從列國出上編鐘看，一組鐘有九至十二枚等各種編排數目。●用為本義，牆垣。《睡簡·秦種 118》："過三堵以上。"●《璽彙 0124》"堵城河仚（尉）"，地名。《漢書地理志》記趙國邯鄲縣有堵山，"堵城"或因堵山而得名，當在堵山附近，戰國時屬趙。"河尉"當是掌管水利事務的職官。●《璽彙 3443》"青堵市"。"青堵"為三晉地名，地望待考。●《清華十一·五紀 21》："建子、丑、寅、卯、唇（辰）、巳、午、未、申、栖（酉）、戌、亥，紀參成天之堵。"整理者注："堵，《説文》：'垣也。'引申為邊界。""天之堵"猶言"天之疆域"。

碏晉 三年莆子戈

【注】從石者聲。●人名。

屠晉 璽彙 0937 璽彙 2419

【注】從厂者聲，疑"庶"之異文。●晉璽人名。

 者 晉 璽彙 0555

【注】從宀者聲，疑"者"之繁文。●"王者奇"，"者奇"二字作合文，人名。

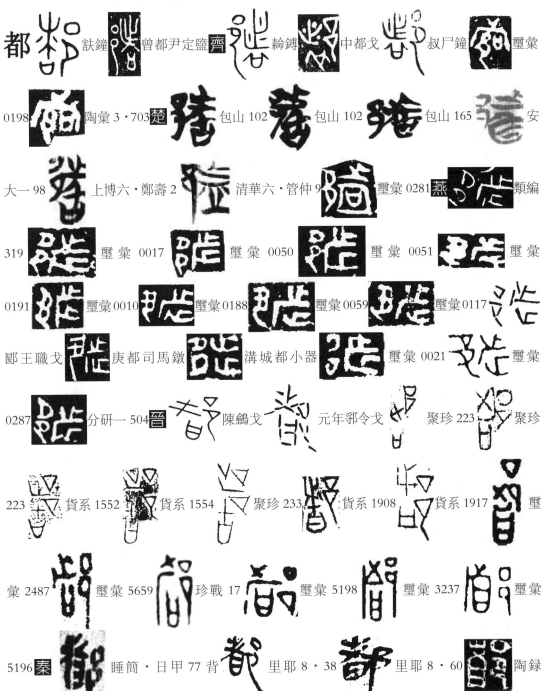

都 　　 馱鐘 　　 曾都尹定監 齊 　　 豁鎛 　　 中都戈 　　 叔尸鐘 　　 璽彙

0198 　　 陶彙 3·703 楚 　　 包山 102 　　 包山 102 　　 包山 165 　　 安

大一 98 　　 上博六·鄭壽 2 　　 清華六·管仲 9 　　 璽彙 0281 燕 　　 類編

319 　　 璽彙 0017 　　 璽彙 0050 　　 璽彙 0051 　　 璽彙

0191 　　 璽彙 0010 　　 璽彙 0188 　　 璽彙 0059 　　 璽彙 0117 　　

鄆王職戈 　　 庚都司馬鐓 　　 溝城都小器 　　 璽彙 0021 　　 璽彙

0287 　　 分研一 504 晉 　　 陳鷰戈 　　 元年郘令戈 　　 聚珍 223 　　 聚珍

223 　　 貨系 1552 　　 貨系 1554 　　 聚珍 233 　　 貨系 1908 　　 貨系 1917 　　 璽

彙 2487 　　 璽彙 5659 　　 珍戰 17 　　 璽彙 5198 　　 璽彙 3237 　　 璽彙

5196 秦 　　 睡簡·日甲 77 背 　　 里耶 8·38 　　 里耶 8·60 　　 陶録

6·318 陶彙 9·20

 秦印 119　集證 150·280

【注】從邑者聲。戰國時期燕系文字常作❄形，另如❄（璽彙 188）、❄（璽彙 186），何琳儀謂從旅邑聲，"都"之異文。旅、都聲韻相通，故燕系文字、傳抄古文均以"郕"為都。❄上部所從之❄是由❄上面的❄改造而成，侯馬盟書"都"字作❄，可視為過渡形體。下部之❄則是❄的草寫。郭店楚簡"者"作❄、❄，可證燕系文字"都"所從仍是"者"，而非"旅"，即"都"字作❄屬變形音化與"旅"略有混同，而不是聲符的替換。《説文》："❄，有先君之舊宗廟曰都。從邑者聲。周禮：距國五百里為都。"段玉裁注："凡邑有宗廟先君之主曰都，無曰邑。"本義都城。●城邑。《獣鐘》："王辜（敦）伐其至，戜（撲）伐㠯（厥）都。"《穀梁傳·僖公十六年》："民所聚曰都。""都"一般指有城郭的大邑。●國都，諸侯所居。《曾都尹定簠》："曾都尹定之行匜。"《釋名》："都者，國君所居，人所都會也。"●秦封泥"都水丞印""都船丞印""輪廥都丞""都田之印"等均為官名。可參看本書相關條目。●美德。《上博四·曹沫 37》："是古（故）倀（長）民者。毋図箕（爵），毋众（御）軍，毋辟（避）皋，甬（用）都尞（教）於邦。"《書·皋陶謨》皋陶曰都。

額 楚  清華二·繫年 81

【注】從頁者聲。●讀奢。簡文"連尹額（奢）"，人名。

渚 楚  璽彙 0343　　郭店·語叢四 17　　上博四·逸交 2　　新蔡

乙四 9　　安大一 37 秦　　里耶 16·9

【注】從水者聲。●用為本義，小洲曰渚。《郭店·語叢四 17》："利其渚者，不賽（塞）其溓（溪）。"●《璽彙 0343》"五渚正鈢"，"五渚"當為地名之泛稱。《水經注卷十八》："凡此四水，同注洞庭，北會大江，名之五渚。《戰國策》曰：秦與荆戰，大破之，取洞庭五渚者也。"●秦簡"渚里"，里名。

瘏 晉  璽彙 1029

【注】從疒渚聲。●晉璽人名。

睡簡・日甲 60 背　　　里耶 8・1230

【注】從鬲者聲，"鬻"之省文，"煮"之異文。●讀煮。《睡簡・日甲 60 背》："人無故而髮撟若虫及鬚眉，是是恙氣處之，乃鬻（煮）莑屨以紤，即止矣。"

包山 147　　　上博二・容成 3　　　戰表 383

【注】從火者聲。《十三年鑲金銀泡》有字作煮，舊釋為煮，當釋為黃。●用為本義。《包山 147》："宋獻為王煮盧（鹽）於海（海）。"秦系文字作"鬻"，早期金文作"爨"。

清華十・病方 1　　　清華十・病方 2

【注】從水煮聲。●簡文"……瓠渚（煮）㠯（以）酉（酒）"，讀煮。

袁盤　　　趞鼎　　　頌鼎　　　頌簋　　　頌簋蓋　　　書也缶

書也缶　　　之利殘器　　　曾侯　　　廿年距末　　　璽彙 3951　　　匯考

244　　　匯考 302　　　陶彙 9・12　　　侯馬　　　璽彙 0935　　　璽彙 2020　　　璽彙

2541　　　璽彙 5187　　　宗邑瓦書　　　睡簡・日乙 143　　　睡簡・效律 29　　、

、　　　印增 115

【注】從聿（聿即筆）者聲。金文或以"者""聿"為之。《説文》："書，箸也。從聿者聲。"箸（著）即顯明。合起來表示用筆使文字顯明，"者、箸"音近，故"者"有表意作用。本義為書寫、記錄、記載。●記述、書寫。《師旂鼎》："引㠯（以）告中史書。"●人名。《書也缶》："正月季春元日己丑，余畜孫書也，𩁹（擇）其吉金。"●官名。《倗生簋》："卺（厥）書史𢽅武立（蒞）盟成璽，鑄保叚。"書史，專掌契約、文書之職。●用作名詞，書冊、簡冊。《頌鼎》："尹氏受（授）王命書。"

1017

剒  散氏盤

【注】從刀者聲。●地名。《散氏盤》："奉（封）剒枏。"

鍺楚 仰天23 齊 邾公牼鐘 燕 郾王職劍

【注】從金者聲。此字當即《爾雅·釋器》"斫謂之鍺"之"鍺"字，者、著聲同，故得通作。●讀堵，為一組編鐘之單位量詞。《邾公牼鐘》："余畢龏威（畏）忌，鑄辝穌鍾（鐘）二鍺（堵）。"二鍺，即指二組編鐘。●讀鍺，斫也。《郾王職劍》："郾（燕）王職乍（作）無鍺鎩（劍）。"郭璞注《爾雅》曰："鍺，钁也。"《正字通》謂"钁與斫通"，《說文》"斫，擊也"。知"鍺"可用為動詞，有斫擊義。則銘所謂"鍺劍"指用于斫擊之劍，明劍之用途也。

署秦 睡簡·雜抄40 睡簡·為吏20 秦印151

【注】從网者聲。●讀書。《睡簡·為吏20》："乃（仍）署其籍曰。"●崗位、看守崗位。《睡簡·答問196》："耤（藉）牢有六署。"假設牢獄有六處看守崗位。

褚晉 八年新城大令韓定戈

【注】從衣者聲，與小篆同。《說文》："褚，卒也。"古代稱兵卒，徐灝曰："卒謂之褚者，因其著赭衣而名之也。"●人名。《八年新城大令韓定戈》："八年，親（新）城大命（令）韓定、工帀（師）宋費、冶褚。"

緒楚 包山263 清華一·保訓7 清華十一·五紀58

【注】從糸者聲。●《清華一·保訓7》："帝尧（堯）秫（嘉）之，甬（用）受（授）氏〈乓—厥〉緒。""緒"可理解作功業，猶"纘禹之緒"的"緒"，亦指帝位。●讀褚。《包山263》："二鑑。二緒（褚）。"

鞜楚 包山260

【注】從革者聲。●或讀篨。《包山260》："曲鞜。"按"曲鞜"讀如"籧篨"，《說文》："籧，籧篨，粗竹席也。"《方言》卷五："籧，……其粗者謂之籧篨。"古音籧、曲雙聲，鞜、篨疊韻。所謂"粗竹席"實指竹簾（或葦簾）。古代用此類竹簾作攔水捕魚的工具，稱"曲梁"；以之養

簋，稱"曲簿"，皆取其可以捲曲之意。

痦 晉 璽彙 2921　　建信君鈹　珍戰 89

【注】從疒者聲。●晉文字人名。

翥 秦 、　　、　　印增 137

【注】從羽者聲。●秦印人名。

耆 逑盤

【注】從老省者聲。●讀者。《説文》："耆，老也。"《逑盤》："天子其萬年無疆，耆（者）黄耇，保奠周邦，諫辥（乂）四方。"旨、者古音相通。耆耇，即耇老、高壽之人。亦作"壽耇"。

端紐炙聲

炙 晉 璽彙 1516 秦 睡簡・日甲 21 背　　關簡 317

【注】《説文》"炙，炮肉也。從肉在火上。凡炙之屬皆從炙。䏉，籀文。"●燒烤、燒灼。《睡簡・日甲 21 背》："廡居東方，鄉（嚮）井，日出炙其☒。"●晉璽人名。

透紐尺聲

尺 楚 清華十一・五紀 90 秦 睡簡・秦種 51　　睡簡・秦種 61　　睡簡・秦

種 66 青川木牘

【注】構形不明。《説文》："尺，十寸也。人手卻十分動脈為寸口。十寸為尺。尺，所以指尺規榘事也。從尸，從乙，乙所識也。周制寸、尺、咫、尋、常、仞諸度量，皆以人之體為法。"●均用為量詞，計算長度的單位。《青川木牘》："封，高四尺，大稱其高。"

透紐黍聲

黍尊 仲戲父盤 貨系 310 璽彙 0324 睡簡·秦種

睡簡·日乙 47

【注】甲骨文作 、 、 、 、 、 、 、 、 、 、 、 ，象散穗之黍形。黍的穗是散開的，同別的稻穀不同，因此甲骨文的字形突出了這一特徵；另外莖旁有水滴，表示它可以用來釀酒（一說水滴是黍子成熟以後脫落下來的黍子粒）。金文 字右旁所從仍是標準的禾形，和"朵"（詳"染"字）有別。根據其在銘文中的用法，仍以釋為"黍"為宜。 可能由加了水形的甲骨文"黍"字演變而來的。戰國時代的"黍"字已經不作"泺"形。《説文》："禾屬而黏者也。以大暑而種，故謂之黍。從禾，雨省聲。孔子曰：'黍可為酒，禾入水也。'凡黍之屬皆從黍。""雨省聲"不確。本義為黍子，又名黃米。如《管子》："黍者，穀之美者也。"●黍米，五穀之一，又名黃米。《仲戲父盤》："黍梁稻麥。"《詩·小雅·楚茨》："自昔何為? 我藝黍稷。我黍與與，我稷翼翼。"先秦已用黍梁供食用和釀酒。《睡簡·日乙 47》："及丑黍，辰卯及戌叔（菽），亥稻。"●族氏名。《黍尊》："黍。"

清華七·晉文公 3 清華十·四告 1 安大一 81 安大一

安大一 116

【注】從田黍聲。與《清華十·四告》用為"香"的 （四告 1）、 （四告 38）相混，二者可能是同形字的關係。●均讀黍。《清華七·晉文公 3》："具番（黍）稷、酒醴以祀。"《安大一 116》："王事靡古（鹽），不能埶稷番（黍）。"●"香"之誤書。《清華十·四告 1》："拜=（拜手）頜=（稽首），者魯天尹咎（皋）絲（絲）配亯（享）兹萫（馨）番〈香〉。"

清華九·禱辭 14

【注】從甘黍聲。●讀黍。《清華九·禱辭 14》："桓（樹）尔（爾）稻梁（粱）番（黍）稷，以吏（使）社稷、四方之明逞（歸）我。"

睡簡·秦種 8

【注】從魚黍聲，應即"穌"之繁文。穌，《説文》把取禾若也。《徐曰》穌，猶部斂之也。●《睡簡·秦種 8》："芻自黃鯗及蒿束以上皆受之。""黃鯗"指幹葉。幹葉和亂草夠束以上均收。

透紐赤聲

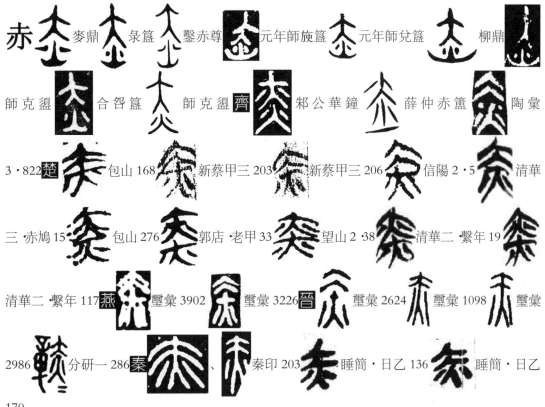

170

【注】甲骨文作𤆍、𤆉、𤆏、𤆊等形，從大從火，會大火顏色之意。金文同。《邾公華鐘》大變形音化從亦聲。戰國楚系文字多從亦聲作。古音"赤"在昌紐鐸部，"亦"在以紐鐸部，音近。戰國文字或作𤇄、𤇃，火形訛為大喘，與"炎"易混。●多用為本義，紅色。《麥鼎》："麥易（賜）赤金。"赤金，即紅銅。●人名。《走馬薛仲赤簠》："走馬薛中（仲）赤自乍（作）其簠。"●古璽印有"赤毆""赤瘍"，姓氏。●比喻人民。《郭店·老甲33》："酓（含）悳（德）之厚者，比於赤子，蜲蠆蟲它（蛇）弗蓋（螫）。"●《分研一286》"赤章"合文，為複姓。燕璽有"赤章和"，秦印有"赤章兼"。

【注】從邑赤聲。秦系文字或從邑亦聲。《説文》："郝，右扶風鄠盩厔鄉。從邑赤聲。"●晉璽秦印均為姓氏。

透紐兔聲

文公7　清華三·赤鳩7　清華三·赤鳩11　安大一13　安大一13

上博九·陳公1 晉　璽彙3072　璽彙2094 秦 石鼓文　里耶8·660　睡簡·日甲72背

【注】甲骨文作 、 、 、 、 、 ，象兔形，尾短而上翹是其形體重要區別特徵。甲骨文或作 、 、 ，表示兔耳、兔頭的部分趨于綫條化，表示兔身的部分簡省成一筆，金文承襲此形，詳"逸"字。同字石鼓文作 。楚簡的"兔"常見作 ，學者多已指出是由 下部加飾筆而訛變成的，與"肉"無關。●《函皇父鼎》："函皇父乍（作）琱娟（妘）障兔鼎。"兔鼎，盛兔之鼎。《函皇父鼎》："函皇父乍（作）琱娟（妘）般（盤）盉障器鼎毁鼎（簋），自豕鼎降十又毁八、兩鎬（罍）、兩鐵（壺）。"豕鼎，應即實豕之鼎，而此"兔鼎"應是所造自"豕鼎"開始的十隻中的一隻，用以實兔之鼎。●戰國文字多用為本義。《清華六·子儀14》："臺上又（有）兔，栈（橐）枳當樞，汜（涘）客而韇（宴）之。"●讀抌，《說文》："答擊也。"《清華七·晉文公7》："成之以兔於蒿（郊）三。"是指晉文公戰前蒐師，結果是擊答了三個人。"成"讀懲。

輓 楚　新蔡乙四102

【注】從車兔聲。●人名。

透紐鼠聲

鼠 楚　帛書乙　上博五·鬼神6　上博五·鬼神6　清華九·治政28 秦　睡簡·日甲26背　睡簡·日甲69背　睡簡·答問140　嶽麓三68　秦印288　印增398

【注】象形字。象鼠之形。●本義。《睡簡·答問152》："倉鼠穴幾可（何）而當論及辭？"《上博五·鬼神6》："勿（物）斯可惑，頪（類）獸非鼠。"●讀予，給予。《睡簡·日乙59》："可取不可鼠（予）。"秦代的里耶秦簡、龍崗秦簡也用"予"表示予。楚文字則用"舍"表示予。●讀瘋。《帛書乙》："是則鼠（瘋）至。"《爾雅·釋詁》瘋，病也。《詩·小雅》："瘋憂以痒。"傳："瘋，病也。"●秦印"公孫鼠"，人名。

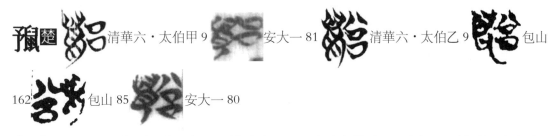

【注】從鼠、從呂（予），雙聲字。"予"字從呂，八為分化符號，呂亦聲。"予"餘紐魚部字，"鼠"書紐魚部字。𤟭，當為"豫"字異構。●包山簡人名。●讀鼠。《清華六·太伯甲9》"牢𤟭（鼠）不能同穴"，以群鼠爭鬬於穴中比喻鄭莊公死後群公子爭立的史實。《安大一80》："硠（碩）＝𤟭（鼠）＝，母（毋）飤（食）我蘽（麥）。"

透紐土聲

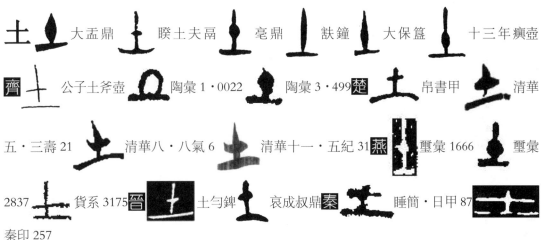

土 大盂鼎　　土 暌土夫鬲　　土 亳鼎　　土 㩁鐘　　土 大保簋　　土 十三年瘐壺

[齊] 土 公子土斧壺　　土 陶彙1·0022　　土 陶彙3·499　　[楚] 土 帛書甲　　土 清華

五·三壽21　　土 清華八·八氣6　　土 清華十一·五紀31　　[燕] 土 璽彙1666　　土 璽彙

2837　　土 貨系3175　　[晉] 土 土匀鉢　　土 哀成叔鼎　　[秦] 土 睡簡·日甲87　　土

秦印257

【注】甲骨文作 土、Ω、Ω、Ω、Ω、Ω、Ω、Ω、Ω、Ω。Ω象土塊，一是地面，象土塊在地面之形。甲骨文中為了刻寫方便而只勾勒出土形之輪廓綫，後金文土塊之形訛為豎畫上著一圓點。至小篆小圓點又訛為一短畫。戰國時土作偏旁時，常訛為立。《説文》："土，地之吐生物者也。二象地之下、地之中，物出形也。凡土之屬皆從土。"析形不確。本義為土地。引申為國土、領土。古人非常敬重土，有了土就有了農業，有了農業就有了衣食，所以人們把這種堆起來的土看成是神，並向它祭奠，故土又為社之初文。"土"後來表示泥土專義，土地神之義便另加形符"示"寫作"社"。●讀社。土、社同屬舌音魚部字。《大簋》："王卜于宜，入土南鄉。"《公羊傳·僖公三十一年》："諸侯祭土。"何休注："土謂社也。"戴家祥謂土即社之初文。遠古人築土為壇以祭土地神，開立社之先。●地域。《召器》："王自穀事（使）賞畢土方五十里。"●田地。《五年琱生簋》："余老止，公僕㺀（庸）土田多誎，弋白（伯）氏從許。"●國土。《㩁鐘》："王肇（肇）遹省文武，堇（觀）疆（疆）土。"●讀徒。《班簋》："王令毛公㠯（以）邦冢君、土（徒）馭、𢓹人伐東或（國）瘠戎，咸。"土馭，即徒馭，涉兵和車兵。金文土常假作徒，如"司徒"，金文作"司土"。●望土：地名。《作冊折觥》："戊子，令乍（作）冊折兄（貺）望土于栢侯。"●公子土斧：人名。《公子土斧壺》："公子土斧乍（作）子中（仲）姜𣇃之般（盤）壺。"●土匀：戰國地名，《漢書·地理志》作"土軍"。《土匀瓶》："土匀甋，四斗鉢。"●讀妒。《清華五·三壽21》："土（妒）怨毋作。"注釋："土，魚部透母字，讀魚部端母

之'妒'，嫉妒。"

 陶録 4 · 182

【注】從阝土聲。●燕陶人名。

 璽彙 1463

【注】從人土聲。●齊璽人名。或釋為"仕"，不確。

 上博七 · 武王 1

【注】從言土聲。●讀睹，看見、觀看。《上博七 · 武王 1》："音（抑）幾（豈）喪不可得而訨（睹）唬（乎）？"簡文"音"，讀抑，意為"或者"。《墨子 · 明鬼下》："豈女為之與，意鮑為之與？"孫詒讓《閒詁》引王引之曰："意，與抑同。"簡文意為：或者隱約暗昧而見不到了吧。

 璽彙 2033

【注】從食土聲。●"郵飪"，人名。

 璽彙 1917

【注】當從興（三晉文字習見偏旁，無法隸定），土聲。●晉璽"郵壐"，人名。

徒 虢大子元戈　禹鼎　禹鼎　魯元匜　子仲匜　揚簋

齊　武城戈　切斤徒戈　厚氏匜　左徒戈　魯司徒仲齊匜

魯司徒仲齊盨　魯司徒仲齊盤　魯司徒仲齊盨　平阿左戟　陶彙

3 · 718 楚 冉鉦鍼 鄂君啟車節 曾侯 150 包山 150 包山

228 包山 226 　鄂君啟舟節　上博四·曹沫 58　上博五·君禮 10　上

博五·鮑叔 1　安大一 8　璽彙 0019　燕　璽彙 0118　璽彙

0010　璽彙 0011　璽彙 0021　璽彙 0022　璽彙 0020　晉　四年春

平相邦鈹　璽彙 2615　璽彙 2620　璽彙 2621　溫縣　秦　石鼓

文　、　　、　秦印 30　睡簡·答問 180　睡簡·雜抄

26　官印 0006　官印 0009

【注】甲骨文作　、　、　、　、　，從土從止，小點為塵土形，象人在土上行走，塵土飛揚，以會步行之義；土亦表聲。金文從辵、彳土聲。《說文》本作辻。《說文》：“辻，步行也。從辵土聲。”本義是步行，現在還有“徒步”一詞。●步兵。《禹鼎》：“龢（肆）武公乃遣禹率公戎車百乘，斯（廝）馭二百，徒千。”器銘所載周代的兵制：每輛戎車，配備二名廝馭（車卒），十名徒（步卒）。《左傳·襄公元年》：“敗其徒兵于洧上。”杜預注：“徒兵，步兵。”●官名。《魯大司徒子仲白匜》：“魯大嗣（司）徒子中（仲）白（伯），乍（作）其庶女釁（厲）孟姬媵（媵）它（匜）。”大司徒，周代輔弼重臣之一。《周禮·地官》：“大司徒之職，掌建邦之土地之圖與其人民之數，以佐王安擾邦國。”是主管教化之官。司徒之分左、右，猶如司馬之官分為左司馬、右司馬。春秋戰國時期，各國除了在中央有大司徒之外，地方也設有司徒之職，並分左、右。●徒遝：師旅、兵眾。《叔尸鐘》：“戮穌三軍徒遝。”徒遝，郭沫若以為師旅之謂。（詳《兩周金文辭大系考釋》204 頁）●璽彙 0118“徒口都佢”。何琳儀：徒口，在今河北交河，徒駭河口。（《戰國文字通論》〈訂補〉109 頁）●古璽印“徒穿”“徒唯”“徒蚤”，姓氏，當系司徒氏、徒人氏、徒何氏所改，見《姓氏尋源》（60，62）。徒父，春秋時秦國人。●弟子、門徒。《上博五·君禮 10》：“昔者仲尼籔徒三人，弟徒五人。”《論語·先進》：“非吾徒也。小子鳴鼓而攻之，可也。”●《上博五·鮑叔 1》：“十月而徒秫（梁）城，一之日而車秫（梁）城。”《孟子·離婁下》：“子產聽鄭國之政，以其乘輿濟人於溱洧。孟子曰：惠而不知為政。歲十一月徒杠成，十二月輿梁成，民未病涉也。”趙岐注：“周十月，夏九月，可以成涉度之功；周十一月，夏十月，可以成輿梁也。”“徒杠”是人行獨木橋，即簡文的“徒梁”。●讀瘏。《安大一 8》：“陟皮（彼）泹（砠）矣，我馬徒（瘏）矣。”《毛詩》作“我馬瘏矣”。典籍中“徒”“著”“都”相通（參《古字通假會典》第 890 頁）。“瘏”，毛傳：“病也。”

赴 _楚  上博六·用曰 10

【注】從走土聲。●讀徒。《上博六·用曰 10》：“用曰：袤（勞）人亡赴（徒）。”

芏 _楚  仰天 34　　安大一 111

【注】從艸土聲。●簡文“芏襄”，可能是一種裝飾。襄讀鑲。●讀杜。《安大一 111》：“又蔽（杕）者芏（杜），生於道左。”

杜 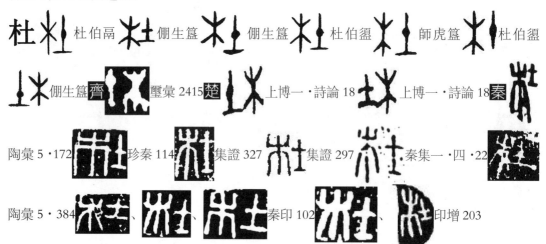　杜伯鬲　　佣生簋　　佣生簋　　杜伯盨　　師虎簋　　杜伯盨

佣生簋 _齊 璽彙 2415 _楚 上博一·詩論 18　　上博一·詩論 18 _秦

陶彙 5·172　珍秦 114　集證 327　集證 297　秦集一·四·22

陶彙 5·384、　　　、　　　、秦印 102、　　　、印增 203

【注】甲骨文作 𣏟，從木土聲。金文綫條化。《説文》：“杜，曰棠也。”本義為棠梨，樹木名。●國名，為周畿內國，堯之後，祁姓，在今陝西西安東南。周宣王時，其國君為宣王所殺。一説即唐杜氏，亦稱蕩社。春秋初年為秦寧公所滅。《杜伯盨》：“杜白（伯）乍（作）寶盨。”●樹名。《佣生簋》：“殷谷氒（厥）霄谷、杜木。”●地名。《師虎簋》：“王才（在）杜应。”●《集證 327》“杜陽左尉”，杜陽秦屬內史，其治地在今陝西麟遊縣西。●《集證 297、298》“杜丞之印”。杜是秦最早設縣之一，其地在今長安縣西杜城即古杜伯國。秦武公十一年（前 687 年）置杜縣。漢時稱杜陵，西漢宣帝劉洵的陵墓。曾出土著名的秦“杜虎符，和有“杜市”陶文的陶釜。《史記·秦始皇本紀》云二世被殺後，“以黔首葬二世杜南宜春苑中”。《秦集一·四·2》“杜南苑丞”，“杜南”即杜縣之南。●古璽印多用為姓氏。

杢 _楚  清華一·程寤 3　　清華九·治政 16　　清華九·禱辭 21 _晉　　元年劍

守相杢波鈹　　蚤壺　　璽彙 1920

【注】從木土聲。●讀野。《蚤壺》：“于皮（彼）新杢。”●讀杜，姓氏。《五年守相杢波劍》：“守相杢波。”《元年劍》：“工師杢生。”按戰國三晉文字用為姓氏，舊多釋為“杜”，李家浩釋該字為執省聲，而可讀廉，可備一説。（《南越王墓車馱虎節銘文考釋》）“杢波”即大將廉頗。●楚

1026

簡均讀社。《清華九·治政 7》："是可以兼（永）悠（保）杢（社）褑（稷）。"

邦 晉 璽彙 1923　菁華 17　璽補 186

【注】從邑杢聲。●晉璽"邦鉠""邦利""邦仁"等，均為姓氏，讀杜，或讀廉。

垈 楚 清華六·管仲 9　清華八·邦道 27　清華七·越公 47　清華九·禱辭 16　清華九·禱辭 19　清華九·治政 36　璽彙 0253　晉 錢典 39　三年馬師鈹

【注】從爪土聲。●讀野，郊野、鄙野。《清華六·管仲 9》："垈（野）里需（零）茖（落），艸（草）木不辟。"整理者釋作"廷"，然與楚文字中的"廷"字不類，疑該字為"野"字，在簡文中指鄙野。里，則用為本字，指閭里，此處"野""里"對舉，泛指整個國家。辟，掃除。《清華八·邦道 27》："垈（野）邦（里）四鄰（邊）。"《清華九·禱辭 16》："吏（使）此樟（淳）女兟（乘）此岂（美）馬，以舟（周）此邑之垈（野）。"●讀野。《三年馬師鈹》："武垈偸（令）馬師鬭。"武野，地名。

埜 克鼎 齊 璽彙 3992　楚 㪊忓鼎　㪊忓鼎　邗王是埜戈　璽彙 0252　清華六·子產 24　上博二·容成 28　上博四·采風 1　清華一·楚居 10　清華十·四告 27　清華十·行稱 7

【注】甲骨文作林、林，從林從土（兼聲），表示長滿草木的土地，會郊外之意。六國文字承襲金文。秦系文字迻加聲符"予"作埜（睡簡·為吏 28）。或省林旁作埜（睡簡·為吏 32），或加義符田旁作墅，此為小篆所本。《説文》："埜，郊外也。從里予聲。埜古文野從里省，從林。"本義是郊外、田野。●地名。《大克鼎》："易（賜）女（汝）田于埜（野）。"●《㪊忓鼎》："但（治）帀（師）盤埜（野）、差（佐）秦丕為之。"盤埜：人名。《邗王是埜戈》："邗王是埜（野）。""是埜"即孰姑，就是壽夢，吳王名，諸樊之父。●讀野。《清華六·子產 24》："以為奠（鄭）命（令）、埜（野）命（令）。""野令"即施行於都邑之外、郊野之間的法令。●讀野。《璽彙 3992》"東埜"為複姓。

籬 楚 新蔡甲三 204　新蔡乙三 19　新蔡乙三 20　新蔡乙三

43 新蔡甲三 157　 新蔡甲三 172　 新蔡乙四 130　 包山 199　

新蔡甲三 110

【注】從龜埜聲。●占卜所用龜名。簡文或省為"䔺"，故或讀靈。

埜 秦  睡簡·為吏 28　 睡簡·葉書 45　 睡簡·日乙 178　 集粹

506、 印增 522　 睡簡·日甲 32

【注】從予埜聲；予為疊加音符。或從土予聲。●均讀野。《睡簡·為吏 28》："原埜（野）如廷。"
《睡簡·日甲 32》："秀，是胃（謂）重光，利埜（野）戰，必得疾王。"

邭 秦  里耶 8·176

【注】從邑埜聲，"野"之繁文。●讀野。

野 秦 集證 158　 秦陶 335　 陶彙 5·156　 十二年邦司寇矛

秦印 261　 嶧山刻石

【注】從田埜省聲。《說文》："野，郊外也。從里予聲。埜，古文野從里省，從林。"許慎誤禾
田、土為里旁。楚文字均作"埜"。●《集證 158》"宜野鄉印"，鄉名。曹錦炎推測"宜野"是
"宜陽之野"的省稱，可備一說。●野外。《嶧山刻石》："流血于野。"

邨 楚  清華六·子產 21　晉 陶彙 9·94　 璽彙 1667　秦 睡簡·日甲

100

【注】從邑土聲。●秦簡當為"圬（序）"之訛文，讀序。《睡簡·日甲 100》："筑（築）左宅邨。"
●人名，讀吐。清華簡"邨嘼"，《良臣》作"土晝"，末字原整理者均括讀"逝"，非是，當是
"噬"字，"土""邨"均"吐"之假借字，他當時名噬，字吐。《陶彙 9·94》"肖邨"人名。●
《璽彙 1667》"邨涞"，當為姓氏。

社 楚 包山 210　社 上博四·柬旱 18　社 望山 1·12　社 清華六·孺子

11　社 上博五·姑成 3　社 新蔡·甲三 250　社 新蔡·甲三 317　社 上博七·吳

命 5　社 清華六·太伯甲 6 晉 社 中山王嚳鼎 秦 社 詛楚文 社 睡簡·日乙 164

【注】從示從土，當為雙聲會意。《說文》：“社，地主也。從示、土。《春秋傳》曰：‘共工之子
句龍為社神。’《周禮》：‘二十五家為社，各樹其土所宜之木。’社古文社。”本義為土地神廟。《中
山王嚳鼎》從示從木從土，與《說文》古文同。《論語》中記載：魯哀公問宰我，土地神的神主
應該用什麼樹木，宰我回答：“夏后氏以松，殷人以柏，周人以栗。曰：使民戰慄。”此字從土
木，表示各植其土所宜之木。● 土地神。《中山王嚳鼎》：“昌（以）猺（佐）右（佑）寡人，迻
（使）智（知）社稷之賃（任）。”社稷，古代帝王、諸侯所祭的土神和穀神，後多指國家。

匡 秦 陶彙 5·239

【注】從匚土聲。● 秦陶人名。

牡 剌鼎 齊 庚壺 楚 新蔡·甲一 7 曾侯

197 曾侯 199　安大一 44 晉 子犯鐘 蚉壺 秦 牡 睡簡·日甲 68

背 牡 睡簡·日甲 12 背

【注】甲骨文作牡、牡、牡、牡、牡、牡、牡、牡、牡、牡、牡、牡、牡、牡，從鹿（或從
牛、馬、豕，會意同）從丨，丨結合不同的獸類形符，分別表示不同的雄性動物。後變化為專從
牛），會雄性動物之意。金文同甲骨文。《說文》：“牡，畜父也。從牛土聲。”本義為雄性的鳥獸，
與“牝”相對，如《詩經》：“雄鳴求其牡。”如今多用在牡丹、牡蠣等詞中，與本義無關。● 祭
牲。《剌鼎》：“王啻（禘），用牡于大室。”指用公牛作牲祭祀先祖。● 雄性牲畜。《蚉壺》：“馭
（御）右和同，四駓（牡）汸汸。”四牡，指四匹駕車的雄馬。《詩·小雅·北山》：“四牡彭彭，
王事傍傍。”

1029

透紐車聲

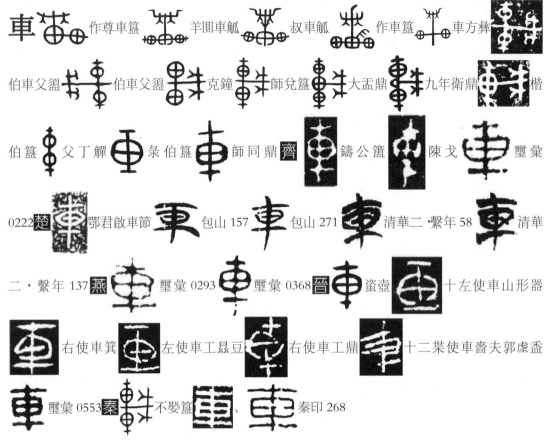

作尊車簋　羊囗車舥　叔車舥　作車簋　車方彝　楷　伯車父盨　伯車父盨　克鐘　師兌簋　大盂鼎　九年衛鼎　伯簋　父丁觶　彔伯簋　師同鼎　鑄公簠　陳戈　璽彙0222　鄂君啟車節　包山157　包山271　清華二·繫年58　清華二·繫年137　璽彙0293　璽彙0368　鎣壺　十左使車山形器　右使車箕　左使車工昆豆　右使車工鼎　十二某使車嗇夫郭虖盂　璽彙0553　不嬰簋　秦印268

【注】甲骨文作 、 、 、 、 、 、 、 ，象有車廂、車轅和兩個車輪、形象逼真的車形；後來簡化只剩下車輪形。金文同甲骨文。●車馬之車。《克鐘》："易（賜）克甸車、馬乘。"●人名。《車鼎》："車乍（作）寶鼎。"●秦印"車府""中車府丞"等均為官名。●《璽彙0222》"大車之鈢"，"大車"即"牛車"，典籍習見大車之名，據《詩》箋及《公羊》昭公廿五年傳注，古以大車為大夫之車。璽文之"大車"，當是製造或管理大車的機構名

類編279

【注】從人車聲。●人名。

上博六·孔子17

【注】從林車聲。●讀車。《上博六·孔子》17："墻（閑）䡅（車）戉（衛），興道學。"

裏　車　匯考294

【注】從衣車聲。●晉璽人名。

【注】從邑車聲。●齊璽“郵商”讀車，姓氏。●燕陶“右宮郵”，讀車。

【注】從戈車聲。●讀車。《上博四·曹沫32》：“其將帥盡傷，載（車）輦皆載，曰將早行。”望山簡亦讀車。

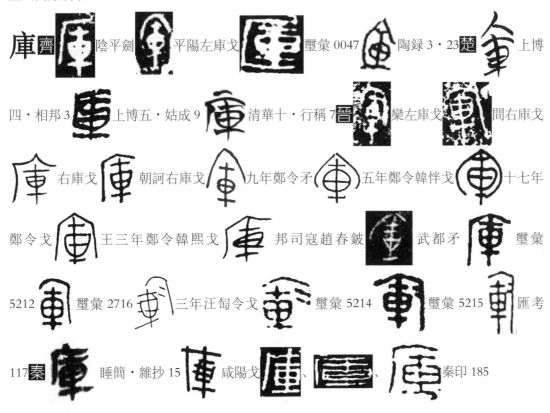

【注】金文從广（或宀）從車，會藏兵器、兵車府庫之意；車亦聲。古文字從广、宀同意，如“寓”之作“庽”，“宇”之作“庌”。广、宀均表示處所，字義不變。戰國文字中的“庫”與“軍”形近易混，“軍”多作𤀭，從勻省聲。《三年汪匋令戈》等受“軍”字類化，與“庫”作𤀭（璽彙3214）同。●戰國時期的庫，不僅為藏器之處，更為製器之處，除附設有冶鑄作坊外，還有一套完整的工技人員（包括工師、冶尹和冶人），為官府的重要機構。庫分“左庫”“右庫”。字多見于兵器，如《九年鄭令矛》《鄭令韓熙戈》《信陰君庫戈》《朱左軍矛》等。●庫嗇夫：官職名，主管庫藏事物者。《十一年庫嗇夫鼎》：“十一年，庫嗇夫肖（趙）丕筓、賈氏大𦈕（令）所為，空（容）二斗。”

透紐余聲

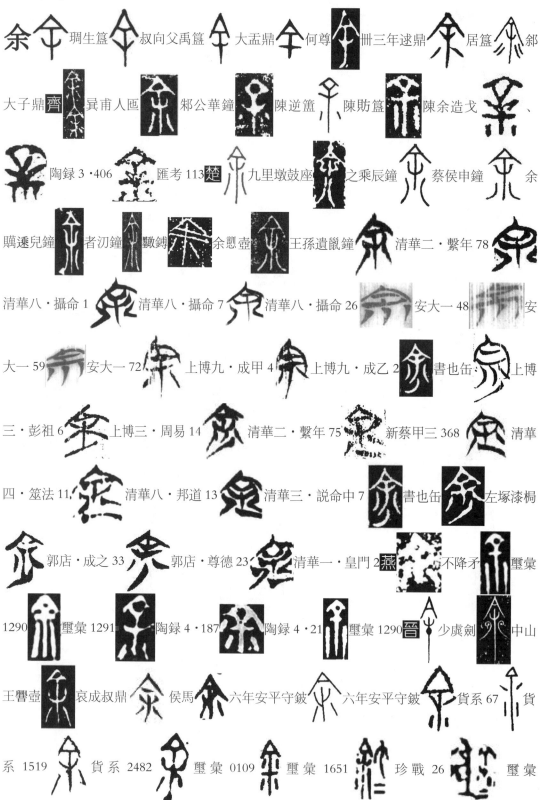

余 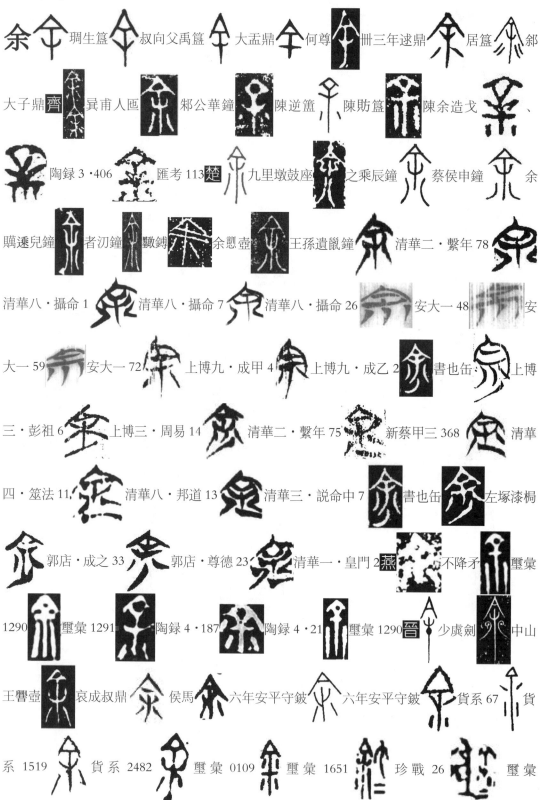珝生簋 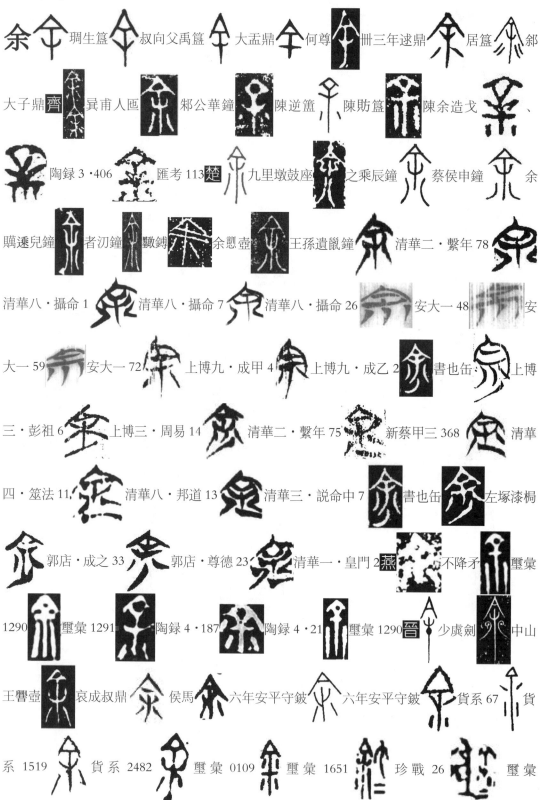叔向父禹簋 大盂鼎 何尊 冊三年逨鼎 居簋 鄁

大子鼎齊 異甫人匜 邾公華鐘 陳逆簋 陳貯簋 陳余造戈

陶録3・406 匯考113楚 九里墩鼓座 之乘辰鐘 蔡侯申鐘 余

購逨兒鐘 者汈鐘 齺鎛 余尀壺 王孫遺鼠鐘 清華二・繫年78

清華八・攝命1 清華八・攝命7 清華八・攝命26 安大一48 安

大一59 安大一72 上博九・成甲4 上博九・成乙2 書也缶 上博

三・彭祖6 上博三・周易14 清華二・繫年75 新蔡甲三368 清華

四・筮法11 清華八・邦道13 清華三・説命中7 書也缶 左塚漆梮

郭店・成之33 郭店・尊德23 清華一・皇門2燕 不降矛 璽彙

1290 璽彙1291 陶録4・187 陶録4・21 璽彙1290晉 少虞劍 中山

王嚳壺 哀成叔鼎 侯馬 六年安平守鈹 六年安平守鈹 貨系67 貨

系1519 貨系2482 璽彙0109 璽彙1651 珍戰26 璽彙

1360 秦  睡簡・日乙 26 陶録 6・296

【注】甲骨文作令、兮、兮，象初民構木為巢所搭的簡易茅屋形。西周金文同甲骨文，東周金文始加八，為增飾，許慎以為"從八舍省聲"，不確。金文或作"籴"，與《說文》或體同。楚文字受小、少的影響，常在下加一斜筆；"周"也有類似的飾筆。《說文》："余，語之舒也。從八，舍省聲。籴二余也。讀與余同。"本義為茅屋。本義早就消失，後假借為第一人稱代詞。●用為第一人稱代詞，同"我""予"。《嘉鼎》："余鄭邦之産。"《士父鐘》："降余魯多福亡疆。"●余一人：即"我一人"，殷周時代最高統治者自稱。《毛公鼎》："死（尸）母（毋）童（動）余一人在立（位）。"按古代天子自稱"余一人"，《國語・周語上》："在《湯誓》曰：'余一人有罪，無以萬夫；萬夫有罪，在余一人。'"韋注："天子自稱曰余一人。"在殷墟卜辭中，大約武丁時期商王自稱"一人"，武丁以下則稱"余一人"。西周金文中所見的周王多自稱"余一人"或"我一人"。有時又稍有變化，如《大盂鼎》在"余一人"中插入同位語"乃辟"作"余乃辟一人"，新出《四十三年逨鼎》又將"余一人"和"我一人"的說灃合併成"余我一人"。新見《再簋》銘文出現了"余一子"的稱謂，器主再的自稱，古銘刻中首見。●讀舍。《牧簋》："易（賜）女（汝）鬯（秬）鬯一卣、金車……余（舍）馬四匹。"●讀賒。《鄌比盨》："復限余鄌比田。"●讀徐，國名。《余子汆鼎》："余（徐）子汆之鼎，百載用之。"●讀擇。（詳謝雨田《新出宜脂鼎銘文小考》）《宜脂鼎》："濿（濫）公宜脂（旨）余（擇）其加（臧）金，用鑄其燎宜鼎。"●《璽彙 0109》"余子"、《彙考 113》"垣余（余）子官"。余子作為職官，主要職掌為警衛王宮，有必要時亦需參加作戰。《周禮・地官・司徒》："凡國之大事致民，大故致余子。"鄭注："余子，卿大夫之子，當守於王宮者也。"典籍中的余子既是支庶子的統稱，又是官名。《左傳宣公二年》："又宦其余子，亦為余子。"杜注："余子，嫡子之母弟也，亦治余子之政。"前一"余子"是指"嫡子之母弟"，後一"余子"則是官名。（《〈古璽文編〉校訂》251 頁）●讀餘。《安大一 59》："旨（始）也於我，夏屋菖（渠）=，今也愍（每）飤（食）亡（無）余（餘）。"●讀除。《郭店・成之 36》："從允懌（釋）怤（過），則先者余（除），夾（來）者信。"意為先前的過錯除去，今後會使人信任。●《珍戰 26》"虫余"合文、《璽彙 1360》為"余為"合文，均為人名。●讀舒，國名。《九里墩鼓座》："隹（唯）正月初吉庚午，余受此于之玄孫童鹿公鮭。"舒國，詳"舍"字。

虖 楚  上博九・成甲 3

【注】從虍余聲。●讀菟。《上博九・成甲 3》："穀（穀）虖余為楚邦老。"《詩經・周南・兔罝》篇，聞一多先生以其中"兔"為"於菟"亦即老虎，陳劍謂"虖"為"於菟"之省文。"穀虖余"讀"穀菟余"，係"人名+同位語第一人稱代詞"之格式，與《左傳》僖公九年的"小白余"、攻敔王光劍的"趄余"等同例。"虖"字從"虍""余"聲，可視作與"虤/虤"係聲符不同之異體，皆即"（楚人）謂虎於菟"之"菟"之專字。（《成王為城濮之行》的"受"字和"穀菟余"》）

余 楚  清華七・越公 46 清華二・繫年 34 清華二・繫年 18  清華

九·廼命二 7 晉  趙夋戈

【注】從又余聲。●人名。《廿八年陽邑戈》："肖（趙）夋為陽邑戈。"●讀予，賜予。《清華七·越公 46》："則必酓（飲）飤（食）賜夋（予）之。"●讀餘。《清華二·繫年 18》："以侯殷之夋（餘）民。"

舍 楚  郭店·六德 25

【注】從日余聲。●讀舒、或讀叙，有依循、順次之意。《郭店·六德 25》："新（親）此多也，舍此多〔也〕，頪此多也。"頪，讀微。簡文之意為：能親近"六經"典籍，循序以明"六經"之理，精盡"六經"微隱之義，則人倫關係即得安當，六德之道則能流行不止。

窬  父辛觶

【注】從穴余聲。●人名。《父辛觶》："窬父辛。"

瘀  瘀鼎 楚 清華一·保訓 1 清華一·金縢 1

【注】從疒余聲。●人名。《瘀鼎》："瘀乍（作）其𣇪鼎貞（鼎）。"●讀豫。《清華一·保訓 1》"不瘀"即典籍中的"不豫""弗豫""不懌"，猶言身體不適、不乐。清華簡《金縢》亦作"不瘀"，《祭公》則作"不余"，今本《祭公》作"不豫"。《爾雅·釋詁》云："豫，安也。"《尚書·金縢》云："王有疾，弗豫。"《逸周書·五權》云："維王不豫，于五日。"

緈 楚  清華五·啻門 9

【注】從猇余聲。●讀徐。《清華五·啻門 9》："猇（氣）戚（促）乃老，猇（氣）緈（徐）乃獣。"簡文意為：氣不夠用就會老，氣徐緩就會搖動。

念 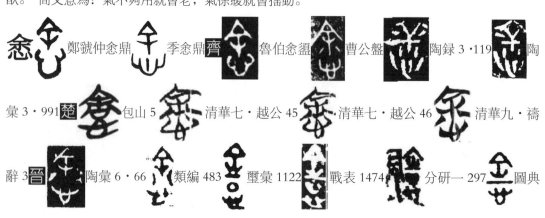 鄭虢仲念鼎　季念鼎 齊　魯伯念盨　曹公盤　陶録 3·119　陶彙 3·991 楚　包山 5　清華七·越公 45　清華七·越公 46　清華九·禱辭 3 晉　陶彙 6·66　類編 483　璽彙 1122　戰表 1474　分研一 297　圖典

440

【注】從心余聲。或從心舍聲。《説文》："𢙶，忘也。嘾也。從心余聲。《周書》曰：'有疾不悆。'悆，喜也。"當為"豫"之本字。于省吾曰："按其字從心余聲，即悆字。《説文》悆字引'周書曰，有疾不悆，悆，喜也'。今本書金滕作'王有疾弗豫'，訛傳訓豫為悦豫，與《説文》訓悆為喜同義。悆乃豫之古文，豫為後起的借字。"（《甲骨文字釋林·釋心》）段玉裁亦曰："許所據者壁中古文。今本則孔安國以今文字易之也。"●古文字多為人名。《季悆鼎》："季悆乍（作）旅鼎，其永寶用。"●《分研一297》為"完悆"二字合文，讀"寬舒"，以古成語為人名。●讀豫，樂也，與上文"怡"連用。《清華七·越公45》："亓（其）廏（勾）者，王見亓（其）執事人，則訇（怡）悆（豫）憙（憙）也。"

聖彙 3403

【注】從舟悆聲，疑"艅"之繁文。●燕璽人名。

陶彙 3·715　聖彙 2815

【注】從肉余聲。●均為人名。

楚叔之孫途盉　新蔡零 222

【注】甲骨文作𤞤、𤝗、𤜵、𤙕、𤚒、𤛇、𤙐、𤛞，從止從余，于省吾釋為"途"。（引自《甲骨文字集釋》556 頁）在卜辭中假借為"屠"，表示滅征之義。金文從辵余聲。《説文》無。●均用為人名。《楚叔之孫途盉》："楚弔（叔）之孫途為之盉。"

新蔡甲三 8　新蔡甲一 25

【注】從黽（鼃）余聲。●簡文"☐鼃㠯（以）郎（宛）鱻為☐"，義不詳。

敘楚　包山 138　包山 145　新蔡甲三 201　新蔡零 148　清華六·孺子 10　帛書丙　上博二·從甲 5　清華五·三壽 15　上博五·鮑叔 1　清華九·治政 42　郭店·尊德 3　清華五·厚父 4　清華五·厚

父 7  清華十一·五紀 50　　清華十一·五紀 65

【注】從攴余聲。《説文》："敍，次弟也。從攴余聲。"本義秩序、次序。●楚簡多讀除。《郭店·尊德 3》："殺𡲬（戮），所以敍（除）智（怨）也。"●《清華六·孺子 10》："四鄝（鄰）以虡（吾）先君為能敍。"《周禮·司書》"以敍其財"，鄭注："猶比次也。"●讀予。《清華七·越公 46》："則必酓（飲）飤（食）賜夋（予）之。"●讀舒。《包山 145》："宮犬敍鴈。"《禮記·內則》："舒鴈翠，鵠鴞胖。"鄭玄注："舒鴈，鵝也。""敍鴈"或即舒鴈。"宮犬"與"敍鴈"相對應，應即動物之"犬"。"宮犬"與"敍鴈"均為發放給外國客使的物品。

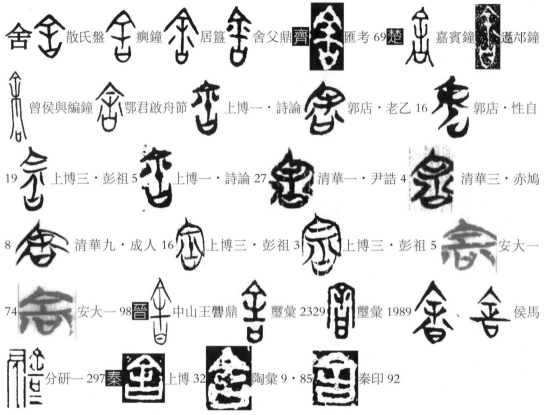

舍　散氏盤　　瘷鐘　　居簋　　舍父鼎　齊　匯考 69　楚　　嘉賓鐘　　蓮邡鐘

曾侯與編鐘　　鄂君啟舟節　　上博一·詩論　　郭店·老乙 16　　郭店·性自

19　上博三·彭祖 5　　上博一·詩論 27　　清華一·尹誥 4　　清華三·赤鳩

8　清華九·成人 16　　上博三·彭祖 3　　上博三·彭祖 5　　安大一

74　安大一 98　曾　中山王𦊻鼎　　璽彙 2329　　璽彙 1989　　侯馬

分研一 297　秦　上博 32　　陶彙 9·85　　秦印 92

【注】從口余省聲（或從余不省）。《説文》："舍，市居曰舍。從亼、屮，象屋也。口象築也。"本義為房舍。唐蘭曰："《説文》以余字為從舍省聲，是弄顛倒了。余予同音，作為代名詞的余，古書常作予。從余聲的舍字，古書也常作給予的予。令鼎：'余其舍汝臣十家。'散氏盤：'湄夫舍散田。'均應讀為予。"（《西周銅器斷代中的"康宮"問題》）今義捨得、捨棄皆源于此。●施予、給予。《九年衛鼎》："余舍女（汝）田五田。"《令鼎》："余其舍女（汝）臣十家。"《包山 154》："王所舍新大廄以𦤶蘆（苴）之田。"●發佈。《毛公鼎》："父厝舍命。"于省吾曰："西周金文每言'舍命'，……'舍''施'同義，'舍命'猶言'施命'。"（《壽縣蔡侯墓銅器銘文考釋》）何琳儀云，"舍命"，又見《詩·鄭風·羔裘》"舍命不渝"，"舍""施"音義均近。《楚辭·天問》"何三年不施"，注"施，舍也"。"舍命"猶言"施令"，有"發號施令之義"。（《古璽雜識續》）舍命：發佈命令，即忠于王命，躬行職守之意。器銘或拆開用。《大令尊》："舍三事令，眔卿事寮、眔者（諸）尹、眔里君、眔百工、眔者（諸）侯，侯、田、男，舍四方令。"●置、安置。

《九年衛鼎》："乃舍寓（宇）于厥邑。"《穀梁傳》莊公二十四年："娶仇人子弟，以薦舍于前，其義不可受也。"范寧注："舍，置。"《戰國策·魏策二》："王不如舍需于側，以稽二人者之所為。"●讀余，第一人稱代詞。《中山王䏜鼎》："舍（今）舍（余）方壯。"鼎銘之 ，應隸作"舍"，下所從ㅂ，不應視為裝飾符號，當為構形偏旁；然鼎銘用為"余"，是受上文"今"作 𠔁 之類化。●讀捨，施加。《玉篇·手部》："捨，施也。"《清華三·赤鳩8》："帝命二黃它（蛇）與二白兔尻句（后）之（寢）室之棟亓（其）下舍（捨）句（后）疾。""捨后疾"，即施加病痛於后身。●讀餘。《郭店·老乙16》："攸（修）之豪（家），其惪（德）又（有）舍（餘）。"●《分研一297》為"完舍"合文，詳"㑈"字。●國名，讀舒。《邁邡鐘》："舍（舒）王之孫、尋楚馱之子邁邡，羃（擇）乓（厥）吉金。"舒國的青銅器傳世極少，安徽舒城縣就是過去舒國的所在地。公元前657年，徐國滅亡舒國。徐國難以控制離自己數百里的舒地。因此此年之後群舒復起複國，為楚國附庸。《春秋左氏傳·文公十二年》記載，公元前615年，群舒背叛楚國，楚國令尹成嘉俘獲舒國君主和宗國君主。舒國國家滅亡後，群舒國的王室以國為氏，是為"舒氏"。●讀徐，緩慢地。《郭店·老甲10》："竺（孰）能濁以束（靜）者，牆（將）舍（徐）清。"●讀序，次序。《上博一·性情11》："堂（當）事因方而裝（制）之，其先後之舍（序），則宜（義）道也。或舍（序）為之節，則曼（文）也。"亦可讀敘，訓為序。《郭店·性自19》："豊（禮）复（作）於青（情）……其先後之舍（敘）則宜（義）術（道）也。"●讀予，給予。《上博二·從甲1》："昔三弋（代）之明王之又（有）天下者，莫之舍（予）也，而自取之，民皆目（以）為義。"

諸 楚　上博六·用曰10

【注】從言舍聲。●讀除。《上博六·用曰10》："則行口之遜（聯），春秋還連（轉），而諸既迈（及）。""行口之遜（聯）"即"行與言之聯繫"。"而"訓為"已"，"除"訓為"過、盡"。《詩·唐風·蟋蟀》"日月其除"，鄭箋："日月且過去。"《文選·顏延之〈秋胡詩〉》："良時為此別，日月方向除。"張銑注："除，盡也。"此句是說四季交替，當一個季節過後，下一個季節馬上就會到來。簡文大意：以慎重誠實約束舌頭，則人的言行就如四季序代一樣，春去則秋來，言出而行必至也。

鑫 晉　金　侯馬　璽彙0548

【注】從蚰舍聲，疑"蛞"之繁文，"蝑"之異文。●人名。

舒 秦　秦印125　分研395

【注】從邑舍聲。楚文字均作"舍"。●讀舒，姓氏。或用為人名，讀舒，取其寬舒之意。

檢 晉　金　璽補200

【注】從木舍聲。●"事檢"，人名。

 璽彙 2307

【注】從糸舍聲，"綌"之繁文。●晉璽人名。

 清華一·楚居 16　　包山 118　　包山 125　　包山 145

【注】從晉（"巫"之繁文）從舍，雙聲字。包山簡或從晉余聲，均為一字之繁簡體。統一隸定為"酪"。●《清華一·楚居 16》"审酪"，包山 145 簡作"审酪"，018 簡作"中酪"，上博四柬旱 9、10 號簡作"中余"，均讀中舍。"中舍"職守與周官"舍人"相類。陳偉讀為"中謝"，楚官名，為侍御之官。（《讀清華簡〈楚居〉札記》）●包山簡多讀舒，姓氏。徐在國認為此字應分析為從害余聲，讀作舒姓之"舒"。

 璽彙 3118

【注】從隹余聲。《爾雅·釋鳥》雞大者蜀，蜀子雓。●晉璽人名。

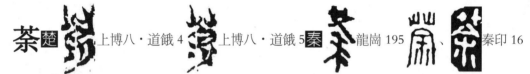 上博八·道餓 4　　上博八·道餓 5　　龍崗 195　　、　　秦印 16

【注】從艸余聲。●秦印"荼豸"，為姓氏。《漢書·江都易王傳》有男子荼恬。●《龍崗 195》"風荼"為虎之別名。（《龍崗秦簡》87 頁）●讀除，糞除、掃除。《上博八·道餓 5》："門人既荼（除），而司寇不至。"於尊長到來之前先行糞除是古今常禮。《左傳·昭公三年》："自子之歸也，小人糞除先人之敝廬，曰：'子其將來。'"

 帛書丙

【注】從土荼聲。●讀塗，十二月。《帛書丙》："荼（荼）司冬。"《爾雅·釋天》："十二月為塗。"

 四祀卲其卣　　清華六·管仲 18　　睡簡·日甲 2 背

【注】從木余聲。●地名。《四祀卲其卣》："王才（在）梌。"●讀塗。《睡簡·日甲 2 背》："禹以取梌山之女日也。"梌山，古書多作塗山，地名。●讀敘。《清華六·管仲 18》："和民以悳（德），執事又（有）梌（敘）。"

 七年相邦鈹　　荼鼎　　璽彙 0757　　璽彙 1762　　璽彙 2116　　璽彙

2988 秦  集粹 709 、、、、 印增 157

【注】從竹余聲，與小篆同。《璽彙 2116》竹收縮筆畫訛為艸。《説文》：“箊，折竹筄也。”段玉裁注：“箊，析也。析竹謂之箊。”●宮名。《箊鼎》：“箊一寽（鋝）卅一冢。”黃盛璋曰：“第一字依東周銘刻體例，當表宮室之名。”（《新發現之戰國銅器與國別》）●人名。《七年相邦鈹》：“邦右庫工帀（師）史箊胡。”古文字多為人名。

 晉 璽彙 1216

【注】從糸箊聲。●晉璽人名。

除 秦 睡簡·效律 43 睡簡·日乙 116  青川木牘 石鼓文

嶧山刻石 秦印 274

【注】從阝余聲。●用為本義。《説文》：“除，殿陛也。”《睡簡·雜抄 34》：“宿者已上守除，擅下，人貲二甲。”宿衛者已上以殿階警衛，擅自下崗，每人罰二甲。●修治。《青川木牘》：“九月大除道及阪險。”●免罪。《睡簡·效律 58》：“不盈廿二錢，除。”●任用、任命。《睡簡·秦種 150》：“司寇勿以為僕、養、守官府及除有為殹（也）。”不得任用司寇作趕車的僕、烹炊的養、看守官府或其他的事。●去除。《睡簡·日甲 5》：“利以除凶厲（厲）。”秦文字用“除”表示去除之除，楚文字用“敘”。●掃除。《睡簡·日乙 115》：“以除室。”●建除。《睡簡·日甲 14 正》：“建寅，除卯，盈辰，平巳，定午，摯（執）未，柀（破）申，危酉，成戌，收亥，開子，閉丑。”

徐 秦  珍秦 136 睡簡·日乙 35  睡簡·日乙 29 戰編 115

陶彙 9·81 、、 秦印 34

【注】從彳余聲。●秦簡多讀除。《睡簡·日甲 102 正》：“毋以丑徐（除）門戶。”《淮南子·天文訓》：“丑為閉，主太陰。”“閉”封閉之義，與開、啓相對，丑日為閉日，不可穿鑿門戶。“除”有開義，“除門戶”與“穿門戶”行為相近，均指開啓門戶之義。簡文意思是丑日不可開啓門戶。●秦印姓氏。秦文字假“徐”表示徐地、徐氏之徐，六國文字用“郤”表示徐氏之徐。

郤 齊 璽彙 1943 璽彙 1954 璽彙 1950 陶彙 3·329 璽彙

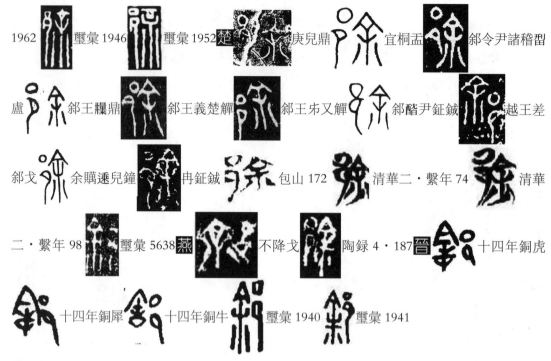

【注】從邑余聲。古地名從邑者多屬後起形聲字，如鄭、鄲、邾等地名字，春秋時期金文但作奠、曾、朱，尚不從邑，至春秋末期金文，增從邑，即使不從邑的“楚”字也增邑作“鄼”，故“徐”在較早的金文中只作“余”，後作“邾”。《說文》：“邾，邾下邑地。從邑余聲。魯東有邾城。讀若塗。”本義為國名。●國名，典籍作“徐”。夏朝禹時，伯益因為輔佐禹治水有功，他的兒子嬴若木受封於“徐”（今邳州市、郯城縣地區），建立了徐國。後來，在夏朝、商朝、西周三代，徐國一直是強大的諸侯國之一。周初，在江蘇泗洪縣一帶為中心，建立徐國。徐國在東夷中最為強大，春秋時為楚國所敗，公元前512年為吳國所消滅。《沇兒鎛》：“邾（徐）王庚之思（淑）子沇兒羁（擇）其吉金，自乍（作）穌鐘。”徐王庚，春秋中期徐國國君，名庚，沇兒之父。未即位時稱庚兒，見《庚兒鼎》。●戰國文字多讀徐，姓氏。

【注】從土余聲。●讀塗，泥也。《上博三·周易33》：“見豕貨（負）坌（塗）。”●齊陶人名。

【注】從水余聲。●讀塗，塗抹。《睡簡·為吏33》：“扇（漏）屋涂瀽（墼）。”塗墼，用灰泥塗抹房屋。●讀徐，地名。《上博二·容成25》：“於是乎夾州、涂（徐）州始可處。”

塗清華七・越公 28　清華七・越公 30

【注】從土涂聲。●讀塗，泥也。《清華七・越公 28》："不再（稱）貣（貸）役（役）洫（洫）塗洵（溝）壄（塘）之玒（功）。"

餘睡簡・效律 31　睡簡・秦種 57　睡簡・秦種 172　類編

284、印增 179

【注】從食余聲。●剩餘。《睡簡・秦種 92》："有餘褐十以上。"●其餘。《睡簡・秦種 172》："某廩出禾若干石，其餘禾若干石。"秦文字用"餘"表示其餘、剩餘，楚文字、燕文字則用"余""舍"表示。

徐清華八・邦道 23　上博五・君禮 6

【注】從人余聲。●讀敘。《清華八・邦道 23》："卑（譬）之若日月之徐（敘）。"《周禮・鄉師》"凡邦事，令作秩敘"，鄭注："敘，猶次也。"●讀徐。《上博五・君禮 6》："聖（聲）之僭徐，叟（稱）其眾寡（寡）。"詳"僭"字。

酴包山 18　包山 35

【注】從酉余聲。●讀舍。包山簡"中酴"當讀"中舍"。上博簡《上博四・柬旱》9、10、15 號簡有"中余"之官，"中余"與包山簡之"中舍"當為同一職官，職守與周官"舍人"相類。

絰璽彙 2532　璽彙 2580　璽彙 2962　璽彙 769　璽彙 3353

【注】從糸余聲，"紓"之異文。紓，《說文》緩也。●戰國文字人名。

簵璽彙 1216　類編 425　璽彙 3790

【注】從竹絰聲。●晉璽人名。

綜圖典 463

1041

【注】從心䋣聲。●齊陶單字，應為人名。

粓（稌）矢令尊 矢令方彝 矢令方彝

【注】從米余聲。可隸定為"粓"。從"禾"表示穀物的字也常改從"米"表示穀實，如"稻"，金文作稻，又作粻，盛食器銘多云"用盛稻粱"，"稻"指的是稻米，從"米"者則是稻米的專字。以此例之，令方尊、方彝銘中的"粓"當即見于經籍、《説文》的"稌"字。《説文》："稌，稻也。從禾余聲。《周禮》曰："牛宜稌。"《説文》以"稌""稻"互訓。"稌"，經籍亦訓為稻。《爾雅·釋草》："稌，稻。"《詩·周頌·豐年》："豐年多黍多稌，亦有高廩，萬億及秭。"毛傳："稌，稻也。"《周禮·天官·食醫》："凡會膳食之宜：牛宜稌，羊宜黍，豕宜稷，犬宜粱。"鄭玄注引鄭眾云："稌，秔也。"秔，稻之不黏者。●稌米（稻米）。《大令尊》："易（賜）令鬯、稌、牛，曰：用禴。"鬯、稌、牛三物同賜，皆可作為祭品，故下文説"用禴"，即用于"禴"這種祭儀。

琺 番生簋 釪 毛公鼎

【注】從玉䊮（"余"之或體）聲，隸定為"琺"。《説文》無，《集韻》美玉。●《番生簋》："易（賜）朱市、恩黃（衡）、鞞鞍、玉睘（環）、玉琺、車電軫。"玉琺：即玉笏，古時大臣朝見時手中所執的玉制狹長板子，作為記事之用，亦稱手板。《荀子·大略篇》："天子御珽，諸侯御荼，大夫服笏，禮也。"《禮記·玉藻》："笏：天子以球玉，諸侯以象。"

定紐圖聲

圖 子廠圖卣 矢簋 無更鼎 善夫山鼎 散氏盤 楚 清

華十·四告 31 秦 八年相邦呂不韋戈 五年相邦呂不韋戈 、

秦印 114 睡簡·日甲 73 背 睡簡·為吏 1

【注】從囗從啚。囗，許慎于"囗"下云"囗為國邑"，國邑猶今之言城市。啚為鄙之本字，《禮記·月令》"四鄙入保"，注："界上邑。"故"圖"之本義為既有城市又有邊界之地圖也。《説文》："圖，畫計難也。"段玉裁注："畫計難者，謀之而苦其難也。"當為引申義。●地圖。《散氏盤》："西宮襄、武父則誓。乎（厥）為圖。"●圖繪、圖像。《矢簋》："王省珷王、成王伐商圖，征省東或（國）圖。"郭沫若解釋説："兩圖字當即圖繪之圖。古代廟堂中有壁畫。此所畫內容為武王、成王二代伐商並延省東國時事。"（《矢簋銘考釋》）●圖室：宗廟中陳放王朝版圖的建築。《無更鼎》："述（遂）于圖室。"在圖室中行冊命之禮的尚有《膳夫山鼎》"王才（在）周，各圖室"。

●人名。《八年相邦吕不韋戈》："詔事圖。"●圖謀。《睡簡・為吏1》："凡治事，敢為固，謁私圖。"楚文字用"圖""惝"表示圖，中山文字用"圝"表示圖。

兆域圖銅版

【注】從心圖聲，以示圖謀之意。●讀圖，謀劃。《兆域圖銅版》："有事者官圝之。"朱德熙、裘錫圭曰："疑讀為'有事諸官圖之'或'有事者，官圖之'。上引《周禮・春官・冢人》：'掌公墓之地，辨其兆域而為之圖。'銘文'有事諸官'可能指冢人、墓大夫之類的有司。"（《平山中山王墓銅器銘文的初步研究》）

定紐與聲

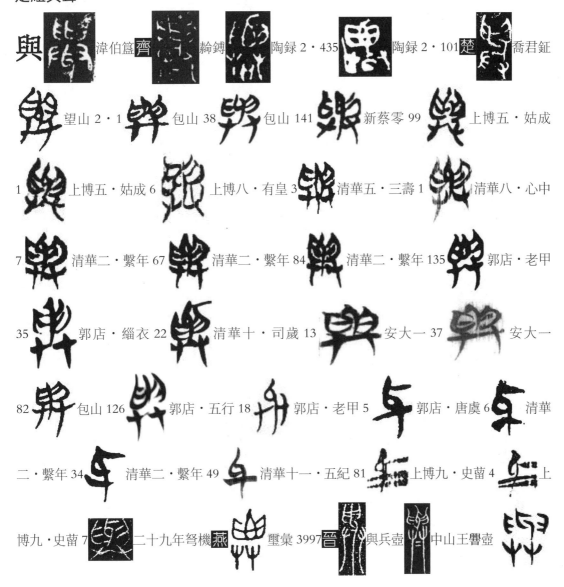

侯馬　　、　　溫縣　　司馬成公權　　桓子石片　　陶彙 3·816　　璽彙

3297　　貨系 2480　　貨系 2486　秦 睡簡·效律 21　　睡簡·秦種 50

【注】羅振玉、林義光等謂字從四手，象二人交與之形，為受與之與，因此本義表示賜予、施予、給予，如《論語·雍也》："與之粟九百。"《孟子·離婁》："可以與，可以無與。"所從之与，乃"牙"字，為聲符，至《説文》訛為与。戰國文字中，所從"牙"旁逐漸簡化，甚至省略。楚文字"臼"中部"牙"形或濃縮作豎畫。《説文》："舉，黨與也。從舁從與。古文與。"《説文》訓與為黨與，乃引申義。●連詞，相當于"和""同"。《中山王嚳鼎》："非恁（信）與忠，其佳能之。"《郭店·唐虞 6》："先聖牙（與）後叩（聖），考後而逗（歸）先。"●操持、執掌。《方言》卷十二："與，操也。"郭璞注："謂操持也。"《清華六·孺子 4》："自壓（衛）與奠（鄭），若卑耳而唌（謀）。"●讀居。趙三孔布（貨系 2480）"郂與"讀且居，地名。●讀顧。《安大一82》："三戢（歲）緣（貫）女，莫我冐與（顧）。"《毛詩》作"莫我肯顧"。"冐"，與《説文》"肯"字古文同。"與""顧"音義俱近。●讀歟。《郭店·老甲 23》："天地之間，其猶（猶）囝（橐）篝（籥）與？"●讀舉，推薦。《郭店·五行 44》："君子智（知）而與（舉）之，胃（謂）之尊臤（賢）。"●參與。《上博三·恒先 11》："豎（舉）天下之為也；無夜（掖）也；無與也；而能自為也。"

齊陶 0918

【注】從攴與聲。●"緜巷大匋（陶）里䞣"，人名。

清華十·四告 9

【注】從齒省與聲。●讀牙。《清華十·四告 9》："以縛（傅）柿（輔）王身，咸乍（作）左右叉（爪）齮（牙），甬（用）經緯大邦周。"

皇罍匜　　灊伯簋齊　　鮴鎛　　陶録 2·435楚　　郭店·窮達

14　　信陽 1·24晉　　匯考 328

【注】從口與聲。●信陽讀歟，句末語氣詞。《信陽 1·24》："旲旲冥冥又（有）扄（晶）日猶芭蘭罍。"●讀與，連詞。《鮴鎛》："侯氏易（賜）之邑二百又九十九邑，罍（與）鄩之民人、

都圖（鄙）。"●讀譽。《郭店·窮達14》："舉（譽）皇（毀）才（在）仿（旁）。"●《皇舉匜》
人名。

寅 晉　珍戰 85　璽補 173

【注】從宀與聲。●晉璽人名。

爨 晉　璽彙 2867　璽彙 0436

【注】從爪寅聲。●晉璽人名。

礜 秦　、秦集一·五·11　秦集一·五·12　秦集一·五·13

關簡 372　印封 849

【注】從石與聲。●《秦集一·五·11》"左礜桃支"、《秦集一·五·12》"右礜桃支""左礜桃
丞"、《秦集一·五·14》"右礜桃丞"，均為官名。"礜"為有毒的礦石，這種毒石呈白色。《睡
虎地秦竹簡·日書甲》："鬼恒召人出宮，是遽鬼毋（無）所居。罔譁（呼）其召，以白石投之，
則止矣。"此白石當系礜石。古代桃木被用于除災避邢。《風俗通義》載："縣常以臘除夕飾桃人，
垂葦茭，畫虎於門，皆追效於前事，冀以御凶也。"《睡虎地秦墓竹簡·日書甲》亦載有以"桃
支"驅邪之記載。礜石和桃支的功能一樣。"礜桃"為"礜桃支"省稱，"礜桃支"或"礜桃"
又分置左右，二者分工有所側重。"礜桃支"應系禳祝之官署，"礜桃丞"則為其屬官。（劉慶柱、
李毓芳《西安相家巷遺址秦封泥考略》）支，讀枝。漢印中亦有"左礜桃支"印，印文中的"礜"
和"桃支（枝）"都是驅鬼之物。

諛 楚　上博二·從甲 3

【注】從言與聲。●疑讀譽。《上博二·從甲 3》："善人，善人也，是以得擘（賢）士一人，一
人諛☒……。"

舉 楚　上博二·君老 3　上博三·仲弓 7　郭店·窮達 5

【注】從予從與，雙聲字。《郭店·窮達 5》聲符訛為興。●均讀舉。《上博三·仲弓 7》："舉（舉）
敃（賢）才。"《上博二·君老 3》："舉（舉）斂（美）灋（廢）亞（惡）。"《郭店·窮達 5》："行
年七十而腒（屠）牛於朝訶（歌），舉（舉）而為天子帀（師），堣（遇）周文也。"

 清華九・禱辭 5

【注】從止豐聲。●“豐”之誤書。《清華九・禱辭 5》：“句（苟）吏（使）四方之羣旬〈明〉豐〈豐〉（遷）者（諸）於邑之於尻（處）。”整理者注：“‘豐’為‘豐’字之訛，例見郭店簡《五行》與上博簡《仲弓》《彭祖》。字亦可讀‘與’，訓為有安行之義的‘趣’。”“於”為語助無義，故“苟使四方之群萌遷諸於邑之於處”也即“苟使四方之群萌遷諸邑之處”。

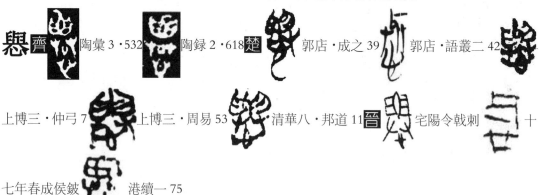

上博三・仲弓 7　　　上博三・周易 53　　清華八・邦道 11　宅陽令戟刺　十

七年春成侯鈹　　港續一 75

【注】從心與聲。●讀譽。《清華八・邦道 11》：“母（毋）以一人之口毀惡（譽）。”●讀赦。《郭店・成之 39》：“型（刑）絲（滋）亡（無）惡（赦）。”《上博三・仲弓 7》：“惡（宥）怣（過）惡（赦）辠（罪），正（政）之旹（始）也。”惡，讀宥。●齊陶、晉器人名。

 蔡大師鼎

【注】從肉與聲。《説文》無。膜，《集韻》肥也；音與。●人名。《蔡大師鼎》：“蔡大帀（師）膜膣（滕）鄦（許）弔（叔）姬可母飤緐（繁），用薾（祈）䁝（眉）壽邁（萬）年無彊（疆）。”

 曾侯邀戟

【注】從尸膜聲。●人名。詳“邀”字。

 曾侯與編鐘

【注】從攴膜聲。●人名。詳“邀（趣）”字。

235  里耶 8・152

【注】從手與聲。●檢舉、揭發。《睡簡・語書 6》："自從令、丞以下智（知）而弗舉論。"楚文字以"⿱與止"為之，三晉文字作"舉"。●養育。《睡簡・答問 70》："即弗舉而殺之。"

⿱與止 楚  望山 1・28  新蔡甲二 12  上博三・仲弓 8  上博二・子羔 2  上博三・周易 8  上博六・競公 2  璽彙 1252  清華八・邦道 17  郭店・性自 16  上博九・成甲 3  清華九・成人 17

【注】從止與聲。●多讀舉。《郭店・性自 16》："豊（禮）、樂，又（有）為⿱與止（舉）之也。"《上博九・成甲 3》："⿱與止（舉）邦加（賀）子文，以其善行帀（師）。"●讀赦。《清華九・成人 17》："典獄、司正，舍（余）方告女（汝）于型之無⿱與止（赦）。"無赦，指不寬免罪罰。●讀歟。《上博二・子羔 2》："伊堯之悳（德）則甚盟（明）⿱與止（歟）？"●楚璽人名。

⿱與虫 楚  清華三・琴舞 8

【注】從虫⿱與止聲。●讀舉。《清華三・琴舞 8》："日内（入）辠，⿱與虫（舉）不寍（寧），是隹（惟）尾（度）。"每天發現、接受自己錯誤和過失，糾正自己不安定的心志，這就是你應該遵循的法度。

⿱與足 楚  上博三・彭祖 1  清華九・禱辭 21  清華九・禱辭 23  清華八・邦道 11

【注】從足與聲。《清華九・禱辭》為"⿱與疋"之誤書。●讀舉，行也、為也。《清華八・邦道 11》："㪟（教）以⿱與足（舉）之，則亡（無）悁（怨）。"《上博三・彭祖 1》："而⿱與足（舉）於朕身。"《周禮・地官・師氏》："王舉則從。"鄭玄注："舉猶行也。"

⿺辶與 楚  曾子⿺辶與簠  曾侯⿺辶與戟  望山 1・10

【注】從辵（與"走"相通）與聲。《説文》："𨖷，安行也。從走與聲。"本義安行。●人名。《曾子遴簋》："曾子遴之行匜。"《曾侯與編鐘》有人名作"𦥑"，同墓所出鬲銘則寫作"與"。曾侯乙墓出土銅器有"曾侯𦥑之用戟"，"曾侯遴之行戟"。𦥑、遴均從"與"聲，音同通假，當系同一人名。目前多數學者傾向于認為曾侯與為曾侯乙之祖父。●讀舉。《望山 1·10》"遴禱"讀"舉禱"。《周禮·天官·膳夫》"王曰一舉"，鄭注"殺牲盛饌曰舉"。

 秦 類編 249

【注】從馬與聲。●秦印人名。

 楚 包山 202 包山 202 晉 中山王𫊟壺

【注】從犬與聲。張政烺曰："古從犬之字，多與田獵有關，或是田獵之一動作。"（《中山王𫊟𫊟壺及鼎銘考釋》）《盗壺》"左"從犬作，或為田獵時左右兩翼包抄之行為，故壺銘亦從犬。《説文》："舉，對舉也。"本義雙手托物。引申為舉薦、推舉。●讀舉，推舉、選拔。《中山王𫊟壺》："舉（舉）孯（賢）迲（使）能。"●讀舉，祭名。《包山 202》："舉（舉）禱東陵連囂肥豕（豬），酉（酒）飤（食）。"詳"遴"字。

 秦 石鼓文

【注】從魚與聲。●《説文》："鯱，魚名。"《石鼓文》："其魚佳（唯）可（何）？佳（唯）鯱佳（唯）鯉。"

 楚 郭店·老丙 1 上博三·周易 38 秦 睡簡·答問 51

【注】從言與聲。●讀夜。《上博三·周易 38》："帝（惕）唬（號），莫（暮）譽（夜）又（有）戎，勿卹（恤）。""譽"可讀夜，上古韻部都在魚部。●稱譽。《郭店·老丙 1》："大上，下智（知）又（有）之；其即（次），新（親）譽之。"《睡簡·答問 51》："譽適（敵）以恐眾心者，戮（戮）。"

 楚 包山 203 包山 223 望山 1·63 秦 闕輿戈 詛楚文 睡簡·雜抄 27 睡簡·日乙 90 秦印 269 秦集一·五·21

【注】從車與省聲。秦文字從與不省。●地名。《闕輿戈》："闕輿。"●《秦集一·五·21》"方

輿丞印"。《漢書·地理志》山陽郡有方與縣。《左傳昭公十四年》："欲立著丘公之弟庚輿。"《漢書古今人表》庚與作庚輿。以是知與、輿相通，則"方輿"即"方與"。《史記·高祖本紀》："於是少年豪吏如蕭曹、樊噲等皆為收沛子弟二三千人，攻胡陵、方與。""沛公還軍亢父，至方與。""方與"秦代約屬薛郡，其治在今山東省魚台縣境。●《睡簡·日乙90》"輿鬼"，二十八宿之一。●車也。《詛楚文》："鞃輪棧輿。"棧輿，低劣之車。●讀舉，祭名。《包山203》："輿石被常（裳）之禜（敚）。"

旗鼎 裘衛盉

【注】從扒輿省聲。●均為人名。《旗鼎》："王姜易（賜）旗田三于待劓。"

上博四·逸交3 里耶8·1520

【注】從艸與聲。●美貌。《上博四·逸交3》："戲（愷）紓（豫）是好，佳心是萸。"《詩·小雅》醮酒有萸。《傳》美貌。●讀舉。《里耶8·1520》："其十二人為萸。"

叔尸鐘 叔尸鎛 璽彙3430 匯考127 匯考127 匯

考127 匯考125

【注】從扒與聲（或與省聲）。《説文》："旗，錯革畫鳥其上，所以進士眾。旗旗，眾也。從扒與聲。《周禮》曰：'州里建旗。'"本義鳥飾之軍旟。●讀旅。"呂""旅""與"三字古音相近，可通。《叔尸鎛》："成胐（朕）師旗之政德。""師旗"即師眾，與師旅同義。《匯考125》"陽湍右旗"，"旅"在印文中為有司之名，此印為陽湍縣或邑的有司"旅"所使用的璽印。《匯考127》"武倕左旗"、《匯考127》"武倀佋（尉）左旗"等，為三晉習見機構，有左右之分。

分研一123

【注】從山與聲。●"司馬畢"，人名。

定紐冶聲

鮴冶妊鼎 冶徘觶 冶仲尊 郎左戟 齊城左戟 貨系

3786 楚 舍忏鼎　舍忏盤　舍忏鼎　兼陵公戈　包山

80 晉　☑陽令畱戲戈　三年𫴄命戈　冶瘍戈　陽安君劍　柏人

戈　二十年冢子戈　十二年少曲令戈　貨系 259　貨系

3786 六年安平守鈹　十一年得工劍　平陰鼎蓋　二年邦司寇趙春

鈹　四年邧相樂寅鈹　公廚左官鼎　六年大陰令戈　☑年芒碭守令

虔戈　趙夋戈　璽彙 3258　十八年莆反令戈　十八年戈　格氏矛

五年鄭令戈　九年鄭令戈　格氏矛 秦　秦印 225　關簡 372

【注】金文"冶"早見於春秋器銘，從刀、二、口。戰國銘文此字變化甚多，或增從火。刀、火、二、口四符為基礎演變，或省其一二。所從之刀、火又或有訛變。二，為金餅狀。從火者，蓋冶煉以火為之。從刀，表冶鑄最後成器也。從口，當為鑄器之範也。楚國銅器銘文的"冶"多作 后 形。楚簡中"弜"與"冶"易混，但"弜"字形皆是"口"形在上，兩橫筆在下；"弜"均從弓。《說文》："𪶄，銷也。從欠台聲。"本義冶鑄。●冶工。《十七年平陰鼎蓋》："冶敬，才（在）坪（平）陰（陰）氏之所。"黃盛璋說："（造者）三晉、東周、楚、齊皆稱冶，秦、中山稱工，燕稱攻即工。"（《燕、齊兵器研究》）●冶師：楚官名，主冶鑄事。《舍忏盤》："冶帀（師）緦坒、差（佐）陳𢀜為之。"《包山 80》："冶士石𦣞（脕）。""冶士"或與"冶師"有關，"冶師"應為負責青銅器冶鑄的。●蘇冶妊：西周晚期妊姓婦女，嫁于蘇君為夫人。《蘇冶妊鼎》："魜（蘇）𠯑（冶）妊乍（作）虢改魚母媵（媵）。"銘意為，蘇君夫人冶妊為其女嫁妃魚母（為蘇女嫁于虢國者）作媵鼎。●冶尹：三晉職官，掌冶煉。《卅三年鄭令劍》："坒（往）庫工帀（師）皮耴、冶尹（尹）啟數（造）。"●古璽印"冶得""冶夌"，應為姓氏。春秋時衛有冶廑，魯有冶區夫。

定紐予聲

予 作予叔嬴鬲　蘇台子簠 齊　陶録 3 · 614 楚　清華三 · 祝辭

1050

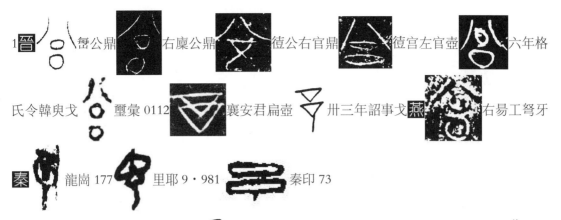

1 晉 与公鼎　　右廩公鼎　　德公右官鼎　　德宮左官壺　　六年格

氏令韓奐戈　　璽彙0112　　襄安君扁壺　　卅三年詔事戈 燕　　右易工弩牙

秦 龍崗177　　里耶9・981　　秦印73

【注】西周晚期《作予叔嬴鬲》作♀，與戰國“予”字同形。春秋金文《蘇𦎟子簠》作𠮷，從
呂，呂亦聲，所從“八”，應是裝飾筆劃，無義，古文字“憻”或從八作“憻”，“賗”或從八作
“𧶠”，可資佐證。戰國文字承襲春秋金文作𠮷，尤見于晉系文字。或作♀，以與“呂”相區別。
或作♀、♀、♀（石鼓文𧶠所從），亦與“呂”相區別。戰國文字常見從“予”之字，如“舒”
作𨏥（包山76）、𠆎（冢子韓熷戈）、𨜓（十一年皋落戈），“野”作𡐘（睡簡・葉書45）、𡊅（睡
簡・日甲32）、𡋋（秦陶335）、𡎸（馬工堆・相馬經31下），“豫”作𧰼（包山76）、𧰣（璽彙
1492）、𧰰（相邦呂不韋戈）、𧰼（蔡侯申鐘）。上述諸字所從♀（予）上下分離就成了“呂”，
與“呂”字作𠮷（郭店・窮達4“鄦”所從）無別。秦系文字作♀（龍崗220），為小篆所本。
秦漢文字中“予”作♀、♀、♀、♀、♀，作為偏旁往往混同“邑”。《說文》：“♀，推予也。
象相予之形。”本義授予、給予。●人名。《作予叔嬴鬲》：“乍（作）予弔（叔）嬴膡（滕）鬲。”
《六年格氏令韓奐戈》：“六年，格氏命（令）钦（韓）奐、工帀（師）互𠮷，冶☐。”●置用地
名。《卅三年詔事戈》：“卅三年，詔事。予。”予，應該就是見于張家山漢簡《二年律令・秩律》
簡459的“予道”，據《漢書・地理志下》“予道”為隴西郡屬縣，王莽改名曰“德道”。其故地
當在現今甘肅洮河流域附近。●單育辰謂讀舍，官名。（《談晉系用為“舍”之字》）“舍”（書紐
魚部）從“余”得聲，而“余”和“予”都是余紐魚部，多互用，其例不勝舉，比如在《古字
通假會典》中，就列出了“余”與“舒”、“余”與“予”、“余”與“豫”、“念”與“豫”、“敘”
與“序”等相通的大量例證。《璽彙2218》《上博三・中弓23》《上博三・周易24》的“豫”，後
世文獻用為“舍”，更證明了“予”和“舍”是可以相通的。《周禮・天官・宮正》：“以時比宮
中之官府次舍之眾寡。”“舍”同“官府”連稱，可見和“官府”是一個性質的機構。孫詒讓正
義：“凡吏士有職事常居宮內者為官府，官府之小者為舍。”典籍中常見“舍人”一職，《周禮・地
官・舍人》：“舍人掌平宮中之政，分其財守，以灋掌其出入。凡祭祀，共簠簋，實之，陳之。
賓客，亦如之，共其禮，車米、筥米、芻禾。喪紀，共飯米、熬穀。以歲時縣穜稑之種，以共
王后之春獻種。掌米粟之出入，辨其物。歲終，則會計其政。”《右廩𠮷鼎》：“右廩𠮷莆官私鎖
（鼎）。”“廩舍”應是掌管糧廩的，其職正可參《周禮・地官・舍人》。且此“廩舍”還分左右，
其下轄“莆官”，“莆官”大概是管理“莆”之職官，“莆”義待考。《德𠮷右官鼎》：“德𠮷右自
（官）。”“德”釋為“廚”，“廚舍”就與“廚房”有關，其下轄“右官”左官”。●讀舍。《清
華三・祝辭1》：“乃予（舍）釆（幣）。”

杼 秦 里耶6・25

【注】從木予聲。●織布機上的筘，古代亦指梭。《里耶 6・25》："木具機四。木織杼二。木織滕三。"

 舒 楚 配兒勾鑃

【注】從言予聲。●讀豫，樂也。《配兒勾鑃》："先人是舒。"

 宇 晉 十三年辱陽令戈

【注】從宀予聲。●讀野。"北宇壘"，北野，複姓。《鄭通志・氏族略》收載，初見於《姓苑》。本指地名，以所居之地名為姓氏。

 赶 秦 石鼓文

【注】從走予聲。●唐蘭讀予，第一人稱。《石鼓文》："赶☒如虎，獸（狩）鹿如☒。"此二句殘缺，徐寶貴先生謂句意當是"我馬如虎，狩鹿如兔"。

豫（豫） 齊 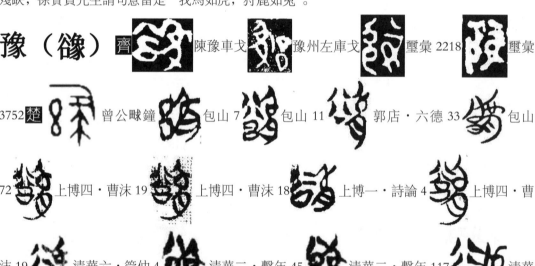 陳豫車戈　豫州左庫戈　璽彙 2218　璽彙 3752 楚 曾公畎鐘　包山 7　包山 11　郭店・六德 33　包山 72 上博四・曹沫 19　上博四・曹沫 18　上博一・詩論 4　上博四・曹

 沫 19　清華六・管仲 4　清華二・繫年 45　清華二・繫年 117　清華

 四・筮法 40　清華六・太伯乙 2　清華七・晉文公 6　上博八・成王 8　左塚漆棡 燕 乘馬戈 晉 璽彙 1839　璽彙 1831　璽彙

1492 璽彙 2083 秦 陶彙 5·123 □年相邦呂不韋戈 、 印增

379

【注】從象予聲。楚簡的"兔"常作 ，學者多已指出是由 下部加飾筆而訛變成的，與"肉"無關。楚文字或用"紵""念"表示豫。●《璽彙 2218》"越豫之"、《璽彙 3752》"星毋豫之"，讀捨。"捨之"，古人慣用名。●讀舍，軍隊住宿一夜為舍。《左傳·莊公三年》："凡師，一宿為舍，再宿為信，過信為次。"引申可指軍隊休息、駐紮。《上博四·曹沫 50》："既戰復豫（舍）。""復舍"是重新安營紮寨。《清華七·晉文公 6》："為交龍之羿（旗）師以豫。""交龍之旗"的圖案為二龍相錯，一升一降，佈局類似於太極圖，故"為交龍之旗師以舍"即寓意"交和而舍"，《孫子兵法·軍爭》："孫子曰：凡用兵之法，將受命於君，合軍聚眾，交和而舍，莫難於軍爭。"●讀抒，抒發、表達。《郭店·六德 33》："豫（抒）亓（其）志，求牧（養）新（親）之志，害亡不以（已）也。"●讀如字，訓"怠"。《玉篇》"豫，怠也"。《清華六·管仲 4》："心亡（無）圖則耳目豫。"謂中心無所圖謀而耳目怠惰。《清華三·芮良夫 15》："豫命亡（無）成。"豫，懈怠、怠慢。●讀捨，捨棄、放下。《上博八·成王 8》："皆欲豫（捨）亓（其）新（親）而新（親）之。"●讀舍。《曾公畎鐘》："邵王南行，緣（舍）命于曾。"舍命，在此可能有兩種理解。一種意思是捨棄生命。如《詩·鄭風·羔裘》："彼其之子，舍命不渝。"這種理解與文獻記載昭王南征不返的記載相合。另一種意思是發號施令。如作冊令方尊（《集成》06016）："舍三事令，罘卿事寮、罘諸尹、罘里君、罘百工、罘諸侯，侯、田、男，舍四方令。既咸令。"這與中甗等青銅器銘文記載王命中設应在曾，在曾發號施令的記載相合。結合上下文來看，後者可能性大。

上博八·顏淵 12 上博八·顏淵 11

【注】從又豫聲。 當為" "之省體。●讀舍，免除。《上博八·顏淵 12》："老 （老老）而 （慈）學（幼）， （豫）絞而收貧，录（祿）不足則青（請），又（有）余（餘）則訂（辭）。""豫絞"可讀為"舍繳"，意為免除賦稅，與"收貧"相對。（《〈上博八·顏淵問於孔子〉校讀》）

蔡侯申鐘 蔡侯申鐘 上博五·姑成 5 上博五·姑成 1

上博五·姑成 1

【注】從土豫聲。土當為復增之聲符，"土"古音屬魚部透母，"豫"則為魚部定母，同部鄰組，聲音極近。（詳《金文編校補》94 頁）●讀豫。《上博五·姑成》"白鐢"地名。●讀舍，施。《蔡侯申鐘》："崔崔豫政，天命是遷，定均庶邦，休有成慶。"

、 淳于公戈

【注】從喬豫聲。●"辜（淳）于公之舿（造）"。""為人名，當屬"淳于公"之族。《新見六件齊、楚銘文兵器》（《中國歷史文物》2007 年第 5 期）公佈兩件有銘文的楚兵器，一件是"臧王之楚用戠"雙援戟，另一件是"邵之瘠夫之行戈"（17 頁，圖五；16 頁，圖四）。器主自稱都與此格式相同，"楚""瘠夫"分別屬于楚莊王、楚昭王之族。

 璽彙 3455　　璽彙 3457

【注】從阝予聲，"序"之異文。《汗簡》作。●晉璽"阝予亡宊尒"，讀序，姓氏。

 王作饗母鬲

【注】從子阝予聲。●金文人名。

 清華十一·五紀 88　清華十一·五紀 49　睡簡·日甲 100

【注】從土予聲。或從吕聲。●讀序。《睡簡·日甲 100》："筑（築）左宅圩。"《清華十一·五紀 49》："旹（春）秋以賓，逋（傳）受世圩（序）。"

 清華十·四時 40　清華十·四時 41

【注】從厂吕聲。直接隸為"序"。●《清華十·四時 40》："凡秋三月=（月，月）弻（周）東序，它（蛇）痐（藏），雨。"整理者注："序，《说文》：'東西牆也。'東序，星象名，即壁宿，二十八宿之一，居北方玄武七宿之末，因在天門之東，故又稱'東壁'。曾侯乙漆箱作'東縈'。"

泥紐女聲

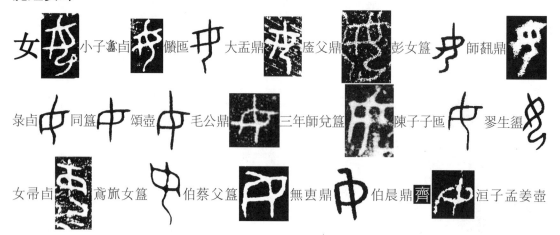
女　小子盨卣　　僟匜　　大盂鼎　　盧父鼎　　彭女簋　　師艅鼎

彔卣　同簋　頌壺　毛公鼎　三年師兌簋　陳子子匜　翏生盨

女帚卣　鳶旅女簋　伯蔡父簋　無叀鼎　伯晨鼎　洹子孟姜壺

尋仲盤　魯大師徒子仲伯匜　璽彙 3723　楚　蔡大師鼎　者汈鐘

羕陵公戈　冉鉦鍼　帛書甲　清華一·保訓 10　清華八·邦

政 6　清華二·繫年 59　清華五·封許 8　清華十一·五紀 28　璽彙

3580 燕　璽彙 0566　璽彙 3663 晉　十年得工䚸夫鈹　藺相如戈　璽彙

3171 秦　睡簡·秦種 62　睡簡·日乙 108　類編 393　秦印 236

【注】甲骨文作，象女子跽坐形；雙手放在胸前，或于胸部加兩點表示其乳，或于頂部加一橫表示頭飾，此為婦女居處之常態。金文同甲骨文。《說文》：“，婦人也。象形。王育說。凡女之屬皆從女。”本義是婦女。甲骨文“女”“母”一字，後世漸分化成二字。●女性。《齊侯盤》：“它它熙熙，男女無綦（期）。”《易·序卦》：“有男女，然後有夫婦。”●讀汝，第二人稱代詞。汝，甲骨文作，金文均以女為之。《令鼎》：“余其舍女（汝）臣十家。”●讀如。《中山王䚫鼎》：“事孲（少）女（如）躬（長），事愚女（如）智，此易言而難行旃（也）。”●讀如，訓為然。《郭店·性自 26》：“羕（詠）思而斁（動）心，脊（唱）女（如）也。”清王引之《經籍釋詞》卷七：“如，猶然也。如、然，聲之轉。”●讀如，假設連詞，提出假設條件。《鄂君啟舟節》：“女（如）載馬、牛、羊台（以）出内（入）鬮（關），則政（征）于大廇（府）。”●讀如，人名用字。戰國時期，人名多有“相如”者。《十年得工䚸夫鈹》：“十年，旯（得）工䚸夫杜相女（如）。”●士女：指未婚成年男女。《師寰簋》：“毆孚（俘）士女羊牛。”《詩·小雅·甫田》：“以介我稷黍，以穀我士女。”王先謙《詩三家義集疏》引郝懿行曰：“古以士女為未嫁娶之稱。”●《類編 393》“女不害”，姓氏。女叔齊，春秋時晉大夫。

伮楚　包山 122 晉　陶彙 6·195

【注】從人女聲，《說文》“奴”之古文。●讀孥。《包山 122》：“予收邦俘之伮（孥）。”指依法受株連之妻妾及成年子女。●陶文單字。

如楚　信陽 1·4　郭店·緇衣 19　郭店·五行 45　上博四·曹沫

6 上博四·內禮 8 秦 陶彙 5·136 陶彙 5·269 石鼓文

睡簡·答問 51 秦駰玉牘 、 、 秦印 239

【注】甲骨文作 、 、 、 、 ，從女從口，女子柔順，會順從之意；女兼聲。戰國文字與甲骨文同。●如果。《郭店·緇衣 19》："未見聖，如亓（其）弗克見；我既見，我弗迪聖。"●《睡簡·答問 51》："'豂（戮）'者可（何）如？。"何如，怎麼樣。秦文字多用"如"表示如，見石鼓文、睡虎地秦簡等。六國文字用"女""如"表示如。

茹 秦  秦印 15

【注】從艸如聲。●秦印人名。

㹜 秦  印增 605

【注】從犬如聲。●"㹜勃"，應為人名。

挐 秦  集粹 823 、  印增 470 、 珍秦 241 、 珍秦 118

類編 97

【注】從手如聲。●秦印"挐屚""挐豎"，姓氏。《戰國策》："君所用者，緤錯挐薄也。"《注》衛二臣名。或用為人名。

絮 秦  睡簡·封診 82 睡簡·日乙 195"

【注】從糸如聲。●用為本義，《說文》敝緜也。《睡簡·封診 82》："絲絮五斤縈（裝）。"

忞 楚  郭店·語叢一 46 上博六·天乙 5 清華三·赤鳩 5 晉 蚉壺

【注】從心女聲，與《說文》"恕"古文同。《說文》：" ，仁也。 古文省。"本義寬恕。●讀怒。《蚉壺》："隹（唯）司馬貯欣諆戰（憚）忞（怒），不能寧處。"壺銘所作當為"怒"之古文，蓋與《三體石經》古文"怒"作"忞"同。楚簡亦讀怒。《郭店·語叢一 46》："凡又（有）血斁（氣）者，膚（皆）又（有）憙（喜）又（有）忞（怒）。"《清華三·赤鳩 5》："湯忞（怒）曰：……"

秦系文字則從心奴聲作 （睡簡·為吏 30）。

 楚 郭店·老甲 34 ‖ 郭店·性自 2 上博一·性情 1 上博七·鄭乙 3

 上博九·靈王 4 清華十·四時 7 安大二·仲尼 8

【注】從艸怎聲。●多讀怒。《上博一·性情 1》：“憙（喜）惹（怒）哀悲之気（氣），眚（性）也。”

 楚 上博五·三德 13

【注】從虍惹聲。●《上博五·三德 13》：“室戲（且）弃，不陸（墮）祭祀，唯蘆是備（服）。”字義待考。

 齊 陶彙 3·908 楚 上博二·從政 3 清華八·天下 3 上博六·鄭壽 1 清華十·行稱 4 清華十·四時 35 晉 疋鄘戈

【注】從艸女聲。●楚簡多讀怒。《上博二·從政 3》：“妒（怒）則勳（勝），思（懼）則怀（背）。”《清華八·天下 3》：“以娑（發）亓（其）一日之妒（怒）。”●齊陶人名。

 齊 璽彙 0177

【注】從辵女聲。●齊璽地名。

 晉 璽彙 2525 訓義 1·143 二十一年安邑戈

【注】從犬女聲。●晉文字均為人名。

 齊 匯考 65 匯考 65 陶彙 3·144 燕 璽彙 4138 晉 七年安陰令戈

【注】從蚰女聲，疑"蜇"之異文。●古文字均為人名。

徣〔齊〕陶彙 3·125　匯考 65

【注】從彳蚰聲。●齊陶人名，或作"蚰"。

䴔〔晉〕璽彙 4052　璽彙 5645

【注】從鳥女聲，疑"鴽"之省文。●晉璽人名。

娜〔燕〕璽彙 2242

【注】從邑女聲，"娜"之省文。●"娜得"讀如或讀女，姓氏。

竝〔晉〕璽彙 3426

【注】從立女聲，疑"埕"之省文。●晉璽人名。

汝〔楚〕清華二·繫年 29　清華二·繫年 100

【注】甲骨文作 、 ，從水女聲。戰國文字同甲骨文。●地名。

餕〔晉〕璽彙 3812

【注】從食女聲，疑"餕"之省文。●晉璽人名。

詉〔楚〕包山 157 反　包山 157

【注】從言女聲。●"鄅詉"，人名。

紋〔齊〕陶錄 3·500〔楚〕璽彙 3596　上博四·逸交 3　上博四·逸交 1

【注】從糸女聲。●楚簡多讀豫。《上博四·逸交 1》："戗（愷）紋（豫）是好。"●楚璽人名。

疢 晉 侯馬 璽彙 5273 訓義 1・136

【注】從疒女聲，疑"痴"之省文。●晉文字人名。

奴 㚬奴甗 齊 弗奴父鼎 楚 郭店・老甲 9 清華八・處位
5 上博四・采風 1 清華四・筮法 26 清華九・禱辭 3 清華十一・五
紀 49 晉 四年咎奴曹令戈 璽彙 0094 璽彙 0069 陶彙 4・175 三
晉 78 聚珍 242 聚珍 244 秦 高奴銅篕 睡簡・答問 106
睡簡・秦種 134 上郡守戈 上郡守戈 高奴權 廿五年上郡
守戈 、 、 、 秦印 238 秦集一・五・22 封編 282

【注】從又從女（兼聲），會以手擒女俘迫其為奴之意。《包山 123》與《說文》古文同。《說文》：
"奴，奴、婢，皆古之辠人也。《周禮》曰："其奴，男子入于辠隸，女子入于舂槁。"從女從又。
古文奴從人。"所謂罪人就是奴隸。其後引申為凡是罪人均指"奴"，如《史記・季布欒布列
傳》："布為人所略賣，為奴于燕。"●讀怒。《睡簡・日甲 158 正》："晝見，禺（遇）奴（怒）。"
●用為本義。《睡簡・答問 73》："人奴擅殺子，城旦黥之，畀主。"私家奴婢擅自殺子，應按城
旦的樣子施以黥刑，然後交還主人。●高奴：秦兵器習見之地名。《六年上郡守閒戈》："六年，
上君（郡）守閑（間）之造，高奴工師簹，鬼薪工臣。"銘文或簡稱"高"。《十九年上郡守遣戈》：
"十九年上郡守遣造，高工師窀，丞造，工隸臣渠。"●《秦集一・五・22》"奴盧之印"，印義
不明。又有"奴盧府印"（《秦再上二・4》）、"奴盧丞印"（《封編 282》）。或為蓄監奴隸之機構。
或為與軍衛有關的機構，如《漢表》有衛尉，胡廣云："主宮闕之門內衛士，于周垣下為區盧，
區盧者，若今之仗宿屋矣。"

怒 秦 睡簡・為吏 30 睡簡・為吏 11 關簡 248 、 詛
楚文

【注】從心奴聲。●均用為本義，氣憤、生氣。《說文》："怒，恚也。"《睡簡・為吏 11》："毋以

忿怒夬（決）。”《詛楚文》：“張矜恬怒。”詳“恬”字。

挐 秦 印增 467

【注】從手奴聲。●秦印“挐六”，姓氏。春秋時莒公子挐之後有挐氏，見《姓考》。

弩 晉 涷鄸戈 璽彙 0114 璽彙 0113 璽彙 0096 璽彙 0115 璽彙 2725 六年大陰令戈 大陰令賈弩戈 秦 官印 0078 睡簡·效律 45 睡簡·日甲 56 背

秦印 251

【注】從弓奴聲。《涷鄸戈》從弓從女，以魏三體石經“怒”字古文寫作從心從女之“忞”例之，當是“弩”字的異體。●《涷鄸戈》：“涷鄸發弦（弩）戈冶珍。”“發弩”是官名。《漢書·地理志》南郡下自注“有發弩官”，顏師古注：“主教放弩也。”古璽印有“衡山發弩”“榆平發弩”“左邑夋弩”等等。●讀怒。《睡簡·日甲 56 背》：“人毋（無）故而弩（怒）也。”●秦印有“弩工室印”。弩工室，官署名，應屬少府。秦在戰國時已設立各級工室，主管手工業。由於秦多年征戰，其軍事工業必然極為發達。“弩工室”當為直屬中央的主管箭弩製作的機構。

彄 晉 匯考 112

【注】從矢弩省聲。●晉璽“彄序”，人名。

廢 晉 璽彙 2882 戰編 632

【注】從广從矢弩聲。●晉璽人名。

絮 楚 上博三·周易 57 圖典 131

【注】從糸奴聲。●讀袽，敗絮。《上博三·周易 57》：“需（繻）又（有）衣絮，冬（終）日戒。”《説文》：“絮，絜緼也。一曰敝絮。《易》曰：需有衣絮。”按今《易》作“袽”。《易·既济》：“繻有衣袽。”《釋文》：“袽。京作絮。”《周禮·考工記·弓人》鄭司農注、《夏官·羅氏》鄭司

農注並引衻作絮。●楚璽"絮鉨"，人名。

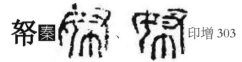帑 秦 、 印增 303

【注】從巾奴聲。●秦印"御府帑府"。《説文》："帑，金幣所藏也。从巾，奴聲。"段玉裁注："此與府、庫、廥等一律。帑讀如奴，帑之言囊也。以幣帛所藏，故從巾。……今音帑藏他朗切，以別於於（引者按，此"於"字疑衍）妻帑乃都切。"古書多訓"帑"為"金布所藏之府""金帛舍""藏金帛之所"等，但是根據段玉裁的意見，"帑"之從"巾"，是因為它是"幣帛所藏"，所以"帑"本來應該專指布帛藏所。"御府"在秦漢時代的一項重要職能是主管天子衣服，其設"帑"是再自然不過的。《東觀漢記》卷八《劉玄》："更始至長安，居東宮，鍾鼓帷帳，宮人數千，官府闆里，御府帑藏，皆安堵如舊。"

㚟 農卣

【注】從十奴聲。●讀㚟，妻與子女也。《農卣》："事（使）乓（厥）眘（友）妻農，乃嗇（稟）乓（厥）㚟。"意為：王使人以女妻農，有恐農衣食不給，復令稟給其妻㚟。帑與㚟通。《詩·小雅》樂爾妻帑。《傳》帑，子也。《左傳·文十三年》秦人歸其帑。《注》帑，妻子也。

痰 晉 璽彙 1786

【注】從疒奴聲。●晉璽人名。

泥紐又聲

又 又宁鼎 又宁簋 又卣 又鼎

【注】裘錫圭先生釋為"拏"的前身"挐"的表意初文。（《釋"又"》）這個字也見于小篆的偏旁，漢印中的"奴"字和"弩"字所從的"奴"大都從"又"或其變形（見《漢印文字征》1212下、1221上）。挐、奴音近，把奴寫作從又，是把表意偏旁改成形近的音符。以後，又以奴為聲符為"又"造了後起的形聲字"挐"。《説文·手部》有訓"持也"的"挐"，又有訓"牽引也"的"挐"，其實二字古書常常通用無別，應看作一字異體，它的表意初文"又"本象握物于掌中，"牽引"是其引申義。●族氏名，見于《又卣》等。

來紐鹵聲

鹵 免盤 楚 曾侯 13 晉 晉姜鼎 秦 陶新 3333 陶新

3331  印增 457

【注】甲骨文作 ◈、◈、◈、◈，象盛鹽于容器之形，其中之小點是鹽粒。甲骨文作 ◈者，與
"卣"混同。金文同甲骨文。"鹵""西"常常混同。秦文字與"囷"混同。《説文》："◈，西方
咸地也。從西省，象鹽形。安定有鹵縣。東方謂之㡿，西方謂之鹵。凡鹵之屬皆從鹵。"本義是
咸鹽。也指用鹽水製作的食品。今又和"莽"常組成"鹵莽"一詞，表示粗率、冒失。"鹵"為
引申義所專用，鹽的意義另加聲符"監"寫作"鹽"。●鹽鹵，即食鹽。《免盤》："王才（在）
周，令乍（作）冊内史易（賜）免鹵百㒼。"㒼當為容器。《晉姜鼎》："易（賜）鹵責（積）千兩。"
●《曾侯13》"鹵韌"，讀盧、或讀纑，黑色。《書經·文侯之命》："盧弓一，盧矢百。"孔安國
傳："盧，黑也。"簡文與楚簡"鹽"所從同。金文"毘（瓶）"，從鹵，或從西作。"酒"從鹵，
又可從西。曾侯乙墓竹簡中之"鹵"下所從一橫有可能是與西相別的區別符號。●地名。《漢書·地
理志》云"安定郡，武帝元鼎三年置"下屬縣二十一，有"鹵，濼（一作灅）水出西"。在置安
定郡前，鹵縣當屬秦時已設的北地郡。秦陶"鹵市"（陶新3333）即指該地。

楚  曾侯2 曾侯62 曾侯60

【注】從戶鹵聲。●讀扃，車上用來固定武器和插旗的橫木。《曾侯2》："二載扁。"在天星觀一
號墓竹簡里，"扁"從革作"䩉"。天星觀簡云："一方䩉紫綳。其上載二戈。一載。"顯然"䩉"
是車上一種承載兵器等物的東西。從鹵聲的"扁"和"扃"音理可通，詳見鵬宇《曾侯乙墓竹
簡文字箋徵》270頁。

楚 天星

【注】從革扁聲。●詳"扁"字。

楚 曾侯10

【注】從丹鹵聲。●簡文"脳毯，貂毯之㡿"，當為顏色名。讀盧、或讀纑，黑色。

晉 璽補220

【注】從金鹵聲。●"肖鍼"，人名。

楚 上博二·從甲8

1062

【注】從水鹵聲。●讀鹵，粗魯。《上博二·從甲8》："悁（威）則民不道（導），滷（鹵）則遊（失）眾，恈（猛）則亡新（親），罰則民逃。"或以為盧省聲，"盧"之省文，釋為鹽，讀嚴。

來紐旅聲

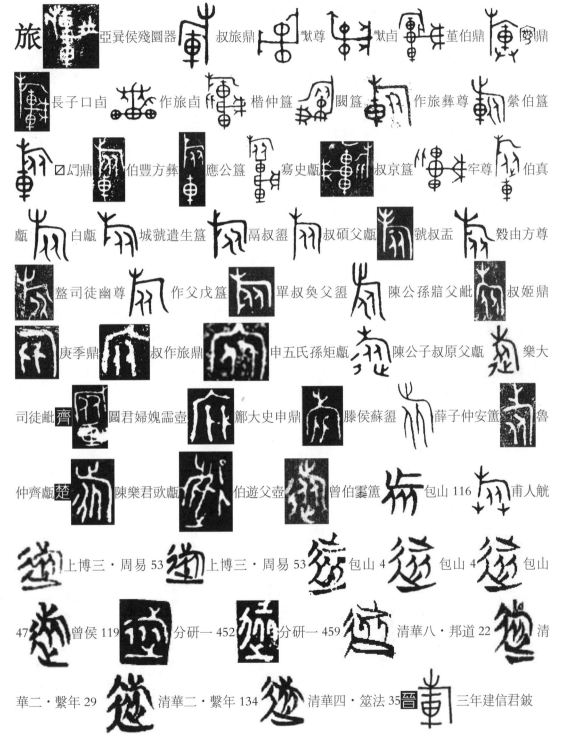

亞矣侯殘圓器　叔旅鼎　犾尊　犾卤　董伯鼎　　鼎

長子口卤　作旅卤　楷仲簋　閾簋　作旅彝尊　紫伯簋

□勾鼎　伯豐方彝　應公簋　寡史甗　叔京簋　牟尊　伯真

甗　白甗　城虢遣生簋　鬲叔盨　叔碩父甗　虢叔盂　殺由方尊

盠司徒幽尊　作父戊簋　單叔奐父盨　陳公孫掊父觚　叔姬鼎

庚季鼎　叔作旅鼎　申五氏孫矩甗　陳公子叔原父甗　樂大

司徒觚齊　圓君婦媿需壺　鄦大史申鼎　滕侯蘇盨　薛子仲安簠　魯

仲齊甗楚　陳樂君歌甗　伯遊父壺　曾伯霥簠　包山116　甫人觥

遊上博三·周易53　遊上博三·周易53　遊包山4　遊包山4　遊包山

47　遊曾侯119　遊分研一452　遊分研一459　遊清華八·邦道22　遊清

華二·繫年29　遊清華二·繫年134　遊清華四·筮法35晉　三年建信君鈹

璽彙 2914　　璽彙 3439　　璽彙 2335　　　匯考 110 秦　　睡簡·效律

41　　睡簡·答問 200　　　睡簡·答問 200

【注】甲骨文作 、 、 、 、 、 、 ，從从從放，會以旌旂致眾之意。金文同甲骨文，《申鼎》等放形省減為厂、广，可參見“旂”字；或增意符辵、廾。或從从從車。或從旅從車。字形多樣，然會意同。旌旂下戰車士兵，為列陣行伍的寫實，初義當為軍旅之旅。《父乙卣》數器上從 （作 、 等形），均為族徽用字，《金文編》原釋為“旅”，字隸為“蓏”為勝。《説文》：“ ，軍之五百人為旅。從从從从。从，俱也。 古文旅。古文以為魯衛之魯。”本義是軍旅。因軍隊出征在外，所以引申為旅行、旅客等義。●軍隊編制，周制五百人為一旅。《伯晨鼎》：“旅五旅。”《左傳·哀公元年》：“有田一成，有眾一旅。”●祭祀。金文中常見，如“旅盂”“旅簠”“旅彝”等。或解釋為行旅之器，或解釋為陳列之器，或解釋為宗廟中可出門移用之器，實皆非是。《周禮·天官·掌次》：“王大旅上帝。”《注》：“大旅上帝祭于圜丘。國有故而祭，亦曰旅。”●官名，引申為管理。《此簋》：“旅邑人、善（膳）夫。”《周禮·天官冢宰》：“四曰旅，掌官常以治數。”鄭玄注：“治數，每事多少異也。”治數，謂處理各種事務。●途也、道也。《小盂鼎》：“氒（厥）馘入門，獻西旅。”《爾雅·釋宮》：“旅，途也。”郭璞注：“途即道也。”銘文是説以馘入門，獻於西邊的道路上。●讀盧，黑色。《大簋》：“旅（盧）弓十，旅（盧）矢千。”《書·文侯之命》：“盧弓一盧矢百。”孔傳：“盧，黑也。”《説文·黑部》：“齊謂黑為黸。”盧、黸同字。旅、盧古音同母同部，故假借通用。●寄居或外來做客的人。《睡簡·答問 200》：“是謂‘旅人’。”●讀魯，姓氏。上古音“旅”“魯”同屬來母魚部。《包山 47》“遱期”即“魯期”。●《匯考 110》“馬遱官”。“馬旅”，或為官署名，則此印為三晉馬旅官署之主事官用印；或為地名，則此印為三晉馬旅其地的官署用印。●《分研一 452》“者（諸）侯之旅”。《墨子·七患》：“故凶饑存乎國人……諸侯之客，四鄰之使……。”《管子·輕重乙》：“請以令為諸侯之商賈立客舍。”裘錫圭認為璽文的“諸侯之旅”與《墨子》“諸侯之客”、《管子》“諸侯之商賈”語例相同，均指來自他國的旅人。《分研一 459》“戠旅”，即主管關於“旅”的事務的官。

贅 楚　　曾侯 198

【注】從貝旅聲。●讀魯。簡文“贅虜公”，當讀“魯陽公”。

闆 晉　　元年鄪令戈　　三年馬師鈹　　璽彙 0483 秦　　璽彙 1362　　睡簡·葉

書 13　　睡簡·為吏 23　　分域 2842　　秦印 296　　　　　　印

增 460

【注】從門旅聲。●三晉文字習見，均為人名。《元年郛令夜夢戈》：“冶闟。”●讀旅。《睡簡·為吏 24》：“叚（假）門逆闟（旅）。”

來紐吕聲

吕 班簋 吕姜作簋 敔子卣 静簋 吕方鼎 吕王鬲 伯吕父盨 吕王壺 吕仲爵 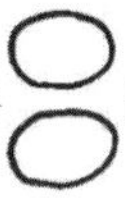吕壺蓋 齊 邾公牼鐘 楚 吕王之孫𨝐戈 曾侯乙鐘 郭店·緇衣 26 清華五·封許 2 晉 錢典 659 陶彙 6·090 璽彙 1636 璽彙 1637 秦 相邦吕不韋戈 相邦吕不韋戟 秦印 145

【注】甲骨文作、、，象金屬熔塊之形，或說“鋁”之初文。“吕”與、、（“雍”字，“宫”字所從）來源不同，但在偏旁中相混。《說文》：“，脊骨也。象形。昔太岳為禹心吕之臣，故封吕矦。凡吕之屬皆從吕。篆文吕從肉從旅。”析形釋義均不確。卜辭用為祭名，相當于魯、旅之祭，即于宗廟外陳列祭品而祭之。●國名，姜姓，傳為四嶽之後。因協助禹治水有功，封于吕，即山西吕梁。商朝末年，吕氏諸侯助周滅商，周武王仍封吕國為侯國，周宣王時期（公元前 828—公元前 783）吕國與申國南遷於南陽一帶。吕國的地望，一般認為在申國西邊不遠，即古宛城以西三十里的吕城、董吕村一帶。約在春秋早中之際的楚文王時期，吕受到楚國的攻伐，故地入楚為縣。吕，古文獻中或又作“甫”。然考古出土的實物資料吕、甫二字有別。(《鄘國歷史地理探疑——兼論包山、望山楚墓的年代和史實》)《敔子卣》：“王各（格）于吕。”器銘或增邑旁作“郘”。●讀鋁，金屬名。《邾公牼鐘》：“䵼（邾）公牼睪（擇）氒（厥）吉金，玄鏐膚（鑪）吕（鋁），自乍（作）龢鍾（鐘）。”●人名。《吕鼎》：“王易（賜）吕𩰫（秬鬯）三卣。”●吕鐘：楚律名，相當于傳統律的姑洗。《曾侯乙鐘》：“割肄之才（在）楚號為吕鐘，其反為宣鐘。”●秦印姓氏。

悬 楚 上博三·恒先 13 晉 璽彙 0975 中山王方鼎

【注】從心吕聲；吕、盧古音同屬來母魚韻，故“悬”即“慮”之聲符更換字。《說文》：“，謀思也。從思虍聲。”本義思慮，謀劃。●讀慮，計謀。《中山王方鼎》：“謀悬（慮）皆從。”●讀慮，憂慮、擔心。《中山王方鼎》：“氏（是）目（以）寡人匡（委）賃（任）之邦，而去之遊。亡寈（懅）煬（惕）之悬（慮）。”《上博三·恒先 13》：“甬（庸）又（有）求而不悬（慮）。”

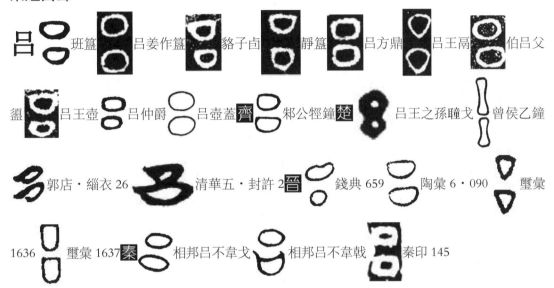

栺 齊 子禾子釜 楚 中子化盤 大攻尹圓器 新蔡乙四 88

【注】從木吕聲，與小篆同。《説文》：" ，楣也。"本義為屋檐。●讀莒，莒國，周代諸侯國名，在今山東省莒縣一帶。公元前 431 年莒國為楚國所滅。《中子化盤》："中子化用保楚王，用正（征）栺（莒）。"

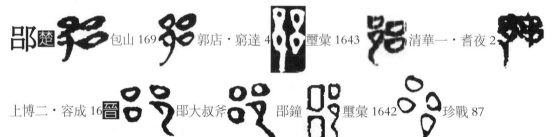

莒 楚 清華二·繫年 95 秦 莒公戈 莒陽斧

【注】從艸吕聲。●讀杼。《清華二·繫年 95》："齊蓑（崔）芋（杼）殺亓（其）君臧（莊）公，以為成於晉。"●《莒陽斧》："廿四年莒傷丞寺。"莒傷，讀莒陽，為地名。

郘 楚 包山 169 郭店·窮達 4 璽彙 1643 清華一·耆夜 2

上博二·容成 16 晉 郘大叔斧 郘鐘 璽彙 1642 珍戰 87

【注】從邑吕聲。吕，《上博二·容成 16》訛為串。●國名、地名、氏名。《郘大叔斧》："郘大弔（叔）新金為貣車之斧十。"《郘鐘》："余畢公之孫，郘白（伯）之子。"器銘或省作"吕"。●晉璽、包山簡讀吕，姓氏。●《清華一·耆夜 2》："郘（吕）上（尚）甫（父）命為司政（正）。"吕尚父，《史記·齊太公世家》稱"吕尚"，云："本姓姜氏，從其封姓，故曰吕尚。"上博簡《武王踐阼》作"師上父"，即姜太公。

筥 筥小子篮 秦 秦印 81 里耶 8·932

【注】從竹吕聲。筥、莒一字，蓋今從竹之字，漢隸已從艸，筥之為莒，漢隸依然耳。《説文》：" ，箱（圓筥箕）也。"銘文中"筥""栺""簹""鄗"均用為國名，即春秋時"莒國"。●讀莒。《筥小子徒篮》："筥小子徒守弗受邍，徒用乍（作）氒（厥）文考障段。"●秦印"王筥"，人名。●《里耶 8·932》："竹筥二合。"筥，為古代盛放物品的器具。《急就篇》云"笔篅筐筥箯篎算篝，筵箪箕帚筐篋簦"，這些器具主要是儲藏、收集物品所用。據典籍記載，"筥"最初主要是用來盛米、盛飯。如《玉篇·竹部》："筥，盛米器也。方曰筐，圓曰筥。"又，《類編·竹部》："筥，飯器。"後來，筥的用途逐漸變廣，並用於存放其他物品。

間 齊 璽彙 5330 晉 五年邢令戕思戟 秦 類編 139、

印增 458

【注】從門吕聲。《説文》："閭，里門也。從門吕聲。《周禮》：'五家為比，五比為閭。'閭，侶也，二十五家相羣侶也。"《璽彙 5330》單字，或釋為"閭"。●姓氏。《五年邢令殷思戟》："工帀（師）閭相沱。"秦印人名或姓氏。●秦印"東閭鄉印"，東閭，鄉名。

鋁 齊 [字] 叔夷鎛 楚 [字] 配兒勾鑃 [字] 余購速兒鐘 晉 [字] 邵鐘

【注】從金吕聲。《説文》無。《玉篇》與"鑢"同。《説文》："鑢，錯銅鐵也。"本義磋磨骨角銅鐵等的工具。銘文中用同"吕"，銅料塊。●鑄器的銅料塊。《叔尸鐘》："玄鏐鋪鋁，尸用伐（作）鑄其寶鐘。"《邵鐘》："乍（作）為余鐘，玄鏐鑄鋁。"

舍（舒） 楚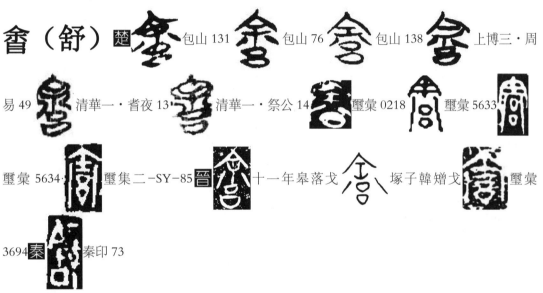

包山 131　包山 76　包山 138　上博三·周易 49　清華一·耆夜 13　清華一·祭公 14　璽彙 0218　璽彙 5633　璽彙 5634　璽集二-SY-85 晉 十一年皋落戈　塚子韓矰戈　璽彙 3694 秦 秦印 73

【注】從余吕聲。這個字應該釋為"舒"，猶如戰國文字中的"豫"字寫作"從吕從象"，秦陶文及漢印中"野"字作"從田從土從吕"，均其證。後世從"予"當是"吕"的分化字。●讀舒，姓氏。《十一年皋落戈》："工帀（師）舍（舒）悥，冶午。"包山簡亦為姓氏。舒，見《通志·氏族略·以國為氏》。●讀序。《清華一·耆夜 13》："蚰（蟋）蠻（蟀）才（在）舍（序）。"

清華二·繫年 128

【注】從巫從舍，雙聲字。●讀舒。《清華二·繫年 128》："競（景）之賈與翳（舒）子共戠（戴）而死。"

來紐膚聲

趙曹鼎　　匡卣 齊　　取膚盤 晉　弊編219　　弊編219

【注】甲骨文作𤰈、𤰈、𤰈、𤰈、𤰈、𤰈、𤰈、𤰈、𤰈、𤰈，象爐身及款足的爐灶形，為"爐"之初文。甲骨文或迭加虍聲作𤭛、𤭛、𤭛、𤭛、𤭛、𤭛、𤭛、𤭛，從而成為雙聲符字，𤰈、虍雙聲。甲骨文或作𤭛，從火虍聲。金文同甲骨文，爐形變成△、⊕等，戰國文字爐形又變作△、⊗、⊗、⊕、⊕、⊘、⊘、等形，小篆則訛為𤰈。字統一隸定為"膚"。● 讀廬，房屋。《匡卣》："懿王才（在）射膚（廬）。"《師湯父鼎》："王在周新宮，在射廬。"射廬，古代宮廷內專用于天子行大射禮和練習射術的場所，文獻或稱"射宮"。《禮記·射義》："是故古者天子之制，諸侯歲獻貢士于天子，天子試之于射宮。"《趙曹鼎》："靠（恭）王才（在）周新宮，王射于射膚（廬）。"● 人名，見于《取膚盤》。● 讀櫓，盾也。《趙曹鼎》："史趙曹易（賜）弓、矢、虎膚（櫓）、九（厹）、胄、盾、殳。"● 趙尖足布"膚虎"讀慮虒，地名。《漢書·地理志上》"太原郡慮虒縣"。幣文或作"膚"。

保員簋

【注】從又膚聲，可視為"膚"之繁文。● 金文地名，疑讀廬。《保員簋》："公才廬。"《左傳·隱公三年》："齊、鄭盟于石門，尋廬之盟也。"在今山東長清西南。

隝簋

【注】從阝膚聲。● 人名。

鄃比盨

【注】從水膚聲，唯聲符增從口。● 古邑名。《鄃比盨》："州瀘二邑。"

師湯父鼎

【注】從广膚聲。● 讀廬，講武習射之所。《師湯父鼎》："王才（在）周新宮，才（在）射廡（廬）。"見"膚"字。

慮 楚

上博一·緇衣17　郭店·語叢二11　上博七·武王7　郭店·老甲1

郭店·性自 62　　左塚漆桐　　清華十一·五紀 123　　清華十一·五紀 125 燕

璽彙 3447　　璽彙 3606 秦　　睡簡·為吏 43

【注】從心膚（楚簡或與"盧"混淆）聲。三晉文字則作"悳"。●謀慮。《郭店·老甲 1》："綴（絕）偽（偽）弃慮，民復（復）季〈孝〉子（慈）。"●思慮。《郭店·性自 62》："身谷（欲）青（靜）而毋訧，慮谷（欲）困（淵）而毋偽。"●楚璽"慮臣"讀盧，姓氏。●顧慮。《睡簡·為吏 43》："乃（仍）署其籍曰：某慮贅壻某叟之乃（仍）孫。"

上博五·競建 3

【注】從竹慮聲。●疑讀度，訓為法制。《上博五·競建 3》："發古（故）簹（度），行古（故）作。發（廢）作者死，弗行者死。""故度""故作"猶舊法。

籚 楚 圖典 145

【注】從心膚（楚簡或與"盧"混淆）聲。隸定為"籚"。●"登籚信鉥"人名。

九年衛鼎　　弘尊 楚　　包山 191　　信陽 2·15　　上博二·魯旱 4

上博二·從乙 2　　清華七·越公 14　　清華七·越公 11　　望山 2·11　　漾陵公

戈 晉 貨系 996　　貨系 991　　貨系 997　　聚珍 228 秦　　睡簡·雜抄 29

【注】從肉膚聲，與《說文》"籚"籀文同。小篆從肉盧聲。《說文》："籚，皮也。從肉盧聲。籀文膚。"本義指皮。段玉裁注："今字皮膚從籀文作膚。膚行而籚廢矣。"●讀鎛。《邾公牼鐘》："龜（邾）公牼罨（擇）氒（厥）吉金，玄鏐膚（鎛）呂（鋁），自乍（作）龢鍾（鐘）。"詳"鎛"字。●人名。《九年衛鼎》："眉敖者膚卓事視于王，王大黹。"●讀黸，黑色。《信陽 2·15》："赭膚（黸）之純。"《包山 261》："一縞衣，酳（赭）膚（黸）之純。"《包山 191》"膚戡"，讀盧，以邑為氏。"盧國"見《國語·周語中》："盧有荊媯。"韋昭注："盧，媯姓之國。"盧國後滅於楚，為盧邑。●讀臚，評比。《睡簡·雜抄 13》："以四月、七月、十月、正月膚（臚）田牛。"●讀敷。《上博二·從乙 2》："不膚（敷）濾（法）贏（盈）亞（惡），則民不悁（怨）。"●讀胡，疑問詞。《清華七·越公 14》："虔（吾）于膚（胡）取氽（八千）人以會皮（彼）死？"●讀慮。

《郭店·五行44》："疋膚膚達者（諸）君子道，胃（謂）之臤（賢）。"慮慮，不勉强貌。《荀子·非十二子篇》慮慮然，離離然，學者之嵬也。

 上博八·志書3

【注】從又膚聲。●讀慮，思考、謀劃。《上博八·志書3》："爾亡（無）昌（以）戲枉（匡）正我。"

 新蔡乙二5

【注】從广膚聲，膚疾之專字。●讀膚，膚疾。《新蔡乙二5》："瘇（膚）疾、瘏（胖）痕（脹）。"

 上曾大子鼎 郭店·緇衣33 上博三·彭祖6 上博五·三德

 15 清華八·邦道9 清華八·邦道10 上博八·有皇3

【注】從心膚聲，"慮"之繁文。《説文》："慮，謀思也。從思虍聲。"本義思慮，謀劃。●《上曾大子鼎》："心聖若慮（慮）。"何琳儀、黃錫全引《禮記·大學》"安而後能慮"，注"處事精詳也"，曰："無論是心聖，抑或是心慮，都是頌揚之辭，意謂心靈通悟而又有深謀遠慮。"（《山東臨朐新出銅器銘文考釋及有關問題》）●楚簡多讀慮。《清華八·邦道9》："母（毋）襄（懷）樂以忘難，必慮（慮）耑（前）退，則恳（患）不至。"

 新蔡甲三266

【注】從骨膚聲，"髆"之異文。●讀髆。《新蔡甲三266》："頣與良志昌（以）陵尹惲之髆髀為君貞。""髆髀"兩字皆從"骨"作，應該是一種卜骨名。自古以來最常用的卜骨是動物的肩胛骨，肩胛骨在古書中有多種異名，其中一種叫"髆髀"。"髆髀"很可能就是"髆髀"。

 清華十一·五紀32

【注】從酉，膚省聲，濾酒之"濾"的專字。●讀濾。《清華十一·五紀32》："亓（其）水湛（沈）澤，五穀（穀）𪉗（濾）酉（酒），𥂖（𩟓）勆濯汽（溉）浴汸。"

墟 楚 上博二·容成1

【注】從土膚聲。●《上博二·容成1》"墟選氏"，上古帝王名。

包山 237

【注】從羊膚聲。●疑讀羒。《包山238》："舉禱大水，一牖。""膚"與從"甫"得聲的字古音相近，或可通假。羒，《廣韻·釋獸》，指閹割了的公羊。簡文中用為祭品，字或從羊，或從牛，應是所用牲肉有特指。

上博二·容成 53　　上博二·容成 50

【注】從力膚聲，"勵"字異體。●讀勵，贊助之義。《上博二·容成53》："虔（吾）勵天畏之。"《説文》作勵。《説文·力部》："勵，助也。從力，從非，慮聲。"《國語·越語上》記句踐伐吳之前"乃致其眾而誓之曰：'……今夫差衣水犀之甲者億有三千，不患其志行之少恥也，而患其眾之不足也。今寡人將助天威之……。'""助天威之"顯即簡文之"勵天威之"。

天星　　包山 243　　包山 237

【注】從牛膚聲。●包山簡同"牖"。詳"牖"字。

上博三·周易 45

【注】從鼠膚聲。●疑讀扶。扶，《説文》佐也。一曰相也。《揚子·方言》護也。《上博三·周易45》："茉鼯，亡（無）咎。"井水得到了修護，保衛。

上博五·三德 22

【注】從艸膚聲。●《上博五·三德22》："凡宅（托）官於人，是胃（謂）邦固；宅（托）人於官，是胃（謂）邦藘（窳）。"整理者讀窳。《説文》："窳，污窬也。從穴瓜聲。朔方有窳渾縣。以主切。"器物質地粗劣不堅曰"窳"，與"固"正好相反。

、　簡叔之仲子平鐘　　鄘大史申鼎　　簡戟 楚　　上博二·容成25

【注】從竹膚聲。●讀莒，國名。《簡叔之仲子平鐘》："簡（莒）弔（叔）之中（仲）子平自乍

（作）鑄其遊鍊（鐘）。”銘文中筥、莒、梠、簹、酈均用為國名，即春秋時“莒國”，在山東莒縣。●地名。《上博二·容成 25》：“於是乎競州、簹（莒）州始可處也。”莒州得名當與莒國、莒人有關。杜預《春秋釋例》：“莒國，嬴姓少昊之後。周武王封茲與期於莒，初都計，後徙莒。”“莒”在今山東莒縣，正當沂水流域。

酈 齊 庚壺　　酈侯少子簠　　貨系 3789　　貨系 3790　　貨系 3792　　貨系

3793　　貨系 3794

【注】從邑簹聲。《說文》無。●讀舉。《庚壺》：“庚率百乘舟，大酈從河台（以）伐。”張政烺曰：“此處假借為舉，義為起兵，大舉構成一個詞。”（《庚壺釋文》）●讀莒，國名。《莒公孫淖子鐘》：“酈（莒）公孫淖子造器也。”

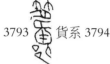 鄂君啟舟節

【注】從水膚聲。當為“瀘”之異文。《說文》：“，水名。”本義水名。●讀廬。《鄂君啟舟節》：“內（入）瀘江。”《漢書·地理志》：“廬江，出陵陽東南，北入江。”

闌 齊 閭丘戈　　陶彙 3·419 楚　　郐王盧　　楚編 670

【注】從門膚聲。●讀爐、或讀盧。《郐王盧》：“郐（徐）王之元孫趾之少（炒）闌（爐）。”少闌，炊器，亦謂之“廢盧”。●讀閭。呂、膚古音同，戰國始見從門之“閭”。《閭丘戈》：“闌（閭）丘。”閭丘，地名。●讀魚。齊陶“槁闌”讀高魚，地名。

鏞 齊 邾公華鐘　　、　　簹叔之仲子平鐘 楚　　配兒勾鑃　　曾伯黍簠

信陽 2·24 晉 邵鐘

【注】從金膚聲，“鑪”之異文。容庚曰：“《說文》鑪籀文作膚，則鏞即鑪也。”（《善齋彝器陶錄》5 頁）《說文》：“，方鑪也。從金盧聲。”段玉裁注：“凡爇炭之器曰鑪。”本義為器名。鑪字先作膚、盧，典籍作爐，後世亦作爐。●讀爐、鑪。《信陽 2·24》：“二小鏞。”●金文多指鑄器之原料，似指爐毀棄後而成的銅料塊，而作為鑄造彝器的原材料。《邾公華鐘》：“羃（擇）氒（厥）吉金，玄鏐赤鏞。”《邵鐘》：“乍為余鐘，玄鏐鏞鉛。”

 者旨智盤 王子嬰次盧

【注】從皿膚聲。●讀爐、或讀盧，盤形大盆。《王子嬰次盧》：“王子嬰次之庶（炒）盧（盧）。”

 伯公父簠 伯公父簠 匯考 31 貨系 578 貨系 580 貨系 1219 弊編 228 璽彙 3418 嶽麓一·為吏 28 故宮 402 盧氏戈 類編 146 、 、 秦印 89

【注】從皿膚聲。《說文》：“盧，飯器也。從皿膚聲。盧，籀文盧。”本義為燃炭之器。●讀鋁。《伯公父簠》：“隹（唯）鐈隹（唯）盧（鋁），其金孔吉。”●地名。《盧氏戈》：“盧氏。”盧氏，在今河南盧氏縣境内。晉布多見“盧氏”。●《匯考 31》“盧成君鉨”，盧成，地名。●秦封泥“盧丞之印”。盧，《水經·濟水》：“濟北郡治也，漢和帝永元二年分泰山置，蓋以濟水在此故也。”盧縣秦約屬濟北郡，今在山東省濟南市長清區。●古璽印“盧成君鉢”“盧支突印”等，為姓氏。

 嶽麓三 52 里耶 8·1873

【注】從广盧聲。●《里耶 8·1873》“廬江”，地名。

 里耶 8·1705

【注】從魚盧聲。●“乾鱸魚”，魚名。

 珍秦 159

【注】從犬盧聲。●人名。

 秦印 195

【注】從馬盧聲。●秦印人名。

精紐且聲

【注】甲骨文作△、ㅁ、ㅂ、月、自、月，象俎形，以斷木為薦，象其側視之形。古置肉于俎上以祭先祖，故稱先祖為"且"。《説文》："且，薦也。從幾，足有二橫，一其下地也。凡且之屬皆從且。"本義是祭祖時置放祭品的禮器。●讀祖，祖先之祖。《走鐘》："走乍（作）朕（朕）皇且（祖）文考寶龢鐘，走其萬年子子孫孫永寶用䠱（享）。"●讀沮。《鮮比簋蓋》："敢弗具付鮮比，其且射、分田邑，則戮。"且射，讀為沮厭，損毀之意。射，假作厭，射、厭古音同。《雨雅·釋詁》："射，厭也。"《禮記·禮器》："奔走無射。""厭"有損義。《左傳·文二年》及晉處父盟以厭之。《注》厭猶損也。銘意為，其有所損毀誓約，白行分田邑的，則戮。沮，甲骨文作𣲖，從水且聲，卜辭中借為祖。李孝定曰："卜辭以此為祖，當系偶誤。然足證殷時已有沮字。"●讀殂，殂喪。《耳卣》："寧史易（賜）耳，耳休弗敢且（殂），用乍（作）父乙寶障彝。"●並且。《詛楚文》："克劑楚師，且復略我邊城。"秦文字用"且"表示連詞、副詞，六國文字多用"戫"表示。●將。《睡簡·答問4》："乙且往盜。"●尚且。《睡簡·答問100》："其所告且不審，有（又）以它事告之。"

【注】從言且聲。●盟誓。《詛楚文》："敢數楚王熊相之倍（背）盟犯詛。"●讀詐。《睡簡·答問59》："廷行事吏為詛（詐）偽。""且聲""乍聲"可通，如《詩·谷風》"既阻我德"，《太平御覽》卷八三五引《韓詩》"阻"即作"詐"。

102 清華二·繫年87

1074

【注】從又且聲。●讀祖。《都公諴簠》："蠚（都）公諴乍（作）旅匠，用追孝于皇旻（祖）皇考。"●讀沮，敗也、毀也。《牆盤》："其日蔑曆，牆弗敢旻（沮）。"同器"高祖""列祖"字用"且"。●清華簡均讀且。《清華二·繫年87》："龍（共）王史（使）芸（鄖）公鳴於晉，旻（且）許成。"

 清華八·邦政 10

【注】從心從言旻聲。從"目"可能是"且"的省寫。●讀詐。《邦政 10》："亓（其）君子專（薄）於敎（教）而行愳（詐）。"詳"詛"字。

朝歌壺

【注】從立旻聲。●晉器"下官竤"，人名。

陳逆簠

【注】從木旻聲。●讀祖。《陳逆簠》："皇椒（祖）、皇妣。"

叔子毅厄陳逆簠包山 266 中山王鼎 中山王壺

【注】從示旻聲。●讀祖。《陳逆簠》："乍（作）為坒（皇）祦（祖）大宗殷。"●讀祖。《包山 266》："五皇祦（祖）。"

虢季氏子組鬲 虢季氏子組簠 虢季氏子組簠 虢季氏子組壺

虢季子組鬲

【注】從糸旻聲，為"組"繁文。"組"之從又，猶"維"之從攴作 。●人名。《虢季子組鬲》："虢季子緽（組）乍（作）鬲，子孫永寶用盲（享）。"

大保盉

【注】從网旻聲，疑"罝"之繁文。●金文義不詳。

宴 清華四·筮法 43

1075

【注】從宀旻聲。●讀祖。

陶彙 3 · 93 　　陳𩰪簠

【注】從宰旻聲。●齊文字人名。

秦印 151

【注】從网且聲。●秦印"蹄罝"，人名。

上博九 · 舉治 5　　陶彙 5 · 40　、　、　、

秦印 195

【注】從馬且聲。●讀祚。《上博九 · 舉治 5》："子遊（失）上（尚）父，圤（墜）我周駔（祚）。"●秦文字均為人名。

師艅鼎

【注】從黹且聲，當為"黼"之省文。小篆從黹虜聲，黼目、虜聲同。《說文》："黼，合五采鮮色。從黹盧聲。《詩》曰："衣裳黼黼。""許慎引《詩》"衣裳黼黼"，今《詩 · 曹風》作"衣裳楚楚"。段玉裁注："傳曰。楚楚，鮮明皃。許所本也。黼其正字。楚其叚借字也。"銘文中"黼"與"黼"同。●同"黹"，刺繡之衣服。引申為鮮明，美也、善也。《師艅鼎》："易（賜）女（汝）玄衮黼（黼）屯（純）、赤市。"黼，為"黹"之加聲字，他器均作"黹屯"，是其證也。

盧　大師盧簠　大師盧豆　小盂鼎　盧爵　盧簠　牆盤　伯桃盧簠

盧鐘　璽彙 0260　嵩君鉦鍼　上博一 · 緇衣 14　新蔡乙三 60

清華十一 · 五紀 21

【注】甲骨文作、、、、、，從虍且聲，或增從又，字本義不明。甲骨文虘、盧一字，通用無別，均用為國名和人名。金文二字亦同，《盧鐘》器主名盧，同人所作編鐘自名為虘，可證。《說文》："盧，虎不柔不信也。"李孝定曰："許君以虎不柔不信說盧，此義于古籍無征，朱駿聲氏說文通訓定聲以為迂曲傅會，是也。金文盧多為人名。"（《金文詁林讀後記》卷五）又《說文》："虘，又卑也。從又盧聲。"所釋當非本義。金文多用于句首，楊樹達以為是嘆詞，相當于"嗟"，金文于句首多用此詞而不用"嗟"。●古文字"盧""虘"一字，詳"虘"字。

1076

 上博八·王居 3

【注】從水盧聲。●讀沮，沮喪、灰心喪氣。《上博八·王居 3》："邦人其瀘（沮）志解體。"沮志，意為毀壞意志。"解體"，是以肢體之解散，喻人心之離叛。

 璽彙 3328

【注】從土盧聲。●齊璽"墟尚"，人名。

 清華八·天下 1　　上博六·慎子 5

【注】從木盧聲。●《清華八·天下 1》："今之獸（守）者，高亓（其）陸（城），深亓（其）涇而利其櫖歔。"詳"涇""歔"字。●讀鉏，《説文·金部》："鉏，立薅所用也。"《上博六·慎子 5》："首薹（戴）茅芙（蒲），櫖（撰）筴執櫖。"今字作"鋤"。

 天星　　包山 241　　包山 211　　上博六·競公 8

【注】從示盧聲。《前漢·五行志》劉屈氂復坐祝禠，要斬。《師古註》禠，古詛字。●均讀詛。《上博六·競公 8》："禠（詛）為亡（無）敥，祝亦亡（無）益。"《包山 211》："思攻解於累（盟）禠（詛）。"望山簡亦有"累禠"，整理者讀為"盟詛"，認為字從"示"，似指盟詛之神。還見於睡虎地秦簡《日書》甲種，整理者認為是職司盟誓詛咒之神。

 清華二·繫年 119　　分研一 39

【注】從艸盧聲。●讀籍，人名。《清華二·繫年 119》："躯（韓）虔、勺（趙）蘆（籍）。"

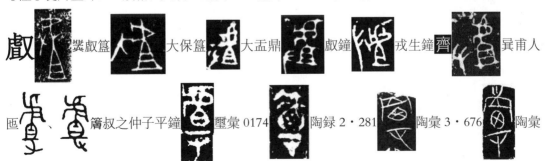

戲　　●糞戲簋　　大保簋　　大盂鼎　　戲鐘　　戎生鐘　　異甫人

匜　、　簹叔之仲子平鐘　　璽彙 0174　　陶録 2·281　　陶彙 3·676　　陶彙

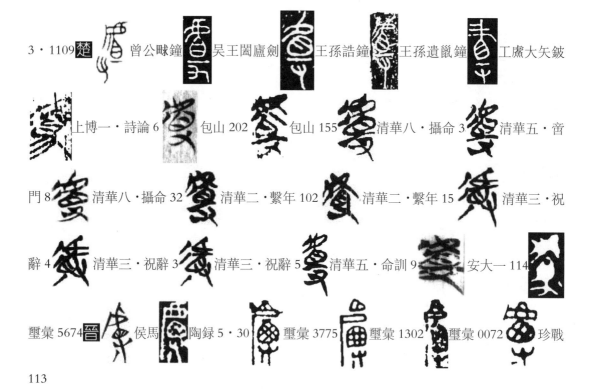

3 · 1109 楚 　 曾公畎鐘 　 吳王闔廬劍 　 王孫誥鐘 　 王孫遺鼠鐘 　 工盧大矢鈹

上博一·詩論 6 　 包山 202 　 包山 155 　 清華八·攝命 3 　 清華五·啻

門 8 　 清華八·攝命 32 　 清華二·繫年 102 　 清華二·繫年 15 　 清華三·祝

辭 4 　 清華三·祝辭 3 　 清華三·祝辭 5 　 清華五·命訓 9 　 安大一 114

璽彙 5674 晉 　 侯馬 　 陶録 5·30 　 璽彙 3775 　 璽彙 1302 　 璽彙 0072 　 珍戰

113

【注】從又虘聲，為"虘"之繁文。●發語詞。猶言"且""夫""嗟"，銘文中習見。《大盂鼎》：
"戲，酉（酒）無敢酖（酞），有髭（祟）蒸（蒸）祀，無敢醜。"《录尊》："戲，淮尸（夷）敢
伐内國。"●讀取。《寅簋》："爰（援）奪戲行道。"●方國名。《克罍》："旗羌、狸、戲、雩、馭、
兌（微）。"殷瑋璋謂皆為方國名，戲，即卜辭中的"戲方"若"虘方"。（《新出土的太保銅器及
其相關問題》）●讀祖，到、往。《散氏盤》："陟雩，戲（徂）𢏅陕目（以）西。"《説文》"徂"
籀文作"遣"，與此略同。●讀祖。《簡叔之仲子平鐘》："仲平善弢戲考。"●《璽彙 5674》"公
戲緂"，"公戲"讀公祖，複姓。●古文字多讀且，連詞。《鄴王子斿鐘》："中（終）誠（翰）戲
（且）諹（揚），元鳴孔皇。"《包山 202》："少又（有）𢝌（感）於窮=（躬身），戲（且）雀（爵）
立（位）辿（遲）逡（踐），以其古（故）敓（説）之。"●讀阻。《上博六·用曰 19》："法又（有）
絽（紀），而亦不可戲（阻）。"●讀詐。《清華五·命訓 9》："亟（極）罰則民多戲（詐）。"●讀
作。《工盧大矢鈹》："工（攻）盧（吳）大矢自戲元用。"《清華一·祭公 16》："汝母（毋）目（以）
小謀敗大戲（作）。"●晉文字多為人名。

蠦 楚 　 清華九·禱辭 19

【注】從虫戲聲。●《清華九·禱辭 19》："則區（驅）亓（其）蚳、蠦、蠉（螈）、蜭、疽、蠦、
蛔、蝓。"詳"蚳"字。

躕 齊 　 、 　 陶録 3·415

1078

【注】從足戲聲。"戲"的寫法具有燕系文字地域性特點，其"虍"旁的寫法當源于燕系文字。●單字，應為人名。

陶彙 3·614 包山 188 安大一 48

【注】從辵戲聲，"遽"之異文。《説文》以之為"迌"之籀文。《説文》："迌，往也。從辵且聲。迌，齊語。迌或從彳。遽籀文從虘。"本義前往。迌，《集韻》或作徂、遽。●《安大一 48》："朔（溯）章（違）從之，道遽=長。""遽"下有重文符號。上"遽"字讀阻，下"遽"字讀且。"遽""阻"諧聲可通。●齊陶、包山簡人名。

趄簋乙

【注】從走戲聲，"遽"之異文。●人名。

梁十九年鼎

【注】從彳戲聲，"遽"之異文。●讀徂，往。《梁十九年鼎》："穆穆魯辟，徟（徂）省朔旁（方）。"

包山 99

【注】從羽戲聲。●人名。

陶彙 3·913 圖録 3·390

【注】從心戲聲。●齊陶人名。

璽彙 0656 璽彙 5675 璽彙 0306

【注】從肉戲聲。●齊璽人名。

璽彙 3921 仰天 22

【注】從糸戲聲。●讀齟。《仰天 22》："一纙繡。"詳"粗"字。●齊璽人名。

陶録2·184 陶録2·185 陳喜壺

【注】從阝虘聲，加土繁化。《陳喜壺》舊釋為"廒"，讀裡。因拓本不佳，原字形上方明顯有
"虍"形部件。●齊陶人名。●疑讀酢。《陳喜壺》："宗詞客敢為墮壺九。"

璽彙3561 璽彙3665

【注】從火虘聲。●齊璽姓氏。

守宮盤 璽彙3755 陶彙3·341 陶彙3·1268 璽

彙3755 齊陶0416 陶録3·461 仰天1 包山255 包山

154 上博四·曹沫56 清華一·尹至1 安大一12 圖典289

【注】甲骨文作𤉫、墮、濐，從舛虐（或虘）聲。戰國文字從艸虘聲。虘、且聲同，故薦、苴
同字。《淮南子·本經訓》："衰絰苴杖。"高誘注："苴，麻之有實者。"《左傳·襄公十七年》："苴
絰帶杖。"杜預注："苴，麻之有子者。"《齊民要術二》引崔寔云："苴麻，麻之有蘊者，苧麻是
也。"●讀苴。《守宮盤》："易（賜）守宮絲束、薦（苴）醸（幕）五、薦（苴）𦈻（幕）二。"
薦醸，苧麻制的帳幕的頂蓋。●包山簡讀菹，酸菜、醃菜。《包山255》："萬薦（菹）一砪（缶）。"
●讀阻。《上博四·曹沫56》："曰城，曰固，曰薦（阻）。"●讀徂，訓往。《清華一·尹至1》：
"隹（惟）尹自顕（夏）薦（徂）白（亳）。"●讀罝。《安大一12》："肅=（肅肅）兔薦（罝），
陀（施）于审（中）戜（逵）。"毛傳："兔罝，兔罟也。"即捕兔之網。●《圖典289》為"疋薦"
合文，人名。●齊陶地名、人名用字。

陶彙3·514 陶彙3·515 陶録2·298 陶彙3·344 陶

録2·383

【注】從木薦聲（或薦省聲），疑"楂"之繁文。●齊陶地名。

慮[楚] 上博五·三德 2　　清華一·祭公 16　　清華十一·五紀 88

【注】從心虘聲。●讀詐。《上博五·三德 2》："毋為憍（偽）慮（詐），上帝牆（將）憎之。"
●讀作。《清華一·祭公 16》："女（汝）母（毋）以少（小）愳（謀）敗大慮（作）。"●《清華
十一·五紀 88》："填曰組，吝曰慮（作）。"整理者無釋，義不詳。

鄜[齊] 陶彙 3·777　[楚] 包山 116　　清華一·楚居 15　[晉] 璽彙

2106　璽彙 2107

【注】從邑虘聲，"鄜"之繁文。●晉璽"鄜瘍""鄜武"，疑讀廬，姓氏。●楚簡均為地名。《説
文》"鄜，沛國縣"，謂故城在今河南永城縣西南。

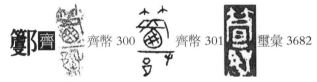

籚[齊] 齊幣 300　　齊幣 301　　璽彙 3682

【注】從竹鄜聲。●齊璽人名。●齊刀幣地名。

樚[齊] 齊幣 347

【注】從木鄜省聲。●地名。

滹[晉] 璽彙 2878

【注】從水虘聲。●晉璽人名。

禲[楚] 天星

【注】從示虘聲。●讀詛，簡文或作"禠"。

瘋[楚] 包山 218　　包山 247　　包山 242　　新蔡甲三 22　　新蔡乙

1081

二 2 上博四·柬旱 20　　清華十·病方 1　　清華十·病方 1　　古璽印文字

叢考（十篇） 新蔡甲三 173　　新蔡乙三 9

【注】從疒戲聲；或從疒盧聲。●讀瘥。《包山 247》：“舊（久）不瘕（瘥）。”●《包山 58》等、楚璽“登（鄧）瘕信璽”為人名，可讀瘥。

 璽彙 0617

【注】從佳且聲。●秦印人名。

 睡簡·答問 157　　睡簡·答問 157

【注】從禾且聲。●田賦。《睡簡·答問 157》：“已租者（諸）民，弗言，為匿田。”已向百姓收取田賦而不上報，就是匿田。

 集證 483　　于京 53

印增 431

【注】從水且聲。●人名，可讀祖。《集證 483》“王彭沮”當讀“王彭祖”。●地名。《于京 53》“沮丞之印”，沮縣屬蜀郡，其治所在今陝西勉縣西北。

祖　　叔子毅匜　　　遘邿鐘齊　　綸鎛　　　陳逆簠　　司馬栿鎛　　　邾公

孫班鎛楚　　上博三·彭祖 1　　上博四·彭祖 1　　清華九·迺命二 2　　上

博五·競建 2　　郙陵君豆　　書也缶　　上博九·舉治 9　　包山 266 晉

中山王嚳鼎 秦  秦駰玉牘 示且 睡簡·日甲 49 背

【注】甲骨文作且、祖一字，作 𝌆、𝌇、𝌈、𝌉、𝌊、𝌋 等形。金文沿用甲骨文，以"且"為"祖"。或從示且聲；或增從又、攴，乃其繁構。《説文》："祖，始廟也。從示且聲。"本義先祖、祖廟。古文字多為對父母以上尊長的稱呼。●古文字均用為本義，先祖。《秦駰玉牘》："欲事天地四亟（極）三光山川神示（祇）五祀先祖而不得丵（厥）方。"詳"且"字。

助 秦 且ナ 睡簡·為吏 9 、 秦印 263 里耶 8·1416

【注】從力且聲。●助理。《睡簡·為吏 9》："非以官祿夬〈史〉助治。"●秦印人名。

組  、 師袁簋 楚 信陽 2·15 包山 277 曾侯 64 包山 270 新蔡甲三 361 新蔡甲三 253 天星 包山 259 秦 睡簡·雜抄 17 睡簡·雜抄 18 睡簡·日甲 11 里耶 8·756

【注】從糸且聲。●讀沮。《師袁簋》："今余弗叚組，余用乍（作）朕（朕）後男䖟障叚，其萬年子子孫孫永寶用亯（享）。"弗叚組，即"弗可沮"，此"弗叚組（沮）"與其他器銘的"弗敢沮"屬同類用濾，其中"叚"和"敢"都是能願動詞，既表達謙慎態度，又含有自勉的語氣，只不過"叚"比"敢"的語氣略弱。●系物之絲帶。《説文》："組，綬屬，其小者以為冕纓。"《信陽 2·15》："一青綏緹（纓）組。"《包山 277》："一絳（縢）組之緹（纓）。"《睡簡·雜抄 17》："省殿，貲工師一甲，丞及曹長一盾，徒絡組廿給。"絡組，穿聯甲絜的條帶。

俎 俎 三年瘨壺 三年瘨壺 楚  望山 2·45 清華一·皇門 13 晉 與兵壺 秦 秦印 267 睡簡·答問 27

【注】"俎"字全形實為俎案側視與俯視之形的結合。俎足部分演變過程中與右旁分離，即訛變為俎字中之"仌"形。《説文·且部》"從半肉在且上"，即據已訛變的"仌"形誤説。《説文》："俎，禮俎也。從半肉在且上。"本義為古代祭祀或設宴時放置祭品的木制禮器，如《左傳》："鳥獸之肉不登于俎。"引申泛指切肉用的砧板。●古代祭祀和宴會時盛放牲體的禮器。《三年瘨壺》："王才（在）句陵，鄉（饗）逆酉（酒），乎（呼）師壽召瘨，易（賜）㠇俎。"《睡簡·答問 27》：

"置豆俎鬼前。"●讀祖。《與兵壺》："參捧（拜）項首於皇考刺（烈）俎（祖）。"●王俎姜：人名。《妝方鼎》："妝拜稽首，對揚王俎姜休。"秦印人名。

新蔡甲三 31

【注】從糸俎聲。●讀組。《新蔡甲三 31》："少（小）言惙（惙惙），若縐（組）若結。"

清紐麤聲

嶽麓一·為吏 15

【注】《説文》："麤，行超遠也。從三鹿。凡麤之屬皆從麤。"●讀粗。《嶽麓一·為吏 15》："履絜（緻）麤支（屐）。"整理小組注："絜，讀作'緻'，麻鞋。麤，草鞋、麻鞋之類。支，讀作'屐'，木制的鞋，底大多有二齒，以行泥地。"

清紐初聲

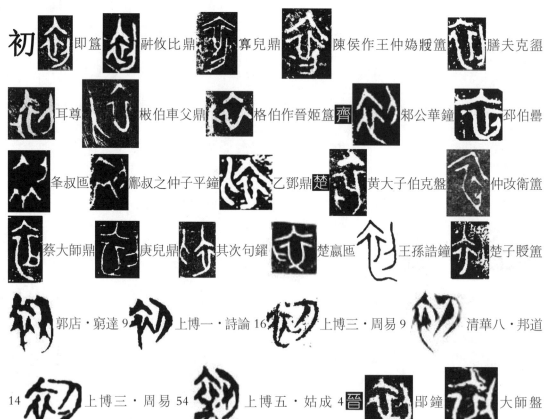

初 即簋 斛攸比鼎 寡兒鼎 陳侯作王仲嬀媵簠 膳夫克盨

耳尊 椒伯車父鼎 格伯作晉姬簋 郴公華鐘 邳伯罍

夆叔匜 鄦叔之仲子平鐘 乙鄧鼎 黄大子伯克盤 仲改衛簠

蔡大師鼎 庚兒鼎 其次句鑃 楚嬴匜 王孫誥鐘 楚子賸簠

郭店·窮達 9 上博一·詩論 16 上博三·周易 9 清華八·邦道

14 上博三·周易 54 上博五·姑成 4 鄙鐘 大師盤

【注】甲骨文作 、，從衣從刀。吳其昌謂我國古代初民大抵均以刀割獸皮制衣，因而從刀，以割衣之始而引申為諸事之始。（《金文名象疏證》）金文同甲骨文。《説文》："初，始也。從刀從衣。裁衣之始也。"本義是做衣之始，引申泛指開始。●始也。《郳大宰簠》："隹（唯）正月初吉。"《兮甲盤》："王初各伐厰犹（玁狁）于𧅄盧，兮甲從王。"

從紐董聲

董 毛公鼎　禹鼎　九年衛鼎　彔伯簋　何尊　無叀鼎

叀父戊簋　叀卤楚　上博八·有皇1　上博八·有皇1　清華九·成人6

【注】舊釋為"叀"。"叀""董"是不同的兩個字。李學勤云："金文 董 字均為協助之義，見何尊、禹鼎等器。"（《試論董家村青銅器群》98頁）楊安謂 董 就是"助"的本字，或説是會意的寫法，從子湯鼎中加"肉"旁來看，可能是和人的身體有關，《清華簡》中又從力旁，可能是會"幫助需要外力"意的另一個意符，和秦文字的"助"的構形相同的。但是其字形本意一時還找不到好的説法，暫時存疑。（《"助"字補説》）古文字中的"助"，在現在文字中找不到相應的痕跡，大概是因為已經被從"且"得聲的秦文字的"助"所代替了。●金文均可讀助。《禹鼎》："于將朕肅慕，董（助）西六自（師）、殷八自（師），伐噩（鄂）侯馭方，勿遺壽幼。"執行我嚴密的計謀，協助西六師、殷八師討伐鄂侯御方。《毛公鼎》："汝毋敢荒寧，虔夙夕董（助）我一人。"銘文意為：你不能荒怠自安，要夙夕虔心的輔助我。《何尊》："敬享哉！董王靠（恭）德谷（裕）天，順我不每（敏）。"敬慎的祭享呀！助我堅持好的品德以順應上天，訓教我這個不聰慧之人。例不盡舉。●楚簡董，及從董之字均可讀助。《上博八·有皇1》："又（有）皇（鳳）牆（將）辺（起）今可（兮），董（助）余孝（教）保子今可（兮）。"

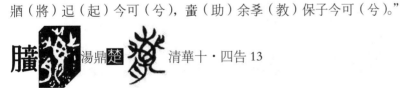

臘 湯鼎楚　清華十·四告13

【注】從肉董聲。●人名。《湯鼎》："襄臘子湯之☒（煮），子子孫孫永保用之。"●讀助。《清華十·四告13》："卑（俾）臘（助）相我邦或（國）。"

董 楚　清華一·皇門12　清華一·皇門3　清華一·皇門4　清華一·皇門9

【注】從力臘聲。●均讀助。《清華一·皇門2》："董（助）乒（厥）辟，董（勤）卹王邦王豪

（家）。"

勤楚 清華五·厚父 5　　清華六·子產 26　　清華六·子產 17

【注】從力董聲。●讀助。《清華六·子產 17》："勖勉救（求）善，以勤（助）上牧民。"

心紐疋聲

疋　申簋蓋　三年師兌簋　申簋蓋　呂服余盤　免簋齊　陶

彙 3·818 楚　之乘辰鐘　上博一·詩論 10　包山 36　包山 64　包

山 130　郭店·老甲 28　上博一·詩論 10　上博六·用曰 3　清華一·皇

門 7　上博二·容成 1　清華三·良臣 7　上博四·采風 1　上博五·季

庚 11　清華六·管仲 24　清華七·越公 68　清華三·芮良夫 9　上

博九·舉治 30　上博六·平王 7 燕　先秦編 568　陶録 4·13　陶録

4·16 晉　十年洱陽令戈　珍戰 138　璽彙 0045　璽彙 1871　二年邦

司寇趙春鈹　三晉 78　三晉 78　璽彙 3260　春成侯盉　璽彙 0946　長陵

盉

【注】"足"與"疋"在商周文字階段形體相同，但是在戰國文字中，二者區別明顯，涇渭分明，"足"一般作🔲（郭店·老甲 6），上方從"口"形；"疋"一般作🔲（郭店·老甲 28），上方從"O"形。二者雖然區別明顯，但是由於"口"形與"O"形形體非常相近，因此"足"與"疋"也偶有混同的情況，如楚系文字中作🔲（郭店·老甲 27）的"足"與楚系文字中作🔲的"疋"混同。但是從目前的資料來看，主要是"足"與"疋"混同，鮮見"疋"與"足"混同的情況。《上博六·平王 7》與"是"混同。疋，文獻通作"胥"。●讀胥，輔助。《善鼎》："昔先王既令女（汝）左（佐）疋（胥）䧹侯。"《走簋》："敦足（胥）益。"●人名。《十年洱陽令戈》："洱陽

倫（令）長疋，司宼（寇）鳴相。"●繼承。《元年師兌簋》："王乎（呼）內史尹冊令（命）師兌：疋師龢父，嗣（司）ナ（左）右走馬、五邑走馬。"郭沫若謂疋有繼承之意。（詳《兩周金文辭大系考釋》154頁）●讀楚。《詩·曹風》："衣裳楚楚。"段玉裁注："傳曰。楚楚，鮮明皃。許所本也。齭其正字。楚其叚借字也。"《春成侯盉》："春成侯中貣（府）白金鑄鈦（盉）鎽鎽繡，鎽鎽疋（楚）蓋柯鼟（連）睘（環）。"在本器中，"楚"用作對銅器裝飾的描述。●《璽彙3260》"疋于甘"，讀"胥于"，複姓。●讀胥，皆、都。《詩·小雅·角弓》："爾之遠矣，民胥然矣。"鄭玄箋："胥，皆也。"《清華三·芮良夫9》："疋（胥）收疋（胥）由，疋（胥）縠（穀）疋（胥）均（均）。"●讀雎。《上博一·詩論10》："《關疋（雎）》之改。""關疋"讀"關雎"，詩經篇名。"雎"和"疋"音近通用，同部雙聲。"疋""足"本由一語分化，"足"是精母字，聲母跟"且"更接近。文獻相通之例如：《詩經·小雅·賓之初筵》"籩豆有楚"，《大雅·韓奕》作"籩豆有且"。《安大一1》："闗（關）=疋（雎）鳩，才（在）河之州（洲）。"《毛詩》作"關關雎鳩"。（"疋"與"雎"相通，另詳參程燕《詩經異文輯考》第三章，安徽大學出版社二〇一〇年。）●讀疏，親疏、疏密。《郭店·老甲28》："古（故）不可得天〈而〉新（親），亦不可得而疋（疏）。"●讀疏，疏導。《上博五·季庚11》："古（故）女（如）虐（吾）子之足（疏）肥也。"●《清華七·越公68》："吳币（師）乃大北，疋戰疋北，乃至于吳。"整理者讀旋，作連詞。"旋……旋……"表示"一邊……一邊……"。某氏曰："疋當讀為且。《易·姤卦》'其行次且'，上博簡《周易》作'疋'。吳師且戰且北。"既言吳師大北，則不是旋戰旋北，亦不是且戰且北。疋，陳斯鵬先生告知可直接讀三。"疋戰疋北"，《國語·吳語》作"三戰三北"，韋昭注："三戰，笠澤也，沒也，郊也。"三、疋同屬心母字。●讀胥，待也。《管子·大匡》："管仲曰：吾君惕，其智多海，姑少胥其自及也。"尹知章注："胥，待也。"包山簡"疋獄"應該是左尹官署對原告狀告被告的簡明記錄，這些案件尚待解決。

絑（楚） 郭店·六德27　　上博七·鄭乙5

【注】從糸疋聲，"疏"字異文。●讀疏，疏布。《郭店·六德27》："絑（疏）斬、布實（絰）、丈（杖），為父也，為君亦肰（然）。"●讀疏。《上博七·鄭乙5》"絑索"，讀為"疏索"。"疏"訓"粗"，粗劣。"索"指束棺之緘繩。

珸（楚） 新蔡乙三44

【注】從玉疋聲。●讀疏。《新蔡乙三44》："於郘山一珸璜☒。"《周禮·春官·典瑞》"疏璧琮以斂屍"，注"疏璧琮者通於天地"。孫詒讓曰：《月令》孟春其器疏以達。注云，器疏者刻鏤之。《有司徹》疏匕。注亦云，匕柄有刻飾者。謂六玉之內唯璧琮更刻鏤之，使兩面疏通。"簡文"珸璜"讀"疏璜"，應指鏤刻之璜。戰國墓葬已出土許多"珩"形佩，附加有精美的透雕紋飾，大概就是這類"疏璜"。

恠（楚） 上博五·三德4

【注】從心疋聲。●讀疏。《上博五·三德 4》：“憂懼之閜（聞），忬（疏）達之夆（次），毋胃（謂）之不敢，毋胃（謂）之不肰（然）。”疏達，豁達、開朗之義。《孔叢子·陳士義》：“今東閭子疏達亮直，大丈夫也。”次有間隙義，如《莊子·田子方》“喜怒哀樂不入于胸次”。

促 楚  仰天 23

【注】從人疋聲，疑“俏”之省文。●讀疏。《仰天 23》：“促羅緹之緂。”

罨 楚 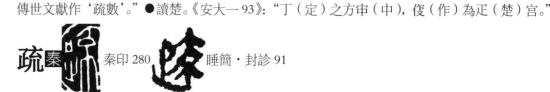 左塚漆桐 　清華八·邦道 12　　上博五·三德 22　　上博八·李

頌 1　　上博八·成王 11　　安大一 93

【注】從网疋聲，可能是疏密之疏的專字。●楚文字多讀疏。《清華八·邦道 12》：“母（毋）又（有）罨（疏）羀（數）、遠逐（邇）、少（小）大，鼠（一）之則亡式心。”整理者注：“罨，從网，疋聲，指孔眼稀疏的網。羀，從网，束聲，指孔眼細密的網。二字亦分別泛指疏、密，傳世文獻作‘疏數’。”●讀楚。《安大一 93》：“丁（定）之方审（中），俊（作）為疋（楚）宫。”

疏 秦  秦印 280　　睡簡·封診 91

【注】從疋從㐬（毓省），雙聲字。●《睡簡·封診 91》：“即疏書甲等名事關謀（牒）北（背）。”疏書，分條記錄。●秦印“汪疏”，人名。

䕑 秦  北大簡

【注】從米疏聲。●義不詳。

老 齊  陶彙 3·269　　陶録 2·114

【注】從老省，疋聲。●齊陶人名。

証 楚 　璽彙 0008

【注】從言疋聲，“謂”之省文。●楚璽“上龂君之証鈢”，讀胥，小吏。即上龂君的小吏所用的印。

政 齊  璽彙 0280 楚 郭店・語叢一 112 晉 溫縣

【注】從攴（殳）疋聲。●齊璽"右兵政鈢"疑讀胥。●郭店簡"……樂政"，義不詳。

胥 齊  璽彙 3554 璽彙 2177 秦 秦印 77 秦陶 429

【注】從肉疋聲。●古文字均為人名。

瘄 齊  璽彙 1600

【注】從疒胥聲。●齊璽人名。

茞 晉  璽彙 1677 璽彙 3477

【注】從艸（省為中）疋聲，疑"茞"之異文。●晉璽人名。

梳 晉  侯馬 璽彙 2122 璽彙 2400 璽彙 3272 璽彙 5658 戰編

355

【注】從木疋聲，"梳"之異文。●晉璽"梳兄""梳戌"讀疏或讀楚，姓氏。或用為人名。

脣 楚  仰天 5

【注】從𣫷（"梳"的象形初文）從厂疋聲。●讀梳，梳子。漢簡（鳳凰山 8 號漢墓簡 55 等）用"疏"作梳，當反映了秦文字的特點。

楚  毛公鼎 牆盤 堯盤 狀馭簋 、 堆弔簋

師察簋 齊 國楚造車戈 陶錄 2・377 陶彙 3・1166 陶彙

3・1167 楚 楚子☒鄭敦 邾王義楚盤 楚大師登鐘 楚公豙鐘 楚公

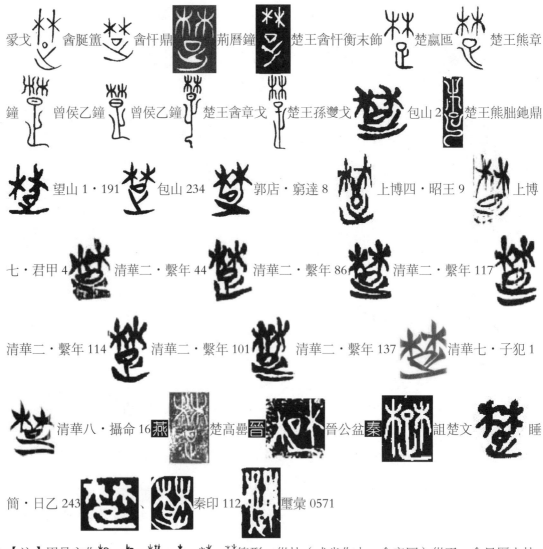

豕戈　　 鄫脡簠　　 鄫忏鼎　　 荆曆鐘　　 楚王鄫忏衡末飾　　 楚嬴匜　　 楚王熊章

鐘　　 曾侯乙鐘　　 曾侯乙鐘　　 楚王鄫章戈　　 楚王孫黌戈　　 包山2　　 楚王熊朏釶鼎

望山1·191　　 包山234　　 郭店·窮達8　　 上博四·昭王9　　 上博

七·君甲4　　 清華二·繫年44　　 清華二·繫年86　　 清華二·繫年117

清華二·繫年114　　 清華二·繫年101　　 清華二·繫年137　　 清華七·子犯1

清華八·攝命16　燕　　 楚高罍　晉　　 晉公盆　秦　　 詛楚文　　 睡

簡·日乙243　　　　 秦印112　　 璽彙0571

【注】甲骨文作𣏌、𣏌、𣏌、𣏌、楚、楚等形。從林（或省作木，會意同）從疋，會足曆山林、開發山林之意；疋亦聲。金文承之。《說文》："楚，叢木。一名荆也。從林疋聲。"本義是開發山林。楚人的祖先可能最初以開發楚地為自豪，因而稱自己的國家為楚國。●國名。《牆盤》："宖（宏）魯卲（昭）王，廣敵（笞）楚荆（荆）。"楚荆，楚國別稱，器銘或簡稱"荆"，《過伯簠》："過白（伯）從王伐反（叛）荆。"●官府中之小吏，典籍作"胥"。《京叔彝》："易（賜）女（汝）戠衣、赤市、䜌（鑾）旂、楚走馬。"斯維至曰："楚走馬當是二職。楚即《周禮》'府史胥徒'若干人之胥。楚、胥並從疋得聲。故楚胥相通。《周禮》鄭注：胥，民給徭役者。胥讀如諝，謂其有才知，為什長。此其為賤職可知。故此銘以與車服同錫也。"（《中國文化研究匯刊第七卷·西周金文所見職官考》）●楚賦：讀為胥賦，泛指一切官吏。《毛公鼎》："父厝，雩之庶出入事于外，專（敷）命專（敷）政，執（䄍）小大楚（胥）賦。""執小大楚賦"，即管理大小官吏。《書·多方》："越惟有胥伯小大多正。"《尚書大傳》引作"越惟有胥賦小大多政"。孫星衍《尚書今古文注疏·多方》引鄭玄注《大射禮》："胥，宰官之胥；伯者州伯。"或釋楚賦當為各種稅賦，但于器銘上下文意思不合。●讀胥，官吏，引申為助。《弭叔師求簠》："易（賜）女（汝）赤舄、攸（鋚）勒，用楚弭白（伯）。"●讀胥。《清華八·攝命16》："亡（罔）非楚（胥）以㰬（墮）逃

1090

（惢）。”胥，整理者釋為相率。鮮有相率夙夕敬者，皆相率以墮惢。●讀錯。《安大一16》：“橈
＝（橈橈）楚新（薪），言稱亓（其）楚。”《毛詩》作“翹翹錯薪”。“橈”與“翹”“楚”與“錯”，
古音相近，疑簡本“橈橈楚薪”當從《毛詩》讀為“翹翹錯薪”。毛傳：“翹翹，薪貌。錯，雜
也。”

 余購遘兒鐘

【注】從邑楚聲，為楚國之專字。●讀楚，國名。《余購遘兒鐘》：“於虖敬哉，余義楚（楚）之
良臣。”

【注】從疒疋聲，“瘏”之省文。●均為人名，可讀瘏。瘏，《集韻》“痛病”，符合古人起名慣
例。《六年大陰令戈》：“上庫工帀（師）中均（軍）疋。”

【注】從邑疋聲。●齊璽“疋郜”讀胥，姓氏。●讀蘇。韓方足布（貨系1953）“烏疋”讀烏蘇，
地名。●讀沮。趙三孔布（貨系2468）“疋陽”讀沮陽，地名。●讀且。趙三孔布（貨系2480）
“疋與”讀且居，地名。

【注】從疒疋聲，《說文》以為“居”之異體。●讀庫。《郟左疋戟》：“郟左疋。”“庫”從車聲，
“車”與“古”聲可通。《老子》七十六章：“萬物草木之生也柔脆，其死也枯槁。”其中“枯槁”
在馬王堆漢墓帛書《老子》甲本作“棟槀”，《老子》乙本作“棟槁”。案：“枯”溪母魚部，“車”
有見母魚部一讀，故可通假。從疋聲的疏、楚和裾、𧗠、𪘥聲音相近，可見疋聲與居聲可通，
因此“疋”可以讀為庫。（詳蘇建洲《“疋（從疒）”讀為“庫”補證》）

定^楚 清華九·治政 35

【注】從宀疋聲。●讀庫。《清華九·治政 35》："廥（府）定（庫）倉宗，是以不實，車馬不关（完），兵鏖（甲）不攸（修）。"

閸^齊 璽彙 4012 璽彙 4013 璽彙 4014 陶彙 3·406 璽彙 3239

【注】從門疋聲。●《璽彙 4012》讀楚丘或讀閭丘，複姓。●齊陶"高閸隻"讀閭，"高閭"為地名。

蒢^晉 中山國靈壽城考古發掘報告 112 頁

【注】從艸閸聲。●晉陶單字，當為人名。

欄^齊  陶彙 3·417

【注】從木閸聲。●"高欄厶"讀閭，"高閭"為地名。

沚^楚  包山 34 包山 55 新蔡甲三 11 上博四·昭王

1 清華六·子儀 16 安大一 8

【注】從水疋聲。●包山簡讀胥，姓氏。簡文或作"疋"。●讀沮。《清華六·子儀 16》"沚（沮）漳"，地名。●讀砠。《安大一 8》："陟皮（彼）沚（砠）矣，我馬徒（瘏）矣。"

心紐素聲

素^楚  天星 清華十·四告 11 帛書乙

【注】古文字索、素一字，戰國末期別為二字。詳"索"字。●讀素。《帛書乙》："變（繫）之以素降。"●《清華十·四告 11》："忑（忻）素成惪（德），秉又（有）三旼（俊）。"整理者注："素，本色，本質。忻素，殆指快樂的本色。成德，《易·乾》：'君子以成德為行。'"

留鑄

【注】從虎素聲。●金文人名。

璽彙 2130

【注】從邑素聲。●晉璽"郲疨"讀素，姓氏。宋王應麟《姓氏急就篇》載"後魏有并州刺史素延"。

天星

【注】從毛素聲。●義不詳。

姙乙爵 伯上父鼎

【注】從刀素聲。●《姙乙爵》讀索，地名。●疑讀割。《伯上父鼎》："用剶眉壽。"《伯上父鼎》的"剶"字如從前劉心源、周名煇等人釋為"絕"，顯然無法讀通辭例，這也説明釋"剶"為"絕"是不可信的。相同辭例西周金文一般只用"易""旂"，或用"匄"，偶爾假借"害""割"二字表示。如《無惠鼎》："用割（匄）眉壽萬年。"疑"剶"為"割"之初文。割、匄、介上古都是月部字，具有聲音關係。"割""芥"可通。"用割眉壽"可參看郭永秉、鄔可晶《説"索""剶"》（《出土文獻》第三輯 111 頁）。

索 夨伯壺蓋 師麦簋 師克盨 齊、 陶録 2·547 楚 曾侯乙

鐘 曾侯乙鐘 上博一·緇衣 15 上博二·容成 47 包山 254 郭

店·緇衣 29 郭店·老甲 2 上博八·李頌 1 包山 151 清華八·虞夏

1 清華五·封許 6 上博三·彭祖 6 上博七·鄭乙 5 安大一

104　安大一 79　　安大一 80　　清華十·四時 26　燕　璽彙

3898 秦　睡簡·封診 69　故宮 417

【注】甲骨文作🔣、🔣、🔣、🔣、🔣、🔣、🔣，于省吾曰："🔣即索字，其從又、収，或加數點與否，一也。素本象繩索形，其上端歧出者為象束端之余，金文索諆角從索作🔣，象左右手持索形。"（《甲骨文字典》683 頁）金文與甲骨文同形。按字形，甲骨文、金文均可隸為"𦅪"。古文字從𣥠之"𦅪"與不從𣥠之"索""素"本為一字，此猶從攴之"鼓"與不從攴之"壴"本為一字。蓋古語名動相因，初文動象與靜象亦多相涉。"𦅪"演變為"索""素"的方式為：延長之🔣（象收絲之器）兩豎筆，即為小篆🔣（索）；🔣復又訛變為小篆之🔣（素）所從之🔣。後世"𦅪"字廢，繩索、索求字用"索"，《說文》："🔣，艸有莖葉，可作繩索。從宋、糸。杜林說：宋亦朱木字。"白色、本色、質樸字用"素"，《說文》："🔣，白致繒也。從糸、㡀，取其澤也。凡素之屬皆從素。"戰國"索""素"已別為二字。●讀素，本色、白色。《夨伯壺蓋》："束素絲束。"●讀素，質樸、無飾紋。《師克盨》："易（賜）女（汝）秬鬯一卣、赤市五黃（衡）、赤舃、牙僰、駒車……馬四匹、攸（鋚）勒、素戈。"●讀素。《曾侯乙鐘》："符（附）于索宮之顝。"符（附）于索宮之顝，這是音名的一種特殊表達方灋。"符"讀附，即依附隸屬的意思。素有本意，"素宮之顝"是指鐘的鼓中基本音響宮音的上行大三度鼓旁音，即角音。附屬于角音，也就是低于角音半音，即相當于傳統音名清商。所以"符（附）于索宮之顝"，也就是清商。●燕璽"公孫索"為人名。●楚簡多讀素。《上博二·容成 47》："文王於是虖（乎）索（素）端、履、裳以行九邦，七邦來備（服），豊、喬（鎬）不備（服）。"素，質樸，不加裝飾。《禮記·檀弓下》"奠以素器"，鄭注："凡物無飾曰素。"●讀素，本性。《上博三·彭祖 6》："遠慮用索（素），心白身澤（懌）。"《清華八·虞夏 1》："曰昔又（有）吳（虞）氏用索（素）。"●用為本義，繩索。《上博一·緇衣 15》："王言女（如）索，丌（其）出如紳。"●秦印"索豚"，姓氏。

傃 楚

安大一 78

【注】從人索聲。●讀素。《安大一 78》："皮（彼）君子可（兮），不傃（素）餕（餐）可（兮）。"

鞿

九年衛鼎

【注】從革索聲，車索專字。●讀索，鞿繩。《九年衛鼎》："矩取眚（省）車較鞿（幩），𩎟（靯）虎㡀（幭）、蔡僇（韐）、畫轉、灷（鞭）帀（席）鞿。"

索

索爵　需索戈　伯索史盉　秦　睡簡·效律 25　睡

簡・為吏 13　　嶽麓三 80　　里耶 8・1841　　印增 285

【注】從宀從索，會入室搜索之意，當為搜索本字；索兼聲。然典籍搜索、求索義皆不從宀，索當為古字。《説文》：" 宀，入家搜也。從宀索聲。" 入室求曰索。今俗語云搜索是也。●讀索，搜索。《睡簡・封診 20》："甲、乙捕索（索）其室而得此錢、容（鎔），來詣之。" ●讀索，盡也。《睡簡・秦種 18》："及索（索）入其買（價）錢。" 並將所賣的價錢全部上繳。●姓氏，殆即今所見之索氏。《索爵》："索謀乍（作）有羔日辛刵彝。"

蓻（葛）楚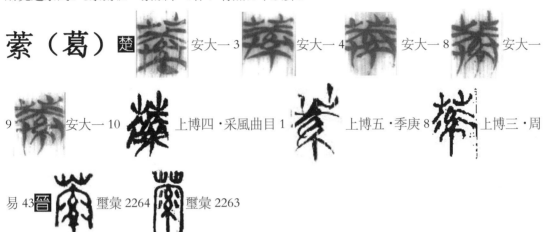

安大一 3　安大一 4　安大一 8　安大一 9　安大一 10　上博四・采風曲目 1　上博五・季庚 8　上博三・周易 43 晉　璽彙 2264　璽彙 2263

【注】關於 "葛" 字形體，學者解釋頗多。（林清源《釋 "葛" 及其相關諸字》）字當從艸索聲。蓻，《玉篇》，訓作 "草名"。《采風曲目》字與三體石經為一字，後者即由前者演變而成。●讀葛。《上博四・采風曲目 1》"野又蓻"，同於《詩經》"野有蔓草" "野有死麕" 等篇名，"蔓草" 與 "麕" 皆為野生，據此類推可知，"蓻" 很有可能指某種野生植物。蓻，《玉篇》訓作 "草名"，可能是指某種野生植物，在上博楚簡《采風曲目》中，或讀如本字亦可。●晉璽 "蓻遷" "蓻畧" 讀葛，姓氏。《上博五・季庚 8》："蓻（葛）戲含（今）語肥也。" 晉璽亦為姓氏。●讀葛。《上博三・周易 43》："困于蓻藟（藟），于剿☒。" 簡本 "蓻藟" 今本作 "葛藟"。《安大一 3》："蓻（葛）之軕（覃）可（兮），陀（施）于审（中）浴（谷）。"《安大一 9》："南又（有）流（樛）木，蓻（葛）藟（藟）豐（荒）之。"

鄸 楚 　清華六・太伯甲 8

【注】從邑索聲。●讀葛或讀鄢。《清華六・太伯甲 8》："吾达（逐）王於鄸（葛）。"

幫紐巴聲

巴 秦

西安相家巷遺址秦封泥考略　類編 484　里耶 8・207　里耶 8・61

【注】甲骨文作 ，像手杷土之形，數點表示土粒。●秦封泥"巴左工印"，地名，巴國、巴地之巴。《里耶 8·207》："巴段（假）守丞"。楚文字用"郇"表示巴國、巴地之巴。●秦印（類編 484）"趙巴"，人名。

犯 秦 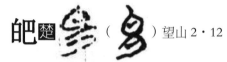 里耶 8·75

【注】從犬巴聲。●人名。

阤 楚 （爹）望山 2·12

【注】從白巴聲。●讀葩。《望山 2·12》："白金之阤（葩）釣（瑤）。"《文選·東京賦》："羽蓋葳蕤，葩瑤曲莖。"

把 秦  睡簡·日乙 166　　睡簡·日乙 172　　睡簡·答問 205 、

印增 467

【注】從手巴聲。●把持。《睡簡·答問 205》："甲把其衣錢匱臧（藏）乙室。"●秦印人名。

幫紐夫聲

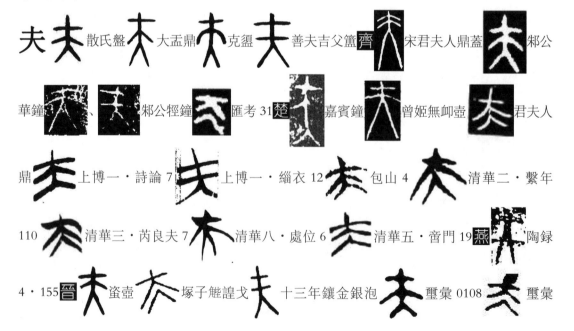

夫 散氏盤　大盂鼎　克盨　善夫吉父簠 齊 宋君夫人鼎蓋　郘公華鐘 、 郘公牼鐘　匯考 31 楚 嘉賓鐘　曾姬無卹壺　君夫人鼎 上博一·詩論 7　上博一·緇衣 12　包山 4　清華二·繫年 110　清華三·芮良夫 7　清華八·處位 6　清華五·畲門 19 燕 陶錄 4·155 晉 盠壺　塚子觤諽戈　十三年鑲金銀泡　璽彙 0108　璽彙

0109 璽彙 1068　璽彙 0411　璽彙 0100　安邑下官鐘　中山王響
鼎 璽彙 0110　璽彙 0112秦　睡簡 · 日甲 4 背　睡簡 · 雜抄 2

秦印 206

【注】甲骨文作㐱、㞋、仧、仦、仧，象正面直立之人形，頭部有一短橫，表示男子成年之後用簪子把頭髮束起來，以簪束髮，人已長成。金文同甲骨文。《璽彙 100》為"大夫"合文。●量詞，多指成年男子的數量。《智鼎》："人五夫。"《散氏盤》："凡散有嗣（司）十夫。"●女子的配偶。《郭店 · 六德 42》："生民斯必又（有）夫婦、父子、君臣。"●語助詞。《中山王響壺》："夫古之聖王，孜（務）才（在）旻（得）孯（賢）。"●夫人：指諸侯之妻。《曾姬無恤壺》："聖趄之夫人曾姬無恤。"《禮記 · 曲禮下》："天子之妃曰后，諸侯曰夫人。"●夫差：人名，見於《吳王夫差鑒》《吳王夫差矛》《吳王夫差劍》《吳王夫差盉》等器中。●讀膚。《中山王響鼎》："昔者，郾（燕）君子噲（噲）賭（叡）弅夫猵（悟）。"夫猵，即"膚悟"的聲借。廣見博識、大徹大悟的意思。《說文通訓定聲》："《風俗通》：夫者，膚也，言其知膚敏。按：謂博也。"《說文 · 心部》："悟，覺也。"●大夫：古職官名。周代在國君之下有卿、大夫、士三等；各等中又分上、中、下三級。後因以大夫為任官職者之稱。《蔡侯申鐘》："均好大夫，建我邦國。""大夫"常作秦（中山王響壺），為包孕合文，其中一字完全借用另一字相同或相近的偏旁部件而不再另寫，二字之間構成包含與被包含的關係。類似"子孫"寫作孫（余義鐘），"寡人"寫作寡（中山王響鼎），"之歲"寫作歲（陳旺戈），"孝子"作孝（宜孝子鼎）。●讀大。《璽彙 1068》"肖賹夫句"，"夫句"就是"大句"，也即太后。古文字中，天、大、太、夫三字常常不分，傳世典籍和出土文獻中均有例證。

肤楚  上博三 · 周易 4　　上博三 · 周易 33

【注】從肉夫聲。●讀逋，逃亡。《上博三 · 周易 4》："不克訟，逪（歸）肤（逋），亓（其）邑人晶（三）四戶，亡（無）眚。"今本、帛本作"三百戶"。《穀梁傳 · 莊公九年》："十室之邑，可以逃難；百室之邑，可以隱死。"十室之小邑猶可逃難，百室之大邑可以隱死，若其邑有三百戶之眾，敗訟逃歸之，則亦可無災過也。●讀膚，皮膚。《上博三 · 周易 33》："慼（悔）亡（無），隥（陸）宗醫（噬）肤（膚），戠（往）可（何）咎。"

駇楚  曾侯 167

【注】從馬夫聲。●可讀䮝，馬名。《曾侯 167》："高駇為右騙。"

攱鼎 玄摎戈 清華三·芮良夫6 清華三·良臣2 清華

九·廼命二 11

【注】從攴夫聲，與"扶"《説文》古文同。《説文》："𢾭，左也。從手夫聲。攱古文扶。"左猶佐也。本義扶助。●讀鐪。《玄摎戈》："玄摎攱（鐪）吕乍吉用。"鐪吕，鑄器之料也。此義金文又或作夫、鋪、膚、鐪、盧，指黑中帶有赤黃色的合金。●讀扶。《清華三·芮良夫5》："莫之攱（扶）道（導）。"●讀傅。《清華三·良臣2》"攱鴬"即"傅説"，人名。●讀臚。《清華九·廼命二11》："母（毋）或聖（聽）告攱（臚）言，乍（作）頯（美）亞（惡）取為覩（憲），用以加惠（德）於外。"整理者注："攱，試讀為'臚'。《國語·晉語六》'風聽臚言於市'，韋注：'傳也。'《書·盤庚上》'起信險膚'，吳闓生、章太炎亦讀為'臚'。覩，讀為'憲'，訓為'法'。加德，《晏子春秋·問上》：'天子加德，先君昭功。'"

叔卣

【注】從又夫聲。●人名。《叔鼎》："叔作旅鼎。"

清華十一·五紀 90 秦印 232 睡簡·答問 208

【注】從手夫聲。●扶助、攙扶。《睡簡·答問208》："及將長令二人扶出之。"●《清華十一·五紀90》："鞛（拳）扶㡣尺敚（尋），再手同凥（度）曰乔（袤）。"整理者注："拳、扶，四指寬，即四寸。《禮記·投壺》：'籌，室中五扶，堂上七扶，庭中九扶。'鄭注：'鋪四指曰扶。'孔疏：'扶廣四寸。''扶'或作'膚'。《公羊傳》僖公三十一年'膚寸而合'，何注：'側手為膚，案指為寸。'"●秦印人名。

余購㳂兒鐘 清華七·越公 21

【注】從辵夫聲。●金文人名。●讀匍。《清華七·越公21》："㳂（匍）邐（匍）豪（就）君，余聖（聽）命於門。"

陶彙 3·146 陶錄 2·82 齊陶 0793 齊陶 0794

【注】從豕夫聲。●齊陶人名。

信陽 2·17

【注】從金夫聲。●讀鋪。《信陽2·17》："屯四鈇（鋪）首，有環。"

芺 楚  包山 119　芺 信陽 2·29　上博六·慎子 5

【注】從艸夫聲。●《包山 119》"芺公駟"讀胡，姓氏。●讀蒲。《上博六·慎子 5》："首罟（戴）茅芺（蒲），榍（撰）筴執植。""茅蒲"，擋雨遮陽用的笠帽。●讀簠。《信陽 2·29》："二芺。"

笑 齊  陳逆簠 楚 笑 包山 124　笑 包山 153　笑 信陽 2·6

【注】從竹夫聲，為《説文》之"簠"字。此字金文或從古聲作祜、鈷、匫、盬、匷（盬之省形）等，或從害聲作匷、匷、鎶、書，或作匚、匚（詳相關字條），聲符古、鈇、五、黃、里上古音同或音近，可以互易，亦可通假。●同"匡"，《説文》作"盬"，經典作"簠"。《陳逆簠》："鑄茲寶笑。"信陽簡亦讀匡。●地名。《包山 153》："笑一邑。"

囷 晉 侯馬

【注】從囗夫聲。●人名。

邞 齊  陶録 2·237　邞 陶彙 3·174　楚 邞 包山 120　邞 湖南 1　邞 璽彙 2064　邞 璽彙 2065　邞 璽彙 2068　邞 璽彙 2066　晉 邞 陶録 5·108　邞 璽彙 1436

【注】從邑夫聲。●古璽印"邞柎""邞遙""邞恆""邞忒"等，多讀夫，姓氏。●《湖南 1》"邞菱☒鈢"，地名。

賦 齊  陶彙 3·186

【注】從貝夫聲。●齊陶人名。

敺 楚  王子午鼎

【注】從攴医聲。●讀夫，語助詞。《王子午鼎》："敺民之所亟。"

飫 晉  二年梁令戟

【注】從會夫聲。● "長（張）猷"，人名。

楚 天星

【注】從糸夫聲，"袾"之異文。●讀袾。

帮紐甾聲

宰甾卣 盂卣

【注】甲骨文作甾、甾、甾，從田從屮（與"邦"易混），象圃中種菜之形，與苗從艸在田上同意。羅振玉謂象田中有蔬，乃"圃"之初字。（見《增訂殷虛書契考釋·中》8頁）●人名。《宰甾卣》："王光宰甾貝五朋。"●疑讀簠。《盂卣》："乍旅甾。"

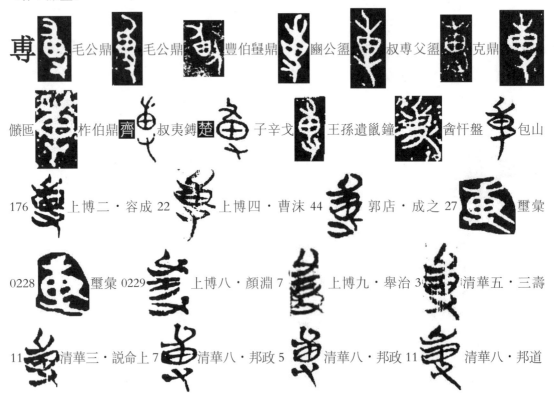

圃 御尊 𨲭此簋

【注】從囗甾聲。疑"圃"之異文。《説文》："𤰑，穜菜曰圃。從囗甫聲。"本義為苗圃，為"甫"之後起形聲字。●讀圃，種果木瓜菜之地。《御尊》："王在圃觀京。"●人名。《圃盨》："圃自乍（作）旅盨。"

尃 毛公鼎 毛公鼎 豐伯盨鼎 幽公盨 叔尃父盨 克鼎

儹匜 柞伯鼎 齊 叔夷鎛 楚 子辛戈 王孫遺者鐘 畲忎盤 車 包山

176 上博二·容成 22 上博四·曹沫 44 郭店·成之 27 璽彙

0228 璽彙 0229 上博八·顏淵 7 上博九·舉治 3 清華五·三壽

11 清華三·說命上 7 清華八·邦政 5 清華八·邦政 11 清華八·邦道

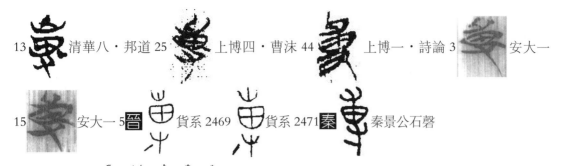

13 清華八・邦道 25　上博四・曹沫 44　上博一・詩論 3　安大一

15 安大一 5 晉 貨系 2469　貨系 2471 秦 秦景公石磬

【注】甲骨文作 、 、 、 、 ，從手從甫（兼聲），會于苗圃中布種幼苗之意。金文多變成上下結構。苗形本作 ，受事、史等字類化而作 ，後聲化為 （父）。"尃"與"專"易混，唯"尃"上部多作曲筆。小篆訛從甫，典籍亦訛作尃。《說文》：" ，布也。從寸甫聲。"本義為將幼苗布種于地上。楚簡又旁加斜筆，參考工、得、隻等字。●讀敷，布、施。《克鐘》："克不敢象，尃（溥）奠王令。"尃奠王令，即布定王命。《書・大禹謨》："文命敷于四海。"《㻬公盨》："天令（命）禹尃（敷）土。""尃"字，李學勤、裘錫圭等先生均認為當讀敷。"敷土"即以息壤布土。●讀敷，普、遍。《王孫遺者鐘》："余尃旬于國，趩趩（皇皇）趩趩，萬年無諆（期）。"《詩・周頌・齎》："敷時繹思。"毛傳："敷，猶遍也。"●讀輔，輔助。《叔尸鐘》："女（汝）尃余于饟恤，易（賜）休命。"●讀溥，大也、多也。《叔尸鐘》："尃（溥）受天命。"《詩・野有蔓草》："零露溥兮。"毛傳："溥溥然，盛多也。"《上博一・詩論 3》："《邦風》，丌（其）內（納）勿（物）也尃（溥）。"●讀薄，勉也。《番生簋》："虔夙夜尃求不暜德，用諫四方。"《揚子・方言》："勉也。秦晉曰釗，或曰薄。故其鄙語曰薄努，猶勉努也。"●讀薄，古國名，或作"亳姑""不故"。其地在今山東省博興縣東北。周初為東夷強國。《彔方鼎》："隹（唯）周公于征伐東尸（夷），豐白（伯）、尃（薄）古（姑）咸戈。"●讀鏽。《子辛戈》："子辛臭（擇）氒吉金尃（鏽）皇。"●讀迫。《上博四・曹沫 44》："其就之不尃（迫）。"去之不速，就之不迫，赴節不疾，則皆失戰之機矣。●讀輔。《郭店・老甲 12》："是古（故）聖人能尃（輔）萬勿（物）之自肰（然）。"●《璽彙 0228》"尃室之鈢"，湯餘慧先生在《略論戰國文字形體研究中的幾個問題》中讀為"簿室"，是古代儲藏簿書的有司。何琳儀先生在《戰國官璽雜釋》中讀為"薄室"或"暴室"。●讀附、依附。《郭店・忠信 7》："君子其它（施）也忠，故孿（孿）晜（親）尃（附）也。"●讀補，修補。《清華五・三壽 28》："尃（補）趹（缺）而救枉。"

傅 楚 清華十・四告 33 秦 睡簡・日甲 154 背　睡簡・雜抄 33　睡

簡・封診 65　北大簡　秦編 1281　　、　　、　　秦印 154

【注】從人尃聲。秦系文字和"傅"之區別僅在尃之上部一豎作曲筆。●《睡簡・封診 65》："足不傅地二寸。"傅地，着地。●近。《睡簡・秦種 119》："縣所葆禁苑之傅山、遠山。"縣所維修的禁苑，不拘離山遠近。●《睡簡・雜抄 33》："傅律。"傅律，律名，關於傅籍的法律。秦漢均有傅籍制度，又稱名籍。凡適齡男子都必須在專門的名冊登記，並開始服徭役，當時稱此為傅籍。《前漢・高帝紀》蕭何發關中老弱未傅者，悉詣軍。《注》服虔曰："傅音附，師古曰：傅著

1101

也。言著名籍，給公家徭役也。未二十三為弱，過五十六為老。”

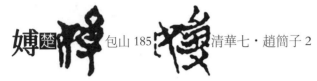

嫥楚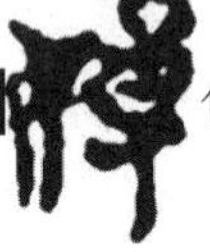包山 185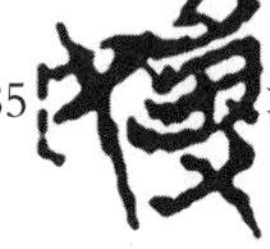清華七・趙簡子 2

【注】從女專聲。●讀傅。《清華七・趙簡子 2》：“嫥（傅）母之辠（罪）也。”“傅母”是傅父和傅母的合稱，是古時負責保育、輔導貴族子弟的老年男子和老年婦人。●包山簡人名。

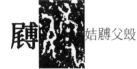

⿸尾尃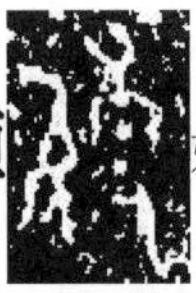姑⿸尾尃父毀

【注】從尾專聲。●人名。《姑⿸尾尃父毀》：“姑⿸尾尃父乍寶毀。”

搏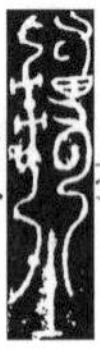搏武鐘楚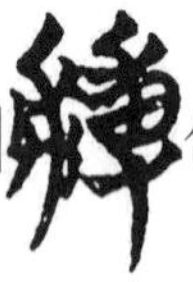包山 133 秦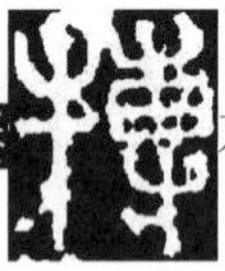石鼓文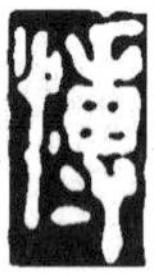、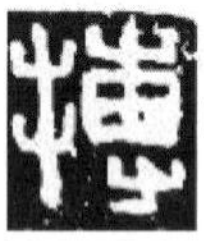印增 466

【注】從手尃聲。秦系文字扌旁與牛形相混，如“操”作（四年相邦張儀戈）。《搏武鐘》下增土為繁化，無義。●《搏武鐘》：“戎趄搏武，敷内（入）吴疆。”搏武，疑讀布武，《禮記・曲禮》：“堂上布武。”注：“武，迹也。謂每移足，各自成迹不相攝。”●讀捕。《包山 133》：“会（陰）郈（侯）之慶李百宜君命為儓（僕）搏（捕）之。”●《石鼓文》：“徒馭孔庶，鄺（鹵）□宣搏。”“宣”訓為“徧”，“搏”即《詩・小雅・車攻》“搏獸于敖”之“搏”。“宣搏”謂徒馭在鄺（鹵）地獵場與野獸四處搏鬥。●秦印“搏方”“搏恢”，應為姓氏。

⿱艹搏秦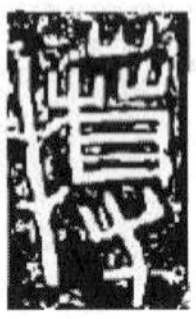印增 571

【注】疑從艸搏聲。馬王堆帛書作（帛編 35）。●秦印“王⿱艹搏”，人名。

敷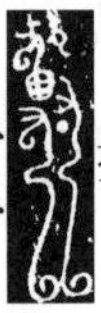搏武鐘齊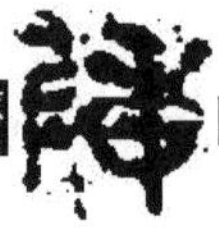陶録 3・263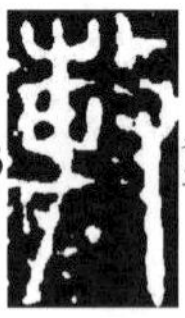璽彙 3122 楚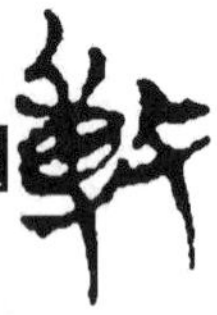包山 142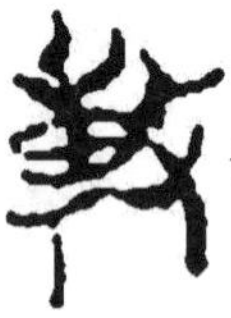包山 144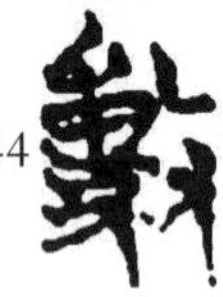清華一・皇門 4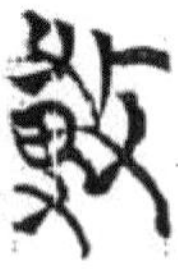上博九・陳公 11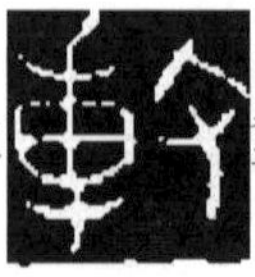璽補 75

【注】從攴尃聲。《説文》：“，㰻也。從攴尃聲。《周書》曰：‘用敷遺後人。’”《玉篇》亦作敷。●讀溥，大也。《搏武鐘》：“戎趄搏武，敷内（入）吴疆。”●讀捕。《包山 142》：“尖=（小人）牆（將）敷（捕）之。”《璽補 75》“迵（通）敷（捕）覞（盜）則（賊）”，李家浩先生認為“迵敷覞則”就是通捕盜賊的意思。●讀敷。《清華一・皇門 4》：“敷（敷）明刑。”敷，宣佈，實行。《書・周官》：“司徒掌邦教，敷五典。”孔傳：“布五常之教，以安和天下衆民。”●《璽

彙 3122》"敏里"，地名。

趙秦　石鼓文

【注】從走專聲，"搏"之異文。●疑讀溥。《石鼓文》："欒之鼉=（迫迫），汪=（瀚瀚）趙=（溥溥）。""汪=（瀚瀚）趙=（溥溥）"指圍欄中魚多的樣子。

榑齊　璽彙 0290　秦　秦風 183

【注】從木專聲。●齊璽、秦印均為人名。《秦風 183》也有可能是"榑"字。

埒齊　叔尸鎛楚　清華七·子犯 9　清華六·子儀 1　清華八·邦政

3　上博四·昭王 4　上博六·競公 4　清華十·四告 40　清華十一·五紀 122

【注】從土專聲。●讀溥，大也。《搏武鐘》："埒受天命。"●讀敷，訓為布。《子犯 9》："昔之舊聖折（哲）人之埒（敷）政命（令）荊（刑）罰，事（使）眾若事（使）一人。"《清華十·四告 40》："埒（敷）土陞（墮）山，剺（劃）川戫（濬）泉。"●讀輔。《清華六·子儀 1》："三𦫰（謀）埒（輔）之。"●讀迫，狹窄。《清華八·邦政 3》："宮室少（小）寷（卑）以埒（迫）。"●讀祔，合葬、附葬。《上博四·昭王 4》："……以僕之不得并僕之父母之骨，私自埒（祔）。"

厚臣諫簋楚　璽補 101

【注】從厂專聲，疑"庯"之異文。●讀搏。《臣諫簋》："井（邢）侯厚（搏）戎。"●《璽補 101》"東厚（薄）之鈢"，孫合肥將"東厚"讀為"東薄"，為宮人獄室機構。林文彥釋為"東厚（專）"，讀為"東暴"，為戰國楚系"嗇夫"掌管"暴室"之璽。"暴室"主織染練。

陴克鼎

【注】從阝專聲。●疑讀溥，大也、廣也。《詩·大雅》："瞻彼溥原。"《克鼎》："易（賜）女（汝）田于陴原。"

鄟齊　匯考 57　璽彙 0152　匯考 58楚　包山 26

【注】從邑尃聲。●齊璽"鄅市市（師）鉨"讀博，地名。市師為一市之長。《周禮・地官・司市》："凡市入……市師蒞焉，而聽大治大訟。"鄭注："市師，司市也。"先秦諸國均設市官，掌市主吏稱市長、市令、市師。此璽正是市師的官名璽。●《包山 26》"鄅易（陽）"，地名，地望待考。

召卣二　召尊楚　包山 172　包山 186

【注】從囗尃聲。召器所作，《金文編》釋為"團"，《金文編校補》釋為"圍"。團，《正字通》俗圖字。●宗廟名。《召尊》《召器》："用乍（作）團宮旅彝。"均指器主召的宗廟。●包山簡均為人名。

清華七・越公 49　　封編 280

【注】從水尃聲。●秦封泥"溥道"，地名，文獻無載。●讀薄。《清華七・越公 49》："四方之民乃皆暊（聞）雺（越）墬（地）之多歆（食）、政溥（薄）而好訫（信），乃波往逞（歸）之。"

秦印 14　里耶 8・62　里耶 8・434　里耶 8・672　里耶 8・757

【注】從艸溥聲。●秦印"李薄"人名。●秦簡多讀簿，計簿也。《里耶 8・199》："作徒薄（簿）。"

北大簡

【注】從鬼尃聲。●讀魄。

多友鼎　多友鼎　虢季子白盤　虢季子白盤

【注】從干尃聲。●讀搏。《虢季子白盤》："不丕顯子白，壯（壯）武于戎工（功），經縷（維）四方，搏（搏）伐獫狁（玁狁），于洛之陽。"經傳又或假"薄"為"搏伐"之"搏"。《詩・小雅・六月》："薄伐獫狁"，即"搏伐獫狁"，與器銘語例同。

㲃簋　師袁簋　卅二年逨鼎晉　子犯鐘　璽彙 1837　戰
表 283秦　六年上郡守閒戈　秦陶 483　秦陶 484　秦印

博 42 秦編 339 **博** 于京 48

【注】古文字從◆者，當為干盾之省形，◆綫條化而為十，遂為小篆"從十"所本。尃聲。《説文》："博，大通也。從十從尃。尃，布也。""大通也"當為引申義。本義當為搏擊。● 讀搏，搏斗。《致簋》："致逨有嗣（司）、師氏奔追郪（襲）戎于斸林，博（搏）戎趬（胡）。"《左傳·僖公二十八年》："晉侯夢與楚子搏。"● 讀薄，逼迫。《釋名·釋言語》："薄，迫也。單薄相偪迫也。"《師袁簋》："淮尸（夷）繇我貟晦臣，今敢博乓（厥）眾叚，反乓（厥）工吏，弗速（迹）東鄝（國）。"●《于京 48》"博望之印"。"博望"秦屬南陽郡，其治地在今河南放城縣西南。● 秦封泥"博昌""博城"均為地名。

戟 秦 **戟** 不娶簋

【注】從戈尃聲。從戈與從干表意同，表搏擊義。● 讀搏。《不娶簋》："女（汝）彶戎大辜（敦）戟（搏）。"大辜（敦）戟（搏），就是與戎大奮擊、大搏斗。

鎛 鑞鎛戈 **金** 姑仲衍鐘 秦子鎛 齊 **鐘** 邾公孫班鎛 **鐘** 黏鎛 楚 **鎛**

余贎逑兒鐘 曾侯乙鐘 秦 印增 533

【注】從金尃聲，與小篆同。《説文》："鎛，鎛鱗也。鐘上橫木上金華也。一曰田器。從金尃聲。《詩》曰：'庤乃錢鎛。'"本義為古代樂器，形似鐘，方紐，單獨懸掛，以縋扣之而鳴，盛行于東周時代。鎛與鐘相似而又有區別。體大為鎛，稍小為鐘，平口為鎛，弧口為鐘。● 樂器名，由鐘發展而來。《黏鎛》："遟中（仲）之子黏乍（作）子中（仲）姜寶鎛。"文獻中也稱為"鑮"，乃晚出字。● 鎛鋁：上好之金屬料，亦稱"鋪呂""鎛鋁"等。《余贎逑兒鐘》："得吉金鎛鋁，台（以）鑄穌（穌）鐘。"● 鑞鎛：似以金屬名為兵器名。《鑞鎛戈》："鑞鎛。"● 秦印人名。

縛 楚 **縛** 郭店·窮達 6 **縛** 上博六·競公 8 **縛** 清華十·四告 9 秦 **縛** 睡簡·答

問 81 **縛** 睡簡·封診 21

【注】從糸尃聲。● 用為本義，捆綁。《郭店·窮達 6》："关（管）寺（夷）虘（吾）句（拘）繇（囚）昪（梏）縛。"《上博六·競公 8》："約夾（挾）者（諸）閵（關），縛纆（纓）者（諸）肺（市）。"讀為"約挾諸關，縛纓諸市"，是指景公的禁關閉市政策。● 讀傅。《清華十·四告 9》："以縛（傅）柿（輔）王身，咸乍（作）左右叉（爪）齒（牙），甬（用）經緯大邦周。"

師兌簋 番生簋 九年衛鼎 录伯簋 毛公鼎

璽彙 3634

【注】從革專聲。《説文》："鞞，車下索也。從革專聲。"車下索，縛牢車轅與車輿的革帶。●讀鞞，指裹于軶外之皮件，均作為一種賞賜品。《毛公鼎》："虎冟（幎）熏裏、夨厄（軶）、畫鞞。"金文"畫鞞"當言軶之飾也。高田忠周謂鞞、韗一字，從革與從韋相通，《説文》："韗，軶裹也。從韋專聲。"正與銘意合。（詳《古籀篇》五十九·9頁）●齊璽"鞞奲"姓氏。

師克盨 師克盨 師克盨 師轉鋆 師轉鋆 轉盤

【注】從車專聲。《玉篇》轉或作轉，蓋二字從不同角度會意也。《轉盤》作轉，《金文編》原作"轉"，當釋為"轉"，蓋西周金文叀旁一律不作曲首形，且"叀"下多作 ∪ 形。●金文多讀轉，詳"鞞"字。●人名。《轉盤》："轉乍（作）寶朕。"

曾侯 53 清華八·邦政 12

【注】從市從專，雙聲字。●《曾侯 53》"𢄤組之緁"，讀轉，車用繩索。●《清華八·邦政 12》："新則折（制），者（故）則𢄤（傅）。"讀傅，依也。《漢書·匡衡傳》"傅經以對"，顏注："傅，讀曰附。附，依也。""新則制，故則附"意為"新的要好好裁定，舊的（如果是好的）就因循。"

應侯視工簋

【注】從口專聲。●讀薄，逼迫。《應侯視工簋》："敢嚩（搏）乓（厥）眾翆（魯），敢加興乍（作）戎，廣伐南國。"嚩，李學勤讀薄，訓為"迫"。（《〈首陽吉金〉應侯簋考釋》）"迫厥眾魯"之辭，是指南淮夷之統治階層逼迫壓榨其下層民眾的意思，故而成為周王朝對南淮夷用兵的一種藉口。陳斯鵬訓"博""嚩"為"敷"，訓"魯"為"旅"。"'敷其眾旅'即陳列其軍隊師旅，此所以'作戎'、'廣伐南國'也。"（《新見金文釋讀商補》）

滂紐霸聲

大簋 大簋 競卣 頌鼎 鄭虢仲簋 師至父鼎 鄭虢仲簋

鄭虢仲簋 榮仲鼎 豆閉簋 四十三年逨鼎 曾仲大父螽簋

秦印130

【注】甲骨文作 ，從革從月，會月光變化之意；隸為"朝"。甲骨文或作 ，從雨朝聲。甲骨文或作 ，為"霸"之省形。金文同甲骨文。《師奎父鼎》從帛從霏，劉釗先生認為"帛"為追加的聲符。（《古文字構形學》83頁）《鄭虢仲簋》器蓋同銘，器銘從月而蓋銘省月但作"霏"，可知"霏"是具有獨立的形音義的字，《説文》謂"霸從月霏聲"亦可證，故 為雙聲符字。《曾仲大父螽簋》從雨、格聲，字形有所訛誤，將"格"所從的"口"形置于"女"形之上。古人以每月月初始見之月為之"霸"。《説文》："霸，月始生，霸然也。承大月，二日；承小月，三日。從月霏聲。《周書》曰：'哉生霸。' 古文霸。""霸"之具體時日未詳。王國維曰："余覽古器物銘而得古之所以名日者凡四：曰初吉，曰既生霸，曰既望，曰既死霸……既生霸，謂自八九日以降至十四五日也。"（《觀堂集林·生霸死霸考》）此備一説，可參。●見於西周銅器銘文中，用以表示月相，兼以紀日。《作冊大鼎》："佳（惟）三（四）月既生霸已丑。"《頌簋》："佳（惟）三年五月既死霸甲戌。"霸、白聲同，故"霸"之言白，猶言月光、月色之潔白，銘文中"既生霸""既死霸"皆可于詞義言之。"既生霸"指夏曆初八（或前後一、二天）上弦月這一天。"既死霸"指夏曆二十三日（或前後一、二天）下弦月這一天。典籍或作"魄"，《尚書·康誥》："惟三月哉生魄。"●國族名。《霸伯簋》："霸白（伯）乍（作）寶障彝。"黃錦前、張新俊認為："所謂的'霸國'或'霸族'，實際上也就是以往見于銅器銘文的'格國'或'格族'……霸國還是格國，均不見于文獻記載。我們推測其很可能就是先秦時期的潞國。"（《説西周金文中的"霸"與"格"》）●秦印單字，當為人名。

並紐步聲

步 步爵　父癸爵　子且辛尊　步尊　步觶　步瓿　步遽簋盉

衡鼎　衡父癸鼎　晉侯穌鐘 璽彙1643　陶彙3·1265　清

華六·子儀5　上博七·凡甲13　清華十一·五紀90　清華十一·五紀

69 兆域圖銅版 步 睡簡·封診79　步 睡簡·日甲30　秦印

29  青川木牘

【注】甲骨文作 ꜧ、ꜧꜧ、ꜧ、ꜧ、ꜧꜧ、ꜧ，從兩止（趾），或增從行（道路）。一前一後兩隻腳，會行進之意。金文同甲骨文。戰國文字綫條化，多作 ꜧ、ꜧ。或變上下結構為左右結構作 ꜧ。《說文》："步，行也。從止少相背。凡步之屬皆從步。"本義為步行，如《戰國策》："乃自强步。"兩隻腳各邁出一次，就叫一"步"，如《荀子》："不積跬步，無以致千里。"●族氏名。見于《步爵》、步觚》等器。●長度單位。周以八尺為步，秦以六尺為步。《兆域圖銅版》："從内宫至中宫卅六步。"《青川木牘》："田廣一步。"●秦印"步嬰""步强"，姓氏。《廣韻》晉有步場，食采於步，後因氏焉。孔子弟子有步叔乘，三國吳丞相步騭。

郍  璽彙 5510

【注】從邑步聲。●古璽單字，人名。

弲  璽彙 0849

【注】從弓步聲。●燕璽"長弲"，人名。

並紐父聲

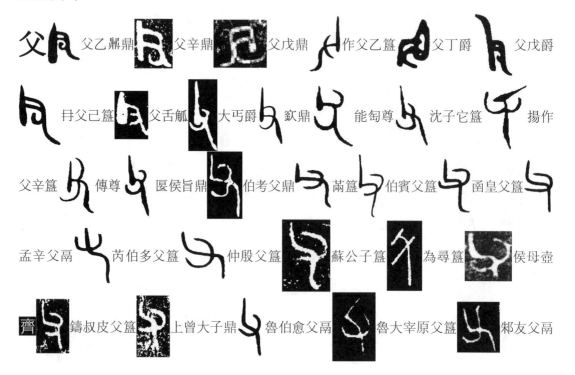

父乙鼎 鼎　父辛鼎　父戊鼎　作父乙簋　父丁爵　父戊爵

丼父己簋　父舌觚　大丂爵　欽鼎　能匋尊　沈子它簋　揚作

父辛簋　傳尊　匽侯旨鼎　伯考父鼎　㦷簋　伯賓父簋　函皇父簋

孟辛父鬲　芮伯多父簋　仲殷父簋　蘇公子簋　為尋簋　侯母壺

鑄叔皮父簋　上曾大子鼎　魯伯愈父鬲　魯大宰原父簋　邾友父鬲

1108

斂父瓶　費奴父鼎　異伯子妊父盨楚　考叔指父匜　文公之母弟鐘

曾子伯父匜　余贎逨兒鐘　余贎逨兒鐘　郳陵君鑑　郳陵君豆

上博一·詩論9　郭店·成之31　包山127　郭店·六德13　郭店·六德23

上博二·民之12　上博五·姑成6　上博七·武王1　清華六·孺子13

清華八·處位3　清華九·治政1　清華九·治政16　清華十一·五紀31晉

侯馬　哀成叔鼎　廿八年平安君鼎　中山王豐壺秦　詛楚文

父　秦編463　秦印54

【注】郭沫若謂"斧"之初文，像是一隻手拿着一把石斧的形狀。（詳《殷周青銅器銘文研究》76頁）在古代社會，斧既是主要生產工具，又是兵器，繼而成為權力的象徵物。父（斧）也就成為氏族集團家長代稱。作偏旁或省略為又形。●父親。《余義鐘》："樂我父兄。"●氏族老年男子專稱。《父戊鼎》："榮子旅乍（作）父戊寶障彝。"●男子美稱。《友父簋》："友父乍（作）寶殷，子子孫孫永寶用。"這種稱謂一般由男子的字和一個"父"字組成，他如"安父""來父""駒父""遲父"等等，且多用于自稱，蓋銅器多為自作用器。●讀夫。《黃子壺》："黃子乍（作）黃父（夫）人行器。"●單父，地名。《平安君鼎》："卅三年單父上官嗣憙所受平安君者也。"古璽印有"單父右厶（尉）""單父左司馬"等。

姬楚 包山123

【注】從臣父聲。●人名。

坴楚 新蔡甲三408

【注】從土父聲。●"坴丘"，地名。

盆楚 安大一27

【注】從皿全聲。●讀釜。《安大一27》："☒☒及盉（釜）。"毛詩作"維錡及釜"。

【注】從肉父聲。●均讀脯。《包山255》："肴（脯）一簋（簠）。"《清華十·四告16》："敢用一丁肴（脯）白豚。"

【注】從木父聲。●讀輔。《郭店·性自48》："又（有）其為人之菓（願）女（如）也，弗杴（輔）不足。"●晉璽人名。

【注】從頁父聲。●讀輔。《上博三·周易26》："欽（感）頨（輔）夾（頰）膏（舌）。"輔、頰、舌三者合稱，猶今言"口頭言語"。

【注】從車父聲，"輔"之異文。●晉璽"較坿"，讀輔，姓氏。

大子車斧 秦 睡簡·封診57

【注】甲骨文作☒，象斧之形。或作☒，從斤父聲，金文多承此形。《説文》："斤，斫也。從斤父聲。"本義指斧頭，如《詩經》："析薪如之何，非斧不克。"●兵器。《大子車斧》："大子車斧。"《邵大叔斧》："邵大弔（叔）新金為貸車之斧十。"●以斧斫物。《睡簡·封診57》："皆刍中類斧，腦角出（頤）皆血出。"●讀布或讀鏄，貨幣單位。《居簋》："舍余一斧。"一斧，一個原始

空首布（古銅幣）。空首布仿照青銅農具“鎛”的形狀鑄成，上部有銎（裝柄孔），以此得名。出現于西周，春秋時大量鑄造。《詩·周頌·臣工》：“命我眾人，庤乃錢鎛。”馬承源考證：“鎛就是斧，鎛、斧古音相同。”（《中國青銅器》）斧、鎛、布皆從父聲，“一斧”即一鎛、一布。

 上博五·競建 4

【注】從人父聲。●讀傅。《上博五·競建 4》：“高宗命仅（傅）鳶（說），量之目（以）祭。”“仅鳶”即“傅說”。從音上來看，“仅”從父得聲上古屬並母魚部，“傅”屬幫紐魚部，同為唇音魚部，音近可通；“說”與“鳶”上古音一屬喻母月部，一屬喻母元部，入陽對轉，音也可通。且簡文正載“高宗命仅鳶”，則“仅鳶”為典籍記載的商時賢相“傅說”無疑。

 上博五·鮑叔 7

【注】從糸父聲。●讀黹。《上博五·鮑叔 7》：“祭服毋紋（黹）。”《說文》：“黹，箴縷所紩衣。”徐鍇《繫傳》：“《爾雅》‘黹，紩也。’臣以為即今刺繡。”“祭服毋黹”指祭服不刺繡文飾，即所謂“素服”也。

 上博六·孔子 3

【注】從木紋聲。●讀敷。《上博六·孔子 3》：“上不皋〈皋─親〉怠（仁），而棻（敷）聑（聞）亓（其）舀（辭）於遊（逸）人唬（乎）？”“聞”即“使人聽到”。“敷聞”即敷陳、布陳而使人聽聞。“敷聞其辭於逸人”即指季桓子將自己“不親仁”的這番話陳述給自稱“逸人”的孔子聽。

 上博七·吳命 4　　上博八·命 2　　上博六·申公 9　　清華五·命訓 7

【注】從金父聲。●均讀斧。《上博七·吳命 4》：“釜（斧）戉（鉞）之恳（威）。”《上博八·命 2》：“㤇（恐）不能，目（以）辱釜（斧）寅（鑕）。”詳“寅”字。

 陳純釜　　子禾子釜　　璽彙 289　　璽彙 290　　陶彙 3·1、陶彙 3·24　　陶彙 3·001　　陶彙 3·005　　陶彙 3·772　　陶彙 3·23

【注】《陳純釜》當為字之本形，從缶從父，雙聲字。《子禾子釜》所從之“父”訛成“又”，變

成從又缶聲之字。從又從缶之"釜"又進一步演變成從又由聲之字，作。葉玉英認為缶聲變為由聲屬變形音化，古音"由""缶"皆為幽部字。(《古文字構形與上古音研究》363頁) 上古用陶器，故從缶，後進入青銅時代，造器用銅，故字後變成從父從金作"釜"。《説文》作䵼。《説文》："䵼，鍑屬。從鬲甫聲。釜，䵼或從金父聲。"本義是古代的一種鍋，同"釜"。戰國時又作為量器。●讀釜，古代量器，小口大腹，有兩耳。《子禾子釜》："左關釜節于麌（廩）畚（釜），關鋊節于麌（廩）䉈。"金文作"鬹"，秦文字作"䵼"。

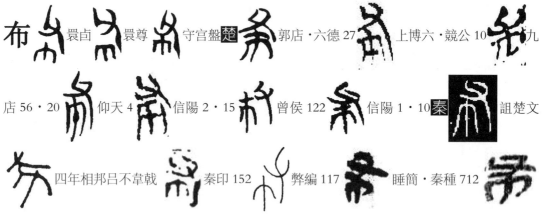

布 爰卣　爰尊　守宮盤楚　郭店‧六德27　上博六‧競公10　九

店56‧20　仰天4　信陽2‧15　曾侯122　信陽1‧10秦　詛楚文

四年相邦呂不韋戟　秦印152　弊編117　睡簡‧秦種712

睡簡‧答問90

【注】從巾父聲，與小篆同。郭店楚簡作（六德27），所從之在"巾"上加一橫飾筆而來。加了飾筆後的與"市"字無異，楚音中可能被用作"布"的聲符。《説文》："布，枲織也。"段玉裁注："其艸曰枲，曰葹。析其皮曰枎，曰木。屋下治之曰麻。緝而績之曰綫，曰縷，曰纑。織而成之曰布。"本義為枲織品。●麻織品。《爰卣》："尸白（夷伯）賓爰貝、布。"●泛指織物。《守宮盤》："蘆（苴）冟（羃）二、馬匹、毳布三。"●發佈。《詛楚文》："使其宗祝邵鼛，布憨（檄）告于丕顯大神巫咸。"

郁 陶彙9‧39

【注】從邑布聲。●"郁夾"，當為姓氏。

甫 甫人父匜　殷句壺　甫丁爵　匡簠　為甫人盨　鮴甫人盤

鮴甫人匜齊　異甫人匜楚　曾公䜌鐘　曾仲斿父甫　上博六‧天乙5

清華二‧繫年105　清華一‧者夜2燕　璽彙0158　璽彙0060　璽

彙 0192 晉 〔甫〕 貨系 1425 貨系 1428 貨系 1430

【注】從用父聲。戰國文字作秉、甫、禾、肃等形，下作用形，用或省從屮，或加點為飾作甫，飾點或延伸作甫、禾、禾，父旁或省作屮形。《說文》："甫，男子美稱也。從用、父，父亦聲。"《說文》男子美稱，乃假借義。●族氏名。《甫父乙尊》："甫。父乙。"●讀父。《作甫丁爵》："乍（作）甫（父）丁寶障彝。"●讀撫。《匜簠》："匜甫（撫）象鑠（樂）二。"●人名。《宰甫卣》："王鄉（饗）酉（酒），王光宰甫貝五朋。"●甫人：典籍作夫人。《蘇夫人盤》："穌（蘇）甫（夫）人乍（作）媵改（姪改）襄朕（媵）般（盤）。"《黃子鼎》："黃子乍（作）黃甫（夫）人孟姬器。"●讀鋪，器名。《虢季鋪》："虢季乍（作）甫（鋪），子子孫孫用言（享）。"●讀浮。《璽彙 0060》"甫（浮）易（陽）都右司馬"，"浮陽"為地名。上半部的"屮"形是"父"字的變體，下半部是"用"字。《易·需》"有孚"，《釋文》"孚又作勇。"可證孚、甫聲系相通。浮陽，見《漢書·地理志》渤海郡，地在今河北滄州東南。

俌 晉 中山王響鼎 秦 〔俌〕 印增 310

【注】從人甫聲。《說文》："俌，輔也。從人甫聲。讀若撫。"段玉裁注："謂人之俌猶車之輔也……蓋輔專行而俌廢矣。"●讀傅，古代保育、輔導貴族子女的老年男子。《中山王響壺》："隹（唯）俌姆氏（是）從。"《禮記·曾子問》："古者男子。外有傅，内有慈母，君命所使教子也。"鄭玄注云："此指謂國君之子也。"●秦印"俌繹"，應為姓氏。

匍 〔匍〕 瘨鐘 牆盤 大盂鼎 師克盨 匍盂 匍盂 師克盨 晉侯對鋪 冊三年逑鼎 冊三年逑鼎 冊三年逑鼎 秦 秦公鎛

【注】從勹從甫，勹、甫雙聲。勹，于省吾謂象人側面俯身之形，為"伏"之初文，"匍匐"二字是由象形的勹字追加甫、富為音符，遂發展成雙聲謰語。（詳《甲骨文字釋林》74頁）劉釗曰："金文《牆盤》'匍有上下'，古璽文作'勹有上下'。"（《古文字構形研究》）亦可證"匍"乃"勹"追加甫聲而成。《說文》："匍，手行也。"本義為爬行，手足並行。●讀溥、或讀敷，遍佈、廣大。《師克盨》："不（丕）顯文武，膺（膺）受大令，匍有四方，則繇隹（唯）乃先且（祖）考又（有）爵于周邦。"匍有，即廣有。楊樹達讀"撫有"，蓋撫、匍古音同，故得通假。●讀鋪，銅器名，豆屬。《晉侯對鋪》："晉侯靳（對）乍（作）鑄障匍（鋪）。"

逋 齊 〔逋〕 璽彙 0240

【注】從辵匍聲。舊釋為"逑"，誤。●"逋公子信鉨"，地名。

顝^楚　曾侯乙鐘　曾侯乙鐘　曾侯乙鐘　曾侯乙鐘　曾侯乙磬

【注】從頁甫聲，此即《説文》"酺"字。《説文》"酺，頰也。從面，甫聲"。今作"輔"。●曾國音律名。《曾侯乙鐘》："為妥蕤賓之征顝下角。"酺即面頰，此指鐘鼓兩頰。商周鍾鼓中音和鼓旁音絶大部份都屬上行三度共鳴關係。酺作為復合音名的尾碼，正是指這種音程關係，並被特指為上行大三度音。"征酺"即征音的上行大三度音，與征角同，相富于傳統音名變宮。下者，後也。"征酺下角"是指征酺後再一個上行大三度音，即傳統音名清商。

頗^楚　曾侯乙鐘架

【注】從百甫聲。●同"顝"。

賻^楚　清華六·孺子 3

【注】從貝甫聲。●讀賦。《清華六·孺子 3》："無大繇（徭）賻（賦）於萬民。""繇賻（賦）"一詞當直接讀為"徭賦"，指的是徭役與賦税。

脯^秦　睡簡·日乙 187

【注】從肉甫聲。●乾肉。《睡簡·日乙 187》："得於酉（酒）、脯脩節肉。"此義楚系文字作"肴"，從肉父聲。

庯^秦　睡簡·日甲 68 背

【注】從广脯聲，疑"脯"之繁文。●讀餔。《説文》："餔，日加申時食也。從食甫聲。"《睡簡·日甲 68 背》："以望之日日始出而食之，已乃庯（餔），則止矣。"

捕^楚　清華一·金滕 11　圖典 407　睡簡·秦種 6　睡
簡·答問 10

【注】從手甫聲。●讀搏，可訓執。《清華一·金滕 11》："王捕（搏）箸（書）以瀊。"●逮捕。《睡簡·答問 10》："其見智（知）之而弗捕，當貲一盾。"秦文字用"捕"表示捕捉之捕，楚文字用"敷""搏"表示。

敊、 陶録 3·263

【注】從攴甫聲。●齊陶單字，人名。

逋文博 1998·1 睡簡·答問 164 睡簡·封診 14

【注】從辵甫聲。●秦陶"咸郫里逋"，人名。●《睡簡·封診 14》："亡及逋事各幾可（何）日，遣識者當騰。"逋事，逃避官府役使。逃亡和逋事各多少天，派遣暸解情況的人確實記録。

逋九年衛鼎 逋盂 裘衛盂

【注】從逋，夫為迻加音符。字可釋為"逋"。逋，《説文》亡也。●人名。西周恭王時人，官任衛國司徒。《九年衛鼎》："嗣（司）土（徒）邑人逋（逋）。"

趙衛盂

【注】從走甫聲。●人名。

豧樂子戵豧簠 曾侯 1 新蔡甲三 175

【注】從豕甫聲。小篆承之。《説文》："豧，豕息也。"本義豬喘息。●人名。《樂子簠》："樂子敬豧罴（擇）其吉金。"●地名，可讀甫。《曾侯 1》："大莫戵（囂）牖為適豧之春。"整理者注：簡文中用為地名，疑讀為《詩·大雅》"維申及甫"之"甫"。

簠微伯瘷簠 宋公圖作濫叔子簠

【注】從竹甫聲。金文或作甫、鋪、匍，均從甫得聲。自名為甫、簠、匡、鋪、匍的青銅器當為"簠"，是一種與豆相似的圓形器，與《説文》所釋吻合。《説文》："簠，黍稷圓器也。從竹從皿，甫聲。匧古文簠從匚從夫。"本義為古代盛食物的器具。●讀簠，豆屬圓形器。《微伯瘷簠》："散（微）白（伯）瘷乍（作）簠，其萬年永寶。"

匚甫厚氏匚甫 厚氏匚甫

【注】從匚甫聲。●讀簠，豆屬圓形器。《厚氏匚甫》："魯大嗣（司）徒厚氏元乍（作）善（膳）

匭（籃）。"

莆晉 十八年莆反令戈 三年莆子戈 侯馬 三晉 112 三晉 112

貨系 1539 先秦編 233楚 曾侯 143 清華二·繫年 69秦 印增 18

【注】從艸甫聲。《說文》："莆，蓮莆也。從艸甫聲。"本義水草名，即"蒲草"。《楚辭·天問》咸播秬黍，莆藋是營。●莆子，地名。《漢書·地理志》河東郡，在今山西隰縣。●莆反，地名，在今山西永濟西黃河東岸。戰國時魏地，典籍作"蒲阪"。《十八年莆反令戈》："十八年，莆（蒲）反命（令）籥。"●曾侯簡人名。《曾侯 143》："莆之黃為左驂（服）。"秦印"秦莆"，人名。

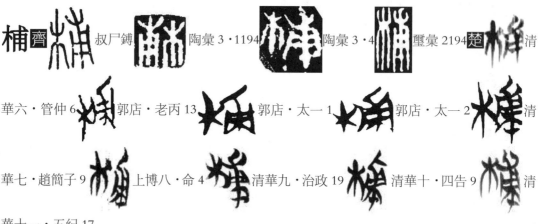

楠齊 叔尸鎛 陶彙 3·1194 陶彙 3·4 璽彙 2194楚 清

華六·管仲 6 郭店·老丙 13 郭店·太一 1 郭店·太一 2 清

華七·趙簡子 9 上博八·命 4 清華九·治政 19 清華十·四告 9 清

華十一·五紀 17

【注】從木甫聲。《汗簡》"輔"字或從木。《篇海》："音敷。木攢也。"●讀輔。《叔尸鎛》："伊少臣隹（唯）楠（輔），咸有九州。"楚文字多讀輔。《清華七·趙簡子 10》："楠（輔）相周室，兼（九）敀（霸）者（諸）侯。"●齊文字多為人名。

楠楚 清华五·封许 3

【注】從朮甫聲。●讀輔。《清华五·封许 3》："捍楠（輔）珷（武王），攼敦殷受。"

郙齊 璽彙 0232楚 郙王劍 包山 6 包山牘 1 包山

242 包山228 包山226 包山180 安大一40 上博九 陳

公 3

【注】從邑甫聲。《璽彙0232》聲符訛變（詳"甫"）。《説文》："𰾕，汝南上蔡亭。"本義為地名。●舊多讀巴，巴國、巴氏之"巴"。《包山226》："大司馬恕（悼）𰵲（愲）送（將）楚邦之币（師）徒以救郙戬=（之歲）。"《郙王劍》1980年出土于河南固始白獅子地二號墓中，包山簡之"郙"與《郙王劍》應為一地。蔡運章先生認為此"郙"即春秋時期妘姓的偪陽國，其地在今江蘇沛縣和山東嶧縣一帶。（《郙王蒦劍乃偪陽國史初探》）舊以為郙、呂一地，亦不確。●齊璽地名。●讀豝。《安大一40》："一發五郙（豝）。"《毛詩》作"壹發五豝"。"郙""豝"古音皆屬幫紐魚部，音同可通。《説文·豕部》："豝，牝豕也。從豕，巴聲。一曰一歲能相把拏也。"

輔 輔師嫠簋 師嫠簋 師嫠簋 師嫠簋 輔伯鼎 輔伯鼎齊 璽彙5706楚 清華一·皇門13 清華三·良臣10 清華三·琴舞10晉 中山王𧊒壺 侯馬 璽彙5655秦 、 秦印269

【注】從車甫聲，與小篆同。《説文》："輔，人頰車也。"本義指車輪外旁增縛夾轂的兩條直木，用以增強輪輻載重的支力。《春秋傳》："輔車相依。"輔在兩旁，故《春秋傳》《國語》皆言夾輔。《説文》訓"人頰車也"，亦取此象也。由車之夾輔引申出輔佐、佐助。●輔佐。《蔡侯盤》："肇輔天子。"秦文字用"輔"表示輔助之輔，楚文字用"楒"（或作"枟"），齊文字用"楒"表示，中山文字用"輔"。●官名。《輔師嫠簋》："更（賡）乃且（祖）考嗣（司）小輔。"《周禮·天官·大宰》："乃施典于邦國而建其牧，立其監，……置其輔。"孔穎達疏："置其輔者，謂三卿下各設府吏胥徒。"吳大澄謂"小輔"當讀為少傅，職司輔導太子。或據柯昌濟謂少傅為樂官，郭沫若即謂《周禮·春官》之樂師或大小胥。●國族名。《輔伯疌父鼎》："輔白（伯）疌父乍（作）豐孟娸（妘）𦩎（媵）鼎。"徐少華認為即偪陽族。在商代晚期，偪陽族就於北方地區有着較頻繁的活動，並具有一定的文化、經濟水凖。後來東遷，到達今沛縣一帶，正好與古豐國接壤。《輔伯疌父鼎》嫁女於豐結為姻親之好，一是為了密切友鄰間的關係，同時也出於穩定基礎、擴大影響方面的考慮。（《郙國歷史地理探疑——兼論包山、望山楚墓的年代和史實》）●秦印有"輔宣""輔驚""輔嬰隋"，姓氏。輔糧，漢時尚書令。

鋪 鋪 師同鼎 鋪 公鋪晉 鋪 少虡劍

【注】從金甫聲，與小篆同。《説文》："鋪，箸門鋪首也。"本義銜門環的底座，又稱"鋪首"。●金文中指器名，豆屬，其上為一平的直壁淺盤。鋪與豆的區別在于它没有細長的把柄，在盤下連鑄一較寬的高圈足，圈足多鏤空以為裝飾。金文或作"甫""簠""匤""匍"。《師同鼎》："孚（俘）戎金，胄卌、戎鼎廿、鋪五十、鐱（劍）廿，用鑄丝（茲）隑鼎，子子孫孫其永寶用。"從戰國楚簡遣策記載來看，亦可證明青銅"鋪"相當於文獻中的"邁"。（《東周金文與楚簡合證》134頁）●上好之金屬料，金文中亦稱"鑄鋁""鏽鋁"。《少虡劍》："鋪（鏽）呂

（鋁），朕余名之，胃（謂）之少虞。"

鬴 秦  睡簡·日甲 45 背　　 秦印 53

【注】從鬲甫聲，"釜"之異文。●用為本義，讀釜。《睡簡·日甲 45 背》："復（覆）鬴戶外。"《說文》䰜屬。●秦印單字。

餔 秦  睡簡·日甲 135　　 關簡 367

【注】從食甫聲。●《睡簡·日甲 135》："庚辛戊己壬癸餔時行，有七喜。"餔時，是十二時之一，即申時，又名日餔、夕食等（即下午 3 時正至下午 5 時正）。

痡 晉  國立歷史博物館藏印選輯 16

【注】從疒脡聲。●"王痡"人名。

補 秦  睡簡·秦種 117　　 睡簡·秦種 89　　 印增 329

【注】從衣甫聲。●修補。《睡簡·秦種 89》："韋革、紅器相補繕。"●秦印"補猴"，應為姓氏。

誧 秦 睡簡·答問 106

【注】從言甫聲。●讀甫，始。《睡簡·答問 106》："父死而誧（甫）告之，勿聽。"父死後才有人控告，不予受理。

浦 秦 秦印 220　　集證 336

【注】從水甫聲。●《集證 336》"浦反丞印"讀蒲。蒲反，地名，原為魏地，其入秦當在昭王十八年。●秦封泥"留浦""營浦""敦浦"，均為地名。

蒲 秦 陶彙 5·95　　陶錄 6·323　　睡簡·秦種 131

【注】從艸浦聲。●《陶彙 5·95》"咸蒲"，里名。●《陶錄 6·323》"蒲反"，地名，字或作"浦"。●蒲草。《睡簡·秦種 131》："毋（無）菅者以蒲、藺以枲稕（綮）之。各以其〈穫〉時多積之。"沒有菅草的，用蒲草、藺草及麻封紮。這些東西都應在其收穫時多加儲存。

埔  宜陽戈

【注】從立甫聲。戰國文字土每書作立，故字可隸為"埔"。《説文》無。●人名。《宜陽戈》："宜陽右庫工帀（師）長（張）埔。"

明紐巫聲

【注】甲骨文作田。唐蘭、郭沫若均以此字與《詛楚文》巫咸之"巫"同，故釋"巫"。李孝定謂象巫者所用道具之形，然無以證明。字形結構不明。金文同甲骨文，與"癸"字易混。戰國文字或作䨲，加短橫和口為飾。《説文》："巫，祝也。女能事無形，以舞降神者也。象人兩褎舞形。與工同意。古者巫咸（古代傳説人名）初作巫。靈古文巫。"説解難以令人置信，工字何得象人形乎？本義當為巫祝；古代以裝神弄鬼替人祈禱為職業的人叫"巫"，《韓非子》："此人所以簡巫祝也。"女稱"巫"，男稱"覡"，如《後漢書》："多巫覡雜語。"●用為本義，女巫。《齊巫姜簋》："齊巫姜乍（作）障殷。"齊女巫姜，巫是其職，故名"巫姜"。●《于京19》"巫黔☒邸"、《于京20》"巫黔右工"。"巫黔"為巫郡、黔中郡合稱。巫郡，戰國楚置，治所即今四川巫山縣。《戰國策‧楚策》蘇秦説楚威王曰："楚地西有黔中、巫郡。"秦昭襄王三十年（前277），蜀郡守張若伐楚取巫郡，尋改為巫縣。●《説文》："巫。祝也。"《清華三‧赤鳩5》："巫躮（烏）曰：'是少（小）臣也，不可飲（食）也。'"

誣  睡簡‧答問 50

【注】從言巫聲。●誣蔑、誣謗。《睡簡‧答問50》："誣人曰盜一豬。"

明紐馬聲

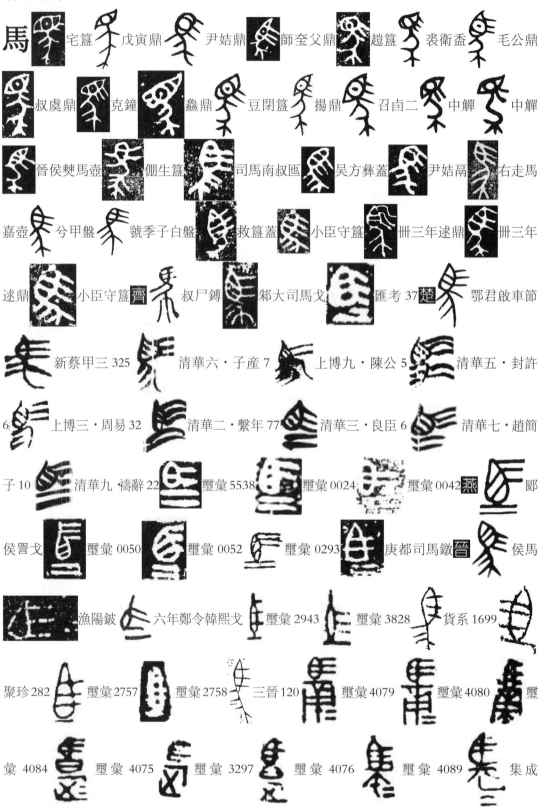

馬 宅簋 戊寅鼎 尹姞鼎 師奎父鼎 趞簋 裘衛盉 毛公鼎
叔虞鼎 克鐘 鱻鼎 豆閉簋 揚鼎 召卣二 中觶 中觶
晉侯㯱馬壺 佣生簋 司馬南叔匜 吳方彝蓋 尹姞鬲 右走馬
嘉壺 兮甲盤 虢季子白盤 救簋蓋 小臣守簋 冊三年述鼎 冊三年
述鼎 小臣守簋 齊 叔尸鎛 郑大司馬戈 匯考 37 楚 鄂君啟車節
集 新蔡甲三 325 清華六・子產 7 上博九・陳公 5 清華五・封許
6 上博三・周易 32 清華二・繫年 77 清華三・良臣 6 清華七・趙簡
子 10 清華九・禱辭 22 璽彙 5538 璽彙 0024 璽彙 0042 燕 郾
侯脮戈 璽彙 0050 璽彙 0052 璽彙 0293 庚都司馬鍴 晉 侯馬
漁陽鈹 六年鄭令韓熙戈 璽彙 2943 璽彙 3828 貨系 1699
聚珍 282 璽彙 2757 璽彙 2758 三晉 120 璽彙 4079 璽彙 4080 璽
彙 4084 璽彙 4075 璽彙 3297 璽彙 4076 璽彙 4089 集成

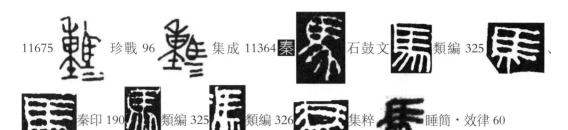

11675 珍戰 96 集成 11364 石鼓文 類編 325

秦印 190 類編 325 類編 326 集粹 睡簡·效律 60

【注】甲骨文作，象一匹馬的形狀，十分逼真。長長的臉部和鬃毛突出了馬的特點。金文同甲骨文，或簡作，馬頭仍顯，馬身用代替。小篆規範化寫作，其鬃毛依然可見。●牲畜名。《史頌鼎》："休又（有）成事，鮌（蘇）賓章（璋）、馬四匹、吉金。"《詩·周南·漢廣》："之子于歸，言秣其馬。"●馬乘：備有四匹馬的戰車；一曰即四匹馬。《克鐘》："易（錫）克甸車馬乘。"《佣生簋》："格伯受良馬乘。"器銘或作"乘馬"，《虢季子白盤》："王賜乘馬。"其義相同。●馬匹：即一匹馬。《御正衛段》："懋父賞（賞）卸（御）正衛馬匹自王。"●馬兩：專指用于駕車的兩匹馬。《十二年大簋》："大賓，賓豕飄章（璋）、馬兩。"●官名。金文有大司馬、司馬、乘馬大夫等。《大司馬簠》："大嗣（司）馬字述自乍（作）飤匕。"大司馬，周代輔弼重臣之一。《周禮·夏官》："大司馬之職，掌建邦國之九灋，以佐王平邦國。"●氏名。《二年戈》："左工帀（師）郞許、馬重（童）丹所為。"●《珍戰 96》為"馬重"合文，"馬重"人名。●《璽彙 4079》等"馬帝"合文；讀馬適，複姓。《元和姓纂》："趙將趙奢號馬適君，因氏焉。"●《璽彙 4075》"馬是"合文，複姓，讀馬氏。《璽彙 3297》省為"馬正"。●《璽彙 4089》"馬帀"合文；讀馬師，複姓。

馬 晉 五年邦司寇鈹 璽彙 2842 璽彙 2843

【注】從厂馬聲，或釋為"厲"。●晉璽"厤竘""厤懍"等，姓氏。

傌 楚 璽彙 3509

【注】從人馬聲。《前漢·賈誼傳》髡剄笞傌之法。《注》傌即罵。●楚璽"區傌"，人名。

馮 燕 六年吳大夫弩機 集成 10424

【注】從彳馬聲。●燕器當為地名。

遇 燕 遇囗睘小器 八年五大夫弩機

【注】從辵馬聲。●地名。《八年五大夫弩機》："遇攻（工）君（尹）五大夫青。"

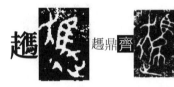 趨鼎 齊 宋莊公之孫趨币鼎

【注】從走雋聲，"趨"之繁文。●金文人名。

 分研一 123

【注】從疒馬聲。●晉璽"王瘒"人名。

 包山 267

【注】從艸馬聲。●《包山 267》："鹽薦之棘絹。鹽薦之綏。"薦，《集韻》結縷，草名。《信陽 2·23》："屯結芒之純。""結芒"與包山簡"結無""鹽薦"皆一音之轉。鹽薦，不詳何物。

 陶彙 2·5 楚 璽彙 3223 清華三·芮良夫 4 清華三·說命中

 清華十·四告 26

【注】從囗馬聲，"滿"之古文。《玉篇》陟立切，音縶；與古文字當非一字。●楚璽"圂慂"讀滿，姓氏。●齊陶"圂乍僵塤"，讀矇，樂官名，以盲人充任。●楚簡均讀滿。《清華三·芮良夫 4》："圂（滿）溋（盈）康戲，而不知薑（瘇）告（覺）。"《清華三·說命中 4》："若天霅（旱），汝殳（作）悭（淫）雨。若圂（滿）水，女（汝）殳（作）舟。"

 珍戰 145

【注】從匚馬聲。戰國文字囗與匚往往互作，詳"國""囜""固""圓"等字。故"匰"當為"圂"之異體。●"匰敂"姓氏，讀滿。

 璽彙 0457 璽彙 3410 璽彙 3414 郾侯載器

【注】孫合肥隸定作"匰"，從匚從水馬聲。當是"圂"字異體，亦當釋為"滿"，增"水"旁，表盈溢之義。（《清華簡"滿"字補說》）所從米旁實際是水之訛形，古文字常于水旁中劃增點或橫為飾，訛為與"米"形似。●燕璽均為人名，應讀滿。●《郾侯載器》："匰（滿）賓允囗。"

疑讀滿，可能謂"高朋滿座"之意。

七年宅陽令矛

【注】從阝馬聲。《集韻》本作騳，馬盛也。一曰益也。●疑讀馬，氏名。《七年宅陽令矛》："宅陽命（令）隲餚。"

璽彙 2437

【注】從水馬聲。●晉璽人名。

分研一 122 晉 侯馬 何爰戈

【注】從网馬聲。齊文字网或作丙形，另詳"罶""眔"等字。●人名。

明紐武聲

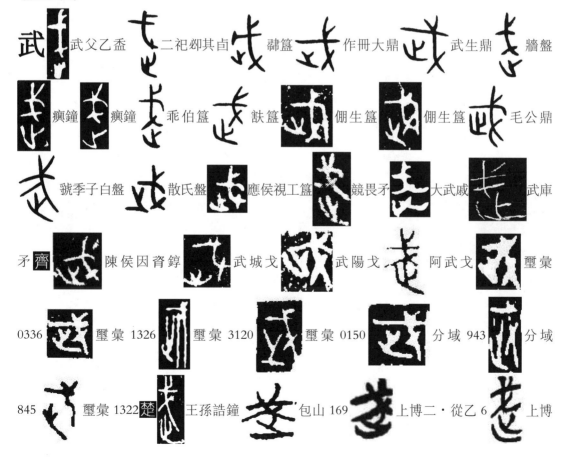

武 武父乙盉 二祀邲其卣 餗簋 作冊大鼎 武生鼎 牆盤

癲鐘 癲鐘 乖伯簋 訣簋 倗生簋 倗生簋 毛公鼎

虢季子白盤 散氏盤 應侯視工簋 競畏矛 大武戚 武庫

矛 齊 陳侯因資錞 武城戈 武陽戈 阿武戈 璽彙

0336 璽彙 1326 璽彙 3120 璽彙 0150 分域 943 分域

845 璽彙 1322 楚 王孫誥鐘 包山 169 上博二·從乙 6 上博

七·武王 3 　清華三·祝辭 3 　清華三·祝辭 4 　清華一·耆夜 1 　清華

六·管仲 22 　清華二·繫年 136 　清華十·行稱 3 　璽彙 1323 　燕

平鐘 　璽彙 0121 　匯考 90 　匯考 81 　郾王職劍 　璽彙

0121 晉 　邵鐘 　驫羌鐘 　修武使君鼎 　王三年馬雒令戈 　武陽右庫

戟 　武陽戈 　周公戟 　鄭武庫殳鐓 　鄭武庫劍 　三年馬師鈹

武城令戈 　鄭令趙距戈 　三晉 51 　貨系 1002 　璽彙

1117 　先秦編 332 　璽彙 0302 　匯考 101 　璽彙 1322 　晉公盆

秦 　上郡假守甗戈 　睡簡·日甲 142 　二十六年蜀守武戈 　上党武庫

戈 　陶彙 7·5 　貨系 604 　　　、　　　、　　　、　　　、

、　　　、　　　、　　　秦印 244

【注】甲骨文作 、 、 、 ，從戈從止。朱芳圃謂戈為兵器；止為足趾，揮戈前進，會攻伐之意；結構與"旋"相同。《春秋元命苞》云："武者，伐也。"即武之本義。《説文》：" ，楚莊王曰：'夫武，定功戢兵。故止戈為武。'"析形不確，止當為腳趾義。本義是軍事，與"文"相對，如《尚書》："偃武修文。"引申指勇猛，如《詩經》："孔武有力。"●軍事，與"文"相對。《驫羌鐘》："武文咸剌（烈），永葉（世）母（毋）忘。"《詩·魯頌·泮水》："允文允武。"●勇健。《虢季子白盤》："犅（壯）武于戎工。"《王孫遺者鐘》："肅愻（哲）聖武。"●《大武戚》：

"大武辟兵。""大武"為周人稱頌周武王"德能成武功"的祭祀樂舞，説明楚人通過演練象徵武王武功的樂舞來表達諸侯息兵，天下一統的思想和願望。銅戚上神人裝扮的人象雙腿下蹲，雙手側舉，大張圓口，正作載歌載舞狀，可能與"大武"的内容有關。●王的名號。《作冊大鼎》："公來鑄武王、成王異（饌）鼎。"●兵器。《史記·三王世家》："雒陽有武庫敖倉。"《九年鄭令向甸矛》："九年，奠（鄭）命（令）向甸、司寇零商、武庫工帀（師）鑄章、冶狙。"●武乙：商王名。《韺作父乙簋》："遘于匕（妣）戊武乙奭、豕一。"●《武城戈》："武城戈。"武城：地名，應為魯之南武城，黃盛璋先生認為魯之武城與吳越接境，又與費、鄪皆近。《璽彙0150》"東武成攻（工）帀（師）鉨"，"東武成"即東武城，此璽當為東武城地區工師所用之印。●《匯考101》"武陽司寇。""武陽"原為燕之下都，後歸趙。《史記趙世家》載有趙孝成王十九年趙與燕易土，"燕以葛、武陽、平舒與趙。"其地在今河北省易縣東南。印文"武陽"亦見於《殷周金文集成》10908"武陽戈"和11053"武陽右庫"。●足跡。《上博二·子羔12》："句（后）稷之母，又（有）訋（邰）是（氏）之女也，遊於玄咎之内，冬見芺，攻（搴）而薦之，乃見人武，履目（以）愁（忻），禱曰：帝之武，尚史（使）吾有身。"

錢典 278

【注】從邑武聲。●讀武，地名用字。

應公鼎　利簋　何尊　孟鼎

【注】從王武聲，為周武王專用字。●武王專名。《利簋》："珷（武王）征商，隹（唯）甲子朝。"

毛公鼎　上博二·容成18　璽彙3034　璽彙3035　璽彙3036　璽彙3038　璽彙3039　陶彙3·805　六年安平守鈹　睡簡·秦種108　詛楚文

【注】從貝武聲。武也兼表意，戴家祥曰："周官夏官大司馬'凡令賦，以地與民利之'，鄭玄注：'賦，給軍用者也。令邦國之賦，亦以地之美惡、民之衆寡為制。'左傳昭公四年'鄭子產作邱賦'，服虔注：'賦此一邱之田出一馬三牛。'公羊傳哀公十二年'用田賦'，何休注：'田謂一井之田賦者，斂取其財物也。'是賦斂之始。旨在滿足軍。……武、賦古韻同部，為會意兼迭韻諧聲字。"（《金文大字典》下）戰國文字貝常省作目形。《説文》："賦，斂也。"本義為斂賦。●楚賦：讀為胥賦，泛指一切官吏。《毛公鼎》："父厝，雩之庶出入事于外，尃（敷）命尃（敷）政，埶（藝）小大楚（胥）賦。""埶小大楚賦"，即管理大小官吏。《書·多方》"越惟有胥伯小

大多正"，《尚書大傳》引作"越惟有胥賦小大多政"。或釋"楚賦"為一種稅賦，但與器銘上下文意不合。●斂賦。《睡簡·為吏7》："賦歛毋度。"●晉璽"賦𣄰""賦亡智""賦脽""賦安"等，姓氏。賦姓鮮見，且未詳起源。●賦稅。《上博二·容成18》："田無蔡，宅不空，關市無賦。"●收取、徵取。《睡簡·秦種108》："賦之三日而當夏二日。"《睡簡·雜抄10》："先賦蕘馬，馬備。"●《詛楚文》："唯是秦邦之贏眾敝賦。"敝賦，詳"敝"字。

 陶録3·186 陶録6·43

【注】從水武聲。●齊陶單字，當為人名。

明紐無聲

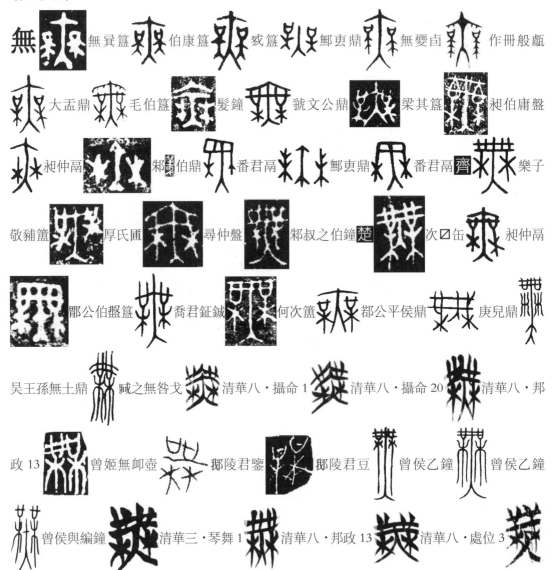

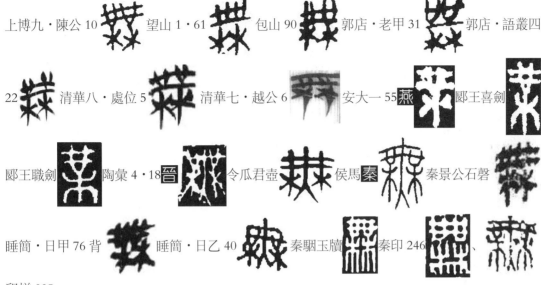

上博九·陳公10　望山1·61　包山90　郭店·老甲31　郭店·語叢四

22　清華八·處位5　清華七·越公6　安大一55　鄾王喜劍

鄾王職劍　陶彙4·18晉　令瓜君壺　侯馬秦　秦景公石磬

睡簡·日甲76背　睡簡·日乙40　秦駰玉牘　秦印246

印增225

【注】甲骨文"無""舞"一字，作兂、朿、乘、杰、乑、棄、棘，象一人手持舞具舞蹈之形，多家均釋為"舞"之本字。卜辭"無"均用其本義，多紀舞雩之事。金文同甲骨文，或作棘，已變形音化從某（古文某作枈）聲。《鄾王喜劍》所作，為省形。金文"無"字多見，均假為有無之"無"。後多用為假借義，久而加亾為意符作燕，表示本義。秦時又加舛為意符作棘，變為"舞"。《說文》："棘，豐也。從林；爽。或說規模字。從大、卌，數之積也；林者，木之多也。卌與庶同意。《商書》曰：'庶草繁無。'"說解形義均誤。本義為舞蹈。借用來表示沒有，如《左傳》："人誰無過？過而能改，善莫大焉。"用作副詞，相當于"不"，如《孟子》："雞豚狗彘之畜，無失其時。"●沒有、不存在。《頌簋》："頌其萬年眉壽無疆（疆）。"●讀毋，不要，《大孟鼎》："在雩（于）卲（御）事，叔，酉（酒）無敢酻（酗），有髭（祡）荸（蒸）祀，無敢醺。"《孟子·梁惠王上》："雞、豚、狗、彘之畜，無失其時。"●讀鄦，國名，即"許國"。《許伯彪戈》："無（許）白（伯）彪之用戈。"●讀巫。《洹子孟姜壺》："齊侯拜嘉命，于上天子用璧玉備一嗣（笥），于大無嗣折（誓）。"●讀舞。《睡簡·日甲76背》："為人我我然好歌無（舞）。"●疑讀侮，輕慢。《气盤》："余唯自無，鞭五百，罰五百乎。""無"字古音在明紐魚部，"侮"字在明紐侯部，聲紐相同，韻部相近，音近可通。《气盉》"余唯自無（侮）"之"侮"的對象當是气的誓言。自己輕慢其誓言，所以受刑罰。（《气盉"余自無"補說》）

屚秦　嶽麓一·為吏59

【注】從尸無聲。●讀廡。《嶽麓一·為吏59》："船隧毋屚（廡）。"舟船所行道路是需要進行管理的，而不能荒廢。

舞楚　包山98　包山131　望山1·18　清華七·晉文公8

清華二·繫年 100　　清華二·繫年 70

【注】從甘無聲。●包山“響（許）綛”，讀許或讀鄌，姓氏。望山簡亦用為姓氏。●清華簡讀許，地名。

鱉 楚　　　　包山 164　　　　清華九·治政 26

【注】從攴無聲，疑“撫”之異文。●《包山 164》“分（萬）鱉（撫）之州加公響（許）勑（勝）”，“萬撫”或為人名。●讀撫。《清華九·治政 26》：“鉑（欽）斁（教）以鱉（撫）之。”

遜 楚　　余購遜兒鐘

【注】從辵無聲。●讀舞，舞蹈。《余購遜兒鐘》：“樂我父兄，歔（飲）飤（食）謌（歌）遜（舞）。”

趜 楚　　嬭加編鐘

【注】從走無聲。●讀舞。《嬭加編鐘》：“齌=（齊齊）趛=（翼翼），醻獻聲（歌）趜（舞），屔（宴）喜（饎）歔（飲）飤（食）。”

舞 楚　　清華三·琴舞 1　　　清華三·琴舞 2 燕　　　郾侯舞錫泡　　　　郾侯舞錫泡

郾侯舞錫泡

【注】甲骨文“無”“舞”一字，後來“無”借為表示“没有”義。戰國文字加止、舛（雙腳形）分化出“舞”字。《說文》：“舞，樂也。用足相背，從舛；無聲。𦴞古文舞從羽、亡。”𦴞，乃齊魯之形聲字，從羽亡聲。本義是跳舞，如《韓非子》：“執干舞戚。”●舞蹈、樂舞。《清華三·琴舞 1》：“周公作多士敬（儆）怭（毖）琴舞九絉（遂）。”●人名。《郾侯舞錫泡》：“屔（燕）侯舞易。”

獌 齊　　鑄子獌匜

【注】從犬無聲。●人名。

憮 [楚] 清華八·邦道 15　　上博六·用曰 2　　清華九·治政 3

【注】從心無聲。●讀誣，欺也。《清華八·邦道 15》：“鰥（矜）悳（惻）聖君，上有伬（過）不加之於下＝（下，下）有伬（過）不敢以憮（誣）上。”《清華九·治政 3》：“今或審甬（用）型（刑）以罰之，是胃（謂）賊下＝（下，下）乃亦丂（巧）所以憮（誣）上。”●讀撫，義為順應、依循。《書·皋陶謨》：“百僚師師，百工惟時，撫於五辰，庶績其凝。”孔傳：“言百官皆撫順五行之時。”《上博六·用曰 3》：“夐（稱）秉縫（重）悳（德），冒難軏（犯）央（殃），非憮（撫）於福，亦力孚（勉）昌（以）母（毋）忘。”稱舉秉持着大德，冒着危險、頂着禍患（去規諫君王），這一定不是順應於福澤的作法，但也要盡力去做，不要忘記。

蕪 [楚]  包山 263

【注】從艸無聲。●讀芒。《包山 263》：“裏，結蕪之純。”《信陽 2·23》作“結芒”，《包山 267》作“鱸薦”。“結芒”“結無”“鱸薦”皆一音之轉。

禭 [楚] 清華三·赤鳩 5

【注】從示蕪聲。●《清華三·赤鳩 5》：“顥（夏）句（后）又（有）疾，牀（將）禭（撫）楚。”讀撫，《説文》：“安也。”楚，《説文通訓定聲》：“酸辛痛苦之意。”“夏后有疾，將撫楚”指夏后病重，欲通過祭祀安撫病痛。

廡 [楚] 包山 53 [秦] 睡簡·日甲 21

【注】從广無聲。●“廡”字見於《説文》，謂“堂下周屋”。《漢書竇嬰傳》：“陳賜金廊廡下。”注：“廡，門屋也。”《包山 53》“戊午之日不量廡下之貪”，“廡下”似代指庫房。所謂“不量廡下之貪”，謂不依約支付廡下借貪。●秦簡本義。《睡簡·日甲 21》：“廡居東方。”

鄦 [楚]  鄦子姁師鑄　　鄦子疲簠　　許戈　　蔡大師鼎　　清華五·封許 4　　仰天 25 　　包山 87

【注】從邑無聲。《説文》：“鱹，炎帝太嶽之胤，甫矦所封，在潁川。從邑無聲。讀若許。”古同“許”，中國周代諸侯國名，金文或作“鱸”。●讀許，國名。《鄦子疲簠》：“鄦（許）子疲羃（擇）其吉金，用鑄其臣。”鄦子：即許子，許國的君主。“鄦”為許國之正字，銘文或用“鱸”，

漢以後用"許"不用"鄦""鹽"。許是公元十一世紀周分封的諸侯國。姜姓。開國君主傳為伯夷之後文叔。原在今河南許昌東。春秋時期，為鄭、楚所逼，多次東遷，公元前 506 年遷容城（今河南魯山東南），國勢益弱。戰國初期為楚所滅，一説減于魏。●《包山 87》"鄦易（陽）"，地名。仰天湖楚簡有"鄦易公"，史樹青及李學勤均認為"鄦陽"應即"許陽"，應是楚所滅許國境內的城邑。

寧戈

【注】從皿無聲。●同"鄦"。詳"鄦"字。

 天星

【注】從示無聲。●天星"墨（舉）禱宮禠豬酉飤"，"宮禠"或讀為"宮祺"。祀祺神之宮屬祺宮，供奉於宮中之祺神則稱為宮祺。

 新蔡甲三 233

【注】從見無聲。●人名。《新蔡甲三 233》："鄍少（小）司馬陳贎惢旨（以）白霝（靈）為君坪夜君貞。"包山簡 138 有人名"陳無正"。

 曾侯與編鐘

【注】從网無聲。●讀撫。《曾侯與編鐘》："達（撻）壆（殷）之命，羅（撫）戮（定）天下。"羅戮，讀"撫定"，即安撫平定。

 許之造戈

【注】從邑羅聲。甘為飾筆。●讀許。詳"鄦"字。

 睡簡·為吏 43

【注】"無"之省文。●讀無。《睡簡·為吏 43》："无志不徹。"

鐸部

影紐隻聲

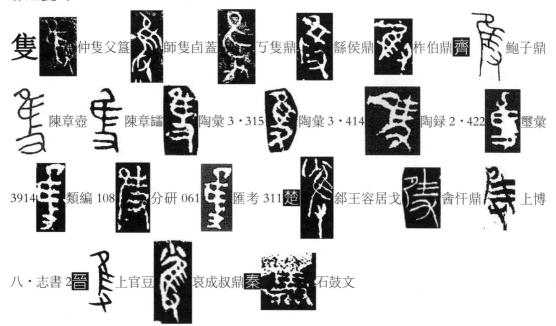

隻 仲隻父簋 師隻卣蓋 丂隻鼎 縣侯鼎 柞伯鼎齊 鮑子鼎

陳章壺 陳章鑼 陶彙 3・315 陶彙 3・414 陶録 2・422 璽彙

3914 類編 108 分研 061 匯考 311楚 郍王容居戈 酓忓鼎 上博

八・志書 2晉 上官豆 哀成叔鼎秦 石鼓文

【注】甲骨文作 （從又（手）持隹（鳥），會擒獲之意，"獲"之初文。金文、小篆同甲骨文。《説文》："隻，鳥一枚也。從又持隹。持一隹曰隻，二隹曰雙。""鳥一枚"當為引申義。本義同獲，是"獲"的初文，卜辭、銘文中多用其本義。《哀成叔鼎》從又從雀，會意同；《金文編》注："同銘鑊字所從，與此相同，故隸于此。" ● 讀獲，擒獲。《酓忓鼎》："楚王酓（熊）忓（悍）戰隻（獲）兵銅。"《郍王容居戈》："童（鐘）麗（離）公柏隻（獲）徐人。"鐘離國與徐國之間有過戰爭，鐘離曾取得過勝利並俘獲徐人，此戈獲自徐人，鐘離公柏刻銘記功。 ● 讀獲，攻取、戰勝。《縣侯鼎》："縣侯隻（獲）巢，孚（俘）氒（厥）金、冑。" ● 人名。《矢伯隻作父癸卣》："矢白（伯）隻乍（作）父癸彝。" ● 族氏名，見于《隻鼎》《隻卣》等。 ● 《鮑子鼎》："鮑子作媵仲匋姒，其隻（獲）坐（皇）男子，勿或（有）柬已（已），它它熙熙，男女無期。"吳鎮烽認為："隻，即'獲'字，《廣韻》：'獲，得也。'此處用作獲匹，得到配偶之義。"是説鮑子祝福仲匋姒獲配男子，無有更改。故銘文下句説"它它熙熙，男女無其（期）。"張崇禮認為："獲"應該讀與。《中山王嚳鼎》："隻其溺于人也，寧溺于淵。"李學勤先生以為此句即《大戴禮記・武王踐阼》之"與其溺于人也，寧溺于淵"。知"隻"可讀與。"與"有隨從、依附之意。《詩經・小雅・角弓》："君子有徽猷，小人與屬。"鄭玄箋："君子有美道以得聲譽，則小人亦樂與之而自連屬焉。"《管子・霸言》："按强助弱，圉暴止貪……此天下之所載也，諸侯之所與也。"尹知章注："與，親也。"《國語・齊語》："桓公知天下諸侯多與己也，故又大施忠焉。"韋昭注："與，從也。""其與皇男子"即隨從、親附于皇男子，是對仲匋姒嫁人的委婉説灋，表達對男方的尊重。 ● 讀蒦，指政事之規度。《説文》："蒦，規蒦，商也。從又持萑。一曰視遽皃。一曰蒦，度也。彠，蒦或從尋。尋亦度也。《楚詞》曰：'求矩蒦之所同。'"《哀成叔鼎》："君既安叀（惠），亦弗其遜蒦。"

1131

護 （■）蔡侯申盤

【注】從言隻聲，疑“護”之初文。●讀舊，訓為度。《蔡侯盤》：“禩（齋）護整肅（肅）。”

孭 六祀邲其卣

【注】從子隻聲。●人名。《六祀邲其卣》：“乙亥，邲其易（賜）乍（作）冊孭⊠一、珽一，用乍（作）且（祖）癸尊彝。”

鄻 包山 153

【注】從邑隻聲。●地名。

【注】從丹隻聲，疑“膡”之省文。●楚簡多讀獲。《上博四·曹沫 20》：“毋膡（獲）民時，毋奪民利。”●人名，讀獲。《望山 1·1》：“軋（范）膡（獲）志㠯（以）愴豪（家）為恧固貞。”

夎 上博三·周易 48

【注】從爪隻聲。●讀獲。上博竹書《周易》17、48 號簡等此形與傳世本“獲”對應。從“爪”從“隻”，像獲隹之形。

1132

瘻 晉  古文字研究 19・122

【注】從疒隻聲，疑“瘻”之省文。●人名。

蒦 晉  溫縣  晉編 524  中山王礜鼎

【注】與從艸隻聲之“蒦”不同。然義近，故隻、蒦、獲實為一字之孳乳。蒦、蒦隸變后混同。《說文》：“，規蒦，商也。從又持萑。一曰視遽皃。一曰蒦，度也。彠，蒦或從尋。尋亦度也。《楚詞》曰：‘求矩彠之所同。’”所釋非本義。●讀與。蒦、與音近通假。《中山王礜鼎》：“蒦（與）其汋（溺）于人旆（也），寧汋（溺）于㴊。”李學勤以為此句即《大戴禮記・武王踐阼》之“與其溺于人也，寧溺于淵。溺于淵猶可遊也，溺于人不可救也”。（《平山三器與中山國史的若干問題》）語譯為：“與其淹没于小人中，不如淹没于深深的潭水之中。淹没于潭水之中還可以遊出來，淹没于小人之中就不可救治了。”黄盛璋謂蒦從隹聲，乃是“唯”“惟”等一類虛詞，“蒦其”即“唯其”，用于讓步句，經典皆用“與其”。●溫縣盟書、晉陶人名。

雘 楚  曾侯 1  曾侯 15  曾侯 28

【注】從丹蒦聲。《說文》善丹也。●用為本義，紅彩之色。《曾侯 1》：“雘輪。”《尚書・梓材》馬融注：“雘，善丹也。”孔疏：“雘是彩色之名，有青色者，有朱色者。”青色之雘，後世多寫作雘。“雘輪”即彩色之輪。據目前考古發掘材料，車輪多塗紅彩，則“雘輪”可能是紅彩之輪。

獲 秦  睡簡・日乙 20  睡簡・日甲 75 背  陶録 6・463 、、

秦印 198

【注】從犬蒦聲。●用為本義，擒獲。《睡簡・日乙 19》：“罔（網）邋（獵），獲。”●秦印人名。

鑊  弔鼎 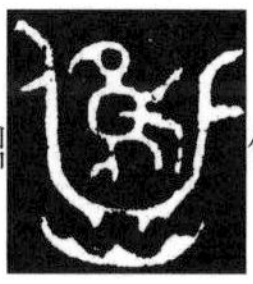 仲子觥  哀成叔鼎

【注】甲骨文作，從隻（或簡作隹）從鬲，會以鬲烹鳥之意；隻也兼表音。早期金文與甲骨文同形，後形聲化從金蒦聲。《說文》：“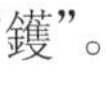，鑴也。從金蒦聲。”本義是古代無足鼎，如《淮南子》：“嘗一臠肉，知一鑊之味。”現在有些方言至今還稱鍋為“鑊”。●鼎類器。《哀成叔鼎》：“乍（作）鑄飤器黄鑊。”

穆 ^楚 上博四·曹沫 20　清華八·邦道 21　上博五·季庚 12　上博
三·周易 20　清華五·畬門 15　清華五·畬門 14　安大一 4 ^秦　睡
簡·秦種 35　睡簡·日甲 152 背

【注】從禾蒦聲，或從禾隻聲，或從禾隺聲。統一隸定為"穆"。燕系文字作"秡"。●收成、收穫。《清華八·邦道 21》："不迟（起）事於戎（農）之弅（三）時，則多穆。"●《説文》："穆，刈穀也。草曰刈，穀曰穆。"《睡簡·日乙 48》："不可以始種穆、始賞（嘗）。"●讀濩，訓為"煮"。《安大一 4》："是稰（穆）是穆（濩），為祗（絺）為郗（綌），備（服）之無斁（斁）。"《毛詩》作"是刈是濩"。

濩 ^秦  秦印 221

【注】從水蒦聲。●秦印"濩留"姓氏。

護 ^秦  類編 74

【注】從言蒦聲。●秦印人名。

蒦　鄭邢叔蒦父鬲　鄭叔蒦父鬲 ^齊　璽彙 2301　陶彙 3·168　陶彙
3·287　陶彙 3·288 ^楚　璽補 97 ^晉　圖典 182

【注】從艸隻（聲符或從隹從尤，疑隻之異文，尤、又一字之分化）聲。蒦，《集韻》屋虢切，音攫，草名。●人名。《鄭叔蒦父鬲》："奠（鄭）丼（邢）弔（叔）蒦父乍（作）羞鬲。"●古璽印"蒦亡智"等，讀獲，姓氏。《璽補 97》"蒦佗"，"佗"作 ^尔，為秦文字風格，疑為偽印。●齊陶"蒦圆"，讀畫陽，地名。

秡 ^燕 郾王職壺　郾王職矛　廿年距末　左佐織錐形器

1134

【注】燕系文字所作，與《汗簡》"穫"作 （h37a）同。從戈從禾，會收穫之意。●讀獲，獲得、繳獲。《郾王職壺》："滅鄒（齊）之秋（獲）。"

 包山 256

【注】從竹秋聲。●讀濩，煮。《包山 256》："簽（濩）魚一簽（籠）。"濩，《玉篇》煑也。《詩·周南》是刈是濩。

曉紐奴聲

 清華一·金縢 9　清華一·金縢 14

【注】應分析為從奴（音壑）從刀，整理者釋為"叙"可取。鄔可晶認為"壑""濡"在字音上的聯繫，二字屬於名動相因，一詞二用。●讀穫。獲，匣母鐸部；叙，曉母鐸部。《清華一·金縢 9》："秋（秋）大管（熟），未敘（穫）。"敘，今本作"穫"。何有祖通過文本對應，得出 9 號簡是"獲"字，而 14 號簡是"熟"字的結論。14 號簡"大熟"應是"大獲"之誤，很有可能是"獲"字。

 上博五·鮑叔 4　清華六·太伯甲 5　清華六·太伯乙 5

【注】"敘"之省文。夕，《上博一·性情 19》"濡"作，所從夕與相同。應是在《金縢》簡 14一類寫法的夕旁上部增繁而成。●《上博五·鮑叔 4》："不目（以）邦豪（家）為事，縱公之所欲，旁民輙（獵）樂。"鄔可晶讀為"郤民獵樂"，"郤"有疲羸、疲極之義。"郤""卻"等字古音多屬溪母鐸部，與"獲""壑"韻為同部，聲亦相近，應可相通。《鮑叔牙與隰朋之諫》的"旁民"讀為"郤民"，正與《呂氏春秋》"使其民而郤之"同意。（《說金文"贅"及相關之字》）●讀護，握。《清華六·太伯甲 5》："旁（擭）戈盾以爨（造）勛。"

 包山 150

【注】從艸旁聲。●"旁陵"，地名。也應與"獲"有關，"旁陵"地望待考。

稼 楚 　安大一 4　　安大一 16

【注】從禾旁聲。●讀穫。《安大一 4》："是稼（穫）是穫（濩），為袛（絺）為郤（綌），備（服）

之無罣（斁）。”《毛詩》作“是刈是濩”。古代“刈”與“穫”互訓，《玉篇》：“刈，穫也。”《詩·小雅·大東》“無浸穫薪”，毛傳：“穫，艾（刈）也。”“刈穫”二字可連用，是收割、收穫的意思。《安大一 16》：“橈=（橈橈）楚新（薪），言稱亓（其）楚。”

曉紐赫聲

赫 秦 嶽麓一·占 19　　里耶 9·1650　　秦集 384　　、　　印增 405

【注】《說文》：“赫，火赤皃。從二赤。” ●秦印、里耶簡人名。 ●讀螫。《嶽麓一·占 19》：“夢蛇則蠚（蜂）菫（薑）赫（螫）之，有芮者。”

見紐各聲

各 敔簋　　合矤簋　　貉子卣　　斯尊　　伯各尊　　榮簋　　耳尊

虢季子白盤　　晉侯穌鐘　　癲鐘　　宰獸鼎　　弭伯師耤簋　　趞簋

此簋　　師嫠簋　　獄盂　　二式獄簋　　冊二年逑鼎 楚 帛書

甲 包山 227　　上博二·君老 4　　上博四·曹沫 32　　上博四·曹沫 65　　新蔡甲三 137　　上博五·季庚 20 晉 溫縣　　璽彙 3355　　璽彙 3228　　璽彙 5308　　璽彙 5309 秦 秦公簋　　石鼓文 各 睡簡·效律 29　　睡簡·雜抄 29　　秦印 25

【注】甲骨文作　、　、　、　、　、　、　、　、　、　、　，從𠙵（穴居入口，或從口，會意同）從止，會進入居室之意。甲骨文或增彳繁化。金文同甲骨文。金文或從辵、走，會意

同。《冊二年述鼎》或省口。晉系文字口或作山。《説文》：" 𠮷，異辭也。從口、夂。夂者，有行而止之，不相聽也。"本義是來、到。後"各"為借義所專用，到來之義便另加形符"木"寫作"格"。●讀格，來到。《智壺》："王各（格）于成宮。"《清華一·尹至1》："湯曰：'各（格）！女（汝）亓（其）又（有）吉志。'"格，命令副詞，即過來、近前的意思，是君見臣下的套語。《尚書·堯典》云："格，汝舜。"●讀格，感應。《寧簋》："其用各（格）百神。"《書·君奭》："格于皇天。"屈萬里注："意謂其德能感動天帝。"●讀客，來賓、客人。《越王者旨于賜鐘》："台（以）樂可康，嘉而（爾）賓各。"●讀格。《兮甲盤》："王初各伐厰鈗（玁狁）于䈞盧。"各伐，即格伐，攻擊、討伐也，本字作"挌"。《後漢書·陳寵傳》："斷獄者急于旁格酷烈之痛。"李賢注引《説文》曰："格，擊也。"●招來。《善鼎》："余其用各我宗子雩（與）百生（姓）。"楊樹達曰："謂用此鼎招來宗子與百姓而饗宴之也。"（《金文説》215頁）●讀恪，敬也。《蔡簋》："𦔻疋（胥）對，各從。"銘意為，命令你佑助對，須敬而從之。●讀洛。《璽彙3228》"上各坒（府）"，即《敔簋》中的"上洛"，典籍或作"上雒"，春秋晉邑，戰國時先屬魏，後屬秦，其地在今陝西省商縣。●讀略，侵略、攻取。《兮甲盤》："隹（唯）五年三月既死霸庚寅，王初各伐厰鈗（玁狁）于䈞盧。"

 骼 晉 　清華二·繫年71

【注】從骨各聲。●《清華二·繫年71》："齊人為成，以鶇（甗）、骼、玉笭（筲）、與臺于之田。"整理者根據《左傳》成公二年"齊侯使賓媚人賂以紀甗、玉磬與地"之語，認為該句應整理為"骼（賂）以鶇（甗）、玉笭與臺（淳）于之田"。

 愙（恪） 楚 　清華五·封許7 　清華三·芮良夫6 　清華十一·五紀11

【注】從心各聲。或各省聲。●讀恪，謹慎。《説文》作"愙"。《清華三·芮良夫6》："敬绎（哉）君子，恪绎（哉）母（毋）亢（荒）。"●讀恪，敬也。《清華十一·五紀11》："豊（禮）敬，義愙（恪），炁（愛）共（恭），惥（仁）嚴，中（忠）畏。"整理者注："愙，讀為'恪'。《商頌·那》'執事有恪'，毛傳：'敬也。'嚴，威重。畏，畏敬。"●讀格。簡文中指周王對呂丁的賞賜物。整理者："愙"即恪字，疑讀為格，指置放器物的皮架，故列於諸器之下。

𧥒 楚 　清華六·管仲5 晉 　　蚉壺

【注】從言各聲。《説文》："𧥒，論訟也。《傳》曰：'𧥒𧥒孔子容。'從言各聲。"本義訟言。●形容威怒之貌，《説文》之義于此不合。《蚉壺》："隹（唯）司馬貯欣𧥒戰（憚）忞（怒）。"張政烺謂"欣𧥒"為"暨暨𧥒𧥒"之省，為軍旅之容。（《中山國胤嗣妤蚉壺釋文》）《禮記·玉藻》："戎容暨暨，言容咯咯。"鄭玄注："教令嚴也。"●讀格。《清華六·管仲5》："尚墨（展）之，尚𧥒（格）之，尚勿（勉）之。"

戜【齊】　滕侯吳戟【楚】　蔡侯朔戟　　上博一·緇衣10

【注】從戈各聲。●讀戟。詳"戟"字。●讀仇。《上博一·緇衣10》："執我戜戜（仇仇）。"戜，從"戈""咎"省聲。簡文"戜戜"，讀作"仇仇"，傲慢的样子。《詩·小雅·正月》："執我仇仇，亦不我力。"毛亨傳："仇仇，猶謷謷也。"孔穎達疏："《釋訓》云'仇仇、敖敖，傲也'，義同。"

挌【秦】　睡簡·答問66

【注】從手各聲。挌，《説文》擊也。秦文字用"挌""格"表示鬥格之格，楚文字用"各""戜"表示鬥格之格。●讀格，擊也，典籍亦作"格"。《睡簡·答問66》："求盜追捕罪人，罪人挌（格）殺求盜，問殺人者為賊殺人，且斲（鬥）殺？"求盜追捕罪犯，罪犯擊殺求盜，問殺人者應作為賊殺人論處，還是作為鬥殺人論處？

敆【齊】　陶彙3·320　　璽彙3749　　璽彙3912【楚】　敆　清華五·封許5

清華十一·五紀59【晉】　匯考313

【注】從攴各聲，疑"挌"之異文。●齊陶讀格，姓氏。●讀路。《清華五·封許5》："敆（路）車、璁（蔥）珩（衡）。"簡文"路車"，《釋名·釋車》："天子所乘曰路。"《禮記·郊特牲》："乘大路，諸侯之僭禮也。"大路，路之最大者。史籍中諸侯乃至將帥者乘路者不絶于書，蓋君王命賜之車亦可尊稱為路。●讀恪。《清華十一·五紀59》："敆（恪）免（勉）隹（唯）敬，母（毋）甬（用）備（慆）蒽（蒽）。"

菭【晉】　清華十一·五紀78

【注】從艸敆聲。●讀落。《清華十一·五紀78》："旾（春）邑免難，秋哉（載）菭（落）相於軫。"

逤【齊】　庚嬴卣【齊】　璽彙2610【楚】　逤　包山3　逤　新蔡乙三21　逤　上博五·弟

子19　逤　上博五·鮑叔1　逤　上博六·鄭壽4　逤　包山141　逤　包山159　逤

1138

 曾侯 118　 清華七·越公 13　逽 清華八·虞夏 3

【注】從辵各聲。●讀各。《庚嬴卣》：“王逽（各）于庚嬴宮。”●楚文字多讀路。《清華七·越公 9》：“思道逽（路）之攸（修）險。”●讀輅。《清華八·虞夏 3》：“乍（作）樂《武》《象》，車大逽（輅）。”《禮記·樂記》：“所謂大輅者，天子之車也。”典籍或作“路”。●讀僂。《上博六·鄭壽 5》：“王復見鄭壽。鄭壽出，居（傴）逽（僂）以須。”“傴”與“居”，“僂”與“路”音近可通，此以俯身彎腰表示恭敬。

 洛　 師虎簋齊　 璽彙 0328

【注】從彳各聲。●金文讀各。《師虎簋》：“洛于大室。”●齊璽“尚洛璽”，讀路。

趚  儥匜

【注】從走各聲。●讀各。

路  史懋壺齊 璽彙 0148秦 、、　秦印

40  秦駰玉牘　路 睡簡·日甲 54 背

【注】從足從各（到來），會人足所走的途徑之意；各兼聲。小篆整齊化。《說文》：“𧾷，道也。從足從各。”本義道路。●讀露。《史懋壺》：“王才（在）莽京溼宮，窺（親）令（命）史懋路筮，咸。”露筮，即露蓍，古人在卜筮前，必先將蓍草置于庭院夜空星宿之下，以受星宿靈氣。●《璽彙 0148》“路右攻市”，讀盧，地名，在今山東長清西南。●秦印“路夫”“路差”等，讀露，氏名。●讀露，露水。《睡簡·日甲 54 背》：“飲以爽（霜）路（露）。”

露 秦  秦印 225

【注】從雨路聲。秦文字或以“路”為露，楚文字以“零”為露，三晉文字以“薯”“零”為露。●“露毋忌”，姓氏。

駱 盠駒尊蓋楚 清華十·司歲 4秦 、、

、 秦印 191　 珍秦 248

【注】從馬各聲。《說文》：“駱，馬白色黑鬣尾也。”本義為黑鬣的白馬。●馬名。《盠駒尊蓋》：“易（賜）盠駒，騜、雷、駱、子。”●秦漢印姓氏。●讀落。《清華十·司歲4》：“亢（荒）駱（落），晨（辰）受舒（序）。”荒落，歲陰名。詳“𤳦（是聲）”字。

秦 、 里耶 8·1437 背

【注】從豕各聲。●習字簡，無義。

晉 璽彙 2524 璽補 180 六年冢子戟刺

【注】從犬各聲。●晉璽“猲胖”“猲胖”等均為姓氏，疑讀貉。《六年冢子戟刺》“猲賈”亦為姓氏。

貉 伯貉卣 伯貉尊 己侯貉子簋 貉子卣 貉子卣 鮇貉

簋齊 陶彙 3·1057 陶彙 3·1056 秦 睡簡·日甲 77 背 睡

簡·答問 195 、 印增 378

【注】從豸各聲。《說文》：“貉，北方豸穜。從豸各聲。孔子曰：‘貉之為言惡也。’”許君云“北方豸穜”蓋古代漢族歧視北方異族之稱謂，非造字之朔義也。本義當為動物名。引申蔑指我國東北部的一個民族，如《荀子》：“干、越、夷、貉之子，生而同聲，長而異俗，教使之然也。”●貉子、伯貉，均為人名。《貉子卣》：“王令士道歸（饋）貉子鹿三。”《伯貉尊》：“白（伯）貉乍（作）寶障彝。”●《睡簡·答問 195》：“可（何）謂‘人貉’？謂‘人貉’者，其子入養主之謂也。”“人貉”是一種蔑稱，用來指無償提供勞役地租的無爵貧民。●齊陶人名。

楚 包山 227 包山 87 晉 鄭令韓☐戈

【注】從鼠各聲。“貉”字異體。《說文》：“鼦，鼠，出胡地，皮可作裘。”本義一種鼠。●均為人名，戰國人名用字喜用動物名。《王二年鄭令韓☐戈》：“右庫工帀（師）貉鳶。”

周鵅盨上博四·采風 4 上博九·陳公 3

【注】從鳥各聲。與"雒"當為一字。《說文》："雒，鵋鶀也。從隹各聲。"鵋鶀，今稱鵂鶹，也叫橫紋小鴞。●人名。《周鵅盨》："周鵅乍（作）旅須（盨）。"●讀鷺。《上博四·采風 4》"鵅羽"，即"鷺羽"，見《詩·小雅·宛丘》"值其鷺羽"。

包山 269

【注】從羽各聲。●讀就。《包山 269》："絑（朱）縞七翗（就）。"

信陽 2·28　新蔡甲三 42　郭店·窮達 13　上博二·容成 1

上博五·三德 17　清華三·琴舞 12十一年皋落戈　璽彙

0045　璽彙 3421十鐘 3·59　圖典 415

【注】從艸各聲。●讀落。三晉兵器銘文中的"咎茖""上咎茖"，蔡運章、劉釗先生認為即見於《左傳·閔公二年》的"皋落"。《十一年皋落戈》："十一年咎（皋）茖（落）太命。"《史記·酷吏列傳》"置伯格長"，《集解》引徐廣曰："古村落字亦作格。"《後漢書·馬融傳》李賢注"格與茖古字通"是其佐證。"皋落"古地名，戰國屬韓。●《璽彙 0045》"疋茖司馬"，"疋茖"當是地名，具體地望待考。　●讀落。《上博八·李頌 1》："戠（箋）冬之旨（祁）倉（寒），梟（巢）元（其）方茖（落）可（兮）。"●讀暮。《清華一·耆夜 12》："蟋蟀在席，歲聿云茖。今夫君子，不喜不樂。"今本作"暮"。"各"是見母鐸部字。古書中從"各"得聲的"貉"與"莫"可以通假，如《左傳》昭公二十八年："德正應和曰莫。"《詩·大雅·皇矣》鄭箋引莫作貉。●《清華三·琴舞 12》："右（佑）帝才（在）茖（落）。""落"，居處。劉向《列女傳·楚老萊妻》："老萊子乃隨其妻而居之，民從而家者，一年成落，三年成聚。"佑帝在落，猶金文和典籍習語"在帝所""在帝左右"。●讀璐。《郭店·窮達 13》："無（璑）茖（璐）堇（瑾）愈（瑜）㙮（寶）山石。"《玉篇·玉部》："璐，美玉也。"

格
佣生簋　佣生簋　佣生簋　佣生簋　佣生簋　晉侯

銅人　佣生簋　佣生簋　佣生簋　佣生簋　格伯作晉姬簋

格氏矛 六年格氏令戈 陶彙6‧42 陶彙6‧43 秦里耶8‧455

【注】從木各聲，與小篆同。《説文》："槅，木長皃。從木各聲。"段玉裁注："長木言木之美。木長言長之美也。木長皃者，格之本義。引申之長必有所至。"所釋當為引申義。本義是來、到，如《尚書》："光被四表，格于上下。"●國名。《佣生簋》："格伯取良馬乘于佣生。"格伯為方國格的諸侯。●格氏：地名，地望不詳。《格氏矛》："格氏冶黪。"●占地面積。《里耶8‧455》："格廣半畝，高丈二尺，去鄉七里。"

楚 包山223 新蔡乙二8

【注】從竹各聲。●讀茖。簡文"彤茖"，為紅色的菁草。

賂 楚 清華二‧繫年33

【注】從貝各聲。●用為本義，賄賂。《清華二‧繫年33》："惠公賂秦公曰。"

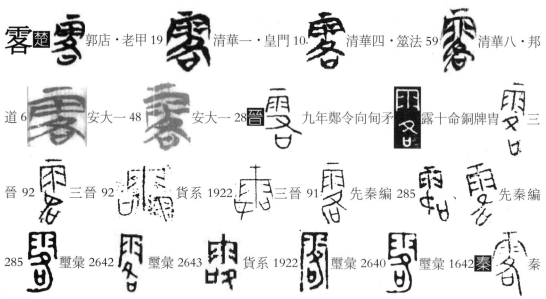
雺 楚 郭店‧老甲19　清華一‧皇門10　清華四‧筮法59　清華八‧邦道6　安大一48　安大一28 晉 九年鄭令向甸矛　露十命銅牌胄　三晉92　三晉92　貨系1922　三晉91　先秦編285、先秦編285　璽彙2642　璽彙2643　貨系1922　璽彙2640　璽彙1642 秦 秦公鎛

【注】甲骨文作，從雨各聲。金文小篆同。《説文》："雺，雨零也。從雨各聲。"段玉裁注："此下雨本字。今則落行而雺廢矣。"●讀露，姓氏。《九年鄭令向甸矛》："司寇雺商。"《通志‧氏族略》引《風俗通》："漢有上党都尉露平。"●讀各，典籍作"格"。《秦公鎛》："㠯（以）邵雺孝亯（享）。"邵雺，古成語，即昭格，意為光明照耀、降臨。●地名。《露十命銅牌胄》："雺（露）十命。""雺"即"露"，可讀為路、潞。《左傳‧宣公十五年》："辛亥滅路。"即《漢書‧地理志》上黨郡屬縣"潞縣"，在今山西潞縣東北。●楚文字多讀露，雨露。《清華八‧邦道6》："水霅（旱）、

雨霝（露）之不尼（度）。"

霝_晉 璽彙 2276　霝 璽彙 2277

【注】從艸霝聲，疑"露"之省文。●晉璽"薺☒""薺衯"，讀露，姓氏。

郤_晉 璽彙 2128　晉 匯考 109

【注】從邑各聲。《匯考 109》首字左邊所從的形體，李家浩釋"各"，認為"戰國文字往往把'口'旁寫作'山'形。"《燕國"泃谷山金鼎瑞"補釋》●晉璽"郤墨"，讀格，姓氏。●《匯考 109》"郤坣（府）"，地名。

略_秦　詛楚文　嶧山刻石　秦編 1908

【注】從田各聲。●《詛楚文》："且複略我邊城。"《方言》："略，強取也。"《廣雅》："略，求取也。"在這裏是強行收回之意。●秦封泥"略陽丞印"。略陽，地名。

祒_楚　上博四·昭王 1　上博四·昭王 1　上博九·靈王 5

【注】從示各聲。●讀落，特指宮室剛建成时舉行的祭礼，猶今之"落成"。《上博四·昭王 1》："昭王為室於死汜之滸，室既成，將祒（落）之。"傳世典籍皆借"落"字為之。《左傳·昭公七年》："楚子成章華之台，願與諸侯落之。"杜預注："宮室始成，祭之為落。"這種典禮亦稱為"考"。《詩·小雅·斯干序》："斯干，宣王考室也。"毛傳："考，成也。"《春秋·隱公五年》："考仲子之宮，初獻六羽。"《禮記·雜記》云："成廟則釁之，路寢成則考之而不釁。釁屋者，交神明之道也。"鄭玄云："言路寢生人所居，不釁者，不神也。考之者，設盛食以落之爾。《檀弓》曰：'晉獻文子成室，諸大夫發焉'是也。"

客　師遽簋　衛簋　師眉簋_齊　陳喜壺　鄦大史申鼎

匯考 33_楚　邻王糧鼎　姑馮昏同之子句鑃　曾伯陭壺　鑄客鼎　鑄客簋　鄝客問量　包山 135　包山 157　望山

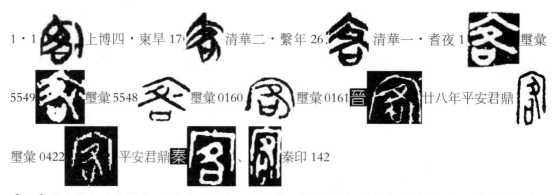

【注】從宀從各（來到），會來客人之意；各兼聲。《師眉簋》疊加宮為聲符。宮、客共用宀旁，二字均屬牙音。《說文》："客，寄也。從宀各聲。"本義是自外而入的人，如《史記》："李斯上書說，乃止逐客令。"由此引申指寄居他鄉的人亦稱"客"。●讀各，至也。《衛簋》："王客（各）于康宮。"《利鼎》："唯王九月丁亥，王客于殷宮。"●賓客。《曾伯陭壺》："用鄉（饗）賓客。"●外來使者。《燕客量》："郾（燕）客臧嘉餌（問）王于葳郢之戠（歲）。"《大府鎬》："秦客王子齊之戠（歲）。"謂秦王子齊使楚之年，該句省略謂語。●特指來自外國之冶鑄工師。《鑄客鼎》："鑄客為集脮（廚）為之。"●人名。《干氏叔子盤》："干氏弔（叔）子乍（作）中（仲）姬客母嬰（滕）殷（盤）。"●讀各，各個。《郭店·六德35》："古（故）夫夫，婦婦，父父，子子，君君，臣臣，此六者客（各）行亓（其）戠（職）。"●讀格，訓告。《上博五·競建7》："昔先君客王，天不見禹，坓（地）不生龍，則訢者（諸）槐（鬼）神曰。"

【注】從艸客聲。●讀落。《清華八·邦道23》："鴞蓉（落）有常。"

【注】從示客聲。●祭禱先人之禮。《包山202》："祔於新（親）父郱（蔡）公子豪（家）。"《周禮·秋官·大行人》："掌大賓之禮及大客之義。"客之禮與賓略同而次於賓。古代祭儀，祭祀自然諸神之時，同時祭祀列祖列宗，商代稱"賓"，楚人襲殷禮，或稱"賓"，或稱"客"（"祔"之示旁是為了強調其祭祀之義）。

【注】從叩客聲。●讀恪。《清華九·成人29》："礐（恪）緖（哉）毋諭（怠）。"●讀祔。《清華九·禱辭1》："曾孫某邑不幸，命礐（祔），敢用五器宮之以石（祐）。"整理者注："礐，讀為'祔'，為祭名，包山簡有'祔于親父'、'祔親母'。上博簡《昭王毀室》'室既成，將祔之'之'祔'當與'祔'同，或是一種新室落成後的祭祀。"

上博二·容成 26　　　上博六·天乙 6　　　清華二·繫年 17　　　清華二·繫年

102 　二十八年上洛左庫戈 　戰編 7363 　秦印 216 　陶彙 5·115

【注】甲骨文作 、、，從水各聲。金文小篆同。《説文》："，水。出左馮翊歸德北夷界中，東南入渭。"本義洛河，又作"雒"，指發源于陝西東南部經河南洛陽流入黃河的雒水。● 水名。黃河下游南岸大支流，即今之洛河。《虢季子白盤》："博伐嚴狁（玁狁）于洛之陽。"● 讀格，至也。《隩尊》："洛（各）于官。"《大師盧豆》："用邵洛朕（朕）文且（祖）考。"楊樹達謂"洛"當假為經典通用之格字。● 洛都：即成周，後稱洛陽，戰國末稱東周。《十二年上郡守壽戈》："洛都。"● 讀樂，音樂。《上博六·天乙 6》："洛（樂）尹行身咊（和）二：一憙（喜）一怂（怒）。"

雒　陶新 3303　　、　秦編 607　　　里耶 8·232

【注】從隹各聲。● 秦封泥印"上雒丞印""雒陽丞印"均為地名。上雒，在今陝西商州市。雒陽，本名洛邑，春秋時亦稱成周。戰國時改稱雒陽，以在雒水之北而得名。東漢建都於此，三國時改稱洛陽。在今河南洛陽。

輅　子犯鐘 　昷叔子戟 　四年春平相邦鈹 　四年邟令輅庶戈

　璽彙 2491　　　璽彙 2492　　　璽彙 2495

【注】從車各聲。《説文》："，車軨前橫木也。"本義綁在車轅上用來牽引車子的橫木。● 車名，典籍或作"路"。《子犯鐘》："王克奠王立（位）；王易（賜）子軝（犯）輅車。"《玉篇》大車也。《釋名》天子所乘曰玉輅。謂之輅者，言行于道路也。● 疑讀駱，姓氏。《四年邟令輅庶戈》："邟命（令）輅庶。"

絡楚　天星秦　睡簡·雜抄 17

【注】從糸各聲。《説文》："，絮也。一曰麻未漚也。從糸各聲。"段玉裁注："絮也。今人聯絡之言。"本義網狀物。●《睡簡·雜抄 17》："徒絡組廿給。"《廣雅》："緶也。"絡組，穿聯甲札的繮帶。徒（一般工人）絡組二十根。●《睡簡·封診 68》："衣絡襌襦、帬各一。"絡，《廣雅·釋器》："綃也。"身穿絡制的短衣和裙各一件。

絡 齊 陳璋壺

【注】從宀絡聲。●讀絡。《陳璋壺》：“廿二重金絡（絡）殿（鑲），受一青（觳）六爰。”絡鑲，網絡錯金與鑲嵌。

鉻 楚 信陽 2・11 上博二・容成 18

【注】從金各聲。●《玉篇》鉤也。《信陽 2・11》：“二彫鉻。”●讀挈，《爾雅・釋詁》利也。《上博二・容成 18》：“不斳（製）革，不釖（刃）金，不鉻（略）矢。”或讀略，“略矢”使矢鏃鋒利。

咢 楚 上博三・周易 42　清華五・厚父 2　清華一・皇門 1

【注】從叩各聲。●楚簡多讀格，格至之格。《清華一・皇門 1》：“公咢（格）才（在）者（庫）門。”《上博三・周易 42》：“王咢（格）于庿（廟），利見大人，卿（亨），利貞。”

珞 楚 包山 167　清華十一・五紀 115

【注】從玉各聲。●包山簡地名。●《清華十一・五紀 115》：“四尤司兵，珪（圭）辟（璧）璜琥，迪（陳）玉梪（設）璋，走乇（御）珞珢，祝宗唬（號）卂，囝（攝）韋（威）於四亢（荒）。”“珞”即“瓔珞”，慧琳《一切經音義》卷七十八：“瓔珞，上益盈反，下郎各反，《考聲》：頸飾也。”

畧 楚 信陽 1・1

【注】從二各，當為“各”之繁文。●讀格。

烙 楚 清華七・子犯 12

【注】從火各聲。●《清華七・子犯 12》：“殺三無殆（辜），為爊（炮）為烙。”《荀子・議兵》：“紂……為炮烙刑。”“炮”和“烙”都是名詞，炮烙不是偏正結構，而是並列結構。“烙”相當於“盂”，“炮”相當於《容成氏》中的“圜木”。圜木，古書也叫金柱銅柱。

胳 楚 清華三・説命中 5

【注】從肉各聲。●腋下。《清華三・説命中 5》：“复（且）天出不恙（祥），不虔（徂）遠，在呚（厥）胳。”《説文・肉部》：“胳，亦下也。從肉各聲。”後世有“變生肘腋”的成語，即是言

變故生於側近之地，故這裏的"胳"正與上文的"遠"相對。

上博六·平王 4

【注】從皿酪聲，當為"酪"之繁文。●讀酪，指醋。《禮記·禮運》："以亨以炙，以為醴酪。"鄭玄注："酪，酢截。"《上博六·平王 4》："知醓不盍，盨（酪）不鼗（酸）。"

溪紐宵聲

璽彙 0282　匯考 45

【注】會意字。甲骨文作𣅶，從日從二小，會日光穿過縫隙之意，"隙"之初文。●《璽彙 0282》"右遂（遂）文宵信鉨"當為右遂之人名。從印文知"遂"分左右，如同"廩"分左右一樣。《匯考 45》"右槀迊宵糬鉨"，亦為人名。

秦公簋　毛公鼎 齊 叔尸鎛 楚 郭店·五行 25　上博一·緇衣

9　上博一·緇衣 9　包山 15　上博六·用曰 5　新蔡甲一 25　新蔡甲三

374　清華四·筮法 46 晉 晉公盆 秦 秦公鎛

【注】從虎（或虍）宵聲，與小篆同。《説文》："虩，《易》：'履虎尾虩虩。'恐懼。一曰蠅虎也。"本義為恐懼的樣子，如"震來虩虩，笑言啞啞。"●讀赫。《秦公鐘》："刺刺（烈烈）卲文公、靜公、憲公，不象于上，卲合皇天，目（以）虩事䜌（蠻）方。"虩事，讀為赫事。虩、赫通假。赫義為"明"為"顯"。事，治。《戰國策·齊策》："以詳事下吏。"韋昭《注》："事，治也。"赫事，意為光明之治，指秦在西戎之地得以大治。●讀赫。《叔尸鎛》："虩虩成唐（湯），又敢才（在）帝所。"《晉公盆》："虩虩才（在）上。"《易·震》："震來虩虩，後笑言啞啞。"鄭玄注："虩虩，恐懼貌。"用來形容君王先祖頗為不合。故此處"虩虩"當讀如"赫赫"，"虩""赫"二者古音同屬曉母鐸部字。《詩經·小雅·節南山》："赫赫師尹。"毛傳："赫赫，顯盛貌。"楚文字習見"虩虩"用語。《上博一·緇衣 9》："虩（赫）虩（赫）市（師）尹，民具尒（爾）贍（瞻）。"《郭店·五行 25》："明明，智也。虩（赫）虩（赫），聖也。"●讀赫。《毛公鼎》："虩（赫）許（戲）上下若否雩四方。"虩許，當讀作典籍之"赫戲"。《楚辭·離騷》："陟升皇之赫戲兮，忽臨睨夫舊鄉。"王逸注："皇，皇天也。赫戲，光明貌。"虩許、赫戲皆聲假字，用作動詞。銘意為，明察朝廷上下和天下的善惡之事。●包山簡人名。

澩^齊 陶彙 3・995

【注】從水斈聲。●齊陶人名。

溪紐谷聲

谷  九年衛鼎^齊 陶録 2・560

【注】※是"斋/希"（讀綌）的初文，象粗葛布之形；口為贅符。戰國從谷之字多作※，小篆訛為谷，因其與去字形近，故從谷之字或隸定為從去。《説文》："谷，口上阿也。從口，上象其理。凡谷之屬皆從谷。啗，谷或如此。臄，或從肉從虏。其虐切。"段玉裁注："口上阿，謂口吻巳上之肉隨口捲曲。"●《九年衛鼎》："歔，乑（厥）隹（唯）顏林，我舍顏陳大馬兩，舍顏始（姒）虡谷，舍顏有嗣（司）壽商圖（貔）裘。"疑讀綌，《説文》："綌，粗葛布。"●齊陶疑為地名。

脃（胠） ^秦  秦印 289 里耶 8・2246 、、

印增 147

【注】從肉谷聲。馬王堆漢墓作、（帛編 160）。作者，所從谷已類化為去。馬王堆帛書"卻"作卻（帛編 375），谷則訛為"斉"。谷、斉後世隸為"去"。而谷後世與谷混淆。《説文》作"胠"，"亦下也。從肉去聲。"●均為人名。

胁 ^秦  、 睡簡・日甲 159 背

【注】從力胠聲。"脃"之繁文。●《睡簡・日甲 159 背》："令頭為身衡，脊為身剛，胁（胠）為身張，尾善毆（驅）☐，腹為百草囊，四足善行。"整理者釋文作"腳"。這段簡文叙述順序大致由前而後，由上而下，并且後來還專門説到"四足善行"，因此該字釋"腳"并不妥貼。恐當改釋為"胁"，讀胠。《集韵・業韵》："胠，腋下也。或從'劫'。"《廣雅・釋親》："胠，脅也。"

卻 ^秦  睡簡・封診 66 里耶 8・135 里耶 8・157 過耳 289

【注】從卩谷聲。"卻"之本字。●讀腳。《睡簡・封診 66》："下遺矢弱（溺），汙兩卻（腳）。"●"卻佗"，姓氏。

子姶迣子壺

【注】從女谷聲，疑"妼"之本字。●人名。

瓲子劍

【注】從乳谷聲。《説文》："瓲，相踦之也。從乳谷聲。"●讀郤，姓氏。《瓲子劍》："瓲子之用。"郤，《説文》："晉大夫叔虎邑也。從邑谷聲。"郤，姬姓，晉公族食采邑于郤，因氏。晉大夫有"郤獻子"。字或作"郄"。

包山 170

【注】從土谷聲。字亦見於銀雀山漢簡作塔，字用為"天隙"之"隙"。古"谷""𧮫"音近可通。此"垎"疑即"隙"之異體。●人名。

郤氏左戈 睡簡·日乙 199 、 印增 248 詛楚文

【注】當從邑谷聲；谷、合偏旁中混作。《説文》："郤，晉大夫叔虎邑也。"古地名用字。●地名。《郤氏左戈》："郤氏左。"又《通志·氏族略》："晉大夫郤文子食邑于郤，以邑為氏。"《左傳·僖公二年》"冀為不道"注曰："國名，……今山西省河津縣東北有冀亭遺址，當是其國都。不久終為晉所滅，以為郤氏食邑。"則此其地似原名"冀"，晉滅之後改為"郤氏"。●秦印"郤政""郤積"，讀郤，姓氏。楚文字用"垎"表示。●楊樹達讀殽，秦地名。《詛楚文》："率者（諸）矦（侯）之兵以臨加我郤。"《絶秦書》云："迭我殽地，……殄滅我費滑，散離我兄弟，撓亂我同盟。"此節襲自彼文，"臨加我郤"，尤彼云"迭我殽地，殄滅我費滑"也。《説文七篇下邑部》云："郤，晉大夫叔虎邑也。"與此文之郤名同而地異。●讀隙。《睡簡·日乙 199》："正北夬麗，東北執辱，正東郤逐。"隙逐，因有怨隙而被驅逐。

璽彙 1661

【注】從革谷聲。●齊璽人名。

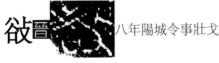八年陽城令事壯戈

【注】從攴谷聲。●"冶啟、啟"，人名。

疑紐屰聲

屰 屰爵 屰父癸鼎 散氏盤 楚 上博八 · 顏淵 13

【注】甲骨文作 、 、 ，從倒人，會不順之意。金文同。《說文》：" ，不順也。從干下屮。
屰之也。"本義為不順，與"逆"同義，是"逆"的本字。由于"屰"作了偏旁，便又另加形符
"辶"寫作"逆"。偏旁中或訛為牛、丰、羊、干等形。●族氏名。見于《屰鼎》《亞屰卣》等。
●《上博八 · 顏淵 13》："屰行而信，先尻（處）忠也。"原整理者釋為"屰"，未括注。或釋為
干，在簡文中應當讀簡。干、簡皆屬見紐元部，雙聲疊韻，當可通用。"簡行而信，先處忠也"，
謂行事簡易就會使他人信從，這是因為自己早先為人忠誠。

諤 楚 清華一 · 保訓 6 安大二 · 仲尼 13

【注】從言屰聲。屰旁與毛相混。●讀逆。《清華一 · 保訓 6》："測会（陰）膓（陽）之勿（物），
咸川（順）不諤（逆）。"●整理者讀語。《安大二 · 仲尼 12》："中（仲）尼之嵩諤（語）也。"
上古音"屰"屬疑母鐸部，"語"屬疑母魚部，二字的聲母相同，韻部陰入對轉，故可通用。

霷 楚 郭店 · 成之 39

【注】從雨從肉屰聲。●讀逆。《郭店 · 成之 39》："言不霷（逆）大棠（常）者，文王之型（刑）
莫厚安（焉）。"

逆 仲再簋 隋侯簋 卲簋 逆歔父辛鼎 逆尊 壽夢之子
劍 叔趯父卣 叔趯父卣 逆鐘 逆鐘 麥尊 齊 陳逆簋
陳逆簋 陶録 3 · 540 楚 鄂君啟車節 上博一 · 性情 4 上博六 · 慎
子 1 清華八 · 攝命 22 清華八 · 攝命 23 清華一 · 金縢 12 清華一 · 金
縢 9 清華十一 · 五紀 124 清華一 · 楚居 1 郭店 · 性自 10 郭店 · 性自

11 包山 75　　郭店・性自 17　　清華八・處位 1　　上博五・季庚

17 晉　中山王嚳壺　　侯馬　　行氣玉銘　　璽彙 5281　秦　嶧山刻石

睡簡・雜抄 38　　秦表 66

【注】甲骨文作屰、屰、屰、屰、屰、屰、屰、屰、屰，字從倒人形，會逆向而行之意。或增從彳、止、辵，表行動。屰兼聲。金文同甲骨文。《召鼎》等人形變形音化從牛聲。睡虎地秦簡“逆”字作逆，變形音化從“羊”聲。古音“逆”在疑紐鐸部，“羊”在以紐陽部，聲韻俱近。楚文字屰或訛為毛、干。《説文》：“逆，迎也。從辵屰聲。關東曰逆，關西曰迎。”本義逆迎，與“送”相對。●迎、接。《𪁾鐘》：“𫞦孿乃遣閑來逆邵（昭）王。”《令簋》：“用鄉（饗）王逆𨒅。”逆𨒅，即迎送、出入之意。引申為迎親、迎娶。《楸車父壺》：“楸車父乍（作）皇母☐姜寶壺，用逆姑氏。”《春秋・莊公二十四年》：“公如齊逆女。”●讀遡，倒、反，與“順”相對。《同簋》：“乓（厥）逆至于玄水。”引申為違抗、相悖。《中山王嚳壺》：“不顧逆忎（順）。”《行氣玉銘》：“巡（順）則生，逆則死。”●人名。《陳逆簋》：“墜（陳）氏裔孫逆。”●讀朔，北方。《九年衛鼎》：“于邵（昭）大室東逆（朔），焚（營）二川。”《爾雅・釋訓》：“朔，北方也。”東逆，即東朔，即東北方。又《九年衛鼎》：“乓（厥）逆（朔）彊（疆）罙厲田，乓（厥）東彊（疆）罙散田，乓（厥）南彊（疆）罙散田，罙政父田，乓（厥）西彊（疆）罙厲田。”逆、東、南、西四疆，逆即指北方。●授也。《三年𤺄壺》：“己丑，王才（在）句陵，鄉（饗）逆酉（酒）。”《儀禮・聘禮》：“眾介皆逆命不辭。”鄭玄注：“逆，猶受也。”古文受、授同字。器銘“逆酒”之意當是授酒。●逆，奏事上書曰逆。《清華八・處位 1》：“厇（度），君嚳（速）臣，臣適逆君。”《夏官・太僕》“掌諸侯之復逆”，注：“玄謂復之言報也，反也，反報於王。謂朝廷奏事，自下而上曰逆。逆謂上書。”《清華八・攝命 22》：“亦尚𡧦（辯）逆于朕。”●迎受。逆，《説文》“迎也”。《周禮・小宰》“以逆邦國都鄙官府之治”，注：“迎受也。”《郭店・性自 17》：“凡眚（性）或勭（動）之，或逆之。”

多友鼎

【注】從口逆聲。●讀逆。《多友鼎》：“余肇事（使）女（汝），休不噫（逆），又（有）成事，多禽（擒）。”

朔 齊　　陶録 3・228　　、　　、　　陶録 3・230　陶彙 3・1148　陶彙

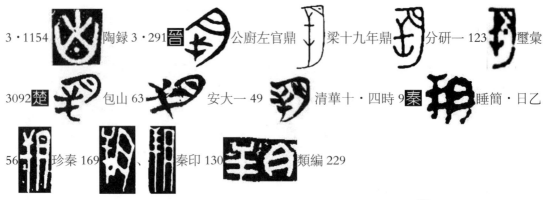

3·1154　陶録 3·291晋　公廚左官鼎　梁十九年鼎　分研一 123　璽彙

3092楚　包山 63　安大一 49　清華十·四時 9秦　睡簡·日乙

56　珍秦 169、　秦印 130　類編 229

【注】從月屰聲，與小篆同。齊陶文"屰"旁截除下部形體。《說文》："朔，月一日始蘇也。"本義為每月的第一天。●朔日，月初一之日也。《公廚左官鼎》："十一年十一月乙巳朔。"此表明作器之時間。●朔方：方國名。《梁十九年鼎》："穆穆魯辟，遣（祖）省朔旁（方）。"祖省朔方，指梁惠王視察長城。《書·堯典》："申命和叔，宅朔方。"西漢元朔二年（公元前 127 年）置有朔方縣，治所在今内蒙古杭錦旂北。或謂北方之泛稱。●包山簡、秦印等為人名。●讀溯。《安大一 49》："朔（溯）韋（違）從之。"●《璽彙 3092》"言不朔"，其中"不朔"作合文，應讀"言不逆"。

譈楚　清華九·迺命二 6

【注】從言朔聲。"譈""愬"皆為"訴"字異體。《說文·言部》："訴，告也。從言，斥省聲。《論語》曰：'訴子路于季孫。'譈，訴或從言朔。愬，訴或從朔、心。"●讀愬，誹謗。《清華九·迺命二 6》："母（毋）或謕譈（愬）毀貣（慝），孚（免）身相上，而數（默）政事民人善否、替由。"《論語·顏淵》："浸潤之譖，膚受之愬。"

㢖晋　璽彙 4133

【注】從广朔聲，疑"朔"之異文。●燕璽人名。

遡齊　、　、　陶録 3·227

【注】從辵朔聲。●齊陶人名。

庲秦　睡簡·語書 11　嶽麓三 96　印增 373

【注】《說文》："庲，卻屋也。從广屰聲。"卻屋者，謂開拓其屋使廣也。開拓之際必有所斥除也，斥卻之義即由此引申。隸變后作斥；"斥"由"庲"字訛變，其訛變過程為庲→庲→庲→斥。

●讀訴。《睡簡·語書11》："是以善斥（訴）事。"陳訴事情。●秦印"邱庐"，人名。

墒（圻）  秦編1896

【注】從土庐聲。今作"圻"。●秦印"墒（圻）禁丞印"。《爾雅·釋地》："東北之美者，有庐（以下通作斥）山之文皮焉。"郝懿行義疏："斥山，瀕海之山。《隋地理志》東萊郡文登縣有斥山。"封泥之"圻"應即《爾雅》之"斥山"，與成山或榮成山近。秦始皇出遊，曾兩次到過成山。所以其地設禁苑行宮也在情理之中。

蹿 秦 睡簡·雜抄8

【注】從足庐聲，"趏"之異文。趏，漢印作 （漢印146）。●讀趏，以腳蹋弩。《睡簡·雜抄8》："輕車、蹿（趏）張、引强、中卒所載傅〈傳〉到軍，縣勿奪。"趏張，腳踏弓弩。

疑紐噩聲

噩 噩叔簋　　叔噩父簋　　叔噩父簋　　禹鼎　　噩侯簋

曆季尊 楚 上博五·弟子19　　清華一·楚居6　　包山76

清華十·司歲8 分研137

【注】甲骨文"噩""喪"同形，作 、 、 、 、 、 、 ，從口桑聲。金文同甲骨文。吳大澄、劉心源、容庚均以為"咢""噩"為一字。戰國文字作 （包山楚簡），"桑"作簡形。秦文字作 ，桑形訛作于形。《說文》作"咢"。《說文》："咢，譁訟也。從吅屰聲。"段玉裁注："引伸為徒擊鼓曰咢。又韋賢傳。咢咢黃髮。"《玉篇》驚也。《周禮·春官·占夢》六夢，二曰噩夢。《注》杜子春云：噩，當為驚愕之愕，謂驚愕而夢。●西周的諸侯國，姞姓，在今河南南陽北，典籍作"鄂"。《禹鼎》："伐噩（鄂）侯馭方，勿遺壽幼。"《鄂侯鼎》："噩侯馭方內（納）豊（醴）于王。"金文多以"噩"為"鄂"。鄂為申伯就封以前，周王室即倚以控制南淮夷、東夷諸國。至厲王時，鄂侯叛周。宣王即位後不久，即改封申、呂於南陽盆地，改封的目的一如《詩經·大雅·崧高》所强調的"維申及甫，維周之翰"。●人名。《叔噩父簋》："弔（叔）噩（鄂）父乍（作）鷟姬旅毁。"●讀愕。《上博五·弟子19》："子迻（路）遳（往）唬（乎）子，噩=（愕愕）女（如）也女（如）或（誅）。"《漢書·韋賢傳》："喻喻諸夫，咢咢黃髮。"顏師古注曰："咢咢，直言也。""咢"孳乳為"諤"。《集韻·鐸韻》："諤，諤諤，直言。""諤諤"或作"愕愕"。《史記·商君列傳》："千人之諾諾，不如一士之諤諤。"《文選·袁宏〈三國名臣序贊〉》李善注引作"愕愕"。所以簡文"噩"讀愕、讀諤無不可，不過當以"咢"為其本字。子路性魯直，經常敢于與孔子直言論難，故簡文謂其"咢咢如也如誅"。"誅"者，以言語誅責攻討也。

鄂 楚 鄂君啟車節 鄂君啟舟節 包山 164 清華二·繫年 9

【注】從邑噩聲。《説文》："鄂，江夏縣。"本義為地名。●戰國時楚國封邑，在今湖北鄂城。《鄂君啟舟節》："為鄂（鄂）君啟之賡（府）商鑄金節。"

鱷 楚 清華一·楚居 12

【注】從鳥噩聲。●讀鄂。簡文"鱷郢"，可讀作"鄂郢"，陳偉定在湖北鄂州。（《讀清華簡〈楚居〉札記》）

咢 楚 清華三·祝辭 3 清華三·祝辭 5

【注】《説文》："咢，譁訟也。從叩屰聲。五各切。"隸變后作咢。●讀額。《清華三·祝辭 3》："㩴（撫）咢（額）。"

瞿 楚 清華七·子犯 5

【注】從隹吅聲。●讀遻。《子犯 5》："□□於難，瞿（遻）輤（留）於志。"《説文》："遻，相遇驚也。"字亦作遌、愕、愕，指驚心，引申為戒懼、恭敬；字亦作顎、顓，則恭敬見於面也。《廣韻》："顎，嚴敬曰顎。"《集韻》："顎，恭嚴也，或作顓。"此言重耳遭受困難，故驚愕戒慎於心也。詳"輤"字。

端紐乇聲

乇 乇斧 楚 郭店·老乙 16 燕 郾王職壺 晉 乇庫矛 兆域圖銅版

璽彙 3278 貨系 2060 貨系 2061 三晉 109

【注】甲骨文作乇、乇，橫畫在上，與"力"字正相反，構形不明。甲骨文或繁化乇、乇，卜辭中用與乇全同。金文作乇、乇、乇、乇、乇等形（見《金文編》511 頁"宅"所從）。戰國文字或演變為乇、乇、乇、乇。故《兆域圖銅版》所作，為乇字，與楚系文字作乇同，舊釋為尺，不確。●讀尺，長度單位，十寸為一尺。尺、乇音近可通。《兆域圖銅版》："兩堂間八十七乇（尺）。"戰國文字"尺"作尺（雲夢）、尺（青川木牘），構形不明。●讀輟，斷絕。《郭店·老乙 16》："善建者不拔，善休（保）者不兌（脱），子孫以其祭祀不乇。"●韓方足小布讀宅。"乇易"，

即宅陽，地名。●《璽彙3278》"乇悬"姓氏，疑讀斥。●《乇庫矛》："乇庫。"詳"攷"字。或讀捶。《説文》："捶，以杖擊也。從手垂聲。"

 趄公祇陶豆

【注】從示乇聲。●人名。

 蔡侯申盤 單婼託戈

【注】從言乇聲。《説文》："託，寄也。"《玉篇·言部》："託，依憑也。"楚文字或用"宅""侘"表示託。●依循、遵循。《蔡侯盤》："威義（儀）游遊，儒頌託商。"游遊，即悠悠，寬閑自得貌。儒，當訓善、美；頌，容之本字。"商"當讀常。"常"，常規、常灋。"託常"，依循常灋，符合規矩。"靈容託常"是讚美大孟姬美好的儀容舉止依循常灋。古人特別強調儀容舉止要循規蹈矩。如《禮記·緇衣》："子曰：'長民者，衣服不貳，從容有常，以齊其民，則民德壹。'"《左傳·襄公三十一年》："周旋可則，容止可觀。"《禮記·月令》："先雷三日，奮木鐸以令兆民曰：'雷將發聲，有不戒其容止者，生子不備，必有凶災。'"●人名。《單婼託戈》："單婼託乍（作）用戈。"

 郾王職戈 郾王戎人矛 郾王職矛 郾王戎人矛 公孳里雅戈

【注】從攴乇聲。張崇禮釋為"度"或"剫"。"乇"，端母鐸部；"度"，定母鐸部。二者古音十分接近。從傳世典籍通假關係來看，"宅"和"度"相通用。如《尚書·堯典》："宅西曰昧穀。"《周禮·天官·縫人》鄭注引"宅"作"度"。《尚書·舜典》："五流有宅。"《史記·五帝本紀》作"五流有度"。其例甚多，不贅舉。從戰國文字來看，中山王嚳鼎"考宅唯刑"的"宅"讀"度"；郾王職壺"乇幾卅"的"乇"，董珊、陳劍先生亦讀"度"。楚系文字中二者相通的例子也很多，如上博六《上博六·建州》簡7、8的"恥乇"讀"恥度"，上博七《凡物流形》簡3的"五乇"讀"五度"。（詳《釋燕兵器銘文中的"斫"》）●讀斫。斫、度音、義皆近，故"攷"可讀"斫"。《説文》："斫，擊也。"《郾王職戈》："郾（燕）王職乍（作）巨攷鋸。"●讀捶。《柀里瘋戈》："攷僕大夫。"黃德寬謂"巫"古文作𢱭為攷之訛變。垂從巫得聲。攷僕，讀"捶撲"，《後漢書·申屠剛傳》："捶撲牽曳于前，羣臣莫敢正言。""捶僕大夫"為武官名，隸屬於左軍。

 毫婦爵

【注】從毫乇聲。●金文古地名。

 清華一·楚居1 璽彙0434 璽彙1525 璽彙2018

【注】從石乇聲。●晉璽人名。●讀宅。《清華一·楚居1》："遊（前）出于喬（驕）山，矺（宅）凥（處）爰波。"

畟 晉  璽彙 0069

【注】從田矺聲。●晉璽"畟奴司寇"，地名。

迁 楚  包山 265

【注】從辵乇聲。●包山簡與楚簡之"込缶"為一器之異名，疑込字誤書，詳"込"字。

囝 楚  郭店·老甲 23

【注】從囗乇聲。●讀橐。《郭店·老甲23》："天地之間，其猷（猶）囝（橐）籊（籥）與？"

尾 楚  清華三·琴舞 8

【注】從尸乇聲。●讀度。《清華三·琴舞8》："是隹（惟）尾（度）。"

亳  亳父乙鼎  乙亳觚  内史亳觚 秦  睡簡·日甲 149 背

【注】甲骨文作、、、、、、，從高省，乇聲。徐中舒謂象高地，為上覆蓋物以供出入之階梯，象高地穴居之形，象橫梁（《甲骨文字典》592頁），可資參考。金文小篆同甲骨文。《説文》："，京兆杜陵亭也。從高省，乇聲。"本義為廣室高樓。商代就有類似亳的高大建築，能夠在亳中居住的人非一般的人，而是帝王，所以亳在上古即成為商代首都的專用名詞，如《史記》："湯始居亳。"●金文均為人名。《亳鼎》："亳敢對公中（仲）休，用乍（作）尊鼎。"●地神。《睡簡·日甲149背》："田亳主以乙巳死，杜主以乙酉死，雨（師）以辛未死，田大人以癸亥死。"

㲯 晉  璽彙 1856

【注】從泉乇聲。●晉璽人名。

鈘 齊  郝公鈘鐘 楚  信陽 2·15

【注】從金乇聲。《金文編》隸作"釛"，注云："説文所無玉篇金也。"此文當隸作"鈘"。右旁所從非"力"旁，"力"字甲骨文作，西周金文多作形，橫畫均處下端。其若從"力"則應

作，今作，知不是從"力"旁。實則乃"毛"旁，故此文則應隸作"釱"，釱不見字書。

●邾公釱：人名。《邾公釱鐘》："陸轟之孫邾公釱，乍（作）氒（厥）禾（龢）鐘，用敬卹盟祀。"

●《信陽 2 · 15》："厚釱弇（寸）。"或釋為"釱"，劉信芳指出"釱"當讀一。據辭例 M2-10+15 "一青尻☒之璧，徑四寸半寸，博一寸少寸，厚釱寸"，則釱當為數詞，或可讀為一。

耗 秦  里耶 8 · 1033

【注】從禾毛聲。●《里耶 8 · 1033》："陵毋枲耗二秉白布廿四丈。耗☒。"耗，《里耶秦簡牘校釋（第一卷）》（P265）注釋引《集韻 · 麻韻》："麻屬。"從簡文辭例看，"枲耗二秉"與"白布廿四丈"頗一致。

紕 楚  包山 277　 包山牘1

【注】從糸毛聲。●不知指什麼物品。《包山 277》："需（靈）光之結帽。一紕。一絣（縢）組之綬（纓）。"

疕 晉  璽彙 2243　 璽彙 5661

【注】從心疕聲。●晉璽人名。

宅（厇） 何尊　晉公盆　秦公鎛　秦公簋　公父宅匜 楚

清華六 · 子產 7　包山 155　望山 1 · 113　包山 190　郭店 · 老乙 8

郭店 · 成之 33　包山 171　上博二 · 容成 18　上博二 · 容成 3　上博

四 · 曹沫 51　上博七 · 凡甲 3　清華八 · 處位 1　清華七 · 越公 37　上博五 · 競

建 10　上博八 · 蘭賦 2　上博五 · 三德 6　新蔡甲三 11　清華八 · 邦道

4 燕　郾王職壺　鿁小器 晉　七年宅陽令矛　中山王譽鼎　三晉

102 貨系 2045 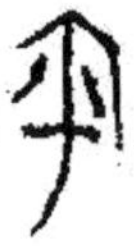貨系 2057 三晉 108 幣編 84 秦 睡簡・日甲 40 背 秦公鐘 秦印 144

【注】甲骨文作、、，從宀從乇（寄託，兼聲），會人所居住處之意。金文同甲骨文。戰國文字或從厂乇聲。或從宀從厂乇聲；形符累加，古文字常有之，如"涉"之作、，"家"之作、。《説文》："，所托也。從宀乇聲。古文宅。亦古文宅。"本義為住處。●住所。《秦公鎛》："我先且（祖）受天命，商（賞）宅受或（國）。"●居住。《何尊》："余其宅茲中或（國）。"引申為治理、統治。《逑盤》："並宅氒（厥）堇（勤）疆土，用配上帝。"銘意為，統治其勤政所得之疆土，與上帝同在。●宮室，猶家也。《何尊》："隹王初鄦宅于成周。"●讀度，謀也。《中山王嚳鼎》："考宅（度）隹（唯）型。"考度惟型，謂考察及度量事物皆有準則可循。●人名。《小臣宅簋》："伯易（賜）小臣宅畫干戈九。"●宅邑：村落，人群集聚之地。《宜侯夨簋》："氒宅邑卅（三十）又五。"●宅陽：地名。《格氏矛》："七年，宅陽命（令）隅鐙。"《史記・韓世家》："（懿侯）五年，與魏惠王會宅陽。"《漢書・地理志》隸于河南郡，在今河南鄭州北。●讀托。《郭店・老乙 8》："……可以厇（託）天下矣。"●《望山 1・113》："月饋東厇公。"簡文為人名，可讀石，簡 1・115 作"東石公"。"石""乇"音近可通，"東石公"即"東宅公"的異文。●讀擇，選擇。宅、擇同屬定母鐸部，可以相通。《郾王職壺》："宅（擇）幾（幾）卅。""幾"通"期"。銘意為，即選擇三十日這一天。或謂讀度，謀也，是指燕昭王職即位後，從謀劃到伐齊復仇成功經歷了近三十年時間。

㡯 楚

清華八・處位 4

【注】從攴厇（宅）聲。●讀度。《清華八・處位 4》："夫不㡯（度）政者。"不按規矩行政。

垞 楚

上博六・天乙 1 上博六・天甲 1 清華十一・五紀 60 清華十一・五紀 68

【注】從土厇（宅）聲。●讀都。《上博六・天乙 1》："天子񲽄（建）之目（以）州，邦君񲽄（建）之目（以）垞（都）。"●讀宅。《清華十一・五紀 60》："矞（規）象衣（依）垞（度）。"

跅 楚

清華十一・五紀 48

【注】從足厇聲。●讀度。《清華十一・五紀 48》："不以刀歘（錟）為象，不以車馬為跅（度）。"

恅 楚

郭店・太一 11 郭店・緇衣 21

【注】從心厇（宅）聲，“⿰忄宅”之異文。●均讀託。《郭店・緇衣21》：“邦豙（家）之不寍（寧）也，則大臣不台（治），而埶（褻）臣⿰忄厇（托）也。”郭店簡《太一生水》：“以道從事者，必⿰忄厇（托）其名。”

⿰厇阝 楚  包山167 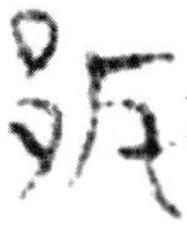 望山1・109

【注】從邑厇（宅）聲。●包山簡讀宅，地名。●《望山1・109》：“東⿰厇阝公。”為人名，可讀石。簡1・113作“東厇公”，簡1・115作“東石公”，均為一字異文。

⿰示厇 楚  清華九・治政43

【注】從示厇聲。●讀磔。《清華九・治政43》：“古（故）卲（灼）龜、鯀（矜）祀、⿰示厇（磔）⿰示襄（禳）、祈⿰示差，⿱丞土（沉）☒珪辟（璧）、我（犧）全（牷）、饋⿰豈邑，以忻（祈）亓（其）多福。”磔禳，即分裂犧牲進行祭祀以除不祥。

⿱厇見 楚  上博一・緇衣23

【注】從見厇（宅）聲。●讀著，顯著。《上博一・緇衣23》：“翌（輕）䜌（绝）貧賤而⿰石主（重）䜌（绝）⿱宀貝（富）貴，則⿰玉子（好）⿱身心（仁）不臤（堅），而惡惡不⿱厇見（著）也。”“著”古音在魚部端紐，“宅”古音在鐸部定紐，二字古音相通，“宅”可能借為“著”。

⿰糸厇 楚  郭店・緇衣44

【注】從糸厇（宅）聲。●讀著。《郭店・緇衣44》：“則好⿱身心（仁）不⿱臤石（堅），而亞（惡）亞（惡）不⿰糸厇（著）也。”

⿵門厇 楚  清華八・邦道14

【注】從門厇（宅）聲。●讀託。《清華八・邦道14》：“⿵門厇固以不䖵于上，命是以不行。”疑讀為“託故”，找藉口。

侘 楚  者汈鐘

【注】從人（原篆訛為卩形）宅聲，“詫”之異文。●讀宅或讀侂，居也。《者汈鐘》：“趄趄哉。弼王宅。”

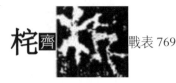

桩 齊 戰表 769

【注】從木宅聲。●不詳。

定紐石聲

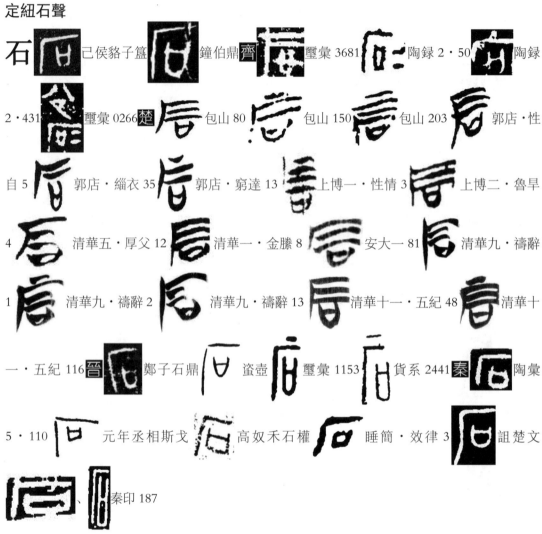

石 己侯貉子簋 鐘伯鼎 齊 璽彙 3681 陶録 2 · 50 陶録

2 · 431 璽彙 0266 楚 包山 80 包山 150 包山 203 郭店 · 性

自 5 郭店 · 緇衣 35 郭店 · 窮達 13 上博一 · 性情 3 上博二 · 魯旱

4 清華五 · 厚父 12 清華一 · 金滕 8 安大一 81 清華九 · 禱辭

1 清華九 · 禱辭 2 清華九 · 禱辭 13 清華十一 · 五紀 48 清華十

一 · 五紀 116 晉 鄭子石鼎 銮壺 璽彙 1153 貨系 2441 秦 陶彙

5 · 110 元年丞相斯戈 高奴禾石權 睡簡 · 效律 3 詛楚文

、 秦印 187

【注】甲骨文作 、 、 、 、 、 。 象石形，加口形分化。李孝定曰：“石字契文 ，
鴻縉氏以為指事，似覺未安，頗疑象石盤之形，磬字作 ，即其確證，蓋石之大小方圓無定形，
制字者遂取磬形象之，亦猶骨之大小長短無定形，制字者遂取卜用胛骨象之。或者將謂制字者
何以不取他石他骨？此無他故，約定俗成使然耳。古文字于空廓處，多增 以為填充， 形又
多與口耳之‘口’相混亂，故後世之石字多從口，許君謂‘口’象石，高氏謂 為吃，皆未安
也。”（《甲骨文字集釋》）戰國文字承襲金文，齊系文字作 ，加 為飾。或作 ，上加橫為飾。
口形或訛作 形。晉系文字或作 ，加短橫為飾。或作 ，省口形。秦系文字作 ，為小篆所
本。《說文》：“ ，山石也。在厂之下；口，象形。凡石之屬皆從石。”本義是石頭。石頭硬而

1160

沉，故又借作重量單位。作為重量單位，一石等于一百二十斤。又用作容量單
位的"石"，等于十斗。●本義，石頭。《詛楚文》："箸者（諸）石章。"《郭店·緇衣 35》："白
珪（圭）之石，尚可磨也。"●重量單位，《説文》作"秖"，每秖為一百二十斤。《五年司馬權》：
"昌（以）禾石（秖）羧皋石。"《廣雅·釋山》："石，秖也。"●人名。《鄭子石鼎》："奠（鄭）
子石乍（作）鼎。"鄭子石，春秋早期鄭國大夫，字子石。●石沱：鼎的別名。《鍾伯鼎》："大
師鍾伯侵自乍石沱。"石沱之石可讀碩，有大的意思。●讀祏，宗廟藏神主之石函，泛指大夫的
宗廟。《作冊嗌卣》："弋勿卟嗌鰥寡，遺祏石（祏）宗不刺。"《清華九·禱辭 1》："曾孫某邑不
幸，命䈞（褚），敢用五器宫之以石（祏）。"典籍作"祏"，《説文》："祏，宗廟主也。《周禮》
有郊、宗、石室。一曰大夫以石為主。"祏，甲骨文作 𝓕、𝓛，金文則以"石"為之。●地名。
《元年丞相斯戈》："石邑。"《史記·趙世家》："武靈王二十一年攻中山，取石邑。"《括地志》：
"石邑故城在鹿泉縣南三十五里。"在今河北省石家莊市西南。●《璽彙 0266》"公石"，複姓。
《通志·氏族略三》"以字為氏"類下謂："公石氏，姬姓，（魯）悼公子堅字公石之後也。"

宕 致方鼎　致簋　琱生簋　琱生尊　[秦]　不娶簋　不娶

簋二　里耶 8·429　印增 285

【注】甲骨文作𝓕、𝓛、𝓢，從宀（房屋）從石（兼聲），會屋如石洞之意。金文承之。《説文》：
"宕，過也。一曰洞屋。從宀，碭省聲。汝南項有宕鄉。"張舜徽曰："所謂洞屋者，謂山谷中
有石洞如屋也。石洞多前後穿通，故引申之，宕有過義。"（引自《金文常用字典》746 頁）●開
闊、開拓，典籍作"拓""蕩"。《致簋》："朕（朕）文母競敏䜿行，休宕厤（厥）心。"休宕，善
良而寬厚。●放縱。《㝨盨》："雩邦人、足（胥）人、師氏人又（有）辠又（有）故（辜），乃驕
倗即女（汝），乃繇宕，卑復虐逐厤（厥）君厤（厥）師，乃乍（作）余一人夗。"楊樹達曰："繇
宕殆是寬縱其過錯之義。文意為：若對于邦人及長官軍旅之部屬有罪過者寬縱不治，則彼等將
益無畏忌，進而虐逐其君主，于是乃為余一人之咎過也。"（《積微居金文説》142 頁）●蕩除，
典籍作"蕩"。《不娶簋》："女（汝）目（以）我車宕伐廠（玁）允（狁）于高陶。"蕩伐，大規
模地討伐。●讀度，占有。《琱生尊》："余宕其三，汝宕其貳。"●里耶簡"宕登"，地名。●秦
印"宕禺"，姓氏。

洚 [秦]　印增 602

【注】從水宕聲。●"救洚"，人名。

祏 [楚]　清華十一·五紀 35

【注】從示石聲。●讀石。《清華十一·五紀 35》："大音童（動）之，大祏（石）受（授）寺（時），
褬（稷）坨（施）五穀（穀）。"

祐 秦  印增 326

【注】從衣石聲。●秦印人名。

閘 楚  清華八・邦道 1

【注】從門石聲。●疑讀杜。《清華八・邦道 1》："乃剌（斷）迀閘（杜）匴，以孚（免）亓（其）殖（屠）。"

蝨 晉  集成 11997

【注】從蚰石聲。●晉器，義不詳。

沰 楚  鄧尹疾鼎

【注】從水石聲。●讀石，鼎之別名。《鄧尹疾鼎》："鄧尹疾之沰盗。"詳"石"字。

砳 晉  安大一 80

【注】從口石聲，疑表貪食的專字。有合文符號。●讀碩。《安大一 80》："砳（碩）=豫（鼠）=，母（毋）飤（食）我蘙（麥）。"《毛詩》作"碩鼠碩鼠"。

碩 國子碩父鬲 虢碩父簠 史伯碩父鼎 叔碩父鼎 叔碩父甗 善夫山鼎 郜史碩父鼎 宴簠 楚 上博三・周易 36 安大一 108 安大一 44 晉 子犯鐘 大師盤 璽彙 3318 秦 秦印 173 石鼓文

【注】"碩"字以《叔碩父鼎》為最古。葉玉英認為，"碩"之本形當如《叔碩父鼎》之省口作，即在"頁"加指事符號表示"頭大"，為繁飾。由於"石""碩"古同音，皆為禪紐鐸部字。而和結合得緊密一些，就與"石"無異了，所以人們就有意識地把"碩"改造成從石聲的形聲字。（《古文字構形與上古音研究》349 頁）《宴簠》作，為石之省。"石"由初

文𝑅變為𝑅之後，用作偏旁常省去"口"，如《說文》"席"之古文作𝑅，九年衛鼎"席"作𝑅，曾侯乙墓竹簡簾所從"席"作𝑅，均從石省聲。《說文》所收"碣"之古文作𝑅，也從石省。安大簡省為"硐"。《說文》："𝑅，頭大也。"本義頭大。引申泛指大，《詩·魏風·碩鼠》："碩鼠碩鼠，無食我黍。"《詩·唐風·椒聊》："彼其之子，碩大無朋。"●大也。《大師盤》："孔碩盧（且）好。"《詩·大雅·楚茨》："執爨踖踖，為俎孔碩。"朱熹集傳："碩，大也。"《安大一108》："皮（彼）𝑅（其）之子，硐（碩）大無𝑅（朋）。"《石鼓文》："☑弓孔碩，彤矢☑☑。"●人名。《叔碩父鼎》："新宮弔（叔）碩父、監姬乍（作）寶鼎。"●大也，引申為成果、收穫。《上博三·周易36》："逢（往）訐𝑅（來）碩，吉，利見大人。"

肑 晉 玺彙0108　玺彙3206

【注】從肉石聲，"肑"之異文。●《玺彙0108》"庚肑嗇夫"，庚肑，地名，不可考。《玺彙3206》為人名。

邴 楚　邴子裁盤 晉　文物春秋創刊號

【注】從邑石聲。●晉陶"邴☑"，當為人名。楚器人名。

甄 楚　上博二·容成45

【注】從弓邴聲。●《上博二·容成45》："於是乎九邦叛之，豐、鎬、邟、甄、于（邢）、鹿、耆、崇、密須氏。"讀石，戰國時有地名"石邑"，在今河北獲鹿東南。

度 楚　清華十一·五紀105 晉　玺彙3211 秦　睡簡·秦種9　睡簡·效律32　商鞅方升　陶彙5·398　秦印56

【注】從又（或從攴）石聲。●稱量。《睡簡·秦種23》："勿度縣。"度縣，稱量。秦文字用"度"表示度，楚文字、燕文字用"宅"，中山文字用"宅""叨"。●《清華十一·五紀105》："改（磔）丨（撼）寺（蚩）蚘（尤），乍（作）鼓（遏）五兵。"整理者讀磔，裂解肢體。●晉玺"度質"，姓氏。度氏，以官為氏："古掌度之官，因以命氏。"

渡 楚　玺補32 秦　睡簡·日甲83背　印增442

【注】從水度聲。●用為本義，津渡。《睡簡·日甲83背》："其咎在渡衕。"●楚璽"渡（堵）陽府"，地名，讀堵。

 蔗 秦 　關簡牘1背

【注】從艸度聲。●讀蓆。整理者曰："蔗，即蓆字。度、席均從庶省聲。"

拓 秦 　睡簡·日甲46背

【注】從手石聲。●推、舉。《睡簡·日甲46背》："取女筆以拓之。"《列子·説符》："孔子之勁，能拓國門之關。"注："拓，舉也。"

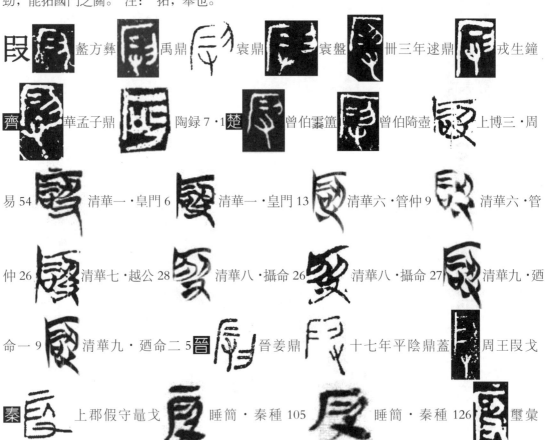

叚 　盉方彝　禹鼎　襄鼎　襄盤　冊三年述鼎　戎生鐘

齊 華孟子鼎　陶錄7·1　楚 曾伯霖簠　曾伯陶壺　上博三·周易54　清華一·皇門6　清華一·皇門13　清華六·管仲9　清華六·管仲26　清華七·越公28　清華八·攝命26　清華八·攝命27　清華九·廼命一9　清華九·廼命二5　晉 晉姜鼎　十七年平陰鼎蓋　周王叚戈

秦 上郡假守蛋戈　睡簡·秦種105　睡簡·秦種126　璽彚

0604  、　印增110

【注】從受石聲。"受"為兩手相付之意，春秋戰國文字所從的"ㄓ"往往訛作"ㄅ"形。《説文》："叚，借也。闕。叚古文叚。叚譚長説：叚如此。"本義付與，引申為假借。後"叚"作了偏旁，假借、借助之意便另加意符亻寫作"假"。"叚"，即假借之"假"的本字，王筠《句讀》

謂：“叚、假一字。”傳世文獻語言中常用“假”字，金文則用“叚”字。傳世文獻中“假”“遐”“暇”“瑕”“瑕”諸字可通用。●讀嘏，大福。《袤盤》：“敢對揚天子不（丕）顯叚休令。”《爾雅·釋詁》：“嘏，大也。”金文或言“魯休”。●讀魯，訓為“眾”。《師袤簋》：“今敢博乓（厥）眾叚。”《應侯視工簋》作“敢尃（搏）乓（厥）眾畧（魯）”。魯、叚二字音近可通。西周時期的金文嘏辭中，習見“屯魯”之辭，其含義相當于金文習語“屯佑”。而與之相對應的金文嘏辭，通常又有作“屯叚”者，如《克鐘》《克鎛》諸器銘文所示。再則，周代冊命文書與賞賜銘文中習見“對揚某某魯休”之辭，但亦偶見“叚休”之語，如“袤拜稽首，敢對揚天子丕顯叚休令”（袤鼎）者即是。由此可見，“叚”“魯”二字其音讀應相近或相同。“魯”字古亦為魚部字，而從“叚”得聲之字，如嘏、暇、遐、瑕等，亦悉屬魚部，“眾叚”亦即“眾魯”。“眾魯”“眾叚”皆當讀眾旅，“迫厥眾叚”是指南淮夷之統治階層逼迫壓榨其下層民眾的意思，故而成為周王朝對南淮夷用兵的一種藉口。●代理、兼攝。《上郡假守瞿戈》：“卌八年，上郡叚（假）守瞿造，漆工平，丞冠。”●讀瑕，疵瑕、缺點。《曾伯陭壺》：“為德無叚（瑕）。”●疑問副詞，典籍作“遐”，即“何”“胡”。《曾伯霝簋》：“天賜（賜）之福，曾白（伯）霝叚（遐）不黃耇邁（萬）年，躋（眉）壽無彊（疆）。”《詩·小雅·南山有台》“遐不眉壽”，《隰桑》“遐不謂矣”，《棫樸》及《大雅·旱麓》“遐不作人”等，王引之《經傳釋詞》卷四：“遐，何也。”“遐不，皆謂何不也。”朱熹《詩集傳》謂：“遐、何通。”而《左傳·襄公二十六年》“余胡弗知”，“胡”文獻也寫作“遐”。又《大雅·旱麓》有“遐不作人”，《潛夫論·德化》引作“胡不”，王先謙《三家詩義集疏》謂：“魯遐作胡”，説明“遐”作“何”還是“胡”存在方言方面的差異。“假”“何”二字亦可通用，如《詩·周頌·維天之命》“假以溢我”，《經籍纂詁·訝韻》謂此句《左傳·襄公二十七年》作“何以恤我”。●讀遐，可也。“叚”字上古音在見紐魚韻，“何”字在匣紐歌韻，而“可”與“何”語音非常接近，又可通用；“叚”與“可”讀音也應當是很接近的。就字音和通假用字關係來看，金文“叚”字既然借作“何”，那麼它借作“可”也是很有可能的。《禹鼎》：“龢（肆）武公亦弗叚朢（忘）膢（朕）聖且（祖）考幽大弔（叔）。”弗叚忘，即未可忘。《作冊封鬲》：“王弗叚諲（忘），亯（享）乓（厥）孫子多休。”銘意為：周王是不會忘記給與那些子孫後代更多的休善、好處的。“叚”用作意願動詞，與“敢”近義。銘文中言“弗敢……”，語气較重；言“弗叚……”，語气較弱。●秦簡讀假。《睡簡·答問19》：“今叚（假）父盜叚（假）子，可（何）論？”假父，義父。●讀瑕，地名，在今河南靈寶縣之西。春秋為晉邑，戰國為魏邑。《十七年平陰鼎蓋》：“十七年，叚工帀（師）王馬重。”●讀暇。《清華七·越公28》：“邦乃叚（暇）安，民乃蕃茲（滋）。”●讀格。二字相通習見。《清華一·皇門6》：“少（小）民用叚（格）、能爽（稼）嗇（穡）。”文意為“普通民眾因而來歸，能從事農業生產”。

賈楚　清華八·邦道24

【注】從貝叚聲，“賈”之異文。●讀賈，賣也。《清華八·邦道24》：“邦獄眾多，婦子僭（贅）賈。”義如贅妻鬻子。《清華九·治政37》：“亓（其）民乃贅立（位）賈（賈）資（貸）亡（無）又（有）閒（閒）癹（廢）。”他們的人民於是買官、借貸沒有片刻止息。

假秦　龍崗178　　龍崗213　　秦集一·二·18

【注】從人叚聲。●《秦集一・二・18》"軍假司馬"。假者，攝事也。《史記・秦始皇本紀》："十六年九月，發卒受地韓南陽，假守騰。"所謂假，就是借，也即代理。漢印屢見"軍假司馬"印，可知漢承秦制，軍假司馬漢時已成固定官職。●出借。《龍崗26》："沒入其販、假叚（也）。"販，指出賣。●租借。《龍崗178》："諸以錢財它物假田。"應是以錢、財或其它可折價之物向國家、地方政府租借土地。

瑕  秦印 6　　里耶 8・894

【注】從玉叚聲。●秦印"瑕勞"應為姓氏。漢印（漢印 30）"瑕利""瑕豐"等亦為姓氏。春秋鄭有瑕叔盈，大夫；漢代有瑕更，廷尉；又有瑕蒼。●《里耶 8・894》"疵瑕"，用為本義。

猳  秦駰玉牘　　會稽刻石

【注】從豕叚聲。《說文》："猳，牡豕也。"●用為本義，指公豬。《會稽刻石》："夫為寄猳，殺之無罪。"寄猳，借給別家傳種的公豬，比喻入他人家中淫亂的男人。●泛指豬。《秦駰玉牘》："義（犧）猳既美。"

葭  分研一 548　秦　廿四年丞☒戈

【注】從艸叚聲。《說文》："葭，葦之未秀者。"本義初生的蘆葦。●地名。《廿四年丞☒戈》："葭明。""葭明"即"葭萌"，是該兵器的置用地名。《漢書・地理志》屬廣漢郡，《華陽國志》："昔蜀王封其弟于漢中，號曰苴侯，因命之邑曰葭萌。"又《史記・張儀列傳》："苴、蜀相攻擊。"《正義》引《括地志》云："苴侯都葭萌，今利州宜昌縣五十里葭萌故城是。"在今四川省廣元縣西南。●《分研一 548》"葭陽都"，地名。

刟

楚　清華一・保訓 8　　上博七・吳命 7　　清華三・琴舞 4　　清華二・繫年 58　　清華三・說命下 9

【注】或以為"段"之省文，讀作"叚（假）"。范長喜認為：從石從刀，應是為"斧質"的"質"而造的一個本字。（詳《戰國楚簡"刟"字述論》）然該字歧見迭出，未有定論。今就范長喜說，釋為刟，多讀質。●讀質。《清華一・保訓 8》："昔岂（微）刟中于河，目（以）復又=易=（有易，有易）怀（服）氏（乒—厥）皐（罪）。岂（微）亡（無）惪（害），迺（乃）追（歸）中于河。"該段簡文大意是："微"把"中"抵押給"河"之後，"河"幫助微打敗了有易，而且微沒受到傷害，于是"微"又用其他東西把"中"贖了回來。"微"持"中"不忘，最後把"中"傳給了他的子孫，一直到成康二王。●讀視。《上博七・吳命 7》："故用使其三臣，毋敢有遲速之期，敢告刟日。"李零先生認為："楚簡中的'視日'是負責有關事務的當職官員，有點像齊國銅器和陶器上的'某某立事歲'，是稱某官蒞政為'立（蒞）事'。"陳偉先生在總結了以往對

1166

"視日"一詞的不同意見後,最後認定"視日"之"視",大概是守視的意思,與"當日""直日"略同,這類人負責對君主的上通下達。●或釋為叚,讀嘉。《清華三·琴舞4》:"叚(假)才(哉)古之人!"叚才,讀為"假哉"。"假哉古之人"與《周頌·雝》"假哉皇考"句式相同。毛傳:"假,嘉也",亦見《爾雅·釋詁》。

貟 楚 郭店·語叢四 26　　上博二·容成 39　　包山 158　　上博九·邦人

12　清華九·治政 37

【注】從貝叚聲。或叚省聲。●讀質,訓為"主體"。《郭店·語叢四 26》:"龍(一)豕(家)事乃又(有)貟,三雄(雄)一雌(雌),三牝一牡,一王母保三殹兒。"《管子·君臣下》:"天道人情,通者質,寵者從,此數之因也。"尹知章注:"質,主也。能通於天道人情者,可以為主;其不能通,但寵貴之者,可以為從,謂臣也。"《莊子·庚桑楚》:"果有名實,因此己為質。"郭象注:"質,主也。"簡文"一家事乃有質"大意是說"一個家庭要有可以依靠的核心力量",強調"一"的重要性。●讀質,意為"質誓"或者"盟質"。《上博二·容成 39》:"湯聞之,於是乎慎戒登賢,德惠而不貟,祂三十壬而能之,如是而不可,然後從而攻之。"大意是說:只是行德惠,不用質盟約束別人,天下方國首領、賢人為湯做事全是出於自願的。這無疑是湯的"德惠"之舉。●《包山 158》:"罩(畢)得貟為右史於莫囂之軍,死疠(病)甚。"范長喜讀質,大意是說"畢得被質為莫囂軍隊的右使,因為病得厲害,死掉了"。(詳《戰國楚簡"叚"字述論》)●讀假。《上博九·邦人 12》:"目(以)鄩(葉)之遠,不可畜也,女(焉)貟(假)為司馬?"簡文或是說不能容留於楚王廷任司馬。"假為"為一詞,大概是暫時授與、暫時任職的意思。

敢 楚 包山 161　　包山 161

【注】與"貟"應為一字異體。●《包山 161》:"敢仿司馬妻臣、敢仿史妻佗。""敢仿",地名。范長喜認為是一種地域組織名稱(按"包山"以"仿"為名者多見,如簡 100"走仿"、簡 149"貤仿"等。

姤 楚 清華六·孺子 7　曾 貨系 2475　秦 睡簡·日乙 96

【注】從女石聲。●讀姹。《清華六·孺子 7》:"執(褻)豎(豎)、卑御、勤力、肰(射)馭(馭)、媓(媵)姤(姹)之臣。"石,禪母鐸部;乇,端母鐸部。二者音近可通。《玉篇·女部》:"姹,美女也。"媵姹,妃嬪之類的侍妾。●讀妒。《睡簡·日乙 96》:"取妻,妻姤。"《玉篇》:"姤,同妒。"●趙三孔布"姤邑"讀石邑,地名。

迈 楚 大市量　　包山 120　　九店 56·32　　曾侯 175　　曾侯

175 上博四·柬旱 16　　上博四·昭王 5　　上博六·平王 3　　清華二·繫

年 37 清華二·繫年 79　　清華二·繫年 108　　清華七·子犯 1　　上博

九·邦人 4

【注】從辵石聲，"蹠"之異文。●讀蹠，訓為適。《淮南子·原道訓》自無蹠有。《注》蹠，適也。《包山 120》："周客監吾迈楚之歲（歲）。"楚簡多用此義。●曾侯讀蹠，姓氏。

埗 楚 上博五·三德 5　　上博五·三德 6

【注】從土迈聲。●讀坼。《上博五·三德 5》："弁（變）棠（常）惕（易）豐（禮），土地乃埗（坼），民乃囂死。"《禮·月令》仲冬，地始坼。

若 楚 信陽 2·19

【注】從艸石聲，疑"席"之異文。●讀席。《信陽 2·19》："裀（茵）若（席）。"

筶 楚　　天星　　望山 2·49　　包山 263　　包山 259　　郭店·成

之 34 上博五·君禮 4　　上博六·天乙 8　　清華一·耆夜 12　　清華三·赤鳩 9

【注】從竹石聲。●楚簡均讀席。《清華一·耆夜 12》："蚩（蟋）蟲（蟀）才（在）筶（席）。"

簭 楚 曾侯 6　　曾侯 76

【注】從囡筶省聲。或謂從竹硱（古文席字）聲。●讀席。《曾侯 6》："紫簭（席）。"

柘 楚 曾侯 39 秦 里耶 8·143 正

【注】從木石聲。●姓氏。《曾侯 39》："柘四馭右軒屎（殿）。"●秦簡地名。

伯庶父盨　毛公鼎　大盂鼎　大簋　子仲匜　伯庶父簋

庶觶　庶觶齊　叔尸鎛　邾公華鐘楚　邾王子㪅鐘　蔡侯申鐘

余購遱兒鐘　者㳄鐘　包山牘　包山257　包山257　九店

56·47　吉大4　郭店·緇衣40　上博二·君老1　上博四·柬旱2

包山258　清華一·耆夜3　清華七·子犯1　清華一·程寤6　清華八·心

中6　清華三·芮良夫21　清華八·攝命4　安大一50　清華九·成

人2　清華九·治政8　清華九·廼命一1　璽彙3198晉　中山王䥑壺　梁

十九年亡智鼎　八年茲氏令吳庶戈秦　睡簡·答問125　石鼓文　十九年殳

陶彙5384

【注】甲骨文作石、㪵、㪵，從石（兼聲）從火。于省吾謂以火燒石而煮之意，為"煮"的本字。陶器出現以前，古人以火燒熱石頭，以烙烤食物，或把燒熱的石頭投于盛水之器而烹煮食物，這個就叫石烹。甲骨文庶字正象燒石之形。金文承之。包山牘為了對稱增加一口，另如"若"字。《説文》："庶，屋下眾也。從广、苂。苂，古文光字。"所釋當為借義。古籍中多用作借義，表示眾庶，本義遂失。●眾人。《毛公鼎》："雩之庶出入事于外，尃（敷）命尃（敷）政，埶（藝）小大楚（胥）賦。"雩之庶，猶言"與茲臣庶"，亦即執政的臣工。●人名。《伯庶父盨蓋》："白（伯）庶父乍（作）盨殷。"●官名。戰國時國君、太子、列侯、相國、縣令的侍從之臣。《邾公華鐘》："台（以）樂大夫，台（以）宴士庶子。"《禮記·燕義》："席，小卿次上卿，大夫次小卿，士、庶子以次就位于下。"●庶士：即諸士、多士，銘文指官場上的同僚、朋友。《沇兒鎛》："㠯（以）樂嘉寶（賓），及我父鉙（兄）庶士。"《詩·摽有梅》："求我庶士，迨其吉兮。"鄭玄箋："庶，眾；迨，及也。求女之當嫁者之眾士，宜及其善時。"●庶女：古代妾所生之女，或稱妻所生的次女（長女除外）。《魯大司徒子仲白匜》："魯大嗣（司）徒子中（仲）白（伯），〈乍（作）〉其庶女鐱（媵）孟姬䞢（媵）它（匜）。"●庶人：指普通勞動者，與"庶民"同，為"民人""人民"的組成部分。《大盂鼎》："人鬲自馭至于庶人六百又五十又九夫。"《中山王

豐壺》："攽（作）斂（斂）中則庶民岦（附）。"《國語·晉語四》："公食貢，大夫食邑，士食田，庶人食力，工商食官，皂隸食職。"一說庶人為農業奴婢。《左傳·襄公九年》："其庶人力于農穡。"《管子·五輔》："庶人耕農樹藝。"●庶邦：即諸國、眾國，指各個諸侯國。《蔡侯申鐘》："窪窪豫政，天命是遲，定均庶邦，休有成慶。"《書·武成》："既生魄，庶邦冢君暨百工受命于周。●幸也。《中山王豐鼎》："于（烏）虖新牂（哉），社稷其庶虖。"庶，《廣雅·釋言》"幸也"。●多也。《石鼓文》："弓矢孔庶。"秦文字用"庶"表示眾庶之庶，楚文字用"庶""烝"表示眾庶之庶。●庶民。《清華一·保訓5》："不諱（違）于庶萬眚（姓）之多欲。""庶萬姓"，指庶民百姓。●讀赭。《安大一50》："虒（顏）女（如）渥庶（赭），元（其）君子也才（哉）。"《毛詩》作"顏如渥丹"。典籍中"諸""柘"古通，可資旁證（參《古字通假會典》第897頁）。"赭"，赤紅如赭土的顏料。《詩·邶風·簡兮》："赫如渥赭。"鄭箋："碩人容色赫然，如厚傅丹。"

 匯考210

【注】從土庶聲。●晉璽"肖墌"，人名。

 郭店·成之16

【注】從彳庶聲。●讀庶。《郭店·成之16》："古（故）君子不貴徲（庶）勿（物）而貴與民又（有）同也。"廖名春先生曰："庶當訓為侈、美。庶物，奢侈之物、美物。"按庶本義眾多，弓申為侈。《爾雅·釋言》"庶，侈也"，郭璞注："庶者，眾多為奢侈。"

 上博四·曹沫51　新蔡乙四6

【注】從糸庶聲。●讀繕。《上博四·曹沫51》："繵（繕）甲利兵，明日將戰。"

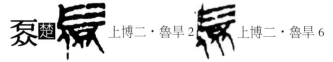 上博二·魯旱2　上博二·魯旱6

【注】從众石聲，當時眾庶之庶本字。●讀庶。《上博二·魯旱2》："烝（庶）民智（知）敚之事禝（鬼）也。"

 璽彙2606　睡簡·語書12

【注】從斤石聲。●作為方言詞表示無知之義。《睡簡·語書12》："詎訊醜言㢊斫以視（示）險。"整理者注：詎，疑讀為駏，《淮南子·脩務》注："忿戾，惡理不通達。"訊，疑讀為謑，乖戾。醜，慚愧。㢊，讀為僄、嫖，輕。斫，無知，《方言》卷十："楊越之郊凡人相侮以為無知謂之耶，……或謂之斫。"郭注："卻斫，頑直之貌，今關西語亦皆然。""險"通"檢"，檢點。此句話的意思為：說話違背事理，裝作後悔和無知以顯示能約束自己。●燕璽人名。

 包山 268

【注】從糸石聲。●疑讀席。《包山 268》："繻（靈）光之紙。"

 曾侯 123

【注】從市石聲。●讀席。《曾侯 123》："一氏裯，柘縢（縢）。"

九年衛鼎 陶彙 9·18 席 睡簡·雜抄 4 睡簡·日乙 145

【注】金文從巾石省聲。戰國文字從巾石聲，為小篆所本。《説文》："席，籍也。《禮》：天子、諸侯席，有黼繡純飾。從巾，庶省。囘古文席從石省。"本義為鋪墊用的席子。引申指座位、席位、酒筵等義。●席子，多指車上之席。《九年衛鼎》："矩取眚（省）車較粊（幀），圅（靴）虎亘（幎）、蔡徽（轄）、畫轉、夋（鞭）师（席）縢。"●《睡簡·雜抄 4》："不辟（避）席立。"避席，下席站立，表示恭敬。楚文字作"若""箬"等。●讀石。秦陶"公席逆"，公席，讀公石，複姓。

睡簡·雜抄 16 睡簡·為吏 18 關簡 313 秦印 114 印增 231

【注】《説文》："橐，囊也。從橐省石聲。他各切。"《説文》："橐，囊也。"此義楚簡作"囙"。●讀蠹。《睡簡·為吏 18》："皮革橐（蠹）突。"蠹突，被蟲嚙穿。《關簡 313》："以正月取桃橐（蠹）矢（屎）少半升。"橐，借作"蠹"，蛀蟲。●《秦印 114》"橐冶勝"，橐，指"橐泉宮"，宮名。●《印增 231》"王橐荼"，人名。

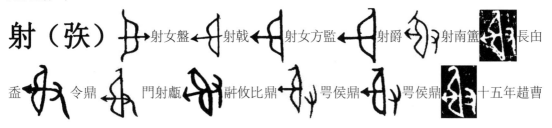睡簡·效律 42

【注】《説文》："蠹，木中蟲。從蚰橐聲。螙，蠹或從木，象蟲在木中形，譚長説。"●用為本義，蛀蟲。《睡簡·效律 42》："臧（藏）皮革蠹突，貲嗇夫一甲。"蠹突，被蟲嚙穿。

定紐射聲

射（弽）射女盤 射戟 射女方監 射爵 射南簠 長由盉 令鼎 門射瓿 鮒攸比鼎 噩侯鼎 噩侯鼎 十五年趞曹

鼎　尹氏士吉射簋　　鄧伯吉射盤　楚　　彭射缶　　射戈　　鄂君啟舟節

郭店・窮達 8　　包山 60　　包山 138　　上博三・周易 44　燕　璽彙

3349 秦　石鼓文　　睡簡・雜抄 13　　睡簡・雜抄 2　　　秦印 93

【注】甲骨文作 ，象箭在弦上，正要發射狀。金文同甲骨文，或增從又（手）。小篆"弓"訛變為"身"，"又"訛變為"寸"，成了"射"，就完全看不出原意了。《説文》作 ，楚文字作 ，從弓從矢，會射箭之意，"射"之異文。● 射箭。《麥尊》："王射大龏禽，侯乘于赤旟舟，從。"● 官名。《害簋》："用囗乃且（祖）考事，官嗣（司）尸僕、小射、庭魚。"● 讀廨，有楹柱而無牆壁的建築物，典籍作"榭"。《鄭簋》："丁亥，王各于宣射。"● 讀厭。《鼾攸比鼎》："其且（沮）射（厭）分田邑，則殺。"詳"且"字。● 射盧：古代宮廷內專用於天子行大射禮和練習射術的場所。《匡卣》："隹（唯）四月初吉甲午，懿王才（在）射盧（廬）。"《師湯父鼎》："王才（在）周新宮，才（在）射盧。"文獻或稱"射宮"。《禮記・射義》："是故古者天子之制，諸侯歲獻貢士于天子，天子試之于射宮。"● 讀澤。《鄂君啟舟節》："逾江、就彭射（澤）。"● 讀橐。上古音"射""橐"都是鐸部字，二字聲母也近。"橐"是透母字，"射"在楚簡中可假借為"彭澤"的"澤"。而"澤"是定母字。透、定二母均為舌音。《包山 38》"弑（射）咎"讀"橐皋"，地名，當在今天的安徽省巢縣境內。● 讀謝。《郭店・窮達 8》："孫咎（叔）三弑（黜）邔（期）思少司馬，出而為命（令）尹，噐（遇）楚臧（莊）也。"劉釗、白于藍、陳偉讀謝，《説文》："謝，辭去也。"典籍記載中有孫叔敖"三相三去"的説法，即簡文所謂"三謝"。裘錫圭認為"'謝'只有辭去義而沒有離去義"，"如果説孫叔敖三次辭去期思少司馬之職，就顯不出他尚處於窮阨之境了"。故黃人二讀黜。《論語・微子》："柳下惠為士師，三黜。"古書又作"已"，《論語・公冶長》："子張問曰：'令尹子文三仕為令尹，無喜色；三已之，無慍色。舊令尹之政，必以告新令尹。何如？'子曰：'忠矣。'曰：'仁矣乎？'曰：'未知。焉得仁？'"● 燕璽"射倚"，姓氏。

齊　璽彙 3483

【注】從凶弑聲。● "弑武"，應為姓氏，讀射。

榭 榭父辛觶

【注】從木射聲。《説文新附字》：" ，從木躲聲。台有屋也。"多指建在高土臺或水面（或臨水）上的木屋。《書・泰誓》宮室臺榭，陂池侈服。《孔傳》土高曰臺，有木曰榭。● 族氏名。《榭父辛觶》："榭。父辛。"

虢季子白盤

【注】從广射聲，隸為"廚"，當為"榭"之本字，經典作"序"。《爾雅·釋言》："無室曰序。" ●無室之廳堂，只有楹柱而無牆壁，講武習射之所，或作宴饗功臣之用，故以"射"為聲符，典籍或作"序"。《虢季子白盤》："王各周廟宣廚（榭）。"金文或作"射"。《鄭簋》："丁亥，王各于宣射。"孫詒讓認為"宣廚"即《公羊傳》所言的"宣榭""宣宮之榭"（見《籀膏述林》卷七）。《春秋·宣公十六年》："夏，成周宣榭火。"杜預注："宣榭，講武屋。"孔穎達疏引服虔云："宣揚武威之處。"

謝類編 152 、 、 、 、 印增 89

【注】從言射聲。●秦印姓氏。

鬭鬭作寶彝

【注】從門射聲。●金文人名。

定紐欮聲

欮清華六·孺子 7　　清華二·繫年 64

【注】從弓從夬。在楚文字中此字用為"射"殆是會意字，從弓從夬（射箭用的扳指），表示決弦開弓射箭意。《集韻》："欮，所以闓弦者。通作決。"則為形聲字，二者形同而音義不同。●讀射。《清華六·孺子 7》"欮（射）馭（馭）"負責護衛、駕車的侍衛。●《清華二·繫年 64》："欮（席）于楚軍之門。"整理者讀席。席、射同為邪母鐸部字。

彂清華三·赤鳩 1　　清華三·祝辭 5　　清華三·祝辭 5　　清華

三·祝辭 3　　清華三·祝辭 4

【注】從矢欮聲。楚文字"射"作"欮"，此字當是"射"的異體字，從弓從矢從夬，會射箭之意。●楚簡均讀射。《清華三·赤鳩 1》："湯彂（射）之膢（獲）之。"

弜^楚 清華十一 · 五紀 77

【注】從必弶聲。●整理者讀射。《清華十一 · 五紀 77》："后乃戰（狩）於狼，臼（始）弜（射）於弧（弧），僉（斂）五童（種）於鴉（味），臼（始）養於鴟（張）。"

定紐夕聲

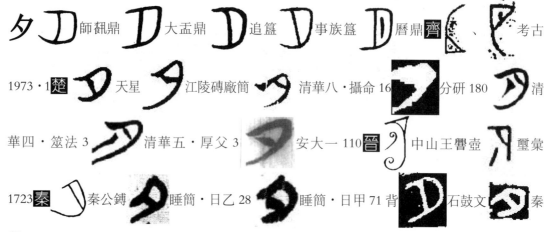

夕 ⺼ 師虎鼎 ⺼ 大盂鼎 ⺼ 追簋 ⺼ 事族簋 ⺼ 曆鼎 ^齊、 考古 1973 · 1 ^楚 夕 天星 江陵磚廠簡 清華八 · 攝命 16 分研 180 清華四 · 筮法 3 清華五 · 厚父 3 安大一 110 ^晉 中山王䜝壺 璽彙 1723 ^秦 秦公鎛 睡簡 · 日乙 28 睡簡 · 日甲 71 背 石鼓文 ^秦 印 131

【注】甲骨文作 ⊅、⊅、⊄、⊅、⊄、⊄、⊅、⊄，與"月"同形，皆象初月之狀。就其形說為"月"，就其時說為"夕"。金文稍簡。《中山王䜝壺》加飾符⊅。《說文》："⊅，莫也。從月半見。凡夕之屬皆從夕。"析形不確。本義為傍晚，如《詩經》："日之夕也。"●日暮、傍晚。《先獸鼎》："朝夕鄉（饗）氒（厥）多佣（朋）友。"《梁其鐘》："沙（梁）其肇（肇）帥井（型）皇且（祖）考秉明德，虔夙夕。"●《分研 180》"夕孫達"，夕孫，複姓。

忬^晉 廿三年襄城令桼忬矛

【注】從心夕聲。《龍龕》之若切，音灼。痛病也。●人名。《廿三年襄城令桼忬矛》："廿三年，襄城倫（令）桼忬。"

芀^晉 璽彙 2754

【注】從中（艸）夕聲。●晉璽人名。

灺^晉 胤嗣壺

【注】從火夕聲。●讀夜。《蚉壺》："日灺（夜）不忘，大虖（去）型（刑）罰，以憂氒（厥）

民之隹（罹）不弥（辜）。"

新蔡甲三 409

【注】從邑夕聲。●簡文"上邓"疑為地名。

定紐亦聲

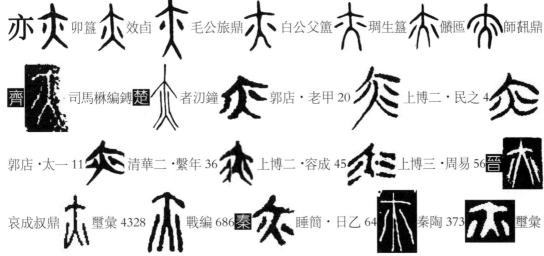

亦 卯簋 效卣 毛公旅鼎 白公父簋 珊生簋 瞉匜 師訇鼎

齊 司馬楙編鎛 楚 者汈鐘 郭店·老甲 20 上博二·民之 4

郭店·太一 11 清華二·繫年 36 上博二·容成 45 上博三·周易 56 晉

哀成叔鼎 璽彙 4328 戰編 686 秦 睡簡·日乙 64 秦陶 373 璽彙 3584

【注】甲骨文作 、 、 、 、 、 ，從大從 、 、 為指事符號，為"腋"之本字。高鴻縉考證："按亦即古腋字。從大（大即人），而以八指明其部位，正指其處。故為指事字、名詞，後世借為副詞，有重復之意，久而為借意所專，乃另造腋字。"（《中國字例》第三篇）。金文同甲骨文。《説文》："，人之臂亦也。從大，象兩亦之形。凡亦之屬皆從亦。"本義為腋窩，是"腋"的本字。後來"亦"多用作虛詞，腋窩之義就用"腋"字來代替。●副詞，也。《卯簋》："昔乃且（祖）亦既令乃父死嗣（司）莘人。"●語助詞。《效卣》："亦其子子孫孫永寶。"●或謂讀奕，大也。《師訇簋》："其隹（唯）我者（諸）侯、百生（姓），乎（厥）貯（賈），母（毋）不即市，母（毋）敢或入緣（蠻）宄貯（賈），則亦井（刑）。"或説，此亦字作副詞，同"也"，與上文形成一種並列的關係。●讀赤。《璽彙 3584》"亦章斟"。"亦章"讀"赤章"，複姓。《姓氏急就篇》以赤章、赤張為二姓。《莊子》有赤張滿稽。●讀夜。《上博二·容成 45》："專亦（夜）以為槿（淫），不聽其邦之政。"●讀奕，大。《上博三·周易 56》："是胃（謂）亦災眚（眚）。"《詩·周頌·豐年》："亦有高廩，萬億及秭。"鄭玄箋："亦，大也。"●且也（見《經詞衍釋》）。《上博三·仲弓 2》："亦以行矣。"意思是：且以施行抱負、理想。

新蔡甲三 316

【注】從宀亦聲。●"司馬魚之述（遂）剄（匄）於獍宋、余疋二豻（貋）"，先祖名。

坺晉 陶彙 3·943

【注】從土亦聲。●晉陶單字，人名。

詠楚 清華五·三壽 15

【注】從言亦聲。●讀赦。《清華五·三壽 15》："寺（持）型（刑）罰詠（赦）。""持型罰赦"，大概是說須保守或謹遵先王之刑法，並以此為罰赦的依據，對臣民進行罰赦。

郔晉 侯馬

【注】從邑詠聲。●人名。

脔楚 裛鬥鼎 包山 194 清華九·禱辭 4 清華九·禱辭 6

【注】從肉亦聲，"腋"之異文。●《包山 194》："集脰鳴脔（腋）舒率鮷。"其中"鳴腋"與鑄客大鼎中的"鳴腋"當是負責膳食的機構。●讀腋。《清華九·禱辭 4》："亓（其）豐（禮）社東女（焉）瘱（藏），亓（其）罙（深）及脔（腋）。"大意是說厭獻給社神的祭品藏在了社的東邊，掘地的深度達到了腋部。

恋楚 清華六·子產 24 清華五·厚父 13 清華五·湯丘 13

【注】從心亦聲，當是"懌"之或體。●讀繹，布陳研究之意。《清華六·子產 24》："道（導）之目（以）孝（教），乃恋（繹）天地、逆川（順）、強（剛）柔。"《爾雅·釋詁》："繹，陳也。"《廣雅》："繹，窮也。"或謂讀跡。●讀赦。《清華五·厚父 13》："刑亡（無）卣（攸）恋（赦）。"

赦（赦）🔲儳匜🔲儳匜秦 🔲睡簡·答問 37 🔲睡簡·答問 153

【注】從攴亦聲，與《說文》或體同。從古文字資料來看，一直到漢初，"赦"仍從亦聲，如睡虎地秦簡作🔲，馬王堆帛書作🔲，漢初的銀雀山漢簡作🔲，"亦"為以紐鐸部字，可知"赦"一直到漢初還讀以母。《說文》小篆從赤乃"亦"的訛變，"赦"所從之"亦"訛變成"赤"後，人們就誤以為"赦"從赤聲。"赦"字讀音隨即由以母音變為書母。《說文》："🔲，置也。從攴赤聲。赦，赦或從亦。"本義赦免、寬赦。《易·解》："君子以赦過宥罪。"●免罪、減罪。《儳匜》："今我赦女（汝），義（宜）便（鞭）女（汝）千，黸黵女（汝）。今大赦。"《睡簡·答問 125》："羣盜赦為庶人。"秦文字用"赦"表示赦。楚文字用"愿""夜""詠""郔"表示。中山文字用"若"表示。

夜 㝬簋 師望鼎 啟卣 叔妊簋 效尊 老簋 叔噩父簋 叔噩父簋 克鼎 竈乎簋 齊 叔夷鎛 楚 曾侯67 郭店·老甲8 上博二·民之8 包山113 新蔡甲三190 包山200 曾侯191 曾侯67 上博三·恒先11 清華一·楚居5 清華七·越公65 清華一·耆夜3 清華五·湯丘4 清華五·啻門20 安大一28 晉 中山王譽壺 元年郛令戈 上皋落戈 七年宅陽令矛 夜君鼎 盗壺 璽彙2946 璽彙2947 分研169 秦 秦印131 睡簡·為吏33 睡簡·秦種197

【注】從夕從亦（亦或訛為大），葉玉英認為“夜”是個部分表意的雙聲符字。（《古文字構形與上古音研究》407頁）《夜君鼎》從亦不省。《盗壺》下從火，或謂從夕從火，會夜以火照明之意；張政烺在解釋同壺字時，謂聲符㬎從易亦省聲，曰：“《説文》狄從犬，亦省聲，亦也寫成火旁，與此相類。”（《中山王壺及鼎銘考釋》）故《盗壺》亦當視為從夕亦省聲。戰國文字“亦”或訛為大。“亦”的指事符號或加飾筆作、。《説文》：“夜，舍也。天下休舍也。從夕，亦省聲。”段玉裁注：“休舍猶休息也。舍，止也。夜與夕渾言不別。”本義夜晚。●自天黑至天亮的一段時間，與“晝”“日”相對。或指傍晚，與“夙”相對。《中山王譽鼎》：“夙（夙）夜不解（懈），㠯（以）譯道（導）寡人。”《師望鼎》：“虔夙夜出内（納）王命。”●人名。《叔夜鼎》：“弔（叔）夜鑄其饙（禱）貞（鼎）。”●讀輿。《平夜君成戈》：“坪（平）夜君成之用。”“平夜”即“平輿”，裘錫圭先生認為“夜”“輿”二字古音同聲同部，讀“平夜”為“平輿”。《漢書·地理志》載汝南郡有平輿縣，地在今河南省平輿縣北偏西。●讀舉。《清華一·耆夜3》：“王夜（舉）簝（爵）㗊（酬）繹（畢）公。”金文中習見的“平夜”即“平輿”。《儀禮·聘禮》：“一人舉爵，獻從者，行酬。”“舉爵”與“酬”連用與簡文中的“夜（舉）爵酬”恰可對比。●《集證361》“夜丞之印”。《漢書·地理志》東萊郡有掖縣。《漢書補注》王先嫌曰：“亦作夜。戰國齊邑，田單所封，見《國策》。高帝時蟲達先封夜候，見《表》。”秦時當屬膠東郡。●讀掖，扶持、引導之義。《上博三·恒先11》：“舉（舉）天下之為也，無夜（掖）也，無與也，而能自為也。”《詩·陳風·衡門序》：“故作是詩以誘掖其君也。”鄭《箋》：“掖，扶持。”無掖，不去扶持。

腋 楚 （）鑄客鼎 晉  璽彙 0752  匯考 293

【注】從肉夜聲。楚文字或省作腋，秦系文字始見於馬王堆帛書作（帛編 171）。《鑄客鼎》所從亦字的右腋下有二畫，與上博簡《民之父母》篇中“亦”或作同，鼎銘是在亦字上又加了“夕、肉”兩個偏旁，故從肉夜聲，當釋為“腋”。《說文》無。●《鑄客鼎》：“鑄客為集腋、伸腋、睘腋𦎫為之。”集腋、伸腋、睘腋𦎫當為三個管理王室飲食或祭品的機構，其具體含義待考。程鵬萬據包山楚簡第 194 簡上有“集脰鳴腋舒率鯢”，其中“鳴腋”作：，而將原釋為“睘（）腋”改釋為“鳴腋”，包山簡上的“鳴腋”與鑄客大鼎中的“鳴腋”當是負責膳食的機構。(《釋朱家集鑄客大鼎銘文中的“鳴腋”》)●晉璽人名。

謶 楚  清華八・攝命 2

【注】從言夜聲。●讀斁。《清華八・攝命 2》：“宏（宏）臂（乂）亡謶（斁）。”《書・太甲中》“朕承王之休無斁”，傳：“王所行如此，則我承王之美無斁。”《書・微子之命》：“世世享德，萬邦作式，俾我有周無斁。”《書・周官》：“永康兆民，萬邦惟無斁。”字亦作“無射”，《詩・大雅・思齊》：“不顯亦臨，無射亦保。”“無射”乃治世、盛世之頌辭。《上博六・莊王既成》：“臧（莊）王既成亡（無）鐸（射），㠯（以）昏（問）齰（沈）尹子桱（莖）曰：虗（吾）既果城（成）亡（無）鐸（射），㠯（以）共萅（春）秋之禜（嘗），㠯（以）時（待）四哭（鄰）之賔客，後之人幾可（何）保之？”莊王既成無射者，成就治世之偉業也。

㖡 晉  上皋落戈

【注】從口夜聲。本義鳥夜鳴。《埤雅》凡鳥朝鳴曰嘲，夜鳴曰㖡。●晉器人名。《上皋落戈》：“十一年，咎（皋）茖（落）大命（令），少曲㖡。”少曲㖡，與《上皋落戈》中之“少曲夜”應為同一人。

悆 齊  璽彙 2673 晉  璽彙 0690  璽彙 1404  璽彙 2669  璽彙 2670  類編 358  璽彙 2572

【注】從心夜聲。●古璽印“悆隋”“悆疋”“悆慄”讀夜，姓氏。或用為人名。

液  師穎簋  叔液鼎

【注】從水夜聲，與小篆同。《說文》：“，盡也。”本義汁、流質。●人名。《叔液鼎》：“弔（叔）

液自乍（作）饎（禱）貞（鼎）。"《師頴簋》："嗣（司）工（空）液白（伯）入右（佑）師頴。"

掖 秦 睡簡·日甲 153

【注】從手夜聲。●讀腋。《睡簡·日甲 153》："在掖（腋）者愛。"

郂 楚 新蔡甲三 234 齊 璽彙 0265

【注】從邑夜聲。●齊璽讀夜，地名，其地在今山東掖縣。●楚簡"坪郂君"讀興，地名。

鞍 楚 曾侯 123

【注】從革夜聲。●《曾侯 123》："鞍䋈，紫組之縢（縢）。"義不詳。

郝 秦 秦印 121

【注】從邑亦聲，"郝"之省文。《説文》："郝，右扶風鄠盩厔鄉。從邑赤聲。"●讀郝，姓氏。詳"郝"字。

弈 秦 圖典 38

【注】從廾亦聲。●秦印"大夫弈私印"，人名。

栾 楚 荆曆鐘 包山 203 清華一·楚居 5

【注】從示亦聲。●楚月名之尾碼。《荆曆鐘》："隹（唯）智（荆）篙（曆）屈栾，晉人救戎于楚竸（境）。"楚月有"冬栾""屈栾""遠栾""夏栾"，秦簡分別作"冬夕""屈夕""遠（援）夕""夏夕"。栾、夕音近。智（荆）篙（曆）屈栾，即楚曆十一月。（詳朱德熙《智篙屈栾解》）●讀夕。《清華一·楚居 5》："夜而內（納）屍（尸），氐（至）今曰栾=（栾，栾）乜（必）夜。"夜里行祭為栾。簡文"氐今曰夕，夕必夜"，意思是說楚人至今把"內（納）屍（尸）"的儀式稱為"夕"，"夕"必定在夜間舉行。●《包山 203》"文坪（平）栾（興）君"，讀興。栾、夜都從亦得聲，詳"夜"字。

定紐罭聲

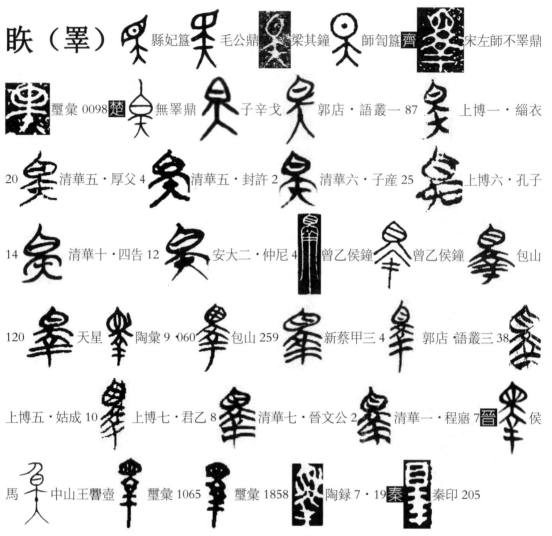

眣（罭）　縣妃簋　　毛公鼎　　梁其鐘　　師訇簋　齊　宋左師不罭鼎

璽彙0098　楚無罭鼎　　子辛戈　　郭店·語叢一87　上博一·緇衣

20　清華五·厚父4　　清華五·封許2　清華六·子產25　上博六·孔子

14　清華十·四告12　安大二·仲尼4　曾乙侯鐘　曾乙侯鐘　包山

120　天星　陶彙9 060　包山259　新蔡甲三4　郭店 語叢三38

上博五·姑成10　上博七·君乙8　清華七·晉文公2　清華一·程寤7　晉　侯

馬　中山王譽壺　璽彙1065　璽彙1858　陶録7·19秦　秦印205

【注】甲骨文作、、、、，從目從矢，矢亦聲。徐中舒以為"眣"字，所從之矢，小篆訛為從失。（《甲骨文字典》365頁）《説文》無"眣"字，而有"眣"字，段玉裁謂淺人無識以訛體改説文，字應作"眣"。金文同甲骨文，《縣妃簋》等"矢"訛為"大"。戴家祥謂金文、、等均為一字之變化。《中山王譽壺》作，蓋字本可作，上出一飾筆則作（《無罭鼎》作），復增一飾筆丿則作。此類古文字常有之，如"西"之作、、，"角"之作、、，"皀"之作、、，等等都是。春秋金文《曾乙侯鐘》下訛作"夲"，遂訛為"罭"字。戰國文字目形多有訛變，下多從夲形。《説文》："眣，目不正也。從目失聲。"本義為目疾。當為"眣"之後起字。卜辭中用為方國名。銘文中讀"無斁""不斁"，訓為不懈、不已。●讀斁，懈怠、厭倦、拒絕等義，典籍作"斁"。《毛公鼎》："緐（肆）皇天亡罭（斁），臨保我有周。"《師訇簋》："肆皇帝亡眣（斁），臨保我乓（厥）周。"《上博一·緇衣20》："告（詩）員（云）：'備（服）之亡罭（斁）。'"《詩經》説："衣服穿上就不要厭棄。"亡斁，古成語，不懈怠、不厭倦之意。典籍或作"無斁"。《詩·葛覃》："服之無斁。"《禮記·緇衣》引作"無射"。《爾雅·釋詁》："射，厭也。"斁，為罭之異體，與射讀"厭"均為假借字。《中山王譽壺》："天

不睪（斁）其又（有）忘（願）。”銘意為，上天不拒絕他所懷有的奢望。《梁其鐘》：“降余大魯福亡睪（斁）。”●人名，見于《無睪鼎》。“無睪”用于人名，義當取“厭勝”之意。●讀射，樂律名。《南宮乎鐘》：“茲鐘名曰無睪（射）。”●讀擇，擇取、選擇。《子辛戈》：“子辛睪（擇）乓（厥）吉金專（鑄）皇。”《清華一·程寤 7》：“睪（擇）用周，果拜不忍，妥（綏）用多福。”●讀殬。《清華三·琴舞 4》：“思坚（攸）亡睪（殬）。”《說文》：“殬，敗也。”“睪”讀為“殬”應該是楚文字中常見的用法。清華簡《傅說之命》下：“余罔有睪言。”“睪”讀為“殬”，文意比較順暢。●讀繹，地名。《璽彙 0098》“睪郱大夫鉨”。睪郱，讀“嶧郜”或“繹蕃”。“嶧”或作“繹”，魯邑名。郜或作蕃，亦魯邑名。（《古璽雜識續》，《古文字研究》第十九輯 470 頁）●讀澤，恩澤。《清華三·琴舞 15》：“介（匄）睪（澤）寺（恃）惪（德），不畀甬（用）非頌（容）。”●讀懌，悅懌之義。《詩·大雅·板》：“辭之懌矣。”《上博七·君甲 8》：“戊行年卆=（七十）矣，言（然）不敔（敢）睪（懌）身。”“懌身”，使自身安逸。●讀釋。《璽彙 1065》“肖睪之”，“睪之”讀釋之，習見人名。●讀繹，《說文》綺也。《包山 259》：“二勬（狐）睪（繹）。”

瘳 楚 新蔡甲三 283　新蔡乙一 17　新蔡乙一 4

【注】從疒睪聲。●讀懌，《說文》悅也。《新蔡甲三 283》“目（以）君之不瘳（懌）也。”不懌，病不愈。

斁 伯公父簠　叔朕簠 楚 郭店·窮達 7　郭店·窮達 6

【注】從又睪聲，“擇”之初文。●讀擇。《叔朕簠》：“叔朕斁（擇）其吉金。”●讀釋。《郭店·窮達 6》：“完（管）寺（夷）虜（吾）宕（拘）緐（囚）弄（梏）縛，斁（釋）杕（械）橖（枑）而為者（諸）侯相。”

鐸 楚 曾侯乙鐘

【注】從金斁聲，疑“鐸”之繁文。●金文讀射，樂律名。詳“睪”字。

擇 秦 睡簡·日甲 64 背　睡簡·秦種 68　湖南 90　秦印 234

【注】從手睪聲。●用為本義，擇用、選擇。《睡簡·雜抄 24》：“工擇榦，榦可用而久以為不可用，貲二甲。”●秦簡多讀釋。《睡簡·日甲 64 背》：“凡有大票（飄）風害人，擇（釋）以投之，則止矣。”●秦印人名。

睪 晏鼎　伯公父簠 齊 樂子敼豧簠　陳眆簋蓋　上曾大夫鼎　庚

壺　陳逆簋　　邾公華鐘　　陶彙 3·736 楚　　郤令尹諸稽䭔盧　　復公仲簋蓋

攻敔臧孫鐘　　其次勾鑃　　曾子斿鼎　　王孫遺鼠鐘　　書也缶　　鄱鐘

清華八·攝命 18　　上博六·用曰 7　　清華一·楚居 4 晉　　侯馬　　梁十九

年亡智鼎　　子孔戈

【注】從廾（或從又）睪聲，與小篆同。高田忠周、李孝定皆謂睪、擇、敤原為一字，蓋廾、手、攵形符在古文字中可相通。睪當為擇之古字。《説文》："睪，引給也。從廾睪聲。"本義為挑選、挑揀。●睪讀擇，選擇。《沇兒鎛》："郤（徐）王庚之忍（淑）子沇兒睪（擇）其吉金，自乍（作）龢鐘。"擇其吉金，金文習語，指選取優質的青銅原料用以鑄造彝器。●《晏鼎》："晏揌（拜）䭫（稽）首，皇兄考于公，室乑（厥）事。弟不敢不睪衣，夙（夙）夜用旨睪公。"或可讀懌。《説文》："懌，説也。"《廣韻》："懌，悦也，樂也。"《爾雅》："懌……服也。"郭璞注："皆謂喜而服從。"《詩·小雅·節南山》："既夷既懌，如相酬矣。"毛傳："懌，服也。""衣"與"卒"通，在銘文中應讀瘁。瘁，《廣韻》："病也。"《韻會》："勞也。"《詩·小雅·北山》："或盡瘁事國。"毛傳："盡力勞病，以從國事。"銘文大意是説：晏之兄盡孝于公，任事亦有成。今其弟晏亦不敢不善事其職，當盡心盡力，鞠躬盡瘁，服侍于公。●《清華八·攝命 18》："女（汝）其有睪（敤）有甚（湛），乃眔余言。"讀敤，訓為敗。甚，讀湛，《説文》："没也。"眔，訓為及、逮。按：句承上謂汝有違於"聞知"復命之常例，等到事情辦砸了（敤），收不了場（没也），才來對我（"余"）説。●睪讀奭。《清華一·耆夜 1》："邵公保睪為夾（介）。""邵公保睪"即召公奭。"睪"讀奭，保是官名。

鐸 楚　　虎叴君鼎　　曾侯乙鐘

【注】從金睪聲。●讀擇。《虎叴君鼎》："鐸其吉金。"●讀射，樂律名。《曾侯乙鐘》："無鐸。"

繹 楚　　曾子繹鼎 晉　　侯馬

【注】從糸睪聲。●讀繹，祭名。詳"繹"字。

鐸  ☑外卒鐸 上博六·莊王1 上博六·莊王1  上博九·陳公

13中山王䦥鼎 睡簡·日甲33背 秦印266

【注】從金睪聲，與小篆同。《說文》："鐸，大鈴也。軍灋：五人為伍，五伍為兩，兩司馬執鐸。"古代宣佈政教濾令用的樂器。●樂器名。形如鐃、鉦而有舌，是大鈴的一種，盛行于春秋至漢代。戰時用于軍中以振武威；平時可用于娛樂、奏樂。《中山王䦥鼎》："斂（奮）枔晨（振）鐸，闢（辟）啟封彊（疆），方粵（數）百里。"《周禮·夏官·大司馬》："司馬振鐸，群吏作旂，車徒皆作鼓行。"●樂律名，讀射。《曾侯乙鐘》："無鐸（射）之宮曾，黄鐘之商角。"文獻中睪旁字每與射通。《詩·周頌·清廟》："無射于人斯。"《禮記·大傳》引作"無斁于人斯"。故《曾侯乙鐘》之"無鐸""無睪"當即"無射"。●《上博六·莊王1》："臧（莊）王既成亡（無）鐸（射）。"《書·周官》："永康兆民，萬邦惟無斁。"或作"無射"，乃治世、盛世之頌辭。莊王既成無射者，成就治世之偉業也。

箁  曾侯67

【注】疑從竹睪聲。●《曾侯67》"箁逳，紫裏，紫榆之純"，疑讀襗。襗，《類篇》竹皮也。《謝靈運詩》初篁苞綠籜。

蕐  上博六·競公8 秦 集證178

【注】從艸睪聲。●讀澤。《上博六·競公8》："今新（薪）登（蒸）思（使）吳（虞）守之；蕐（澤）梁史（使）敀守之。"●秦印人名。

驛  秦陶489

【注】從馬睪聲。●"平陽驛"，人名。

韃  信陽2·2

【注】從韋睪聲。《廣韻》韃韃，刀飾。《集韻》韃韃，刀靶韋也。●讀鞸。《廣韻》："鞵鞸，胡履也。"《釋名》："鞵鞸，韤之缺前雍者，胡中所名也。"《信陽2·2》："一兩繡韃縷（屨）。"繡韃縷（屨），可能是一種有邊口的鞋子。

斁 楚 伯夫人嬙鼎 楚 書也缶 晉 中山王譻壺 璽彙 0859 璽彙

1001 璽彙 2857 港續一 18 類編 104

【注】從攴（攴）睪聲。《説文》：“斁，解也。從攴睪聲。《詩》云：‘服之無斁。’斁，猒也。一曰終也。”“斁”讀“釋”，故《説文》訓“解也”。典籍多假為猒斁字，故《説文》亦訓“猒也”。●讀擇，擇諫。《中山王譻壺》：“中山王譻命相邦貯斁（擇）郾（燕）吉金，釙（鑄）為彝壺。”《書也缶》：“斁（擇）其吉金，目（以）攴（作）鑄鍂（缶）。”●讀釋。《璽彙 0859》“長斁之”，讀“張釋之”，“張釋之”為古人習見人名。

鐸 齊 璽彙 3666

【注】從金斁聲；左上之 ⌒⌒ 緣右上類化。●讀斁。齊璽“坣亡鐸”。“亡鐸”讀“無斁”，古人慣用人名。

譯 楚 郭店·成之 27

【注】從言睪聲。●讀擇，意為取。《郭店·成之 27》：“聖人之眚（性）與中人之眚（性），其生而未又（有）非（違）之，節於而（儒）也，則猷（猶）是也。唯（雖）其於善道也，亦非又（有）譯（擇）妻以多也。”“譯妻以多”，李學勤先生讀“擇妻以移”。妻，意為牽曳。文意為：聖人之性與常人之性，在其最初是沒有分別的。就學于師儒時，仍是這樣。即使對於善道也沒有特別吸引的力量使之改變。

懌 齊 陶彙 3·1042 楚 郭店·成之 36 郭店·老甲 9 新蔡甲三 216

新蔡乙四 110 清華十一·五紀 104 璽彙 5359 秦 印增 428

【注】從心睪聲。●讀釋，放下。《郭店·老甲 9》：“賳（渙）唬（乎）其奴（如）懌（釋）。”●讀釋，消除。《郭店·成之 36》：“從允懌（釋）怣（過），則先者余（除），朿（來）者信。”以誠信為本而化解過失。●讀斁。《郭店·緇衣 41》：“備（服）之亡（無）懌（斁）。”●齊陶人名。

歝 楚 清華三·赤鳩 9

【注】從欠睪聲。●《清華三·赤鳩9》：“巫鳩（烏）乃歖少（小）臣之胸（喉）渭（胃）。”整理者云：“……（歖）讀為同音之‘宅’，《爾雅·釋言》：‘居也。’”蘇建洲讀伏，是居處、棲身的意思。或理解為“隱藏”意思亦通。

【注】從彳睪聲。●讀釋。《睡簡·日乙104》：“不可殺牛，以桔（結）者，不徥（釋）。”

【注】從土睪聲。●讀釋，《説文》綺也。

【注】從厂睪聲。聲符訛作“昊”，詳“睪”字。●金文義不詳。

【注】從水睪聲。●水草交厴，名之為澤。《上博二·容成3》：“瘦（瘦）者煮鹽，亶者漁澤。”●讀釋。《上博三·彭祖6》：“遠慮用素（素），心白（泊）身澤（釋）。”“遠慮用素，心白身釋”其大意是：遠離思慮則通于質樸；心靈淡泊則身體解脫。《説文·釆部》：“釋，解也。”亦可讀懌。●潤澤。《郭店·性自22》：“芺（笑），慬（禮）之澤＝（淺澤）也。樂，慬（禮）之深澤也。”●讀斁。《璽彙0858》“長亡澤”讀“張無斁”。

53 背印增 502

【注】從糸睪聲。《上博二·民之》屢見，按字形可釋為繹。然簡文中均用為樂，實際是“樂”之省訛。●盟書“獻娧繹之皇君之所”，祭名。《爾雅·釋天》：“繹，又祭。”字或作纆、羼、睪等。●秦簡均讀釋。《睡簡·日甲 13 背》：“乃繹（釋）髮西北面坐。”

釋 晉 璽彙 1863 璽彙 1873

【注】從米睪聲。●晉璽“邯鄲釋”“史釋之”讀釋。“釋之”，習見之人名。

熂 楚 上博四·采風 4

【注】疑從於從睪，於、睪皆聲。●簡文“亓（其）熂也”，待考。

泥紐若聲

若（叒） 亞若癸匜 亞若癸簋 亞若癸鼎 克鼎 大盂鼎 我鼎 訇簋 師克盨 毛公鼎 毛公鼎 逆鐘 師寰簋 彔伯簋 師虎簋 齊 上曾大子鼎 鄘大史申鼎 楚 復公仲簋蓋 者減鐘 者減鐘 包山 176 包山 155 曾侯漆箱 郭店·尊德 上博三·彭祖 2 上博四·逸交 1 上博四·逸交 1 清華三·說命中 2 清華三·說命下 7 清華五·三壽 27 清華六·子儀 20 清華九·成人

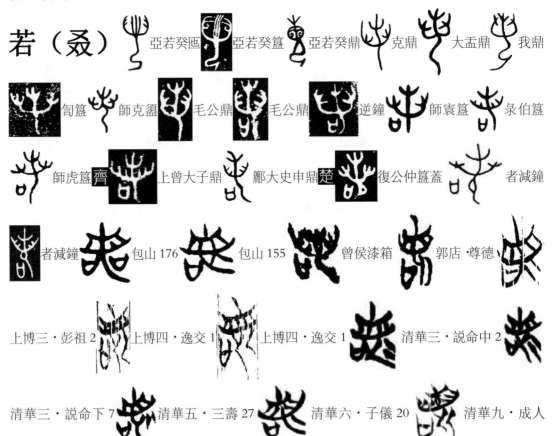

2 清華十·四告 33　　清華十·四告 19　晉 中山王譽鼎　　兆域圖銅版

璽彙 1294　秦 詛楚文　　睡簡·效律 27　　睡簡·秦種 172　　秦駰

玉牘　秦駰玉牘　　陶彙 5·98　　秦印 15　　印增 31

【注】"叒"是"若"的初文，甲骨文作 ，葉玉森謂象跪坐之人舉雙手理髮使順之形，表示和順之義。此為"叒"之本義。《說文》："叒，日初出東方湯谷，所登榑桑，叒木也。象形。凡叒之屬皆從叒。，籀文。""榑桑"當為後起義。金文同，或另加義符"口"，以強調順從應諾，為《說文》籀文所本，亦為典籍"若"字所本。《散氏盤》有 ，《金文編》原釋為"若"，實為"叒"字初文，與"若"沒有任何關係。又《說文》："，擇菜也。從艸、右。右，手也。一曰杜若，香艸。""擇菜"義典籍鮮見，若、叒當為一字，許慎誤析為二。本義是順，如《尚書》："欽若昊天。"即"敬順上天"的意思。●順利。《申鼎》："子孫是若。"是若，金文習語，意為賴此順達昌盛。《邾王鼎》："世世是若。"《詩·魯頌·閟宮》："萬民是若。"鄭玄箋："若，順也。"●語助詞。《大盂鼎》："雩若昱乙酉。""雩若"二字均為語助詞，無實義。●應允詞，相當于"諾"。《曶鼎》："復令曰：若（諾）。"●結構助詞，相當于之、其。《毛公鼎》："告余先王若德。"●代詞，此也。《中山王譽壺》："允斉（哉）若言。"●代詞，如此。銘文習語"王若曰"，即"王如此說"。●讀赦。《中山王譽鼎》："隹（雖）又（有）死辠（罪），及參殜（世），亡不若（赦）。"●若干。《睡簡·封診 39》："賈（價）若干錢。"●或也。《睡簡·秦種 21》："縣嗇夫若丞及倉、鄉相雜以印之。"●如也。《秦駰玉版》："西東若甍。"《書·盤庚》若網在綱。●秦漢印多為人名。

若 楚  包山 70　　上博二·容成 15　　清華三·芮良夫 3　　清華一·楚居

4 清華三·琴舞 9　　清華三·琴舞 12　　清華三·琴舞 15　　清華十·司歲 11

【注】從艸若聲。●地名，讀都。《清華一·楚居 4》："為栞（梗—便）室既成，無以內（納）之，乃樕（竊）若（都）人之牯（犝）目（以）祭。"●讀箬。《上博二·容成 15》"蕾若"，讀為"箬箬"。詳"蕾"字。●讀若，善。《清華三·琴舞 9》："屓（宣）再（稱）亓（其）又（有）若（若），曰宮（享）倉（答）余一人。"

諾 楚  上博四·柬旱 15　　清華七·越公 15

【注】從言若聲。●承諾。《清華七·越公15》："讄（申）疋（胥）乃思（懼），許諾。"

諎楚 上博二·從乙1 上博二·從乙6

【注】從辵從宀若聲。●讀匿，藏匿不用。《上博二·從乙1》："穿戒先諎，則自异（忌）司（始）。"詳"穿（弅）"字。

都楚 都公豉人鐘 上都公豉人簠蓋 都公平侯鼎 都公平侯鼎

都公簠蓋 上都府簠 都于子斯簠

【注】從邑若聲。《說文》無。《左傳·僖二十五年》秦晉伐都。《注》秦楚界上小國，其後遷于南郡鄀縣，遂為楚邑。●國名，允姓，有上都、下都之分。若族由殷商立族，至西周時期發展壯大。都國起初都城位於商密（今河南淅川西部），商密又被稱為下都。西周晚期，周王室勢微，楚國開始大肆擴張，都國因其獨特的地理位置，成為秦楚爭奪的對象。都國人就此遷徙至今湖北省宜城市，被稱為上都。遷徙之後，都國成為楚國的附庸國。春秋早期被楚所滅，置為楚上都縣，至此一直延續至春秋晚期。上都器或是下都器，亦或是都國器還是楚上都縣器，其出土地皆位於南陽盆地附近。《都公敦》："隹（唯）都八月初吉癸未，都公平侯自乍（作）障鎘（盂）。"《上都府簠》："隹（唯）正六月初吉丁亥，上都府羃（擇）其吉金，鑄其隨匠。"

蠚 士山盤 都公誠簠楚 下都雍公誠鼎 郭店·老甲33 清華

三·赤鳩9晉 溫縣

【注】從虫灥聲（或若聲）。《說文》無。《廣韻》："蠚行毒，亦作蠚。"●讀都，國名。《都公誠簠》："蠚（都）公誠乍（作）旅匠。"《下都雍公誠鼎》："下蠚（都）雝（雍）公誠乍（作）障鼎。""下都"用蠚、蠚字，以別于上都。郭沫若曰："均有意與上都示別，蓋下都後出，既分上下，猶嫌混淆，且時亦省去上下字而單稱都，故于都字之結構亦須示別也。"（《兩周金文辭大系考釋》176頁）●溫縣盟書人名。●讀蠚，螫也。《郭店·老甲33》："酓（含）悳（德）之厚者，比於赤子，蝟蠆蟲它（蛇）弗蠚（螫）。"●《清華三·赤鳩9》"蟲蠚"與上博簡《容成氏》第三十三簡有"蟲匿"應同義。蠚，《廣雅·釋詁二》："痛也。"詳"蟲"字。

箬楚 清華一·楚居7 清華一·楚居9 清華九·成人4秦 石

鼓文  嶽麓一·質三 4

【注】從竹若聲。●清華簡讀都，地名。●讀若。《石鼓文》："四馬其寫（卸），六轡驁（沃）箸（若）。"《詩·小雅·皇皇者華》："我馬維駱，六轡沃若。"沃若，馴順貌。

 絬兒罍楚 清華二·繫年 39

【注】金文從絲若聲，"絬"之繁文。楚簡從糸若聲。●人名。《絬兒罍》："絬（絬）兒罘（擇）乓（厥）吉金自乍（作）寶罍。"●地名，讀都。《清華二·繫年 39》："二邦伐絬（都）。"

 秦 印增 595

【注】從髟省若聲。●人名。

從紐乍聲

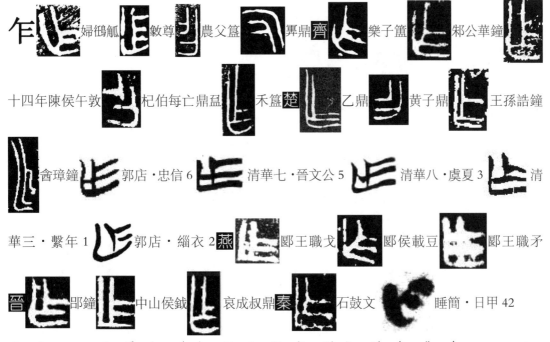

乍 婦鴰觚 敚尊 農父簋 羃鼎 齊 樂子簠 邾公華鐘

十四年陳侯午敦 杞伯每亡鼎盨 禾簋 楚 乙鼎 黃子鼎 王孫誥鐘

酓璋鐘 郭店·忠信 6 清華七·晉文公 5 清華八·虞夏 3 清

華三·繫年 1 郭店·緇衣 2 燕 郾王職戈 郾侯載豆 郾王職矛

晉 郘鐘 中山侯鉞 哀成叔鼎 秦 石鼓文 睡簡·日甲 42

【注】甲骨文作 ，從刀從卜（或從屮，象契刻之符），會以刀作卜之意；蓋卜人用刀刮削鑽刻龜甲，然後灼燒之，視其裂兆進行占卜，《儀禮》："卜人坐作龜。"甲骨文、金文均以"乍"為"作"。金文或增從攴、又、殳、辵，均為繁構。《羃鼎》作倒書。《說文》：" ，止也，一曰亡也。從亡從一。"析形不確。本義指製

作卜龜，是"作"的初文。由于"乍"為引申義所專用，製造、起始等義篆文便另加形符"亻"寫作"作"來表示。"做"是"作"的後起字。●讀作，建造、製作。《中義鐘》："中義乍（作）龢鐘，其萬年永寶。"●讀作，為、充當。《牧簋》："牧，昔先王既令女（汝）乍（作）嗣（司）士。"《書・舜典》："汝作司徒。"●讀作。《作冊折尊》："隹（唯）五月，王才（在）序，戊子，令乍（作）冊折（折）兄（既）望土于梏侯。"作冊，殷商時期官名。●讀祚，報也。《邾公華鐘》："用鑄臸（厥）龢鐘，台（以）乍（祚）其皇且（祖）皇考。"《文選・張衡・東京賦》："祚靈王以元吉。"李善《注》："綜曰：祚，報也。"

作 楚 新蔡零 472 秦 睡簡 語書 2 睡簡・答問 63 睡簡・為

吏 29 睡簡・日甲 10

【注】從人乍聲。●勞作。《睡簡・秦種 49》："小城旦、隸臣作者，月禾一石半石。"楚文字作"俊"。

詐 秦 睡簡・日乙 23 睡簡・日乙 17

【注】從言作聲。●讀詛。《睡簡・日乙 23》："利以裁（製）衣常（裳）、說孟（盟）詐（詛）。"

詐 楚 蔡侯申盤 曾侯乙鐘 曾侯乙鼎 晉 中山王嚳鼎 秦 會稽刻

石 睡簡・語書 2 睡簡・為吏 34

【注】從言乍聲。曾侯乙諸器字從音，蓋音、言同字，作形符通用。《說文》："詐，欺也。從言乍聲。"本義欺騙。●讀作。《中山王嚳鼎》："隹（唯）十四年中山王嚳詐（作）貞（鼎）。"《蔡侯盤》："用詐（作）大孟姬媵（媵）彝醽（盤）。"●用為本義，奸詐。《睡簡・語書 2》："民多詐巧。"

怍 齊 陶彙 3・67 楚 上博六・用曰 7 清華六・子儀 7 曾侯乙方

鑒

【注】從心乍聲。●改變顏色。《禮・曲禮》容毋怍《注》顏色變也。《清華六・子儀 7》："是尚求弔易（惕）之怍。"《補正》引王挺斌先生說："'弔易'當讀為'戚惕'，指憂慮戒懼，類似古書中的'憂惕'、'遽惕'、'怵惕'等等。""戚惕之怍"謂改變警惕的臉色。王寧讀"弔易"為"怵惕"，《孟子・公孫丑上》："今人乍見孺子將入於井，皆有怵惕惻隱之心。"《國語・周語上》："使神人百物無不得其極，猶日怵惕，懼怨之來也。"乃恐懼警覺義。怍，《說文》："慙也。"

此疑讀措，措施、舉措義。"怵惕之作（措）"即恐懼謹慎的舉措。●齊陶人名。

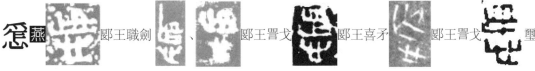

彙 2216

【注】從爪乍聲。●燕兵器均讀作。《郾王職劍》："郾（燕）王職怎（作）武無旅鑰（劍）。"●
燕璽人名。

　郾王職戈

【注】從田怎省聲。●讀祚或讀阼。"踐祚"或"踐阼"，指登王位。《郾王職戈》："隹（唯）郾
（燕）王職隡（踐）畨（阼）承祀。"

2134　璽彙 3090　秦　關簡 347

【注】從肉乍聲。●晉璽人名。●《關簡 347》："令女子之市買牛胙、市酒。"《説文》："胙，祭
福肉也。"

訓 4 晉　中山王響壺　璽彙 3147　璽彙 3148

【注】從又乍聲，"乍"之繁文。●多讀作。詳"乍"字。●讀胙，賜予。《師麐簋》："師穌父弢麐素市，巩告于王。"容庚銘云："弢當讀為胙。賜也。巩或體作鞏，舉也。猶言師穌父賜麐叔市。麐舉告于王也。"（《商周彝器通考》58頁）《國語·晉語》："必速祠而歸福。"韋昭《注》："福，胙肉也。"胙肉，古代祭祀後要分發牲肉以散福。銘文用其引申義。●讀籍，籍稅之籍。《上博二·容成36》："湯乃專（溥）為征弢（籍），以征關市。"●晉璽"弢歐""弢遑"讀作，姓氏。

腹楚 包山224 清華九·禱辭16

【注】從肉弢聲。●讀胙。《包山224》："逞（歸）腹（胙）於葳郢之歲（歲）。"《清華九·禱辭16》："救（肥）我腹（胙）工（貢）。"

褑楚 包山141 包山209 包山129 包山162

【注】從示弢聲，"祚"之繁文。●讀胙。《包山141》："逞（歸）褑（胙）於葳郢之歲（歲）。"

俊楚 郭店·老甲17 包山168 包山206 包山212 包山
221 包山12 上博五·三德10 清華五·厚父8 清華五·厚父

11 安大一92

【注】從人弢聲，"作"之繁文。●多讀作。《郭店·老甲17》："萬勿（物）俊（作）而弗恃（始）。"●包山簡讀胙。《說文》："胙，祭福肉也。"《包山129》："東周客鄦（鄦-許）絰逞（歸）俊（胙）於葳郢之歲（歲）。"

胥楚 包山205

【注】從肉俊聲。●讀胙。《包山205》："逞（歸）胥（胙）於葳郢之歲（歲）。"

籍楚 上博五·鮑叔3

【注】從示俊聲。●讀籍。《上博五·鮑叔3》："乃命有司箸（書）籍（籍），浮（復）老弱不刑。"李學勤將"箸作"讀為"書籍"，解為"在戶籍上登記"；"浮"讀復，訓為免除。

埱 楚 箴銘帶鉤

【注】從土叔聲。●讀作。《箴銘帶鉤》："毋埱毋愍。"

瘦 楚 新蔡甲三 12

【注】從疒叔聲。●讀瘥。《新蔡甲三 12》："吉，義（宜）少（小）瘦。"

弲 楚 新蔡零 472

【注】從弓乍聲。●讀作。

弲 晉 璽彙 3255

【注】從弓昨聲。●晉璽"弲奚昜"，疑讀作，姓氏。

攸 姞氏簠 齊 鮑子鼎 叔尸鐘 楚 鄁王劍 清華二 · 繫年

清華二 · 繫年 4

【注】從攴乍聲，"乍"之繁文。●讀作。《鮑子鼎》："璽（鮑）子攸（作）朕（媵）中（仲）匋始（姒）。"●讀籍。《清華二 · 繫年 4》："洹（宣）王是訇（始）棄帝攸（籍）田。"

迮 齊 鄘大史申鼎 楚 郭店 · 六德 24 上博五 · 競建 3 郭店 · 六德

38 晉 屬羌鐘

【注】從辵乍聲。或從辵攸（"乍"之繁體）聲，或從止作聲，或從止乍聲，均為異文。《説文》："迮，迮迮，起也。從辵，作省聲。"本義逼迫，引申為征伐。●義同"行"。《申鼎》："用征台（以）迮，台（以）御賓客，子孫是若。"用征以迮，金文習語。銘文或作"用徵用行"，即用以征戰、討伐。●讀迮，迫、逼迫。《屬羌鐘》："達（率）征秦迮齊，入張（長）城。"征秦迮齊，即征伐秦國，迮迫齊國。《文選 · 歎逝賦》李善注引《聲類》曰："迮，迫也。"《左傳 · 襄

公二十三年》："今君聞晉亂而後作焉，寧將事之。"杜預注："作，起兵也。"迮、作音同字通。●《上博五・競建3》："發古（故）慮，行古（故）作。發（廢）迮者死，弗行者死。"讀籍，關市之征。或説讀作，《詩・常武》鄭玄箋："行也。""古"均讀故。"廢故慮，行故作"，即廢先祖之所廢，行先祖之所行，而對於廢先祖所行者，不執行王命者，都須處死。

⿰乍殳  師嫠簋 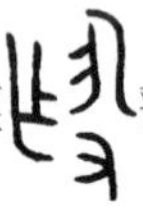 虢文公鼎 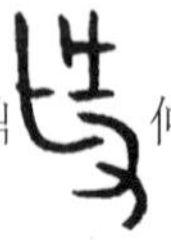 仲鑠盨 秦  秦景公石磬

【注】從乍殳聲。●金文多讀作。《仲鑠盨》："弔（叔）鑠父⿰乍殳（作）旅⿰金須（盨）𣪕（簋），其永用。"●《秦景公石磬》："⿰乍殳虎⿰食丮入，有蠍⿰食丮漾。"孫常敘先生在《"⿰乍殳虎"考釋》一文中説"⿰乍殳虎"當音假為"鉏鋙"。鉏鋙是一種節齒狀物，可以止樂。《吕氏春秋・仲夏紀》："飭鐘磬柷敔。"高誘注："敔木虎，脊上有鉏鋙，以仗樂之以止樂。""鉏鋙⿰食丮入，有蠍⿰食丮漾"的意思是"以敔入樂發聲，致使那正在演奏的訖事之樂戛然而止，餘音在漾。"

鮓 晉  璽彙 1022  璽彙 3006  陶彙 3・764

【注】從魚乍聲。●晉璽人名。

⿱羽乍 楚  曾侯 79

【注】從羽乍聲。●《曾侯79》："玄雩之首，一翼之⿱羽乍。"詳"苲"字。

苲 楚  曾侯 65

【注】從艸乍聲。●《曾侯65》："黃豻馭鄍君之一輮（乘）畋車：苲⿺走圭，紫裏。"讀笮。笮，即屋笮，或稱筄，為古代房屋建筑構件之一，用竹條或葦幹編成簾狀，作用相當於望板。"笮⿺走圭"應為軒蓋飾物。

柞  柞鐘  量侯簋  柞伯簋 楚  清華一・程寤 1  清華一・程寤 6 秦  石鼓文  龍崗 38

【注】從木乍聲，與小篆同。《説文》："，木也。"本義木名。《詩・小雅》："維柞之枝，其葉蓬蓬。"●木名。《石鼓文》："柞棫其☒。"●人名。《柞鐘》："柞拜手對揚中（仲）大師休。"●讀作，製作。《量侯簋》："量侯尌柞（作）寶𪺇𣪕。"

 殂楚 九店 56‧50

【注】從歹乍聲，"殂"之繁文。殂，古文從乍作"殀"。●讀沮。《九店 56‧50》："三增三殂（沮）不相忎，無藏貨。"

 酢酰 王子佢鼎楚 邾王義楚鐻秦 睡簡‧日乙 183 睡簡‧日

乙 187 宗邑瓦書 宗邑瓦書

【注】從酉乍聲，與小篆同。《説文》："酰，醶也。"本義為醋。段玉裁注："今俗皆用醋。以此為酬酢字。"酬酢，賓主互相敬酒（《倉頡篇》主答客曰酬，客報主人曰酢），泛指交際應酬。●讀作，製作。《邾王義楚鐻》："自酢（作）祭鋪，用盲（享）于皇天。"秦簡多讀作。●讀詐。《睡簡‧雜抄 32》："敢為酢（詐）偽者。"●讀胙。《宗邑瓦書》："周天子使卿大夫辰來致文武之酢（胙）。"

 疰晉 侯馬 璽彙 1161 璽彙 1066 璽彙 2948

【注】從疒乍聲。●均為人名。

 狕楚 郭店‧性自 47

【注】從犬乍聲。●讀作。《郭店‧性自 46》："人之说肰（然）可與和安者，不又（有）夫憯（奮）狕之青（情）則悆（侮）。"親切並且可以與之和睦、安樂相處的人，如果沒有奮進振作之情，就會被傷害、輕侮。

 鈼楚 吳王夫差矛 吳王夫差矛

【注】從金乍聲。《説文》無。《説文》矛部有䂮，曰："矛屬。從矛昔聲，讀若笮。"張舜徽謂"鈼與䂮實為一字"。（《吳王夫差矛銘文考釋》）●讀䂮，矛一類的兵器。《吳王夫差矛》："吳王夫差自乍（作）甬（用）鈼。"

心紐舄聲

【注】金文 象鳥鵲張兩翼形，為"鵲"之初文。小篆乃變其上作 ，其形遂不可説。張亞初曰："舄字在《伯晨鼎》銘文中寫作 ，是一個人腳上穿有鞋子的會意字，這是赤舄之舄初文本字，這個字在銘文中只見到一次，後來就没流傳下來，銘文中赤舄之舄……是鵲字的象形初文。"（《古文字分類考釋論稿》）秦印文字作 者，舊多釋為鳥，當釋為舄。秦漢文字"鳥"的頭部一般作 ，向左下有一撇筆。可參看《漢印文字字形表》353－356頁。《説文》：" ，䧿也。象形。 篆文舄從隹、昔。"䧿即鵲，本義喜鵲。●讀屜，鞋。《師晨鼎》："易（賜）赤舄。"周代君王和貴族所穿的紅色朝靴。●《信陽2・24》："四合銥，一舄銥，屯又蓋。"朱德熙、裘錫圭先生釋為"舄"，讀錯，可從。"合銥"是指有蓋的銥，"錯銥"應該是指没有蓋的鑲嵌或刻有花紋的銥。●《璽彙0260》"虘☒寫鈢"，讀寫，寫書之官。《漢書・地理志》："建漢書之策，置書寫之官。"（《戰國古文字典》153）●秦印均為人名。

犳

印增393　　　戰編573

【注】從犬舄聲。●人名。

寫 印增143　　　　　　　　　　石鼓文　　　　睡簡・答問56　　　　睡簡・秦種

186　里耶9・1　　　里耶9・5

【注】從宀舄聲。●秦簡用為本義，書寫。《睡簡・秦種186》："縣各告都官在其縣者，寫其官之用律。"●讀卸。《説文》"卸，舍車解馬也。從卩、止、午（小徐本作：午聲）。讀若汝南人寫書之寫。"《石鼓文》："四馬其寫。"石鼓文"寫"字凡三見，均是止車税駕的意思。

心紐昔聲

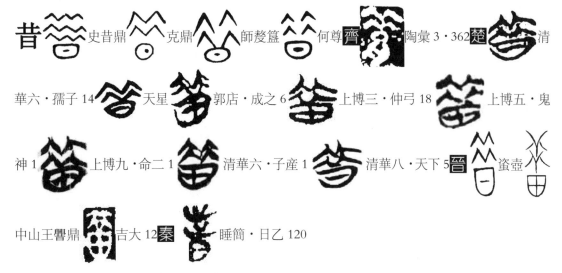

昔 史昔鼎　克鼎　師嫠簋　何尊 齊 陶彙 3·362 楚 清

華六·孺子 14　天星　郭店·成之 6　上博三·仲弓 18　上博五·鬼

神 1　上博九·命二 1　清華六·子產 1　清華八·天下 5 晉 蛮壺

中山王嚳鼎 吉大 12 秦 睡簡·日乙 120

【注】甲骨文作 、 、 、 、 、 、 、 。葉玉森曰："古必先有昔，乃孳乳臘。契文昔作 ，從 象洪水之災，故制昔字取意于洪水之日。"（《説契》）戴家祥謂"昔"乃"夕"之別構，象日沉入水中。金文同甲骨文，金文或作 ，ⅢⅢ或訛為 ，日訛為田，均為戰國文字在實際使用時美觀起見的繁筆。《説文》：" ，干肉也。從殘肉，日以晞之。與俎同意。 籀文從肉。"在甲骨文金文中，"昔"均用為往昔之義，無干肉義；籀文"臘"才是干肉義本字。本義是從前、過去，如《詩經》："昔我往矣。"●以往、古代、從前。《蔡簋》："蔡，昔先王既令女（汝）乍（作）宰，嗣（司）王家。"《上博二·君老 1》："昔者君老，大（太）子朝君，君之母俤（弟）是相。"●人名。《史昔鼎》："史昔其乍（作）旅鼎。"●讀措，置也。《清華六·孺子 14》："焉宵（肖）昔（錯）器於異賢（藏）之中。"異，楚貨貝名。古籍亦寫作選、饌、撰、鍰等。文意為：於是像把普通器具混雜在錢庫裏一樣。這裏喻指以大夫的身份行使國君的權力。●讀臘，乾肉。《睡簡·日乙 120》："以昔肉吉。"

鼎 晉 溫縣

【注】從鼎昔聲。●不詳。

簋 楚 清華十·四告 40

【注】從臣昔省聲。●《清華十·四告 40》："茲隹（唯）窓簋（懼）亡（無）爽曆（振）羸（羸）。"整理者注："窓，疑'恐'字異體。簋，從臣，昔省聲，讀為'懼'。爽，差錯。振羸，振弱。"

譜 二年窓鼎 秦 秦印 45

【注】從言昔聲。●秦印"公孫譜"，人名。晉器亦為人名。

昔 楚  清華十・病方 1

【注】從艸昔聲。●簡文“昔渚（煮）之目（以）酉（酒）”，當為植物類藥名。

惜 楚  清華一・祭公 8  清華五・湯丘 2 秦  里耶 8・61 背

【注】從心昔聲。●《清華五・湯丘 2》：“目（以）道心𦬿（嗌），惜快目（以）恆。”《説文》：“惜，痛也。”“惜快”即病痛消除而暢快，今言“痛快”者即此意。“恒”為長久、持久意。此處“心𦬿”似當為身體的器官部位，則“嗌”訓“咽喉”。●讀錯。《清華一・祭公 8》：“㥵（遜）惜（措）乃心，𦘠（盡）㝛（付）畀余一人。”●里耶簡人名。

鯌 楚  上博九・舉治 31  上博二・容成 24

【注】從魚昔聲。●疑讀皵，皮膚皸裂。《上博九・舉治 31》：“夬（決）瀆（瀆）三百，首丩旨，身鯩（鱗）鯌。”簡文大意疑為描寫大禹治水之辛勞，以致手彎曲而不能伸展，身之膚理也粗皵若魚鱗了。《上博二・容成 24》：“面𣎆（皯）鯌（皵），脛不生之毛。”𣎆，讀皯，指皮肤黧黑枯槁。是指大禹皮膚烏黑粗糙，小腿不長毛。

借 燕  璽彙 0280  璽彙 2545

【注】從人昔聲。●《璽彙 2545》“借昨”，讀藉，姓氏。《璽彙 0280》“𣎆（韓）借”，人名。

䪚 秦  印增 594

【注】從頁昔聲。●人名。

䇓 晉  單䇓讬戈

【注】從立昔聲，與小篆同。《説文》：“䇓，驚皃。”本義驚懼。●人名。《單䇓讬戈》：“單䇓讬乍（作）用戈三萬。”

諎 楚  網絡 晉  二年宁鼎 秦  秦印 45

【注】從言昔聲，與小篆同。《説文》：“諎，諎大聲也。從言昔聲。讀若笮。唶，諎或從口。”本義大聲。●古文字均為人名。《二年宁鼎》：“冶諎為，財（載）四分齋。”

郜 秦 秦印 290

【注】從邑昔聲。郜，《廣韻》鄉名。●秦印單字。

腊 齊 陶彙 3·362 楚 郐王糧鼎 秦 睡簡·日甲 113

【注】從肉昔聲，與《説文》"昔"之籀文作𦠆同，故《金文編》釋為昔。商承祚曰："腊從昔是有其道理的。肉之所以能久不變味，是因為加工後曬過，其專名謂之腊。"古璽作𦟛，為聲符更換字。●干肉。《郐王糧鼎》："郐（徐）王糧用其良金，鑄其饎（濤）鼎，用鬻魚臘。"《睡簡·日甲 113》："以腊古（脼）吉。"●齊陶人名。

郜 、 宗婦郜嬰鼎

【注】從邑腊聲。《説文》"昔"籀文從肉作此"𦠆"，故字可隸為"郜"。●國名、氏名，在四川臨邛，即《説文》"椰，蜀地也"。《宗婦郜嬰鼎》："王子剌（烈）公之宗婦郜（郜）嬰為宗彝鼎彝，永寶用，目（以）降大福，保辥郜（郜）國。"銘之"保辥郜（郜）國"，乃郜國嫁出之女在夫家之國為其娘家父母之邦郜國祈福。

散 齊 匯考 49 楚 上博五·三德 6 清華九·廼命二 5 晉 中山王𦥑

壺 璽彙 1968

【注】從攴昔聲，或謂"措"之異體，蓋從攴與從手會意同。《説文》無。●讀措，任用。《中山王𦥑壺》："夙夜篚（匪）解（懈），進孥（賢）散（措）能。"《中庸》："故時措之宜也。"《疏》："措，猶用也。"●讀措，棄置、擱置。《上博五·三德 6》："建五官弗散（措）。"《禮記·中庸》："有弗學，學之弗能，弗措也。"孔穎達疏："措，置也。言學不至於能，不措置休廢，必待能之乃已也。"●《匯考 49》"右桁散木"，大概是"右桁"屬下管理木材安置的職官。措，《説文》："措，置也。"●讀藉，訓為"因"，見《管子·內業》"可藉與謀"尹注。《清華九·廼命二 5》："涇〈淫〉取氖（乞）賜（匀），醿（異）欲𢀸（強）叚（假），散（藉）以員（貽）我祖考愿（羞）。"

道 番生鼎 毛公鼎 楚 郭店·成之 37 天星 望山 1·9

【注】從辵昔聲，與小篆同。《説文》："𪞓，迹道也。從辵昔聲。"本義為紋飾，同"錯"。●讀錯。《番生簋》："易（賜）朱市、……道衡、玄氒（軛）。"道衡，錯有紋飾的車轅前端的橫木，典籍作"錯衡"。《詩·小雅·采芑》："約軝錯衡。"毛傳："錯衡，文衡也。"●讀措，意為施也。《郭店·成之 37》："是古（故）唯君子道可近求而可遠道（措）也。"

趙  趙曹鼎 趙曹鼎 楚 包山 6 秦 二十七年上守趙戈

 上郡守錯戈  、 、 秦印 26

【注】從走（金文伩即走之異構）昔聲。《説文》：“𧼸，趙趙也。一曰行皃。從走昔聲。”本義行走輕捷的樣子。●姓氏。《趙曹鼎》：“井（邢）白（伯）入右趙曹，立中廷。”●人名。《二十七年上守趙戈》：“廿七年，上守趙造。”趙，讀措，指司馬錯，戰國時期秦國名將。秦印文字均為人名。

猎 秦  印增 596

【注】從犬昔聲。●秦印“猎強”，應為人名。

貓 楚 包山 215　包山 244　包山 204　包山 250

【注】從豸昔聲。●祭品。《包山 200》：“罷禱於夫人戠（特）貓。”“戠貓”與“戠豢”為同類祭品，往往並舉。恐亦當屬牲類，與臘肉無關。字從豸昔聲，疑“狙”之異。《説文》：“狙，豸屬。”滕壬生、何琳儀、白於藍等皆從此觀點。

鵲 楚 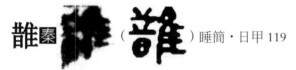 上博一·詩論 10　上博一·詩論 11　上博一·詩論 13　

安大一 92　安大一 21

【注】從鳥昔聲。●喜鵲。《安大一 92》：“鶉之奔=，鵲之競=。”●詩經篇名。《上博一·詩論 10》：“《漢廣》之智，《鵲巢》之歸。”

雌 秦 （雎）睡簡·日甲 119

【注】從隹昔聲，“舃”之篆文。●秦簡“雎門”，義不詳。

箬 楚 包山 277

【注】從竹昔聲。●“一箬（笮）”，讀笮，矢箙。

1200

厝觶_秦 廿五年上郡守厝戈

【注】從厂昔聲。字亦見於漢印作 、 （漢印 840）。●人名，讀措。《廿五年上郡守厝戈》："上郡守厝。"上郡為秦之大郡，北防匈奴，東禦六國，處於軍事前沿，所以鑄造兵器很多。擔任上郡郡守的人都是赫赫有名的大將。如據兵器銘文所示，像秦惠文王后元五年、六年曾任上郡守的樗里疾，秦昭王十二年、十五年曾任上郡守的向壽，秦昭王十九年、二十五年、二十七年曾任上郡守的司馬錯。

階_楚 上博二·子羔 11 上博六·用曰 6

【注】從阝昔聲。●均讀錯。《上博二·子羔 11》："又（有）躩（燕）監（衛）卯而階（錯）者（諸）丌（其）前，取而軟（吞）之。"《上博六·用曰 6》："階心懷惟，各又（有）亓（其）異煮（圖）。"詳"懷"字。

瘖_晉 洭陽戈 溫縣 璽彙 1033 璽彙 1034

【注】從疒昔聲。《博雅》疾也，音未詳。●晉文字均為人名。《洭陽戈》："洭（圓）陽冶瘖釸（鑄）也。"

墙_晉 璽彙 2568 圖典 330

【注】從土昔聲。●晉璽"墙斗""墙開"，讀厝，姓氏。

錯_秦 睡簡·日甲 75 背 秦陶 959 秦陶 965 秦印

266 、 、 印增 531

【注】從金昔聲。●秦文字均為人名。

豐_晉 中山王豐壺 中山王豐鼎 璽彙 1874 璽彙 0744

【注】從臼（象臼持器形，三晉文字習見偏旁，無法隸定，統一隸定為臼）昔聲。字不見字書，

本義不詳。●晉系文字均為人名。《中山王譽鼎》:“隹(唯)十四年中山王譽詐(作)貞(鼎)。”

斮 晉  璽彙 0847

【注】從斤昔聲。●晉璽人名。

齰 秦 、 秦印 39 、、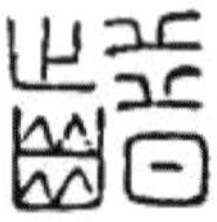 印增 77

【注】從齒昔聲。●均為人名。

耤  令鼎  弭伯簋  弭伯簋 秦  睡簡·為吏 2 、 秦印 78

【注】甲骨文作,從耒從丮(人而突出其手足之形);或疊加聲符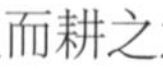。徐中舒謂:象人側力推耒形,會其蹈履而耕之意,故其本義為蹈為履(《甲骨文字典》480)。金文均加“昔”以為聲符。秦文字作,省掉丮旁,遂從耒昔聲。《説文》:“,帝耤千畝也。古者使民如借,故謂之耤。”“帝耤千畝”,乃帝親自蹈履于田而耕之意。本義為耤田,即古代天子親耕之田。這種田在天子親耕之後,借民力耕種,故又引申指借助;由于“耤”作了偏旁,其本義便由“藉”來表示。●古代天子為提倡農耕而由自己親自象徵性躬耕的公田。《京叔彝》:“令女(汝)乍(作)嗣(司)土(徒),官嗣(司)耤(藉)田。”典籍作“藉”或“籍”。《禮記·祭義》:“是故昔者天子為藉千畝。”鄭玄注:“藉,藉田也。”●讀藉,假設。《睡簡·答問 196》:“耤(藉)牢有六署。”假設牢獄有六處看守崗位。●讀藉,藉助。《睡簡·為吏 1》:“凡治事,敢為固,謁私圖,畫局陳㚶(棋)以為耤。”●人名。《弭伯簋》:“焚(榮)白(伯)内(入)右師耤。”

籍 秦 、 秦風 190  秦印 80  睡簡·效律 27  嶽麓三 126

【注】從竹耤聲。●秦印有“籍亭”,姓氏。晉有籍談,漢有籍福。●簿籍、戶籍。《睡簡·秦種 28》:“入禾稼、芻稾,輒為廥籍,上內史。”●讀藉,借助。《睡簡·秦種 137》:“居貲贖責(債)者,或欲籍(藉)人與并居之,許之,毋除繇(徭)戍。”以勞役抵償貲贖債務的,有的要求借助別人和他一起服役,可以允許,但不能免除那個人的徭戍義務。

⿰亻籍 秦 、 印增 592

【注】從人籍聲。●人名。

並紐白聲

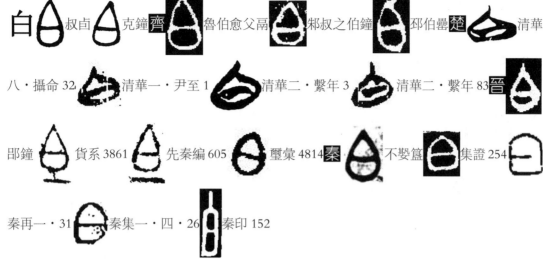

白 叔卣 克鐘齊 魯伯愈父鬲 邾叔之伯鐘 邳伯罍楚 清華

八·攝命 32 清華一·尹至 1 清華二·繫年 3 清華二·繫年 83 晉

邵鐘 貨系 3861 先秦編 605 璽彙 4814 秦 不嬰簋 集證 254

秦再一·31 秦集一·四·26 秦印 152

【注】甲骨文作 、 、 ，象人面兒之形。白、兒一字之孳乳。白，並紐；兒，明紐，均屬唇音。字多引申為首領、兄長，或假借為白色。戰國文字或增橫為飾作 （貨系 3861），與旦混；或訛為日形作 ，唯據文意區分耳。《說文》：“白，西方色也。陰用事，物色白。從入合二。二，陰數。凡白之屬皆從白。 古文白。”銘文中用多同“伯”，長也，排行第一。今多用為物色之白。●讀伯，老大、兄長。《微伯瘐豆》：“散（微）白（伯）瘐乍（作）簠。”《番伯酓匜》：“佳（唯）番白（伯）酓自乍（作）它（匜）。”●讀伯，爵位名稱。《魯伯盤》：“魯白（伯）厚父乍（作）仲姬俞（俞）媵（媵）般（盤）。”●讀伯，地方長官。《大盂鼎》：“易（賜）女（汝）邦嗣三（四）白（伯）、人鬲自馭至于庶人六百又五十又九夫。”●白色。《作冊大鼎》：“公賞乍（作）冊大白馬。”《叔卣》：“王姜史（使）叔事于大保，商（賞）叔郁鬯、白金、芻牛。”●《秦兵器》：“白水。”據《漢書·地理志上》，益州廣漢郡葭縣有“白水”，應劭曰：“出徼外，北入漢。”在秦為蜀郡屬縣，故城在今四川省廣元縣西北（根據施謝捷《秦兵器刻銘零釋下》整理）。“白水”二字，戈銘中為置用地名。“白水”，亦見于故宮博物院藏秦“白水弋丞”官印及近年西安相家巷出土秦封泥“白水之苑”“白水苑丞”等。●讀亳，白”“亳”均並紐鐸部字。《清華一·尹至 1》：“佳（惟）尹自頊（夏）薆（徂）白（亳）。”●讀泊。《上博三·彭祖 6》：“遠慮用索（素），心白（泊）身澤（懌）。”《後漢書·蔡邕列傳》：“明哲泊焉，不失所寧。”李賢《注》：“泊，猶靜也。”

皛楚 清華十一·五紀 25 清華十一·五紀 76

【注】從二白相疊。●《清華十一·五紀 25》“皛闥”。整理者注：“簡文‘皛壁’對應‘東壁’，未詳。”

伯齊 類編 434晉 璽彙 2916秦 秦編 1277 印增 307

【注】從人白聲。●均為人名用字。

胉  上博四·曹沫6

【注】從肉白聲。《説文》作髆。《説文》："髆，肩甲也。從骨専聲。"●讀伯。《上博四·曹沫6》："昔池胉語寡人曰。"池胉，讀"施伯"，魯大夫。

姁  郳姁鬲

【注】從女白聲。●齊器人名。

拍 齊 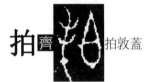 拍敦蓋

【注】從手白聲。●齊器人名。

叚  叚己瓶

【注】從又白聲，疑"拍"之異文。●金文人名。

袙 楚  分研166

【注】從衣白聲，同帕、帊。●楚璽"陳袙"，人名。

朙 楚  清華一·程寤1

【注】從月白聲。●讀霸。《清華一·程寤1》："隹（惟）王元祀貞（正）月既生朙（霸），大（太）姒夢見商廷隹（唯）棘（棘）。"詳"霸"字。

息（怕） 楚 上博四·昭王8

【注】從心白聲。《集韻》："怕，古書作息。"字亦見於《古文四聲韻》作 。●讀暴。《上博四·昭王8》："天加禍於楚邦，息（暴）君吳王身至於郢。"

敀  敀陸睘矛 楚  郭店·窮達7 包山142 上博五·季庚11

1204

清華七・趙簡子 10 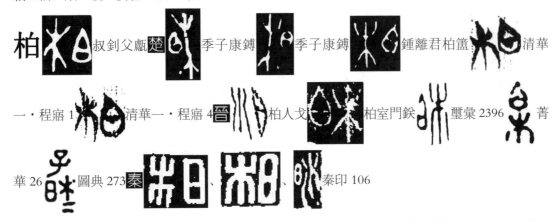 清華九・成人 12 陶録 4・16 陶録 4・5

【注】"迫"之異文。從攴白聲。《説文》："敀，迮也。從攴白聲。《周書》曰：'常敀常任。'"
●地名。《敀陸覓矛》："敀陸覓。"●讀伯。六國文字多以白為伯（王伯之伯），作敀可能反映了
齊文字的特點。《郭店・窮達 7》："白（百）里迌（轉）遺（鬻）五羊，為敀（伯）勤（牧）牛。"
●讀霸，霸占。《清華七・趙簡子 10》："桷（輔）相周室，兼（九）敀（霸）者（諸）侯。"●
讀帛。《清華九・成人 12》："邦正（政，征）無互（恆），閭（關）敀（帛）斂（會）壴（當），
敍（徭）敓（税）要弡（强），無型。"

柏 叔剣父甗 楚 季子康鎛 季子康鎛 鍾離君柏簠 清華
一・程寤 1 清華一・程寤 4 晉 柏人戈 柏室門鍅 璽彙 2396 菁
華 26 圖典 273 秦 、 、秦印 106

【注】從木白聲；秦印多從日。●柏人：地名，春秋時晉邑。《柏人戈》："柏人。"●人名。《鍾
離君柏簠》："童麗君柏罨（擇）其吉金。"●柏樹。《清華一・程寤 1》："酒孛=（小子）癹（發）
取周廷杍（梓）桓（樹）于乑（厥）閒（間），麿=（化為）松柏棫柞。"●晉璽姓氏。《圖典 273》
為"子柏"合文，複姓。●古璽印有"柏公閒印""柏公疢""柏淺"，姓氏。

筶 楚  郭店・窮達 2

【注】從竹白聲。●讀拍，陶器製作技術。《郭店・窮達 2》："舜耕於脣（歷）山，匋（陶）筶
（拍）於河匼（浦），立而為天子。"

苩 晉  十四年武城令戟

【注】從艸白聲；聲符應該為白字。綃，漢印作（漢印 1146），可參。●"☐苩覿☐"，疑為
地名。

郇 楚 清華三・良臣 11 晉 璽彙 2150 璽彙 2151 璽彙 2152

【注】從邑白聲。●讀伯。《清華三・良臣 11》："楚恭（共）王又（有）郇（伯）州利（犁）以

為大宰。"●晉璽"邭疧""邭聖""邭牽"等，讀白，姓氏。

泊

道 20  清華八·邦道 9　上博四·柬旱 1

【注】從水白聲。●讀薄，薄綏的布帛，用于包裹玉器。《信陽 2·10》："泊（薄）且（組）之綳。"●淡泊。《郭店·性自 63》："谷（欲）柔齊而泊。"●讀薄，與"厚"相對。《上博二·容成 35》："厚愛而泊（薄）僉（斂）安（焉）。"《上博四·曹沫 54》："赶（重）賞泊（薄）坓（刑），思忘亓死而見亓生。"《孟子·盡心上》："易其田疇，薄其稅斂，民可使富也。"秦文字則用"薄"表示厚薄之薄，見馬王堆帛書《五十二病方》等。楚文字或用"專"表示厚薄之薄。

貟兮甲盤

【注】從貝白聲。●讀帛。《兮甲盤》："母（毋）敢不出其貟（帛）、其責（積）。"

施吳方彝蓋

【注】從㫃白聲。●《吳方彝蓋》："王乎（呼）史戊冊令（命）吳：嗣（司）施眔叔金，易（賜）簧（秬）鬯一卣。"疑讀帛。

綌

【注】從糸白聲，"帕"之異文。●讀帛。《包山 263》："一秦縞之綌裏，王綃（錦）之純。"

韷楚　包山牘 1

【注】從韋白聲，疑"鞄"之異文。●簡文"斩（犴）韷之轣軒"，疑讀鞁，鞁字之訛。鞁，《集韻》馬轡當面皮。

碧秦　陶徵 171

【注】《説文》："碧，石之青美者。從玉石，白聲。"戰國文字往往把"口"旁寫作"山"字形。如"言"作（考古 1989·4·378），"語"作（璽彙 5282），"闇"作（陶彙 3·41），"誨"作（璽彙 3424），"各"作（璽彙 5308），"喬"作（璽彙 1237），"客"作（璽彙 5556），

"瘖"作（璽彙 3809），"詹"作（璽彙 5456），例不勝舉。碧，漢印作（漢印 31）。
●人名。

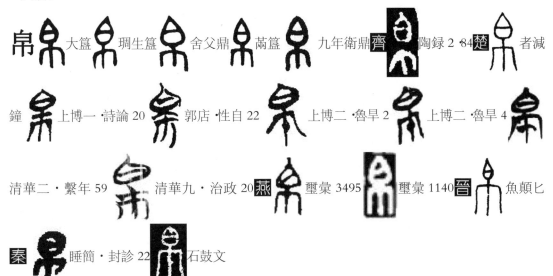

【注】甲骨文作、，從巾從白，表示白色未染之繒；白兼聲。金文小篆同甲骨文。《說文》："帛，繒也。從巾白聲。凡帛之屬皆從帛。"本義為未染之繒。引申泛指絲織品的總稱。●絲帛。《大簋蓋》："余既易（賜）大乃里，睽賓豕章（璋）、帛束。"●讀白，白色。《九年衛鼎》："帛金一反（鈑）。"●讀薄，薄命。《魚顛匕》："帛命入歔。"銘意為，薄命地墮入羹湯。●齊陶人名。●燕璽（璽彙 3495）"帛生估"，姓氏。漢代有帛敞，五威將軍；又有帛竟，漁浦侯；三國時吳有帛和，道士；晉代有帛道猷。

鰟 石鼓文

【注】從魚帛聲，"鮊"之異文。●讀鮊，魚名。《石鼓文》："又（有）鱮又（有）鰟。"

敀 陶錄 4 · 189

【注】從攴帛聲。●陶文單字，人名。

啻 陶錄 2 · 84

【注】從吾帛聲。●"蒦圖南里匋者啻"，人名。

賗 乖伯簋

【注】從貝帛聲。●讀帛，或以為"帛貝"合文。《乖伯簋》："二月，眉敖至見，獻賗（帛）。"

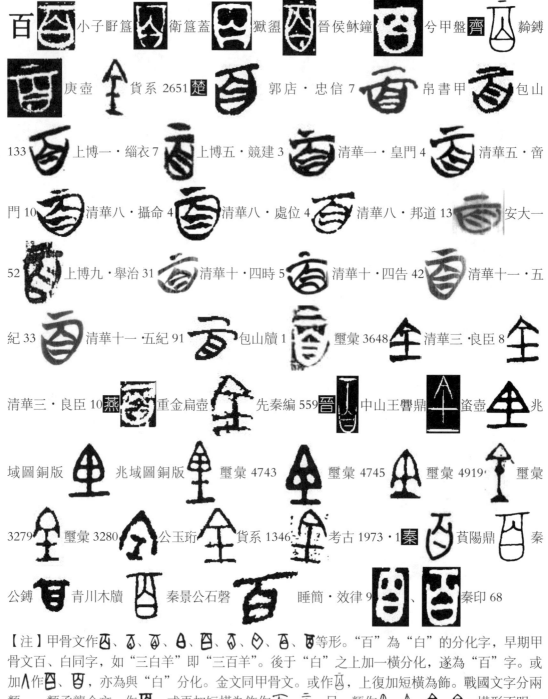

百 小子斝簋 衛簋蓋 獄盨 晉侯穌鐘 兮甲盤 齊 ⿰素命鎛 庚壺 貨系 2651 楚 郭店·忠信 7 帛書甲 包山 133 上博一·緇衣 7 上博五·競建 3 清華一·皇門 4 清華五·啻門 10 清華八·攝命 4 清華八·處位 4 清華八·邦道 13 安大一 52 上博九·舉治 31 清華十·四時 5 清華十·四告 42 清華十一·五紀 33 清華十一·五紀 91 包山牘 1 璽彙 3648 清華三·良臣 8 清華三·良臣 10 燕 重金扁壺 先秦編 559 晉 中山王嚳鼎 盜壺 兆域圖銅版 兆域圖銅版 璽彙 4743 璽彙 4745 璽彙 4919 璽彙 3279 璽彙 3280 公玉珩 貨系 1346 考古 1973·1 秦 萯陽鼎 秦公鎛 青川木牘 秦景公石磬 睡簡·效律 9、秦印 68

【注】甲骨文作、、、、、、、、等形。“百”為“白”的分化字，早期甲骨文百、白同字，如“三白羊”即“三百羊”。後于“白”之上加一橫分化，遂為“百”字。或加作、，亦為與“白”分化。金文同甲骨文。或作，上復加短橫為飾。戰國文字分兩類，一類承襲金文，作，或再加短橫為飾作、。另一類作、、、，構形不明，或以為“百”之倒文；或以為由“白”演化而成，其演化過程為→→→→。戰國文字與後世“全”字形全同，然戰國時期文字有別，“全”中間一橫本為飾點，而“百”一般三橫等長（橫畫濃縮作點畫，則與“全”混同）。《說文》：“，十十也。從一、白。數，十百為一貫。相章也。古文百從自。”本義為數詞，即十十之數。引申為眾多。●數詞。《叔德簋》：“羊百。”●泛指數量眾多。《㝬鐘》：“隹（惟）皇上帝百神。”《𤔲生盨》：“其百男百女千孫。”●讀陌。《青

川木牘》："及發千（阡）百（陌）之大草。"

迼（迼） 楚 　上博一·緇衣14　　上博六·用曰19

【注】從止百聲。《上博六·用曰19》從止白聲，此即《説文》"遷"之異文"迼"。《説文》"白"古文作白，可資佐證。楚簡的寫法與《説文》古文作迼、《汗簡》作迼、《古文四聲韻》作迼接近，保留了齊系文字的特點。●讀法，刑法。法、百聲系一組，韻部藥、鐸旁轉。《上博一·緇衣14》："隹（惟）复（作）五虐（虐）之型（刑）曰迼（法）。"《上博六·用曰19》："迼（法）又（有）絽（紀），而亦不可歔（阻）。"

絈 楚 　仰天23

【注】從糸百聲，古同"帕"，頭巾。●簡文"絈組"似指劍飾。

佰 秦 　睡簡·為吏14

【注】從人白聲。●讀陌。《為吏14參》："千（阡）佰（陌）津橋。"千百，讀阡陌。田間之道，南北曰阡，東西曰陌。

佰 楚 　清華九·禱辭4

【注】從彳百聲。●《清華九·禱辭4》："亓（其）豊（禮）社東女（焉）疒（藏），亓（其）罙（深）及脦（腋），曼（三）日佰（百）。"整理者注："佰，讀為'百'。'百'，從新蔡簡、天星觀簡的記載來看，大概是一種在祭祀中奏樂的儀式。三日百，即奏樂三日。下文的'五終是從'，也是關於祭祀用樂的記載。"子居先生讀舞。（《清華簡九《禱辭》韻讀》）"舞""武"同音相通，"白""武"亦通。

明紐莫聲

莫　　父乙兜莫觚　　　羍莫父卣　　　晉公盆　　　散氏盤　　　莫銅泡　　　莫

戈 齊 　滙考41 楚 　工歔太子姑發劍　　越王者旨於賜鐘　　燕客量　　郭

店·老甲6　　新蔡甲三36　　上博四·逸多1　　清華一·皇門11　　郭店·老

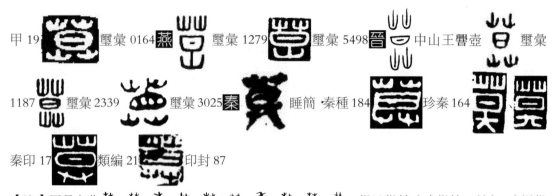

甲 19... 璽彙 0164 燕... 璽彙 1279... 璽彙 5498 晉... 中山王響壺... 璽彙 1187... 璽彙 2339... 璽彙 3025 秦... 睡簡·秦種 184... 珍秦 164...

秦印 17... 類編 21... 印封 87

【注】甲骨文作茻、苤、莫、苤、苤、苤、莫、苤、苚、莫，從日從茻（或從林、艸），或增從鳥，會日暮鳥歸林之意。西周以降，慢慢固定為從茻從日，茻亦聲。晉璽有人名"周莫臣"，"莫"字作莫（璽彙 3025），從目，不從日。"莫"改從目當屬變形音化，即有意識地把"莫"所從之"日"改造成"目"，在字中用作聲符。古音"莫"在明紐鐸部，"目"在明紐覺部，二字雙聲，韻亦近。《説文》："莫，日且冥也。從日在茻中。"本義為日落的時候，如《詩經》："歲聿云莫。"後來由于音近的關係，"莫"為假借義所用，表示"不要"，于是又另加形符"日"新造了"暮"以表本義。●讀墓。《散氏盤》："目（以）西，至于堆莫（墓）。"●作否定副詞。《晉公盆》："廣嗣四方，至于大廷，莫不俾王。"●莫嚻：官名，典籍作"莫敖"。《燕客量》："酉之日，羅莫嚻（敖）臧市（師）。"詳"敖"字。●讀暮，傍晚。《越王者旨于賜鐘》："旬旬台（以）鼓之，凤莫（暮）不貳（忒）。"《睡簡·日甲 80 背》："臧（藏）於囩中垣下，凤得莫（暮）不得。"●讀暮。齊陶"陳華句莫☑稟亭釜"，"句莫"即"姑幕"，秦漢瑯琊郡屬縣，《地理志》原注又稱"薄姑"，戰國時期是齊國東南部的一個重要城市。（《戰國題銘與工官制度》178 頁）秦封泥（印封 87）亦有"句莫鄉印"。●讀慕。《郭店·成之 28》："此以民皆又（有）眚（性），而聖人不可莫（慕）也。"

慕... 禹鼎... 㝬簋... 牆盤 齊... 陳侯因資錞 楚... 清華五·三壽 26

清華三·琴舞 14

【注】從心莫聲，與小篆同。《説文》："慕，習也。""習也"，愛而習翫模範之也。按照古文字構形規律，慎、慕當同字。《説文》："慎，勉也。"當為假借義。●愛慕、仰慕。《牆盤》："㿟邦上下，亟獄逗慕，昊炤（照）亡斁（斁）。"李學勤謂此句銘文是敬謹和愛慕的意思。●讀謨，謀略。《㝬簋》："陀陀降余多福害（憲）𤲃宇慕遠猷。"《陳侯因資錞》："大慕（謨）克成。"張政烺曰："古從心之字後多變從言，慕、謨實一字。"（《周㝬王胡簋釋文》）●讀謨。《清華三·琴舞 14》："畏（威）義（儀）謐=（藹藹），大亓（其）又（有）慕。"《尚書·畢命》："弗率訓典，殊厥井疆，俾克畏慕。"●讀莫。《清華五·三壽 25》："詥高玟（文）富而昏忘寶，及（急）利嚻神慕（莫）葬（恭）而不寡（顧）于後。"

暮 秦... 關簡 368

【注】從目莫聲。●讀瞙，目不明。《關簡 368》："今日庚午利浴瞽（瞽），女毋辟（避）瞽暮="

（瞙瞙）者，目毋辟（避）胡者，腹毋辟（辟）男女牝牡者。”整理小組注：“以上為祝浴簋之辭。”瞥，讀眅，白眼。《集韻》眅或作瞥。胡，老壽。

薨 楚 上博四·昭王 5　清華二·繫年 16

【注】從死莫聲。●讀墓。《上博四·昭王 5》：“吾不知其尔薨（墓）。”

氉 楚　曾侯 5　曾侯 29

【注】從毛莫聲。《字彙》毛段也。●《曾侯 29》“屯臙氉之聶”，依文意，當指虎毛。

驀 秦　睡簡·雜抄 9　睡簡·雜抄 10

【注】從馬莫聲。《説文》：“驀，上馬也。從馬莫聲。”段玉裁注：“上馬也。吳都賦曰。驀六駮。上馬必捷。故引伸為猝乍之偁。”●《睡簡·雜抄 9》：“驀馬五尺八寸以上。”驀馬，供乘騎的軍馬。

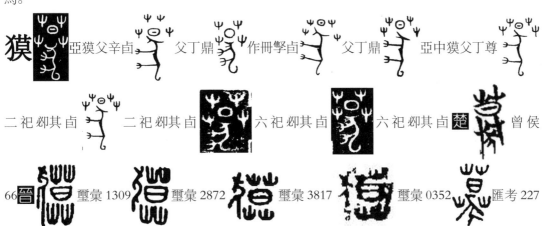
獏 亞獏父辛卣　父丁鼎　作冊嬖卣　父丁鼎　亞中獏父丁尊
二祀邲其卣　二祀邲其卣　六祀邲其卣　六祀邲其卣 楚　曾侯
66 曾　璽彙 1309　璽彙 2872　璽彙 3817　璽彙 0352　匯考 227

【注】從犬莫聲。小篆從豸，源于偏旁之歸類也。《説文》：“獏，似熊而黃黑色，出蜀中。從豸莫聲。”本義是一種哺乳動物，體型類似犀。●金文所見“獏”字均在亞形中，為族氏名。●《璽彙 0352》“獏蘄噩丘鄹（縣）昌里坿（府）”，“噩丘縣”是“獏蘄”所轄的縣，“昌里”是“噩丘縣”所屬的里，“獏蘄”“噩丘”二地不詳。此印印文共分“獏蘄”“噩丘縣”“昌里”三級，後兩級是縣、里，前一級當是郡。（李家浩《先秦文字中的“縣”》26 頁）●晉璽餘例為人名。

鼥 楚　包山 271　望山 2·8　曾侯 2

【注】從鼠莫聲。●讀貘。《包山 271》“飦（犴）鼥（貘）之羳（韃）鈴”、《曾侯 2》“貍鼥（貘）之聶”，據文意，均指一種皮飾。

募^楚 包山 58 包山 63 清華五·三壽 28 清華二·繫年 58

安大一 102

【注】從夕莫聲。《說文》："募，宋也。"楚文字與小篆同形不同字。●多讀暮。《包山 56》："執事人纍（早）募（暮）求朔。"●讀慕。《清華五·三壽 28》："棘（束）柬（簡）和募（慕）。""柬"本為挑揀、選擇義，有分別、分離意，引申為疏遠意，故本文"束柬"很可能就是傳世典籍中常見的所謂"親疏""遠近"之意。"束柬和募"為無論關係親近的還是疏遠的都和諧愛慕。

鄭^晉 璽彙 2254

【注】從邑莫聲。●印文"鄭邑彊"當讀"莫邑彊"。莫邑，也見於典籍和其他出土文獻，或作"鄭"，或作"莫"。（《莫邑彊（疆）"印釋》）

募^秦 睡簡·雜抄 35、秦印 265

【注】從力莫聲。●秦印"募人丞印"，募人，官名。募，招募。●《睡簡·雜抄 35》："冗募歸。"冗募，眾募，指募集的軍士。

幕^楚 清華二·繫年 135 ^秦秦印 152

【注】從巾莫聲。●用為本義，車帷、車帳。《清華二·繫年 135》："楚人妻（盡）棄亓（其）襠（游）、幕、車、兵。"●秦印"幕可"，姓氏。帝舜之後有虞幕，名思，為夏時諸侯，後世氏焉，見《風俗通》。

醾 守宮盤

【注】從囷（"席"之象形）莫聲，當是"幕"之異體。《左傳·莊公廿八年》："楚幕有烏"。杜預注："幕，帳也。"●讀幕，帳幬。《守宮盤》："易（賜）守宮絲束、蘆（苴）醾（幕）五、蘆（苴）冟（冪）二。"

鬊^秦 秦印 176

1212

【注】從彣莫聲。●秦印人名。

繆 楚 [圖] 上博六·用曰 20 [圖] 上博六·用曰 14

【注】從糸莫聲。●疑讀莫。《上博六·用曰 14》："毋事繆＝。"繆繆，讀莫莫。莫，本義為暮，故可引申為隱蔽義。《甘泉賦》："炕浮柱之飛榱兮，神莫莫而扶傾。"顏師古注："言舉立浮柱而駕飛榱，其形危竦，有神於冥寞之中扶持，故不傾也。""毋事繆繆"，凡為事應光明磊落，不應隱瞞掩蔽。

寞 楚 [圖] 郭店·唐虞 9 [圖] 郭店·唐虞 24 [圖] 上博三·周易 45

【注】從广莫聲。●讀瞍，或讀叟。《郭店·唐虞 9》："古者吳（虞）舜篤（篤）事宜（瞽）寞（叟）。"詳"宜"字。●寂寞、冷落。《上博三·周易 45》："荥杕（救）勿寞，又（有）孚元吉。"井受救治，不再冷漠荒廢。

陽部

影紐央聲

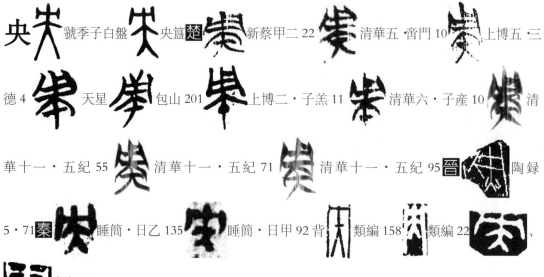

央 尖 虢季子白盤　尖 央簋 楚　尖 新蔡甲二 22　尖 清華五 · 帝門 10　尖 上博五 · 三

德 4　尖 天星　尖 包山 201　尖 上博二 · 子羔 11　尖 清華六 · 子產 10　尖 清

華十一 · 五紀 55　尖 清華十一 · 五紀 71　尖 清華十一 · 五紀 95 晉　尖 陶錄

5 · 71 秦　尖 睡簡 · 日乙 135　尖 睡簡 · 日甲 92 背　尖 類編 158　尖 類編 22 、

尖 秦印 96

【注】甲骨文作尖、尖、尖、尖、尖。徐中舒謂甲骨文從大（人），凵象枷之形，以人戴枷會災
殃之意。金文同甲骨文。戰國文字承襲金文，或作尖、尖、尖、尖（選自《戰國古文字典》）等
形，凵演變為凵、凵、凵、凵等形，大形演變為尖、尖等形，至為奇詭。《説文》："尖，中央也。
從大在冂之内。大，人也。央㫄同意。一曰久也。"析形不確，所釋非本義也。本義當為災殃，
為"殃"之本字。戴枷其頸在中央，故引申為中央、中間，如《詩經》："宛在水中央。""央"
又有"盡"義，如《詩經》："夜未央。""央"為引申義所專用，災殃之義便另加形符"歹"寫
作"殃"。●鮮明貌。《虢季子白盤》："賜（賜）用弓，彤矢其央。"劉心源謂："彤色明。"（《奇
觚室吉金文述》）《詩 · 小雅 · 六月》："白斾央央。"毛傳："央央，鮮明貌。"●人名。《央簋》：
"央乍（作）寶段。"●讀殃。《清華六 · 子產 10》："得民，天央（殃）不至，外戠（仇）否。"
●中央。《上博六 · 天乙 5》："明=（日月）旻（得）亓（其）央，根之目（以）玉斗（斗），及
戠（仇）戠（讎）戔（殘）亡。"●讀瑤。《上博二 · 子羔 11》："遊於央（瑤）臺之上，又（有）
毀（燕）監（銜）卵而階（錯）者（諸）丌（其）前，取而軟（吞）之。"

咉 作咉女角 楚　尖 上博三 · 彭祖 7

【注】從口央聲。●金文人名。●讀殃，遭受災殃。《上博三 · 彭祖 7》："一命二胆（仰），是謂
故（遭）咉（殃）。"王褒《九懷 · 尊嘉》："伊思兮往古，亦多兮遭殃。"

瘨 晉　尖 七年大梁司寇鐎錼

1214

【注】從广央聲。●人名。

港續一 30

【注】從女央聲。●秦印人名。

兆域圖銅版

【注】從心央聲。《金文編》原釋為"殃"，注云："從心不從歹。"當釋為"怏"，銘文中借為"殃"。《說文》："怏，不服，懟也。從心央聲。"本義不滿意、不服气。●讀殃，災禍、危害。《兆域圖銅版》："不行王命者，怏（殃）逐子孫。"

會稽刻石

【注】從歹央聲。●災禍、危害。《會稽刻石》："外來侵邊，遂起禍殃。"楚文字用"羕""央"表示殃，三晉文字用"怏"表示表示殃。

天星

【注】從攴央聲，疑"抉"之異文。●讀鞅，馬之纓絡。

璽彙 0533　　匯考 288

【注】從鳥央聲。●晉璽人名。

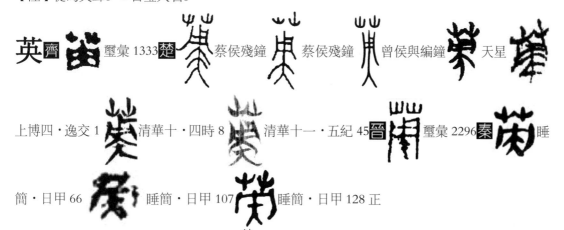

英 璽彙 1333　蔡侯殘鐘　蔡侯殘鐘　曾侯與編鐘　天星

上博四·逸交 1　清華十·四時 8　清華十一·五紀 45　璽彙 2296　睡

簡·日甲 66　睡簡·日甲 107　睡簡·日甲 128 正

【注】從艸央聲，與小篆同。《說文》："英，艸榮而不實者。一曰黃英。"本義花。●用為本義。

《清華十一·五紀45》："邦家既建，岩（草）木以為英。"●《蔡侯殘鐘》，字義不明。●《曾侯與編鐘》："臨觀元灌，嘉樹華英。""嘉樹華英"指鐘之簨虡上綴滿了裝飾物。"董珊認為："灌（ ）"字原從水、顴聲，"元灌"可能是指鐘成之後的初次祭祀，也可能是這套編鐘的名字。"嘉樹華英"指鐘之簨虡上綴滿了裝飾物。（《隨州文峰塔 M1 出土三種曾侯與編鐘銘文考釋》）●秦簡均讀殃。《睡簡·日甲107》："反受其英（殃）。"●讀瑛。《上博四·逸交1》："戠（愷）俤君子，若玉若英。""若玉若瑛"是説君子之德如玉如瑛，晶瑩有光采。

璽彙 2180　　璽彙 2181

【注】從邑英聲。●晉璽讀央，姓氏。

璽補 227

【注】從土央聲。●"塊侃"人名。

戰編 747　　過耳 191

【注】從水央聲。●秦印人名。

郭店·語叢四 12

【注】從宀泱聲。●《郭店·語叢四12》："暴（早）與臤（賢）人，是胃（謂）洓（詇）行。"整理者釋為洓，讀詇。《大廣益會玉篇》有"詇"字云"譀；巧言也"。《廣韻》云"智也"。簡文意為：早點和賢人聯合，是聰明的做法。

郭店·性自 60　　郭店·性自 31

【注】從刀央聲。●讀烈。《郭店·性自60》："凡交毋剌（烈），必吏（使）又（有）末。"李零："從字形看，似是從刀從央，據上博簡可知是'剌（烈）'字之誤。'烈'，有甚、極之義。"

望山 2·51　　睡簡·日甲 58 背　　睡簡·封診 88

【注】從皿央聲。●盆。《睡簡·封診88》："即置盎水中榣（搖）之。"《望山 2·51》："一豕盎。"

包山 271　　包山 273　　包山牘 1　　曾侯 80　　曾侯

7 曾侯 56　　曾侯 61　　曾侯 10.　　包山 271　秦　　商鞅量　　十

九年大良造鞅殳鐏　　商鞅戟　　商鞅方升　、　秦印 52

【注】從革央聲。聲符或作東，訛為束。《説文》："鞅，頸靼也。"本義套在馬頸或馬腹上的皮帶。曾侯簡多訛為束。●御馬韁繩。《包山 271》："紫靳（韅）、鞅。"詳"墨"字。●商鞅：戰國時的政治改革家，衛國公族，又稱"衛鞅""公孫鞅"。史載秦孝公十年至二十四年孝公卒這段期間內商鞅為大良造，出土大良造鞅器都在孝公十年以後。《商鞅量》："大良造鞅，爰積十六尊（寸）五分尊（寸）壹為升。"

秦　　里耶 8・2019 背

【注】從頁鞅聲。"鞅"之繁文。●辭例殘缺。

絉楚　　包山 67　　天星　　璽彙 5478　晉　　璽彙 3786　吉大

20　　璽彙 0773　　璽彙 5680

【注】從糸央聲。●讀鞅。天星簡"褧絉"，讀韅鞅，指御馬韁繩。詳"墨"字。●餘例多為人名。

影紐允聲

牆盤

【注】此文見于《牆盤》，李學勤隸作"允"，裘錫圭隸作"亢"。當以釋"允"為優，象人曲脛之形。《説文》："允，尢，曲脛也。從大，象偏曲之形。凡允之屬皆從允。尳古文從坐。"本義為跛。古文尳，段玉裁改為篆文，謂："允者，古文象形字。尳者，小篆形聲字。此亦古文二，篆文上之例。必取古文為部首者，以其屬皆從古文也。"字亦作"尪"。●讀匡，輔助、匡扶。《牆盤》："上帝司（后）稷允保受天子綰令。"銘意為：上帝后稷匡正和保佑天子得以寬命厚福和豐年。允，《説文》字亦作尳，故匡、允同音。

楚　　王孫遺鼠鐘

【注】從皇從允，雙聲字。●讀皇。《王孫遺鼫鐘》：“趩趩（皇皇）趄趄，萬年無諆（期）。”狀聲詞，形容鐘聲宏亮和美。《郘王子旃鐘》作“諻諻”。《爾雅》：“諻諻，樂也。”郭璞注：“鐘鼓音。”

曉紐皀聲

皀 窒叔簋 戚姬簋 作希商鼎 秦 中盄皀鼎

【注】甲骨文作 、 、 、 ，象圓形食器之形，戴家祥認為此即“簋”之象形字。（引自《金文形義通解》917 條）甲骨文既、即、卿等字從之。西周金文沿襲甲骨文之形。戰國文字“皀”字有的下部已訛變得近似“匕”，作 （信陽 1·41）、 （陶彙 3·83）。西周金文“皀”可讀簋，可知“皀”本讀為見母。大徐本《說文》注“皀”之讀音為皮及切，則“皀”又有幫母職部之讀音。“皀”之所以又讀入幫母，是因為“皀”字下部訛變成“匕”後，人們誤以為“匕”為聲符。古音“匕”在幫母脂部，與“皀”之幫母職部之音極近。《說文》：“皀，谷之馨香也。象嘉穀在裹中之形。匕，所以扱之。或說皀，一粒也。凡皀之屬皆從皀。又讀若香。”許慎所釋形義俱失。許慎“讀若香”。戰國時期秦國銅器中盄鼎銘曰：“中盄皀鼎。”何琳儀先生認為“皀鼎”字當讀為“膷鼎。”由此可證《說文》“又讀若香”非無據。●讀簋，食器。《戚姬簋》：“戚姬乍（作）寶隣皀（簋）。”《室叔簋》：“于窒弔（叔）朋友，丝（茲）殷（簋）聯皀，亦膚人，子孫其永寶用。”●《中盄皀鼎》何琳儀釋為皀，讀膷。

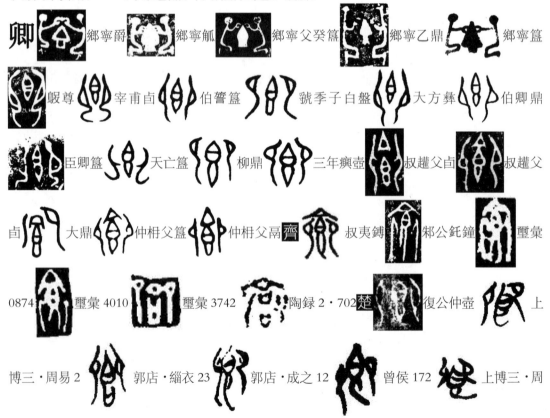

卿 鄉寧爵 鄉寧觚 鄉寧父癸簋 鄉寧乙鼎 鄉寧簋

敔尊 宰甫卣 伯簪簋 虢季子白盤 大方彝 伯卿鼎

臣卿簋 天亡簋 柳鼎 三年瘨壺 叔趞父卣 叔趞父

卣 大鼎 仲柟父簋 仲柟父鬲 齊 叔夷鎛 邿公鈦鐘 璽彙

0874 璽彙 4010 璽彙 3742 陶錄 2·702 楚 復公仲壺 上

博三·周易 2 郭店·緇衣 23 郭店·成之 12 曾侯 172 上博三·周

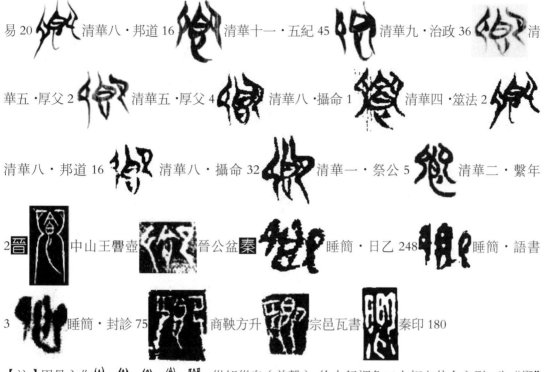

易 20 　清華八·邦道 16 　清華十一·五紀 45 　清華九·治政 36 　清

華五·厚父 2 　清華五·厚父 4 　清華八·攝命 1 　清華四·筮法 2

清華八·邦道 16 　清華八·攝命 32 　清華一·祭公 5 　清華二·繫年

2 晉 中山王嚳壺 　晉公盆 秦 　睡簡·日乙 248 　睡簡·語書

3 　睡簡·封診 75 　商鞅方升 　宗邑瓦書 　秦印 180

【注】甲骨文作 、 、 、 、 ，從卯從皀（兼聲）。徐中舒謂象二人相向共食之形，為"饗"之本字。甲骨文或以卯（ 、 ）字為之。金文皀旁或繁化為食旁。"鄉""卿""饗"在甲骨文、金文同用一字。蓋饗請之時須相向食器而坐，故得引申為"鄉"（後起字"嚮"，今簡化為"向"），更以陪君王而分化為"卿"。睡虎地秦簡"卿"作 ，"鄉"作 ，在字形上已有分別。小篆"鄉"字即由 → 訛變而來。《説文》："鄉，章也。六郷：天官冢宰、地官司徒、春官宗伯、夏官司馬、秋官司寇、冬官司空。"許慎所釋為引申義。本義當為共食。引申為公卿等義。●讀饗或讀飨，宴請、聚餐。《蛮壺》："卿（饗）祀先王。"●讀嚮，典籍多作"向"，方位詞。《柳鼎》："即立（位）中廷，北卿（向）。"《清華八·攝命 32》："士兼右白（伯）奐（攝），立才（在）中廷，北鄉（嚮）。"《睡簡·封診 75》："房內在其大內東，比大內，南卿（嚮）有戶。"●讀向，曩也（以往、從前、過去的）。《師訇簋》："鄉（向）女（汝）彶屯（純）恤周邦。"●讀卿，官名。《邾公釛鐘》："用樂我嘉宕（賓），及我正卿。"《商鞅量》："齊逑（率）卿大夫眾來聘。"卿大夫：西周、春秋時國王及諸侯所分封的臣屬。規定要服從君命，擔任重要職務，輔助國君進行統治。《番生簋》："王令䚄嗣（司）公族、卿事、大史寮。"卿事：官名，商末、西周、春秋時王朝的執政官。一作卿士、卿史。●同"鄉"，讀享。《清華一·祭公 5》："卿（享）亓（其）明悳（德）。"●讀亨。《上博三·周易 2》："又（有）孚，光卿（亨），貞吉，利涉大川。"《上博三·周易 20》："元卿（亨）利貞。"●讀鄉。《睡簡·語書 3》："卿（鄉）俗淫失（洗）之民不止。"秦文字鄉、卿別為二字，但也有用為卿為鄉的。●讀嚮，朝向。《上博二·容成 47》："文王乃起師以卿（嚮）豐、鎬，三鼓而進之，三鼓而退之。"●《璽彙 3742》"東鄉痲鈌"，"東鄉"為複姓。

埩 楚 安大一 89

【注】從土卿聲。●讀鄉。《安大一 89》："妾采荬（唐）可（兮），薴（沫）之埩（鄉）可（兮）。"

《毛詩》作"沫之鄉矣"。

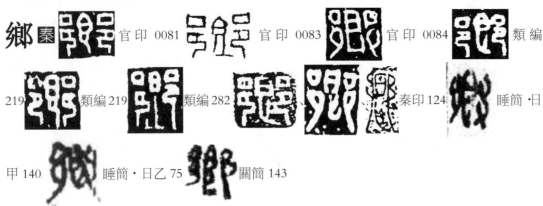

甲 140 睡簡・日乙 75 關簡 143

【注】甲骨文作，從二欠，皀聲，與"卿"為一字。小篆即由甲骨文訛變而來。漢"都鄉侯印"作，則訛為良聲。●秦漢時一縣有數鄉。《漢書・百官公卿表》："縣令、長，皆秦官，掌治其縣。……大率十里一亭，亭有長；十亭一鄉，鄉有三老、有秩、嗇夫、遊徼。"秦印有"北鄉之印""街鄉""東鄉""西鄉""南鄉""谿鄉"均是鄉印，其隸屬之縣無考。●讀嚮。《睡簡・日甲 156 背》："東鄉（嚮）南（嚮）各一馬。"卿、鄉一字之分化，《睡簡・封診 75》本為卿字，讀鄉。●讀香。《睡簡・日甲 158 背》："令其鼻能糧（嗅）鄉（香）。"饒宗頤謂"鄉"同"腳"。《廣雅・釋器》"腳、臅"，"香也"。《儀禮・公食大夫禮》"腳以東，臅、曉、牛炙"，鄭注云："古文腳作香。"

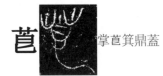掌莒箕鼎蓋

【注】從艸皀聲，疑"薌"之省文，《說文》："薌，穀气也。從艸鄉聲。"《荀子・非相篇》芬薌以送之。注：薌與香同。●《掌莒箕鼎蓋》："掌莒笄（箕）。"莒笄，讀薌箕。《禮・曲禮》黍曰薌合，粱曰薌其。注：粱為白粱，黃粱也。

曉紐香聲

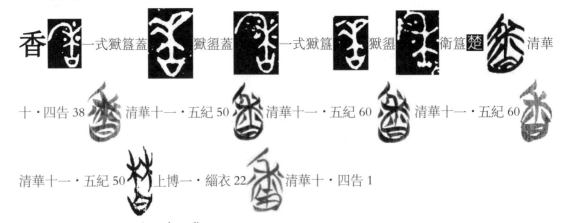

十・四告 38 清華十一・五紀 50 清華十一・五紀 60 清華十一・五紀 60

清華十一・五紀 50 上博一・緇衣 22 清華十・四告 1

【注】甲骨文作、、、，從黍從口，象器中盛禾黍之形，小點表示散落的黍粒，會禾

黍芳香之意。金文與甲骨文同。徐在國、黃德寬認為《上博一·緇衣 22》從林、從甘，是"香"的異體字，借"香"為"鄉"，意為眾之所向。清華簡從黍從甘。《清華十·四告 1》甘訛為田。《説文》："膏，芳也。從黍，從甘。《春秋傳》曰：'黍稷馨香。'"本義為糧食馨香，如《春秋》："黍稷馨香。"引申指气味芳香、味道好等義。●用為本義，表示祭祀之芳香。《衛簋》："虁奎䪜（馨）香，則登于上下。"《二式獄簋》："其日夙夕用乓（馨）香羍祀于乑百神。"《清華十·四告 1》："拜=（拜手）頴=（稽首），者魯天尹咎（皋）縣（縣）配亯（享）茲䰱（馨）番〈香〉。"●讀向或讀鄉。《上博一·緇衣 22》："古（故）君子之睿（友）也又（有）朁（向），丌（其）惡也又（有）方。"郭店簡作"向"，傳世本作"鄉"。"鄉""向"古音同在陽部曉紐，音同而借。《詩·小雅·采芑》："薄言采芑，於彼新田，於此中鄉。""鄉"通"向"。

曉紐亯聲

亯（享）　　　　　幷簋　　大盂鼎　　　亯🛦觚　　　　　且辛且癸鼎　　　　父乙簋　　享

簋　　　盧鐘　　　　應侯視工簋　　　　乖伯簋　　　仲戯父簋　齊　　魯司徒仲齊匜

魯仲齊鼎　　　　薛子仲安簋　　　　邲伯祀鼎　　　十年陳侯午錞　　　杞伯每亡簋

楚　楚嬴匜　　　王子午鼎　　　　楚王熊章鐘　　　燕客量　　　上博五·三德

4　包山 237　　　　陶彙 3·709　　　清華五·湯丘 1　　　清華八·攝命

23　清華三·赤鳩 1　　清華十一·五紀 44　燕　郾侯載豆　晉　郘鐘

與兵壺　秦　睡簡·秦種 5　　　睡簡·日甲 33 背

【注】甲骨文作臽、臽、臽、臽，象宗廟之形；或繁化從艸。于宗廟祭祀，引申為進獻之義。金文同甲骨文。戰國文字或變𠇒、𠆢為𠆢形。《説文》作"亯"，今字作"享"。《説文》："亯，獻也。從高省，曰象進孰物形。《孝經》曰：'祭則鬼亯之。'凡亯之屬皆從亯。膏篆文亯。"本

義為用食物祭獻神祖，如《詩經》："享祀不忒。" ●祭獻、祭祀。《此鼎》："用宮（享）孝于文申（神），用匃釁（眉）壽，此其萬年無疆（疆）。"《詩·小雅·楚茨》："以享以祀。"《包山237》："宮祭管之高至（丘）、下至（丘）。"享祭，即以酒食祭獻神靈的祭祀。 ●讀饗，宴慶。《叔季良父壺》："用宮（享）孝于兄弟、婚覯（媾）、者（諸）老。"《左傳·定公十年》："齊侯將享公。" ●讀享，享受、享用。《叔鼎》："秊（厥）復宮（享）于天子。"《清華三·赤鳩1》："脂（旨）盬（羹）之，我亓（其）宮（享）之。" ●敬也、奉也。《麥尊》："用逰德，妥（綏）多友，宮（享）旋走。"《大盂鼎》："敏朝夕入讕（諫），宮（享）奔走，畏天畏（威）。"《尚書·洛誥》："汝其敬識百辟享。"孔安國《傳》"奉上為之享"。 ●宮月，楚月相名。《燕客量》："宮（享）月，己酉之日。"李零曰："享月即紡月，是楚的六月。"（《楚燕客銅量銘文補正》）●讀烹。《清華五·湯丘1》："小臣善為食，宮（烹）之和。"秦簡多讀烹。《睡簡·日甲33背》："殺而享（烹）食之，有美味。" ●讀槨。《睡簡·秦種5》："唯不幸死而伐縮（棺）享（槨）者，是不用時。"簡文應為𩫖（郭）之省文，后增邑以與"享"相別。

享秦𩫖 睡簡·日甲66背

【注】秦文字亨、享一字。 ●讀烹。《睡簡·日甲66背》："亨（烹）而食之。"《說文》"享""亨"一字。

憙楚 里耶5·9

【注】從心宮聲。 ●據里耶秦代古城一號井發掘簡報，第五層出土的數枚殘斷楚簡為後來混入的竹簡，語義不詳。

菖楚 上博六·競公9

【注】從艸宮聲。 ●讀芳。簡文"番涅墊菖"，讀為"播馨揚芳"。"享""芳"二字古通。《易·損》："曷之用二簋。可用享。"馬王堆漢墓帛書本"享"作"芳"。《易·困》："利用享祀。"馬王堆漢墓帛書本"享"作"芳"。簡文"播馨"與"揚芳"義同，即傳佈芳香。或讀為"篤"，不確。

倌楚 包山184 晉 璽彙3383

【注】從人宮聲。 ●包山簡"坪陵敏（令）倌"，人名。 ●晉璽"倌鈞"姓氏。

淯齊 璽彙0259 匯考43

【注】從水從肉宮聲。 ●印文"右晶（田）淯☒羽工璽"，義不詳。

 禧 楚 禧 天星

【注】從示啇聲，疑"享"之繁文。●讀享。

 鄗 鄗司寇鼎

【注】從卩禧聲。●地名。《鄗司寇鼎》："鄗嗣（司）寇獸肇乍（作）寶貞（鼎）其永寶用。"

 鬺 楚 鬺 、鬺 邁邧鐘

【注】從鬲（詳"鬲"字）啇聲。●讀享。《邁邧鐘》："余台（以）櫱（煮）台（以）鬺（享），台（以）伐四方。"

 鬺 鬺 叔夜鼎

【注】從米鬺聲。●讀享。《叔夜鼎》："用鬺用鬺，用歔（祈）釁（眉）壽無彊（疆）。"

曉紐向聲

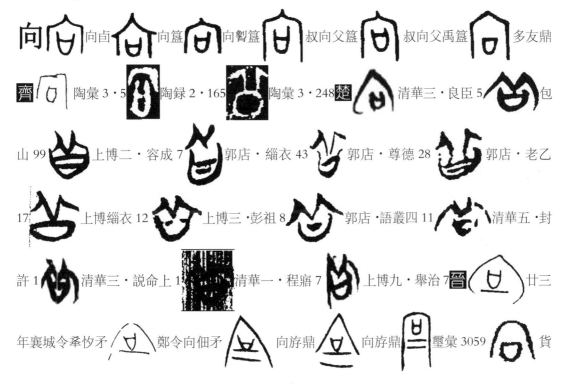

向 向卣 向簋 向斲簋 叔向父簋 叔向父禹簋 多友鼎 齊 陶彙3·5 陶録2·165 陶彙3·248 楚 清華三·良臣5 包山99 上博二·容成7 郭店·緇衣43 郭店·尊德28 郭店·老乙17 上博緇衣12 上博三·彭祖8 郭店·語叢四11 清華五·封許1 清華三·説命上1 清華一·程寤7 上博九·舉治7 晉 廿三年襄城令桒忺矛 鄭令向佃矛 向族鼎 向族鼎 璽彙3059 貨

系 364　貨系 366　公廚右官鼎　璽彙 3293　秦印 138　圖典

399

【注】甲骨文作向、向、向，從宀從口，象牆上有窗戶之形。戰國文字于形體中加冖為飾。郭店楚簡作、，其演變過程為向→向→向→向→向；或説變形音化從羊聲。《説文》："向，北出牖也。從宀從口。《詩》曰：'塞向墐戶。'"本義是朝北的窗戶。●多用為人名。《向公鼎》："向公。"《多友鼎》："丁酉，武公才（在）獻宮，乃命向父訇（召）多友，乃逆于獻宮。"《廿九年漆卮》："二十九年，大后詹事丞向，右工市（師）象，工大人臺。"齊陶亦為人名。●姓氏。《襄城公竸雕戈》："向壽之歲，襄城公竸雕所造。"向壽之歲，就是以向壽出使于楚作為紀年。秦印"向午""向鉛"，均為姓氏。●剛才。《郭店·魯穆 3》："向（嚮）者虖（吾）昏（問）忠臣於子思。"●讀尚。《清華五·封許 1》："向（尚）屯（純）氒（厥）悳（德）。"《上博三·彭祖 8》"向桓"，讀"尚鬭"，崇尚戰鬥、爭鬥。●讀向，意為眾之所向。《郭店·緇衣 43》："古（故）君子之友也又（有）向，元（其）亞（惡）又（有）方。"●讀卿。《上博一·緇衣 12》："毋目（以）辟士盡（疾）大夫向（卿）使（士）。"上古音"向"是曉紐陽部字，"卿"是溪紐陽部字，聲紐都是喉牙音，疊韻。典籍中"向"與"鄉"相通的例子極多（參《古字通假會典》281 頁），而"卿"和"鄉"在古文字中本來就是一個字，所以"向"可讀為"卿"。簡文"卿士"指卿、大夫。后用以泛指官吏。●讀鄉。《郭店·語叢四 11》："不智（知）元（其）向（鄉）之小人、君子。"

向^楚　　清華八·心中 1

【注】從蟲向聲，疑即"響"字古文"蚼"。●讀響。《説文》："響，聲也。"《左傳》昭公十二年"今與王言如響"，杜注："響本又作向，音同。"《清華八·心中 1》："心所出少（小）大，因名若蟲（響）。"

鄉^晉　　貨系 2280

【注】從邑向聲。●晉方足小布讀向，地名。

宄^齊　　陶録 3·479

【注】從丌向聲。●齊陶人名。

洵^齊　　　、　　陶録 3·334

【注】從水向聲。●齊陶人名。

1224

曉紐兄聲

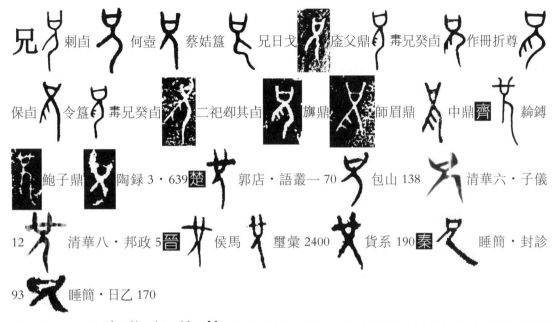

兄 剌卣　何壺　蔡姞簋　兄日戈　㣇父鼎　壽兄癸卣　作冊折尊

保卣　令簋　壽兄癸卣　二祀邶其卣　旗鼎　師眉鼎　中鼎齊　鼄鎛

鮑子鼎　陶録3·639楚　郭店·語叢一70　包山138　清華六·子儀

12　清華八·邦政5晉　侯馬　璽彙2400　貨系190秦　睡簡·封診

93　睡簡·日乙170

【注】甲骨文作、、、、，從兒（人），從口，與《説文》篆文同，會意不明。楊樹達疑“兄”當為“祝”之初文，“祝”乃後起之加旁字。（《積微居小學述林·釋兄》）徐中舒曰：“或以為、同，實非一字。卜辭讀祝，用為兄長字。用濾劃然有別，毫不混淆。”（《甲骨文字典》966頁）金文同甲骨文。金文作形者，多讀貺，偶爾也讀兄。《説文》：“，長也。從兒從口。凡兄之屬皆從兄。”本義當為兄長。●長男，與“弟”相對。《剌卣》：“剌乍（作）兄日辛尊彝。”戰國楚文字或增繁作“”“”“”。●兄弟：長男和次男，古代男女通用，兼指姊妹。《孟子·萬章上》：“彌子之妻，與子路之妻，兄弟也。”《夨季良父壺》：“用亯（享）孝于兄弟、婚覯（媾）、者（諸）老。”《詩·小雅·常棣序》：“燕兄弟也。”孔穎達疏：“兄弟者，共父之親，推而廣之，同姓宗族皆是也。”●除惡之祭，典籍作“禬”。《令簋》：“公尹白（伯）丁父兄（貺）于戍。”●金文作形者，多讀貺，賜也。《二祀邶其卣》：“丙辰，王令切其兄（貺）糵于牽田。”王令切其貺賜給糵在牽地之田土。《旗鼎》：“王姜易（賜）旗田三于待劃，師楷酓（酌）兄（貺）。”師楷誠己把田賜與旗，即師楷執行王姜賜田之命而將待劃之田貺與旗。●引申為抉取、廢除。《保卣》：“乙卯，王令保及殷東或（國）五侯，征兄（貺）六品。”品指種族而言，六品除殷東國五侯外，還包括殘殷。“征兄（貺）六品”指廢亡六國。征通誕，語助詞。

齊　陶録3·293

【注】從厂兄聲。●單字，應為人名。

楚　郱陵君豆　上博四1內禮4　上博四·內禮4秦　（貺）十五年高陵君鼎

【注】從人兄聲；楚簡中兄、弟常加人繁化。●兄之繁文，讀兄。《上博四·內禮4》：“古（故）

為人怳（兄）者……。"《郪陵君豆》疑讀兄。●人名。《高陵君鼎》："工師游，工怳。"銘文漫漶不清。

怳 燕 王后右酉方壺 璽彙 0052 璽彙 0329 璽彙 3919 三晉 130 類編 354 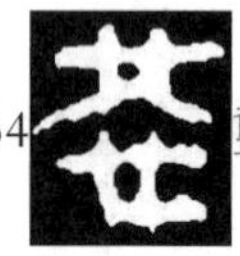璽彙 0014

【注】從心兄聲。●人名。《王后右酉方壺》："侯怳丌寶也。"●讀廣。《璽彙 0014》"怳（廣）陰都司徒"。"廣陰"之得名，當和漢之廣陽縣一樣，即與廣陽水有關。《水經・灅水注》："秦始皇二十一年滅燕，以為廣陽郡。"可見廣陽本是燕地，地在今北京良鄉東北。廣陰應距廣陽不遠，戰國時也屬燕地。●《璽彙 0329》"睢怳邦"。睢怳，地名。

況 晉 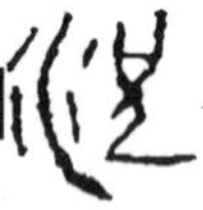長信侯鼎 秦 、印增 438

【注】從水兄聲。《說文》："況，寒水也。從水兄聲。"本義寒冷的水。●均為人名。《長信侯鼎》："㭬（長）諿（信）侯厶（私）官，西況。"

䀮 䀮簋

【注】從光從兄，當為雙聲字。●金文人名。

㾏 齊 國差罎 陶彙 3・957 陶録 3・363

【注】從疒兄聲。●讀荒，荒廢。《國差罎》："侯氏受福釁（眉）壽，卑（俾）旨卑（俾）瀞，侯氏毋（毋）痻（咎）母（毋）㾏。"●齊陶人名。

娊 伯娊壺 伯娊盉 公豐父乙簋

【注】從女兄聲。娊，《川篇》音兄，嬉也。●人名。《伯娊壺》："白娊乍（作）母娊旅壺。"或釋為"娟"。

𥎦 楚 郤酷尹鉦鉞

【注】從矛兄聲。●《郤酷尹鉦鉞》："自乍（作）征城，次☒升𥎦，備至鐱（劍）兵。"不詳。

䞸 叔䞸父卣 叔䞸父卣 史楳簋 楚 余購逐兒鐘 王孫遺䚄鐘

楚大師登鐘　包山135　上博六·天乙2　上博六·天甲3　上博

五·三德11　包山96　清華一·耆夜3　清華一·耆夜7　清華

六·孺子7

【注】從兄從坒，雙聲字；古音"兄"在曉紐陽部，"坒"在匣紐陽部，音極近。戰國楚系文字"兄"多承襲西周金文作雙聲符"𦵯"，而他系文字"兄"則無作此形者。●多讀兄。《楚大師登鐘》："用宴用喜用樂庶（諸）侯及我父𦵯（兄）。"楚簡均讀兄。《包山135》："儓（僕）之𦵯（兄）眲。"●讀貺，賜也。《史楳簋》："史楳𦵯（貺），乍（作）且（祖）辛寶彝。"●讀況。《叔趯父卣》："余𦵯為女（汝）絲（茲）小鬱彝。"銘文中"𦵯"字，單育辰謂"𦵯"即文獻的"況"字，它其實就是"更"的一種早期寫灋，"更"見紐陽部，"𦵯（況）"曉紐陽部，二者古音完全相同，在銘文裏是再的意思。（《作冊嗌卣初探》）

喤簋

【注】從兄從皇，雙聲字。●人名。

　璽彙1131　璽彙2003　秦印287

【注】從言兄聲，同"咒"。●晉璽人名。秦印"任詋"亦為人名。

祝　楚　上博四·內禮8　包山231　包山217　帛書甲　清

華一·耆夜7　清華一·程寤2　清華一·金滕3　晉　　、　侯馬

璽彙2726　秦　睡簡·日乙194　關簡345　分域1198　石

鼓文　集證133·11

【注】"兄"當為"祝"之初文，"祝"乃後起之加旁字。●戰國秦漢文字"祝"多為官名，負責宗廟祭祀禱告之贊詞。殷代始置，甲骨文中有關於"祝"的記載，西周初期金文也見"大祝"，《周禮·春官》有"大祝""小祝"。《漢書·百官公卿表》云："奉常，秦官，掌宗廟禮儀，有

丞。景帝中六年更名太常。""屬官有太樂、太祝、太宰、太史、太卜、太醫六令丞。"《史記封禪書》:"漢興,高祖悉召故秦祝官,複置太祝,如其故禮儀。" ●秦印"祝印",不知是太祝之省稱,還是其屬官,抑或是郡縣之祝。不過此為半通印,官階很低,極可能為太祝屬官。●《璽彙2726》"祝伴"。"祝"為姓氏。《通志・氏族略・以國為氏》:"祝氏,已姓,黃帝之後周武王封黃帝之裔于祝,祝阿、祝邱是其地,祝因氏焉。鄭有祝聃,衛有祝鮀、祝龜。或云祝史之後,以官為氏,又有叱盧氏改為祝氏。"

 陶録3・522

【注】從辵兄聲。●單字,應為人名。

匣紐奐聲

奐 楚 上博七・君甲3 ／ 上博七・君乙3 ／ 清華八・心中4 ／ 上博七・凡甲4 ／

清華五・三壽15 ／ 清華三・良臣2 ／ 清華十・四時41 ／ 清華十・四時42 ／

清華十一・五紀63

【注】從角從大,與"衡"古文同。《説文》:"衡,牛觸,橫大木其角。從角從大,行聲。《詩》曰:'設其楅衡。'奐古文衡如此。"按古文作奐,周秉鈞謂從角從大(人形)的會意字,角指眉的上部,也就是額角部分,古人叫做衡,然則衡之本義正是指的人頭上的額角部分。(詳《釋奐》)本義是指眉的上部。《漢書・王莽傳》:"盱衡厲色。"孟康注説:"眉上曰衡。""眉上曰衡"既是衡字的本義,"牛鼻的橫木""車轅前端的橫木"等均為後起義。●讀橫。《周禮・玉人》"衡四寸",鄭注:"衡,古文橫,假借字也。"橫,指放縱自任。《荀子・修身》"橫行天下",楊注:"橫行,不順理而行也。"《清華八・心中4》:"短長弗智(知),忘(妄)复(作)奐(衡)牵(觸),而又(有)成攻(功),名之曰幸。""妄作衡觸"指行事不依法度。●讀橫,縱橫。《上博七・凡甲4》:"虐(吾)系(奚)奐(衡)系(奚)從(縱)?"●讀橫。《上博七・君甲3》:"竿矶(管)奐(衡)於牀(前)。""衡於前"猶"橫於前"。

 上博六・競公8

【注】從艸奐聲。●讀衡,林衡。《上博六・競公8》:"山嵜(林)史(使)莫(衡)守之。"

衡 毛公鼎 番生簋 楚 、 、 、 天星

1228

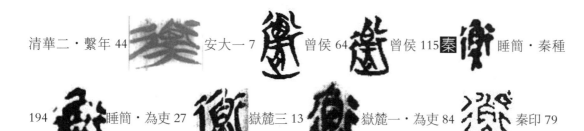

清華二・繫年 44安大一 7曾侯 64曾侯 115 秦睡簡・秦種 194睡簡・為吏 27嶽麓三 13嶽麓一・為吏 84秦印 79

【注】從行從臭（戰國文字“角”或訛為、），雙聲字。楚簡或繁化從止。●車横，即轅前横木。《番生簋》：“易（賜）朱市、悤黄、鞞鞍、玉睘（環）、玉琭、車電軫、皋縟較（較）、朱鬲（鞃）䩜（靳）、虎冟熏裏、遺衡。”《毛公鼎》的賜品中亦有“金甬（桶）、遺（錯）衡”。《詩・小雅・采芑》：“約軝錯衡。”毛傳：“錯衡，文衡也。”●秦印“衡山發弩”，衡山，地名。●《睡簡・秦種 194》：“各有衡石贏（纍）、斗甬（桶）。”衡石，秤。●權衡。《睡簡・為吏 27》：“二曰不智（知）所使，不智（知）所使則以權衡求利。”●讀觥。《安大一 7》：“我古（姑）勺（酌）皮（彼）兕衡（觥），隹（維）目（以）羕（永）鴋（傷）。”

膗 齊齊陶 0583

【注】從肉衡聲。●齊陶人名。

匣紐行聲

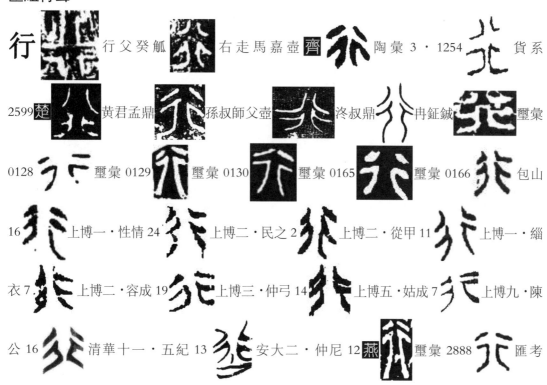

行行父癸觚右走馬嘉壺 齊陶彙 3・1254貨系 2599 楚黄君孟鼎孫叔師父壺洖叔鼎冉鉦鋮璽彙 0128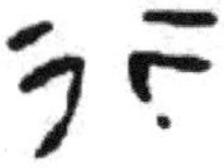璽彙 0129璽彙 0130璽彙 0165璽彙 0166包山 16上博一・性情 24上博二・民之 2上博二・從甲 11上博一・緇衣 7上博二・容成 19上博三・仲弓 14上博五・姑成 7上博九・陳公 16清華十一・五紀 13安大二・仲尼 12 燕璽彙 2888匯考

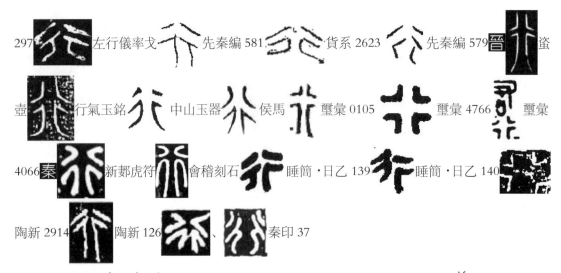

297 左行儀率戈　先秦編 581　貨系 2623　先秦編 579　盠

壺　行氣玉銘　中山玉器　侯馬　璽彙 0105　璽彙 4766　璽彙

4066　新郪虎符　會稽刻石　睡簡・日乙 139　睡簡・日乙 140

陶新 2914　陶新 126　秦印 37

【注】甲骨文作、、，象十字路口，用以表示路。金文承之。《説文》：“，人之步趨也。從彳從亍。凡行之屬皆從行。”本義是路，如《詩經》：“遵彼微行。”引申為行走，如李商隱《瑤池》：“八駿日行三萬里。”古代的“行”相當于現在的“走”，古代的“走”相當于現代的“跑”。
●道路。《中鼎》：“王令中先眚（省）南或（國），貫行。”貫行，貫通道路，以利行師。《詩・七月》：“遵彼微行。”毛傳：“微行，牆下徑也。”●實行。《中山王𰯼鼎》：“事少如長，事愚如智，此易言而難行旅（也）。”●行為。《中山王𰯼鼎》：“侖（論）其惪（德），眚（省）其行，亡不忲（順）道。”●巡視、狩獵。《史免簋》：“史免乍（作）旅簋，從王征行。”《周禮・州長》：“若國作民而師、田、行、役之事，則帥而致之。”孔穎達疏：“行謂巡狩。”●《右走馬嘉壺》：“右走馬嘉自乍行壺。”銘文中另有“行器”“行彝”“行盨”均同此意。吳鎮烽認為“行器”的功能就是隨葬，不是征行之器。它與行旅、征行、田狩無關。“行器”最早出現在西周中期後段，盛行於春秋時期，戰國時期較少。流行的區域主要是南方的曾、黃、楚、樊以及申、鄀、蔡、鍾離等國，尤以曾國最為盛行；北方諸國較少，目前只見於虢、衛、薛等國。(《論青銅器中的“行器”及其相關器物》)西周早期把隨葬品稱為“遣”，“遣器”之名最早見於西周早期。它不是宗廟祭器，也不是一般用器，“遣器”的功能和“行器”相同，是用於隨葬的明器，是死者在陰間使用之器。“行器”出現之後基本上取代了“遣器”和“從器”。“遣器”之名並沒有就此消失，它主要出現在書簡上，戰國、秦漢時期楚地墓葬出土諸多遣策，就是證明。●《璽彙 0165》“行士鉥”、《璽彙 0166》“行士之鉥。李家浩認為士、李、理三字音近古通，先秦的外交官叫“行李”或“行理”，疑“行李”或“行理”，皆是印文“行士”的異文。“行大夫（璽彙 0105）”也應是“行人”之類的官。《周禮秋官》中管外交的官有“大行人”“小行人”“行夫”。據《序官》，“大行人”是中大夫，“小行人”是下大夫，“行夫”是下士。疑“行大夫”相當於《周禮》的大、小行人，“行士”相當於《周禮》的行夫。(《楚國官印考釋（兩篇）》)●品行。《上博一・緇衣 7》：“則民至（致）行己目（以）兌（悦）上。”《孟子・公孫丑上》：“宰我、子貢善為説辭；冉牛、閔子、顏淵善言德行。”●《上博二・容成 19》：“迖（去）𠭯（苛）而行柬（簡）。”“行柬”，讀“行簡”，行事簡易。《論語・雍也》：“居敬而行簡，以臨其民，不亦可乎？”朱嘉集注：“言自處以敬，則中主而自治嚴，如是而行簡以臨民，則事不煩而民不擾。”●傳布、散布。《上博二・容成 52》：“而得遊（失）行於民之辰（唇）也。”《左傳・襄公二十五年》：“言之無文，行而不遠。”●《上博四・曹沫 38》：“𰯼（疑）則不行。”《廣雅・釋詁二》：“行，陳（陣）也。”●《上博六・孔子 18》“行年”，經歷的年歲，指當時年齡。《荀子・君道》：“以為好麗邪？則夫

人行年七十有二，齫然而齒墮矣。"《國語·晉語四》："卻縠可，行年五十矣，守學彌惇。" ●《璽彙 4066》為"右行"合文，"右行"為複姓。春秋時晉有右行辛；戰國時有右行楚；漢代有右行綽，禦史中丞。 ●《璽彙 0128》《璽彙 0129》"行賹之鉩"、《璽彙 0130》"邡行賹之鉩"。李家浩認為"行府"大概是儲藏、供應行旅所用財物的機構。(《楚國官印考釋（四篇）》)

陶彙 3·114　陶彙 3·356　陶彙 3·432

【注】從心行聲。 ●齊陶人名。

睡簡·日甲 75 背

【注】從肉行聲。 ●秦簡本義，小腿上部接近膝蓋的部分。《睡簡·日甲 75 背》："盜者長頸，小胻，其身不全。"

騂齊〔圖〕、〔圖〕陶錄 3·580

【注】從馬行聲。 ●單字，應為人名。

荇楚〔圖〕包山 164

【注】從艸行聲，"莕"之異文。 ●讀杏，地名。漢印有"荇不意""荇孫吾"，則為姓氏。

桁齊〔圖〕璽彙 0299　〔圖〕璽彙 0300　〔圖〕山東 008　〔圖〕山東 001

【注】從木行聲。 ●齊璽讀衡，山林之官。齊璽有"左桁正木""右桁正木"。單言"桁"，或言"左桁""右桁"並當是掌管山林的職司。"正木"，職官名，是林衡的屬官。（朱德熙《釋桁》，《古文字研究》第 12 輯 328 頁）正，當讀征，"正木"應該是主管收木材稅的官。

祄楚〔圖〕望山 1·119　〔圖〕包山 219　〔圖〕包山 210

【注】從示行聲，"行神"之專字。 ●讀行，神名。《包山 210》："舉禱宮祄，一白犬，酉（酒）飤（食）。""宮行"還見於望山簡，整理者認為當指所居宮室的道路。秦文字用"行"表示行神之行，見睡虎地秦簡《日書》甲書"以祭門、行"。

珩晉〔圖〕它玉珩　〔圖〕它玉珩

【注】從玉行聲。此器為中山王墓出土，字或省作。《説文》："珩，佩上玉也。所以節行止也。"佩玉上面的橫玉，形狀象磬。●玉器名。《它玉珩》："它玉珩。"

匣紐杏聲

杏 [秦] 少府戈　　秦陶 473　　印封 448　　嶽麓一·質三 7

【注】甲骨文作，從木從口。《説文》："杏，果也。從木，可省聲。"段玉裁注："杏果也。内則。桃李梅杏。從木。向省聲。向各本作可。誤。今正。"●地名。《少府戈》："杏陵少府。"杏陵少府，指此戈為杏陵地方少府監造的戈。●秦陶人名。

垰 [楚] 璽彙 1328

【注】從土杏聲。●楚璽人名。

匣紐王聲

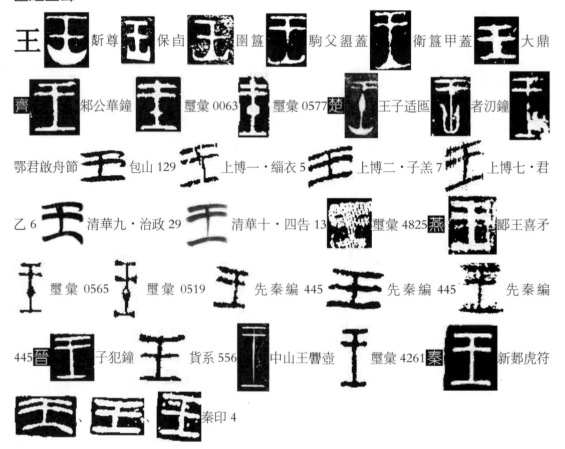

王 [秦] 斯尊　保卣　圍簋　駒父盨蓋　衛簋甲蓋　大鼎

[齊] 邿公華鐘　璽彙 0063　璽彙 0577 [楚] 王子适匜　者汈鐘

鄂君啟舟節　包山 129　上博一·緇衣 5　上博二·子羔 7　上博七·君

乙 6　清華九·治政 29　清華十·四告 13　璽彙 4825 [燕] 郾王喜矛

璽彙 0565　璽彙 0519　先秦編 445　先秦編 445　先秦編

445 [晉] 子犯鐘　貨系 556　中山王䲜壺　璽彙 4261 [秦] 新郪虎符

、　、　秦印 4

1232

【注】甲骨文作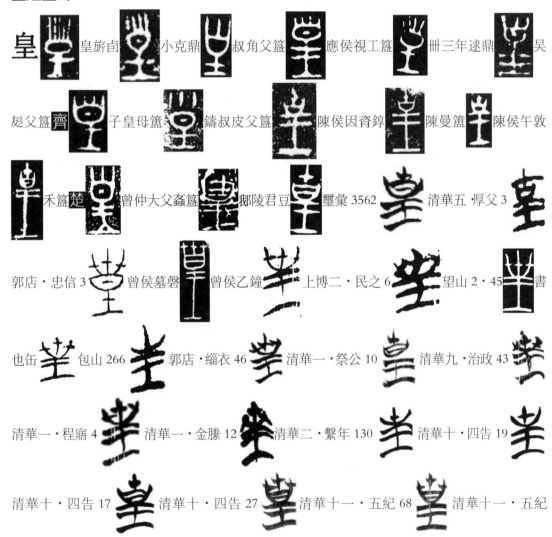、、、、、、、、、、、、，象斧鉞形，由斧之初文（）演化，為變體象形。上面是斧柄，下面是寬刃。斧鉞是實力和權威的象徵，所以古代最高統治者稱為“王”。金文字形綫條化。《説文》：“，天下所歸往也。董仲舒曰：‘古之造文者，三畫而連其中謂之王。三者，天、地、人也，而参通之者王也。’孔子曰：‘一貫三為王。’凡王之屬皆從王。，古文王。”這是許慎根據當時的社會思想所作的解釋。本義當為大斧。引申泛指首領。自秦漢後帝王改稱皇帝，而“王”則成了封爵的最高一級。●商周最高統治者稱號。《小臣邑斝》：“王易（賜）小臣邑貝十朋。”●諸侯王。《吳王夫差鑒》：“吳王夫差羃（擇）氒（厥）吉金，自乍（作）御監（鑒）。”《璽彙4825》“王之上士”。●王子：諸侯王之子。《王子嬰次鐘》：“王子嬰次自乍（作）者（堵）鐘。”●王室：指王族，也指朝廷，與“王家”“公室”等義近。《曾姬無卹壺》：“職才（在）王室。”●姓氏。《十七年平陰鼎蓋》：“叚工帀（師）王馬重。”古璽印多用為姓氏。

匣紐皇聲

皇 旂卣　　小克鼎　　叔角父簋　　應侯視工簋　　冊三年述鼎　　吳

彣父簋　齊　子皇母簠　　鑄叔皮父簋　　陳侯因脊錞　　陳曼簠　　陳侯午敦

禾簋　楚　曾仲大父蠡簋　　郑陵君豆　　璽彙3562　　清華五·厚父3

郭店·忠信3　曾侯墓磬　曾侯乙鐘　上博二·民之6　望山2·45　書

也缶　包山266　郭店·緇衣46　清華一·祭公10　清華九·治政43

清華一·程寤4　清華一·金縢12　清華二·繫年130　清華十·四告19

清華十·四告17　清華十·四告27　清華十一·五紀68　清華十一·五紀

58晉　與兵壺　璽彙 1283　侯馬　中山王䚘鼎　秦　陶彙 5·386　戰表

27　、　秦印 5　秦編 82

【注】甲骨文作，象火炬上騰之形，疑"煌"之初文。或作，疊加音符王，金文（媓瓶）右下角即"王"演變。或作，移音符王於火炬之下，兩周金文皆由此演變。戰國齊系文字"皇"字上部皆變從古，如。"皇"之作者乃雙聲符字。古音"皇""王"皆在匣紐陽部，"古"在見紐魚部，聲韻皆近。楚系文字上部多有變化，或作，與"生"頗易相混。●用為尊稱，表示盛大、崇高、尊貴等義。《師訇簋》："肆皇帝亡罷（斁），臨保我乎（厥）周。"皇帝，對上帝的尊稱，意為崇高無比的上帝。《詩·大雅·皇矣》："皇矣上帝。"毛傳："皇，大。"銘文中另有"皇天""皇王""皇母""皇考""皇妣""皇宗""皇祖""皇神"等，均同此用。秦統一中國後，秦始皇自稱皇帝，"皇帝"遂成為以後歷代封建帝王的專稱。●皇皇：輝煌美好，形容鐘聲優美宏亮。《沈兒鎛》："皇皇趣趣（熙熙）。"《詩·魯頌·泮水》："烝烝皇皇。"毛傳："皇皇，美也。"或作"㟴㟴（皇皇）趣趣""韹韹䫻䫻""韹韹熙熙"。●讀呼。《競卣》："白（伯）犀父皇競，各于官。"●《五年師旋簋》："儕（齎）女（汝）盾五、易（錫）𦎫、盾生皇、畫內。"生皇，盾首羽飾。生，長也。器物上附植它物，江南至今仍曰生。《周禮·春官宗伯·樂師》皇舞，鄭玄《注》："皇舞者，以羽冒覆頭上，衣飾翡翠之羽。"賈公彥《疏》："皇，被五采羽，如鳳凰色，持以舞。""生皇"即以羽蒙飾盾首。●讀況。《郭店·緇衣46》："齦睿（笙）獣（猶）弗智（知），而皇（況）於人唬（乎）？"三晉《中山王䚘鼎》亦讀況。●讀鳳。《上博八·有皇1》："又（有）皇（鳳）牂（將）起（起）今可（兮），董（助）余孝（教）保子今可（兮）。"●讀忘。《郭店·忠信3》："君子女（如）此，古（故）不皇（忘）生，不怀（背）死也。"●讀惶。《上博八·有皇4》："逪（周）流天下今可（兮），牂（將）莫皇（惶）今可（兮）。"

敳　楚　楚大師登鐘　鄺子㼌自鎛

【注】從攴皇聲。●讀皇，為樂聲"皇皇"之專字。《楚大師登鐘》："龢鳴皍敳。"

媓　媓瓶

【注】從女皇聲。《說文》無。《廣韻》《集韻》："女媓，堯妃。"●人名用字，見于《媓爵》《媓瓶》。

㟴　楚　鄺子㼌自鎛　王孫遺者鐘

【注】從皇從光，雙聲字。●讀皇。銘文"㟴㟴（皇皇）趣趣"，形容鐘聲之美。

皇 ^楚  嬭加編鐘

【注】從皇從坒，雙聲字。●讀皇。《嬭加編鐘》："犀（侃）其平龢，休惄（淑）孔皇（皇）。"

韹 ^楚  邾王子旆鐘　邵王之諻簋　邵王鼎

【注】從音皇聲。《玉篇》樂聲也。《爾雅·釋訓》韹韹，樂也。《説文》無。●狀聲詞，形容鐘聲宏亮和美。《邾王子旆鐘》："韹韹配配（熙熙）。"《邵王子鐘》："韹韹熙熙。"《爾雅》："韹韹，樂也。"郭璞注："鐘鼓音。"《王孫遺鼠鐘》作"鈨鈨（皇皇）趄趄"，意皆同。●《邵王之諻簋》："邵（昭）王之諻（媓）之饋貞（鼎）。"張政烺先生《昭王之諻鼎及簋銘考證》認為，"諻"讀媓，《方言·卷六》："南楚瀑洭之間母謂之媓。"《廣雅·釋親》："媓，母也。"因此張先生認為"昭王之諻（媓）"即楚昭王之母，也就是楚平王之夫人。董珊則認為，"昭王之諻"與銘文中之"襲王之卯""競坪王之定""競之上""臧之無咎"等文例相同，"諻"即作器者私名，他屬于昭王之族。（詳《出土文獻所見"以謚為族"的楚王族》）

諻 ^楚  包山260

【注】從言皇聲。●人名。

趄 ^楚  王孫誥鐘　王孫誥鐘

【注】從走皇聲，或為"遑"之異文。●讀韹，狀聲詞。《王孫誥鐘》："趄趄趄趄，邁（萬）年無異（期），永保鼓之。"《王孫遺鼠鐘》作"鈨鈨（皇皇）趄趄"，此云"趄趄趄趄"，趄受趄之類化而從走。故與"遑"或本不同字。

騜 ^楚  曾侯166　曾侯203　曾侯205

【注】從馬皇聲。●黃白色馬。《曾侯166》："高趄之騜為左驂。"騜，《玉篇》馬黃白。

篁 ^楚  包山190　天星

【注】從竹皇聲。●地名。

郥 ^秦  詛楚文　印增586

【注】從邑皇聲。●地名，參"郭"字。《詛楚文》："遂取我邊城新郙（隍），及鄈（鄔）、長、嫊（莘）。"《印增586》"郙采金印"，郙地負責開探金城的職官。

【注】從火皇聲。●讀皇，美也。《甃鎛》："龢（和）平均（韻）煌，霝色若華，妣（比）者（諸）礄（馨）碑（聲）。"

【注】從金皇聲。●讀皇。《登鐸》："中韓（翰）且陽（颺），元鳴孔鍠（皇）。"

匣紐㞷聲

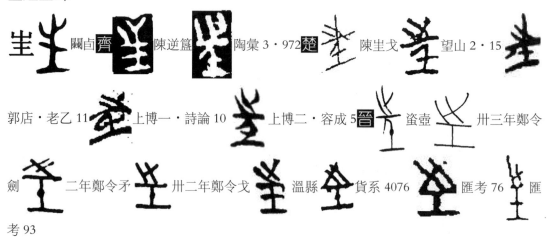

考93

【注】甲骨文作 𡉚、㞷、㞷、㞷、㞷、㞷、𡉚，從止王聲，當為往來之往的初文。金文聲符訛為土、壬。《說文》："㞷，艸木妄生也。從之在土上。讀若皇。"析形釋義均不確。本為來往之往。●讀往，去。《鄂君啟舟節》："自鄂㞷（往）。"●讀廣。《鼄壺》："鄉（饗）祀先王，慮（德）行盛㞷，隱遖（逸）先王。"舊多讀旺，盛大。先秦兩漢文獻以旺、皇修飾德性、德行鮮有例證，而以"廣"則文例甚多，比如《逸周書·太子晉解》："由舜而下，其孰有廣德？"《老子》第四十一章："廣德若不足。"亦有如銘文之"廣"作謂語者，如《莊子·天地》："故其德廣，其心之出，有物采之。"《說苑·敬慎》："德行廣大而守以恭者榮。"可以看出，讀"㞷"為廣更合古文搭配習慣。楚簡亦讀廣。《上博一·詩論10》："《漢㞷（廣）》之智，《鵲巢》之歸。"●讀皇，輝煌。《陳逆簋》："乍（作）為㞷（皇）祖大宗簋。"●讀襄。"㞷""襄"均屬陽部字，音近可通。甲骨文"㞷"祭，即典籍之"禳"祭，可資佐證。《卅三年鄭令劍》："㞷（往）庫工市（師）皮耴。"襄庫，應是武庫之名。●《包山87》"㞷愲"，讀匡，姓氏。●《匯考76》"㞷都匜"，為燕地名，具體指何地待考。●《匯考93》吳良寶釋為"㞷成君"，讀作"黃城君"。"㞷""黃"上古音均為匣母陽部字，從"㞷"得聲之字可與從"兄""黃""皇"得聲之字相通假，故"㞷

1236

成"可讀作"黃城",為地名。戰國時期"黃城"其地有四:一在今山東冠縣南十里;一在今河南湯陰縣東北,又稱"内黃";一在今河南民權縣西北,春秋時宋國的黃邑;一在今河南開封市東北。因山東冠縣之黃城在戰國時期處於趙、齊、魏三國交界地,故璽印中的"生(黃)城"當即此地的可能性比較大,國別待定。(《古劄記五則》)

 郳陵君鑒 包山 35

【注】從人坒聲,"徍"之省文。《正字通》:"徍,徍字之訛。"●讀兄。《郳陵君鑒》:"祀皇祖,以會父徍(兄)。"●包山簡讀匡,姓氏。

 清華八・邦道 10

【注】從弓坒聲。●讀枉。《清華八・邦道 10》:"母(毋)從(縱)欲以弴(枉)亓(其)道。"

 望山 1・145

【注】從米坒聲。●《望山 1・145》:"☒糎類(糭)☒。"義不詳。

往 陶彙 3・974 吳王光鑒 吳王光鐘 郭店・老丙 4

郭店・尊德 31　上博三・周易 22　上博三・周易 35　上博三・周易 37

上博四・曹沫 55　郭店・語叢四 2　上博九・舉治 30　清華七・越公 49 晉

侯馬　溫縣　璽彙 3141 秦　往 睡簡・日乙 150

【注】從彳坒聲,古文字或繁化作"逞"。《説文》:"徍,之也。從彳坒聲。逞古文從辵。"本義是去,如《易經》:"寒往則暑來,暑往則寒來。"●往昔,與"後"相對。《吳王光鑒》:"往已弔(叔)姬,虔敬乃後,孫孫(子孫)勿忘。"●古文字多用為本義,去、到。《睡簡・日乙 150》:"凡以此往亡必得,不得必死。"●歸向。《郭店・老丙 4》:"執(設)大象,天下往。往而不害,安坪(平)大。"

 清華九・成人 9

【注】從走㞷聲。●讀枉。《清華九·成人9》："朞（晦）朔趤（枉）悼（違），四維以叠緂（贏）。"整理者注："枉、違同義，此皆指晦朔不正。"

患 [楚] 包山22　包山24　郭店·語叢二3　上博三·仲弓附簡

上博六·競公9　天星　清華六·子產19　清華一·楚居4　上博九·陳公7

【注】從心㞷聲。患，《說文》"狂"之古文。●讀狂。《清華一·楚居4》"酓患"，人名，《楚世家》作"熊狂"。●讀望。《郭店·語叢二3》："宔（望）生於敬，恥生於患（望）。"●《上博三·仲弓附簡》："幾不又患（枉）也。"讀枉，不正、矯枉過正。意思是對賢哲不能求全責備。

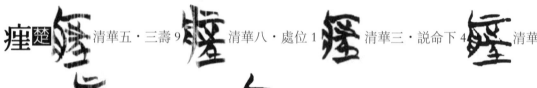

瘒 [楚] 清華五·三壽9　清華八·處位1　清華三·說命下4　清華四·筮法49　清華十一·五紀94 [晉] 侯馬

【注】從疒㞷聲。●楚簡多讀狂。《清華八·處位1》："君唯聾瘒（狂）。"《清華十一·五紀94》："昏（暑）戾（熱）偒=（煖煖），會燹（氣）為瘒（狂）。"●盟書人名。

枉 [楚] 郭店·成之21　包山266　郭店·性自61　上博七·武王15　清華五·三壽20　清華五·三壽28　上博八·志書3

【注】從木㞷聲。●多如字讀，《說文·木部》"枉，邪曲也。"《郭店·成之21》："戡（勇）而行之不果，其惷（疑）也弗枉惷（矣）。""弗枉"直也，引申有必然之意。●讀匡，扶正、糾正。《上博八·志書3》："爾亡（無）以叡枉（匡）正我。"

筐 [楚] 包山70　上博三·彭祖2

【注】從竹㞷聲。●包山簡地名。●讀往。《上博三·彭祖2》："大筐（往）之婁；戁（難）易款欲。"詳"婁"字。

旺 [楚] 陳旺戟

【注】從日坒聲，"暀"之省文。《說文》："暀，光美也。從日往聲。"隸變後省作"旺"。●人名。《陳旺戟》："墜（陳）旺之歲告（造）廥（府）之戟（戟）。"

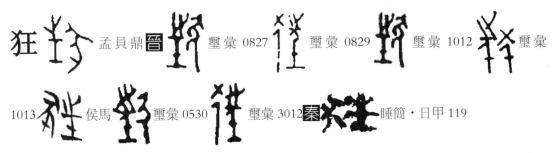

狂 孟員鼎晉 璽彙 0827 璽彙 0829 璽彙 1012 璽彙 1013 侯馬 璽彙 0530 璽彙 3012 秦 睡簡·日甲 119

【注】甲骨文作、，從犬，從坒（往），會狗瘋跑之意；坒兼聲。金文承之。《說文》："狂，狾犬也。從犬坒聲。"本義為瘋狗。●人名。《孟員鼎》："孟狂父休于孟員，易（賜）貝十朋。"晉璽均為人名。●瘋狂。《睡簡·日甲 119》："柅衣常（裳），十六歲弗更，乃狂。"楚文字作"悲"。

矬晉 清華五·三壽 10

【注】從矢坒聲。●讀惶。《清華五·三壽 10》："矬=（惶惶）先反。"

鄻齊 璽彙 2239晉 四年邘令戈晉 鄂君啟舟節 包山 3 包山 172 包山 89

【注】從邑坒聲。●讀黃。《鄂君啟舟節》："就灘（漢）、就鄻、逾夏。"商承祚謂"鄻"當假為"黃"。黃棘，古地名。●讀汪，氏名。《四年邘令戈》："上庫工帀（師）鄻（汪）▨。"●包山簡讀匡，姓氏。簡文或作匡。

汪 汪伯卣 汪伯卣晉 璽彙 0091秦 戰編 742 秦風 87、 秦印 218

【注】從水坒聲。《說文》："汪，深廣也。從水王聲。一曰汪，池也。"本義深廣的樣子。●汪伯：人名。《汪伯卣》："汪白（伯）乍（作）寶旅彝。"●《璽彙 0091》"汪宎右司工"。"汪宎"，讀汪陶，地名。●秦印姓氏。

宝楚 者汈鐘 清華六·管仲 27 清華五·命訓 1 上博七·吳命 5

清華一·祭公 13　　清華五·命訓 8　　安大一 16　　安大一 15

安大一 16　清華十·四告 12

【注】從宀坒聲。●多讀廣。《者汈鐘》："宭玫（捍）庶戜（盟），以祇光朕位。""宭"，饒宗頤、郭沫若讀往，論者多從之。按，"宭"讀廣於意也通。金文稱頌語習見類似格式，如"廣啟朕身""廣斂楚荊""廣嗣四方"等，鐘銘"廣捍庶盟"與之相同。《上博七·吳命 5》："㠯（以）宭（廣）東海之表。"●讀壙。《清華六·管仲 27》："田塈（地）宭（壙）虛，眾利不及。"●讀曠。《清華五·命訓 8》："極命則民閮乏，乃宭（曠）命以代其上，殆於亂矣。"今本《逸周書·命訓》作："極命則民墮，民墮則曠命，曠命以誡其上，則殆於亂。"●讀皇。《清華一·祭公 13》："宭（皇）褰（㱿）方邦，不（丕）隹（惟）周之蒡（旁）。"

楚　君輇車專　　曾侯 18　　曾侯 154　　曾侯 169　　包山 145

【注】從車坒聲。《說文》："輇，紡車也。一曰一輪車。從車坒聲，讀若狂。"●讀廣，大車也。簡文"少輇""乘輇""行輇"等均用為車名，與《說文》不同。

晉　清華九·治政 27

【注】從止輇聲。●讀廣。《清華九·治政 27》："者（諸）侯之邦，壓（廣）者異千里、異千輛（乘）。"

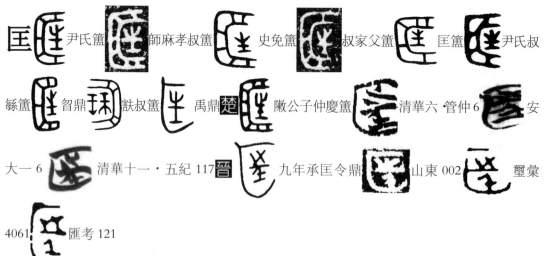

匡　尹氏簠　　師麻孝叔簠　　史免簠　　叔家父簠　　匡簠　　尹氏叔

緐簠　　智鼎　　鈇叔簠　　禹鼎　楚　陳公子仲慶簠　　清華六 管仲 6　　安

大一 6　　清華十一·五紀 117　晉　九年承匡令鼎　　山東 002　　璽彙

4061　　匯考 121

【注】從匚坒聲，與小篆同。《鈇叔簠》系倒書。《說文》："匡，飲器，筥也。從匚坒聲。匚匡

或從竹。"本義為古代的盛飯用具，同"簠"。郭沫若謂簠、筐陰陽對轉，故可通用。●讀匝，器名。《叔家父簠》："弔（叔）家父乍（作）中（仲）姬匡（匝）。"●人名。《匡簠》："匡甫（撫）象樂二。"●方也，正也。《清華十一·五紀117》："大盟（明）瞏（彌）巨，匡廢囡（攝）韋（威）。"●讀將，執行、秉承。《禹鼎》："于匡（將）朕肅慕，叀（惠）西六自（師）、殷八自（師）。"銘意為，執行朕嚴整的計畫，並施仁惠于失敗的西六師、殷八師。●讀恇，驚恐、懼怕。《禹鼎》："肄（肆）自（師）彌宼（怵）匂匡（恇），弗克伐噩（鄂）。"六師懼怯之甚。匂，周匝、重迭。●《璽彙4061》"下匡取水"。"下匡"，地名，不見於典籍，但三晉有"匡"邑，春秋屬鄭，在今河南扶溝縣。印文"下匡"當是指鄭之匡地，本屬衛，後一度屬鄭，所以匡有"上""下"之分。"取水"為水官，據典籍所載，此官專管水利，為司空之下屬。史載匡地瀕臨洧水，是先秦時期的一條著名河流，故設有水官。此印當是掌管水利的官印。●讀枉。《清華六·管仲6》："鑒礉不坓（枉），執即（節）絼（象）繩（繩）。"●讀筐。《安大一6》："菜=（采采）蘇（卷）耳，不盈（盈）峽（傾）匡（筐）。"

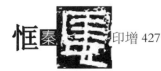 恇 秦 印增427

【注】從心匡聲。●人名。

 戠 隸簠

【注】從戈坓聲。●讀匡，正也。《隸簠》："王事熒（榮）橫（蔑）厤（曆），令戠邦。"

 饔 嗷士尊

【注】從餗坓聲；增又繁化。●讀禳，祈禱消除災殃之祭。《嗷士尊》："王才（在）新邑，初饔。"

 緀 楚 曾侯31　曾侯53　曾侯54　曾侯63

【注】從糸坓聲。●《曾侯31》"組緀"，讀纊。《類篇》："纊，繩束也。"簡文中所記"緀"有"組緀""紫緀""轉組之緀""哉組之緀""紫組之緀"等五種。

数 楚 丝攵 上博三·周易33

【注】從攴坓聲。●讀往。《上博三·周易33》："悬（悔）亡（無），隨（陞）宗噬（噬）肤（膚），数（往）可（何）咎。"

匣紐黃聲

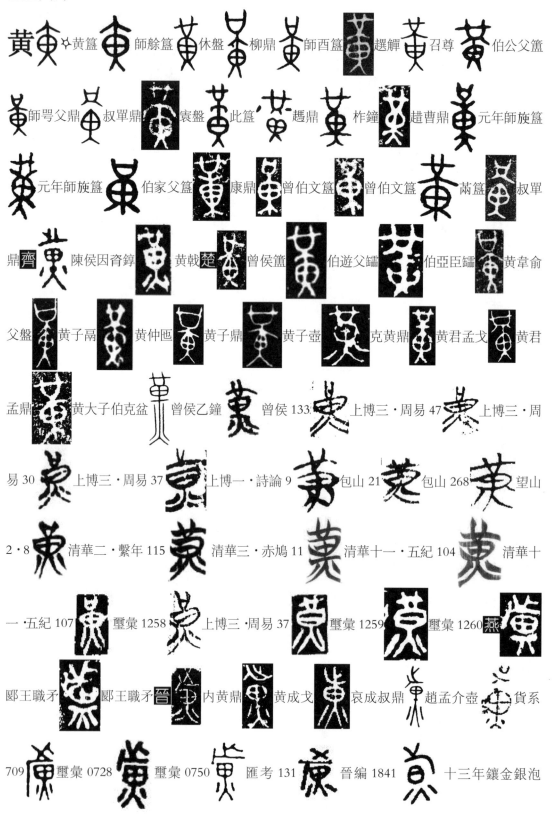

黃 ✡黃簋 師艅簋 休盤 柳鼎 師酉簋 趩觶 召尊 伯公父簠 師咢父鼎 叔單鼎 寰盤 此簋 趞鼎 柞鐘 趞曹鼎 元年師旋簋 元年師旋簋 伯家父簋 康鼎 曾伯文簋 曾伯文簋 ⿱艹兩簋 叔單鼎 齊 陳侯因資錞 黃戟 楚 曾侯簠 伯遊父鐳 伯亞臣鐳 黃韋俞父盤 黃子鬲 黃仲匜 黃子鼎 黃子壺 克黃鼎 黃君孟戈 黃君孟鼎 黃大子伯克盆 曾侯乙鐘 曾侯133 上博三·周易47 上博三·周易30 上博三·周易37 上博一·詩論9 包山21 包山268 望山2·8 清華二·繫年115 清華三·赤鳩11 清華十一·五紀104 清華十一·五紀107 璽彙1258 上博三·周易37 璽彙1259 璽彙1260 燕 郾王職矛 郾王職矛 晉 內黃鼎 黃成戈 哀成叔鼎 趙孟介壺 貨系709 璽彙0728 璽彙0750 匯考131 晉編1841 十三年鑲金銀泡

十三年鑲金銀泡　　十三年鑲金銀泡　　十四年蓋杠接管　　私庫衡飾　　私

庫衡飾 秦　、　　　、　　　秦印 262　、　石鼓文　睡簡·日乙 184

【注】甲骨文作 、 、 、 、 ，象人雙璜並聯形。金文沿襲甲骨文。或在頭部加廿繁化。戰國文字承襲金文，廿形或演變為“止”，田形兩側多加兩斜筆為飾。“止”或進一步變為“癶”，作 、 （璽彙 728）。葉玉英認為從癶是變形音化現象，“癶”在字中用作聲符。古音“癶”在影紐元部，“黃”在匣紐陽部，聲韻俱近。三晉文字或訛為 ，《中山王𗊡器文字編》釋為“煮”，當釋為黃，器銘“黃正”，人名。《說文》：“黃，地之色也。從田從炗，炗亦聲。炗，古文光。凡黃之屬皆從黃。 古文黃。”本義為人佩環。後多借為黃色之“黃”，本義不存，于是另加形符“玉”寫作“璜”。又因玉橫帶腰間，又有“橫”義。●色彩。配五行中央土。《師器父鼎》：“用旂（祈）𧥣（眉）壽，黃句（耇）吉康。”黃耇，乃壽老之稱，指老人膚黃而有耇。●讀衡，衣帶之通名，冠帶亦稱衡。唐蘭曰：“衡是系載（巿）上的帶，它可以多到五道，可以用同麻織成，也可以絲織，染成蔥、幽、金、朱等色。我們可以再進一步斷定，這就是秦漢時代的‘綬’。”《師釐簋》：“易（賜）女叔巿、金黃、赤舄、攸（鋚）勒，用事。”金璜，即用金色絲帶絡住玉璜而組成的佩飾物。《輔師𤟺簋》：“載（載）易（賜）女（汝）載巿、素黃（衡）、縊（鑾）旂，今余曾（增）乃令，易（賜）女（汝）玄衣黹屯（純）……。”●《曾侯乙鐘》：“黃鐘之孯（羽）角。”黃鍾，我國傳統樂律十二律呂的第一律。《周禮·春官·大司樂》：“乃奏黃鍾，歌大呂，舞云門，以祀天神。”《禮記·月令》：“其音羽，律中黃鍾。”黃鍾等十二律相當于現代音樂中的音名，如 C、D、E、F、G、A、B 等；宮、商、角、征、羽則相當于音級。●黃池：地名。《趙孟介壺》：“禺（遇）邗王于黃沱（池）。”●黃帝：與炎帝同為華夏民族的始祖。《陳侯因𦒯錞》：“𥔤（紹）縊高且（祖）黃啻（帝），伿釕（嗣）趄文，淖（朝）聞（問）者（諸）侯，合（答）揚氒（厥）德。”郭沫若謂“言高則祖述軒轅黃帝，伿則承嗣齊桓、晉文”。●古國名，嬴姓。《左傳·桓公八年》：“夏，楚子合諸侯于沉鹿，黃、隨不會。”其地在今河南省潢川縣西北，曾出土有黃國青銅器。《黃季鼎》：“黃季乍（作）季嬴寶鼎。”黃國到周襄王四年（公元前 648 年）被楚國吞併以後，後裔以黃為姓。●黃城：地名。《黃城戈》：“黃城。”《史記·田敬仲完世家》宣公四十三年：“伐晉，毀黃城、圍陽狐。”在今山東冠縣南。●秦印姓氏。

廣　晉公盆　　廣　叔向父禹簋　　黃　班簋　　廣　廣父己簋　　黃　士父鐘　　黃　禹鼎

廣　瘋鐘　　黃　瘋鐘　　黃　廣簋　　黃　廣簋蓋　　黃　通彔鐘　　黃　番生簋　　黃　多友鼎

黃　士父鐘　　黃　士父鐘　　廣　牆盤　齊　　廣　陶彙 3·734　晉　　廣　晉公盆　秦　黃　不嬰

簋不嬰簋蓋廣衍矛陶彙 5・096睡簡・答問 52青川木牘

、、、秦印 186

【注】從广黄聲。广或變作宀，宀與广同意。《説文》："廣，殿之大屋也。" 本義指寬大的房屋。引申泛指大。《唐書・地理志》嶺南道有廣州。●大。《禹鼎》："廣伐南或（國）、東或（國），至于歷内。" 廣伐，即大伐，大規模進攻、討伐。《詩・小雅・六月》："四牡修廣。" 毛傳："修，長；廣，大也。"《叔向父禹簋》："降余多福緐（繁）孷（釐）廣啟禹身。" 廣啟，即光啟、廣開。秦文字用"廣"表示寬廣之廣，楚文字用"㞷"表示。●人名。《廣簋》："廣乍（作）父己寶𩇯。" 秦印多為人名。

𢡱 秦、秦印 211

【注】從心廣聲。●人名用字。

𢿬𢿬簋

【注】從攴黄聲，疑"擴"之異文。●人名。《𢿬簋》："易（賜）𢿬弓、矢束、馬匹、貝五朋。"

横 楚清華十一・五紀 116 秦、秦印 111

【注】從木黄聲。●整理者讀匡。《清華十一・五紀 116》："唬（呼）曰武壯，𢈪曰正横，𢦏曰奚堂。" ●秦印人名。

璜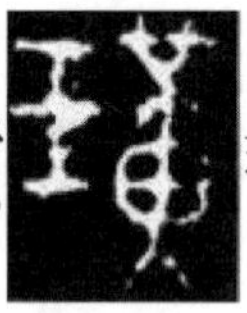琱生簋 楚楚屈子赤目簠望山 2・50

【注】從玉黄聲。《説文》："璜，半璧也。從玉黄聲。" 本義是一種玉器，是璧的一半，是朝聘、祭祀、喪葬、徵召時用的一種禮器。●佩玉，由兩個璜片系在一起的飾物或禮品。《琱生簋》："𠭯（惠）于君氏大章，報婦氏帛束、璜。"《周禮・春官・大宗伯》："以玄璜禮北方。" 鄭玄注："半璧曰璜。"

潢師訇簋

【注】甲骨文作、，從水黃聲。《説文》："橫，積水池。從水黃聲。"本義積水池。●深大也。《師訇簋》："邦弘（有）潢辥，敬明乃心。"潢辥，即大治。

 璽彙 3545

【注】從邑黃聲。●晉璽"鄭閈"，讀黃，姓氏。

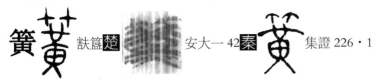 鈇簋 楚 安大一 42 秦 集證 226·1

【注】從竹黃聲，同小篆。《説文》："簧，笙中簧也。古者女媧作簧。"本義為樂器中用以發聲的薄片。●讀廣。《鈇簋》："簧芾朕心，墜于四方。"馬承源曰："簧芾，讀為廣侈。簧讀作廣，芾讀作侈，聲假。《國語·吳語》：'廣侈吳王之心。'韋昭《住》：'侈，大也。'此廣侈即銘文之簧芾，語例相似，都是説王者之心的寬大與通達。"●漆筒墨書（集證 226·1）"寂之寺（持）簧"。簧，本指笙一類樂器裏用以振動發聲的薄片，引申指笙類樂器。《安大一 42》："既見君子，竝佢（坐）鼓簧。"

 楚 曾侯 11

【注】從瓜黃聲。●簡文"旛炑"，"旛"應讀纊，絮也。"炑"讀燧。纊、燧乃用以鑽燧起火的器具，燧用於鑽火，絮用於引火。古代軍事守備，以烽火傳遞軍事信號，在烽火信號系統中，纊、燧是必備之物。故曾侯乙簡將"旛炑"記在守備兵器之後，與居延漢簡同例。

 楚 冶遺簠

【注】從匚黃聲，"匡"字異文。坒、黃同聲，可通作。●器名，即為《説文》之"簠"，金文或作"匠""匡"等。《冶遺簠》："作（作）寶匩（匡），子子孫孫永寶用。"

 楚 清華八·攝命 2

【注】從門黃聲。●讀橫。《清華八·攝命 2》："余亦閬（橫）于四方。"

 楚 仰天 20

【注】從糸黃聲。●讀黃。簡文"纊緄"即"黃裏"。

 鐄 楚 天星

【注】從金黃聲。●讀黃。簡文"鐄面"，讀"黃面"。

 橫 師虎鼎

【注】從市黃聲，為衡帶之專字。●金文讀衡。《師虎鼎》："赤市朱橫。"橫，金文通作黃，見"黃"字。

鼟 叔家父簠

【注】從黃，坒為疊加聲符。●讀光，或讀旺。《叔家父簠》："惎（慎）德不亡（忘），孫子之鼟。"

匣紐永聲

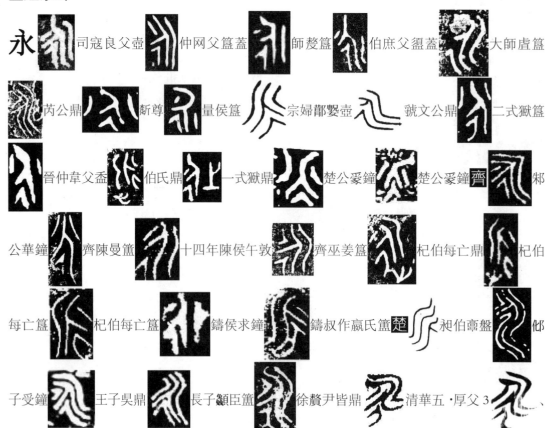

永 司寇良父壺　仲网父簠蓋　師憂簠　伯庶父盨蓋　大師盧簠

丙公鼎　斳尊　量侯簠　宗婦鄁嬰壺　虢文公鼎　二式獄簠

晉仲韋父盉　伯氏鼎　一式獄鼎　楚公𧊥鐘　楚公𧊥鐘 齊　郑

公華鐘　齊陳曼簠　十四年陳侯午敦　齊巫姜簠　杞伯每亡鼎　杞伯

每亡簠　杞伯每亡簠　鑄侯求鐘　鑄叔作嬴氏簠 楚　昶伯𣄄盤　仳

子受鐘　王子臭鼎　長子顣臣簠　徐贂尹皆鼎　清華五·厚父 3

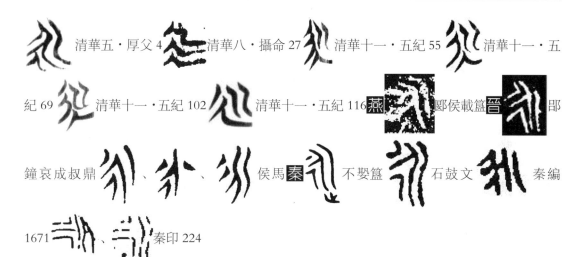

清華五‧厚父 4　　清華八‧攝命 27　　清華十一‧五紀 55　　清華十一‧五紀 69　　清華十一‧五紀 102　　清華十一‧五紀 116　　燕　郾侯載簋　晉　郘鐘哀成叔鼎　　、　　、　　侯馬　秦　不娶簋　石鼓文　　秦編 1671　　、　　秦印 224

【注】甲骨文作 、 、 、 、 、 、 。徐中舒謂從人從彳，人之旁有水點，會人潛行水中之意。《說文》：“ ，長也。象水坙理之長。《詩》曰：‘江之永矣。’凡永之屬皆從永。”訓長當為借義，謂象水坙理之長亦不確。本義是潛水，為“泳”之原字。後多用為借義，表示水流長，如《詩經》：“江之永矣。”引申泛指長，如陸云：“身乖路永。”引申指永遠，如《詩經》：“匪報也，永以為好也。”由於“永”為水流長等義所專用，游泳的意思就用加形符“氵”寫作“泳”。永、辰原為一字，古文字正反寫每無別。自小篆分為二字，“永”字反書而為“辰”。●永久、久遠。《子璋鐘》：“子子孫孫永保鼓之。”永保鼓之：金文習語，謂世代保藏敲奏。金文有“永命”“永念”“永福”“永保用之”等用語，均同此用。●人名。《永盂》：“永用乍（作）朕文考乙伯障盂。”●《于京 29》“永陵丞印”，地名。《史記秦始皇本紀》：“悼武王享國四年，葬永陵。”永陵在今陝西咸陽市西北。●秦封泥“永巷”“永巷丞印”，均為官名，詳“䢼（巷）”字。

咏　　詠尊

【注】甲骨文與“永”同字，或增口作 、 ，為分化符號。金文從口（古文字口在下與在側無別）永聲，與《說文》“詠”或體同。小篆從言永聲。《說文》：“ ，歌也。從言永聲。 詠或從口。”本義歌頌、歌唱。●人名。《咏尊》：“咏乍（作）甌障彝。日戊。”

昶　楚　　昶盤　　昶伯匜　　昶伯糞鼎　　昶仲無龍匜　　昶伯庸盤　　昶仲鬲　　昶仲無龍匕　　昶鼎　　昶☐伯壺蓋

【注】從日從永（兼聲），會日長之意。《說文新附字》：“ ，日長也。”本義白天時間長。●讀養，國名。《昶仲鬲》：“昶中（仲）無龍乍（作）寶鼎。”從桐柏月河幾次發現和發掘的材料，特別是從有銘銅器來看，存在一個養國應該是不成問題的。其“養”字的金文，早期寫作 ，後

1247

期寫成"鄴"。養國于史無載,從月河墓地的材料我們證實春秋時期確有養國的存在。養國至遲在存秋早期即已立國(西周時期的"兼史尊"為孤例,不足以證明西周時養已立國),直至春秋晚期仍然存在,以桐柏一帶為其主要的活動中心。(《小議養器與養國》)《昶☐伯壺》出於鄂國墓葬中,或系養國貴族助鄂侯之喪的賵器。

見紐亢聲

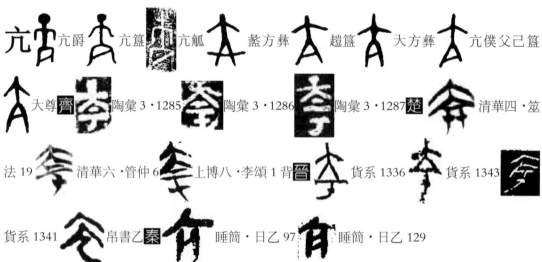

亢 亢爵　　亢 亢簋　　亢 亢觚　　大 盉方彝　　大 趙簋　　大 大方彝　　大 亢僕父己簋

大 大尊　　<齊>李 陶彙3·1285　　<齊>夳 陶彙3·1286　　<齊>夳 陶彙3·1287　　<楚>夲 清華四·筮

法19　夲 清華六·管仲6　　夲 上博八·李頌1背　<晉>李 貨系1336　　李 貨系1343　　<秦>夲

貨系1341　夲 帛書乙　　亢 睡簡·日乙97　　亢 睡簡·日乙129

【注】甲骨文作大、大、大,象人正立之形,兩股間著以斜畫,構字之意未明。或謂刑具,從大,下面一橫象兩腿之間加着"桎",本義當為刑刑,是"桎"的初文。《説文》:"亢,人頸也。從大省,象頸脈形。凡亢之屬皆從亢。頏亢或從頁。"本義待考。楚文字以夲為偏旁之字多見,就多釋為夸、奎等,陳劍釋為亢;夲作為一個整體,與單獨的夲是有區别的。秦系文字作亢,六國文字作大部分作夲,這種形體是在夲下加一長斜筆或竪筆,以及添加飾筆,就會造成由"亢"到"夲"的變化。從文字構形的系統性來說,將"夲"釋為"亢",在六國文字裏就出現了一大批"亢"及從"亢"之字,正好填補了缺環和空位。(陳劍《試說戰國文字中寫法特殊的"亢"和從"亢"諸字》)●族氏名。《亢爵》:"亢。"●人名。《大令尊》:"今我唯令女(汝)二人亢眾大,爽左右于乃寮目(以)乃友事。"●讀黄,佩玉也。《趙簋》:"易(賜)女(汝)赤市、幽亢(衡)。"郭沫若曰:"唐蘭釋為亢。以本銘證之,其説至確。蓋此與它器言'赤市幽黄'者同例。亢乃黄之假字,古音同在陽部也。何簋之'赤市朱亢'亦然。黄本古佩玉之象形文,假為黄色字而失其本義。"(《兩周金文辭大系考釋》58頁)●讀剛。《上博八·李頌1背》:"亢(剛)亓(其)不弍(貳)可(兮)。"●讀衡。"航"或作"桁","衡"亦從"行"聲,跟"桁"也常通。梁橋形布"亢"字主要見於"梁亢釿五十尚(當)寽(鋝)""梁亢釿百尚(當)寽(鋝)","衡釿"即其質量(重量)平正、可以作為衡量標準的釿布。●齊陶人名。●秦簡二十八宿之一。

伉 <齊>伉 陶録3·22

【注】從卜亢聲。●單字,人名。

芫 楚  安大一 1

【注】從艸亢聲。●讀荇。《安大一 1》："晶（參）篡（差）芫（荇）菜，左右流之。"上古音"芫""荇"均為匣紐陽部，故可通假。

航 楚 、、 鄂君啓舟節  上博六·莊王 3  上博六·莊

王 4  清華七·越公 20  清華八·邦道 22  冉鉦鋮

【注】從舟亢聲。●《鄂君啓舟節》："屯三舟為一航，五十航歲一返。"《方言》卷九："舟，自關而西謂之舟，自關而東或謂之舟，或謂之航。"郭璞《音義》："航，行伍。""航"既為兩船相併之稱，再轉為量詞，指三舟為一組，是詞義引申。●讀抗。《清華七·越公 20》："鄔（邊）人為不道，或航（抗）禦寡人之詒（辭）。"

杭 楚  望山 2·15  上博五·三德 14  上博二·容成 1  上博一·性

情 28

【注】從木亢聲。●讀抗。《上博五·三德 14》："方縈（營）勿伐，牆（將）興（興）勿殺，牆（將）齊勿杭。"齊，讀濟，常訓為"成"。"將濟毋抗"意謂，事物將要發展到成功、成熟的時候，不要抵抗、抗拒，也應順其自然。●可讀伉、或讀抗。《性情論 28》："君子執志必有夫杭杭之心，出言必有夫柬柬［之信］。"《詩經·大雅·緜》："迺立皋門，皋門有伉。迺立應門，應門將將。"毛傳："伉，高貌。""有伉"即"伉伉"。古書常見"抗"與"志"搭配，謂高尚其志。《荀子·脩身》（《韓詩外傳》卷二略同）："治氣養心之術：……卑濕重遲貪利，則抗之以高志。"

秔 秦  印增 269

【注】從禾亢聲。《説文》："秔，稻屬。从禾亢聲。稉，秔或从更聲。古行切。""粳""稉"之異文。●秦印"桃秔"，人名。

舫 楚  郭店·語叢四 26  包山 85

【注】從缶亢聲。●讀瓨。《方言》五："瓨，甖也，霤桂之間謂之瓨。"郭璞注："今江東通呼大甕為瓨。"《廣雅·釋器》"瓨，瓶也"。《郭店·語叢四 26》："故謀為可貴。龍（一）豪（家）事乃又（有）賀，三耽（雄）一胝（雌），三舫一莖，一王母保三毆兒。"詳"莖"字。●包山簡"舫缶公德（德）"，"舫缶"為機構名或地名的可能性較大。

阢 楚 上博五·三德 10　　包山 86　　安大一 73　　上博九·陳公
19 秦 睡簡·語書 12

【注】從阝亢聲。或贅加土旁。●讀岡，山崗（後起加旁字作"崗"）。《上博五·三德 10》："毋
雕（壅）川，毋剌（斷）陸（岡）。"《安大一 73》："陂皮（彼）阢（岡）可（兮）。"●包山簡地
名。

劮 楚 璽彙 1331　　璽彙 2552　　包山 180　　包山 163

【注】從力亢聲。其字見於《廣韻》等，用於意為"有力"的連綿詞"劮勀"。●楚璽人名。●
包山簡地名。

統 楚 左塚漆梮　　清華三·芮良夫 7　　上博三·彭祖 8　　清華六·管
仲 22　　上博七·吴命 2　　清華九·成人 6　　清華十一·五紀 44

【注】從糸亢聲。"統"字見於《漢書·枚乘傳》（《上書諫吳王》）："泰山之霤穿石，單極之統
斷幹。"顏師古注引晉灼曰："統，古絚字也。"楚文字中的"統"可能是"綱"的專造字，跟古
書中"古絚字"的"統"不一定有關。●楚文字多讀綱。《清華六·管仲 22》："好宜（義）秉惪
（德），又（有）孜（肝）不解（懈），為民紀統（綱）。"《清華三·芮良夫 7》："㝧（變）改棠
（常）紣（術），而亡（無）又（有）緒（紀）統（綱）。"紀綱，指法度。●讀繦。《上博七·吴
命 2》"繢統"讀為"襁繦"。詳"繢"字。

訜 楚 上博六·用曰 3

【注】從言亢聲。其字見於《改併四聲篇海·言部》引《搜真玉鏡》："訜，胡浪切。"有音無義。
戰國文字應與之並無關係。●讀抗。《上博六·用曰 3》："訜亓（其）又（有）宷（中）墨，良
人鼏安（焉）。"（人臣向君王）抗言，自身也要有正中之繩墨，（不能過激亂講，即使如此，）君
子也還是要非常謹慎。

玧 楚 清華四·筮法 57　　清華五·封許 6

1250

【注】從玉亢聲。●讀璜。《清華四·筮法57》：“為弓、琥、玩（璜）。”●讀衡。《清華五·封許6》：“敆（路）車、璁（蔥）玩（衡）、玉䁊、䜌（鑾）鈴、索（素）旂、朱笲元（軛）、馬三（四）匹、攸肭（勒）。”整理者言：“蔥衡，市上玉飾，見《禮記·玉藻》。‘玉’下一字疑系‘睘（環）’字之訛。毛公鼎、番生簋（《集成》四三一一六）均有‘蔥黃（衡）’和‘玉環’。”《詩經·小雅·采芑》有“朱芾斯皇，有瑲蔥珩”句，唐蘭先生在《毛公鼎“朱芾、蔥衡、玉環、玉瑹”新解——駁漢人“蔥珩佩玉”說》指出“‘蔥衡’就是‘大帶’或‘腰帶’”，所說當是。清華簡《清華五·封許》中“璁衡”之前並未言“市”，而且自“路車”以下至“馬四匹”之前所列舉的諸物當皆為車具，清華簡《清華五·封許》的“璁衡”似並非是對應於《采芑》的“蔥珩”，而是與西周金文中的“道衡”及先秦傳世文獻中的“錯衡”為同類物品。《莊子·馬蹄》：“加之以衡扼。”釋文：“衡，轅前橫木縛軛者也。”“璁衡”當是指玉飾的車轅前橫木。

 清華八·處位3

【注】從攴亢聲。●讀抗。《清華八·處位3》：“反炙（貌）叟（稱）偽（偽），攷（抗）政眩（炫）邦。”抗政者，諸侯問鼎，官員越位，分庭抗禮是也。或說讀罔。亢聲之字與网聲之字可通，見母、明母也有相通的例子，如曹劌之“劌”與曹沫（蔑）之“沫”“蔑”。“罔”訓害，如《孟子·梁惠王上》：“焉有仁人在位，罔民而可為也？”“罔政”見於《尚書·康誥》：“矧今民罔迪不適。不迪，則罔政在厥邦。”

弄 清華八·邦道15

【注】從廾亢聲。●讀抗。《清華八·邦道15》：“遊（失）之所才（在），皳（皆）智（知）而賵（更）之。古（故）莫敢𢓭（怠），以弄（抗）元（其）攸（修）。”“修”當訓為飾，指車服等，引申為職司，《說文·彡部》：“修，飾也。”《荀子·王制》：“上以飾賢良，下以養百姓而安樂之。”楊倞注：“飾，謂車服。”《國語·魯語上》：“夫位，政之建也；署，位之表也；車服，表之章也。”車服是職位的象徵，故“以抗其修”就是現在說的要稱職。

銃 虢伯簋

【注】從金亢聲。《說文》無。●讀黃，佩玉也。《虢伯簋》：“易（賜）女（汝）玄衣潚屯（純）、鉥（素）市、金銃。”“金銃”當即“金黃”。

 肮 陶彙3·847 陶彙3·848 璽彙2823 睡簡·語書12

【注】從肉亢聲。●古璽、陶文均為人名。●《睡簡·語書12》：“阬閬强肮（伉）以視（示）强。”“强肮（伉）”，整理小組釋為倔強。《集韻·梗韻》：“伉，健力也。”《漢書·宣帝傳》：“選郡國吏三百石伉健習騎射者，皆從軍。”顏師古注：“伉，强也。”《漢書·朱博傳》：“伉俠好交，隨從士大夫，不避風雨。”顏師古注：“伉，健也。”皆其例。“强肮（伉）”即强健、健壯，引申

之，有驕橫義。

犹 秦　睡簡·日甲 55　　嶽麓三 166　　陝新 670

【注】從犬亢聲。●秦簡讀亢，二十八宿之一。●秦印人名。

阬 楚　二十八宿漆書 秦　睡簡·語書 12

【注】從阝亢聲，《廣韻》同坑。●讀亢。《睡簡·語書 12》："阬閬強肮（亢）以視（示）強。"阬閬，高大的樣子。●漆書讀亢，二十八星宿之一。

閌 秦　秦陶 1071

【注】從門亢聲。●人名。

軏 秦　龍崗 119

【注】從車亢聲。●《龍崗 119》："而輿軏疾歐（驅）入之。"輿軏，疑為一種田獵之車。

迒 楚　清華十·四時 5

【注】從辵亢聲。●讀亢。《清華十·四時 5》："四日，鳴雷之迒（亢）。"整理者注："迒，讀為'亢'。《廣雅·釋詁》：'亢，高也。'此句疑誤抄，下文言仲春'十七日五時，啟雷'。"

見紐畕聲

畕（畕）　淉伯鼎　毛伯簋 齊　陶錄 3530 楚　奚子宿車鼎　奚子

宿車鼎　上博一·詩論 9

【注】甲骨文作畕，從二田。金文同甲骨文，或增一橫畫于兩田之間，為了突出界限之義，《毛伯簋》增為三橫，遂為"畕"。故畕、畕一字，均為"疆"之古文。《說文》："畕，比田也。從二田。凡畕之屬皆從畕。"古同疆，是"疆"的最初寫灋。●讀疆，邊界、境界。《奚子宿車鼎》："子孫永寶萬年無畕（疆）。"《上博一·詩論 9》："《天保》其得祿蔑畕（疆）矣。""蔑疆"，相當於金文成語"無疆"。

 礓父己觶

【注】從石畕聲，疑"礓"之初文。●族氏名。《礓父己觶》："礓，父己。"

 天星

【注】從鼠畕聲。●義不詳。

 里耶 8・1221

【注】從木畕聲。●簡文"枯橿"，"橿"讀薑。

 （ ）陶彙 3・182 清華十一・五紀 117

【注】從糸畕聲。●讀張。《清華十一・五紀 117》："繩（張）改（施）大唇（振）。"整理者注："繩，讀為'張'。或疑為'繼'字，讀為'陳'。"●齊陶人名。

1253

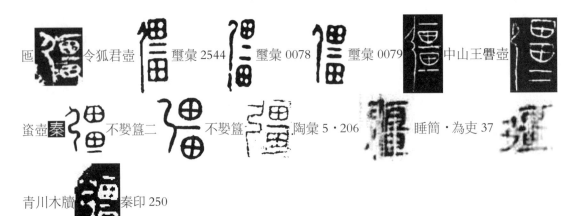

邑 令狐君壺 　璽彙 2544 　璽彙 0078 　璽彙 0079 　中山王𗬠壺

盗壺秦 　不娶簋二 　不娶簋 　陶彙 5 · 206 　睡簡 · 為吏 37 　

青川木牘 　秦印 250

【注】甲骨文作 ，從畕從弓。從弓者，其疆域之大小即以田獵之弓度之，會田界之意。畕兼聲。《説文》：“畕，界也。從畕；三，其界畫也。畺畕或從彊、土。”《説文》以“畕”為古文，段玉裁注：“今則疆行而畕廢矣。”又《説文》：“彊，弓有力也。”金文畕、彊、疆為一字異形。畕為田界初文，彊、疆為增旁字。本義是表示田界。●讀疆，田界、邊界。《九年衛鼎》：“氒（厥）逆（朔）彊（疆）眔厲田，氒（厥）東彊（疆）眔散田，氒（厥）南彊（疆）眔散田，眔政父田，氒（厥）西彊（疆）眔厲田。”秦文字《青川木牘》讀疆。●用為介詞，與……為疆、為界。《永盂》：“賜畁師永氒（厥）田滲（陰）易（陽）洛，彊眔師俗父田。”●讀疆，領域、國土。《大盂鼎》：“雩（粵）我其遹省先王受民受彊（疆）土。”《璽彙 0078》“石城彊司寇”、《璽彙 0079》“文相西彊司寇”。印文“石城”“文相”地名。“彊司寇”乃職官名，為各國專門設置的管理疆界事務的司寇。古時各國設有與疆界事務相關的機構，《周禮夏官序官》有“掌疆”之職，職責為掌守疆界之事。●極限、止境。《士父鐘》：“降余魯多福亡彊（疆）。”“亡彊”即無疆，沒有極限。《詩·豳風·七月》：“躋披公堂，稱彼兕觥，萬壽無疆。”《郭店·語叢三 48》：“思亡彊（疆），思亡其（期），思亡宙（邪）。”●秦簡讀強。《睡簡·為吏 37》：“剛能柔，仁能忍，彊（強）良不得。”●《集成 60》為“彊夕”合文，讀將夕，乃古人常用人名。以“將夕”為名，還見於“秋將夕”（《石鐘山房印舉》）、“陰將夕”（《秦漢鳥蟲篆印選》）、“張將夕”（《金石千秋——故宮博物院藏二十二家捐獻印章》）、“王將夕”（《鐵云藏印選》）等。●《璽彙 2544》“彊濯”，姓氏。

憑齊 　璽彙 0657 　璽彙 3598 　璽彙 3667 楚 　郭店 · 語叢二 34

【注】從心彊聲。●齊璽人名。●讀強。《郭店·語叢二 34》：“憑生於眚（性），立生於憑，剴（斷）生於立。”楚簡多作“㤻”。

勥齊 　璽彙 2204 分研一 237 楚 　郭店 · 五行 41

【注】從力彊省聲，“勥”之異文，《篇海類編》與“勥”同。“力”旁曲畫或濃縮作點畫。●讀強。《郭店·五行 41》：“勥（剛），義之方。矛（柔），惪（仁）之方也。”或讀剛，剛、強古韻

1254

同隸陽部。●齊𣕞人名。

橿 齊 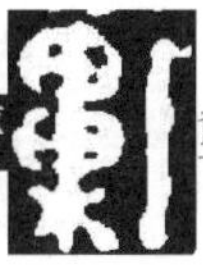璽彙 3755 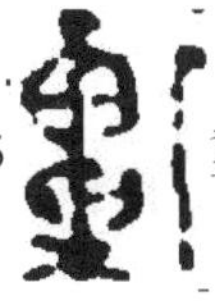璽彙 3479

【注】從木彊聲。或釋為倮，不確。●人名。

𨻸 楚 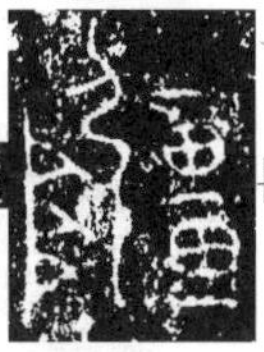冉鉦鋮 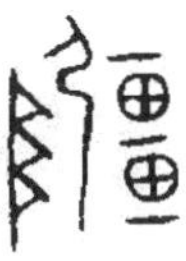冉鉦鋮 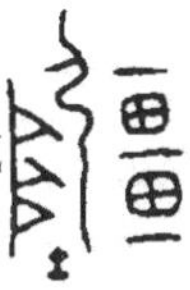冉鉦鋮

【注】從阝彊聲。●讀疆。《冉鉦鋮》："余處此南𨻸（疆）。"

疆 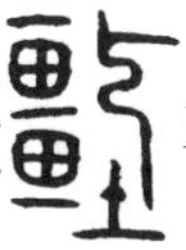王子啟疆尊 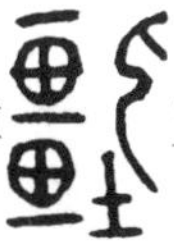王孫壽甗 楚 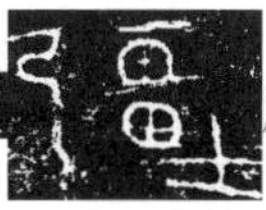庚兒鼎 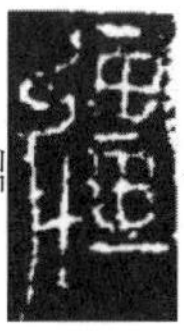、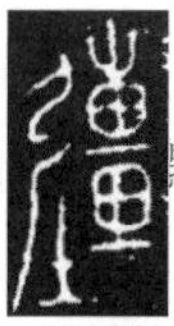𨜏鐘 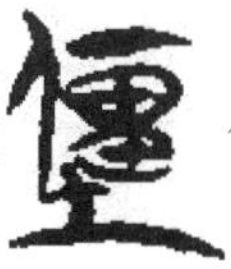包山 87 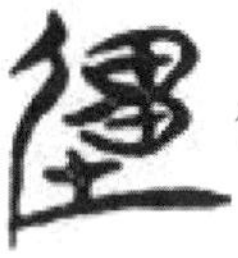包山 153 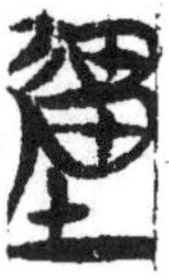上博四・曹沫 1 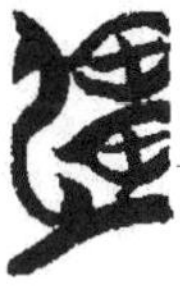上博四・柬旱 16 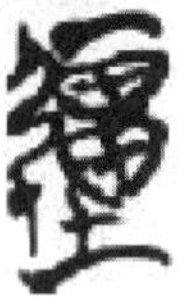清華一・程寤 9 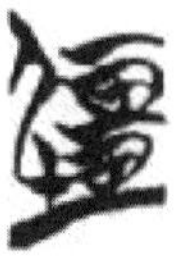清華一・楚居 15 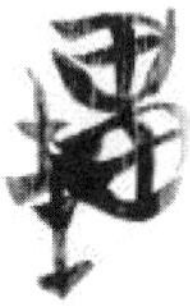清華九・治政 16 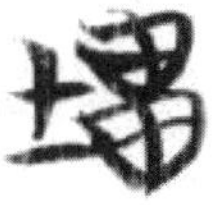清華九・治政 41 晉 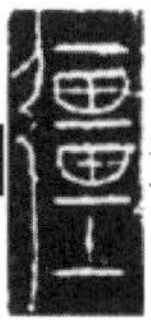𥁕壺

秦 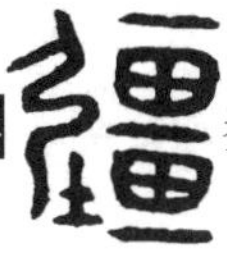秦公簋 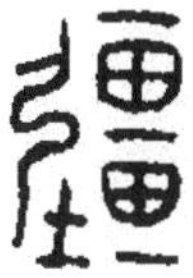秦景公石磬

【注】從土彊聲。楚簡或省弓。●古文字彊、疆一字，詳"彊"字。●讀强。《清華一・程寤 9》："人謀疆（强），不可目（以）𥳑（藏）。"

蘁 楚 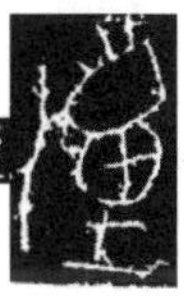、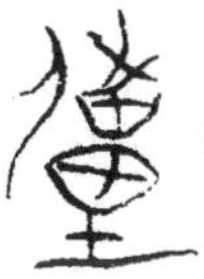鄬陵君鑒 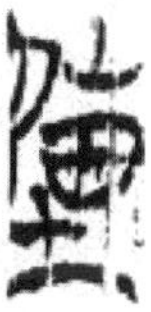上博七・凡乙 5 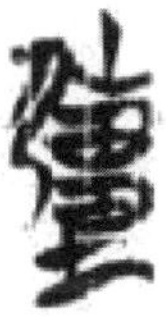清華三・芮良夫 22 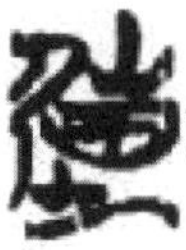清華一・耆夜 9 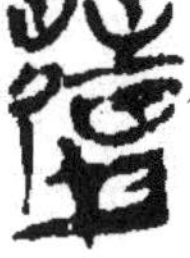包山 258 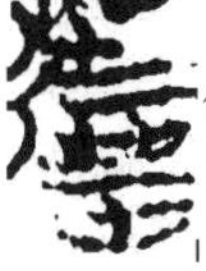包山 7 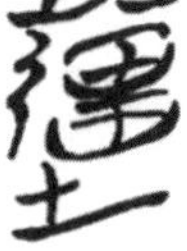九店 56・1

【注】從艸（省為屮）疆聲。《唐韻》"薑"本字。●讀疆。《鄬陵君鑒》："羕（永）甬（用）之官，攸無蘁（疆）。"清華簡亦讀疆。《清華一・耆夜 9》："萬壽亡（無）疆。"●讀薑。《包山 258》："蘁（薑）二箕。"

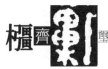

見紐京聲

陶彙 7 · 1

【注】甲骨文作![字形]、![字形]、![字形]、![字形]、![字形]、![字形]。徐中舒謂象累土為高丘在其上建築亭屋形。∩象高地。![字形]為上覆蓋之屋頂。其下之丨象屋中之立柱。郭沫若曰："在古素樸之世，非王者所居莫屬。王者所居高大，故京有大義，有高義。更引申之，則丘之高者曰京……後者以高丘為京之本義者，未免本末倒置。"(《兩周金文辭大系考釋》)金文同甲骨文。六國文字舊釋為"亳"的字，均應釋為京。(詳趙平安《"京""亭"考辨》)《説文》："![字形]，人所為絶高丘也。從高省，丨象高形。凡京之屬皆從京。"本義當為建築，為王者所居。引申為高丘、高岡(《説文》以之為本義)，如《詩經》："乃陟南岡，乃覲于京。"引申泛指高，如《爾雅》："絶高為之京。"又引申為大，如《左傳》："八世之後，莫之與京。"●周王宗廟名。《大令尊》："明公用牲于京宮。"●都城。《靜簋》："隹(唯)六月初吉，王才(在)莽京。"《清華八·攝命32》："隹(唯)九月既望壬申，王在蒿(鎬)京。"●地名。《𪉢羌鐘》："武侄寺力，𩛙敚(奪)楚京，賞于韓(韓)宗。"

●人名。《京叔盨》：“京弔（叔）乍（作）寶盨，其永寶用。”●京夷：周代東南方邊遠部族。《師酉簋》：“嗣（司）乃且（祖）啻（嫡）官邑人、虎臣，西門尸（夷）、

尸（夷）、秦尸（夷）、京尸（夷）。”●大也。《班簋》：“烏虖，不（丕）杯孔皇公受京宗懿釐。”京宗，即大宗，家族中嫡長男子繼承的世系。京，《爾雅·釋詁》訓“大也”。●京室：指成周的宗廟。《何尊》：“王亯（誥）宗小子于京室。”●讀諒，原諒。《上博五·三德7》：“憙（喜）樂無堇（限）庹（度），是胃（謂）大宄（荒），皇天弗京（諒）。”●讀諒，誠、信。《安大一84》：“母可（兮）天氏（只），不京（諒）人氏（只）！”《毛詩》作“不諒人只”。毛傳：“諒，信也。”《釋文》作“亮”。《太平御覽》引作“涼”。“諒”為正字，“亮”“涼”均為通假字。《郭店·語叢一33》：“豊（禮）生於拌（莊），樂生於京（諒）。”《禮記·樂記》：“禮樂不可斯須去身。致樂以治心，則易、直、子、諒之心油然生矣。易、直、子、諒之心生則樂，樂則安，安則久，久則天，天則神。”簡文“樂生於諒”，是《樂記》“易、直、子、諒之心生則樂”的另一種表述，它相對比較簡單。●讀景。《清華一·楚居2》：“穴酓（熊）遟（遲）遟（徙）於京（景）宗。”“京（景）”字從李家浩讀。（《談清華戰國竹簡〈楚居〉的“夷屯”及其他—兼談包山楚簡的“𥘉人”等》）●《上博九·靈王4》：“京（倞）為之蒬（怒）。”疑讀倞。“京”屬見母陽部，“倞”屬以母陽部，二字疊韻，聲母都屬喉牙音。●京有穀倉的意思。《管子·輕重丁》：“有新成囷京者二家。”尹知章注：“大困曰京。”《廣雅·釋宮》：“京，倉也。”王念孫疏證引《說文》：“圜謂之困，方謂之京。”穀倉正是齊陶文的主要用法。齊陶習見“……京豆”“……京區”“……京釜”，均表示穀倉。●晉陶中的京為地名。《國語·楚語上》：“昔鄭有京、櫟。”韋昭注：“京，莊公弟叔段之邑。”《左傳·隱公元年》：“請京，使居之。”杜預注：“京，鄭邑。今滎陽京縣。”“京”原為鄭邑，後歸韓。《璽彙3093》“京市”，此印即是京邑市府所用的印。

椋 秦　印增204

【注】從木京聲。●秦印人名。

倞 楚　清華八·心中1　晉　二十四年郫陰令戈

【注】從人京聲。●讀景，即讀影。《清華八·心中1》：“心所為娍（美）亞（惡），復何若倞。”

悢 楚　清華八·邦道10　清華八·邦道10　清華九·治政22

【注】從心京聲。●讀諒。《清華八·邦道10》：“母（毋）面悢，母（毋）复（作）爲（偽）則身（信）長。”整理者注：“悢，從心，京聲，讀諒。《禮記·樂記》‘則易直子諒之心油然生矣’，孔疏：‘諒，謂誠信。’面諒，指當面信誓旦旦。《書·益稷》‘汝無面從，退有後言’，與此相類。”

駫 散氏盤

【注】從馬京聲。●人名。

輬秦  里耶 8・175　 印增 537

【注】從車京聲。●《里耶 8・175》："今曰上見輼輬軺乘車及……。"《校釋》："輼輬，車名，或以為兩種車。……軺車，輕便車。……乘車，一種輕便車。"以上三種車均屬安車類。●秦印"忌輬"，應為人名。

婛 齊婛爵

【注】從女京聲。●古女子人名用字。《齊婛尊》："齊婛。"

欿楚  清華五・厚父 10　清華一・皇門 3

【注】從欠京聲。●讀諒。《清華一・皇門 3》："句克又欿。"《説文》："諒，信也。"《詩・柏舟》"母也天只，不諒人只"，毛傳："諒，信也。"此句今本作"苟克有常"。《清華五・厚父 10》："民其亡欿（諒）。"

猄  五祀衛鼎　裘衛盉　公豐父乙簋 秦 印增 343

【注】從先（反欠）京聲。《説文》："猄，事有不善言猄也。《爾雅》：'猄，薄也。'從旡京聲。"《注》徐鉉曰：今俗隸書作亮。●讀亮，氏名，見《漢書・古今人表》。《九年衛鼎》："衛曰（以）邦君厲告于井（邢）白（伯）、白（伯）邑父、定白（伯）、猄白（伯）、白（伯）俗父。"秦印"猄交"，亦為姓氏。

黥秦 睡簡・答問 35　 睡簡・答問 30　 嶽麓三 94

【注】從黑京聲。●刑罰，在面額上針刺然後涂墨。《睡簡・答問 35》："黥甲為城旦。"

諒楚  清華七・越公 37 秦 睡簡・封診 1　 睡簡・封診 10

【注】從言京聲。●讀掠。《清華七・越公 37》："諫（揚）綸（逾）諒人則劓（刑）也。"《睡簡・封診 10》："毋治（笞）諒（掠）而得人請（情）為上；治（笞）諒（掠）為下。"

景秦 、秦印 127

【注】從日京聲。●秦印"景除"，姓氏。秦文字用"景"表示景氏之景。楚文字用"競"表示景公、景氏之景。

亮[晉] 亮矛　璽彙1692　璽彙1693　圖典321　圖典438

【注】從儿京省聲。戰國文字儿與京或借用部分筆劃。●晉璽"亮亡塊""亮襄"等，為姓氏。或用為人名。

境[晉] 璽彙1696　璽彙1694

【注】從土亮聲，疑"亮"之繁文。●讀亮，姓氏。

郒[晉] 璽彙1697　璽彙1698

【注】從邑亮聲。●晉璽"郒遊""郒帕"，讀亮，姓氏。

憑[齊] 匯考308

【注】從心亮聲。●人名。

見紐庚聲

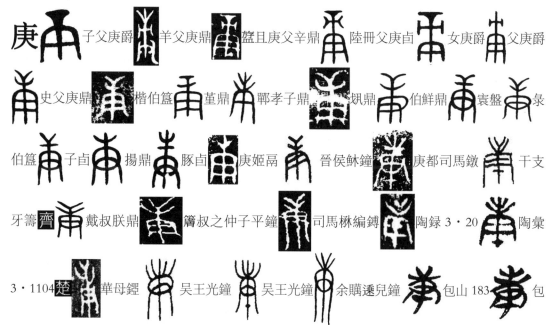

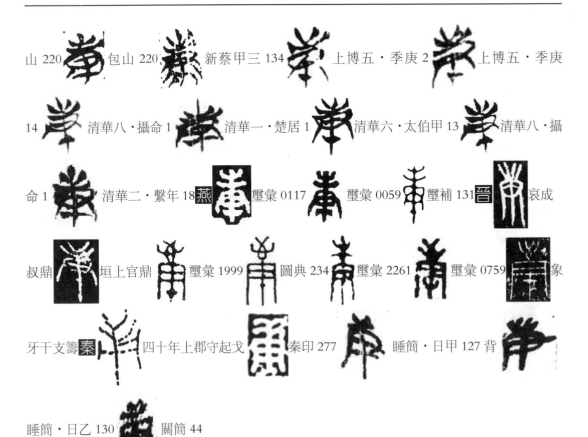

山 220 包山 220 新蔡甲三 134 上博五·季庚 2 上博五·季庚

14 清華八·攝命 1 清華一·楚居 1 清華六·太伯甲 13 清華八·攝

命 1 清華二·繫年 18 燕 璽彙 0117 璽彙 0059 璽補 131 晉 哀成

叔鼎 垣上官鼎 璽彙 1999 圖典 234 璽彙 2261 璽彙 0759 象

牙干支籌 秦 四十年上郡守起戈 秦印 277 睡簡·日甲 127 背

睡簡·日乙 130 關簡 44

【注】甲骨文作 $\text{\ensuremath{\times}}$、$\text{\ensuremath{\ominus}}$、$\text{\ensuremath{\ominus}}$、$\text{\ensuremath{\ominus}}$、$\text{\ensuremath{\ominus}}$、$\text{\ensuremath{\ominus}}$、$\text{\ensuremath{\ominus}}$、$\text{\ensuremath{\ominus}}$、$\text{\ensuremath{\ominus}}$、$\text{\ensuremath{\ominus}}$、$\text{\ensuremath{\ominus}}$、$\text{\ensuremath{\ominus}}$、$\text{\ensuremath{\ominus}}$、$\text{\ensuremath{\ominus}}$ 等形。郭沫若謂有耳可搖的樂器，即"鉦"之象形。徐中舒曰："當是有耳可搖之樂器。按郭説可從。惟郭又謂以聲類求之，庚當是鉦之初字。然于文獻記載及實物征驗之，鉦皆無耳，且以槌擊之，故庚、鉦非一物。"（《甲骨文字典》1556 頁）《庚姬鬲》所作，與"南"易混。●天干第七位，用以紀日。《師奎父鼎》："隹（惟）六月既生霸庚寅。"●氏。《路史》載庚氏為小邾子之後。《庚姬尊》《庚姬卣》："帝司（后）賞庚姬貝卅朋。"《璽補 131》"庚牧佶"，亦為姓氏。●先公先王先妣的廟號。《師虎簋》："用乍（作）朕（朕）剌（烈）考曰庚嗌簋。"●讀唐，地名。《庚都司馬鐓》："庚都司馬。"又見于燕"庚都右司馬"（璽彙 0059）、"庚都萃車馬"（璽彙 0293）等諸璽和"庚都王節瑞"等陶文。唐地見于《漢書·地理志》中山國，諸家考釋皆在今河北唐縣，戰國時處于齊、燕交界。●讀唐，國名。《中觶》："王大省公族于庚。""庚"字，李學勤先生釋為唐，為屬楚小國。（《盤龍城與商朝的南土》）《集解》引徐廣曰："庚，一作唐。"●讀康。《清華八·攝命 1》："余弗造民庚（康），余亦叀窬亡可事（使）。"●讀湯。《清華六·太伯甲 13》："吾若聝（聞）夫殷邦：庚（湯）為語而受亦為語。"

 楚 安大一 115

【注】從橐（因上文"虌"類化）庚聲。●讀行。上古音"庚"屬見紐陽部，"行"屬匣紐陽部，音近可通。《安大一 115》："肅=虌（鴇）虌（行），集於橐（苞）桑。"

圖典 332

【注】從水庚聲，"湯"之異文。●"鄦康"，人名。

清華一‧祭公 18

【注】從心庚聲。●《清華一‧祭公 18》："女（汝）母（毋）緄劈愳=。""緄劈愳="義難索解。

魚顛匕

【注】從欠庚聲。●讀羹。《魚顛匕》："帛命入歒。"于省吾曰："歒即庚，通羹。《爾雅‧釋草》：'覆，盜庚。'釋文：'庚本又作羹同'"（《雙劍誃吉金文選》上三 30 頁）銘意為，薄命地墮入羹湯。

梁上官鼎　　十三年上官鼎　　廿七年大梁司寇鼎　　上樂鼎　　梁鼎

【注】從肉庚聲。葉玉英認為《梁鼎》所從"庚"字上部乃變形音化從凶聲，其演變軌迹為 →。古音"庚"在見紐陽部，"凶"在曉紐東部……晉系語音中東陽二韻可通。（《古文字構形與上古音研究》366 頁）《少府銀圜器》省為從凶從肉，讀容，詳"肒"字。●晉器讀容，容量。《梁上官鼎》："梁上官，膚（容）參分。"

陶彙 3‧931　　璽彙 0262　　陶彙 3‧1175　　蔡侯申鐘

上博三‧恒先 7　　上博三‧從甲 16　　戰表 858

【注】從貝庚聲。《說文》無。本義連續，繼續。《書‧益稷》乃賡載歌。●《蔡侯申鐘》："嚴天之命入城不賡☒春念☒吉日。"銘殘義不詳。●續也。《上博三‧恒先 7》："甬㠯（以）不可賡也。"《爾雅‧釋詁》"賡、揚，續也"；《書‧益稷》"乃賡載歌"，孔安國傳："賡，續也"。●齊璽人名。

璽彙 0293　　分研一 499

【注】從日庚聲。●"暊都萃車馬"，讀唐，地名。詳"庚"字。

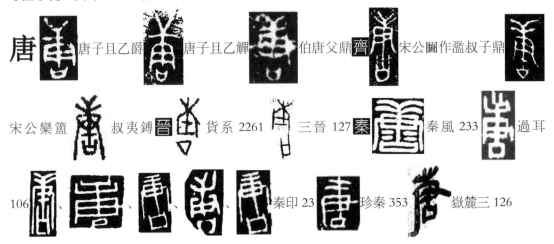

唐 唐子且乙爵　唐子且乙觶　伯唐父鼎 齊 宋公𣄨作濫叔子鼎

宋公欒簠　叔夷鎛 晉 貨系 2261　三晉 127 秦 秦風 233 過耳

106　、　、　、　秦印 23 珍秦 353 嶽麓三 126

【注】甲骨文作𠙵、𠙾、𠚖、𠚍、𠚏、𠚎，從口（説話），從庚（鐘鈴類樂器），表示説話象鐘鈴一樣響大，會説大話之意；庚亦聲。《説文》："唐，大言也。從口庚聲。𣄨古文唐從口、易。"本義為大言。●商朝開國之君，或稱成唐、成湯、天乙、湯、武湯。夏桀暴虐無道，他一舉滅夏，建立商朝。《叔尸鐘》："尸典其先舊及其高祖，虩虩成唐（湯），又敢才（在）帝所。"唐、湯古音同部，互為假借。金文或假"𣄨"為"唐"。●人名。《伯唐父鼎》："白（伯）唐父告備。"●國名。唐國的歷史很久遠，武丁時期的賓組卜辭中就有唐國的活動，出土青銅器有《唐子祖乙爵》等。唐國的歷史可以分為兩段，周公滅唐前唐國在山西，即今天的山西洪洞坊堆永凝堡一帶。西周早期，《史記·晉世家》："武王崩，成王立，唐有亂，周公滅唐。"滅唐之後成王把自己的弟弟虞封在了唐這個地方，稱為唐叔虞。到其子燮父時由唐遷于曲沃（今山西聞喜）、絳（即翼，今山西翼城）、新田（今山西侯馬）等地才稱為晉侯。西周成康王年間，黃河流域的大批諸侯國南遷于江漢流域，唐國的後裔被遷往湖北與河南兩省交界處（其地在今隨州市西唐縣鎮一帶），仍名唐國，為江漢之間的"漢陽諸姬"之一，是周王室的宗支，為姬姓。春秋之世，唐是一個屬楚小國。春秋晚期吳師入郢之役爆發，唐侯叛楚，在秦楚聯兵大敗吳師，收復失地後，唐國即被楚國所滅。楚滅唐後，子孫亦以唐為氏。器銘"唐"或作"錫"（唐子仲顨兒盤）、"庚"（中觶）。●秦印均為姓氏。唐氏、唐地齊文字用"錫"，秦用"唐"，三晉用"𣄨"，楚用"場"。

唐 齊 陶彙 3·804

【注】從广唐聲。●齊陶人名。

康 此鼎　此鼎　此簋　𣄨公盨　克鐘　輔師嫠簋　師㝨父

鼎　麓伯簋　臣諫簋　沫司徒疑簋　𡩬鼎　女康丁簋 齊 齊陳曼簠

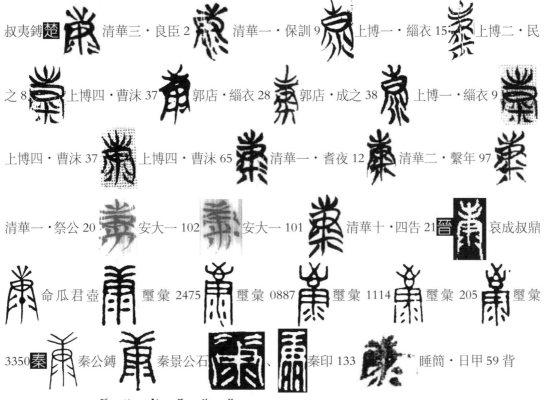

叔夷鎛 清華三·良臣2 清華一·保訓9 上博一·緇衣15 上博二·民

之8 上博四·曹沫37 郭店·緇衣28 郭店·成之38 上博一·緇衣9

上博四·曹沫37 上博四·曹沫65 清華一·耆夜12 清華二·繫年97

清華一·祭公20 安大一102 安大一101 清華十·四告21 哀成叔鼎

命瓜君壺 璽彙2475 璽彙0887 璽彙1114 璽彙205 璽彙

3350 秦公鎛 秦景公石 、 秦印133 睡簡·日甲59背

【注】甲骨文作兩、兩、兩、兩、兩、兩，從庚（一種樂器），下邊四點象搖鈴發出的樂聲，表示正在演奏樂鈴。字當以安樂為本義。《説文》以之為"穅"字別體，《説文》："穅，穀皮也。從禾從米，庚聲。康，穅或省。"容庚曰："此字經典常見義為吉康，穅字從之。説文奪佚汗簡入庚部，或以此附穅字下，非也。"（《金文編》971頁）●安樂、安寧。《齊陳曼簠》："齊陸（陳）曼不敢逸康。"《上博二·民之8》："城（成）王不敢康，迺（夙）夜晉（基）命又（宥）𧶽（密）。"此詩句見於《詩經·周頌·昊天有成命》"昊天有成命，二後受之。成王不敢康，夙夜基命宥密"。●康宫：郭沫若認為康宫與京宫等一樣，均為宗廟名。《揚簋》："王才（在）周康宫。"《君夫簋》："王才（在）康宫大室。"唐蘭謂"康宫是康王之宫。"（《西周銅器斷代中的康宫問題》）陳邦懷從之。●康侯：名封，周武王同母弟。周公旦興師擊平武庚叛亂後，殺武庚祿父、管叔，放蔡叔，以武庚餘部殷民封康叔為衛君，居河、淇間的殷墟舊地。建都沫（今河南淇縣）。《沫司徒疑簋》："王來伐商邑，延令康侯啚（鄙）于衛。"●康昭宫、康穆宫：在周王宗廟康宫内按昭穆次序排列先公先祖。《頌鼎》："王才（在）周康邵（昭）宫。"康昭宫即以昭為序排列的宗廟，為康宫的一部分。《克盨》："王才（在）周康穆宫。"康穆宫即以穆為序排列的宫室，為康宫的一部分。●康佑：即大佑，指受上天保佑。《士父鐘》："佳（唯）康右（佑）屯（純）魯，用廣啟士父身，勮于永令。"●讀湯，人名。《上博四·曹沫65》："亦唯聞夫禹、康（湯）、桀、紂矣。"●讀荒，災荒。《上博五·三德7》："凡飲（食）猷無量詌（計），是胃滔皇，上帝弗京（諒），必復之目康（荒）。"

克鼎 鈇簋

【注】從宀康聲，與小篆同。《説文》："宀，屋康宨也。""康宨"，空兒。《玉篇》虛也，空也。

●讀康，安逸。《猷簋》："余亡康晝夜，巠（經）雝先王。"●讀康，大也。《晉公盆》："烏（于）邵萬年，晉邦佳翰，永康寶。"●地名。《克鼎》："易（賜）女（汝）田于康。易（賜）女（汝）田于匽。"

 佣鼎

【注】從水從皿康聲。●讀湯。《佣鼎》："楚弔（叔）之孫佣之盪（湯）鼎。"

見紐羹聲

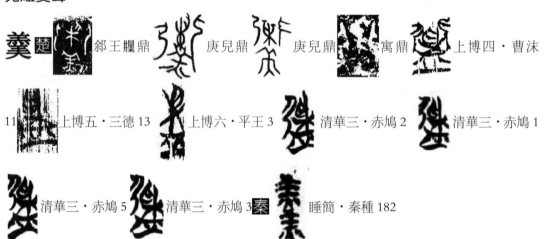

【注】從采（菜）從弼（鬲之異構），鼎弼中烹煮"菜"而會"菜羹"或"以菜配羹"之意。《三德》和《平王與王子木》的"盂"字顯然是從《曹沫之陣》的"盪"省變而來的。因此，所謂從皿實際是弼省形。對此字的釋讀，過去多有不同見解（有"鬻""脈""羹""煮""鬻"和"菜"等說）。陳劍主張釋"羹"，指出：從文字異形和用字習慣的角度來說，"羹"字目前所見最早見于秦漢簡帛文字，它應系承襲自西土秦系文字的寫灋。而作"鬻"等形的"羹"字見于春秋徐國金文和戰國楚簡，應系屬于六國古文的特殊寫灋，故不見于秦漢及後世文字。它們可以看作不同地域分頭使用的從不同角度來表意的異體字。（詳《釋上博竹書和春秋金文的"羹"字異體》）上述諸形，統一隸定為羹。●讀羹。在簡文和銘文中或用為名詞。《寓鼎》："易（錫）乍（作）冊寓☑鬻。"《上博四·曹沫11》："居不褻文，食不貳鬻（羹）。"或用為動詞，意為"作羹"。《庚兒鼎》："用徵用行，用龢用鬻，霝（眉）壽無疆。"《郤王糧鼎》："郤（徐）王糧用其良金，鑄其饍（饎）鼎，用鬻魚臘。"秦簡亦用為本義。《睡簡·秦種182》："有采（菜）羹，鹽廿二分升二。"

見紐光聲

 癀

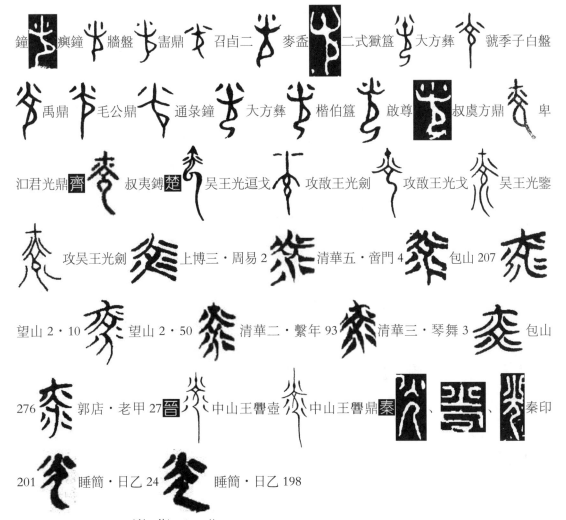

鐘　瘭鐘　牆盤　寓鼎　召卣二　麥盉　二式獄簋　大方彝　虢季子白盤

禹鼎　毛公鼎　通彔鐘　大方彝　楷伯簋　啟尊　叔虞方鼎　卑

汈君光鼎　齊　叔夷鎛　楚　吳王光逗戈　攻敔王光劍　攻敔王光戈　吳王光鑒

攻吳王光劍　上博三·周易2　清華五·帝門4　包山207　

望山2·10　望山2·50　清華二·繫年93　清華三·琴舞3　包山

276　郭店·老甲27　晉　中山王𧊒壺　中山王𧊒鼎　秦　、　、　秦印

201　睡簡·日乙24　睡簡·日乙198

【注】甲骨文作𤇍、𤇍、𤇍、𤇍、𤇍，從火從卩（卩或作女，皆為人形），跽坐之人，頭上有火，會明亮之意。金文同。卩兩旁或加八為飾，飾筆或繁化作八（此為《說文》古文所本）。《說文》："𤇍，明也。從火在人上，光明意也。𤇍古文。𤇍古文。"本義為光明，如《易經》："大畜剛健，篤實輝光。"●用為名詞，光彩、榮光。《中山王𧊒鼎》："惲惲恭恭，忘（恐）隕社禝（稷）之光。"●用為形容詞，顯赫的、恩寵的。《楷伯簋》："乍（作）朕（朕）文考光父乙，十枇（世）不諲（忘）。"《小子啟尊》："子光商（賞）小子啟貝。"光商，恩寵的賜予。《廣雅·釋言》："光，寵也。"●用為動詞，增光。《大令尊》："用乍（作）父丁寶障彝，敢追明公賞于父丁，用光父丁。"●吳王光：即吳王闔閭，名光。《吳王光鑒》："吳王光擇其吉金。"●光明。《上博三·周易2》："又（有）孚，光卿（亨），貞吉，利涉大川。"

誒　楚　　鄹鎛

【注】從言光聲。●讀煌，形容鐘聲洪亮。《鄹鎛》："龢（和）平均（韻）誒，需色若華，妣（比）者（諸）礵（馨）碑（聲）。"

銑^楚 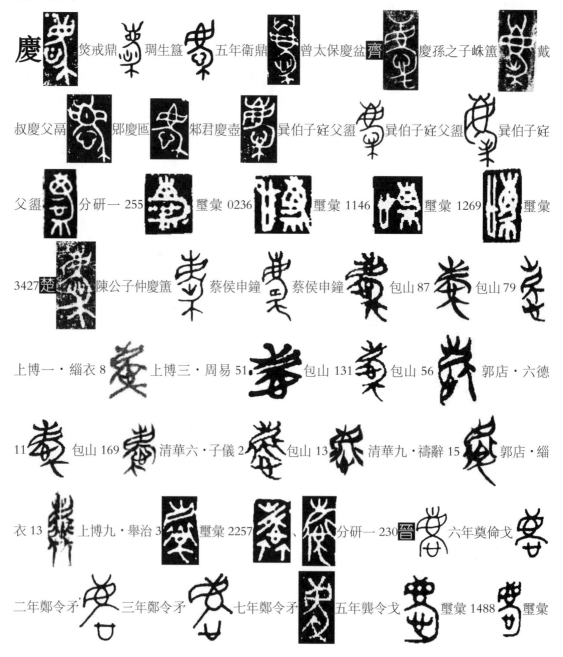 吳王光鑒

【注】從金光聲。《說文》無。陳夢家曰:"銑即今字之礦。"(《壽縣蔡侯墓銅器》)●讀礦,礦石。《吳王光監》:"吳王光罨(擇)其吉金,玄銑白銑,台(以)乍(作)弔(叔)姬寺吁宗彝(彝)薦鑒。"玄銑,黑紅色的金屬礦,即紅銅礦。白銑,白色金屬礦,即錫礦。

溪紐慶聲

慶 炎戒鼎 珋生簋 五年衛鼎 曾太保慶盆 齊 慶孫之子峽簋 戴

叔慶父鬲 郳慶匜 邾君慶壺 異伯子庭父盨 異伯子庭父盨 異伯子庭

父盨 分研一 255 璽彙 0236 璽彙 1146 璽彙 1269 璽彙

3427^楚 陳公子仲慶簋 蔡侯申鐘 蔡侯申鐘 包山 87 包山 79

上博一·緇衣 8 上博三·周易 51 包山 131 包山 56 郭店·六德

11 包山 169 清華六·子儀 2 包山 13 清華九·禱辭 15 郭店·緇

衣 13 上博九·舉治 3 璽彙 2257 分研一 230^晉 六年奠倫戈

二年鄭令矛 三年鄭令矛 七年鄭令矛 五年龔令戈 璽彙 1488 璽彙

3071 　璽彙 1685　 璽彙 1489　秦　 上郡守慶戈 　卅七年上郡守慶戈 　陶

彙 5·154 　睡簡·日乙 60 　珍秦 165 、 　、 　、 　、 　、

、 　、 秦印 211 、 秦印 302

【注】甲骨文作 ，從廌從心，會廌心正善良之意；廌兼聲。金文或同甲骨文。戰國文字或省心（省心則為廌字，春秋戰國出土文字資料，以"廌"為名的人不少，如侯馬盟書有 （侯馬 2），《璽彙》2743 有"亩 "，《集成》11328 王二年鄭令戈銘有"貉 "。這些人名過去釋"廌"自然不誤，但用作人名有讀"慶"的可能。）或省尾部 ，楚系文字或作 、 ，廌頭與鹿頭不別，廌尾多作虫形。《清華九·禱辭 15》"廌"訛作"鹿"，是為小篆所本。《璽彙 1685》"心"訛為"口"。《說文》："慶，行賀人也。從心從夊。古禮以鹿皮為贄，故從鹿省。"許慎所釋為引申義。●喜事、吉事。《珊生簋》："璽（召）白（伯）虎告曰：余告慶。"《易·履》："大有慶也。"有慶，金文習語，指現今發生的值得慶倖的事。《秦公簋》："高弘又（有）慶（慶）。"●慶叔：人名。《慶叔匜》："慶弔（叔）㲀（作）㲀（朕）子孟姜盟鎣（匜）。"《六年奠倫戈》："左庫工帀（師）百慶。"百慶：人名，為韓國鄭縣左庫冶鑄作坊的工師。古璽多用為人名。●慶祝、祝賀。《清華六·子儀 2》："慶而賞之。"

儍〔晉〕  璽彙 0980

【注】從彳慶聲。●人名。

瘝〔晉〕  璽彙 1971　 璽彙 3218

【注】從广慶聲。●晉璽人名。

饢  衛始豆

【注】從食慶聲。●人名。《衛始豆》："衛始（姒）乍（作）饢 殷。"

溪紐詰聲

詰 楚 曾子伯詰鼎

【注】從二言，會爭論多言之意。《説文》：“詰，競言也。從二言。凡詰之屬皆從詰。讀若競。”
●人名。《曾子伯詰鼎》：“曾子伯詰鑄行器。”

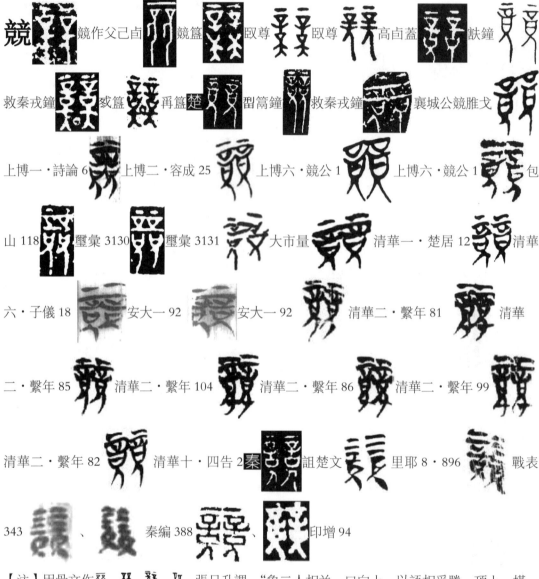

競 競作父己卣、競簋、跂尊、跂尊、高卣蓋、猷鐘、

救秦戎鐘、跂簋、再簋 楚、蹈篙鐘、救秦戎鐘、襄城公競雎戈

上博一·詩論 6、上博二·容成 25、上博六·競公 1、上博六·競公 1、包

山 118、璽彙 3130、璽彙 3131、大市量、清華一·楚居 12、清華

六·子儀 18、安大一 92、安大一 92、清華二·繫年 81、清華

二·繫年 85、清華二·繫年 104、清華二·繫年 86、清華二·繫年 99、

清華二·繫年 82、清華十·四告 2、詛楚文、里耶 8·896、戰表

343、　、秦編 388、　、印增 94

【注】甲骨文作𦥑、𦥑、𦥑、𦥑。張日升謂：“象二人相並，口向上，以語相爭勝，頂上一橫，
示齊而後競之意。”（《金文詁林》第三冊）徐中舒謂象二人競走之形，其上加 ▽，為頭飾。（《甲
骨文字典》227 頁）▽之為頭飾，亦見於童、妾、僕諸字。于省吾云：“古文字于人物之頂上每
加 ▽、▽、▽等形，即辛字⋯⋯在人則為頭飾，在物則為冠角類象形。”（《甲骨文字釋林》）金
文同甲骨文，或聲化從詰，並為小篆所本。《再簋》《跂簋》所作，吳振武謂從“詰”從二“大”
夾一●。二“大”夾一●者，象二人爭球形；“詰”亦兼有聲符的作用。●可視為迭加之形符，《金

文編》將 誤摹“口”旁。《説文》：“競，強語也。一曰逐也。從誩，從二人。”段注：“競、強疊韻，強語謂相爭。”本義是相爭、爭勝。● 並列、相比、爭競。《班簋》：“文王孫亡弗褱（懷）井（型），亡克競氒（厥）刺（烈）。”文王之孫無不懷先人之德以為型儀，没有誰能和他競比功業。《猷鐘》：“膚（朕）猷又（有）成亡競。”亡競，即無與比並，無與爭競之意，文獻作“無競”“不競”。《詩·大雅·抑》：“無競維人。”《桑柔》：“秉心無競。”《上博一·詩論6》“無競唯人”，“無競”一語是用來歌頌先王功烈的頌美之詞。與“無斁”一樣亦為當時習語。● 強健、強盛。《致簋》：“膚（朕）文母競敏劂行。”唐蘭曰：競敏為強干敏捷。《再簋》：“朕文考其巠（經）遣姬、遣白（伯）之德言，其競余一子。”銘意為，我的亡父能遵行遣姬、遣伯夫婦之德言，強盛我這一個兒子。● 讀境，疆也。《荆曆鐘》：“晉人救戎于楚競（境）。”《詛楚文》：“以偪（逼）峿（吾）邊競（境）。”● 讀景。《秦王鐘》：“秦王卑命（令）競（景）坪（平）王之定救秦戎。”“競”是群母陽部字，“景”是見母陽部字，二者不但讀音相近，意義也相通，都有強、盛、大等義。“競坪王”讀景平王，即楚平王，“競坪”是楚平王的雙字謚灋，楚三大族“屈”“昭”“景”之“景”氏即取楚景平王謚灋的前一字為族稱。“景平王之定”也應是個人名，“景平王”是指“定”的氏族，這個人是楚景平王的後代。類似的稱號還有《楚滕公量》工佐名“競之上”，與“龔之脽”“臧之無咎”等人名構成方式相同，即諸侯以字為謚因以為族，“之”字前的成分是族氏，助詞“之”常可以省略。● 讀彊。《安大一92》：“鶉之奔=，鵲之競=。”今本“競競”作“彊彊”。整理者引《説文》：“競，彊語也。”又引《爾雅》：“競，彊也。”又引《廣雅》：“競競，武也。”按：競、彊一聲之轉。《説文》《爾雅》是聲訓。《詩·長發》：“不競不絿。”馬王堆帛書《五行》引“競”作“勥”，並解釋説“勥者，強也”；郭店簡《五行》引“競”作“雺”。“競”亦作“兢”，《説文》：“兢，競也。”《書·大誥》：“洪惟我幼沖人嗣無疆大歷服。”楊樹達曰：“‘無疆服’即《臣卣》之‘無兢在服’也（古兢、疆音同）。”（楊樹達《釋“服”》）“競競”訓武、彊，則“奔奔”自當據《韓詩》讀作“賁賁”，義取鄭氏所注“爭鬥惡貌”。

【注】疑“競”之省文。● 秦印“竞印”，人名。

【注】從言競省聲，“競”之異文。● “諐忻厶璽”，讀景，姓氏。景、屈、昭為楚三大姓氏。

【注】從心競聲。● “某（梅）戁（憬）”，人名。楚簡“競”讀景，因此“戁”可讀憬。

、 印增 337 類編 295

【注】本為字異文，周秦文字或將競字上部二辛訛為二丰，遂為小篆所本。競、竞、竟、競（兢）古本一字之分化。《說文》："，競也。從二兄。二兄，競意。從丰聲。讀若矜。一曰兢，敬也。"本義小心謹慎的樣子。《集韻》兢古作競。●地名。《龢比盨》："其邑兢、楸、甲三邑，州、瀘二邑。"●秦文字均為人名。《七年相邦呂不韋戟》："七年，相邦呂不韋造，寺工周，丞義，工兢。"

溪紐弜聲

溫縣

【注】甲骨文作、、、，從弓，口為分化符號，弓亦聲，疑為"強"之初文。戰國文字習見"弜"及從弜之字；"弜"多加為飾，則與"冶"相混。●人名。《盟弜卣》："盟（盟）弜乍（作）寶隫彝。"侯馬盟書中或作"彊""弨""梗""弜"，皆為人名，一字異形。●戰國文字多讀強。《上博五·姑成4》："虗（吾）弜（強）立絅（冶）眾。"●《上博六·慎子2》："恭雀（儉）目（以）立身，劈（堅）弜（強）目（以）立志。"陳偉讀強。此字與"冶"字混淆；"冶"從刀、"弜"則從弓。

晉 、 侯馬

【注】從丰弜聲，疑搖之省文。●人名。

惡 楚 包山 278 清華七・子犯 5 晉 侯馬

【注】從心弜聲，疑"弜"之繁文。●讀強。《清華七・子犯 5》："虐（吾）宝（主）弱寺（時）而惡（強）志。"●餘例為人名，讀強。

楗 晉 侯馬

【注】從木弜聲，疑"樋"之省文。●讀強，人名。

堅 晉 侯馬

【注】從土弜聲。或增從止，一字異文。●讀強，人名。

強 秦 睡簡・秦種 31 秦印 256 類編 36

【注】從虫弜聲。《説文》："強，蚚也。从虫弘聲。"●《睡簡・雜抄 8》："輕車、趏張、引強、中卒所載傅〈傳〉到軍。"引強，兵種名，開弓射箭。●強行。《睡簡・答問 75》："臣強與主奸。"秦文字假"強"表示強弱、強力之強。六國文字用"弜""弱""惡"等表示。

騘 秦  分域 2866

【注】疑從馬強省聲。●秦印"李騘"人名。

橵 秦 印增 583

【注】從木強省聲。●秦印單字。

樋 秦 印增 583

【注】從木強聲。●人名。

鄒 齊 璽彙 2184 璽彙 2185 璽彙 2187 楚 清華三・説命中 3

【注】從邑弜聲。●讀強。《清華三・説命中 3》："古我先王滅顕（夏）、燮鄒（強）、戈（翦）

菅（蠢）邦，惟庶相之力乘（勝）。"●齊璽"邿雫""邿賜信鉢""邿逐"讀强，姓氏。

郭店·老甲22　郭店·老甲35　郭店·太一9　郭店·五行41

郭店·尊德22　上博八·李頌2　上博六·競公12　溫縣　璽彙

0525　璽彙0526　璽彙0969　璽彙1045　璽彙2671　觀妙堂藏歷代璽印選

【注】從力弜聲。●讀强，勉强。《郭店·老甲22》："未智（知）其名，牂（字）之曰道，吾弜（强）為之名曰大。"●讀强。《觀妙堂藏歷代璽印選》"弜弩嗇夫"，"弜弩"讀"强弩"，官名。此印當是主管射弩的嗇夫用印。●晉文字多為人名，可讀强。

疑紐印聲

上博五·三德15　清華六·子產15　上博九·卜書1　上博九·卜書2　清華十一·五紀31　清華十一·五紀86　上博四·柬旱14　上博六·孔子26　璽彙2062　秦印159　秦印"印章飤廚"初讀　詛楚文

【注】從卩從曲，會彎曲上仰之意，"仰"之初文。楚簡或作，與"色"混同。●秦印、晉璽人名。"印"為人名，秦印中亦多見。漢印作、、、（漢印731），亦為人名。●楚文字多讀仰。《清華六·子產15》："用身之道，不以冥=（冥冥）印福。"《廣雅·釋詁一》："昂，舉也。"此言不做暗昧之事以提高自己的福祉。《上博六·孔子》17："佳聚印天而嘆曰。""仰天"，仰望天空。多用為人抒發抑鬱或激動心情時的狀態。《左傳·襄公二十五年》："晏子仰天歎曰：'嬰所不唯忠於君、利社稷者是與，有如上帝！'"●讀仰。《詛楚文》："親印（仰）大沈厥湫而質焉。"謂秦穆王與楚成王結盟，"大沈厥湫"可能指在湫淵舉行隆重的沈祭，"質"當指沈祭以為盟信。●《秦印"印章飤廚"初讀》收錄一方秦印"印章飤廚"，周曉陸認為"印章"為秦宮名稱，即見于秦封泥的"高章"，"飤廚"即飤官與廚官。吳振烽認為"飤廚"為官署名，即飤

官（食官）屬下的廚官的簡稱。●讀迎。《清華十一·五紀86》："母（毋）印（迎）皇（枉），母（毋）衛（道）方（妨）。"整理者注："印，讀為'迎'，奉也。皇，讀為'枉'，邪曲也。《禮記·少儀》：'毋瀆神，毋循枉。'"

迎 燕 陶録4·174 秦 秦風203 印增63

【注】從辵印聲。●秦漢印文字習見，均為人名。

端紐章聲

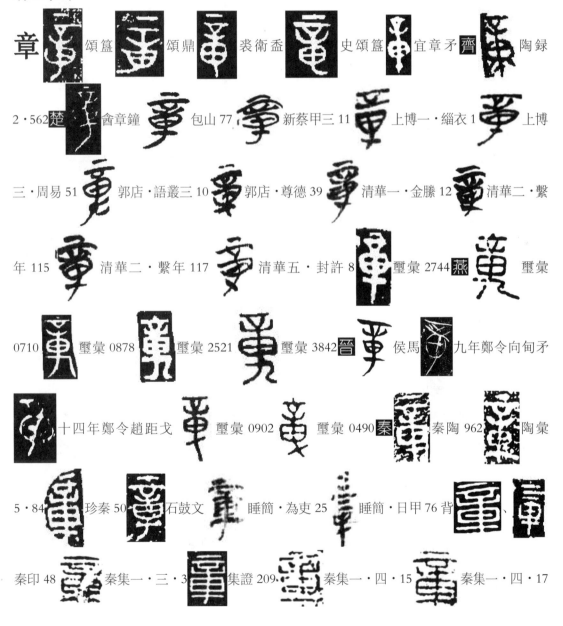

章 頌簋 頌鼎 裘衛盉 史頌簋 宜章矛 齊 陶録

2·562 楚 酓章鐘 包山77 新蔡甲三11 上博一·緇衣1 上博

三·周易51 郭店·語叢三10 郭店·尊德39 清華一·金縢12 清華二·繫

年115 清華二·繫年117 清華五·封許8 璽彙2744 燕 璽彙

0710 璽彙0878 璽彙2521 璽彙3842 晉 侯馬 九年鄭令向甸矛

十四年鄭令趙距戈 璽彙0902 璽彙0490 秦 秦陶962 陶彙

5·84 珍秦50 石鼓文 睡簡·為吏25 睡簡·日甲76背

秦印48 秦集一·三·3 集證209 秦集一·四·15 秦集一·四·17

【注】林光義、高田忠周、朱芳圃、李孝定等各有所釋，本義歧出，實難索解。今備夏淥一説，以供參考：字從日從辛（非辛刀之義也），辛是意符兼聲符，象新生枝葉之形，日光照耀新生枝葉，會生气勃勃之意，是"彰"的本字。"章"被借為樂章、文章的引申義後，加形符日另造"暲"字，代表本義。小篆訛為從音從十，許慎解釋為"樂竟為一章。從音從十"是為臆測。（詳《釋"對"及一組與農業有關的字》）《説文》："$\bar{\Psi}$，樂竟為一章。從音從十。十，數之終也。"本義待考，金文中多用作"璋"。●讀璋，玉器名，頂端作斜鋭角形。殷周時貴族在舉行朝聘、祭祀、喪葬時所用的禮器。《競卣》："賞競章（璋）。"《詩·大雅·棫樸》："濟濟辟王，左右奉璋。"毛傳："半圭曰璋。"●人名。《楚王熊章鐘》："楚王畲（熊）章乍（作）曾侯乙宗彝。"●《章子郕戈》："章子郕尾其元金，為其戎（徽）戈。"黄錫全曰："章即郜或漳，是以地名或國名為氏稱。古有章氏，即郜國之後，姜姓，齊太公支孫封於章，為紀附庸國，後為齊滅，子孫去邑為章氏（見鄭樵《通志·氏族略·以國為氏》）。此戈出于楚腹心地帶，漳水又從枝江流過，所以，這裏的章也可能是漳，是因漳水而得名。"（《湖北出土兩件銅戈跋》）●讀彰。《清華一·金滕12》："以章（彰）公悳（德）。"●《集證209》"章廄將馬"、《秦集一·三·3》"章廄丞印"。裘錫圭在《古璽印考釋四篇》中論及秦印"章廄將馬"時説："'章廄'疑指屬於章台之廄。……章台是很重要的一處宫觀，理應設有專屬於它的廄。秦王朝的宫觀很多。秦律和秦陶文所説的'宫廄'，似應為各宫之廄的總稱或泛稱。章廄可能就是屬于宫廄之列的。"●《秦集一·四·15》"章台"，秦宫名，戰國秦的離宫。治所在西安市郊漢長安城舊址西側。《史記·秦本紀》説"諸廟及章合、上林，皆在渭南"。文獻中的"渭南"，當指渭河以南。●《秦集一·四·17》"高章宦丞"，《秦集一·四·16》"高章宦者"。高章，宫名，文獻失載。秦時各宫均分里有宦者。"宦丞"應為"宦者丞"之省稱。

葦 楚 包山 125

【注】從艸章聲。●人名。

黭 楚 清華三·良臣 1

【注】從黑章聲。●人名。

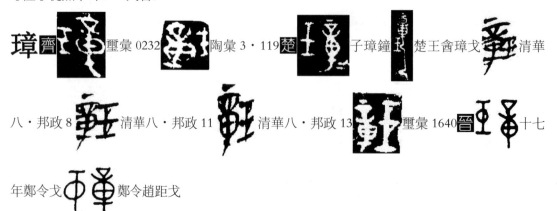

璋 齊 璽彙 0232　陶彙 3·119 楚 子璋鐘　楚王畲璋戈 清華八·邦政 8　清華八·邦政 11　清華八·邦政 13　璽彙 1640 晉 十七年鄭令戈　鄭令趙距戈

【注】從玉章聲。《説文》："璋，剡上為圭，半圭為璋。從玉章聲。《禮》：六幣：圭以馬，璋以皮，璧以帛，琮以錦，琥以繡，璜以黼。"本義是古代的一種玉器，形狀象半個圭。●玉器名。《𧊒簋》："自（師）黃賓𧊒章（璋）一、馬兩。"●古文字多為人名。《子璋鐘》："璋睪（擇）其吉金，自乍（作）龢鐘用。"●讀章。《清華八·邦政 8》："亓（其）器大，亓（其）𣎴（文）璋（章）𩇕（縟）。"章，花紋色彩。《墨子·非樂上》："是故子墨子之所以非樂者，非以大鍾鳴鼓琴瑟竽笙之聲以為不樂也，非以刻鏤華文章之色以為不美也。"《荀子·禮論》："雕琢、刻鏤、黼黻、文章，所以養目也。"●讀彰，彰顯。《清華八·邦政 11》："可（何）烕〈滅〉可（何）璋（彰）而邦豪（家）昃（得）長？"

郭 秦　集證 344　郭　嶽麓一·為吏 21

【注】從邑章聲。●秦印"邟郭尉印"，邟郭，地名。

障 楚　上博四·曹沫 43

【注】從𨸏章聲，增土繁化。●讀障，水之岸。《上博四·曹沫 43》："行阪濟障。"簡文指岸邊的堤防。《呂氏春秋·愛類》："禹於是疏河決江，為彭蠡之障。"高誘注："障，堤防也。"

暲 楚　上博七·凡甲 5　　上博七·凡甲 11 晉　璽彙 0963　　璽彙 1709　　璽彙 4009　　璽彙 2644　　璽彙 2044

【注】從日章聲。●讀彰。《上博七·凡甲 5》："骨＝（骨肉）之既林（靡），亓（其）智愈暲（彰）。"●晉璽人名。

彰 齊　陶彙 3·1062 楚　郭店·語叢三 10

【注】從彡章聲。●讀章。《郭店·語叢三 10》："迗（起）習𣎴（文）彰（章），益。"●齊陶人名。

漳 楚　清華六·子儀 16　　上博九·陳公 4

【注】從水章聲。●水名。

漳 ^楚 清華十一 · 五紀 79

【注】從土漳聲。●讀障。《清華十一 · 五紀 79》：“備馬於駟，發獸於心，雎（雍）漳（障）於膚（津），笁（簡）易（揚）於笄（箕）。”雍障，蒙蔽、遮蓋。

透紐商聲

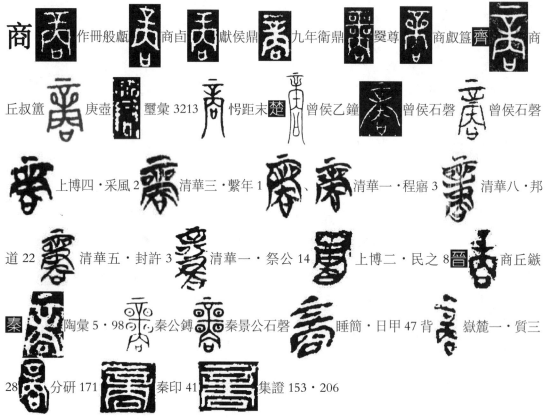

商 ^{作冊般鼋} 商卣 獻侯鼎 九年衛鼎 罺尊 商戲簋 ^齊 商

丘叔簠 庚壺 璽彙 3213 愕距末 ^楚 曾侯乙鐘 曾侯石磬 曾侯石磬

上博四 · 采風 2 清華三 · 繫年 1 、 清華一 · 程寤 3 清華八 · 邦

道 22 清華五 · 封許 3 清華一 · 祭公 14 上博二 · 民之 8 ^晉 商丘鏃

^秦 陶彙 5 · 98 秦公鎛 秦景公石磬 睡簡 · 日甲 47 背 嶽麓一 · 質三

28 分研 171 秦印 41 集證 153 · 206

【注】甲骨文作丙、丙、丙、丙、丙、丙、丙、丙、丙、丙。朱芳圃謂象辛置丙上，辛象燭薪，丙象底座。蓋商人祭祀時，設燭薪于丙上，以象大火之星。或增⊙⊙，象星形（疑為商星之商之本字），意尤明顯。或又增口，附加之形也。（《殷周文字釋叢》）金文同甲骨文。《秦公鎛》作丙，《說文》籀文所本。《說文》：“丙，從外知內也。從冋，章省聲。丙古文商。丙亦古文商。丙籀文商。”所釋當為引申義。本義指星名，即商星，如曹植《與吳季重書》：“別有參商之闊。”商星極紅，古人又稱“大火”。商人極推崇火，因此以“商”為其族名，繼而又為其朝代名。●國名。原為族名，因居于商（今河南商丘西南）而得名。公元前十六世紀，商湯滅夏，建都亳（今山東曹縣南），曾多次遷移。後盤庚遷都殷（今河南安陽小屯村），因而商亦被稱為殷。公元前十一世紀，被周武王所滅。《沬司徒疑簋》：“王來伐商邑。”商邑，古都邑名，即朝歌。在今河南淇縣，商代帝乙、帝辛（紂）以此為別都，周武王封康叔為衛侯，也以此為都。●讀賞。《作冊般鼋》：“王商作冊般貝。”●古音名。《曾侯乙鐘》：“穆鐘之清商。”●人名。《商尊蓋》：“商乍（作）父丁吾障。”●商角，楚音名，即商音的上行大三度音，其音高與變徵相當。

《曾侯乙鐘》："黃鐘之商角。"角作為復合音名的尾碼，表示此音的上行大三度音。●《何尊》："隹（惟）珷（武）王既克大邑商。"大邑商，商朝王都，即河南安陽殷墟。董作賓考證大邑商即商王朝故都商丘（今河南商丘）；陳夢家則認為是商王朝西部田獵中心沁陽，在今河南沁陽附近。●秦印有"商印""商丞之印""商庫"。"商"均為地名，《漢書·地理志》弘農郡有"商縣"，云："秦相衛鞅邑也。秦置，屬內史。"治所在今陝西丹鳳縣西五里古城。西漢屬弘農郡。東漢屬京兆郡。西晉屬上洛郡。北魏屬上庸郡。隋開皇四年（584）改為商洛縣。●商業。《清華八·邦道22》："商遊（旅）迵（通）。"

3·34　璽彙0573　璽彙1928　璽彙1943　璽彙3678　璽彙3590　陶録2·5

【注】甲骨卜辭和金文銘文常以"商"為讀賞，為借字。金文或從貝商省聲，為賞賜之專字。戴家祥曰："般甗'王商作冊般貝'即書費誓'我商齎汝'之商。商為賞賜之義最初的借字。古代賞賜以貝為主。金文所記賜貝之例特多。故後人以貝為商字的表義偏旁。如小臣傅簋寫作賨，後又更換聲符寫作賞。"（《金文大字典》）《説文》："賨，行賈也。從貝，商省聲。"●讀賞。《作冊大鼎》："賨（賞）乍（作）冊大白馬。"●齊器為人名。

中山王𧤖壺

【注】從人從商從車從牛，會商人發明牛車之意，疑殷商之"商"繁文；商亦聲。●讀尚。《中山王𧤖壺》："進孳（賢）散（措）能，亡（無）又（有）轞息。"與《詩經·小雅·菀柳》"不尚息焉"辭例相仿。

透紐圈聲

政43　　清華九·禱辭6

【注】甲骨文作、、、、、、、、、，象盛鬱金香酒于酒器之形。古人將鬱金香搗碎放在黑黍釀造的酒中，蓋嚴以微火煮之，使之不跑气，冷後飲用，則芳香濃郁，

令人舒泰暢達，稱之為"鬱鬯酒"，用來祀神、賜予、敬客。金文同甲骨文。小篆下從匕乃由ᗰ之
訛變。●酒之一種。《大令方彝》："明公易（賜）亢師鬯、秬、牛。"銘文中鬱鬯、䜣鬯，均指
鬯酒。《清華五·封許5》："巨（柜）鬯一卣。"●讀暢。《邵鐘》："大鐘八隶（肆），其竃四輅（堵），
喬喬其龍，既㑥（伸）鬯虡。"郭沫若曰："言蹻蹻乎有龍形之橫虡既連蜷于開暢之豎虡也。"（《兩
周金文辭大系考釋》224頁）《前漢·郊祀志》草木鬯茂。《注》師古曰：鬯與暢同。●讀韔。《安
大一46》："交鬯（韔）二弓。"《毛詩》作"交韔二弓"。

透紐昌聲

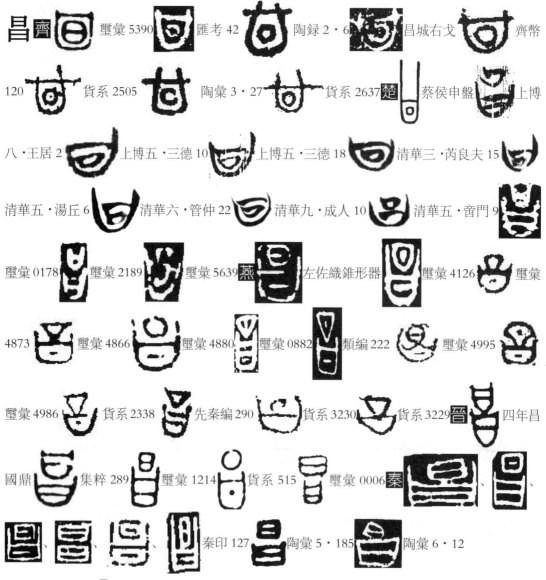

昌齊〔日〕璽彙5390　匯考42　陶録2·6　昌城右戈　齊幣

120　貨系2505　陶彙3·27　貨系2637〔楚〕蔡侯申盤　上博

八·王居2　上博五·三德10　上博五·三德18　清華三·芮良夫15

清華五·湯丘6　清華六·管仲22　清華九·成人10　清華五·啻門9

璽彙0178　璽彙2189　璽彙5639〔燕〕左佐織錐形器　璽彙4126　璽彙

4873　璽彙4866　璽彙4880　璽彙0882　類編222　璽彙4995

璽彙4986　貨系2338　先秦編290　貨系3230　貨系3229〔晉〕四年昌

國鼎　集粹289　璽彙1214　貨系515　璽彙0006〔秦〕、

、、、秦印127　昌陶彙5·185　陶彙6·12

【注】甲骨文作 𣇵、𣆚。何琳儀謂"唱"之初文，從口從日，會日出謳歌之意。（《戰國古文字
典》654頁）或説昌從日，口為分化符號，本義為日光。李孝定曰："雙日為昌，于義較勝。""本
義為日光昌盛，引申得有美意。"（《金文詁林讀後》258頁）戰國文字多作一甘一日形，口形、

日形或有所訛變。口形至小篆訛為𠯑。《說文》：“昌，美言也。從日從曰。一曰日光也。《詩》曰：‘東方昌矣。’𣅘籀文昌。”段玉裁注：“蓋昌之本義訓美言。引申之為凡光盛之偁。”●盛也。《蔡侯申尊》：“不諱考壽，子孫蕃昌。”《清華五·湯丘6》：“能亓（其）事而旻（得）亓（其）飲（食），是名曰昌。”●國名。《四年昌國鼎》：“四年，昌國豪（家）工帀（師）翟伐冶更所為。”●《昌城右戈》：“昌城右。”昌城：地名，地望不詳。●秦印有“都昌丞印”。《漢書·地理志》：北海郡有“都昌”縣。秦應有都昌縣，屬齊郡。●讀猖。《清華九·成人9》：“非天俊（作）瘠（咎），隹（惟）民昌（猖）兇。”

 清華八·天下7 清華九·成人17

【注】從戶昌聲。●讀昌，昌盛。《清華八·天下7》：“邦豪（家）亓（其）䡇（亂），孫＝（子孫）不𢕈（昌）。”●《清華九·成人17》：“則（賊）人㦮（攘）人，道攺（奪）𢕈（閶）寶（扶），無釁（赦）。”整理者讀閶，引《說文》：“楚人名門皆曰閶闔。”

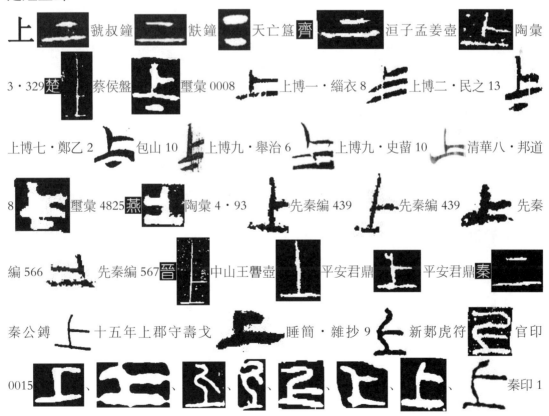

陶錄3·293　　　陶錄·301

【注】疑從戕昌聲。●“臧圆”地名。

定紐上聲

上 二 虢叔鐘 二 夨鐘 二 天亡簋齊 二 洹子孟姜壺 上 陶彙

3·329楚 上 蔡侯盤 上 璽彙0008 上 上博一·緇衣8 上 上博二·民之13 上

上博七·鄭乙2 上 包山10 上 上博九·舉治6 上 上博九·史蒥10 上 清華八·邦道

8 上 璽彙4825燕 上 陶彙4·93 上 先秦編439 上 先秦編439 上 先秦

編566 上 先秦編567晉 上 中山王𰯼壺 上 平安君鼎 上 平安君鼎秦 二

秦公鎛 上 十五年上郡守壽戈 上 睡簡·雜抄9 上 新郪虎符 上 官印

0015 上 二 上 上 上 上 上 上 秦印1

【注】甲骨文作 二、二、二，由兩橫構成，下筆表示承受物體，上筆表示方位，指在承受物體之上。為了避免與等長的兩橫的"二"字相混，春秋末年又在短橫旁加上一豎作 上，為篆隸所本。●古文字多用為方位詞。●君王尊位。《天亡簋》："文王監才（在）上。"《虢叔鐘》："皇考嚴才（在）上。"●泛指統治階級的上層。《井侯鐘》："奔走上下。"●多也、過也。《新郪虎符》："用兵五十人以上，必會王符，乃敢行之。"●人名。《士上卣》："王令士上眔史寅殷（貺）于成周。"士上，西周昭王時人，名上，士為在周朝服事的爵名。●上天。《蔡侯申鐘》："上下陟祏，歔敬不惕。"上指天，下指人世，"上下陟祏"是當時習語。●讀尚。《子犯鐘》："大上楚刜（荊），喪氒（厥）自（師）。""上"與"尚"通。《論語·里仁》："無以尚之。"皇侃義疏："猶加勝也。"李學勤謂此句"用現代話講，即壓到了敵人。"●《璽彙4825》"王之上士"，或為身份璽。《禮記·王則》："諸侯之上大夫卿、下大夫、上士、中士、下士凡五等。"或吉語璽，"上"讀為"尚"。"尚"有"尊""崇尚"之意，"王之尚士"，則是標明王尊崇士人之風尚的吉語璽。●讀裳。《安大一51》："君子至之，桐（絅）衣肅（繡）上（裳）。"

璽彙 2828

【注】從辵上聲，表示行動，"上"之繁文，戰國文字屢見。●讀上，逆流前進。《鄂君啟舟節》："自鄂市，逾油（淯）、辻（上）灘（漢）。"上作辻，加形旁辵，作為逆流而上的專用動詞。于省吾曰："其稱辻者有三：一稱辻漢，兩稱辻江。辻即上，從辵表示行動之義。凡稱辻者，既專指干流的江漢，又為逆流而上。"（《鄂君啟節考釋》）●古璽印人名用字。

四·曹沫 36 ▢ 上博四·逸交 3

【注】從止上聲，"上"之繁文。●讀上，上位之人。《郭店·成之9》："走（上）句（苟）昌之，則民鮮不從态（矣）。"●讀上，方位詞。《包山236》："既腹心疾，以走（上）氣（氣），不甘飤（食）。"●讀尚。《上博四·曹沫36》："陳功走（尚）賢。"●人名。《郘客問量》："連囂（敖）屈走（上）。"

3149 ▢ 璽彙 2991 ▢ 侯馬

【注】從尚、上，雙聲字。●讀上。《中山王嚳壺》："則堂（上）逆於天，下不忑（順）於人施（也）。"晉系文字另有"上"字，作 上（中山王嚳壺）、上（蛮壺）。●晉璽印多為人名，讀上。●《璽彙3149》"堂鮓"，用為姓氏，讀尚。

吐 晉 璽彙 5429 ⬜ 陶彙 6·9 ⬜ 貨系 181

【注】從口上聲。●晉文字均讀上。

志 齊 古璽通論 54 ⬜ 陶彙 3·787 ⬜ 陶録 2·17

【注】從心上聲。●人名。《陶録 2·17》"陳和志左廩"，疑為人名。

定紐丈聲

丈 楚 郭店·六德 27 ⬜ 上博三·周易 16 ⬜ 上博六·競公 10 秦 睡簡·封

診 79 ⬜ 睡簡·日甲 43 背 ⬜ 類編 67

【注】甲骨文中的"攴"作⬜，即以手持杖形；其所持杖作一豎形，亦即"老"字手下所扶持。用作動詞為撲擊，用作名詞即杖。丈，疑為杖之初文，杖、仗均為丈之派生字。"丈"字的演變過程應當是豎上加飾點，飾點拉長變成十形。●長度單位。《睡簡·封診 68》："索衺丈。"繩長一丈。●讀杖。《睡簡·日甲 33 背》："以桑心為丈（杖），鬼來而毄（擊）之。"●丈夫：男子二十而冠，冠而列丈夫。《睡簡·日乙 259》："盜丈夫。"《上博六·競公 10》："一丈夫執尋之幣、三布之玉。"●秦印"丈豹"，姓氏。

仗 秦 睡簡·秦種 147 ⬜ 印增 591

【注】從人丈聲。●讀杖。《睡簡·秦種 147》："仗城旦勿將司；其名將司者，將司之。"持杖而行的老年城旦勞作時，一般不加以監管。●秦印單字璽。

定紐易聲

易 ⬜ 易鼎 ⬜ 永盂 ⬜ 小臣簋 ⬜ 嘉子易伯簋 ⬜ 盧叔鼎 ⬜ 易叔盨 ⬜ 宅簋

⬜ 五年師旋簋 ⬜ 新陽戈 ⬜ 左土工尹弩牙 齊 建陽戈 ⬜ 陳侯因咨戈

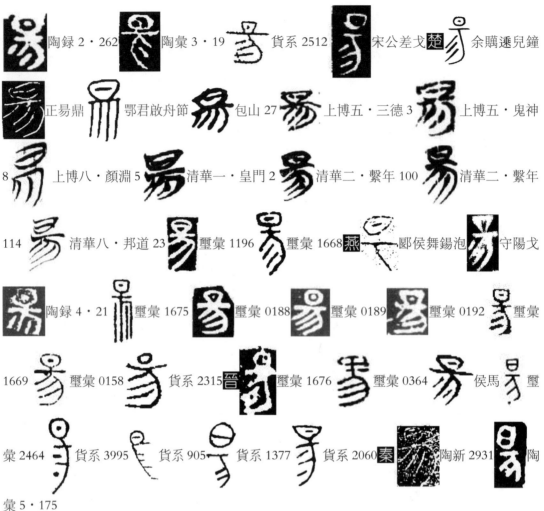

彙 5・175

【注】甲骨文作⊙、⊙、⊙，從日從丅。李孝定謂丅為古柯字。日在柯上，象日初升之形。金文同甲骨文，或增彡而為⊙，彡殆象初日之光綫。《五年師旋簋》于"日"上增飾筆。《説文》："易，開也。從日、一、勿。一曰飛揚。一曰長也。一曰强者眾貌。"析形不確。段玉裁注："此陰陽正字也。陰陽行而会易廢矣。"説甚是。本義指日出，漢書《地理志》："易，古陽字。" ●讀揚，頌揚、稱揚。《敔簋》："敔對易（揚）王休。"易、揚同聲源通假。●讀陽，山南水北為陽。《永盂》："賜畀永乒（厥）田淪（陰）易（陽）洛。" ●讀鍚，盾飾。金文指戰服上的銅泡裝飾。《郾侯舞鍚泡》："医（燕）侯舞易。"《説文》："鍚，馬頭飾也。"段玉裁注："今經典作鍚。" ●讀場。《同簋》："王命同左右吳大父嗣（司）易（場）、林、吳（虞）、牧。"場人，官名。《周禮・地官・司徒》："場人掌國之場圃，而樹之果蓏珍異之物，以時斂而藏之。凡祭祀賓客，共其果蓏，享亦如之。" ●讀錫，赤銅也。《小臣宅簋》："白（伯）易（賜）小臣宅畫盾、戈九、易（錫）金車、馬兩。"《五年師旋簋》："儕（齍）女（汝）盾五、易（錫）鋑。"錫鋑，指銅冑。●古文字多用為地名後綴。

【注】從尸易聲。●姓氏。《璽彙2548》"屭子"、《璽補262》"屭畫""屭惢"，或以為"尸易"二字合文，為複姓，讀夷陽，又作夷羊。春秋時有晉厲公嬖臣"夷陽五"。

清華一·皇門11

【注】從米易聲。●讀揚，顯揚。《禮記·中庸》："隱惡而揚善。"《清華一·皇門11》："乃隹（惟）又（有）奉俟（癡）夫，是糚（陽）是纀（繩）。"

上博六·天甲12　上博六·天乙11　璽彙0276　晉 璽彙

0369 秦 睡簡·答問93　睡簡·日乙230

【注】從人易聲。●讀禓。《上博六·天甲12》："古（故）見傷（禓）而為之哲（祈），見窔而為之内。"《說文》："禓，道上祭。"在路上見到祭祀就上去祈禱，未免唐突，故此處之"哲"是"齋"之異。●讀遏。《睡簡·日乙230》："傷去。"傷，"傷"之訛。傷，讀遏。遏去，遠去。●楚璽地名。

清華五·啻門7

【注】從勹易聲。●疑讀揚，似指玉種播揚。《清華五·啻門7》："鼠（一）月始匋（揚），二月乃裹。"

伯碩夅盤

【注】從大易聲。●金文人名。

揚　令鼎　次卣　散簋　令簋　矢簋　矢方彝　封簋

丁揚卣　揚鼎　揚作父辛簋　令鼎　免簋二　伯晨鼎　毛公

鼎　即簋　揚簋　康鼎　永盂　大師虘簋　次卣　散簋

令簋　大簋　大方彝　作冊折尊　大簋　守簋　善夫山鼎
此簋　豆閉簋　不栺方鼎　師兌簋　趠鼎　牆盤　守宮鳥
尊　鬲比簋　師酉簋　智鼎　宰獸簋　耳尊 齊　叔尸鐘　陳

侯因脀錞　陳侯因脀錞 楚  清華十·四告 36

【注】上述古文字均讀揚，"揚"之古文，統一隸定為揚。從廾從玉（或從⊙，璧之象形），象雙手舉玉或璧，會頌揚之意。字多從玉，或玉、璧形在字中同時出現。因璧形與日同形，為表聲而加丁而成聲符"昜"。《耳尊》丁或訛為亦。"揚"為秦系文字，始見於馬王堆帛書。《說文》："揚，飛舉也。從手昜聲。敭古文。"《說文》古文與金文形似。本義稱揚、頌揚。●讀揚，高舉、擎起。《孟卣》："孟對揚公休。"對揚，金文中習見。●讀揚，稱頌、讚美。《效尊》："效不敢不萬年夙夜奔走揚公休。"●人名。《揚簋》："揚拜手稽首，敢對揚天子不（丕）顯休。"●讀揚，告退的一種姿態。《禮記·玉藻》："進則揖之，退則揚之。"鄭玄《注》："揖之謂小俛，見于前也。揚之謂小仰，見于後也。"《㝬方彝》："㝬啓（肇）卿寧百生（姓），揚。"㝬初與貴族們會就，會聚之禮結束後告退。

斱尊　柯史簋　寡史䚡簋　寡長方鼎

【注】從宀昜聲。●讀揚，稱頌、讚美。《斱尊》："斱寡（揚）仲休。"●讀唐，國名。《柯史簋》："隹（唯）十月初吉丁卯，柯史乍（作）寡（唐）訇（姒）媵簋。"寡（唐）訇（姒）"為嫁于唐國的柯史（使）之女，姒為柯國之姓。唐國的歷史可以分為兩段，周公滅唐前唐國在山西，即今天的山西洪洞坊堆永凝堡一帶，周公滅唐後唐國被遷到了今天的唐河縣一帶。簋銘記載西周晚期的這個唐國，仍然當在山西境內或其附近。

南宮柳鼎 齊　郳公釓鐘

【注】從攴昜聲，《說文》"揚"之古文。●均讀揚。《柳鼎》："對敭（揚）天子休。"

喝 齊　璽彙 0147　璽彙 3142

【注】從口昜聲，"唐"之異文。●《璽彙 3142》"喝茈"，讀唐，姓氏。●《璽彙 0147》"喝攻

幣鈢"。此印蓋在陶器上，讀唐，地名，戰國時為齊邑，在今山東魚臺縣東北。此印為唐邑工師所用之印。工師為管理工匠之官。

印增 425

【注】從心易聲，"惕"字異體。《説文·心部》："惕，憂也。從心，殤省聲。"●讀傷，害也。《清華三·芮良夫 7》："此悳（德）型（刑）不齊，夫民甬（用）悤（憂）惕。"《上博七·武王 8》："毋曰可（何）惕。""何傷"，何妨、何害，意謂沒有妨害。《論語·先進》："子曰：'何傷乎？亦各言其志也。'"《楚辭·九章》："苟余心其端直兮，雖僻遠之何傷？"●讀傷，悲傷。《安大一 25》："未見君子，我心惕（傷）悲。"●秦印人名。

【注】從牛易聲。●讀唐，國名。《唐子仲顧兒盤》："犝（唐）子中（仲）顧兒羃（擇）其吉金，盠（鑄）其御盤。"字帶有明顯楚文字風格，唐國之唐，詳"唐"字。

【注】從言易聲。●讀揚，鐘聲洪亮。《郘王子旆鐘》："中（終）諴（翰）叝（且）諹（揚），元鳴孔皇。"●疑讀彰，意為突出彰顯。《清華六·管仲 21》："亓（其）即（次）君管（孰）諹（彰）也。"那麼其次哪位君主誰值得被讚揚呢？亦可如字讀。諹，《集韻》譽也、讓也。●讀讓。《上博二·容成 36》："當是時，強弱不絹（辭）諹（讓），衆寡不聽訟。"●《璽彙 5548》"羊坒（府）諹客"，李家浩疑"諹客"之"諹"當讀象，"諹客"猶《周禮》的"象胥"，即翻譯官。（《楚國官印考釋（兩篇）》）黃錫全認為"庠府象客"可能是庠府翻譯官。●《安大一 86》："申（中）彔（菉）之言，不可諹也。"《毛詩》作"不可詳也"。《玉篇》："諹，讙也"；"讙，讙嚻之聲。"毛傳："詳，審也。"《釋文》："《韓詩》作揚。揚，猶道也。"《韓詩》"揚"更為切合，簡本"諹"或徑讀揚，或將其視作"揚言"之"揚"的專字。

【注】從艸易聲。●讀場。《上博四·采風 3》"蕩人"讀"場人"。《周禮·地官·場人》："掌國之場圃而樹之果蓏珍異之物，以時斂而藏之。凡祭祀賓客共其果蓏，享亦如之。"●讀唐。《安大一 89》："爰采蕩（唐）可（兮），謹（沬）之聖（鄉）可（兮）。"《毛詩》作"爰采唐矣"。《説

文·艸部》：“募，艸，枝枝相值，葉葉相當。從艸，易聲。”毛傳：“唐蒙，菜名。”

遏 齊 陶録 3·460　楚 包山 87　邊 包山 143　上博八·成王 12　曾

璽彙 999　璽彙 4012

【注】從辵易聲。●跌倒。《集韻》：“遏，失據而倒也。”《上博八·成王 12》：“道大哉！屯（沌）
虖＝（乎！吾）欲墾之，不果，目（以）進則遏安（焉）。”《漢書·王式傳》“陽（佯）醉遏墜”，
顏師古注：“遏，失據而倒也。墜，古地字。”進則失敗。也可讀傷。《周易·序卦》：“進必有所
傷。”●齊陶單字，應為人名。包山簡人名。

踢 秦 印增 575

【注】從足易聲。●秦印單字。

腸 楚 清華八·邦政 6　曾侯 166　包山 166　秦 關簡 310　嶽麓
一·占 26

【注】從肉易聲。●本義，腹腔消化器官之一。《關簡 310》：“鬻（粥）足以入之腸。”●《清
華八·邦政 6》：“女（如）是，則貝（視）元（其）民必女（如）腸（傷）矣。”整理者原讀
傷，陳民鎮將“腸”如字讀：……“視民如×”之類的表述，其對象除了上舉以“心腹”“手
足”之類的身體重要器官，還有“視民如子”（《左傳》）、“視民如嬰兒”（《左傳》）、“視民
如父母”（《韓非子》）這樣的親屬，還有“視民如禽獸”（《詩經》）、“視民如讎”（《左傳》）、
“視民如土”（《管子》）這樣的憎惡對象。“視民如傷”相對突兀，“視民如腸”則契合用字
習慣和相關辭例，《左傳》《孟子》所見“傷”亦有可能是譌誤所致。（《邦家之政》集釋）●讀
場，地名。《曾侯 166》：“長腸人之駟馬。”●《包山 166》“郞陵命腸佢”，姓氏，應讀唐。

殤（殤）楚 清華四·筮法 47　包山 225　包山 222　曾

侯 172　秦 睡簡·日甲 50 背

【注】從歺易聲，“殤”之異文。後世從昜之字，古文字從易。●多讀殤，未至成年而死。《包
山 225》：“又（有）繁（祟）見新（親）王父、殤（殤）。”《睡簡·日甲 50 背》：“鬼恒嬴（裸）
人入宮，是幼殤（殤）死不葬。”●姓氏，讀傷。《曾侯 172》：“殤（傷）緩之轡為左飛（騑）。”

《左傳》宋人有名"傷省"者，是其證。

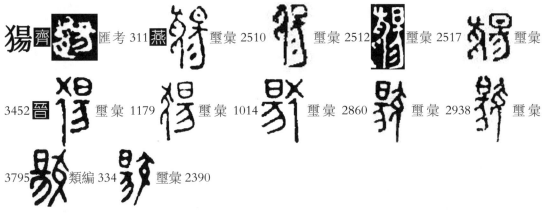

【注】從犬易聲。●古文字均為人名。

【注】從禾易聲。●讀煬。《説文》："煬，炙燥也。"《睡簡·效律 42》："官府臧（藏）皮革，數煬（煬）風之。"官府收藏皮革，應常曝曬風吹。

【注】從石易聲。●秦封泥"碭丞之印"，"碭"為地名。

【注】從木易聲，與小篆同。《説文》："楊，木也。"本義木名。●地名。《多友鼎》："乃𧾷追至于楊豖。"●齊陶"蒦圖楊里"，里名。●古文字多用為姓氏。《楊姞壺》："楊姞乍（作）羞醴壺。"

【注】從日易聲。●均為人名。

【注】

【注】從白昜聲。●簡文"斲姑長暘三夫"，義不詳。

場 場猷生匜楚 包山 121 包山 122 包山 122 璽彙 0099 璽彙 2565 晉 璽彙 2566

【注】從土昜聲。《場猷生匜》八為裝飾部件，疑"場"之繁文。●人名。《場猷生匜》："場猷生自乍（作）寶它（匜）。"●《璽彙 0099》"上場"當讀為上唐。地名，即今湖北隨州市西北唐縣鎮，與隨國（即今隨州市）相鄰。（李學勤《楚國夫人璽與戰國時的江陵》）文獻中所載唐國歧說甚多，有祈姓堯後之唐，有姬姓之唐。姬姓唐又分為二，一為近晉之唐，二為近楚之唐。近楚之唐即上引李學勤文中所考證的在上唐之唐。●晉璽、楚璽、包山簡姓氏，可讀唐。"唐""昜"古音相近，故"唐"與從"昜"之字多可通假。

暘 秦 睡簡·秦種 1

【注】從田昜聲。●未種禾稼的田地。《睡簡·秦種 1》："輒以書言澍〈澍〉稼、誘（秀）粟及狼（墾）田暘毋（無）稼者頃數。"

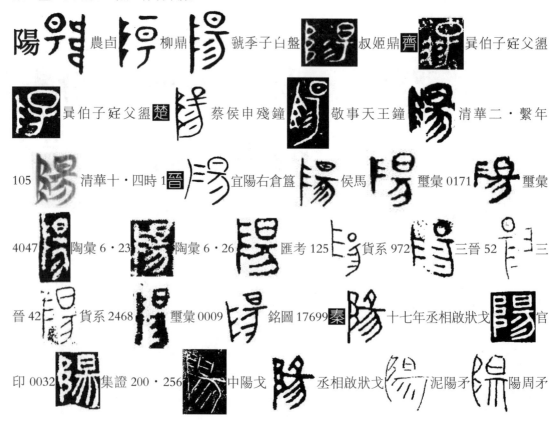

陽 農卣 柳鼎 虢季子白盤 叔姬鼎齊 異伯子㝅父盨 異伯子㝅父盨楚 蔡侯申殘鐘 敬事天王鐘 清華二·繫年 105 清華十·四時 1晉 宜陽右倉簋 侯馬 璽彙 0171 璽彙 4047 陶彙 6·23 陶彙 6·26 匯考 125 貨系 972 三晉 52 三晉 42 貨系 2468 璽彙 0009 銘圖 17699秦 十七年丞相啟狀戈 官印 0032 集證 200·256 中陽戈 丞相啟狀戈 泥陽矛 陽周矛

邦府大夫趙閑戈 、 、秦印

271秦駰玉牘

【注】甲骨文作，從阝易聲。金文或增從土，土復訛為山。《説文》："陽，高、明也。從阝易聲。"本義是向陽的山南面或水北面，如《穀梁傳》："水北為陽，水南為陰。"●水的北面，山的南面。《虢季子白盤》："博（搏）伐厰豵（獫狁），于洛之陽。"●讀揚，高舉。《農卣》："敢對陽（揚）王休。"對揚，金文習語，舉酒觶為敬之意，猶今人言乾杯，乃奉答冊命賜予之辭。●安陽、定陽、陽間、陽城、陽人、中陽等，均為地名。●讀蕩。《璽彙0009》"陽陰"應讀為"蕩陰"。蕩陰為地名，見於典籍，戰國時屬魏，《漢書地理志》屬河内郡，在今河南湯陰縣西南。●《匯考125》"上陽守"。上陽，古邑名。在今河南省陝縣東（河南三門峽市區）。西周、春秋曾為北虢都城，後為晉邑。《左傳》僖公五年（前655年）："晉侯圍上陽……冬，晉滅虢。"杜預注："上陽，虢國都，在弘農陝縣東南。"

平陽高馬里戟 包山96 戰編943 清華七·越公

28清華九·治政34

【注】從土陽聲。●多讀陽，地名用字。●讀塘。《清華九·治政34》："敜（造）尌（樹）闗（關）獸（守）、波（陂）墬（塘）。"《清華七·越公28》亦讀塘，詳"湖"字。

成陽辛城里戈成陽辛城里戈

【注】從山陽聲。●讀陽，地名用字。

璽彙1711

【注】從厂易聲，疑"碭"之省文。●晉璽人名。

璽彙3751陶彙3·131陶彙3·141陶彙3·520

陶彙3·698

【注】從口易聲。●齊陶齊璽習見，讀陽，地名後綴。●《陶彙3·698》"圆里"，里名。

214

【注】從邑昜聲。●讀陽。《鄂君啟舟節》：“大司馬卲（昭）鄢（陽）敗晉币（師）于襄陵之歲。”人名用字，史籍作“昭陽”。《包山103》的“卲鄢”即文獻中的“昭陽”。包山楚簡還有“墬”字，二者或許均可讀陽，但姓氏來源不同。“墬”或可讀唐，文獻中“唐”姓常見，而包山簡中則無寫作“唐”的姓氏，略顯奇怪，因此“墬”氏很可能就是“唐”氏。●《璽彙0325》“鄢門”讀楊門，複姓。●《璽彙1679》“鄢生豕”，讀陽，姓氏。

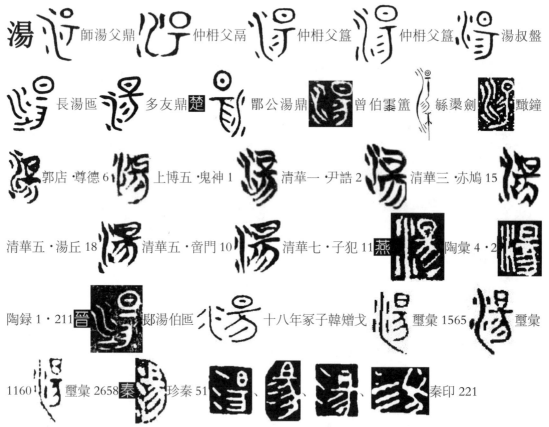

【注】從水昜聲，與小篆同。《絲樑劍》從木，乃受上一字“絲”下作之影響。《説文》：“湯，熱水也。”本義熱水。●讀陽，地名。《晉姜鼎》：“征絲（繁）湯（陽）、雔，取厥（厥）吉金，用乍（作）寶障鼎。”繁湯，古地名，即繁陽，在今河南新蔡北。《左傳·襄公四年》：“楚師為陳叛故，猶在繁陽。”杜預注：“繁陽，楚地。”●師湯父：人名。《師湯父鼎》：“師湯父拜稽首，乍（作）朕文考毛弔（叔）鼎彝。”●讀鐋。《多友鼎》：“昜（賜）女（汝）圭瓚（瓚）一、湯鐘一。”湯鐘，即鐋鐘，謂以精美之銅製成的鐘。●《徐賸尹皆鼎》：“隹（唯）正月吉日初庚，

1290

郐（徐）贅尹齌（皆）自乍（作）湯貞（鼎）。"湯鼎"之"湯"是熱水的意思。"湯鼎"即洗浴用鼎。這類鼎最大的特點是直領小口，蓋口掩住器口，蓋沿落于肩部。朱德熙、裘錫圭、李家浩三位先生對小口鼎的器形做過解釋，說："鼎口小，不易散熱，搬動時所盛液體不易晃出，用來盛熱水比較適宜。"（《望山一、二號墓竹簡釋文與考釋》）●商王名。《清華七·子犯11》："四方巨（夷）莫句（後），與人面見湯，若電（靈）雨方奔之而鹿雁（膺）女（焉）。"●晉璽、秦印姓氏。

璽彙 3518

【注】從水湯聲。●晉璽人名。

秦印 79　　集成 655

【注】從竹湯聲，"蕩"之異體。字亦見於漢印作，、，、（漢印 394）。●秦印人名。

陝新 660　　菁華 99

【注】從足蕩聲。●秦印"牛蹚""畢蹚"，人名。

璽彙 3221　　郭店·太一 12　　包山 80　　包山 83　　郭店 語

叢四 2　　包山 22　　上博四·曹沫 32　　上博四·曹沫 47　　上博四·曹

沫 51　　清華三·說命中 7　璽彙 0561

【注】從刀易聲。●多讀傷。《郭店·語叢四 2》："往言剔（傷）人，來言剔（傷）己。"●人名，當讀傷。《包山 83》："殺噬易（陽）公會剔（傷）之妾旨䂆（與）。""會傷"為噬陽公姓名。晉璽"王胡剔"讀傷，"胡傷"，習見人名。

包山 144　　上博五·姑成 7　　上博六·競公 8　　清華六·子産

13　陶彙 6·079

【注】從戈易聲。●多讀傷。《包山 144》："小人信以刀自戡（傷）。"●晉陶"系戡"，人名。

璽彙 3921

【注】從矢易聲。●齊璽人名。

競畏矛 周觴戈 王孫誥鐘 王孫誥鐘 楚王熊章鐘 曾侯 1

清華一·保訓 6 清華二·繫年 126 清華二·繫年 132

【注】從狀易聲，其本義殆即旂幟飄揚。《說文》所無。●多讀陽。《清華一·保訓 5》："測仌（陰）觴（陽）之勿（物）。"《清華二·繫年 126》："王衍（率）宋公以城蹕（榆）閈（關），是（寔）武觴（陽）。"●讀揚，形容鐘聲宏亮四揚。《王孫誥鐘》："自乍（作）龢鐘，中（終）諙（翰）戲（且）諟（揚），元鳴孔皇。"●西觴：即西陽，春秋屬楚地。他器作易或陽，為地名尾碼。《楚王熊章鐘》："楚王畬（熊）章乍（作）曾侯乙宗彝，寘之于西觴，其永時（持）用盲（享）。"●讀暢。《蔡侯申盤》："恩憲欣觴（暢）。"欣觴，即欣暢。●人名。《曾侯 1》："大莫戲（囂）觴為適豜之春。"

安大一 42

【注】從木觴聲。●讀楊。《安大一 42》："阪又（有）桑，溼（隰）又（有）欀（楊）。"

帛書乙

【注】從水觴聲。●讀蕩，動蕩。《帛書乙》："天堅（地）乍（作）羕（殃），天桓牊（將）乍（作）漡（傷），降于亓〈下〉方。"天與地之間有災禍出現，天桓星動蕩，降于下方。

璽彙 2652 睡簡·雜抄 27 睡簡·日甲 57 背 秦印 158

印 158 莒陽斧 秦印 158

【注】從人觴省聲。●秦簡多用為本義，傷害。《睡簡·答問 106》："父殺傷人及奴妾。"●讀殤。《睡簡·日乙 185》："外鬼傷（殤）死為姓（眚）。"

1292

錫 鐊 逆鐘 鐊 師獸簋 秦 王四年相邦張儀戈

【注】從金易聲。“鐊”之異文。《説文》：“鐊，馬頭飾也，引《詩》：鉤膺鏤鐊。一曰鍱車輪鐵，《徐鉉曰》今經典作錫。”●《廣雅·釋器》：“錫，赤銅謂之錫。”《逆鐘》：“今余易（賜）女（汝）毌五、錫戈彤纍（綏），用靶于公室。”或謂讀鐊，金之美者。●地名。《王四年相邦張儀戈》：“錫。”

錫 楚 楚公豪鐘

【注】從木錫聲。●讀錫，赤銅也。《楚公豪鐘》：“楚公豪自鑄錫（錫）鐘。”

颺 楚 錫 清華一·祭公 8

【注】從風易聲。●讀揚。《清華一·祭公 8》：“以余少（小）子颺（揚）文武之剌（烈）。”

餳 矦 令鼎 矦 居簋

【注】從食易聲，與《説文》“餳”或體同。《説文》：“餳，晝食也。從食象聲。餳，餳或從傷省聲。”餳即餳之訛，許慎“傷省聲”非是也。段玉裁注：“此猶朝曰饔，夕曰飧也。晝食曰餳。俗訛為日西食曰餳。見廣韻。今俗謂日西為晌午。頃刻為半晌。猶餳之遺語也。”●讀觴，飲食之禮。《令鼎》：“王大耤（藉）農于諆田，餳（觴）。”

楊 楚 揚 上博六·用曰 14

【注】從米易聲。●讀揚，奮揚武德之意。《上博六·用曰 14》：“弨（強）君桅（虐）政，楊（揚）武於外。”《史記·秦始皇本紀》：“皇帝哀眾，遂發討師，奮揚武德。”

觴 楚 包山 259 安大一 7

【注】從角易聲，“觴”之省文。●讀觴，酒器。《包山 259》：“一會懸之觴。”●讀傷。《安大一 7》：“我古（姑）勺（酌）皮（彼）兕衡（觥），隹（維）目（以）兼（永）觴（傷）。”

钖 叔虞方鼎 觴仲多壺 觴姬作瀙嬛簋

【注】《叔虞方鼎》所作，象酒觴之形，陳斯鵬釋為“觴”之初文，銘文中讀唐。（《唐叔虞方鼎

銘文新解》)《觴仲多壺》從爵（爵、角均為飲器，故為形符可通用）易聲，應為"觴"之異文。《晉公盤》增從爪，為"觴"字的繁體，在此仍應讀唐。戰國包山楚簡從角作，與小篆同。《說文》："觴，觶實曰觴，虛曰觶。從角，昜省聲。觴籀文觴從爵省。""昜省聲"不確。本義是古代盛酒器。●讀唐，國名。《叔虞鼎》："王乎殷氒（厥）士觴（唐）弔（叔）大以白衣、車馬、貝卅朋。""叔大"就是晉的第一代封君唐叔虞，唐叔虞死後，他的兒子姬燮（亦稱姬燮父）繼位。姬燮繼位後，因遷居到晉水之傍，故將國號改稱"晉"。《觴姬簠蓋》："觴姬乍（作）瀰嫘媵（媵）段。"

 晉公盤

【注】從爪觴聲。●讀唐，國名。銘文或作"鄘"。詳"鄘"字。

（ ）晉公盤

【注】從邑觴聲。●讀唐，國名。《晉公盤》："皇且（祖）鄘（唐）公，雁（應）受大令"。詳"觴"字。

 集證597  秦景公石磬

【注】從水觴聲。●讀湯。《秦景公石磬》："瀹瀹（湯湯）氒（厥）商。"鐘銘有合文符號。湯湯，原來形容水盛的樣子。《詩》大雅："江漢湯湯。"《十三經注疏·尚書正義·卷二》："湯湯洪水方割。"後來常用來指樂音。《呂氏春秋·本味》："善哉乎鼓琴，湯湯乎若流水。"馨銘中的湯湯指樂音宏亮。"商"五音之一，金音也。《史記·卷二十四·樂書》："聞商音，使人方正而好義。""商"音高亢洪亮，故以湯湯形容之。●秦印"秦瀹"，人名。

陽 晉 璽彙3208

【注】從匚易聲。●晉璽人名

瘍 楚 清華五·命訓9　　清華十一·五紀94 晉 璽彙0792　　璽彙

0793　璽彙2663　珍戰50　侯馬　下邑令瘍鈹　冶瘍戈

【注】從广易聲。●讀傷。《清華五·命訓9》："亟（極）佴（恥）則民只（民枳，民枳）則瘍

人（傷人，傷人）則不罚（義）。"●晉文字均為人名。《下邑令瘍鈹》："下邑倫（令）瘍，左庫工市（師）洮所☑者。"

婸 楚 陽 天星 秦 𥘧 秦印 297

【注】從女昜聲。●秦印人名。●天星簡義不詳。

煬 楚 𤇾 郭店·六德 36

【注】從火昜聲。●《郭店·六德 36》："君子言，信言（焉）尔言，煬言（焉）尔歟，外内皆得也。"煬，李零讀誠。（《郭店楚簡校讀記（增訂本）》137 頁）

定紐羊聲

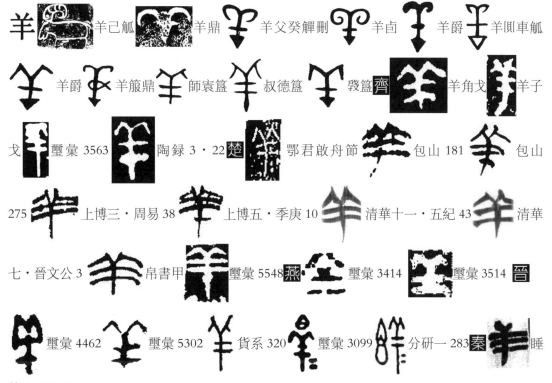
羊 羊己觚 羊鼎 羊父癸觶删 羊卣 羊爵 羊圓車觚
羊爵 羊簸鼎 師袁簋 叔德簋 發簋 齊 羊角戈 羊子
戈 璽彙 3563 陶録 3·22 楚 鄂君啟舟節 包山 181 包山
275 上博三·周易 38 上博五·季庚 10 清華十一·五紀 43 清華
七·晉文公 3 帛書甲 璽彙 5548 燕 璽彙 3414 璽彙 3514 晉
璽彙 4462 璽彙 5302 貨系 320 璽彙 3099 分研一 283 秦 睡

簡·日乙 72

【注】甲骨文作𦍌、𦍌、𦍌、𦍌、𦍌、𦍌、𦍌，象羊頭形，特點是兩隻角向下彎（"牛"字的牛角是向上彎的），下端是尖尖的嘴巴。金文同甲骨文。楚簡有很多字都訛變為羊形，如兩、南、坪、割等。《説文》："羊，祥也。從竹，象頭角足尾之形。孔子曰：'牛羊之字以形舉也。'凡羊之屬皆從羊。"本義為羊。古文常借"羊"為"祥"，如古器物中常有"吉羊（祥）"一詞。●牲畜名。《師袁簋》："殿孚（俘）士女羊牛。"●族徽名。《羊卣》："羊。"●古璽有"羊達""羊凶"，為姓氏。《璽彙 3099》為"白羊"合文，複姓。《分研一 283》為"玄羊"合文，或讀"鮮陽"。

《璽彙 2715》有"玄羊勵"。●讀祥。《睡簡・日甲 11》:"百不羊（祥）。"《上博五・季庚 10》"好型則不羊",讀為"好刑則不祥"。《墨子・法儀》:"殺不辜者,得不祥焉。"

 庠 秦 里耶 8・661

【注】從广羊聲。●《里耶 8・661》:"☑☑為南里典庠。"疑用為本義,學校。《禮記・鄉飲酒義》:"主人拜迎賓於庠門之外。"注:"鄉學也。"

 蛘 楚 清華五・三壽 10　　清華五・三壽 14

【注】從虫羊聲。●讀祥。《清華五・三壽 10》:"醫（殷）邦之蚤（妖）蛘（祥）並迟（起）。"

 佯 晉 璽彙 2726 秦 陝新 729

【注】從人羊聲。●晉璽人名。

 㸬 楚 璽彙 3522

【注】從刀從二羊,字不識。暫歸入羊聲。●人名。

 鷫 楚 璽彙 5519

【注】甲骨文字作　、　,字義不詳。暫從羊聲。●楚璽單字。

 垟 晉 璽彙 2302

【注】從土羊聲。●晉璽人名。

 胖 晉 璽彙 2524　璽彙 3420

【注】從肉羊聲。●晉璽人名。

 塍 晉 匯考 212

【注】從土胖聲。●晉璽"肖䏦"，人名。

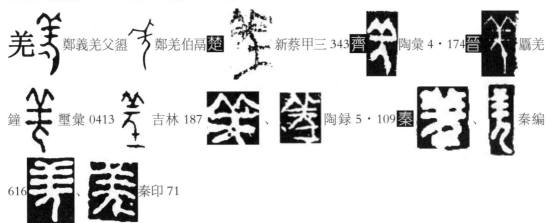

鄭義羌父盨　鄭羌伯鬲[楚]　新蔡甲三 343[齊]　陶彙 4·174[晉]　屬羌

鐘　羌　璽彙 0413　吉林 187　　、　陶録 5·109[秦]　、　秦編

616　、　秦印 71

【注】甲骨文作，徐中舒曰："從羊從人。或從，象繩縛之形；或又從火，或省人形作等，皆為"羌"之異構……殷代羌與商為敵，故卜辭多有伐羌、逐羌、獲羌等記載；且每用羌為人牲，以供祭祀，上述甲骨文從繩縛從火諸形，是為人牲慘況之實録。"（《甲骨文字典》417 頁）金文同甲骨文。《説文》："羌，西戎牧羊人也。從人從羊，羊亦聲。南方蠻閩從蟲，北方狄從犬，東方貉從豸，西方羌從羊：此六種也。西南僰人、僬僥，從人；蓋在坤地，頗有順理之性。唯東夷從大。大，人也。夷俗仁，仁者壽，有君子不死之國。孔子曰：'道不行，欲之九夷，乘桴浮于海。'有以也。古文羌如此。"本義為我國古代西部的民族名稱。另外，《楚辭》常用"羌"作語首助詞，如《離騒》："羌内恕已以量人兮，各興心而嫉妒。"●西戎，古代西部少數民族，以遊牧為主。《克盨》："余大對乃亯（享），令（命）克侯于匽（燕），旃羌、狸、叡、雩、駿、兑（微）。克匽（燕），入土罘乎（厥）亂（嗣），用乍（作）寶障彝。"●人名。見于《羌鼎》《羌爵》《屬羌鐘》等器。●古璽印有"羌亳""羌昧""羌孟"，為姓氏。

羌尊　克盨

【注】從糸羌聲，"羌"之繁文。●金文人名。

[楚]　包山 128　　包山 141　　包山 143

【注】從邑䍧聲。●姓氏。此字右旁乃羌字，羌字從糸，甲骨文即有之，……故此字亦可隷作"郐"。

[楚]　包山 102

【注】從首羌聲。●人名。

胱  包山 155  璽彙 2258 晉 七年邦司寇富勝矛

【注】從肉羌聲，疑"胖"之異文。●人名。楚文字也有可能是"敬"之省文。

洗  齊陶 1361

【注】從水羌聲。●齊陶單字，人名。

姜 虢姜鋪 琱生簋 伯家父簋  周乇匝 齊 叀伯子宦父匝

叀伯子宦父盤 齊巫姜簋 齊侯壺 齊侯敦 齊侯盤 楚 、 叔姜簋

晉  璽彙 1292 璽彙 1293 秦 戰編 799

【注】甲骨文作、、，從女從∧（∧是羊的簡省，兼聲）。上兩隻角，表示以古代牧羊為生的一族，即羌人，羌人即以"姜"為姓。馬敘倫謂姜、羌一字，神農氏先祖從事畜牧業，故以羊為族徽。（《讀金器刻詞·井姬鬲》）金文同甲骨文。《說文》："，神農居姜水，以為姓。從女羊聲。"本義為姓。今又用做"薑"的簡化字。●姓。《令簋》："姜商（賞）令貝十朋。"《王作姜氏簋》："王乍（作）姜氏障段。"姜氏指姜姓女子。《詩·大雅·生民》："厥初生民，時維姜嫄。"毛傳："姜姓者，炎帝之後。"古璽印"姜暉""姜敬""姜𡧈弗印"等，均為姓氏。

眻 晉  璽彙 3103

【注】從目羊聲。●晉璽人名。或謂"羸"之省文，讀獻。

恙 楚  上博三·恒先 7 上博五·三德 11 上博七·鄭乙 4 清華八·攝

命 18 清華一·皇門 8  清華五·三壽 27 晉 鄭令韓恙戈 妥陰令戈

 晉編 1554 秦 睡簡·日甲 60 背 睡簡·日乙 250 印增 427

【注】甲骨文作羕、羕，從心羊聲。金文同。●憂也，病也。《睡簡·日甲 59 背》："家必有恙。"
●楚簡多讀祥，吉祥。《清華八·攝命 18》："今乃辟余，少（小）大乃有韶（聞）智（知）弜（弱）
恙。"《上博五·三德 11》："不恙（祥）毋為。"●讀養。《清華五·三壽 27》："舍（余）敬恙（養）。"
●讀詳。《清華八·攝命 18》："少（小）大乃有韶（聞）智（知）弜恙（詳）。"●人名。《鄭令
韓恙戈》："廿年，奠（鄭）倫（令）韓恙。"

 璽彙 3060

【注】從宀恙聲，疑"恙"之繁文。●晉璽人名。

 羖楚 牧 郭店·唐虞 11　牧 郭店·唐虞 11　羖 郭店·六德 33　羖 郭店·忠信 7

 羊攵 上博一·性情 38

【注】甲骨文作羖、羖、羖，從羊，象以手持鞭牧羊，會牧羊之意。"牧""養""羖"三字同源。
古多分別制字，蓋于牛為牧，于羊為養（羖）；猶于手為盥，于足為洗，于發為沐，于面為沫也。
今通作"養"。《説文》："養，供養也。從食羊聲。羖古文養。"本義當為飼養。●楚文字均讀養，
供養、給養等義。《郭店·唐虞 11》："巽虖（乎）脂膚血勞（氣）之青（情），羖（養）告（性）
命之正。"《書·梓材》："引養引恬。"孔安國傳："能長養民，長安民。"

 養秦 養 睡簡·為吏 27　養 睡簡·秦種 72　養 分研 376　養 印增 179

【注】秦文字從食羊聲。●奉養、培養、保養等義。《睡簡·為吏 27》："尊賢養孽。"此義楚文
字則用"羖""羕"表示。●讀癢。《睡簡 52 背》："一室人皆養（癢）膿（體），癘鬼居之。"

 痒楚 新蔡甲三 188　新蔡乙一 17晉 陶録 5·76　珍戰

 76 秦 珍秦 158

【注】從疒羊聲。●晉陶"痒☒東"，義不詳。●新蔡簡為祝禱用牲，讀牂。

達楚 達 包山 226　達 包山 234　達 包山 232　達 清華八·邦道 4

【注】從辵羊聲。●讀將。《包山 234》："大司馬悼愲（惃）達（將）楚邦之帀（師）徒
以救郙戠＝（之歲）。"●讀失。失、羊旁紐雙聲。《清華八·邦道 4》："古（故）昔之明者旻（得）

之，愚（愚）者迖（失）之。"

【注】從厂迖聲，疑"迖"之繁文。●讀將。《上博四·曹沫32》："其將帥盡傷，車輦皆載，曰遭（將）早行。"

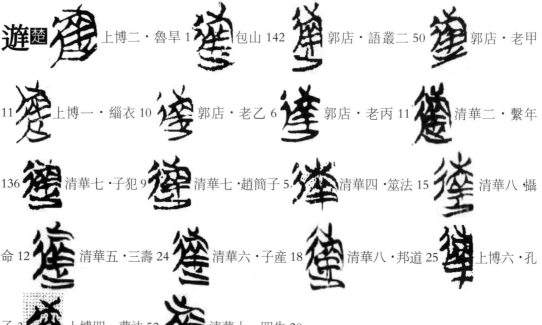

【注】從辶迖聲，疑"迖"之繁文。●楚簡多讀失。《包山142》："一夫遊（佚）。"《郭店·老丙11》："為之者敗之，執之者遊（失）之。"此義或讀佚。●讀泆，訓為淫放。《清華八·攝命12》："女（汝）毋敢有退于之，自一話一言，女（汝）亦毋敢遊（泆）于之。"于，句中虛詞。《立政》："自一話一言。"●讀秩。《上博四·曹沫52》："改紊爾鼓，乃遊（秩）其服。"句意為：重新祭祀或修理戰鼓，再重新次序整頓軍用裝備。●讀逸。《上博六·孔子3》："上不皋〈皋一親〉悤（仁），而絮（敷）聞（聞）元（其）旨（辭）於遊（逸）人嘑（乎）？""逸人"即"孔子自謂"。

【注】從匚迖聲，疑"迖"之繁文。●多讀將。《包山36》："九月乙巳之日不遲（將）剢（察）君以廷。"《井侯方彝》："易（賜）金，用乍（作）障（尊）彝，用鬲井（邢）侯出入遲（將）令，孫孫子子其永寶。"●讀匡。《史頌簋》："日遲覞令，子子孫孫永寶用。"郭沫若謂"遲"乃光大顯揚之意。（《兩周金文辭大系考釋》）徐同柏謂："遲，古匡字，坒、羊一聲之轉。"（《從古

堂款識學・周史頌敦》）

執徥父庚爵

【注】疑“遑”之省文。●讀將。《執徥父庚爵》：“執徥父庚寶彝。”《詩經・周頌・我將》：“我將我享。”箋：“將，猶奉也。”

璽彙 2723　　璽彙 0610

【注】從門羊聲。●晉璽人名。

陶彙 3・784　秦　秦印 216　　上博 38

【注】從水羊聲。●齊陶、秦印均為人名。

陳逆簠　晉　中山王𧊕壺

【注】從示羊聲。《中山王𧊕壺》作 ，為羊、示合併之形態，其合併過程為 祥→ → 。《說文》：“祥，福也。從示羊聲。一云善。”本義凶吉的預兆。●吉祥。《中山王𧊕壺》：“為人臣而返（反）臣其宝（主），不祥莫大焉。”《陳逆簠》：“台（以）乍（作）厹（厥）元配季姜之祥器。”祥器，吉器也。

清華九・治政 28　燕　　璽彙 3498　　璽彙 3036　晉　　璽彙 4074

【注】從糸羊聲。●燕璽“絓閠”讀陽門，複姓。●晉璽人名。●讀纊。《說文・糸部》：“纊，絮也。”《小爾雅・廣服》：“纊，絓也。絮之細者曰纊。”《清華九・治政 28》：“絲絓（纊）戢（歲）簹（熟）。”

𡡓加編鐘

【注】從馬絓聲。●讀洋。《𡡓加編鐘》：“攸=騂=。”此句與吳王光殘鐘銘文“油油漾漾”近同。

羕史尊　吿仲之孫簠　匜君壺　齊　陳逆簠　慶叔匜　公子土

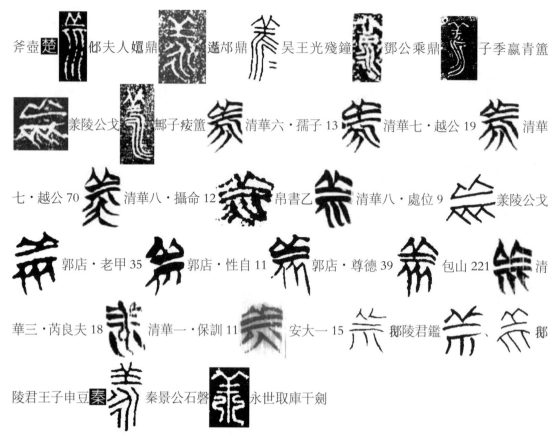

斧壺 **楚** 仳夫人嬭鼎　遼邛鼎　吳王光殘鐘　鄧公乘鼎　子季嬴青簠

羕陵公戈　郯子疲簠　清華六·孺子 13　清華七·越公 19　清華

七·越公 70　清華八·攝命 12　帛書乙　清華八·處位 9　羕陵公戈

郭店·老甲 35　郭店·性自 11　郭店·尊德 39　包山 221　清

華三·芮良夫 18　清華一·保訓 11　安大一 15　郪陵君鑑　郪

陵君王子申豆 **秦** 秦景公石磬　永世取庫干劍

【注】從永羊聲。楚簡"永"多訛為"羕"。《説文》："羕，水長也。從永羊聲。《詩》曰：'江之羕矣。'"戴家祥曰："《説文》：'永，長也。象水至理之長。詩曰：江之永矣。'又云'羕，水長也。從永，羊聲，詩曰江之羕矣。'……周南漢廣'江之永矣'，毛詩作永，韓詩作羕。齊侯鎛云'萬年羕保其身'、'子孫羕保用享'，齊侯鐘七器作'萬年永保其身'，'子孫永保用享'，知羕為永之注音加旁字也。加旁從水，聲義不變，説文：'漾，漾水。出隴西豲道，東至武都為漢。從水，羕聲。瀁，古文從養'。按文選王粲登樓賦'川既漾而濟深'，李善注引韓詩'江之漾矣'，薛君曰：'漾，長也。'爾雅釋詁'羕，長也'，永本象形，羕、漾為形聲孳乳字，許君分而為三，誤矣。"（《金文大字典中》）本義水長流。●讀永。《陳逆簠》："以賚（勻）羕（永）令（命）湏（眉）壽。"《郪陵君王子申豆》："羕（永）甬（用）之，官（縮）攸無彊（疆）。"《安大一 16》："江之羕（永）矣，不可方思。"春秋戰國齊系文字和楚系文字"永"常借"羕"為之，可知在楚音和齊語中"羕"與"永"同音，"羕"是個雙聲符字。●國名。《羕史尊》："羕史乍（作）簪（旅）彝。"養史即養國史官，西周前期養已立國並有自己的史官。●讀養，地名。《羕陵公戈》："獻鼎之歲，羕陵公伺之衮所郶（造），冶己女。"羕陵，即養陵，楚地，見于包山簡和楚器曾姬無恤壺。養陵，即《左傳·昭公三十年》"使監馬尹大人逆吳公子，使居養"之"養"。楚文字或作"郯"。●楚簡多讀養。《郭店·尊德 39》："凡連（動）民必訓（順）民心，民心又（有）恒（極），求亍（其）羕（養）。"極，指標準、準則。養，就心而言。養心，涵養心性。●讀恙。《包山 221》："夐（獻）月昏（幾）审（中）尚毋又（有）羕（恙）。"●讀殃。《帛書乙》："天哇（地）乍（作）羕（殃）。"●讀祥。《郭店·老甲 35》："賹（益）生曰羕（祥），心吏（使）燹（氣）曰強。"●讀泳。《安大一 15》："灘（漢）之寋（廣）矣，不可羕（泳）[思]。"毛傳："潛行為泳。"

儀 楚 包山 188

【注】從人羕聲。●人名。《包山 188》：“上鄀邑人周喬儀、遊（游）邨（越）。”儀或屬下讀，“儀遊”讀養遊或養由，複姓。

鄴 楚 鄴戈 鄴伯受簠 鄴伯受簠 鄴子伯受鐸 包山

184 包山 186

【注】從邑羕聲。●讀養，國名，嬴姓。《鄴伯受簠》：“鄴白（伯）受用其吉金，乍（作）其元妹弔（叔）嬴為心朕（媵）饋（簠）匡。”《鄴戈》：“鄴之☑戈。”“鄴”即“養”，楚國境内有兩處養地，一在今豫中偏西的北汝河支流沙河上游，一在今河南、湖北交界的桐柏縣境内。董全生、張曉軍等先生根據桐柏縣境内出土有大量養國銅器，定養國的地望即在此，可從。（董全生、張曉軍《從金文羕、鄴看古代的養國》）春秋時期樊、江、黄、養四國並稱為“江淮四嬴”。

漾 楚 曾姬無卹壺 包山 13

【注】從水羕聲。《説文》：“漾，水。出隴西相道，東至武都為漢。瀁古文從養。”古文作瀁，蓋羕、養聲同。本義為水名。●地名。《曾姬無卹壺》：“聖趄之夫人曾姬無卹，虚（吾）安茲、漾陵、蒿閒（間）之無匹（匹）。”“漾陵”或與養國有關。楚國曾以養為縣，但設縣時間不明。進入戰國，楚國盛行封君制，不少的城邑都有封君的封地。養地亦有一封君。何浩先生有專文研究過戰國時期養君、養器的性質，認為其“人是楚人，器是楚器，與西周、春秋時期的嬴姓養國，已毫無關係可言了”。（《小議養器與養國》）《包山 13》亦有“漾陵”。●讀洋。《蔡侯殘鐘》：“☑慶☑而光，油油漾漾，往矣叔姬，虔命勿忘。”“漾漾”典籍中作“洋洋”。“漾”“洋”古音同屬喻母陽部字，可通。《爾雅·釋詁上》：“洋，多也。”“洋洋”意義與“油油”同。二者重迭連用，加強語義。《廣雅·釋訓》：“油油，流也。”王念孫疏證曰：“九歎：江湖油油。衛風竹竿篇：淇水滺滺。釋文作浟浟。《五經文字》云：亦作攸攸。並字異而義同。”故“油油”又引申為悠遠、悠長之義。

禱 楚 清華九·成人 2

【注】從示羕聲。●讀祥。《清華九·成人 2》：“不志（識）厥（厥）禱（祥）之爰（發）于吉兇。”

定紐象聲

象 且辛鼎 師湯父鼎 邾訛鼎 立盨 匜卤楚 清華八·虞夏

3 清華四·筮法52 清華四·筮法54 清華四·筮法56 清華五·三

壽12 清華五·三壽15 清華三·琴舞3 上博五·鬼神6 上博六·天甲2

上博六·天乙2 上博六·天乙2 上博六·天乙2 安大一45 安

大一87 安大一44 清華十一·五紀32 清華十一·五紀70 清華十一·五

紀79 鄂君啟車節 郭店·老乙12 郭店·老丙4 璽補13 燕 鄖

侯載器晉 璽彙1455 璽彙3273 秦 睡簡·為吏17 印增379

【注】甲骨文作、、、、、、，象大象形；突出其長長的鼻子和寬厚的身軀。《鄖侯載器》所作，與“馬”字易混，但馬字突出馬目，馬目的形狀一般是兩頭小中間大；象字則突出象鼻，彎曲狀之象鼻與象頭並未連為封閉整體，故字實為“象”字，用為“為”。楚文字“象”之正體作，下部尚可見象之身形。而第二類字形為異體字形，下面訛成了“肉”旁，遂與“兔”字易混。“象”字下部從肉的構形，與“兔”字構形的區別僅僅在於右上側筆畫的上揚還是下垂（“兔”右上側筆畫上揚）。然二字作為偏旁易混。秦系文字作，為小篆所本。《說文》：“，長鼻牙，南越大獸，三秊一乳，象耳牙四足之形。凡象之屬皆從象。”本義為長鼻子的象。●本義，大象。《睡簡·為吏17》：“犀牛象赤。”●用作“為”。《立盨》：“立象（為）旅須（盨），子子孫孫永寶用。”戰國文字異體紛呈，有的簡省過甚，故“為”亦或省“爪”，另見於《曾侯乙鐘》《鄖侯載器》之“象”，亦用為“為”。●族氏名，見於《象爵》《象觚》等。●象禾：地名，地望不詳，或謂即指今河南泌陽縣北之象河關。《鄂君啟車節》：“自鄂市、就陽丘、就邡（方）城、就象禾。”●象舞：古代一種顯示武威的舞蹈。《匜尊》：“隹（唯）四月初吉甲午，懿王才（在）射盧（廬），乍（作）象舞。”《詩·周頌·維清序》：“維清，奏象舞也。”孔穎達疏：“謂文王時有擊刺之灋，武王作樂，象而為舞，號其樂曰象舞。”《清華八·虞夏3》：

"乍（作）樂《武》《象》。"《武》《象》，周武王時的樂名。文獻或作"舞象"。《禮記·內則》：
"成童，舞象，學射御。"孔穎達疏："舞象……謂用于干戈之小舞也。"●象樂：指為象舞伴奏
的樂曲。《匜卣》："隹（唯）四月初吉甲午，懿王才（在）射盧（廬），乍（作）象舞，匜撫象
樂二。"●仿效、效法。《上博六·天乙2》："夫=（大夫）象邦君之立身不免，邦君象天子之立
身不免。"●大象：大道、常理。《郭店·老丙4》："執（設）大象，天下往。往而不害，安坪（平）
大。"《郭店·老乙12》："大音祇（希）聖（聲），大象亡坓（形）。"●可讀暢。《安大一45》："旾
（文）絪（茵）象輚（轂）。"《毛詩》作"文茵暢轂"。胡平生以為"象轂"可依毛傳釋為"長
轂"，或以為"象轂"是指有文飾之車轂。（胡平生、韓自强《阜陽漢簡詩經研究》第七八至七
九頁）。程燕認為讀暢，"象""暢"上古音皆屬陽部，疊韻可通。（程燕《詩經異文輯考》第一
七八頁）●讀漾，《說文》言"讀若蕩"，此為放縱意。《清華五·三壽12》："古民人迷亂，象矛
（茂）康駤（戀），而不智（知）邦之將喪。"

像 [楚] 帛書甲　清華十一·五紀33

【注】從人象聲。●讀象。帛書"天像"讀天象。●讀象，大象。《清華十一·五紀33》："民之
愙（裕）材，亓（其）貞（珍）珠、龜、像（象）。"

喿 [楚] 曾侯1　曾侯乙鐘

【注】從口象聲。●曾侯簡人名。●《曾侯乙鐘》讀為。詳"象"字。

繰 [齊] 陶彙9·107

【注】從糸象聲。●齊陶人名。

諫 [楚] 清華七·越公37　　諫 清華八·攝命11

【注】從言象聲。●《清華八·攝命11》："亡能諫（予）甬（用）非頌（容）。"諫，整理者讀
悆，注："段玉裁以為與'豫'、'婸'等字通用。"頌，整理者讀為"庸"。豫當讀予，頌讀容。
參清華藏三《周公之琴舞》簡14"不畀甬（用）非頌（容）"，非容者，不予用也。●《清華七·越
公37》："諫（揚）繒（逾）諒人則劓（刑）也。"諫"整理者讀佯，訓"欺詐"；"繒"讀媥，
訓"鄙薄"。諫，當讀揚，訓"高揚"；"繒"讀逾，訓"越過，超過"。"揚逾"殆古成語，表逾
越禮制。

濠 [楚] 新蔡甲三15

【注】從水象聲。"鳶"有類似筆畫，三個勹形，其形體當由　字同化來。●讀蕩。《新蔡

甲三 15》："隹湶栗忑（恐）臘（懼）。"栗，當讀慄。《爾雅·釋詁下》："慄，懼也。"《詩·秦風·黃鳥》："臨其穴，惴惴其慄。""慄"與"恐、懼"均為同義詞。《説文》："湶，水湶漾也。讀若蕩。"《玉篇》："湶，今作蕩。""蕩"有震動義。《史記·龜策列傳》："以破族滅門者，不可勝數，百僚恐蕩。""蕩"與"恐"連用，與簡文"蕩"與"栗、恐、懼"連用同。

定紐尚聲

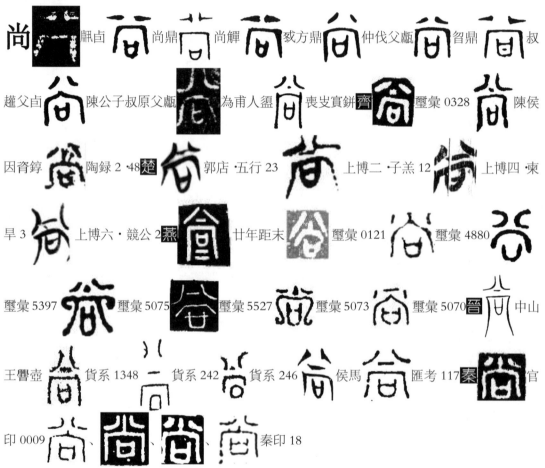

【注】此字西周早期作**六**，西周中期以後增口，春秋戰國間作**尚**，于**八**形中加一點為飾筆。當為指事字，**八**指堂上、或房基、或高臺之類的高形建築，**六**于**八**上加短橫指事高尚之義。《説文》："尚，曾也。庶几也。從八向聲。""曾""庶几"均後來義。●還。《叔趯父卣》："母（毋）尚為小子，余覞為女（汝）丝（茲）小鬱彝。"《史記·廉頗藺相如列傳》："趙王使使視廉頗尚可用否。"●讀常，濾、常濾。《陳侯因資錞》："莖（世）萬子孫，永為典尚（常）。"《陳公子磚》："子子孫孫是尚。"是尚，金文習語，即以此為常、為濾。《國語·越語》："無忘國常。"韋昭注："常，典濾也。"●讀常，經常、恒常。《致方鼎》二："弋（式）休則尚（常），安永宕乃子致心。"●讀當，應當。《智鼎》："弋尚（當）卑（俾）處舌（厥）邑，田舌（厥）田。"《鼎卣》："敢再（稱）令（命），台（當）汝鼎有。"李學勤訓"稱"為言，"稱命"意指傳述王命。"當汝鼎有"，"有"是占有，銘中所説的六家庶人終于失去了自由人的身份。（《絳縣橫水二號墓卣銘釋讀》）●人名。《伯尚鼎》："尚其萬年子子孫孫永寶。"●讀常，用為動詞，效濾。《中山王譽壺》："可

灋可尚（常），以鄉（饗）上帝。"●《齊璽0328》"尚徭（路）鉨"，讀掌。"尚（掌）路"，職官名，此璽大概為齊管理道路職官所用之印。（《戰國官印"尚路璽"考釋》）●秦封泥如"尚衣府印""南宮尚浴""尚浴""尚佩""尚臥""尚浴府印"，均為官名。曹錦炎在《古璽通淪》中論及秦印"南宮尚浴"時説："'尚浴'，官名。尚，義為主，《漢書·惠帝紀》：'宦官尚食'，注引應劭曰'尚，主也'。據杜預《通典·職官八》引《漢儀注》謂：'或云秦置六尚，謂尚冠、尚衣、尚食、尚沐、尚席、尚書，若今殿中之任。'浴，沐同義，璽文之'尚浴'，當即《漢儀注》所説的'尚沐'。"（《古璽通論》180頁）其説可從。●三晉官璽（匯考117）"左庫尚歲"。"尚"同"掌"，有主持義。"歲"指一年的收成，泛指農業生産，印文之"尚歲"當是負責管理農業生産的職官。（李家浩《戰國官印"尚路璽"考釋》97頁）印文"尚歲"另有多種釋法，具體含義尚需討論。●讀倘。《上博二·子羔12》"尚吏（使）"讀為"倘使"，假如、如果。●讀嘗。《上博四·柬旱10》："目（以）君王之身殺祭未尚（嘗）又（有）。"未嘗，不曾、未曾。

堂【楚】 清華八·處位6

【注】從玉尚聲。●《清華八·處位6》："夫堂歐（貢）亦曰余（餘），無皋而湴（屏），須事之禺（遇）幾（機）。""堂歐"二字費解。劉信芳讀為"嘗貢"。（《清華藏八《邦家處位》章句》）簡文"嘗貢"者，烝嘗祭祀所用貢賦畜聚也。畜聚之物亦稱"餘聚"，此所以"嘗貢亦曰餘"也。

黨【秦】 上黨武庫矛 上党武庫戈 睡簡·封診69 、 、

印增403

【注】從黑尚聲，與小篆同。《説文》："黨，不鮮也。"段玉裁注："新鮮字當作鱻。屈賦遠遊篇。時曖曖其曭莽。王注曰。日月晻黮而無光也。然則黨曭古今字。"本義晦暗不明。●"上黨"，地名，見於典籍，該地戰國時屬韓，戰國末期又先後歸趙、秦所有，其地在今山西長治市北。《史記·秦本紀》："秦攻韓上黨，上党降趙。"《上党武庫戈》："上黨武庫。"●讀倘，如若。《睡簡·封診69》："當獨抵死（屍）所，即視索終，終所黨有通迹。"應獨自到達屍體所在地點，觀察束繩地方，束繩處如有繩套的痕跡。

堂【楚】 郭店·尊德17

【注】從里尚聲。●讀黨。《郭店·尊德17》："察迡則亡避（僻），不堂（黨）則亡（無）惆（怨）。"黨，偏私、偏袒。

嘗【楚】 清華一·楚居2【晉】 璽彙2054 訓義1·91

【注】從長從尚，雙聲字。晉璽從尚省。●讀倘。《清華一·楚居2》："爰生緹白（伯）、遠中（仲）。

婋（毓）賞（徜）羊（徉）。"詳"婋"字。●晉璽人名。

掌齊 ［匯考 33］ 掌莒箕鼎蓋 楚 ［清華七·趙簡子 7］晉 ［璽彙 1824］

陶彙 6·20

【注】從手尚聲；或尚省聲。六國文字手作偏旁訛為來、垂形。●《掌莒箕鼎蓋》："掌莒笓（箕）。"莒笓，讀薌箕。《禮·曲禮》黍曰薌合，粱曰薌其。注：粱為白粱，黃粱也。掌，何琳儀謂"嘗"之異體，下從來（小麥），與"嘗"從旨義本相因，且都從尚得聲。莒笓，讀薌箕。《禮·曲禮》黍曰薌合，粱曰薌其。黍指大黃米，粱指精細的小米。"黃米內涵馨香和小米外溢馨香，古人分別以'薌合'和'薌其'形容，用辭考究，頗為貼切。"（何琳儀《薌箕解》）簸箕之形內狹外廣，故由箕所組成的詞彙多有向外舒展之義，如"箕踞""箕張"等等。●《匯考 33》"左掌客亭"。掌客，職官名，見於《周禮·秋官·掌客》"掌客掌四方賓客之牢禮、餼獻、飲食之等數與其政治"。此璽大概是負責接待迎送賓客的掌客所用之印。《璽彙 1824》釋為"掌事"，為戰國官璽。"掌事"見於《周禮·天官·職幣》"振掌事者之余財"，注："掌事，謂以王命有所作為。"《春官·小祝》："凡外內小祭祀，小喪祀，小會同，小軍旅掌事焉。"疏："掌事者，此數事皆小祝專掌其事也。"●《清華七·趙簡子 7》："昔吾先君獻公，是尻掌又（有）二厇（宅）之室。"整理者："尻"是"處"字，"掌"讀堂，指廳堂，"掌有"為"堂上有……"。

弆楚 ［帛書乙］晉 ［錢典 299］

【注】從廾尚聲，疑"掌"之異文。●韓方足布"弆子"讀尚子，地名。●帛書"不尋其弆"，讀當。

敞晉 ［璽彙 3380］

【注】從攴尚聲。●晉璽"敞蔯"，姓氏。

毅秦 ［故宮 447］ ［金符 38］ ［秦印 62］

【注】從殳尚聲。●秦印人名。

惝楚 ［季子康鎛］ ［曾侯與編鐘］ ［包山 199］

【注】從心尚聲。●讀尚。《曾侯與編鐘》："期（其）肫（純）德降余，萬殜（世）是惝（尚）。"《季子康鎛》："用保是惝（尚）。"●讀尚，意思是庶幾，義如當。《包山 199》："窮=（躬身）惝（尚）毋又（有）咎。"

諯 楚  曾侯墓漆書

【注】從言尚聲，"讜"之異文。● "☐☐諯和"，讀嘗。"和"讀禾。《史記·封禪書》："而四大塚鴻、岐、吳、嶽，皆有嘗禾。"集解："以新穀祭。"

糄 齊  齊陶 1241

【注】從米尚聲。● "☐糄"義不詳。

螳 楚 匯考 299

【注】從虫尚省聲。●璽文為"尚螳"合文，讀"上唐"，複姓。

堂 楚  清華十一·五紀 62　　清華十一·五紀 116 齊　璽彙 3666　　璽彙 3560

【注】從止尚聲。或尚省聲，"堂"之異文。●齊璽"堂亡鑒""堂傪"，疑讀掌，姓氏。●整理者讀尚。《清華十一·五紀 116》："唬（呼）曰武壯，應曰正橫，孔曰奚堂。"

𡸚  敤簋　　敤方鼎

【注】從京堂聲，當為"堂"字繁體。劉釗曰："金文堂復從京，應為迭加的聲符。"（《古文字構形學》86 頁）葉玉英認為 𡩋 可看作是雙聲符字，古音"堂"在定紐陽部，"京"在見紐陽部。西周金文中不乏見母與舌音相通之例，如牧簋銘文借"旨"為"稽"。（《古文字構形與上古音研究》403 頁）《說文》："𡩋，距也。從止尚聲。"《周禮·冬官考工記》："維角堂之。"《注》堂，讀如掌距之掌，取其正也。●堂目：地名。《敤簋》："隹（唯）六月初吉乙酉，才（在）𡸚（堂）目（次）。"

𦠆 齊  璽彙 3225

【注】從肉尚聲。●齊璽"𦠆膄"疑讀嘗，姓氏。

夢  周夢壺　　周夢壺

【注】從多尚省聲，"夢"字省文。《說文》："𡩋，厚唇皃。"本義嘴唇肥厚。《說文解字注》："按

1309

錯本云尙聲。而注云从多尙會意。則聲字衍也。依今音則當云多亦聲。"古文字當從尙聲。● 人名。《周鋚壺》："周鋚乍（作）公日己障壺。"

【注】從木尙聲，或尙省聲。《説文》："棠，牡曰棠，牝曰杜。從木尙聲。"本義喬木名。●《上博一·詩論10》："《甘棠》之保（報）、《綠衣》之思。"甘棠，詩經篇名。● 人名。《十年洱陽令戈》："左庫工帀（師）重（董）棠。"● 地名。《上博九·陳公4》："或（又）與晉人戰於兩棠。""兩棠"，古地名。《呂氏春秋·至忠》："荊興師戰於兩棠，大勝晉。"

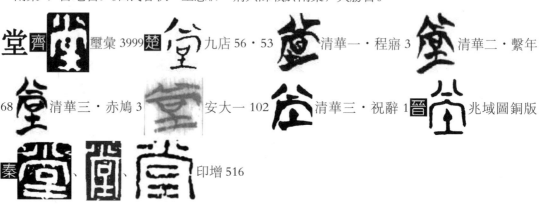

【注】從土尙聲，或尙省聲。《説文》："堂，殿也。從土尙聲。尚古文堂。堂籀文堂從高省。"本義殿堂。高于一般房屋，用于祭獻神靈、祈求豐年。● 古代宮室，前為堂、後為室。《兆域圖銅版》："王堂方二百毛（尺）。"《禮記·禮器》："天子之堂九尺，諸侯七尺，大大五尺，土三尺。"《論語·先進》："由（仲由）也升堂矣，未人于室也。"● 讀棠。《秦印258》"堂邑丞印"。《史記·高祖功臣年表》有堂邑侯。《太平》："六合縣本楚棠邑。春秋時，伍尚為棠邑大夫，即此。秦滅楚，以棠邑為縣。"堂邑縣秦約屬東海郡，今在江蘇省六合縣北。●《清華三·祝辭1》："又（有）上充＝（皇皇），又（有）下坐＝（堂堂）。"整理者讀湯，《書·堯典》"湯湯洪水方割"，孔傳："湯湯，流貌。"或依字讀"堂堂"。《廣雅·釋詁四》："堂，明也。"王念孫《疏證》："堂之言堂堂也，《論語·子張篇》'堂堂乎張也'，鄭注云：'言容儀盛也。'《廣韻》引《白虎通義》云：'堂之為言明也，所以明禮義也。'《釋名》云：'堂猶堂堂，高顯貌也。'""堂堂"是盛大、顯明之貌，用來讚美地祇也是適當的。

清華八·邦政 13　上博五·君禮 8　上博七·武王 2　璽彙 3442　匯考

127　璽彙 0123　璽彙 3549　璽彙 5421　璽彙 5422　貨系

4179　貨系 4176　貨系 4184

【注】從立尚聲。●多讀當，相當、相稱等義。《鄂君啟車節》：“屯十乇（以）壾（當）一車。”《上博四·曹沫 23》：“則祿爵有常，幾莫之壾（當）。”●《匯考 127》“壾旍（旗）”，讀掌。●《璽彙 3442》“堂城壴（府）”，讀當。當城，地名，見《漢書·地理志》，隸屬代郡，在今河北蔚縣東。●《璽彙 0123》“壾（上）谷桐叴（尉）”，“壾谷”當讀上谷。“上谷”為地名，在今河北懷來縣東南，戰國本屬燕。據典籍所載，燕之上谷郡與趙之代郡接壤，其轄境相當於今河北張家口、小五臺山以東，赤城、北京延慶縣以西，及內長城和昌平縣以北地。此印為上谷屬趙時其地管理苑囿的尉官用印。《璽彙 3549》“壾（上）谷隆”，“上谷”當為複姓。●讀黨。《上博五·競建 10》：“二人也，堋（朋）壾（黨），群獸鼕堋（朋）。”●讀堂，廟堂、宗廟、廳堂等義。《上博五·君禮 8》：“亓（其）才（在）壾則☑。”《上博七·武王 2》：“逾壾幾（階）。”

棠湯叔盤

【注】從林堂省聲，堂、林共用筆畫ごⅭ。疑“棠”之異文。●讀棠，氏。《棠湯叔盤》：“墊（棠）湯弔（叔）白（伯）氏羃（擇）鑄其隟。”

包山 180　　包山 50

【注】從邑尚聲。●地名，地望不詳。

櫟陽矛　　陶彙 5·1　　武當矛　　、　、

秦印 262　睡簡·答問 71

【注】從田尚聲。《說文》：“當，田相值也。”本義兩塊田相當、相等。●應當。《睡簡·答問 71》：“當棄市。”秦文字用“當”表示相當、應當之當，楚文字則用“堂”“壾”表示（偶用“尚”表示）。●地名。《櫟陽矛》：“當。”“當”似應即“當城”，又見于秦封泥，《漢書·地理志》屬代郡，在今河北省蔚縣。●讀倘，倘若。《睡簡·答問 179》：“當者（諸）侯不治騒馬。”

棠 ^楚 楚王酓前鼎　　　　酓忓鼎　　　酓脡盤　　　郍陵君鑑　　　上博一・緇衣 9　　棠

上博四・柬旱 21　　上博五・三德 1 ^晉與兵壺

【注】從示尚聲。郭沫若曰："棠從示尚聲，當即祭名蒸嘗之專字。《爾雅・釋天》：'秋祭曰嘗，冬祭曰蒸。'嘗乃假借字。"(《金文叢考》413 頁)●祭祀專用名，楚系文字常用"棠"，詳"嘗"字。

戙 ^楚 攻敔王光劍

【注】從戈尚聲，疑"擋"之異文。●讀擋。《攻敔王光劍》："台(以)戙戙(勇)人。"董珊謂可能讀"以尚勇人"，"尚勇人"也就是"崇尚勇人"，也即"尚勇"。(《新出吳王余祭劍銘考釋》)

鎨 ^齊 簹叔之仲子平鐘　　金谷 簹叔之仲子平鐘

【注】從金尚聲。《説文》無。《玉篇》磨也。《集韻》一曰車輪繞鐵也，或作"鐋"。●金屬料之修飾語。《簹叔之仲子平鐘》："玄鏐鎨鏞(鋁)，乃為之音。"黃盛璋曰："《説文》有鏞而無鎨。鏞銻，火齊也。《廣韻》：'火齊似云母，重遝而開。色黃赤似金。出日南。'火齊即玫瑰，正為黃赤色，似金。鎨鏞當為黃赤色之鏞(鑪)。"(《"戟(撻)齊(齊)"及其和兵器鑄造關係新考》)

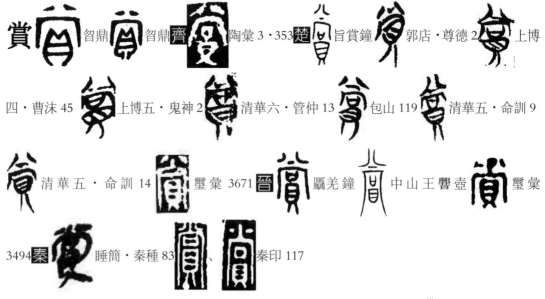

賞 [□] 智鼎 智鼎 ^齊 陶彙 3・353 ^楚 旨賞鐘 郭店・尊德 25 上博

四・曹沫 45 上博五・鬼神 2 清華六・管仲 13 包山 119 清華五・命訓 9

清華五・命訓 14 璽彙 3671 ^晉 驫羌鐘 中山王䤾壺 璽彙

3494 ^秦 睡簡・秦種 83 、 秦印 117

【注】西周中期以前賞賜字多作商、賣，戰國文字則從貝尚聲。《説文》："賞，從貝尚聲。賜有

功也。"本義為獎賞。●賞賜。《屬羌鐘》："賞于虬（韓）宗。"《郭店·尊德 2》："賞與（舉）垩（刑）柴（禍），福之剀（基）也。"●讀償，賠償。《曶鼎》："賞（償）曶禾十秭。"●讀償，償還。《曶鼎》："限話（语）曰：氐則卑（俾）我賞（償）馬，效父則卑（俾）復氒（厥）絲束。"

償 秦　[賞] 龍崗 101　[賞] 龍崗 162

【注】從人賞聲。●賠償。《龍簡 162》："稼償主。"

綃 楚　[綃] 天星

【注】從糸尚聲。●文義不詳。

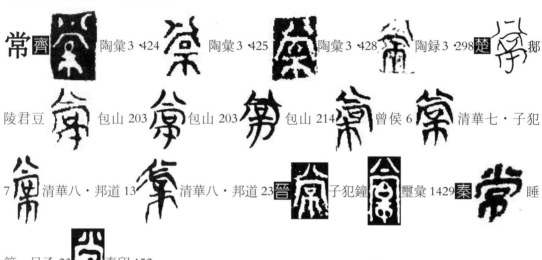

常 齊　陶彙 3·424　陶彙 3·425　陶彙 3·428　陶録 3·298　楚　郪

陵君豆　包山 203　包山 203　包山 214　曾侯 6　清華七·子犯

7　清華八·邦道 13　清華八·邦道 23　晉　子犯鐘　璽彙 1429　秦　常 睡

簡·日乙 23　秦印 152

【注】從巾尚聲。楚文字或從市尚聲。《説文》："常，下帬也。從巾尚聲。裳常或從衣。"本義為下衣，與"裳"原是同一個字，只是寫灋不同而已。中國上古時代男子的禮服有上衣下衣之分，下衣即"裳"，也就是"常"，其形制類似今日的裙子。古人上衣着裝之灋的形形色色，而下衣的穿着卻是恒定不變的，因此，"常"字便很自然地生出"恒常不變"的意義，再由恒常引申出了經常、平常等意義。●讀裳。《子犯鐘》："王易（賜）子軝（犯）輅車、四牡（牡）、衣常（裳）。"戰國文字或作"裳"，為"常"之後起字。●讀嘗。《郪陵君王子申豆》："攸立戠（歲）常（嘗），以祀皇祖。"●《曾侯 6》："紫雩（羽）之常。"《周禮·春官·巾車》"建太常"，鄭玄注："太常，九旗之畫日月者。"《釋名·釋兵》："九旗之名日月為常，畫日月於其端，天子所建，言常明也。"曾侯乙墓簡另有"豻常"（簡 53）和"常"（簡 69）。天星觀簡記有"玄羽之常"和"生錦之常"。"紫羽之常"，則指紫色羽毛裝飾的"常"。

敞 齊　陶彙 3·984

【注】從攴常聲。●齊陶人名。

【注】從衣尚聲。●用為本義，指下衣。《包山244》：“贛（貢）之衣裳各三再（稱）。”《上博二·容成47》：“文王於是乎素端、襦裳以行九邦，七邦遬（來）備（服）。”●《包山199》“石被裳”人名。

【注】從旨尚聲。或從旨尚省聲。《説文》：“嘗，口味之也。從旨尚聲。”●祭祀專用名，指秋天向祖先供奉新谷，使之嘗新。《詩·小雅·天保》：“禴祠烝嘗，于公先王。”毛傳：“春曰祠，夏曰禴，秋曰嘗，冬曰烝。”銘文中用為祭祀之通稱。《陳侯因𫐉錞》：“以烝（蒸）以嘗。”《珝生簋》：“用乍（作）朕（朕）剌（烈）且（祖）𨼪（召）公嘗殷。”嘗簋，祭祀用簋。楚系文字常用“裳”。●曾經。《睡簡·封診93》：“亦未嘗召丙飲。”《郭店·魯穆5》：“夫為其君之古（故）殺其身者，嘗又（有）之矣。”●經歷。《集證307》“百嘗”，為嘗百味之意，喻其經歷豐富。●地名。《效卣》：“王蒦（觀）于嘗。”觀，古人娛游之事也。

定紐長聲

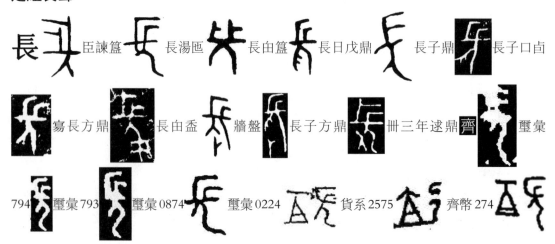

齊幣 276　　齊幣 280　楚　曾侯與編鐘　　曾侯與編鐘　　長子顯臣簠　長子顯臣

簠　長郵戈　　包山 61　　包山 230　　包山 271　　上博五 · 姑成

4　上博七 · 武王 4　　上博一 · 詩論 26　　清華一 · 繫年 82　　清華二 · 繫年

112　清華一 · 程寤 6　清華八 · 邦道 7　　清華八 · 攝命 10　　清華五 · 三

壽 2　上博九 · 邦人 10　清華十一 · 五紀 98　燕　廿年距末　　璽彙 0745

璽彙 0022　　璽彙 0883　　璽彙 0693　　郾王喜矛　　璽彙 0003　　璽彙

3362　晉　五年奠命戈　四年奠命戈　五年鄭令韓☒矛　類編 195　　年茲

氏令吳庶戈　　長陵盉　　璽彙 0740　　璽彙 0744　　璽彙 0719　　璽彙

0223　五年𨟭令思戈　塚子觟誼戈　𨟭令思戈　長月岡倉鼎　庶長畫戈

張畫戟　　梁令張猷戟刺　　　三晉 594　　　三晉 595

兆域圖銅　六年襄城令戈　中山王𪉷鼎　　璽彙 0301　　鴌羌鐘

長信侯鼎　三晉 127　行氣玉銘　□年上郡守戈

秦印 188　璽彙 0693　睡簡 · 效律 37

睡簡 · 秦種 68

【注】甲骨文作 𝌆、𝌇、𝌈、𝌉、𝌊、𝌋、𝌌、𝌍、𝌎、𝌏，象人有長髮之形。戰國文字人形習增飾筆，作 𝌐、𝌑、𝌒、𝌓 等形。戰國文字或增從立。●長度。《兆域圖銅版》：“丌（其）椙（題）跿（湊）長三毛（尺）。”●年長，引申為位高權重。《中山王𧊒鼎》：“昔者，郾（燕）君子噲（噲）賭（叡）弁夫猫（悟），䢗（長）為人宰（主）。”●久遠、永恆。《牆盤》：“天子圝眉（纘）文武長刺（烈）。”●地名用字，如“長沙”“長信”“長平”等等。●讀掌，執掌。《璽彙 0224》“長金之鉨”，長金，職官名，職掌金屬等庫藏之官，見《周禮》之“職金”。●讀張，氏名。《四年鄭令韓𠈹戈》：“奠（鄭）佮（令）𢿙（韓）𠈹、司寇長朱。”戰國兵器銘文多以長為張，另如《三年大將吏弩機》：“三年，大牂（將）吏妝、邦大夫王平、象（掾）長（張）承所為。”●讀萇。《上博一 · 詩論 26》：“《隰有長（萇）楚》得而愫（悔）之也。”詩篇名《隰有萇楚》見於今本《詩經 · 檜風》。《隰有萇楚》全詩共三章，每章的末句云“樂子之無知”“樂子之無家”“樂子之無室”，李零指出，詩人自歎命薄，竟草木之不如，雖“有知”“有家”“有室”，反不如萇楚無之，故曰“得而悔之也”。

脹 楚 𝌔 清華四 · 筮法 53

【注】從肉長聲。●用為本義，腫脹。《清華四 · 筮法 53》：“為瘴（腫）脹。”

倀 楚 𝌕 上博四 · 曹沫 28　𝌖 上博四 · 曹沫 36　𝌗 上博四 · 曹沫 25　𝌘 上

博四 · 曹沫 28　𝌙 上博八 · 有皇 3　𝌚 郭店 · 緇衣 11　𝌛 清華八 · 邦道 21　𝌜

清華七 · 趙簡子 2　𝌝 上博九 · 卜書 4　𝌞 璽彙 2556　𝌟 璽彙 3756　𝌠 分研 1

分域一 88　𝌡 類編 277

【注】從人長聲。倀，《說文》狂也。●楚文字多讀長。《上博八 · 有皇 3》：“䚸（慮）余子丌（其）

1316

速倀（長）今［可（分）］。”《郭店・性自7》：“牛生而倀（長），鳶（鶱）生而戕（伸）。”●讀
丈。《上博九・卜書4》：“少（小）子吉，倀=（丈人）乃哭。”簡文指此兆象對小子（未成年者）
為吉，丈人（成年者）則有哭泣、喪禮之結果。●楚璽“倀信”“倀楚”“倀妝”，姓氏，讀張。

鶬[楚]  清華十一・五紀77

【注】從鳥長聲。●讀張。《清華十一・五紀77》：“ۭ（始）養於鶬（張）。”

辰[楚]  清華十一・五紀117

【注】從埶省，長聲。●讀唱。《清華十一・五紀117》：“奮眉（指），唬（呼）辰（唱）。”

娠[秦]  戰編809

【注】從女長聲。●秦印人名。

展  嬰方鼎　令簋[楚]　上博四・逸交1

【注】從厂長聲，疑“碭”之異文。郭沫若曰：“殆是碭之古文。”（《兩周金文辭大系考釋》5頁）
按郭說，厂為石之省，金文石作偏旁常省作厂。長、易聲同。●讀揚。《嬰方鼎》：“丁亥，珷商
（賞）又（有）正嬰貝才（在）穆朋二百。嬰展珷商（賞），用乍（作）母己隣鼎。”《令簋》：
“令敢展（揚）皇王宝，用乍（作）丁公寶殷。”●讀長，領導。《上博四・逸交1》：“目（以）
自為展。”《詩・大雅・皇矣》：“克長克君。”毛亨傳：“教誨不倦曰長。”屈原《橘頌》：“年歲雖
少，可師長兮。”

漲[晉]  侯馬

【注】從水長聲，“漲”之省文。●人名。

張[齊]　𢓜距末[楚]　包山95　郭店・窮達10　清華八・邦道22

清華六・子產26　清華六・子產8　清華六・子儀4　清華十・四時1[燕]　廿

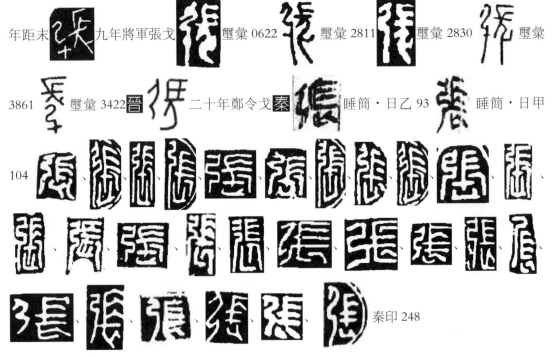

年距末 九年將軍張戈　璽彙 0622　璽彙 2811　璽彙 2830　璽彙

3861　璽彙 3422 晉　二十年鄭令戈 秦　睡簡・日乙 93　睡簡・日甲

104

【注】從弓長聲。《説文》："，施弓弦也。"本義把弦安在弓上。《禮・曲禮》張弓尚筋。●張，二十八宿之一。《睡簡・日甲 47》："張、翼少吉。" ●張設。《愓距末》："愓乍（作）距末，用差（佐）商國，光張上下，四方是備。"意思是廣泛張設"距末"于天下，使四方國家臣服。●古文字多為姓氏。●弘揚。《清華六・子產 26》："張芺（美）棄亞（惡），為民型（刑）程。"

瘝 楚  新蔡甲三 219 　新蔡甲三 210 秦　印增 590

【注】從疒張聲。●秦印人名。●楚簡讀脹，詳"痕"字。

郧 晉 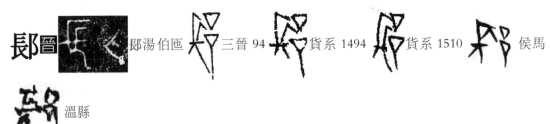 郧湯伯匜　三晉 94　貨系 1494　貨系 1510　侯馬

溫縣

【注】從邑長聲。●盟書讀張，姓氏。●三晉幣文讀長，"長子"為地名。

 楚　曾侯 1　　天星　望山 2・9　望山

2・17　安大一 46

【注】從匋長聲，或佷聲。●讀韔，弓囊。《説文》："韔，弓衣也。從韋長聲。《詩》曰：'交韔二弓。'"《安大一 46》："虎齒（韔）豹（豹）麀（麇）臍（臍）。"《毛詩》作"虎韔鏤膺"。《曾侯 1》"脄韔"即用虎皮作的弓韔。

緹 晉 中山王嚳壺

【注】從糸長聲，為"張"之異體，《古文四聲韻》《汗簡》"張"均從糸作，與此同。●讀長，廣大、久遠也。《中山王嚳壺》："隹（唯）德莒（附）民，隹（唯）宜（義）可緹（長）。"

倀 楚 郭店·尊德 14

【注】從彳長聲。●讀倀。倀，《説文》狂也。朱駿聲《説文通訓定聲》説："俗字作猖。"《郭店·尊德 14》："教以全（辯）兌（説），則民執（藝）陵倀（倀）貴以忘（妄）。"陵，折辱、冒犯之意。

賬 齊 類編 193 燕 陶録 4·11

【注】從貝長聲。●齊璽人名。

痕 楚 新蔡乙二 5 新蔡甲三 291

【注】從疒長聲，"脹"之異文。●讀脹。《新蔡乙二 5》："瘠（膚）疾、瘇（胖）痕（脹）。"

泥紐叕聲

叕 襄鼎 襄父丁鼎 小子㝬鼎 散氏盤 齊 樂子簠 薛

侯盤 叔尸鎛 叔尸鎛 璽彙 5294 陶彙 3·609 楚 鄂君啟舟節

鄂君啟車節 清華五·命訓 9 清華五·命訓 11 清華七·趙簡子 8

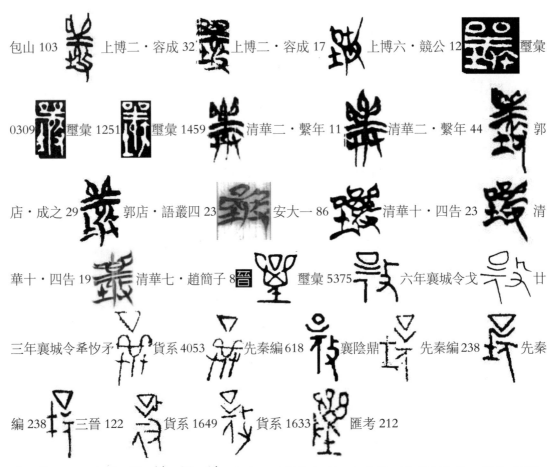

包山 103　　上博二·容成 32　　上博二·容成 17　　上博六·競公 12　　璽彙

0309　璽彙 1251　　璽彙 1459　　清華二·繫年 11　　清華二·繫年 44　　郭

店·成之 29　　郭店·語叢四 23　　安大一 86　　清華十·四告 23　　清

華十·四告 19　　清華七·趙簡子 8　　璽彙 5375　　六年襄城令戈　　廿

三年襄城令絭忓矛　　貨系 4053　　先秦編 618　　襄陰鼎　　先秦編 238　　先秦

編 238　　三晉 122　　貨系 1649　　貨系 1633　　匯考 212

【注】甲骨文作 𦥑、𦥑、𦥑、𦥑、𦥑，象人頭頂載物之形，突出其頭上環形之物，當為"㲋"字初文。金文族徽文字與甲骨文同。後期金文多繁化從土、攴，頭上環形之物增繁、訛變。這和周初"敬"的金文作 𦥑，後來孳乳為 𦥑，其例相仿。戰國文字或作 𦥑（璽彙 2237"纕"所從），或作 𦥑（璽彙 0514"讓"所從），變形音化從羊聲。列國陶文又省作 𦥑，漢印作 𦥑，《說文》作㲋。《樂子簠》從口㲋聲，為繁文。㲋、襄一字之孳乳。"㲋"和從衣的襄字古通用。《說文》："㲋，亂也。從爻、工、交、吅。一曰窒㲋。讀若襄。𦥑籀文㲋。"●讀讓，退讓、謙讓。《上博二·容成 32》："以㲋（讓）於有吳迴。"●讀襄。《叔尸鎛》："不（丕）顯穆公之孫，其配㲋（襄）公之妣，而鯀公之女。"襄公：即宋襄公。春秋時宋國國君。公元前 650—前 637 年在位。齊桓公死後，他與楚爭霸，一度為楚所拘。後在泓水之戰中，被楚軍打敗，傷重而死。他是《叔尸鎛》中叔夷母親的母舅。●讀襄。銘文中襄城、襄陵、襄陰，均為地名。《鄂君啟舟節》："大司馬卲（昭）陽敗晉帀（師）于㲋（襄）陵之歲。"●讀鑲。《陳璋壺》："廿二重金絡㲋（鑲）。"●讀纕。《璽彙 0309》"下蔡㲋㲋"。㲋㲋，吳振武讀職纕，認為是負責織造佩戴部門或官吏所有之璽。（《〈古璽文編〉校訂》325 條）曹錦炎讀作"職禳"，《周禮》天官塚宰第一："掌以時招、梗、禬、禳之事，以除疾殃。"認為此璽是下蔡邑主管禳事之官之印。（《古璽通論》105 頁）●讀良。《上博六·競公 12》："善才（哉），虐（吾）☐晏子是㲋（良）逗之言也。"㲋逗，讀為"良翰"。典籍從"襄"從"良"之字多可通，《史記·仲尼弟子列傳》："公良孺。"《索隱》："鄒誕本作公襄孺。"《爾雅·釋蟲》："不過，蟷蠰。"《禮記·月令》"蟷蠰"作"蟶蜋"。"良翰"，指賢良的輔佐。《詩·大雅·崧高》："周邦咸喜，戎有良翰。"鄭玄箋："翰，幹也。●讀壤，土。《郭店 語

1320

叢四 23》："君又（有）慭（謀）臣，則毀（壞）坒（地）不鈔（削）。"楚文字均從土作，可視為"壞"之省文。

 清華九·禱辭 15

【注】整理者釋為"翼"。當從羽毀聲。●讀攘或讀穰，眾也。《清華九·禱辭 15》："四方之明逿（歸）我·彭=徨=章=閼=翼=。"詳"彭"字。

 上博二·子羔 6　上博八·顏淵 7　清華十一·五紀 75　清華十一·五紀 102

【注】從言毀聲，"讓"之省文。●讀讓，辭讓。《上博二·子羔 6》："堯見坴（舜）之惪（德）臤（賢），古（故）謖（讓）之。"楚文字多用"毀"表示讓。

 清華九·治政 43

【注】從示毀省聲，"禳"之省文。●讀禳。《清華九·治政 43》："古（故）卲（灼）龜、鰲（矜）祀、祆（磔）禮（禳）、祈禱，摔（沉）☒珪辟（璧）、我（犧）全（牷）、饋邕，以忻（祈）亓（其）多福。"磔禳，即分裂犧牲進行祭祀以除不祥。

 襄王孫盞　包山 115　包山 189

【注】從邑毀聲，"鄩"之省文。●讀襄。《襄王孫盞》："鄩（襄）王孫☒嬭擇其吉金自作飤盞。"徐少華認為，湖北穀城縣過山所出銅盞為春秋晚期楚器，器主為楚莊王之孫女或曾孫女。器銘所見"襄王"之"襄"疑楚莊王另一謚號，為雙謚號。（《湖北穀城出土的"襄王孫盞"析論》）●包山簡"鄩（襄）陵"，地名。

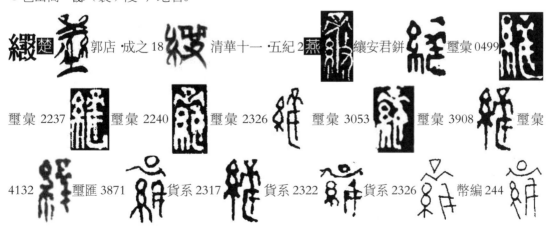 郭店·成之 18　清華十一·五紀 2　纕安君鈽　璽彙 0499　璽彙 2237　璽彙 2240　璽彙 2326　璽彙 3053　璽彙 3908　璽彙 4132　璽彙 3871　貨系 2317　貨系 2322　貨系 2326　幣編 244

幣編 244

【注】從糸叞聲，“纕”之省文。●讀襄。《襄安君扁壺》：“緻（襄）安君刀鈚，式（二）甬（𣪊）。”襄安君，燕昭王弟。●燕方足小布（貨系 2317）“緻（襄）坪（平）”，地名。●讀讓。《郭店·成之 18》：“貴而靃（能）緻（讓），則民谷（欲）其貴之上也。”●《清華十一·五紀 2》：“俑（稱）緻以𡉚（圖）。”“稱”當訓舉，《爾雅·釋言》：“俑，舉也。”“緻”當讀襄，《山海經·中山經》：“幹俑，用兵以襄。”郭璞注：“襄，祓除之祭名。”《説文·示部》：“禳，磔禳祀，除厲殃也。古者烓人禜子所造。從示襄聲。”●餘例多為人名。

九年衛鼎

【注】從韋叞聲。●讀鑲或讀纕，用為動詞，襄飾。《九年衛鼎》：“舍遷𢈈笝（幬），煣莘（幬）鞯啇（靰），東臣羔裘。”

【注】從蚰叞聲，“蠰”字省文。●人名。

上博三·彭祖 8　上博三·彭祖 8　清華九·成人 17

【注】從肉叞聲。“膡”之異文。●讀仰。《上博三·彭祖 7》：“一命二膡（仰），是謂敄（遭）咠（殃）。”●讀攘。《清華九·成人 17》：“則（賊）人膡（攘）人，道改（奪）盾（聞）寶（抶），無嚚（赦）。”

包山 140

【注】從艸叞聲，“蘘”之省文。●包山簡“𦯉（蘘）溪”地名。

清華六·子産 23

【注】下從酉，上面的部分當是從目叞聲。隸定為“𨡜”，“釀”之省文。●簡文“酳（醞）𨡜（醬）”疑讀醬。“醬”與“襄”相〇精心旁紐雙聲、同陽部疊韻音近。“醬”是鹹味的調料。古書每“醢醬”連稱，如《儀禮·士昏禮》：“醢醬二豆，菹醢四豆。”醢醬是古人的飲食佐料，求其美味也。詳“酳”字。

襄　鮴甫人匜　鮴甫人盤　信陽 2·29　璽彙 0141　類

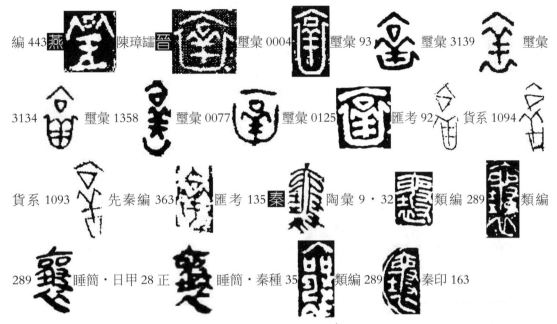

編443 燕 陳璋鑰 晉 璽彙0004 璽彙93 璽彙3139 璽彙

3134 璽彙1358 璽彙0077 璽彙0125 匯考92 貨系1094

貨系1093 先秦編363 匯考135 秦 陶彙9·32 類編289 類編

289 睡簡·日甲28正 睡簡·秦種35 類編289 秦印163

【注】從衣㲉聲。三晉文字變形音化從羊聲。《説文》：“襄，漢令：解衣耕謂之襄。從衣㲉聲。𡥡古文襄。”㲉、襄二字古文字通用。●讀囊。《信陽2·29》：“紫緂百襄（囊）米。”●《璽彙0004》“鄗襄君”、《匯考92》“襄平君”、《璽彙93》“襄安君”，均為封君用印。●讀攘。《睡簡·日甲37背》：“鬼恒襄（攘）人之畜，是暴鬼。”●讀釀，做酒。《睡簡·秦種35》：“別粲、穤（糯）之襄（釀），歲異積之。”要把用以釀酒的秈稻和糯稻區別開來，每年單獨貯積。●多為地名用字。《璽彙3134》“襄陰”、《璽彙0077》“襄陰司寇”。“襄陰”在漢代屬定襄郡，地在今內蒙古呼和浩特市，戰國時屬趙。《璽彙0125》“襄平右㕓”。“襄平”在戰國時屬燕，地在今遼寧省遼陽市。出土資料中亦有面文為“襄平”的趙國貨幣，“襄平”與燕之“襄平”並非一地，地望待考。《匯考135》“襄城”，吳振武先生認為是戰國時魏邑，其地在今河南省襄城縣。秦印中有“襄武”“襄城”等均為地名。●《璽彙0141》“襄官之璽”，疑讀纕，可能與衣帶的製作和管理有關。

嬢  印增483

【注】從女襄聲。●人名。

纕  印增508

【注】從糸襄聲。●秦印單字。

讓 晉  璽彙0986 璽彙0514 璽彙2781 璽彙0514 秦 陶彙

9·83　睡簡·為吏 11

【注】從言襄聲。●謙讓。《睡簡·為吏 11》："五曰龔（恭）敬多讓。"●晉璽人名。

欀 秦 戰編 380

【注】從木襄聲。●秦印人名。

穰 秦 、、、印增 270

【注】從禾襄聲。●秦印人名。

蘘 秦 秦印 9

【注】從艸襄聲。●秦漢印人名。

壤 秦 睡簡·封診 78

【注】從土襄聲。●用為本義，土。《睡簡·封診 78》："外壤秦綦履迹四所。"外面土上有秦綦履的印痕四處。

囊 秦 睡簡·日甲 159 背 睡簡·日甲 4 背

【注】從橐（橐省）襄省聲。《說文》："囊，橐也。從橐省，襄省聲。"●秦簡本義，口袋。《睡簡·日甲 159 背》："腹為百草囊。"●疑讀攘，盜取。《睡簡·日甲 4 背》："囊婦以出。"

來紐兩聲

兩 大簋蓋 大簋 欮簋 宅簋 盠駒尊 守簋

㒼簋 匍盉 函皇父鼎 函皇父鼎 函皇父簋 函皇父

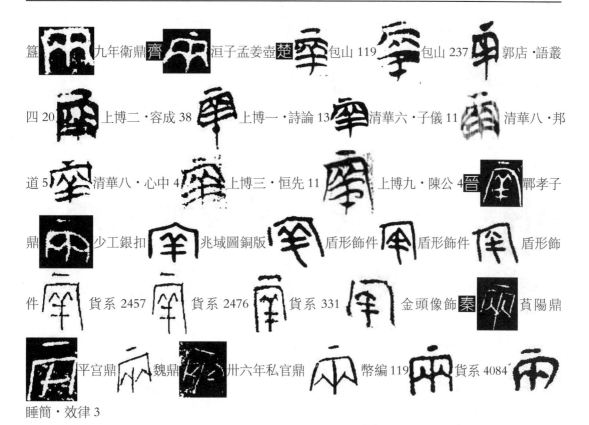

篡⋯⋯九年衛鼎 齊⋯⋯洹子孟姜壺 楚⋯⋯包山 119 ⋯⋯包山 237 ⋯⋯郭店·語叢

四 20 ⋯⋯上博二·容成 38 ⋯⋯上博一·詩論 13 ⋯⋯清華六·子儀 11 ⋯⋯清華八·邦

道 5 ⋯⋯清華八·心中 4 ⋯⋯上博三·恒先 11 ⋯⋯上博九·陳公 4 晉⋯⋯鄴孝子

鼎⋯⋯少工銀扣 ⋯⋯兆域圖銅版 ⋯⋯盾形飾件 ⋯⋯盾形飾件 ⋯⋯盾形飾

件⋯⋯貨系 2457 ⋯⋯貨系 2476 ⋯⋯貨系 331 ⋯⋯金頭像飾 秦⋯⋯莨陽鼎

⋯⋯平宮鼎 ⋯⋯魏鼎 ⋯⋯卅六年私官鼎 ⋯⋯幣編 119 ⋯⋯貨系 4084 ⋯⋯

睡簡·效律 3

【注】"兩"字初文作 ⨅⨅，象轅前部衡上著以雙軛之形。車有兩軛，故稱為兩。凡成對之物稱之為兩者，乃兩字之之引申義。"网"與"兩"本屬同字，蓋在古文字中，于字上部之有平橫者，往往又加一短橫。從用灋看，网、兩亦無區別。《説文》誤分為二。戰國文字雙軛筆勢或有變異。《兆域圖銅版》豎筆加兩橫為飾。秦漢以後兩行而网廢。《鄴孝子鼎》等變形音化從羊聲；舊多釋為"鬲"。陳英傑對兩周金文中的"鬲"字形體做了系統整理，認為 字不具備"鬲"字最明顯的特徵，即上部代表口、頸的部分，遂改釋為"兩"，此種寫灋的"兩"字常見於戰國簡牘文字。（詳《戰國金文補證三則》）《説文》："兩，二十四銖為一兩。從一；网，平分，亦聲。"所釋當為引申義，錢布既行之後始有權衡之兩。本義二物並存為兩。又用于量詞，古一車稱為"一兩"。●數詞，相當于二、雙。《函皇父簋》："自豕鼎降十又（一）、殷八、兩鑪（罍）、兩鑣（壺）。"《兆域圖銅版》："兩堂門百毛（尺）。"●讀輛，量詞。《大盂鼎》："孚（俘）車卅兩（輛）。"●貨幣的計量單位。《晉姜鼎》："易（賜）鹵責（積）千兩。"或用于計帛，《九年衛鼎》："舍矩姜帛三兩。"徐灝謂"帛兩端"，故帛得稱兩。《左傳·閔公二年》："歸夫人魚軒重錦三十兩。"杜預注："重錦，錦之熟細者。以二丈雙行，故曰兩。三十兩，三十四也。"是以三兩為六端，合十二丈。●讀緉，指一雙。《信陽 2·2》："一兩鄰（漆）緹（鞮）縷（屨）。"●讀良。五里牌 406 號墓 11"屨三兩"之"兩"即寫作"良"。《清華八·邦道 5》："既其不兩於煮（圖）。"《左傳》昭公二十三："子弗良圖，而以叔孫與其雠，叔孫必死之。"《吕氏春秋·慎行》："是吾罪也，敢不良圖。"

蕀 齊⋯⋯陶彙 3·675

【注】從屮兩聲。●齊陶地名。

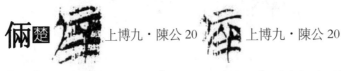 上博九·陳公 20　　　　上博九·陳公 20

【注】從人兩聲。●讀兩。《上博九·陳公 20》：“或倆（兩）申（陳）前。”

來紐量聲

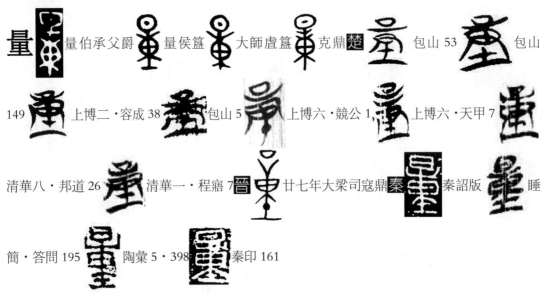

量伯承父爵　　量侯簋　　大師盧簋　　克鼎　　包山 53　　包山 149　　上博二·容成 38　　包山 5　　上博六·競公 1　　上博六·天甲 7　　清華八·邦道 26　　清華一·程寤 7　　廿七年大梁司寇鼎　　秦詔版　　睡簡·答問 195　　陶彙 5·398　　秦印 161

【注】從日從重（或從重省），于省吾曰：“從日，系露天量度之義，量所以量度物之多少輕重。量字從重從日，乃會意字，這就糾正了說文以為形聲字的誤解。”（《甲骨文字釋林·釋量》）●量器。《商鞅量》：“灋度量則不壹歉疑者，皆明壹之。”●度量。《揚簋》：“揚，乍（作）嗣（司）工，官嗣（司）量田甸。”●《包山 53》：“戊午之日不量廝下之貸，隖門又（有）敗。”簡 73 有“不量駧俸”、簡 149 有“不量其關金”，“駧俸”“關金”“貸”均與錢財有關，“量”不能解釋為“稱量輕重”，似有“計算”之意。

 九店 56·44

【注】從言量聲。●《九店 56·44》：“璺尚（幣）芳糧以譓憤某於武強（夷）之所。”疑“譓憤”應該讀為“揚讀”，訓為“說”。

煬 上博五·競建 4

【注】從火量聲。●讀禳，祭名。《上博五·競建 4》：“高宗命傅鳶（說）煬（禳）之以祭。”禳者，消災除難之祭也。簡文“量”所從火，應為義符，或與古代以火祓除厲疫的習俗有關。

糧_楚 宜桐盂 郭店·成之13 上博五·鮑叔3 清華七·越公5

糧清華六·子儀17 清華七·晉文公6

【注】從米量聲；或量省聲。●人名。《宜桐盂》："郐（徐）王季糧之孫宜桐乍（作）鑄飤盂。"●楚簡用為本義，糧食、糧草。《清華七·越公5》："夏（寡）人又（有）緤（帶）甲仝（八千），又（有）昀（旬）之糧。"

糧_楚 （ ）郐王糧鼎

【注】從井糧聲。●人名。《郐王糧鼎》："余（徐）王糧用其良金，鑄其餗（燽）鼎。"

敭_楚 上博四·曹沫32

【注】從支量聲。●讀量。《上博四·曹沫32》："早食華兵，各載爾藏，既戰將敭（量）。"

臱 子臱尊 子臱尊

【注】從泉量聲。●金文人名。

彊_高 乃孫作祖乙鼎 作文父丁鼎 要鼎 亡賓乃孫鼎 堇鼎

䵼鼎

【注】從彌（"鬲"之訛體）從匕量聲。●器名。《堇鼎》："用乍（作）大子癸寶障彊。"

彊 賢簋 賢簋

【注】從彌（"鬲"之訛體）從羽量聲。●讀糧。《賢簋》："庚午，公弔（叔）初見于衛，賢從，公命事晦賢百晦彊（糧），用乍（作）寶彝。"前一個"晦"用為動詞，讀賄，贈送；第二晦用

為本義。

來紐良聲

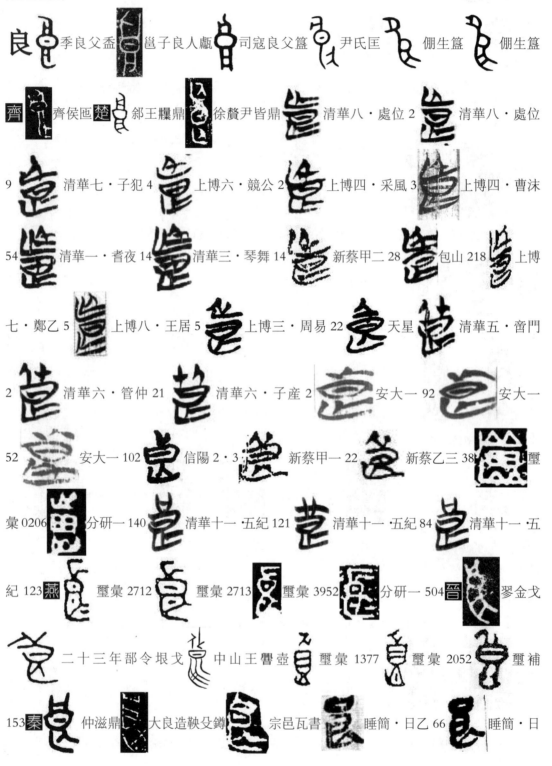

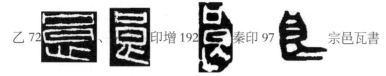

乙 72、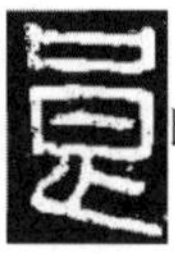印增 192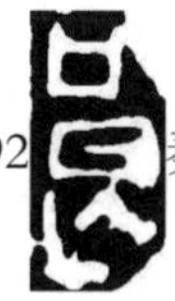秦印 97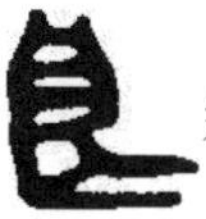宗邑瓦書

【注】甲骨文作、、、、、、。徐中舒曰："象穴居兩側有孔或臺階上出之形，當為"廊"之本字。表穴居，為側出之孔道。廊為堂下周屋，今稱堂邊屋檐下四周為走廊，其地位恰與穴居側出之孔道相當，良為穴居四周之岩廊，也是穴居最高處，故從良之字，皆有明朗高爽之義。"(《甲骨文字典》608 頁）金文同甲骨文。"良"字下部形體與"亡"字接近，故"良"字又變形音化從亡聲。《中山王嚳壺》字繁化，張政烺釋為"良"。《説文》："，善也。從富省，亡聲。徐鍇曰：'良，甚也。故從富。'古文良。亦古文良。亦古文良。"析形不確，所釋當為引申義。本義當為進出的廊道。廊道既高且明，遂引申為高明。又引申為善、好，如《韓非子》："良藥苦于口。"●善、好。《倗生簋》："格白（伯）取良馬乘于倗生。"《詩・大雅・桑柔》："維此良人。"鄭玄箋："良，善也。"《應侯視工鼎》："隹（唯）南尸（夷）屰敢乍（作）非良，廣伐南國。"非良，與不良同義。《詩・陳風》："夫也不良，國人知之。"東南諸夷都是周王室的貢納之人，如今進攻南國，故説"非良"，有來者不善之意。●賢良。《楚余義鐘》："余義楚之良臣。"●良佐：傑出的輔佐。《中山王嚳方壺》："速（使）得孯（賢）在（士）良猹（佐）貯，以輔相氒（厥）身。"●大良造：官職名。《商鞅量》："大良造鞅。"●燕璽"良生台""良愧"等，為姓氏。●《璽補 153》"良人"，官名。《管子・小匡第二十》《國語・齊語》俱言"鄉有良人"。

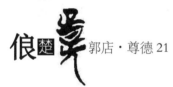

佷 楚 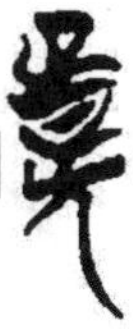郭店・尊德 21

【注】從人良聲。●讀良，善良。《郭店・尊德 21》："而亡憔（惟）羕（養）心於子（慈）佷（良），忠信日嗌（益）而不自智（知）也。"

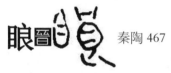

眼 晉 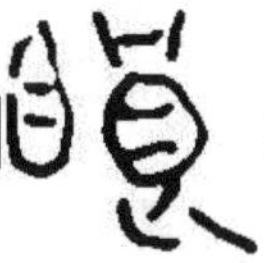秦陶 467

【注】從目良聲。●秦陶單字，應為人名。

腺 秦 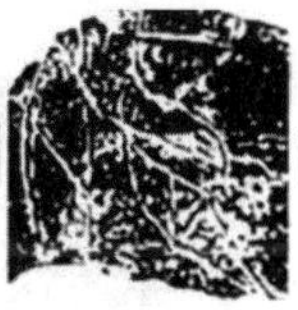陶録 6・159

【注】從肉良聲。●單字。

哴 齊 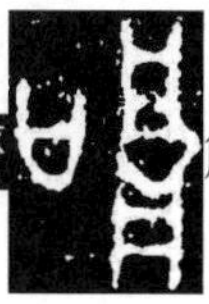簷叔之仲子平鐘

【注】從口良聲。《玉篇》啼極無聲，謂之唴哴也。●讀良。《簷叔之仲子平鐘》："聖智韓哴，其受此釁（眉）壽。"

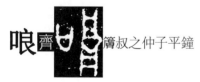

狼 [楚] 清華七・越公 17　清華十一・五紀 77 [秦] 龍崗 34　睡簡・日

甲 33 背、　　　戰編 669　秦印 199

【注】從犬良聲。●動物名。《睡簡・日甲 33 背》："狼恒譚（呼）人門曰。"●秦印有"狼僖"，姓氏。漢代有狼莫，先零羌人；又有狼何。●星名。《清華十一・五紀 77》："后乃獸（狩）於狼，弖（始）弪（射）於弧（弧）。"《楚辭・九歌・東君》："舉長矢兮射天狼。"

茛 [晉] 璽彙 2293

【注】從艸良聲。●晉璽"茛謀"姓氏，讀良。

榔 散氏盤 [楚] 安大一 45

【注】從木良聲，與小篆同。《説文》："榔，高木也。"本義高聳的樹木。●木名。《散氏盤》："自榔木道左至于丼邑。"楊樹達曰："以野之所宜木名其野，此銘之榔木道是也。"（《金文説》34 頁）●讀梁。《安大一 45》："少（小）戎轇（俴）笱（收），五備（棥）榔（梁）枏（軥）。"《毛詩》作"五棥梁軥"。"榔""梁""良"音近可通。

郎 [楚] 清華二・繫年 130 [晉] 匯考 96　錢典 409　璽彙

0049　匯考 96 [秦] 官印 0003　秦印 123　秦集一・二・10

秦集一・二・11

【注】從邑良聲。●古錢讀唐，地名。●讀狼，地名。《璽彙 0049》李家浩釋為"咎（皋）郎（狼）左司馬"（《安徽大學漢語言文字研究叢書・李家浩卷》85 頁），此印即趙國皋狼的左司馬用印。左旁下部省去了"亡"字所從的L劃，而因緊靠邊框，就借用邊框為L劃。"咎郎"為地名，見於典籍文獻。《戰國策・趙策一》作"皋狼"，《戰國策・魏策一》作"皋梁"，《史記・趙世家》作"郭狼"。這三個名稱均指一地，"狼""梁"音近古通。"皋""郭"為一聲之轉。又，古代"咎""皋"音近可通；"郎""狼"皆從"良"聲，也可通用。故"咎郎"可讀為"皋狼"。《漢書地理志》西河郡有皋狼，其地在今山西省離石縣西北，戰國時為趙邑。《匯考 96》"咎（皋）郎（狼）郢（縣）南府，"此印當是趙國皋狼縣南府的官署所用之印。《匯考 96》"咎（皋）郎（狼）牆行"，裴錫圭先生認為"將行"為官名，《漢書百官公卿表上》謂秦官有將行，漢景帝中六年更名大長

秋。（《珍秦齋藏印展釋文》）“將行”應是一種負責率領隊列行陣的職官。●秦印“郎中丞印”，郎中丞，官名，郎中令之佐官。秦印“郎中左田”，蓋郎中令屬下的田官。左為動詞，即佐。●秦印“上林郎池”，郎池，上林苑中之池名。

 璽彙 3063

【注】從宀良聲。●晉璽“㝗鳴”疑讀閬，姓氏。

 睡簡・語書12　印封1040　印封1040　印封1041

【注】從門良聲。●《睡簡・語書12》：“阬閬强肮（伉）以視（示）强。”阬閬，高大的樣子。閬，《説文》門高也。●秦印“閬中丞印”“院閬”，為地名用字。

 子黃尊　、　、　秦印 6

【注】從玉良聲。《説文》：“琅，琅玕，似珠者。從玉良聲。”本義美石。●玉石名。《子黃尊》：“乙卯，子見才（在）大室，白☑一、緅琅九。”李學勤曰：“尊銘的‘琅’應即古書中的琅玕。段玉裁《説文解字注》曾曆引《尚書・禹貢》及鄭注、《論衡》《本草經》等古籍，論證甚詳。琅玕産于西北，《穆天子傳》卷四有‘採石之山’，郭璞注：‘出文采之石’，所出有琅玕，其地在黑水之上，與《禹貢》‘黑水西河惟雍州，……厥貢惟璆琳琅玕’相合。”（《灃西發現的乙卯尊及其意義》）●秦漢印多為地名，如“瑯琊發弩”“瑯琊尉丞”等等。

 曾侯 11

【注】從方良聲。●《曾侯 11》“㫍、鏅、敯、兼……”，此為一組兵器，疑讀稂，《説文》矛屬。《廣韻》短矛也。

 曾侯 58

【注】從市良聲。●簡文“胒草之簫（席），紫稂之襆”，何琳儀讀帪，《廣韻》：“帪，蒙掩。”

清紐倉聲

倉　倉鼎　叔倉父盨　訣鐘　齊 璽彙 5555　楚 者減鐘　者減鐘

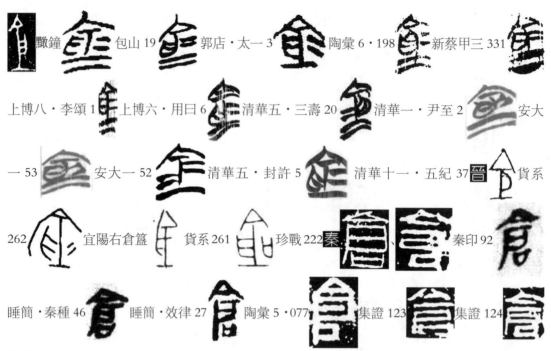

瞻鐘　包山 19　郭店・太一 3　陶彙 6・198　新蔡甲三 331

上博八・李頌 1　上博六・用曰 6　清華五・三壽 20　清華一・尹至 2　安大

一 53　安大一 52　清華五・封許 5　清華十一・五紀 37　貨系

262　宜陽右倉簠　貨系 261　珍戰 222　秦印 92

睡簡・秦種 46　睡簡・效律 27　陶彙 5・077　集證 123　集證 124

集證 125

【注】甲骨文作　、　、　、　、　、　、　，從合，爿聲（爿，《説文》失收，而牆、床、戕等字皆從之）。或作　，象糧倉之有門戶形，西周金文多作此形。東周金文書寫多草率，下∀省作一橫，日訛為耳、彡，或復增飾符彡。《説文》：“倉，穀藏也。倉黃取而藏之，故謂之倉。從食省，口象倉形。凡倉之屬皆從倉。全奇字倉。”析形不確。本義是糧倉。●糧倉。《宜陽右蒼簠》：“宜陽右倉。”《國語・越語下》：“田野開闢，府倉實，民眾殷。”韋昭注：“貨財曰府；米粟曰倉。”●讀鎗，象聲詞，形容鐘聲宏偉。《瞻鐘》：“倉倉恩恩。”倉倉恩恩，即鎗鎗鏓鏓。●讀喪。《清華一・尹至 2》：“垂（厥）志亓（其）倉。”“倉”隸清母陽部，“喪”隸心母陽部，音近可通。《詩經・大雅・桑柔》：“不殄心憂，倉兄填兮。”毛傳云：“倉，喪也。”●讀寒。《上博六・用曰 6》：“膚（唇）亡齒倉（寒）。”《上博八・李頌 1》：“秋（爰）冬之旨（祁）倉（寒），杲亓（其）方茖可（兮）。”楚文字或用“滄”“蒼”表示寒。滄，《説文》寒也。《逸周書》天地之道有滄熱。“滄”讀為寒，當為同義換讀。●讀爽。《清華五・三壽 20》“上下毋倉”當讀為“上下毋爽”。爽，過也、差也、忒也。“爽”通“喪”，失也，謂喪失協和。“上下毋爽”即上下調和不乖離之意。●秦印有“倉吏”（集證 123）、“蜀邸倉印”（集證 124）、“廄田倉印”（集證 12）等，均為官名，是管理倉廩的各級官吏。《禮記月令》：“穀藏曰倉，米藏曰廩。”●讀蒼。《安大一 53》：“皮（彼）倉（蒼）者天，漢（殲）我良人。”

陶彙 6・26　陶彙 6・199　陶彙 6・202　陶彙

6・201　陶録 5・43

【注】從广倉聲，為“倉”之繁文。●晉器均讀倉。

⿰倉力 楚  清華六・管仲 19

【注】從力倉聲。●讀壯。《清華六・管仲 19》："老者忎（願）死，⿰倉力（壯）者忎（願）行。"

⿰倉攴 楚  清華六・子産 22

【注】從攴倉聲。●讀爽，差也。《清華六・子産 22》："乃𢿢（禁）辛道、⿰倉攴（爽）語，虚言亡實。"爽語，謂差謬無信之言。

愴 楚  包山 68  包山 143  望山 1・1

【注】從心倉聲。●疑讀倉，倉庫。《包山 143》："君夫人之敀愴。"敀愴，整理者讀作帛倉。●《望山 1・1》："軋（范）𣀀（獲）志㠯（以）愴豙（家）為恕固貞。"愴豙，一種占卜工具，具體含義待考。

蒼 楚  包山 176  郭店・老乙 15  上博二・容成 22  上博四・相邦 3  安大一 48 晉  宜陽右蒼鼎  鄭東倉器  璽彙 0967  璽彙 4023  璽彙 3996 秦  戰編 32  陶彙 9・76 、、 秦印 13

【注】從艸倉聲。《說文》："蒼，艸色也。從艸倉聲。"本義草色。●讀倉。《宜陽右蒼鼎》："宜陽右蒼（倉）。"●秦印"蒼梧侯丞"，蒼梧，地名。《史記・五帝本紀》舜"南巡狩，崩於蒼梧之野"，其地當在今湖南九嶷山以南廣西賀江、桂江、郁江區域。●讀寒。《上博二・容成 22》："冬不敢以蒼（寒）訇（辭），夏不敢以𣈊（暑）訇（辭）。"

⿰月蒼 齊 、 陶録 2・262 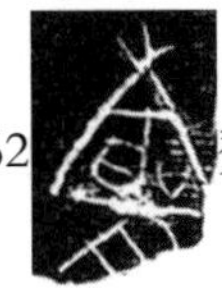 齊陶 0292  璽彙 1954  璽彙 0576  璽彙 1465  璽彙 3544 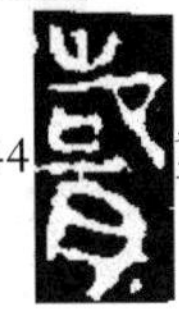 璽彙 5677

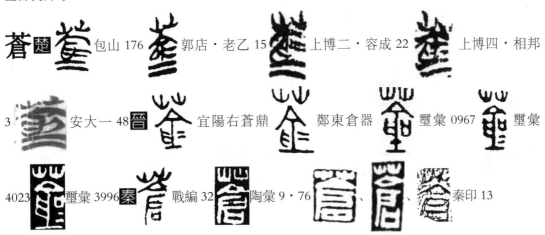

【注】從肉蒼聲。●均為人名。

鎗 述鐘　　述鐘　　梁其鐘　　戎生鐘 楚 清華七・越公

3 秦 秦景公石磬

【注】從金倉聲。《説文》："鎗，鐘聲也。從金倉聲。"銘文中用其本義。●金文均用為狀聲詞。《述鐘》："鎗鎗鎲鎲。"●《清華七・越公3》讀槍，長兵。

槍 秦 睡簡・為吏 23

【注】從木倉聲。●一種兩端尖銳的木製武器。《睡簡・為吏 23》："槍闌（蘭）環殳。"

滄 楚 郭店・緇衣 10　　天星　　上博二・從甲 19　　上博四・柬旱 1

【注】從水倉聲。●讀寒。《郭店・緇衣 10》："晉冬旨（祁）滄。"傳世本作"寒"。《説文》："滄，寒也。"《列子・湯問》："日初出，滄滄涼涼。"《説文》："寒，凍也。"《荀子・勸學》："冰，水為之，而寒與水。""寒"，表冷義。二字意義相近，屬於同義詞換用。●讀汗。《上博四・柬旱 1》："王向日而立，王滄（汗）至繡（帶）。"

創 齊 陶彙 3・865　　陶彙 3・866　　陶彙 3・868　　陶彙 3・869

【注】從刀倉聲。創，《汗簡》作（h21）。●齊陶單字，當為人名。

鶬 楚 新蔡甲三 404

【注】從鳥倉聲。●地名。

清紐刅聲

刅　刅觶　刅壺

【注】金文象刀劃過留下傷痕之印記，為"創"之初文。戰國文字或作，連接兩斜筆，或誤作、，與"刅"字易混。《説文》："刅，傷也。從刃從一。剙或從刀倉聲。"本義創傷。

刅為指事，創為形聲。●人名。見于《刅壺》《刅尊》。

 中山王䥽壺

【注】從立刅聲，疑"創"之異文。●讀創，創立、開闢。《中山王䥽壺》："休又（有）成工（功），刅（創）辟戠（封）彊（疆）。"刅辟，開闢也。

 卅三年大樑戈　璽彙 3229　盲令戈　大樑戈　梁十九年鼎　貨

系 1340 楚 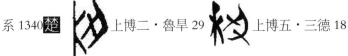 上博二·魯旱 29　上博五·三德 18

【注】從木刅聲，"梁"之省文。●讀梁，魏國都城，或稱大梁、大樑，在今河南開封。●讀梁。《璽彙 3229》"梁（梁）丘"當為地名，為春秋時期的宋邑，戰國時屬魏，其地在今山東成武縣東北。此印可能是梁丘地的官署用印。●讀梁。《上博二·魯旱 29》："公剴（豈）不飯梁（梁）飤（食）肉才（哉)!"●讀梁，津梁、水橋。《上博五·三德 18》："善游者死於梁（梁）下。"

 璽彙 2373　璽補 268

【注】從米梁聲，疑"梁"之異文。●晉璽"相里粱""戟粱"，人名。

 梁戈晉　廿七年大梁司寇鼎　安陽戈　璽彙 1701　璽彙

1705 三晉 114　類編 173

【注】從邑梁聲。●讀梁，姓氏。《安陽戈》："右庫☑鄩（梁）丘。"●地名。《梁戈》："鄩（梁）。"此殆非魏之"大樑"，孫敬明等先生認為此"梁"應為"梁丘"，見于《左傳·莊公三十二年》"夏，宋公、齊侯遇于梁丘"，宋邑，在山東省成武縣東北三十里。（孫敬明、王桂香、韓金城《山東濰坊新出銅戈銘文考釋及有關問題》)●魏國亦稱梁國，中國戰國時期國名。韓、魏、趙三家分晉之後，入主中原，其中魏國于公元前 361 年遷都大樑（今河南省開封市）後，改稱"梁"，亦稱"大樑"。《廿七年大梁司寇鼎》："鄩廿又七年，大鄩司寇肖（趙）亡智鈃（鑄）為量。"

 包山 157　上博五·鮑叔 1　上博八·志書 1

【注】從禾刃聲，疑"梁"之省文。●讀梁。《上博八·志書1》："是楚邦之弙（強）秒（梁）人。""強梁"一詞古書屢見，有"跋扈"之義。《老子·第四十二章》："強梁者不得其死，吾將以為教父。"●包山簡"大秒"讀大樑，地名。●讀梁，津梁。《上博五·鮑叔1》："十月而徒秒（梁）城，一之日而車秒（梁）城。"

柀楚 上博六·競公1　上博六·競公13　上博六·競公8　清華九·禱辭14

【注】從木秒聲。●讀梁。《上博六·競公8》："蓳（澤）柀（梁）史（使）敓守之；山梣（林）史（使）薁（衡）守之。"●讀梁。《清華九·禱辭14》："桓（樹）尔（爾）稻柀（梁）香（黍）稷，以吏（使）社稷、四方之明逞（歸）我。"●讀梁。《上博六·競公1》"梨（梁）丘"讀"梁丘"，複姓。

邖楚 包山163　包山165

【注】從邑秒聲。●地名，讀梁。《包山163》："邖（梁）人敤慶。"

粊 邽召簠　單叔奐父盨　單叔奐父盨　史免匡

【注】從米刃聲。●讀梁。《史免匡》："用盛旚（稻）粊（梁）。"

粝 伯公父簠　伯公父簠

【注】從井粊聲。●讀梁。《伯公父簠》："用成（盛）秅（糕）旚（稻）需（糯）粝（梁）。"粊、粝、梁當為米糧專字，而沙、刎、剌為假字。

邘楚 包山179　晉 梁□庫鐓

【注】從邑刃聲。●均讀梁，地名。《包山179》："邘（梁）人敤慶。"

沙 梁其鐘　梁其壺　梁其鼎　伯梁父簠　伯梁父簠　伯梁其盨　伯梁其盨　善夫梁其簠　陳公子叔原父甗　梁伯戈　梁姬罐　叔家父簠 楚 曾侯177　曾侯214　郭店·成之

35 · 上博四·逸交 1　者汈鐘

【注】從水刅聲，刅或省為刀（古文字刃、刀、刅作偏旁常常混同），遂為小篆所本。《説文》："汈，水也。從水刀聲。"聲符刀為刅字之省。汈、梁為古今字，梁字晚出。《者汈鐘》或釋為"汈"。●讀梁。國名，嬴姓。周平王封少子康于夏陽（今陝西省韓城市的前身），是謂梁伯。其地望在今陝西韓城一帶，縣城南有少梁城，即是梁國故地。公元前 641 年滅于秦（同時滅掉的還有芮國）。秦改稱少梁，戰國時又改稱夏陽。典籍作"梁"。《梁伯戈》："汈（梁）白（伯）乍（作）宮行元用。"●讀梁，粟也。《陳公子叔原父甗》："用鬻（蒸）稻汈（梁），用旛（旂）饡（眉）壽萬年無彊（疆）。"《叔家父簠》："用成（盛）潚（稻）汈（梁）。"

梁　叔朕簠　楚　　、　曾伯黎簠　秦　　睡簡·日甲 157 背　　、　　、

印增 274　　類編 241

【注】從米汈聲。《説文》："粱，米名也。從米，梁省聲。""梁省聲"不確，當以"汈聲"為是。本義為糧食作物。●糧食名，或指精美的飯食。《左傳·哀公十三年》："粱則無矣，麤則有之。"孔穎達疏："食以稻粱為貴，故以粱表精。"《睡簡·日甲 157 背》："肥豚清酒美白粱。"●讀梁。《葉書 29 貳》："廿二年，攻魏梁（梁）。"●秦印"梁識""梁固"等為姓氏。

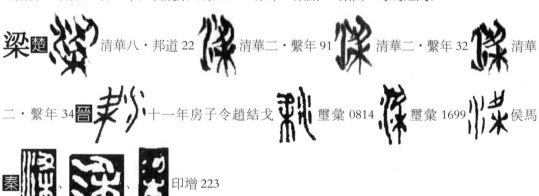

梁　楚　　清華八·邦道 22　　清華二·繫年 91　　清華二·繫年 32　　清華

二·繫年 34　晉　　十一年房子令趙結戈　　璽彙 0814　　璽彙 1699　　侯馬

秦　　、　　、　印增 223

【注】地名"梁"首作梁，從木刅聲。繼則增從邑。《十一年房子令趙結戈》首現從水之梁字；同時期的侯馬盟書亦見此字，為人名。《説文》："樑，水橋也。從木從水，刅聲。潚古文。"本義為橋樑。●地名。《清華二·繫年 32》："文公奔翟（狄），惠公奔于梁。"獻公二十二年，晉文公重耳自蒲（今山西永濟市蒲州鎮）奔翟（白狄）。獻公二十三年，晉惠公夷吾自屈（今山西吉縣）奔梁（今陝西韓城）。●橋樑。《清華八·邦道 22》："數（謹）逃（路）室，暨（攝）洫（圯）梁。"●人名。《十一年房子令趙結戈》："十一年，方（房）子令肖（趙）結戈，下庫工市（師）𨷖梁，冶甗。"●古璽印"梁成紹""梁閒""梁謹"等，多為姓氏。

剌　仲戲父盤

【注】從井汌聲。●讀粱。《仲戲父盤》："黍剌（粱）。"

從紐爿聲

爿 晉 貨系 226　貨系 227　幣文 107　璽彙 3296

【注】甲骨文作 乚、丬、爿、爿、爿，象床形，為"床"的初文。"爿"在古文字中或作 𠂆，遂與"广"相混。●周空首布，讀牆或讀薔，地名。《左傳·昭公二十三年》："劉子取牆人、直人。"或作薔。《戰國策·魏策》："楚王攻梁南，韓氏因圍薔。"在今河南新安西北。

牆 楚 　上博六·用曰 6

【注】從賓爿聲，莊恭、莊敬之"莊"的專字。●讀莊。《上博六·用曰 6》："又（有）牆（莊）在心，嘉德吉猷，心牆（莊）之既權，征民乃貴。"

妝 楚 　郭店·緇衣 23　　璽彙 3756　　上博一·緇衣 12　　清華七·晉文公 1

【注】甲骨文作 妝、妝、妝，從女爿聲。●讀莊。《郭店·緇衣 23》："毋以卑（嬖）御（禦）悤妝（莊）句（后）。"●讀臧。《清華七·晉文公 1》："燅（察）於妞（好）妝（臧）嫏（嬵）壐（斐）皆見。"

粒 楚

者汈鐘　者汈鐘　者汈鐘　璽補 98 晉　璽彙 3520　璽彙 3520　分研 240　匯考 291　璽補 193　秦　戰編 693　珍秦 171　秦風 50

【注】從立爿聲，疑"壯"之異文。●多讀壯。《者沪鐘》："用再剌粧。"●古璽印"粧章""粧
裘""粧角"等均為姓氏，讀壯。

粧 晉 貨系 644　　先秦編 113　　貨系 661　　先秦編 113　　貨系

672　璽彙 2628　　璽彙 3085　　右冢子鼎

【注】從臣爿聲，疑"臧"之省文。●周空首布疑讀藏，蓄也。●晉文字均為人名。

䢈 晉 璽彙 0951　　璽彙 3990

【注】從止粧聲。●人名。

盬 晉 璽彙 3086　　璽彙 3984　　璽彙 4051

【注】從皿粧聲，疑"粧"之繁文。●晉璽人名。

詰 陳公孫辪父甗　楚 宰公孫辪父匜　考叔辪父匜　帛書甲

新蔡甲三 192　新蔡甲三 212　新蔡甲三 215　上博三·周易 7

清華二·繫年 70　璽彙 2630

【注】從言爿聲。●人名，可讀莊、或讀臧。《陳公孫辪父甗》："陳（陳）公孫辪父乍（作）旅
甗（鉼）。"●讀莊。《帛書甲》："民祀不詰。"●讀臧，善也。《上博三·周易 7》："帀（師）出
以聿（律），不詰（臧）凶。"●楚璽"行詰"讀"行臧"，即做善事，也有可能是利于出行之意，
為楚系成語璽。

醬 秦 睡簡·日甲 26 背　　睡簡·秦種 179

【注】從酉從肉爿聲。《説文》："醬，鹽也。從肉從酉，酒以和醬也；爿聲。"●用為本義，肉
醬。《睡簡·秦種 179》："醬駟（四）分升一。"

 詛楚文　 睡簡・雜抄 40　 睡簡・為吏 13　陶新

3352　璽彙 0027　秦駰玉牘　秦印 60

【注】從又酱省聲。《説文》：“將，帥也。從寸，牆省聲。”此義楚文字多作“牊”“遅”“遅”。●督送。《睡簡・秦種 44》：“宦者、都官吏、都官人有事上為將。”宦者，都官的吏或都官的一般人員為朝廷辦事而來督送。●讀漿。《睡簡・日甲 26 背》：“入人醯、醬、漿、將（漿）中。”●帶領。《睡簡・為吏 21》：“將而興之。”●或。《睡簡・日甲 86 背》：“其後必有子將弟也死，有外喪。”

獎　秦印 197　印增 393

【注】從犬將聲。字亦見於漢印作（漢印 877）。●秦印“杜獎”“楊獎”，人名。

漿　文物 92・1

【注】從水酱省聲。●秦陶姓氏，疑讀蔣。

槳　信陽 2・18

【注】從木將聲。●《信陽 2・18》：“一槳坐前（栈）鐘（鍾）。”李家浩認為：疑簡文“槳”當讀為“樂不墻合”之“墻”。“一墻坐”之“墻”與“肆堵”之“堵”的意思是相通的。“坐”大概讀為“座”。“一墻座栈鐘”猶言“一墻列栈撞。”

牊　郭店・六德 16　上博二・容成 33　兆域圖銅版

【注】甲骨文作、、、、、、、、，象人在棺内以草掩埋之形，會埋葬之意。字象人埋坑中而有爿（床）薦之，裘錫圭釋為“葬”；或省作。甲骨文又有字，王國維亦釋為“葬”，此字應該為“葬”之後起形聲字，從歺爿聲。戰國文字從歺爿聲。《説文》“莊”古文從牀作。戰國楚系文字作，從艸從歺，下增口為飾。秦系文字作，從茻從死，死之上下各加一橫，表示棺槨。《説文》：“葬，藏也。從死在茻中；一其中，所以薦之。《易》曰：‘古之葬者，厚衣之以薪。’”本義為掩藏、埋葬。●多讀葬。《兆域圖銅版》：“丌（其）牊（葬）眂（視）怵后。”《上博二・容成 33》：“所曰聖人，其生賜（易）兼（養）也，其死賜（易）牊（葬），去臸（苟）若（愿），是以為名。”●讀臟。《郭店・六德 16》：“句（苟）淒（濟）夫人之善它（施），

嫠（勞）亓（其）肪（臟）忧（憂）之力弗敢單（憚）也。"

 清華二 · 繫年 47

【注】從口肪聲。●讀葬。《清華二 · 繫年 47》："晉文公卆（卒），未圌（葬）。"

 清華八 · 邦道 21　　清華六 · 孺子 12

【注】從死爿聲。●讀葬。《清華八 · 邦道 21》："不厚瓶（葬）。"《清華六 · 孺子 12》："自是旮（期）以至瓶（葬）日。"

 夜之母磚銘　、　　戰表 108

【注】從竹瓶聲。●讀葬。《夜之母磚銘》："夜之母之籏它。"籏它，讀葬地。

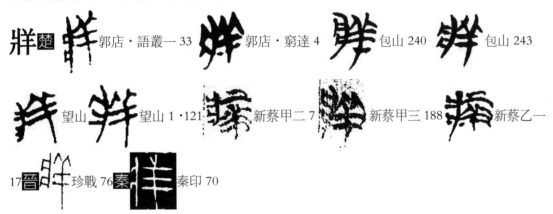 郭店 · 語叢一 33　　郭店 · 窮達 4　　包山 240　　包山 243

望山　　望山 1 · 121　　新蔡甲二 7　　新蔡甲三 188　　新蔡乙一

17 珍戰 76　　秦印 70

【注】從羊爿聲。●用為本義，母羊。《包山 217》："嬰禱楚先老僮、祝䳔（融）、妣（鬻）酓（熊），各一牂。"《廣雅 · 釋畜》："羊，牡羒，牝牂。"是云牝羊曰牂。郝懿行〈疏〉："牂羊言肥盛也。"●讀臧，對奴僕的賤稱。《郭店 · 窮達 4》："邔（呂）室（望）為牂棽濞。"●秦印"王牂"人名。●讀莊。《郭店 · 語叢一 33》："豊（禮）生於牂（莊），樂生於亳。"

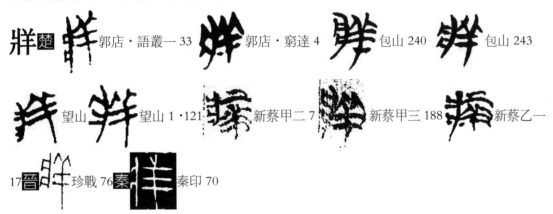 郭店 · 語叢一 46

【注】從心牂聲。●讀莊。《郭店 · 語叢一 46》："又（有）血戝（氣）者，膚（皆）又（有）憙（喜）又（有）态（怒），又（有）春（慎）又（有）慸（莊）。"

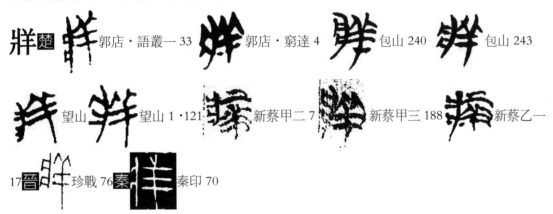 侯馬

【注】從口牂聲。●侯馬盟書人名。

盾 楚 ＿ 郭店·老甲21 ＿ 上博二·容成17 ＿ 上博二·容成17 ＿ 上博二·容

成39 ＿ 清華四·筮法41 ＿ 清華三·芮良夫11 ＿ 清華一·楚居3 ＿ 清

華三·琴舞3 ＿ 清華十·司歲5

【注】從百（首）爿聲。●楚文字多讀狀。《清華三·芮良夫11》："以畧（親）亓（其）盾（狀）。"●讀牂。《清華十·司歲2》："羣（敦）盾（牂），栖（酉）受舒（序）。"古稱太歲在午之年為"敦牂"，詳"題（是聲）"字。●讀將。《清華三·琴舞3》："日豪（就）月盾（將），孝（教）亓（其）光明。"

狀 秦 ＿ 丞相啟狀戈 ＿ 丞相啟狀戈 ＿ 商鞅方升 ＿ 始皇方升 ＿ 睡

簡·封診83 ＿ 睡簡·秦種87 ＿ 、＿ 、＿ 、＿ 秦印197

【注】從犬爿聲。《說文》："狀，犬形也。從犬爿聲。"本義犬形。引申為形狀、形態。●狀態。《睡簡·封診76》："上如豬賓狀。"此義楚文字用"盾"。●人名。《十七年丞相啟狀戈》："十七年，丞相啟、狀造。""狀"為隗狀，此時蓋為右丞相。●秦印多為人名。

獣 秦 ＿ 印增572

【注】從艸狀聲。●秦印"獣私"，人名。

牀（床） 楚 ＿ 包山260 ＿ 上博五·季庚9 ＿ 清華三·赤鳩8

晉 ＿ 十四年銅牛 ＿ 十四年銅犀 ＿ 十四年銅虎 ＿ 璽彙

3277 秦 ＿ 睡簡·日甲125

【注】甲骨文作 冎、丬、匕、匕、丬，象床形，為"床"的初文。爿，《玉篇》俗床字，徐鍇曰："爿則床之省。象人衺身有所倚著。至于牆、壯、戕、狀之屬，丛當從床省聲。"戰國文字增從木，為形符累加字。《說文》："牀，安身之坐者。從木爿聲。"本義床。●用為本義。《包山260》："一丩（收）牀，又（有）策（簀）。"●地名。《十四年銅牛》："十四葉，床麃嗇夫邻（徐）戡靳韗器。"●讀臧。《上博五·季庚9》："丘昏（聞）之，牀（臧）霎（文）中（仲）又（有）言

曰。" ●《璽彙3277》"牀慶"，姓氏。

牆 牆父乙爵 牆父乙爵 師寰簋 師寰簋 師寰簋 牆盤

師酉簋 師酉簋 秦 睡簡‧秦種195

【注】甲骨文作𤔲、𤔲，從嗇爿聲。金文承之。《說文》："牆，垣蔽也。從嗇爿聲。𤔲籀文從二禾。𤔲籀文亦從二來。"本義為房屋或園場周圍的障壁。後為了表明其材料，俗又將形符"爿"寫作"土"而作"墻"。●讀牆，墻壁。《睡簡‧秦種195》："有實官高其垣牆。"秦文字用"牆""蘠"表示牆，楚文字用"癮"表示牆。●讀將，奉也。《師寰簋》："師寰虔不家，夙夜恤乓（厥）牆（將）旐（事）。"郭沫若曰："籀文牆字，見說文。'恤乓牆事'與追簋'恤乓死事'同例。死通尸，主也，謂慎所主持之事。牆則讀為將，春秋'牆咎如'公羊作'將咎如'即二字同音通用之證。……舊釋為稼，以農事為說，大謬。"（《兩周金文辭大系考釋》146頁）●人名。《牆盤》："史牆夙夜不家，其日蔑曆。"《師酉簋》："王乎（呼）史牆冊命師酉。"史牆，周恭王時期曾任史官，名牆。

蘠 秦 睡簡‧為吏15 睡簡‧日甲30背

【注】從艸牆聲。●讀牆。《睡簡‧為吏15》："困屋蘠（牆）垣。"

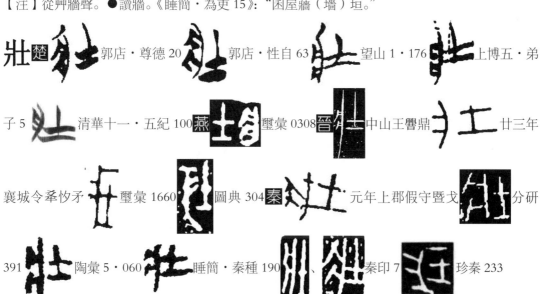

壯 楚 郭店‧尊德20 郭店‧性自63 望山1‧176 上博五‧弟

子5 清華十一‧五紀100 燕 璽彙0308 晉 中山王𧊒鼎 廿三年

襄城令槃忸矛 璽彙1660 圖典304 秦 元年上郡假守暨戈 分研

391 陶彙5‧060 睡簡‧秦種190 秦印7 珍秦233

【注】從土爿聲。小篆誤土為士。《說文》："壯，大也。從士爿聲。"本義人體高大，肌肉壯實。●壯年、成年。《中山王𧊒鼎》："含（今）舍（余）方壯。"●讀莊。《郭店‧尊德20》："新（親）忠、敬壯（莊）、遻（歸）豊（禮），行矣。"●《廿三年襄城令槃忸矛》："貞壯王廿三年……"兵器刻銘中在"王"前冠以"貞壯"二字，當是頌辭。●古璽印有"壯佷""壯沽"姓氏，春秋

時晉大夫有"壯馳兹"，吳人。或用為人名。

 璽彙 2730

【注】從广壯聲。增又為繁文。● "蠱瘦"，人名。

 清華八·處位 4

【注】從止壯聲。●疑讀將。《清華八·處位 4》："或亞（惡）𢔌（哉）! 𣥺（將）趩（超）啟（度），執（設）晉（僭）萬而方（旁）受大政。"𣥺，整理者讀為"戕"，王寧疑是訓"行"的"將"。

 里耶 8·735

【注】從女壯聲。●辭義殘缺。

 集粹 146  會稽刻石 、 、 秦印 8 陶彙

5·199 睡簡·葉書 7

【注】從艸壯聲。●古文字多為人名。●嚴也。《會稽刻石》："黔首齊莊。"《論語》臨之以莊則敬。

 睡簡·封診 82

【注】從糸莊聲。●讀裝。《睡簡·封診 82》："絲絮五斤蕪（裝）。"

 散氏盤

【注】從田壯聲。●讀畛。壯聲與畛聲古音同在照紐，為聲假字。《散氏盤》："我既付散氏湿（隰）田、牆（畛）田。"學者們讀"濕（隰）田牆田"為"濕（隰）田畛田"。畛田，指原有徑路的舊田。《詩·周頌·載芟》："千耦其耘，徂隰徂畛。"鄭玄注："隰謂新發田也，畛謂舊田有徑路者。"（《商周青銅器銘文選》299 頁）

牆（牆）  類編 454 上博五·三德 19 郭店·語叢四 2

包山170　上博一・詩論28　上博七・凡甲27　安大一85　安大一86

【注】從嗇爿聲。●楚文字均讀牆。《上博五・三德19》："埤（俾）牆（牆）勿增，㳻（廢）人勿㞷（興）。"《郭店・語叢四2》："言而狗（苟），牆（牆）又（有）耳。"《上博一・詩論28》："《牆（牆）有茨》慎密而不知言，《青蠅》知患而不知人。"《牆有茨》，詩經篇名。●包山簡人名。楚璽"黃牆"，人名。

斯楚　斯　子璋鐘　斯　子璋鐘　斯　包山168　斯　包山88　斯　包山157

【注】從斤爿聲，與小篆同。《說文》："斯，方銎斧也。從斤爿聲。《詩》曰：'又缺我斯。'"本義方孔的斧子。《詩・豳風》："取彼斧斯，以伐遠楊。"●人名。《子璋鐘》："隹（唯）正十月初吉丁亥，群孫斯子璋，睪（擇）其吉金，自乍（作）龢鐘。"群孫斯子璋，群的孫子斯的兒子璋。●包山簡地名。

戕楚　戕　攻敔臧孫鐘　戕　配兒鉤鑃　齊　戕　異伯子�造父盨

【注】甲骨文作戕，從戈爿聲。金文小篆同。《說文》："戕，搶也。他國臣來弒君曰戕。"本義殘殺、殺害。●讀臧，善也。《配兒鉤鑃》："余執戕（臧）于戎攻（功）虘（且）武。"銘意為，善理國之大事，而且勇武。●讀臧。《臧孫鐘》："攻敔中（仲）冬戕之外孫、坪之子戕（臧）孫，睪（擇）氒（厥）吉金。"臧孫，古人習見人名。銘器中另有臧嘉、臧系，亦為人名。

楚楚　楚 　清華五・封許5

【注】從止戕聲。●讀臧。《清華五・封許5》："楚（臧）者尔獻，虔血（恤）王家。"臧，《說文》："善也。"者，《左傳》宣公十二年杜注："致也。"

齺楚　齺　曾侯32　齺　曾侯130

【注】從齒戕聲。●人名。

臧　臧　史牆盤　秦　臧　睡簡・效律42　臧　睡簡・雜抄16　臧　秦印59　臧　里耶8・1146　臧　嶽麓三166　臧　璽彙0611　臧　陶彙5・217

【注】《史牆盤》所作，張崇禮釋為"臧"。字象兩手交叉于身前、以繩索捆縛之形，與"臧"字指戰爭中被虜獲為奴隸的人相合。並認為為"臧獲"之"臧"的本字，"戕"為訓"善"之"臧"的本字；從臣戕聲的"臧"為的後起形聲字，它取代了和戕，成為兼表"奴隸"和"善"的通行字。（詳《釋史牆盤的"臧"字》）"臧"有一常用義，指戰爭中被虜獲為奴隸的人。《漢書·司馬遷傳》："且夫臧獲婢妾猶能引決。"顏師古注引晉灼曰："臧獲，敗敵所被虜獲為奴隸者。"《楚辭·嚴忌〈哀時命〉》："釋管晏而任臧獲兮，何權衡之能稱。"王逸注："臧，為人所賤系也；獲為人所系得也。"秦文字從臣戕聲。《説文》："臧，善也。從臣戕聲。臧籀文。" ●讀臧，善也。《史牆盤》："粵圉武王，遹征四方，達（撻）殷畎民。" ●讀藏，收藏。《睡簡·效律42》："官府臧（藏）皮革，數楊（煬）風之。"此義晉系文字作"匨"，楚、齊文字作"臧"。 ●讀贓，贓款。《睡簡·答問12》："其前謀，當并臧（贓）以論；不謀，各坐臧（贓）。"

璽彙3637　秦印59

【注】從艸臧聲。●秦印人名。

璽彙3984

【注】從皿臧聲。●晉璽人名。

異伯子㞢父盨　異伯子㞢父盨　璽彙3934　陶錄

3·185　陶錄2·258　璽彙1464　璽彙0652　璽彙1333

璽彙1327　璽彙3087　璽彙3936　鄭臧公之孫鼎　攻敔臧孫鐘

攻敔臧孫鐘　王孫誥鐘　璽彙1330　郾客問量　上博四·曹沫

35　上博四·曹沫57　上博四·曹沫55　上博七·鄭乙1　包山

23　包山182　臧之無咎戈　清華一·楚居10　清華六·太伯乙

1346

9 清華二·繫年 10 清華二·繫年 77 清華二·繫年 91

【注】從口戕聲。●讀臧，善也。《異伯盨》：“割（匃）釁（眉）壽無彊（疆），慶其㠯（以）臧。”●讀臧，成也。《霸伯簋》：“王史（使）白（伯）考蔑尚曆（歷），歸（饋）柔（茅）芣（苞）、旁（芳）𦥯，臧，尚拜稽首。”《左傳》宣公十二年：“執事順成為臧，逆為否。”杜預注：“逆命不順成，故應否臧之凶。”●讀壯。《王孫誥鐘》：“肅折（哲）臧戜，聞于四國。”●讀莊。與傳世文獻中謚灒“莊”字相當的字，常常使用通假字“臧”，例如，《上海博物館藏戰國楚竹書（四）·上博四·曹沫》中的“魯臧公”即魯莊公。包山楚簡“臧王之墨”的“臧王”就是指楚莊王熊侶，名為“墨”的這個人是楚莊王的族人，所以在他的名字前面冠以楚莊王之謚作為族稱。《臧之無咎戈》：“臧之無佫（咎）。”“臧之無咎”是器主，其族稱“臧”也應源自楚莊王的謚號而省略“王”字。●讀臧。《璽彙 1333》“臧英☐鉨”。臧氏，《通志·氏族略·以邑為氏》云：“姬姓。魯孝公之子公子彄食邑於臧，因以為氏。望出東海。”●讀臧。《璽彙 3934》“臧（臧）孫”，複姓。《璽彙 3087》“臧馬達信鉨”，“臧馬”合文。臧馬，複姓。

藏楚  上博三·周易 40 上博三·周易 38

【注】從艸臧聲。●讀壯。《上博三·周易 38》：“九晶（三）：藏（壯）于頁（頄），又（有）凶。”強盛在臉部顴骨上，怒形於色必有兇險。

籖楚  新蔡甲三 350

【注】從竹臧聲。●人名用字。

寢楚  上博一·詩論 19 分研 157

【注】從宀臧聲。●讀藏。《上博一·詩論 19》：“又（有）寢（藏）悁（願）而未得達也。”●楚璽讀臧，姓氏。

趩  戎生鐘

【注】從走臧聲。●讀臧。《戎生鐘》：“廣巠（經）其猶趩再穆天子𧬱靈。”

諴楚  包山 42

【注】從言臧聲。●人名。

【注】從歹臧聲。●疑讀葬。《包山 155》："郢只命斃（葬）王士，若斃（葬）王士之宅。""葬王士"應是人名或機構名。簡文義難索解。

【注】從死臧聲。●讀葬。《包山 91》："斃（葬）於其土。"

【注】從宀斃聲。●讀葬。《包山 267》："左尹竀（葬）。甬（用）車。"

【注】從攴臧聲。●讀將。《陳璋鎬》："孟冬戊辰，齊斃（將）戙孔、陳璋內（入）伐匽（燕）亳邦之隻（獲）。"

【注】從土臧聲。●楚文字多讀壯。《郭店·老甲 35》："心吏（使）歇（氣）曰强，勿（物）壍（壯）則老，是胃（謂）不道。"●包山簡人名。●讀揚。《上博六·競公 9》"番涅壍菖"，讀為"播馨揚芳"。

【注】從韋壍聲。●《包山 259》："一魚畝（皮）之縷（屨），一韃靬（鞍）。"義不詳。

 14. 清華四·別卦 4

【注】從貝臧聲。●讀臟。《上博八·成王 10》："能昌（以）亓（其）六賢（臟）之獸（守）取新（親）安（焉）。"●郭店簡均讀藏。《郭店·老甲 36》："甚悉（愛）必大賢（費），㫋（厚）賢（藏）必多寅（亡）。"●讀壯。《清華四·別卦 4》"大賢"即"大壯"卦。簡文為"大賢"合文。

 璽彙 0177　　璽彙 0234

【注】從酉臧聲。●《璽彙 0234》"卑（裨）醬（將）匠夠信鉨"，讀將，帥也。

 曾侯與編鐘　　上博七·鄭乙 4　　清華八·天下 6

【注】從心臧聲。●讀壯。《曾侯與編鐘》："於穆曾侯，慼（壯）武畏忌，恭寅齋盟。"《清華八·天下 6》："……四曰慼（壯）之，五曰戲（鬥）之。"

 清華五·三壽 5　　清華三·芮良夫 6

【注】從貝爿聲，當即"賕"之或體。賕，《玉篇》："藏也。"●均讀臧。《清華五·三壽 5》："審（中）壽倉（答）曰：'虘（吾）龠（聞）夫長莫長於風，龠（聞）夫陸（險）莫陸（檢）於心，肩（厭）非（必）䫀（臧），亞（惡）非（必）喪。"

 璽彙 5413

【注】從广䫀聲。●單字印，疑讀藏。

 清華四·筮法 57　　清華一·程寤 9　　清華十·四時 1　　清華十·四時 42　　清華十·四時 10　　秦駰玉牘

【注】從广䫀聲。●多讀藏，收藏。《清華一·程寤 9》："人謀疆（彊），不可昌（以）瘨（藏）。"《清華十·四時 1》："溢（滿）溢，（伏）輮（藏）。"●《秦駰玉牘》："孟冬十月，厚（厥）氣瘨（藏）周（凋）。"古書談及冬季之氣時，往往提到"藏"。《管子·形勢》："春者，陽氣始上，故萬物生。夏者，陽氣畢上，故萬物長。秋者，陰氣始下，故萬物收。冬者，陰氣畢下，

故萬物藏。故春夏生長，秋冬收藏，四時之節也。"《管子・七臣七主》："冬政不禁，則地氣不藏。"

【注】從甾爿聲。●讀將，將要。《毛公鼎》："司余小子弗彶，邦爿（將）害（曷）吉。"●讀藏，勇武強大，典籍作"壯"。●讀壯。《號季子白盤》："不（丕）顯子白，爿（壯）武于戎工（功），經緙（維）四方，尃（搏）伐厰犾（玁狁），于洛之陽。"●晉璽均為人名。

【注】從口爿聲。●讀莊。《宋莊公之孫趰币鼎》："宋爿（莊）公之孫趰币（師），自乍（作）會（膾）鼎。"宋莊公：春秋時宋國國君。銘文中以𢼒為莊，莊乃晚出之字。《説文》："莊，上諱。臣鉉等曰：此漢明帝名也。從艸從壯，未詳。𣎵古文莊。"《説文》古文中的占，當即𠙻之訛。●齊璽（璽彙0176、匯考53）"武關爿（將）鈢"，均讀將。

【注】從丌爿聲，疑"爿"之繁文。●讀莊。《郭店・語叢三9》："牙（與）爿（莊）者尻（處），益。"

 陶彙 6 · 020　 璽彙 0093　 侯馬　璽彙 3436

【注】從酉爿聲，"醬"之古文。或增止繁化。爿或訛為疒旁。《説文》："膉，鹽也。從肉從酉，酒以和醬也；爿聲。㿗古文。㿗籀文。"本義為肉醬。古文字多用其假借義。●讀將，將要。《中山王𧈬壺》："以内䋝（绝）邵（昭）公之業，乏其先王之祭祀，外之則㿗（將）迚（使）堂（上）勤（觀）于天子之廟（廟）。"銘意為：對外而言，則派使者朝觀于周天子之廟。楚簡多讀將。《包山 147》："㿗（將）以成收。"收，徵收之賦税。●讀將，將領。《兆域圖銅板》："大㿗宫方百亇（尺）。"朱德熙、裘錫圭曰："大㿗宫疑守丘墓之將所居之室。"（《平山中山王墓銅器銘文的初步研究》）將帥字，六國多以㿗為之，"將"字始見于秦系文字。●《璽彙 5675》讀將，姓氏。●職官。《璽彙 0307》"左田㿗騎"。"左田"讀為佐田，職官名，即田官之副佐。"將騎"職官名，相當於秦印中的"將馬"，其職掌飼養、放牧馬匹的事務。此璽為齊國佐田屬下專管養馬事務宫之印。●讀漿。《包山 253》："二㿗白之膚。"㿗白，讀漿白。●讀醬。《信陽 2 · 21》："一㭐食㿗（醬）、一㭐某（梅）㿗（醬）。"

 清華十一 · 五紀 47　清華十一 · 五紀 35　清華十一 · 五紀 76

【注】從口㿗聲。●讀藏。《清華十一 · 五紀 35》："少昊尚身（辰），司錄（祿）量，大嚴圅（藏）。"與農業生産、計量、儲藏相關。

瀤 楚 安大二 · 仲尼 10

【注】從水㿗聲。●讀漿，古代一种微酸的饮料。《安大二 · 仲尼 10》："一簞飤（食），一勺瀤（漿），人不乑（勝）丌（其）恖（憂），异（己）不乑（勝）其樂，虐（吾）不女（如）韋（回）也。"

遬 楚 清華二 · 繫年 131

【注】從辵㿗聲。●讀將。《清華二 · 繫年 131》："聿（盡）逾奠（鄭）自（師）與丌（其）四遬（將）軍，以歸於郢。"

蒩 楚 清華四 · 別卦 8

【注】從艸㿗聲。●讀漸，即"漸"卦。上博簡作"漸"。"蒩"為陽部精母字，"漸"為談部從母字，聲母同為齒頭音，韻部通轉。

瘔 楚  郭店 · 語叢四 7　 清華九 · 禱辭 4　清華九 · 禱辭 6　清華

十·四時 32 清華十·四時 41 **晉** 兆域圖銅版

【注】從宀牆聲，"藏"之異文。●多讀藏，收藏、保存。《兆域圖銅版》："丌（其）一從，丌（其）一藏府。"●讀將。《郭店·語叢四 7》："皮（破）邦芒（亡）牆（將），流澤而行。"劉釗認為此句有些費解，似與上文文意不連貫。大意是說（如果對方識破意圖），就會引來國破將亡之禍，德澤也將隨之而去。

 郰子牆自鑄

【注】從皿牆聲。●人名。

心紐桑聲

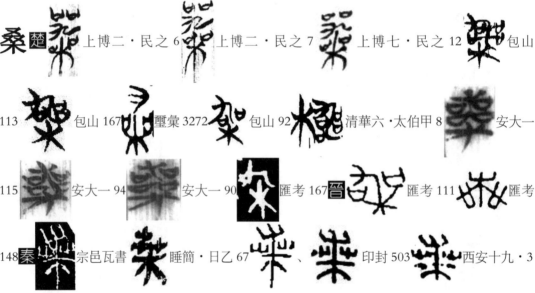

桑 **楚** 上博二·民之 6 上博二·民之 7 上博七·民之 12 包山

113 包山 167 璽彙 3272 包山 92 清華六·太伯甲 8 安大一

115 安大一 94 安大一 90 匯考 167 **晉** 匯考 111 匯考

148 **秦** 宗邑瓦書 睡簡·日乙 67 、 印封 503 西安十九·3

【注】甲骨文作 、 、 ，象桑樹之形。甲骨文或繁化作 、 、 、 、 、 、 、 ，從口從桑，桑亦聲。徐中舒謂："從 從數凵， 象桑樹，凵為采桑所用之器，本義為采桑，借為喪亡之喪。"（《甲骨文字典》123 頁）金文作 （《瘋鐘》 所從），省左右兩枝葉形。戰國文字有從兩口三口四口的，秦系文字省口。戰國秦系文字作 ，承襲商周文字，枝葉與樹干脫節，小篆誤作 。●《匯考 111》"桑易自（官）"。"桑易"施謝捷先生讀為"相陽"（《古璽彙考》111 頁），地名。●《匯考 148》"桑閦坿"讀"桑門府"，為地名。●讀喪。《包山 92》："以其桑（喪）其子丹。"《上博二·民之 7》："亡（無）備（服）之桑。"《禮記·孔子閒居》："無聲之樂，無體之禮，無服之喪，此之謂三無。"●桑樹。《睡簡·日乙 67》："木忌，甲乙榆、丙丁棗、戊己桑、庚辛李、壬辰鬃（漆）。"《安大一 115》："肅＝鷞（鸘）鸘（行），集於橐（苞）桑。"《清華六·太伯甲 8》"桑次"，地名，為鄭國軍隊駐紮之地，故稱。●《西安十九·3》"桑林丞印"，為桑林苑令之副職。桑林，苑名，戰國屬韓，後歸秦。《呂氏春秋》載，湯滅夏，天

大旱，五年不收，湯親到桑林祈雨，天即降雨。●《璽彙3272》"桑梴"，姓氏。

 嫊鼎

【注】從女桑聲。●人名。

 季子康鎛 季子康鎛 季子康鎛

【注】從辵桑聲。●讀爽。《季子康鎛》："譹譹遳遳。""遳遳"讀"爽爽"，形容鐘聲之清亮爽朗。

 免簋 羚簋 羚簋蓋 伹子受鐘

【注】從日桑聲，"昧爽"專字。●讀爽，明也。《免簋》："王才（在）周，曟喪（爽），王各于大廟。"昧爽，猶今之言佛曉。《書·牧誓》："時甲子昧爽。"孔穎達疏："夜而未明謂早旦之時，蓋雞鳴後也。"古時命官封爵往往在昧爽早旦之時。《伹子受鐘》："昧曟（爽），伹（蓮）子受乍（作）齌彝。"

 璽彙1090

【注】從金桑聲。●晉璽人名。

旂作父戊鼎　毛公鼎　喪叟實餅　量侯簋　陳大喪史仲高

鐘齊　洹子孟姜壺　洹子孟姜壺楚　冉鉦鍼　郭店·語叢一98　上

博二·容成41　清華六·子產6　上博六·孔子25　清華十·四告42

上博七·武王1　上博五·弟子7　上博三·周易38　上博三·周易44

上博七·鄭乙 1 　　清華六·管仲 20 　　清華五·三壽 12 　　清華五·三壽

5晉□子犯鐘　　璽彙 3271 秦　　睡簡·日乙 57　　官印 0075　　上

博 31 、　□秦印 25

【注】從桑從亡，雙聲字。下部本象桑樹根的部分變形音化從亡聲。楚簡中"喪"有三種寫灋：
🔲、🔲、🔲。第一種寫灋直接承自甲骨文，實際是"桑"；第二種寫灋同金文加"亡"；第三種
寫灋加"死"，從"亡"從"死"顯然是同義意符互換。《説文》："🔲，亾也。從哭從亾。會意。
亾亦聲。"本義喪亡、災禍。●滅亡、失去、喪失。《毛公鼎》："無唯正聞（昏），引其唯王智，
乃唯是喪我或（國）。"《論語·子路》："一言而喪邦，有諸？"●災難。《師訇簋》："今日天疾
畏（威）降喪。"《書·酒誥》："故天降喪于殷。"●喪命、死亡。《洹子孟姜壺》："齊侯雷帋喪
其🔲（斷）。"●喪事。《洹子孟姜壺》："齊侯既遭（躋）洹子孟姜喪，其人民郘邑董（懂）婁，
無用從（縱）爾大樂。"●秦印"南鄉喪吏"，乃鄉級主管喪事者。《周禮·地官·牛人》："喪事
供其奠牛。"秦印有"喪尉"，可能是喪吏之尉。●讀蒼。《上博二·容成 41》"喪虐"即"蒼梧"，
地名。●讀氓。《上博六·孔子 25》："民喪不可侮。"民喪，或讀為"民氓"，指民眾、百姓。《戰
國策·秦策一》："彼固亡國之形也，而不憂民氓，悉其士民，軍於長平之下，以爭韓之上黨。"
《晏子春秋·問上六》："田野不修，民氓不安。"●讀桑。《清華十·四告 42》："集止于喪（桑）
棘櫰（槐）桐百桓（樹）。"●《璽彙 3271》"喪丁"，姓氏，讀桑。

趨　🔲牆盤　　🔲癲鐘　　🔲邢人妾鐘

【注】《牆盤》從走桑聲，《邢人妾鐘》從走喪聲。銘文中均用為爽，今統一隸定為"趨"。●讀
爽。《癲鐘》："癲趄趄，夙夕聖趨，追孝于高且（祖）。"聖趨，即豪爽。《牆盤》："害（戛）屖
（遲）文考乙公，遽趨得屯（純），無諫農嗇（穡），戉鬍隹（唯）辟。"于省吾釋"遽趨"即"競
爽"，剛強爽明之意。

䘮 楚　🔲郭店·老丙 8　　🔲郭店·老丙 10　　🔲郭店·老丙 9　　🔲新蔡 270　　🔲上博

二·民之 14　　🔲清華八·邦政 5　　🔲清華七·子犯 13　　🔲清華七·子犯 13

【注】從死喪聲。●多讀喪。《上博二·民之 1》："亡（無）備（服）〔之〕䘮（喪），目（以）
畜萬邦。"●讀亡。《清華七·子犯 13》："邦乃述（遂）䘮（亡）。"

心紐相聲

相 相侯簋 齊 庚壺 璽彙 3924 璽彙 0262 楚 越王者旨於

賜鐘 包山 196 郭店・六德 49 上博二・民之 11 上博三・恒先 4

清華八・邦道 6 上博五・競建 10 清華二・繫年 110 清華三・良

臣 9 上博二・君老 1 清華五・啻門 10 燕 邸侯載豆 璽彙

0565 璽彙 0566 晉 四年相邦戟 四年邨相樂寅鈹 中山王響壺

四年春平相邦鈹 璽彙 3429 璽彙 4563 璽彙 3210 璽彙

1859 璽彙 4561 宮氏白子戈 璽彙 4563 匯考 140 分研一 294 分

研一 294 璽彙 0788 珍戰 32 分研一 294 秦 秦印

65 陶彙 5・394 青川木牘 二十一年相邦冉戈 相邦呂不韋戈

八年相邦呂不韋戈 □年相邦呂不韋戈

【注】甲骨文作相、罗、主，從目從木，會端相樹木之意。金文同甲骨文，或增一、二為飾。三晉文字作詩、眀者，為"相如"合文。《說文》："相，省視也。從目從木。《易》曰：'地可觀者，莫可觀于木。'《詩》曰：'相鼠有皮。'"本義為察視、細看、觀察。●輔助。《中山王響壺》："逜（使）得孯（賢）在（士）良猷（佐）貯，以輔相乐（厥）身。"《易・泰》："輔相天地之

宜。”●讀喪。《越王者旨于賜鐘》：“順余子孫，萬枼（世）亡（無）疆，用之勿相（喪）。”●古官名，百官之長，後通稱宰相。《荀子・王霸》：“相者，論列百官之長，要百事之聽，以飾朝廷臣下百事之分，度其功勞，論其慶賞，歲終奉其成功以效於君。”《史記・魏世家》：“家貧則思良妻，國亂則思良相。”《吕氏春秋・舉難》：“相也者，百官之長也。”《四年邙相樂寅鈹》：“四年，邙相樂寅（遽）。”《上博五・競建 10》：“或㠯（以）豎（豎）逕（刁）與䢅（易）舌（牙）為相。”●相邦：官名，輔佐國君治理邦國的重臣，相當于後世的相國、丞相，為百官之長。見于《二十一年相邦冉戈》《四年相邦戟》《五年相邦吕不韋戟》等。●三晉印文“相室”之璽數見，如《璽彙 2562》《璽彙 4563》《匯考 140》《匯考 141》。關於“相室”的職掌，有兩説：一是指家臣；二是指相國、宰相。印文之“相室”應是相當於家臣一類的職官。《十二家吉金陶録》著録的《王后左相室鼎》器銘作“王后左相室九☒☒”，蓋銘作“王后左相室”。此鼎銘文清楚表明相室是王后的屬官，即在王后宮中供職的中官。（王人聰《古璽考釋》）●秦封泥“相丞之印”。《水經・睢水》：“相縣，故宋地也。秦始皇二十三年，以為泗水郡。漢高帝四年，改曰沛郡。”相縣秦約屬泗水郡，今在安徽省濉溪縣西北。漢封泥有“相令之印”。●差不多、接近。《論語・陽貨》：“性相近也，習相遠也。”《上博一・性情 18》：“哀、樂，丌（其）眚（性）相近也，是古（故）丌（其）心不遠。”●觀察、審視。《説文》：“相，省視也。從目、從木。《易》曰：‘地可觀者莫可觀於木。’”《楚辭・離騷》：“瞻前而顧後兮，相觀民之計極。”《上博八・李頌 1》：“相虐（乎）官（棺）梪（樹）。”●讀將。“相”古音屬心紐陽部，“將”屬精紐陽部，古音相近。《上博二・民之 11》“日逑月相”，《禮記・孔子閒居》作“日就月將”。“相”讀為“將”，《廣雅・釋詁一》：“將，行也。”《詩・周頌・敬之》“日就月將”，毛亨傳：“將，行也。”“月將”，猶言“月行”。●《上博二・子羔 1》：“善與善相受也。”“相受”，互相接納。《周禮・地官・大司徒》：“令五家為比，使之相保；五比為閭，使之相受。”鄭玄注：“受者，宅舍有故，相受寄託也。”賈公彥疏：“相受者，閭胥使二十五家有宅舍破損者受寄託。”●《分研一 294》“相里相如”，“相里”“相如”均作合文。“相里”複姓。又見於《璽彙 3984》“相里㿱”。

楚  璽彙 0164  新蔡甲三 357

【注】從桑從相，雙聲字。●地名用字。

楚  郭店・窮達 6  上博四・柬旱 10  清華八・心中 1  清華八・心中 3  清華五・啻門 10  上博四・相邦 4  上博九・陳公 11

【注】從又相聲，“相”之繁文。●讀相。《清華八・心中 3》：“心，情母（毋）又（有）所至，百體四㮕（相）莫不畾逶。”簡文“百體”指全身，“四相”即前文所舉目、耳、口、嗅。●讀相，輔助。《上博四・相邦 4》：“而昏（問）㮕（相）邦之道。”“相邦”作為動名詞組，“相”即“輔佐、扶助”之意。《易・泰》：“輔相天地之宜。”孔穎達疏：“相，助也。”故知“相邦”即“輔佐治理國家”之意。“相邦”，先秦多作“相國”，《左傳・僖公廿三年》：“吾觀晉公子之從

者，皆足以相國。"

想 楚  清華三・説命中 3　 清華三・芮良夫 20　 上博六・天乙 5

【注】從止相聲。●讀相，輔相。《清華三・説命中 3》："古我先王滅頭（夏）、燮弨（强）、戈（勮）菁（蠢）邦，惟庶相之力乘（勝）。"●讀相，輔助。《上博六・天乙 5》："明=（日月）旻（得）亓（其）甫（輔），相之昌（以）玉斗（斗）。"是説日月（天子）得到玉斗（輔相）的佐助之意。

勰 楚  清華五・啻門 9

【注】從力從攴相聲。●讀壯，相、壯皆齒音陽部字。《清華五・啻門 9》："是亓（其）為壴（當）勰（壯）。"當，盛壯。《墨子・非樂上》："將必使當年，因其耳目之聰明，股肱之畢强，聲之和調，眉之轉朴。"孫詒讓《閒詁》："王云：'當年，壯年也。''當'有盛壯之義。"當、壯同義連用，意同"當年"或"盛壯"。

萡 楚  天星

【注】從艸相聲。●辭例不詳。

倄 燕  璽彙 0003

【注】從人相省聲。●燕璽"敱（長）坪（平）君倄（相）室鈢"。"倄室"或讀相室，此處當為家相。《戰國策・趙策》云："公甫文伯官於魯，病死。其母聞之，不肯哭也。相室曰：'焉有子死而不哭者乎？'"此處"相室"應該理解為家相。"長平君"為燕國封君，該璽當為燕長平君之家相所用之物。（《戰國璽印分域研究》85 頁）

湘 楚  鄂君啟舟節　 包山 83

【注】從水相聲；字形為上下結構，小篆變為左右結構，蓋古文字部首多變動不拘。《説文》："湘，水。出零陵陽海山，北入江。"本義為水名。●水名，即湘江。源出廣西靈川東海洋山西麓，東北流貫湖南東部，經衡陽、湘潭、長沙等市到湘陰人洞庭湖。《鄂君啟舟節》："内湘。"●包山簡讀相，姓氏。商丘有相氏，蓋帝相之後。見《姓譜》。

想 楚  酓忎想簠蓋

【注】從心相聲。《説文》："想，冀思也。從心相聲。"本義懷念、羨慕。● 人名。《醬祓想簠蓋》："醬祓想之飤匠。"

 霜 楚 清華八·八氣 3　 清華十·四時 26

【注】從雨相聲。● 用為本義。《玉篇》露凝也。《清華八·八氣 3》："或六旬霜降。"

 甄 秦 上郡疾戈

【注】從瓦相聲，"甄"之異文。● 人名。

心紐爽聲

 爽 散氏盤　班簠　二祀邲其卣　龢簠　大尊 楚　清華九·成人 21　清華十·四告 40　清華十一·五紀 46 秦 睡簡·日甲 54 背

 嶽麓一·質二 16　大良造鞅受鐏　、　戰編 214　秦編 258　上郡守壽戈　上郡守壽戈

【注】甲骨文作 火、夾、火、火、火、火。于省吾曰："火即爽之初文。《説文》爽明也。傳記注解亦多訓爽為明。大象人形，左右從火，爽明之義尤顯。其從火火、火火、火火者，與變而從火火，迹尤相銜。且火火、火火，只單雙之別，在古文字中，畫之單雙，每無別矣。"（《雙劍誃殷契駢枝·釋爽》）金文的字形和甲骨是一脈相承的，而依金文文義，這些字很明顯地是"爽"。按，"爽"字的字形從大，腋下夾著物體（無定形），因此這個字就有"兩"的意思，由此引申出匹配、輔弼的意思。故此字在卜辭中用為商王配偶的特定稱謂。周代以後腋下所夾之形變成"爻"，故《説文》以為"從爻從大"。甲骨文"爽""奭"同形，《説文》分為二字。《説文》："火火，明也。從爻從大。徐鍇曰：'大，其中隙縫光也。'火火篆文爽。"本義為爽明。明之至而差生焉，故反訓為差，如《詩·衛風·氓》："女也不爽。"● 差忒也。《散氏盤》："我既付散氏田器，有爽，實余有散氏心賊。"《廣雅·釋言》："爽，忒也。"有爽，是指付給散氏田器有違約的差誤的事。《清華九·成人 21》："五正之詣（稽）隹（惟）爽，隹（惟）方隹（惟）國，咸儠（訊）亓（其）又（有）眾。"《詩·衛風·氓》"女也不爽，士貳其行"，毛傳："爽，差也。"簡文"稽"，問責也。所問事項為"爽"（差錯），所問範圍為方國（惟方惟國），所問方式為"訊"（上問下），所

問對象為有眾（羣臣、羣吏、萬民）。●輔弼，此為卜辭文義之引申。《大令尊》："今我唯令令女（汝）二人亢眔大，爽左右于乃寮吕（以）乃友事。"銘意為，現在我命令你們兩個人，亢和大，幫助我處理僚屬以及同事間的事。●區配也、配也。此為卜辭中慣用濾，為配偶之稱謂。《班簋》："班非敢覓，隹（唯）乍（作）卲考爽，益曰大政。"乍（作）卲考爽，為昭考及姒而作此簋。《二祀邲其卤》："遘于匕（妣）丙，彡（肜）日，大乙爽。"●秦簡讀霜。《睡簡·日甲 54 背》："飲以爽（霜）路（露）。"

 九店 56·46

【注】從女爽聲。●義不詳。

帮紐兵聲

兵 戜簋 ● 輔伯戈 齊 庚壺 叔夷鎛 楚 郗酴尹鉦鋮 曾 忏鼎 天星 上博四·曹沫 15 上博四·曹沫 39 郭店·老丙 6 帛書甲 包山 81 包山 241 郭店·唐虞 12 清華一·皇門 6 清華七·越公 52 清華二·繫年 60 清華二·繫年 89 清華二·繫年 97 清華二·繫年 136 清華六·子產 26 清華十一·五紀 99 燕 璽彙 1225 璽彙 4092 陶錄 4·98 晉 與兵壺 璽彙 3445 秦 新郪虎符 新郪虎符 璽彙 5707 集證 221 睡簡·秦種 102 睡簡·日甲 118 睡簡·日乙 53 秦印 50

【注】甲骨文作🔸、🔸，從斤（武器）從廾，手執武器，會兵器之意。金文同甲骨文。戰國文字

承襲金文。燕系文字作兵（璽彙 1225），廾作丬丬形。秦系文字斤與廾之間加一橫或二橫，是為裝飾性符號。《説文》：“兵，械也。從廾持斤，並力之皃。兵古文兵，從人、廾、干。兵籀文。”本義是兵器，如《荀子》：“古之兵，戈、矛、弓、矢而已矣。”後來引申為兵士。●兵器。《戜簋》：“孚（俘）戎兵：盾、矛、戈、弓，備（葡）、矢、裨、冑，凡百又卅又五叙（款）。”《周禮·夏官·司兵》：“掌五兵五盾。”鄭司農注：“五兵者，戈、殳、戟、酋矛、夷矛。”●士卒。《新郪虎符》：“甲兵之符，右才（在）王，左才（在）新郪。凡興士被甲，用兵五十人以上，必會王符，乃敢行之。”●戰爭。《上博五·競建 5》：“害將來，將有兵，有憂於公身。”

璽彙 5205　　　璽彙 5206

【注】從又從兵（《説文》兵之古文）省，疑“兵”之異文。●單字璽，讀兵，疑軍隊所用之璽。

帮紐丙聲

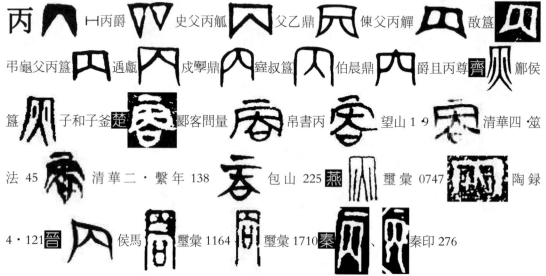

丙　　　　H丙爵　　　史父丙觚　　　父乙鼎　　　倸父丙觶　　　敢簋
弔龜父丙簋　　　遇甗　　　戍甹鼎　　　窀叔簋　　　伯晨鼎　　　爵且丙尊齊鄦侯簋
　　　子和子釜楚　　　郾客問量　　　帛書丙　　　望山 1 · 9　　　清華四 · 筮法 45　　　清華二 · 繫年 138　　　包山 225　　燕　　璽彙 0747　　　陶録 4 · 121晉　　　侯馬　　　璽彙 1164　　　璽彙 1710秦　　　、　　秦印 276

【注】甲骨文作丙、丙、丙、丙，象器物底座之形，“柄”之初文。金文同甲骨文。戰國燕、齊系文字作丙形，加飾筆八于人之兩側，頗似火字。晉系文字作丙，下多增從口。楚系文字作丙，除增口外，復于上增短橫為飾。《説文》：“丙，位南方，萬物成，炳然。陰气初起，陽气將虧。從一入门。一者，陽也。丙承乙，象人肩。凡丙之屬皆從丙。”本義不明。多借為天干的第三位。●天干第三位，用以紀日。《天君鼎》：“丙午。”●先公先王先妣的廟號。《敢簋》：“用作文考父丙鷚（肆）彝。”

恓楚　　璽包山 146　　　上博二 · 從政 8　　　上博七 · 鄭甲 3　　　清華六 · 子產 17
　　清華三 · 説命中 6　　　清華九 · 禱辭 14

【注】從心丙聲，楚簡多增從口。《說文》訓"憂"。●用為本義，憂也。《上博七·鄭甲 3》："唯（雖）邦之恲，牃（將）必為帀（師）。"《詩·小雅》："蔦與女蘿，施於松上。未見君子，憂心恲恲。"●讀炳。《清華六·子產 17》："絅（治）絣（辨）繲（解）思（撌），悑（炳）則任之，善則為人。"炳，《說文》"明也"，《玉篇》"明著也"，這裏是顯著、突出之意。詳"絣"字。●讀病。《清華三·說命中 6》："惟裒（衣）哉（載）忞（病），惟干戈生（眚）厥身。"●讀猛。《上博二·從政 8》："恲（猛）則亡新（親），罰則民逃。"●包山簡人名。

 郭店·老甲 33

【注】從犬丙聲，疑"猛"之異文。●讀猛。《郭店·老甲 33》："攫鳥狪（猛）獸弗扣，骨溺（弱）董（筋）柔（柔）而捉（握）固。"今本《老子》五十五章作"猛獸"。

 類編 187　印增 453

【注】從魚丙聲。●秦漢印人名。

 睡簡·為吏 5

【注】從木丙聲。《說文》柯也。●引申為權柄、權力。《睡簡·為吏 5》："操邦柄，慎度量。"

 璽彙 2209　璽彙 2100　璽彙 2098　圖典 313

【注】從邑丙聲。●古璽印有"邴逐""邴歆""邴悑""邴昌"等，姓氏。《左傳·成二年》邴夏御齊侯。通作丙。《前漢·宣帝紀》邴吉，或作丙吉。

 帛書殘片

【注】從車丙聲。●帛書"左坪輌相星光"，讀炳，明也。

 清華一·保訓 3　璽彙 2039　璽彙 2348　秦駰玉牘　睡簡·日乙 188　里耶 8·1811　秦印 148　秦駰玉牘

【注】從疒丙聲。戰國文字或作"疠"。●病重。《秦駰玉牘》："余身曹（遭）病，為我感憂。"

1361

《清華一·保訓 3》："今朕疾身（允）病。"古稱輕者為疾，重者為病。《説文·疒部》："病，疾加也。"●古璽印人名。

 痆 ^楚 清華四·筮法 2

【注】從心丙聲。所從之"丙"與楚文字中的"丙"字不同，而與齊系文字中的"丙"字相似，楚文字中的"丙"字一般作⬚（包山簡 31），齊系文字中的"丙"字或作⬚（筥侯少子簋，《集成》4152）。●讀病。《清華四·筮法 2》："开（其）痆（病）哭死。"

更 ^楚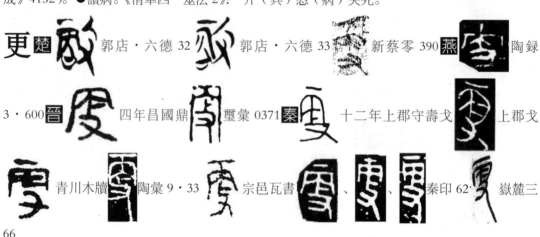

郭店·六德 32　　郭店·六德 33　　新蔡零 390　　燕 陶録 3·600　　晉 四年昌國鼎　　璽彙 0371　　秦 十二年上郡守壽戈　　上郡戈　　青川木牘　　陶彙 9·33　　宗邑瓦書　　、　、　秦印 62　　嶽麓三

66

【注】從攴丙聲。●更改。《青川木牘》："更修為田律：田廣一步，袤八則為畛。"●《郭店·六德 33》："惥（仁）蒻（柔）而敯，宜（義）弨（剛）而柬（簡）。敯之為言也，猶敯敯也，小而嵬多也。""敯"疑讀綿，與"簡"相對。古音"丙"在幫紐陽部，"綿"在明紐元部，聲為一系，韻部主要元音相同，可以通轉。"剛而簡"即"剛簡"，"剛簡"意為剛强率略。"蒻而敯（綿）"意為"仁柔而細小繁多"。●更卒，服定期兵役者，意為更迭戍邊，秦制，漢承之。《十二年上郡守壽戈》："十二年，上郡守壽造，漆垣工師爽、工更長猗。"●《睡簡·秦種 181》："不更以下到謀人。"不更，爵名。●秦印有"更名"，姓氏。戰國時魏國有更贏。●晉璽秦印多為人名。漢印習見以"更生"為名者，如"宋更生""田更生"（漢印 314）等，是其例。

遉 ^秦  集證 219·252

【注】從辵更聲。《廣韻》兔徑也。●秦陶"咸反里遉"，人名。

梗 ^秦  睡簡·日甲 71

【注】從木更聲。●病也。《睡簡·日甲 71》："從以上辟（臂）臑梗。"《詩·大雅》至今為梗。

緪 ^秦  印增 509

1362

【注】從糸更聲。●人名。

秦 印增 475

【注】從女更聲。"婐""嫂"一字；"婐"應為訛文。●單字璽。

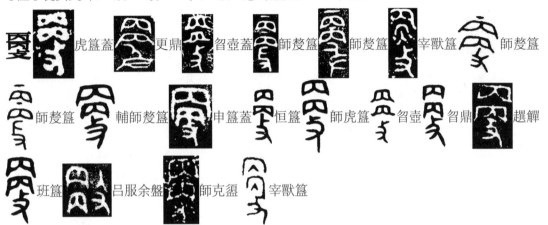

虎簋蓋　　更鼎　　智壺蓋　師嫠簋　師嫠簋　宰獸簋　師嫠簋

師嫠簋　　輔師嫠簋　　申簋蓋　恒簋　師虎簋　智壺　智鼎　趩觶

班簋　　吕服余盤　師克盨　宰獸簋

【注】"更"，甲骨文有字，從攴丙聲。于省吾曰："從攴（凡從攴之字皆有鞭策之意），意思是用鞭子教訓人，使之改正；上部是丙，表音。"（《甲骨文字釋林》391 頁）甲骨文又有，從二丙相疊，疑為"丙"之繁文。金文從攴丙聲，為"更"之繁文。或説丙象車軛形，二丙相續，為古代一種前後相續之車制，從攴，以示鞭打，字之本義當為續。《國語·晉語四》："姓利相更。"韋昭注："更，續也。"秦系文字從攴丙聲，為小篆所本。《説文》："更，改也。從攴丙聲。"本義是鞭打。引申為改變、替代、連續等義。●銘文中多讀賡，繼承、承續。《師嫠簋》："既令女（汝）更（賡）乃且（祖）考嗣小輔。"古庚、更相通，均有續義。●人名。《更鼎》："更乍（作）旅鼎。"

衛鼎

【注】從金丙聲，疑"鉼"之繁文。●讀鉼或讀鋞。《九年衛鼎》："矩取眚（省）車較幇（幩），㪔（靪）虎冟（幎）、蔡爾（韐）、畫轉、㪔（鞭）帀（席）鞶、帛轡乘、金麃（鑣）鈃（鋞）。"

大鼎

【注】從馬丙聲。●人名。《大鼎》："王乎（呼）善（膳）大（夫）騳召大以（以）乎（厥）友入攼（扞）。"

盠方彝　盠方彝

【注】從辵丙聲，疑"更"之繁文。●讀賡，繼承、承續。《盠方彝》："盠敢拜諙首曰：剌（烈）

朕（朕）身，遒（更）朕（朕）先寶事。"

驕作旅彝卣

【注】從馬丙聲。●人名。

石鼓文

【注】從魚丙聲，疑"鮦"之繁文。●讀鮦。《石鼓文》："黃白其鰯（鮦），有鯿有鮊。"鮦，《説文》蚌也。蚌蛤本有黃白二色。

璽彙 0823　　璽彙 4098　　匯考 312

【注】從言丙聲。●燕璽人名。

清華六‧子儀 1　　清華八‧處位 3　　上博五‧三德 1　　清華九‧禱

辭 7　清華九‧廼命二 11

【注】從木丙聲。或增從口，或增二口。統一隸定為"楅"。●讀猛。《清華八‧處位 3》："還（旋）内（入）它政、敝（弊）政、楅（猛）政。""楅政"應讀作"猛政"。丙聲之字，常讀猛。猛政者，嚴酷之政，"猛"往往與"寬"相對。《漢書‧敘傳下》："上替下陵，奸軌不勝，猛政橫作，刑罰用興。"《清華九‧廼命二 10》："母（毋）或迸（拊）人之田土，郜豐弜（剛）楅（猛），以相為音惪（德）。"●讀更。《清華六‧子儀 1》："欲民所安，亓（其）旦不楅（更），公益及（急），三啻（謀）塼（輔）之。""其旦不更"指還沒出當月，即敗於穀之月。●整理者讀平。《上博五‧三德 1》："楅旦毋哭。""平旦"古十二時制的寅時，約相當今二十四小時的五至六時。●讀梗。《清華九‧禱辭 7》："敢膚（獻）元楅（梗）三人，可吏（使）可命，可吏（使）隥（登）於天。"整理者注："楅，讀為'梗'。'元梗三人'乃是三具木偶。《戰國策‧齊策三》'有土偶人與桃梗相與語'，吳師道補注：'此謂刻桃木為人也。'"

清華八‧邦道 15

【注】從貝丙聲。●讀更。《清華八‧邦道 15》："遊（失）之所才（在），鱟（皆）智（知）而賏（更）之。"

帮紐秉聲

秉盾簋　　秉盾丁卣　　智鼎　　作冊封鬲　　虢叔鐘　　邢人妄

鐘　班簋　楚公豪戈　國差罈　者刃鐘　郭店·唐虞 15　上博一·緇

衣 5　上博一·詩論 6　上博五·三德 12　曾侯 5　清華一·耆夜 9

清華五·厚父 8　清華十·四時 11　清華十·四時 30　清華十一·五紀

59　晉公盆　秦公簋　會稽刻石　印增 109　睡

簡·日甲 36 背

【注】甲骨文作、、，從又從禾，一隻手握着一把禾，會一把莊稼之意。金文同甲骨文。《智鼎》從作，從與從手會同。《説文》："，禾束也。從又持禾。"本義是一把莊稼，如《詩經》："彼有遺秉。"引申為拿着、執持，如《詩經》："右手秉翟。"●執握。《楚公豪戈》："楚公豪秉戈。"李學勤曰："秉是執、持的意思，古書談到手持兵器一類器物，常用秉字。"（《曾侯戈小考》）《詩·邶風·簡兮》："左手執蘥，右手秉翟。"●修持。《邢人妄鐘》："女不敢弗帥用文且（祖）、皇考穆穆秉德。"《書·君奭》："王人罔不秉德。"●主持。《班簋》："秉緐、蜀、巢令，易（賜）鈴鑿（勒），咸。"●量詞。《智鼎》："矢五秉。"五秉，即五束。《曾侯 4》："矢，箙五秉。"《詩·泮水》毛傳"五十矢為束"，根據曾侯乙墓考古報告，在隨葬器物出土時，部分箭幹保存完整，有的箭幹成捆放置，一捆幹數約五十枝。這與簡文所記一箙五秉，裝 50 枝箭的情況相符。●執掌。《郭店·緇衣 9》："隹（誰）秉惑（國）城（成），不自為貞（正），卒（卒）袋（勞）百眚（姓）。"

帮紐方聲

陶録 2·169　陶彙 4·48　璽彙 1577　曾伯霖簋　郭店·老乙 12

成闔鼎　史述鼎　彔伯簋　召卣　大盂鼎　毛公鼎

郭店·五行 41　　清華一·皇門 3　　清華一·祭公 13　　清華一·程寤 3　　清

華二·繫年 91　　清華八·攝命 4　　清華九·禱辭 11　[燕]　璽彙 3957

璽彙 3958　　璽彙 3959　　璽彙 3961　　璽彙 3964　　方城臝小器[晉]　璽

彙 3963　　中山王嚳鼎[秦]　不嬰簋二　　不嬰簋　　秦政伯喪戈　　石鼓文

秦印 167　　方　睡簡·語書 3

【注】甲骨文作 方、方、方、方、方，從刀，施一橫于刀身，表示以刀分物。《國語·楚語》："不可方物。"注：方，猶別也。或加飾筆作方等形。金文承之。《説文》："方，並船也。象兩舟省、緫頭形。凡方之屬皆從方。方或從水。"許慎所釋，當非本義。●方，與"圓"相對。《史述鼎》："史述乍（作）寶方鼎。"●方向、方位。《天亡簋》："王凡三方。"●指諸侯國，方國稱"某方"。《尹光鼎》："唯王正（征）井（邢）方。"或指一個地區，《毛公鼎》："命女（汝）亟一方。""亟一方"，即治理一方之意。●面積專用語。《召器》："王自穀事（使）賞畢土方五十里。"●副詞，猶"正在"。《中山王嚳鼎》："含（今）舍（余）方壯。"●四方：指一個國家的東南西北四方，即整個國家的地域範圍。《大盂鼎》："匍有四方。"《虢季子白盤》："經維四方。"《令彝》："舍四方命。"《中山王嚳鼎》："行四方。"●讀旁。《清華一·皇門 3》："廼方（旁）救（求）異（選）睪（擇）元武聖夫。"旁，《説文》："溥也。"《廣雅·釋詁二》："廣也。"●讀謗。《上博五·競建 07》："從臣不訐（諫），遠者不方（謗）。"●秦印姓氏。姓氏字六國文字多用"邡"。

飴[楚]　清華五·湯丘 2

【注】從食方聲。●讀芳，義為香。《儀禮·士冠禮》："嘉薦令芳。"《清華五·湯丘 2》："鬵（絶）飴（芳）旨以齟（粹）。"齟，讀粹，訓為精。

仿[楚]　包山 182　　仿　郭店·窮達 14

【注】從人方聲。●包山簡地名。●讀旁。《郭店·窮達 14》："鬻（舉）皇（毀）才（在）仿（旁）。"

訪[楚]　郭店·五行 40　　上博八·成王 1　　清華一·皇門 8　　上博九·舉

治 22

【注】從言方聲。●拜訪、訪問。《上博八·成王1》：“成王既邦（封）周公二年，而王珏（重）元（其）頁（任），乃訪▢▢。”●詢問、徵詢。《清華一·皇門8》：“我王訪良言於是人。”●《郭店·五行40》：“匿之為言獻（猶）匿匿也，少（小）而訪〈診（軫）〉者也。”帛書本作“匿之為言也獻（猶）匿，匿小而軫者”。“訪”當系“診”之誤寫，方與多形近故也。“診”又當依帛書通作“軫”，隱匿也。《九章·惜誦》：“心鬱結而紆軫。”王逸《章句》：“軫，隱也。”

欨 果簋 果簋

【注】從欠方聲，疑“防”之異文。●人名。《果簋》：“果乍（作）欨旅殷。”

放 多友鼎 楚 九店 621·14 晉 中山王嚳壺 秦 秦印 73 里

耶 8·768

【注】從攴方聲。《説文》：“放，逐也。從攴方聲。”楊樹達云：“《説文》旁亦從方聲，實假方為旁耳。蓋古方、旁音同，故二字多通用……放訓逐所以從方聲者，謂屏之于四方，實則謂屏諸四旁耳。”“‘肪，肥也。從肉，方聲。’許訓肪為肥，旁義不顯。然文選與鍾大理書注引通俗文云：‘脂在腰曰肪。’按腰在旁，故謂其脂肥曰肪。”（《積微居小學金石論叢·釋放》）同理，還有“房”“魴”等字。如是，聲符方也兼表意也。“放”之本義當置犯人于邊遠之地。●讀方。《多友鼎》：“唯十月用嚴（玁）狁（犾）放（方）瘋（興）。”●讀仿，效也。《中山王嚳壺》：“隹（唯）朕（朕）皇祖文武，趄（桓）祖成考，是又（有）䖶（純）悳（德）遺㤅（訓），以陀（施）及子孫，用隹（唯）朕（朕）所放（仿）。”所仿者，指先王之純德遺訓。●秦印“放諸”，姓氏。《鄭通志·氏族略》收載。其注云：“堯臣放齊之後也。”以名為氏。●讀仿。《里耶 8·768》：“放（仿）式上。”

彷 晉 中山王嚳鼎

【注】甲骨文作 彷，從彳方聲。金文承之。《説文》無。《集韻》：“彷，亦作徬。”●讀旁。《中山王嚳鼎》：“我（仇）人才（在）彷（旁）。”

賜 齊 陳賜簋蓋 楚 清華六·子儀1 晉 璽彙 2574

【注】從貝方聲。●讀放或讀妨。《清華六·子儀1》：“既敗於㗱（殺），恐民之大賜。”《書·康誥》：“大放王命。”《風俗通義·過譽》作“大妨王命”。《列女傳·齊孝孟姬》：“其有大妨於王命者，亦勿從也。”“大妨”即大肆抗拒王命之意。●齊器、晉璽人名。

魴 晉 璽彙 2728 璽彙 2729

【注】從魚方聲。●晉璽有"魴直""魴山""魴安"等，姓氏。

芳達 13

【注】從艸方聲。●多用為本義，芳香。《郭店·窮達 13》："非以無人嗅（嗅）而不芳。"

枋13睡簡·日甲 66 背

【注】從木方聲，與小篆同。●書寫文檔、告示的方板。《智鼎》："于王參門☒☒木枋。"典籍或作"方"，《儀禮·聘禮》："百名以上書于策，不及百名書于方。"鄭玄注："方，板也。"古方、枋通。●讀柄。《睡簡·日甲 66 背》："以莎茋、牡棘枋（柄）。"●讀方，方圓。《鎣壺》："枋（方）彎（數）百里，隹（惟）邦之榦（干）。"●讀方，方形。《上博三·恒先 9》："先又（有）園（圓），焉又（有）枋（方）。"

呞 楚  清華十一·五紀 38

【注】從口方聲。●讀荒。《清華十一·五紀 38》："四亢（荒）同唬（號）曰天呞（荒）。"

昉

【注】從日方聲，日、方或共用筆畫。三晉文字"亥"作（晉編 881），形似。●齊璽人名。●晉璽（璽彙 0074）"晤昉"，地名。

坊 齊  陶徵 56

【注】從土方聲。●齊陶單字，當為人名。

防 燕  璽彙 2326  璽彙 1334 秦  會稽刻石

【注】從阝方聲；形符或贅加土。●防護、防衛。《會稽刻石》："防隔內外，禁止淫佚，男女絜誠。"●《璽彙 2326》"防纕"，姓氏。漢代有防年、防廣；明代有防盛，永樂舉人。

邡齊 陶彙 3 ·1232 楚 鄂君啟車節 鄂君啟車節 曾侯 176

新蔡甲三 8 清華二 · 繫年 98 晉 璽彙 2073 秦 、 印增 249

【注】從邑方聲，與小篆同。《說文》："邡，什邡，廣漢縣。" 本義為地名。●地名。《鄂君啟車節》："就陽丘、就邡城。"●讀方。《清華二 · 繫年 98》："克滿（賴）、郱（朱）邡（方）。"●晉璽、曾侯簡讀方，姓氏。秦印 "邡沮" "邡祛" 亦為姓氏。

房楚 信陽 2 ·8 包山 266 包山 149 望山 2 ·45 清

華二 · 繫年 67 清華二 · 繫年 68 秦 睡簡 · 封診 74 睡簡 · 封診 73 分

研 385

【注】從戶方聲。●《信陽 2 · 8》："一房机（几）。" 房机（几），指 "立板足几"，兩邊立版高聳于立面之上。●居室側屋。《睡簡 · 封診 73》："自宵臧（藏）乙復（複）結衣一乙房內中，閉其戶。"●秦印 "賈房"，人名。

迈楚 清華一 · 耆夜 11 清華九 · 治政 8

【注】從辵方聲。●《清華一 · 耆夜 11》："康樂而毋荒，是隹（惟）良士之迈=（迈迈）。" "迈迈"，當讀為 "彭彭"，盛多貌。《詩 · 齊風 · 載驅》："汶水湯湯，行人彭彭。" 毛傳："彭彭，多貌。" 高亨注："彭彭，盛多貌。"《詩 · 鄭風 · 清人》："清人在彭，駟介旁旁。" 朱熹集傳："旁旁，馳驅不息之貌。" 高亨注："旁旁，同彭彭，馬強壯有力貌。" "迈" 與 "旁" 同從 "方" 聲，"旁旁，同彭彭"，知 "迈迈" 可讀為 "彭彭"。●讀妨。《清華九 · 治政 8》："皮（彼）差（佐）臣之專（敷）心聿（盡）惟，不敢迈（妨）善。"

囷楚 類編 186

【注】從口方聲。●楚系 "囷中☑鉩"，疑為姓氏。

扚楚 仰天 35

【注】從手方聲。●讀柄。《仰天 35》："又（有）叠（文）竺（竹）扚（柄）。"

 師頜簋 齊  陶録2·393 楚 包山100 清華三·琴舞9

 晉 蚉壺

【注】甲骨文作，從水方聲。金文承之。《説文》"方"之或體作。本義當為水名。●讀駍或讀滂。《蚉壺》："馭（御）右和同，四駐（牡）汸汸。"《荀子·富國》："汸汸如河海。"楊倞注："汸，讀為滂，水多貌也。""汸汸""滂滂"由水流多貌引申為眾多繁盛之意。●讀防，堤防。《包山100》："以其敓湯汸與爾澤之古（故）。"詳"爾（爾聲）"字。

 楚 包山149 包山149

【注】從网汸聲。●簡文"漾羽一賽"，義不詳。

舫 秦 石鼓文

【注】從舟方聲。●《石鼓文》："汧殹洎洎，𧴫=（萋萋）☑☑，舫舟囫（從）逮。""舫舟"，《爾雅·釋言》："舫，舟也。"又《爾雅·釋水》："天子造舟，諸侯維舟，大夫方舟，士特舟，庶人乘泭。""方舟"即"舫舟"，郭璞注皆謂"并兩船"。"囫（囪）逮"之"囫"讀從，《禮記·檀弓上》"喪事欲其縱縱爾"，鄭玄注："縱讀如摠領之摠。""逮"訓為"及"，"從逮"，從行而及。

 楚 郭店·語叢三7 曾侯57 望山2·15 包山268 秦

睡簡·日甲65 嶽麓一·為吏71 印增503

【注】從糸方聲。●讀方，標準。《店語叢3·7》："長弟，孝之紡（方）也。"敬長愛幼，是孝的標準。●《曾侯57》"紡軒"用法當如望山簡之"紡屋"，指以素紗蒙覆其軒。《儀禮·聘禮》："迎大夫賄，用束紡。"鄭玄注："紡，紡絲為之。今之縛（絹）也，所以遺聘君，可以為衣服。"賈公彥疏："云'紡，紡絲為之'者，因名此物為紡。"●秦簡"紡月"，楚之六月。

 楚  包山193

【注】從韋方聲。●包山簡人名。

疒 楚 包山 152　　包山 24　　新蔡零 209　　包山 218　　郭

店・老甲 36　　包山 158　　包山 220　　上博四・柬旱 8　　清華八・邦道

15　　清華八・邦道 26　　清華五・啻門 15　燕 璽彙 0795　　璽彙 3874

璽彙 2283　　璽彙 0795

【注】從疒方聲。楚文字疒旁常省為爿形。●楚文字多讀病，"方""丙"同為幫母陽部字，例可相通。《清華五・啻門 16》："迟（起）事亡（無）穫，疒（病）民亡（無）古（盬），此胃（謂）亞（惡）事。"《上博四・柬旱 8》："不穀癌甚疒（病）聚（驟）。"●燕璽人名。

病 楚  上博五・三德 13

【注】從心疒聲。●讀病。《上博五・三德 13》："身戲（且）有病（病）。"

忘 楚  上博一・詩論 9　　上博八・志書 4

【注】從心方聲。●讀病。《上博一・詩論 9》："《黃鳥》則困天〈而〉欲反其故也，多恥者其忘（病）之乎？"●讀謗。《上博八・志書 4》："然以譏（讒）言相忘（謗）。"

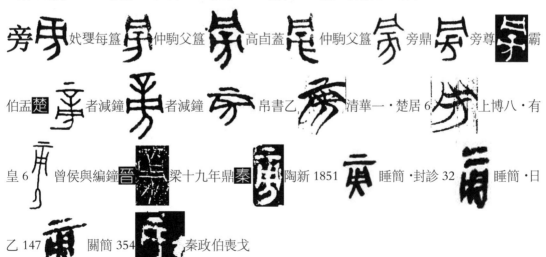

旁 妣嫛每簋　　仲駒父簋　　高卣蓋　　仲駒父簋　旁鼎　旁尊　霸

伯盂 楚 者減鐘　　者減鐘　　帛書乙　　清華一・楚居 6　　上博八・有

皇 6　曾侯與編鐘 晉 梁十九年鼎 秦 陶新 1851　　睡簡・封診 32　　睡簡・日

乙 147　　關簡 354　　秦政伯喪戈

【注】甲骨文作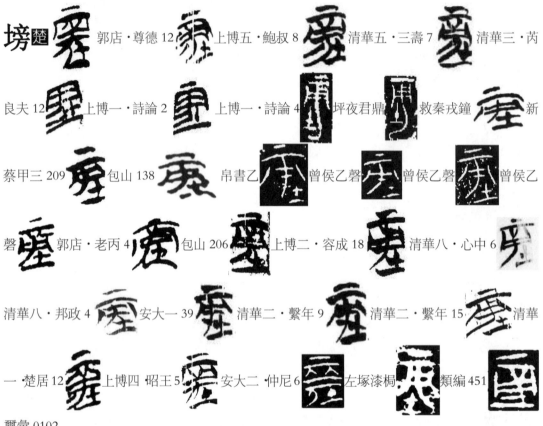、、、、、、，從凡方聲。金文同形。●旁邊。《睡簡・秦種196》："善宿衛，閉門輒靡其旁火，慎守唯敬（儆）。"夜間應嚴加守衛，關門時即應滅掉附近的火，謹慎警戒。●讀方，方向、方位。《者減鐘》："其登于上下，聞于四旁（方），子子孫孫永保是尚。"《曾侯與編鐘》："于穆曾侯，壯武畏忌，恭寅齋盟，伐武之表，懷燮四旁（方）。""懷燮四方"意為四方得以安定和諧。●《廣雅》："旁，廣也。"《睡簡・封診76》："其所以叔者類旁鑿。"旁鑿，寬刃鑿子。●或讀芳。芳、旁二字諧聲。《霸伯簋》："王史（使）白（伯）考蔑尚曆（歷），歸（饋）柔（茅）芺（苞）、旁（芳）邑，臧，尚拜稽首。"●讀謗，同源字通假。《上博八・有皇6》："論三夫之旁也今可（兮）。"

墣_楚 郭店・尊德12　　上博五・鮑叔8　　清華五・三壽7　　清華三・芮

良夫12　　上博一・詩論2　　上博一・詩論4　　坪夜君鼎　　救秦戎鐘　　新

蔡甲三209　　包山138　　帛書乙　　曾侯乙磬　　曾侯乙磬　　曾侯乙

磬　　郭店・老丙4　　包山206　　上博二・容成18　　清華八・心中6　　旁

清華八・邦政4　　安大一39　　清華二・繫年9　　清華二・繫年15　　清華

一　楚居12　　上博四・昭王5　　安大二・仲尼6　　左塚漆梮　　類編451

璽彙0102

【注】從土旁聲。楚文字"坪"之異體。舊多直接釋為"坪"。商承祚在《戰國帛書述略》中曾將此字隸作"墣"，這個字所從的**即**"旁"字。"旁"金文通作**旁**，此字所從**旁**，顯然就是"旁"字的省形，即將下部斜出的一筆因要置"土"旁而省去了。"墣"應是"坪"的異體。（詳《金文編校補》482頁）●讀平，平和。《上博一・詩論2》：《頌》，墣（平）德也，多言後，其樂安而遲，其歌申而易，其思深而遠，至矣！""平德"之"平"，當訓為和也，即平和之義。"多言後"應理解為多有言及後人、子孫（繼承先王功烈之事）。●讀平，平民。《清華八・心中6》："君、公、侯、王、庶人、墣（平）民。"

蹐_秦  睡簡・日乙147

【注】從足旁聲。原字形不清晰。●讀旁。《睡簡·日乙 147》："戊辰不可祠道蹺（旁）。"

 篅府宅戈

【注】從竹旁聲。●屬魯國人名類兵器。其銘文中的"篅府"應是一個複姓，可讀作"皇甫"或"封父"。

 清華一·祭公 13

【注】從艸旁聲。●讀旁。《清華一·祭公 13》："不（丕）隹（惟）周之蒡（旁）。"旁，《說文》："溥也。"《廣雅·釋詁一》："大也。"

 包山 260

【注】從金旁聲。●簡文"二鎊"，義不詳。

 曾公畎鐘 秦 睡簡·為吏 8

【注】從言旁聲。●用為本義，怨恨。《睡簡·為吏 8》："二曰精（清）廉毋謗。"●毀謗。《曾公畎鐘》："烏（嗚）乎（呼）！嬰（迪）余乳（孺）小子，余無謗受。"希望皇祖保佑，不受毀謗。楚文字或用"方"表示謗。

 啟尊

【注】從辵旁聲（作反書）；從辵與從彳會意同。《說文》："徬，附行也。從彳旁聲。"《集韻》："傍，或書作徬。"又與"彷"通。《集韻》："彷，亦作徬。"●讀彷、或讀傍，沿着、順着。《啟尊》："啟從王南征，遀（彷）山谷，在泃水上。"

 石鼓文

【注】從魚旁聲。●赤尾魚。《石鼓文》："黃白其鯉（鮋），有鰟有鮊。"《說文》："魴，赤尾魚。從魚方聲。鰟，魴或從匊。"

冶仲考父壺 秦 石鼓文 里耶 8·63

【注】從水旁聲，與小篆同。《説文》：" （字），沛也。"本義大水湧流。●《石鼓文》："流汢滂滂，盈湙（海）濟濟。"滂滂，流蕩狀。●《冶仲考父壺》："冶中（仲）丂（考）父自乍（作）壺，用祀用鄉（饗）多福滂。"于省吾謂"多福滂"應讀"多福滂滂"。（《重文例》）"滂滂"即"汸汸"。《荀子·富國》："汸汸如河海。"楊倞注："汸，讀為滂，水多貌也。""汸汸""滂滂"由水流多貌引申為眾多繁盛之意。

井鼎　師求簋　瑚生簋　卯簋　靜卣　靜簋

寓鼎　遹簋　史懋壺　臣辰盉　臣辰卣　夆簋　楚簋

老簋

【注】從艸夆（夆又從方聲）聲。字不見于字書。●西周都城名。《靜卣》："王才（在）莽京。"羅振玉考證："《竹書紀年·周紀》沈約注：'周德既隆，草木茂盛，蒿堪焉宮室，因名蒿室，既有天下，遂都于鎬。莽字從艸，象草木茂盛，殆即鎬京之初字歟。"（《遼居乙稿》）《詩·大雅·文王有聲》："考卜維王，宅是鎬京，維龜正之，武王成之。"郭沫若以為"豐京"，曰："彝器中所見之莽京與宗周比鄰，是則莽京即豐京矣。"（《兩周金文辭大系考釋》32 頁）"豐"亦作"鄷"，與鎬京同為西周國都。在今陝西長安西南灃河以西。周文王伐崇侯虎後自岐遷此。《詩·大雅·文王有聲》："既伐于崇，作邑于豐。"武王雖遷于鎬，而豐宮不改，仍為全國的政治文化中心。

敬簋

【注】從木莽聲。●讀榜。《敬簋》："長榜戴首百。"長榜，讀為長榜。榜是車兩旁的木，此云長榜，蓋載首級之車較戎車為長。《爾雅·釋詁》云榜為"輔也"，輔是夾車之木，《説文》："輔，《春秋傳》曰：'輔車相依。'"銘意為，長木夾着車的兩旁載有一百個首級。或讀柄，柄、榜古音同。

帮紐匚聲

匚　匸　乃孫作且己鼎　匚旁鼎

【注】甲骨文作 匚、凵、匸、匚、匚，象受物之器形，乃殷人宗廟中盛神主之器。其本義為"匡"。《説文》："匡，宗廟盛主器也。"王國維曰："乜、丙、匸，《史記》謂之報乙、報丙、報丁，義當如《魯語》'商人報焉'之報。"乜、丙、匸即甲骨文之 匚、丙、可，正象神主盛于匚中之形。唐蘭謂報祭即枋祭，蓋殷人枋祭上甲于門內，古甲字從口，而乙丙丁三人配兩旁焉，故從匚以象之也。口、匚皆為方形，乃于門內為藏主方函以祭之也。後世讀枋如報，韋昭附會為報德之祭，誤矣。"（引自《甲骨文字典》1391 頁）金文承之。《説文》：" （字），受物之器。象形。凡匚之屬皆從匚。讀若方。匚籀文匚。"本義為受物之器。字如今不單用，只作偏旁。凡以"匚"取義

的字均與受物器有關，如匱、匣、匡、匠等字。●祭名，典籍作"報"。殷人祭其先公先王言之"匸于某"者習見。《匸方鼎》："匸方（賓）乍（作）父癸彝。"銘意為：為報祭賓敬他的父癸而作鼎彝。

印封 1105

【注】從斤匸聲。●《秦集一·二·85》"泰匠丞印""大匠丞印"等均為官名。匠名古已有之。《周禮·考工記·匠人》："匠人建國，水地以縣。匠人營國，方九里，旁三門。"是管建宮室城郭溝洫之官。《睡簡·秦種 123》："度攻（功）必令司空與匠度之，毋獨令匠。"簡文說估算工程量，必須由司空和匠人一起估算，不得單令匠人估算。可見匠人主持工程。●晉璽有"匠緩""匠間"，姓氏。

【注】從犬匠聲。●秦印均為人名。

【注】從金匸聲。●讀匸，受物器。《清華五·封許 7》："周（雕）匸（匸）。"整理者："匸"字從匸，《說文》："受物之器，讀若方。"雕匸，應指器上有雕鏤紋飾。

並紐彭聲

五・三壽 23 　新蔡甲一 25 　新蔡甲三 41 　包山 54 　清華九・禱辭

15晉 十七年鄭令戈 鄭令趙距戈 陶彙 3・737 秦 秦印 87

【注】甲骨文作、、，從壴（鼓）從彡（象徵鼓聲），會鼓鳴之意。金文同甲骨文。《説文》：“彭，鼓聲也。從壴彡聲。”本義是形容鼓聲的象聲詞。引申泛指象擊鼓似的聲音。如今主要用作姓。●國名。《彭伯壺》：“彭白（伯）自乍（作）醴壺。”《詩・鄭風》：“清人在彭。”《尚書・牧誓》所載參與武王伐紂之“彭”當在魯桓公十二年楚師伐絞所涉之彭水附近，即流經今湖北房縣、穀城境内的南河流域，説明商末周初於今漢水中游地區有一彭國、彭族存在。彭氏入申，當與春秋早期的兼併形勢有關。由《申公彭宇簠》銘可知，彭宇可能是《左傳》所載的楚令尹彭仲爽之後、楚申縣最早的縣公。南陽市新發現的彭無所墓，器銘“彭公”又作“申公”，説明彭無所應是彭宇之族人，結合文獻中楚貴族還有彭名、彭生等人的史實分析，由彭入申，再由申入楚的彭氏家族，在楚國一直具有相當的勢力和影響。（《彭器、彭國與楚彭氏考論》）●人名。《廣簠蓋》：“廣乍（作）弔（叔）彭父寶毁。”●地名。《鄂君啟舟節》：“逾江、就彭弽（澤）、就松昜（陽）。”彭弽，地名，即彭澤、彭蠡。地在今長江北岸的鄂東、皖西一帶。弽，楚文字“射”，古音在鐸部，與“澤”同部。●《清華九・禱辭15》：“四方之明還（歸）我，彭=徝=章=閣=襄=。”有論者指出：“按‘彭彭’可逕訓盛多，《詩・齊風・載驅》：‘汶水湯湯，行人彭彭。’”“四方之萌，歸我彭彭”即是説四方民眾來歸的很多。“徝”可讀悠，“悠悠”為行貌，《詩經・小雅・黍苗》：“悠悠南行，召伯勞之。”毛傳：“悠悠，行貌。”“章”當讀為原字，“章章”為盛貌，《呂氏春秋・審時》：“是故得時之稼，其臭香，其味甘，其氣章。”高誘注：“章，盛也。”“閣”為疑難字，暫讀馳。“襄=（襄襄）”讀為“攘攘”“穰穰”皆可，《詩經・周頌・執競》：“鐘鼓喤喤，磬筦將將，降福穰穰。”毛傳：“穰穰，眾也。”《太平御覽》卷四四九引《周書》曰：“容容熙熙，皆為利謀；熙熙攘攘，皆為利往。”朱右曾《逸周書集訓校釋》：“攘攘，眾也。”●秦印姓氏。

並紐竝聲

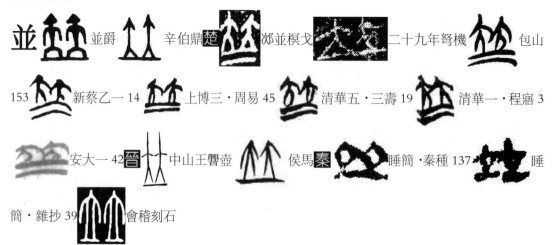

並 並爵 　辛伯鼎 楚 郯並棨戈 　二十九年弩機 　包山

153 　新蔡乙一 14 　上博三・周易 45 　清華五・三壽 19 　清華一・程寤 3

安大一 42晉 中山王𧦂壺 　侯馬 秦 睡簡・秦種 137 　睡

簡・雜抄 39 會稽刻石

1376

【注】甲骨文作、、、、，象二人並立之形。金文同甲骨文。甲骨文金文均有並、并二形，如今均作“并”。《説文》無。本義並立、在一起。●並列。《中山王譻壺》：“哂（將）與虞（吾）君並立于殜（世）。”●廣也。《辛伯鼎》：“辛伯其並受其福。”●人名或族氏名，見于《並觚》《並爵》等器中。●讀方。“並”與“方”聲系相通。《老子》十六章“萬物並作，吾以觀其復”，馬王堆帛書甲本、乙本“並”皆作“旁”。《郯並梖戈》：“郯並杲之散（造）戈。”郯並，何琳儀謂典籍之“兹方”。《史記・楚世家》：“肅王四年，蜀伐楚，取兹方。于是楚為扞關以距之。”（《新蔡竹簡地名偶識》）●同时。《上博三・周易45》：“並受丌（其）福。”

湴 楚 清華八・處位6

【注】從水並聲。●讀屏，訓為保藏。《清華八・處位6》：“夫堂（賞）㰻（貢）亦曰余（餘），無皋而湴（屏），須事之禺（遇）禨（機）。”《書・金縢》“我乃屏璧與珪”，傳：“屏，藏也。”

明紐囧聲

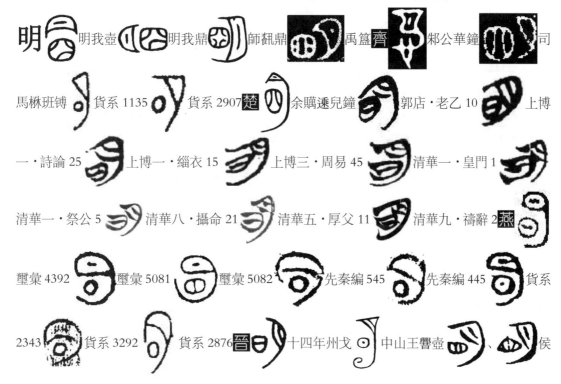

囧 戈父辛鼎陳侯鼎

【注】甲骨文作、、、、、，象窗戶有交叉之形。古代原始的窗戶，在牆上挖個洞，在洞中交叉支撐上竹或木棍，就成了簡易的窗戶。金文承之。《説文》：“，窻牖麗廔闓明。象形。凡囧之屬皆從囧。讀若獷。賈侍中説：讀與明同。”本義為窗戶明亮。卜辭銘文中多用作地名和人名。●人名。《陳侯鼎》：“陳（陳）侯乍（作）鑄嬀囧母賸（媵）鼎。”

明 明我壺明我鼎師訇鼎禹簋 齊 郳公華鐘司馬楙班鎛貨系1135貨系2907 楚 余購逐兒鐘郭店・老乙10上博一・詩論25上博一・緇衣15上博三・周易45清華一・皇門1清華一・祭公5清華八・攝命21清華五・厚父11清華九・禱辭2 燕 璽彙4392璽彙5081璽彙5082先秦編545先秦編445貨系2343貨系3292貨系2876 晉 十四年州戈中山王譻壺、侯

馬易 璽彙 0961　分研 219　明 璽彙 4403　日 璽彙 1173　日 陶彙 6·112　集粹

221秦 秦公簋　秦公鎛　秦公鎛　秦公鎛　商鞅方升　秦

駰玉牘　睡簡·日乙 206　明 睡簡·為吏 44　里耶 8·1562

【注】甲骨文作●、●、●、●、●、●、●、●、●、●、●，從月從囧（窗形，或作田，或訛作日），月照窗櫺，會光明、明亮之意；囧兼聲。金文同甲骨文。戰國文字從日、目，是由"明"所從之"囧"不斷省變來的。隸變後寫作"明"，如今規範作"明"。《説文》："明，照也。從月從囧。凡明之屬皆從明。明古文明從日。"本義是明亮。●光明、彰明。《中山王響壺》："以明明（辟）光。"●賢明、英明。《牆盤》："子（茲）歐（納）各明，亞且（祖）且（祖）辛。"●明型：光明正大的表率、楷模。《毛公鼎》："女（汝）母（毋）弗帥用先王乍（作）明井（型）。"●明德：純真無瑕的品德。《虢叔旅鐘》："穆穆秉元明德。"《秦公簋》："穆穆帥秉明德。"●《大令尊》："王令周公子明保，尹三事四方，受卿事寮。"明保：郭沫若謂明保指魯公伯禽，即周公旦長子。周同不從此説，認為即周公旦。並把"周公子明保"五字，斷釋為"周公名旦，字子明，'保'是尊稱"。（《令彝考釋中的幾個問題》）●明公：周公旦之尊稱。《魯侯尊》："唯王令明公遣三族伐東或（國）。"●讀盟。《睡簡·日甲 11》："利以兑（説）明（盟）組（詛）。"●白天。《上博五·三德 1》："天亞（惡）女（毋）忻，橢（平）旦毋哭，明毋訶（歌）。"

閖楚　鄦王子㫚鐘　包山 123　齘鐘　包山 139　曾侯與編鐘　王孫

誥鐘　新蔡零 281　上博七·凡甲 8　上博五·三德 1　清華一·尹至 4

清華二·繫年 111

【注】從示明聲。●楚文字多讀明。《上博五·三德 1》："閖（明）王無思。"明王，聖明的君主。《左傳·宣公十二年》："古者明王伐不敬。"●讀盟。《九店 56·34》："利以説閖（盟）禩（詛）。"《清華二·繫年 111》："以與戉（越）命（令）尹宋閖（盟）于邧。"

盟　遽乍且丁鼎　魯侯爵　冉父丁罍　冉父丁罍　盟爵

師望鼎 黻鼎齊 邾公釛鐘 邾公華鐘楚 蔡侯申盤 王子午鼎

信陽2·3 清華七·越公25晉 、 、 、 侯馬秦 睡簡·為吏48

【注】從皿明聲。古文字盟、盟、盟一字。●諸侯于神前立誓締約之稱。《邾公釛鐘》："用敬恤盟祀，旂（祈）年釁（眉）壽。"《禮記·曲禮下》："涖牲曰盟。"孔穎達疏："盟者，殺牲歃血，誓于神也。"●誓約。《睡簡·為吏48》："處如資（齊），言如盟。"●讀明，光明、明亮。《師望鼎》："穆穆克盟（明）氒（厥）心。"《叔尸鐘》："中尃盟（明）刑（刑）。"盟刑，即明刑、明瀍。《蔡侯申盤》："祗盟嘗啻，佑受母（無）已。"春禘秋嘗，極為明備，永遠得到保佑。

萌秦 秦印12

【注】從艸明聲。●秦漢印多為人名用字。

佣楚 上博五·競建9

【注】從人明聲。●讀孟。《上博五·競建9》："雍（擁）芋（華）佣（孟）子以馳於倪（郳）廷。"華孟子是宋國華氏的庶長女，子姓，即《左傳》僖公十七年提到的桓公內嬖宋華子，生公子雍。

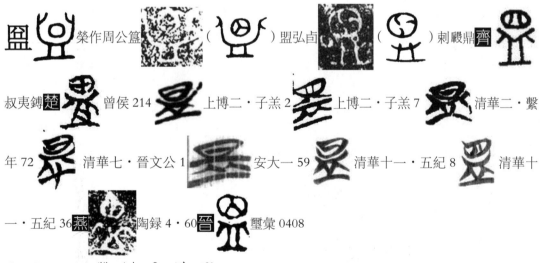

盟 榮作周公簋 （ ）盟弘卣 （ ）剌嬰鼎齊

叔夷鎛楚 曾侯214 上博二·子羔2 上博二·子羔7 清華二·繫

年72 清華七·晉文公1 安大一59 清華十一·五紀8 清華十

一·五紀36燕 陶錄4·60晉 璽彙0408

【注】甲骨文作 、 、 、 、 ，從皿囧聲，不從血。金文或與甲骨文同構，或從皿朙聲（囧聲）；或從血朙聲。楚文字從示明聲；從示，標其祭祀之義。《説文》："盟，《周禮》曰：'國有疑則盟。'諸侯再相與會，十二歲一盟。北面詔天之司慎司命。盟，殺牲歃血，朱盤玉敦，以立牛耳。從囧從血。盟篆文從朙。盟古文從明。"本義為結盟，是"盟"的本字，如《左傳》："秦

伯説（悦），與鄭人盟。"●讀盟，祭也。《剌鼎》："剌毀（肇）乍（作）寶隩，其用盟糯冥（完）媰日辛。"●讀明。《安大一 59》："曽（贈）子昌（以）組，昷（明）月牆（將）遨（逝）。"

（ ）者汈鐘

【注】當從戈皿聲。●讀明。《者汈鐘》："窀（往）攷（捍）庶戳，以祗光朕位。"何琳儀先生讀為《書·皋陶謨》"庶明勵翼"之"庶明"，典籍亦作"庶萌""庶氓"，也即庶民。

明紐芔聲

曾侯 143　　曾侯 146

【注】作甲骨文作 ，會芔芔之意。戰國文字或在二芔之間加"二"為飾。《説文》："芔，聚草也。從四屮。讀與岡同（模朗切）。"●人名。

睡簡·日乙 17　　睡簡·答問 77　　龍崗 197

【注】從芔從死，會棄死者于草莽之意。芔兼聲。秦系文字死旁上下各加一橫筆表示棺柩。●秦簡均用為本義，埋葬。《睡簡·答問 68》："今甲病死已葬。"晉璽文字作" "，楚系文字作" "" "" "等形。

齊弇史喜鼎　　二年寺工師初壺　　睡簡·封診 22　　印增 35

【注】甲骨文作 、 ，從犬于林中，會曠野草叢之意。金文從芔、屮，會意同。《説文》：" ，南昌謂犬善逐菟艸中為莽。從犬從芔，芔亦聲。"本義是犬逐于曠野草叢中。引申指鹵莽、不細緻，如《莊子》："昔予為禾，耕而鹵莽之。"又引申指草叢，如《周易》："伏戎于莽。"●人名。《二年寺工師初壺》："二年，寺工師初、丞拑、廩人莽三斗北寢（寑）。"《齊弇史喜鼎》："齊弇史喜乍（作）寶貞（鼎）。●大也。《睡簡·封診 22》："帛裏莽緣領褎（袖）。"有帛裏，領和袖有寬大的綠邊。●秦印"莽央"，姓氏。

明紐量聲

保尊　　保卣　　小子䵼卣

【注】甲骨文作 、、、、、，從臣（眼）從人（或增從土），會站在土堆上舉目望月之意。甲骨文 人形與目本連成一體，後 與 脫離， 更與其下土結合而成壬字。●讀望，月相。《保卣》："偁（遣）于四方，造王大祀，祕于周，才（在）二月既皇（望）。"●讀望。《小子𣄨卣》："隹（唯）子曰：令皇人方霉。"銘意為：即令小子𣄨監視觀察人方于霉。霉在此應為地名。馬承源謂，望有至義。《廣雅·釋詁一》訓望為："至也"。銘意為，即命孚（小子）至于人方霉。

塱 大師盧簋蓋　卽 智鼎　卽 臣辰盉　卽 臣辰卣　卽 趩鼎　卽 傅卣　望 楷伯簋　望 禹鼎　卽 師望簋　卽 鮮盤　卽 師望壺　卽 師望鼎　塱 袁盤　塱 尹姞鼎　卽 麓伯簋　卽 袁鼎　司馬望戈秦　高望矛　塱 睡簡·為吏29　睡簡·日甲68背　睡簡·日乙52　秦印161　秦印246

【注】從月塱聲。義符"月"，用以表示"望日"（陰曆每月十五日）。目形或訛為耳，耳又訛為亾（詳亾聲）；亾、望聲近，遂變為形聲字。秦漢以後王"望"字獨行而"塱"字廢。《説文》："塱，出亡在外，望其還也。從亡，塱省聲。"本義是遠望，如《詩經》："誰謂宋遠，跂予望之。"引申指看望、盼望、聲望等義，如《詩經》："如矽如璋，令聞令望（聲望）。"●月相名詞。《智鼎》："隹（惟）王元年六月既塱（望）乙亥。"《書·召誥》："惟二月既望。"孔傳："周公攝政七年二月十五日，日月相望，因紀之。"既望，指夏曆十五、十六日（或更後幾天）月亮圓滿之日。●讀忘。《縣改簋》："孫孫子子母（毋）敢塱（忘）白（伯）休。"●人名。《塱爵》："公易（賜）塱貝。"●地名。《高望矛》："高塱。博。"《漢書·地理志》上郡有高望，何琳儀先生認為："在今內蒙古烏審旗北。"●瞻望、表率。《睡簡·為吏29》："安而行之，使民塱之。"●《睡簡·日甲27》："弦塱及五辰不可以興樂☒。"月半曰"弦"，分上弦、下弦；月滿曰"望"。

謹 楷伯簋　四十二年逨鼎　作冊封鬲　召卣　師望鼎

【注】從言塱聲，此即忽忘本字。蓋"忘"初假"望"為之，後增形符言為忽忘專字，與後世責謹之"謹"非一字（《説文》："謹，責望也。從言望聲。"）"忘"字于春秋戰國間出現。●讀忘。《召器》："𨤲（召）弗敢謹（忘）王休異。"

醒 螽鼎

【注】從酉塱聲，此即"忘"之古文異體，從酉，猶"醒"之從酉也。●讀忘。《螽鼎》："休朕

皇君，弗醒（忘）丮（厥）寶（保）臣。"

明紐亡聲

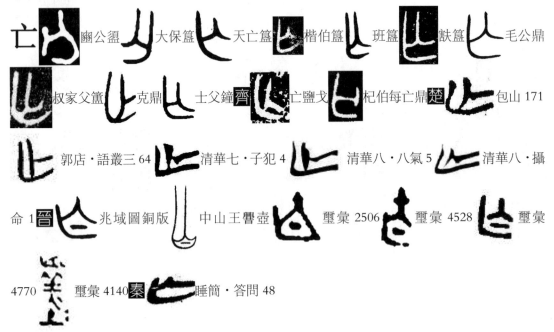

亡 [幽公盨] 少 [大保簋] [天亡簋] [楷伯簋] [班簋] [默簋] [毛公鼎]

[叔家父簠] [克鼎] [士父鐘齊] [亡鹽戈] [杞伯每亡鼎楚] 包山 171

郭店·語叢三 64 清華七·子犯 4 清華八·八氣 5 清華八·攝

命 1晉 兆域圖銅版 中山王譻壺 璽彙 2506 璽彙 4528 璽彙

4770 璽彙 4140秦 睡簡·答問 48

【注】甲骨文作ヒ、ㄅ、ㄅ、ㄅ、ㄣ。林潔明曰："ヒ蓋為鋒芒之本字，從刀，一點以示刀口鋒芒之所在，當為指事字……假借為無有之亡，又借為逃亡之亡，本義遂失。"（《金文詁林》7059頁）金文同甲骨文。《兆域圖銅版》增短橫為飾。《說文》："ヒ，逃也。從人從乚。凡亡之屬皆從亡。"析形不確，所釋當為假借義。古文多借為"無"，如《詩經》："何有何亡，黽勉求之。" ●讀無，沒有、不。《師訇簋》："雩（于）四方民亡（無）不康靜。"《中山王譻壺》："進孯（賢）散（措）能，亡（無）又（有）轉息。" ●讀忘。《叔家父簠》："悊（哲）德不亡（忘）。" ●人名。《天亡簋》："天亡又王，衣祀于王不（丕）顯考文王，事喜上帝。" ●死亡。《睡簡·秦種 106》："其叚（假）者死亡、有罪毋（無）責也。" ●逃亡。《睡簡·秦種 96》："亡、不仁其主及官者，衣如隸臣妾。"逃亡或冒犯主人、官長的臣妾按隸臣的標準給衣。 ●地名。《卯簋》："易（賜）于亡一田。" ●讀芒。《清華八·八氣 5》："句余亡（芒）銜（率）木以飤（食）於戶。"整理者注："句余芒，即句芒，傳說中的主木之官，又為木神。《禮記·月令》'（孟春之月）其帝大皞，其神句芒'，鄭注：'句芒，少皞氏之子曰重，為木官。'" ●讀毋。《璽彙 4140》為"亡丘"合文，讀"毋丘"，複姓。漢代有毋丘興、毋丘毅。

祇楚 新蔡甲三 243 新蔡甲三 243

【注】從示亡聲。 ●讀亡，"亡魂"之"亡"專字。《新蔡甲三 243》："嬰禱盟（荊）祇（亡），盟（荊）罩（牢），酉（酒）食；夏祇（亡），戠（特）牛，酉（酒）食。"

改楚  上博四·曹沫 3

【注】從攴亡聲，"撫"之異文。●讀撫。《上博四·曹沫3》："而攺（撫）有天下。"

 清華三·祝辭5 清華三·祝辭3

【注】從又亡聲。●讀撫。《清華三·祝辭3》："攺（撫）頟（額）。"

 元年鈹

【注】從立亡聲。●"坒妄倫（令）"，地名。

 上博六·孔子20

【注】從言亡聲。●讀望，企望。《上博六·孔子20》："行耴（聖）人之道，則扉（斯）不足，鈞〈剴一豈〉敢記（望）之？"

 毛公鼎 卌三年逨鼎 卌三年逨鼎

【注】從女亡聲，與小篆同。《說文》："妄，亂也。"本義胡亂。●讀荒。《毛公鼎》："女（汝）母（毋）敢妄寧。"《晉姜鼎》："余不叚（暇）妄寧。"孫詒讓云："妄當讀為荒，妄荒亦同聲孳生字。'不叚妄寧'言不暇荒寧也。"荒寧，謂妄想叢生，心不安寧。《書·無逸》："不敢荒寧。"《文侯之命》："毋荒寧。"

 里耶8·1470 、 印增607

【注】從虫亡聲。●里耶"虻華"，人名。秦印亦為人名。

 璽彙3617 八年旨令戈

【注】從口亡聲。古地名用字。●地名。《二年旨令司馬北戈》："囗旨命（令）司馬北。""旨"可讀芒，《史記·高祖功臣侯者年表》有芒，《索隱》："芒，縣名，屬沛。"在今河南永城縣北，戰國宋地，後被魏占領。●楚璽"旨迈"疑讀芒，姓氏。或疑讀許，詳"鄦"字。

 璽彙2956

【注】從手亡聲。●晉璽"卑扗"，人名。

犹 [楚] ［圖］ 左塚漆桴　［圖］ 清華七·越公 58　［圖］ 清華七·越公 21　［圖］ 清華

九·迿命一 1

【注】從犬亡聲。●讀荒，猶大也。亡、荒同屬上古陽部字，兩個字可互為通假。《漆桴》"荒畏"，大畏。●《清華七·越公 21》整理者認為"犹棄"表示荒棄、廢棄。《清華七·越公 58》亦讀荒。●讀氓，民也。《清華九·迿命一 1》："又（有）庶、犹（氓）不監㽷（厥）夆人。"

肓 [楚] ［圖］ 清華七·越公 32

【注】從肉亡聲。與"肓"同形不同字。●義如肉羹。《清華七·越公 31》："乃以熟食鹽（脂）鹽（醢）肴（脯）肓多從。"

弖 [楚] ［圖］ 上博一·緇衣 2

【注】從介亡聲。●讀望。《上博一·緇衣 2》："為上可弖（望）而智（知）也，為下可頫（述）而齒（志）也。"郭店簡作"䇃"。

宷 [楚] ［圖］ 郭店·性自 35

【注】從米亡聲。●讀撫。《郭店·性自 35》："慼（戚）斯歎（歎），歎（歎）斯宷，宷斯通（踊）。""撫"與"拊"通。《詩·小雅·蓼莪》："拊我畜我。"《後漢書·梁竦傳》《華嚴經音義》二、《藝文類聚》二十引拊作撫。《左傳·宣公十二年》："拊而勉之。"《初學記·歲時部》引拊作撫。《呂氏春秋·知分》："晏子撫其僕之手。"《新序·義勇》撫作拊。《荀子·富國》："拊盾之。"楊倞注："拊與撫同。"《玉篇·手部》："拊，拍也。"

秔 [楚] ［圖］ 清華八·邦道 26　［圖］ 清華五·命訓 11

【注】從禾亡聲。●《清華八·邦道 26》："侯〈医〉（殹）虘（吾）秔稅，是亓（其）疾㽷（重）虖（乎）。""秔"為"芒"字異體，《玉篇·禾部》："秔，武畺切，或作芒。"《白虎通·五行》："芒之為言，萌也。"《呂氏春秋·高義》："翟度身而衣，量腹而食，比於賓萌，未敢求仕。"高誘注："萌，民也。"故"秔稅"即向臣民徵收的稅。●讀撫。《清華五·命訓 11》："秔（撫）之目（以）季（惠），和之目（以）均。"

盲 [楚] ［圖］ 清華十一·五紀 101 [晉] ［圖］ 璽彙 1647

【注】從目亡聲。●晉璽人名。●《清華十一·五紀 101》："五色焚=（紛紛），海妥（霧）大盲。"

海，當讀晦。簡文中的"盲"應訓為"冥"，表"幽暗"之義。《呂氏春秋·音初》"天大風晦盲，孔甲迷惑"，高誘注："盲，瞑也。""大盲"即典籍中的"大冥"，《淮南子·本經》"猶在於混冥之中"，高誘注："混，大也；大冥之中，謂道也。"簡文中用"盲"應是處於押韻的需要，其與"章""祥""亢"皆押陽部韻。

 國立歷史博物館藏印選輯 14

【注】從女盲聲。●晉璽"比媌"，人名。

忘齊 陳侯午錞　陳侯午錞楚 蔡侯申鐘　上博三·周易 20　郭

店·尊德 14　上博四·曹沫 54　上博六·用曰 2　上博三·彭祖 1　上博三·周

易 20　上博三·周易 39　上博七·凡甲 26　郭店·語叢二 16　清華一·保

訓 9　清華一·耆夜 14　清華八·心中 4晉　㝬羌鐘　中山王𧊒壺　盜

壺秦　睡簡·為吏 23　睡簡·日甲 63 背

【注】從心從亡，亡亦聲。忽忘字西周作"𢜱"，東周始易其形聲作"忘"。《説文》："忘，不識也。"本義忘記。●忘記。《盜壺》："日夜不忘。"《詩·小雅·隰桑》："中心藏之，何日忘之。"●人名。《二十一年鄭令戈》："左庫工帀（師）吉忘。"●讀荒。《蔡侯申鐘》："余唯末少子，余非敢盜（寧）忘（荒），有虔不易，輈（佐）右（佑）楚王。"盜忘，即寧荒，安樂荒廢也。《清華一·耆夜 14》："康藥（樂）而母（毋）忘（荒）。"●讀妄。《清華八·心中 4》："短長弗智（知），忘（妄）复（作）奐（衡）峷（觸），而又（有）成攻（功），名之曰幸。"●讀無。《上博三·周易 39》："上六：忘唬（號），中又（有）凶。"忘唬，讀無號，不要大聲哭。《易·夬》："上六。無號，終有凶。"孔穎達疏："君子道長，小人必凶，非號咷所免，故禁其號咷，曰：無號，終有凶也。"●讀亡。《上博七·凡甲 26》"膚（存）忘"，讀為"存亡"，存在或滅亡；生存或死亡。

上博八·顏淵 7

【注】從人忘聲。●《上博八・顏淵 7》：“𢦏（前）㠯（以）尃（博）㤺〈悉—愛〉，則民莫遺新（親）矣。”“㤺”在楚文字中極為少見，疑為“悉”之抄訛。

㳌 楚  曾侯 174

【注】從水忘聲，疑“汒”之繁文。●讀駹。《曾侯 174》：“㳌國為左飛（騑）。”劉信芳讀為“駹駴”。駹，見於《玉篇》釋為“馬奔也”。“國”字曾侯乙簡僅見一例，作為馬名，讀駴。駴字見於曾侯乙簡 105、178 等。

迒 楚  郭店・性自 34 晉  中山王礨壺  珍戰 81

【注】從辵亡聲，字與“撫”之古文同。《說文》：“撫，安也。從手無聲。一曰循也。古文從辵、亡。”然二者同形不同字。●讀亡，滅亡。《中山王礨壺》：“不顧（顧）逆忍（順），㫃（故）邦迒（亡）身死。”●讀舞。《郭店・性自 34》：“迒（舞），憙（喜）之終也。”●晉璽“迒慶”，當為姓氏。

芒 楚  信陽 2・23  新蔡甲三 364  清華七・越公 17  清華六・子儀 19  郭店・語叢四 6  上博七・吳命 5  清華一・尹至 2  郭店・語叢一 73  清華十・四告 8  清華十・四時 8  清華十・行稱 9  清華十・司歲 1 晉  芒碭守令虔戈  璽彙 0089  璽彙 2248 秦  秦印 12

【注】從艸亡聲。楚文字作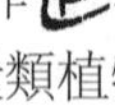者，或為“喪”之省文，可根據文意釋出今字。《說文》：“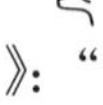，艸端。從艸亾聲。”本義穀類植物種子殼上或草木上的針狀物。●地名。《芒碭守令虔戈》：“☒年，芒易守命（令）虞（虔）。”●讀莽，草莽。《清華七・越公 17》：“飤（食）於山林幽芒（莽）。”●讀荒。《清華六・子儀 19》：“君不尚（當）芒（荒）。”●多讀亡，訓為“滅”。《上博七・吳命 5》：“攼㠰（亡）尔社禝（稷）。”可與《國語・越語上》“吾將殘汝社稷滅汝宗廟”句對讀。因此“攼芒”疑與“殘亡”同義。●讀亡，逃亡。《清華一・尹至 2》：“民沇曰：‘余返（及）女（汝）皆（偕）㠰（亡）。’”●秦封泥“芒丞之印”，地名。《史記・高祖本紀》：“高祖即自疑，亡匿隱於芒碭山澤岩石之間。”《集解》徐廣曰：“芒，今臨淮縣也。”《元和郡縣志》八：“永城縣。本秦芒縣也。”《清一統志》：“故城在歸德府永城縣東北，秦縣。”秦時應屬泗水亦即四川郡。●讀喪。《清華十・四告 8》：“畏𦖞（聞）㠰（喪）文武所乍（作）周邦型（刑）灋（法）典聿（律）。”

莣 楚　上博五・鮑叔 1　上博五・鮑叔 2　上博五・鮑叔 5

【注】從死芒聲。●讀亡，衰亡。《上博五・鮑叔 5》：“百姓皆夗（怨）忎，邋（奄）然將莣（亡）。”

笀 楚　曾侯 155　清華十一・五紀 54

【注】從竹亡聲，“芒”之異文，《篇海》同芒。草芒也。●讀芒，姓氏。《曾侯 155》：“笀斬之鼉為左驂。”或疑讀許，詳“䣓”字。●讀茫。《清華十一・五紀 54》：“夫卦（兆）圭（卦）笀（茫）亂，占坖（厚）吳（虞）之。”

帋 秦　印增 606

【注】從巾亡聲。●“姜帋弗”，人名。

枂 楚　郭店・六德 26

【注】從木亡聲。楚文字“枼”“枲”均有省為枂之例。●讀無。《郭店・六德 26》：“人衏（道）枂（無）止。”

渓 楚　郭店・緇衣 6

【注】從水枂聲。●《郭店・緇衣 6》：“懂（慎）亞（惡）以渓（禦）民淫（淫），則民不賊（惑）。”今本作“禦”。此字從亡，為陽部字，疑以音近借為禦。《左傳・襄公四年》：“匠慶用蒲圃之檟季孫不御。”杜預注：“御，止也。”

雭 楚　帛書乙

【注】從雨亡聲，疑“霜”之異文。●讀霜。《帛書乙》：“又（有）雺（霧）雭（霜）雨土。”

邙 齊　璽彙 2200　燕　璽彙 2247　晉　十年邙令差戈　相邦邙皮戈

璽彙 2114

【注】從邑亡聲，與小篆同。《說文》："�，河南洛陽北亡山上邑。"古邑名，在今河南省洛陽市北。●地名。《十年邙令差戈》："十年，邙令差舋，右庫工帀（師）鯀（蘇），冶☒。"●晉璽有"邙訢""邙音""邙昚"、齊璽"邙安"、燕璽"邙馬重"，均為姓氏。

郶 楚 包山129　璽彙0167　晉 璽彙2117

【注】從曰邙聲。曰應為無義之飾筆，亦可直接隸定為邙。●姓氏。《包山129》"郶綷"，它簡作"鄢綷"。鄢乃鄩字，讀作許國之"許"。●晉璽"郶笨"亦為姓氏。

亡 亢伯簋　叔亢簠 楚　包山174　　郭店·唐虞8　上博五·三德7

上博四·曹沫61　清華三·琴舞13　清華三·赤鳩2　左塚漆梮

【注】從川亡聲。《說文》："亢，水廣也。"段玉裁注："引申為凡廣大之偁。周頌：'天作高山，大王荒之。'傳曰：荒，大也。凡此等皆段荒為亢也。荒，蕪也。荒行而亢廢矣。今易作荒。陸云，本亦作亢。"亢、荒古籍通用。●讀荒，指八方荒遠之地。《楚公逆鐘》："殷☒（和）八亢。"楚簡多讀荒。●讀忘。《郭店·唐虞8》："惡（愛）昪（親）亢（忘）臤（賢），忲（仁）而未義也。"●人名。《亢伯簋》："亢白（伯）乍（作）姬寶毁。"

餝 楚 上博四·曹沫63

【注】從食亢聲。●《上博四·曹沫63》："毋火食☒餝。"或認為是"飬"或"享"之或體，待考。

忈 楚 上博三·恒先10

【注】從心亢聲。●讀荒，大也、廣也。《上博三·恒先10》："凡言名先者又（有）恙（竢），忈言之後者孝（校）比焉。"校，即校定；比，比較、辨別，引申亦有考校、考核之義。簡文意為：凡言名先者，有所依待（待于本源、恒道）；廣言名後者，就是審核名事。

鄐 齊 璽彙2197　璽彙2198　璽彙2199 楚　包山186

【注】從邑亢聲。●包山簡"鄐鞻"，讀荒，姓氏。●齊璽"鄐弨""鄐惢""鄐何"均為姓氏。

逺 楚 清華六·孺子14

【注】從辵亢聲。●讀惶。《清華六・孺子14》："二三臣事於邦，逅=（遑遑）女（焉）。"

荒 中山王響壺

【注】從艸亢聲。聲符中間一點及下部兩斜筆是附加的裝飾筆劃。《説文》："荒，蕪也。從艸亢聲。一曰艸淹地也。"本義荒蕪。●迷亂、淫樂無度、荒廢。《中山王響壺》："穆穆濟濟，嚴敬不敢怠（怠）荒。"《孟子・梁惠王下》："從流下而忘反謂之流，從流上而忘反謂之連，從獸無厭謂之荒，樂酒無厭謂之亡。"

貢 楚 郭店・老甲36 上博五・三德18

【注】從貝亡聲，與從貝之聲之"得"取義相同，都是指財貨的得與亡，亡失之專字。●讀亡。《郭店・老甲36》："甚悉（愛）必大費（費），買（厚）賦（藏）必多貢（亡）。"

寛 楚 上博六・競公2

【注】從視亡聲，"望"字異體。●讀望。《上博六・競公2》："是虐（吾）所寛於女也。"《廣雅・釋詁一》："望，視也。"《玉篇・亡部》："望，遠視也。"《詩・衛風・河廣》："誰謂宋遠，跂予望之。"鄭玄箋："跂足則可以望見之。"

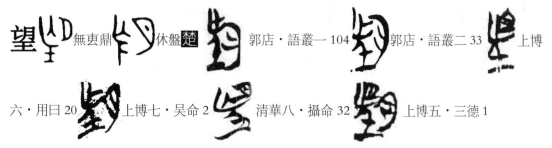望 無叀鼎 休盤 楚 郭店・語叢一104 郭店・語叢二33 上博六・用曰20 上博七・吳命2 清華八・攝命32 上博五・三德1

【注】從望省，疊加聲符亡，"望"之異文。●月相名詞。《無叀鼎》："既望甲戌。"詳"望"字。●《郭店・語叢一104》："凡勿（物）肇（由）望（無）生。"劉釗讀無。"凡物由無生"即《老子》的"有生於無"。●瞻望、表率。《上博七・吳命2》："☐孤居纆（褓）統（襁）之中，亦唯君是望。"《禮記・緇衣》引《詩》"行歸于周，萬民所望"。●怨恨、責怨。《郭店・語叢二33》："瞿（懼）生於告（性），監生於瞿（懼），望生於監。"●《上博五・三德1》："弦望齊宿。"月半曰"弦"，分上弦、下弦；月滿曰"望"。

惶 楚 仳夫人嬬鼎

【注】從心望聲。●讀忘。《仳夫人嬬鼎》："率民勿惶（忘）。"

宔楚　郭店·語叢二 3　　郭店·窮達 4　　郭店·語叢一 1　　清華十·四告 42

【注】從壬亡聲，“望”之省文。●讀望。《郭店·窮達 4》：“邵（呂）宔（望）為牂（臧）坒瀳（津）。”呂望，人名，即姜太公。●讀無。《郭店·語叢一 1》：“凡勿（物）繇（由）宔（無）生。”

眰楚　上博五·季庚 4　　清華六·孺子　清華六·孺子 3　　郭店·緇衣 3　　上博七·武王 13　　上博七·武王 11　　上博七·武王 11　　清華一·程寤 3　　安大一 74

【注】從見宔聲；或從見望聲。統一隸定為“眰”。●讀望，祭名。《清華一·程寤 3》：“攻于商神，眰（望），烝（烝），占于明堂。”烝，冬祭名。《詩·天保》傳：“冬曰烝。”周正月建子，有冬至節。《禮記·王制》：“天子諸侯宗廟之祭，春曰礿，夏曰禘，秋曰嘗，冬曰烝。”在正月，故烝。望，遙祭山川名。《禮記·王制》：“歲二月東巡守，至于岱宗，柴而望祀山川。”●《上博七·武王 13》讀望，“太公眰（望）”，人名。

誑楚　清華八·攝命 6　　清華八·攝命 12　　上博八·有皇 5

【注】從言宔聲。●讀望。《清華八·攝命 6》：“女（汝）鬼（威）由毕（表）由誑（望）。”詳“現”字。●《上博八·有皇 5》：“視毋以三誑……也今可（兮）。”讀誑，欺騙。《說文·言部》：“誑，欺也。從言，狂聲。”《禮記·曲禮上》：“幼子常視毋誑。”“視毋誑”與簡文用法相似。

𦎫楚　曾侯 170　　曾侯 171

【注】從市宔聲。●人名。《曾侯 170》：“𦎫甫子之𦎫為右驂。”

忘楚　郭店·語叢二 3

【注】從心宔聲。●讀望，慚愧。《郭店·語叢二 3》：“宔（望）生於敬，恥生於忘（望）。”

壴楚　清華十·四告 49

【注】從豆亡聲。●整理者讀光。《清華十·四告 49》："巸=（熙熙）萬年，嘼豆（光）我家。"

弅 **楚**  清華十一·五紀 88

【注】從廾亡聲。●整理者讀撫。《清華十一·五紀 88》："參（三）曰固，四曰弅（撫），八曰利，廿曰兌（變）。"

明紐网聲

网 **戈网卣** 仲网父簋 **戲卣** 伯睘卣 **楚** 伯雍倗鼎 上博

八·蘭賦 5 **晉** 璽彙 2459

【注】甲骨文作 、 、 、 、 ，象網形；在兩根木棍之間，用繩索交叉編織而成。金文同甲骨文。楚簡或作罔，與《説文》古文同。《説文》：" ，庖犧所結繩以漁。從冂，下象网交文。凡网之屬皆從网。今經典變隸作罒。 古文网。 网或從亡。 网或從糸。 籀文网。"本義為繩綫結成的漁獵器具。後來加了聲旁"亡"作"罔"，再後又加"糸"造了"網"，簡化字仍作"网"，其實是恢復了古字。"罔"則被借作否定代詞使用。●人名或族氏名，見于《戈网卣》《戈网甗》等。●讀罔，訓為害。《上博八·蘭賦 5》："信萊（蘭）其蔑也，風汗（旱）之不罟（罔）。"罟即"网"字，下從"口"為古文字習見之繁飾。蔑，讀滅，訓作"隱沒，消失"。簡文意為：蘭花是不懼怕自然災害的打擊，隱沒在自然之中。

罔 **楚** 九店 56·31 上博六·用曰 11 清華五·三壽 22 清華三·説命

下 1 **秦** 睡簡·日甲 86 睡簡·為吏 35 秦印 151

【注】從网從亡，雙聲字。《説文》："罔，网或從亡。"以"罔"為"网"之或體。●讀妄。《睡簡·日甲 24 背》："鬼害民罔（妄）行，為民不羊（祥）。"●讀無。《清華三·説命下 1》："小臣罔皃（俊）在朕備（服），余惟命汝敚（説）龗（融）朕命。"●讀網。《睡簡·日乙 19》："罔（網）邋（獵），獲。"

罖 **齊** 璽彙 0265 璽彙 0312 璽彙 0334 璽彙 0336 匯考

64 、 陶録 4·31

【注】從又网聲。●讀望。《璽彙 0265》"郲玌叜（望）鉩"，徐在國釋為"郲（夜）祈望鉩"。詳"玌"字。●齊陶"右宮叜"，人名。

罝 晉 璽彙 3459

【注】從見网聲。●晉璽人名。

嬃（叜） 司馬南叔匜

【注】從女叜聲。叜，甲骨文作，從网從丮（雙手作上下相對之形，廾則雙手平行相對之形），會舉網之意；网兼聲。包山簡有從网從廾之字作，則為"樊"字簡體。，甲骨文讀掆。●讀剛，地名。《司馬南叔匜》："𤔲（司）馬南弔（叔）乍（作）叜姬朕（媵）匜。"《戰國策·魏策》："攻齊得剛。"在今山東寧陽東北堽城。

虘 頌鼎 辛鼎 大師小子𤔲簋 頌鼎

【注】從虍（或從虎）叜聲。●讀强。（《古文字譜系疏證》1976 頁）《頌簋》："用追孝𧝝（祈）匄康𧇁屯（純）右（佑），通彔（祿）永令。"銘文中語例均為"康𧇁"，讀康强。《書·洪範》："身其康强，子孫其逢吉。"●《辛鼎》："辛乍（作）寶，其亡（無）彊（疆），氒（厥）家雝德，𧇁用㝬氒（厥）剌多友。"𧇁用，義不詳。

岡 子岡簋 岡鼎 亞岡劫卣 齊 陶彙 3 · 1193 陶録 4 · 656 陶録 2 · 289 楚 璽彙 1617

【注】從山网聲，與小篆同。《亞岡劫卣》省筆作。《説文》："岡，山骨也。"本義為山脊。●人名。《亞岡劫卣》："易（賜）岡㑃貝朋。"齊陶單字，應為人名。●族氏名。《岡鼎》："岡。"

騆 大鼎 大鼎

【注】從馬岡聲。●金文馬名。《大鼎》："王召走馬雁（應）令取誰（騅）騆卅二匹易（賜）大。"

陶 燕 璽彙 0215 璽彙 0011 璽彙 0191

【注】從阝岡聲，"岡"之繁文。古文字從阜者常加土旁，此文省為工；參"陰"字下所從工形。

同例亦見於《璽彙 0016》“城”字。●地名。《璽彙 0011》“㓻陰都司徒”、《璽彙 0215》“㓻陰都清左”。讀剛。《水經注》：“大寧東有罡城。”“罡”乃“剛”之俗字。“罡城”即“剛城”，在今河北省懷安縣東北，戰國時應屬燕地。（何琳儀《古璽雜識》）

剛 散氏盤 散氏盤 牆盤 剛爵 楚 郭店·性自 8 信陽 1·1 上博三·恒先 9 左塚漆梮 清華九·治政 22 清華十·四告 8 燕 璽彙 0852 秦 睡簡·日乙 126 睡簡·為吏 35 、秦印 78

【注】甲骨文作、、，從刀從网（兼聲），以刀斷网，會堅硬之意。金文從刀岡（《散氏盤》山形訛為土形）聲。字或從二刀。《說文》：“，强斷也。從刀岡聲。古文剛如此。”《說文》古文實際是“侃”字。本義為堅硬，引申指堅强。●讀綱。《牆盤》：“憲聖成王，左右綬㝨剛鯀，用肇（肇）敵（徹）周邦。”詳“綬”字。●讀岡，山岡。《散氏盤》：“目（以）西一奉（封），陟剛三奉（封）。”●人名。見于《剛爵》。古璽印多為人名。●剛强。《郭店·性自 8》：“剛之桓也，剛取之也。柔之約，柔取之也。”《睡簡·為吏 35》：“剛能柔。”

⿰牛剛 大簋 靜簋 犅伯誼卣

【注】甲骨文作、，從牛剛聲。金文承之。當為“犅”之異文。《說文》：“，特牛也。從牛岡聲。”本義特牛也。《玉篇》：“特，牛赤色也。”《公羊傳·文十三年》：“魯公用騂犅。”《集韻》通作“剛”。卜辭中用為地名。●讀犅，雄性牲畜。《大簋》：“王才（在）奠（鄭），蔑（蔑）大曆，易（賜）芻宰（騂）⿰牛剛（犅），曰：用啻于乃考。”●吕犅：人名。名犅，乃取强剛之義，又尊稱吕伯。《靜簋》：“雩八月初吉庚寅，王目（以）吳朿、吕⿰牛剛卿𢿢（豳）蓋自（師）、邦周射于大沱（池）。”

⿰羊剛 犅刲尊

【注】從羊剛聲，疑“⿰牛剛”之異文。●人名。

明紐皿聲

皿 皿作父己罍 皿犀簋 作女皿簋 楚 仰天 29 晉 滎陽上

官皿  貨系 0510　　貨系 039　　先秦編 89

【注】甲骨文作＜符＞、＜符＞、＜符＞、＜符＞、＜符＞、＜符＞，象器皿之剖面形。金文同甲骨文。《説文》：“皿，飯食之用器也。象形。與豆同意。”本義指一種飲食器具。由“皿”組成的字一般與器皿有關，例如“盆”“盤”“盂”等字。●盛飯食之器。後泛指器皿。《滎陽上官皿》：“滎（滎）陽上官，皿。”●人名。《皿合觚》：“皿合乍（作）障彝。”●空首布讀盟，地名。《左傳·隱公十一年》：“向、盟、州、陘、隤、懷。”在今河南孟縣南。

廿七年皿

【注】從金皿聲；從金，示造器之原料也。●讀皿。《廿七年皿》：“廿七年窋（寧）為鉚（皿）。”

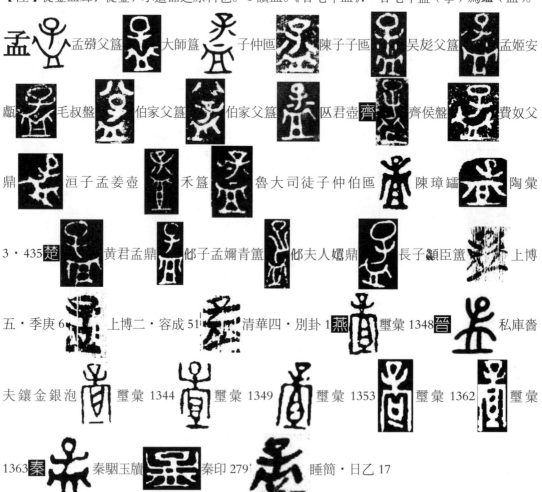

孟勞父簋　　大師簋　　子仲匜　　陳子子匜　　吳彭父簋　　孟姬安顤　　毛叔盤　　伯家父簋　　伯家父簋　　匹君壺齊　　齊侯盤　　費奴父鼎　　洹子孟姜壺　　禾簋　　魯大司徒子仲伯匜　　陳璋鑪　　陶彙　　3·435楚　　黃君孟鼎　　伵子孟嬭青簠　　伵夫人嬭鼎　　長子頯臣簠　　上博五·季庚6　　上博二·容成51　　清華四·別卦1燕　　璽彙1348晉　　私庫嗇夫鑲金銀泡　　璽彙1344　　璽彙1349　　璽彙1353　　璽彙1362　　璽彙1363秦　　秦駰玉牘　　秦印279　　睡簡·日乙17

【注】從子皿聲。子左右或上下增飾點，無義，古文增繁，往往有之；或釋＜符＞為“公子孟”。《説文》：“孟，長也。從子皿聲。＜符＞古文孟。”本義妾媵生的長子稱“孟”，正妻生的長子稱“伯”，《禮緯》：“嫡長曰伯，庶長曰孟。”後來統稱長子。●長子、長女。《鄔子疲簋》：“鄔（許）子

1394

痪羃（擇）其吉金，用鑄其臣，用媵（媵）孟姜。"●農曆四季的頭一個月。《陳璋壺》："孟冬戊辰。"●人名。《孟簋》："孟曰：舣（朕）文考眔毛公、遣中（仲）征無需。"《鄧孟壺蓋》："昪（鄧）孟乍（作）監曼（嫚）障壺。"●初始。《蔡侯申鐘》："隹（唯）正五月初吉孟庚。"孟庚，即第一個庚日。●讀盟。《睡簡·日乙 17》："窞羅之日，利以說孟（盟）詎（詛）、棄疾、鑿宇、葬，吉。"●讀安。《清華四·別卦 1》"亡孟"即"无安"卦。帛書本作"无孟"。安、孟同為陽部明母字。亡、无韻部對轉。馬國翰《歸藏》作"母亡（毋亡）"，上博簡作"亡忘"。

猛 秦 會稽刻石　　秦印 197

【注】從犬孟聲。●兇暴。《會稽刻石》："貪戾憿猛，率眾自強。"此義楚文字作常從丙聲作"猰""橋"等形。三晉文字作"峹"。●秦印"王猛"，人名。

猛 楚 曾猛媢朱姬簠　　曾猛媢朱姬簠

【注】從女孟聲。或謂"孟"字繁文。●疑讀孟。《曾猛媢朱姬簠》："穆穆曾猛媢朱（邾）姬乍（作）旹（持）。"

孟 楚 清華二·繫年 74　　清華二·繫年 79　　安大一 89

【注】從孔皿聲。●讀孟。《安大一 89》："員（云）隹（誰）之思？顈（美）孟（孟）湯（姜）可（兮）。"《毛詩》作"美孟姜矣"。●清華簡人名。

峹 晉 璽彙 0918　　璽彙 1579　　璽彙 4070　　吉大 48

【注】從犬皿聲，"猛"之省文。●晉璽為人名，可讀猛。

攴部

曉紐醯聲

醯  睡簡·日甲 26 背

【注】《説文》："醯，酸也。作醯以鬻以酒。從鬻、酒並省，從皿。皿，器也。呼雞切。"●醋。《睡簡·日甲 26 背》："入人醯、醬、滫、將（漿）中，求而去之，則已矣。"

匣紐兮聲

兮 兮吉父簠　兮兮敖壺　兮豐兮簠　兮兮仲鐘　兮兮仲簠　兮盂爵　兮兮甲盤 兮 包山 87　兮 包山 116

【注】甲骨文作 丫、丫、丫、才、才、ゲ、汋、丩。楊樹達曰："兮字以丂為基字，丂為气欲舒出上礙于一，又古文以丂為于字。于象气之舒于，八象气分散，則舒于之气復分散也。八為能動之事，明矣。"（《中國文字學概要·文字形義學》）所釋較勉強。應該為形聲字，從八丂聲，詳"可"字。包山楚簡作兮，橫筆之上與撇筆中間分別加橫為飾。《説文》："兮，語所稽也。從丂，八象气越亏也。凡兮之屬皆從兮。"●人名，見于西周以上器銘，如《兮甲盤》《兮仲鐘》《兮仲簠》等器。●《包山 87》："鄩易（陽）大兮尹。"何琳儀釋為"兮尹"，疑讀"亞尹"，楚官。《亢倉子·政道》："拜為亞尹。"

盼 秦印 67

【注】從目兮聲。《説文》："盼，恨視也。從目兮聲。"西周金文"兮"與"分"形近，所以漢隸中"盼"字常寫得與"盼"形近，又如《九經字樣》"盼"字作盼，《張平子碑》省作盻，《篆隸萬象名義》作盻。《説文》："盼，《詩》曰：'美目盼兮。'從目分聲。"受了"盼"字音義的影響，"盼"也有了滂母產韻之讀音。《集韻·產韻》："盼，美目貌。"又"動目也。匹限切。"●秦印"盼囗族ナ"，義不詳。

義 義妣鬲　柳鼎義　亞義方彝義　詛楚文　秦駰玉牘

【注】甲骨文作𦰩，從我兮聲。甲骨文"羲"字又寫作𦰩（《合集》37504），是"兮"作偏旁本可省作丂。金文從兮從義；古音"羲"在疑紐歌部，"兮"在匣紐支部，"義"在曉紐歌部，三字聲韻俱近，可知"義"為雙聲符字。春秋秦系文字作𦰩，為小篆所本。《說文》："羲，气也。從兮義聲。"本義為气。段玉裁注："謂气之吹噓也。"●地名。《柳鼎》："嗣（司）羲夷陽（場）佃史（事）。"●人名。《倗乍羲妣鬲》："倗乍（作）羲妣寶障彝。"●族氏名。《亞羲方彝》："亞羲。"●讀犧，犧牲。《詛楚文》："求蔑瀍皇天上帝及丕顯大神巫咸之卹（恤）祠、圭玉、羲（犧）牲。"

匣紐系聲

 系晉 陶彙6·79

【注】戰國時陶文作𦰩，與小篆同。《說文》："系，繫也。從糸丿聲。凡系之屬皆從系。𦰩系或從轂、處。𦰩籀文系從爪、絲。"許慎誤手形為"丿聲"，不確。本義為懸結。"系""係""繫"三字往往通用，且經傳多以"系"為之；只有世系的意義，才用"系"字。繫，從糸轂聲。按：轂，睡虎地秦簡作𦰩、𦰩，《漢印文字征》作𦰩，《說文》："轂，相擊中也。如車相擊。故從殳從喜。"●晉陶"系轂"，為姓氏。

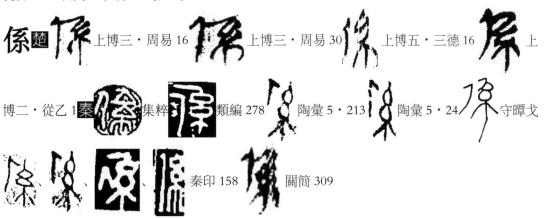 係楚 上博三·周易16　上博三·周易30　上博五·三德16　上博二·從乙1秦 集粹 類編278　陶彙5·213　陶彙5·24　守暉戈　秦印158　關簡309

【注】從人系聲。●人名。《守暉戈》："廿二年，臨汾守暉、庫係、工歆造。"●讀繼。《上博五·三德16》："霓（喪）㠯（以）係（繼）樂，四方坒（來）囂。"《上博二·從乙1》："十曰口惠而不係（繼）。"秦文字則作"繼"。●系戀。《上博三·周易31》："係豚（遯），又（有）疾厲（厲），畜臣妾，吉。"心懷系戀、不能退避，將有疾患。●讀繫，聯綴、連接。《關簡309》："取肥牛膽盛黑叔（菽）中，盛之而係（繫），縣（懸）陰所，乾。""繫"或訛為"繫"。●秦印、秦陶人名。

 郗齊 陶彙3·21

【注】從邑系聲。●齊陶"平陵陳得立事歲郗公"，讀系，姓氏。

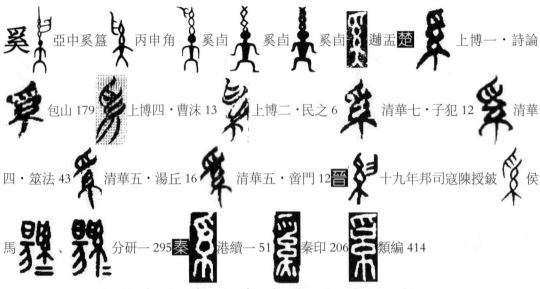

【注】甲骨文作𦥑、𦥑、𦥑、𦥑、𦥑、𦥑、𦥑、𦥑、𦥑、𦥑、𦥑、𦥑，從大從系，會以手系奴隸之意。系兼聲。字形或有省減。戰國秦漢文字往往簡化作"系"，從爪從糸，均可直接釋為"奚"。●女奴。《丙申角》："丙申，王易（賜）𦥑（服）亞𦥑奚貝。"或說為地名，即奚地之貝。●人名。《遮盂》："司寮女寮：奚、征、華。"《包山 179》："陵尹之人黃奚（繋）。"●族名，出自任姓，夏車正奚仲由薛（今山東滕州東南）遷于邳（今江蘇邳縣西南），其後遂稱奚氏。《亞中奚篡》："奚。"●讀奚，疑問詞。《上博四·曹沫 13》："吾欲與齊戰，問陳奚如？ 守邊城奚如？"●讀傾。按，"踦"字，古書常常寫作"頃"，又或作"頤"（《古文通假會典》445 頁"踦與頃"條、又 53—54 頁"頃與踦"條）；從"奚"聲的"謑"與間接從"圭"聲的"讅"為一字異體。故奚聲、頃聲可通。《上博二·民之 6》："君子昌（以）此皇于天下，奚（傾）耳而聖（聽）之，不可得而𦥑（聞）也。"●《分研一 295》為"奚易"二字合文，讀"奚傷"，人名。

娭仲簋

【注】從女奚聲。《說文》："𦥑，女隸也。從女奚聲。"本義為戰俘、奴隸。●娭，本氏姓用字，故從女。典籍省去女旁但作"奚"，亦或作"系"，此姓氏用字古今繁省之常例。《娭仲簋》："娭中（仲）乍（作）乙白（伯）寶段。"《世本·作篇》："奚仲作車。"《急就章》："奚驕叔。"顏師古注："奚仲既遷于邳，其後遂稱奚氏。"《古今姓氏書辨證》亦載："出自任姓。夏車正奚仲之後，以王父字為氏。"

上博五·三德 9晉𦥑璽彙 2912

【注】從人奚聲。●《上博五·三德 9》："毋凶備（服）目（以）亯（享）祀，毋衿衣交袒傒子，是胃（謂）忘神。"此處斷句從曹峰，讀為"毋衾衣絞袒傒子"，"傒子"很可能與弔唁活動有關。這句話和上文的"毋凶服以享祀"意思相似，是指不要着凶服、喪服參加祭祀不要衣冠不整地參與弔唁，否則就是"忘神"，即對上天的不敬。●晉璽人名。

蠑_楚 叔單鼎 _晉 圖典 279

【注】從虫奚聲。●人名。《叔單鼎》："唯黃孫子蠑君弔（叔）單自乍（作）貞（鼎）。"晉璽"牛蠑"，亦人名。

謑_楚 上博九·舉治 3

【注】從言奚聲。●簡文"子嘗曰（以）此謑之"，義不詳。

雞（鷄）

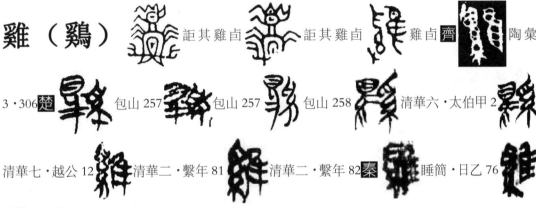

詎其雞卤　　詎其雞卤　　雞卤_齊 陶彙

3·306_楚 包山 257　　包山 257　　包山 258　　清華六·太伯甲 2

清華七·越公 12　　清華二·繫年 81　　清華二·繫年 82 _秦 睡簡·日乙 76

嶽麓一·占 5

【注】甲骨文作 、 、 、 、 、 、 、 、 、 、 ，象雞形，或加聲符"奚"。 則象雞正立之形。金文同甲骨文。戰國文字從鳥奚聲，或從隹奚聲。《說文》："雞，知時畜也。從隹，奚聲。"本義指雞這種家禽。●人名。《雞卤》："雞乍（作）文考寶隣彝，其萬年用。"《清華七·越公 12》"雞父"人名。●戰國文字多用為本義。《包山 257》："爥（熬）雞一箕、庶（炙）雞一箕。"《睡簡·秦種 63》："豬、雞之息子不用者，買（賣）之，別計其錢。"

鼷_楚 包山 91 _秦 睡簡·日甲 69 背　　睡簡·答問 152　　印增

399

【注】從鼠奚聲。●包山簡人名。●一種小鼠。《睡簡·答問 152》："鼷穴三當一鼠穴。"鼷鼠洞三個算一個鼠洞。

溪_楚 郭店·語叢四 17　　新蔡甲三 355　　包山 182　　曾侯 212

上博二·容成 31　　上博七·君甲 9　　上博四·柬旱 8　　清華一·楚居 11

清華一·楚居 12　　　清華一·楚居 12　　　清華八·邦道 8

【注】從水奚聲。●包山簡地名。●或作"谿"，山間的河溝。《郭店·語叢四 17》："利其渚者，不賽（塞）其溪（溪）。"●疑讀奚，女奴。《曾侯 212》："桐溪一夫。"簡文中所記木俑，或有奚，或無奚。凡言奚者皆指女奴。

 谿
秦印 225　　　類編 286　　　里耶 8·519

【注】從谷奚聲。●秦印人名。●讀溪，地名。《里耶 8·519》："行到零陽廡谿橋亡。"

 醯
包山 256

【注】從酉奚聲。●簡文"醯（膎）一罥"或讀膎。膎，《說文》脯也。

 郟
郟季宿車盤　　　郟季宿車盤　　　新蔡甲三 347

【注】從邑奚聲。《郟季宿車盤》疑"郟"之異文。●疑讀奚，國名。《郟季宿車盤》："郟季寬車自乍（作）行盤。"●新蔡簡地名。

 毲
曾侯 42

【注】從毛奚聲。●義不詳。

 繇
☑繇鼎

【注】從系從奚，雙聲字。●金文人名。

匣紐雋聲

 雋
達盨　　　 達盨　　　雋自作兄癸卣
睡簡·日甲 53　　　 關簡

1400

225 　舊 　秦編 607

【注】甲骨文作舊，從隹，頭上有 形冠。金文下加丙旁，象鳥之剪尾。戰國文字又于丙下加口為飾，遂訛為肉旁。《説文》：“舊，周燕也。從隹，中象其冠也。肖聲。一曰蜀王望帝，淫其相妻，慚亡去，為子舊鳥。故蜀人聞子舊鳴，皆起云‘望帝’。”《説文》所謂“肖聲”是由鳥尾演變而來的。本義鳥名，即“子規”。●讀攜，職官名。《達盨》：“王乎（呼）舊趯召達。”“攜”作為職官名也見於《尚書‧立政》：“虎賁、綴衣、趣馬、小尹、左右攜僕、百司庶府。”其中的“左右攜僕”，孔傳云為“左右攜持器物之僕”。孔穎達《正義》加以引申，以為“謂寺人、內小臣等也”，是以《周禮》官名進行對比。李學勤曰：“攜這一職官的得名，可能如《尚書》孔傳所説，是為王攜持器物。孔穎達推想為寺人、內小臣之類，合乎情理。就象宰本系食官，後轉變為掌理政事，攜的地位權利也顯然上升。”（《商末金文中的職官“攜”》）●秦簡“此舊”讀觜觿，星宿名。秦簡 訛為 形，並加叩，大約是受了蓳字影響。

鄹戈 楚 鄹 包山 171

【注】從邑舊聲。●地名。

疇 楚 疇 曾侯 80 疇 上博三‧周易 17 疇 清華二‧繫年 7 疇 清華七‧越公
30 疇 清華七‧越公 35 疇 包山 157 疇 包山 157 疇 九店 56‧2 疇 九店
56‧3 疇 璽補 20

【注】從田舊聲，“畤”之異文。或省為“舊”。●曾侯讀襦，詳“襦”字。●讀繮。《説文》：“繮，維綱，中繩。從糸舊聲。讀若畫，或讀若維。”故亦可讀維，以繩捆綁。《上博三‧周易 17》：“係而敏（扣）之，從乃疇（維）之。”●讀畤。《清華七‧越公 30》：“又（有）厶（私）疇（畤）。”同樣《包山 157》“戠舊”亦當讀畤，“戠舊”似指某種管理農作物的官員。九店簡均讀畤。●讀攜。《清華二‧繫年 7》：“邦君者（諸）正乃立幽王之弟舍（余）臣于鄹（虢），是疇（攜）惠王。”

疇 楚 疇 新蔡乙四 98

【注】從畕舊聲。肖旁位移至田下。●讀蛙。《新蔡乙四 98》：“鄭卜子㤉目（以）疇頁之疇為君三戢（歲）貞。”

鐥 強伯匀井姬尊

【注】《殷周金文集成引得》將此字釋為"錐"。陳漢平指出此字左旁即"巂"字所從，當釋為
"鐥"。(《金文編訂補》154 頁) 故字當從金巂聲。《説文》："鐥，甞也。從金巂聲。"本義小口
水器。●水器。《強伯尊》："玁（強）白（伯）乍（作）井（邢）姬用盂鐥。""盂鐥"作羊體。
羊首微昂，吻部前伸有流口，背部有方形尊口。出土時與附耳銅盤扣在一起，應該是與盤配套
作為注水器使用無疑。發掘報告指出這套盤與盂鐥配套使用的水器，正是西周中期以後盤匜配
套的濫觴。

繐 楚 、 天星

【注】從糸巂聲。●義不詳。

襦 楚 曾侯2 曾侯8 曾侯13 曾侯14 曾侯26 秦

睡簡・日乙 87 印增 593

【注】從衣巂聲。●《曾侯2》"二縣（懸）箙，襦紫魚與录（綠）魚"，施謝捷讀鞻，用作顏色
字。《説文》："鞻，鮮明黃也，從黃，圭聲。""鞻"與從巂聲的"襦"，古均屬匣紐支部，古音
相近，當可通用。《集韻》中作為聲符的"圭""巂"可換用的例子頗多。簡文中的"魚"可能
指箙上的魚飾。●秦簡同"巂"，"此襦"讀觜觿，二十八宿之一。

鑴 秦 秦印 79 里耶 9・1

【注】從角巂聲。●秦印、秦簡均為人名。

讗 秦 秦印 46

【注】從言巂聲。●秦印人名。

匣紐覡聲

覡 晉  侯馬

【注】從巫從見，會巫能見神明之意。或疊加口為飾。●盟書"巫覡"用為本義。《說文》："覡，能齋肅事神明也。在男曰覡，在女曰巫。"

見紐規聲

規 秦

戰編 692　　里耶 8·1437　　里耶 8·69

【注】從夫從見，會意不明。●秦印、里耶簡人名。●畫圓的器具。《天簡·日乙 197 壹》："所執者規殹（也），司木。"楚文字作"設"。

鬹 秦  上郡守壽戈 　、 　戰編 173 　、 　印增 105

【注】從鬲規聲，聲符從見或省為從目。《說文》："鬹，三足釜也。有柄喙。讀若嬀。"●均為人名。《上郡守壽戈》："漆垣工師爽、丞鬹。"

嫢 秦 圖典 39

【注】從女規聲。●秦印"嫢印"，人名。

見紐解聲

解 楚

包山 144　　郭店·老甲 27　　新蔡甲三 61　　新蔡甲三 239

包山 238　　望山 1·176　　天星　　包山 246　　包山 248　　包

山 250　　清華八·邦道 4　　清華一·保訓 7　　清華一·保訓 9　　清華一·保

訓 10　　清華八·邦道 14　晉　中山王譽鼎　秦　睡簡·日甲 68 背　秦　睡簡·秦

種 130　嶽麓三 102、、秦印 79

【注】甲骨文作、，從臼從角從牛，象以兩手剖解牛角，會分解之意。金文從刀𦎫聲。《説文》：“，判也。從刀判牛角。一曰解廌，獸也。”本義為屠宰分割牛，如《莊子》：“庖丁為文惠王解牛。”泛指分解、分開。●讀懈，怠惰、鬆懈。《中山王𦈈壺》：“受賃（任）猺（佐）邦，夙夜篚（匪）解（懈）。”《詩·大雅·烝民》：“夙夜匪解。”孔穎達疏引正義曰：“早起夜臥非有懈倦之時。”《清華一·保訓 6》：“翼=（翼翼）不解（懈），用乍（作）三𡎦（降）之憙（德）。”●《清華五·啻門 17》：“民咸解體自卹。”解體，人心散亂。自卹，為自己打算。●發洩之義。《清華八·邦道 14》：“其民愈（愈）弊以鄅（解）悁（怨）。”●解開。《睡簡·封診 66》：“解索，其口鼻氣出渭（喟）然。”●秦印有“解章”“解貴”“解睪”等，姓氏。

繲^楚  清華六·子產 17　　上博三·周易 37　　上博三·周易 37

【注】從糸解聲。●《上博三·周易》讀解，卦名，即“解卦”。●讀解。《清華六·子產 17》：“𥾝（治）緟（辨）繲（解）思（摜），𢖻（炳）則任之，善則為人。”“𥾝”是“覓”之繁構，讀辨。“治辨”乃治事、辨事也。解，通曉義。《禮記·學記》：“相説以解。”鄭注：“解物為解，自解釋為解，是相證而曉解也。”《廣韻》：“解，曉也。”“思”即“慣”字，當即《説文》之“摜”，云：“習也。”段注：“此與《辵部》‘遺’音義皆同，古多叚‘貫’為之。”“習”即習熟，今言熟悉是也。簡文意為：在治事、辨事方面通曉、熟悉的人，顯着突出的人就任命他做官，做得比較好的人就讓他們做普通的工作人員。

見紐丫聲

Υ父辛觶　　瘋鐘^晉　　貨系 3859

【注】甲骨文作Υ，象羊角左右分張之形，“乖”之初文。●金文族氏名。●《瘋鐘》：“Υ角……。”“Υ角”或讀檟角。詳“檟”字。

乖伯簋　　乖伯簋　　乖叔鼎　　番匊生壺

【注】從Υ從北，會相背之意；Υ亦聲。《説文》作“𦬂”，《説文》：“𦬂，戾也。從艸而兆。兆，古文別。”《説文》從兆為北之訛變。●人名。《乖伯簋》：“王命中（仲）侄歸（饋）乖白（伯）𣪘裘。”《番匊生壺》：“番匊生鑄䁐（媵）壺，用䁐（媵）氒（厥）元子孟改乖。”楚文字乖作“夬”。

見紐圭聲

多友鼎　圭 毛公鼎　圭 瑪生簋　圭 師遽方彝　齊 陶録 3·294　楚 上博

二·魯旱 3　曾侯漆書　溫縣　晉 侯馬　秦 詛楚文　秦印 260

【注】從重土，與小篆同，會意不明。《説文》：“圭，瑞玉也。上圜下方。公執桓圭，九寸；矦執信圭，伯執躬圭，皆七寸；子執穀璧，男執蒲璧，皆五寸。以封諸矦。從重土。楚爵有執圭。珪古文圭從玉。”古玉器名，長條形，上端作三角形，下端正方，古代貴族朝聘、祭祀、喪葬時以為禮器；依其大小，以別尊卑，又作“珪”。●多用為本義，玉器名。《瑪生簋》：“瑪生則董（瑾）圭。”●侯馬、秦印人名。

卦　秦 天簡·日乙 244　天簡·日乙 254

【注】從卜圭聲。●用為本義，《説文》：“卦，筮也。從卜圭聲。”

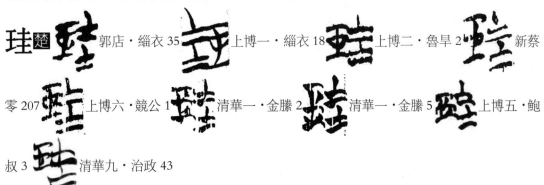

珪　楚 郭店·緇衣 35　上博一·緇衣 18　上博二·魯旱 2　新蔡

零 207　上博六·競公 1　清華一·金縢 2　清華一·金縢 5　上博五·鮑

叔 3　清華九·治政 43

【注】從玉圭聲，“圭”之古文。●多讀圭。《郭店·緇衣 35》：“白珪（圭）之石，尚可磨也；此言之砧（玷），不可為也。”

痊　晉 陶録 5·16

【注】從疒圭聲。●“☒痊”，應為人名。

璽　晉 分研 267

【注】從𪊽（三晉文字習見偏旁，無法隸定）圭聲。與楚文字“畾”應為一字異文。●晉璽“貴璽”，人名。

閨 ^楚 上博四・昭王1　　上博三・周易52　　上博四・柬旱9

【注】從門圭聲。●宮中小門。《上博四・昭王1》："有一君子，喪服、曼廷將远閨。"疑為簡文所謂"雉門"，寢門前的第三門。●讀闚，低頭門中視。《上博三・周易51》："閨（闚）丌（其）床（戶），躱（突）丌（其）亡（無）人，晶（三）散（歲）不覿，凶。"

奎 ^楚 永盂　仳夫人孀鼎　清華十一・五紀54　清華十一・五紀25　清

華十一・五紀76　清華十一・五紀84 ^晉 兆域圖銅版 ^秦 睡簡・日甲6背

睡簡・日甲152　印增406

【注】從大圭聲。《說文》："奎，兩髀之閑。"本義兩髀之間。《莊子・徐無鬼》："奎蹄曲隈，乳間股腳，自以為安室利處。"●人名。《永盂》："師氏、邑人奎父。"●宮名。《中山王墓宮室圖》："正奎宮方百尺。"徐中舒曰："奎，同魁，奎魁支微合韻。魁，首也，北斗星之首……正奎宮，當為中山朝會之所，政令所自出，故曰正奎。"（《中山三器釋文及宮堂圖說明》）●讀胯。《說文》"奎，兩髀之間"，段注："奎與胯雙聲。"《睡簡・日甲152》："在奎者富。"●星名，二十八宿之一。《睡簡・日甲49》："奎、婁大吉。"●讀卦。《清華十一・五紀54》："夫圤（兆）奎（卦）笀（茫）亂。"●秦印"奎蠡"，姓氏。《姓氏詞典》據《姓譜》稱："以星辰為姓氏。奎，星辰名，二十八宿之一。"

憲 ^齊 璽彙0589　璽彙3634

【注】從心奎省聲。●齊璽人名。

劃 ^齊 陶彙3・1112

【注】從刀奎聲。●齊陶單字，當為人名。

刲 ^楚 清華四・筮法19

【注】從刀圭聲。●讀卦。《清華四・筮法19》："弌（一）刲（卦）亢之，乃曰牁（將）死。"

 璽彙 2120 戰表 1683 里耶 8・145

【注】從女圭聲。●均為人名。

 戰編 219 陶録 6・467

【注】從目圭聲。●秦印"睢臣"姓氏。秦陶"☐睢"，應為人名。

 上博二・容成 10 上博六・孔子 15  清華八・邦政 10 秦印
增 91

【注】從見圭聲，即楚文字的"窺"。●讀窺。《清華八・邦政 10》："弟子敄（轉）遠人而爭睢
（窺）於謀（謀）夫。""窺"訓見，《吕氏春秋・貴當》："窺赤肉而鳥鵲聚，狸處堂而眾鼠散。"
高誘注："窺，見也。""爭窺"即爭相會見。《上博二・容成 10》："自内（人）焉，余穴睢（窺）
焉。""穴睢"，指鑿孔於墙，令試用者入其内，自外觀察之。

 陶彙 3・116  清華七・子犯 4 清華三・芮良夫 27

【注】從言圭聲。●讀絓。《清華三・芮良夫 27》："吾审（中）心念詿（絓），莫我或聖（聽）。"
《楚辭・九章・哀郢》"心絓結而不解兮"，王逸注："絓，懸。"●疑讀規。《清華七・子犯 4》：
"虡（吾）宝（主）之式（二）晶（三）臣，不閉（扞）良詿（規）。"●齊陶人名。

 新蔡乙二 3  新蔡甲三 184 九店 56・122 戰編 712 秦
陶彙 5・1 秦印 213

【注】從心圭聲。●戰國文字多為人名。●讀解。《新蔡甲三 184》："以亓（其）不良恚瘥之古
（故）。"病愈為"解"文獻多見，如《書・顧命》"王不懌"，《釋文》曰："馬本作不釋，云不
釋，疾不解也。"《太平經・分別四治法》："則天有疾病，悒悒不解。"醫古文中尤習見，例多不
贅舉。

 侯馬 秦印 28 陶彙 5・30 陶彙 5・29

【注】從走圭聲。●古文字均為人名。

【注】從辵圭聲，疑"趌"之異文。《走部》云："趌，半步也，舉一足。與跬同。"●讀解。《包山137》："窣（舒）娌執，未有剚（斷），趌宕而逃。"說舒娌被抓獲，還未判決，就（私自）打開枷鎖逃跑。

【注】從足圭聲。●用為本義，半步。《清華十一·五紀90》："武跬步走趣（趣），兩足同厎（度）曰跬（計）。"

【注】從行圭聲。●用為本義。《玉篇》四通道也。《睡簡·封診21》："市南街亭求盜才（在）某里曰甲縛詣男子丙，及馬一匹。"市南街亭的求盜某里人甲捆送男子丙，還有馬一匹。●秦印"街鄉"，鄉名。

【注】從土圭聲。●義不詳。

【注】從邑圭聲。●秦封泥"下邽""下邽丞印"。"下邽"為地名，秦屬內史，其治地在今陝西渭南市臨渭區東北。

【注】從蚰圭聲，即《說文》"畫"字，又作"鼃"俗字作"蛙"。●戰國文字均為人名。

【注】從黽圭聲。詳"蛙"字。●秦印人名。

駐（駐）陶新 1533

【注】從馬圭聲。● "咸亭陽安駐器"，人名。

鮭秦印 296

【注】從魚圭聲。● "鮭匼"，姓氏。《鄭通志・氏族略》收載。其注云："音'圭'。以居鮭陽，改為鮭氏。"此以地為氏。又云："後漢鮭陽鴻為少府，居鮭陽，遂為鮭氏。鮭，音'圭'。"

觟望山 2・62 觟璽集二-SY-168 觟分域 2858

【注】從角圭聲。●讀獬。望山簡"觟冠"，典籍或作"獬冠"。《淮南子・主術訓》："楚文王好服獬冠，楚國效之。"高誘注："獬豸之冠，如今禦史冠。"●秦印人名。

桂包山 259 秦桂里耶 8・1221

【注】從木圭聲。●讀獬。包山簡"桂冠"即獬冠、觟冠。●藥名。《里耶 8・1221》："析蓂實、枯薑、菌桂，冶，各一。凡三物并和，取三指最（撮）到節二，溫醇酒。"《漢書・揚雄傳》"捆申椒與菌桂兮"。

戜越王諸稽於賜戈

【注】從戈圭聲。●讀癸。戜亥，讀癸亥。

厓睡簡・答問 28

【注】從广圭聲，或即《說文》"厓"之異文。●讀圭。《睡簡・答問 28》："可（何）謂'盜埱厓'？王室祠，貍（薶）其具，是謂'厓'。"什麼叫盜掘祭祀的圭？王室祭祀，埋其祭品，叫做圭。

戜韋伯戜簋

1409

【注】從又厓聲。●人名。

戛 睡簡·日甲8背　　睡簡·日甲9背　　圖典70

【注】疑為"戛"字。《説文》："戛，頭衺、戜戛態也。從矢圭聲。"●讀諉，《説文》作諆。秦簡"戛詢"讀"諆詬"，義為辱罵。●秦印"王戛"，人名。

窐 秦 秦印145

【注】從穴圭聲。●人名。

見紐臭聲

臭 燕 戰編665

【注】從目從犬，會犬視之意；犬亦聲。《説文》："臭，犬視皃。從犬、目。古闃切。"●秦印人名。

瞁 楚 清華二·繫年91

【注】從目臭聲。●讀湨，地名。《清華二·繫年91》："公會者（諸）侯於瞁（湨）梁。"

鋇 楚 包山261

【注】從金臭聲。●《包山261》："一鋇柜。"義不詳。

溪紐啟聲

啟 啟爵　　亞啟父乙鼎　　子啟尊　　土父鐘　　叔氏鐘　　啟作文父辛尊　　番生簋蓋　　土父鐘 齊　　陶彙3·980　　陶彙3·981　楚　清華一·金　滕10　　清華三·琴舞2　　清華三·琴舞10　　清華三·芮良夫14　　清華十

一‧五紀 128 　上博三‧周易 8 　鄂君啟舟節 　清華二‧繫年 115 　包山 13 　清華五‧厚父 1 　清華五‧厚父 2 　上博九‧陳公 7 　清華十‧四時 3 　清華十‧四時 22 晉 　中山王響鼎 　鎏壺 　璽彙 3657 　三十三年鄭令鈹 　二十一年啟封令戈 秦 　睡簡‧日乙 165 　睡簡‧日甲 72 背 　啟丞相啟狀戈 秦風 135 　　、　　、　　印增 121

【注】甲骨文作 ，從又從戶，象用手開門形，會打開之意。或增從口（象門縫形），為形符迭加字。甲骨文借用為雨後晝晴之霽，甲骨文第三形作 ，正象晝晴啟戶見日之形。西周金文"啟""肇"易混。西周金文"啟"從又從戶，"肇"則從攴從戶。戰國文字"啟"從攴，偶從殳，蓋其時"肇"已從聿以別之矣。《十一年啟封令戈》省掉口，則與西周時期"肁"同形。《說文》："啟，教也。從攴啟聲。《論語》曰：'不憤不啟。'"又《說文》："启，開也。從戶從口。"《說文》以"啟"為教，以"启"為開，自甲骨文觀之，二者實為一字。●開拓、擴大。《中山王響鼎》："啟（奮）枼晨（振）鐸，闢（辟）啟封彊（疆）。"《左傳‧莊公二十八年》："晉之啟土，不亦宜乎。"●開導、啟發。《瘋鐘》："廣啟瘋身，勱于永令。"●人名。《啟尊》："啟從王南征。"●鄂君啟：戰國時楚國封君，名啟，楚懷王的親屬，封于鄂（今湖北鄂城）。《鄂君啟車節》："為鄂君啟之廐（府）贖（造）鑄金節。"●啟封：地名，避景帝諱，後改稱開封。《二十一年啟封令癰戈》："廿一年啟封踚（令）癰、工帀（師）釤、冶者。"●開啟。《包山 13》："啟漾陵之參鈉而才（在）之。""而在之"就是以所印之封泥而放在簡上。●《清華五‧厚父 1》人名。也稱夏啟、帝啟、夏后啟、夏王啟，他是禹的兒子，夏朝的第二任君王。

繁 秦  印增 505

【注】從糸啟聲。●人名。

啟 楚  清華八‧攝命 30

【注】從宀從臥啟聲。●讀啟。《清華八‧攝命 30》："余既明啟劼邲（毖）女（汝），亡（無）多朕言曰丝（茲）。""亡（無）多朕言曰丝（茲）"，整理者注："謂朕言如此，無以朕言

為多。"

 徼卣

【注】從彳啟聲。●人名。

坒楚  上博四·曹沫 44

【注】從土啟省聲。●《上博四·曹沫 44》："亓（其）坒（啟）節不疾。""坒節"，讀為"啟節"，疑指"發機"。《孫子·勢》："是故善戰者，其勢險，其節短。勢如彍弩，節如發機。"又《孫子·九地》："帥與之深入諸侯之地，而發其機。"又疑釋為"殷節"。

閌燕  璽彙 0188

【注】從攴從門（從門與從戶同意），施謝捷釋為"啟"。（《古璽彙編》釋文校訂 644 頁）●"閌陽都興皇"，讀啟，地名。啟陽，見《春秋·哀公三年》"季孫斯、叔孫州仇帥師城啟陽"。後改名為開陽。開陽，見《漢書·地理志》東海郡，地在今山東臨沂北。燕昭王時，燕軍一度幾乎占領齊國全境，此璽當為是時之物。（何琳儀、馮勝君《燕璽簡述》）

溪紐企聲

企 ⟋ 企觚秦 ⟋ 龍崗 120

【注】甲骨文作 ⟋、⟋、⟋、⟋、⟋、⟋，象人舉足而竦身之形。金文同甲骨文。戰國文字與"宅"（瀍之古文）略混。《説文》："⟋，舉踵也。從人止聲。企，古文企從足。"●人名。《企觚》："企。"●讀畦。《龍崗 120》"疇企"讀疇畦，訓為田界。

端紐卮聲

卮秦 ⟋ 里耶 8·296

【注】《説文》："卮，圜器也。一名觛。所以節飲食。象人，卩在其下也。《易》曰：'君子節飲食。'凡卮之屬皆從卮。"許慎的意思是説，卮是一種圜形酒器，這種圜形器是象徵節制人們飲食的，因此創造了從⟋（像人形）從卩（節）的會意字。但此字構形之解釋牽强，待考。●習字簡，無義。

端紐支聲

支（又）楚 清華十一·五紀5　　清華十一·五紀17　　清華十一·五

紀18 秦 官印0061　　　、　　　、　　　印增114　　睡簡·答問

208 睡簡·答問79

【注】甲骨文作，樹枝之枝；清華簡作，枝指之枝。由於"支"與"丈"混訛，小篆"支"
變形為手持半竹，由於"支"廣泛用作分支叉義，別造"規"字相區別。"支"與"規"讀音極
近，從支的諧聲字大多與"規"同音或讀音極近。庋、攲，見母支部，與"規"讀音完全相同，
《古韻通曉》中歧、妓、技等27個字都在牙音支部，它們都是以"規"的初文為音符。以"支"
為"規"之初文，這就很好地解決了支聲字大部分在牙音的問題。（李守奎《釋楚簡中的"規"
——兼說"支"亦"規"之表意初文》）●秦簡均讀肢，肢體。《睡簡·答問79》："若折支（肢）
指，胅體（體），問夫可（何）論？"楚文字用"枳"表示肢。●秦印有"支豹""支闌""支悑
巳"等，姓氏。●讀規。《清華十一·五紀5》："四再（稱），五又（規），員（圓）正達尚（常），
天下之厇（度）。"整理者注："又，'規'字表意初文；下文又作'喬'，讀為'規'。詳李守奎：
《釋楚簡中的'規'——兼說'支'亦'規'之表意初文》（《復旦學報（社會科學版）》二〇一
六年第三期）。《荀子·賦篇》：'圓者中規，方者中矩。'准，《說文》：'平也。'《漢書·律曆志》：
'准者，所以揆平取正也。'再，讀為'稱'，《說文》：'銓也。'圓正達常，謂方圓皆得其正。"

設楚 清華六·孺子1　　清華六·孺子12　　清華九·迺命二15

【注】從言又聲。楚文字"規"源自"枝指"之"枝"，簡文假借為規矩之"規"，又造了規正
之規—。●讀規，規勸。《清華六·孺子1》："武夫人設（規）乳=（孺子），曰。"《左傳》昭
公十六年："子寧以他事規我。"

忌楚 清華十·病方1

【注】從見又聲。●整理者讀析。《清華十·病方1》："忌目渚（煮）目（以）澡（澡）目疾，
叔（且）目（以）寞（緩）之。"忌目，即析蓂，可明目。或以為"忌"為"快"之訛，"忌目"
指決明，其種為決明子，可明目。

貶楚 清華八·處位3

【注】從見又聲。●整理者讀規，指規正、管治。當讀窺，訓看。《清華八·處位3》："君乃無

從覘（窺）下之蟲蠱。”

 秦印 120

【注】從山支聲。●“岐丞之印”，“岐”為地名。

 印增 363

【注】從鬼支聲。●秦印人名。

 圖典 90 圖典 82

【注】從木支聲。●秦印人名。

  印增 315

【注】從人支聲。●秦印人名。

 湖南 85 秦印 53 類編 87

【注】從鬲支聲。《説文》：“䰞，三足鍑也。一曰滫米器也。从鬲支聲。魚綺切。”●秦印“䰞”“王䰞”等，均為人名。

 陶新 1569

【注】從糸支聲。●秦陶人名。

端紐知聲

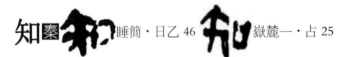 睡簡·日乙 46 嶽麓一·占 25

【注】秦文字當為“智”之省文。《徐贀尹皆鼎》有字作，舊多釋“知”。古文字“知”一般不作這種形體，並且都用“智”表“知”。廣瀨熏雄釋為“去”，戰國文字矢、大、夫相混。（《釋卜鼎——〈釋卜缶〉補説》）●知道。《睡簡·日乙 46》：“二旬二日皆知。”《嶽麓一·占 25》：“夢

伐鼓，聲必長，眾有司必知邦端。"

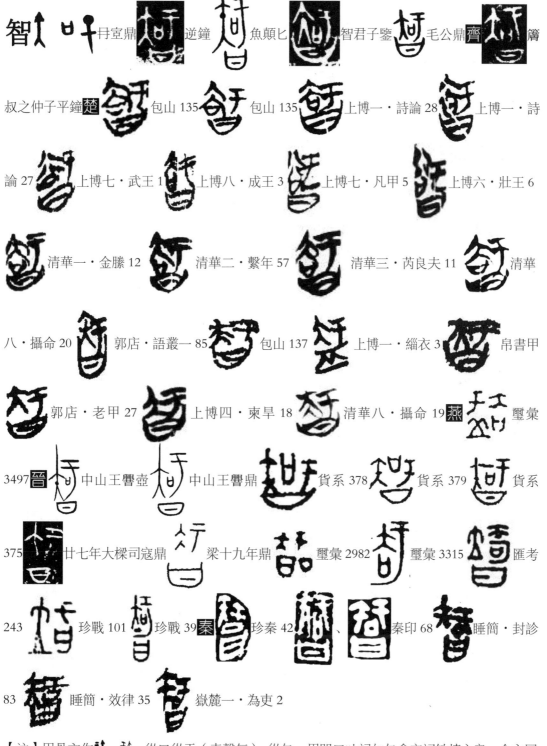

丹宭鼎　　　逆鐘　　　魚顛匕　　　智君子鑒　　　毛公鼎齊　　　籅

叔之仲子平鐘楚　　包山 135　　　包山 135　　　上博一·詩論 28　　　上博一·詩

論 27　　　上博七·武王 1　　　上博八·成王 3　　　上博七·凡甲 5　　　上博六·壯王 6

清華一·金縢 12　　　清華二·繫年 57　　　清華三·芮良夫 11　　　清華

八·攝命 20　　　郭店·語叢一 85　　　包山 137　　　上博一·緇衣 3　　　帛書甲

郭店·老甲 27　　　上博四·柬旱 18　　　清華八·攝命 19燕　　　璽彙

3497晉　　　中山王䶶壺　　　中山王䶶鼎　　　貨系 378　　　貨系 379　　　貨系

375　　　廿七年大樑司寇鼎　　　梁十九年鼎　　　璽彙 2982　　　璽彙 3315　　　匯考

243　　　珍戰 101　　　珍戰 39秦　　　珍秦 42　　　秦印 68　　　睡簡·封診

83　　　睡簡·效律 35　　　嶽麓一·為吏 2

【注】甲骨文作𣉻、𣉻，從口從于（表聲氣），從矢，用開口吐詞如矢會言詞敏捷之意。金文同甲骨文，但多增從甘為飾，小篆甘訛為白。"知"與"智"同源，經傳多通用不分，金文亦多以"智"為"知"。古文字矢旁或訛為大、夫、立。《說文》："𣉻，識詞也。從白從亏從知。𣉻古

文矯。”本義為言詞敏捷。●聰明。《中山王𤕣鼎》：“事愚女（如）智，此易言而難行旃（也）。”
《孟子·公孫丑下》：“王自以為與周公孰仁且智？”●讀知，知道。《中山王𤕣壺》：“余智（知）
其忠誹（信）旃（也）。”●姓氏。《智君子鑒》：“智君子之弄鑒。”秦印有“智恆”，燕璽有“智
生坉”，《廣韻》晉有智伯。●讀知，知識。《魚顛匕》：“下民無智。”無智，指沒有思想、沒有
知識。《荀子·王制》：“草木有生而無知。”楊倞注：“生謂滋長，知謂性識。”●讀知，主掌。《中
山王𤕣鼎》：“㠯（以）猲（佐）右（佑）寡人，迲（使）智（知）社稷之賃（任）。”●亡智：
古人習見人名。《梁十九年鼎》：“梁十九年，亡智求戟嗇夫庶魔𢍺（擇）吉金鎝（鑄），𫝒（載）
少夲（半）。”《璽彙2982》“閭亡（無）智”。●秦簡均讀知。《睡簡·效律35》：“大嗇夫、丞智
（知）而弗罪，以平罪人律論之。”大嗇夫、丞知情而不加懲處，以與罪犯同等的法律論處。秦
以後分為知、智二字。

宰獸簋　宰獸簋蓋　宰獸鼎

【注】從厂智聲。●讀知。《宰獸鼎》：“毋敢無䎣（聞）厴（知）。”

端紐只聲

只楚　上博三·彭祖4　清華一·楚居5　郭店·尊德14　上博五·鬼神2
清華十一·五紀93　清華五·命訓9　秦　廣衍矛　印增80

【注】“也”“只”一字之孳乳。𠃌（也）象語從口出詰屈悠長之貌。楚簡“只”作、，是
在“也”字上增加點狀筆飾而訛變產生的一個新形體，是“也”字的同字異形。典籍中作為語
助詞用的“只”字，應該是“也”字，如《左傳·襄公廿七年》：“諸侯歸晉之德只，非歸其尸
盟也。”《張休睚涘銘》：“高且險只。”《說文》：“只，語巳詞也。從口，象氣下引之形。”楚系文
字或作，加（飾筆），另見喜、胃、酉、亥等字。●地名。《廣衍矛》：“只陽”。●讀枳。《清
華五·命訓9》：“亟（極）佴（恥）則民只（民枳，民枳）則瘍人（傷人，傷人）則不罰（義）。”
●讀躋。《上博三·彭祖4》：“既只（躋）於天，又椎（墜）於淵。夫子之德登矣，何其宗。”只
聲和齊聲可通，《詩·小雅·南山有臺》《采菽》“樂只君子”，《左傳》襄公十一年、二十四年引
“只”並作“旨”；《楚辭·九思》“鴂鶘棲兮柴蔟”，洪興祖《考異》“棲，一作指”；《周易·未
濟·六三》“未濟，征凶”，上博竹書本“濟”作“淒”。“宗”，讀崇。●讀技。《郭店·尊德14》：
“教以只（技），則民少（小）以妎（奇）。”●讀岐，古地名。《上博五·鬼神2》：“此㠯（以）
桀折於鬲山，而受首於只（岐）社。”

迟楚　包山185

【注】從辵只聲。●人名。

邸楚 包山83 包山173

【注】從邑只聲。●《包山99》"邸易（陽）"，讀枝。《漢書·地理志》南郡有枝江縣，"邸陽"或與之有關。●姓氏。《包山83》"邸女"，讀枝，楚有"枝氏"。

咫楚 清華十一·五紀90

【注】從尺只聲。●用為本義，八寸。《清華十一·五紀90》："武跬步走踏（計），韏（拳）扶咫尺敜（尋）。"

枳楚 信陽2·23 包山259 包山260 包山265 上博四·相邦3 清華六·子產12 郭店·唐虞26 上博五·鬼神4 上博六·用曰15 郭店·語叢四17 清華六·管仲4 清華八·邦政9 清華三·芮良夫19 清華六·子產12 清華十一·五紀73 秦 睡簡·日甲49

睡簡·日甲153背 印增209

【注】從木只聲，即樹枝之"枝"的異體。●楚簡多讀枝。《清華八·邦政9》："亓（其）政矗（苛）而不達，亓（其）型（刑）墊（陷）而枳（枝）。"《説文》："枝，木別生條也。"簡文以此形容刑罰之繁複，與前文"刑易"對舉。或謂讀忮，《説文·心部》："很也。"《管子·形勢解》："能寬裕純厚而不苛忮，則民人附。"●讀支，支撐。《清華三·芮良夫18》："天之所韓（壞），莫之能枳（支）。"意為：上天所要毀敗的，沒有誰能夠支撐。由目前的出土材料來看"支"字似是出自秦代。●讀岐。《上博五·鬼神4》："此兩者枳（歧），曰魂（鬼）神又（有）所明又（有）所不明。此之胃唬（乎）？"●讀卮，酒器。其器注滿則倒，空則側，不多不少則正。用以勸人戒驕戒滿。《上博七·武王10》："枳（卮）銘唯曰：'惡危？危於忿連（戾）。惡逆＝道［＝］（失道？失道）於嗜欲。惡［相忘？相忘］於貴富。'"在什麼情況下會危殆呢？在憤怒的情況下。在什麼情況下會喪失道德呢？在充滿嗜欲的情況下。在什麼情況下會彼此相忘呢？在為富貴所迷的情況下。可見銘文的含義跟卮這種器物"滿招損"的特徵相似。●讀肢。《郭店·唐虞26》："四枳（肢）朕（倦）陸（惰），耳目聃（聰）明衰。"●讀支，干支。《睡簡·日甲153背》："反枳（支）：子丑朔，六日反枳（支）。寅卯朔，五日反枳（支）。辰巳朔，四日反枳（支）。"

䓈 楚  包山 258

【注】從艸枳聲。"芰"字或體。●讀芰，指菱角。《包山 258》："䓈（芰）二笲。"

㤀 楚  清華五·三壽 15

【注】從心只聲。●《清華五·三壽 15》："戠（陳）豐（禮）懃（勸）㤀（規），専（輔）民之忢（化），民懃（勸）毋皮（頗），寺（是）名曰義。"整理者讀規。"㤀"從只，支部章母字，讀為支部見母的規，指規矩。王寧讀技，上古只聲、支聲字常相通用。戠，讀申。申、勸並言可參《管子》卷一："然后申之以惠令，勸之以慶賞。""勸技"可參看《史記·貨殖列傳》："于是太公勸其女功，極技巧，通魚鹽。"

芪 楚  包山簽牌　　　包山簽牌

【注】從艸只聲。●讀芰，指菱角。該墓出土盛有菱角之竹笥二件，竹笥所繫簽牌上均書有"芪"字。

疷 秦 睡簡·答問 89　　　睡簡·答問 88

【注】從疒只聲。●疷，《説文》毆傷也。《睡簡·答問 88》："嚙人頯若顏，其大方一寸，深半寸，可（何）論？比疷痏。"《急就篇》注："毆人皮膚腫起曰疷，毆傷曰痏。"咬傷他人頭部或顏面，傷口的大小是方一寸，深半寸，應如何論處？與打人造成青腫或破傷同樣論處。

軹 秦 秦印 269

【注】從車只聲。●"軹鄉"，鄉名。軹地，見《史記·漢高祖紀》"秦王子嬰降軹道旁"，或於此有關。

鈘 楚 信陽 2·24

【注】從金只聲。●讀䤻，器名。䤻，《集韻》俱為切，音嬀，器名。《信陽 2·24》："四合鈘，一舄鈘，屯又蓋。""合鈘"是指有蓋的鈘，那么"錯鈘"應該是指沒有蓋的鑲嵌或刻有花紋的鈘。詳"舄"字。

鎰 楚 卲豆　　卲豆

【注】從皿釶聲，疑"釶"之繁文。釶，《玉篇》知駭切，音駾，金也。●讀后。《邵豆》："邵之御鹽。"

妷取盧匜

【注】從女只聲。●人名。《取盧匜》："用賸（媵）之麗妷子孫孫永寶用。"

誣 清華三·説命下7

【注】從言只聲。●讀諟。《清華三·説命下7》："余既誣（諟）故（劫）毖（毖）汝，思若玉冰，上下罔不我儀。"劫毖，《書·酒誥》："汝劫毖殷獻臣。"誥戒之意。誣從只，章母支部字；諟，禪母支部，可通。諟，《禮記·大學》注："正也。"

透紐豕聲

【注】甲骨文作豕、豕、豕、豕、豕、豕、豕，象豬形，其特點是肥腹、垂尾，可對照"犬"（犬尾上彎而長，腹部瘦長，特徵顯然不同）。"豰"甲骨文作豕、豕、豕、豕、豕，象豕有勢之形，《頌鼎》所作，實際是"豰"字。"豶"甲骨文作豕、豕，象豕去勢之形。"豕"甲骨文作豕，象豬絆腳難行之貌。金文稍訛。戰國文字承襲金文。齊系文字或作豕、豕（參考"蒙""家"等字，豕喙形的起筆往右下引長）。燕系文字或作豕、豕，晉系文字或作豕、豕，楚系文字或作豕、豕。《説文》："豕，彘也。竭其尾，故謂之豕。象毛足而後有尾。讀與豨同。豕古文。"本義是

1419

豬，如《左傳》："遂田于貝丘，見大豕。""豕"後來作了偏旁，其義便又另加聲符"者"寫作"豬"，如今簡化作"猪"。在古代"豕"和"彘"指大豬，"豬"和"豚"指小豬。●豬。《戊辰彝》："隹（唯）王廿祀肜日，遘于匕（妣）戊武乙奭、豕一。"●讀家。《頌鼎》："令女（汝）官嗣（司）成周貯（賈）廿豕（家）。"此字應視為"㲆"之省文。●豕鼎。《函皇父鼎》："函皇父乍（作）琱娟（妘）般（盤）盉障器鼎毁鼎（簋），自豕鼎降十又一、毁八、兩鋚（罍）、兩鐘（壺）。"豕鼎，指受一豕之鼎。周代祭祀或饍羞用牲，一牲一器。器銘"自豕鼎降十又一"，即第一鼎盛豕，另有十鼎十味（依《函皇父盤》"自豕鼎降十又一"，故此處疑漏"一"字）。與《智鼎》"牛鼎"同。《智鼎》："智用絲（茲）金乍（作）朕文考孝（孝考）弁（兄）白（伯）齏牛鼎。"《淮南子·詮言訓》："夫函牛之鼎沸，而蠅蚋弗敢人。"高誘注："函牛，受一牛之鼎也。"●《璽彙0175》何琳儀釋為"豕母帥（司）關"。認為首字為豕之反書，只是省掉一撇，如"墜"作 （侯馬）、（侯馬）。"豕母"疑讀"泥母"亦作"寧母"，齊國地名，在今山東魚臺北。（《戰國文字形體析疑》，《于省吾教援百年謠辰紀念文集》224頁）●包山簡姓氏，疑讀矢。

蒙 晉 分研一 408

【注】從艸豕聲。●晉璽"蒙舀官"，為地名。

䐗 晉 璽補 224

【注】從目豕聲。●晉璽"肖䐗"，人名。

䐗 晉 、 璽補 154

【注】從廾豕聲。●"䐗疷""䐗帛"，人名。

癓 晉 璽彙 5612

【注】從广豕聲。●晉璽人名。

㺜 楚 望山 2·6 望山 2·23

【注】從日豕聲。●《望山 2·6》："㺜絲總。"《望山 2·23》："革鞁（皮），㺜俀晉。"義不詳。

豚 楚 清華十·四告 16 晉 珍戰 98 秦 秦風 76 故宮 417 秦 秦

印 189  闢簡 351

【注】甲骨文作 豸、豸、豕、豸、豕、豕、喙，從豕（兼聲）從肉，會肉豬之意。《説文》："豙，小豕也。從彖省，象形。從又持肉，以給祠祀。凡豚之屬皆從豚。腸篆文從肉、豕。"本義是乳豬。引申泛指豬。卜辭中多用為祭祀之牲。●小豬。《士上盂》："王令士上眔史寅穯于成周，𠻘百生（姓）豚，眔賞卣鬯貝，用乍（作）父癸寶隣彝。"●人名。《豚卣》："豚乍（作）父庚宗彝。"晉璽、秦印均為人名。

 楚  郭店·語叢二 14

【注】從于豚聲。●《郭店·語叢二 14》："怀生於念（貪），豥生於怀。"義不詳，存疑待考。

腏 楚  清華八·邦道 11  清華二·繫年 117

【注】從止豚聲（或腏聲）。●讀循。《清華八·邦道 11》："唯皮（彼）濾（廢）民不腏（循）教者，元（其）旻（得）而備（服）之。"●讀遁。《清華二·繫年 117》："自肖（宵）腏（遁）。"

腏 豚卣 豚鼎 臣辰盂 臣辰卣 秦 睡簡·日甲 157 背

【注】從又豚聲，"豚"之繁文。●《豚卣》為人名。●讀豚，小豬。《臣辰卣》："𠻘百生（姓）腏（豚）。"《睡簡·日甲 157 背》："肥腏（豚）酒美白粱。"

臀 矢簋

【注】從十（"盾"之簡形）從腏，盾、腏雙聲。隸定為"臀"。●讀盾，古代作戰時抵御刀箭等的防御性武器。《矢簋》："孚（俘）戎兵：臀（盾）、矛、戈、弓、備（箙）、矢、裨、胄，凡百又卅又五叙（款）。"

豪 齊 璽彙 0643 璽彙 3725 分研 154 類編 35 璽彙

2968 楚 清華九·禱辭 19

【注】從大豕聲。●讀豲。《清華九·禱辭 19》："自亓（其）中，則區（驅）亓（其）百蟲（蠱）；自亓（其）外，則區（驅）亓（其）麋（鹿）、豕（豲）；自亓（其）寓（隅），則區（驅）亓（其）虯、螻、蜋（蟓）、蜀（蟊）、疻（螽）、螶（蛆）、蛅（蛹）、蝓。"整理者注："豕，字又見《璽

彙》〇六四三，可分析為從大，豕聲，疑讀為同在脂部的'麑'。'鹿'與'麑'均是為害百種的動物，故而簡文要乘馬驅之。"●齊璽人名。

隊  卯簋

【注】《卯簋》所作與侯馬盟書㪇（侯馬）同。盟書㪇為"隆"之省文，讀為"地"。《卯簋》乃西周中期器，與盟書是否為一字，待考。舊或釋為隊、隊，當隸為"隊"，郭沫若早已指出此字"殆從阝豕聲之字，字書所無。原是地名，亦無義可説。"（《金文詁林》，第十五冊 7809 頁）●地名。《卯簋》："易（賜）于隊一田，易（賜）于䤵一田。"

鞡 番生簋蓋

【注】從革豕聲。字或隸定為"鞡"。●當讀繢。《番生簋》："易（賜）朱市、恖黄（衡）、鞞鞡、玉睘（環）、玉琭、車電軫。"

剢 靜簋 楚 清華十·四告 29 晉 璽彙 1048

【注】甲骨文作 、 ，從豕從刀。三晉文字從甘為無義之飾符。●《靜簋》："王易（賜）靜鞞剢。"《番生簋蓋》作 ，疑讀繢。●整理者釋為剢。《清華十·四告 29》："彗（羿）不石（度）兹事，淫於非彝、侃（愆）德，好獸（守），趺（泆）不則剝達（撻）㠯（厥）家。"整理者注："剢，《書·泰誓中》'剢喪元良，賊虐諫輔'，孔傳：'剢，傷害也。'"●晉璽人名。

邧 齊 （ ）璽彙 3574

【注】從邑豕聲。●齊璽讀豕，姓氏。詳"豕"字。

縁 楚 清華六·管仲 6 晉 璽彙 2876

【注】從糸豕聲。●讀緣。古文字象、豕作為偏旁混用。《清華六·管仲 6》："塈礘不坙，執即（節）縁（象）䌛（繩）。"緣，順也，《管子·侈靡》："緣地之利。"詳"塈"字。●晉璽人名。

麑 三年瘐壺 裘衛盉 楚 清華三·良臣 2 晉 十七年麑倫戈

侯馬 秦 龍崗 193 龍崗 111 于京 35 印增 377

【注】甲骨文作、、，從豕從矢，象豕中箭形。彘為野豕，非射不可得，故以此會意。豕、矢雙聲。"矢"兼標音，古音"彘"在定紐質部，"矢"在書紐脂部，聲韻俱近。金文稍訛。《清華三·良臣2》字形省掉聲符矢。《説文》："，豕也。後蹏發謂之彘。從彑矢聲；從二匕，彘足與鹿足同。"析形不確。本義為野豬。●豕也、豬也。《三年瘋壺》："乎（呼）師壽召瘋，易（賜）彘俎。"彘俎，即指盛豬之祭器。俎必有實，根據所載牲體不同，有彘俎、羔俎等之分。●讀矢，陳述。《裘衛盉》："矩或（又）取赤虎兩、麀羴兩、羴鞈一，才廿朋，其舍田三田。裘衛乃彘告于白（伯）邑父、燮（榮）白（伯）。"唐蘭讀彘為矢。《爾雅·釋詁》："矢，陳也。"亦可讀誓，《詩·鄘風·柏舟》："之死矢靡它。"毛傳："矢，誓也。"●地名。《彘釐量》："彘。一升半升。"《左傳·昭公二十六年》："居王于彘。"又《史記·周本紀》："厲王出奔于彘""共和十四年，厲王死於彘。"其地在今山西霍縣。之所以叫"彘"，據説上古這裏野豬多。秦印（于京35）"彘丞之印"。彘秦屬河東郡。●讀泰。《清華三·良臣2》："文王有閔天，有彘（泰）喜（顛）。""彘"字古音亦歸祭部（月部），與徹聲相通。清華簡《繫年》："卿士、諸正、萬民弗忍於厥心，乃歸厲王於敊。"整理者注："敊，即'徹'字，與彘字同在月部，聲母相近通假。"《漢武故事》載："漢景皇帝王皇后內太子宮，得幸，有娠，夢日入其懷。帝又夢高祖謂己曰：'王夫人生子，可名為彘。'及生男，因名焉。年四歲，立為膠東王。……膠東王為皇太子時，年七歲，上曰：'彘者，徹也。'因改曰徹。"是漢武帝小名"劉彘"，後改名"劉徹"，然只不過是換了個字而已，讀音未變。徹、列、達古音亦相通；泰聲、大聲、達聲亦相通。（説詳孟蓬生《清華簡（三）所謂"泰"字試釋》）

 清華四·別卦5

【注】從心彘聲。心字裏面的大當為矢之省。●讀泰，即泰卦。

 三晉79　三晉79　三晉80　三晉80　貨系1829　貨系1835　貨系1837　貨系1836

【注】從邑彘聲。●地名，疑彘地之彘專字。

 毛公鼎　番生簋

【注】從豕（兼表音）、辛。從辛者，剛也，下從豕會意，象徵豕之怒容，故孳乳為剛毅字，有果決義。《説文》："，豕怒毛豎。一曰殘艾也。魚既切。"豙，毅之初文；後增從殳，當為形符累加字。●讀枙。《番生簋》："易（賜）朱市、恩黃（衡）、……金豙（軛）。"金豙，即金枙，車底部的青銅制動裝置。高鴻縉曰："豙，徐同柏讀為枙。易'系于金枙'，枙者在車之下，所以止輪，令不動者也。軏，礙車輪木也。徐鍇曰，止輪之轉，其物名軏。説文：'枙，木也，實如黎，從木尼聲。'是止車之物，軏為正字，枙為同音之通假字。……軏之為用。插之則輪必止。抽之則輪可轉。故開車曰發軏。今汽車停車之器俗名煞車。又曰離合器。其用與古之軏同。"（《毛

公鼎集釋》）

伯吉父簋伯吉父簋毅簋毅簋伯吉父鼎

吉父鼎秦、印增 120

【注】從殳豪聲。《説文》："毅，妄怒也。一曰有決也。從殳豪聲。"當為"豪"的後起形聲字。字初但作"豪"，"豪"作了偏旁，于是就另加義符寫作"毅"。●均為人名。《毅簋》："毅乍（作）寶毁，子子孫孫永用。"

額額王姬鬲楚清華十·四告 45秦秦印 175 類編 301

【注】從頁豪聲。●《清華十·四告 45》："亡（無）又（有）遺者成人箴告余，先公惪（德）余，隹（唯）虎額=。"《説文·頁部》："額，癡，不聰明也。從頁豪聲。五怪切。""額額"蓋愚頑義。●餘例為人名。

豕楚望山 2·49清華八·攝命 10清華十一·五紀 126秦 陶彙

5·252

【注】從八豕聲。●《清華八·攝命 10》："女（汝）亦母（毋）敢豕（豕）才（在）乃死（尸）服。"整理者解為"豕"字之訛，讀惰，引《逆鐘》"毋豕（惰）乃政"，《毛公鼎》"汝毋敢豕（惰）在乃服"，《逑盤》"不豕（惰）☒服"。●秦陶"右豕"，疑讀遂。《周禮·地官·遂人》："遂人掌邦之野。以土地之圖經田野，造縣鄙，形體之法。"●《望山 2·49》："皆頭索（素）豕之毛尤（裘）。""豕毛"即一種動物的毛髮。或謂讀禭。《説文》："禭，衣死人也。"讀遂。《清華十一·五紀 126》："采（由）喬（規）正巨（矩）豕（遂）尺（度）。"

骹楚清華八·邦政 3

【注】從骨豕聲。●讀粹（心母物部），素純。《清華八·邦政 3》："亓（其）器少（小）而骹（粹）。"《吕氏春秋·用眾》"天下無粹白之狐"，高注："純也。"《廣雅·釋言》："粹，純也。"

遂齊璽彙 3920楚新蔡甲三 13 上博五·三德 22 上博五·鬼神 2

秦  嶽麓一·占 20  類編 55  類編 55  分研 068 、、 印增 663  會稽刻石

【注】從辵豕聲。齊系文字用“逐”表示遂（鄉遂之遂）。●於是。《會稽刻石》：“遂起禍殃。”●《上博五·鬼神 2》：“此㠯（以）貴為天子，賵（富）又（有）天下，長年又（有）舉（舉），後殜（世）遂之。”讀述。“遂”“述”二字古通。《老子》九章“功遂身退”，郭店楚簡本、馬王堆帛書本“遂”均作“述”；魏三體石經“遂”字古文也作“述”。金文中也有不少例子。《說文》：“述，循也。”訓為遵循、依照。《禮記·中庸》：“父作之，子述之。”●完成、成功。《上博五·三德 22》：“未可㠯（以）遂。”《墨子·脩身》：“功成名遂，名譽不可虛假，反之身者也。”●古璽印多為人名。

徯 楚  清華八·邦政 4  清華六·子產 14 秦  秦陶 478

【注】從彳豕聲。上部八形似與彳共用一撇。●讀遂，順也。《清華六·子產 14》：“此胃（謂）因前徯（遂）耆（故）。”●讀遂，訓作“通達”。《清華八·邦政 4》：“亓（其）民志徯（遂）而植（直）。”●秦陶“東武徯”，人名。

旞 秦  戰編 465  秦印 129  睡簡·答問 204  睡簡·雜抄 26  睡簡·為吏 41 、、 印封 592

【注】從㫃遂聲。●讀遂，逃掉。《睡簡·雜抄 26》：“豹旞（遂），不得。”●秦封泥“旞大夫”，官名。詳“隧”字。●讀遺。《睡簡·答問 159》：“旞（遺）火燔其舍。”遺火，即失火。

隧 秦  秦集一·五·28  嶽麓三 104  嶽麓一·為吏 59

【注】從阝遂聲。●《秦集一·五·28》“隧夫”下有合文符號，當讀為“隧大夫”。“隧”通“遂”，指遠郊所設立的行政區劃。《周禮·秋官·遂士》：“遂士掌四郊，各掌其遂之門數，而糾其戒令。”鄭玄注：“其地則距王城百里以外至二百里。”《周禮·地官·遂人》：“五鄙為縣，五縣為遂。”“遂大夫”即為一遂之行政長官。●道路。《嶽麓一·為吏 59》：“船隧毋廡。”“隧”或可解釋為道路。《莊子·馬蹄》中有：“山無蹊隧，澤無舟梁”。舟船所行道路是需要進行管理的，而不能荒廢。

隊^楚　包山 168　^晉　璽彙 0103　^秦　新鄭虎符

【注】從阝㒸聲。《説文》：“隊，從高隊也。”本義為墜落，是“墜”的本字，如《左傳》：“隊于車，傷足，喪屨。”墜，《説文新附》：“墜，侈也。從土隊聲。古通用磆。”何琳儀、黃錫全曰：“墜乃隊之迻加義符字，金文習見其例：陳，或作墮；㒸或作陸；這是因為所加義符土和原有義符阜義符相近的緣故。《説文》垝或作陒，址或作阯，塘或作隒，陸或作塏，均其佐證。”（《魦簋考釋六則》）●《新鄭虎符》當為“燧”之泐損。讀燧，古代告警的烽火，詳“燧”字。●讀遂。《璽彙 0103》“武隊大夫”即文獻之“武遂”，古“隊”“遂”可通。韓之武遂後歸入秦。燕國亦有武遂，見《史記燕世家》：“趙將李牧伐燕取武遂”。此印風格屬晉，武遂當是韓地。武遂為大都邑，所以設有大夫之職。●包山簡人名。

㒸^秦　璽彙 0628

【注】從水隊聲，疑古“遂”字。●秦印人名。

隧^秦　杜虎符　陶彙 5·16　陶彙 5·99　類編 479

【注】從火隊聲，與“燧”《説文》或體“隧”同。《説文》：“隧，塞上亭守燧火者。從眉從火，遂聲。隧，篆文省。”《廣韻》同“燧”。●讀燧，古代告警的烽火。《杜虎符》：“燔隧之事，雖母（毋）會符，行殹（也）。”●秦陶“孟隧”，人名。

㳦^楚　包山 149

【注】從水㒸聲，古“遂”字。●地名。《包山 149》：“涅㳦一賽。”所謂“賽”當讀塞，據文意應是作為行政區域的一定水域。

腞^楚　清華五·封許 7　上博三·周易 30　上博三·周易 30

【注】從肉㒸聲。●清華簡用為賜品，所指不詳。●讀遯，為卦名，象徵退避。《上博三·周易 30》：“腞（遯）丌（其）尾𧟄（厲），勿用又（有）卣（攸）逍（往）。”周易簡作𧰨，陳劍先生認為“秦漢文字裏不少形體跟‘㒸’有關的字，寫法較為隨意的現象很突出。由於省寫、形近通作等原因，導致字形相混的情況很嚴重。有的例子在六國文字裏也能看到”，上述“㒸”旁或寫作“豕”旁就是一例。（《金文“㒸”字考釋》）

緣^楚　信陽 2·7

【注】從糸豕聲。●讀緣，訓作綏。《信陽2·7》：“組緣（緣）。”

 庚豕父丁鼎齊 　　 璽彙 1588 晉 　　 璽彙 1447 　　 戎壹軒藏三晉古

璽·067

【注】從三豕，豕亦聲。豵、豵一字。●均為人名。

 婦闋甗

【注】從門豵聲，疑古“闋”字。●人名。

定紐是聲

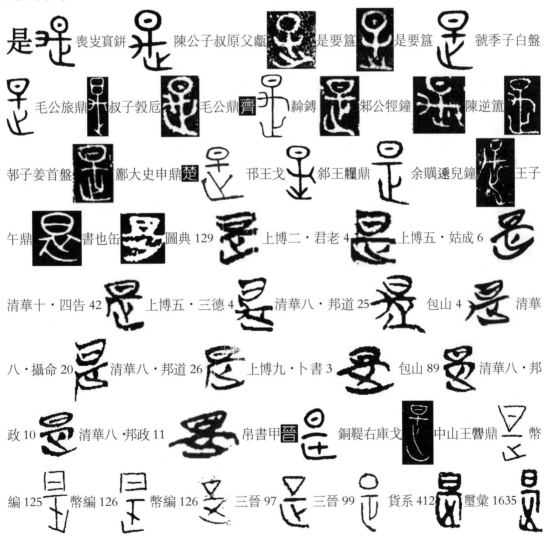

是 　喪夌貪鉼 　　 陳公子叔原父甗 　　 是要簋 　　 是要簋 　　 虢季子白盤

　毛公旅鼎 　叔子穀匜 　毛公鼎齊 　綸鎛 　郲公牼鐘 　陳逆簠

郳子姜首盤 　酅大史申鼎楚 　邗王戈 　鄴王糧鼎 　余贎逐兒鐘 　王子

午鼎 　書也缶 　圖典 129 　上博二·君老 4 　上博五·姑成 6

清華十·四告 42 　上博五·三德 4 　清華八·邦道 25 　包山 4 　清華

八·攝命 20 　清華八·邦道 26 　上博九·卜書 3 　包山 89 　清華八·邦

政 10 　清華八·邦政 11 　帛書甲晉 　銅軤右庫戈 　中山王𧍙鼎 　幣

編 125 　幣編 126 　幣編 126 　三晉 97 　三晉 99 　貨系 412 　璽彙 1635

璽彙 2890 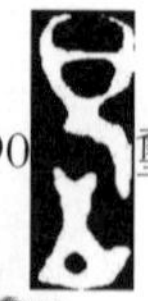 璽彙 2920 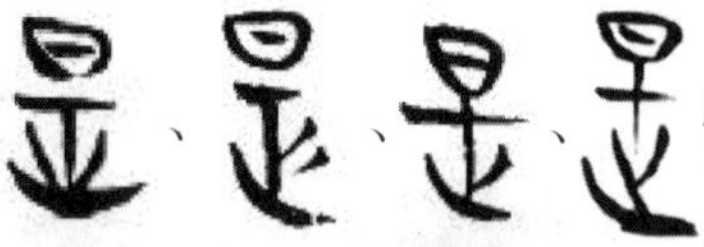 侯馬 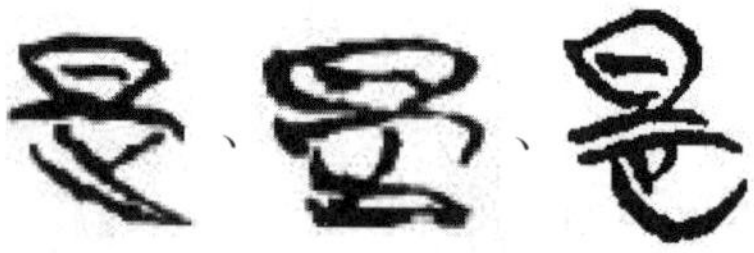

溫縣 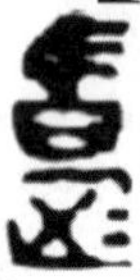 璽彙 4075 秦 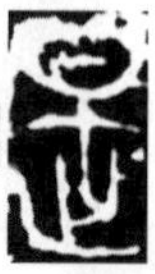 秦公簋 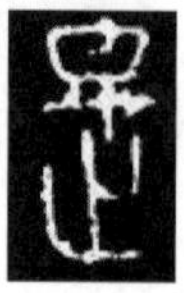 石鼓文 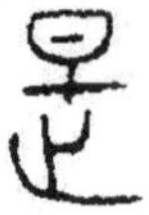 秦景公石磬 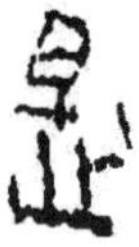 宗邑瓦書

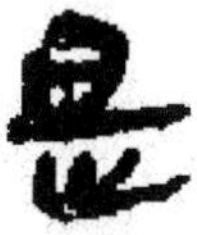 睡簡・日乙 146 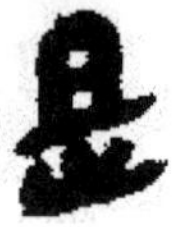 睡簡・語書 6 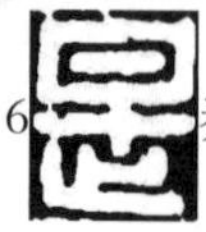 秦印 30

【注】郭沫若謂為匙形，從又或一以示其柄，手所執其處也。止，乃匙柄之端掛于鼎唇者，為匙之趾；從止或為表音。是、氏古字通用，“是”為匙正面象形，“氏”為匙側面象形，匙為後起形聲字。（詳《金文叢考》240 頁》）劉釗謂為飾筆。他舉萬、禹、禺、禽等字演變為例，推論“是”亦屬此增飾筆劃之例，曰：“是字的結構最初可能就是從日、止聲。”（《古文字構形學》24 頁）《余贎逐兒鐘》止形訛為“正”，就成了從日正聲之字。古音“是”在禪紐支部，“正”在章紐耕部，聲韻俱近。《說文》：“，直也。從日、正。凡是之屬皆從是。籀文是從古文正。”本義正、不偏斜。●指示代詞，相當于“這”“此”。《毛公鼎》：“乃唯是喪我國。”《殳季良父壺》：“子子孫孫是永寶。”“是永寶”即永寶此器。●讀寔，實也。《中山王譽壺》：“是又（有）軘（純）悳（德）遺忈（訓），以陀（施）及子孫。”《清華九・治政 9》：“非蜀（獨）為亓（其）君，医身濿（賴）是（寔）多。”不只是為了君主，自身受益實多。●為、以為。《書也缶》：“緣（欒）書之子孫，萬世是寶。”“是寶”即以此為寶。●《蔡侯盤》：“禋亯（享）是台。”是以：即“是怡”，意即以此為禋享祭祀之樂。或用為連詞，表示因果關係，如今之言“是以”“因此”。《虢季子白盤》：“折首五百，執訊五十，是目（以）先行。”●讀鞮，地名。《王三年馬雍令戈》：“同（銅）是（鞮）右庫。”同是，讀“銅鞮”。《左傳・成公九年》：“晉人執諸銅鞮。”《括地志》：“銅鞮故城在潞州銅鞮縣東十五里，州西六十五里。”在今山西沁縣南。●讀氏。《圖典 129》“李是之州”當為李姓所據有的封地。是、氏古通。《尚書・洪範》：“五者來備，各以其敘。”《後漢書・李爽傳》引作“五是來備”，《李云傳》引作“五氏來備”。《璽彙 4075》“馬是會”，“馬是”作合文，右下為合文符號。讀“馬氏”，為複姓。

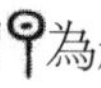

媞 楚 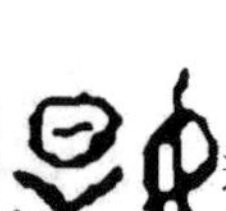 遷邟鐘  陶徵 69

【注】從女是聲。《說文》：“，諦也。一曰妍黠也。一曰江淮之閑謂母曰媞。”《爾雅・釋訓》安也，一曰美好。●形容鐘聲優美。《遷邟鐘》：“中鳴媞好，我台（以）樂我心。”《東方朔・七諫》：“西施媞媞，而不得見。”王逸注：“媞媞，好貌也。”

提 秦 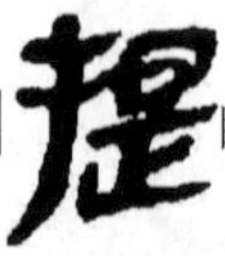 睡簡・答問 82

【注】從手是聲。●簡文中指頭髮的多少。《睡簡・答問 82》：“拔人髮，大可（何）如為‘提’？”拔落他人頭髮，拔多少稱為“提”？

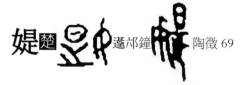

緹^楚  望山 2·49　　　　包山 58

【注】從色是聲。●讀緹。《望山 2·49》："亓（其）三（四）亡童皆緹（緹）衣。"緹,《説文》帛丹黄色。●包山簡"苛緹"人名。

堤^晉  匯考 140　^秦 睡簡·秦種 23

【注】從土是聲。●《匯考 140》"曲堤取水","曲堤"地名,為"河曲"之省稱,指黄河之曲,當位於趙國境内。"取水",官名。●讀題,題識。《睡簡·秦種 23》："令度之,度之當堤（題）,令出之。"要令加稱量,稱量結果與題識符合,即令出倉。

陽^秦  睡簡·效律 30　　　青川木牘

【注】從阝是聲。●讀堤。《青川牘》："修波（陂）陽。"《説文》："陽,唐也。"即"塘",堤壩。●讀題,題識。《睡簡·效律 30》："嗇夫免而效,效者見其封及陽（題）,以效之。"

郹^楚  包山 186

【注】當為"郹"字。舊多認為從邑是聲,誤。●地名。詳"郹"字。

椻^晉 曷木 兆域圖銅版

【注】從木是聲。《説文》無。《集韻》音匙。●讀題。《兆域圖銅版》："丌（其）椻（題）跿（湊）長三毛（尺）,兩堂間百毛（尺）。"椻跿:讀作題湊,槨室用大木累積而成,木頭皆内向為槨蓋,上尖下方,猶如屋檐四垂,謂之"題湊"。椻、題均由是得聲,同聲源字通假;跿,從足走聲,走、湊音近字通。《經典釋文》："題,頭也;湊,聚也。"韋昭曰:"題,頭也。頭湊,以頭内向,所以為固。"

臰^楚 臼是 清華十·司歲 2

【注】從臼是聲。●讀提。《清華十·司歲 2》："焸（攝）臰（提）之哉（歲）,亥受舒（序）。"整理者注:"焸臰,即'攝提'。臰,從臼從是,'提'字異體。攝提,古代歲星紀年法中的十二歲之一,相當於干支紀年法中的寅年,古書又作'攝提格'。《爾雅·釋天》:'太歲在寅曰攝提格,在卯曰單閼,在辰曰執徐,在巳曰大荒落,在午曰敦牂,在未曰協洽,在申曰涒灘,在酉曰作噩,在戌曰閹茂,在亥曰大淵獻,在子曰困敦,在丑曰赤奮若。'《史記·天官書》:'攝提者,直斗杓所指,以建時節,故曰攝提格。'"

莛 [楚]  郭店・語叢四 26

【注】從艸是聲。●讀堤。《郭店・語叢四 26》："故謀為可貴。罷（一）豪（家）事乃又（有）賢，三駇（雄）一駛（雌），三魟一莛，一王母保三殹兒。"《淮南子・泰族》："蓼菜成行，甌甌有莛，稱薪而爨，數米而炊，可以治小而未可以治大也。"此相近的另一段話見於《淮南子・詮言》："蓼菜成行，瓶甌有堤，量粟而舂，數米而炊，可以治家，而不可以治國。"很明顯，簡文"三魟（瓶）一莛"與《淮南子》的"甌甌有莛""瓶甌有堤"關係非常密切。《詮言》"瓶甌有堤"下注曰："堤，瓶甌下安也。""蓼菜成行，甌甌有莛"是說小小的蓼菜都有行列，小的盆盆罐罐都在底座上排列整齊。這和"稱薪而爨，數米而炊"或者"量粟而舂，數米而炊"一樣，都是專在小事上下功夫。

篗 [楚] 安大一 100

【注】從竹是聲。●讀揥。《安大一 100》："備（服）亓（其）象篗（揥）。"《毛詩》作"佩其象揥"。上古音"備"屬並紐職部，"佩"屬並紐之部，音近可通（參白於藍《戰國秦漢簡帛古書通假字彙纂》第三八三頁）。《說文・竹部》："篗，簧屬。從竹，是聲。"上古音"揥"屬定紐錫部，"篗"屬禪紐支部，音近可通（參白於藍《戰國秦漢簡帛古書通假字彙纂》第二八三頁）。毛傳："揥，所以為飾。"

騠 [秦] 睡簡・雜抄 27

【注】從馬是聲。●《睡簡・雜抄 27》："課駃騠，卒歲六匹以下到一匹，貲一盾。"駃騠，北翟之良馬。考核駃騠，滿一年所馴教數在六匹以下以至一匹，罰一盾。

瑅 [楚] 曾侯 138

【注】從玉是聲。●玉名。《曾侯 138》："輈（乘）馬黃金之貴，騂（翠）瑅。"

鍉 [楚] 望山 2・6

【注】從金是聲。●讀提。《望山 2・6》："又（有）鍉鐶。"

鞮 [秦]  秦印 52 秦風 123 里耶 8・458 里耶 8・1577

【注】從革是聲。●頭盔。《里耶 8・458》："鞮瞀卅九。""鞮瞀"亦見於《墨子・備水篇》，或

作"鞮鍪"(《戰國策·韓策》《漢書·揚雄傳》)、"鞮鞪"(《漢書·韓延壽傳》),即兜鍪,就是古代兵士所用之"冑"。簡文中記錄了"甲冑""箭弩""戟"的種類和數量,其中包含鎧甲兩種即"甲""甲胸",頭盔兩種,依照材質可以分為"鞮瞀"和"冑"。李均明指出:"頭盔有兩種稱謂,或因為質地而區別,鞮瞀或如漢簡所見為鐵製頭盔。"(《里耶秦簡"真見兵"解》)●秦印人名。

【注】從衣是聲。●人名。

【注】從糸是聲。《說文》:"緹,帛丹黃色。從糸是聲。祇,緹或從氏。"●用為本義,帛丹黃色。《睡簡·封診21》:"緹覆(複)衣。"●讀鞮,《說文》革履也。《信陽2·2》:"一兩刢(漆)緹(鞮)縷(屨)。""緹屨"似乎可以讀作鞮屨。古代的鞮屨可能是"絲麻韋草"皆可為之的,簡文緹也許就是鞮的異體。

定紐氏聲

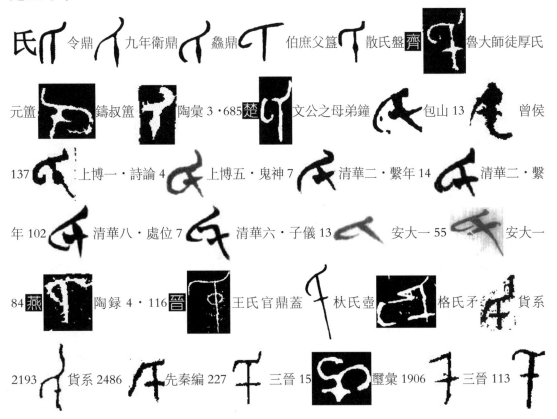

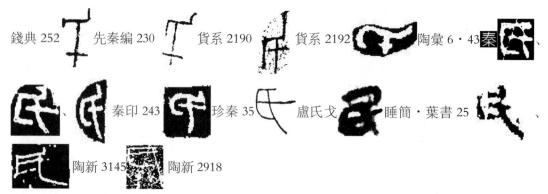

錢典 252　　先秦編 230　　貨系 2190　　貨系 2192　　陶彙 6・43秦　、

秦印 243　　珍秦 35　　盧氏戈　　睡簡・葉書 25　、

陶新 3145　　陶新 2918

【注】甲骨文作𠂤，金文小篆略同。字形所象之形，諸家説解分歧，迄今無定論。《説文》："氏，巴蜀山名岸脅之旁箸欲落墮者曰氏，氏崩，聞數百里。象形，乁聲。凡氏之屬皆從氏。楊雄賦：響若氏隤。"林義光謂："（氏）不象山岸脅之形，本義當為根柢。氏（蟹韻）、柢（致韻）雙聲旁轉，𠂤象根，●其種也。姓氏之氏亦由根柢之義引申……氏古作𠂤，當與氏同字，氏、氏音稍變，故加一以別之。一實非地。氏象根。根在地下，非根之下復有地也。"（《文源》卷一）氏、氏古音相近，後世從氏的字，西周金文或從氏，可證。戰國文字承襲兩周金文，飾點或變虛框作𠂤，飾筆或下移作𠂤，豎筆或穿透作𠂤，弧筆或收縮作千、𠂤等形。楚系文字或與"乒"相混。●古代宗族系統的稱號。古人除了姓，還有氏，氏是家族的標記。如《左傳》隱公八年所説："天子建德，因生以賜姓，胙之土而命之氏。諸侯以字為氏，因以為族。官有世功，則有官族，邑亦如之。"姓因生而定，是不變的，氏則因家族而分，是可變的。《虢季氏子組簋》："虢季氏子緞（組）乍（作）毁。"●對有身份的已婚婦女的稱呼。《乎簋》："乎乍（作）姑氏寶簋。"●讀是，連詞。《中山王𰯼鼎》："氏（是）以寡人許之。"●讀是，代詞，表示確指，把賓語提在動詞之前。《中山王𰯼鼎》："隹傅（傅）母（姆）氏（是）從。"●讀祇。《長由盉》："井白（伯）氏（祇）彊（疆）不姦。"《易・繫辭下》"無祇悔"，王弼《注》："祇，大也。"●讀是，肯定語氣。《上博一・詩論 4》："有成功者何如？曰《頌》氏（是）已。"●讀兮。《上博一・詩論 22》："丌（其）義（儀）一氏（兮），心女（如）結也。"今《詩・曹風・鳲鳩》："其儀一兮，心如結兮。""氏"古音為禪紐支部，"兮"為匣紐支部，音近，馬王堆帛書《五行》有"其宜（儀）一氏"，郭店楚墓竹簡《五行》作"其義（儀）龍（一）也"，"也"古音為喻紐歌部，與"兮"音亦近。●讀祇，敬業。《上博一・詩論 16》："吾以〈萬（葛）䡅（覃）〉得氏（祇）初之詩，民眚（性）古（固）肰（然）。"祇初，敬始、敬本。《荀子・禮論》："故君子敬始而慎終，終始如一，是君子之道，禮義之文也。"《莊子・繕性》"無以反其性情而復其初"，注："初，謂性命之本。"●讀只。《安大一 84》："母可（兮）天氏（只），不京（諒）人氏（只）！"

眠　員鼎　　兆域圖銅版　　璽彙 0350　　璽彙 2946　　卅五年虒令周共

盉　　卅年虒令鼎　　信安君鼎　　十七年平陰鼎蓋　　璽彙 3323　　璽彙 3524

【注】從目氏聲，與《説文》"視"古文同。《璽彙 3323》從氏，氏下從土訛為立。《説文》："視，瞻也。從見、示。𥄞古文視。眂亦古文視。"古文眂，當從氏作，氏則形義不得相通。本義為看。

●讀視，參看、比照。《兆域圖銅版》："丌（其）革（椑）椙（棺）中椙（棺）眡（視）悉（哀）后。"銘意為，内棺和中棺的格局效灋哀后。●《璽彙 0350》"右庫眡（視）事"。右庫，府庫名，古多指武庫。視事，職官名，主持器物製造的官吏，僅見于韓、衛兩國。吴良寶認為："戰國中期魏惠王、襄王時期的銅器主造者為'視事'（或為地方縣令屬官，或為封君屬官），自魏昭王時開始即已為'工師'所取代。因此，可以有無'視事'作為魏國銅器斷代的一個標準，有'視事'的銅器時代不晚於魏襄王時期，反之則不得早於魏昭王時期。'視事'的存在時間為戰國中期（魏襄王去位的前 296 年為其時間下限）。以此類推，魏官印'右庫視事'的時代也不得晚於戰國中期。"（《古璽札記五則》）《信安君鼎》："眡（視）事司馬欹，冶瘖。"●眡斆：地名，地望不詳。《員鼎》："王獸（狩）于眡（視）斆（廩）。"●晉璽多為人名。

䚦  何尊 晉  侯馬  溫縣

【注】從見氏聲。●讀視，看。《何尊》："䚦（視）于公氏，有爵于天，徹令苟（敬）亯（享）戋（哉）。"意為要看到昔日你父公氏有寵榮于天，完成使命。●盟書讀氏。"麻夷非䚦"，就是滅彼氏族的意思。盟書或作"是"。

羝  九年衛鼎 晉  璽彙 0394  璽彙 1325

【注】從羊氏聲，疑"羝"之異文。●金文詳"羝"字。●晉璽人名，或釋為"羝"。

聳 晉  璽彙 1042  璽彙 1624  璽補 181

【注】從耳夆聲。●晉璽人名。

軝  叔趱父卣

【注】從車氏聲，與小篆同。《説文》："軝，長轂之軝也，以朱約之。從車氏聲。《詩》曰：'約軝錯衡。'軝軝或從革。"本義車轂兩端有紅色皮革裝飾的部分。●國名，典籍未見。《叔趱父卣》："女（汝）期（其）用鄉（饗）乃辟軝侯。"

蟁 燕  郾侯載作戎戈

【注】從蚰氏聲，"蚳"之繁文。《説文》："蚳，畫也。"●讀蚳，姓氏。《郾侯載作戎戈》："郾侯𩠐（載）乍（作）戎戒（祴），蟁生不……。"

貨  居簋

【注】從貝氏聲。●義不詳。

 睡簡·日甲 81 背

【注】從歹氏聲。●秦簡人名。

 睡簡·日甲 61 背

【注】從糸氏聲。●讀抵，側擊也。《睡簡·日甲 61 背》："乃鬻（煮）奉屨以紙（抵），即止矣。"

 璽彙 0547

【注】從立氏聲。或釋為坻。●晉璽人名。

【注】從二氏相并，疑"氏"字繁文。●疑讀是。《曶鼎》："限誥（語）曰：𧾷則卑（俾）我賞（償）馬。"

【注】從口𧾷聲。●義不詳。

定紐豸聲

 睡簡·日甲 49 背   睡簡·日甲 62 背   秦印 190   圖典 73

【注】《說文》："豸，獸長脊，行豸豸然，欲有所司殺形。"●本指長脊獸，如貓、虎之類。引申為無腳的蟲，體多長，如蚯蚓之類。《睡簡·日甲 49 背》："鳥獸虫豸甚眾，獨入一人室。"《爾雅·釋蟲》有足謂之蟲，無足謂之豸。●秦印人名。

 里耶 9·2

【注】從犬豸聲。《玉篇》猭，俗豸字。●"不猭"，人名。

泥紐兒聲

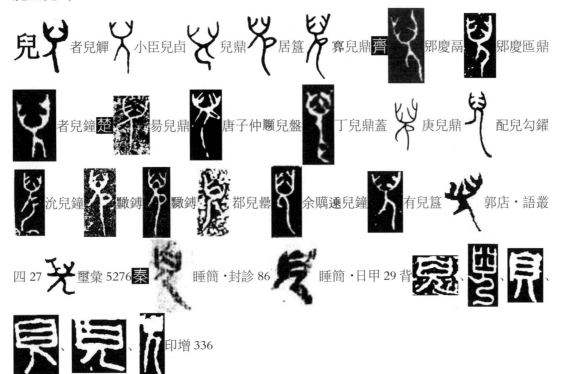

【注】甲骨文作 $\math{?}$、$\math{?}$、$\math{?}$，學者多從《説文》，認為 "象小兒頭囟未合" 之形。李孝定則認為 "契金文兒字殊不象頭囟未合之形"。（于省吾《甲骨文字詁林》）甲骨文 "兒" 字本象小兒初長一兩顆牙齒之形，到了金文寫作滿口牙齒，故金文所從的 "臼" 可視作牙齒之象形。《説文》："兒，孺子也。從兒，象小兒頭囟未合。" 本義小兒。● 詞綴。多用于人名之下，習見于徐器，如器名《余購逨兒鐘》《沇兒鎛》《庚兒鼎》均屬此例。這種兒化的名字稱叫起來簡單上口，而且多含有昵稱的意味。● 族氏名。《兒鐘》："兒。" ● 人名。《中甗》："史兒至，目（以）王令曰。" ● 幼兒。《睡簡·封診 86》："即診嬰兒男女、生髮及保之狀。" ●《郳慶匜》讀倪，姓氏。

 璽彙 4105

【注】從石兒聲，"研" 字或體。● 燕璽人名。

【注】從頁兒聲，"倪" 字異體。● 讀睨，偏斜。《清華十·四時 14》："天朵（衢）乃頢（睨）。" 詳 "朵" 字。● 讀辟。《安大一 100》："好人定=，頢狀（然）左頢。"《毛詩》作 "宛然左辟"。毛傳："宛，辟貌。婦至門，夫揖而入，不敢當尊，宛然而左辟。"《説文·人部》："倪，俾也。從人，兒聲。" 上古音 "頢" 屬明紐元部，"宛" 屬影紐元部；"頢" 屬疑紐支部，"辟" 屬並紐錫部。簡文言新婦之貌，與《毛詩》似有不同。● 秦印人名。

院 齊 郳公克敦 郳公戈 晉 陶彙 6 · 60 璽彙 5622 訓義 1 · 28

【注】從阝兒聲，土為贅符。●金文姓氏，讀倪。●三晉文字姓氏，疑讀倪。

郳 齊 郳姁鬲 璽彙 3233 晉 璽彙 2127 類編 356 璽彙

2234 秦 印增 252

【注】從邑兒聲。古文字往往下加土為飾，《郳姁鬲》聲符兒之下筆與土共用筆劃作。●國族名，又稱小邾。郳國本為魯之附庸國，介於魯、滕之間。郳之舊地在今山東滕縣東，戰國時其地當屬齊。《郳姁鬲》：“郳姁邁母鑄其羞鬲。”小邾國是商代著名的東夷古國郳國故地發展起來的具有較大影響的方國，是郳、顏、朱姓的發源地。《璽彙 3233》“郳送（遂）鉨”。●晉璽、秦印均為姓氏。

牻 秦 印增 573

【注】從牛兒聲。●“牻竈”，疑為姓氏，讀倪。

鯢 齊 䣄公鯢曹戈 楚 包山 194

【注】從魚兒聲。●人名。《䣄公鯢曹戈》：“䣄公鯢曹（造）戈三百。”

戝 楚 清華六 · 太伯甲 9 清華六 · 太伯乙 8 清華九 · 廼命一

8 晉 朝歌右庫戈

【注】從戈兒聲，疑“戝”之異文。●讀鬩。《清華六 · 太伯甲 9》：“為是牢豫（鼠）不能同穴，朝夕鬥戝（鬩）。”《說文》：“鬩，恆訟也。《詩》云：‘兄弟鬩于牆。’”即長久地爭訟不合。●人名。《朝謌右庫戈》：“朝謌（歌）右庫，工帀（師）戝。”

況 楚 清華三 · 芮良夫 4

【注】從水兒聲。●讀倪。《清華三·芮良夫4》："此心目亡（無）亟（極），稟（富）而亡（無）況（倪）。"況，典籍或作"倪"。《莊子·大宗師》"不知端倪"，陸德明《釋文》："倪，本或作況。"《集韻·佳韻》："倪，或作況。"《莊子·齊物論》"何謂和之以天倪"，《釋文》引崔譔云："倪，際也。"

倪 齊 陶録 4·136 楚 上博五·競建 9

【注】從人兒聲。●讀郳。《上博五·競建9》："雍（擁）芋（華）明（孟）子以馳於倪（郳）廷。"郳廷，從整理者説為齊附庸之小邾國。

觬 楚 上博五·三德 18

【注】從鼠兒聲。●讀猊。《上博五·三德18》："𪓐觬（食）虎。"簡文"𪓐觬"，讀為"狻猊"，獅子。《爾雅·釋獸》："狻麑如虦貓，食虎豹。"郭璞注："即師子也，出西域。"《穆天子傳》卷一："狻猊口野馬走五百里。"郭璞注："狻猊，師子，亦食虎豹。"簡文"枸株覆車，善游者死於枊（梁）下，𪓐觬食虎"三句，意在説明禍敗常出於細小之事物、易被輕忽之事物。

梘 楚 郭店·語叢一 93 秦 、 印增 583

【注】從木兒聲。聲符在"兒"字人形下邊累加"土"形而成。《説文》："輗，大車轅耑持衡者。從車兒聲。輨，輗或從氐。梘，輗或從木。"●讀臬。《郭店·語叢一93》："惥（仁）慹（義）為之梘（臬）。""臬"本義為箭靶，引申為法度。●秦印"王屋梘""梘樰"，人名或姓氏。

掜 秦 、 印增 605

【注】從手兒聲。●秦印"掜母人""掜敝"，疑為姓氏。

醢 楚 新蔡甲三 320 新蔡甲三 345

【注】從皿從酉兒聲。●簡文中用作神祇的名稱，乃古楚地人所祭禱的對象。

冕 楚 清華十一·五紀 100

【注】從午兒聲。●讀霓，雲霓。《清華十一·五紀100》："逆燹（氣）乃章（彰），雲（雲）冕（霓）亘（從）牂（將）。"

郙公敊父鎛　　　郙左庍戈 楚　　　圖典 2804

【注】從邑莧聲。●讀郙，地名。《郙左庍戈》："郙右庍。"●《圖典 139》"鄌虍"，姓氏。

清紐此聲

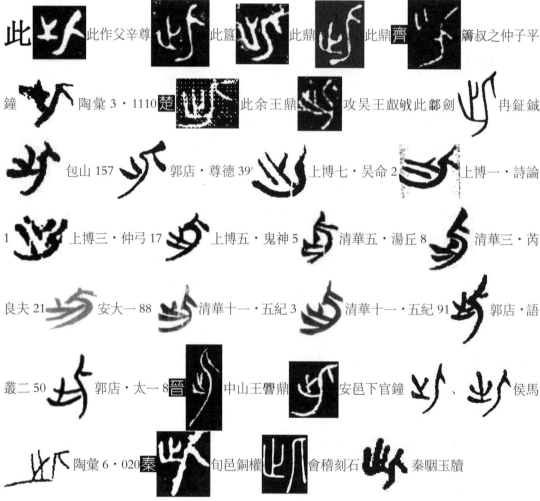

此作父辛尊　　此簋　　此鼎　　此鼎 齊　　簷叔之仲子平

鐘　　陶彙 3 · 1110 楚　　此余王鼎　　攻吳王戲欨此鄌劍　　冉鉦鋮

包山 157　　郭店 · 尊德 39　　上博七 · 吳命 2　　上博一 · 詩論

1　　上博三 · 仲弓 17　　上博五 · 鬼神 5　　清華五 · 湯丘 8　　清華三 · 芮

良夫 21　　安大一 88　　清華十一 · 五紀 3　　清華十一 · 五紀 91　　郭店 · 語

叢二 50　　郭店 · 太一 8 晉　　中山王響鼎　　安邑下官鐘　　侯馬

陶彙 6 · 020 秦　　旬邑銅權　　會稽刻石　　秦駰玉牘

【注】甲骨文作 屮、屮、屮、屮、屮、屮、屮，從人從止，會人站立之處；止兼聲。金文承之。
●古文字多用為近指代詞。《中山王響鼎》："此易言而難行施（也）。"●《此余王鼎》："此余王
□□乍（作）鑄其小鼎。""此余"很可能就是"徐"的緩讀（説詳暮四郎《棗莊徐樓東周墓所
出"此余王□君"鼎銘文小識》跟帖。武大簡帛論壇 · 簡帛研讀）。從讀音上看，"此"是清紐，
"余"是魚部，"徐"是邪紐魚部，清、邪二紐同是齒頭音為旁紐雙聲，則"此余"之促音正可
讀如"徐"，"徐"在金文裏常見的是寫作"郘"。"郘（徐）王"之名金文習見。●人名。見于
《此簋》。●讀晳。《安大一 88》："玉僑（瑱）象畜（搯）也，易（易）戲（且）此（晳）也。"
上古音"此"屬清紐支部，"晳"屬心紐錫部，音近可通。

庇^秦  里耶 8・1177

【注】從广此聲。●人名。

娍^齊 、 陶録 3・481

【注】從女此聲。●單字，應為人名。

訾^齊 陶彙 3・1033 陶彙 3・1180 陶彙 3・1181 ^楚 上博五・季

庚 20 清華五・三壽 20  清華八・處位 4 安大一 101 ^秦 睡

簡・秦種 126 秦印 46

【注】從言此聲。●讀觜，病也、瘦也。《睡簡・秦種 126》：“或私用公車牛，及叚（假）人食
牛不善，牛訾（觜）。”有私用官車的，以及借用者不好好喂牛，使牛瘦瘠了。●《清華八・處
位 4》：“夫不啟（度）政者，印（抑）歷（歷）無訿（訾）。”訾，《管子・君臣》“吏嗇夫盡有訾
程事律”，注：“訾，限。程，準也。事律，謂每事據律而行也。”歷（歷）無訿（訾）者，稅賦
無度也。●指責。《清華三・芮良夫 2》：“閒（間）隔若（若）否，以自訿（訾）讀（嘖）。”●
讀刺。《安大一 101》：“隹此衮（褊）心，是目（以）為訿（刺）。”《毛詩》作“是以為刺”。《説
文・言部》：“訾（訿），不思稱意也。”上古音“訿”屬精紐支部，“刺”屬清紐錫部，音近可通
（參白於藍《戰國秦漢簡帛古書通假字彙纂》第四八四頁）。●秦印、齊陶人名。

恗^齊  陶録 3・639

【注】從心此聲。●單字，應為人名。

秕^楚  上博二・容成 39

【注】從矛此聲。●疑讀訾。《上博二・容成 39》：“湯聞之，於是乎慎戒登賢，德惠而不貲，秕
三十扈而能之，如是而不可，然後從而攻之。”《國語・齊語六》：“桓公召而與之語，訾相其質，
足以比成事，誠可立而授之。”韋昭《注》：“訾，量也。相，視也。”《廣雅・釋詁一》：“量、泚，

1439

度也。"王念孫《疏證》:"泚之言訾也。"《列子·説符》:"錢帛無量,財貨無訾。"殷敬順《釋文》:"訾,音髭,言不可度量也。賈逵注《國語》云:'訾,量也。'"故"祉三十仁而能之"蓋謂考度三十位仁者而任用之。

工尹坡盞

【注】從金此聲。●讀盞。《工尹坡盞》:"攻(工)尹坡之羣鋚(盞)。"

耶髭婦媒鼎　大盂鼎

【注】甲骨文作 、,象人有髭須之形,為"髭"之初文。早期金文同甲骨文,晚期金文加"此"為聲符,裘錫圭釋為"髭"。(《讀安陽新出土的牛胛骨及其刻辭》)●讀祡,祭名。祡,《説文》"燒祡焚燎以祭天神"。《大盂鼎》:"有髭(祡)䕫(蒸)祀,無敢醻。"甲骨文"祡"同"柴",作 熱、焳、靯、靯、苯、灗、䒑、廾、廾、 等形。從又(手)、從木、從示(祭台),會手持燎柴于示前焚燒祭天之意。金文則以"髭"為"祡"。

、　、　、　、　印增348　　類編55

【注】從須此聲。●秦印人名。

璽彙4013　　陶彙3·1113　　陶録3·216　　陶録3·216

【注】從肉此聲。●齊文字人名。

璽彙3923

【注】從土此聲。●齊璽人名。

柴内右戈

【注】從木此聲,與小篆同。《説文》:"柴,小木散材。"本義捆束的細木小柴。●地名。《柴内右戈》:"柴内右。"柴,當與柴縣有關。柴縣,漢置,為侯國。《漢書·地理志》"泰山郡"轄縣中有"柴"。《泰安縣誌》載:"柴縣故城,縣東南一百里,漢置屬泰山郡。"先秦或有柴地。"内右"二字可能和軍隊編制有關,應是軍隊編制的名稱。出土的漢簡記載,漢代軍隊編制單位名稱中有"左部""右部""左官""右官"。因此,"内右"可能為右部或右官之屬。

瘶 ^秦  印封 671

【注】從广柴聲。●"薛瘶",人名。

泚 ^齊  璽彙 3142 ^楚 包山 258 包山牘 1

【注】從屮此聲。●讀薺。《包山 258》："蒐(荸)泚(薺)二筥。"●齊璽人名。

𦍋 ^秦  戰編 238 睡簡・為吏 35 睡簡・雜抄 29

【注】從羊此聲。●讀㱴。《睡簡・為吏 35》："畜產肥𦍋(㱴)。"《説文》："㱴,鳥獸殘骨曰𣦵,可惡也。"《禮・月令》掩骼埋㱴。《注》肉腐曰㱴。●秦印"路𦍋",人名。

鴜(雌) ^楚  郭店・語叢四 26 清華九・成人 7 ^秦 里耶 8・1562

【注】從鳥此聲。秦文字均從隹此聲,作 （帛編 142）、 、 （漢印 345）●雌性的。《里耶 8・1562》："令令啓陵捕獻鳥,得明渠雌一。"明渠,鳥名。●楚簡讀雌。《郭店・語叢四 26》："三魷(雄)一鴜(雌)。"《清華九・成人 7》："鴜(牝)牭(牡)鴜(雌)魷(雄),各又(有)聖(聲)㣿(容)。"詳"雄"字。

貲 ^齊  陶彙 3・190 陶彙 3・318 陶彙・1131 ^燕 不降矛 ^秦 貲

睡簡・效律 43 睡簡・效律 178 秦陶 486 秦陶 485 圖典 412

【注】從貝此聲。《説文》："貲,小罰以財自贖也。"●罰繳財物。《睡簡・效律 178》："公器不久刻者,官嗇夫貲一盾。"官有器物未加標記,該官府嗇夫應罰一盾。●齊陶人名。●《不降矛》："不降捒余子之貲金。"義不詳。

紫 ^楚  包山 276 曾侯 62 曾侯 121 信陽 2・15 蔡侯殘鐘

【注】從糸此聲，與小篆同。《説文》："紊，帛青赤色。"本義紫色。●楚文字習見，多用為本義，青赤色。《信陽2·15》："紫裏。"●讀此。《曾侯121》："至紫（此）。"●《蔡侯殘鐘》："……紫維……。"辭殘意不詳。●秦印"紫期"，疑為姓氏。

曾侯124

【注】從市此聲，"紫"之異文，猶"純"或從市作。●讀紫。《曾侯124》："枻攸之縢（縢）。"

秦印39

【注】從齒此聲。●人名。

印增294

【注】從疒此聲。●戰國文字多為人名。《元年相邦疾戈》："元年相邦疾之造，西工師誠，工戌疕。"●病。《睡簡·日乙246》："丙辰生，必有疕於臄（體）。""疕"多指斑點、黑斑。《晉書·后妃傳》："見一婦人，年可三十五、六、短形青黑色，眉後有疕。"

新蔡乙一32

【注】從邑此聲。●讀訾，地名。《清華六·太伯甲6》："吾［乃］膡（獲）鄆、邨（訾）輨車。"即《左傳·文公元年》"（衛成公）使孔達侵鄭，伐緜、訾及匡"的"訾"。●讀茲。《新蔡乙一14》："句邦公奠（鄭）余殼大城邨（茲）立（方）之散（歲）。"邨立，或作"泚立"，讀茲方。

陶新1448

【注】從角此聲。●秦陶人名。

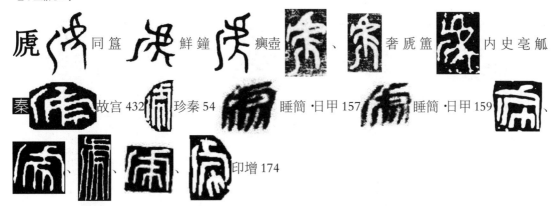

潾 秦 龍崗 224

【注】從水兾聲。●《龍崗 224》："魚潾直☒。"義不詳。

心紐虍聲

虒 同簋 決 鮮鐘 虍 瘋壺 、 奢 虒簋 故 内史亳觚

秦 故宮 432 珍秦 54 睡簡·日甲 157 睡簡·日甲 159 、

、 、 、 印增 174

【注】《説文》："虒，委虒，虎之有角者也。從虎厂聲。息移切。"●金文地名或人名。●斜。《睡簡·日甲 159》："日虒見，不言，得。"●秦印人名。

蹏 秦 秦印 40 印增 78

【注】從足虒聲（省為虎）。俗作"蹄"。●秦印"蹏冒""蹏閒"，讀蹄，姓氏。春秋時晉大夫羊舌赤食采於銅鞮（故城在今山西沁縣西南），謂之銅鞮伯華，其後有蹏氏。

遞 楚 清華八·攝命 5

【注】從辵虒聲（省為虎）。●讀遞。《清華八·攝命 5》："母（毋）遞才（在）服。"遞，整理者引《説文》"更易也"，謂"'毋遞'略同於詩書之'勿替'"。《爾雅·釋言》"遞，迭也"，注："更迭。"《周禮·夏官·掌固》"庶民之守"，注："庶民遞守。"遞守有如換防。

諕 秦 睡簡·封診 62

【注】當從言虒聲。俗作唬、啼。●啼號。《睡簡·封診 62》："聞諕寇者不殹（也）？"有沒有聽到呼喊有賊的聲音？

觚 秦 秦印 78

【注】從角虒聲。●秦印"姚觬"，人名。

帮紐卑聲

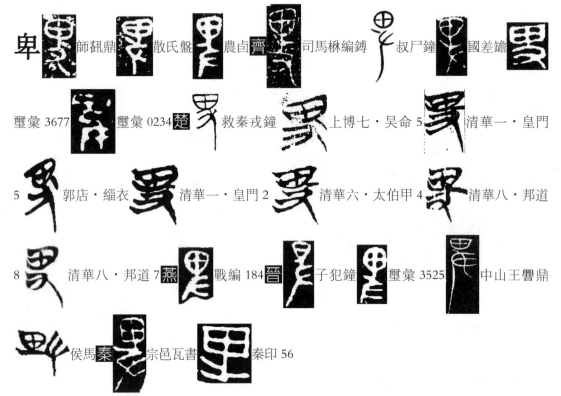

卑　師朢鼎　散氏盤　農卣 齊　司馬棥編鎛　叔尸鐘　國差蟾

璽彙 3677　璽彙 0234 楚　救秦戎鐘　上博七·吳命 5　清華一·皇門

5　郭店·緇衣　清華一·皇門 2　清華六·太伯甲 4　清華八·邦道

8　清華八·邦道 7 燕　戰編 184 晉　子犯鐘　璽彙 3525　中山王嚳鼎

侯馬 秦　宗邑瓦書　秦印 56

【注】甲骨文作 、 ，從甲從又，字會意不明。高鴻縉謂字從田，猶"尊"從阝作 ，酋高而田低，故以取義。（《散氏盤集釋》）唐貴馨謂甲非甲，亦非田，乃"鞞"之偏旁，金文作 ；鞞，刀室也，俗稱刀鞘。字象以手扶刀室，拔刀出鞘，或插刀入鞘，皆卑者給事于人之義。（《説文識小録》）金文多從攴（又、攴實同，攴或反書作 ），小篆訛為從甲從十。《説文》："卑，賤也。執事也。從十、甲。"本義卑下。●讀俾，使也。《國差蟾》："侯氏受福釁（眉）壽，卑（俾）旨卑（俾）瀞。"卑旨卑瀞，使生活美滿、恬靜。《詩·小雅·天保》："俾爾多益。"俾，金文均以卑為之，戰國時作 （詛楚文）、 （包山楚簡），增從人分化。●《璽彙 0234》"卑醫匠釿氒（信）鈢"，讀俾，即任事、供職的意思。或以為前兩字讀"裨將"，即軍中副將。●讀譬。《清華一·皇門 2》："今我卑（譬）少（小）于大。"

宩 楚　清華二·繫年 15　清華八·攝命 18　清華六·子產 9

【注】從宀卑聲。●讀卑。《清華二·繫年 15》："周室即（既）宩（卑），坪（平）王東遷，止于成周。"●讀俾。俾，《説文》"一曰俾，門侍人"，段注："或曰：如寢門之内豎，是閽寺之屬。"《清華八·攝命 18》："余厭既異乎（厥）心乎（厥）德，不徏（止）則宩（俾）于余。"句謂：余厭棄既已異厥心厥德輔相之臣，若不懸崖勒馬，則離心離德者之於我，乃奴婢耳。

1444

庳 楚 曾侯與編鐘 秦 印增 372

【注】從广卑聲。●讀卑，衰微。《曾侯與編鐘》："周室之既庳（卑）。"《左傳·昭公三年》："公室將卑，其宗族枝葉先落。"《國語·周語上》："王室其將卑乎！"韋昭注："卑，微也。""周室之既卑"，此類說灋庳見于春秋人語。●秦印"庳周"，姓氏。

厎 楚 清華七·晉文公 8

【注】從厂卑聲。●讀陴。《清華七·晉文公 8》："反奠（鄭）之厎（陴）。"

踔 楚 清華十一·五紀 82　清華十一·五紀 82

【注】從足卑聲。●讀髀，大腿，亦指大腿骨。《清華十一·五紀 82》："北尤左踔（髀），西尤右踔（髀）。"

俾 楚 包山 263　上博八·顏淵 10　上博四·曹沫 25　上博四·曹沫 35　上博二·容成 3　清華六·管仲 9 晉 陶彙 6·152 秦 秦印 157

【注】從人卑聲。●整理者讀筬。《包山 263》："二俾（筬）筶（席）。"李家浩讀蘿。《爾雅·釋草》蘿，鼠莞。《疏》："蘿，莞草，可以為蓆。一名鼠莞，纖細似龍鬚。或作華。"●讀嬖。《清華六·管仲 9》："夫=（大夫）暇（假）事（使）便俾（嬖）智（知）。"便嬖：君主左右受寵幸的小臣。知，《呂氏春秋·長見》"三年而知鄭國之政也"，高誘註："猶為也。"句意云都邑事務大夫只使便嬖之人去做。●讀嬖，寵幸、寵愛。《上博四·曹沫 25》："毋（無）將軍必有數御大夫，毋俾（嬖）大夫，必有數大官之師、公孫公子。"●讀卑。《上博八·顏淵 10》："惪（德）城（成）則名至矣，名至必俾（卑）身=（身，身）緰（治）大則〈則大〉录（祿）。"●讀匍。《上博二·容成 3》："凡民俾（匍）匐者，教而誨之，飲而食之，使役百官而月請之。"匍匐：竭力。

猈 秦 印增 392

【注】從犬卑聲。●"猈玃"，人名。

諀 楚  上博一・詩論 8

【注】從言卑聲。●讀譬，譬喻。《上博一・詩論8》：“《十月》善諀（譬）言。”此蓋指《十月之交》首二章巧妙地以天象失常譬喻時政失序，以日月之食譬喻主上昏暗不明。

頯 晉  晉公盆

【注】從頁卑聲。●疑讀卑。《晉公盆》：“莫不曰頯（卑） 。”

捭 楚  包山 96　 包山 97

【注】從手卑聲。●簡文“正疋期哉（識）之，但捭為李”，“但捭”人名。

脾 秦  陶彙 5・471

【注】從肉卑聲。●秦陶單字，當為人名。

萆 晉  兆域圖銅版

【注】從艸卑聲。《説文》：“萆，雨衣。一曰衰衣。從艸卑聲。一曰萆薢，似烏韭。”本義蓑衣，用草製成的防雨用具。●讀椑。《兆域圖銅版》：“丌（其）萆（椑）相（棺）中相（棺）眂（視）㤼后。”“椑棺”即内棺，直接放置尸體之棺。《禮記・檀弓上》：“君即位而為椑，歲一漆之，藏焉。”鄭玄注：“椑，謂杝棺親尸者。椑，堅着之言也。”《曾子問》：“三年之戒，以椑從。”鄭玄注：“親身棺曰椑。”

粺 秦  睡簡・秦種 43　 睡簡・秦種 179　 睡簡・秦種 83

【注】從米卑聲。●细舂的精米、白米。《睡簡・秦種179》：“御史卒人使者，食粺米半斗，醬駟（四）分升一，采（菜）羹，給之韭蔥。”《诗经・大雅・召旻》：“彼疏斯粺，胡不自替，職兄斯引。”●讀稗。《睡簡・秦種83》：“令與其粺（稗）官分。”稗官，小官也。

髀 楚  新蔡零 584　 新蔡零 311　 新蔡甲三 54

【注】從骨卑聲。●新蔡簡為人名。

箄 楚 望山 1 · 146

【注】從竹卑聲。●器名。《望山 1·146》："☐二箄。"《揚子·方言》籠小者，南楚謂之簍，自關而西，秦、晉之間謂之箄。《注》今江東呼籠為箄。

椑 秦 睡簡·為吏 22

【注】從木卑聲。●讀陴，城上的女牆。《睡簡·為吏 22》："兵甲工用，樓椑矢閱。"

淠 克鼎 楚 包山 85

【注】從水卑聲。《說文》無。桂馥義證："漳，或省作淠。"●金文地名。《克鼎》："易（賜）女（汝）田于淠。"●包山簡人名。

崥 秦 圖典 80

【注】從山卑聲。●"崥枯"，應為姓氏。

埤 楚 上博七·凡乙 7 清華三·赤鳩 15 秦 睡簡·雜抄 41

【注】從土卑聲。●厚也。《睡簡·雜抄 41》："乃令增塞埤塞。"城已修好，就命他們把要害處加高加厚。●讀陴，《說文》："城上女牆。"《清華三·赤鳩 15》："是旨（始）為埤（陴），卬者（諸）屋，以戠（御）白兔。"或謂讀韋，甲衣。簡文意思似為：方始做了甲衣之類遮蔽物覆蓋在屋上，以抵禦白兔。●讀卑，低。《上博七·凡乙 7》："逐高從埤（卑）。"

錍 晉 土匀錍

【注】從金卑聲，與"鈚"同為器名，卑、比聲近相通。《說文》："錍，鏨錍也。從金卑聲。"金文與《說文》"錍"殆非一字。●晉器讀瓶。器名，形似壺，收口、短頸、鼓腹。《土匀錍》："土匀冏，四斗錍。"

綼 楚 包山牘 1

【注】從糸卑聲。●讀紕。簡文"楚綼"讀胥紕。《史記》："黃金飾具帶一，黃金胥紕一。"《漢書》作"犀毗"。《漢書·匈奴傳》有"黃金犀毗"一語，顏師古注"犀毗"為"胡帶之鉤也，

亦曰鮮卑，亦謂師比，總一物也，語有輕重耳”。

 包山 276 嶽麓三 157

【注】從韋卑聲。●讀紕。簡文“韍韠”當讀胥紕。詳“綼”字。

 番生簋 靜簋楚 曾侯 73 天星秦 睡簡・日甲 77 背

【注】從革卑聲。《靜簋》革作畫，當為異構，與《班簋》“勒”作韠所從同。《説文》：“鞞，刀室也。從革卑聲。”本義為刀鞘。●刀鞘。《番生簋》：“易（賜）朱市、恩黄（衡）、鞞鞍、玉㻪（環）。”“鞍”當繇。《爾雅・釋器》：“繇，綬也。”邢昺疏：“繇，綬也。釋曰：所佩之玉名璲，系玉之組名綬，以其連系璲玉，因名其綬曰繇。”鞞鞍，是連鞘帶繇的刀。●讀矬。《睡簡・日甲 77 背》：“盜者園（圓）面，其為人也鞞鞞然。”“鞞鞞”讀“矬矬”，矮小的樣子。

 曾侯 206

【注】從車卑聲。為“鞞車”二字合文。●《曾侯 206》：“輮（乘）肇人兩雖（雌），鞞車。”讀庳。《史記・循吏傳》：“楚民俗好庳車，王以為庳車不便馬，欲下令使高之。”“庳車”，當即“卑車”，卑輪之車。

袉 𢼸簋

【注】從衣卑聲。《説文》：“袉，接益也。”段玉裁注：“按本謂衣也。引伸為凡埤益之偁。”本義當為古人所穿的一種次等禮服。《儀禮・覲禮》：“侯氏袉冕。”注：“天子六服，大裘為上，其余為袉，以事尊卑服之，而諸侯亦服焉。”引申為彌補、補助。●讀革，甲衣。《𢼸簋》：“孚（俘）戎兵：（盾）、矛、戈、弓、備（箙）、矢、袉、胄，凡百又卅又五叔（款）。”革，《玉篇》雨衣也；《類篇》一曰蓑衣。銘文中與“矢”“胄”同賜，特指甲衣，因其與蓑衣形似，故名。

 包山 145 清華六・太伯甲 5 上博九・陳公 13

【注】從喜卑聲。韡，應即“鼙”字，字見於《説文》。●包山簡文中用作姓氏字，疑當讀卑，古有卑姓，見於《通志・氏族略》。亦作袉。●讀革，蓑衣、雨衣。《清華六・太伯甲 5》：“籔（笠）韏（胄）鼙（革）甲。”可解釋為“以笠為胄”“以革為甲”，比喻條件艱苦。●讀鼙。《上博九・陳公 13》：“鼓目（以）進之，韡（鼙）目（以）㞢=（止之）。”《説文》：“鼙，騎鼓也，從鼓卑聲。”擊鼓是使軍隊前進，擊鼙是使軍隊停止前進。

1448

郫 ^楚 包山 121　新蔡乙 4 · 27 ^秦 里耶 8 · 1309

【注】從邑卑聲。●均為地名。《包山 121》"郫昜"何琳儀讀"比陽"，地在今河南泌陽。

痺 ^楚 包山 125

【注】從疒卑聲。《爾雅·釋鳥》鷦鶉，其雄鶛，牝痺。●包山簡人名。

婢 ^楚 清華二 · 繫年 31　清華九 · 禱辭 14 ^秦 嶽麓一 · 為吏 12

【注】從女卑聲。●用為本義，奴婢。《嶽麓一·為吏 12》："奴婢莫之田。"是説奴婢不參加田間勞作。●讀嬖。《清華二·繫年 31》："晉獻公之婢（嬖）妾曰驪姬。"

鞞 ^秦 秦印 288

【注】從革婢聲。●秦印"鞞台"人名。或以為姓氏，讀裨。

逤 ^楚 上博四 · 曹沫 18　上博四 · 曹沫 42　上博二 · 容成 2

【注】從辵卑聲。●讀嬖。《上博四·曹沫 18》："毋愛貨資子女，以事其便逤（嬖），所以距内。""便嬖"，受寵愛者。《説文·女部》："嬖，便嬖，愛也。"●讀卑，低微、低賤。《上博四·曹沫 42》："丌逤（將）逤（卑）。"●讀躄。《上博二·容成 2》："疢（跛）乇（躄）獸（守）門。"疢乇，讀"跛躄"，瘸子。《禮記·王制》："瘖聾、跛躄、斷者、侏儒、百工，各以其器食之。"鄭玄注："兩足不能行也。"古代多以瘸子或受刖刑者守門。

明紐買聲

買 買鼎　買車觚　買車卣　買車卣　買王卣　亢鼎　買簋

買簋　吳買鼎　任鼎 ^齊 陶録 3 · 446　陶彙 3 · 1216 ^楚 許公

買簋　　璽彙 1199　　　　右買戈　　璽彙 1054　　璽彙 3987　　璽彙 1608

璽彙 1864　、　　　侯馬　　璽彙 0370　秦　　睡簡·雜抄 14　　　睡簡·答問

140　　珍秦 94　　　秦印 118

【注】甲骨文作　、　、　、　，從网從貝，會以网取貝之意。“貝”是古代的貨幣，可以用它做買賣來网取市利。《説文》：“買，市也。從网、貝。《孟子》曰：‘登壟斷而网市利。’”本義當為買賣之買。引申為求取、招惹等義。●國族名。《買王卣》：“買王罤隣彝。”●人名，西周晚期人。《買簋》：“買其子子孫孫永寶用亯（享）。”●許公買：春秋許悼公。《許公買簠》：“鼄（許）公買罤（擇）毕（厥）吉金。”●購買。《亢鼎》：“公大僗（保）買大琥于　亞，才（財）五十朋。”●秦簡多讀賣。《睡簡·答問 140》：“盜出朱（珠）玉邦關及買（賣）於客者。”將珠玉偷運出境以及賣給邦客的。

矕　秦　　里耶 8·1042

【注】從目買聲。●《里耶 8·1042》：“人病少氣者惡聞人聲，不能視而善矕，善飤（食）不能飤（食）囗。”“矕”，用作動詞。《説文》：“矕，小視也。從目，買聲。”《廣韵·佳韵》：“矕，視兒。”視、矕與用眼睛看有關，意義上有細微差別。

劕　燕　　璽彙 1666　　璽彙 3371

【注】從刀買聲。●燕璽人名。

貿　楚　　曾侯 125　　曾侯 16

【注】從爪買聲，疑“買”之繁文。●曾侯簡人名。

賣　秦　　里耶 8·1579　　里耶 8·771　　里耶 8·102

【注】從出從買，買亦聲。●用為本義。《里耶 8·102》：“賣牛及筋。”

1450

睡簡·為吏 17

【注】從牛買聲。●讀密,安寧。《睡簡·為吏 17》:"犚而牧之。"

明紐芈聲

芈^晉安邑司寇狄戈

【注】甲骨文作、,從羊,上邊的∨象羊叫時出气之形。《説文》:"芈,羊鳴也。從羊,象聲气上出。與牟同意。"本義是羊叫聲,是"咩"的本字。漢印有"芈"字,作、(漢印348),用為姓氏。●人名。《安邑司寇狄戈》:"廿一年,安邑司寇狄,冶匀薔夫虘,冶芈。"

明紐弭聲

弭弭叔盨　師求簋　師求簋　弭伯簋　師湯父鼎^楚新蔡零

599^{新蔡零 207}

【注】從弓耳聲。《説文》:",弓無緣,可以解彎紛者。從弓耳聲。弭或從兒。"本義角弓,即末端用骨做裝飾的弓。弭之語源當為耳,弓末有弭,猶人之有耳也。弭即耳之孳乳字。●人名。《弭叔鬲》:"弭弔(叔)乍(作)犀妊盨。"●弓弭,即弓末之彎曲處也。《師湯父鼎》:"王乎(呼)宰雁(應)易(錫)盛弓、象弭。"象弭,即兩端飾以象牙的弓。《詩·小雅·采薇》:"象弭魚服。"孔穎達疏:"其弓則以象骨為之弭,其矢則以魚皮為服。"弓兩端扣弦之處易折斷,因而配置象牙。出土弓弭也有用玉雕的。●《新蔡零 207》:"弭元𪔅、筮、義(犧)牲……"義不詳。

麛^楚新蔡甲三 251^晉頓丘令麛西戟　璽彙 3373^秦

()睡簡·秦種 4

【注】從鹿弭聲。六國文字從鹿弭省聲。《説文》:"麛,鹿子也。又獸初生皆曰麛。"●《睡簡·秦種 4》:"不夏月,毋敢夜草為灰,取生荔、麛䴏(卵)鷇。""麛"指幼鹿,這裏泛指幼獸,詳"荔"字。●晉文字人名。《頓丘令麛西戟》:"廿七年,邨(頓)丘命(令)麛西,右庫工帀(師)桃縲,冶壬。"

明紐覓聲

覓 班簋　智鼎　楚 清華十·四告 10　清華十·四告 40

【注】從爪從見，會以手、眼尋找之意。《說文》無。本義尋找。●搵也、求取也。《班簋》：“班非敢覓，隹（唯）乍（作）卲考爽。”銘意為：班不敢有所企求，為昭考及妣作此簋。●《清華十·四告 10》：“箴告乳＝（孺子）甬（誦），弗敢訬覓。”誦，姬誦，周成王名。“訬”當讀為原字，訓為愚頑。子居先生認為“覓”似當讀為“僻”。《呂氏春秋·論人》：“喜之以驗其守，樂之以驗其僻。”高誘注：“僻，邪。”●讀免，免去。《智鼎》：“智覓（免）匡卅秭。”銘意為：智免去匡氏三十秭禾穀。

明紐冖聲

冖 復尊　大盂鼎　麥方尊　叔虞方鼎 晉 錢典 529

【注】甲骨文作⋂，象覆蓋之形。金文上述數形均見于西周早期器銘。《叔虞方鼎》增八為飾。《說文》：“⋂，覆也。從一下垂也。凡冖之屬皆從冖。”●頭巾。《大盂鼎》：“易（賜）女（汝）鬯一卣、冖衣、市、舄、車馬。”《麥方尊》：“已（己）夕，侯易（賜）者（赭）臣二百家，劑（齎）用王乘車馬、金勒、冖衣、市、舄。”《叔虞方鼎》“兮、衣”之“兮”字作⋔，黃盛璋曰：“古稱‘上衣下裳’，此字在衣之上，更非‘裳’字。……金文‘⋔’，此字初見。即最早‘帽’字原始象形字。從⋂加帽飾，即‘帽’字。大盂鼎、麥尊記王賜‘⋂（帽）衣、市、舄’，⋂即帽，衣為上衣，市為蔽膝，如今之為圍裙，舄就是鞋，即自頭至足一整套官服。復尊僅有‘⋂衣’，與鼎銘相同。”（《晉侯墓地 M114 與叔方鼎主人、年代和墓葬世次排列新論證》）從字形特別從辭例上看，黃盛璋說澽較為可信。●古錢單字，當為地名。

冟 泉伯簋　吳方彝　九年衛鼎　九年衛鼎　冟車父壺　聞尊

伯晨鼎　師兌簋

【注】甲骨文作𣪠、𣪠、𣪠，從皀冖聲。郭沫若曰：“由古文字形以推考其義，乃于盛食之器物上加一以覆之，實與鼎字同意。字既同意，同從冖聲，且同屬明紐，則冟與鼏古殆一字。鼏者蓋也，字通作密，又通作幎，幎亦或作帟……是故‘虎冟’當即‘虎鼏’、‘虎帟’亦即詩之‘淺幭’。”（《兩周金文辭大系考釋》273 頁）《詩經·大雅·韓奕》：“王錫韓侯，淑旂綏章……鞹鞃淺幭，鞗革金厄。”《毛傳》：“淺，虎皮淺毛也。幭，覆式也。”《說文》：“𩜱，飯剛柔不調相着。從皀冂聲。讀若適。”《玉篇》：“詩亦切，音適。飯堅柔調也。今作適。”許因釋皀為以匕扱米食之形，故于從皀之冟字說為“飯剛柔不調”，乃沿訛字以說解也。●讀幎。文獻或作“幭”“幦”，均指車軾上之覆蓋物。“幭”和“幦”同屬明母字，而明母字大多表“黑暗或有關黑暗的概念”（王力《漢語史稿》），引申出來還可以表示“模糊不清的、覆蓋住的”，所以把“幭”和“幦”

1452

解釋成 "覆蓋物"。《説文解字注·巾部》"幭之言幎也",《説文通訓定聲》"幎與幭同義"。《毛公鼎》:"虎冟(幎)熏裏。"《師兌簋》:"虎冟(幎)熏裏。"周天子或以虎幎賞賜給諸侯大臣,金文中習見。"虎冟熏裏",當指以虎皮或以虎文為飾且帶有淺紅色或朱紅色裏裏之車幭。《聞尊》:"易(錫)馬乘、盤冟(幎)二。"從銘意上看,《聞尊》所言"易(錫)馬乘、盤冟(幎)二"之"冟"似乎可以解釋為一種飾車的"覆蓋物",而非僅僅是"覆式"。

敓簋

【注】從水冟聲。●地名。《敓簋》:"内伐洷。"

曾侯45 曾侯63 曾侯85

【注】從韋冟聲。●讀禖。《周禮·巾車》有"犬禖",鄭玄注:"犬禖,以犬皮為覆笭。"簡文"豻鞄(禖)",蓋指以犴皮作的禖。

楚 文公之母弟鐘 齊 國差繪 秦 秦公簋 秦景公石磬

【注】從鼎一聲。《説文》:"鼏,以木橫貫鼎耳而舉之。從鼎冂聲。《周禮》:'廟門容大鬲七個。'即《易》'玉鉉大吉'也。"本義為鼎蓋。古讀幎,覆蓋東西的巾。《禮·禮器》犧尊疏布鼏。●讀宓、或讀密,靜也。《國差繪》:"齊邦鼏靜安蜜(寧),子子孫孫永儥(保)用之。"鼏靜:即宓靜、謐靜,銘文形容國泰民安。《儀禮·公食大夫禮》:"設扃鼏。"鄭玄注:"古文鼏為密。"《爾雅·釋詁》:"密,靜也。"《秦景公石磬》:"高陽有靈,四方以鼏平。"受高陽氏在天之靈的保祐,秦國四境内安寧和平。●讀宓。《廣雅·釋詁》:"宓,安也。"《秦公簋》:"秦公曰:不(丕)顯朕(朕)皇且(祖)受天命,鼏(宓)宅禹責(迹),十又二公。"宓宅禹迹,在禹九州之地安宅。

明紐糸聲

糸 糸父壬爵 子糸爵 子父癸鼎 燕 貨系3687

【注】甲骨文作 ，象束絲之形,上下端或作 ，象束余之緒。金文小篆同。《説文》:"糸,細絲也。象束絲之形。凡糸之屬皆從糸。讀若覛。 古文糸。"本義是束絲,引申指細小。由於"糸"作了偏旁,其義便用並二糸之"絲"來表示。如今此字不單用,多作偏旁。●人名。《子父癸鼎》:"子 刀糸。父癸。"●燕明刀"右糸",義不詳。

錫部

影紐益聲

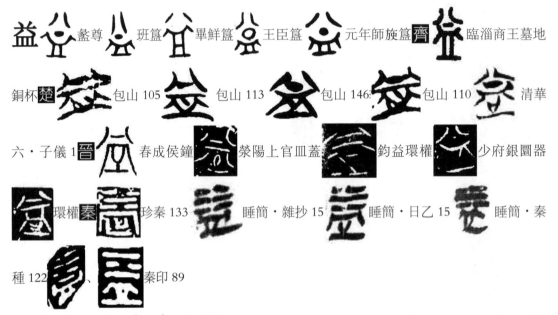

益 鬲尊　益 班簋　益 畢鮮簋　益 王臣簋　益 元年師旋簋　齊 益 臨淄商王墓地

銅杯 楚 益 包山 105　益 包山 113　益 包山 146　益 包山 110　益 清華

六・子儀 1 晉 益 春成侯鐘　益 滎陽上官皿蓋　益 鈞益環權　益 少府銀圜器

益 環權 秦 益 珍秦 133　益 睡簡・雜抄 15　益 睡簡・日乙 15　益 睡簡・秦

種 122　益 秦印 89

【注】甲骨文作益、益、益、益、益，從皿，上為水，水高出了皿，會溢出之意；當為"溢"之初字。金文作益，上從八，當為甲骨文水形之訛變。《五經文字》謂《説文》"謚"，《字林》作"謚"，方浚益據此釋金文益為益。(《綴遺齋彝器款識考釋》第一卷 2 頁) 何琳儀謂金文益從八，從血，會血液分益之意，血亦聲，血或省作皿。(《戰國古文字典》733 頁) 秦國文字承襲甲骨文，六國文字承襲金文。《説文》："益，饒也。從水、皿。皿，益之意也。"所釋為引申義。本義當為水滿溢出，是"溢"的本字，如《吕氏春秋》："灢水暴益。"引申為富裕、富足、增加、更加、好處等義。後來"益"為引申義所專用，水漫之義便另加形符"氵"寫作"溢"。● 戰國它系文字多讀鎰，古代重量單位。《卅二年平安君鼎》："五益（鎰）六鈣半（半）鈣四分鈣之冢（重）。"鼎的重量為，五鎰六鈣又四分之三鈣。《包山 105》："黃金七益（鎰）。"● 增益等義。《睡簡・秦種 47》："駕縣馬勞，有（又）益壺〈壹〉禾之。"秦文字用"益"表示增益、有益、益加、人名"伯益"之益，見睡虎地秦簡等。楚文字用"益（嗌）"表示增益、有益、"伯益"之益。● 讀謚，謚號。《班簋》："益曰大政，子子孫多世其永寶。"● 人名。《走馬休盤》："益公右走馬休入門。"

鎰 秦 鎰、鎰 印增 512

【注】從蜀益聲。● 秦印人名。

溢 楚 溢 左塚漆桐　溢 清華十・四時 1　溢 清華十・四時 8　溢 清華十・四

時 12  清華十·四時 19

【注】從水益聲。●漆桐"訏溢"，義不詳。●用為本義，滿溢。《清華十·四時 12》："河瀆（津）溢。"●《清華十·四時 1》"漢（滿）溢"；滿，指星象全部出現。溢，指星象西垂。

溢 楚 清華三·芮良夫 9

【注】從皿溢聲。●讀溢。《清華三·芮良夫 9》："屯員（圓）圂（滿）盜（溢），曰余未均。"屯、圓、滿、溢，近義連用。

發 瑂生尊

【注】從廾益聲。●《瑂生尊》："有嗣（司）眔發兩犀。"義不詳。

卻 楚 包山 135

【注】從卩益聲。●人名。

糒 楚  清華十一·五紀 89

【注】從米益聲。●讀搤，指以手握物時的圍長。《清華十一·五紀 89》："足曰立步犀（遲）迷（速）還，手曰糒（搤）設（搏）叏（御）量秉。"

膉 膉作父辛卣  膉作父辛卣 楚  膉余敦

【注】從肉益聲。《廣韻》肥也。《集韻》脰肉也。●人名。《膉作父辛卣》："宜生商（賞）膉，用乍（作）父辛障彝。"

歸 、 、 歸叔山父簠

【注】從帚益聲。●人名。

衇 楚 、 帛書乙 清華八·處位 1 清華八·處位

7 安大一 6　　清華十一·五紀 36

【注】從矢、血（益省）聲，"傾"的異體。"昃"所從"矢"甲骨文是整體傾斜的人形，銅器銘文是頭向一側傾斜的人形，戰國文字已經變為正立的人形。與"昃"（集成 11079 滕侯昃戈）所從的左旁構形同，均是頭向一側傾斜的人形，均加了一斜撇（為了與"大"相區別），只是左、右的不同。所從的"血"大概是"益"字的簡化。（參朱德熙《長江帛書考釋（五篇）》）上古音"益""傾"音近，所以""可以"血（益）"為聲符。（參徐在國、管樹强《楚帛書"傾"字補説》）●多讀傾。《帛書乙》："山陵備（傾）。"《清華八·處位 1》："邦豪（家）尻（處）立（位），（傾）昃（側）亓（其）天命。"《楚帛書》所述為天地之傾，是自然的；《清華八·處位 1》所述為政局之傾，是人文的，可以相互映襯。●讀頃。《安大一 6》："菜=（采采）蘃（卷）耳，不溋（盈）（頃）匡（筐）。"《毛詩》作"不盈頃筐"。

安大一 35

【注】從辵血（益）聲；"辵"亦可能是""字之誤寫。●讀頃。《安大一 35》："（頃）匡（筐）既之。"《毛詩》作"頃筐墍之"。

影紐枼聲

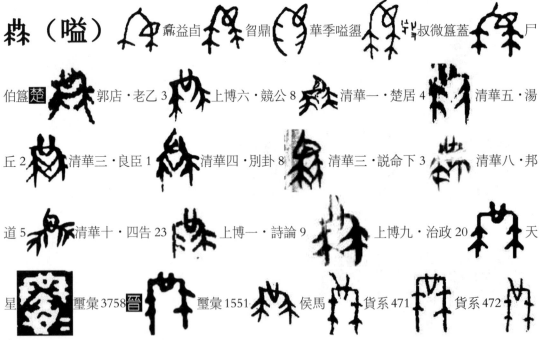

枼（嗌）　　鼂益卣　　智鼎　　華季嗌盨　　叔微簋蓋　　尸

伯簋楚　　郭店·老乙 3　　上博六·競公 8　　清華一·楚居 4　　清華五·湯丘 2　　清華三·良臣 1　　清華四·別卦 8　　清華三·説命下 3　　清華八·邦道 5　　清華十·四告 23　　上博一·詩論 9　　上博九·治政 20　　天星　　璽彙 3758晉　　璽彙 1551　　侯馬　　貨系 471　　貨系 472

先秦編 146

【注】何琳儀謂字從口從冉，會口下鬍鬚垂至咽喉之意，為"嗌"之初文。枼讀若益，在偏旁中可隸定為"益"。（詳《戰國古文字典》734 頁）字與《説文》"嗌"古文略同，《説文》："嗌，

咽也。從口益聲。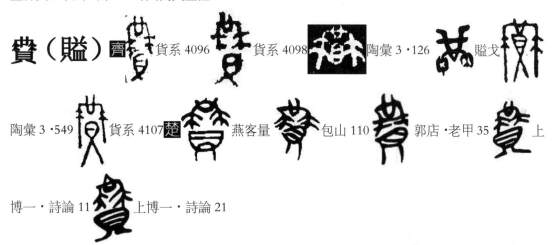籀文嗌上象口，下象頸脈理也。”本義咽喉。益，典籍常用如“益”（三體石經“益”作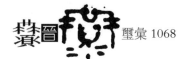）。楊樹達曰：“《漢書》恒用此字為伯益之益字。”（《金文説》69 頁）秦系文字作“嗌”，始見於馬王堆帛書作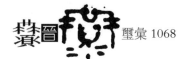（帛編 51）。●讀易，賜也。《尸伯簋》：“益貝十朋，敢對陽（揚）王休。”《叔微簋蓋》：“益貝十朋。”●人名。《智鼎》：“用眾一夫曰益，用臣曰寶，☒䏢、曰奚。”《鼎益卣》：“鼎益乍（作）寶隯彝。”●楚文字多讀益。《清華八·邦道 5》：“以孚（勉）於眾，則可（何）或（有）益（益）？”“以免於眾”指脱離羣眾。●讀嗌或讀咽。《釋名·釋形體》：“咽，又謂之嗌，氣所流通扼要之處。”《清華五·湯丘 2》：“目（以）道心益（嗌），惜快目（以）恆。”●讀縊。天星簡“益死”讀縊死。●讀夷。《璽彙 1551》“孫九益”疑當讀作“孫鳩夷”，“鳩夷”是古姓氏，當以複姓為人名。類似的例子有《璽彙 1361》“孟俞頭”讀為“孟愈豆”，亦是以復姓為人名。《璽彙 3758》“益舌”合文，當讀“夷吾”，古姓氏。詳“舌”字。

脪（膉）楚 天星 郭店·唐虞 10

【注】從肉益聲。“膉”之繁文。●讀益。《郭店·唐虞 10》：“垔（禹）紉（治）水，膉（益）紉（治）火，后褆（稷）紉（治）土。”與《孟子》“益掌火”所指相同。《大戴禮記·五帝德》：“使益行火，以辟山萊。”可與簡文互證。

賹（賹）齊 貨系 4096 貨系 4098 陶彙 3·126 賹戈

陶彙 3·549 貨系 4107 楚 燕客量 包山 110 郭店·老甲 35 上

博一·詩論 11 上博一·詩論 21

【注】從貝益聲，“賹”之繁文，此字常見于陶文及貨幣文字。《説文》無。《廣韻》：“賹，寄人物也。”●《燕客量》：“鑄廿金劑（箭）以賹。”字義不明。李零謂：“應是動詞，疑讀為‘益’。”●楚簡多讀益，增益。《上博一·詩論 11》：“《關雎》之改，則其思賹（益）矣。”“思益”就是思想認識水平見長了，提高了。青年男女情竇初開，未免有原始沖動，隨着知識年齡的增長而知聘迎，此所謂《關雎》之改，則其思益矣。●齊圓錢有“賹厑”“賹四厑”“賹六厑”，讀賹，計量。《集韻》：“賹，計物也。”何琳儀曰：“檢《廣韻》：‘賹，記人、物也。’齊圓錢中所謂‘賹厑’即記載一枚法定刀幣’……此‘記物’無疑都是指圓錢與刀幣的兑換關係。換言之，以上三種圓錢分別表示一枚、四枚、六枚刀幣而已。”其説可從。

瀠晉 璽彙 1068

【注】從寡聲。●董珊釋為"肖（趙）（寡）太后"，字應釋作從"嗌""寡"聲之字，讀寡，謙稱。此字上部所從的形即"嗌"旁。此字下部所從的旁應釋為"承"即"寡"字，此類寫法的"寡"字習見于中山王墓出土的方壺以及大鼎銘文。所以此字為從承聲的"寡"字，"承"與"嗌"不但在筆劃上可以借用，而且"嗌"（影母錫部）、"寡"（見母魚部）音近，《墨子·明鬼下》"指寡殺人"，《太平御覽·神鬼部二》引"寡"作"畫"，"畫"為匣母錫部字，由此可見喉音魚部字與喉音錫部字關系密切，所以"嗌"可以作"承"的加註聲符。從字義上説，"嗌"常讀為"益"，以字義表意，與"寡"在詞義上有聯系。"益寡"在文獻中習見，為"寡者得謙而更進益"之義，所以"嗌（益）"旁，又可以作為"寡"的意符。（董珊《釋"趙寡太后"》）

塰（塰） 楚 九店 56·39

【注】從土聲，疑"塰"之繁文。●讀益，人名。

繍（繍） 楚 清華四·筮法 48　清華四·筮法 50

【注】從糸聲，"繍"之異文。●讀繍。《清華四·筮法 50》："非癛（狂）乃繍（繍）者。"

影紐厄聲

厄（厄）

【注】金文象馬軶之形。高鴻縉曰："字原為叉馬頸之具，象形。上一橫為衡，中孔為軬，所以載轡。徐鍇曰：'爾雅，軶上環，轡所貫也。'是也。兩邊下曲如叉狀者名曰軶，即所以叉馬頸者。厄字小篆形尚近古，隸楷竟訛變如從戶從乙，説解就其訛形而言失之。秦時或加車旁為意符，作軶，其為叉馬頸之具之意，固不殊也。後世借厄為災厄困厄之厄，而專以軶為本字。遂分化為二。"（《中國字例二篇》）曾侯簡象車軶附于衡上之形。《説文》："厄，隘也。從戶乙聲。"本義馬軶，今多作"厄"。●牲口拉東西時架在頸上的器具。《彔伯簋》："金厄（軶）。"《番生簋》："金厄（軶）。"●官名。《絲鏄》："余四事是台（以），余為大攻厄、大史、大迋、大宰，是辭（以）可事（使），子子孫孫永保用盲（享）。"大攻厄，專掌工程、營造等事務，相當司工（空）

一職。●可讀軔。《清華六・太伯甲 7》："西城汧閜，北就郯（鄖）、劉，縈厄（軔）蔿、竽（邘）之國。""縈軔"即纏繞車軔，表示佔領。即用在蔿、竽二地維護車輛表示佔領了這兩個地方。秦簡亦讀軔，車軔。

睡簡・語書 11

【注】從手厄聲。扼，"搄"字或體。●讀扼。《睡簡・語書 11》："因恙（佯）瞋目扼揞（腕）以視（示）力，訐詢疾言以視（示）治，詆訑醜言麃斫以視（示）險，坑閬强肮（伉）以視（示）强，而上猶智之殹（也）。"

睡簡・秦種 60

【注】從食厄聲。●讀餒，飢餓。《睡簡・秦種 60》："食餒囚，日少半斗。"給受饑餓懲罰的囚犯每天三分之一斗。

匣紐妻聲

妻 再簋　父癸爵　　　　子妻簋　師望鼎 晉　璽彙 1720

【注】甲骨文作𧥷、𧥷、𧥷、𧥷、𧥷、𧥷。金文承之。張崇禮認為："妻"即"畫"字，象手執筆畫繪之形。𧥷象所畫之花紋，金文中類化為"乂"，但並非從"乂"。"畫"字從周，系後加聲符，亦即金文"畫"應分析為從妻周聲。"畫"從周聲，也可以釋為"雕"，"雕"是"畫"的後起分化字。"妻"是"畫"和"雕"共同的本字。（張崇禮《釋古文字中的"畫"和"雕"》）●讀敦。《詩・大雅・行葦》"敦弓既句"，正義"敦與雕古今之異"。《文選・兩京賦》引《詩》正作雕。《詩・周頌・有客》"敦琢其旅"，釋文引徐邈音雕。雕，都聊切，端紐；敦，都回切，端紐。"雕"與"敦"為舌音幽脂通轉。《師望鼎》："不敢不分不妻。""不分不妻"，分，張亞初先生讀勔、白於藍先生讀勘（或勉），皆正確可從。"妻"讀敦，當訓為勤勉。《爾雅・釋詁上》："敦，勉也。"《管子・君臣上》："上惠其道，下敦其業。"《史記・蒙恬列傳》："帝以高（趙高）之敦于事也，赦之，復其官爵。"●《師旬簋》："首德不克妻，古亡丞于先王。""妻"讀敦，當訓為厚。《易・艮》："敦艮，吉。"孔穎達疏："敦，厚也。"《老子》："敦兮其若樸。"河上公注："敦者，質厚。""德不克敦"即德不克厚。敦德、厚德之說典籍習見。《論衡・恢國》："皇帝敦德，俊乂在官。"《易・坤》："地勢坤，君子以厚德載物。"●讀簋，器名。《再簋》："用作季日乙妻，子子孫孫永寶用。"●族氏名。見于《父癸爵》《子妻簋》。

妻 楚　曾侯 6　　曾侯 116　　信陽 2・1　　信陽 2・3　　信陽 2・28

信陽 2·18　　清華十·四告 40　　清華十一·五紀 76　晉　陶彙 4·172　　璽彙

2865　璽彙 1375

【注】從刀妻聲，"劃"之省文。●讀畫，彩色。《信陽 2·18》："刜（漆）夛（畫）。"該簡文主要是對幾件器物色彩花紋的描述。楚簡中的"夛"或"從系從夛"之"緕"，均應讀畫。●晉璽、晉陶人名。●讀劃，劃定疆界。《清華十·四告 40》："塼（敷）土隓（墮）山，夛（劃）川濬（濬）泉。"

信陽 2·2

【注】從糸夛聲。●讀畫。《信陽 2·2》："一兩緕釋縷（屨）。"

畫　　宅簋　　王臣簋　　張畫戟　　番生簋　　師克盨　　吳方彝　　五年師旋

簋　　三年師兌簋　　王臣簋　　毛公鼎　楚　曾侯 1　　曾侯 13　　曾侯 37　　曾侯

137　　香港中文大學文物館藏簡牘·甲篇 3　　上博二·子羔 10　　圖典

148　晉　上官豆　　璽彙 0725　　璽彙 1519　　璽彙 3357　　璽彙 0429　　璽彙

1343　秦　睡簡·為吏 1　　類編 46　　秦印 58

【注】從周妻聲。或說從妻周聲，《王臣簋》："戈：畫戚、縱柲、彤沙。"其中"畫"作，為標準的"畫"字。《王臣簋》所記賞賜物戈及其後修飾語，是西周冊命金文典型格式，但一般作"戈：琱戚、縱柲、彤沙"。這裏"畫"明顯是通用作"琱"，對比《彔伯致簋蓋》的"畫"從"琱"來看，"畫"應從周聲更加清楚。《說文》："畫，界也。象田四界。聿，所以畫之。凡畫之屬皆從畫。古文畫省。亦古文畫。"本義當為刻畫、繪畫。引申為畫界、劃分，如《左傳》："茫茫禹迹，畫為九州。"為了分化字義，劃分等義便另加形符"刀"寫作"劃"。楚文字或用"夛"

1460

表示畫。●讀琱。《王臣簋》："戈：畫𢦏厚必（柲）彤沙，用事。"《無叀鼎》《袁鼎》均作"戈琱𢦏歇（厚）必（柲）彤沙"，是畫訓琱也。《前漢·貢禹傳》："牆塗而不琱。"《師古注》："琱與雕同。畫也。"●彩繪。《毛公鼎》："易（賜）女（汝）秬鬯一卣……右厄（軛），畫轉、畫輯。"《書·顧命》："東序西向，敷重豐席，畫純，雕玉仍几。"偽孔傳："彩色為畫。"●讀劃。《上博二·子羔11》："𡈼（懷）三𡴌（年）而畫（劃）於怀（背）而生。"●讀過，責。《睡簡·語書13》："府令曹畫之。"由郡官命郡的屬曹進行責處。

 𢒉伯戔簋蓋

【注】從玉畫聲。●銘文"瓅轉"，讀畫。詳"畫"字。

 富奠劍

【注】從斤從畫，會以斧斤斫畫之意；畫兼聲。●讀畫。《富鄭劍》："富奠（鄭）之斳鏤（劍）。"斳鏤，有雕琢紋飾之劍。金文有"畫干""畫輗"等語，此斳即與彼畫同意也。

見紐嗀聲

嗀 楚 上博三·周易1　清華三·琴舞16　上博二·容成22　上博九·靈王4 晉　與兵壺 秦　睡簡·為吏11　睡簡·日甲33背　睡簡·日乙62　關簡244　印增578

【注】嗀、嗀為異體字。漢印作□、□（漢印302）、馬王堆帛書作□、□、□（帛編123），均作嗀。馬王堆帛書擊或從嗀作□、□、□、□（帛編493）。楚文字均訛為"敀"。《說文》："嗀，相擊中也。如車相擊。故從殳從壴。古歷切。"●讀擊。《上博三·周易1》："上九：嗀（擊）尨（蒙）。"《上博二·容成22》："嗀（擊）鼓，禹必速出。"●讀繫，囚禁、拘繫。《睡簡·答問6》："甲盜牛，盜牛時高六尺，嗀（繫）一歲，復丈，高六尺七寸，問甲可（何）論？當完城旦。"《睡簡·日甲143》："丁未生子，不吉，毋（無）母，必賞（當）嗀（繫）囚。"意思是丁未生子，不吉利，嬰兒失去母親，將來一定會被羈囚。●讀懈。《清華三·琴舞16》："文非嗀（懈）帀（斯），不𧵻（墜）卣（修）彦。"簡文"文非懈帀"與前文"德非惰帀"句式相同，懈、惰意思相近，讀"懈"文意甚順暢。《與兵壺》："余鄭太子之孫與兵，擇余吉金，自作宗彝，其用

享用孝于我皇俎（祖）文考，不懈春秋歲嘗。余嚴敬茲禋盟，穆穆熙熙，至于子子孫孫。"魏宜輝先生讀懈，"不懈［于］春秋歲嘗"，意即"對於祭祀不敢有所懈息"。

繫 楚 ［圖］ 上博三·周易 40 ［圖］ 清華二·繫年 120 ［圖］ 清華四·筮法 1 ［圖］ 清華二·繫年 134

【注】從糸毄聲。或從糸毄省聲（聲符訛為重）。●《上博三·周易 40》讀姤，即"姤"卦。"繫"錫部見母，"姤"侯部見母，韻部旁對轉。帛書作狗，上博簡作敂。●讀擊。《清華二·繫年 134》："敓（魏）繡（擊）衚（率）自（師）回（圍）武牁（陽）。"魏擊，人名。《清華二·繫年 120》或作繫。

嬖 楚 ［圖］ 帛書乙

【注】從女繫省聲。●讀繫。《帛書乙》："嬖（繫）之以素降。"繫，《玉篇》約束也，留滯也。《類篇》一曰維也。

端紐帝聲

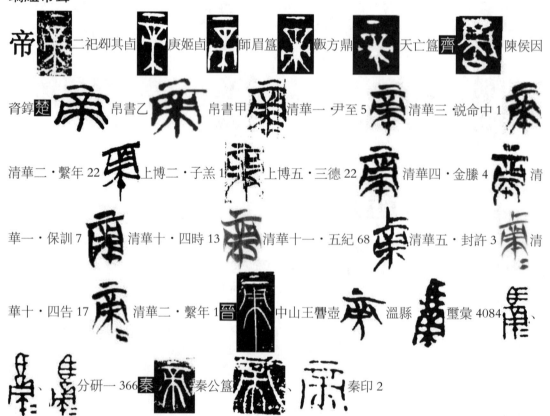

帝 ［圖］ 二祀邲其卣 ［圖］ 庚姬卣 ［圖］ 師眉簋 ［圖］ 甗方鼎 ［圖］ 天亡簋 齊 ［圖］ 陳侯因

脊錞 楚 ［圖］ 帛書乙 ［圖］ 帛書甲 ［圖］ 清華一·尹至 5 ［圖］ 清華三·說命中 1 ［圖］ 秦

清華二·繫年 22 ［圖］ 上博二·子羔 1 ［圖］ 上博五·三德 22 ［圖］ 清華四·金縢 4 ［圖］ 清

華一·保訓 7 ［圖］ 清華十·四時 13 ［圖］ 清華十一·五紀 68 ［圖］ 清華五·封許 3 ［圖］ 清

華十·四告 17 ［圖］ 清華二·繫年 1 晉 ［圖］ 中山王嚳壺 ［圖］ 溫縣 ［圖］ 聖彙 4084

［圖］、［圖］ 分研一 366 秦 ［圖］ 秦公簋 ［圖］、［圖］ 秦印 2

【注】甲骨文作𑀋、𑀌、𑀍、𑀎、𑀏、𑀐、𑀑、𑀒、𑀓、𑀔、𑀕、𑀖、𑀗、𑀘、𑀙等形，象架木或束木以燔而祭天，是"禘"的本字。《周禮》曰："五歲一禘。"禘祭本為殷人祭天和自然神，其後亦禘祭先王，禘由祭天引申為天帝之帝，又引申為商王的稱號。甲骨卜辭有"帝于嶽""帝下乙"等記載。後來多假借為帝王的"帝"字。"帝"為引申義所專用後，祭祀天神就用"禘"表示。甲骨文"禘"字形中間多為一方框形，但"帝""禘"二字亦通用。《清華十·四告 17》《清華二·繫年 1》為"上帝"二字合文。晉系文字或與"旁"混同。●古文字多指君王之代稱。《㹞鐘》："其嚴才（在）帝左右。"●讀嫡。《師眉鼎》："其用言（享）于乓帝（嫡）考。"●天帝，諸神的主宰。《天亡簋》："事喜上帝。"●盛大顯赫貌。《仲師父鼎》："其用宮（享）用孝于皇祖帝考。"帝考，顯赫的先父。●讀適。《璽彙 4084》《分研一 366》"馬帝"合文，讀馬適，為複姓。●讀敵。《上博五·三德 22》："君子不誫（慎）亓慮（德），四亢（荒）之內，是帝（敵）之闉（關）。"●讀啻，僅、只。《郭店·六德 39》："君子不帝（啻）明虐（乎）民敓（微）而已，或以智（知）亓（其）弋（一）壴（矣）。"

罿楚 清華八·處位 1　上博七·凡甲 5　上博七·凡乙 5　安大一

101晉　、　、　溫縣

【注】從止帝聲，"適"之省文。●讀適。《清華八·處位 1》："厇（度），君婺（速）臣，臣罿（適）逆君。"逆，奏事上書曰逆。《周禮·天官·司書》"以逆羣吏之徵令"，注："逆，受而鉤考之。"●讀敵。《上博七·凡乙 5》"丌夬（慧）奚罿（敵）"，讀為"其慧奚敵"，意思是：這些智者們的智慧都自以為無人可敵。

諦楚 上博五·競公 6

【注】從言帝聲。●讀謫，譴責、責備。《上博五·競公 6》："二參（三）子不諦（謫）忞（怒）寡人。""不謫怒寡人"也就是"不譴責齊桓公"之意。

渧楚 左塚漆梮

【注】從水帝聲。●董珊讀滴。漆梮"汏渧"可讀為"汏侈"，詳"汏"字。

締楚 清華十·行稱 5　清華十一·五紀 68

【注】從糸帝聲。或增從止。●讀禘。《清華十·行稱 5》："再（稱）共（恭）祀，利卜筮、祋（攻）締（禘）之事。"

悳 晉 璽彙 2768、 溫縣

【注】從心帝聲。●晉璽人名。●溫縣盟書"悳悋睍女"，讀諦，審也。

敢 齊 叔尸鐘

【注】從攴帝聲。●讀隸。《叔尸鐘》："余命女（汝）嗣（司）辝（台）釐，逾或徒四千，為女（汝）敢寮。"《左傳·昭公七年》："天有十日，人有十等……故王臣公、功臣大夫、大夫臣士、士臣皂、皂臣輿、輿臣隸、隸臣僚、僚臣僕、僕臣台。"隸寮，古為奴隸階級賤民。寮，讀僚。

戜 楚 清華九·治政 10

【注】從戈帝聲。●讀敵。《清華九·治政 10》："上徊（宣）則亡（無）戜（敵）。"君主彰明就沒有可與對抗的。

剃 秦 印增 579

【注】從刀帝聲。●"剃昌里印"，里名。

曻 晉 璽彙 0397   璽彙 1682   珍戰 136

【注】從日帝聲。●晉璽人名。

鄡 晉 璽彙 2243

【注】從邑曻聲。●晉璽人名。

蒂 楚 新蔡零 381 晉 璽彙 2707

【注】從艸帝聲。●晉璽人名。

賭 齊 陶彙 3·298   陶彙 3·299

【注】從貝蒂聲。●齊陶人名。

蒂楚 包山 173晉 璽彙 3083 璽彙 3115 璽彙 3118 璽彙

3114 璽彙 3116

【注】從林帝聲，包山楚簡作䕨，均為"蒂"之異體。●古文字多為人名。●晉璽有"蒂均""蒂旗"等，讀蒂，姓氏。《王莽傳》有中常侍蒂惲。

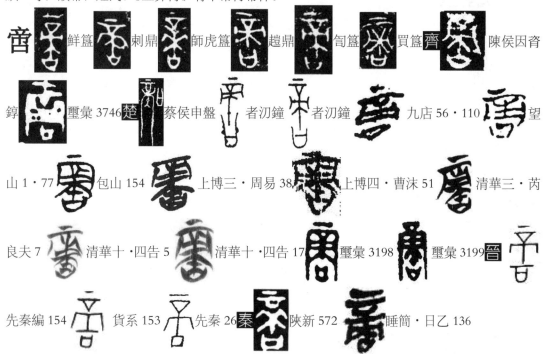

【注】"啻"是由"帝"加"口"為繁飾而成的，故"啻""帝"本一字。從古文字資料來看，一直到戰國晚期"啻"還沒有從"帝"字中分化出來，即加了"口"的"啻"與"帝"仍為一字。如戰國晚期的《陳侯因𦎖錞》："聖（紹）繩高且（祖）黃啻（帝）。""啻"與"帝"的分化當發生在"啻"音變讀書母之後。《蔡侯申盤》訛為商，銘文中用為禘祭。《説文》："啻，語時不啻也。從口帝聲。一曰啻，諟也。讀若鞮。"所釋為假借義，常用在表示疑問或否定的字後，組成不啻、匪啻、奚啻等詞，在句中起連接或比況作用。秦系文字與"音"相混。●讀嫡，繼承、嫡傳。《師酉簋》："嗣（司）乃且（祖）啻官邑人、虎臣，西門尸（夷）。"《漢書·宣帝紀》："又賜功臣適後。"顏師古注："適，承嗣者也。"●讀帝，崇高、超凡。《買簋》："其用追孝于朕（朕）皇且（祖）、啻考。"《陳侯因𦎖錞》："聖（紹）繩高且（祖）黃啻（帝）。"秦簡亦多讀帝。●讀禘，祭名。天子諸侯的宗廟，每五年舉行一次禘祭，用于祭祀先王。《剌鼎》："用牲于大室，啻（禘）卲（昭）王。"●讀適，舒暢、安樂。《者汈鎛》："勿有不義訛（謀）之于不啻（適）。"●讀適，往也。《趞簋》："啻（適）官僕、射、士，訊小大又隊。""啻官"往官某職的意思。●讀敵，敵人。《㝬簋》："卑克氒（厥）啻（敵）。"●讀敵，敵對。《寰鼎》："攻龠（龥）

1465

無啻（敵）。"《上博四・曹沫51》："虐（吾）戰啻（敵）不訓（順）於天命，反（返）帀（師）牆（將）復。"●《璽彙3198》"啻庶"、《璽彙3199》"啻才"，讀適，姓氏。●《清華三・芮良夫7》："民之倦（惓）矣，而隹（誰）啻（適）為王？"《玉篇・辵部》："適，得也。"《論語・里仁》："無適也。"朱熹集注："適，可也。""誰適為王"即誰得為王、誰可以為王之意。●讀嫡。《清華八・處位3》："階啻（嫡）丈（長），皋（罪）逽（卓）訷（辭）。"●讀啼。《上博三・周易38》："啻（啼）唬（號），莫（暮）譽（夜）又（有）戎，勿卹（恤）。""譽"可讀夜，上古韻部都在魚部。

蹢 秦  印增79

【注】從足啻聲。●"馬蹢鉔"，人名，讀適。

畜 楚  曾侯膃鐘

【注】從叕啻聲。●讀帝。《曾侯膃鐘》："伯篓（适）、上畜（帝），左右文武。""伯适"與"上帝"同作"左右文武"的主語。

僮 晉  中山王響鼎 中山王響壺

【注】從人啻聲，"啻"之豎筆增飾點。●讀敵，匹敵也。《中山王響鼎》："方響（數）百里，剌（列）城響（數）十，克僮（敵）大邦。"●讀適，副詞。《中山王響壺》："僮（適）曹（遭）郾（燕）君子儈（噲），不顯（顧）大宜（義），不鼉（忌）者（諸）侯。"

麵 秦  睡簡・秦種43

【注】從麥啻聲。《説文》："麵，麥覈屑也。十斤為三斗。"《廣雅》，糒也。●麥麩中雜有的面。《睡簡・秦種43》："麥十斗，為麵三斗。"麥十斗出麵三斗。

繬 楚  清華五・湯丘5 上博六・用曰4

【注】從糸啻聲，"締"之繁文。或增從止。●讀適。《清華五・湯丘5》："繬（適）奉（逢）道迏（路）之祱（祟）。"●讀敵。《上博六・用曰4》："祇之亡繬（敵）。""攻之無敵"即所向無敵，戰無不勝的意思。

謫 楚  清華六・太伯甲12

【注】從言啻聲，"謫"之繁文。●讀謫。簡文"内謫"即"入謫"，謂進批評之言，與"入諫"意略同。

適（遆）

【注】從辵啻聲，或從辵帝聲。●讀謫。《睡簡·日乙157》："黑内從北方來，把者黑色，外鬼父葉（世）為姓（眚），高王父譴適（謫），豕。""譴適（謫）"即責罰，為同義複詞。《説文·言部》："譴，謫問也。"《詩·邶風·北門》："我入自外，室人交徧謫我。"毛傳："謫，責也。"●往。《曾侯1》："正大莫戲（囂）旟為適豵之春。"《安大一82》："遣（逝）牆（將）迖女，遆皮（彼）樂土。"●秦印人名。

敵  章叔羿簋

【注】從攴啻聲。《説文》："敵，仇也。從攴啻聲。"本義仇敵，"敵"為"嫡"之異文。●讀嫡。《章叔羿簋》："其用追孝于朕敵（嫡）考。"

戲  清華一·祭公12

【注】從戈啻聲。●讀敵。《清華一·祭公12》："戒（哉）氒（厥）戲（敵）。"

籥

子2  新蔡甲三114

【注】從竹啻聲。或增從卉。●讀筮。《周禮·秋官·序官》"筮簭氏"，鄭玄注："鄭司農云：'筮讀為摘。'""摘"從"啻"聲，折、筮均為禪紐月部字。《上博四·曹沫52》："及爾龜筮，皆曰勝之。"古時占卜用龜，筮用蓍，視其象與數以定吉凶。亦指占卦的人。《書·大禹謨》："鬼神其依，龜筮協從。"蔡沈集傳："龜，卜；筮，蓍。"

悥  上博三·周易4

【注】從心啻聲。●讀惕。《上博三·周易4》："愯（惕）悥（惕），中吉，冬（終）凶。"悥，

帛本作“寧”，今本作“惕”。“惪”（從“啻”得聲），透紐支部；“寧”，泥紐耕部；“惕”，透紐支部。透、泥同屬端組，支、耕陰陽對轉。“惕”之本義為“警惕”“戒慎”。《左傳·襄公二十二年》：“無日不惕，豈敢忘職。”杜預注：“惕，懼也。”或訓“惕”為止息。

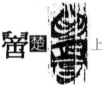

⿱啻臼 楚 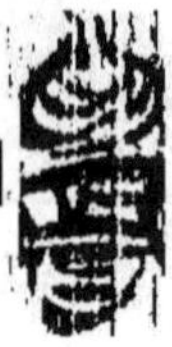 上博二·容成 13

【注】從臼啻聲。●讀鬲，地名。《上博二·容成 13》：“昔舜耕於⿱啻臼（鬲）丘，陶於河濱。”

定紐狄聲

狄 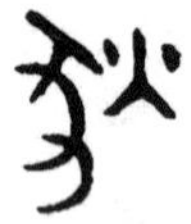 𢼸狄鐘 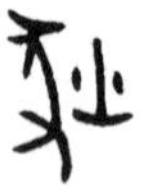 牆盤 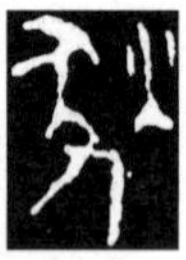 逑盤 齊 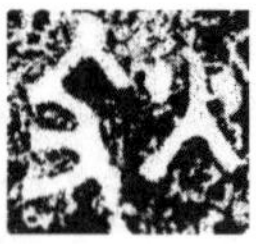 曹伯狄簋 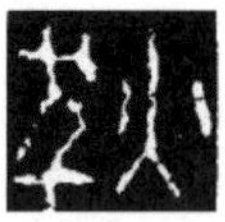 陶彙 3·759 楚 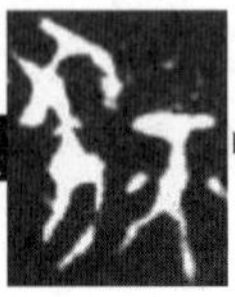 曾伯霥簠 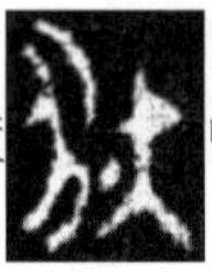 曾伯霥簠 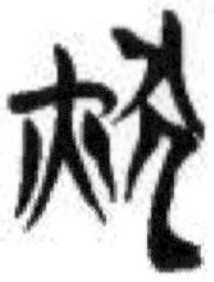 清華十·四告 37 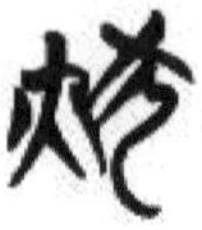 清華十·四告 49 晉 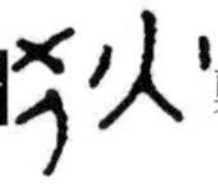 鄭令韓熙戈 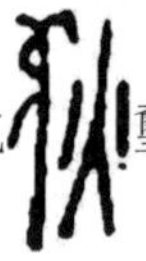 璽彙 0836 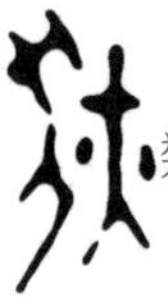 類編 143 秦 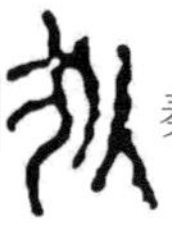 秦印 199 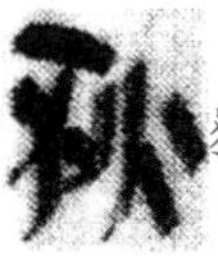 嶽麓一·為吏 78

【注】甲骨文作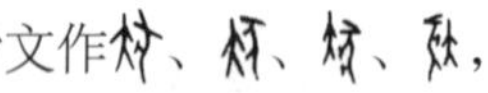，從犬從大（正面人形），犬以狩獵，會遊牧之人之意。金文訛大為亦，亦本指人之兩腋，仍是人形；且大、亦古音近。大或訛為火形，為小篆所本。●讀剔，平定、懲治。《曾伯霥簠》：“元武孔黹，克狄淮尸（夷）。”《逑盤》：“方狄不亯（享），用奠四或（國）萬邦。”方狄不亯，開始治理不知祭祀禮儀之邦。●人名。《曹伯狄簋蓋》：“曹白（伯）狄乍（作）夙（宿）㚘（風）公障毀。”●讀惕，《説文》“惕”之或體作“愁”，正從狄。《牆盤》：“遹征四方，達（撻）殷畯民，永不（丕）巩（恐）狄。”恐惕，指對紂王殘酷統治的恐懼。用為否定語，是説天下安定。●齊陶、秦印姓氏。西漢前期文字用“狄”“翟”為夷狄之狄當反映了秦文字的特點。楚文字以“㓭”為狄氏之狄，用“䨳”為狄戎之狄。三晉文字以“郩”“𧘝”表示狄氏之狄。燕文字用“㓭”“郩”表示狄氏之狄。●讀逖，使……遠離。《清華十·四告 37》：“狄（逖）之不恙（祥）。”

⿰犭⿱弟火 楚 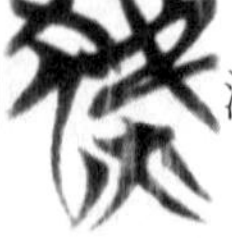 清華七·越公 22

【注】此字應從狄，右上所從“弟”乃贅加聲符。●《清華七·越公 22》：“孤或（又）忎（恐）亡（無）良僕馯（馭）⿰犭⿱弟火火於越邦。”整理者説：“⿰犭⿱弟火，疑讀為燃。燃火，猶縱火。”當讀夷。“夷火”，即破壞焚燒之義。《國語·周語下》：“是以人夷其宗廟，火焚其彝器。”此句大義為：我又害怕無良僕御破壞焚燒越邦之地。

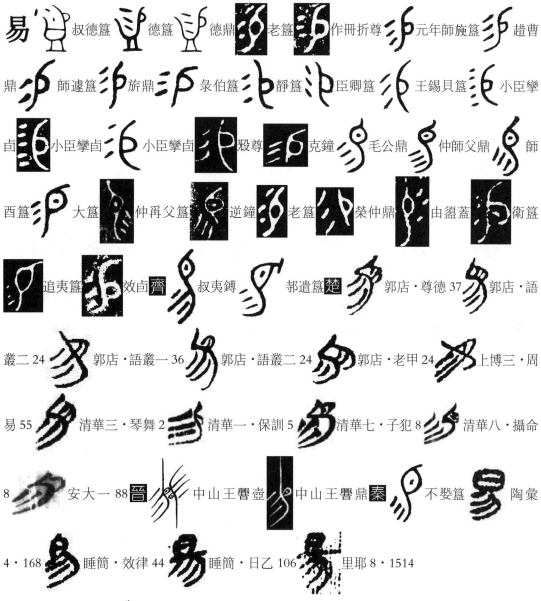

愬 秦 睡簡・為吏 37

【注】從心狄聲。●讀惕。《睡簡・為吏 37》："術（怵）愬（惕）之心，不可不長。"

定紐易聲

易 叔德簋 德簋 德鼎 老簋 作冊折尊 元年師旋簋 趞曹鼎 師遽簋 旂鼎 彔伯簋 靜簋 臣卿簋 王錫貝簋 小臣擧卣 小臣擧卣 小臣擧卣 殺尊 克鐘 毛公鼎 仲師父鼎 師酉簋 大簋 仲再父簋 逆鐘 老簋 榮仲鼎 由盨蓋 衛簋 追夷簋 效卣 齊 叔夷鎛 郜遣簋 楚 郭店・尊德 37 郭店・語叢二 24 郭店・語叢一 36 郭店・語叢二 24 郭店・老甲 24 上博三・周易 55 清華三・琴舞 2 清華一・保訓 5 清華七・子犯 8 清華八・攝命 8 安大一 88 晉 中山王譽壺 中山王譽鼎 秦 不嬰簋 陶彙 4・168 睡簡・效律 44 睡簡・日乙 106 里耶 8・1514

【注】甲骨文作、，從二益，或加廾，會雙手持一皿之水注入另一皿之意。引申為變易，益兼聲。甲骨文或作、、、、、、、、，乃截取部分形體而成。金文同甲骨文。《中山王譽壺》作，此文作二"易"顛倒形，當是以此來進一步顯現其變換義，銘云"臣主易位"是說臣與君主交換了位置，指燕王噲與子之，其事與史籍所載完全相合。《說文》：

"易，蜥易，蝘蜓，守宮也。象形。《秘書》說：日月為易，象陰陽也。一曰從勿。凡易之屬皆從易。"《說文》注明"易"就是"晰易（蜴）"，所說形義皆不確。本義為變易、更易。引申為給予，此義後加形符"貝"寫作"賜"。《說文》所釋的蜥蜴之義，則另加形符"虫"寫作"蜴"來表示。秦文字易或訛為易。●讀賜，賞賜。《兮甲盤》："王易（賜）兮甲馬四匹、駒車。"文獻或作"錫"。《詩·大雅·既醉》："孝子不匱，永錫爾類。"●交換。《中山王譽壺》："而臣宔（主）易籠（易）立（位）。"●簡單、方便、容易等義。《中山王譽鼎》："事孚（少）女（如）張（長），事愚女（如）智，此易言而難行旆（也）。"《睡簡·日乙106》："以結者，易擇（釋）。亡者，不得。取妻，妻不到。"●改變。《郭店·尊德5》："傑（桀）不易重（禹）民而句（後）亂之，湯不易傑（桀）民而句（後）詞（治）之。"●讀翟。《安大一88》："砒（玭）亓（其）易（翟）也。"《毛詩》作"玭兮玭兮，其之翟也"，可能是將"砒"右下兩橫誤當作重文符號所致，為了句式勻稱，後又添加虛詞。"易"，《毛詩》作"翟"。"易"與"翟"古多通"荻"，故二字也可相通。

上博二·容成 25

【注】從水易聲，"易水"之易專字。●讀易，古燕地的易水。《上博二·容成25》："禹乃迥（通）蔞與暴（易），東敆（注）之海。"

申簋　禹鼎　虢季子白盤　虢季子白盤　毛公鼎　召尊　獄盤楚　曾伯霖簠　曾伯霖簠　曾伯陭壺　越王者旨於賜戈

【注】從目易聲。《召尊》聲符易為簡寫形。《說文》："瞟，目疾視也。從目易聲。"《說文》訓目疾視也。金文瞟、賜為一字。●讀賜，賞賜。《召尊》："白（伯）懋父瞟（賜）鼉（召）白（伯）馬。"《虢季子白盤》："王瞟（賜）乘馬，是用左（佐）王。"●讀易，改變。《毛公鼎》："女（汝）母（毋）敢象在乃服，鬫（固）夙夕，敬念王畏（威）不瞟（易）。"●讀惕。《禹鼎》："瞟（惕）共塍（朕）辟之命。"恭敬地執行我的君王的命令。

上博五·三德 5

【注】從心瞟聲。●讀易。《上博五·三德5》："弁（變）棠（常）愳（易）豐（禮），土地乃迊（坏），民乃囂死。"

清華一·楚居 5

1470

【注】從貝賜聲。●簡文"酓（熊）賜（錫）"，人名。

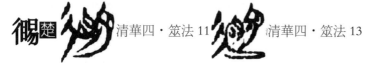 清華四·筮法 11　清華四·筮法 13

【注】從彳賜聲。●讀易，改變。《清華四·筮法 13》："不惕（易）向。""易向"指改變四隅卦的位置，如卦例所見。

 曾伯霏簠　 曾伯霏簠

【注】從金賜聲。●讀錫，金屬名，冶煉青銅之重要原料。《曾伯霏簠》："克狄淮尸（夷），印燮繇（繁）湯（陽），金道鍚（錫）行。"金道鍚（錫）行，指金錫得以通行無阻。蓋淮夷之金，集中于繁陽，繁陽被淮夷控制，則阻塞金錫之通道，故銘文云"印燮繇（繁）湯（陽），金道鍚（錫）行"。

 璽彙 0010　璽彙 0159　 匯考 76　郹戈

【注】從邑易聲，為地名專字。●讀易，地名，燕易下都之"易"的專字。《郹戈》："郹戈。"又見于燕"郹都司馬"（璽彙 0010）等璽。《史記·趙世家》惠文王："五年，與燕鄚、易。"何琳儀先生認為在今河北易縣南。

 元年師旋簠　 瘋盨　宰獸簠

【注】從攴、殳，易（"易"字的簡寫，參趙平安《釋"易"與"匜"兼釋史喪尊》）聲。字可釋為"敭"。《説文》："敭，侮也。从攴从易，易亦聲。"與小篆同形不同字。●讀褐。《瘋盨》："易（賜）敭（褐）襲。""褐、襲"，是兩件衣服，通俗的解釋就是內衣與外衣。《元年師旋簠》："易（賜）女（汝）赤市、同黃（衡）、麗敭（褐）。"敭字郭沫若先生在釋《元年師旋簠》時提出兩種不同的觀點，一隸定為"般"。文獻中或作"鞶厲"。二隸定為"敭"，"敭"假借為"褐"，乃為"深色的褐衣"。陳夢家先生也認為此字為"敭"假借為"褐"，麗為黑色之義，"麗褐"當為羔裘的褐衣。馬承源讀褐，認為是"裘上所加之衣"。

 璽彙 4026

【注】從口敭聲。口為無義之飾符，應為"敭"之繁文。●齊璽"敦于䚗"，人名。

 郘公敿父鑄　蔡侯申尊　蔡侯申盤　包山 138　包山

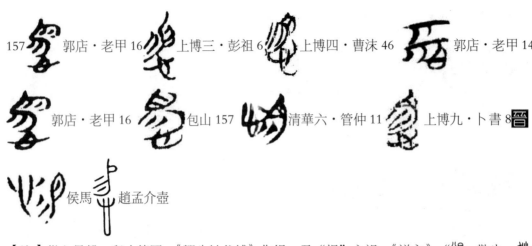

157 　郭店・老甲 16　　　上博三・彭祖 6　　　上博四・曹沫 46　　　郭店・老甲 14

　　　　　郭店・老甲 16　　　　　　包山 157　　　　　清華六・管仲 11　　　　　上博九・卜書 8 晉

侯馬　趙孟介壺

【注】從心易聲，與小篆同。《郳公敇父鎛》作惕，乃"惕"之誤。《説文》："惕，敬也。惏或從狄。"《説文》以"惏"為或體。本義怵惕，謹慎。●讀易，變易。《蔡侯申盤》："歔敬不惕，肇韃（佐）天子。"●讀錫，賞賜。《趙孟介壺》："邗王之愚（賜）金，台（以）為祠器。"●警惕。《清華六・管仲 11》："少（小）事牆（逸）以惕，大事柬以成（誠）。"●讀易，容易、平易。《郭店・老甲 16》："勯（難）惕（易）之相成也。"《荀子・富國》："則其道易。"楊注："平易可行。"《大戴禮記・子張問入官》："善政行易則民不怨。"

　璽彙 2677

【注】從心愚聲。●晉璽人名。

　璽彙 3811

【注】從言惕聲。●晉璽人名。

　清華八・邦政 4

【注】從阝易聲。古文字從阝者習慣贅加土旁。故可隸定為陽。●讀易。《清華八・邦政 4》："亓（其）型（刑）陽（易），邦夃（寡）稟（廩）。"

　印增 350

【注】從髟易聲。●秦印人名。

腸 郜公諴簠 楚 郜公平侯鼎 上郜公敄人簠蓋

【注】從肉易聲。從肉,當為目之訛。●讀賜,祈求。《郜公諴簠》:"用腸眉壽。"《上郜公敄人簠蓋》:"用賜釁(眉)壽萬年無彊(疆)。"

娊 伯田父簠 秦 陶新 3139

【注】從女易聲。《集韻》先的切,音錫。女名。●人名。《伯田父簠》:"白(伯)田父乍(作)井(邢)娊寶段。"陶文單字,應為人名。

煬 晉 中山王嚳壺 中山王嚳鼎

【注】從火易聲。《說文》無。或釋為"煬"。煬,《集韻》本作"焬",火光。●讀惕,警惕、戒備。《中山王嚳壺》:"氏(是)以遊夕歈(飲)飤(食),寧又(有)惥(懃)煬(惕)。"

湯 晉 姿壺

【注】從水煬聲。●讀易,簡慢、懈怠。《姿壺》:"而冢(屬)貢(任)之邦,逢(逢)郾(燕)亡道湯(易)上。"《叔尸鎛》:"虔恤不易,左右余一人。"

剔 燕 璽彙 3956

【注】從刀易聲。●"長生剔",人名。

錫 生史簠 金 天星 秦 王四年相邦張儀戈 嶽麓三 56

【注】從金易聲。《說文》:"錫,銀鉛之閒也。"本義金屬名。●指青銅。《嶽麓三 56》:"到舍達以分錫。"●讀賜,賞賜。《生史簠》:"白(伯)錫(賜)賞,用乍(作)寶段。"文獻亦常以"錫"為賞賜字。《書·堯典》:"師錫帝曰。"《傳》:"錫,與也。"●地名。《王四年相邦張儀戈》:"錫。"

賜 齊 庚壺 璽彙 2187 璽彙 2201 楚 燕客銅量 包山

1473

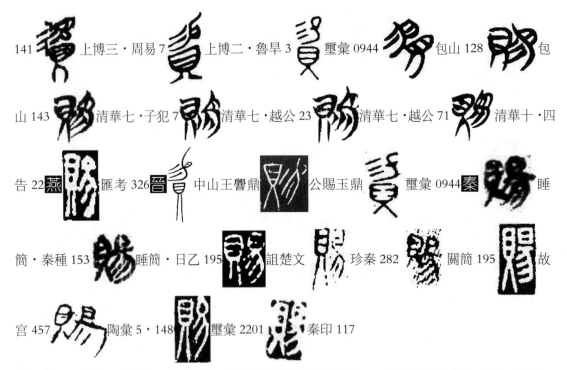

141 上博三·周易 7　　上博二·魯旱 3　　璽彙 0944　　包山 128　　包

山 143 清華七·子犯 7　　清華七·越公 23　　清華七·越公 71　　清華十·四

告 22 燕 匯考 326 晉 中山王譽鼎　　公賜玉鼎　　璽彙 0944　秦 賜 睡

簡·秦種 153 賜 睡簡·日乙 195　　詛楚文　賜 珍秦 282　賜 關簡 195　賜 故

宮 457 賜 陶彙 5·148　　璽彙 2201　　秦印 117

【注】從貝易聲。甲骨文及商代金文“賜”皆假借“易”為之，西周金文賜、賜、錫都已出現，但易、賜、賜、錫諸字皆可用為賜。一直到戰國“賜”才真正從“易”中分化出來，成為形音義獨立的一個字。《説文》：“賜，予也。”本義賜予。●多用為本義，賞賜。《庚壺》：“余台（以）賜女（汝）。”●恩惠。《詛楚文》：“緊（亦）應受皇天上帝及丕顯大神巫咸之幾靈德賜。”●孔子弟子子貢之名。《上博五·弟子 22》：“子聞之，曰：‘賜，不吾知也。’”

賖 齊 璽彙 3697 楚 清華九·治政 9

【注】從攴賜聲。●讀易。《清華九·治政 9》：“卑（譬）之猷（猶）市賈之交賖（易），則皆又（有）利女（焉）。”●《璽彙 3697》“喝賖信鉨”，人名。

傷 秦 睡簡·為吏 29　　睡簡·為吏 30

【注】從人易聲。●讀易，交易、替換。《睡簡·答問 202》：“節（即）亡玉若人貿傷（易）之，視檢智（知）小大以論及以齎負之。”如果丟失了玉或都被人替換了，看檢可以知道玉的大小，據以論處，並決定用多少錢賠償。●輕慢。《睡簡·為吏 29》：“則民傷指。”●讀易，容易。《睡簡·為吏 30》：“道傷（易）車利。”

傷 楚 上博五·鮑叔 6

【注】從心傷聲。《集韻》同惕。●讀易。簡文"慰牙"讀易牙，人名。文獻又作狄牙。

袋（裼）三十三年鄴令戈 四年雍令韓匡矛 安邑下官鍾

榮陽上官皿 侯馬 圖典 326 中國錢幣 2005‧2

【注】裼，魏三體石經古文作。王國維認為："此字從 從卒，于六書無可説。疑'裼'字之訛。古'狄'、'易'同聲，故'逖'之古文作'逷'。《史記‧殷本紀》'簡狄'舊本作'簡易'，《漢書‧古今人表》作'簡逷'，《山海經》《竹書》之'有易'，《楚辭‧天問》作'有狄'。此蓋假'裼'為'狄'。"（《魏石經殘石考》34 頁，收入《王國維遺書》第 9 冊）右上所從的部件並非"爪"，而實為"易"之省訛。其訛變順序為 ，故石經古文的"裼"仍是一個從衣、易聲的形聲字，易旁在傳抄中省形、移位，遂致訛變。●晉系文字人名。《四年雍令韓匡矛》："冶袋敔（造）戟束（刺）。"

鄴 燕 璽彙 3425 晉 璽彙 2087 璽彙 2089 類編 256

【注】從邑袋（裼）聲。●晉璽有"鄴得""鄴內明"，燕璽"鄴安"，均讀狄，姓氏。

剔 燕 璽彙 3488 璽彙 3306 璽彙 4098

【注】從刀袋（裼）聲。●燕璽"剔生角""剔生臧"等均讀狄，姓氏。

定紐役聲

没（役）晉 上官豆 楚 清華五‧厚父 10 郭店‧五行 45 上

博二‧容成 3 上博二‧容成 16 清華八‧處位 4 清華八‧邦道 24

清華七‧越公 28 清華一‧耆夜 10 清華六‧子產 14 清華五‧啻門

11 安大一 74　 安大一 72　 安大一 103　 上博九·卜書

6秦 里耶 8·1099　 嶽麓一·為吏 74

【注】《上官豆》所作，劉洪濤認為從辵殳聲，釋為“役”。（《釋上官登銘文的“役”字》）聲符殳之訛變與🐦（鄴王義楚盤）、🐦（虢季子白盤）所從殳類似。楚簡（清華五·厚父 10）從彳殳聲。其餘多從辵殳聲（或殳省聲）。●《上官登》：“富子之上官隻（獲）之畫🐦銅鋚十，台（以）為大役之從鋚。”“大役”一詞文獻習見。《周禮·夏官·大司馬》“大役，與慮事，屬其植，受其要，以待考而賞誅”，鄭玄注：“大役，築城邑也。”《莊子·人間世》“上有大役，則支離以有常疾不受功”，成玄英疏：“國家有重大徭役，為有痼疾，故不受其功程者也。”此指大型的徭役。《國語·晉語五》“國有大役，不鎮撫民而備鐘鼓，何也”，韋昭注：“役，事也。”此指戰爭。因此，“大役之從登”指的是服徭役或服兵役所攜帶的銅器登。●讀役。《清華八·處位 4》：“宝（主）賃百逐（役），乃敷（敝）於亡。”極言賦稅徭役之多也。●讀役。《清華一·耆夜 10》“逐車其行”，與《詩·蟋蟀》“役車其休”對讀，知“逐”與“役”相對，是役的異體字。役車，服役出行的車子。●讀疫。《上博二·容成 16》：“當是時也，癘逐（疫）不至，妖祥不行。”

脊晉  璽彙 1282 🦴 璽彙 2623

【注】從肉役聲。聲符所從殳與🦴（璽彙 1819）、🦴（璽彙 5631）相近。●晉璽人名。

疫楚 🦴 清華二·繫年 101 晉 🦴 七年鈹秦 🦴 睡簡·日甲 40 背 🦴 睡

簡·日甲 37 背

【注】從疒役省聲。●多用為本義，瘟疫。《睡簡·日甲 37 背》：“一宅中毋（無）故而室人皆疫，或死或病。”●疑為地名。《七年鈹》：“坴疫命（令）。”

役楚 🦴 清華七·越公 74

【注】當從人殳省聲，古同“役”。●整理者讀役。《清華七·越公 74》：“天加（禍）于吳邦，不才（在）肴（前）後，丁（當）役（役）孤身。”《國語·吳語》：“天既降禍于吳國，不在前後，當孤之身。”丁，當，義為值、遭逢。役，王寧釋“漸”而讀為“斬”，誅殺義，吳王說的那番話意思是：天降禍給吳國，不分前後，當斬殺了我，而使吳國失去宗廟（即亡國）。（《由清華簡〈清華七·越公〉的“役”釋甲骨文的“斬”與“漸”》）

1476

來紐厤聲

厤  毛公鼎

【注】從厂秝聲。《説文》："厤，治也。從厂秝聲。"戴家祥謂："按從厂無治意，古文石為偏旁多省作厂，當是從石之省。古代人們都用石磑碾米去殼，厤字從石從秝，疑即以石磑碾米去殼的本字。王筠釋治義曰：'此治玉治金之治，謂磨厲之也。'磨厲與厤的本義頗近，但對象是代表穀物的秝，而不是金玉。《説文》磨訓石聲，當是厤的加旁孳乳字。"（《金文大字典上》）此亦備一説。●讀曆，經歷。《毛公鼎》："厤（曆）自今。"

歷 禹鼎　 四十三年逨鼎 楚 二十九年弩機 秦 嶽麓一·為吏

77  印增 59

【注】甲骨文作 𣥚、𣥚、𣥚、𣥚，從止秝（或從林，秝、林偏旁混作無別）聲。金文從止從厤，厤亦聲，義為空間方面的經歷，"厂"表示山崖，為經歷之所也。蔣大昕謂"秝"從二禾，是因禾和禾之間行列疏朗，故用以象徵歷歷可數之義。禾字和木字古文結體相近，二字常因形近相混。所以甲骨文或從二木作 𣥚。後來又于秝上增厂，表示這歷歷可數者孳生在山崖的旁側。禾應生于田中，故或增田于厤而成曆，表示這歷歷可數者孳生于山崖旁側的田中。木應生于土中，故又或增土于厤而成歷，表示這歷歷可數者孳生于山崖旁側的土中。故秝、林、厤、厤、曆、歷的為形雖有繁簡，而音的方面也都仍讀若歷，義的方面也都仍是歷歷可數。（詳《保卣銘考釋》）《説文》："歷，過也。從止厤聲。"本義為經歷、經過。●地名。《禹鼎》："亦唯噩（鄂）侯馭方率南淮尸（夷）、東尸（夷），廣伐南或（國）、東或（國），至于歷内。"歷内，周王朝的戰略重地。具體地望不詳。●人名，讀厲。《二十九年弩機》："二十九年，秦攻吾，王以子橫質于齊，又使景鯉、蘇歷（厲）以求平。"蘇厲（生卒年不詳），東周洛陽人，戰國時期著名謀士。●讀櫪，馬槽，泛指馬房。《嶽麓一·為吏 77》："棧歷（櫪）浚除。"

癃（瘚）秦 ▨ 、▨ 秦印 292

【注】從疒歷省聲，"瘚"之異文。歷下均從足；從足與從止同義。●秦印均為人名。

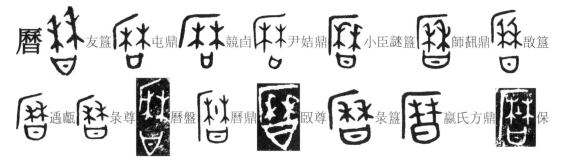

曆 𣥚 友簋　𣥚 屯鼎　𣥚 競卣　𣥚 尹姞鼎　𣥚 小臣謎簋　𣥚 師觀鼎　𣥚 敔簋
𣥚 遇甗　𣥚 彔尊　𣥚 彔盤　𣥚 歷鼎　𣥚 㪔尊　𣥚 彔簋　𣥚 贏氏方鼎　𣥚 保

卣保卣 番卣 楚清華二·繫年 14 清華二·繫年 14 分研一

28秦里耶 8·483

【注】從口（或從甘，會意同）麻。小篆從日。《說文新附字》：“曆，曆象也。從日麻聲。《史記》通用曆。”本義經歷，多指時間。此義楚文字作“篤”。●蔑曆：金文習語，勉勵之意。《趩觶》：“趩拜稽首，揚王休，對趩蔑曆。”蔑曆或分開用。《录致卣》：“白（伯）雝（雍）父蔑录曆，易（賜）貝十朋。”蔑录曆，即蔑曆录。●人名。《曆簋》：“曆乍（作）父乙彝。”●讀廉。《清華二·繫年 14》：“飛曆（廉）東逃于商盍（蓋）氏。”●當讀歷。《里耶 8·483》：“黔首曆課。”《校釋》：“曆，疑訓‘數’。《管子·海王》：‘吾子食鹽二升少半，此其大曆也。’尹知章注：‘曆，數。’《漢書·諸侯王表序》：‘周過其曆，秦不及期。’顏師古引應劭曰：‘武王克商，卜世三十，卜年七百，今乃三十六世，八百六十七歲，此謂其曆者也。’”曆，《史記》通用“歷”。“曆”或當讀歷，是指按等次編列黔首的考課項目。

蔗秦睡簡·秦種 8

【注】從艸曆聲。“蔗”字或體。●讀蔗。《睡簡·秦種 8》：“芻自黃麯及蔗束以上皆受之。”幹葉和亂草夠束以上均收。

曆秦北大簡 關簡 132

【注】當從石麻聲。●讀曆。《關簡 132》：“此所謂戎曆日殹（也）。”

厲楚清華八·邦道 13

【注】從力麻聲。●讀利。《清華八·邦道 13》：“是以專（敷）均於百眚（姓）之溓（兼）厲（利）而懋（愛）者。”此與《墨子·天志上》“故天意曰：‘此之我所愛，兼而愛之；我所利，兼而利之’”的思想是相一致的。

歷楚清華八·處位 4 清華七·越公 41

【注】從土麻聲。●讀歷。《清華八·處位 4》：“印（抑）歷（歷）無訾（訾）。”《說文》：“歷，過也。”本義為經歷，如《書·堯典》“歷象日月星辰”行星周天運行之“歷”。星宿有度，引申之，度其等次為“歷”。《商子·墾令》“訾粟而稅”，注：“訾，量也。”歷（歷）無訾（訾）者，稅賦無度也。●讀益。《清華七·越公 41》：“乃亡（無）敢增歷（益）亓（其）政以為獻於王。”

牆盤

【注】從秝從田，會眾禾在田中歷歷可數之意；秝兼聲。●讀歷。《牆盤》："害（歖）屖（遲）文考乙公，遽趠得屯（純），無諫農嗇（穡），戉曆隹（唯）辟。"戉曆，讀越歷，義為遠遍。

隸篁　　封篁

【注】從厂曆聲。●《封篁》"蔑曆"讀"蔑曆"。詳"曆"字。

楚　　包山 181

【注】從石曆聲。●包山簡人名。

來紐鬲聲

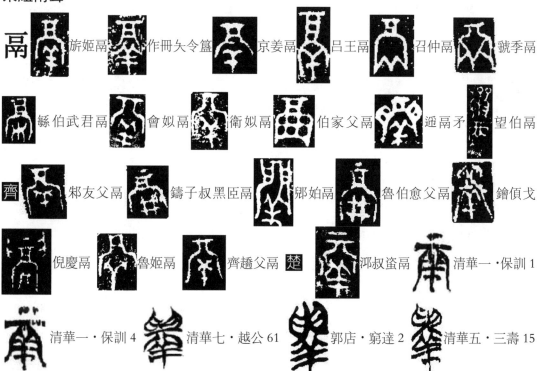

紀 67 晉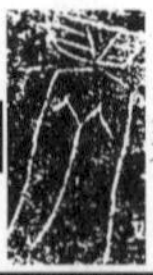梁十九年亡智鼎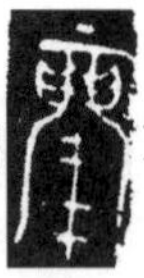君子之弄鬲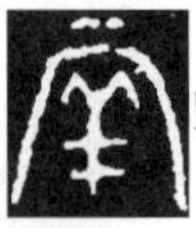鄲孝子鼎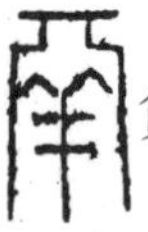貨系 328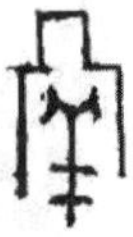貨系 333 秦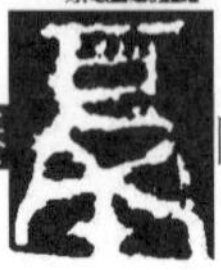陶彙 5・106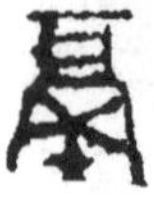陶彙 5・107印增 105、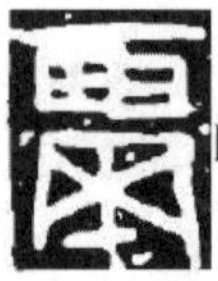印增 103

【注】甲骨文作、、，象三足之炊具形。金文同甲骨文，然字形多有訛變，《郳始鬲》等增從臼，乃受“鑄”“釁（眉）”等字類化所致。《望伯鬲》之，當為“齊”字，為迭加之聲符。“鬲”作偏旁常寫作“鬻”（、等形），實與“鬲”為一字之異體（參《金文編》第 1220 頁附録下 303～306 號、、、、、、、、、等字形所從）。《説文》：“鬲，鼎屬。實五觳。斗二升曰觳。象腹交文，三足。凡鬲之屬皆從鬲。鬲或從瓦。漢令鬲從瓦厤聲。”析形不確。本義為古代鼎類蒸煮飲具。●古代炊器。有三足，中空處可以燒柴。《虢伯鬲》：“虢白（伯）乍（作）姬大母隮鬲。”金文或作“鬹”“鎘”“鬲”“䰛”等。●勞動者身份的代稱。或以為是俘虜、奴隸，或謂農奴，學者説瀍不一，待考。《大盂鼎》：“人鬲千又五十人。”《令簋》：“鬲百人。”●人名。《鬲尊》：“鬲易（錫）貝于王。”●讀曆。《梁十九年鼎》：“鬲（曆）年萬不（丕）承。”●輔弼也。《叔尸鐘》：“女（汝）雁（膺）鬲公家。”郭沫若曰：“鬲讀為曆，《爾雅・釋詁》‘曆，傅也’，故雁（膺）鬲謂擔戴輔弼。”（《兩周金文辭大系考釋》204 頁）●讀歷。《清華一・保訓 1》：“王念日之多鬲（歷）。”“歷”有歷年久遠的意思，《尚書・召誥》言夏、商兩代“惟有歷年”。●讀隔。《清華三・芮良夫 2》：“閒（間）鬲（隔）若（若）否。”

鬹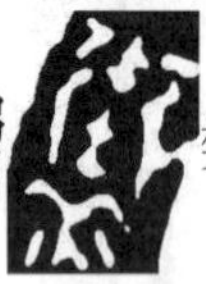樊君鬲 楚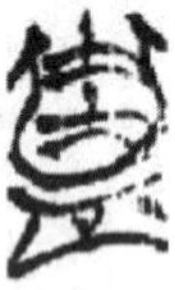清華五・封許 6

【注】從圭鬲聲。●讀鬲，器物。《樊君鬲》：“樊君作叔嬴𦎧媵器寶鬹。”清華簡“龍鬹”為賞賜品。

鬲帝 楚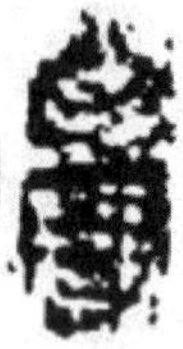上博二・容成 13

【注】從帝鬲聲，“鬲”之繁文。●讀鬲。《上博二・容成 13》：“昔舜耕於鬲帝（鬲）丘，陶於河濱。”

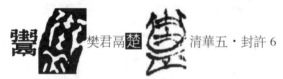

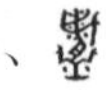

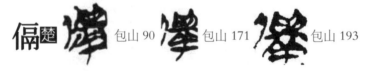

偏 楚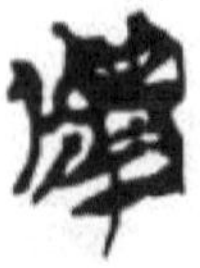包山 90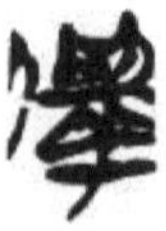包山 171包山 193

【注】從人鬲聲，人鬲之專字。●或可讀隸，《包山 90》“為偏於鄝”，即在“鄝”地服勞役。

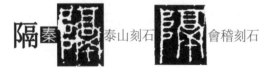

隔 秦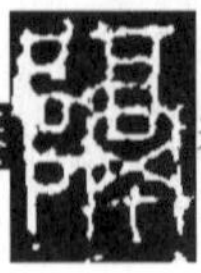泰山刻石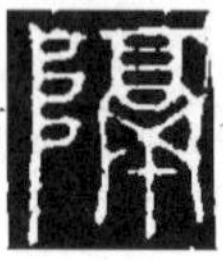會稽刻石

【注】從阝鬲聲。●用為本義，隔斷、阻隔。《會稽刻石》："防隔內外，禁止淫佚。"《泰山刻石》："昭隔內外。"昭隔，是指明確地分別。

遍楚 包山 167 包山 192 璽彙 3608

【注】從辵（或從止）鬲聲，為"徧"字異體。●包山、楚璽均為人名。

鄋楚 曾侯144 曾侯173 包山68 包山168 清華六·子

儀 19

【注】從邑鬲聲。●包山地名，具體地望待考。●讀隔。《說文》："隔，障也。從阜鬲聲。"或作"鬲"，《荀子·大略》："鬲如也。"楊注："謂鬲絕於上。"漢代典籍多作"鬲"，《漢書·地理志》："鬲絕南羌、匈奴。"又《薛宣朱博傳》："西州鬲絕。""鬲絕"即"隔絕"。《清華六·子儀19》："君不尚（當）芒（荒），鄋（隔）方（妨）者（諸）邘（任）。""隔防諸任"即把自己和責任隔離開來，就是放棄責任的意思。

鬲 曾者鼎 束仲☑父簋 瘵鼎 虢叔旅鐘楚 蔡侯申簋 仳子

受升鼎

【注】從𠃌（水形）從鬲，何琳儀隸定為"濔"，蓋字從二鬲，《正字通》："鬲，俗鬲字。"（《戰國古文字典》764 頁）吳振武釋為"瀝"字異體，讀歷，訓"陳列"。王子午器為成組器物，行禮時按一定次序陳列，稱為歷器。（《釋鬲》）董珊謂"鬲"可能是從水、從兩個鬲（"薦鬲"之"薦"的專字）的"瀉"字異體，"瀉"與"鬲"只是聲符替換的關係。（董珊《競孫鬲、壺銘文再考》）揆之銘意，董珊之說可從。●董珊讀薦。《周禮·天官·庖人》"凡其死生鮮薨之物，以共（供）王之膳與其薦羞之物"，鄭玄注："薦亦進也。備物品曰薦，致滋味乃為羞。"《蔡侯申簋》："蔡侯鼺（申）之鬲簋。""薦鬲""薦鑒""薦鼎"等銅器自名，《大府鎬》也寫成"晉鎬"。●董珊讀薦，作副詞是"再""重"的意思。《虢叔旅鐘》："皇考威義（儀），鬲御于天子。"《左傳》僖公十三年"冬，晉薦饑，使乞糴于秦"，《經典釋文》："薦，重也。"《詩·大雅·云漢》："天降喪亂，饑饉薦臻。"《爾雅·釋言》："薦，再也。"

遳楚 王子午鼎

【注】從辵鬲聲。●讀薦。《王子午鼎》："自乍（作）齋彝遳鼎。"詳"鬲"字。

漏 達盨

【注】從水鬲聲。《説文》無。《廣韻》《集韻》湖名，在陽羨。●地名。《達盨》："王才（在）周，執駒于漹匟。"

篕 楚 荊曆鐘

【注】從竹鬲聲，為日曆專用字。●讀曆，楚器日曆專字。《荊曆鐘》："隹（唯）智（荊）篕（曆）屈柰，晉人救戎于楚竸（境）。"

鎘 季貞鬲

【注】從金鬲聲。●讀鬲，器名。詳"鬲"字。

鼎 虢文公子作鬲　或子碩父鬲

【注】從鼎鬲聲。●讀鬲，器名。詳"鬲"字。

盄 芮太子鬲

【注】從皿鬲聲。●讀鬲，器名。詳"鬲"字。

輌 秦 睡簡·秦種125

【注】從車鬲聲。●讀膈。《睡簡·秦種125》："及載縣（懸）鐘虞〈虡〉用輌（膈），皆不勝任而折。"膈，《史記》索隱："懸鐘格。"即鐘架上的橫木。

禑 中方鼎

【注】從衣鬲聲。《説文》裘裏也。一曰薄也。●地名。《中方鼎》："今兄（貺）畀女（汝）禑土。"

謫 楚 清華八·攝命6

【注】從言鬲聲。●讀歷。《清華八·攝命6》："女（汝）能謫（歷），女（汝）能并命，并命難（勤）緜（肄）。"《書·盤庚下》"歷告爾百姓于朕志"，歷告，徧告也。《漢書·劉向傳》"歷周唐之所進以為法"，師古注："歷謂歷觀之。"

清紐束聲

束 束鼎 束卣 束卣 束觶 般仲束盤 齊 陶彙 3 · 993 陶録

3 · 139 楚 郭店 · 老甲 14 包山 167 晉 四年雍令矛 二年鄭令矛

奠往庫矛 貨系 0126

【注】甲骨文作等形，象毛刺之形。金文承之。《説文》："朿，木芒也。象形。凡朿之屬皆從朿。讀若刺。"本義為刺穿，是"刺"的本字。●人名。《束卣》："公賞束，用乍（作）父辛于彝。"●兵器名。《四年雍令矛》："敱（造）戟束（刺）。"本器自命戟束，表明它不是一般的矛，而是裝在戟上的矛頭。●讀靜。《郭店 · 老甲 14》："夫亦牾（將）智（知）以束（靜），萬勿（物）牾（將）自定。"

唻 齊 陶彙 3 · 1209 陶彙 3 · 1208

【注】從口束聲。●齊陶單字，當為人名。

諫 牆盤

【注】從言束聲，與小篆同。《説文》："諫，數諫也。從言束聲。"本義指責。●讀刺，指責。《牆盤》："遽趠得屯（純），無諫農嗇（穡），戉襏隹（唯）辟。"《戰國策 · 齊策一》："面刺寡人之過者，受上賞。"

祾 楚 清華三 · 芮良夫 18

【注】從示束聲。●讀績。《清華三 · 芮良夫 17》："□□紅（功）祾（績），龏（恭）醫（潔）盲（享）祀。"

脊 楚 清華六 · 管仲 13 清華十一 · 五紀 93 晉 璽彙 1730 璽彙 2659

璽彙 5622 秦 秦印 236 璽彙 5569 睡簡 · 日甲 80 背

【注】從肉束聲。小篆作，從㔾，為束之訛。●脊背。《睡簡‧日甲 80 背》："盜者大鼻而票（剽）行，馬脊，其面不全。"●讀瘠。《清華六‧管仲 13》："是古（故）六胹（擾）不脊（瘠），五種時筥（熟），民人不夭。"詳"胹"字。

瘠  邵之瘠夫戈

【注】從疒脊聲。●人名。

勑 秦  睡簡‧日甲 159 背

【注】從力脊聲。●讀脊，脊骨。《睡簡‧日甲 159 背》："勑（脊）為身剛。"《初學記》二十九引《相馬經》："脊為將軍欲得強。"是"脊為身剛"即"脊為身強"。

埨 齊  匯考 44

【注】從土脊聲。●齊璽人名。或釋為"雕"。

淯 齊  璽補 418 秦 、 印增 601

【注】從水脊聲。亦見於馬王堆帛書作（帛書病方 241）。●齊璽，施謝捷釋為"右疀淯"，人名用字。或釋為"灘"。●秦印人名。

速（迹）  五年師旋簋 五年師旋簋 師袁簋 師袁簋 晉 璽 彙 4080 秦 睡簡‧封診 1 睡簡‧封診 71 詛楚文

【注】從辵束聲，與《說文》"迹"籀文同，初義為行走的足迹。"迹"乃"速"之形訛，即束旁由而而，遂訛作"亦"形。睡虎地秦簡作，為小篆所本。《說文》："䢠，步處也。從辵亦聲。蹟或從足、責。速籀文迹從束。"本義足迹。●循道，即遵循灋度。《師袁簋》："淮尸（夷）繇我員晦臣，今敢博厥（厥）眾叚，反厥（厥）工吏，弗速（迹）東郢（國）。"銘意為，淮夷的叛變使我東國出現了不循王道的事。●讀績。《五年師旋簋》："敬母（毋）敗速（績）。"《爾雅‧釋詁》："績，事也。"敗績，指軍事上的失利。●考察、探究。《睡簡‧封診 1》："治獄，

能以書從跡其言。"審理案件，能根據記錄的口供，進行追查。●蹤跡。《睡簡·封診 68》："診必先謹審視其迹。"《詛楚文》："將欲復其脫速。"

策 楚　包山 260　　清華一·耆夜 2　　天星　　上博九·靈王 3　晉　　陶

彙 6·160　　璽彙 2409　秦　　、　　北大簡

【注】從竹束聲。戰國文字或作"箣"，從竹斦（析）聲。或從竹斦省聲作"筄"。●讀冊。《清華一·耆夜 2》："叙（作）策（冊）傀（逸—佚）為東尚（堂）之客。"●包山簡讀簀，用竹子或木條編成的席子。《包山 260》："一刂（收）牀，又（有）策（簀）。"此義望山簡作"筄"。

刺 秦　　睡簡·日甲 35 背　　睡簡·日甲 62

【注】從刀束聲。秦文字束、夾相混。●刺殺。《睡簡·日甲 35 背》："以良劍刺其頸，則不來矣。"

蓻 秦　　印增 161

【注】從竹刺聲。"策"之異文。●人名。

磔 楚　　郭店·忠信 1　　郭店·忠信 2　　上博六·用曰 8

【注】從石束聲。●均讀積，聚也。《上博六·用曰 8》："磔（積）湦（盈）天之下，而莫之能得。"

棘 秦　　于京 68

【注】從米束聲。●"棘陰之印"，地名用字，文獻失載。

瘠 楚　　包山 168

【注】從疒束聲，"膌（脊）"字古文。●人名，可讀膌。

1485

責 責戈父鼎 缶鼎 旂作父戊鼎 兮甲盤 楚 包山98 上博
一・詩論9 包山152 郭店・太一9 清華七・晉文公2 清華一・金
滕3 晉 十葉右使壺 秦 秦公簋 睡簡・秦種123

【注】甲骨文作、、，從貝朿聲。字從貝旁，當與貨幣相關，疑"債"字初文。金文小篆同。●讀積，積蓄。《兮甲盤》："王令甲政（征）觶（辭）成周四方責（積）。"《周禮・地官・遺人》："遺人掌邦之委積。"鄭玄注："皆以其余財共之，少曰委，多曰積。"《睡簡・日甲15正》："利市責（積）。"●求。《睡簡・日乙122》："以責人，得。"●讀迹，蹤迹之迹。《秦公簋》："秦公曰：不（丕）顯朕（朕）皇且（祖）受天命，鼏（宓）宅禹責（迹），十又二公。"禹治洪水，足迹遍佈九州，故稱中國為禹迹。●讀債。《包山98》："訟邸昜（陽）君之人㐁公番申以責（債）。"《睡簡・秦種44》："有責（債）於公及貲、贖者居它縣，輒移居縣責之。"官府債和被判處貲、贖者住在另一縣，應即發文書到所住的縣，由該縣索繳。●讀積，積德。《郭店・太一9》："伐於勞（強），責於〔弱，谓上下之道也〕。"●讀刺，諷刺、諷喻。《上博一・詩論9》："誶（祈）父之責亦又（有）目（以）也。"吳陸景《典語》："祈父失職，詩人作刺。"

齰 秦 秦印39

【注】從齒責聲。●人名。

漬 秦 睡簡・日甲113正 戰編748 印增443

【注】從水責聲。●浸泡。《睡簡・日甲113正》："可以漬米為酒，酒美。"●秦印人名。

積 秦 商鞅量 商鞅方升 睡簡・秦種27 睡簡・效律27

【注】從禾責聲，與小篆同。《說文》："禮，聚也。"本義聚積。●聚也。《商鞅量》："大良造鞅，爰積十六尊（寸）五分尊（寸）壹為升。"秦文字用"積""責"表示累積之積。楚文字用"㮆"表示。●堆積。《睡簡・效律22》："倉扁（漏）歹（朽）禾粟，及積禾粟而敗之，其不可食者不盈百石以下，誶官嗇夫。"糧倉漏雨而爛壞了糧食，和堆積糧食而腐敗了，不能食用的糧量數不滿百石，斥責其官府的嗇夫。

績 楚 繢 清華六·子儀10　繢 清華五·厚父1　鱶 秦印255

【注】從糸責聲。《説文》："績，緝也。从糸責聲。" ●用為本義，緝麻，把麻析成細縷捻接起來。《清華六·子儀10》："攺（施）之績可（兮）而勴（奮）之，織紝之不成，虐（吾）可（何）以祭襏？" ●成果，功業。《清華五·厚父1》："……王監劼績。" ●秦印人名。

清紐冊聲

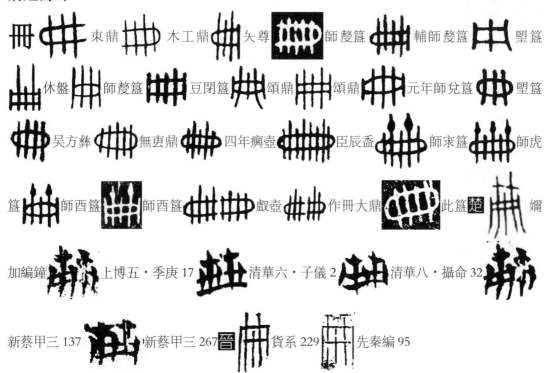

束鼎　木工鼎　矢尊　師嫠簋　輔師嫠簋　塱簋

休盤　師嫠簋　豆閉簋　頌鼎　頌鼎　元年師兑簋　塱簋

吳方彝　無叀鼎　四年瘐壺　臣辰盉　師求簋　師虎

簋　師酉簋　師酉簋　叡壺　作冊大鼎　此簋 楚 嬭

加編鐘　上博五·季庚17　清華六·子儀2　清華八·攝命32

新蔡甲三137　新蔡甲三267 晉　貨系229　先秦編95

【注】甲骨文作▦、▦、▦、▦、▦、▦、▦、▦、▦等形，象竹木簡形；中間几條豎綫表示竹木簡，橫向的曲綫是把竹木簡編串成冊的皮繩。古人把寫了文字的竹木簡編串起來，稱為"簡冊"。甲骨文或增口繁化。楚簡冊上多加飾點，參考"典"。《説文》："冊，符命也。諸侯進受于王也。象其劄一長一短，中有二編之形。凡冊之屬皆從冊。𠕋古文冊從竹。"本義當為書簡，《尚書》："惟殷先人，有冊有典。"引申為皇帝的詔書、賜封。又指謀略，如《漢書》："此全師保勝安邊之冊。"此義也借"策"來表示。 ●封官、賜爵。《諫簋》："王乎（呼）内史寽冊命諫曰。"冊命，周天子通過隆重儀式對諸侯，大臣的封官賜爵，並作為正式命令、決定記録在冊。 ●《清華六·子儀2》："乃羊（券）冊秦邦之𡔞（羡）余（餘）。"券冊，此用為動詞，登記於券冊，即登記之意。

爂 楚 爂 上博五·姑成9

1487

【注】從火冊聲。●或讀策，謀劃。《上博五・姑成9》：“長魚鬻殹自公所，躬（糾）人於百鯀，以内（納），緣（囚）之。”

 曾 清華十・四告 32

【注】從曰冊聲。●讀冊。《清華十・四告 32》：“爰茲用曾告。”《説文》：“曾，告也。從曰從冊，冊亦聲。”“曾告”猶言“策告”。

 遡 啟卣

【注】從辵冊聲。●讀迹，循也。《啟卣》：“王出獸南山，宷遡山谷，至于上侯。”冊聲、束聲可通。《書・金縢》：“史乃冊祝。”《史記・魯世家》引冊作策。《左傳・定公四年》：“備物典冊。”釋文：“策本又作冊，或作筴。”可證。

 歃作父癸卣

【注】從欠冊聲。●人名。《歃作父癸卣》：“歃乍（作）父癸寶障彝。”

 毛公鼎

【注】從鬲冊聲。《説文》無。●《毛公鼎》：“龤龤四方，大從（縱）不靜。”龤龤，讀策策，有擾亂之意。郭沫若考證：“龤當從鬲冊聲。冊冊四方，當如《詩》‘我觀四方，蹙蹙靡所騁’之蹙蹙。又《春秋左氏傳》‘王室蠢蠢’（昭公二十四年），蠢蠢與冊冊古音同紐，韻亦近對轉。故龤龤當是紛亂之狀。”（《金文叢考》262 頁）《左傳・昭公二十四年》：“今王室實蠢蠢焉”，杜預注：“蠢蠢，動擾貌。”

心紐析聲

析（斨）木斤 倗生簋　木八 倗生簋齊　陶録 2・292　陶彙

3・694楚　析 清華二・繫年 84　斨君戟　上博三・仲弓 20　清華三・赤

鳩9燕　璽彙3632晉　木八 十八年相邦劍　璽彙2398　璽彙2399秦

睡簡·封診 60　　睡簡·葉書 9　　　圖典 26

【注】甲骨文作 𣂈、𣂈、𣂈，從木從斤（斧），會用斧子劈木柴之意。《斨君戟》從片（半木之形），會意同，"析"之異體。《清華三·赤鳩 9》象析木形，"析"之省文。《璽彙 3632》從二"片"，會破木之意。《説文》："𣂈，破木也。一曰折也。從木從斤。"本義為劈開，如《詩經》："析薪如之何？匪斧不克。"後來引申為分析、辨析等義。●分判，指券契之分付。《倗生簋》："格白（伯）取良馬乘于倗生，氒（厥）貯（賈）卅田，則析。"則析，指書券剖析，各執其一。●地名。《析君戟》："斨（析）君墨脅之部（造）鋅（戟）。"《睡簡·葉書 9》："九年，攻析。"●讀皙。《睡簡·封診 60》："男子丁壯，析（皙）色。"●讀刺。《清華三·赤鳩 9》："上片（刺）句（后）之體，是凶（使）句（后）之身蠱（疴）蠱，不可（極）于筍（席）。"析，心母錫部；刺，清母錫部。《神農本草經》"蓂蓂"，馬王堆帛書《五十二病方》作"策蓂"，《爾雅·釋草》作"蓂蓂"，《説文》作"析蓂"。●晉璽有"蓂臣""析瘢"等，姓氏。●讀沂，地名。《清華二·繫年 84》："與吳人戰于析（沂）。"《圖典 26》"析莫學偁"，析莫，縣邑地名。學偁，學官副手，秩位較低。●讀愎。《上博三·仲弓 20》："含（今）之羣=（君子），孚（復）您（過）戍析，戁（難）目（以）內（納）束（諫）。""愎過"意為堅持過失。"戍析"之義待考。

皙 秦　　里耶 8·534　　里耶 8·550

【注】從白析聲。●皮膚白。《里耶 8·550》："嬒，皙色，长二尺五寸，年五月，典和占。浮，皙色，长六尺六寸，年世岁，典和占。"占，是登記的意思。這支簡記錄的是占民口數的兩條材料，屬於戶籍登記的内容。

筞 楚　　仰天 18　　晉　　中山王𧮫壺

【注】從竹斨（斨為析是異體）聲，字原意為析竹為冊，"策"之異文。戰國文字或省斤作 𥱼。包山楚簡作 𥳨，戰國璽印作 𥬇，易聲符束始作"策"。《説文》："𥬇，馬箠也。從竹束聲。"所釋當為引申義。本義指簡冊，而與編簡之"冊"同音，故亦通用。●讀策或讀冊。《中山王𧮫壺》："迱（使）其老筞（冊）賞中（仲）父，者（諸）侯皆賀。"筞（策）賞，是書勳勞賞賜于冊。與金文習見之冊命、冊易之"冊"義同。●楚簡讀簀，用竹子或木條編成的席子。

芹　　　望山 2·48

【注】"筞"之異文。●讀簀，用竹子或木條編成的席子。《望山 2·48》："二芹茦（莞）。"

並紐辟聲

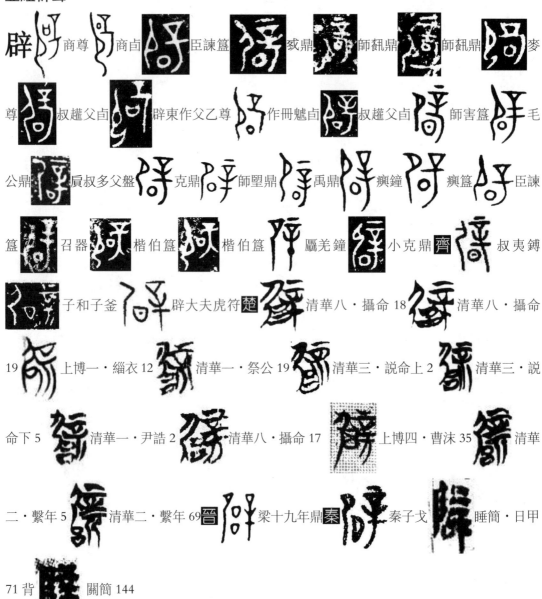

【注】甲骨文作 𥛽、𥁕、𥍮、𥍪、𥓳、𥘅、𥘏、𥎃，從卩（跪人），從辛（刑刀），會對人施加刑罰之意。羅振玉考證："按古文𥄂，從辛人。辟，灋也。人有辛則加以灋也。古金文作𥄂，增口，乃璧之本字。從口辟聲。而借為訓灋之辟。"（《殷墟書契考釋（中）》）"𥄂"為會意，"辟"為形聲。金文中以"辟"為"𥄂"。"璧"金文作𤣥，多從玉，與"辟"不相混。西周時期大多增從◯，個別字形中又訛寫為"口"。◯個別訛為"日"，秦子戈寫作從月，當是因日、月兩旁義近而換用。《梁十九年鼎》復益一口。《說文》："𨐅，灋也。從卩從辛，節制其辠也；從口，用灋者也。凡辟之屬皆從辟。"本義是行刑。引申為罪、灋度、效灋、辟治等義。● 效灋、灋則。《梁其鐘》："其肇（肇）帥井（型）皇且（祖）考秉明德，虔夙夕，辟天子。"《書·金縢》："我之弗辟。"孔傳："辟，灋也。"● 治理。《牧簋》："令女（汝）辟百寮。"● 官員。《秦公鎛》："咸

畜百辟胤士。"《大盂鼎》："隹（唯）殷邊侯、田（甸）雩（與）殷正百辟，率肄于酉（酒）。"陳夢家釋"百辟"即百官。●天子、諸侯之尊稱。《大克鼎》："肆（肆）克龏（恭）保氒（厥）辟龏（恭）王。"《詩·大雅·蕩》："蕩蕩上帝，下民之辟。"《爾雅·釋詁》："辟，君也。"●輔助、侍奉，專指臣下服事、輔佐天子。《敎鼎》："唯氒（厥）事（使）乃子敎萬年辟事天子。"●指君主招來，授予官職。《清華八·攝命17》："余辟相唯御事。"句謂余為天子，任命輔相，皆御事也。●讀嬖。《上博四·曹沫35》："毋辟（嬖）於便僻（嬖），毋倀（長）於父兄（兄）。"●讀痹。《清華三·說命上2》："氒卑（俾）繃弓，紳（引）弸（關）辟矢。""辟矢"原整理者已經指出即《周禮·司弓矢》的"恆矢、痹矢，用諸散射"的"痹矢"，是也；據《集韻》字或作"鈚""鎞""錍"等。此言弼人幫助王找到了傅說，他得到的賞賜是弸弓和用以射擊的辟矢。●《清華二·繫年69》："三辟（嬖）夫=（大夫）南釐（郭）子、鄭（蔡）子、安（晏）子達（率）目（師）以會于斷（斷）道。"讀嬖。《左傳》昭公元年："子產數子南曰：'子皙上大夫，女嬖大夫，而弗下之，不尊貴也。'"《國語·吳語》："十行一嬖大夫，建旌提鼓，挾經秉枹。"韋昭注："嬖，下大夫也。"《集成》12107有"辟大夫虎符"，戰國時器，現藏北京故宮博物院。

寅簋

【注】從宀辟聲。●讀辟。《寅盨》："善效（教）乃友內（納）辟（辟）。"內辟：即納辟。納于瀍治、遵循瀍規。

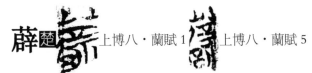上博八·蘭賦1　　上博八·蘭賦5

【注】從艸辟聲。《說文》："薜，牡贊也。從艸辟聲。"●《上博八·蘭賦1》："苣（黃）薜茅（茂）豐。""黃薜"在此當指惡艸，與蘭相對。

包山258

【注】從人辟聲。●《包山258》："僻脩一筲、庶（炙）雞一筲。"義不詳。

瞛 上博五·季庚20

【注】從貝辟省聲。●讀辟，法度。《上博五·季庚20》："救民目（以）瞛（辟）。"治理民眾要以法度。

繄秦 嶽麓一·為吏75

【注】從糸辟聲。●簡文"窖內直（置）繄"，整理小組注："繄，車網，一種能自動覆蓋的捕獲鳥獸的網。"

臂 晉 盗壺 分研 231 璽補 157 秦 睡簡·封珍 88 睡簡·日

甲 39 背 睡簡·日乙 81 里耶 8·151 里耶 8·1224

【注】從肉辟聲。實為"辟"字，辛旁寫在左側，多益一口，為增飾符，《梁十九年鼎》"辟"作，與此同。《説文》："臂，手上也。"本義胳膊。●讀辟，姦邪不正。《盗壺》："子之大臂（辟）不宜（義），佋（反）臣兀（其）宔（主）。"《左傳·昭六年》："楚辟我衷，若何效辟。"《注》辟，邪也。衷，正也。●秦簡本義，手臂。《睡簡·封珍 88》："其頭、身、臂、手指、股以下到足。"

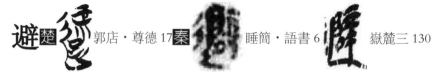

避 楚 郭店·尊德 17 秦 睡簡·語書 6 嶽麓三 130

【注】從辵辟聲。●違背。《睡簡·語書 6》："是即明避主之明法殹（也）。"這是公然違背君上的大法。●讀僻，邪僻。《郭店·尊德 17》："察迡則亡避（僻），不黨則亡（無）悁（怨）。"黨，偏私、偏袒。《睡簡·語書 2》："以矯端民心，去其邪避（僻）。"

廦 龏篕 秦 睡簡·封診 81

【注】從广辟聲，《説文》牆也。《玉篇》今作壁。●讀壁。《睡簡·封診 81》："東、北去廦各四尺，高一尺。"●地名。《龏篕》："公廼死才（在）廦。"

壁 楚 包山 218 上博八·命 5 秦 睡簡·日甲 156 背

【注】從土辟聲。●墙壁。《睡簡·日甲 156 背》："穿壁直中。"●《包山 218》："壁琥，睪（擇）良月良日逞（歸）之。"壁"或讀弭。《禮記·郊特牲》："祭有祈焉，有報焉，有由辟焉。"鄭玄注："由，用也。辟，讀為弭，謂弭災兵，遠罪疾也。"簡文意為：弭除遠離這塊玉琥，並且選擇吉日將玉琥送給鬼神。

璧 琱生簋 王旬 麥尊 屏敔簋蓋 齊 洹子孟姜壺 洹子孟姜

壺 楚 新蔡甲三 181 新蔡甲三 142 上博六·競公 1 上博二·魯

旱 3 清華一·金滕 2 清華一·金滕 5 清華九·治政 27 侯馬

秦 詛楚文 秦駰玉牘 秦駰玉牘

【注】從玉辟聲。"辟"為"璧"的本字，從○辟聲，○為玉璧象形。"辟"多借為訓瀍之辟，遂復加玉以專本義。"辟"兼表意，表示瀍度、瀍則，蓋使用該玉器要遵循一定的瀍度。《上博六·競公 1》從辟省聲。《説文》："璧，瑞玉圜也。從玉辟聲。"本義是一種環形玉器，中間有孔，璧之邊是孔徑的兩倍。●玉器名。平圓形，正中有孔。為古代貴族朝聘、祭祀、喪葬時所用禮器。《琱生簋》："獻白（伯）氏則報璧，琱生對揚朕（朕）宗君其休。"《屖敖簋蓋》："屖敖用環用璧。"《爾雅·釋器》："肉倍好，謂之璧。"邢昺疏："肉，邊也；好，孔也。邊大倍于孔者名璧。"《詛楚文》："敢用吉玉宣（瑄）璧。"●璧雍：即典籍之"辟雍"。《麥尊》："才（在）璧（辟）雝（雍），王乘于舟，為大豊（禮）。"見"雝"。

劈 秦 睡簡·日甲 25 正

【注】從力辟聲。●用為本義。《説文》："劈，破也。從刀，辟聲。"《睡簡·日甲 25 正》："閉日，可以劈決池。"

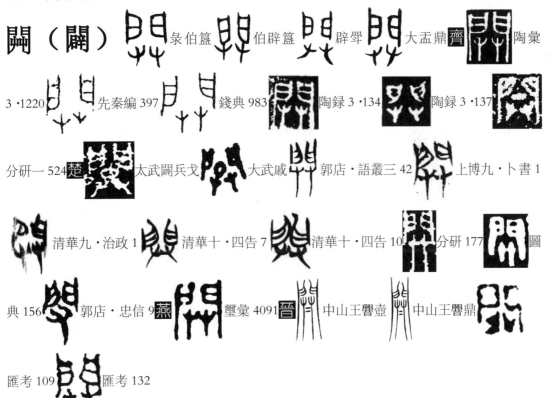

闢（闢）彔伯簋 伯辟簋 辟尊 大盂鼎 齊 陶彙

3·1220 先秦編 397 錢典 983 陶録 3·134 陶録 3·137

分研一 524 楚 太武闢兵戈 大武戚 郭店·語叢三 42 上博九·卜書 1

清華九·治政 1 清華十·四告 7 清華十·四告 10 分研 177 圖

典 156 郭店·忠信 9 燕 璽彙 4091 晉 中山王嚳壺 中山王嚳鼎

匯考 109 匯考 132

【注】從門從廾，象以兩手反開門，與《説文》"闢"古文同。或增二，乃為裝飾符。戰國文字或作，于門內加〇（"璧"之初文）為音符。闢、開二字易混。開，戰國古璽作（上海8·4），從門從廾，會雙手開門之意，上面一橫為對稱符號，並聲化為开。《説文》："闢，開也。從門辟聲。《虞書》曰：'辟四門。'闢從門從廾。"本義為開門。引申為凡開祏之偁。●讀辟，開啟、開拓。《中山王嚳壺》："述（遂）定君臣之頊（位），上下之體（體），休又（有）成工（功），肍（創）闢（辟）封彊（疆）。"●讀辟，懲罰、屏除。《大盂鼎》："闢（辟）氒（厥）匿（慝），匃（敷）有四方。"●讀辟，君主。《中山王嚳壺》："以猒（佐）右氒（厥）闢（辟），不戠（貳）其心。"●讀辟。《大武戚》："大武闢（辟）兵。""辟兵"一詞典籍習見，有避兵害、壓勝之義，是東周以後一種比較風行的習俗。黃錫全謂"辟"可讀弭，如《禮記·郊特性》："有由辟焉。"注："辟讀為弭，謂弭災兵遠罪疾也。"（《大武辟兵淺析》）●《郭店·忠信9》："氏（是）古（故）古之所以行虖（乎）閔嘍者，女（如）此也。"釋為"闢"，讀辟。簡文"閔嘍"，讀辟陋，指代楚、莒之類所謂的蠻夷之邦。閔，劉釗謂從門聲，讀蠻。●地名。《匯考109》"闢里"地望待考。《匯考132》"闢陽"即"辟陽"，為地名，屢見於典籍，戰國時期屬趙，在今河北冀州市。●《分研一524》"闢（闢）方之鈢"，姓氏，古有辟姓。或謂"闢方"為地名。●讀避。《清華九·治政1》："以闢（避）此㦫（難）。"

 信陽2·23

【注】從竹闢聲。●讀籧。《信陽2·23》："六簹（籧）篹（筵）。"籧筵，竹席。馬王堆一號墓："滑辟席，广四尺，長丈，生繒椽（緣）。""辟席"當讀為"籧席"。"辟""籧"古音相近可通。如《詩·大雅·韓奕》"鞹鞃淺幭"之"幭"，《禮記·玉藻》《儀禮·既夕禮》等作"幦"，即其證。"簹"從竹，有可能是"籧"字的異體。

 清華十一·五紀76 　清華十一·五紀84

【注】從土闢聲。●讀壁。《清華十一·五紀84》："昌望（壁）為臧（肺）肝，良（狼）為胤（腎）。"

耕部

影紐賏聲

賏（）  子賏戈 **楚**  包山 150　　清華一・耆夜 6 **晉**　　璽彙 3796

【注】《子賏戈》從二貝，為鳥蟲書，余為飾筆。楚簡"賏"可釋為"賏"之繁文。《説文》："賏，頸飾也。從二貝。烏莖切。"●讀熒。《清華一・耆夜6》："賏賏戎備（服）。"整理者認為讀作"英英"或"央央"，蘇建洲先生讀作"盛盛"。"賏賏"當讀為"熒熒"。"賏"，影紐耕部；"熒"，匣紐耕部。二者讀音相近，常相通假。"賏賏戎備（服）"意即光鮮明亮的戎服。"賏"，《玉篇・貝部》謂"作力貌"。古籍常用以形容壯猛貌，如《水經注・漸江水》云："賏響外發。"故此處作如字讀，形容"戎服"，亦無不可。●人名。《子賏戈》："子賏之用戈。"晉璽人名。

 **秦** 印增 182

【注】從缶賏聲。●秦印人名。

 楚  清華一・皇門 3　　 清華一・皇門 13、　 清華三・琴舞

16 郭店・老甲 27　　 清華八・邦道 5 **晉**  四年咎奴曹令戈

【注】從宧賏聲。簡作"廥"；"宧"省為"尒"。在出土文獻中，"爾"與"宧"二者有相混的現象。●讀銳。《郭店・老甲27》："劀（挫）亓（其）廥（銳），解亓（其）紛。"今本作"銳"。《清華八・邦道5》"廥（銳）士"亦讀銳。●讀墜。《廣雅・釋詁三》："墜，失也。"《清華三・琴舞1》："無愄（謀）盲（享）君，罔廥（墜）亓（其）考。"不要失去對君主的監督、考校。"賏"聲和"銳"近同，"兑"聲字與"豕"聲字亦相通。●讀榮。《清華一・皇門3》："句（苟）克又（有）欵，亡（罔）不醫達，獻言才（在）王所。""榮達"是富貴榮顯之意，"無不榮達"與今本"罔不允通"意近。郭店楚簡《老子》乙本"蒠辱若醫，今本作"寵辱若驚"，也是出於相同的情況。●讀營，護衛之意。《清華一・皇門13》："卑（譬）女（如）舡（主）舟，輔余于險，醫（營）余于淒（濟）。"《清華一・皇門13》："母（毋）隹（惟）爾（爾）身之醫（營）。""爾（爾）身之醫"應為"醫爾（爾）身"，賓語前置句式。●晉戈為人名。

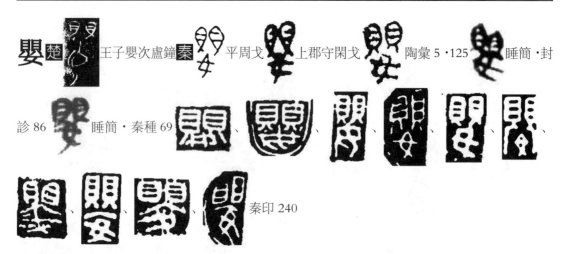

【注】從女賏聲。從賏，會女子有頸飾之意。《說文》："賏，頸飾也。從女、賏。賏，其連也。"本義婦女頸飾，似現代的項鏈。《釋名》："人始生曰嬰兒。智前曰嬰，抱之嬰前，乳養之，故曰嬰。"楚文字或用"賏"表示。●嬰兒。《睡簡·封診86》："即診嬰兒男女、生髮及保之狀。"●繫。《睡簡·秦種69》："小物不能各一錢者，勿嬰。"小件物品每件值不到一錢的，不必系簽。●戰國文字多為人名。《王子嬰次鐘》："王子嬰次自乍（作）者（堵）鐘，永用匽（宴）喜。"《上郡守閑戈》："上郡守閑（間）造，漆垣工師嬰。"

秦印254

【注】從糸嬰聲。此字六國文字多從晏聲作"緩""纓""賏"等形。●秦印人名。

匣紐幸聲

【注】幸，本作夆。古文字均從屰從犬，《說文》訛為從屰從夭。其造字結構和字形本義有待進

一步研究。秦漢文字又多訛為從犬從羊，如、（漢印 911）。隸書（曹全碑作）又訛為
從大從羊，遂與"夲（多讀甲）"形混淆。《説文》："夭，吉而免凶也。從屰從夭。夭，死之事。
故死謂之不夭。胡耿切。"●讀幸。《清華三·芮良夫 9》："民不日幸，尚恴（憂）思殹。"《小爾
雅·廣義》："幸，非分而得謂之幸。"●讀幸，徼幸。《清華八·邦道 18》："古（故）與（興）
不可以幸。"整理者注："幸，《國語·晉語一》'其下偷以幸'，韋注：'微幸也。'""不可以幸"
于先秦傳世文獻見於《呂氏春秋·不屈》"凡自行不可以幸，為必誠"。

匣紐熒聲

【注】 象火炬相交之形，"熒"之初文。●讀營，經營、修治。《九年衛鼎》："于邵（昭）大室
東逆（朔），熒（營）二川。"或謂讀禜，祭名。《説文》："禜，設緜蕝為營，以禳風雨、雪霜、
水旱、癘疫於日月星辰山川也。從示，熒省聲。一曰禜、衛，使災不生。《禮記》曰：'雩，禜。
祭水旱。'"●讀鎣，盉類器。《強伯鎣》："強白（伯）自乍（作）般（盤）熒（鎣）。"鎣之用途
皆與匜同，鎣實為匜之音轉。●讀榮，國名。《康鼎》："王才（在）康宮，熒（榮）白（伯）內
（入）右康。"《尚書序》："王俾榮伯作賄肅慎之命。"孔傳："榮，國名，同姓諸侯，為卿大夫。"
《大盂鼎》："今余隹（唯）令女（汝）盂盬（紹）熒（榮），芍（敬）離德巠（經），敏朝夕入
讕（諫）。"●人名。《封敦》："唯十又二月既生霸丁亥，王事熒（榮）檈（薎）曆。"●楚文字
均為"營室"合文。"營室"星宿名。

陶彙 6·57

【注】 從熒聲，秦文字疊加義符火。《説文》："熒，屋下鐙燭之光。從焱、冂。"●秦陶"熒市"，
地名。

圖典 104

【注】 從女熒聲。●單字印，人名。

、印增 91

【注】從言熒聲。●秦印人名。

 七年侖氏韓化戈 集證 182‧717 睡簡‧日甲 81 背

過耳 99

【注】從木熒聲。《說文》："常，桐木也。從木，熒省聲。一曰屋梠之兩頭起者為榮。"榮、縈、螢、瑩等字均從熒，故不當為熒省聲。本義為桐木。●均為人名。《七年侖氏韓化戈》："工帀（師）榮☒。"《睡簡‧日甲 81 背》："丁名曰浮妾榮辨僕上。"

 營子盉  營子盉 營子旅鼎 壐彙 3687  睡簡‧日甲

 56 正 秦印 145

【注】金文從呂（雍）省熒聲。戰國文字從呂（雍）不省。●讀榮，國名。《營子旅鼎》："營（榮）子旅乍（作）父戊寶彝。"●秦簡"營室"，星宿名。齊壐"營鑠"，秦印"營浦"，姓氏。

 上博二‧容成 23 陶錄 5‧47 陶彙 6‧108  滎陽

上官皿  陶彙 5‧18

【注】從水熒聲。或省為"汖""滎"。●地名。《滎陽上官皿》："滎陽上官，皿。""滎陽"為地名，見《史記‧韓世家》，其地戰國時屬韓，故城在今河南省滎陽縣東北十二公里處。《陶彙 6‧107》《陶彙 6‧108》"滎陽亖"。●《上博二‧容成 23》："舜聖（聽）正（政）三年，山陵不處，水滎不浴（谷），乃立禹以為司工（空）。"義不詳，或讀潦。

 申簋 榮伯簋 齊榮姬盤 盛君縈簠 盛君縈簠

 曾侯漆書 信陽 1‧66  上博四‧內禮 8 上博五‧三德 14

 清華六‧太伯甲 7 清華八‧邦道 3 清華一‧尹至 4 清華三‧芮良夫 1

清華三·芮良夫 16　　清華七·越公 31　　清華九·成人 15　　清華十·四時

12晉　　璽彙 2338　　璽彙 4046　　璽彙 0926　　璽彙 0927　　滎陽上官皿

璽彙 1607　　匯考 119　　璽彙 0926

【注】從糸熒聲，與小篆同。《説文》："縈，收卷也。從糸，熒省聲。"段玉裁注："收卷也。各本作卷。非也。今依韻會、玉篇正。凡舒卷字，古用郄曲之卷。今用气勢之卷。非也。收卷長繩，重疊如環。是為縈。"本義迴旋纏繞。●讀瑩，色彩鮮明。《申簋蓋》："賜（賜）女（汝）赤市、縈黃（衡）、戀（鑾）旂，用事。"●讀榮。《縈叔卣》："縈弔（叔）乍（作）其為氒（厥）考宗彝。"《縈伯簋》："縈白（伯）乍（作）鑾（旅）段。"縈叔、縈伯：均為人名。詳"熒"字。●讀榮。《匯考 119》"縈易氏馬"讀為"滎陽"，戰國時韓邑。"氏馬"，職官名，俟考。此印當是滎陽的氏馬之官用印。●讀營，謀也。《清華三·芮良夫 1》："氒（厥）辟哉（御）事，各縈（營）亓（其）身。"●讀瞢，迷惑、惑亂。《説文》："瞢，惑也。"《清華三·芮良夫 16》："亓（其）氒（度）用遊（失）縈（瞢）。"《上博六·用曰 1》："心目返言，是善敗之經。參節之未得，豫（舍）命乃縈。"大意是説：心、目、口是行政成敗的關鍵。（心、目、口）三節如果不能相互配合默契，那麼發號施令就會混亂。《淮南子·本經》："目不瞢於色，耳不淫於聲。"高誘注："瞢，惑。"銀雀山漢墓竹簡《孫臏兵法·威王問》："瞢而離之，我并卒而擊之，毋令敵知之。""瞢"均假借為"瞢"。●晉璽均為人名。

包山 265

【注】從貞（鼎）縈聲。●簡文"一鼏鑫鼎"，或讀鎣。

曾侯與編鐘

【注】從心縈聲。●讀營。《曾侯與編鐘》："王遣命南公，戀（營）宅汭土，君此淮夷，臨有江夏。"

郭店·老乙 6　　郭店·老乙 5　　郭店·老乙 6

【注】從明（或從覞）縈聲。●讀驚。《郭店·老乙 5》："人寵（寵）辱若戁（驚），貴大患若身。"裘錫圭認為當讀榮，"老子在這裏卻主張像常人寵榮那樣寵辱，像貴身那樣貴大患（大患指死，

1499

貴大患若身，就是將生與死的價值同等看待，詳另文），這完全合乎老子立言的一貫風格"。（裘錫圭《"寵辱若驚"是"寵辱若榮"的誤讀》）

【注】從金熒聲，與小篆同。金文或以炊為之。《説文》："鑾，器也。從金，熒省聲。讀若銑。"本義為器皿。鑾之用途皆與匜同，鑾實為匜之音轉；猶金文中罍音轉為鑪。●盥器，似鬲有蓋，有流。《伯百父鑾》："白（伯）百父乍（作）孟姬媵（媵）鑾。"《清華五·封許7》為周王對呂丁的賞賜物。

見紐苟聲

5426

【注】甲骨文作、、，象狗形，雙耳豎起警惕貌。金文同甲骨文，或增口為聲符。隸定為苟，則與"苟"混同。古文字除人名外，"苟"均用為敬。●西周金文除人名外，"苟"均讀敬。戰國古璽"敬"作（璽彙4171）、（璽彙4179），或寫成"苟"字，作（璽彙4167）、（璽彙4164），故"苟"與"敬"一直到戰國時期還未真正分化，即"敬"仍與"苟"同音同義，只是形體略有不同而已。大約在戰國晚期或漢初"敬"與"苟"徹底分化為二字。即二字在讀音上已經不同，"敬"見紐耕部，"苟"見紐職部。由于二字語音上有了較大的差別，所以也不再通用，如睡虎地秦簡、馬王堆帛書中"敬"不再假借"苟"為之。●人名。《楚季苟盤》："楚季苟乍（作）嫡（芈）隨媵（媵）盥殷（盤）。"●氏。《安陽戈》："廿七年，安陽倫（令）苟受。"●《璽彙4880》應釋為"尚敬明昌"，可知六國文字敬或省為羌形；舊釋為羌，不確。《璽彙5424》《璽彙5425》《璽彙5426》等單字璽，均應釋為敬。《璽彙5324》之"敬"，舊以為從由聲，誤。

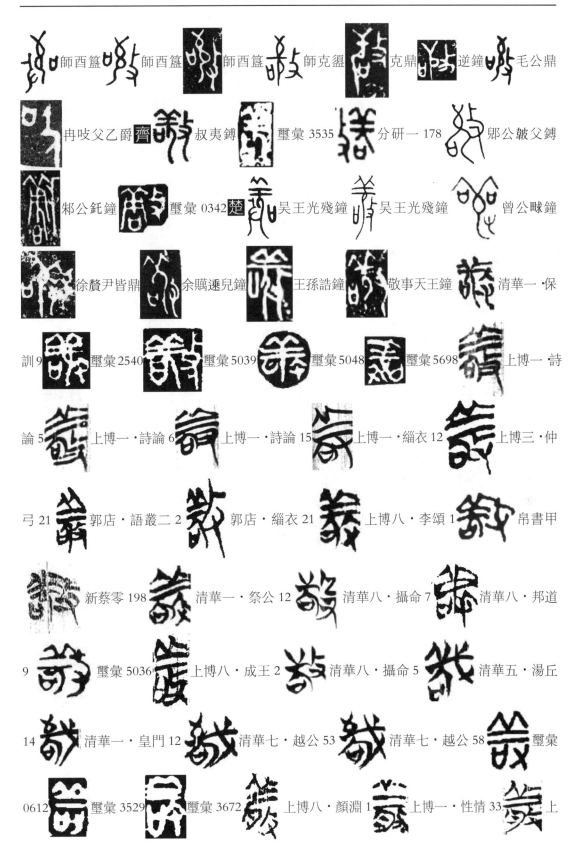

師酉簋　　　師酉簋　　　師酉簋　　　師克盨　　　克鼎　　　逆鐘　　　毛公鼎

冉吱父乙爵齊　　　叔夷鎛　　　璽彙 3535　　　分研一 178　　　郳公敱父鎛

邾公釛鐘　　　璽彙 0342 楚　　　吳王光殘鐘　　　吳王光殘鐘　　　曾公睞鐘

徐賛尹皆鼎　　　余購遽兒鐘　　　王孫誥鐘　　　敬事天王鐘　　　清華一・保

訓 9　　　璽彙 2540　　　璽彙 5039　　　璽彙 5048　　　璽彙 5698　　　上博一・詩

論 5　　　上博一・詩論 6　　　上博一・詩論 15　　　上博一・緇衣 12　　　上博三・仲

弓 21　　　郭店・語叢二 2　　　郭店・緇衣 21　　　上博八・李頌 1　　　帛書甲

新蔡零 198　　　清華一・祭公 12　　　清華八・攝命 7　　　清華八・邦道

9　　　璽彙 5036　　　上博八・成王 2　　　清華八・攝命 5　　　清華五・湯丘

14　　　清華一・皇門 12　　　清華七・越公 53　　　清華七・越公 58　　　璽彙

0612　　　璽彙 3529　　　璽彙 3672　　　上博八・顏淵 1　　　上博一・性情 33　　　上

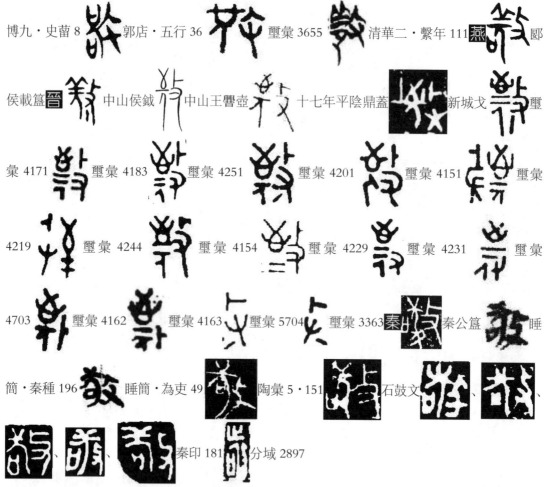

博九・史蒥 8　　郭店・五行 36　　璽彙 3655　　清華二・繫年 111　　燕郾

侯載簋晉　　中山侯鉞　　中山王嚳壺　　十七年平陰鼎蓋　　新城戈　　璽

彙 4171　　璽彙 4183　　璽彙 4251　　璽彙 4201　　璽彙 4151　　璽彙

4219　　璽彙 4244　　璽彙 4154　　璽彙 4229　　璽彙 4231　　璽彙

4703　　璽彙 4162　　璽彙 4163　　璽彙 5704　　璽彙 3363　　秦公簋　　睡

簡・秦種 196　　睡簡・為吏 49　　陶彙 5・151　　石鼓文　　

秦印 181　　分域 2897

【注】早期金文以苟為敬。金文或從攴苟聲。敬字聲符變化頗多，或增以短橫作苟，或增二橫作苟。苟或省口，則與初文作苟相合矣。或作𠲘，作從口從攴，吳大澂謂“敬”之省文。《郱公鈇鐘》增從用。戰國文字頗多變化，多聲化從“羌”作𦱤形。意符有作攴、殳、戈、卜、又；三晉文字或僅作攴。《璽彙 3655》“敬事”舊釋為敂，當據《郭店・五行 36》改釋為敬。《説文》：“𣢩，肅也。”本義恭敬。●恭敬、莊重。《師酉簋》：“敬夙（夙）夜勿灋（廢）朕令。”●慎重、嚴肅。《逆鐘》：“敬乃夙夜，用畀躬（朕）身，勿灋（廢）躬（朕）命。”●讀警，警惕、防備。《五年師旋簋》：“令女（汝）羞追于齊，……敬母（毋）敗速（績）。”●讀儆，警告。器銘或作“憼”，典籍作“儆”或“警”。《中山侯鉞》：“目（以）敬（儆）氒（厥）眾。”●敬辥：謹慎地修習。《叔趯父卣》：“唯女（汝）焂期（其）敬辥乃身。”●敬德：真誠、恭敬地修身養性，陶冶德性。《班簋》：“隹（唯）敬德，亡逪（攸）違。”●敬配：敬重、相配。《蔡侯盤》《蔡侯尊》：“敬配吳王。”銘文或作“用配”“司配”。《㝬簋》：“㠯（經）雖先王，用配皇天。”《㝬鐘》：“我隹（唯）司配皇天。”●讀驚，震驚。《清華一・程寤 2》：“悤（寤）敬（驚），告王。”●讀驚或讀儆，告誡。《清華三・琴舞 1》：“周公复（作）多士敬（儆）怭（毖）。”

憼齊　　叔尸鐘晉　　中山王嚳壺

【注】從心敬聲。《説文》：“驚，敬也。”古同儆、警，本義警示、警告、警醒。●讀警，告誡。《中山王嚳壺》：“詆郾（燕）之訛，以懲（警）嗣王。”●讀儆，戒備、警戒。《説文》：“儆，戒也。”段玉裁注：“與警音義同。”《叔尸鐘》：“夷不敢弗懲戒。”

驚〈秦〉 、 、 、 秦印194、 、 印增387

睡簡11號

【注】從馬敬聲。●秦簡、秦印均為人名。

儆〈楚〉 璽彙2562 郘酷尹鉦鍼

【注】從人敬聲。《説文》：“儆，戒也。從人敬聲。《春秋傳》曰：‘儆宫。’”段玉裁注：“與警音義同。”●戒備、警戒。《郘酷尹鉦鍼》：“儆至鐱（劍）兵。”儆至鐱兵，用兵宜慎之意。●楚璽“儆鉨”，可讀敬，或讀警。

勃〈晉〉 璽彙1383 璽彙2585

【注】從力苟聲。●晉璽人名。

錡〈燕〉 璽彙0864

【注】從金苟聲。●燕璽人名，可讀敬。

見紐耿聲

耿〈 〉 禹鼎 毛公鼎〈楚〉 清華一·皇門7 清華二·繫年13〈晉〉

璽彙3625〈秦〉 、 、 秦印231

【注】從火從耳；耳聞火聲，會儆儆之意。《説文》：“耿，耳箸頰也。從耳，烓省聲。杜林説：耿，光也。從光，聖省。凡字皆左形右聲。杜林非也。”許慎以“耳箸頰也”釋本義，蓋以象喻之也。字從火，亦有光明之意，銘文中多用此義。●光明。《毛公鼎》：“亡不閈于文武耿光。”《禹鼎》：“肆禹又成，敢對揚武公不（丕）顯耿光。”與文獻用灮同。《書·立政》：“以覲文王之耿光，以揚武王之大烈。”耿光，即光明、光輝，聖明之光。《清華一·皇門7》：“穔（蔑）被先王

之耿光。" ●秦印"耿得""耿楳""耿佗"等，習見姓氏。

見紐巠聲

巠 毛公鼎 師克盨 訇簋 克鼎 大盂鼎 克鐘 戎生鐘 幽公盨 齊 陶彙 3·242 陶録 3·552 楚 清華八·攝命 10 郭店·尊德 13 郭店·性自 65 晉 璽彙 3122

【注】郭沫若謂象織機之縱綫形，為"經"字之初文。戰國文字聲化從壬聲。楚文字巠、坙混同。《説文》："巠，水脈也。從川在一下。一，地也。壬省聲。一曰水冥巠也。巠古文巠不省。"析形不確，所釋當為引申義。本義為編織物的縱綫，與"緯"相對，為"經"之初文。●讀經，遵守。《毛公鼎》："今余唯肇（肇）巠（經）王命，命女（汝）辥（乂）我邦、我家内外。"●讀經，常則、準則。《大盂鼎》："今余佳（唯）令女（汝）盂曶（紹）燮（榮）丂（敬）雝德巠（經）。敏朝夕入讕（諫）。"●讀經，經常。《晉姜鼎》："巠（經）雝（雍）明德，宣卹我猷。"●讀涇，水名。《克鐘》："王親令克遹巠（涇）東至于京自（師）。"●讀勁，堅强。《郭店·尊德 13》："教以豊（禮），則民果以巠（勁）。"●讀輕，輕率。《郭店·性自 65》："進谷（欲）孫（遜）而毌攷（巧），退谷（欲）肅而毌巠（輕）。"

娙 秦 里耶 8·781

【注】從女巠聲。●人名。

頸 楚 伯亞臣鑪 伯遊父壺 伯遊父壺 伯遊父壺 伯遊父壺 曾侯 89 曾侯 9 曾侯 72 包山 16 秦家嘴簡 上博四·昭王 7 清華十一·五紀 93 秦 睡簡·日甲 151 睡簡·日甲 35 背

【注】從頁巠聲。《説文》："頸，頭莖也。從頁巠聲。"本義脖子。《廣韻》頸在前，項在後。●地名。《伯遊父壺》："馬頸君白（伯）游父乍（作）其旅壺。"器主應該是黃國季氏中封邑在馬

頸的伯游父。●用為本義,頸。《上博四·昭王7》:"不戁(獲)瞋(引)頸之皋(罪)於君王。"
●讀經。《包山16》:"僬(僕)裝(勞)伯,頸事牁(將)瀘(廢)。"《淮南子·精神》"使人之心勞",高誘注:"勞,病。"勞伯,為伯的短缺而困苦。《史記·太史公自序》:"守經事而不知其宜,遭變事而不知其權。""經事"與"變事"相對,指常規性事務。

 清華三·芮良夫 20

【注】從戶巠聲。●讀扃。《清華三·芮良夫20》:"女(如)闌(關)枇扈(扃)鉄(鍵),纏(繩)剚(準)既政(正)。"詳"枇"字。

 清華二·繫年 122

【注】從鹿巠聲。●人名。《清華二·繫年122》:"齊人取(且)有陳麎子牛之褐(禍)。"陳麎子牛,整理者指出即《墨子·魯問》之項子牛,與《淮南子·人間訓》的牛子,當系一人。

 清華七·越公 37　清華七·越公 42

【注】從百到聲。●讀刑。《清華七·越公37》:"諒(揚)緰(逾)諒人則劅(刑)也。"

 陶錄 2·83　郭店·尊德 34　清華三·說命中 4　清華五·三

壽 17　清華五·三壽 25

【注】從心巠聲。●或讀輕。《郭店·尊德34》:"咎則民惥,正則民不斁(吝),恭(恭)則民不悁(怨)。"●齊陶人名。●讀淫。《清華三·說命中4》:"若天罩(旱),汝作惥(淫)雨。"

 齊陶 0106　齊陶 0107　齊陶 0200　陶錄 3·625

【注】從人巠聲。●均為人名。

 上博二·容成 24

【注】疑從丩巠聲。●此字字形不明確,諸家均讀脛。《上博二·容成24》:"面軟(骭)鯌(鼓),脛(脛)不生之毛。"

誣 齊 璽彙 2530 璽彙 2531 璽彙 4889 陶録 2・115

【注】從言巠聲。●讀經。齊璽"經事""經事得志"，吉語璽。●齊陶人名。

脛 楚 信陽 2・26 信陽 2・27

【注】從肉巠聲。●簡文"☐皇脛二十又五"，讀桱，同桯，牀前几。

勁 楚 包山 42 包山 82 包山 193 晉 璽彙 0843 新出三晉古

璽整理與研究・151 秦 秦印 263 、 戰表 1883

【注】從力巠聲。●戰國文字均為人名。

桱 晉 望山 2・45 包山 266

【注】從木巠聲。●讀桯，《說文》牀前几。《揚子・方言》江沔之閒曰桯。《包山 266》："一飤（食）桱（桯）。"

鋞 秦 印增 531

【注】從金巠聲。●人名。

脛 楚 清華三・芮良夫 15

【注】從見巠聲。●讀煢。《清華三・芮良夫 15》："贏（嬴）夃（寡）脛（煢）蜀（獨）。"

翌 楚 包山 189 郭店・五行 11 郭店・五行 11 郭店・緇衣 44 上

博一・緇衣 15 上博一・緇衣 22 晉 璽彙 3445

【注】從羽巠聲，疑"輕"之或體。●多讀輕。《上博一・緇衣 15》："古（故）上不可以執（褻）

型（刑）而翌（輕）爭（爵）。"《璽彙3445》施謝捷釋為"武陽翌（輕）兵"，為戰國時期三晉趙之官璽。

 邾公牼鐘

【注】從牛巠聲。聲符巠下豎中增一短橫，為增飾性筆劃。《說文》："牼，牛䣛下骨也。從牛巠聲。《春秋傳》曰：'宋司馬牼字牛。'"本義指牛膝下的直骨，即牛脛骨。●人名。《邾公牼鐘》："龜（邾）公牼罪（擇）乓（厥）吉金。"

 圖典 56 、 陶錄 6．269

【注】從人巠聲。●秦印、秦陶均為人名。

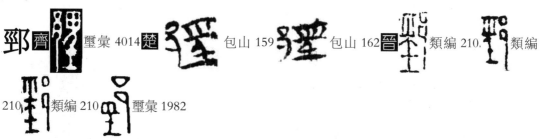 上博六．用曰 4 里耶 8．1239 里耶 8．764

【注】從彳（或從辵）巠聲。●《里耶 8．1239》："徑廥粟米三石七斗少半升。""徑廥"是遷陵倉廥名。●取道之意。《上博六．用曰 4》："惪（德）徑于康。"《說文．彳部》："徑，步道也。從彳巠聲。""德徑于康"乃指德行取法商湯。

菳 安陽令戈 圖典 404

【注】從艸巠聲。●晉戈人名。●秦印"任菳"，人名。漢印有"菳咸之""菳冒之"等，當為姓氏。

郅 璽彙 4014 包山 159 包山 162 類編 210. 類編 210. 類編 210 璽彙 1982

【注】從邑巠聲。●包山簡地名。簡 162 有"郅戲尹"，簡 188 有"上郅邑"。●晉璽有"郅鑾""郅闈""郅衍""郅戕"等，姓氏。《集韻．青韻》云："巠，地名，在趙，通作陘。""陘，姓；晉邑也，其大夫氏焉。"

 秦印 273 秦陶 532 睡簡．日甲 72 背 秦駰玉牘 于京 73

【注】從阝坙聲。●秦文字多為人名用字。●《于京73》"陘山"，山名，在今河南新鄭市西南。

致^齊  陶録3·391

【注】從攴坙聲。●單字，應為人名。

輕^齊 陶彙3·427 、 陶録2·551

【注】從生坙聲。●齊陶人名。

脛^齊 陶録3·384 陶彙3·1364 陶彙3·1365 陶彙

3·1367^燕 陶録4·203

【注】從立坙聲。●均為人名。

涇 克鐘 者汈鎛 涇伯卣 涇伯尊^楚 郭店·唐虞12

郭店·緇衣6 清華六·太伯甲10 清華二·繫年90 清華九·廼命二7

清華八·攝命17 清華八·攝命17 清華十·四告3 清華九·成

人1 清華九·成人8^秦 陶彙5·10 陶彙5·14 官印

0031 、 印增432

【注】從水坙聲。《涇伯尊》作，《涇伯卣》作，《金文編》原作"瀅"，李學勤釋為"涇"。蓋西周金文"坙"作（克鼎），上豎畫作三曲（）是其重要的形體特徵，此二文雖將兩旁二拉直，但中部一仍清晰可見，是坙字特徵仍被保留，而其下部如除去點飾，則與坙字下部寫瀅完全相同。《説文》："，水。出安定涇陽开頭山，東南入渭。雝州之川也。"本為水名。

●水名，即涇河，渭河支流。《克鐘》："王親令克遹涇東至于京𠂤（師）。"●人名。《涇伯尊》："涇白（伯）乍（作）寶彝。"●讀經。《者汈鐘》："者汈，女（汝）亦虔秉不（丕）涇（經）悳（德）。"意即以德為經，一切行為以德作標準。《書·酒誥》："經德秉哲。"●讀淫。《清華八·攝命 17》："亡（罔）非楚（胥）以涇〈淫〉恆。"淫恆，沉湎於酒者，長夜之飲以為常也。楚簡淫、涇二字訛混。●秦印"涇下家馬"，涇即涇河，下指涇河下游地區。《史記·項羽本紀》漢元年四月，"諸侯罷戲下，各就國"。索隱："戲，水名也，言下者，如許下、洛下然也。"是其例。●讀淫，甚也，大也。《清華九·成人 1》："土多見（現）祅（妖），流而㳻（淫）行。"

 楚  清華十·四告 26　清華十·四告 29

【注】從内涇聲。從"内"蓋内淫之"淫"的分化字，或是訛變而來。簡文或從爪，文例相同。●讀淫。《清華十·四告 26》："明德戜（威）義（儀），不㳻（淫）於非彝。"《清華十·四告 29》："不石（度）茲事，淫於非彝。"

 楚　清華五·三壽 17

【注】從心㬎聲。●讀淫。"㬎""㞢"因字形相近而混用。《清華五·三壽 17》："均（徇）寶傑（遏）㥝〈淫〉。"《國語·晉語七》"知程鄭端而不淫"，韋注："淫，邪也。"《呂氏春秋·古樂》"有正有淫"，高注："淫，亂也。"此即謂邪亂之事。

 楚　天星 秦　集證 168　睡簡·語書 11　睡簡·答問 93

【注】從車㞢聲。●輕重之輕。《睡簡·答問 36》："吏智（知）而端重若輕之。"楚文字用"翠"表示輕重之輕。●《睡簡·雜抄 2》："近縣令輕足行其書。"輕足，走得快的人。●秦印"四川輕車"，輕車，兵種之名。《周禮·春官·車僕》："掌戎路之萃……輕車之萃。"鄭玄注："輕車，所用馳敵致師之車也。"為兵車中最為輕便者，用以衝擊敵陣的戰車。

 齊　　陶錄 3·625 楚　清華七·越公 3

【注】從弓㞢聲。●齊陶人名。●兵器名。《清華七·越公 3》："戜（敦）力鈗、鎗（槍）、㦷（鋏）、弪，秉橐（枹）𣆪（振）鳴……。"在馬王堆遣策簡中"弪"為"弓箭類兵器"，與字書中弧度義之"弪"不是一字。《國語·吳語》作"經"。俞樾曰："世無臨陣而讀兵書者，'經'當讀為'莖'，謂劍莖也。中者。莖長五寸。"簡文"挾、莖"，正謂此矣。

 楚　上博六·競公 12

【注】從辵巠聲。●讀淫。《上博六·競公 12》："神見吾逞〈淫〉暴。""淫暴"乃古書常見之詞，"至""淫"與"涅"三字互訛，在古書、古文字資料中都很常見。

經 虢季子白盤 齊 齊陳曼簠 陶彙 3·71 楚 郭店·太一 7

包山 268 上博三·周易 25 上博三·彭祖 2 上博四·內禮 10 上博五·姑

成 7 曾侯 64 清華一·説命下 2 清華五·三壽 21 清華五·厚父

7 清華五·封許 8 清華七·越公 27 清華十·四告 9 清華六·管仲

12 清華十一·五紀 121 秦 嶧山刻石 睡簡·為吏 41 睡簡·封

診 63

【注】從糸巠聲。《説文》："經，織也。"本義織物的縱綫，與"緯"相對。又用作動詞，表示治理、效灋、遵守等義。●治理。《虢季子白盤》："臂（壯）武于戎工（功），經纘（維）四方。"《周禮·天官·大宰》："以經邦國。"●遵循。《齊陳曼簠》："肁（肇）堇（謹）經德。"《書·酒誥》："經德秉哲。"●效灋。《叔尸鐘》："余經乃先祖。"●綱要。《郭店·太一 7》："龍（一）块（缺）龍（一）涅（盈），以忌（己）為鼃（萬）勿（物）經。"《包山 268》："集組之著經。"●《睡簡·封診 63》："里人士五（伍）丙經死其室，不智（知）故。"經死，縊死。

齊 璽彙 3620

【注】從口巠聲。●齊璽人名。

見紐同聲

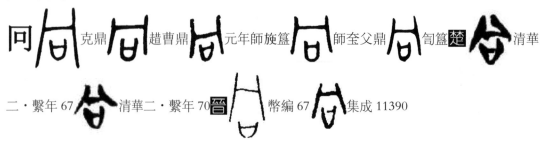

同 克鼎 趙曹鼎 元年師旋簠 師奎父鼎 訇簠 楚 清華

二·繫年 67 清華二·繫年 70 晉 幣編 67 集成 11390

【注】楊樹達謂象門扃之形，曰："冂左右二畫象門左右柱，橫畫象門扃之形，……蓋冂為象形字，扃則形聲字也，冋從冂聲，扃復從冋聲，冂孳乳為扃，……許君不明此，謂與冋坰為一字，誤矣。"（《積微居小學述林》卷2）《說文》："冂，邑外謂之郊，郊外謂之野，野外謂之林，林外謂之冂。象遠界也。凡冂之屬皆從冂。冋古文冂從囗，象國邑。坰冋或從土。"《說文》以"冋"為"冂"之古文。金文冂、冖二字易混。●讀絅、褧、檾，即麻色的。《克鼎》："易（賜）女（汝）叔（素）市參冋（絅）茻（中）悤（蔥）。"參冋（絅）茻（中）悤（蔥），是指束市帶子的顏色配置，即三根絅色中間夾雜兩根蔥色的衡帶。《趞曹鼎》："易（賜）趞曹載市、冋黃（衡）。"《曶簋》："王令曶，易（賜）載市、冋黃（衡）。"唐蘭謂："'冋黃'，師酉簋'赤市朱黃中絅'，絅就是'絅'。《詩經·衛風·碩人》《鄭風·豐》都說'衣錦褧衣'，《列女傳》引作'衣錦絅衣'。《禮記·中庸》：'衣錦尚絅，'《尚書·大傳》作'衣錦尚蘔'。《說文》：'褧，檾也。《詩》曰：衣錦褧衣。'又：'檾，枲屬。從林，熒省。《詩》曰：衣錦檾衣。'從金文來看，西周時代，這個字作'冋'或'絅'，其他都是後起的形聲字……金文'冋黃'是用冋麻織成的'衡'。"（《毛公鼎"朱市、悤黃、玉環、玉瑹"新解——駁漢人"蔥珩佩玉"說》）●讀頃。《清華二·繫年70》："齊冋（頃）公回（圍）魯。"

扃 楚  左塚漆梮

【注】從戶冋聲。●"扃民"，讀傾。

⿸厂同 楚  上博五·君禮7

【注】從厂同聲。●讀傾。《上博五·君禮7》："肩毋登（廢）、毋⿸厂同。"或認為從厂，下邊的"言"旁改寫成"口"，釋為"詹"而讀檐，舉也。《管子·七法》："不明于則，而欲出號令，猶立朝夕于運均之上，檐竿而欲定其末。"尹知章注："檐，舉也。"《樂府詩集·清商曲辭五·襄陽樂》："上水郎檐篙，下水搖雙櫓。""檐"字典籍又作"擔"。"檐""擔"皆用為"肩負"義，肩擔物自然會向上抬舉，所以簡文"肩毋登（廢）、毋詹"是說"肩膀不要下垂也不要上舉"。

絅  師酉簋

【注】從絲冋聲。《說文》："絅，急引也。"段玉裁注："此本義也。中庸'詩曰衣錦尚絅。此叚借為褧字也。"●《師酉簋》："赤市朱黃中絅。"古制一市有五根衡帶，朱黃中絅，是指朱色衡帶中間夾雜着兩根絅色的衡帶。

⿰市同 楚 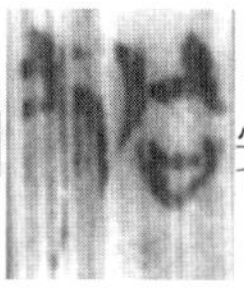 安大一51

【注】從市同聲。●讀絅。《安大一51》："君子至之，⿰市同（絅）衣肅（繡）上（裳）。"《毛詩》作"黻衣繡裳"。詩前章言"錦衣"，此章言"絅衣"，語意正相契合，故簡文於義為長。

銅楚 信陽 2・14

【注】從金同聲。●均讀鈃，似鍾而頸長。《信陽 2・14》："二銅。"簡文或作"鐙"。

銅楚 包山 265

【注】從缶同聲。聲符或訛為"同"。●同"銅"。

溪紐殸聲

殸秦 秦景公石磬

【注】甲骨文作、、、，從殳從声（象懸磬之形，石上之↓為懸磬繩索），會擊磬之意；声亦聲。"磬"之初文。《秦景公石磬》與甲骨文同。●讀磬。《秦景公石磬》："靈殸。"靈殸，讀靈磬，美好之磬。

聲秦 、、 印增 464 睡簡・答問 52

【注】甲骨文作、、、，從殸從耳，會磬音入耳之意；殸兼聲。●用為本義，聲音。《睡簡・答問 52》："聲聞左右者。"秦文字用"聲"表示聲，楚文字用"聖"表示聲。●秦印人名。

鏧秦 印增 608

【注】從金殸聲。●"侯鏧"，應為人名。

溪紐頃聲

頃秦 睡簡・答問 64 陶彙 5・136 秦印 158 青川木牘 里

耶 8・1519

【注】從頁從匕，匕有排列比較義，也有不正之義，合起來表示頭偏。《説文》："頃，頭不正也。"本義頭不正。段玉裁注："今則傾行而頃廢。專為俄頃，頃畝之用矣。"●田百畝也。《睡簡・秦種 8》："頃入芻三石、稾二石。"《青川木牘》："田廣一步，表八則為畛。畝二畛，一百（陌）道。

百畝為頃，一千（阡）道，道廣三步。"

會稽刻石

【注】從人頃聲。●傾覆。《會稽刻石》："輿舟不傾。"

睡簡・為吏 11

【注】從山（巾）頃聲。巾（讀覆）字加注聲符"頃"之後，原字類化為正常的"山"形而作顗。"顗"或為"陜"之異體，為山傾之"傾"的專造字，其聲符"頃"也表意。秦簡也有專造字，另如"䬸"為四食之"四"的專造字，其聲符"四"亦表意。●讀傾。《睡簡・為吏 11》："彼邦之顗（傾）。"

陶彙 5・071　　　印封 614　　　印增 269　　　里耶 8・307

【注】從禾頃聲。●秦封泥"潁陽丞印"。潁、穎通，《戰國策・魏策一》："東有淮潁。"《史記・蘇秦列傳》"潁"作"穎"。《漢書・地理志》潁川郡有"潁陽"縣。

端紐丁聲

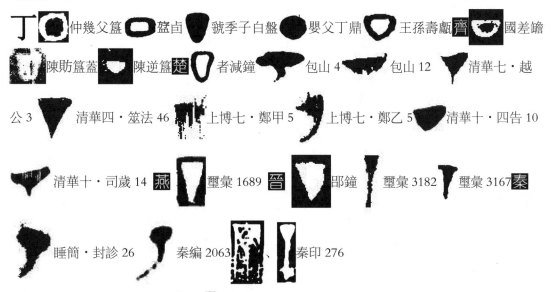

【注】甲骨文作 ⊟、●、○、□、■、○。何琳儀謂象城邑之形，"城"之初文。丁、成、城皆為一字之孳乳。戰國文字承襲金文，或變為 ▼、▼、￠、丁，遂演變為小篆之丁。或作撇筆 ▼，遂演變為隸書之 丁。（詳《戰國古文字典》791 頁）成、正等字均從丁。●天干紀日。《我鼎》："隹（惟）十月又一月丁亥。"●先公先王先妣的廟號。《作冊大鼎》："用乍（作）且（祖）丁

寶尊彝。"《戊寅鼎》："用乍（作）父丁尊彝。"●文辟日丁：人名。《商尊》："商用乍（作）文
辟日丁寶隣彝。"●楚文字多讀當，正當。《清華七·越公74》："丁（當）伇（役）孤身。""丁"
和"當"同屬上古端聲母，音近可對轉。《上博七·鄭甲5》："毋敢丁（當）門而出、數（掩）
之城圣（基）。"《上博七·鄭乙5》原釋文為夕，讀書會改釋為丁。甲本的 左下角殘缺，乙本
的 折筆寫得比其他"丁"字長，但是結構、筆順都是相同的。"毋敢丁門而出，掩之城基"的
意思應當是：棺木不許從城門出城，只能埋在內城的城牆底下。"丁門"是一個動賓結構，或許
可以讀為"當門"。

玊晉　璽補 262　圖典 354

【注】從立丁聲。●"犛玊"，人名。

攻晉　珍戰 60

【注】從攴丁聲。●人名。

邘晉　璽彙 1691　璽彙 2236

【注】從邑丁聲。●《晉璽 1691》"邘淶"，讀丁，姓氏。

頂楚　璽彙 5580　古玉印集存 8

【注】從百（頁之省）丁聲。●均為人名。

耵楚　包山 47　包山 20

【注】疑從耳丁聲（或三丁相疊）。●人名，可讀聖。

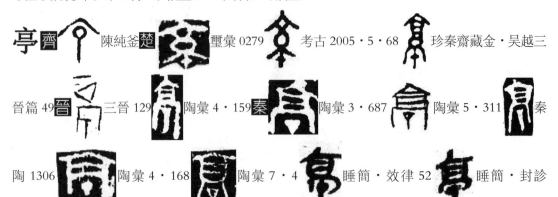

亭齊　陳純釜楚　璽彙 0279　考古 2005·5·68　珍秦齋藏金·吳越三

晉篇 49晉　三晉 129　陶彙 4·159秦　陶彙 3·687　陶彙 5·311　秦

陶 1306　陶彙 4·168　陶彙 7·4　睡簡·效律 52　睡簡·封診

22 、 、 、 秦印 95 里耶 8 · 665 里耶 8 · 1114

集證 414

【注】《説文》：“亭，民所安定也。亭有樓，從高省，丁聲。”楚文字從亯丁聲。亯，象某種建築之形，亭本身是建築，故用亯作形符。丁字，如“成（丁聲）”沇兒鐘作 、《説文》古文 等。（詳趙平安《“京”“亭”考辨》）●秦文字中的亭，為鄉之下級單位。《史記·高祖本紀》：“（劉邦）為泗水亭長。”《正義》：“秦法，十里一亭，十亭一鄉。亭長，主亭之吏。”《集證 414》“咸陽亭印”，此“亭”應是一種商業機構，即《三輔黃圖》所説“旗亭”的省稱。《三輔黃圖》云：“長安市有九，各方二百六十六步。六市在道西，三市在道東。凡四里為一市，市樓皆重屋。”“旗亭樓，在杜門大道南。”“當市樓有令署，以察商賈貨財買賣貿易之事，三輔都尉掌之。”此類“亭”是市府官署的代稱，主要管理商業活動。●《考古 2005 · 5 · 68》“☑☑亭鈢”、《璽彙 0279》“童丽亭鈢”，均為亭官所用之鈢。

停 楚 包山 120 燕 匯考 261 璽彙 0758 晉 圖典 361

【注】從人亭聲。●包山簡“停邦”，姓氏。●《匯考 261》“長停”、《圖典 361》“司馬停”，均為人名。

鄩 楚 越王者旨于賜戈 越王者旨于賜戈

【注】從邑亭聲。●“鄩侯”，讀亭。

釘 秦 印增 531

【注】從金丁聲。●秦印“椒釘”，人名。

町 秦 龍崗 241 龍崗 127 龍崗 136

【注】從田丁聲。●簡文“一町”。町，計量田畝面積單位，或疑即畛。

宁 晉 、 、 侯馬 秦 圖典 416

【注】從宀丁聲，“定”之異文。●讀定。“宁宮”，晉定公之宗廟。●秦陶文單字，不詳。

图典 313　　　樂只室古璽印存 22

【注】從心宁聲。●晉璽“筭忘”“孫忘”，人名。

端紐鼎聲

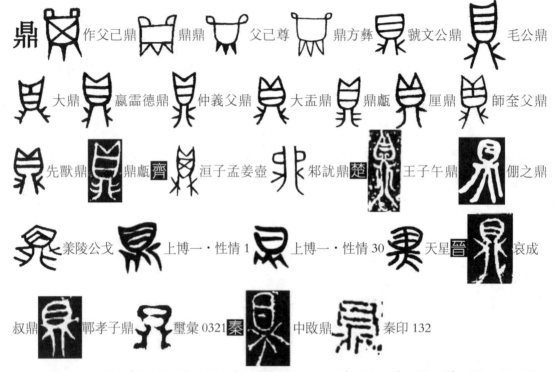

鼎　　作父己鼎　　　鼎鼎　　　父己尊　　　鼎方彝　　虢文公鼎　　　毛公鼎

大鼎　　嬴霝德鼎　　仲義父鼎　　大盂鼎　　鼎甗　　厘鼎　　師奎父鼎

先獸鼎　　鼎甗 齊　　洹子孟姜壺　　邾訧鼎 楚　　王子午鼎　　佣之鼎

羕陵公戈　　上博一·性情 1　　上博一·性情 30　　天星 晉　　哀成

叔鼎　　鄲孝子鼎　　璽彙 0321 秦　　中敢鼎　　秦印 132

【注】甲骨文作、、、、、、、、、、、、、、、、，象鼎形。金文同甲骨文，上部或訛變從目，是為小篆所本。鼎、貞形近聲同，甲骨文往往以鼎為貞，金文則往往以貞為鼎，故《說文》云：“古文以貞為鼎，籀文以鼎為貞字。”《說文》：“鼎，三足兩耳，和五味之寶器也。”本義為古代大型炊器。●古炊具名。圓形，三足兩耳，兼有長方四足的，偶帶器蓋。用于烹煮魚肉等食物，盛行于商周時期。《大盂鼎》：“用乍（作）且（祖）南公寶鼎。”●人名。《鼎甗》：“鼎乍（作）父乙障彝。”●當也。《利簋》：“歲鼎，克，聞（昏）夙又（有）商。”歲鼎，歲星剛剛出現。鼎和貞是同源字。《廣雅·釋詁三》：“貞，當也。”《離騷》：“攝提貞于孟陬兮，惟庚寅吾用以降。”●秦封泥“鼎胡苑丞”“鼎胡苑印”，鼎湖，地名，位於陝西省藍田縣焦岱鎮西南。《三輔黃圖》：“鼎胡宮在藍田。”相傳黃帝采首山銅鑄鼎於此。藍田焦岱鎮遺址曾出土“鼎湖延壽宮”及“鼎湖延壽保”瓦當兩件。

璽彙 2092　　璽彙 0208

【注】從火鼎聲。●晉璽人名。

顥（頂） 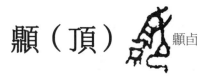 顥卣

【注】從頁鼎聲，與"頂"之籀文同。《説文》："𩕳，顛也。從頁丁聲。𩕳或從丁作。𩕳籀文從鼎。"本義為頭頂。●人名。《顥卣》："顥乍（作）母辛障彝。"

 陶新 2033　　 陶新 2312　　 陶新 2035

【注】從艸鼎聲。●秦陶單字，當為人名。

族鼎　散氏盤　伯遲父鼎　無男鼎　伯氏姒氏鼎　喬夫人鼎

邾伯御戎鼎　此鼎齊　杞伯每亡鼎　魯仲齊鼎　邾來隹鼎

費奴父鼎　郜伯祀鼎　陶彙 3·289　陶録 2·167楚　冲子鼎　蔡侯申鼎 蔡

侯申鼎　徐贅尹皆鼎　君夫人鼎　坪夜君成鼎　邵王鼎　酓忎鼎　酓

忎鼎　酓朏簠　壽春鼎　包山 254　信陽 2·14　清華五·封許 7

郭店·老乙 16　上博三·周易 2　望山 1·3　包山 20　清華

五·畲門 1　上博九·邦人 10　上博九·邦人 11　包山 265　包山牘 1

 璽彙 3745　 上博七·君甲 3　 清華十一·五紀 69　 清華十一·五紀

123 燕 貞 璽彙 0363　　貞 璽彙 0367　晉 鼎 中山王𗐲鼎　　公賜鼎　　公廚左官鼎

廿三年襄城令粲㠯矛　右冢子鼎　秦 貞 秦印 63　貞 睡簡·秦種 125

【注】甲骨文以"鼎"為"貞"，作、、、、、、、、，象鼎形。卜辭中常借用來表示貞問之義。因"鼎"鍥刻不便，遂逐漸簡化為形，或增卜作，以名其字用于貞問，遂分化為"貞"字。金文同甲骨文，鼎形或訛為貝形。晉、楚文字或省略鼎足。●多讀鼎，器名。《冲子鼎》："冲子𦊼之行貞（鼎）。"●人名。《散氏盤》："豆人虞丂、彔貞。"●《廿三年襄城令粲㠯矛》："貞壯王廿三年……。"兵器刻銘中在"王"前冠以"貞壯"二字，當是頌辭。●讀正。《清華五·帝門 1》："貞（正）月己咳（亥）。"●純正美好。《上博三·周易 2》："又（有）孚，光卿（亨），貞吉，利涉大川。"●讀真。《郭店·老乙 16》："攸（修）之身，其惠（德）乃貞（真）。攸（修）之豪（家），其惠（德）又（有）舍（餘）。"●燕璽（璽彙 0367）"貞鍴"猶言信璽。●讀畛。《上博九·邦人 10》："賞之☒☒目（以）焚嵗（域）百貞（畛）。""畛"古代用於計量田地。《戰國策·楚策一》"葉公子高，食田六百畛"，正與簡文相合。

鼏 楚 望山 2·46

【注】從貴貞聲。●讀鼎。

鎮 晉 還里三豆鼎　　金貞 右廩公鼎

【注】從金貞聲。●讀鼎。

鎮 楚 郕子旲鼎

【注】從皿鎮聲。●讀鼎。

盦 楚 楚王酓肯鼎

【注】從皿貞聲。●讀鼎。

塤 晉 公廚右官鼎

【注】從土貞聲。●金文讀鼎。

顛清華七·越公 32

【注】從頁貞聲。●讀頂，頭頂。《清華七·越公 32》："其見農夫氐（稽）顛（頂）足見，顏色訓（順）必（比）而將耕者，王亦酓（飲）飤（食）之。"

遉安大二·仲尼 2　　　安大二·仲尼 12　　　璽彙 3595　　　璽彙

5484  璽彙 3640

【注】從辵貞聲。●楚璽人名。●讀顛。《安大二·仲尼 2》："去身（仁），亞（惡）唬（乎）成名？造迡（次）、遉（顛）遹（沛）必於此。"《论语·里仁》"君子去仁……"，何晏《集解》引馬融曰："造次，急遽。顛沛，偃仆。雖急遽、偃仆不违仁。"

槙陶彙 3·574　　　陶彙 3·1329

【注】從木貞聲。●齊陶人名。

賔匯考 187

【注】從宀貞聲。●"加芳賔鉌"，讀貞。

郎璽補 247

【注】從邑貞聲。●"郎君事"，姓氏，以邑名為氏。

端紐正聲

正　牧正尊　　乙正瓯　　魚乙正鐈　　榮簠　　仲叀父鼎　　衛簠　　虢季

子白盤　　善夫克鼎　　族鼎　　陳子子匜　　寰兒鼎齊　　洨公宜鼎

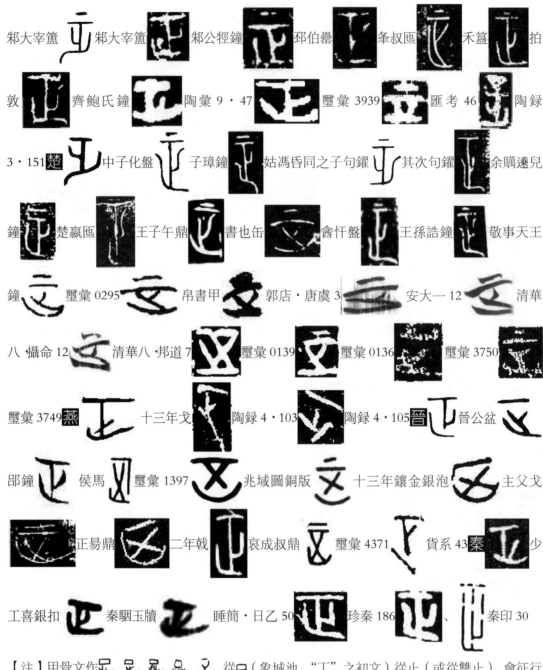

郏大宰簠　　郏大宰簠　　邾公牼鐘　　邗伯罍　　夆叔匜　　禾簋　　拍

敦　　齊鮑氏鐘　　陶彙 9 · 47　　璽彙 3939　　匯考 46　　陶録

3 · 151 楚　　中子化盤　　子璋鐘　　姑馮昏同之子句鑃　　其次句鑃　　余購迷兒

鐘　　楚嬴匜　　王子午鼎　　書也缶　　𧼈忏盤　　王孫誥鐘　　敬事天王

鐘　　璽彙 0295　　帛書甲　　郭店 · 唐虞 3　　安大一 12　　清華

八 · 攝命 12　　清華八 · 邦道 7　　璽彙 0139　　璽彙 0136　　璽彙 3750

璽彙 3749 燕　　十三年戈　　陶録 4 · 103　　陶録 4 · 105 晉　　晉公盆

邵鐘　　侯馬　　璽彙 1397　　兆域圖銅版　　十三年鑲金銀泡　　主父戈

正易鼎　　二年戟　　哀成叔鼎　　璽彙 4371　　貨系 43 秦　　少

工喜銀扣　　秦駰玉牘　　睡簡 · 日乙 50　　珍秦 186　　、　　秦印 30

【注】甲骨文作𣥂、𣥂、𤴐、𤴐、𤴐，從囗（象城池，"丁"之初文）從止（或從雙止），會征行戡伐之意；丁亦為聲符。戰國文字"定"或迭加音符"丁"作𩊙（璽彙 3061），或省正僅從丁聲作𦎫（侯馬盟書）、𦎫（侯馬盟書），凡此可證，"正"本從丁聲。金文囗多填實，或演化為一短橫。列國銘文于正字上往往更添一短橫，是增飾的筆劃。《楚嬴匜》等作反書。《説文》："𤴑，是也。從止，一以止。凡正之屬皆從正。徐鍇曰：'守一以止也。'𤴐古文正從二。二，古上字。𤴐古文正從一、足。足者亦止也。"本義當為直對着城邑進發，為"征"的本字，如《墨子》："天下失義，諸侯力正。"引申為端正、正面、純正等義。"正"為引申義所專用，進發、遠征之義則另加形符"彳"寫作"征"來表示。●讀征，征伐。《尹光鼎》："隹（唯）王正（征）井方。"

●月份名。《師酉簋》："隹（惟）王元年正月。"《書·泰誓》："一月戊午，師渡孟津。"孔穎達疏："正月或云一月。"●官名。《大盂鼎》："隹（唯）殷邊侯、田（甸）雩（與）殷正百辟，率肄于酉（酒）。"正，商代的高級官員。《邾公釗鐘》："用樂我嘉穷（賓），及我正卿。"斯維至考證：正卿即卿士。正卿之名多見于《左傳》，如莊公廿二年載"並于正卿。"（《兩周金文所見職官考》戰國時期亦有"正"官。《包山 84》："正義弫（强）戠（識）之，秀期為李。"●中正、楷模。《大盂鼎》："今我隹（唯）即井（型）啬于玟（文）王正德。"正德，即道德之楷模，指在道德修養方面以身作則，為人表率。●整頓、治理。《大盂鼎》："匍（敷）有四方，畯正氒（厥）民。"《師遽簋蓋》："王祉正師氏。"●正吏：官名，諸吏之長。《麥方彝》："辟井（邢）侯光氒正吏。"●《璽彙 3939》"正孫"，複姓。●楚璽多讀為征，徵收之義。《匯考 47》"左桁正木"，《匯考 46》"正木之鉨"。"正木"應該是主管收木材税的官。●《璽彙 3749》"方正敀（咎）芝"。"方正"何琳儀先生以為是官名，指行為嚴正不偏者。《史記·平準書第八》："當是之時，招尊方正賢良文學之士，或至公卿大夫。"芝為人名。然先秦古璽中尚未發現官名加人名者，待考。《璽彙 3750》有"方正職鑄"。●讀丁。《安大一 12》："肅=（肅肅）兔虘（罝），敍（椓）之正=（丁丁）。"毛傳："丁丁，椓杙聲也。"

征 秦  印增 592

【注】從人正聲。●"征俱來"，疑為姓氏。

恶 楚  清華二·繫年 128  清華二·繫年 135

【注】從心正聲。●讀定。《清華二·繫年 128》："鴋（陽）城洹（桓）恶（定）君衒（率）犢（榆）閘（關）之自（師）與上或（國）之自（師）以迖（交）之。"

頙 齊  陶録 3·188  齊陶 0194  齊陶 0197  陶録 3·187

【注】從頁正聲。《玉篇·真部》："頙，正也。"●齊陶人名。

征  史密簋  夷伯夷簋  㝬馭簋  牆盤  翏生盨  天君鼎 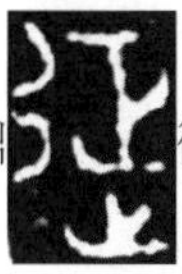 衛夫人鬲  征盨  鄂侯鼎  無㠱簋  虢仲盨蓋 齊  鄺大史申鼎  㠱伯子寇父盨  㠱伯子寇父盨 楚  登鐸  郐酷尹鉦鋮 

庚兒鼎 清華一·尹至5 清華一·耆夜1 清華十·四告3 清華十·四

時3 上博三·周易13 上博三·周易58 上博六·用曰5 中山

王鬻鼎 蚤壺 驫羌鐘

【注】甲骨文作征、足、征，從彳從正，腳趾對着城市前進，會進發之意；正兼聲。金文作征、延、徎，小篆作延。《説文》："延，正、行也。從辵正聲。征延（當作延）或從彳。"本義為遠行。"征"如今又作了"徵"的簡化字，表示徵召、徵收等義。●征伐。《利簋》："珷（武王）征商，隹（唯）甲子朝。"●讀正，紀月詞。《尸伯簋》："隹（唯）王征（正）月初吉，辰才（在）壬寅。"●定也。《牆盤》："鑶圉武王，遹征四方，達（撻）殷畯民，永不（丕）巩（恐）狄。"●使行，有所使命而行之。《乖伯歸夆簋》："王命益公征眉敖，益公至告。"《詩·召南·小星》："肅肅宵征。"鄭玄《注》："宵夜征行。"●《邾酤尹鉦鋮》："自乍（作）征城。"征城：春秋晚期南方徐、吳等國的鉦，自銘為"征城"，是行軍樂器。又名"丁寧"。●讀昆。《上博六·用曰5》："征蟲飛鳥，受物于天。"征蟲，陳偉先生在《〈用曰〉校讀》中指出即戰國兩漢傳世文獻中的"貞蟲"，所説是。"征蟲""貞蟲"即"昆蟲"，"征""貞"皆與"昆"通，見《古字通假會典》60頁"正-昆"條及61頁"貞-昆"條。

政 毛公鼎 牆盤 逑編鐘 虞侯政壺 焂戒鼎 虎

簋蓋齊 叔夷鎛 齡鎛 楚 冉鉦城 王孫誥鐘 曾伯陭鈸

王孫遺鼠鐘 王孫誥鐘 王子午鼎 曾侯與編鐘 鄂君啟舟節 鄂君啟車節

郭店·語叢一67 上博一·詩論1 上博四·曹沫10 清華二·繫

年2 清華八·邦政4 清華八·邦政9 清華八·處位3 清華八·處

位 2　清華九·治政 16 晉　政、　　　侯馬　　　溫縣　　　璽彙 1003

分研 258　　璽彙 5126 秦　秦政伯喪戈　政　秦政伯喪戈　政　秦景公石磬

政　睡簡·為吏 41　政　睡簡·為吏 13　正、　　秦印 61

【注】甲骨文作，從攴（手持棍），從正，會採取措施使正確之意；正兼聲。金文同甲骨文，或變形符為殳。《清華八·邦政》這一篇有一些字可能受三晉文字寫法的影響。例如"政"字作（簡 4），"是"字作（簡 6），其橫畫向下彎，與溫縣盟書相合。《說文》："政，正也。從攴從正，正亦聲。"本義為糾之使正。●政治、政事。《牆盤》："初龡（龢）穌于政。"《孟子·梁惠王上》："察鄰國之政，無如寡人之用心者。"●治理。《叔尸鐘》："余命女（汝）政于躲（朕）三軍。"●讀征，討伐。《虢季子白盤》："賜（賜）用戉（鉞），用政（征）繺（蠻）方。"●讀征，徵稅、納稅。《鄂君啟舟節》："見其金節則母（毋）政（征）。"●《王孫遺鼠鐘》："惠于政德，忠（淑）于威義（儀）。"政德：治理國家所必須具備的品德。《大盂鼎》："今我隹（唯）即井（型）廩于玟（文）王正德。"●讀整，整治。《㝵戒鼎》："用政（整）于六自（師）。""六師"指周王六軍。因六軍常駐宗周，在西，故金文也稱"西六師"。"整于六師"即整飭西六師的意思。●《郭店·語叢一 67》："政其處（然）而行，怠安。"周鳳五讀"政"為"正"，"怠"或釋為"怡"。句可理解為"以正確的方法施行，是很愉悅的事情。"

整　晉侯穌鐘　　蔡侯申盤　　清華八·攝命 15　、　　清華六·子產 5

晉　　晉公盆 秦　　、　　印增 122

【注】從束政聲。或說從敕從正（兼聲），會理正之意。《說文》："整，齊也。從攴從束從正，正亦聲。"本義整齊。●形容詞，整齊。《蔡侯申尊》："佑受母（無）已，禕（齋）護整肅（肅）。"●動詞，整飭。《晉公盆》："雖今小子，整辥爾家。"●《清華八·攝命 15》："女（汝）迺敢整惡（極）。""整惡"是同義複詞，猶言整飭。

晉　　　璽彙 2085　　　璽彙 2642

【注】從立正聲，"站"之異文。●晉璽人名。

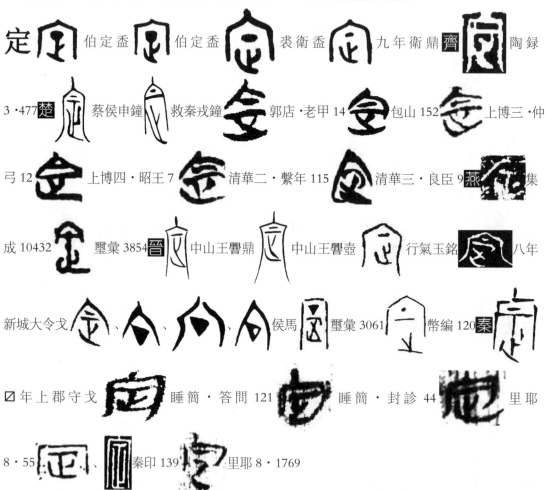

邳楚包山179包山150燕璽彙2237

【注】從邑正聲。●燕璽“邳纕”讀正，姓氏。●包山“邳昜”讀慎陽，地名。

鉦齊西替簠楚冉鉦鍼清華五·封許7上博九·陳公13

【注】從金正聲，與小篆同。《説文》：“鉦，鐃也。似鈴，柄中，上下通。”古代樂器名。形如鈴，有柄可執，傳世春秋晚期南方徐、吴等國的鉦，自銘為“征城”，是行軍樂器。●器名。形似鐘而狹長，有長柄可執，擊之而鳴。《冉鉦鍼》：“吉金☐乍（作）鉦鍼。”“鉦鍼”又名“丁寧”，鉦、丁以及鍼、寧均屬耕部。金文中或作“征城”，《郗醅尹鉦鍼》：“自乍（作）征城。”●讀征。《西替簠》：“西替乍（作）其妹嘶鐈（禱）鉦鐈。”●清華簡讀盞，賜品。

定伯定盉伯定盉裘衛盉九年衛鼎齊陶録3·477楚蔡侯申鐘救秦戎鐘郭店·老甲14包山152上博三·仲弓12上博四·昭王7清華二·繫年115清華三·良臣9燕集成10432璽彙3854晉中山王書鼎中山王書壺行氣玉銘八年新城大令戈、、、侯馬璽彙3061幣編120秦☐年上郡守戈睡簡·答問121睡簡·封診44里耶8·55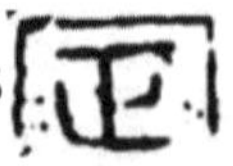、秦印139里耶8·1769

【注】甲骨文作☐，從宀從正（前往），會至于房屋止息之意；正兼聲。金文同甲骨文。戰國文字承襲金文，或迭加音符丁作☐，或省正從丁聲作☐、☐。《説文》：“☐，安也。從宀從正。”本義當為止息。引申為安定，如《詩經》：“亂靡有定。”●安定。《蔡侯申鐘》：“定均庶邦，休

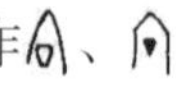

有成慶。" ●正定。《中山王𧤦壺》: "述 (遂) 定君臣之媢 (位),上下之體 (體)。" ●穩定、牢固。《中山王𧤦鼎》: "子子孫孫永定保之。" ●人名。《伯定盉》: "白 (伯) 定乍 (作) 寶彝。" ●地名。《▢年上郡守戈》: "定陽。"《戰國策·齊策》: "昔魏拔邯鄲,西圍定陽。" 原為趙地,後入秦,其地在今陝西宜川西北。秦封泥有 "定陽市丞"。●《集證 396》"定陶丞印"。《漢書·地理志》濟陰郡有 "定陶" 縣。《漢書補注》王先謙曰: "故陶,範蠡止焉,稱陶朱公,見《越世家》。秦魏冉益封陶為諸侯,見《秦紀》《穰侯傳》。秦為定陶縣,高帝與項羽攻之,見《羽傳》;章邯破殺項梁於此……故城今定陶縣西北四里。"

 上博六·用曰 8

【注】從心定聲。●《上博六·用曰 8》: "樹惠蓄悳保之亞。" "樹惠",古書多見。"悳" 疑讀誠。"樹惠蓄誠保之亞",對應下文 "自其有保貨,寧有保德"。

郒<small>楚</small> 包山 119

【注】從邑定聲。●簡文或作正陽、邒陽、慎陽,地名。

透紐耵聲

耵<small>耵鼎</small> <small>王子耵觚</small> <small>大保簋</small> <small>聽簋</small> <small>大保簋</small> <small>竈乎簋</small> <small>齊</small> 耵盉 <small>楚</small> 郭店·唐虞 6 郭店·唐虞 25 上博一·緇衣 11 <small>燕</small> 匯考 282 <small>晉</small> 中山王𧤦鼎 璽彙 4511 璽彙 5418 <small>秦</small> 印增 463

【注】甲骨文作 、 、 、 、 、 、 、 、 、 、 、 ,從耳從口 (或從二口),會口言耳聽之意,"聽" 之初文。金文同。後以形聲字 "聽" 代替,簡化則借 "听" (本義是張口而笑的樣子) 來表示。《說文》: "聽,聆也。從耳、悳,壬聲。" 本義為用耳朵接受聲音,聽從。《論語》: "聽其言而觀其行。" 引申為聽從、聽任等義。●多讀聽。《竈乎簋》: "用耵 (聽) 夙夜,用亯 (享) 孝皇且 (祖) 文考。" 用耵夙夜,意即朝夕用聽。●人名。《大保簋》: "王伐录子耵 (聽)。" ●讀聖。《郭店·唐虞 6》: "先聖牙 (與) 後耵 (聖),考後而逯 (歸) 先。"《璽彙 4511》"耵人" 讀 "聖人"。

 四祀卲其卣 <small>燕</small> 郾王職戈

【注】甲骨文作 🔲、🔲、🔲，從宀（甲骨文從宀與從广每無別）耶（聽）聲，即今之"廳"字。金文同。李孝定曰："此字從广聽聲，正今之廳字耳。廳字許書偶失。……殷商之世固已有庙字矣。"（《甲骨文字集釋》950頁）卜辭中多為祝祭或宴饗之所。●讀廳。周天子受理政事、發佈政令的場所，後作"朝廷"。《四祀㸜其卣》："䧁文武帝乙宜，才（在）䚐（召）大庙（廳）。"殷商金文用"庙""庙"，周金文用"廷"字。

聖彙3895

【注】從言耶聲，或云"聲"字異體。●燕聖人名。

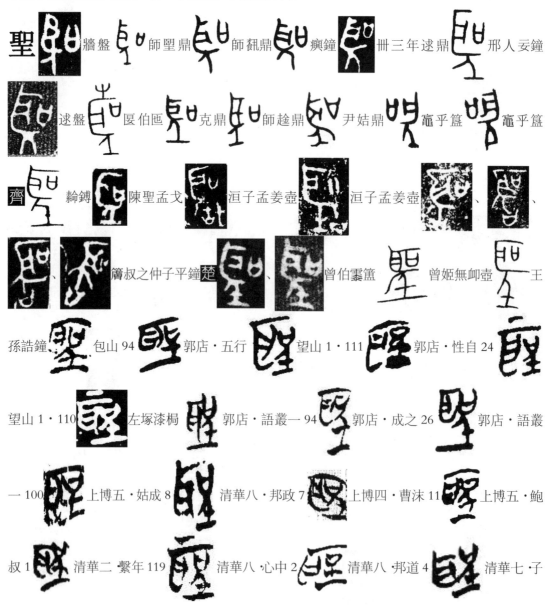

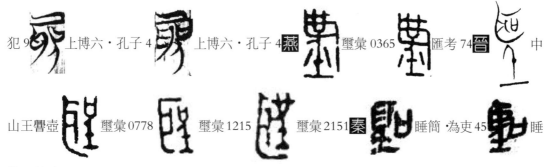

犯 9□ 上博六·孔子 4　　上博六·孔子 4　[燕]□ 璽彙 0365　□ 匯考 74□ 中

山王𧊒壺 □ 璽彙 0778　□ 璽彙 1215　□ 璽彙 2151 [秦]□ 睡簡·為吏 45□ 睡

簡·日乙 238

【注】甲骨文作□、□、□、□、□，從人耴（聽）聲。金文同甲骨文，人形多音化為壬聲。《簹叔之仲子平鐘》等從口聖聲，為繁文。《說文》："聖，通也。從耳呈聲。""呈聲"顯誤。本義當為聽覺靈敏，引申指聰明的人，後來指具有最高智慧和道德的人，即聖人。●聖人，指高超的才智或具備高超才智的人。《中山王𧊒方壺》："夫古之聖王孜（務）才（在）得睪（賢）。"《王孫遺諆鐘》："歊（畏）嬰（忌）趩趩，肅悊聖武。"聖武，指聖明英武。《書·伊訓》："惟我商王，布昭聖武。"●讀聽。《竈乎簠》："用聖（聽）夙夜，用亯（享）孝皇且（祖）文考。"用聖夙夜，意即朝夕用聽。《洹子孟姜壺》："聽命于天子。"聽命：即受命、接受王命。吳大澂謂"聽"作受解。"聽命于天子"，即"受命于天子。"●聖爽：即豪爽，與"聖武"義近。《癲鐘》："癲趒趒，夙夕聖趖（爽），追孝于高且（祖）。"●《曾姬無卹壺》："聖趒之夫人曾姬無卹。"聖趒，即楚聲侯之謚號。劉節謂："聖趒夫人即聲桓夫人。"（《壽縣楚器考釋》）●謚稱。《師趛鼎》："師趛乍（作）文考聖公、文母聖姬障彝。"●楚文字多讀聽。《上博四·曹沫 11》："不飲酒，不聖（聽）樂。"●讀聲。《郭店·性自 24》："聖（聽）孟（琴）幵（瑟）之聖（聲），則誺女（如）也斯歎。"●《璽彙 0365》"外司聖鍴"，讀聲，應該是樂府官署印。璽文第三字應釋為"聖"。它是由"耳"□和"呈"□兩部分組成的，而且"耳"旁還比正常的"耳"少了一筆。"司聖"即《管子》中所見的"司聲"。古"聖""聲"二字相通。如《史記·楚世家》中的楚"聲王"之"聲"，曾姬無卹壺和望山楚簡作"聖"。"司聲"當是負責聽察國情、民情之官，是王之耳目。"外"似指外朝（國君處理朝政之所），也可能指朝廷之外（即在地方上），無論是哪種情況，此璽總是燕國掌聽"理亂之音"的官員遺留下來的。這種官員的地位顯然是不低的。（詳吳振武《釋雙劍誃舊燕"外司聖鍴"璽》）

　[楚]□ 清華五·三壽 7

【注】從卯（"覆"之初文，詳"卯"字）聖聲。●讀傾，傾仄。《清華五·三壽 7》："亞（惡）非（必）□（傾）。"

　[楚]□ 清華五·三壽 13　□ 清華五·三壽 19

【注】從心聖聲。●讀聖。《清華五·三壽 13》："可（何）胃（謂）□（聖）？可（何）胃（謂）智（知）？"

諲 楚  曾侯與編鐘

【注】從言聖聲。●讀聲。《曾侯與編鐘》：“有㦤（嚴）曾侯，業業𠂤（厥）諲（聲）。”亦可讀聖，是對曾侯聰明睿智的高度褒譽。

鍟 楚 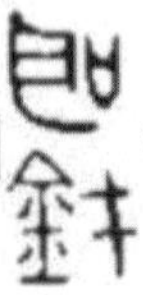 曾公畂鐘

【注】從金聖聲。●讀聲。《曾公畂鐘》：“左右又（有）周，神亓（其）鍟（聲）。”

磬 楚  䣄鎛  䣄鎛  䣄鎛

【注】從声從聖，為雙聲符字；或從石聖聲。隸定為“磬”。●讀聲。《䣄鎛》：“需色若華，𢇁（比）者（諸）礶（馨）磬（聲）。”𢇁者礶磬，讀“比之馨聲”，與大磬的聲音相媲美。

聽 秦  睡簡・答問 107  會稽刻石  關簡 252

【注】秦文字從悳聖省聲。秦文字用“聽”表示聽，楚文字用“聖”“耶”，齊文字用“耶”，中山文字用“耶”，燕文字用“玨”。●用為本義，傾聽。《會稽刻石》：“當聽萬事。”●《睡簡・答問 107》：“亦不當聽治。”聽治，對控告予以受理。●謀劃。《睡簡・秦種 159》：“及相聽以遺之，以律論之。”以及私相謀劃而派往就任的，依法論處。

䵷  一式𤞞簋  一式𤞞簋  衛簋  二式𤞞簋  𤞞盨  二式𤞞簋蓋  𤞞盨蓋

【注】上述諸形吳振武均釋為“馨”之異體。（《試釋西周𤞞簋銘文中的“馨”字》）字從鬯聖省聲。鬯是祭祀用的香酒，故用為形符。聖、殸同源，音同。字或作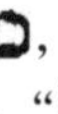，從二○，○指示植物之莖部，為“莖”之初文，故字可分析為從口莖聲，亦為“馨”之異構。《說文》：“，香之遠聞者。從香殸聲。殸，籀文磬。”本義指散佈之香气。●讀馨，用為本義。《二式𤞞簋》：“其日夙夕用𠂤（馨）香辜祀于𠂤百神。”《衛簋》：“用𠂤䵷（馨）香辜祀于𠂤百神。”古書中的馨、香二字多與祭祀有關。

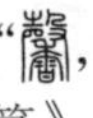

透紐壬聲

壬  璽彙 4524　璽彙 3884　璽彙 5692　貨系 270　圖典 47

【注】從人從土，會人于地上挺立之意。●燕璽均為人名。《璽彙 5692》"達喚不壬"，"壬"可讀廷。"不廷"乃古人習語。●晉平肩空首布單字，不詳。●秦印"壬轉絢"，姓氏。

聑  璽彙 3537　陶彙 4·22　璽彙 1500　璽彙 2603　璽彙 3294

【注】從耳壬聲。《篇海》古文聽字。●可讀聖，均為人名。

邟  湖南 25

【注】從邑壬聲。●"邟竓"，姓氏，疑讀程。

枉  戰表 979

【注】從木壬聲。●不詳。

痊  晉編 1169

【注】從疒壬聲。●"高痊"人名。

觟  璽彙 4136

【注】從角壬聲。●晉璽"肖觟"，人名。

廷  小盂鼎　頌簋　毛公鼎　師西簋　走馬休盤　此簋
遷簋　戎生鐘　上博二·容成 22　上博三·周易 48

上博四·昭王 1　包山 45　包山 29　清華一·程寤 1　清華七·越公 39　清華八·攝命 32　清華二·繫年 51　安大一 77　清華十·四告 43　分域一 72 晉　璽彙 3887　璽彙 0455　匯考 228　璽彙 0454 秦　秦公簋　秦景公石磬　睡簡·為吏 28　睡簡·秦種 10　睡簡·答問 95　秦印 36

【注】從 ⌐，象庭隅之形。較早的字形作 🔲，或省作 🔲，或變作 🔲，象人挺立地上，或變作從 🔲。至春秋時期又變成了從彡從壬的結合體了，共同表聲。後壬專用作聲符，彡就成了裝飾性的筆劃了，至小篆，裝飾性筆劃和 ⌐ 相結合成了 🔲，這樣就成了《說文》所謂的從廴壬聲的解釋了。● 周天子受理政事、發佈政令的場所，後作"朝廷"。《諫簋》："嗣（司）馬共右諫入門立中廷。"立中廷，金文習語，即站立于中庭，古代面君儀禮之一。金文有"廷"無"庭"，"庭"乃後起字。● 動詞，指諸侯、方國來朝稱臣。背叛不臣稱"不廷"。《毛公鼎》："不（丕）顯文武，皇天引厭乓德，配我有周，雁（膺）受大命，率褱（懷）不廷方。"● 讀俇，敬也。《廣韻·迴部》："俇，敬也。"《何尊》："廷告于天。"即敬告于天。● 大廷：古國名。《晉公盆》："至于大廷，莫不俾王。"● 讀庭，法庭。《包山 9》："廷𦤧（志）所以内（入）。""廷𦤧（志）"是法廷的文字記錄。● 讀庭，庭堂。《安大一 77》："古（胡）詹（瞻）尔廷（庭）又（有）縣獴（狟）可（兮）。"

清華一·金縢 3

【注】從皿廷聲。● 讀庭。《清華一·金縢 3》："命于帝 🔲（庭）。"

任鼎

【注】從肉廷省聲。"肉"旁穿插在"廷"字所從的"人"和"⌐"二部件之間，故原本處此位置之"彡"或"土"被省簡掉了。《說文》無。《公羊傳·昭二十五年》："與四脡脯。"《注》："伸曰脡。"本義條狀的干肉。《儀禮·士虞禮記》："脯四脡。"● 干肉。《任鼎》："易（賜）脡、牲大牢。""脡"為干肉，"牲大牢"為鮮牲，乃連類相及；合併為賜也。

庭 秦 里耶 5・35　　里耶 6・2

【注】從广廷聲。●里耶簡"洞庭"，郡名。

廷 楚 上博五・君禮 8

【注】從宀廷聲，"庭"之異文。●讀庭或讀廷。《上博五・君禮 8》："其才廷則欲齊=（齊齊）。"

娗 秦 印增 483

【注】從女廷聲。●人名。

梃 秦 睡簡・答問 90　　睡簡・答問 91　　印增 214

【注】從木廷聲。●棍棒。《睡簡・答問 90》："以兵刃、投（殳）梃、拳指傷人，擊以布。"《孟子》："可使制梃。"《趙岐註》梃，杖也。《前漢・諸侯王表》："奮其白梃。"●秦印人名。

定紐呈聲

呈 楚 郭店・老甲 10　　上博五・三德 17　　璽彙 4519　　璽彙 4523　　璽彙 4523

4523　　璽彙 4517　　璽彙 5550 晉 侯馬　秦 秦印 298

【注】甲骨文作𡉈，金文作𡊒《或者鼎》"或"所從，從口從十，會意不明。戰國文字下從土旁作星，或聲化為壬作𡊰。●讀逞。楚璽多見"呈志"箴言吉語璽。"呈志"讀"逞志"，猶言遂志。●讀郢。《璽彙 5550》"呈（郢）之粟"。"郢"是楚人對國都的稱呼。楚之"郢"除了指江陵外，還有陳（河南淮陰）、鄀（今湖北宜城東南）、壽春（今安徽壽縣）等地，該"郢"指哪一處，待考。此璽為郢地職掌糧食事務的官吏用璽。（《戰國璽印分域研究》138 頁）●讀程。《秦印 298》"烏呈之印"即烏程，地名。《匯考 174》另有"䖇呈之鈢"，"䖇呈"即"烏程"，詳"䖇"字。●讀盈。《郭店・老甲 10》："保此（道）者，不谷（欲）堂（尚）呈（盈）。"

或 或者鼎　　班簋　　晉侯穌編鐘　　𨙸侯弟𣇈鼎 齊 叔夷鐘

叔尸鎛  璽彙 1984

【注】從戈呈聲。《說文》：“𢧆，利也。利者，銛也。一曰剔也。剔當作𩮜。詳彡部。從戈。呈聲。”今訛作“𢧆”，“鐵”從之。●人名。《𢧆者鼎》：“𢧆者乍（作）旅鼎。”●讀徵。徵，小篆作𡄑，從壬聲；“呈”從呈聲，呈又從壬聲。故二字可通。《班簋》：“王令毛公以邦冢君、土（徒）馭、𢧆人伐東國猾戎。”“徵人”義為徵兵，則所徵之兵當亦可稱為“徵人”。《叔夷鎛》：“余命女（汝）嗣（司）辝（台）釐，𢧆𢧆徒四千，為女（汝）敵（敵）寮。”“徵徒”指徵召徒役。《曩侯弟叟鼎》：“曩侯易（賜）弟叟嗣𢧆，弟弁作寶鼎，其萬年子子孫孫永寶用。”司徵，主管徭役、租稅之事。《管子·治國》：“而上徵暴急無時，則民倍貸以給上之徵矣。”尹知章注：“謂徭稅不以時。”●晉璽“鄭𢧆”人名。

徵  石鼓文

【注】從彳𢧆聲，“𧼒”之異文。●讀秩。《石鼓文》：“徵＝（秩秩）卣（攸－所）罜。”《說文》有從𢧆聲之“𡄑（鐵所從）”“𧼒”諸字，均讀秩。《說文》：“𡄑，大也。從大𢧆聲，讀若《詩》秩秩大猷。”又“𧼒，走也。從走𢧆聲，讀若《詩》威儀秩秩。”從彳與從走會意同，故此字與“𧼒”同，亦讀秩，鼓文“徵徵”即“秩秩”，順序之貌。《荀子·仲尼》：“貴賤長少秩秩焉，莫不從桓公而貴敬之。”楊倞注：“秩秩，順序之貌。”“徵＝（秩秩）卣罜”應為“所罜秩秩”的倒文，“所罜”是罜網捕到的獵物，即指鳥。

𧼒  多友鼎

【注】從車從辵𢧆聲。●讀逞，訓為疾。《多友鼎》：“乃𧼒追，至于楊冢。”“逞追”猶《敔簋》之“奔追”。從車，以車行疾速也。

𢧆  關簡 337 印增 606

【注】從大𢧆聲。●《關簡 337》：“而心疾不智（知）而咸𢧆。”義不詳。

鐵  秦再二·8 集證 143 秦印 265 睡簡·秦種

 129 秦簡雜抄 23 睡簡·日甲 40 背

【注】秦文字從金或聲，或從金戠聲。●用為本義。《睡簡·秦種86》："其金及鐵器入以為銅。"
●官名。《秦再二·8》"鐵兵工室"、《集證143》"鐵兵工丞"，"鐵兵"亦即鐵兵器。"鐵兵工室"
應為主管鑄造鐵兵器的官署。"鐵兵工丞"即"鐵兵工室丞"之省，秦封泥中亦有"少府工室"
"少府工丞"，而"少府工丞"即"少府工室丞"之省。秦印另有"鐵市丞印"，鐵市丞，官名，
主鐵器買賣，佐官有丞。《漢書·百官公卿表》："治粟內史……屬官有……幹官、鐵市兩長丞。"

　秦漢印范卷三 30

【注】從女呈聲。●人名。

　璽彙 0825　　璽彙 2157

　侯馬

【注】從欠呈聲。●均為人名。

　吳季子之子劍　　侯馬

【注】從辵呈聲。●均為人名。《吳季子之子劍》："吳季子之子逞之元用鐱（劍）。"

　清華三·琴舞 17　　清華六·子產 26　　睡簡·秦種 33　

睡簡·效律 24　　　印增 273

【注】從禾呈聲。●量。《睡簡·秦種33》："程禾、黍☑以書言年。"●規格。《睡簡·秦種99》：
"不同程者毋同其出。"●《睡簡·秦種108》："隸臣、下吏、城旦與工從事者冬作，為矢程，
賦之三日而當夏二日。"矢程，放寬生產的規定標準。●法度，程式。《玉篇·禾部》："程，法
也，式也。"《清華六·子產26》："為民型（刑）程，上下聽（惆、和）耳（輯）。"●秦印姓氏。

　包山 124　　上博七·武王 8　　　圖典 73

【注】從木呈聲。●姓氏，疑讀程。《包山124》："司豐之塞（夷）邑人桯甲。"秦印"桯龗""桯赐""桯難"，姓氏，疑讀程。●讀楹，楹柱。《上博七·武王8》："桯銘唯［曰］：'毋曰何傷，祂（禍）將長。'"

 陶彙9·45

【注】從阝呈聲。●"盧眾☑陘垂鉢"，疑為地名。

郢 齊 璽彙0588 楚 鄂君啟舟節 　鄂君啟舟節 　☑郢鐸 　
包山141 　貨系4241 　貨系4209 　璽彙5549 　上博四·柬旱13 　
清華一·楚居8 　上博九·邦人5 　清華九·禱辭5 晉 　璽彙2051 　璽彙
2052 秦 　秦印123 　睡簡·日甲82背 　睡簡·日甲69背

【注】從邑呈聲，與小篆同。《説文》："郢，故楚都。在南郡江陵北十里。從邑呈聲。郢或省。"古代楚國的都城。●地名。楚國都城，故址在今湖北荆州西北紀南城。《鄂君啟車節》："就居鄅（巢）、就郢，見其金節則母（毋）政（征）。"●除都城稱郢外，楚王所居之處（離宮），都可以稱郢。《鄂君啟車節》："王處于葴郢之游宮。"游宮，即離宮。《包山7》："王廷於藍郢之遊宮。"●讀盈。《清華九·禱辭5》："邑又（有）社而向（鄉）又（有）至（丘），復邑郢（盈）虛然句（後）改（改）啻（謀）。""盈虛"即充盈原本的虛邑。"啻"讀謀，"改謀"當是指改變治理該邑的行政措施，以讓民眾得以安居。

 郢侯戈

【注】從彳郢聲。●讀郢，國名。《郢侯戈》："御（郢）侯之䜌（造）戈五百。"《郢侯戈》為春秋早期器物，説明郢作為楚都前，在西周時也曾是一個小國。

涅 楚 郭店·語叢四24 　郭店·老乙14 　上博七·武王11 　上博六·競
公9 　上博八·蘭賦1 　上博七·凡甲10 　清華一·楚居8 燕 　休涅壺

涅 晉  代相吏微劍　代相鈹　璽彙 0815　貨系 1219

【注】從水呈聲。聲符上面之口戰國常寫作廿形。●人名。《代相吏微劍》："六年郳（代）相吏微，左庫工帀（師）公孫涅。"●地名。《清華一·楚居 8》："衆不容（容）於免，乃渭（潰）疆涅之波（陂）而宇人女（焉），氐（至）今曰郢。"疆涅之"涅"最初可能是一種地貌特徵。疆涅成為王居之後，寫作"疆郢"。●讀馨。涅從壬得聲，《獄簋》銘文中讀為"馨"之字便是從壬得聲，可以為證。（詳參吳振武《試釋西周獄簋銘文中的"馨"字》）《上博八·蘭賦 1》："芳涅（馨）訛（謐）迍而達酮（聞）于四方。"簡文意為其香雖靜謐然而卻能聞達于四方。●楚文字多讀盈。《上博七·凡甲 10》："水之東流，酒（將）可（何）涅（盈）？"

溫 楚  九店 56·47　清華六·子儀 13　清華三·芮良夫 4　清華三·芮
良夫 16　上博五·三德 8　上博六·用曰 17　安大一 22

【注】從皿涅聲，"涅"字繁體。●多讀盈。《清華三·芮良夫 4》："圖（滿）溫（盈）康戲，而不知薹（寤）告（覺）。"《安大一 22》："隹（維）鵲又（有）巢，[隹（維）鳩] 溫（盈）之。"●讀嬴，姓。《清華六·子儀 13》："溫（嬴）氏多緣（聯）綯（婚）而不縛（續）。""嬴氏多聯婚而不續"，意為秦聯婚於晉而晉不續其好。●讀程。《上博六·用曰 18》："執（設）立帀（師）長，建毄（設）之政。譸諫敐用，亡咎隹溫。""溫""程"並從"呈"得聲，古音相近可通。《詩·小雅·小旻》："匪先民是程。"毛傳："程，法也。""無咎惟程"，即以不犯錯為原則。詳"譸"字。

輕 楚  上博九·史蒥 7

【注】從車呈聲。●讀騁。《上博九·史蒥 7》："區（驅）輕（騁）畋（田）邊（獵）。"

騪 楚  清華三·赤鳩 5

【注】從馬呈聲。●讀廷。《清華三·赤鳩 5》："湯舉（返）騪（廷），少（小）臣饋。"

餶 晉  侯馬

【注】從食呈聲。或增止為繁文。●均為人名。

勁^楚  包山 131　　包山 136　　分研 182

【注】從力呈聲。●包山簡人名。●楚璽"勁忑"，疑讀呈，姓氏。《正字通》古今印藪有"呈紳"。

綎^楚  帛書甲　　璽彙 5485　　包山 184　　包山 169　　上博

 二·容成 28　　郭店·成之 35　　清華一·楚居 2　　清華二·繫年 93

清華二·繫年 94　　上博九·陳公 10　　清華九·成人 9

【注】從糸呈聲，"縊"之異文。●讀贏。帛書"綎絀"當讀"贏縮"。"贏縮"為天文習見名詞，指星辰躔度的進退，此說已被眾多學者認同。●讀逞，意為夸耀。《郭店·成之 35》："少（小）人不綎（逞）人於刃（仁），君子不綎（逞）人於豊（禮）。"●《上博二·容成 28》："乃立后稷以為綎（田）。"張富海說"綎"當讀田。《管子·法法》："舜之有天下也，禹為司空，契為司徒，皋陶為李，后稷為田。"●《包山 267》："青絹之綎。"劉信芳《包山楚簡解詁》云："'綎'，應是繫車馬所用的絲帶，讀為'純'。《包牘1》'青絹之純'，綎、純互文見義。又曾侯乙簡備述車馬器，未見'綎'字，'辿'字屢見，綎、辿並繫綏之類。"●人名。《清華一·楚居 2》："爰生綎白（伯）、遠中（仲）。"●讀盈。《清華二·繫年 93》："緲（樂）綎（盈）出奔齊。"●讀懲。《上博九·陳公 10》："吕（以）綎（懲）帀（師）=徒=皆懼。"

粰^楚  清華八·邦道 17　　　　秦印 291

【注】從米呈聲。●讀程，考核。《清華八·邦道 17》"以粰（程）其功"，意即察其所能。●秦印"粰亿""粰吉"，疑讀呈，姓氏。

珵^楚  上博九·成甲 3　　上博九·成甲 3

【注】從玉呈聲。●讀贏。"遠（蔿）白（伯）珵（贏）"，人名。"蔿伯珵"即蔿賈。《左傳》楚氏名蓮、蔿或通用。《左傳》僖公二十七年"蔿賈尚幼"杜預注："蔿賈，伯贏，孫叔敖之父。"珵、贏音近通假。

定紐成聲

成 ▨簋　倗生簋　格白毁　十三年瘋壺　成白孫父鬲

小克鼎　乍冊䰭卣　乍冊䰭卣　師害簋　叔家父簠　▨公匜

齊　陳侯因錞　叔夷鐘　成陽辛城里戈　武城戈　璽彙

5504　陶録3・176　匯考32　匯考31 楚　郭店・緇衣35　類

編483　余贎兒鐘　曾侯與編鐘　上博三・周易5　帛書丙　清華

二・繫年88　清華二・繫年122　清華一・保訓9　包山147　清華

六・子儀18　清華五・啻門4　上博四・曹沫43　包山120 晉　中山

王鼎　春成侯盉　璽彙0894　璽彙1309　璽彙4051　璽彙

1312　三晉54　貨系1094　先秦編363　先秦編603　貨系3861 先秦

編623 秦　陶彙5・115　陶彙5・159　秦印276

【注】甲骨文作𠪡、�、𡄞、𠦂、𣈆、𣏂等形。何琳儀謂從戌（斧鉞形）從❍（丁），城邑形；或綫條化僅作┃，會城邑與軍械之意，"城"之初文；丁兼表音。早期金文同甲骨文。戰國文字《蔡侯申鐘》《余贎逨兒鐘》訛為從戌丁聲，許慎謂"從戌丁聲"，不知"丁"乃"丁"之訛；丁形多變為┣、┼、╎，遂演變為小篆之丁。戰國楚簡"成"字或承襲甲、金之形作𢦏，或在豎筆上加飾點𢦏，或把飾點拉直作𢦏，或在豎筆下加一橫飾筆，作𢦏。進一步演變則成𢦏、𢦏，上即"壬"字。楚文字"成"字作𢦏形乃變形音化從"壬"聲。"成"字本從丁聲，古音"丁"在端紐耕部，"壬"在透紐耕部，音極近。作偏旁或省為戌、戈。●成功、完成。《師害簋》："休乓（厥）成

1537

事。”●周王名號。《作冊大鼎》：“公來鑄武王、成王異（祀）鼎。”成王，即周成王姬誦。●成周：古城名，即西周的東都洛邑，春秋時周平王曾徙都于此。《史頌鼎》：“帥䳹（偶）盩于成周，休又（有）成事。”《書·洛誥序》：“召公既相宅，周公往營成周。”●讀盛，以器受物也。《叔家父簠》：“用成（盛）𪏯（稻）沕（粱）。”●守成。《叔尸鎛》：“簡簡義政，齊侯左右，母（毋）疾母（毋）已，至于枼（世）曰，武靈成。”《爾雅·釋詁》：“武，繼也。”靈，義為善。“至于枼（世）曰，武靈成”，以致于後世說：繼善守成。●成宮：宮名。或曰周成王之宮。《曶壺》：“王各（格）于成宮。”●成周八師：西周軍隊編制之一，指在成周（洛邑）一帶的周王嫡系部隊，與西六師合在一起共十四師，加上非嫡系部隊殷八師，共二十二師兵力。《曶壺》：“更乃且（祖）考乍冢嗣土（司徒）于成周八自（師）。”簡稱“成師”。《競卣》：“唯伯屖父以成自（師）即東。”●國名。《成周邦父壺蓋》：“成周邦父乍（作）干中（仲）姜寶壺，永用。”西周中期成國族人，名周字邦父。●《九年相邦呂不韋戟》：“成都。”成都，地名，在今四川省成都市，戰國至秦漢一直是蜀郡郡治所在地。●和解、媾和。《曾侯與編鐘》：“余䜌（申）圝（固）楚成，改復曾疆。”申固楚成，大意是説曾與楚達成和解，同盟關係進一步鞏固。●讀誠。《上博六·用曰18》：“起事作志，濬其有忠成（誠）。”

誠 楚  清華七·子犯4 秦  元年相邦疾戈  會稽刻石 、 秦印44  睡簡·封診38

【注】從言成聲。●確實。《睡簡·封診38》：“甲臣，誠悍，不聽甲。”●人名。《元年相邦疾戈》：“元年相邦疾之造，西工師誠，工戌疪。”●誠信。《睡簡·秦種184》：“隸臣妾老弱及不可誠仁者勿令。”隸臣妾年老體弱及不足信賴的，不要派去送遞文書。

城  散氏盤  居簋  元年師兌簋  班簋  城虢遣生簋 齊  武城戟  陶彙3·534  陶彙3·514  陶彙3·539  陶彙3·542  璽彙3751  成陽辛城里戈  昌城右戈  武城戈 楚  襄城公競脽戈  郤酷尹鉦鋮  清華六·太伯甲7  包山2  包山4  新蔡甲三264  新蔡甲三392  郭店·老甲16  清華八·天下1  清華二·繫年

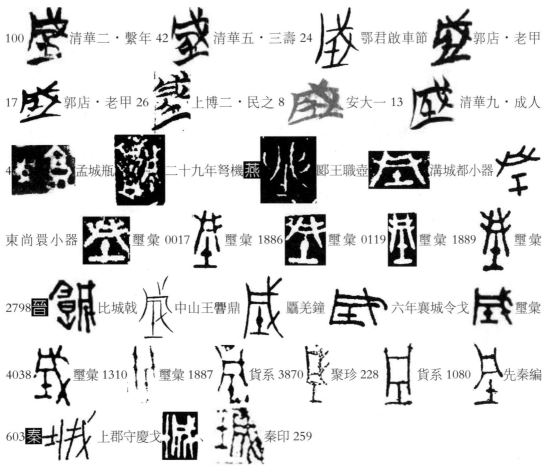

100 清華二·繫年 42　清華五·三壽 24　鄂君啟車節　郭店·老甲
17 郭店·老甲26　上博二·民之8　安大一 13　清華九·成人
4　孟城瓶　二十九年弩機燕　郾王職壺　溝城都小器
東尚覆小器　璽彙 0017　璽彙 1886　璽彙 0119　璽彙 1889　璽彙
2798 比城戟　中山王豐鼎　驫羌鐘　六年襄城令戈　璽彙
4038 璽彙 1310　璽彙 1887　貨系 3870　聚珍 228　貨系 1080 先秦編
603 上郡守慶戈　秦印 259

【注】金文從章成聲，與《說文》籀文同。或從土成聲，與小篆同。《說文》："城，以盛民也。從土從成，成亦聲。誠籀文城從章。"本義為城邑。城，當為成之孳乳字，蓋"成"被引申義所專，遂加土旁作"城"，示其本義也。●城牆、城池。《中山王豐鼎》："闢（辟）啟封彊（疆），方豐（數）百里，刺（列）城豐（數）十，克儥（敵）大邦。"●地名用字。《鄂君啟車節》："自鄂往、就陽丘、就邡（方）城、就象禾。"方城，在今河南省葉縣南方城縣東北，金文"方"從邑，為地名專用字。●《成陽辛城里戈》："成陽（陽）辛城里錢（戈）。"城陽，地名，又見于《陶彙 3·512》"成陽"及《璽彙 3751》"城陽齊"等，春秋戰國齊地。●虢成公：西虢的君主，名班，亦稱毛公，原稱毛伯。《班簋》："王令毛白（伯）更虢城公服，雩王立（位），乍（作）四方亟（極）。"●長城。《驫羌鐘》："征秦迮齊，入張（長）城先，會于平陰（陰）。"銘文指齊國長城。《古本竹書紀年》："（晉）烈公十二年，王命韓景子、趙烈子、翟員伐齊，入長城。"即指《驫羌鐘》所記此次晉軍伐齊事。●征城：古代行軍樂器，又名"丁寧"，形似鐘而狹長，有長柄可執，擊之而鳴。《郐酤尹鉦鋮》："自乍（作）征城。"●城旦：是秦漢時的一種刑罰名。秦服四年兵役，夜裏築長城，白天防敵寇。《上郡守慶戈》："卅七年，上郡守慶造，漆工督，丞秦，工城旦賢。"●《璽彙 3751》"誠圜齊"，"城陽"為複姓。●《璽彙 4038》"陽城餝"，"陽城"為複姓。●古璽印有"城厷""城完舍=（寬舒）"，為姓氏。《風俗通》凡氏於事者。城、郭、園、池皆姓也。●讀成。《清華九·成人 4》："城（成）人曰：……。"整理者注："成人，見《論語·憲問》'子路問成人'章，以及《孔子家語·顏回》《說苑·辨物》等，指賢德之人。簡文反映出成人的身分較高，相當於文獻中的'老成人'、'考成人'。《詩·蕩》：'雖無老成人，尚

1539

有典刑。'《書·盤庚》'汝無侮老成人'，孔疏引王肅云：'古老成人皆謂賢也。'又《書·康誥》：'汝丕遠惟商耇成人，宅心知訓，別求聞由古先哲王，用康保民。'《史記·衛康叔世家》引之曰：'必求殷之賢人君子長者，問其先殷所以興，所以亡，而務愛民。'孫星衍《尚書今古文注疏》曰：'賢人、君子謂成人，長者謂耇。'"

陘 晉  璽彙 2329  類編 478

【注】從阝城聲。●《璽彙 2329》"陘舍"讀城，姓氏。●《類編 478》"事（史）陘"，人名。

鋮 楚  冉鉦鋮

【注】從金成聲。●鉦鋮：樂器，或作"征城"。《冉鉦鋮》："吉金▢乍（作）鉦鋮。"

郕 楚  曾侯 210 晉  錢典 193

【注】從阝成聲，或城聲。●均為地名。

餓 齊  叔尸鎛 楚  信陽 2·17  包山 130

【注】從食成聲，當為"盛"之異文。●讀盛，盛放。《信陽 2·17》："二餓（盛）异（箕）。"●讀成。《叔尸鎛》："其配襄公之妣，而餓公之女。"餓公，讀成公。

盛  殳季良父壺  史免簠  盛季壺 齊  璽彙 1319 楚 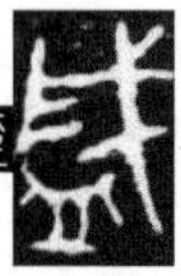、 曾伯霥簠  盛君匜  璽彙 1318  包山 125  包山 197  新蔡乙一 13  上博一·詩論 2 晉  盗壺 秦 、 秦印 89

【注】從皿成聲；聲符或省為戌、戈。《包山 125》壬和皿共用筆畫。●盛裝。《殳季良父壺》："用盛旨酒。"《左傳·哀公十三年》："旨酒一盛兮。"●豐美。《盗壺》："悳（德）行盛皇（旺），隱僾（逸）先王。"《易·系辭上》："日新之謂盛德。"●氏。《盛君縈簠》："盛君縈之迮（御）

臣。"《璽彙1319》"盛鞭"、《璽彙1318》"盛固"均為姓氏。"盛"為周穆王盛國之後,被齊所滅,後人以國為姓。

泥紐寍聲

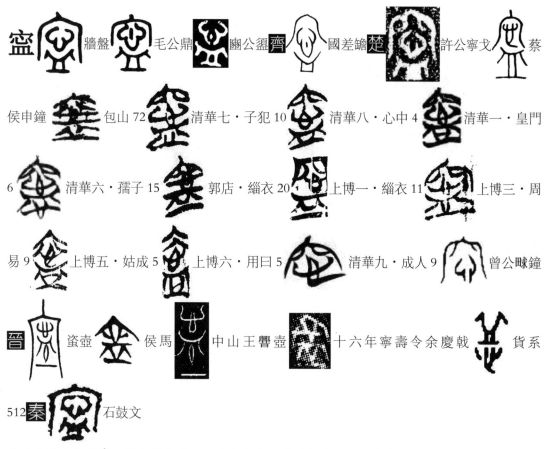

【注】甲骨文作🔯,從宀從心從皿,會室內安心飲食之意。寍、寧當為繁簡二體,許慎分為二字。楚文字均從穴作。《清華九‧成人9》為省形。《說文》:"🔯,安也。從宀,心在皿上。人之飲食器,所以安人。"民以食為天,有食則心安。"寍"為"寧"之本字,加"丁"為明確讀音。段玉裁注:"此安寧正字。今則寧行而寍廢矣。"●安定寧靜。《圉差鐟》:"齊邦𪻐靜安寍(寧)。"《詩‧小雅‧常棣》:"喪亂既平,既安且寧。"《郭店‧緇衣20》:"邦豕(家)之不寍(寧)也。"●地名。《寧右庫劍》:"十二年,寍(寧)右庫五束(刺)。"●《蔡侯申鐘》:"余非敢寍(寧)忘(荒),有虔不易,輅(佐)右(佑)楚王。"寍忘,即寍荒。《清華九‧成人9》:"四補(輔)不補(輔),司正㐬宑。"㐬宑,讀荒寧,指荒怠自安。《書經‧無逸》:"治民祗懼,不敢荒寧。"●安樂。《上博三‧周易9》:"不寍(寧)方迲(來),後夫凶。"方,多方。四方不寧者多方前來比附。●包山簡姓氏,讀寧,衛武公之後,見《姓氏急就篇注》。

伯疑父簠

【注】從女寍聲。"嫊"之省文,《說文》無。●人名用字。《伯疑父簠蓋》:"白(伯)𨔵(疑)

父乍（作）嫵寶段。"

泥紐甹聲

子眘盆　　子眘盆　　蘇公作王妃盂簋

【注】甲骨文作屮、屮、屮、屮，從皿從丂，桌上有盛食物的"皿"，會豐衣足食，生活安定之意。或訛為從血從乎。《説文》："甹，定息也。從血，甹省聲，讀若亭。" ● 器名，過去多釋為盂，但器形與盂不類。趙平安認為是盨的借字。（《東周金文與楚簡合證》74頁）

王子申盞盂　　　　黃仲酉壺 齊　齊良壺 楚　楚王酓審盞

【注】從皿甹聲。所從丂多訛為于。 ● 金文或省作甹，器名。

郢 楚 　　新蔡乙一 32　　　 新蔡乙一 14

【注】從邑甹聲。 ● 地名，地望不詳。

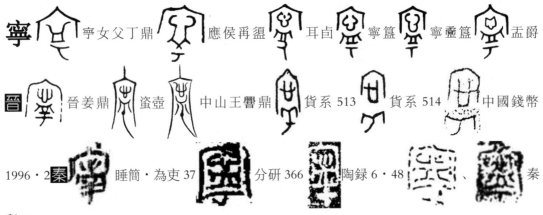

寧　　寧女父丁鼎　　應侯再盨　　耳卣　　寧簋　　寧盠簋　　盂爵

晉　晉姜鼎　　螜壺　　中山王嚳鼎　　貨系 513　　貨系 514　　中國錢幣

1996・2 秦　睡簡・為吏 37　　分研 366　　陶録 6・48　　　、　　秦

印 85

【注】甲骨文作宐、宐、宐，從宀從甹，甹兼聲。金文同甲骨文，多增從心，示安心、安寧之意。《説文》："寍，願詞也。從丂寍聲。"非本義。金文寍、寧同字，今則寧行而寍廢。 ● 平安、安定。《晉姜鼎》："余不叚（暇）妄寧。"《易・干・象傳》："首出庶物，萬國咸寧。" ● 省視、問安、慰問。《盂爵》："隹（唯）王初桒于成周，王令盂寧昇（鄧）白（伯）。"《左傳・莊公二十七年》："杞伯姬來，歸寧也。"杜預注："寧，問父母安否。"《睡簡・日乙 192》："辛卯壬午不可寧人，人反寧之。" ● 副詞，寧可、寧願。《中山王嚳鼎》："蒦（與）其汋（溺）于人旃（也），寧汋（溺）于淵（淵）。"《史記・屈原列傳》："寧赴江流，而葬乎江魚腹中耳。" ● 情願、寧願，表示選擇後的結果。《上博六・用曰 5》："用曰：寧事虢=（赫赫）。" ● 秦封泥有"寧秦""寧秦丞印"，地名。寧秦，《漢書・地理志》京兆尹："華陰，故陰晉，秦惠文王五年更名寧秦，高帝

八年更名華陰。"《漢書·蕭何曹參傳》："賜食邑于寧秦。""寧秦"在秦約屬內史，位於今華陰縣附近。《秦陶》亦有"寧秦"。

來紐霝聲

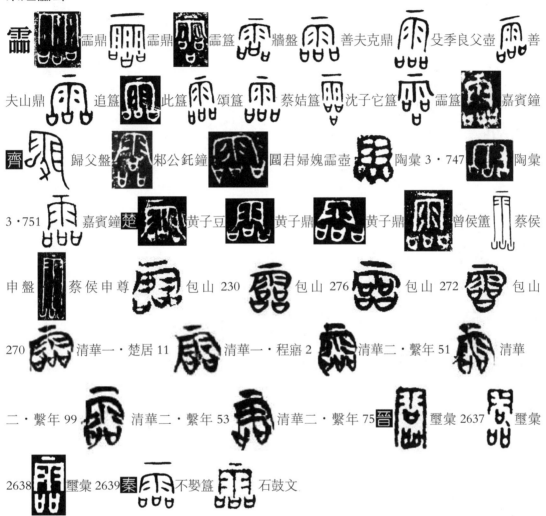

【注】甲骨文作𠕂、𠕂、𠕂、𠕂，從雨從𢁇（象雨點之形），會天上落下大雨之意。本義為下大雨，當是"霖"的本字。徐中舒曰："霝實為霖之本字。《說文》：'霖，雨三日已往。從雨林聲。'與甲骨文霝字義合。自甲骨文字形及辭例觀之，霝之本義當為大雨，而經傳與《說文》皆以霖專大雨之義，《說文》但訓霝為'雨零也'。此非本義而為引申義。"（《甲骨文字典》1243頁）金文同甲骨文。《說文》："霝，雨零也。從雨，㗊象零形。《詩》曰：'霝雨其蒙。'"本義當為大雨，《石鼓文》"霝雨☑☑"即用為本義。●人名。《霝簋》："霝乍（作）寶飤。"●讀靈，善也。《追簋》："肰臣天子霝冬（終）。"《詩·墉風》靈雨既零。《箋》靈，善也。●讀鑛，彝器名稱。《伯夏父鑛》："白（伯）夏父乍（作）畢姬䜌霝（鑛），其萬年子子孫孫永寶用。"●稱頌、頌揚。《郰公釶鐘》："用樂我嘉穷（賓），及我正卿，揚君霝君，目（以）萬年。"揚君霝君，即頌揚稱頌君。●《包山230》："觀綳以長霝（靈）為左尹𧊒貞。"卜筮工具，具體所指不詳。●三晉璽有"霝紆""霝道""霝城弟"，姓氏，讀寧。靈氏，齊靈公之後，或云宋公子靈圍龜之後。見《風

俗通》。

靐 齊 璽彙 2330　楚 郭店 · 語叢一 34　秦 秦公鎛

【注】從心霝聲。●讀靈，形容樂聲優美。《秦公鎛》："靐（靈）音鉘鉘雒雒。"●讀靈。《郭店 語叢一 34》："豊（禮）妻（齊）樂靐（靈）則戚。"靐，吳振武讀吝。（《談齊"左掌客亭"陶璽——從構形上解釋戰國文字中舊釋為"亳"的字應是"亭"字》）●齊璽人名。

靁 克鼎　鄭井叔鐘

【注】從龠霝聲。●讀靈。《大克鼎》："易（賜）女（汝）史小臣、靁鼓鐘。"《周禮 · 地官 · 鼓人》："以靈鼓鼓社祭。"鄭玄注："靈鼓，六面鼓也。"

闛 楚 清華九 · 廼命一 3

【注】從門霝聲。●簡文"闛（靈）光"，讀靈。

黿 楚 天星　望山 1 · 92　望山 1 · 88　新蔡乙四 46　新蔡乙四 34

【注】從黽（龜）霝聲。"黿"是"黿"的異體，"黽"旁是用作"龜"的。黿，"靈"之異文。●望山簡"黃黿"，用為卜具。《集韻》"黿"字云："黃黿，龜名。"《禮記 · 禮器》正義引《爾雅》郭注："今江東所用卜龜黃靈、黑靈者……。"簡文"黃黿"即黃靈。《新蔡乙四 46》："彭定目（以）駁黿（靈）為君卒（卒）戠（歲）貞。""駁黿"亦為卜具。

靈 齊 叔尸鐘

【注】從火靈聲。●讀靈。《叔尸鐘》："尃受天命，剗伐夏后，敗氒（厥）靈師，伊少臣隹（唯）補（輔），咸有九州。"

霙 楚 清華五 · 命訓 12

【注】從眾霝聲。●讀臨。《清華五 · 命訓 12》："橐（畏）之以罰，霙（臨）之以中。"

㮨 楚 望山 2 · 02

【注】從木需聲。●讀轎，橫在車前後兩旁，用來禦風塵的車闌。轎，《玉篇》同輪。《望山2·02》：
"亓（其）并橺。""并"疑讀為遮罩之"屏"。"屏橺"疑即漢人所謂的屏星。橺既包括車箱前
面的欄杆，又包括車箱兩端的欄杆，則"屏橺"應是遮罩這三側的欄杆。

包山268　望山2·8

【注】從糸需聲。●讀靈。《包山268》："繻（靈）光之紟。"●讀禮。《集韻》衣光也。《望山2·8》：
"☑黄坴組之繻。"

庚壺

【注】從示需聲。從示表示跟神靈有關，楊樹達謂神靈之靈專字。（《積微居金文説》181頁）●
讀靈，人名。《庚壺》："歸獻于霛公之所。"霛公，郭沫若謂即齊靈公。（《兩周金文辭大系考釋》
209頁）

清華六·子產11　新蔡甲三215

【注】從艸需聲。●讀零，零落、凋零。《清華六·子產11》："罪起民蕭（零），民蕭（零）上
危。"

仲義父鑐　仲義父鑐楚　伯亞臣鑐　曾伯文鑐

【注】從缶需聲，與小篆同。《鄭義伯鑐》與包山楚簡"鑐"作鎺同，從金，蓋示造器原料之別
也。從缶，則示器之用也。《説文》："鑐，瓦器也。"本義容器名。從器形來看，鑐實際上是罍
的演變，都是小口大腹，其區別是罍有三耳，而鑐僅有肩上二耳，但是罍名消失或罕見之時，
正是鑐的行用之時，消長的情形很清楚。鑐出現於西周晚期，沿用至春秋。●器名。《仲義父鑐》：
"中（仲）義父乍（作）旅鑐。"

鄭義伯鑐　鄭義伯鑐　鄭義伯鑐楚　包山272

【注】從金需聲。●均讀鑐。《包山272》："絣（縢）組之鎺鈇。"

詛楚文　陶彙9·88　印增12　睡簡·日甲26　天

簡·日乙332

【注】從玉需聲。《説文》："靈，靈巫。以玉事神。從玉需聲。靈或從巫。"本義是神靈。●秦

印"靈賢"，姓氏，讀靈。春秋時晉有靈輒；明代有靈芳。秦陶亦為姓氏。●善也。《詛楚文》："緊（亦）應受皇天上帝及丕顯大神巫咸之幾靈德賜。"《詩·鄘風》靈雨既零。

秦公大墓石磬　　秦景公石磬

【注】從龍靈聲。秦文字龍有三丿。●讀靈。《秦景公石磬》："籠殻。"籠殻，讀靈磬，美好之磬。

精紐晶聲

璽彙 0841

【注】會意字。甲骨文作□□、◦◦、□□、晶、◦◦，從三星。三顆（表示許多）星星在一起，會晶瑩明淨之意。戰國楚系文字有字作 器（上博三·周易7）、器（上博四·柬旱9），與"晶"同形，在簡文中皆用如"三"，為"參"之省形。《説文·晶部》："晶，精光也。從三日。"所釋為引申義。本義當為星星。●晉璽人名。

信陽 1·23

【注】會意字。從三月，會月光之意；"晶"之異文。●讀晶。《信陽1·23》："昊昊冥冥又腎日。"

分研 155

【注】從竹晶聲。●"高閒☑簹（笙）"，"簹"疑讀笙，為樂官。

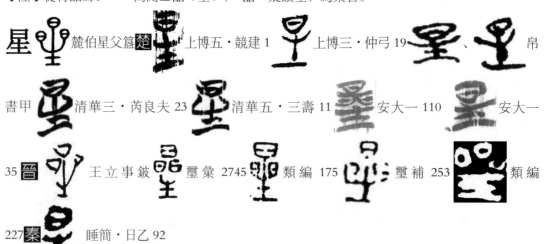

星　麓伯星父簋　楚　　上博五·競建1　　上博三·仲弓19　　、　　帛

書甲　清華三·芮良夫23　　清華五·三壽11　　安大一 110　　安大一

35 晉　王立事鈹　晶　璽彙 2745　　類編 175　　璽補 253　　類編

227 秦　睡簡·日乙 92

【注】甲骨文"晶""星"一字，作□□、◦◦、□□、晶、◦◦，象群星形，為"星"之初文。或迭加

"生"為聲符作🌱、🌱、🌱，遂成為雙聲字；🌼（晶）、生皆聲。金文同甲骨文。戰國文字與金文同形。楚簡或作🌟，為省形。《説文》："🌟，萬物之精，上為列星。從晶生聲。一曰象形。從口，古口復注中，故與日同。🌟古文星。🌟曇或省。"本義為星星，如《荀子》："列星隨旋，日月遞照。" ●人名。《麓伯簋》："麓伯星父乍（作）匋中姞寶簋。" ●《類編 175》"星汜"，姓氏。《璽補 253》"峀曇竑"，"峀曇"複姓，讀浩星。 ●用為本義，星辰。《睡簡·日乙 92》："七星，百事凶。" ●讀腥。《睡簡·日甲 53 背》："一室井血而星（腥）臭。" ●讀清。趙幣（貨系 2263）"星昜"讀清陽，地名。《漢書·地理志》清河郡下有清陽，在今河北清河東南。

猩秦　猩 嶽麓三 53　猩 嶽麓三 54　猩 嶽麓三 54　狙 印增 392

【注】從犬星聲。 ●秦簡人名。秦印"任猩"，人名。

精紐井聲

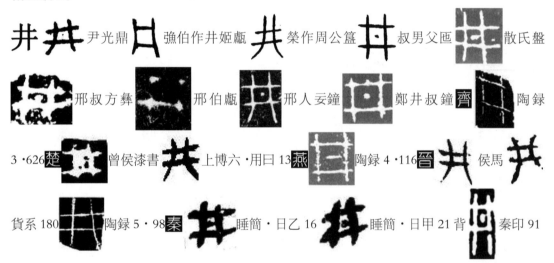

井井 尹光鼎　井 彊伯作井姬甗　井 榮作周公簋　井 叔男父匜　井 散氏盤

井 邢叔方彝　井 邢伯甗　井 邢人妄鐘　井 鄭井叔鐘齊　井 陶録

3 ·626楚　井 曾侯漆書　井 上博六·用曰 13燕　井 陶録 4 ·116晉　井 侯馬　井

貨系 180　井 陶録 5 · 98秦　井 睡簡·日乙 16　井 睡簡·日甲 21 背　井 秦印 91

【注】甲骨文作井、井，象井形，周圍是井沿的石條，或是用木交叉構成的井口形。金文同甲骨文，或增●，表示井水所在的地方。或説井為型之初文，為制土磚坯子模具的象形。填土入井之中心方格，用刀刮除多余泥土，故產生從刀從土的"型"。《説文》："井，八家一井，象構韓形。"本義是水井。古代奴隸社會把方圓一里的土地按照井字的形狀分成九區，八家各分一區耕作，中央為公田，故又用以借指井田。古代因井設市，故又引申指市井，如陳子昂《謝賜冬衣表》："萬井相歡。" ●讀邢，諸侯國名。西周周成王封周公第四子姬苴（邢靖淵）于邢國，是周朝的 53 個姬姓封國之一。疆域範圍包括今邢台市大部和周邊部分地區。西周邢國是太行山以東具有征伐權的元侯之國，歷史上多次率領諸侯與北方的戎狄作戰，邢侯搏戎在當時中國北方占有重要地位。春秋末年，邢國衰弱，北方戎狄侵犯，邢君南遷，亡於衛國，後轉為晉國趙襄子的采邑。《邢伯甗》："井（邢）白（伯）乍（作）獻（甗）。" ●讀型，瀘則、楷模、取瀘等義。《牧簋》："女（汝）母（毋）敢弗帥先王乍（作）明井（型）。"《番生簋》："番生不敢弗帥井（型）皇且（祖）考不（丕）杯元德。" ●水井。《睡簡·日甲 57》："利以穿井、蓋屋，不可取妻、嫁女。" ●讀刑，刑罰、刑瀘。《兮甲盤》："敢不用令，則即井（刑）斷（撲）伐。"《叔尸鐘》："中

專盟（盟）井（刑），台（以）專弍公家。”中專盟刑，言執中以布明刑。

悐（燕）  戰表 1523

【注】從心井聲。●不詳。

鎇（楚）  包山 252

【注】從金悐聲。●讀鈃，古代的一種酒器，似鐘，頸長。《包山 252》：“二鉼（瓶）鎇（鈃）。”
《信陽 2·14》作“銅”，當為異體。

洴（楚）  九店 56·27　　清華一·祭公 9　　清華十·四時 13

上博三·周易 44　　上博三·周易 45

【注】從水井聲。或隸為“汬”。●讀井，姓氏。《清華一·祭公 9》：“乃訋（召）羅（畢）㔷，
汬（井）利、毛班。”整理者注為：“井利……見《穆天子傳》。”●《上博三·周易 44》讀井，
卦名。《井》卦象征水井。●《清華十·四時 13》：“中（仲）夏，日月盒（合）於三洴（井），
臂（畢）雨乃降。”整理者注：“三井，指東井、玉井、軍井。《禮記·月令》：‘仲夏之月，日在
東井，昏亢中，旦危中。’九店楚簡日書《十二月宿位》：‘八月東井。’楚之八月，即夏曆六月。
本簡所記與《月令》、九店楚簡相同。”

剏  師同鼎

【注】從列井聲，當為“㓝”之異文。●讀型。《師同鼎》：“剏畀其井，師同從。”應讀為“型
比其型”，理解為“效法遵從其典型”，“其型”應指做器者師同的上司，所以接着說“師同從”，
然後敘述征伐所取得的戰績。

甹（楚）  清華十·四告 13

【注】甲骨文作 ，從歺井聲。“㓝”之省文。●整理者讀刑。《清華十·四告 13》：“卑（俾）臕
（助）相我邦或（國），和我庶獄庶眘（慎），甹用中型，以光周民。”整理者注：“師同鼎（《集
成》二七七九）：‘㓝（阱）畀其井（型）。’四十三年逑鼎（《銘圖》二五二一）：‘母（毋）敢不
中不井（型）。’‘㓝’字亦見於甲骨文，有關考釋參看王子楊《釋甲骨文中的‘阱’字》（《文史》
二〇一七年第二期）。簡文讀為‘刑’。”

郭店·老乙 12　　郭店·緇衣 24　　上博二·魯旱 3　　上博四·曹

沫 21　晉　七年邢趙劍　　十七年邢令戈　　侯馬　璽彙 3352

【注】從土井聲，"型"之省文。坓，《六書統》古文型字，戰國文字習見。●讀邢。《七年邢趙劍》："七年，坓（邢）肖（趙）、下庫工帀（師）☒☒、冶湈☒戟齊（劑）。"春秋邢國，後屬趙，在今河北邢臺。三戈尾碼"戟劑"，定為趙兵無疑，此"邢"應即趙之"邢"。●讀形。《郭店·老乙 12》："大音膚（希）聖（聲），天象亡坓（形）。"●《璽彙 3352》"坓行"，讀邢，姓氏。

彙 6·35

【注】從阝坓聲。金文地名用字常增土而字義不變，故字可釋為"阱"。●讀邢、地名。《五年邢令殷思戟》："陞（邢）令殷思。"●《璽彙 3021》"陞鵲"，讀邢，姓氏。

【注】從犬坓聲。●讀型，瀘、瀘度。《中山王譽鼎》："於（烏）虖（乎），攸狯（哉），天其又（有）猷（型）。"

【注】從山井聲。●人名。

留令邢丘莒戟　　　邢令殷思戈　　陶彙 6·33　　璽彙 1891　　璽彙

1898　秦　秦印 122

【注】從邑井聲，或坓聲，為"邢"之繁文。隸定為"邢"。●地名之專字。《二年邢令戈》："二年，邢倫（令）孟柬。"●晉璽有"邢豫""邢思""邢芯"等，姓氏。《屯留令邢丘莒戟》之"邢

1549

丘莒”，“邢丘”為複姓。

郱 ^楚  安大111

【注】從方邢聲。●讀邢。《安大111》：“今夕可（何）夕，見此郱（邢）矦（侯）？”《毛詩》作“見此邂逅”。《釋文》：“邂，本亦作解。逅，本又作近。”郱，即“邢”之繁體。上古音“郱（邢）”屬匣紐耕部，“邂”屬匣紐支部，“解”屬見紐支部，並音近可通。“侯”“近”屬匣紐侯部，“逅”屬見紐侯部，亦音近可通。毛傳：“邂逅，解説之貌。”《韓詩》云：“邂逅，不固之貌。”説皆與上章“良人”“粲者”文例不類。簡文作“郱（邢）侯”，勝於毛、韓二家。“邢侯”，亦見於《詩·衛風·碩人》，《釋文》：“邢音形，姬姓國。”

穽 ^秦  睡簡·雜抄5 龍崗103

【注】從穴井聲，“阱”字異文。《説文》：“阱，陷也。從阜從井，井亦聲。穽，阱或從穴。汬，古文阱從水。”●讀阱。《睡簡·雜抄5》：“置穽罔（網）。”

饂 ^晉  ☑年芒碭守虔令戈

【注】從食從日井聲。●人名。

𢧵 ^齊  璽彙0083

【注】從戈井聲，“刑”之異文。●齊璽“☑𢧵司滿”，地名。

𣂪  貞簋 雈叔簋 師虎簋 狀馭簋 過伯簋 過伯簋

逨盤

【注】西周金文“荊”字作 𢦏（或作 𢦏，與“𢦏”字相混），商承祚謂此字作刀上刺以會意，蓋荊棘是有刺之木。本寫為 𢦏，後一分為二，寫作 𢦏，至《説文》古文作 𣂪，增從艸。（見《説文中之古文考》）金文又作 𣂪，累加聲符“井”，構成一個雙聲符字。古音“荊”在見紐耕部，“井”在精紐耕部。中古精母字有的來自見組。《説文》：“𣂪，楚木也。從艸刑聲。𣂪古文荊。”●讀荊，楚國別名。《過伯簋》：“過白（伯）從王伐反（叛）荊。”《穀梁傳·莊公十年》：“荊者，楚也。”《雈叔簋》：“雈弔（叔）從王、員征楚𢦏（荊）。”

荊（刑） ^{散氏盤} 牆盤 ^齊 邞公𢾭父鑄 子和子釜 司

馬楸鎛 聖彙 3755　聖彙 5278 楚　曾侯 75　清華一・皇門

7 清華七・晉文公 7 燕　聖彙 1279　聖彙 1281　晉編 740 晉　四

年雍令矛　先秦 59 秦　睡簡・答問 188、秦印 91 秦

駰玉牘

【注】從刀井聲。《説文》："𠛬，罰辠也。從井從刀。《易》曰：'井，灋也。'井亦聲。"本義為刑罰。《説文》又有"刑"字。《説文》："刑，剄也。從刀开聲。""剄也"當為"荊"之引申義。金文有從井之"𠛬"，而無從开之"刑"。"刑"即"𠛬"之訛，荊、刑實為一字，許慎分為二字。今通作"刑"。●刑罰。《子禾子釜》："中刑☐徒，贖以半鈞。"●人名。《散氏盤》："雉人有嗣刑丂。"●氏。《四年雍令矛》："左庫工帀（師）刑秦。"秦印有"刑顚""刑穜"，燕璽有"荊章""荊謹"等。●讀型，範也。《郳公敀父鎛》："荊（型）鑄和鍾（鐘）。"即范鑄和鐘。

𥼲 齊 聖彙 0306　陶録 3・351

【注】從米刑聲。《陶録 3・351》舊釋為"剢"，誤。●人名。

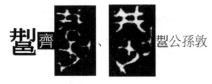

𨛬 齊 、𨛬公孫敦

【注】疑從邑刑聲。●地名。《𨛬公孫敦》："𨛬公孫鑄其善（膳）𣪘（敦）。"

型 楚 上博五・姑成 4　上博四・曹沫 2　上博二・魯㫘 1　帛

書丙 郭店・老甲 16　郭店・五行 2　清華八・虞夏 3　清華五・湯丘

12　清華五・晉門 17　清華十一・五紀 16 晉　坴壺　中山王響鼎

【注】從土刑聲，與小篆同。《中山王響鼎》從犬坓聲（詳上文"猷"），此中山國文字獨見之例。《説文》："型，鑄器之灋也。"本義鑄造器物的模子。用木做的叫模，用竹做的叫範，用泥做的

叫型。引申為濊、濊度。●型，《説文》：“鑄器之法也。”《清華八·虞夏 3》：“型縫（鐘）未弃（棄）文章。”《上博四·曹沫 1》：“魯莊公將為大鐘，型既成矣。”●濊、濊度。《中山王䨼鼎》：“考宅（度）隹（唯）型。”●讀刑。《㽙壺》：“日炙（夜）不忘，大壼（去）型（刑）罰，以憂虖（厥）民之隹（罹）不甹（辠）。”刑、型、井、荊等字皆屬同源字，典籍每相借用。●讀形。《郭店·老甲 16》：“長耑（短）之相型（形）也，高下之相涅（盈）也。”●讀鉶。《上博四·曹沫 2》：“昔堯之鄉（饗）坴（舜）也，飯於土䤱（塯），欲（啜）於土型（鉶）。”《説文》本作鉶，器也。詳“䤱”字。

劉【楚】 上博四·柬旱 12　　 上博四·柬旱 12

【注】從网型聲，“刑”之繁文。●讀刑。《上博四·柬旱 12》：“此為君者之劉（刑）。”

懰【楚】 郭店·語叢一 12

【注】從心型聲。●讀形。《郭店·語叢一 12》：“又（有）天又（有）命，又（有）迀（地）又（有）懰（形）。”

畍【齊】 郱大宰簠　　 郱大宰簠【楚】　　 者旨畍盤　　 畍篙鐘　　 曾侯與編鐘

望山 1·30　　 上博二·容成 26　　 包山 199　　 包山 162

清華六·太伯甲 10【晉】　　 璽彙 2573

【注】從田刑聲，“型”之異文。古文字從土從田可互作。如戰國“封”字從土寫作 （璽彙 2496）、或體從田作 （璽彙 0861）。“域”從土作，《汗簡》古文則從田作 ；“場”字從土作，《説文》所收或體則從田作“畼”。凡此説明在不改變聲符的基礎上，從土從田常常只構成異體關係。●讀荊。《荊曆鐘》：“隹（唯）畍（荊）篙（曆）屈柰（夕），晉人救戎于楚競（境）。”荊曆，指楚曆。●人名。《郱令尹者旨畍盧》：“雍君之孫郱（徐）耑（令）尹者（諸）旨（稽）畍。”者旨為姓，即諸稽；名畍者，此徐國人。●讀荊，地名。《上博二·容成 26》：“於是乎畍（荊）州、鄢（揚）州始可處也。”

畊【楚】 九店 56·97

【注】從田井聲。●簡文殘損，義不詳。

堼楚 帛書丙

【注】從土堼聲。●義不詳。

嫯楚 清華六·太伯乙 9

【注】從攴堼聲。●讀荊。《清華六·太伯乙 9》："腜（獲）皮（彼）嫯（荊）俑（寵）。"甲本作"刟"。

荊齊 陶彙 3·1146 秦 秦印 12、 嶽麓三 33

【注】從艸刑聲。●齊陶單字。●秦印有"荊錫"，姓氏。《通志·氏族略》燕有荊軻，望出廣陵。●楚地別稱。《嶽麓三 33》："荊男子閭等。"

賏楚 曾伯陭鉞

【注】從貝刑聲。●讀刑。《曾伯陭鉞》："用為民賏（刑）。"

精紐爭聲

爭楚 清華二·繫年 76 清華二·繫年 78 清華六·子儀 11 清華七·越

公 38 清華八·邦政 10 清華九·廼命一 8 清華九·成人 15 清華

九·成人 20 清華四·筮法 34 秦 睡簡·語書 11 睡簡·封診 35

【注】甲骨文作 、 、 、 、 、 ，從二又，象兩手爭拉一物形。戰國文字或從尤（又、尤聲同）。《秦公簋》二手所持的 形（"靜"所從），為《說文》所本。●戰國文字多用為本義，爭訟、爭取、爭奪等義。《睡簡·封診 35》："甲、丙相與爭。"楚文字或用"靜"表示爭。

埩楚 上博四·柬旱 23 上博四·柬旱 23 上博三·周易 20 清華七·越

公 35  清華七·越公 33　清華七·越公 33　清華七·越公 35

【注】從井爭聲。《清華七·越公 33》或省為"㭠"。●讀爭。《上博四·柬旱 23》："為人臣者亦有㭠（爭）乎？"●讀耕。《清華七·越公 35》："曓（舉）雫（越）庶民乃夫婦皆㭠（耕）。"

勘 楚  清華七·越公 30　清華一·保訓 4

【注】從田㭠省聲。隸定為"勘"。●讀耕。《清華七·越公 30》："王親自勘（耕）。"《清華一·保訓 4》："昔坴（舜）舊（久）复（作）小人，親勘（耕）于鬲（歷）茅（丘）。"

稝 楚  清華五·命訓 14　清華五·命訓 13

【注】從禾（或從來）勘省聲，"耕"之異文。●讀震。《清華五·命訓 13》："事不稝（震），正（政）不成，埶（藝）不逞（淫）。"

諍 楚  包山 161　包山 140

【注】從言㭠省聲。"諍"之繁文。●讀爭。《包山 140》："尖=（小人）各政（征）於尖=（小人）之埅（地），無諍（爭）。"●《包山 161》："敥仿司馬婁臣、敥仿史婁佗、諍（諍）事命以王命誝（囑）之正。""諍事命"疑職官名。

畤 楚  郭店·成之 13　郭店·窮達 2　上博六·用曰 4

【注】從田爭省聲。爭或從口，參"靜"字。●均讀耕。《上博六·用曰 4》："民日愈（愉）樂，遝相弋（代）畤（耕）。"《郭店·成之 13》："戎（農）夫炗（務）飤（食）不強畤（耕），糧弗足怠（矣）。"強耕，猶"力田"，是勉力耕作的意思。

夆 楚  天星

【注】從大爭聲。●義不詳，疑讀淨。

稱 楚 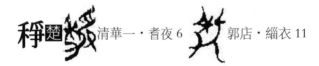 清華一·耆夜 6　郭店·緇衣 11

【注】從禾爭聲。與"秫"相混。●讀爭。《郭店·緇衣11》："上好息（仁）鼎（則）下之為息（仁）也秫（爭）先。"●楚文字作"秫"者，多為"秫"之訛文。詳"秫"字。

諍 印增 90

【注】從言爭聲。●人名。

淨 泰山刻石

【注】從水爭聲。●用為本義，清潔。《泰山刻石》："靡不清淨。"

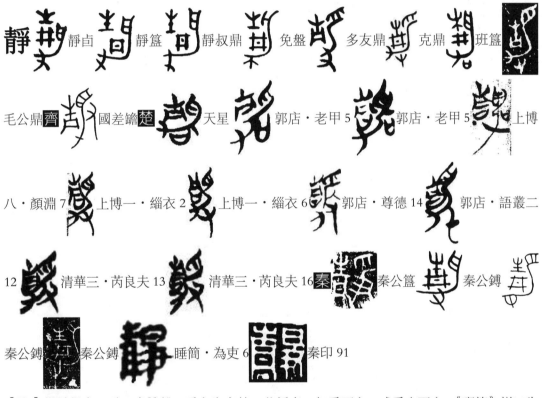

靜 靜卣　靜簋　靜叔鼎　免盤　多友鼎　克鼎　班簋

毛公鼎齊 國差譫楚 天星 郭店·老甲5 郭店·老甲5 上博

八·顏淵7 上博一·緇衣2 上博一·緇衣6 郭店·尊德14 郭店·語叢二

12 清華三·芮良夫13 清華三·芮良夫16秦 秦公簋 秦公鎛

秦公鎛 秦公鎛 睡簡·為吏6 秦印91

【注】從爭從青，爭、青雙聲。爭亦為意符，蓋靜者，無爭而安，或爭止而安。《班簋》增口為飾，與楚簡作靜同。《說文》："靜，審也。從青爭聲。"《注》徐鍇曰：丹青明審也。許慎所釋當為引申義。●安靜。《毛公鼎》："翩翩四方，大從（縱）不靜。"●讀靖，平定、鎮撫。《秦公簋》："趩趩文武，鎮（鎮）靜不廷。"《班簋》："三年靜東或（國）。"●人名。《靜鼎》："靜揚天子休。"●《免盤》："免槻（蔑），靜女王休。"郭沫若曰："靜女，當讀為敬魯。"（《兩周金文辭大系考釋》91頁）●楚簡多讀爭。《清華三·芮良夫1》："恆靜（爭）于稟（富），莫絢（治）庶懟（難）。"

瀞齊 國差譫秦 秦景公石磬 秦景公石磬 石鼓文

【注】從水靜聲。《説文》：“瀞，無垢薉也。”段玉裁注：“此今之净字也。古瀞今净，是之謂古今字。”●讀清，謂酒純淨透明。《國差𦉜》：“用實旨酉（酒），侯氏受福釁（眉）壽，卑（俾）旨卑（俾）瀞。”李孝定以為：“瀞、清二字，許君音訓雖別而相近，故金銘通用；吴大澄氏以為一字，似未安；清主謂水之澄澈，瀞主謂無垢穢，瀞字今作淨。”（《金文詁林讀後記卷十二》）又《石鼓文》：“吾水既瀞。”亦讀清。

⿱靜羊 楚  天星

【注】從羊靜聲。●簡文“嬰（舉）禱祓一⿱靜羊”，疑讀⿰羊爭。⿰羊爭，《玉篇》羊子也。

⿰牛靜 楚  新蔡甲三 146  新蔡乙四 48

【注】從牛靜聲。●讀牲，當為牛類犧牲。簡文或作“⿰牛青”。

⿱靜心 楚  清華九・治政 24

【注】從心靜聲。●讀爭。《清華九・治政 24》：“亓（其）或（又）貪於⿱靜心（爭），以危（危）亓（其）身。”

心紐生聲

生  生爵  害鼎  作冊大鼎  作冊大鼎  尹姑鬲  衛簋  豐尊  師害簋  史頌簋  趞曹鼎  琱生尊  此簋  史頌簋  須盉生鼎  鄭虢仲簋 齊  𩐗鎛 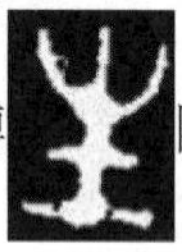 陶録 3・312  璽彙 0657 楚  鄧公匜  工戲季生匜  清華八・邦道 19  清華五・啻門 8  上博七・吴命 5  清華二・繫年 24 燕  繇生不戈  璽彙 3947  璽彙 3688  璽彙

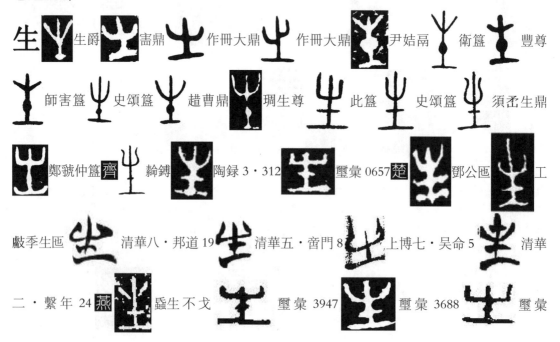

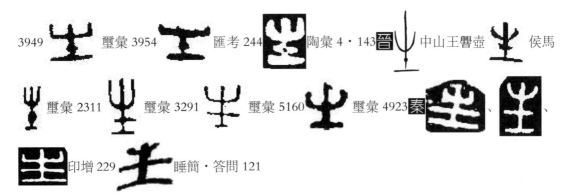

【注】甲骨文作 ↓、↓、↓、↓、↓、↓、↓，從屮從一（一即地），象地上長草形，會生長之意。李孝定曰："小篆從土者，乃由 ↓ 所衍化。古文垂直長畫多于中間加點，復由點演變為橫畫，此通例也。"（《甲骨文字集釋》2100 頁）西周初期《王屮女隸方彝》有 ↓ 字，與"生"字同形，亦與甲骨文"有"字相混（唯"有"的甲骨文兩側上出之牛角高于作為牛頭的中豎），辭銘"王屮女隸"，周寶宏讀王侑母（或訓為母親，或訓為配偶）肆（陳牲之祭），當為商末某王為祭祀亡母或亡妻所鑄之器。（《商周金文考釋四則》）《説文》："↓，進也。象艸木生出土上。凡生之屬皆從生。"本義是生長、長出。●生育。《叔尸鐘》："不（丕）顯穆公之孫，其配襲（襄）公之妣，而餒公之女，雩生弔（叔）尸（夷），是辟于齊侯之所。"●產生。《中山王𡥈壺》："隹（惟）逆生禍，隹（惟）𢛳（順）生福。"●存活的。《中方鼎》："中乎（呼）歸生鳳于王，𫝐（執）于寶彝。"●讀性，生命。《蔡姞簋》："彌氒（厥）生，需冬（終），其萬年無彊（疆）。"●讀姓，百姓。《秦公鎛》："萬生（姓）是敕。"●讀甥，姊妹之子。《番生簋》："不（丕）顯皇且（祖）考，……番生不敢弗帥井（型）皇且（祖）考不（丕）杯元德。"《上博七·吳命 5》："咎（舅）生（甥）。"●讀猩。《上博五·鬼神 5》："𩇕（融）帀（師）又（有）成氏，𢜠（狀）若生，又（有）耳不𦖪（聞），又（有）口不鳴。"●讀牲，祭祀的牲畜。《上博六·競公 9》："勿（物）而未者（著）也，非為媓（媵）玉肴生（牲）也。"

 珍戰 92

【注】從攴生聲。●"庚攲居"，人名。

【注】從人生聲，當為"姓"之異文。蓋古文從女表意者，亦可更旁從人，如："婼"或作"侸"、"嬧"或作"僅"、"姚"或作"佻"、"嫖"或作"僄"。●百姓：周代貴族總稱。《兮甲盤》："其隹（唯）我者（諸）侯、百佳（姓）。"金文多以"生"為"姓"。《善鼎》："余其用各我宗子雩（與）百生（姓）。"《詩·小雅·天保》："群黎百姓。"毛傳："百姓，百官族姓也。"與戰國以後作為平民稱呼的百姓不同。●子姓：即子孫。《齡鎛》："簡簡義政，俣（保）盧（余）子佳。"

《儀禮·特牲饋食禮》："子姓兄弟如主人之服。"鄭玄注："所祭者之子孫，言子姓者，子之所生。"《禮記·喪大記》："卿大夫父兄子姓立于東方。"鄭玄注："子姓謂象子孫也，姓之言生也。"
●古聖人名。

姓 小姓壺 楚 羅兒匜 秦 睡簡·效律 49 秦駰玉牘 詛

楚文 秦印 241

【注】甲骨文作，從女從生，會生育之意；生兼聲。姓是母系社會的反映，故從女。同字詛楚文作，同小篆。《說文》："姓，人所生也。古之神聖母，感天而生子，故稱天子。從女從生，生亦聲。《春秋傳》曰：'天子因生以賜姓。'"本義為標誌家族系統的字。上古有姓又有氏。姓是族號，隨母系，不能改變；氏是姓的分支，可以自立，能改變。戰國時候往往以氏為姓，姓和氏逐漸混一。●對平民的稱呼。《詛楚文》："劓伐我社稷，伐滅我百姓。"《睡簡·為吏 51》："茲（慈）愛萬姓。"春秋秦文字多用"生"表示姓，見《秦公鎛》等。戰國秦文字用"姓"表示姓。楚文字用"眚"表示姓，多見於郭店簡、上博簡。齊文字用"眚""甡"表示姓。燕文字用"甡"表示姓。●讀眚，災。《睡簡·日乙 158》："肉從北方來，把者黑色，外鬼父葉（世）為姓（眚）。"●讀甥。《羅兒匜》："羅兒囗囗吳王之姓（甥）。"

眭 楚 眭 清華七·越公 50

【注】從見生聲。●讀省，察也。《越公 50》："王曰侖（論）眭（省）元（其）事，以辪（問）五兵之利。"

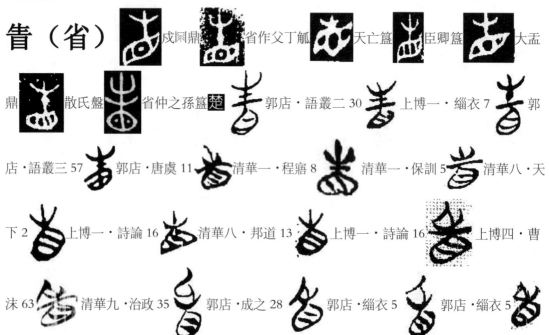

眚（省） 成啟鼎 省作父丁觚 天亡簋 臣卿簋 大盂

鼎 散氏盤 省仲之孫簋 楚 郭店·語叢二 30 上博一·緇衣 7 郭

店·語叢三 57 郭店·唐虞 11 清華一·程寤 8 清華一·保訓 5 清華八·天

下 2 上博一·詩論 16 清華八·邦道 13 上博一·詩論 16 上博四·曹

沫 63 清華九·治政 35 郭店·成之 28 郭店·緇衣 5 郭店·緇衣 5

上博一・緇衣3  上博五・鬼神2  上博四・柬旱12  璽彙3536  璽彙2553  分研一242

晉  中山王譽鼎  梁十九年亡智鼎  溫縣  璽彙0721  璽彙3265

秦  睡簡・秦種17  石鼓文  印增131

【注】甲骨文作，從目生省聲。金文同甲骨文。秦漢以後，省、眚別為二字，訓"省"為"視"，訓"眚"為"目病"，非朔義也。金文同甲骨文。秦系文字作，所從生之横筆若向左延伸作弧筆，則與（省）同形。故眚、省實為一字。《說文》："，視也。從眉省，從屮。古文從少從囧。"古有"眚"而無"省"。本義當為視察、檢查。●巡視、視察。《中甗》："王令中先眚（省）南或（國）貫行。"《詩・大雅・常武》："省此徐土。"●觀察、考察。《中山王譽鼎》："侖（論）其悳（德），眚（省）其行。"●佳、善。《九年衛鼎》："矩取眚（省）車較𠦪（幩），㚘（鞃）虎冟（幎）。"《石鼓文》："眚（省）車𨐨（載）行。"省車，即上好之車。《爾稚・釋詁》訓省為"善也"。《詩・大雅・皇矣》"帝省其山"，鄭玄《箋》："省，善也。"《天亡簋》："不（丕）顯王乍（作）眚（省），不（丕）𦚖（肆）王乍（作）庚（庸）。"乍眚，積善。《㝬鼎》："省于厥身。"即自身在攻戰中完好無損。●讀生，月相用詞。《曶鼎》："隹（惟）王亖（四）月既眚（生）霸。"●讀姓。《上博四・曹沫63》："［毋］誅而賞，毋辠百眚（姓）而改其將。"●讀性。《上博一・詩論16》："民眚（性）固然。"●讀甥。《上博八・志書5》："虐（吾）父𧦝（兄）眚（甥）咎（舅）之又（有）☒善。"●審察。《上博二・君老3》："君子曰：子眚（省），割（蓋）憙（喜）於內，不見於外；憙（喜）於外，不見於內。"

䏌 晉  趙䏌戈  璽彙1312

【注】從月眚聲。董珊認為此字從眚、從月，並據《左傳》莊公二十五年"非日月之眚"，杜預注："月侵日為眚。"認為此字為表示"日食"意的"眚"的專字。●人名。"眚"有災義，《廣韻・梗韻》："眚，過也，災也。"《書・舜典》："眚災肆赦。"以"眚""災"並列，屬於同意連用。古人常以疾病名或從"疒"旁的字命名。

祰 楚  上博三・周易20  上博三・周易21  上博三・周易56  上博三・周易5

【注】從示眚聲。●讀眚，禍患。《上博三・周易20》："亓（其）非復又（有）祰（眚），不利又（有）卣逩（往）。"《上博三・周易5》："不克訟，逯（歸）肤（逋），亓（其）邑人晶（三）四戶，亡眚。"

鼏鼎

【注】從彳肖聲。●讀省，省視。《鼏鼎》：“師雝（雍）父徟（省）道至于㪤（胡）。”《詩·大雅·常武》：“省此徐土。”

史頌簋　　史頌簋

【注】從又肖聲。●讀省，省視。《史頌簋》：“令史頌復（省）鮇（蘇）澗。”何景成以為從奇聲，讀潰，作疏通講。（《史頌器銘“潰蘇滿”新解》）

　　史頌鼎

【注】從言肖聲。●讀省。《史頌鼎》：“令史頌詧（省）鮇（蘇）澗，友里君、百生（姓），帥䰯（偶）盩于成周。”帥偶，率其曹偶也。

151 詛楚文

【注】甲骨文作，從羊生聲，金文、戰國文字從牛生聲。《清華十一·五紀60》從豕作“豠”，與《説文》“草木實豠豠也。從生，豩省聲，讀若綏”之“豠”，同形不同字。《説文》：“牲，牛完全。從牛生聲。”本義為古代用來供祭祀的牛、羊。引申泛指祭祀用的家畜。古代“犧牲”是宗廟用牲的通稱，純色牲叫做“犧”，全牛或羊叫做“牲”，如《周禮》：“凡祭祀，共其犧牲。”《周禮·天官·庖人》：“掌共六畜六獸六禽。”鄭玄注：“始養之曰畜，將用之曰牲。”●祭祀之牲畜。《大令尊》：“明公用牲于京宮。”用牲，金文習語，指用牛羊等牲畜祭祀祖先。《清華十一·五紀60》：“豠（牲）貓（用）比勿（物），曰隹（唯）犉（犧）。”●讀生。《睡簡·秦種151》：“百姓有母及同牲（生）為隸妾。”百姓有母親或親姐妹現為隸妾。●指牛，《説文》大牲也。《上博三·周易42》：“用大牲，利又卣（攸）迬（往）。”

【注】從魚生聲。《説文》魚臭也。今俗作鯹。●均為人名。

 上博六·平王 1

【注】從鼠生聲。●疑為地名。《上博六·平王 1》："暑食於鼨寬（蒐）。"

 信陽 2·3

【注】從竹生聲。《白虎通》笙者大蔟之氣，象萬物之生故謂之笙。●簡文"二笙"，樂器。

 璽彙 5344

【注】從宀生聲。●晉璽單字，當為人名。

 秦印 129　　于京 40

【注】從㫃生聲。《說文》："旌，游車載旌，析羽注旄首，所以精進士卒。"《爾雅·釋天》註："旄首曰旌。"楚文字作"胥"。●秦印人名。秦封泥"潘旌"，亦為人名。

 包山 267　　包山 268　　包山 277

【疋】從糸生聲。●讀生，未練之絹帛。《包山 267》："鞴牛之革韔（䩭），絓絹之純。"

 睡簡·日甲 86

【注】從疒生聲，"痒"字或體。●讀痒，瘦也。《睡簡·日甲 86》："不可食六畜。生子，痒。亡者，得。"

 吳方彝　　甬盉　　牆盤　　伽子孟嬭青簠　　蔡侯申殘鐘　　吳王光殘

鐘　　吳王光殘鐘　　吳王光殘鐘　　吳王光殘鐘　　子季嬴青簠　　郭店·語叢一

31　郭店·語叢三 44　　上博五·季庚 1　　上博六·競公 7　　清華八·天下

1561

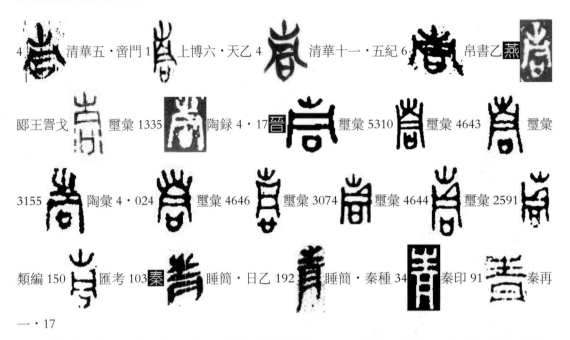

4 清華五·命門1　上博六·天乙4　清華十一·五紀6　帛書乙燕

郾王詈戈　璽彙1335　陶録4·17晉　璽彙5310　璽彙4643　璽彙
3155　陶彙4·024　璽彙4646　璽彙3074　璽彙4644　璽彙2591
類編150　匯考103秦　睡簡·日乙192　睡簡·秦種34　秦印91　秦再
一·17

【注】從丹生聲，本義為草之青色。從丹或訛為從井、凡。聲符生或作中、木（《班簋》"靜"作𤲬，從木）。戰國文字下或加口為飾；類似"復（退）"字作𢕱，"後"字或作𢕱，"𤲷（莊）"字或作𤲬。《説文》："青，東方色也。木生火，從生、丹。丹青之信言象然。凡青之屬皆從青。𤲬古文青。"許慎説解迂曲，乃是根據當時的社會現象所作的解釋。本義為青色（深綠色或淺藍色）。●讀靜。《牆盤》："青（靜）幽高且（祖），才（在）𢼎𩃡（靈）處。"靜幽，清靜、幽雅的品性。●用為本義，顏色名。《睡簡·日乙192》："庚辛夢青黑。"●人名。《吳方彝》："用乍（作）青尹寶蹲彝。"《匍盂》："青公吏（使）嗣（司）史（使）䢜曾（贈）匍于柬。"●讀請。《清華五·命門1》："古之先帝亦又（有）良言青（請）至於今虎（乎）？"《爾雅·釋詁》："請，告也。"《箋疏》："《釋言》云：'告，請也。'《獨斷》云：'告，教也。'《釋名》云：'上敕下曰告。告，覺也，使覺悟知已意也。'""請至於今"即"告至於今"，為教導至今的意思。●《匯考103》"青氏司寇"。"青氏"見於《路史》："齊太公之後有青氏。或云：青陽氏之後。"此"青氏"當為地名，後人可能是以邑為氏，具體地望待考。●《秦再一·17》"采青丞印"。《周禮·地官·卝人》："卝人掌金、玉、錫、石之地，而為之厲禁以守之。若以時取之，則物其地圖而授之，巡其禁令。""卝"即礦字，"金、玉、錫、石"之"石"指礦石，其中當有作顏料的青礦石。《周禮·地官·職金》："職金掌凡金、玉、錫、石、丹、青之戒令。"鄭玄注："青，空青也。"空青即孔雀石。"采青丞"乃主管采青礦石之副官，其名雖不見于《漢書·百官公卿表》，但從《周禮》來看，其為戰國秦職官應無問題。●楚文字多讀情。《郭店·性自18》："里（理）亓（其）青（情）而出内（入）之。"●讀精。《上博一·緇衣19》："青（精）智（知），迻（略）而行之。"《禮記·緇衣》："精知，略而行之。"孔穎達疏："謂精細而知，孰慮於樂，要略而行之。此皆謂聞見雖多，執守簡要也。"

戠燕郾侯戠器

【注】從戈青聲。●義不詳。

痭 楚  古玉印集存 20

【注】從疒青聲。●"坪痭"，人名。

聑 燕  璽彙 1509， 璽彙 3879  璽彙 0645

【注】從耳青聲。●人名用字。《璽彙 1509》"畋生聑"、《璽彙 0645》"王生聑"、《璽彙 3879》"公孫生聑"，均可讀靜。

秸 秦 秸 嶽麓一·為吏 86

【注】從禾青聲。●讀精。《嶽麓一·為吏 86》："風（諷）庸（誦）為首，秸（精）正守事。"

祡 楚 祡 上博八·有皇 6

【注】從示青聲。●讀請，請求、要求。《上博八·有皇 6》："膠膰之脂也今可（兮），論夫三夫之祡也今可（兮）。"

骾 楚  清華八·邦道 25

【注】從骨青聲。●《清華八·邦道 25》："上乃悥（憂）感、骾惡以智（知）之于百眚（姓）。"骾，當為瘦瘠的"瘠"專字，此或可讀省，省察。"惡"讀殛，誅責。"上乃憂戚、省殛"，言自我省察、討責，下文的幾個反問是省責的具體內容。

睛 楚 睛 清華七·越公 30，睛 清華七·越公 44，睛 清華九·廼命二 11

【注】從見青聲。●讀靖，治理。《清華七·越公 30》："王親涉沟（溝）淳沺（洫）塗，日睛（靖）葊（農）事以勸悆（勉）葊（農）夫。"●讀省，查省。《清華七·越公 44》"戮睛"讀"察省"。●讀情。《清華九·廼命二 11》"吏（使）出内（入）坒（往）坙（來）而罙（探）取睛（情）女（焉）。"

倩 楚  上博五·君禮 7 秦  嶽麓一·為吏 48

【注】從人青聲。●讀靜。《嶽麓一·為吏48》：“安倩（靜）毋苟。”●《上博五·君禮7》：“身毋皎（偃）、毋倩。”倩，讀綪或讀綷，訓為屈。謂身體不要過於往後仰也不要往前屈。

清華三·芮良夫6

【注】從阝青聲，“崝”之異體。●讀崝。《清華三·芮良夫5》：“卑（譬）之若童（重）載以行隋（崝）險。”《淮南子·繆稱》“城峭者必崩，岸崝者必阤”，高誘注：“崝，峭也。”

魯伯大父簋

【注】從女青聲。●人名。《魯伯大父簋》：“魯白（伯）大父乍（作）季姬婧媵（媵）叚（段）。”

請 楚 包山180 上博六·用曰15 信陽1·10 清華六·太伯乙2

清華五·三壽2 晉 中山王鼌壺 秦 睡簡·秦種188 睡簡·為吏13

【注】從言青聲。《說文》：“請，謁也。從言青聲。”本義拜訪。●請求。《睡簡·為吏13》：“毋發可異史（使）煩請。”●祈也、扣也。《上博六·用曰15》：“請命之所對。”《管子·幼官圖》：“請命於天地，知氣和，則生物從。”●讀情。《睡簡·答問167》：“甲弗告請（情）。”●讀靖，綏靖。《中山王鼌壺》：“貯悉（願）從在大夫，以請（靖）郾（燕）疆（疆）。”

情 楚 郭店·語叢二1 郭店·性自23 郭店·緇衣3 上博一·詩論10

上博一·詩論16 上博六·競公4 上博七·鄭乙3 上博七·凡甲15 清華八·天

下2 清華一·耆夜7 清華三·芮良夫16 清華六·管仲4 清華五·啻

門17 秦 秦駰玉牘 秦駰玉牘

【注】從心青聲。●情緒、感情、真情等義。《郭店·性自23》：“凡聖（聲），其出於情也信。”●讀靖，指恭敬合禮。《郭店·緇衣3》：“情（靖）共尔立（位）。”《管子·大匡》“士處靖，敬

老與貴，交不失禮"，尹知章注："靖，卑敬貌。"●讀靜。《清華六·管仲4》："心不情（靜）則手敓（躁）。"●《清華一·耆夜6》："宓（宓）情（靖）慁（謀）猷，襃（裕）悳（德）乃救（求）。"整理者讀精。陳民鎮認為當讀靖，訓謀劃，《爾雅·釋詁上》謂"靖，謀也"，《詩經·大雅·召旻》毛傳同。"謀猷"，參《尚書·文侯之命》"越小大謀猷，罔不率從"，孔傳訓作"所謀道德"。指謹慎謀求治國與制勝的大略。●讀請。《清華七·越公51》："王乃歸（親）使（使）人情（請）訊（問）羣大臣及鄔（邊）鄙（縣）成（城）市之多兵、亡（無）兵者，王則貱=（比視）。"●《清華五·啻門17》："型（刑）情（省）以不方，是胃（謂）美型（刑）。"整理者讀清。王寧讀省，簡也。《文子·上義》："善罰者，刑省而禁姦。"《孔叢子·刑論》："孔子曰：'古之刑省，今之刑繁。其為教，古有禮然後有刑，是以刑省；今無禮以教，而齊之以刑，刑是以繁。'"方，讀放，放縱意。"刑省以不放"即刑法簡省而不放縱。（《讀〈湯在啻門〉散札》）

靖 晉 聖彙 0556 秦 印封 938 印增 413

【注】從立青聲。●晉璽"王靖"，人名。或釋為"王青立"。●秦封泥"靖園長印"，地名。

精 楚 帛書甲

【注】從木青聲。●讀精。《帛書甲》："天旁𢾭（動），攷（扞）殹（蔽）之青木、黃木、黃木、白木、墨木之精（精）。"精，《說文》"精擇也，從米，青聲"，段玉裁注："引申為最好之稱。"

精 楚 天星 新蔡乙4 新蔡甲三146

【注】從牛青聲。●《天星》"賽禱大水一精"、《新蔡乙4》"禱北方一精"，疑讀牲，特指牛類犧牲。

睯 楚 包山38 包山1 清華七·越公8

【注】從羽青聲，"旌"之異文。●讀旌。《清華七·越公8》"建旆（施）睯（旌）"即"建施旌"。

鯖 楚 郭店·忠信6 秦 關簡341

【注】從魚青聲。●讀爭。《郭店·忠信6》："古（故）行而鯖（爭）兌（悅）民，君子弗采（由）也。""由"訓為"用"。《小爾雅廣詁》："由，用也。"●疑讀清。《關簡341》："鯖甀（甕）水。"

精 齊 聖彙 3547 楚 郭店·老甲34 上博八·成王4 晉 聖彙

3337 墨彙 5374 秦 睡簡·日甲 61 睡簡·為吏 2 秦駰玉牘

秦印 136

【注】從米青聲。●精氣。《郭店·老甲 34》："未智（知）牝戊（牡）之合㱡莖（怒），精之至也。"●精誠。《秦駰玉牘》："孰敢不精？"●讀清。《睡簡·為吏 2》："必精絜（潔）正直。"●讀青。《睡簡·日乙 166》："把者精（青）色。"

郜 齊 墨彙 0238 楚 包山 50 包山 179

【注】從邑青聲。●包山簡讀青，姓氏，簡文或作青。齊墨"郜（青）穢信鉢"，亦為姓氏。

靚 齊 陶彙 3·804 楚 郭店·語叢四 1 郭店·性自 62 上博三·恒

先 1 清華八·邦道 21 安大二·仲尼 11

【注】從宀青聲。●讀靜。《郭店·性自 62》："身谷（欲）靚（靜）而毋訧，慮谷（欲）困（淵）而毋偽。"《上博三·恒先 1》："恒先無又（有），樸（質）、靚（靜）、虛。"●齊陶"樂靚"人名。●讀情。《郭店·語叢四 1》："言以司（詞），靚（情）以舊（久）。"情感以持續長久為貴。●《清華八·邦道 21》："各㙡（當）式官，則事靚（靖），民不援（緩）。"整理者讀靖，注："㙡，即'當'，《玉篇》：'任也。'靖，《國語·晉語六》'則怨靖'，韋注：'安也。'緩，《墨子·親士》'見賢而不急，則緩其君矣'，王煥鑣校釋：'怠慢。'"

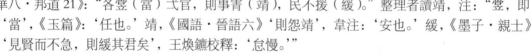

清 齊 墨彙 0156 楚 者減鐘 郭店·老甲 10 上博一·詩論 21

上博六·競公 6 郭店·老乙 15 郭店·五行 12 清華三·琴舞 10

清華五·帝門 2 安大一 78 燕 墨彙 0215 秦 秦印 219

會稽刻石 睡簡・日乙 233　　睡簡・日甲 35 背

【注】從水青聲。《説文》："精，瀨也。澄水之皃。從水青聲。"本義水清。●水清，與"濁"相對。《郭店・老甲 10》："竺（孰）能濁以〈束〉（靜）者，牆（將）舍清。"●《者減鐘》："不帛（白）不羊，不湮不清。"銘文大意是説編鐘色澤悦目，音色和順優美、清濁諧和。湮，讀濁。●《璽彙 0215》"剛陰都清左"，"清"當為剛陰的管轄地，"左"，職官名。《璽彙 0156》"清陵坿戴笘（籃）帀（師）"，"清"為地名，山東長清。（《戰國文字通論》（訂補）94 頁）●讀青。《睡簡・日甲 98 正》："其生（牲）清（青）。"●讀靜。《郭店・老乙 15》："清清（靜）為天下定（正）。"

齊 璽彙 0196

【注】從車青聲。●齊璽"輶衕（巷）右啟（廄）"，地名。

楚 上博八・有皇 6　上博六・天乙 3　　上博六・天甲 3

【注】從肉青聲。●《上博八・有皇 6》："膠膞之腈也今可（兮）。"整理者説："腈"，讀為"精"，兩字皆從"青"得聲，可通。按，"腈"字雖不見於《説文》，但從造字本意分析，米之精細者為"精"，則肉之精細者可為"腈"。或即"腈"當為"精"字異構。《説文》："精，擇也。"訓為純淨、精細。《論語・鄉黨》："食不厭精，膾不厭細。""膠膞之精"，謂致送學校之祭肉精細。●讀精。《上博六・天乙 3》："豊（禮）之於尿（尸）庿（廟）也，不腈（精）為腈（精），不娩（嫩）為娩（嫩）。"是説禮制講求質樸。

楚 曾侯 65

【注】從㫃青聲，"旌"之異文。●讀旌。《曾侯 65》："朱旍（旌）。"

楚 郭店・成之 35　　郭店・成之 35

【注】從力青聲，疑"爭"字或體。●讀爭。《郭店・成之 35》："擔（津）汣（梁）婧（爭）舟，其先也不若其後也。"

齊 、　、　陶録 3・17

【注】從心婧聲。●齊陶人名。

靖 ^楚 上博一·詩論 9

【注】從缶青聲，右下為合文符號。●讀菁。"靖靖者莪"讀"菁菁者莪"，為詩經篇名。

滂紐畀聲

畀（嘌） 番生簋 牆盤 班簋 毛公鼎 畀鐘^楚 包

山 201 秦家嘴簡 清華一·楚居 2 清華一·皇門 1 清華二·繫年

58 清華九·治政 20 清華十·四告 16^晉 璽彙 3472 璽補 193 畀

游子壺 十年洰陽令戈

【注】甲骨文作畀，從丂從由（器物形，西、甾、由作偏旁混同），會用丂支撐器物之意。金文從二由，或益口為飾，為"畀"之繁構。●讀屏，輔助。《番生簋》："畀王立（位），虔夙夜尃求不贊德。"《毛公鼎》："畀朕立（位）。"《左傳·哀公十六年》："俾屏予一人以在位。"《清華一·皇門 2》："穮（茂）又（有）耆耇椳（據）事嘌（屏）朕立（位）。"●讀亭。畀，《説文》"定息也。從血，畀省聲。讀若亭"。《牆盤》："上帝降懿德大畀，匍（撫）有上下，迨（會）受萬邦。"大畀，即大定的意思。●讀聘。《包山 124》："宋客盛〔公〕嬎聘於楚之歲（歲）。"《爾雅·釋言》："聘，問也。"《禮記·曲禮》："諸侯使大夫問於諸侯曰聘。"●《十年洰陽令戈》"司寇畀相"，讀平，姓氏。晉璽"畀睆犢""畀沽"等，均為姓氏。●讀聘，媒聘。《清華一·楚居 2》："季聅（連）駬（聞）元（其）又（有）畀（聘），從及之盤（泮）。"《説文》作"娉"。●讀芳。《清華十·四告 16》："敢用一丁脀（脯）白豚，先用嘌（芳）邕，鼏（遍）卲（昭）奉妊（任）。"整理者注："嘌，讀為'芳'。'嘌'、'芳'聲母同為唇音，韻部一在耕部，一在陽部，聲近可通。"任，指先任。

聘 ^秦 商鞅方升 商鞅量 集證 167·531

【注】從耳畀聲，與小篆同。《説文》："聘，訪也。"本義來訪、訪問。●朝聘。《商鞅量》："十八年，齊遶（率）卿大夫眾來聘。"●秦印"李聘"，人名。

騁 ^楚  新蔡零 416

【注】從食甹聲。●簡文殘缺，讀聘。《爾雅·釋言》：“聘，問也。”此義楚簡或作“甹”“尊”。

遱 _楚  清華九·治政 39

【注】從辵甹聲。●讀屏。《清華九·治政 39》：“亓（其）柬（諫）嗌（益）劼（者），乃遠遱（屏）之。”當是指君主對於親近臣子的再三強諫不接受，於是遠遠地擯棄他們。

尊 _楚  包山 125

【注】從艸甹聲。●讀聘。《包山 125》：“宋客盛公𩢲尊（聘）楚之戠（歲）。”

鉼  鉼爵

【注】從并甹聲，疑“甹”之繁文。●金文人名。

楟 _秦  秦印 100　　楟 里耶 8·569

【注】從木甹聲。●秦印秦簡均為人名。

騁 _秦 秦印 194

【注】從馬甹聲。●人名。

嫛 男 、 男 、 男  宗婦鄦嫛鼎

【注】從兒娉聲。強運開曰：“《説文》娉，問也。從女甹聲。此篆從覒，當是古文娉字。”（《説文古籀三補》126 頁）●人名。《宗婦鄦嫛鼎》：“王子剌（烈）公之宗婦鄦（鄀）嫛為宗彝鼎彝。”

畢 _晉  司馬成公權　畢 三年馬師鈹　畢 璽彙 2950　畢 璽彙 2951　畢 璽彙 2952　畢 璽彙

璽彙 2956　畢 璽彙 2967　畢 璽彙 2968

【注】從甹省，平為疊加音符，“甹”之繁文。●三晉文字習見，多讀平，姓氏。●讀平，均也。《五年司馬權》：“㠯（以）禾石（秝）㥯（權）畢（平）石。”

繂 _晉 繂 類編 425

【注】從糸畁聲。●"繹筰"，姓氏。

並紐平聲

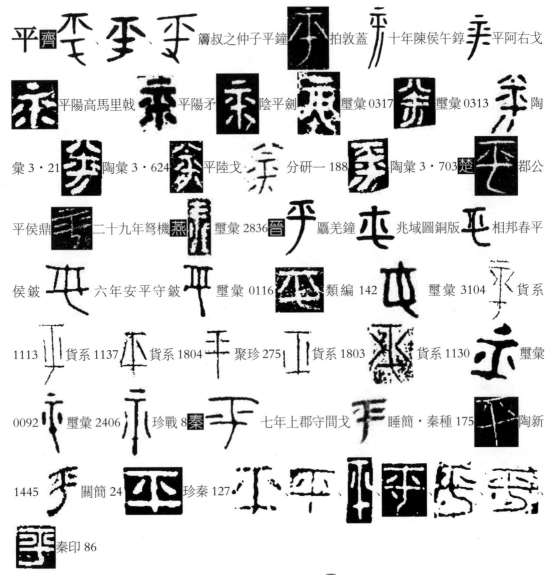

平 齊 、 、 簉叔之仲子平鐘 拍敦蓋 十年陳侯午錞 平阿右戈

平陽高馬里戟 平陽矛 陰平劍 璽彙0317 璽彙0313 陶

彙3·21 陶彙3·624 平陸戈 分研一188 陶彙3·703 楚 郡公

平侯鼎 二十九年弩機 燕 璽彙2836 曾 䲭羌鐘 兆域圖銅版 相邦春平

侯鈹 六年安平守鈹 璽彙0116 類編142 璽彙3104 貨系

1113 貨系1137 貨系1804 聚珍275 貨系1803 貨系1130 璽彙

0092 璽彙2406 珍戰8 秦 七年上郡守間戈 睡簡·秦種175 陶新

1445 關簡24 珍秦127 、 、 、

秦印86

【注】"平"字始見于春秋，而以戰國多見。《説文》："𠩺，語平舒也。從亏從八。八，分也。
愛禮説。𠩺古文平如此。"許訓語平舒。本義當為平坦。高鴻縉曰："從一。一，平之意象也。
采聲。采即説文訓辨別，讀若辨之采。石鼓文作𠩺者，從一，采省聲。又《説文》采下録古文
作𠩺。則石鼓平字從古采聲也。後世更復訛變。形不易曉。'愛禮説'拘迂不清，且平字之意不
必涉于語舒。許訓以語平舒，蓋牽于兮字之説解。"（《中國字例五篇》165頁）此説可參。然金
文"采"多作𠩺，從四點作。而"平"字如戰國《平阿右戈》作四點，然時代稍晚，或可解為
增繁之筆，余則皆作二點，故"平"之形義，尚待考證。《簉叔之仲子平鐘》等中豎加橫為飾。
《拍敦蓋》于上加橫為飾。戰國齊系文字作𠩺，下多加兩飾筆。楚系文字上承春秋金文，或演
變為𠩺（"坪"所從），若省上部飾筆，則與小篆同形。●平坦。《兆域圖銅版》："丘平者五十七

（尺）。"●古文字中平阿、平周、平都、平陰、平陽、平邑、平陸等等，均為地名。●人名。《拍敦》："拍乍（作）朕平姬享宫祀彝。"

【注】從土平聲。《攻敔臧孫鐘》作，上增一橫，與下八皆為增飾，遂音化從"釆"。楚文字多從旁作"塝"。《說文》："坪，地平也。從土從平，平亦聲。"本義地勢平坦。●多為地名用字，讀平。《卅二年平安君鼎》："卅二年，坪（平）安邦斫（鑄）客，廗（容）四分盍。"平安，戰國時屬魏。《高坪戈》："高坪乍（作）錢（戈）。"高平，戰國時齊地。《匯考 109》"坪（平）陰坿"。"平陰"又見於《古璽彙編》3133 號印、布幣銘文（《貨系》1799—1806）及銅器銘文"十七年坪陰鼎蓋"，印文"坪陰"寫法與"坪陰鼎蓋"一致，其國別應相同，為戰國時魏國之物。"坪陰"春秋屬周，至戰國間曾一度為魏所有，在今河南省孟津縣北。●坪皇：戰國時代楚、曾等地區流行的樂律名稱。《曾侯乙鐘》："濁坪皇之商。"坪皇，相當于傳統蕤賓律，濁坪皇則比坪皇低一律，當相當傳統的仲呂律。

【注】從艸平聲。●齊璽"苹大夫之鈢"，疑讀下，地名。

【注】從木平聲。●晉璽"枰酉都"。枰酉，地名，具體地望待考。

並紐幷聲

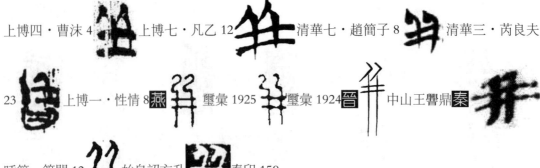

上博四·曹沫4　　上博七·凡乙12　　清華七·趙簡子8　　清華三·芮良夫

23　　上博一·性情8　　璽彙1925　　璽彙1924　　中山王䇦鼎　　秦

睡簡·答問12　　始皇詔方升　　秦印159

【注】甲骨文作、、、，從人，從一或二（為并連符號），會兩個人并肩站立合併之意。金文同甲骨文。《上博一·性情8》增曰為飾筆。《説文》："幵，相從也。從從开聲。一曰從持二為并。"本義并行、并列。●秦簡用為本義，一并、并列。《睡簡·答問12》："其前謀，當并臧（贓）以論；不謀，各坐臧（贓）。"●吞併。《中山王䇦鼎》："吳人并雫（越），雫（越）人敆（修）敡（教）備恀（信），五年覆吳。"●燕璽"并愧""并敁"，姓氏。●皆也。《上博一·性情8》："詩、箸（書）、豐（禮）、藥（樂），丌（其）旨（始）出也，昔生於人。"

里耶8·2150

【注】從女并聲。●人名。

清華五·湯丘2

【注】從力并聲。●讀平。《清華五·湯丘2》："身體臡（痊）拼（平），九交（竅）發（發）明。"

上博七·凡甲14　　上博七·凡乙9　　龍崗160

【注】從辵并聲。●《上博七·凡甲14》："夫凡（風）之至，管（孰）颲飆而迸之？""迸"字整理者讀屏，疑不必改讀。"迸"古書多訓為"散"或"散走"，"散"可用來描寫氣體，如《大戴禮記·曾子天圓》："陽氣盛則散為雨露。"《素問·五常正大論》："氣散而有形。"所以于風而言"迸"是可以的。簡文意為：大風起兮，是誰在呼吸而放散出來的？

朌（楚）清華六·子產7　　清華六·子產23

【注】從貝并聲。●《清華六·子產7》："勿以朌已（已）。""朌"疑當讀拼，《玉篇》："拼，大也。"《集韻》："大力也。"以，用也。"已"當讀已，句末語氣詞。"勿以拼已"意思是不要在這方面用大力（指人、財、物等方面）。

1572

莽 楚  清華一·祭公 13　　清華九·成人 16

【注】從艸并聲。●讀屏。《清華一·祭公 13》："不（丕）隹（惟）周之㫗（厚）莽（屏）。"●讀並。《清華九·成人 16》："亓（其）四不尋（得）是胃（謂）孌（亂）莽。"莽，整理者注："讀為'并'，聚積并合。亂并，指亂象叢生。一說'莽'讀為'屏'。"可讀並。按："并""並"音近義通，《禮記·禮運》"並於鬼神"，注："並，并也，謂比方之也。"《荀子·儒效》"俄而並乎堯禹，豈不賤而貴矣哉"，注："並，比也。""亂並"謂假冒偽劣充斥，真假莫辨之亂象也。

講 晉  侯馬　秦　圖典 416

【注】從言并聲。●古文字均為人名。

胼 楚  包山 85　晉　圖典 272　璽補 232

【注】從肉并聲。●均為人名。

屏 秦  秦印 167　　睡簡·日乙 190　　睡簡·日甲 157

【注】從尸并聲。●廁所。《睡簡·日甲 157》："凡癸為屏圂，必富。"●秦印人名。

騈 秦  秦印 193

【注】從馬并聲。●秦印人名。

坢 楚  信陽 2·24　　信陽 2·8 晉　璽彙 2567　　璽彙 0720

【注】從土并聲。●信陽簡讀瓶，容器。字亦見於馬王堆帛書，亦讀瓶。●《璽彙 0720》"長坢"人名。●《璽彙 2567》"坢復"讀瓶，姓氏。漢有瓶守，太子太傅。

邟 楚 　璽補 21 晉　璽彙 1926

【注】從邑并聲。●晉璽"邟倉"讀並，姓氏。●楚璽"邟邑之鉨"，地名。

鉼 楚 包山 252 晉 璽補 154

【注】從金并聲，疑"瓶"字或體。●讀瓶。《包山 252》："二鉼（瓶）鐵（鈃）。"●晉璽"鉼匜"當為姓氏。《史記·惠景閒侯者年表》鉼侯孫鄲。《索隱註》鉼，縣名，屬琅邪，當以地名為氏。漢印有"鉼（䏌）建"（漢印 1206）。

鉼 楚 包山 265　　上博三·周易 44 秦 印增 182

【注】從缶并聲，"瓶"字異體。●讀瓶。《上博三·周易 44》："气（汔）至，亦母（毋）襲（繘）羕，羸（羸）丌（其）鉼（瓶），凶。"●秦印"鉼强"，姓氏。《姓氏考略》注"瓶"云："河南郡有瓶丘聚（見《後漢書·郡國志》），當以地為氏。一作'鉼'。"

敉 齊 僉父瓶 楚 　　清華五·三壽 19　　　清華五·三壽 21

【注】從攴并聲。●讀瓶。《僉父瓶》："需父君僉父乍其金敉（瓶）。"據器形，為"瓶"之古文。金文或作鈚、錍、甋、鈮等。●讀屏。《清華五·三壽 19》："元折（哲）並進，謹（讒）緜則敉（屏），寺（時）名曰懸（聖）。"

明紐名聲

名　南宮乎鐘　　作冊嗌卣　　六年琱生簋 齊 邾公華鐘　　陶彙 3·89

楚 包山 249　　清華一·楚居 9　　清華八·心中 4　　清華一·保訓

6　上博一·緇衣 19　　清華二·繫年 1　　上博四·柬旱 3　　上博八·顏淵

10　郭店·語叢三 29　　清華十一·五紀 43 晉 少虡劍　　十年宅陽令陜登戟

秦 高奴簋　　咸陽四斗方壺　　秦駰玉牘　　會稽刻石　　睡簡·日乙

137 睡簡・封診 44　　　秦印 22

【注】甲骨文作 山、𝕝、𝕝、台、仙 等形，從夕從口，夕指晚上，口是嘴巴；晚上看不清遠處的人，就靠呼叫名字來分別，會名字之意。甲骨文構型不定，金文變成上下結構。戰國文字"夕"內或加飾點，以與"肉"相區別。楚簡從口為"名"，從日為"明"。《说文》："𝕀，自命也。從口從夕。夕者，冥也。冥不相見，故以口自名。"本義為名字，如《莊子》："北冥有魚，其名曰鯤。"●名稱。《秦公鎛》："𨞯（厥）名曰𨟗（固）邦。"●命名。《少虞劍》："朕余名之，胃（謂）之少虞。"●讀銘，刻銘。《郘公華鐘》："𧷤（慎）為之名（銘）。"●録入、登録。《琱生簋》："今余既一名典，獻白（伯）氏則報璧。"一名典，林澐曰："疑是將僕庸土田──登録于文書之意。"（《琱生簋新釋》）●姓名。《睡簡・封診 44》："可定名事里，所坐論云可（何），可（何）罪赦。"請確定其姓名、身份、籍貫、曾犯有何罪，判過什麼刑罰或經赦免。●名聲、名望。《郭店・窮達 9》："初滔（沈）酭（鬱），後名易（揚），非其惪（德）加（嘉）。"●出名的、著名的。《上博四・柬旱 3》："城於盧中者，無有名山名溪。"

焰 秦　　　陶新 2105　　　陶新 861

注】從火名聲。●"左焰""宮焰"，義不詳。

銘 晉　中山王𰤤鼎　　　麤羌鐘 秦　　　會稽刻石　　　陶徵 250

【注】從金名聲，與小篆同。從金，與鐘鼎器物有關。《说文新附》："𨮎，記也。"古代鑄、刻在器物上的文字。●指刻勒于器物或碑版上的文字，或以稱功德，或以申鑒戒。《麤羌鐘》："卲（昭）于天子，用明則之于銘。"《禮記・祭統》："夫鼎有銘，銘者自名也。自名以稱揚其先祖之美，而明著之後世者也。"《會稽刻石》："刻此石，光垂休銘。"

輅 晉　　侯馬

【注】從車名聲。●盟書人名。

明紐鳴聲

鳴 楚　　蔡侯申殘鐘　　　蔡侯申鐘　　　曾公𣄵鐘　　　王孫誥鐘　　　王孫誥鐘

曾侯與編鐘　　　遲邶鐘　　　新蔡甲三 263　　　上博一・詩論 9　　　上博一・詩論

23 上博三·周易 13　　上博三·周易 12　　上博三·周易 14　　包山

190 包山 194　　上博四·逸交 2　　上博七·凡乙 9　　清華七·越公 65

安大一 51　　清華十·四時 43　　清華十·四時 5晉 璽彙 0404

璽彙 1976秦　石鼓文、　印增 142　　睡簡·日甲 47　　睡簡·葉書 45

【注】甲骨文作𩁥、𩁥、𩁥、𩁥、𩁥、𩁥，從口從鳥，會鳥叫之意。金文同甲骨文。戰國文字鳥足鳥羽或有變異，或加心、二繁化。《説文》：“𩁥，鳥聲也。從鳥從口。”本義是鳥叫，如《詩經》：“鶴鳴于九皋，聲聞于天。”在上古專指雞叫、鳥叫，後來也指其他的動物叫，如馬鳴、虎鳴等。●銘文中多指鐘聲。《王孫遺者鐘》：“中（終）諴（翰）敍（且）諹（揚），元鳴孔皇。”●鳴叫。《上博四·逸交 2》：“交交鳴鵑，集于中梁。”●《上博三·周易 13》：“鳴壓（謙），可用行帀（師）。”鳴謙，指謙虛名聲在外。●《包山 95》“鳴觚（狐）邑人”，“鳴狐”為楚之邑名，地望待考。●讀鳥，是“鳥”之增繁字。《安大一 51》：“皎＝黃鳴（鳥），止于桑。”《毛詩》作“交交黃鳥，止于桑”。《上博一·詩論 9》簡九“黃鳥”之“鳥”字亦寫作“鳴”。

 璽彙 3835

【注】從心鳴聲。●晉璽人名。

明紐冥聲

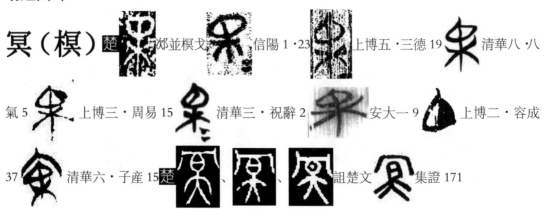

冥（槇）楚　郲並槇戈　信陽 1·23　上博五·三德 19　清華八·八

氣 5　上博三·周易 15　清華三·祝辭 2　安大一 9　上博二·容成

37　清華六·子產 15楚　、　、詛楚文　集證 171

【注】李零認為從瓜在木上，"槑"之初文。（李零《讀〈楚系簡帛文字編〉》）清華簡《祝辭》簡2之 ，整理者釋為"冥"。其注云："'冥'字楚文字屢見，字形暫不能分析。"清華簡《子產》簡15從"宀（或宀）"之字，整理者直接釋為"冥"。《上博二·容成37》為省文。楚文字上述諸形，統一隸定為"冥"。秦系文字從旲（日光）從冂，會日落幽暗之意。冂兼聲。小篆誤旲為旲。《説文》："冥，幽也。從日從六，一聲。日數十。十六日而月始虧幽也。凡冥之屬皆從冥。"●暗也。《詛楚文》："寘（置）者（諸）冥室檟棺之中。"●《清華六·子產15》："用身之道，不以冥=（冥冥）印（仰）福。"冥冥，整理報告解為暗。當是人的某種品質或狀態，應解釋為暗昧。《戰國策·趙策二》："豈掩於衆人之言，而以冥冥決事哉？""印"讀仰，亦"印""昂"字，《廣雅·釋詁一》："昂，舉也。"此言不做暗昧之事以提高自己的福祉。●讀冥。《清華八·八氣5》："旬（玄）冥衒（率）水以飤（食）於行。"玄冥，水神。●讀冥，昏冥。《上博三·周易15》："冥余（豫）成，又（有）愈（渝）亡（無）咎。"●讀瞑，相當於出土及傳世文獻中的"矇""盲""眇"。《上博二·容成36》："於是乎有啥（暗）、聾、皮（跛）、冥、瘰（癃）、矛（瞀）、妻（僂）舀（始）辺（起）。"●讀縈。《安大一9》："南又（有）流（樛）木，葛藟冥（縈）之。"●《集證171》"罙（深）冥"，為秦印邊款，或説為箴言類座右銘。

印增477

【注】從女冥聲。●秦印人名。

里耶8·1221

【注】從艸冥聲。●簡文"析蓂實"，即析蓂子。析蓂，即薺蓂。《爾雅·釋草》："薺蓂，大薺。"《本草綱目·菜二·薺蓂》云："薺與薺蓂，一物也，但分大小二種耳。小者為薺，大者為薺蓂。"又引《別録》云：薺蓂子"療心腹腰痛。"

曾侯65 曾侯201 包山143

【注】從邑槑聲。●楚簡讀冥，地名。

上博五·三德12

【注】從网槑聲。●整理者讀憑。《上博五·三德12》："監川之都，罾胍（湣）之邑。"或謂讀面，面對。"川""湣"皆屬險地。古代都邑建設多凭依天險。

清華九·禱辭19

【注】從弓楸聲。●讀螟。《清華九·禱辭19》："則區（驅）亓（其）虬、螻、彄（螟）、蜟、疛、蟆、蛚、蝓。"詳"虬"字。

褸 楚  天星

【注】從衣楸聲。●"褸"的楚文字寫法。《周禮·春官·巾車》："王之喪車五乘：木車，蒲蔽，犬褸，尾橐疏飾，小服皆疏。"賈公彥疏："犬褸，以犬皮為覆笭者，古者男子立乘，須憑軾，上須皮覆之，故云犬褸。"

繰 楚  望山2·2 望山2·24

【注】從糸楸聲。●讀褸。《望山2·2》："丹緅聉（聯）綒（縢）之緅（褸）。"

脂部

影紐藋聲

藋（翳）  睡簡・秦種 88

【注】《古文字譜系疏證》脂部設"翳"聲首，其下僅收此"藋"字，分析爲"从艸，翳聲"；認為"翳"為羽翼蔽日之意，"翳"之古字，後世翳行而翳廢。●讀翳或讀藋，障也。《睡簡・秦種 88》："凡糞其不可買（賣）而可以為薪及蓋藋〈翳〉者，用之。"所處理物品如無法變賣而可以作薪柴和蓋障用的，仍應使用。陳劍認為，字形結合文意考慮，此"翳"形應以看作"習"字之繁構，從各方面來看皆最爲順適。藋，可以讀爲音近義合的"茸"。（《"翳"形來源補說》）慧琳《一切經音義》卷十"治茸"條（玄應撰）引《通俗文》："覆蓋曰茸。"《楚辭・九歌・湘夫人》："築室兮水中，茸之兮荷蓋。"朱熹集傳："茸，蓋也。"當以陳劍之說為是。

曉紐希聲

希  睡簡・日甲 69 背　龍崗 129　秦印 290

【注】從巾從✳，✳象布紋形，詳"㕞"字。希，《說文》失收。●讀稀。《睡簡・日甲 69 背》："盜者兌（銳）口，希（稀）須（鬚）。"

祇  安大一 5　安大一 89

【注】從氏希聲。●讀絺。《安大一 4》："是稱（穫）是穫（濩），為祇（絺）為綌（綌），備（服）之無斁（斁）。"《毛詩》作"為絺為綌"。"絺"從"希"聲。上古音"絺"屬透紐微部，"氏"屬端紐脂部，二字聲紐均屬端組，脂微旁轉，音近可通。今本《老子》第四十一章"大音希聲"，《郭店・老乙》簡一二"希"作"祇"。疑"祇"字所從"希""氏"二字皆聲。《說文》："絺，細葛也。從糸希聲。丑脂切。"

綌  包山 184　安大一 5

【注】從冂希（綺戟切）聲。●讀綌。《安大一 4》："是稱（穫）是穫（濩），為祇（絺）為綌（綌），備（服）之無斁（斁）。"《毛詩》作"為絺為綌"。《說文》："綌，粗葛也。從糸。谷聲。綺戟切。"季旭升認為"✳"只是"希/希（讀綌）"的初文（不是細葛布"絺"的初文），象粗葛布之形，加"巾"或"市"為義符，仍然是粗葛布的"綌"字，先民最先織的應是粗葛布，因此為之造字是很合理的。安大簡《詩經・葛覃》的"祇""綌"的左旁都是"希（綌）"，不是

"綌（丑脂切）"。粗葛布綫條較為稀疏，因此"希（綌）"有稀疏之義，此義讀"香衣切"。換句話説，"※"的後起字形"希/希"應該有兩個音義："綺戟切"表粗葛、"香衣切"表稀疏，兩個音讀完全無關，不能通假，但其意義則是同一個字形"※"不同面向的解釋。●包山簡人名。

豨 秦  圖典 104

【注】從犬希聲。●秦印單字，人名

稀 秦 稀 睡簡·封診 78

【注】從禾希聲。●稀疏。《睡簡·封診 78》："其前稠綦表四寸，其中央稀者五寸。"履印前部花紋密，長四寸，中部花紋稀，長五寸。

脪 晉 聖彙 2778

【注】從肉希聲。聲符"希"寫法詳"繡"字。●晉璽人名。

絺 晉 聖彙 2602

【注】從糸希聲。●晉璽"絺參"讀郗，姓氏。

見紐皆聲

皆 皆壺 楚 徐贅尹皆鼎 郭店·唐虞 8 清華六·孺子 1 清華八·邦

政 12 清華八·邦道 15 帛書甲 郭店·語叢一 45 郭店·語叢一 71 上

博二·子羔 1 上博二·子羔 9 清華二·繫年 52 清華二·繫年 99 郭

店·成之 28 上博四·逸交 2 上博四·柬旱 15 包山 273 上博一·性情

8 望山 2·6 清華一·尹至 2 上博四·曹沫 14 上博四·曹沫 56

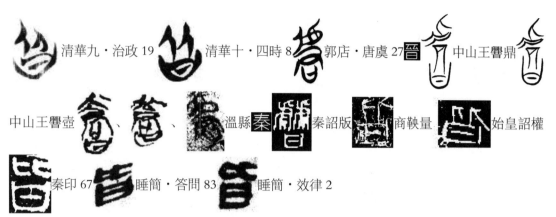

清華九·治政 19　清華十·四時 8　郭店·唐虞 27　中山王嚳鼎

中山王嚳壺　、　、　溫縣　秦詔版　商鞅量　始皇詔權

秦印 67　睡簡·答問 83　睡簡·效律 2

【注】甲骨文作𤽸、𤽸、𤽸、𤽸、𤽸、𤽸，陳劍謂甲骨文中的"皆"及以之為聲符的地名字，雖或繁或簡或省或不省而造成的不少異體，但其基本形體是虤，是從"几"得聲的。字本義不明，卜辭中用為地名。𤽸為"皆"之初文，與秦詔版"皆明壹之"皆作𤽸字形同。楚帛書作𤽸，由甲骨文𤽸變來，兩虎兩几訛為人形，共用一虎。《皆壺》作𤽸，又是由𤽸省變而來；《徐贅尹皆鼎》省去上二虎形，也即為𤽸字。《郭店·唐虞 27》訛為"虘"。溫縣盟書或訛為"虘"。《說文》："𤽸，俱詞也。從比從白。"本義都、全。●多讀皆，副詞，俱也。《中山王嚳鼎》："氏（是）目（以）寡許之，愳（謀）慮（慮）虘（皆）㣦（從）。"●人名。《徐贅尹皆鼎》："隹（唯）正月吉日初庚，邾（徐）贅尹𤽸（皆）自乍（作）湯貞（鼎）。"《皆壺》："皆乍（作）障壺。"●讀偕。《清華六·孫子 1》："北（必）再三進夫=（大夫）而與之虘（偕）𢛳（圖）。"●都。《睡簡·語書 5》："令吏民皆明智（知）之。"《郭店·語叢一 45》："凡又（有）血㬅（氣）者，虘（皆）又（有）悳（喜）又（有）忘（怒）。"●讀棄。《上博四·曹沫 56》："三者盡用不皆（棄）。"

蔡侯申盤

【注】從言皆聲。《說文》："𧮭，詥也。從言皆聲。"本義和諧。●和諧。《蔡侯申尊》："康諧龢好，敬配吳王。"

歔龤方鼎　楷侯簋蓋　楷仲鼎　楷尊　楷伯簋　周𣪘生簋

旗鼎　師趛盨　楷侯壺　清華六·子儀 16

【注】從木皆聲。《說文》："𣚛，木也。孔子冢蓋樹之者。從木皆聲。"本義木名。●國族名。《楷伯簋》："龤（楷）白（伯）于遣王，休，亡尤。"●人名。《楷尊》："楷乍（作）㫆（祖）寶彝，其萬年用。"●讀湝。《說文》："湝，水流湝湝也。"《清華六·子儀 16》："君不瞻彼洰（沮）漳之川，屏（開）而不屬（闔），殹（抑）虜（邐）𢎥（夷、迆）之楷（湝）也。"這幾句是說：您沒看見沮、漳的河川嗎？暢流而不息，可是源遠流長了。

 楷侯簋  亞階鼎 楚 上博四·昭王3 清華八·處位3 清

華八·天下3

【注】從阝皆聲。或贅加土旁。●讀楷，國族名。《楷侯簋》："隡（楷）侯徵逆之匜。"●用為本義，台階。《上博四·昭王3》："儴（僕）之父之骨才（在）於此室之䧘（階）下。"●級別、等差。《釋名·釋宮室》："階，梯也。如梯之有等差也。"《清華八·處位3》："䧘（階）啻（嫡）丈（長），皋（罪）逴（卓）訽（辭）。"簡文"階"用負面義，欲上台階，庶欲爭嫡，小弟要做大哥。

潜 楚 上博二·容成24

【注】從水皆聲。●《上博二·容成24》："☒濕潜流，禹親執枌（畚）耝，以陂明都之澤。"《說文》："潜，水流潜潜也。"

澅 楚 清華七·越公23

【注】從皿潜聲。●《清華七·越公23》："余亓（其）與吳科（播）弃悁（怨）喬（惡）于潜（海）澅（濟）江沽（湖）。"整理者認為"澅"和"海""江""湖"都是類意詞，可能讀為"濟"，古四瀆之一。或謂讀河。可，溪母歌部。從可得聲的河，匣母歌部；柯，見母歌部。皆，見母脂部。脂、歌旁轉。皆、河音理可通。

偕 秦 睡簡·答問12 睡簡·秦種37

【注】從人皆聲。●俱、同時。《睡簡·封診31》："男子丁與偕。"

鍇 楚 璽彙5488 秦 、 、 秦印265

【注】從金皆聲。●均為人名。

見紐癸聲

癸 向作父癸簋 婦闌卣 父癸簋 戉父癸甗 仲辛父簋

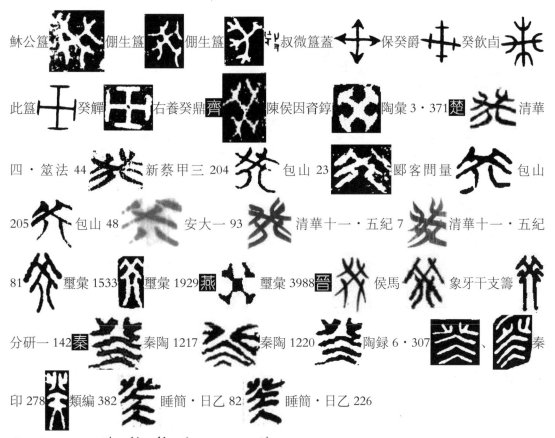

【注】甲骨文作 ，張舜徽謂 即 "揆" 之初文，字形象兩根木棍交叉形，是古代最早的測量工具，似現在的兩腳規，固定張開一頭的距離，用翻動的 來丈量土地。何琳儀謂 "戣" 之初文，從戈（ ），援、内各施一筆表示其有刃，再加上矛刃，恰是所謂三鋒矛。（《戰國古文字典》1189 頁）初義有待再考。戰國文字承襲金文，秦系文字變化甚巨。其演化序列大致為 → → → → 。《説文》："，冬時，水土平，可揆度也。象水從四方流入地中之形。癸承壬，象人足。凡癸之屬皆從癸。 籀文從 從矢。" "癸" 一開始就借用以表示天干的第十位。●天干第十位，用于紀日。《大令尊》："隹（惟）十月月吉癸未。" ●廟號。《父癸鼎》："父癸。"《保癸爵》："保癸。" ●癸公：人名，約西周厲王時人。《此鼎》："用乍（作）朕皇考癸公隣貞（鼎）。" ●太子癸：人名。《董鼎》："用乍（作）大子癸寶隣彝。" ●讀揆。《安大一 93》："癸（揆）[之目（以）] 日，俊（作）為疋（楚）室。"《毛詩》作 "揆之以日"。

睡簡 · 日乙 65

【注】從艸癸聲。●秦簡本義，植物名。《睡簡 · 日乙 65》："子麥、丑黍、寅稷、辰麻、申戌叔（菽）、壬辰瓜、癸葵。"

葵秦 陝新 751

【注】從止癸聲。●秦印人名。

猤 秦 、 秦印 294 類編 238

【注】從犬癸聲。●秦印人名。

睽 大簋 大簋 大簋 睽士父鬲 楚 、 清華一·楚

居 10 秦 秦景公石磬

【注】從睊癸聲。《説文》："睽，目不相視也。從目癸聲。"本義為目不視。睽既訓不視，又有張目而視之義，如"衆目睽睽"。高田忠周、戴家祥謂睽、俟一字，二字皆為一義之轉。後人為了從字形上區別兩種相反的意義，才孳乳出"俟"。《説文》："俟，左右兩視。從人癸聲。"●姓氏。《睽士父鬲》："睽士父乍（作）蓼改障鬲。"●人名。《大簋蓋》："王乎（呼）吳師召大，易（賜）趞睽里。"●張目而視。《秦景公石磬》："上帝是睽。"●清華簡"睽郢"，地名。

毅 毅甗

【注】從殳癸聲，疑"撥"之異文。●人名。《毅甗》："毅乍（作）父庚旅彝。"

逡 楚 包山 169

【注】從辵癸聲，疑"蹊"之異文。●包山地名。

䅳 楚 九店 56·1

【注】從禾癸聲。●《九店 56·1》："舊二程又五來，敬稱之五檐（擔）。舊三䅳，敬稱之六檐（擔）。"與"來""程"均為量詞，具體不詳。

楑 楚 左塚漆梮 清華五·三壽 15 清華三·芮良夫 22 清華五·三

壽 28 上博三·周易 32 上博三·周易 33

【注】從木癸聲。●《清華三·芮良夫 22》："纆（繩）剞（準）遊（失）楑。"《説文·木部》："楑，度也。"●《上博三·周易》讀睽，卦名。《睽》卦象征乖背睽違。●漆梮讀開，與 b 邊

"祕（讀閟）"相對應。

諜〔楚〕 清華四·筮法 55

【注】從言癸聲。●讀愯。《清華四·筮法 55》："為惥（懼），為諜。"愯，《揚子·方言》悸也。

鎈〔燕〕　郾王朕戈　　郾王詈戈　　　行儀矛

【注】從金癸聲。《說文》無。鎈，《集韻》："兵也。與戣同。"古兵器名，戟類，形似三鋒矛。●戟類兵器名。《郾王詈戈》："郾（燕）王詈乍（作）行議鎈。"行議鎈，舉行禮儀時迎賓的儀仗兵器。器銘儀作議，文獻議、儀通用。

傪〔楚〕 清華四·別卦 7

【注】從心俟聲。●讀睽，即"睽"卦。帛書作"乖"，上博簡作"楑"，歸藏作"瞿"，秦簡作"瞿"。

僷〔楚〕 上博五·競建 10

【注】從佚從癸，雙聲字。●疑讀頪。癸、頪脂微旁轉。《上博五·競建 10》："取與厭公，壽（殺）而僷（頪）之，不以邦家為事，縱公之所欲。"《說文》："頪，難曉也。從頁、米。"段玉裁云："謂相似難分別也。頪、類古今字。類本專謂犬，後乃類行而頪廢矣。"或說"僷"讀迷，"淆而迷之"是說易牙、豎刁二人先混殺民情，再迷惑齊桓公，使他"不以邦家為事"，進而"縱公之所欲"。詳"壽（爻聲）"字。

見紐几聲

几〔楚〕　包山 260　　包山 146　　包山 260〔晉〕璽彙 3429

【注】像几凳之形。●几凳。《包山 260》："一俚（憑）几。"●晉璽"几相如"，姓氏，讀邧。

祁〔楚〕 清華十·四告 20

【注】從示几聲。●讀機。《清華十·四告 20》："者魯大神，之祁（機）若工，隹（唯）爾（爾）俞秉天商（常），弋（式）文受我圣（厥）睹（緒）。"整理者注："祁，先兆，徵兆，文獻一般寫作'機'。《易·繫辭下》：'知機其神乎。'工，巧也。《晏子春秋·問上》：'任人之長，不強其短；任人之工，不強其拙。'"

肌 璽彙 2454　　璽彙 2471　　類編 227

【注】從肉几聲。●晉璽人名。

旮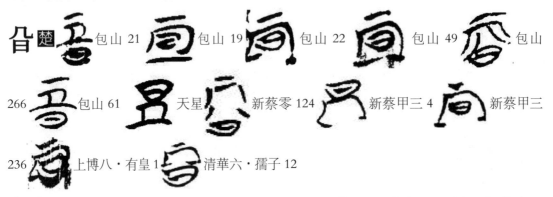 包山 21　　包山 19　　包山 22　　包山 49　　包山

266　　包山 61　　天星　新蔡零 124　　新蔡甲三 4　　新蔡甲三

236　　上博八・有皇 1　　清華六・孺子 12

【注】從日几聲，為"期"字異體。●讀幾，訓為期。"几"與"幾"都是見母字。"几"字上古音屬脂部，"幾"字屬微部。旮從日几聲，應該是為訓期的"幾"而造的專字。包山簡文書"受旮（幾）"簡，陳偉認為應是左尹官署向被告責任人或被告本人下達指令的記錄。"受旮"大概是指接到時間約定。●讀幾。《上博八・有皇 1》："可旮（幾）成夫今可（兮），能為余拜楮柧今可（兮）。"《詩・小雅・楚茨》："苾芬孝祀，神嗜飲食，卜爾百福，如幾如式。"毛亨傳："幾，期；式，法也。"鄭玄笺："卜，予也……今所以與汝百神之福，其來如有期矣，多少如有法矣。"《墨子・尚同中》："春秋祭祖，不敢失時幾。"俞樾《諸子平議・九・墨子一》："幾者，期也。詩楚茨篇'如幾如式'，毛亨傳訓幾為期，是也。不敢失時幾者，不敢失時期也。"或讀冀，期望，希望。●讀期。《清華六・孺子 12》："自是旮（期）以至瓱（葬）日。"期，《廣雅・釋言》："期，時也。"自是期以至葬日，從這時直到下葬的日子。

机 望山 2・45　　信陽 2・8

【注】從木几聲，或從旮聲。●均讀几，木几。《信陽 2・8》："一房机（几）。"房机（几），指"立板足几"，兩邊立版高聳于立面之上。《望山 2・45》："一瓪（雕）桱（桯），一房机，二居梟。"

汎 璽彙 1581　　璽彙 2032

【注】從水几聲。●晉璽人名。

圮 璽彙 0265　　璽彙 0273　　璽彙 0312　　璽彙 0336　　璽彙

0334  匯考 64　　陶録 2·744　　陶録 2·326　燕　璽彙 1229　　璽彙

2286　陶録 4·55　　陶録 4·58

【注】從土几聲，疑"墣"之異文。吳振武先生疑燕璽"圠"字是"畿"字異體（《古璽文編》校訂）570 條）。"畿"或作機。典籍中"幾"可與"几"通假。土、田用作義符可通用。●《璽彙 0265》"郯圠罗（望）鈢"，徐在國釋為"郯（夜）祈望鈢"。罗從又网聲，讀望。畿、祈二字古通。"祈望"為齊國官名，當是齊國特設的主管海產品的官員。齊封泥中也有"祈望"一官，正好與典籍互證。(《釋齊璽"祈望"》) ●燕璽、燕陶人名。

阢 楚  鄂君啟舟節　　包山 119 反

【注】從阝几聲。或從旨聲。●人名。《鄂君啟舟節》："裁敔（令）阢。"包山簡亦為人名。

邧 晉  璽彙 2212

【注】從邑几聲。●"邧公子耳"，讀幾，姓氏。

釓 晉  璽彙 2133　　璽彙 1346　　璽彙 3979

【注】從金几聲。●晉璽人名。

飢 楚  清華二·繫年 102　　清華五·湯丘 18　　清華八·邦道 12

上博五·三德 15　　上博二·從甲 19　　清華九·禱辭 14　秦　睡簡·為吏 31

【注】從食几聲（或旨聲）。●均用為本義，飢餓、飢荒。《清華五·湯丘 1》："袋（勞）又（有）所思，飢又（有）所飤（食）。"《上博五·三德 15》："聚（驟）敓（奪）民旹（時），天飢（飢）必柒（來）。"

 楚 曾侯漆箱

【注】從人几聲，"厃"之異文。人形訛為氏，或直接隸定為"厃"。●漆書讀危，星宿名。几、

1587

危見疑旁紐，脂部疊韻。

溪紐夒聲

夒 小臣艅尊　中鼎　中鼎　叢作且辛觶秦　　、里耶 9・1842 背

【注】甲骨文作，與"夔"同源，亦象神獸之形，唯"夔"首加角形以與夒分化。《説文》："夔，神魖也。如龍，一足，從攵；象有角、手、人面之形。"古代傳説是種山怪，人面猴身能言。又指野牛。相傳黃帝得夔牛皮為鼓，聲聞五百里，由此"夔"又成了堯舜時一個樂官的名字。又為古國名，其地在湖北秭歸縣。●地名。《小臣艅尊》："王易（賜）小臣艅（俞）夒貝。"夒貝，即夒地之貝。●人名，見于《叢作且辛觶》。

溪紐叔聲

叔秦　集粹 834　類編 23　戎壹軒秦印彙・254

【注】此字構形不明。鄔可晶認為跟"叔"有聯繫。（鄔可晶《説金文"叔"及相關之字》）漢印文字作、、、、、（漢印 59），傳世字書或釋為菽。實際上菽上所謂艸旁是從上面的卜形演變來的。故叔、菽一字。叔，為溪紐質部字，古文字"叔-快""唭-叔"可通。"至於王子楊先生曾詳考、釋作'羍（阱）'的殷墟甲骨文之、等字，是應改釋為'叔'還是承認仍係'羍/阱（阱）'、與'叔'僅為同形關係，尚待研究。"（參陳劍《簡談清華簡《四告》的"叔"字省體》）●秦漢印姓氏，讀蔌。或用為人名。

端紐黹聲

黹 乃孫作且己鼎　頌簋　頌簋　袁盤　趩鼎　殳簋　休盤

即簋　呂簋蓋　呂簋齊　（　）璽彙 0083 楚　　、曾伯霖簋類
編 483

【注】甲骨文作、、、、，象箴縷刺繡衣物之形。金文承之。《曾伯霖簋》等下訛為巾形。戰國文字承襲金文，下多從巾。《説文》："黹，箴縷所紩衣。從㕭，丵省。凡黹之屬皆從黹。"徐鍇謂："紩，刺繡也，其象刺文也。"本義為刺繡之衣物。凡從黹取義的字皆與縫紉、刺繡花紋有關。●刺繡之衣服。《頌鼎》："賜汝玄衣、黹屯、赤市、朱黃、絲旅（旂）。"唐蘭釋為："賞賜你玄色的上衣，有針刺花紋的邊，火紅色的圍裙，朱紅色的帶子，車上的鈴和旂。"●美

也、善也，為本義之引申。《孫作且已鼎》："乃孫乍（作）且（祖）己宗寶觮鷺。"《曾伯霥簠》："曾白（伯）霥哲聖元武，元武孔觮，克狄淮尸（夷）。"●讀致。《九年衛鼎》："眉敖者膚卓事視于王，王大觮。"唐蘭謂"觮"應讀致，觮、致音相近。《儀劄·聘禮》記諸侯的使者聘問時，主人方面由卿去致館，安排住所，準備筵席，並送糧食柴薪等。"大觮"是舉行隆重的致館禮。（《陝西省岐山縣董家村新出西周重要銅器銘辭的譯文和注釋》）●讀侈。《趺簠》："簧觮朕心，墜于四方。"馬承源曰："簧觮，讀為廣侈。簧讀作廣，觮讀作侈，聲假。《國語·吳語》：'廣侈吳王之心。'韋昭《住》：'侈，大也。'此'廣侈'即銘文之'簧觮'，語例相似，都是說王者之心的寬大與通達。"（《商周青銅器銘文選》278頁）●《璽彙0083》"▢舽司觮"，觮古訓縫紉、刺繡。"司觮"當是掌管縫紉、刺繡之官。𫝹即𫝹、𫝹之省變。●楚璽"成觮"，人名。●讀職。《晉公盆》："珇（揉）浡（親）百觮（職）。"

嬶中𫝹 鄭登伯鼎

【注】從女觮聲。●人名。《鄭登伯鼎》："奠（鄭）登白（伯）伋（及）弔（叔）嬶乍（作）寶鼎。"

端紐氏聲

氐 匍盉 虢金氏孫盤 齊 陳逆簠 楚 曾侯漆書 清華一·楚居1 上博二·容成53 上博八·李頌3 清華一·楚居1 清華一·楚居4 清華十·四告48 上博九·史蒥5 上博九·史蒥9 燕 陶彙4·128 晉 匯考119 秦 秦印243 石鼓文 睡簡·日乙98

睡簡·日甲1

【注】從氏，下加一橫分化出氐。《說文》："氐，至也。從氏下箸一。一，地也。凡氐之屬皆從氐。"所釋當為引申義。●讀氏，姓氏之氏。《虢金氏孫盤》："虢金氏（氏）孫乍（作）寶般（盤），子子孫孫永寶用。"●地名。《任鼎》："隹（唯）王正月，王在氐。"●星座名。二十八宿之一，東方蒼龍七宿的第三宿，共有四顆星。亦稱天根。《睡簡·日乙98》："九月：氐，祠及行、出入〔貨〕，吉。"●讀坻，殿基也。《睡簡·日甲96背》："甲子死，室氐，男子死，不出卒歲，必有大女子死。"●讀至。《清華一·楚居4》："氐今曰楚人。"這裏是"楚人"名稱的一種溯源性傳說解釋，類似的名稱溯源性說解，多為民間晚出附會之說。●《石鼓文》："帛（白）魚鱳=（鱳鱳），其簏氐鮮。""氐鮮"與《害簠》"氐魚"義近，是致魚、捕魚的意思。"鮮"即生魚，為求押韻而變字。●《匯考119》"縈易氐馬"，"氐馬"，應為職官名。

鴟楚  上博五·鬼神 3　　清華十·四告 42　　清華十·四告 46

【注】從鳥氐聲。《説文》：“鴟，病人視也。从見氐聲，讀若迷。”●貓頭鷹一類的鳥。《清華十·四告 46》：“今室（望）鴟或（又）來族集於先公之宗窜（廟）。”整理者在説明部分言：“第四篇是召伯虎圍繞望鴟來集這一異象，對北方尸的告辭。”●《上博五·鬼神 3》：“迟（及）五（伍）子疋（胥）者，天下之聖人也，鴟㠯（夷）而死。”“鴟夷”，革製之貯酒器，用以盛酒。简文“鴟夷而死”，謂“伍子胥尸，被吳王盛於鴟夷革中，浮於江上，不得善終”。

雖秦  陝新 782

【注】從佳氐聲，“鴟”之異文。●人名。

頤燕  璽彙 1234　璽彙 1244

【注】從頁氐聲。●燕璽人名。

戜楚  清華十·四告 2

【注】從戈氐聲。●讀抵。《清華十·四告 2》：“丽（離）戔（殘）商民，暴唬（虐）百眚（姓），戜（抵）忘（荒）亓（其）先王天乙之猷力。”整理者注：“抵，排、擲。天乙，見於殷墟卜辭，名履，契之後裔示癸之子，史書又稱湯、商湯、成湯、殷湯、唐、武王等。”

晛晉  侯馬　溫縣

【注】從見氐聲，古“視”字。●盟書“君兀明㐭晛之”，讀視。盟書或作“睨”。

眡楚  上博一·緇衣 1 晉　溫縣

【注】從目氐聲，《正字通》俗眠字。●盟書讀視。同“睨”字。●讀示，顯現、表示。《上博一·緇衣 1》：“㠯（以）眡（示）民厚，則民情不弋（忒）。”《禮記·禮運》：“刑仁講讓，示民有常。”

抵秦  睡簡·封診 69

【注】從手氏聲，字亦見於馬王堆帛書作（帛編 484）。●抵達。《睡簡·封診 69》：“當獨抵死（屍）所。”應獨自到達屍體所在地點。

𢻫 秦  睡簡·日甲 143

【注】從攴氏聲。●疑讀秩。《睡簡·日甲 143》：“丁巳生子㱿（穀）而美，有𢻫。”有秩，有俸祿。或説為“敃”字之訛，“有敃”即“有聞”。

厎  害簋  害簋 秦  詛楚文  秦再二·7

【注】從厂氏聲。《説文》：“厎，柔石也。從厂氏聲。砥，厎或從石。”柔石，石之精細者。《説文》厎，或從石作砥。《詩·小雅》周道如砥。又《韻會》通作底。《孟子》引《詩》：周道如底。●《害簋》：“官嗣（司）尸僕、小射、厎魚。”陳夢家云：“厎魚是剌魚、射魚之職。”“厎”諧“氐”聲，與“底”“致”均音近義通，可訓為致、止、待，基本詞義是使行者止。（參看《故訓匯纂》209 頁）石鼓文“氐鮮”與“厎魚”同義，是致魚、捕魚的意思。●秦封泥“厎柱丞印”。厎柱，山名，在山西平陸縣東五十里，黄河中游，南與河南陜縣今三門峽市接界，修三門峽水庫後此山已炸除。厎柱是傳説中大禹治水所鑿，其地勢險要，時有怪物作祟，需河神鎮守，或由力士剷除之。秦時於厎柱設官，是為了祭祀河神、鎮懾異物，“厎柱丞”殆治水官。●讀詆。《詛楚文》：“以厎楚王熊相之多辠（罪）。”●讀砥。《詛楚文》：“飾甲厎兵，奮士盛師。”

砥 楚  上博四·曹沫 39  上博四·曹沫 39  清華三·説命中 5  清華九·成人 5

【注】從石氏聲。●磨煉。《上博四·曹沫 39》：“人之兵不砥礪，我兵必砥礪。”《書·禹貢》荆州礪砥砮丹。《注》砥細於礪。●《清華三·説命中 5》：“女（汝）隹（惟）孳（茲）敓（説）砥（底）之于乃心。”當斷句作“汝惟哉！説！砥之于乃心。”“惟”諸家釋為思量，可從，《説文》：“惟，凡思也，從心，隹聲。”《漢書·鄒陽傳》：“願大王留意詳惟之。”顔師古注：“惟，思也。”砥，李學勤讀底，《爾雅·釋詁》：“止也。”或如字讀，釋作磨煉義，也與簡文文意相合。●讀致。《清華九·成人 5》：“城（成）人曰：亞（嗚）嘑（乎）！我句（后），古天砥（氐）降下民，复（作）寺（時）句（后）王、君公，正之以四補（輔）祝、宗、史、币（師）。”上古氐聲、至聲之字多通用。“致”意為送詣，與“降”義近連用。

詆 楚  清華三·説命中 6 晉  中山王譽壺

【注】從言氏聲；或作“詆”，從言底聲，當為“詆”之繁文。●呵斥、訓責。《中山王譽壺》：“詆（詆）郾（燕）之訛。”●讀趆，其義為疾走。《清華三·説命中 6》：“若詆不見，用戕（傷），吉不吉。”

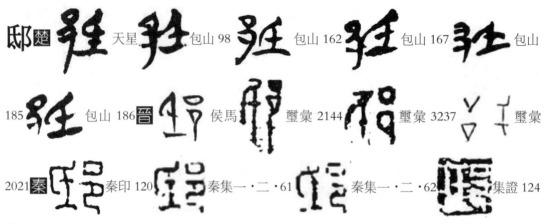

邸楚 天星 包山 98　包山 162　包山 167　包山 185　包山 186晉 侯馬　璽彙 2144　璽彙 3237　璽彙 2021秦 秦印 120　秦集一·二·61　秦集一·二·62 集證 124

【注】從邑氏聲。●秦封泥"郡左邸印""郡右邸印"，官名。《漢書·百官公卿表》典客屬官有"郡邸長丞"，顏師古曰："主諸郡之邸在京師者也。"邸本為諸郡及諸侯國為朝見而設置在京城的住所，大約相當於清代的各省會館，今天的各省駐京辦事處，郡邸則為其管理機構。郡邸初屬少府，因為很多遠郡有少數民族，所以後來又歸大鴻臚典客。又因其事繁，分為郡左邸、郡右邸。秦封泥"蜀邸倉印"，此為蜀郡邸之倉廩用印。●侯馬"明徂邸之"，讀視。●晉尖足小布地名。《璽彙 3237》"釱邸都"當為地名，地望待考。包山簡"邸易君"的封地應在邸水之陽，具體地望未能確指。●《璽彙 2144》"邸殉"讀氏，姓氏。

狐齊 陶録 2·378　陶録 2·379　齊陶 0611

【注】從豸氏聲。●人名。

牴晉 類編 29秦　　秦印 21 睡簡·日甲 70

【注】從牛氏聲。●秦簡讀氏，星宿名。●古璽印人名。

羝 九年衛鼎楚 嫡加編鐘燕 璽彙 0885晉 璽彙 1325 璽彙 0394 璽彙 2169

【注】從羊氏聲；氏、氐一字之孳乳，故可釋為"羝"。秦系文字始見於馬王堆帛書作 （帛編 146）。●用為本義。《說文》："羝，牡羊也。"本義為公羊。《九年衛鼎》："舍盨冒梯羝皮二、罡（選）皮二。"●晉璽"疌茗羝""王羝"等均為人名。●讀氐，本、根本之意。《嫡加編鐘》："余典冊坙（厥）德，殹民之羝（氐）巨（矩）。"《詩·小雅·節南山》："尹氏大師，維周之氐。"巨，讀矩，即規矩，法度。

氐 秦 睡簡・語書 11

【注】從木氏聲。●讀抵。《睡簡・語書 11》："而有冒柢（抵）之治。"冒抵，冒犯。

紙 楚 信陽 2・2

【注】從糸氏聲。紙，《說文》絲滓也。●疑讀緹。《信陽 2・2》："一兩絲紙縷（屨）。"緹屨，似乎可以讀作鞮屨。古代的鞮履可能是"絲麻韋草"皆可為之的。

端紐帯聲

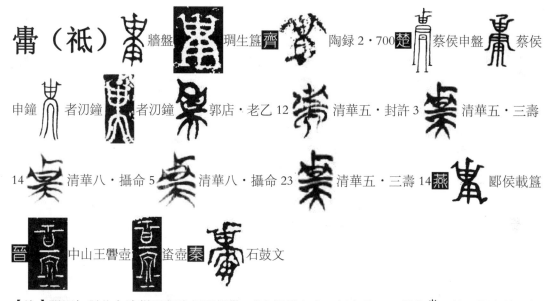

帯（祇）　牆盤　　　　　　　　　瑚生簋　齊　　　陶録 2・700　楚　蔡侯申盤　蔡侯

申鐘　　者汈鐘　　者汈鐘　　郭店・老乙 12　　清華五・封許 3　　清華五・三壽

14　清華五・三壽　　清華八・攝命 5　　清華八・攝命 23　　清華五・三壽 14　燕　鄲侯載簋

晉　中山王　壺　　　　鉴壺　秦　石鼓文

【注】張亞初對此字演變過程進行了歸納："在甲骨文中，祇字第一二期作，第三期在其上部或者上下加畄作聲符，變為。或簡化為……此字系名詞，是商人祈祝求雨的封象。《粹》九四五此字從示旁，更說明它確為神祇之祇。祇祇古本同字。三體石經"君奭"以畄為祇，說明畄、祇、祇是同音字，故字加畄作聲符。"又云："《說文》：'祇，地祇，提出萬物者也。'許慎解此字，用的是聲訓，祇提音近，故云'提出萬物者'亦非此字之本意。祇在石鼓文中的用濾為祁祁，文獻上祁祁訓盛、多、大和舒徐。從甲骨文看，此字為樹木枝葉茂盛，舒展貌。所以它應是祁字的本字，祁、祇則都是借字，後起字。"《說文》："祁，太原縣。從邑示聲。"祁之盛、多、大和舒徐均為其借義，本字即"帯"。金文演變為兩畄相抵形，下部多演變作"而"形。可視為"祇"之古文，"祇"則為晚出字，始見於漢印。●讀祈。《石鼓文》："帯=（祇祇）鳴▢。"●古文字多讀祇，恭敬。《鄲侯載器》："帯（祇）敬禱祀。"《書・大禹謨》："文命敷于四海，祇承于帝。"孔傳："言其外布文德教命，內則敬承堯、舜。"《牆盤》："帯（祇）覸穆王，井（型）帥宇海。"祇覸穆王，莊敬而安和的穆王。《清華五・三壽 14》"難（勤）帯（祇）乃事"，整理者注："《多方》有'克勤乃事'。祇，《爾雅・釋詁》：'敬也。'"●或讀底，安也。《字彙》：

“底，定也。”《琱生簋》：“又肃（祇）又成。”銘意是説官司有了一定的結果。●祇祇：恭敬貌。《蔡侯申鐘》：“豫令肃=（祇祇），不愆（愆）不貣（忒）。”《中山王嚳壺》：“隻肃（祇）翼邵告後嗣，唯逆生禍，唯順生福。”張政烺先生疑“肃（祇）翼”下脱重文符號。《廣雅·釋訓》：“翼翼、濟濟、祇祇，敬也。”“祇祇”“翼翼”同義連用。●讀希。《郭店·老乙 12》：“大器曼（晚）成，大音肃（希）聖（聲）。”

嫞 杜伯鬲 單叔鬲 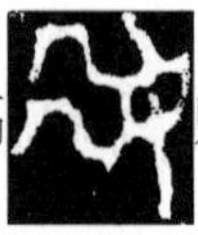郳祁鬲

【注】從女肃聲。聲符或迭加凢（即“几”字，古文字單雙無別）為聲符。《郳祁鬲》從女凢聲，“几”是見母脂部字，“祁”是群母脂部字，讀音密合。●讀祁，姓。《杜伯鬲》：“杜白（伯）乍（作）弔（叔）嫞（祁）隮鬲。”郭沫若謂杜乃陶唐氏之後，其姓為祁，“嫞”即祁之本字。

透紐矢聲

矢 父乙亞矢簋 𣪕簋 同卣 矢伯卣 師湯父鼎 矢觚 趞曹鼎 伯晨鼎 工𢍰大矢鈹 楚 包山 260 曾侯 3 曾侯 33 曾侯 37 清華三·説命上 2 上博一·詩論 22 上博三·周易 37 上博六·用曰 12 上博七·凡甲 12 安大一 84 、安大二·仲尼 3 晉 即公鏃 先秦編 111 秦 不嬰簋 睡簡·日甲 118 背 睡簡·封診 26 石鼓文

【注】甲骨文作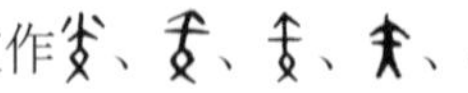，象箭的形狀：上端是箭頭，中間箭杆，下面是箭尾。金文同甲骨文。楚文字矢、弔相混。《説文》：“，弓弩矢也。從入，象鏑栝羽之形。古者夷牟初作矢。”許慎以為從入，不確。本義是箭。現在還有“有的放矢”的成語。●弓箭之箭。《同卣》：“大王易（賜）同金車弓矢。”戰國文字多用為本義。《睡簡·封診 26》：“斬首一，具弩二、矢廿。”《上博一·詩論 22》：“四矢弁（反），目（以）御（禦）亂。”今本《詩·國風·齊風·猗嗟》句云：“四矢反兮，以御亂兮。”《曾侯 3》：“矢，箙五秉。”●國名，後以為氏。《矢伯卣》：“矢白（伯）只乍（作）父癸彝。”●人名。《工𢍰大矢鈹》：“工（攻）𢍰（吴）大𢦏矢工（攻）𢍰（吴）自元用。”李家浩認為當讀“工（攻）𢍰（吴）大矢自𢦏元用”，原因是古代工匠在製

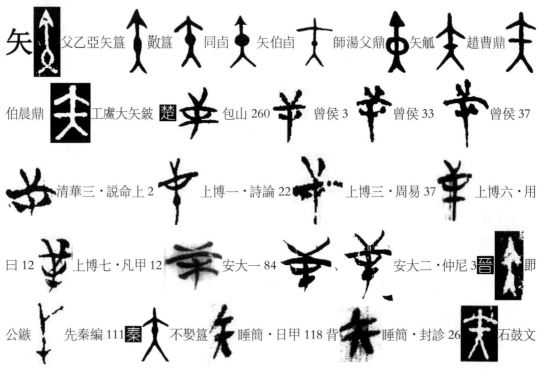

造陶範的過程中，有時把銘文中個別字的位置弄錯，因而造成誤植的結果。（《談工盧大矢鈹銘文的釋讀》）"大矢"是私名。●讀屎。《睡簡·封診66》："下遺矢弱（溺）。"

包山277

【注】從金矢聲，"矢"之繁文，《集韻》善指切，音視。《玉篇》箭頭。●讀矢。《包山277》："廿=（二十）鈦（矢）。"

騎傳馬節　鷹節　鷹節　鷹節

【注】從尸從矢，雙聲字。《集韻》《類篇》矧視切。糞也。或作屎屍屎。《集篆古文韻海》"菌"下收有"屍"字，即"屎"字。李春桃先生指出："早期甲骨文中'屎'作 ，像人遺糞便之形，（原注：相關討論看裘錫圭：《讀逨盤銘文劄記三則》《文物》2003年第6期）是會意字。到了後來人們可能對該形逐漸不熟悉，為了明確其讀音，便把下面的小點換成'矢'，屬於古文字中常見的變形音化。"《張家山漢簡·脈書》07"小者如馬屎"正讀屎。●讀矢。《馬節》："騎傳，比屎。"比屎，讀比矢，喻傳騎之速。

钕觚　钕簋　钕父簋鱓　钕父己鱓

【注】甲骨文作 ，從又從矢，矢亦聲，會以手引箭之意，疑"钕"之初文。矧，《說文》本作弞，《玉篇》亦作钕。●族氏名。《钕父己鱓》："钕父己。"

璽彙5596

【注】從鹿矢聲，疑"麂"之異文。●晉璽人名。

石鼓文　石鼓文　龍崗34

【注】從隹矢聲。●秦文字均用為本義，野雞。《石鼓文》："麀鹿雉兔。"

沃伯寺簋

【注】甲骨文作 、 、 、 ，從水矢聲。字書不見。●人名。《沃伯寺簋》："沃白（伯）寺自乍（作）寶毁。"

阜 辛邑阽矛 秦 石鼓文

【注】從阜矢聲，是"山巔"之"巔"的異體。●金文人名。●讀巔，巔頂。《石鼓文》："避（吾）戎止阽（巔），宮車其寫（卸）。"矢，書母脂部；巔，定母真部。句意謂我乘田車登於高原，我的戎車止於獵場最高處。

齊 璽彙 3081 陶録 2·702

【注】從米矢聲。實際是米形，只是因為寫得草率或是因為璽面空間有限的關係，才使得橫畫上面的三點和下面的三點連到一起去了；與"廩"寫作（璽彙 3693）同例。●讀矢。《璽彙 3081》"馬桼（矢）繹"、《陶録 2·702》"馬桼（矢）☒鉥"，"馬矢"為複姓，無疑是《漢書·馬宮傳》中所提到的"馬矢"氏。據《馬宮傳》記載，大司徒馬宮本姓馬矢氏，後因仕學而改為馬氏。"馬矢"氏亦屢見於漢代私印中（看《姓氏征》卷下 2 頁上）。

楚 清華八·邦道 26 清華九·治政 8 清華八·邦道 7

【注】甲骨文作從矢（兼聲）從匚，匚所以蔽矢也。戴家祥謂：弓矢之羽必須完好無損，以保持其殺傷力。殹，加旁從殳，言矢之賴以蔽之者手也。同聲通假作"繄"，在句首為發語詞；用在句尾，字亦同也，周秦人多以殹為也；用在句中，字亦同伊。（詳《金文大字典·中》）《清華八·邦道 7》為"医"字之訛。●讀殹。《清華八·邦道 26》："医（殹）唬（吾）為人皋（罪）戾，已（已）睤（孚）不畢（稱）唬（乎）？""殹"為影母脂部，讀為影母職部的"抑"，為表示選擇的連詞。●讀繄，句首語氣詞。楚簡多作"殹"。《清華九·治政 8》："非蜀（獨）為亓（其）君，医（繄）身滿（賴）是（寔）多。"

楚 信陽 2·19

【注】從刃医聲。●讀繄。《說文》："繄，戟衣也。從糸殹聲。一曰赤黑色繒。"《信陽 2·19》："刐帛之緣（繢）。"

佣生簋 佣生簋 佣生簋 楚 曾伯陭鉞 曾伯陭鉞

包山 105 包山 116 上博二·子羔 上博二·魯旱 3 上

博六·孔子 14 清華二·繫年 120 清華七·子犯 6 清華六·太伯甲

9 清華三・説命上 3 清華一・耆夜 5  安大一 48 秦 睡

簡・效律 18 新郪虎符 石鼓文

【注】從殳医聲。楚系文字均從攴、從戈医聲。《説文》:"毆,擊中聲也。從殳医聲。"此字本義典籍鮮見。古文字多借為語詞。●讀翳,氏名,秦伯翳之後有翳氏。《佣生簋》:"毆妊彶殳乑(厥)從格白(伯)安彶甸。"●讀繄,語助詞。《清華一・耆夜 5》:"戲士奮刃,毆(繄)民之秀。"毆通"繄",句首助詞,相當於"唯""惟"(維),《左轉》隱公元年"爾有母遺,繄我獨無"。"民之秀"可參看《國語・齊語》的"秀民",韋昭注云:"秀民,民之秀出者也。"該句形容將士的英勇,甲士揚起刀刃,均是人民中的佼佼者。《王子午鼎》:"毆民之所亟。"●讀也,用在句末,為秦系文字所獨有。漢興後漸易為"也"。《新郪虎符》:"燔隊(燧)事,雖母(毋)會符,行毆(也)。"《詛楚文》:"禮倿介老將之以自救毆。"在句中則可讀兮、或讀猗。《石鼓文》汧毆沔沔。●讀抑,表示反詰語氣。《清華六・太伯甲 9》:"毆(抑)天也?亓(其)毆(抑)人也?"●讀嫗。《郭店・語叢四 26》:"故謀為可貴。龓(一)豪(家)事乃又(有)貲,三魖(雄)一魖(雌),三魟(瓶)一甚,一王母保三毆兒。"老祖母由於經驗豐富,照顧起孩子來得心應手,這裏突出了經驗的可貴,也可以説是"謀為可貴"。●讀伊。《安大一 48》:"所胃(謂)毆(伊)人,才(在)水忒方。""毆",《毛詩》作"伊"。上古音"毆""伊"皆屬影紐脂部,音同可通。

醫 秦 睡簡・日乙 242 、 印增 556 上博 36 集證

133・8 秦印 283 集證 183・730

【注】從酉毆聲。●醫生。《睡簡・封診 53》:"令醫丁診之。"●秦印有"泰醫丞印""泰醫左府""泰醫右府"均為官名。秦奉常(漢更名為太常)、少府皆有屬官太醫令、丞。據《漢書》載太醫令、丞之屬官人數計"員醫二百九十三人,具吏十九人"。以此推測,秦代其人數亦不會太少,故以左、右分府。●秦印有"醫帶""醫帥""醫衛""醫渠"等等,當為姓氏。《周禮》注云:"以官名為姓氏。古代天子、諸侯皆有醫官,'醫師掌醫之政令'。"

歐 楚  清華六・子儀 16

【注】從欠医聲。●讀抑。《清華六・子儀 16》:"君不瞻彼泜(沮)漳之川,扆(開)而不屬(闔),歐(抑)廚(邇)巨(夷、迤)之楷(湝)也。"

若娟作文姬鼎

【注】從女医聲，疑"嫛"之異文。●人名。

秦 、 、 印增 600

【注】從心医聲。●字亦見於漢印作 、 （漢印 950），均為人名。

秦 類編 135 秦印 289

【注】從竹愿聲。●人名。

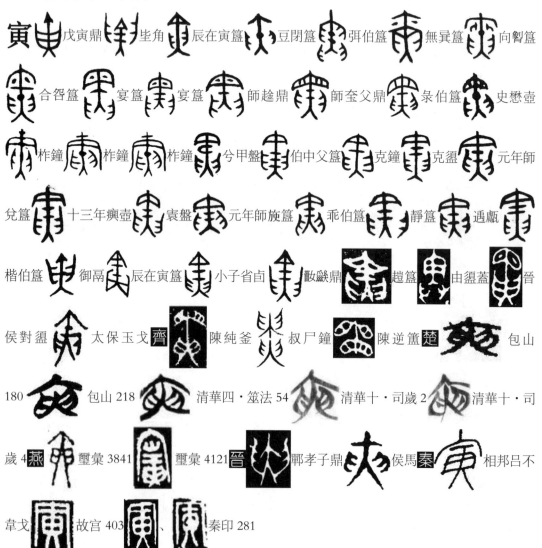

寅 戊寅鼎 坒角 辰在寅簋 豆閉簋 弭伯簋 無量簋 向劇簋

合智簋 宴簋 宴簋 師趛鼎 師至父鼎 彔伯簋 史懋壺

柞鐘 柞鐘 柞鐘 兮甲盤 伯中父簋 克鐘 克盨 元年師

兌簋 十三年癲壺 袁盤 元年師旋簋 乖伯簋 靜簋 遇甗

楷伯簋 御鬲 辰在寅簋 小子省卣 散黛鼎 趞簋 由盨蓋 晉

侯對盨 太保玉戈 齊 陳純釜 叔尸鐘 陳逆簠 楚 包山

180 包山 218 清華四·筮法 54 清華十·司歲 2 清華十·司

歲 4 燕 璽彙 3841 璽彙 4121 晉 鄅孝子鼎 侯馬 秦 相邦呂不

韋戈 故宫 403 、 秦印 281

1598

【注】甲骨文作↑、要、盂、숫等形。金文多從矢（兼聲）從↑作숫者，細審之，↑↑似“口”之訛。朱芳圃曰：“甲文早期作↑，晚期作숫。口為附加之義符，所以別兵器之矢于干支之寅也。間有作兩手奉矢形者。入周以後，字形頓異，要皆兩手奉矢形之演變也。從音言之，矢與寅，古讀透紐雙聲，脂真對轉。昔人謂音隨義異，此即其一例矣。”（《殷周文字釋叢卷上》）《説文》：“寅，髕也。正月，陽气動，去黄泉，欲上出，陰尚强，象宀不達，髕寅于下也。凡寅之屬皆從寅。숫古文寅。”析形釋義均不確。本義就是箭。引申指射進，《爾雅》：“寅，進也。”後多借為地支的第三位，用來紀年，本義逐漸消失。●地支第三位。《師兑簋》：“隹（惟）元年五月初吉甲寅。”●敬也。《陳逆簋》：“余陳趉子之啻（嫡）孫，余寅事齊侯。”《爾雅·釋詁》：“寅，敬也。”●史寅：人名。《士上卣》：“王令士上眔史寅殷（殷）于成周。”

演 秦 印增 437

【注】從水寅聲。●秦印“演謏”，應為姓氏。

夤 齊 陶彙 3·488　戰表 977 秦 秦公簋 、　　　、　　　、

印增 264　陶彙 5·129

【注】從月（或從夕，古文字夕、月同字）寅聲，與小篆同。《説文》：“夤，敬惕也。從夕寅聲。《易》曰：‘夕惕若夤。’夤籀文夤。”本義恭敬。●讀寅，敬也。《秦公簋》：“嚴弊夤天命。”●秦印有“夤僕”“夤建”等，讀寅，姓氏。

繢 齊 璽彙 3660

【注】從糸夤聲。“繢”之異體。●齊璽人名。

塞 散氏盤

【注】從土寅聲；有學者以為“塞”之倒書。存疑。●人名。

彌 長由盉

【注】從弓寅聲。●讀寅，敬也。《長由盉》：“井白（伯）氏彌彌不姦。”

盨 齊 陳侯因資錞　陳肪簋蓋 楚 清華二·繫年 1

【注】從皿寅聲。●讀寅，敬也。《陳侯因𩇕錞》："者（諸）侯盍薦吉金，用乍（作）孝武趄公祭器錞（敦）。"《陳肪簠蓋》："𦵼盍（寅）䰟（鬼）神，畢𦵼（恭）愄（畏）忌。"楚簡亦讀寅。

 膻楚 清華八·攝命 21

【注】從肉盍聲。●讀寅，敬也。《清華八·攝命 21》："乃服佳（唯）膻。""乃服佳（唯）膻（寅）"，整理者引《康誥》："汝惟小子，乃服惟弘。"王寧："由《清華八·攝命》看，'膻'即'贪'字繁構，則《康誥》之'弘'當作'引'，乃音近通假字。《説文》：'贪，敬惕也'，小心謹慎之意。"

 鹽楚 清華一·祭公 15

【注】從鬼盍聲。●讀寅，《爾雅·釋詁》："敬也。"《清華一·祭公 15》："不（丕）則鹽（寅）言㠯（哉）。"

 瀘楚 清華八·攝命 20

【注】從水盍聲。●讀寅，敬也。《清華八·攝命 20》："乃身𠚕（載）佳（唯）明佳（唯）瀘（寅），女（汝）亦母（毋）敢鬼（威）甬（用）不審不允。"寅，敬也。審，悉也。鬼，整理者讀為"畏"，兹讀為"威"。允，信也。

 禗楚 清華五·厚父 3

【注】從示寅聲。●讀寅，敬也。《清華五·厚父 3》："才（在）䫝（夏）之劃（哲）王，廼嚴禗畏皇天上帝之命。"

 憲燕 戰表 1517 晉 盠壺

【注】從心寅聲。●讀寅，敬也。《盠壺》："母（毋）又（有）不敬，憲（寅）甫（祇）永（烝）祀。"

透紐困聲

困秦 里耶 8·658

【注】"菌"之初文，象糞池有汙物之形。●辭例殘缺，義不詳。

【注】從艸囷聲。《說文》作蔨。《說文》："蔨，糞也。從艸，胃省。式視切。"當從艸囷聲。《玉篇》俗作屎。●讀遲。《睡簡·封診36》："有失伍及蔨（遲）不來者，遣來識戲次。"如有掉隊遲到的，派來軍戲駐地辯認。

【注】從心蔨聲。●讀逸或讀佚。《郭店·語叢三15》："遊蔥，嗌（益）。嵩（崇）志，嗌（益）。才（存）心，嗌（益）。"或釋為蔥，從鹵聲。鹵，來紐魚部，可讀豫，喻紐魚部。（《郭店·語叢三》簡15"蔨"字考》）

透紐尸聲

【注】甲骨文作 、 、 、 、 與"人"字相似，以其下肢彎曲為二者之別， 象屈膝蹲踞之人。段玉裁注："古人有坐，有跪，有蹲，有箕踞。跪與坐皆厀着于席。而跪聳其體。坐下其脾……若蹲則足底着地。而下其脾，聳其厀曰蹲。其字亦作竣。原壞夷俟。謂蹲踞而待，不出迎也。若箕踞，則脾着席而伸其腳于前。是曰箕踞。"徐中舒曰："夷人多為蹲居，與中原之跪坐不同，故稱夷人為 人。尸復假夷為之，故蹲踞之夷或作跠、屍。而尸則借為尸（屍體）。"（《甲骨文字典》942頁）在卜辭中多假借為"夷"，用為方國名，即《說文》"東方之人也"之"夷"。尸，卜辭中或用為祭名，饒宗頤先生認為自夏殷以來，並有敬尸之禮。（《甲骨文字詁林》）尸借為尸，當與古代敬尸之禮有關。《禮記·禮器》："周坐尸，詔侑武方，其禮亦然，其道一也。夏立尸而卒祭，殷坐尸，周旅酬六尸。"尸是宗廟祭祀時象徵死去的祖先為神而接受祭祀的替身，蓋尸與屍體有聯繫，故尸借為尸（屍體）。楚文字以"屄""屍"為屍體之尸，秦文字則作"死"。《說文》："尸，陳也。象臥之形。凡尸之屬皆從尸。"《禮記·郊特牲》注："此尸神象，當從主訓之。"段玉裁注："祭祀之尸本象神而陳之，而祭者因主之，二義實相因而生也。"尸引申為陳列、主持等義，亦跟敬尸之禮有關。金文均讀夷。●讀夷，東部及東南部少數民族的泛稱。《彔卣》："淮尸（夷）敢伐内國。""尸"始與"夷"同音，後來二者讀音分化，故西周晚期的《南宮柳鼎》始見從大從弓之"夷"作 ，侯馬盟書"夷"作 ，或加義符"土"作 ，睡虎地秦簡"尸"字作 ，"尸"和"夷"最遲在戰國時代已經成為兩個形、音、義都有區別的字了。●讀夷，國名。姜姓，春秋夷詭諸為開國君主，地望在今河南濮陽一帶。《景卣》："王姜令（命）乍冊景安尸（夷）白（伯）。"●尸僕：出身于夷人的家僕。或謂官名，與《周禮》中太僕職掌

相妨，據金文記載，主要職掌射事。《周禮·夏官·太僕》載其職掌："王射，則贊弓矢。"鄭玄注："贊，謂授之受之。"《靜簋》："王令靜嗣（司）射學宮，小子眔服、眔小臣、眔尸僕學射。" ●尸臣：出入于"夷人"之家奴。《髓簋》："易（賜）女（汝）尸（夷）臣十家。"●楚月名，鄂君啟節作"夏屃"。《睡簡·日甲111》："夏尸、紡月，毀棄東方，皆吉。"●主持。《詩經·召南·采蘋》："誰其尸之，有齊季女。"毛傳："尸，主也。"《尸伯簋》："辰才（在）壬寅，尸（夷）白（伯）尸于西宮，嗌貝十朋，敢對陽（揚）王休。"此尸字正用為主持某祭祀之義。夷伯正因為在周王之西宮主持某種儀式，因而受到"嗌（益）貝十朋"的賞賜。此義西周金文或假借"死"為之，如《康鼎》"王命死（尸）嗣王家"，死（尸）嗣王家，意即主司王室之事。

 呎 齊 陶錄 3·521

【注】從口尸聲。●單字，應為人名。

 屄 秦 里耶 8·639

【注】從巾尸聲。《字彙補》古文豕字。●辭例殘缺。

 𦞤 晉侯尊

【注】從皀尸聲。●讀彝。《晉侯尊》："晉侯乍（作）旅𦞤。"（陳劍《晉侯墓銅器小識》）

尸 楚 包山 180   上博二·民之 8   上博三·周易 51   上博一·詩論 21   上博二·民之 11   上博八·成王 4   上博一·詩論 21   上博五·鬼神 3   清華一·祭公 2   清華一·耆夜 3   清華一·金縢 1   清華二·繫年 14   清華四·別卦 5 晉 中山王䦅鼎   侯馬   璽彙 3292

【注】從二尸聲，《玉篇》古文夷字。又《集韻》古文仁字，當是借為仁。《清華四·別卦5》為"亡尸"合文。●讀仁，仁德、仁義。《中山王䦅鼎》："亡不達（率）尸（仁），敬愳（順）天惪（德），尸（以）猻（佐）右（佑）寡人。"●《清華四·別卦5》讀夷。亡尸：即"明夷"卦。馬國翰《歸藏》作"明尸"。尸為夷的異體字。亡聲與明聲相通。"尸"在楚文字中多用為"尸""夷""遲"，未見用為"仁"。●晉璽"尸鵑"讀尸，姓氏。●讀遲。《說文》"遲"字或體"迉"

所從，《廣韻》："久也。"《清華一·金縢1》："王不瘳（豫）又（有）㠯（遲）。"●讀夷，平也。《上博三·周易51》："豐丌（其）坿（蔀），日中見斗，遇丌（其）㠯（夷）宔（主），吉。"●《清華一·耆夜3》："紝㠯娷（兄）俤（弟）。"讀尼（昵）。"㠯"為端系脂部字；"尼"亦為端系脂部字，讀音相近。《周易·姤》："繫于金柅。""柅"，馬王堆漢墓帛書本作"棟"。《玉篇》："遲，同遲。"《隸釋·漢三公山碑》："不為苛煩，滑俗陵遲。"洪适《隸釋》："遲為遲。"《説文》："尼，從後近之。"段注："尼訓近，故古以為親暱字。"《尚書·高宗肜日》："典祀無豐於昵。"孔傳："昵，近也。"唐孔穎達疏："尼與昵音義同。"《左傳·成公十三年》："昵就寡人。"陸德明釋文："昵，親也。""紝"，讀任。"任""昵"義近，"任昵兄弟"即信任親近兄弟。●讀鳲。《上博一·詩論21》："《㠯（鳲）鳩》吾信之。"《鳲鳩》，詩經篇名。●《上博五·鬼神3》"鴟㠯"，讀為"鴟夷"，革囊。簡文"子胥鴟夷而死"，見《史記·伍子胥列傳》："（伍子胥）乃自刭死。吳王聞之大怒，乃取子胥尸盛以鴟夷革，浮之江中。"●《上博二·民之11》"禔我㠯㠯"，讀"威儀遲遲"，舒緩，從容不迫的樣子。《禮記·孔子閒居》："孔子曰：'無聲之樂，氣志不違；無體之禮，威儀遲遲。'"孫希旦集解："威儀遲遲，行禮以和而從容不迫也。'"

袲 楚  清華六·子儀5

【注】從衣㠯聲。●讀遲。《清華六·子儀5》："覡（歌）曰：'袲=（遲遲）可（兮）𧢲=（委委）可（兮）。'""𧢲"讀委。委委，《詩·君子偕老》孔穎達疏引孫炎曰："行之美。"

芷 楚 上博八·蘭賦1

【注】從艸㠯聲。●讀荑。《説文·艸部》："荑，艸也。"《玉篇·艸部》："荑，始生茅也。"《上博八·蘭賦1》："芷（荑）薜茅（茂）豐。"

睨 楚 上博五·君禮6

【注】從見（視）從㠯，雙聲字。"睨"之異體。●讀視。尸，書母脂部；視，禪母脂部。旁紐雙聲、疊韻。《上博五·君禮6》："毋正見毋㠯（側）睨（視）。"

眉 楚 清華五·三壽21

【注】從目㠯聲。●疑讀睨，古同"睨"，斜視。《清華五·三壽21》："而天目毋眉，寺（是）名曰利。"

屟 楚 望山1·63 安大二·仲尼11 燕 西宮壺 西宮壺 右屟君敦

【注】從止㠯聲，"遲（遲）"之異文。●讀夷。《安大二·仲尼11》："見善女（如）弗及，見不善女（如）遜（襲）。堇（僅）目（以）卑（避）戁（難）靑（靜）尻（處），目（以）成丌（其）

志。白（伯）屖（夷）、弔（叔）即（齊）死於首昜（陽），手足不弅，必夫人之胃（謂）唬（乎）？"
此條簡文的意思是説：看見善良，努力追求，好像追不上；看見邪惡，努力避開，好像避不開。
只能躲避災難，安居不出，以保全自己的意志。伯夷、叔齊恥食周粟，餓死在首陽山，連四肢
都掩埋不住，一定是這樣的人吧。●讀遲。《望山 1·63》："少屖（遲）瘹（瘵）。"●燕金文"屖胥"，
疑為官名。

清華三·芮良夫 24

【注】從禾尼聲。●讀稺，古同"稚"。《清華三·芮良夫 24》："紪（朕）隹（惟）涽（沖）人，
則女（如）禾之又（有）秜（稺）。"

 郭店·老乙 10　　包山 198　　上博三·周易 14　　望山
1·62　　包山 202　　天星

【注】從辵尼聲。●多讀遲。《上博三·周易 14》："可（阿）余（豫）愳（悔），迡（遲）又（有）
愳（悔）。"●讀夷。《郭店·老乙 10》："明道女（如）孛（費），遲（夷）道〔如類，進〕道若
退。"

圖典 263

【注】從邑從土尼聲。●晉璽"郖館"讀尸，姓氏。

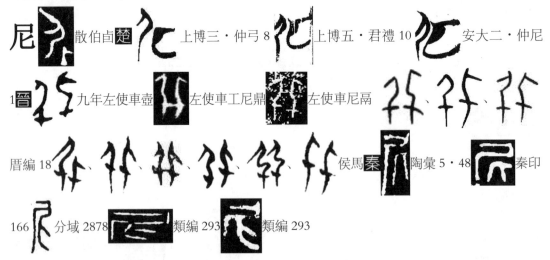 散伯卣　上博三·仲弓 8　上博五·君禮 10　安大二·仲尼
1　九年左使車壺　左使車工尼鼎　左使車尼鬲
厝編 18　　　　　　　　　　侯馬　陶彙 5·48　秦印
166　分域 2878　　類編 293　　類編 293

【注】從尸（兼聲）從人，一人蹲踞于另一人背上嬉戲，會狎昵之意，"昵"之初文。晉系文字
習見，舊釋為"弧""北"，當今學者均釋為尼。（詳程燕《清華七劄記三則》）《説文》："尼，
從後近之。從尸匕聲。"亦狎昵之意。●人名。《散伯卣》："散白（伯）乍（作）尼父障彝。"三

1604

晉文字、秦印均為人名。●上博讀尼，人名，即仲尼。

迟 楚  清華七·越公 35　　清華七·越公 44　　上博二·從甲 13　　上

博二·民之 8  上博八·蘭賦 1　　郭店·尊德 17　　上博二·容成 19

【注】從辵尼聲；或從彳尼聲。楚簡"尼"作為偏旁或省尸僅作 ⎾ 形。●近也。《正韻》乃計切，並泥去聲，近也。《清華七·越公 35》："至於鄩（邊）還（縣）小大遠迟，亦夫婦皆耕。"《清華七·越公》的字體和三晉文字形近。有兩種可能：一種是《清華七·越公》的底本是三晉文字書寫的，另一種可能是抄手是三晉人。●讀寧。《上博八·蘭賦 1》："芳涅（馨）訨（謐）迟而達頣（聞）于四方。"詳"訨（匕聲）"字。●讀匿。《郭店·尊德 17》"察迟則無避"當讀作"察匿則無僻"，"匿"與"僻"正相對為文。

坭 楚  上博三·周易 2

【注】從土尼聲。《集韻》"坭"通作"泥"。●讀泥。《上博三·周易 2》："孚于坭（泥），至（致）寇至。"

柅 楚 ⿰木化 上博三·周易 40

【注】從木尼聲。●本義，車底部的制動裝置。《上博三·周易 40》："繫于金柅，貞吉。"楚文字或作"匿"，金文作"豪"。

泥 秦  二十九年戈　　泥陽矛　　圖典 395　　里耶 8·1466

【注】從水尼聲。《泥陽矛》聲符稍訛，何琳儀釋作"泥"。（《古兵地名雜識》）●地名。《泥陽矛》："泥陽矛。"《史記·樊酈滕灌列傳》："蘇駔軍于泥陽。"《正義》："故城在寧州羅川縣北三十一里，泥谷水源出羅川縣東北泥陽。"在今甘肅寧縣東。"泥陽"亦見於陝西臨潼陶（圖典 395）。

肩  梁其鐘　　師兌鼎　　遇甗

【注】從月尸聲。●均讀夷，語辭。《梁其鐘》："天子肩事（使）汥（梁）其身邦君大正。"

糐 齊 ⿱⿰米尼皿 子禾子釜

【注】從米從皿肩聲。●義不詳。

屎 睡簡·日甲 64 正　　屎 睡簡·日甲 111 正

【注】從木尸聲。●楚代月名，或作夷、尸。《睡簡·日甲 64 正》："二月楚夏屎，日八夕八。"

屎 楚 、 鄂君啟舟節　　包山 12　　包山 128　　包山 199　

清華一·楚居 5　　上博六·鄭壽 1　　上博六·天甲 3　　安大一 27

【注】從示尸聲，疑為尸祭之本字。●"屎"字，大量見諸包山簡，用作楚月名"䇂屎""夏屎"，可與秦簡"刑夷""夏夷"對應。●讀尸。《清華一·楚居 5》："夜而內（納）屎（尸），氐（至）今日㝵=（㝵，㝵）北（必）夜。""納尸"文獻習見，指延請尸，且"祝迎尸於門外"之前，要準備犧牲俎豆，前文楚人所竊之"犝"，便用於此，以便迎尸。●《上博六·鄭壽 51》《上博六·天甲 3》有"屎廟"。"屎廟"作為一個固定名詞，更可能與常態的木主之尸相關，指收藏、供奉神主之廟。"屎廟"周鳳五讀"禰廟"。尸，書紐脂部；禰，泥紐脂部，音近可通。禰廟，亡父之廟。楚平王為楚恭王少子，其禰廟即祭祀楚恭王的廟。秦文字用"尸"為尸祝之尸，馬王堆帛書"屎"（𢽬、𢽬、𢽬帛編 7）讀尸，當受了楚文字的影響。●讀尸。《安大一 27》："管（執）亓（其）屎（尸）〔之〕？"毛傳："尸，主。"

殔 楚 上博三·周易 7　　上博三·周易 8

【注】從歹屎聲。●讀尸，尸體。《上博三·周易 7》："帀（師）或豦（輿）殔（尸），凶。"

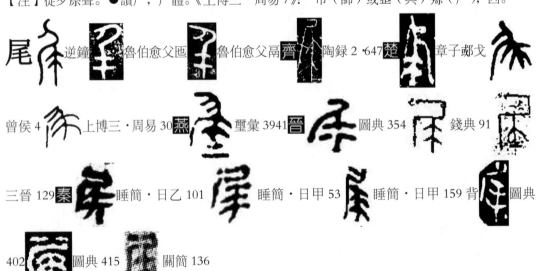

尾 逆鐘　　魯伯愈父匜　　魯伯愈父鬲　齊 陶錄 2·647　楚 章子郯戈

曾侯 4　　上博三·周易 30　燕 聖彙 3941　晉 圖典 354　　錢典 91

三晉 129　秦 睡簡·日乙 101　　睡簡·日甲 53　　睡簡·日甲 159 背　圖典

402　圖典 415　關簡 136

【注】甲骨文作，從尸（兼聲）從，象人于臀部着尾飾形。金文同甲骨文。《魯伯愈父鬲》人形末筆與尾飾共用筆劃，對比戰國文字"荱"作（璽彙 5448）、（2021），可知。秦簡下訛為矢。《說文》："，微也。從到毛在尸後。古人或飾系尾，西南夷亦然。凡尾之屬皆從尾。"本義為毛飾尾巴。引申泛指尾巴。又引申指末端，如"首尾相界"。●讀綏，尾飾。《逆鐘》："錫戈彤尾（綏），用黹于公室。"●人名。《魯伯愈父匜》："魯白（伯）愈父乍（作）龕（邾）姬尾䐨（媵）鹽（沫）它（匜）。"●二十八宿之一。《睡簡·日甲 53》："心、尾大吉。"●尾巴。《睡簡·日甲 37 背》："有赤豕，馬尾犬首。"《上博三·周易 30》："初六：豚（遯）丌（其）尾礪（厲），勿用又（有）卣（攸）逽（往）。"●吳良寶認為《錢典》91"北尾"的"尾"字實為"屈"字省文，與《水經·河水注》："水出羊求川，西徑北屈縣故城南。城，即夷吾所奔邑也。"與文獻所載"北屈"地名相合，並釋《三晉》129 幣文為"尋屈"。●姓氏。《圖典 354》"尾石卒"，姓氏。漢代有尾敦；明有尾禮。《璽彙 3941》"尾生"，複姓。據《正字通》載，尾生者，言生之末也，因以為氏。秦印（圖典 415）有"尾生僕"。

【注】從攴尾聲。●讀委。《上博六·用曰 18》："執（設）立帀（師）長，建䜣（設）之政。譮諫啟用，亡咎隹溫。""啟用"讀"委用"。上古音"尾"是明母微部字，"委"是影母微部字，古音喉音字與唇音字多可通，韻部疊韻，古音相近可通。詳"譮"字。●讀選。《章子邲戈》："章子邲啟（選）其元金，為其戕（徵）戈。"

【注】從邑啟聲。●楚璽人名。

【注】從辵尾聲。楚文字當為"遲"之省文，從辵㲆省聲。詳"㲆"字。●讀徙。《清華十·四時 30》："中（仲）各（冬），内（入）月四日，中帝遲（徙）。"《上博四·昭王 5》："王遲（徙）尻（居）於坪（平）万（瀬）。"楚璽（璽彙 0203）"連遲之鈢"，劉釗先生釋作"傳徙之璽"或"轉徙之璽"，認為與楚國的驛傳制度有關。（《楚璽考釋（六篇）》）●晉璽人名。

123 晉 **犀** 璽彙 2736　　璽彙 3438　秦 **犀** 睡簡・為吏 17

【注】從牛尾聲。徐中舒謂"犀"從尾（有尾飾之人），乃古代系尾之人必與犀共同生存于同一地域，故"犀"從尾亦表意。《説文》："犀，南徼外牛。一角在鼻，一角在頂，似豕。從牛尾聲。"本義犀牛。●指犀牛之皮、角。《子禾子釜》："贖以☐犀。"此言如關吏不用命，則論其事之輕重，施以相當之刑罰，或罰以金，或罰以犀。犀指制甲之犀皮也。●族氏名。《犀伯鼎》："犀白（伯）魚父乍（作）旅鼎。"●《璽彙 2736》為人名。《璽彙 3438》"庶犀坐（府）"，"庶犀"為地名，地望不詳。●犀牛。《睡簡・為吏 17》："犀角象齒。"

樨 楚 清華六・太伯乙 2

【注】從木犀聲。●讀次。《清華六・太伯乙 2》："不穀（穀）目（以）能與邊（就）樨（次）。"甲本作"宋"。

硾 楚 圖典 126

【注】從石尾聲；石、尾公用部分筆畫。●此字見於安徽阜陽臨泉縣博物館藏當地出土的楚國官璽，文作"郲硾行宫大夫鉩"，地名用字。

蒩 楚 包山簽牌

【注】從艸硾聲。●"蒩蘆"，義不詳。

諆 楚 上博六・用曰 7　　清華十一・五紀 64

【注】從言尾聲。●讀娓。（何有祖《讀〈上博六〉札記》）《上博六・用曰 7》："亓（其）言之諆（娓），擇（懌）龔（恭）又（有）武。"《説文・女部》："娓，順也。"《詩・陳風・防有鵲巢》："誰侜予美。"陸德明《釋文》："予美，《韓詩》作娓……娓，美也。"●讀徙。《清華十一・五紀 64》："月之悳（德）曰：我秉義，奉正衰殺，旬（循）弋（式）天下，共（恭）不諆（徙）。"

粎 晉 鶴盧印存 83

【注】從水尾聲。●"西方夲粎"，人名。

崋 晉 璽彙 5448　 璽彙 1754　 璽彙 2021　 璽彙 2752　 璽彙

1608

3763　璽彙 3764　璽彙 1267　璽彙 1373　璽彙 1611

【注】從艸尾聲。●晉璽人名。

戎壹軒藏三晉古璽 044

【注】從广萬聲。●"庲林"，人名。

璽補 253

【注】從立萬聲。●"屮壘竬"，人名。屮壘，讀浩星，複姓。漢有浩星公，治《穀梁》；又有浩星賜，趙充國之友。

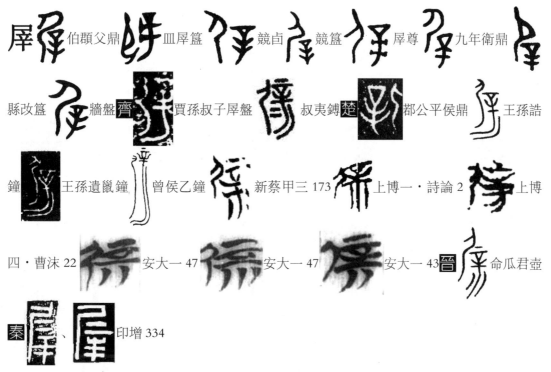

伯頵父鼎　皿犀簋　競卣　競簋　犀尊　九年衛鼎

縣改簋　牆盤　賈孫叔子犀盤　叔夷鎛　都公平侯鼎　王孫誥

鐘　王孫遺鼠鐘　曾侯乙鐘　新蔡甲三 173　上博一·詩論 2　上博

四·曹沫 22　安大一 47　安大一 47　安大一 43　命瓜君壺

、印增 334

【注】甲骨文作，從尸從辛。"犀"為雙聲符字；金文"尸"皆用作"夷"，古音"夷"在以紐脂部，"辛"在心紐真部，"犀"在心紐脂部。古文字以母與心母相通的例子很多，如"易"用作"賜"，"修"從攸聲，"誘"從秀聲，"肆"從隶聲，等等。"犀"與"辟"之初文（）相似，但形體有別，"辟"從卩（跪人），從辛（刑刀），會對人施加刑罰之意。金文同甲骨文。《命瓜君壺》從亲，當為辛增飾筆劃而成。《説文》：" ，遲也。先稽切。""遲"即"犀"之增旁孳乳字。●讀遲，舒緩貌。《王孫遺鼠鐘》："余龓（溫）龏（恭）訦犀，猷（畏）娸（忌）趩趩。"訦犀，郭沫若讀舒遲。《牆盤》："害（訦）犀（遲）文考乙公，遽趩得屯（純）無諫。"《上博一·詩

論 2》：“丌（其）樂安而屖（遲），丌（其）訶（歌）紳（申）而芴（易）。”●讀遲。《令狐君嗣子壺》：“屖屖康盅（叔），承受屯（純）德。”遲遲：從容不迫貌。●人名。《競卣》：“隹（唯）白（伯）屖父㠯（以）成自（師）即東。”●曾侯乙鐘“屖則”讀夷則。十二律之一。陰律六為呂，陽律六為律。夷則為陽律的第五律。律呂相配居第九。《國語·周語下》：“五曰夷則，所以詠歌九則，平民無貳也。”韋昭注：“夷，平也；則，法也。言萬物既成，可法則也。”《禮記·月令》：“孟秋之月……其音商，律中夷則。”●讀弟、或讀悌，平易。《上博四·曹沫22》：“幾（豈）屖（弟）君子，民之父母。”“屖”字即“遲（遲）”字的聲旁，與“弟”音近可通。包山簡240、243“病遞瘥”，讀為遲速之“遲”。《詩·小雅·青蠅》：“豈弟君子，無信讒言。”鄭玄箋：“豈弟，樂易也。”典籍或作“愷悌”。《左傳·僖公十二年》：“《詩》曰：‘愷悌君子，神所勞矣。”杜預注：“愷，樂也；悌，易也。”●讀秩。《安大一47》：“猒（厭）＝良人，屖（秩）＝惪（德）音。”《毛詩》作“秩秩德音”。上古音“秩”屬定紐質部，“屖”屬定紐脂部，二字音近可通。●讀夷。《安大一43》：“四䮺（牡）孔屖，六嚳才（在）手。”《毛詩》作“駟驖孔阜”。簡文“屖”當讀夷，訓大。上古音“屖”屬心紐脂部，“夷”屬餘紐脂部，二字音近可通。《詩·周頌·有客》“降福孔夷”，馬瑞辰《毛詩傳箋通釋》：“古夷字必有大訓。‘降福孔夷’猶云降福孔大耳。”毛傳：“阜，大也。”孔疏：“説馬之壯大而云‘孔阜’，故知‘阜’為‘大’也。”“夷”“阜”訓同。

曾侯乙鐘

【注】從止屖聲。●“屖則”讀夷則，詳“屖”字。

此盨　此盨　此盨　此盨　此鼎　伊簋　徲　盨　伯殹父簋　齌攸比鼎　十三年瘐壺　仲殷父簋

【注】甲骨文作 、 、 、 ，從彳尼聲。郭沫若曰：“ 即迡字，遲之異也。漢三公山碑‘潛俗陵遲’，《玉篇》《汗簡》皆作迡。”（《卜辭通纂考釋》）金文從彳屖聲，與《説文》“遲”籀文同。《説文》：“ ，徐行也。從辵屖聲。《詩》曰：‘行道遲遲。’ 遲或從尼。 籀文遲從屖。”容庚云：“徲從屖通遲，《説文》從犀，乃淺人所改。”（《金文編》113頁）●金文徲、遲、屖同義，多表示舒緩義。●宮名。《齌攸比鼎》：“王才（在）周康宮徲大室。”●讀尸。先秦文獻中經常與夷、尸通用，夷、尸二字在先秦文獻中有“陳放”之義，如《儀禮·既夕禮》：“尸床襢于階間。”鄭玄注：“夷之言尸也。”《柞伯簋》：“王徲赤金十反（鈑）。”句子的意思是王懸賞十塊餅金以待。

遲（遲）

元年師旋簋　仲殷父簋　伯遲父鼎　王孫誥鐘

曾侯乙鐘 新蔡乙三 39 新蔡零 179 清華一·楚居 2 上博七·吳命 7

【注】從辵屖聲。徲、遟、遲、遲音義並通。楚簡或省略尸，從辵辛聲。●金文徲、屖與遲同義，多表示舒緩、安適、嫻雅等義。●族氏名。《元年師旋簋》：“遟公入右（佑）師旋。”●讀夷。《詩·小雅·四牡》：“周道倭遲。”《韓詩外傳》作“威夷”。《曾侯乙鐘》：“其才（在）酅（申）號為遲（夷）則。”遟則，音律名，即六陽律中的夷則。●遟王：典籍作夷王，即周夷王。《仲再父簋》：“中（仲）再父大宰南酅（申）乑（厥）嗣（司）乍（作）其皇且（祖）考遟王。”●讀遲。《清華一·楚居 2》：“穴酓（熊）遟（遲）遷（徙）於京宗。”《廣雅·釋詁三》云：“遲，晚也。”

里耶 8·2210 里耶 8·2093 陶録 6·141

【注】從禾屖聲。同“稺”。●里耶簡人名。秦陶“稺”“咸稺”“稺十四”，應為人名。

毛公鼎 番生簋

【注】《金文編》原釋為“緐”。今按：此二文從糸屖聲，不從“辟”。林澐指出，此文釋“緐”誤，應釋為“緈”。（見《新版〈金文編〉正文部分釋字商榷》）緈，《玉篇》刺緈，針縫也。《類篇》紩也。●古代車軾上的覆蓋物。《毛公鼎》：“易（賜）女（汝）秬鬯一卣……畫緈較（較）。”

定紐夷聲

夷（夶） 柳鼎 小臣守簋 鄦季白歸鼎 鄦子䚦夷鼎 楚 包

山 65 包山 28 曾侯 131 璽彙 3901 清華一·楚居 4 清華

一·楚居 5 上博九·陳公 1 晉 侯馬 溫縣 秦 官印

0031

【注】甲骨文作夶，矢上有繳，繳射當為本義；矢兼聲（當為矢聲，“助”或作夶、夶、夶，可知）。金文矢形訛為大。《鄦季白歸鼎》增從土，古文字繁縟之慣例。夷、夶統一隸定為夷。《説文》：“夷，平也。從大從弓。東方之人也。”“東方之人”為假借義。●指降服的夷人。《柳鼎》：“嗣（司）義夷陽（場）佃史（事）。”●人名。《鄦季白歸鼎》：“鄦季之白（伯）歸夷用其吉金。”

《鄩子萛夷鼎》：“鄩子萛夷為其行器。”包山簡人名。●古國名。《小臣守簋》：“王吏（使）小臣守吏（事）于夷。”●《曾侯131》：“一楚甲，叀純之縢組。”137號簡作“雒帀”，可能是指皮革的編綴方法。（《曾侯乙墓文字集釋箋證》197頁）●《清華一·楚居4》“叀宅”，地名。●讀雉。《上博九·陳公1》：“命帀（師）徒殺取盦（禽）戰（獸）叀（雉）免。”

 黃 楚 分研156　豎 包山85　豎 包山121　秦 𢽥 嶽麓三52

【注】從艸夷聲。字亦見於漢印作 𢽥、𢽥（漢印55），為人名。●《包山121》“叀里人競不割（害）”，里名。《分研156》“黃里貣叀”，當是黃里掌管借貸事物之官所用印。●《包山85》“登叀”人名。●讀夷，地名。《嶽麓三52》：“祿等亡居黃（夷）道界中。”西漢武帝建元六年（公元前135），置夷道縣，治所在今湖北宜都市陸城，隸南郡。

陕  何簋 齊 𧵎 璽彙3538

【注】甲骨文作 𢽥、𢽥，從阝夷聲。甲骨文或作 𢽥、𢽥，從阝矢聲。從卜辭可知陕、陳為一字異體。陕，《玉篇》地名。又《廣韻》隒陕，險阻。隒陕，或作威夷、逶夷、委蛇、逶迆、逶蛇、逶移等等，皆言險峻不平之貌。今據字形，《廣韻》所訓為“陕”之本義。●人名。《何簋》：“隹（唯）八月公陕殷年，公益（賜）何貝十朋。”齊璽亦為人名。

陕  京陕仲盤陕

【注】從艸（與艸同）陕聲。或謂從阜黃聲。古“陕”字。●國名。《京陕仲盤》：“京陕中（仲）僕乍（作）父辛寶隯彝。”

陕 秦 𢽥 睡簡·日甲89背

【注】從竹陕聲。●《睡簡·日甲89背》：“室四陕也。”義不詳。

恄 齊 𢽥 陶彙3·479　𢽥 陶錄2·314

【注】從心叀（夷）聲，“恄”之繁文，隸定為“恄”。●人名。

徲 晉 𢽥 侯馬

【注】從彳叀（夷）聲。古徲字。●讀夷，滅也。盟書“麻徲非是”讀作“摩夷彼氏”。非與匪通，匪、彼音近，典籍匪字訓彼之例常見。《方言》十三：“摩，滅也。”《廣雅·釋詁》四：“摩，

滅也。"朱德熙、裘錫圭二位先生指出,《公羊傳》襄公二十七年"〈昧〉(眛)雉彼視"和侯馬盟書"麻夷非是"都是"滅彼氏族"的意思,這個觀點已經得到學界贊同,見《朱德熙文集(五)》31 頁。

 曾侯 18　曾侯 126　曾侯 137

【注】從卵塁(夷)聲。●人名。《曾侯 126》:"中寶敏(令)躾馭少輊。"●《曾侯 137》詳"塁"字。

 陶彙 3・436　包山 118　璽補 85

【注】從邑塁(夷)聲。●齊陶"東酷里郗奭",讀夷,姓氏。●《包山 118》"郗易(陽)司馬寅"、《璽補 85》"郗市出鈢",均為地名。

 吳王光監　曾侯 116　九店 56・43

【注】從弓塁(夷)聲。●讀彝。《吳王光監》:"吳王光霖(擇)其吉金,玄銚白銚,台(以)乍(作)弔(叔)姬寺吁宗彊(彝)薦鑑。"●《曾侯 116》:"一凶彊,三矢。"字從弓,疑是一種弓名。

 上博五・競建 2

【注】從人塁(夷)聲。●讀彝。《上博五・競建 2》:"昔高宗祭,有雉雊於僵(彝)前。"

 侯馬

【注】從歹塁(夷)聲,疑"痍"之異文。●讀夷。詳"倭"字。

緓 齊 陶彙 3・1101

【注】從糸塁(夷)聲。●齊陶單字,應為人名。

 清華七・子犯 10　上博五・競建 2

【注】從鳥塁(夷)聲。●讀鵜。古音夷、弟一聲之轉,《說文》:"鵜,鵜胡,汙澤也。鵜,鵜

或從弟。"《清華七·子犯 10》："卑（譬）若從鶏胅（然），虔（吾）尚（當）觀亓（其）風。"
文獻多作"鶏"。《詩·曹風·候人》："維鶏在梁，不濡其翼。"《詩》序："《候人》，刺近小人也，
共公遠君子而好近小人焉。"鄭玄箋："鶏在梁，當濡其翼而不濡者，非其常也，以喻小人在朝，
亦非其常。"秦公二語疑用《詩》典，"風"同"諷"，"觀其風"言觀《候人》之諷鶏鳥，秦公
自言當近君子也。

痍秦 睡簡·答問 208　漢 秦印 149

【注】從疒夷聲。●重傷。《睡簡·答問 208》："可（何）如為'大痍'？'大痍'者，支（肢）
或未斷，及將長令二人扶出之，為'大痍'。"●秦印人名。

定紐弟聲

弟 應公鼎　　曩侯鼎　　應公鼎　　曩侯鼎　　沈子它簋　　弟大叔殘器

齊 鑅鎛　楚 郭店·六德 40　郭店·六德 28　郭店·語叢一 56　包山

95 上博三·周易 8　清華八·邦道 26　清華九·治政 1　清華九·治

政 16晉 璽彙 1988　璽彙 2489　璽彙 0862　璽彙 1097　璽彙

3994秦 睡簡問 71　睡簡·雜抄 6　　　　　　　　秦印 99

【注】甲骨文作 屮、中、屮、屮，從弋，象繒繳（系箭的絲繩，用于弋射）纏繞于戈柲（箭杆）
之形，會次第纏繞之意。金文承之。《説文》："弟，韋束之次弟也。從古字之象。凡弟之屬皆從
弟。弟古文弟從古文韋省，丿聲。"本義次第，是"第"的本字，如《漢書》："以高弟入為長安
令。"繒繳纏繞有次第，故又假借為兄弟的"弟"。"弟"後為引申義所專用，次第之義便用"第"
來表示。●本義，同輩中年少者。《齊鎛》："保愛（余）兄弟，用求丂（考）命彌生。"楚簡、
秦簡亦多用為本義。●長者對同族同宗成員的泛稱。《沈子它簋》："它用襄（懷）妩我多弟子。"
●幼小、小。《上博三·周易 8》："長子達（帥）币（師），弟子輿（與）殂（尸），貞凶。"●人
名。《曩侯弟叟鼎》："曩侯易（賜）弟叟嗣戚。"●讀夷。《璽彙 3994》"東陽弟虖"。"弟虖"二
字合文，讀"夷吾"，為人名。舊釋為暴，李春桃整理原印時，發現印文第三字中間明顯是由一
筆完成，該形應是"弟"字。(《吉林大學藏古璽印釋讀舉隅》)《璽彙 0862》《璽彙 1097》為"弟

晛”合文，當讀“夷原”，人名。

 璽補 242

【注】從心弟聲。●晉璽“扈悌”，人名。

 包山 227　九店 56 · 25　上博二 · 民之 1　上博二 · 君老

1　上博四 · 內禮 4　清華一 · 耆夜 3　清華一 · 金縢 6　清華三 · 芮

良夫 8　上博四 · 逸交 1

【注】從人弟聲；弟聲加人繁化，疑兄弟之弟本字（另如兄、母）。●多讀弟。《清華一 · 耆夜 3》：“紝巳舭（兄）佛（弟）。”詳“巳”字。●讀悌，敬愛兄長。《上博四 · 內禮 1》：“君子曰：佛（悌），民之經也。”●讀悌，平易。《上博四 · 逸交 1》：“戠（愷）佛君子，若玉若英。”

 上博五 · 君禮 10

【注】從宀弟聲。●讀弟。《上博五 · 君禮 10》：“昔者仲尼籔徒三人，弟徒五人。”《孔子家語 · 辯政》“不齊所父事者三人，所兄事者五人”，“兄事者五人”意近乎簡文“弟徒五人”。

 包山 240　璽彙 1930　璽彙 1000　璽彙 2455

【注】從辵弟聲。●讀遲。《包山 240》：“疾弁，又（有）瘋，遞瘥（瘥）。”瘋，陳偉讀續，為延續之義。或如字讀；遞，“遞”的異體字。“遞瘥”即漸次病愈，實為疾病一時未能痊愈。●晉璽人名。

 里耶 8 · 478

【注】從木弟聲。●簡文“木梯”，用為本義。

 郭店 · 五行 17

【注】從水弟聲。●用為本義，眼淚。《郭店·五行17》："深（泣）涕女（如）雨。"

晉 鼄壺

【注】《鼄壺》所從實為"涕"字，《金文編》原文下注從"米"不當，此應是水旁之訛，即本應是， 中間點飾拉成了橫畫而似"米"形。銘中涕字從"雨"作，當是因與上文"霝"連用而受"霝"影響所加，此種現象古文字中本有其例。●讀涕，眼淚。《鼄壺》："霝霝（潸潸）流霈（涕）。"

楚 上博四·采風4

【注】從見弟聲。●此字李守奎等編《上海博物館藏戰國楚竹書（一—五）文字編》425頁隸定作"睇"，注："疑為'睇'字。"

秦 陶彙3·1374 圖典401 類編332 萯陽鼎

【注】從艸弟聲。●秦陶秦印人名。●次第也。《萯陽鼎》："第百卅七。"

作冊嗌卣

【注】從矢弟聲。●讀逸，逸樂。《作冊嗌卣》："子引有孫，不敢俤夒。"

定紐示聲

 亞幹示觚 一式獄簋 楚 上博八·顏淵14 晉 貨系350 貨系

351 秦 秦駰玉牘 、 、 秦印2 秦陶1087

【注】甲骨文作 、 、 、 、 、 、 、 、 、 、 、 等形。 ，象神主之形。示、主一字之分化。甲骨文別作數形，為繁化。在甲骨文中"示"是天神、先公、先王之通稱。金文同甲骨文。金文中習見于偏旁，多作 ，上加短橫為飾，並加左右二點，遂與"主"字有別。●《示觚》為作器者人名。●讀祀。《一式獄簋》："其日夙夕用乎（馨）香辇示于乎百神。"辇示，《二式獄簋》作"辇祀"，即瘚簋銘的"敦祀"，是厚祀的意思。●晉布單字，義不詳。●讀祇，神祇。《秦駰玉牘》："欲事天地四亟（極）三光山川神示（祇）五祀先祖而不得乎（厥）方。"●秦印、秦陶人名。

戍 伯戍鼎

【注】疑從戈示聲。●人名。

祓 酷祓想簠

【注】從攴示聲。●人名。

詠 詠鼎

【注】從言示聲。告示之示的專字，後世示行而詠廢。●人名。《詠鼎》："詠肇乍（作）旅鼎。"

眂 璽彙 2252

【注】甲骨文作🐚，上從示（多與祭祀有關），下從目，會祭祀時看徵兆之意；示兼聲，"視"之異文。眂，《玉篇》古文視字。《宋史·流球國傳》眂月盈虧以紀時。●晉璽"蕓眂"，人名。

祁 貨系 1840 貨系 1841 三晉 73 秦印 122

【注】從邑示聲。●趙方足布地名。《説文》："祁，太原縣。從邑示聲。"●秦印"祁鄉"，鄉名。

郖 貨系 1853 貨系 1862

【注】從邑，氏、示皆音，疑"祁"之繁文。●讀祁，地名。詳"祁"字。

沶 集證 205·101

【注】從水示聲。●秦陶"宫沶"，人名。

視 應侯視工簠 九年衛鼎 駒父盨蓋 揚鼎 牆盤 乖伯簠

楚 清華九·禱辭 15 上博一·緇衣 10 上博一·緇衣 11 上博一·緇衣

20 上博一·緇衣 21 上博二·容成 9 郭店·老乙 3 清華八·邦政 6 清華一·祭公 2 清華三·説命中 6 清華八·心中 2 清華八·心中 5 清華九·成人 11 上博六·孔子 20 秦睡簡·封診 69 睡簡·日乙 223 秦印 169 故宮 426

【注】甲骨文作 𥄎、𥄎、𥄎、𥄎、𥄎、𥄎（徐中舒釋為"見"）諸形，從人從目。裘錫圭依照郭店楚墓竹簡《老子》中，"視"作 𥄎，"見"作 𥄎，遂改釋甲骨文 𥄎 為"視"，𥄎 是形聲字"視"的表意初文。（詳《甲骨文中的見和視》）此説至確。金文中從目從人者亦當釋為"視"，金文中《牆盤》銘既有 𥄎，又有 𥄎（"㪅史刺祖乃來見武王"句），可證 𥄎、𥄎 並非一字，𥄎 無疑也應釋為"視"。目下從人者為"視"，從卪者為"見"，作為偏旁則混用不別。秦系文字則從見示聲。●《牆盤》："方䜌（蠻）亡不觃視。"《九年衛鼎》："眉敖者膚卓事視于王。"《駒父盨》："南中（仲）邦父命駒父殷（即）南者（諸）侯，逹高父視南淮尸（夷）。氒（厥）取氒（厥）服，董（謹）尸（夷）俗。分（遂）不敢不敬畏王命，逆視我。"《周禮·春官·大宗伯》："時聘曰問，殷眺曰視。"《説文·八下·見部》："諸侯三年大相聘曰眺。眺，視也。"段注："下于上，上于下，皆得曰眺，故曰相。許説與《周禮》不相違也。"又説："《小行人》曰：'存、眺、省、聘、問，臣之禮也。'按：五者皆得訓視。"上引《牆盤》等器銘中的"視"，應即"殷眺曰視"的"視"，其義與眺、省、聘、問等相近。"下于上，上于下，皆得曰眺。"故《駒父盨》蓋銘中既有駒父"視南淮夷"之文，又有南淮夷"逆視我"之文。●《揚鼎》："己亥，玑（揚）視事于彭。""視事"為古代常用語，如《左傳·襄公二十五年》説："崔子稱疾不視事。"從銘文看，玑當是奉車叔之命視事于彭地，故受其賞。●《應侯視工鐘》："雁（應）侯視工遺王于周。""視工"是應侯之名。●楚文字讀視。《清華一·祭公 2》"余隹（惟）寺（時）逨（來）𥄎"，今本作"予惟敬省"。"視"和"省"同義。《上博八·命 5》："女（如）目（以）䈰（僕）之觀𥄎（視）日也。""視日"是一種尊稱，相當於傳世文獻中的"足下"，後世也用"閣下"。●讀見，接見。楚文字下從"立人"之形，多用為"視"字，但偶爾也有用為"見"的例子。《上博六·孔子》沒有下作"跪人"形的"見"字，"𥄎"到底應該釋為"視"還是"見"需據文意而定。《上博六·孔子 20》："女（如）夫𥄎（見）人不猒（厭），䎽（問）豊（禮）不券（倦）。"《史記·廉頗藺相如列傳》："秦王坐章臺，見相如。"桓子説自己"見人不厭"，説這話時就是在接見孔子。《上博一·緇衣》10、11、20、21 簡傳世本均作"見"。

定紐采聲

采（穗）  齊陶録 3·41 楚包山 86 郭店·忠信 6 郭店·唐

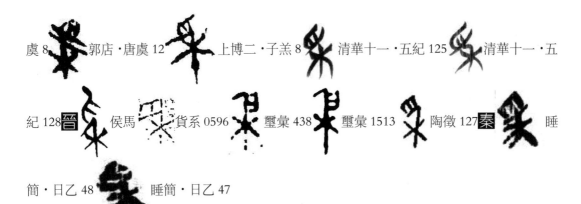

虞 8　　郭店·唐虞 12　　上博二·子羔 8　　清華十一·五紀 125　　清華十一·五

紀 128晉　侯馬　　　貨系 0596　　璽彙 438　　璽彙 1513　　陶徵 127秦　睡

簡·日乙 48　　睡簡·日乙 47

【注】從爪從禾，會以手拾取禾穗之意。《説文》：“采，禾成秀也，人所以收。從爪、禾。穗，采或從禾惠聲。”●讀遂，晉空首布“武采”即“武遂”，地名。●晉璽為人名。●秦簡讀穗。《睡簡·日乙 48》：“寅采（穗）。”秦簡又作秀，秀、采互訓通用。●楚簡多讀由。《爾雅·釋詁》：“由、從，自也。”《上博二·子羔 8》：“古（故）夫㙅（舜）之悳（德）丌（其）城（誠）臤（賢）矣，采（由）者（諸）㽺（畎）畮（畝）之中而吏（使），君天下而爰（稱）。”《忠信之道》第六簡“君子弗采也”，也讀由。

晉　侯馬

【注】從心采聲，疑“憓”之異文。●人名。

晉　璽彙 1801

【注】從言采聲，疑“譓”之異文。●晉璽人名。

晉　匯考 209

【注】從口采聲。●晉璽人名。

晉　璽彙 1630

【注】從土采聲，疑“采”之繁文。●晉璽人名。

晉　璽彙 4073

【注】從邑采聲。●晉璽人名。

褏 秦 睡簡·封診22

【注】從衣采聲。《說文》：“褏，袂也。從衣采聲。袖，俗褏從由。”●秦簡讀袖。《睡簡·封診22》：“帛裏莽緣領褏（袖）。”

定紐彝聲

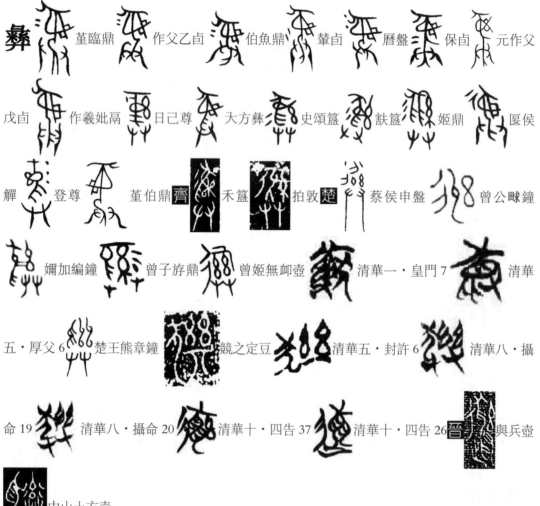

【注】甲骨文作𩆜、𩆜、𩆜、𩆜、𩆜、𩆜、𩆜，象雙手捧雞之形，會捧雞獻祭之意。或于其雙翅加糸，以象縛其雙翼形。古者宗廟祭祀每以雞為牲。金文同甲骨文。《曾姬無恤壺》糸等繁化作絲，雞形訛為𥥛形，並加彳繁化。《清華一·皇門7》上從羊頭，實際是甲金文字上方表示犧牲頭部的部分變來、中從二幺，下從又，右從犬。《清華五·厚父6》中部寫如“目”之構件，實際上是被縛犧牲身體部分之變。戰國文字義符或更為犬。《說文》：“𢍰，宗廟常器也。從糸；

糸，綦也。升持米，器中寶也。亞聲。此與爵相似。《周禮》：'六彝：雞彝、鳥彝、黄彝、虎彝、蟲彝、罟彝。以待祼將之禮。'、皆古文彝。"本義是奉獻祭品。後乃以彝為宗廟器之共名，進而指一切貴重器之共名。古代禮器是不能更動的，所以"彝"又有常理、濾度的意思，如《詩經》："民之秉彝，好是懿德。" ●古代大型盛酒器，多呈方形，有蓋。《師遽方彝》："用乍（作）文且（祖）它公寶障彝。" ●引申泛指青銅器中之禮器。《免卣》："用乍（作）障彝。"《伯魚鼎》："白（伯）魚乍（作）寶尊彝。"《魚尊》："魚乍（作）父庚彝。" ●祭祀。《中山王譻壺》："佳（唯）十四年，中山王譻命相邦貯䍘（擇）郾（燕）吉金，釙（鑄）為彝壺。" ●常也。《詩·大雅·烝民》"民之秉彝"，毛亨《傳》："彝，常。"《班簋》："佳（唯）民亡徔才（哉），彝志（昧）天令，故亡。"意思是東國戎人因為"彝昧天命"，所以遭到滅亡的命運。《清華五·厚父6》："湎（沉）湎于非彝。""非彝"指非常、非法。

定紐兕聲

兕  兕方鼎  亞肬父乙爵 楚  安大一7  信陽2·19  包

山牘1  包山269

【注】甲骨文作 、、、、、、、、，象牛有巨角形。"兕"即野生水牛，與鹿同為商王在田獵中引以為榮的戰利品。《牛方鼎》所作當是"兕"字，其一角者，從側面看一種長有雙角的動物，在某些角度只能看見一角，原因在於一角之形為另一角所掩蔽。鹿角參差多叉，從側面看，一角不能被另一角完全遮掩，所以字形一般示意二角。金文有 （公貿鼎），或釋為兕，按其首無髮形；然據文意（"賓貪馬絲彎乘"）當釋為馬。 ●《兕方鼎》："兕。"先秦文獻中，兕作為一種常見野獸，常與犀、虎、鹿並稱，《墨子·公輸》"犀兕麋鹿滿之"，《詩經·小雅·何草不黄》"匪兕匪虎"，《論語·季氏》"虎兕出于柙"。 ●《安大一7》："我古（姑）勺（酌）皮（彼）兕觥（觵），佳（維）目（以）兼（永）𥰓（傷）。"毛傳："兕觵，角爵也。"簡本"兕"字即在"兕"字的異體上加注"厶"聲。

 齊  璽彙0153

【注】此字舊多釋為"罞"從网㳂聲。上部所從跟"网"字有出入。郭永秉釋為嵌。（《睡虎地秦簡字詞考釋兩篇》）上部及左側象兕頭及兕身形，與《馬王堆簡帛文字編》的兕字（）相同，矢為追加聲符。 ●印文"嵌者市鈢"，"嵌者"應為地名。施謝捷釋為"罞者市鈢"，讀"射褚師鈢"。（《古璽彙考》58頁）

 楚  曾侯212

【注】曾侯簡所作，從尾兕聲，蕭聖中以為"兕"之繁構。 ●地名用字。《曾侯212》："屧一夫。"

泥紐二聲

二 二 師兌簋 二 散氏盤〔齊〕 三 洹子孟姜壺〔楚〕 二 包山 4〔燕〕 二

九年將軍張戈〔晉〕 二 東周左師壺〔秦〕 二 青川木牘

【注】甲骨文作二、二，用兩橫表是數字二。金文"上"作二，"下"作二，與"二"均作兩橫，然長短位置不等也。《説文》："二，地之數也。從偶一。凡二之屬皆從二。弎古文。"本義為數字"二"。●數詞。《大簋》："惟十又二年。"《吳方彝》："惟王二祀。"殷代用"祀"紀年，二祀即二年。《段簋》："惟王十又四祀。"即王在位十四年。

弐 智鼎〔楚〕 弍 郭店·語叢三 67 戧 郭店·五行 48 弍 上博三·彭祖 8 弍

纕冠君鈃 弍 清華七·子犯 4 弍 清華八·邦道 12 弍 清華八·天下 2

【注】從戈二聲。《説文》"一""二""三"之古文分別作"弌""弍""弎"。由《説文》古文上推戰國文字，可知"弌""弍""弎"所從"弋"旁本應作"戈"旁。"弋"與"戈"旁互作，古文字中習見。《智鼎》從戌，蓋戈旁或作戌、戊、戉，古文字亦不乏其例。●讀貳，變易也。《智鼎》："智母（毋）卑（俾）弍于扺。"《郭店·五行 48》："上帝臨女（汝），毋弍（貳）尔（爾）心。"●讀二，數詞。《清華七·子犯 4》："虘（吾）宔（主）之弍（二）晶（三）臣。"

迗〔楚〕 迗 上博六·孔子 11

【注】從辵弍聲。"戈"旁的長橫筆上多出一飾筆，與《上博二·民 13》"或"字作 武 相類。●讀二。《上博六·孔子 11》："此与（與）息（仁）人迗（二）者也。""二"意為"兩樣""不同""相反"。《荀子·儒效》："言道德之求，不二後王。道過三代謂之蕩，法二後王謂之不雅。"

酨〔楚〕 酨 清華六·太伯甲 4

【注】從酉弍聲。●讀貳，不同、有差異之意。《清華六·太伯甲 4》："為臣而不諫，卑（譬）若饋而不酨。"大臣不進諫，稱不上大臣；猶如饋食只有一種食物，稱不上饋食。

弍 〔齊〕 弎 叔尸鎛

【注】從又弍聲，疑"貮"之異文。●讀貳，佐也。《説文》："貳，副、益也。從貝弍聲。"《叔尸鐘》："中尃盟（盟）井（刑），台（以）尃弍公家。"

貳 楚 上博四・曹沫 11 晉 中山王嚳壺

【注】從肉弍聲。《金文編》原釋為"貳"，張政烺指出當是"膩"之異體。（見張政烺《中山王嚳壺及鼎銘考釋》）蓋古文字肉、貝二旁不相通，當釋為"膩"字，假為"貳"。●讀貳，背叛、二心。《中山王嚳壺》："不貳（貳）其心。"●讀貳，重複。《上博四・曹沫 11》："居不褻文，食不貳羹。"《禮・曲禮》雖貳不辭。《注》貳，謂重殽膳也。

貳 珦生簋 珦生尊 珦生尊 秦 睡簡・為吏 14 里耶 8・1147

秦駰玉牘 印增 237

【注】從貝弍聲。聲符弍或從戍。《說文》："貳，副、益也。從貝弍聲。弍，古文二。"本義為計數詞。引申背叛、有二心。●讀貳，計數詞，二份。《珦生簋》："公宕其參，女（汝）則宕其貳。"●疑。《睡簡・為吏 14》："百姓搖（搖）貳乃難請。"《爾雅・釋詁》貳，疑也。《疏》貳者，心疑不一也。《書・大禹謨》任賢勿貳。《詩・大雅》無貳爾心。

妄 邢人妄鐘

【注】從女二聲，疑"佞"之異文。《說文》："佞，巧讇高材也。從女，信省。乃定切。"段玉裁注："小徐作仁聲。大徐作從信省。"佞從仁聲，此從二聲，二、佞泥紐雙聲，脂真對轉。●人名。《邢人妄鐘》："丼（邢）人人妄。"

佞 秦 嶽麓三 79

【注】從女妄聲。●人名。

次 次卣 次尊 史次鼎 簡簋蓋 楚 郤醓尹鉦鋮 其次句鑃

其次句鑃 王子嬰次盧 何次簋 晉 中次銅泡 秦 秦印 171

睡簡・語書 8

【注】甲骨文作 ，象人張口呵欠之形。金文變形音化從二聲。東周文字尤其楚系文字"欠"或作 ，與"次"同形，屬繁化。《說文》：" ，不前，不精也。從欠二聲。 古文次。"本義為打噴嚏。●動詞，列也。《郤醓尹鉦鋮》："自乍（作）征城，次☐升祝，備至鋈（劍）兵。"《呂

1623

氏春秋・季冬》：“乃命大夫，次諸侯之列，賦之犧牲。”●讀齊。《王子嬰次鐘》：“王子嬰次自乍（作）者（堵）鐘。”嬰次，人名。郭沫若曰：“嬰次即嬰齊。”●其次：人名。《其次句鑃》：“隹（唯）正初吉丁亥，其次𥏻（擇）其吉金。”秦印人名。●次第、依次。《睡簡・語書8》：“以次傳；別書江陵布，以郵行。”秦文字用“次”表示次第、師次之次，楚文字用“即”表示其次之次，用“宋”表示近旁、止次等義。三晉文字、燕文字均以“即”為次。

趀 [楚] 清華十・四時 11

【注】從走次聲。●讀足。楚文字足、次聲系可通。《清華十・四時11》：“十四日霝（靈）星發（發）章，青龍趀燹（氣）。”“趀”，異體又作“歂”，而“歂”在清華簡一《程寤》簡九明確用為“足”字，故此句當讀為“青龍足氣”，指十四日昏時青龍七宿全部見於星空。

秋 [楚] 清華三・琴舞 13 [秦] 里耶 8・2014

【注】從禾次聲。《説文》“𪗪”之或體。●讀咨，語詞。《清華三・琴舞13》：“秋（咨）尒多子，𥼶（篤）亓（其）親（諫）邵（劭）。”《書・堯典》：“帝曰：‘咨，汝羲暨和’”，孔傳：“咨，嗟。”

恣 [楚] 清華七・越公 24 [晉] 中山侯鉞 [秦] 會稽刻石

【注】從心次聲。《中山侯鉞恣》從心欠（次省）聲，“恣”之省文。●銘文中用為人名，即《蚉壺》之蚉。《中山侯鉞》：“天子建邦中山侯恣乍（作）兹軍鈲。”●縱肆、放縱。《會稽刻石》：“暴虐恣行，負力而驕，數動甲兵。”●《清華七・越公24》：“孤敢不許諾，恣志於越公！”“恣”有聽任的意思。《戰國策・趙策四》：“恣君之所使之。”

咨 [齊] 陳侯因咨戈

【注】從口次聲。“欠”本作𣎆，銘文中訛為𠃜，與“邑”混。●讀齊。《陳侯因咨戈》：“陳侯因咨造，勹（復）昜（陽）右。”因咨：齊威王因齊，銘文中或作“因齊”。《山東存》云“勹昜右”三字系偽刻。

胳 [齊] 陶彙 3・1085

【注】從肉咨聲。●齊陶人名。

瘩 [齊] 陶録 3・370

【注】從广咨聲。●齊陶人名。

抺 楚  包山 183

【注】從手次聲。挲，《玉篇》音趑，挈也。●簡文"抺獸"，疑讀次，姓氏。

疨 楚  清華八·邦道 6 清華九·治政 15

【注】從广次聲。●讀瘠。《清華八·邦道 6》："百榖（穀）曼（晚）生，以疨（瘠）不成。"《爾雅·釋詁》："瘠，病也。"《方言》卷十："凡物生而不長大，亦謂之紫，又曰瘠。"《清華九·治政 15》："血燹（氣）迵（通）𡰥（暢），民不疨（瘠）戲（且）壽。"

歾 楚  清華六·孺子 10

【注】從死次聲。字或作欻、歾。●《清華六·孺子 10》："如弗果善，歾（訾）虗（吾）先君而孤乳=（孺子），其辠亦資數也。"《字彙補·歹部》："歾，同欻。""欻"讀訾。次，清母脂部；此，清母支部。二者音近可通。訾，不思報稱其上之恩也。《說文》："訾，不思稱意也。從言此聲。《詩》曰：'翕翕訿訿。'"文意為：大夫們如果不良善，不思報先君之恩而辜負幼子你，他們的罪行也可藉以責備數說。

脊 齊  陳侯因脊錞 陳侯因脊戈 楚 清華二·繫年 31 清華二·繫年 32 清華二·繫年 32

【注】從肉次聲。戴家祥謂次、齊古音同讀，常作聲旁交換，構成異體。如《說文》"粢"異體作"齋"，"資"異體作"饎"。故"脊"可視為"齋"之異文。齋，疑為臍之別構（《金文大字典》下）。●均讀齊，人名。《陳侯因脊錞》："隹（唯）正六月癸未，墜（陳）侯因脊曰。"因脊，《史記》作"因齊"，齊威王名。《清華二·繫年 32》："亓（其）夫=（大夫）里之克乃殺獎（奚）脊（齊）。"

愍 楚  清華九·治政 43

【注】從心脊聲。●讀懠，怒。《清華九·治政 43》："是亓（其）悃（慍）愍（懠）于我邦，以不右（佑）我事。"《詩·大雅·板》："天之方懠，無為誇毗。"毛傳："懠，怒也。"詳"悃"字。

1625

 鄂君啟舟節

【注】從水脊聲。"欠"甲骨文通作、、，金文作，或繁化作等形，或訛為（璽彙 5697 "歁"字所從），與形近，故字可隸為"聚"。●讀資、或讀濱，水名，在湖南省中部。《鄂君啟舟節》："内（入）聚（資）、沅、澧。"

 清華一·楚居 16  包山 141  包山 141  上博四·柬旱 18

【注】從疒脊聲。疑"瘠"之異文。●讀瘠。《清華一·楚居 16》"邦大瘠"，整理者讀"瘠"作"瘠"，可從。《公羊傳》莊公二十年云："大災者何？大瘠也。大瘠者何？痾也。"何休注云："瘠，病也。齊人語也。痾者，民疾疫也。""邦大瘠"，謂天降大災於邦，這在一定程度上促成楚王遷居鄢郢。●包山簡人名。

 楚王熊悍鼎  秦苛蛸勺

【注】從虫脊聲。疑"蛮"之繁文。《陳侯因脊錞》人名"因脊"《史記》作"因齊"，故脊、齊相通。《鄂君啟舟節》之"聚"，《說文》作"濱"，故脊、資相通。齎、蛸、蠐亦應相通。●人名。《楚王熊悍鼎》："但（冶）帀（師）吏秦、差（佐）苛蛸為之。"《秦苛蛸勺》："但（冶）吏秦、苛蛸為之。"

 新蔡零 192  清華七·越公 42  上博四·曹沫 17  清華八·邦道 13  清華九·迺命一 9 清華九·迺命二 清華九·治政 16  清華十·行稱 7  睡簡·日乙 18

【注】從貝次聲。●均用為本義，財也。《清華七·越公 42》："……言語、貨資、市賈乃亡（無）敢反不（背）訶（欺）已（詒）。"或用為動詞。《清華八·邦道 13》："古（故）資裕以易足，甬（用）是以有余（餘），是以專（敷）均於百眚（姓）之溓（兼）厲（利）而（愛）者。"

 秦印 12

【注】從艸資聲。●"薋臣之印"，"薋"為地名。

1626

姿 [楚]  之利器殘片

【注】從女次聲。●義不詳。

蚕 [楚] 邘叔蚕鼎 [晉] 璽彙 1842　　璽彙 0536　　璽彙 3792　　璽彙

2731　　璽彙 2615　　蚕壺

【注】從虫次聲。蚕,《唐韻》:"音次。蟲似蜘蛛。"古音此、齊相通,《古文字類編》因以蚕、齋為同字異體。●晉文字均為人名。《蚕壺》:"胤昇（嗣）孖蚕,敢明昜（揚）告。"

臜 [楚] 清華八·處位 6

【注】從貝蚕聲。●讀資,資財。《清華八·處位 6》:"愚（遇）亓（其）毀頧（微）亞（惡）乃出,從取臜（資）女（焉）。"句謂遭遇毀、微、惡各種天災人禍,貢賦餘聚之物就會用以"頒賜"。

蓔 [晉] 璽彙 0543　　璽補 206

【注】從艸蚕聲。●晉璽人名。

邲 [楚] 邲並棋戈

【注】從邑次聲。●當為地名,讀茲。《邲立棋戈》:"邲立棋之敔（造）戈。"邲立,讀茲方。（《東周金文與楚簡合證》73 頁）《新蔡乙一 14》作"郎立"。

欯 [秦] 石鼓文

【注】從弗從次,雙聲字。●讀次。《石鼓文》:"☒☒鸞車,莘欯真☒。""莘欯"疑讀"疇次"。"疇次"是在行列中相配合、比次的意思,其主語應即"鸞車",是說眾多鸞車比次的狀態。

菥 [秦] 印增 571

【注】從艸㰜聲。●秦印"攀蒜"，人名。

泥紐爾聲

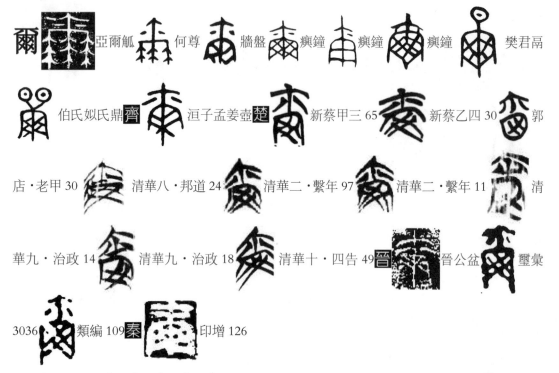

爾 亞爾觚　何尊　牆盤　瘓鐘　瘓鐘　瘓鐘　樊君鬲　伯氏姒氏鼎齊　洹子孟姜壺楚　新蔡甲三 65　新蔡乙四 30　郭店·老甲 30　清華八·邦道 24　清華二·繫年 97　清華二·繫年 11　清華九·治政 14　清華九·治政 18　清華十·四告 49晉　晉公盆　璽彙 3036　類編 109秦　印增 126

【注】甲骨文作𠕎、𠕑、𠕏、𠕐、𠕒，金文略同甲骨文。或謂"璽"字初文，上部之↑為鈕狀，中間豎及下部為璽之形狀。未，《金文編》單列一字，林義光謂爾字簡形，省去下體，隸寫為"尒"；銘文中用亦與"爾"同。林澐稱此為"截除性簡化"。金文或增聲符日作𪔊，或從二日，蓋古文字同一偏旁從單從雙每無別。《說文》："爾，麗爾，猶靡麗也。從冂從㸚，其孔㸚，尒聲。此與爽同意。"所釋當為引申義。後世借為第二人稱代詞，同女、汝。又假借為語助詞，同"耳"。"爾"為借義所專，本義慢慢消失了。●繁華、盛美。《牆盤》："剌（烈）且（祖）、文考弋（式）寵受（授）牆爾䵣福。"爾䵣，即繁華鮮盛。《詩·小雅·采薇》："彼爾為何？維常之華。"毛傳："爾，華盛貌。"●第二人稱代詞。《洹子孟姜壺》："萬年無疆用御爾事。"《中山王䂞鼎》："母（毋）忘爾邦。"●讀弭，息也，止也。《清華八·邦道 24》："覭（盜）慇（賊）不爾（弭）。"《清華九·治政 18》："佻（盜）賊之不爾（弭）。"盜賊不息。●讀彌。《郭店·老甲 30》："夫天多期（忌）韋（諱），而民爾（彌）畔（叛）。"彌，《廣韻》益也。《論語》仰之彌高，鑽之彌堅。

薾楚　上博七·君甲 9

【注】從艸爾聲。●讀爾。《上博七·君甲 9》："桀、紂、幽、厲，戮死於人手，先君霝（靈）王虭（乾）溪云薾（爾）。""云薾"當讀為"云爾"。桀、紂、幽、厲都因為眾叛親離而戮死於人手，先君靈王乾溪之事也是如此。

陶彙 4 · 47

【注】從人爾聲。●燕陶人名。

仳子孟嬭青簠　曾侯簠　郜公簠蓋　曾孟嬭諫盆

楚王鐘　王子申作嘉嬭盞盂嬭　楚季盤　楚屈子赤目簠

嬭加編鐘　隨仲嬭加鼎　揚鼎

【注】從女爾聲（聲符或疊加曰）。《說文》無。《博雅》母也。楚人呼母曰嬭。此即"芈"姓之本字。●讀芈，姓。《楚季盤》："楚季苟乍（作）嬭（芈）隫媵（媵）盥般（盤）。"方浚益指出："嬭乃楚姓，即經傳之芈字。《史記·楚世家》：陸終子六曰季連，芈姓。《說文》：芈，羊鳴也。此芈之本義，經傳以為楚姓者，乃同音叚借字，其本字正當作嬭。"（《綴遺齋彝器款識考釋》）●讀乃，連詞。《鄦侯簠》："嬭（乃）乍（作）皇姚☒君中（仲）改祭器八飲（段）。"●讀母。楚人呼母曰嬭，蔡國與楚關係密切，可能受其影響。《蔡叔季之孫貫匜》："蔡弔（叔）季之孫貫媵（媵）孟臣（姬）有止嬭（母）匜（沬）盤。"媵，送也。有止，當為孟姬之名，此時女子無論已嫁未嫁，均稱"某母"。

璽補 173

【注】從邑爾聲。●"鄬赤"，人名。

觀卣

【注】從見爾聲。《說文》無。《廣韻》有覼字，殆後出字與古文字同形者。●人名。《觀卣》："觀乍（作）父戊寶尊彝。"

上博四·曹沫 2

【注】從心爾聲。●讀彌。《上博四·曹沫 2》："今邦懯（彌）小而鐘愈大，君其圖之。"

牆盤 禹鼎 蔡姞簋 齊 龢鎛

【注】從弓爾聲。《蔡姞簋》迭加日為聲符。《說文》作"𢎵"。《說文》："𢎵，弛弓也。從弓𢎵聲。"本義為放鬆弓弦，同聲通假"滿"，《司馬相如列傳》："彌山跨谷。"●讀邇，長久。《牆盤》："黃耇彌生。"《龢鎛》："用求匃（考）命彌生。"彌生，即長生、長壽。器銘或作"彌厥生。"如《蔡姞簋》："永命彌厥生。"《詩·大雅·卷阿》："卑爾彌爾性。"性，生也。"彌生"與"彌性"同義。●全部、滿。《龢鎛》："余彌心畏記（忌），余四事是台（以）。"彌心，指全部心思。《史記·司馬相如列傳》："彌山跨谷。"張守節正義："彌，滿也。"

楚 包山 100

【注】從网爾聲。●《包山100》："以其敓湯汸與𥁕澤之古（故）。"劉信芳讀灟，字亦作"彌"，義為深水，……"蕩防"與"彌澤"本為水蕩（或水源）、堤防、深水、沼澤之地，應屬於減徵或免徵賦稅之處，邸綖徵其賦稅所以被起訴。

秦 睡簡·日甲 25 背 睡簡·日乙 194 、、秦印
259 印增 517

【注】從土爾聲。●用為本義，璽印。《睡簡·答問 146》："亡久書、符券、公璽、衡贏（纍）。"秦印均為璽印自稱。●秦簡多讀爾，人稱代詞。《睡簡·日甲 25 背》："壐（爾）必以某（某）月日死。"六國則用"爾"表示人稱代詞。●讀繭。《睡簡·日乙 194》："不錢則布，不壐（繭）則絮。"

（珊）楚 清華六·太伯甲 11 秦 秦印 259 、秦印
印增 518

【注】從玉爾聲。●讀彌，人名。《清華六·太伯甲 11》："女（如）由皮（彼）孔咠（叔）、遊（佚）之㠯（夷）、帀（師）之佢鹿、𡎐（堵）之俞珊（彌），是四人者，方諫吾君於外，茲瞻（詹）父內謫於中，君女（如）是之不能茅（懋），則卑（譬）若疾之亡（無）癒（醫）。"●秦印為璽印自稱。

獼秦 秦印 198 印增 395

【注】從犬壐聲，"彌"之繁文。●秦印"猈""猈獼"，人名用字。

1630

鑈 秦  璽彙 4623

【注】從金璽聲，"璽"之繁文。●秦印讀璽。

尔 齊  陳爾戈 楚  郭店·緇衣 3  郭店·忠信  郭店·五行 48

郭店·六德 2  上博二·君老  清華三·芮良夫 3  上博九·邦人

13 燕  璽彙 5403 晉  中山王譽鼎  璽彙 0169  璽彙 5231  璽彙

5229  璽彙 5244  璽彙 5245  璽彙 5467  璽彙 5465  璽彙 5466

【注】"爾"之省文。戰國文字尓或訛為米形。《璽彙 5244》下部增加了裝飾性的對稱綫條。●
同"爾"，第二人稱代詞。《郭店·五行 48》："上帝臨女（汝），毋弍（貳）尔（爾）心。"詳"爾"
字。●古璽印均讀璽，璽印自稱。

坭 齊  陶彙 3·645  匯考 282  匯考 69  匯考 91 晉  璽彙

4605  璽彙 5251  璽彙 0907  璽彙 4252  類編 442  類編 444

匯考 146  珍戰 66

【注】從土尔聲，土為復增之義符。●均讀璽，璽印自稱。

妳 齊  鄘侯簋

【注】從女尔聲。●齊器人名。

怸 楚  璽彙 5431

【注】從心尔聲，"懶"之省文。●楚璽單字。

逐【楚】上博一·緇衣 22 　　璽彙 0221【燕】　璽彙 5220　　璽彙

5219　圖典 422

【注】從辵尔聲。《璽彙 5219》《璽彙 5220》《圖典 422》為單字璽，地域不詳，暫歸燕系。●楚璽"囗逐之鈢"，人名。●讀邇。《上博一·緇衣 22》："此吕（以）逐（邇）者不惑而遠者不惑（疑）。"

歪【齊】璽彙 3535

【注】從止尔聲。●齊璽"敬歪"，讀璽。

邿【晉】璽彙 2210

【注】從邑尔聲。●晉璽"邿居"讀介，姓氏。

鈢【齊】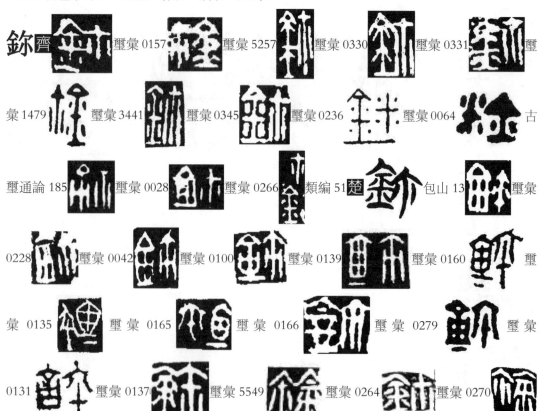

璽彙 0214　匯考 53　天津藝博藏古璽印選 11　璽彙 0003　璽彙 0158　璽彙 0159　璽彙 5258　匯考 76　璽彙 1885　璽彙 5558

【注】從金尔聲。齊璽尔或訛為米。●璽印自稱。用於封緘物品的緣故，取其"封止不洩露"，從尔之字均有止義。稱"璽"者見於各國璽印皆有，稱"印"者見於秦印，稱"句"者見於三晉璽，稱"卩"者見於燕璽。

祢晉  ·璽彙 3194

【注】從衣尔聲，"襧"之省文。●晉璽人名。

眣晉  訓義 1·79

【注】從目尔聲。●"司馬孚眣"，其中"孚眣"作合文，人名。

絾晉  類編 419

【注】從糸尔聲。●"絾喜"，人名。

繆齊  陶錄 2·280

【注】從羽絾聲。●人名。

罧楚  清華三·説命下 4

【注】從网尔聲。●讀罘，罟也。《清華三·説命下 4》："厥其禍亦羅於畧罧。"罘，《廣韻》罟也。

瘠晉  璽彙 0473　二年春平侯鈹　相邦春平侯鈹

【注】從疒脉聲，疑"疢"之繁文。●晉器人名。

來紐豐聲

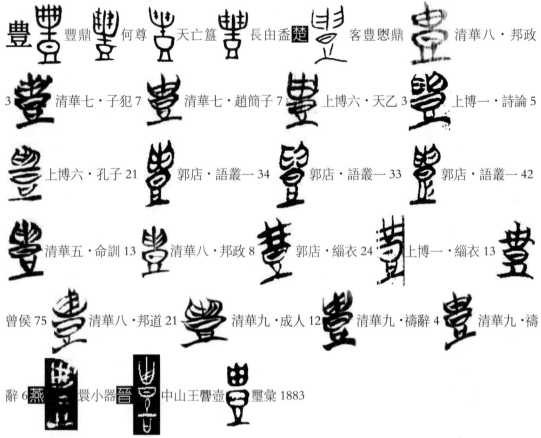

豐 豐鼎　何尊　天亡簋　長由盉楚　客豐恩鼎　清華八・邦政
3　清華七・子犯7　清華七・趙簡子7　上博六・天乙3　上博一・詩論5
上博六・孔子21　郭店・語叢一34　郭店・語叢一33　郭店・語叢一42
清華五・命訓13　清華八・邦政8　郭店・緇衣24　上博一・緇衣13
曾侯75　清華八・邦道21　清華九・成人12　清華九・禱辭4　清華九・禱
辭6燕　睘小器晉　中山王𧊄壺　璽彙1883

【注】甲骨文作𧯃、𧯼、𧯟、𧯧、𧯭、𧯦、𧯫，從玉（玉形或訛為玨等形）在凵中，象盛玉以奉神祇之器。引申為奉神祇之酒醴謂醴，奉神祇之事謂禮。金文以從玨形為豐，以從玨、玨形為豐。《客豐恩鼎》作𧯃，《金文編》原釋為"鑄"，當釋為"豐"。（詳《金文編校補》353頁）《中山王𧊄壺》增口為飾。《說文》："豐，行禮之器也。從豆，象形。"本義當為祭祀用的禮器，此義後寫作"禮"。又引申為奉神祇之酒醴，此義後寫作"醴"。初皆用"豐"，後漸分化。●讀禮，禮節、禮儀。《天亡簋》："王又（有）大豐（禮）。"大豐，即大禮。指周王在辟雍中泛舟射禽、祀于天室和饗食等禮。《詩・大雅・靈台》孔穎達《疏》："《韓詩》說辟雍者，天子之學……所以教天下春射秋饗。"此說饗射之禮在辟雍中舉行。大禮于《麥尊》中所述較為詳細："才（在）璧（辟）雝（雍），王乘于舟，為大豐（禮），王射大龏禽，侯乘于赤旂舟，從。"辟雍中的圓水稱為大池。《遹簋》"乎（呼）漁于大沱（池）"，《靜簋》"射于大沱（池）"，都說明辟雍中行饗射之禮。綜上所述，大禮之儀為：一，于辟雍中奉行；二，大池中乘舟；三，泛于三方；四，行射禮，射大鴻；五，王以酒饗從者。●讀醴，甜酒。《長由盉》："穆王鄉（饗）豐（醴）。"《長由盉》："穆王鄉（饗）豐（醴）。"●對天地鬼神之祭祀活動。《何尊》："隹王初鄴宅于成周，復再𣂶（武）王豐祼自天。"●晉璽"豐歜"讀禮，姓氏。●讀體。《上博七・凡甲1》："流型（形）城（成）豐（體），采（奚）㝡（得）而不死？"

 郭店·性自 22　郭店·性自 23

【注】從心豊聲。●讀禮。《郭店·性自 23》：“樂，愷（禮）之深澤也。”

 瓊門鋪

【注】從王豊聲。●讀禮。《瓊門鋪》：“瓊（禮）。”《孟子·萬章》下：“夫義，路也。禮，門也。惟君子能由是路，出入是門也。”

 中山王疊壺

【注】從身豊聲，與“體”同。●讀體，灋則、準則。《中山王疊壺》：“述（遂）定君臣之媚（位），上下之軆（體）。”

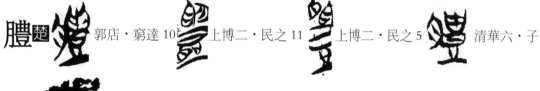 郭店·窮達 10　上博二·民之 11　上博二·民之 5　清華六·子

產 5  睡簡·日甲 146

【注】從肉豊聲，“體”之異文。●多讀體。《上博二·民之 11》：“亡（無）膿（體）之豊（禮），日述月相。”《睡簡·日甲 246》：“必有疵于膿（體）。”

 清華八·心中 2　清華五·湯丘 2　清華三·赤鳩 9　郭店·緇

衣 8  新蔡甲三 189

【注】從骨豊聲；新蔡簡從二骨相疊。體，《廣韻》俗作軆，從骨與從身義近，故可交換。《説文》：“軆，總十二屬也。”按段玉裁，十二屬為：“首之屬有三。曰頂，曰面，曰頤。身之屬三。曰肩，曰脊，曰尻。手之屬三。曰厷，曰臂，曰手。足之屬三。曰股，曰脛，曰足。”本義指身體的全部。●身體。古人以心寓君，以身寓民。《郭店·緇衣 8》：“民以君為心，君以民為體。”《清華八·心中 3》：“心情母（毋）又（有）所至，百體四叟（相）莫不畾湶。”

1635

僼 楚 上博一·緇衣 5　　　　清華十一·五紀 94

【注】從人豐聲，"體"之異文。●讀體。《上博一·緇衣 5》："民㠯（以）君為心，君㠯（以）民為僼（體）。"《清華十一·五紀 94》："凡民又（有）疾，百僼（體）百㱦（節），莫疾莫癃（痛）。"

灃 楚 鄂君啟舟節

【注】從水豐聲，與小篆同。《說文》："灃，水。出南陽雉衡山，東入汝。從水豐聲。"本義為水名。●灃水，在今湖南省西北部，源出桑植縣北，東流經大庸、臨灃等縣，在灃縣入洞庭湖。《鄂君啟舟節》："內（入）㯱（資）、沅、灃。"

禮 楚 九里墩鼓座　　　安大一 9　　　安大一 8 秦 詛楚文

上守郡戟　　、秦印 3

【注】早期金文沿用甲骨文但作"豐"，戰國文字或從示豐聲。《九里墩鼓座》所作與古文同。《說文》："禮，履也。所以事神致福也。從示從豐，豐亦聲。𧨆古文禮。"本義禮節、禮儀，是從"豐"分化出來的後起字。●人名。《上郡守疾戈》："王六年上郡守疾之造，笣禮。"●九禮：指古時九種禮儀。《九里墩鼓座》："余以會同生九礼。"《大戴禮記·本命》："冠、婚、朝、聘、喪、祭、賓主、鄉飲酒、軍旅，此之謂九禮也。"●禮遇。《詛楚文》："禮俊介老，將之以自救也。"●秦漢印多為人名。或為姓氏；禮孔，春秋時衛大夫。禮震，東漢時平原人，官至郎中。●讀履。《安大一 8》："樂也君子，福豐（履）侫（綏）之。""禮""履"音近古通（參《古字通假會典》544"禮與履"條）。出土文獻馬王堆繫辭 26 上也讀履。《詩·衛風·氓》"爾卜爾筮，體無咎言"，毛傳："體，兆卦之體。"《釋文》："體，《韓詩》作履。"《禮記·坊記》亦作"履無咎言"。可證體、履二字相通。《說文·示部》："禮，履也。所以事神致福也。"此以"履"為"禮"的聲訓。簡本作"禮"，用本字；《毛詩》作"履"，用借字。"福禮"，事神致福。

醴 大鼎　　觴仲多作醴壺　　師遽方彝　　師遽方彝　　鄭枂叔壺

伯公父壺　　三年瘋壺　　三年瘋壺　　邿君慶壺　　楊姞壺　　應

侯視工簋　　應侯視工簋 秦 睡簡·日乙 240

【注】從酉豐聲。《說文》："醴，酒一宿孰也。從酉豐聲。"本義甜酒。醴是從豐分化出來的後

起字。●多用為本義，甜酒。《師遽方彝》："王才（在）周康帝（寢），鄉（饗）醴。"饗醴，金文習語，設甜酒之宴。《國語‧周語上》："王乃淳濯饗醴。"韋昭注："飲也。"《荀子‧禮論》："饗尚玄尊，而用酒、醴。"金文或作"豊"。

 曾伯陭壺

【注】從皿醴聲。●讀醴。《曾伯陭壺》："用自乍醴（醴）壺。"醴壺：專盛甜酒的酒器。

來紐履聲

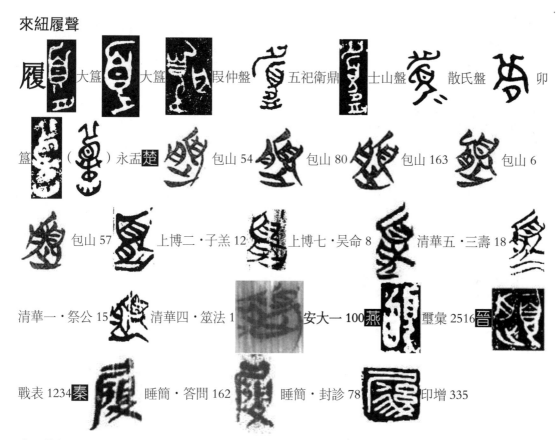

履 大篹　大篹　叟仲盤　五祀衛鼎　士山盤　散氏盤　卯
篹 （　）永盂楚　包山54　包山80　包山163　包山6
包山57　上博二‧子羔12　上博七‧吳命8　清華五‧三壽18
清華一‧祭公15　清華四‧筮法1　安大一100燕　璽彙2516晉
戰表1234秦　睡簡‧答問162　睡簡‧封診78　印增335

【注】《大篹》所作，象人納足于履形。納足于履而行步履踐踏之事，故履有踐踏義。履形後訛為舟形或夕形。《散氏盤》履形以　代之，復增　（"眉"字初文）為聲符。《卯篹》所作　與"夢"字無別。裘錫圭釋作"履"，指出此篹（《佣生篹》，詳下文）傳世共五器，字人形下偏旁或作 口、口 等形，跟一般夕字有區別，當為舟的訛形。加辵旁跟履的意義完全相合。（詳《金文編校補》397頁）《叟仲盤》作　，與《説文》古文近似。秦文字作履，訛　為尸，遂為小篆所本。《説文》："履，足所依也。從尸從彳從夊，舟象履形。一曰尸聲。凡履之屬皆從履。　古文履從頁從足。"●踐也、踏也。《五祀衛鼎》："帥履裘衛厲田四田。"履，唐蘭謂此處指踏勘疆界。《散氏盤》："履：自濡涉目（以）南，至于大油，一奉（封）。"此處履與步同義，是度量的意思。●履承也。《卯篹》："今余非敢履先公又雚遂，余懋再先公官。"銘意為，我不敢不履承先公命令而有所雚遂（辭意難解，或釋為進退，有躊躇義），我美佣先公所命的官職。●穿戴，動詞。

或用為名字，鞋子。《睡簡・答問 162》：「毋敢履錦履。」●包山簡人名。●《清華四・筮法 1》即「履」卦。帛書作「禮」。歸藏及秦簡皆作「履」。

【注】從彳履聲。●讀履，踐踏邊界。詳「履」字。

【注】從水履聲。●讀履，踐踏邊界。詳「履」字。

【注】從雨履聲。●《邢叔采鐘》：「用廰（祈）福（福）霞壽嚳魯。」「霞」字與「福（福）」連用，顯然當讀履，意為「福祿」。《爾雅・釋詁上》：「履，福也。」《爾雅・釋言》：「履，祿也。」《詩經・周南・樛木》三章末句分別云「樂只君子，福履綏之」「樂只君子，福履將之」「樂只君子，福履成之」，毛傳：「履，祿。」王先謙《詩三家義集疏》引魯詩説曰：「履，福也。」漢焦贛《易林・需之大畜》：「封圻英六，履祿綏厚。」

【注】《應侯視工簋》所作，裘錫圭謂從西履聲，為「醴」之異體字。（《應侯視工簋補釋》）●讀醴，甜酒。《應侯視工簋》：「王在騄，卿（饗）醲（醴）。」

來紐帀聲

【注】甲骨文作、，從屮從土從冂，會草木生長受阻之意。金文與甲骨文略同，下部變為豎畫加一橢圓點。戰國文字承襲金文，下部豎筆或加點，或不加點，距初形甚遠，其上部屮作曲筆者，遂與"來""來"等字相混。或謂茨之初文。《詩·鄘風》牆有茨。《注》蒺藜也。甲骨文像茨實有刺形。●人名。《郐王弟又觶》："郐（徐）王弟又之鄦。"《靜簋》："雩八月初吉庚寅，王呂（以）吳弟、呂犅卿數（蓋）自（師）、邦周射于大沱（池）。"●周空首布，單字，讀訾，地名。《昭二十三年》單子取訾。《注》訾在河南鞏縣西南訾城是也。●楚簡多讀次，次序。《清華三·芮良夫21》："政命（令）惪（德）型（刑），各又（有）棠（常）弟（次）。"●讀次，副、次級的。《清華四·筮法35》："弟（次）軍之位。"●晉璽人名。

柿（楚） 清華九·治政26

【注】從木弟聲。●讀即，訓為"就"。《清華九·治政26》："皮（彼）庶民，卑（譬）之若飛鳥之相柿（即），唯所安之木，夫幾（豈）可弴（強）才（哉）!""相即"訓為"互相靠近"。

姊（中）姊 季宮父簠 公仲佻簠（齊） 璽彙0331（楚） 上博四·內禮附簡（上）

博七·吳命8（秦） 里耶8·145 秦印237

【注】從女弟聲，與小篆同。《説文》："姊，女兄也。"本義為姊妹之姊。●姊妹之姊，姐也。《季宮父簠》："季宮父乍（作）中（仲）姊孅姬佚（媵）匜（匜）。"仲姊，猶今之言二姐。《上博七·吳命8》："先王姑姊大妃之邑。"●《璽彙0331》"姊☐鉨"疑讀茨，姓氏。●秦印"嬈姊"，人名。里耶簡人名。

宋（楚） 上博五·三德4 上博五·三德4 上博三·周易7 上博三·周易53 清華七·越公55 清華六·太伯甲2 清華六·太伯甲8

清華十一·五紀73 華十一·五紀87

【注】從宀弟聲。●讀次，職位。《清華六·太伯甲2》："卑（譬）若雞雛，白（伯）父是（實）被複（覆），不穀（穀）以能與就宋（次）。"以不穀之才能而舉立不穀立於先君之喪次。《上博五·三德4》："毋詢（詬）政卿於神宋（次）。"●讀次。《上博三·周易7》："帀（師）左宋（次），亡（無）咎。"左次，撤退。●讀次，駐扎。《上博三·周易53》："遫（旅）焚丌（其）宋（次）。"

趀 秦 石鼓文

【注】從走宋聲。●讀趑。宋聲、次聲每相通假，《説文》"趀，蒼卒也。從走、宋聲。讀若資"，可證。《石鼓文》："麂鹿趀趀，其來亦次。"《説文》："趑，趑趄，行不進也。從走、次聲。"

秭 智鼎 秦 秭 睡簡 6 號簡 秭 里耶 8 · 1516

【注】從禾宋聲，與小篆同構。《説文》："秭，五稯為秭。從禾宋聲。一曰數億至萬曰秭。"古代數目名。●數量詞，具體數量不詳。《智鼎》："賞智禾十秭。"《詩・周頌・豐年》："豐年多黍多稌，亦有高廩，萬億及秭。"鄭玄箋："萬億及秭，以言穀數多。"●讀姊。《睡簡 6 號簡》："驚敢大心問姑秭（姊）。"

帥 小子射鼎 帥 尹光鼎 帥 宰甫卣 帥 兮甲盤

【注】甲骨文作帥、帥、帥，從自宋聲。羅振玉曰："從自束聲，師所止也，後世假'次'字為之，此其初字矣。"（詳《增訂殷墟書契考釋》中十三頁）從束聲未確，當從宋聲。帥，即"自"之孳乳字，增"宋"以標聲。其用多與西周器銘習見之"王在XX自"語例同，知周時尚有徑用"自"者。《兮甲盤》從自從萃（形訛所致）。《説文》所無。●讀次，師旅之所止。《禮記・檀弓上》："次，舍也。"《宰甫卣》："王來獸自豆彔（麓），才（在）褆帥（次）。"●《兮甲盤》："其貯（賈），母（毋）敢不即帥（次）、即市。"帥，指市中官舍；市，為市肆。即次即市，是指徵收市中的庫棧稅和營業稅。

清紐妻聲

妻 冉父丁罍 王妻簋 伯離鼎 矩鼎 農卣 齊 鑄叔皮父簋

賈孫叔子屖盤 楚 郭店・老甲 18 郭店・語叢一 34 包山 91 郭店・六德 29

清華二・繫年 5 清華二・繫年 24 清華二・繫年 78 清華四・筮法 15 清華四・筮法 35 清華五・湯丘 1 清華九・成人 18 清華九・禱

 辭 3 晉 陶彙 7‧19  秦 睡簡‧封診 73 睡簡‧日甲 10 背 睡簡‧日乙 101

【注】甲骨文作 𢃛、𢃛、𢃛、𢃛、𢃛、𢃛，從女（有長髮之形）從又（手），象掠奪婦女之形。上古有擄掠婦女以為配偶之俗，是為掠奪婚姻，甲骨文“妻”字即此掠奪婚姻之反映，後世遂以為女性配偶之稱。金文同甲骨文。《矩鼎》《伯雝鼎》聲化從“齊”，金文“齍”或從皿妻聲作 𢃛（叔鼎）、𢃛（季嬴鼎）、𢃛（㺇盞鼎），可證。《農卣》所作，為《王妻簋》收縮手形筆劃省減而來，遂訛為從女從甾。六國文字多從甾從女作 𢃛。秦文字作 妻，沿用早期金文的寫灋，只是將手形移至髮形之下。●男子之配偶。《伯雝鼎》：“白（伯）雝（雍）乍（作）寶小齍（妻）鼎。”小妻，當為伯氏之配偶，或是妾。《鑄叔皮父簋》：“其妻、子用盲（享）考（孝）于弔（叔）皮父。”“妻子”指妻子而兒女。楚簡多用為本義。《包山 91》：“周䚤（奚）之妻。”●用為動詞，以女妻人。《農卣》：“事（使）乑（厥）眷（友）妻農。”●讀齍，方鼎名。《矩鼎》：“矩乍（作）宗室齍（齍），其用鄉（饗）王出內（入）。”●讀齊。《郭店‧語叢一 34》：“豊（禮）妻（齊）樂㦯（靈）則戚，樂每（繁）豊（禮）㦯（靈）則訬（慢）。”●讀細，細小。《郭店‧老甲 18》：“道互（恆）亡（無）名，僕（樸）唯（雖）妻（細），天陛（地）弗敢臣。”

 綫 楚 上博三‧周易 38

【注】從糸妻聲。●讀次。《上博三‧周易 38》：“訨（臀）亡（無）肤（膚），丌（其）行綫（次）疋（且）。”今本作“次且”即“趀趄”，行止困難之狀。

 諫 楚 曾子仲諫鼎 清華六‧管仲 20 清華八‧攝命 28

【注】從言妻聲，疑“諆”之異文。●金文人名。●讀濟。《清華六‧管仲 20》：“冐（怨）亦未諫（濟），邦以卆（卒）喪。”《詩‧載馳》：“不能旋濟。”毛傳：“濟，止也。”●讀濟，訓為達。《清華八‧攝命 28》：“亦則佳（唯）肇（肇）不諫，逆所朕命，蒦（獲）頯（羞）㛛（毓）子。”

 悽 楚 清華八‧攝命 14

【注】從心妻聲。●《清華八‧攝命 14》：“乃亦佳（唯）肇愳（謀），亦則勻（遏）逆于朕，是佳（唯）君子秉心，是女（汝）則佳（唯）肇悽（咨）㣎羕，乃既昏（悔）。”悽，讀咨。《說文》：“謀事曰咨。”“㣎羕”，是不善的意思。簡文是說汝謀度國事，可以抵迕於我，只是希望君子秉心；汝謀度國事，若不善，最終會有後悔。

 㺇 晉 訓義 1‧122

【注】從犬妻聲。●晉璽“肖㺇”，人名。

婊 秦 類編 398

【注】從女妻聲。●秦印"公婊"，人名。

郪 秦 新郪虎符

【注】從邑妻聲。《説文》："郪，新郪，汝南縣。從邑妻聲。"本義為古地名。●地名，戰國為魏地，後屬秦，在今安徽省界首縣東北茨河南岸。《新郪虎符》："甲兵之符，右才（在）王，左才（在）新郪。"《史記·蘇秦列傳》説魏襄王曰："大王之地，南有新郪。"

棲 秦 睡簡·雜抄 36

【注】從木妻聲。●讀遲、遲到。《睡簡·雜抄 36》："尚有棲未到戰所。"遲到沒有進入戰場。

淒 楚 郭店·成之 25　上博二·容成 31　上博三·周易 58　上博四·曹沫 43　上博四·曹沫 43　清華五·湯丘 18　清華七·趙簡子 9

清華一·皇門 13　清華六·子儀 18

【注】從水妻聲。●楚簡多讀濟，渡、渡過。《上博四·曹沫 43》："行阪淒（濟）障。"●讀濟，訓成。《郭店·成之 26》："言信於眾之可以淒（濟）惪（德）也。"《左傳·僖二十年》以欲從人則可，以人從欲鮮濟。

懠 楚 清華四·別卦 7

【注】從心淒聲。●讀濟。簡文"未懠"即"未濟"卦。上博周易作"未淒"。

萋 楚 安大一 12　安大一 4　安大一 49

【注】從艸妻聲。●草盛貌。《安大一 49》："蒹（蒹）苦（莒）萋=，白雺（露）未幾（晞）。"

1642

萋 秦  石鼓文

【注】從萋、又從淒的一个字。《說文》："淒，雲雨起也。從水、妻聲。《詩》曰：有渰淒淒。"今本《毛詩·小雅·大田》作"萋萋"，《傳》："萋萋，雲行貌。"●讀萋，草盛也。《石鼓文》："汧殹洎洎，萋=（萋萋）□□，舫舟囱（從）逮。"

隮  逑盤

【注】從阝，聲符作齎，齊、妻雙聲，字可釋為陵、隮。陵，《集韻》與隮同。隮，《玉篇》登也。《書·顧命》由賓階隮。又《玉篇》气也，升也。《詩·墉風》朝隮于西。《箋》朝有升气于西方。●讀齊。《逑盤》："雩朕皇考龔叔，穆穆趩趩，龢訇（均）于政，明隮（齊）于德，亯（享）辟剌（厲）王。"

隮 秦  石鼓文

【注】從片齎聲。"片（析）"為疊加聲符。●讀躋。《石鼓文》："避（吾）以隮（躋）于邍（原）。"《說文》："躋，登也。從足、齊聲。《商書》曰：予顛躋。"

罽  鄭簋  鄭簋

【注】從网齎聲，"罽"之異文。●讀緀。緀，《說文》："帛文貌。詩曰：緀兮斐兮，成是貝錦。"《鄭簋》："易（賜）女（汝）赤市、冋罽黃（衡）、緣（鑾）旂，用事。"

盠  叔鼎  季無鼎  鍚盠鼎

【注】從皿齎聲。"齍"之異文。●人名，見於《鍚盠鼎》。●讀齍，方鼎專名。詳"齍"字。

鼒  歸𢦏鼎

【注】從鼎齎聲。●讀齍，方鼎專名。詳"齍"字。

從紐齊聲

齊  齊且辛爵  齊卣  五年師旋簋 齊 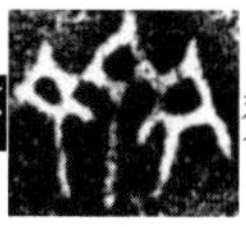 齊伯里父匜  魯司徒

仲齊匜　魯仲齊鼎　陳侯午錞　齊陳曼簠　陳逆簠　齊侯匜　齊

侯盤　魯司徒仲齊盤　洹子孟姜壺　十年陳侯午錞　齊城戈　璽彙

1597　璽彙 1597　璽彙 3847　陶彙 3·618　陶彙 3·328　包山 7

陶彙 3·1326　璽彙 0608　先秦編 398　貨系 2577　先秦

編 399　先秦編 398 楚　者汈鐘　大廥鎬　上博六·競公 1　上博

一·緇衣 19　上博四·曹沫 13　清華七·越公 6　清華二·繫年 67

清華二·繫年 92　清華二·繫年 120　清華二·繫年 121　清華二·繫年

123　安大一 40 晉　屬羌鐘　四年春成侯鈹 秦　漢中守運戈

睡簡·封診 76　嶽麓一·為吏 83　秦印 132

【注】甲骨文作 ΨΨΨ、Ψ、Ψ。《說文》："齊，禾麥吐穗上平也。象形。凡亝之屬皆從亝。"許訓
意為：田裏的麥子一般都是長得平齊。此未能必信，然亦無佳解。戴家祥曰："按金文齊……三
穗上端都不平。甲骨文齊字與金文同。疑上平非齊之初義。禮祭統‘齊之為言齊也。齊不齊以
致其齊也’。易繫辭‘齊大小者存乎卦’，王肅注：‘齊猶正。’是齊之初義為動詞，致不齊者為
齊也。下加一橫兩橫之齊，為指事符號，意為使三枚不平之穗頓平。金文通常用作國名或人名。"
（《金文大字典》下）金文或加 8、二等形，應視為增飾符。戰國文字地名、氏名常增從邑。本
義為整齊一致，如《三國志》："曹公望權軍，歎其齊肅。"引申泛指齊平、相同、一致、整治等
義。●國名。公元前十一世紀周分封的諸侯國。姜姓，開國君主是呂尚。公元前 221 年滅于秦。
《陳侯因𦅫錞》："保有齊邦。"●讀齍，祭祀器。《伯姜齍鬲》："白（伯）姜乍（作）齊（齍）
鬲。"●人名。《齊卣》："齊乍（作）父乙障彝。"●讀劑。冶鑄合金之配料比例。《十六年守相

鈹》：“邦右庫工帀（師）韓沃，冶明鈙齊（劑）。”鈙劑，執掌青銅冶煉的金屬配方。《考工記》：“金有六齊：六分其金而錫居一，謂之鐘鼎之齊。五分其金而錫居一，謂之斧斤之齊。四分其金而錫居一，謂之戈戟之齊。”《少儀》注云：“齊，和也。”故“和金錫”亦稱為齊。●齊城：地名，即臨淄，因是齊國國都，故名齊城。清《一統志》：“臨淄故城在臨淄縣北八里，亦曰齊城。”《齊城戈》：“齊城左冶所漢造。”●將喪服下部折轉縫起來。《郭店·六德28》：“綎（疏）衰齊，戊（牡）秫（麻）實（經），為昆弟也，為妻亦狀（然）。”衰齊，即《儀禮·喪服》之“齊衰”服。“齊衰”服的最大特徵，即是將斬下的麻緝其邊，縫齊布邊。●讀濟，常訓為“成”。《上博五·三德14》：“方縈（營）勿伐，牆（將）興（興）勿殺，牆（將）齊勿杭。”●戒敕。《郭店·緇衣24》：“教之以正（政），齊之以壴（刑），則民又（有）孚（免）心。”●莊重、恭敬。《郭店·緇衣38》：“故君子多聞，齊而獸（守）之。”

儕 殷毂盤 五年師旋簋

【注】從人齊聲。聲符上體為齊，高田忠周謂《殷毂盤》字：“齊下作田，疑為貝變，此從齋聲也。”（《古籀篇》31頁）然不能確證，下體所從不明。自辭例觀之，可釋為“儕”。《説文》：“儕，等輩也。從人齊聲。《春秋傳》曰：‘吾儕小人。’”本義等輩之人。《左傳·僖二十三年》晉鄭同儕。杜預注：“儕，等也。”●用作本義。《殷毂盤》：“隹（唯）正月初吉，儕孫殷毂乍（作）顯（沬）盤。”儕孫，即孫輩。《禮記·樂記》：“故先王之喜怒，皆得其儕也。”鄭玄注：“儕，猶輩。”●讀齎，義與賜同。《五年師旋簋》：“令女（汝）羞追于齊，儕（齎）女（汝）盾五、易（錫）簪。”

齌 楚 孎加編鐘

【注】從女齊聲。●讀齊。《孎加編鐘》：“齌=（齊齊）趯=（翼翼），醻獻軎（歌）趣（舞），叚（宴）喜（饎）歈（飲）飤（食）。”《禮記·玉藻》：“凡行，容惕惕；廟中，齊齊。”鄭玄注：“恭愨貌也。”孔穎達疏：“齊齊，自收持嚴正貌也。”

臍 楚 上博一·性情29 燕 璽彙2829 璽彙1336

【注】從肉齊聲。●讀齊。《博一·性情29》：“祭祀之豊（禮）必又（有）夫臍臍之敬。”齊齊，恭敬嚴肅貌。●燕璽為人名。

敊 楚 上博七·吳命5

【注】從攴齊聲。●讀擠。《上博七·吳命5》：“有軒冕之賞，又有斧鉞之威。目（以）此前後之，獸不能目（以）牧民，而反志下之相敊（擠）也。”擠，在此表示陷害、排擠。《莊子·人間世》：“故其君因其修以擠之，是好名者也。”陸德明釋文：“擠，司馬云：‘毒也。’一云：‘陷

也。'"簡文大意是，有軒冕之賞與斧鉞之威，犹不能治民，反而志於使臣下之間相構陷，岂不是很差！

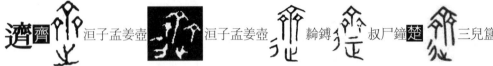
濟【齊】 洹子孟姜壺　　洹子孟姜壺　　糹鎛　　叔尸鐘【楚】　三兒簋

【注】從辵齊聲，"躋"之異文。小篆形符變從足，從辵與從足會意同。《説文》："躋，登也。從足齊聲。《商書》曰：'予顛躋。'"本義升、登。●讀躋，升、登。《洹子孟姜壺》："爾其遣（躋）受御。"《春秋·文公二年》："八月丁卯，大事于大廟，躋僖公。"杜預注："躋，升也。"●讀濟，止、完成。《洹子孟姜壺》："齊侯既遣（躋）洹子孟姜喪，其人民郜邑堇（懂）憂。"《書·君陳》："必有忍，其乃有濟。"●讀齊，氏。《糹鎛》："齊辟鼃（鮑）弔（叔）之孫，遣中（仲）之子糹乍（作）子中（仲）姜寶鎛。"●讀齊，莊重、嚴肅。《叔尸鐘》："是少（小）心恭遣，靈力若虎，董（勤）褧其政事。"《正韻》："齊，莊也，肅也。"《左傳·文二年》："子雖齊聖，不先父食。"《注》齊，肅也。

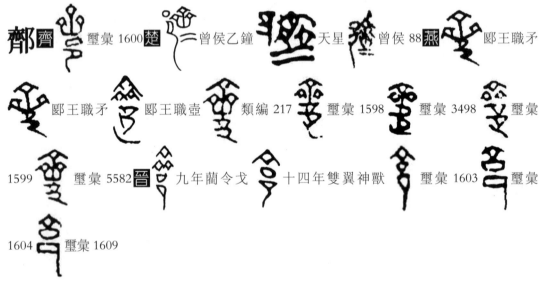
郖【齊】 璽彙 1600【楚】　曾侯乙鐘　天星　曾侯 88【燕】　郾王職矛

郾王職矛　　郾王職壺　　類編 217　　璽彙 1598　　璽彙 3498　　璽彙 1599　　璽彙 5582【晉】九年薗令戈　　十四年雙翼神獸　　璽彙 1603　　璽彙 1604　　璽彙 1609

【注】從邑齊聲。●讀齊，國名。《曾侯乙鐘》："其才（在）郖（齊）為呂音。"●人名。《九年薗令戈》："九年，閔（薗）命（令）陣郖。"●古璽印多讀齊，姓氏。

濟【齊】 罄室所藏鈢印【楚】　類編 10　　清華二·繫年 122【晉】　中山王譻壺【秦】石鼓文　　集證 394　　集證 287

【注】從水齊聲。《説文》："濟，水。出常山房子贊皇山，東入泜。"本義為水名。●濟濟：形容行為舉止莊重合乎禮節。《中山王譻壺》："穆穆濟濟。"《禮記·曲禮下》："天子穆穆，諸侯皇皇，大夫濟濟，士蹌蹌，庶人僬僬。"鄭玄注："皆行容止之貌也。……凡行容尊者體盤，卑者體蹙。"孔穎達疏引正義："天子穆穆者，威儀多貌也……大夫濟濟者，濟濟徐行有節。"《禮記·玉

藻》："朝廷濟濟翔翔。"鄭玄注："濟濟，莊敬貌也。"《廣雅·釋訓》："濟濟，敬也。"●《集證394》"濟陰丞印"、《集證287》"濟北太守"，均為地名。

石鼓文

【注】從馬齊聲。●讀濟。《石鼓文》："騲騲（濟濟）馬驪（薦），蓴蓴芊芊。"濟濟，言草之豐盛。

105 里耶8·1517 印增235

【注】從貝齊聲。●齊陶"豆里齎"為人名。●讀資，貨也。《包山129》："左司馬适以王命亙（巫，期）思舍柊黃王之䙝（鑲）一青義（犧）之齎（資），足金六勻（鈞）。"左司馬叫"适"的人奉楚王之令，命令期思（期思為楚邑）給予柊（柊為楚邑）邑的名叫"黃王之䙝"的人一頭青色犧牛的錢，其價值為成色十足的金六鈞。簡文中的"舍"通"予"。秦簡亦讀資，資財。《睡簡·答問90》："入齎錢如律。"

【注】甲骨文作🜨，從木齊聲。金文小篆同。《説文》："𣘻，木也，可以為大車軸。"本義木名。●《牆盤》："𣘻角（祿）䙣（燉）光，義（宜）其寍（禋）祀。"𣘻角，讀為茨祿。𣘻從齊得聲，齊、茨古音相同，《漢書·賈誼傳》："步中采齊。"顏師古《注》："字或作薺，又作茨。"角、祿古音同，字假作祿。《魏書·江式傳》："宮商觻征羽。"五音之角作觻，又《玉篇》："觻，樂器之聲，東方音也。今作角。"《詩·小雅·瞻彼洛矣》："君子至止，福祿如茨。"《釋名·釋宮室》："屋以草蓋曰茨。"茨祿，是形容福祿象屋頂般高大。唐蘭讀為"齊角"，以為："齊角應是當時吉語。……古人對牛羊角不齊，稱為觭或觤，是畸邪、危害的意思。所以是吉語。"（《論西周微史家族窖藏銅器群的重要意義》）或謂讀厥，戴家祥引《漢書·諸侯王表第二》："漢諸侯王厥角稽首，奉上璽韍，惟恐在後。"認為𣘻角即厥角，即額角。（《牆盤銘文通釋》）●齊陶"昌𣘻"，地名。（詳《齊官璽集釋》76頁）

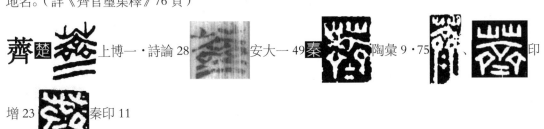

增23 秦印11

【注】從艸齊聲。●讀茨。《上博一·詩論28》："《牆（牆）又（有）薺（茨）》，慎（慎）**睿**（密）而不智（知）言。"《牆有茨》，詩經篇名。●秦印均為人名。●讀躋。《安大一49》："道遷=薺（躋）。"《毛詩》作"道阻且躋"。"躋"，《釋文》："本又作隮。""薺""躋""隮"諧聲可通。

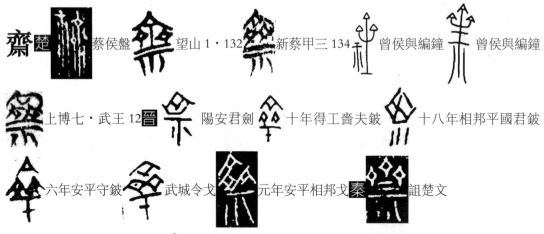

齊 楚 蔡侯盤 望山1·132 新蔡甲三134 曾侯與編鐘 曾侯與編鐘

上博七·武王12 晉 陽安君劍 十年得工薔夫鈹 十八年相邦平國君鈹

六年安平守鈹 武城令戈 元年安平相邦戈 秦 詛楚文

【注】從示齊聲。《說文》："**齋**，戒，潔也。從示，齊省聲。**籀**籀文齋從禷省。禷音禱。"本義齋戒，舊指祭祀前整潔身心。●齋戒。《曾侯與編鐘》："壯武畏忌，恭寅齋盟。"齋盟，齋戒盟誓，王子午鼎作"盟祀"。這裏是說曾侯對曾楚之盟誓畢恭畢敬，存有畏忌之心。《上博七·武王12》："武王齋七日。"●莊敬。《蔡侯盤》："禧（齋）護整肅（肅），籀文王母。"護，假為嘉。●三晉文字讀劑，見于戰國兵器，字形多作**齋**等形。《十五年春平侯劍》："冶疢斁齊（劑）。"斁齊：指冶煉過程中職掌兌劑之事。見"齊"字。

劑 麥尊 秦 詛楚文

【注】從刀從齊，會以刀剪齊之意；齊兼聲。《說文》："**劑**，齊也。從刀從齊，齊亦聲。"本義剪齊。●讀齎，賜也。《麥尊》："劑（齎）用王乘車馬。"《儀禮·聘禮》又齎皮馬。《注》齎，猶付也。●《詛楚文》："克劑楚師，且復略我邊城。""劑"有剪斷，剪齊的意思。《爾雅·釋言》："劑，翦齊也。"郭璞注："南方人呼翦刀為劑刀。"《太玄·永》："永不軌，其命劑也。"範望注："劑，剪也：剪，絕也。"

齊 鐵伯鬲 戲伯鬲 伯沘父鬲 微伯鬲 伯邦父鬲 榮有嗣再鬲 姬

芳母鬲 榮有嗣再鼎 尚鼎 君姑鼎 呂鼎 寡長方鼎 鼄鼎 鼄鼎

中鼎 甲鼎 趙鼎 仲自父鼎 內黃鼎 晉 廿七年大梁司寇鼎

三十二年平安君鼎 合陽鼎 半齎鼎

【注】從鼎（或省為貝）齊聲，"齎"之異文。●方鼎專名，盛放黍稷稻粱之用。《厚趠鼎》："趠用乍（作）臦（厥）文考父辛寶隣齎。"此器為方形鼎而以"齎"自銘。●計量鼎實之容量單位，吳振武謂一齎容7200毫升。（《關于新見垣上官鼎銘文的釋讀》）《卅二年平安君鼎》："膚（容）四分齎。"《合陽鼎》："十九年，邳干為合陽，膚（容）全（半）齎。"丘光明等先生專門對齎進行過專門研究，得出三點規律性結論（《中國歷代度量衡考》，第310頁和314頁）：（1）以齎為容量單位的器物，絕大多數見于銅鼎；（2）且僅見于三晉各國，又以魏國為絕大多數；（3）它是一種特定的容量單位，似乎與其他通用的計量單位沒有進退位元關係；單位量值往往相差較大。●讀鬲。《戲伯鬲》："戲白（伯）乍（作）鱗（禱）齎（齎）。"此器形與鬲全同，以"齎"名之，蓋二者形近。

宜子鼎 王作番妃鬲

【注】從鬻（鬻為鬲之異文）齊聲，"齎"之異文。●讀齎，盛放黍稷之鼎、鬲。《王作番妃鬲》："王乍（作）番改齎鬲"

仲父鬲 齊 、 、 陶録3·63 楚 類編146 秦 里耶

8·169 戰表667

【注】從皿齊聲。《説文》："齊，黍稷在器以祀者。從皿齊聲。"古代盛穀物的祭器，《周禮·春官·大宗伯》奉玉齎。●指祭祀的齎實。《仲父鬲》："中（仲）父乍（作）齎鬲。"齎鬲，盛黍稷類用以祭祀的鬲。●齊陶單字，器名。●楚璽人名。●《里耶8·169》："未入關縣鄉，當成齎，以律令成齎。"齎"，《説文》："黍稷在器以祀者。"《周禮·春官·大宗伯》："奉玉齎。"又與"粢"同。《周禮·春官·世婦》："共齎盛。"則"齎"即"粢"。粢，《類篇》："稷也。"《爾雅·釋草·疏》："粢者，稷也。"《禮·曲禮》："稷曰明粢。"《左傳·桓六年》："潔粢豐盛。"《註》："黍稷曰粢。""稷"，《説文》："齊也。五穀之長。"《徐曰》："案本草，稷即穄，一名粢。楚人謂之稷，關中謂之，其米為黃米。"《通志》："稷苗穗似蘆，而米可食。"《月令章句》："稷，秋種夏熟，歷四時，備陰陽，穀之貴者。"《詩·王風》："彼稷之苗。"簡文"成齎"，或即"盛齎""盛粢""盛稷"。"以律令成齎"，意思當為按律令裝些米在身上備用，以便在沒有官方接待的路上食用。

包山89

【注】從缶齊聲。●人名。

醑楚包山 255信陽 2・12燕郾侯載簋晉中山王譽壺

【注】從酉齊聲。《説文》無。●醒醑：祭祀之度量。《中山王譽壺》："封（鑄）為彝壺，節于醒（禋）醑（濟）。"詳"禋"字。●讀齊，壯也，溢美之詞。《郾公簋》："休台（予）馬（武）醑（齊）皇母。"郭沫若曰："馬醑當是溢美'皇母'之辭，馬者，武也。即醑字，此與齊通，齊，壯也。以武壯為形容，則成侯之母殆一有為之女性。"（《兩周金文辭大系考釋》227 頁）●《包山 255》："醑肉酭（醢）一罌。"醑，《玉篇》酒五醑之名。又《博雅》醑，醬也。

霽秦圖典 407

【注】從雨齊聲。●秦印"原霽"人名。

鄐晉珍戰 94

【注】從邑霽聲。●晉璽"甹鄐"，人名。

懠楚上博一・性情 15晉吉大 45璽彙 3183

【注】從心齊聲。●讀齊。《上博一・性情 15》："藿（觀）《莖（賚）》《武》，則懠（齊）女（如）也斯复（作）。"郭店簡作齊。●晉璽人名。

歆楚清華八・邦政 4清華八・邦政 8

【注】從欠從齊，雙聲字。●讀齊。《清華八・邦政 4》："亓（其）未（味）不歆（齊）。"應該理解為齊全、齊備之義。"其味不齊備"，是説食不二味；"邦家將毀……其味雜而齊"是説食要二味。

心紐死聲

死頌壺頌簋頌簋頌鼎令簋毛公鼎塱簋

大盂鼎競簋伯寬父盨黿乎簋黿乎簋兮甲盤齊鈴鎛

叔尸鎛　叔尸鐘楚　清華三・祝辭 3　包山 54　上博四・昭王 1

上博三・周易 15　上博三・周易 15　清華八・心中 6　清華二・繫年 77

清華二・繫年 90　清華二・繫年 135　清華五・湯丘 19　清華七・晉文公 7

上博九・舉治 34　安大一 74　安大一 38　望山 1・59　望山

1・47　包山 151、　郭店・六德 19　望山 1・176　上博一・緇衣 19

郭店・忠信 3　清華八・攝命 10　安大二・仲尼 3　安大二・仲尼 11

清華十一・五紀 71晉　侯馬　行氣玉銘　哀成叔鼎　中山王嚳鼎　兆

域圖銅版秦　睡簡・封診 64　睡簡・秦種 68　印增 146　秦印 78

【注】甲骨文作𤰚、𠕂、𠩵、𡲈、𤑔，從歺從人，會人僅存殘骨之意。金文同甲骨文，但人之
跽形多為立人。案：歺，甲骨文作𠧟、𠧞、𠬝、𦙶，象殘骨之形。戰國文字歺旁或訛為严、戶、
羊等形。《説文》：“𣐺，澌也，人所離也。從歺從人。凡死之屬皆從死。𠬝古文死如此。”本義
是喪失生命，如《論語》：“未知生，焉知死。”《睡簡・秦種 68》為“列”字之訛。●死亡，與
“生”“活”相對。《䢼鎛》：“用蘄（祈）壽老母（毋）死。”●讀尸，主持。《康鼎》：“王命死
（尸）嗣王家。”死（尸）嗣王家，意即主司王室之事。《尚書・康王之誥》：“康王既尸天子。”
孔穎達《疏》：“康王既受顧命，主天子之位。”《清華八・攝命 10》：“女（汝）亦母（毋）敢豙
（象）才（在）乃死（尸）服。”尸服，主事。●讀事。《麥尊》：“侯乘于赤旂舟，從，死咸。”
死咸，大禮之事皆全。或用為動詞，主也、事也。《哀成叔鼎》：“哀成弔（叔）之鼎，永用鄯（禋）
祀，死于下土。”死于下土，指主祭山川之神。●盡、消亡。此乃人死之引申。銘文習語“既死
霸”，以言月光消盡虧減也。●讀尸，尸體。或作屍。《睡簡・封診 68》：“即令甲、女載丙死（屍）
詣廷。”●《安大二・仲尼 3》：“中（仲）尼曰：‘死（伊）謂＝（言耳），而垔（禹）譣＝（言絲），
目（以）絧（治）天下，未歆（聞）多言而愳（仁）者。’”讀伊，指堯。據《成陽靈臺碑》（見

洪適《隸釋》卷一），堯姓伊，所以又稱"伊堯"（見《潛夫論·五德志》）。死、伊二字音近可通。《說文》"伊"字古文從死聲作𠈭，即其例證。"誩＝""絲＝"分別是"言聑""言絲（絲）"合文。"言如聑""言如絲"，都是形容說話的聲音細小，出言緩慢謹慎。或說"聑"讀緝，與下文"絲"互文見義，謂古聖王出言之微，謹慎之至。

佽（楚）　望山 1·38　　上博五·姑成 7

【注】從人死聲，"死"之繁文。●讀死。《望山 1·38》："足骨疾，尚毋佽（死）。"《上博五·姑成 7》："立佽（死）可（何）戝（傷）才（哉）？"

羘（楚）　天星

【注】從羊死聲，疑"羠"之異文。●讀羠，閹割過的羊，用為祭牲。古文字死聲、夷聲可通。

沘（楚）　上博二·容成 26

【注】從水死聲。●地名，讀伊。《說文》"伊"古文作𠈭，正從死。

心紐冄聲

冄（冉）　師寰簋（楚）　冄鉦鋮（秦）　陶新 251　吉大 145　（秦）　印 189　圖典 55　相邦呂不韋戈　二十年相邦冄戈　類編 320

【注】甲骨文作、，楊樹達謂字形象兩撇下垂的鬍子，本義是兩腮的鬍鬚，是"髯"的本字。隸變后字俗作"冉"，"髯"乃"冉"的加旁字，與"須"作"鬚"同類。《說文》："冄，毛冄冄也。"許慎所謂當為引申義。本義指鬍鬚。●古文字均為人名。《師寰簋》："正（征）淮尸（夷），即𣸯𡊅（厥）邦酋（酋），曰冄、曰鋒、曰鈴、曰達。"《冄鉦鋮》："羡子孫余冄鑄此鉦鋮。"《二十一年相邦冄戈》："廿一年，相邦冄造，雝（雍）工帀（師）葉。"

誧（秦）　陶新 160　陶新 163　陶新 172

【注】從言冄聲。●單字，人名。

枏　仲枏父簋　仲枏父簋　仲枏父匕　仲枏父鬲　仲枏父鬲

1652

【注】從木冄聲，與小篆同。柟，《廣韻》同枏。《說文》："，梅也。"本義木名。●均為人名。《仲枏父鬲》："師湯父有嗣（司）中（仲）枏父乍（作）寶鬲。"

进 楚 清華九・迺命二 10

【注】從辵冄聲。●讀拚。《清華九・迺命二 10》："母（毋）或进（拚）人之田土，部矍弝（剛）梧（猛），以相為音悳（德）。"整理者注："进，讀為'拚'，《說文》'並持也'，有兼併義。部矍，不詳。試讀'部'為'嘈'，訓為'喧鬧'；矍，疑從臣得聲，讀為'嚚'。《左傳》僖公二十四年：'口不道忠信之言為嚚。'或讀為'諳'，《說文》：'訐也。'音德，猶'德音'，《詩・穀風》：'德音莫違。'"

衰 衰鼎 邨子鐘 齊 庚壺 陶録 3・29 楚 上博一・詩論 3 上博一・詩論 8 郭店・六德 28 郭店・唐虞 26 清華十一・五紀 129 秦 、秦印 164 睡簡・為吏 49 類編 289 秦風 150 類編 119

【注】從大冄聲。《庚壺》作，《金文編》原摹作，釋為"冉"，系摹誤。《衰鼎》作，《金文編》原釋為冉。李家浩在《庚壺銘文及其年代》）一文中指出，《衰鼎》之與"衰"之古文形近。六國文字大旁演變為文形作，秦系文字（睡虎地秦簡"衰"作）大旁脫落作，下加衣之省文，乃"蓑"之本字。（詳《戰國文字通論》1277 頁）今統一隸定為"衰"。《說文》："，艸雨衣。秦謂之萆。從衣，象形。𠕋，古文衰。𡗝，亦古文衰。"本義為"蓑衣"之蓑。●族氏名。《衰甗》《衰鼎》等。●讀崔。衰、崔二字音近古通。《庚壺》："衰（崔）子執鼓（鼓），庚入門之。""衰子"應當讀崔子，即崔抒，與齊靈公、莊公同時。●衰亡、衰敗。《上博一・詩論 8》："《雨無正》《節南山》皆言上之衰也，王公恥之。"《睡簡・為吏 33》："壯能衰。" ●《清華十一・五紀 129》："我秉義，奉正衰殺，旬（循）弋（式）天下，共（恭）不詎（徙）。" 整理者注："衰殺，減縮，簡文指月相的虧減。"●《郭店・六德 28》："紩（疏）衰齊，戊（牡）林（麻）實（絰），為昆弟也，為妻亦肰（然）。"衰齊，即《儀禮・喪服》之"齊衰"服。"齊衰"服的最大特徵，即是將斬下的麻緝其邊，縫齊布邊。●秦印有"衰當""衰蘘"，姓氏。

㕙 仲㕙父鼎 楚 安大一 88 晉 港續一 78

【注】從人衰聲，疑為"衰老"之"衰"的專用字。●金文人名。《仲㕙父鼎》："周白（伯）邊

及中（仲）俴父伐南淮尸（夷）。"●晉璽"俴憙"，姓氏，讀崔。●讀髡。《安大一88》："軫（彡）頒（髮）女（如）云（雲），不屑（屑）俴（髡）也。"《毛詩》作"不屑髡也"。上古音"衰"屬山紐微部，"髡"屬定紐歌部，音近可通。

樓楚 清華十一 · 五紀 64 秦 印增 216

【注】從木衰聲。●讀衰。簡文"樓（衰）殺"，減縮，指月相的虧減。●秦印"樓午"，人名。

滾楚 清華十 · 司歲 7

【注】從水衰聲。●讀渨。《清華十 · 司歲 7》："滾（渨）難（灘），申受舒（序）。"太歲在申曰"渨灘"，詳"𣢟（是聲）"字。楚簡或作"歈"。

懷楚 郭店 · 窮達 10

【注】從心衰聲。●讀衰。《郭店 · 窮達 10》："子疋（胥）前多釭（功），後竂（戮）死，非其智懷（衰）也。"

歈楚 仳夫人嬣鼎 包山 87 清華九 · 治政 41

【注】從欠衰聲，"嗺"之異文。●讀渨。"衰"古音在微部，與文部"渨"陰陽對轉。（馮時《仳夫人嬣鼎銘文及其相關問題》）《仳夫人嬣鼎》："歲在歈（渨）饔（灘）。"《集韻》："太歲在申曰汭漢，亦作渨灘。"古代以干支紀年，太歲在申，稱為"渨灘"。●包山簡人名。●《清華九 · 治政 41》："歈墮（地）改（改）坴（封），以豓（絕）者（諸）侯之好。"讀衰，訓為"減少"，如《戰國策 · 趙策四》："日食飲得無衰乎？""衰地改封"即"減少（其他諸侯的）土地，改變國家邊界"。

嶵楚 安大一 7

【注】從山衰聲。●讀崔。《安大一 7》："陟皮（彼）嶵（崔）魄（嵬），我馬虺（虺）遺（隤）。"《毛詩》作"陟彼崔嵬"。毛傳："崔嵬，土山之戴石者。"

蓑楚 郭店 · 語叢四 22 清華二 · 繫年 95

【注】從艸衰聲。●讀衰，衰減。《郭店 · 語叢四 22》："山無墮（陁）則坨（隓），城無蓑（衰）則坨（隓），士無友不可。"山沒有坡度就會崩頹，城牆（從下到上）沒有衰減就會倒塌，士人

沒有朋友是不可以的。●讀崔。《清華二·繫年95》：“齊蓑（崔）芋（杼）殺亓（其）君臧（莊）公。”

藆 齊　璽彙 0243

【注】從糸蓑聲，古“緀”字。●“藆不慷（慮）”，讀崔，姓氏。

裻 楚　東陵鼎　壽春鼎　包山 95　包山 132 反

【注】楚銅器銘文所作，何琳儀謂從厂，肴聲，為“肴”之繁文，刀為迻加之音符；銘文中亦用為“肴”。（《戰國古文字典》286 頁）器銘上部是把筆畫寫交叉形，從文字的系統性出發，或者說根據偏旁的制約性來看，其與包山簡的“裻”字應該是同一個字。故當今學者們一般隸為裻，包山楚簡中常見，但其為何字還有待於進一步研究。●包山簡地名。●《壽春府鼎》：“壽春賓（府）鼎☐☐裻。”疑“裻”字就是饔飧之“飧”的異體。上古音“衰”屬心母微部，“飧”屬心母文部，二字聲母相同，韻部是嚴格的陰陽對轉關係，古音很近。《孟子·滕文公上》“饔飧而治”，趙歧注：“饔、飧，熟食也。朝曰饔，夕曰飧。”《周禮·天官·宰夫》“凡朝覲、會同、賓客，以牢禮之濫，掌其牢禮、委積、膳獻、飲食、賓賜之飧牽，與其陳數”，鄭玄注：“鄭司農云：‘飧，夕食也。《春秋傳》曰：飧有陪鼎。’玄謂飧，客始至所致禮。”孫詒讓《正義》：“析言之，則朝食曰饔，夕食曰飧。通言之，則凡熟食並曰饔飧。朝聘致饔飧，則為凡食物之通稱，飪腥兼備，不止熟食矣。惟其禮飧殺而饔盛，故《司儀》注云：‘小禮曰飧，大禮曰饔餼。’禮殺者取夕食以為禮，禮盛者取朝食以為名，實則致禮本不限以朝夕。”據此，“裻（飧）”應該是在日常生活或禮儀中負責供應饔飧之食的膳食機構。《東陵鼎》：“東陵裻。大右秦。”東陵為地名，“東陵裻”可能是指東陵膳食的機構，這件鼎就是這個機構的盛食之器。

傮 楚　包山 141　包山 143　包山 166　包山 193

【注】從人裻聲。●包山地名，同“裻”。

鄗　包山 77

【注】從邑傮聲。●地名。

心紐帀聲

帀 于　師袁簋 齊　陳純釜　齊　國差蟾　宋莊公之孫邍帀鼎　璽彙

0019 　　璽彙 0149 　　璽彙 0154 楚 　　蔡大師鼎 　　酓忎鼎 　　酓忎鼎 　　鄂君

啟舟節 　　新蔡零 433 　　清華二‧繫年 25 　　清華七‧趙簡子 1 　　上博九‧成甲

1 　　上博九‧成甲 5 　　上博九‧成甲 5 　　上博九‧陳公 7 　　清華八‧邦道

26 　　清華三‧琴舞 1 　　清華八‧邦道 26 　　上博四‧曹沫 42 　　清華四‧別

卦 5 　　清華三‧琴舞 16 　　上博七‧武王 1 　　上博七‧武王 1 　　清華六‧管

仲 12 　　清華七‧越公 63 　　清華八‧邦道 26 　　清華九‧成人 5 　　清

華九‧成人 12 　　清華十一‧五紀 112 　　清華十一‧五紀 60 　　長沙銅量 　　郭

店‧窮達 5 　　包山 5 　　分研一 103 燕 　　璽彙 0158 　　璽彙 0159

璽彙 3371 　　璽彙 3410 晉 　　卅六年私官鼎 　　三年鄭令戈 　　璽彙 3205

圖典 356 　　璽彙 4089 　　集粹 159 　　十六年盆壽令戟 　　璽彙 3203 　　璽彙 3204

璽彙 3202 　　陶彙 3‧1279 　　陶彙 4‧173 　　璽彙 2211 秦 　　睡簡‧日甲 149

背 　　秦印 113

【注】甲骨文作 、 、 ，從倒之，"之"表示前行，倒"之"則是回來，會往復環繞一周之

1656

意。金文同甲骨文。金文中均用作師，戴家祥曰："金文帀或作𠂤，上加一橫，乃列國器之繁文……金文𠂤或讀作師，'師，二千五百人為師。從帀從𠂤，𠂤，四帀，眾意也。'按帀訓周，周即四邊，故四帀與𠂤同義，𠂤和帀皆含眾意，為近義字，故表示眾人之義的師字既可省帀作𠂤，也可省𠂤作帀。"（《金文大字典中》）楚簡上面一橫或作斜筆。戰國時期"帀"當為"師"之省文。《說文》："帀，周也。從反之而帀也。"本義為環繞一周。"帀"的讀音在春秋戰國時期應該與'師'相同，後來讀精紐葉部是音變的産物。●讀師，軍隊也。《師袁簋》："令女（汝）達（率）齊帀（師）。"●工師：西周始置，主管百工和官營手上業。《十四年州戈》："十四年，州工帀（師）明，冶乘。"職官名用字，另有"大帀""冶帀"等。●大師：即太師。原為高級武官，軍隊的最高統帥，後成為輔弼國君的重臣，或謂太子之師。《鐘伯侵鼎》："大帀（師）鐘白（伯）侵自乍（作）石（䃺）沱（鼉）。"《詩·小雅·節南山》："尹氏大師，維周之氏，秉國之均，四方是維，天子是毗，俾民不迷。"毛傳："大師，周之三公也。"鐘鼎銘文中的大師往往是"出内王命"的輔弼大臣，位如三公。《師望鼎》："大師小子師望。"大師小子，大師的屬官。《周禮·夏官·序官》："小子：下士二人，史一人，徒八人。"鄭玄注："主祭祀之小事。"●讀師。《清華七·趙簡子1》："帀（師）保之辠（罪）也。"師保，古時輔弼帝王和教導王室子弟的官，有師有保，統稱師保。●讀斯，句末語氣詞。古帀、斯通用。《左傳·文公十一年》："獲長狄緣師。"師，《史記·魯周公世家》作斯。《清華三·琴舞1》："盲（享）佳（惟）慆帀（斯），考佳（惟）型帀（斯）。"●《圖典356》為"工帀疕"，"工帀"為合文。晉系文字作"龠"者，亦為"公帀"二字合文（或省掉合文符號）。均讀公師，複姓。●《璽彙4089》"馬帀"合文，讀馬師，複姓。●《璽彙2211》"邺帀"二字合文，讀少師，複姓。

邖 晉　分研一 287

【注】從邑帀聲。●"邖巨亡"，姓氏，當讀師。

柿 楚　清華七·越公 22

【注】從木帀聲。●讀棲。帀（師）、棲皆脂部齒音。《清華七·越公22》："怀（㠪）虛（墟）宗庿（廟），陟柿（棲）於會旨（稽）。"

囘 楚　清華五·封許 8

【注】從囗帀聲。●讀稚。《清華五·封許8》："囘童才（茲）悤（憂）。"囘，字内似從帀，即"師"，為心母脂部字，疑讀為"稚"。"稚"字或從屖，也在心母脂部。"稚童"為謙辭，《書·顧命》成王自稱"在后之侗"，孔傳以"侗"為"侗（僮）稚"。

闈 晉　司馬成公權

【注】從門帀聲。●"孟闈"，人名。

彙 6 · 28

【注】從辵帀聲，"帀"之繁文。《廣韻》："帀，一作迊。"●人名。《子婼迊子壺》："子婼迊子壺。"●《匯考 45》"迊豆"、齊陶文"迊上"讀師，姓氏。

曾侯 131

【注】從糸帀聲。●或讀帀，周。《曾侯 131》："一楚甲，棗紳之縢組。"《曾侯 137》作"鯀帀"。帀，俗作匜，指竹簡的編綴方法。

心紐自聲

清華二·繫年 136　清華二·繫年 17　清華二·繫年 47　清華二·繫年 19

【注】甲骨文、金文之 ⿰ 與小篆之 ⿰ (《說文》："⿰，小自也。象形。凡自之屬皆從自。臣鉉等曰：今俗作堆。") 不同字。裘錫圭曾指出甲骨文中訓為"小自"的"自"與表示"師"的"自"寫濾有別，有可能本來是兩個字，後來才混而不分的。(《古文字論集》192 頁) 甲骨文 ⿰、⿰、⿰、⿰，皆用作"師"。金文同甲骨文，亦多讀師，為軍隊編制單位。周初到戰國時期"自""帀""師"三形存在着相混的現象。西周早中期，師旅字多作"自"，職官字多作"師"。例如：《師衛鼎》同時出現"自""師"兩形，而"自"用在師旅，"師"用作官名。但在西周早期作官長講的"師"有時也可寫作"自"，並沒有很嚴格的區分。西周中期的《㝬簋》"王命㝬罪弔(叔) 鯀父歸(饋) 吳姬龠(飴)器，自(師)黃賓璋一、馬兩"；西周晚期的《太師事良父簋》"大 (太) 自(師)事良父作寶簋"，作為官名的"師"也用"自"。就是到了戰國中期，中山國《十二年左使車壺》也寫作"工自(師)貲"。春秋戰國時期"工師"之"師"一般都用"帀"，其他官名大多用"師"，但也有用"帀"的，如《曾大師奠鼎》《蔡大師腆鼎》《宋左師不罘鼎》等；西周晚期到戰國時期師旅之"師"用"師"或"帀"，而用"帀"者習見，蓋尚實用而趨簡易者，如《師袁簋》"今余肇令汝率齊帀(師)……，征淮夷"，《鄂君啟車節》"大司馬昭陽敗晉帀(師) 于襄陵之歲"等。從商代一直到戰國"師"的用字情況來看，"自""帀""師"三字讀音應相近。秦漢時期表示軍隊意義時不再用"自"，與"師"同音的"自"的讀音也就消失了，再加上兩種不同來源的"自"形體上混而不分，它們的讀音都讀入端紐微部了。●讀師，師旅駐紮之地。《小臣謎簋》："雪戸(厥)復歸才(在)牧自(師)。"●讀師，軍隊編制單位。《㝬壺》："更乃且(祖) 考乍(作) 冢嗣土于成周八自(師)。"成周八師和西六師為周王朝嫡系部隊。《禹鼎》："王乃命西六自(師)、殷八自(師)。"殷八師系周人克殷後，由殷人投降的軍隊改編而成。為與成周八

師相區別，稱殷八師。楚簡均讀師。●疑讀純，大也。《大盂鼎》："我聞殷述（墜）令，隹（唯）殷邊侯、田（甸）雫（與）殷正百辟，率肆于酉（酒），古（故）喪自（純）已（祀）。"●大師：官名。《大師虘簋》："大自（師）事良父乍（作）寶殷。"●人名。《自（師）鼎》："自（師）作隩仲寶尊彝。"●讀追。《清華二·繫年17》："乃眚（追）念顕（夏）商之亡由。"清華簡餘例均讀師。

師 大師虘簋 師 師奐鐘 師 仲師父鼎 師 弭伯簋 師 散氏盤 師 師趠盨 師 豆閉簋 師 大方彝 師 弭伯簋 師 大師虘簋 師 叔叚父匜 齊 師 叔尸鎛 師 叔尸鐘 師 庚壺 楚 師 曾大師奐鼎 師 孫叔師父壺 師 冉鉦城

師 清華七·晉文公5 師 清華七·晉文公5 晉 師 大師盤 師 鋚壺 秦 師 上郡守錯戈 師 □上郡守戈 師 二十年相邦冉戈 師 璽彙5487 師 秦印113

【注】甲骨文作 𠂤、𠂤、𠂤、𠂤、𠂤、𠂤，借自為師（自為弓形，代表軍隊）。甲骨文或作 師，迭加音符帀。金文同甲骨文，作自（詳"自"字）、師二體。《叔尸鎛》自繁化作 師，當受"辥"字類化所致。《説文》："師，二千五百人為師。從帀從𠂤，𠂤，四帀，眾意也。"本義為軍隊。●長官。《儵匜》："女（汝）敢自（以）乃師訟。"●師氏：官名，職司教育公卿大夫子弟及保衛王宮安全諸事務。《令鼎》："王射，有嗣（司）眔師氏、小子卿（合）射。"《元年師旟簋》："官嗣（司）豐還ナ（左）又（右）師氏。"左右師氏，是軍隊左右兩翼，是為周代之制度，此師氏用以捍衛王苑。●軍隊。《鋚壺》："達（率）師征郾（燕）。"●秦印有"師越""師同"，為姓氏。

心紐厶聲

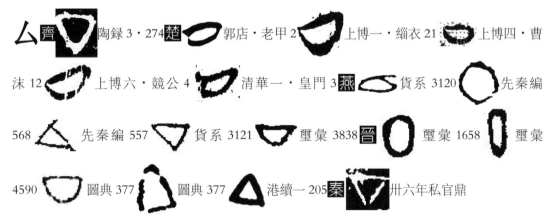

厶 齊 陶録3·274 楚 郭店·老甲2 上博一·緇衣21 上博四·曹沫12 上博六·競公4 清華一·皇門3 燕 貨系3120 先秦編568 先秦編557 貨系3121 璽彙3838 晉 璽彙1658 璽彙4590 圖典377 圖典377 港續一205 秦 卅六年私官鼎

【注】厶為私之古字，當為"㠯"之分化。春秋金文未見，戰國時寫作▽，正是韓非"自營為厶"之《說文》所本。《說文》："ㄥ，姦衺也。韓非曰：'蒼頡作字，自營為厶。'凡厶之屬皆從厶。"本義為私。後來"厶"作了偏旁，其義便另加形符"禾"寫作"私"來表示。●戰國文字均讀私。《信安君鼎》："詢（信）安君厶（私）官，胥（容）伞（半）。"戰國時期傳統的工官機構被分為"公""私"兩個系統，"公"指邦國，如各國相邦所領導的工官機構，還有地方縣邑官府屬下的工官機構，這些都屬于"公"的範疇，相當于漢代大司農領導的大府系統。"私"是指私家，包括屬于國君或封君宮廷的工官機構，也包括一些大貴族家族內部的私人手工業，這相當于漢代的"少府"或"中府"系統。●讀私，私心。《上博四·曹沫12》："兼愛萬民，而亡有厶（私）也。"●《圖典377》"厶（私）敬"，指燕居獨處，"私敬"意思是在燕居獨處時也要敬慎。與《圖典377》"敬厶（私）"意思相同，都相當於儒家所所說的慎獨。●《港續一205》"厶公之鈢"，立身處世，公私分明。璽文厶在前，公在後，值得品味。

【注】從禾厶聲，為"厶"之繁文，多為秦系文字（昭襄王三十六年的厶官鼎作厶）。六國文字均用"厶"。●《昭宮私官壺》"私官"，六國作"厶官"。詳"厶"字。●私人。《睡簡·答問175》："以乘馬駕私車而乘之，毋論。"●秦印習見"私璽"，為代表個人憑證的信物。

帮紐匕聲

【注】甲骨文作ㄑ、ㄟ、ㄆ，郭沫若謂匕匙之形。（《金文余釋之余·釋㐆氏》）或直或曲長柄、淺斗，前端稍銳，以便剕取牲肉，形似今之湯勺。金文旨正從ㄑ，會以匕進食甘美之意。古文字多用其假借義。●讀妣。《戊辰彝》："隹（唯）王廿祀叙日，遘于匕（妣）戊武乙奭、豕一。"●即匙，用以從盛器中取食的餐具。《仲枏父匕》："枏父乍匕永寶用。"《望山2·47》："三（四）金匕。二金勺。"●楚幣文讀幣。

簡・秦種 31 睡簡・日甲 11 背

【注】甲骨文作 伴、𠨔、𡚺、𡚺、𡚺、𡚺、𡚺、𡚺、𡚺、𡚺、𡚺、𡚺、𡚺、𡚺、𡚺，從牛（或從羊、犬、豕，同），從匕（雌性標誌），會雌性鳥獸之意；匕兼聲。"匕"結合不同的獸類形符，分別表示不同的雌性動物。早期金文與甲骨文同形，形符從牛，或從兔（兔）、鹿、馬，後變化為專從牛。本義為雌性的鳥獸，與"牡"相對。●母牛。《蠹鼎》："公貿用牝休蠹，用乍（作）寶彝。"公貿用一頭母牛休賜給蠹，蠹因而作寶尊彝以紀念這一榮寵。●泛指雌性的。《清華四・筮法 2》"屯牝"讀"純牝"，牝為雌性，為母。

 鳦楚 包山 80

【注】從鳥匕聲。●簡文"石虸鳦"，人名。

 隹秦 里耶 8・78 背

【注】從隹匕聲。●人名。

 杚楚 信陽 2・27

【注】從木匕聲，"匕"之繁文。●讀匕，器名。《信陽 2・27》："一鋏（挑）杚（匕）。"

 祂齊 鑰鎛

【注】從示匕聲。匕、比聲同，卜辭以匕或比為妣，可知矣，故字可釋為"祂"。《康熙字典・二》："祂：《集韻》同祂。"●讀妣。《鑰鎛》："用亯（享）用考（孝）于皇祖聖弔（叔）、皇祂（妣）聖姜。"

 疕 昆疕王鐘楚 包山 8 晉 趙武襄君鈹秦 秦陶 1010

類編 57 睡簡・封診 52 秦印 148

【注】從疒匕聲，與小篆同。《說文》："疕，頭瘍也。"本義頭瘡。《周禮・天官・醫師》："凡邦

之有疾病者，疕瘍者造焉。"《注》疕，頭瘍。●頭瘡。《睡簡·封診 52》："以三歲時病疕，麋（眉）突。"在三歲時患有瘡傷，眉毛脫落。●國名用字。《昆疕王鐘》："昆疕王貯（鑄）乍（作）龢鐘。"●秦陶秦印人名。

鈚 秦　里耶 8·1018

【注】從金匕聲。●義不詳。

鮍 秦　秦印 226

【注】從魚匕聲。《説文》："鮍，魚名。从魚匕聲。呼跨切。"或疑"鮍"為"魮"之省文。"呼跨切"則可歸入曉母歌部。●人名。

胒 ●乖伯簋

【注】從脉（"鼬"之象形初文），匕聲。《説文》或體作"貔"，從豸（乃意符歸併之結果）比聲，與金文無異，蓋比、匕聲同。《説文》："貔，豹屬，出貉國。從豸毘聲。《詩》曰：'獻其貔皮。'《周書》曰：'如虎如貔。'貔，猛獸。貚，或從比。"本義白狐也。●讀貔，用同本義。《乖伯簋》："易（賜）女（汝）胒裘。""王命中（仲）迕歸（饋）乖白（伯）胒（貔）裘。""貔裘"即白狐裘也。

北 楚　鰙鐘　　郭店·唐虞 28　　郭店·老甲 34　　上博一·緇衣 20

清華一·楚居 5　　清華六·孺子 1　　清華五·命訓 15

【注】從才匕聲。聲符"才"或與"十"混同。●多讀必，必然。《清華六·孺子 1》："北（必）再三進夫=（大夫）而與之虘（偕）恩（圖）。"●讀牝。《郭店·老甲 34》："未智（知）北（牝）戊（牡）之合朁蕊（怒），精之至也。"●《鰙鐘》讀比，或作"收"，詳"收"字。

枈 楚　安大一 46

【注】從木北聲。●讀柲。《安大一 46》："竹枈（柲）絚縢（縢）。"《毛詩》作"竹閟絚縢"。《毛詩》當為借字。上古音"閟""柲"同屬幫紐質部，音近可通。馬瑞辰："蓋戈矛柄欑竹相比輔為之，而謂之柲，弓檠以竹為之，用以輔弓弩，亦謂之柲，其義一也。"（參《毛詩傳箋通釋》第三八二頁）

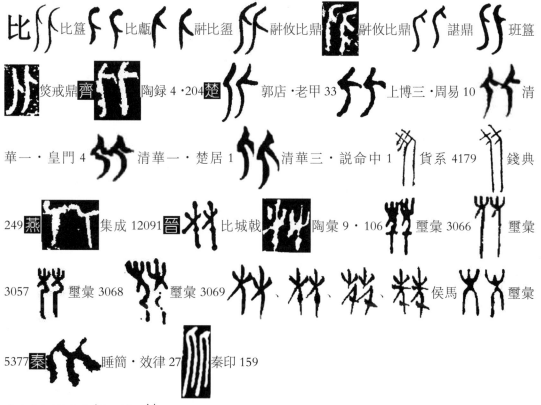

閟 楚 清華八·攝命 5   清華十一·五紀 101

【注】從門北聲。●讀閟。《清華八·攝命 5》："母（毋）閟（閟）于乃佳（唯）濬（沖）子少（小）子。"整理者注："《大誥》'予不敢閟于天降威'，'閟'訓為閟塞。"

訛 楚 上博八·蘭賦 1

【注】從言北聲。●讀謐。《上博八·蘭賦 1》："芳涅（馨）訛（謐）迡而達聝（聞）于四方。"楚簡中"北"讀必，此字疑為謐字異體。《爾雅》："謐，靜也。"迡，疑讀寧。《左傳·僖公七年》"盟于甯母"，杜預注"高平方與縣東有泥母亭，音如甯。"《後漢書·郡國志》泥母作甯母，甯、寧可通，《大雅·文王有聲》"遹求厥寧"，《說文·欠部》引作"甯"。寧、靜意同。

玭 齊 陶錄 3·523

【注】從玉比聲。●齊陶單字，當為人名。

比 比簋　比甗　鮮攸比盨　鮮攸比鼎　鮮攸比鼎　諶鼎　班簋　俊戒鼎　齊 陶錄 4·204　楚 郭店·老甲 33　上博三·周易 10　清華一·皇門 4　清華一·楚居 1　清華三·說命中 1　貨系 4179　錢典 249　燕 集成 12091　晉 比城戟　陶彙 9·106　璽彙 3066　璽彙 3057　璽彙 3068　璽彙 3069　侯馬　璽彙 5377　秦 睡簡·效律 27　秦印 159

【注】甲骨文作 、 、 ，從二匕，會相并之意。徐中舒曰："古文字正反每無別，故甲骨文'从'、'比'二字形體略同，不易區別。然二字實應有別。从從二人，比從二匕，此由卜辭用比為妣，亦用匕為妣可知。然在卜辭辭例中，比、从二字因形近而每混用。"（《甲骨文字典》920

頁）金文同甲骨文。戰國貨幣文字或反書作（貨系 4179），然均加二斜筆以示與"从"相區別。或作、，斜筆向上彎曲，此為古文所本。《説文》："，密也。二人為从，反从為比。凡比之屬皆從比。古文比。"本義是並列，如《尚書》："稱爾戈，比爾干，立爾矛，矛起誓。"二人只有並列才有比較的可能，所以引申指比較，如屈原《九章》："與天地比壽兮。"又引申為緊靠，如王勃詩句"海內存知己，天涯若比鄰"。●輔佐。《班簋》："目（以）乃自（師）左比毛父。"李學勤訓比為輔。●人名。《爾比簋蓋》："比其邁（萬）年，子孫孫永寶用。"●讀妣。《羍鼎》："羍乍（作）比（妣）辛隩彝。"●親近。《上博三·周易 9》："六二：比之自內，吉。"●同、齊同。《郭店·老甲 33》："含德之厚者，比於赤子。"●排列。《郭店·成之 17》："智（知）而比即（次），則民谷（欲）其智（知）之述（遂）也。"●勾結、結黨營私。《上博五·季庚 22》："在後之世比亂，邦相懷毀。"●卦名。《上博三·周易 9》："比：遣筮，元永貞，吉，無咎。"

【注】甲骨文金文以匕、比為妣。金文或從女匕聲；或從女比聲（此為小篆所本）。《説文》以妣為妣之籀文。《説文》："，殁母也。從女比聲。籀文妣省。"本義指已故母親。●對先母、先祖母等女性祖先的稱呼，與"祖"相對。《爾侯簋》："嬭（妣）乍（作）皇妣☐君中（仲）改祭器八段（簋）。"《書·舜典》："百姓如喪考妣。"陸德明《釋文》："母曰妣。"《釋名·釋喪制》："母死曰妣。"

侯馬

【注】從邑比聲。●侯馬盟書，人名。

珍戰 39

【注】從門比聲。●"霍閟智"，人名，可讀閉。

小臣鼎

【注】從目比聲，"睥"之異文。古比、卑聲近可通，參"瓶"字。●讀畀，賜也。《小臣鼎》："宓（密）白（伯）于成周休眲（畀）小臣金。"《字彙·目部》："睥同眄。"故比、卑、畀聲系可通。

攽鐘 上博三·周易 10

【注】從攴比聲，古"批"字。●讀比。《尚書·牧誓》："爾戈，比爾干，立爾矛，予其誓稱。"孫星衍疏："比者，《説文》云，相次比也。"《虢鐘》："需色若華，敀（比）者（諸）礦（馨）碑（聲）。"《上博三·周易10》："外敀（比）之，亡不利。"

鴯楚 清華九·成人7

【注】從鳥比聲。●讀牝。《清華九·成人7》："鴯（牝）牂（牡）鴎（雌）䲆（雄），各又（有）聖（聲）㞢（容）。"

訨楚 清華三·芮良夫19　　清華三·芮良夫20

【注】從言比聲。●讀比。《逸周書·文酌》"往來取此〈比〉"，朱右曾《集訓校釋》："比，親也。"《清華三·芮良夫20》："而五相（相）柔訨（比），喬（遷）易兕心。"柔，《爾雅·釋詁》："安也。"五相，即上文之"百有司"，指各種官吏。

狉 狉伯罰卣

【注】從犬比聲。《集韻》履切，音婢。獸名，似豕。●讀比，姓氏。《狉伯罰卣》："狉白（伯）罰乍（作）障彝。"

甀楚 孟城瓶

【注】從缶比聲，可釋為"餅"，今字作"瓶"。同字包山楚簡作鉼、鉼。●器名，形似壺，收口，短頸，鼓腹。金文或作鉳、鉼、鴎、炗等，為一字異形。《孟城瓶》："都公孟獻（城）乍（作）為行甀（餅）。"

鉳金 喪史實鉼　　唐子仲瀕鉳楚　　蔡侯申鉼燕　　纕冟君鉼

【注】春秋金文作鉳，從金比聲；鉳通鉼（"瓶"之本字）。或增從皿，標其物類也。鉳、鎰、鉼，《金文編》原釋為"鈚"，此三文均從"比"得聲，與"鈚"並非一字。●器名，形似壺，敞口，短頸，鼓腹。典籍作"餅""瓶"。《喪史實鉼》："喪史實自乍（作）鉳（鉼），用征用行。"《唐子仲瀕鉳》："錫（唐）子中（仲）瀕鼉（擇）其吉金，鬲（鑄）其御鉳。"裘錫圭在《説鉳、楷、楄楶》一文中曾指出，這個鉳字用作春秋戰國時一種扁壺名稱，"比""卑"古音相近可通，和見于《土勻錍》（鉳與錍一樣均是稱同一種扁壺）的錍字為一字異體。

疕齊  陶彙3·1204

【注】從广比聲。●齊陶人名

庀陶録 2・476 郭店・語叢三 50

【注】從广比聲。郭店簡從"比"之古文 。●齊陶"庀豆里",里名。●疑讀依。《郭店・語叢三 50》:"厎(依)於怠(仁),遊於埶(藝)。"

毗秦印 299

【注】從田比聲。●人名。

鉳鄧公簋 陳公孫牆父鉳 樂大司徒鉳 魏公鉳

【注】從卤比聲,與小篆鉳混同,然二者非一字。金文鉳、錍、鉳、鉳為一字異體,均指一種扁形壺。●《鄧公簋》"應嫚鉳",人名。●器名,典籍作"鉼""瓶"。《樂大司徒鉳》:"樂大嗣(司)徒子☒之子引,乍(作)旅鉳(鉼)。"《陳公孫牆父鉳》:"陳(陳)公孫牆父乍(作)旅鉳(鉼)。"

毘信陽 2・13

【注】《楚系簡帛文字編》釋為篦,該字可能是篦的初文。●疑讀篦,表示梳篦之篦。《信陽 2・13》:"二毘(篦)。"李零認為釋"篦"非。

媲集證 192

【注】疑從女毘聲。●秦文字人名。

貔戰編 646 印增 378

【注】從豸毘聲。●秦印人名。

繐曾侯 6 曾侯 10

【注】從糸毘聲。●讀紕。《曾侯 6》:"紫羊須之繐。"羊須,即羊嘴下鬍鬚狀的毛。簡文應為旗上之物。"繐"疑即"紕"字的異體。《爾雅・釋言》:"紕,飾也。"

魮（坒） 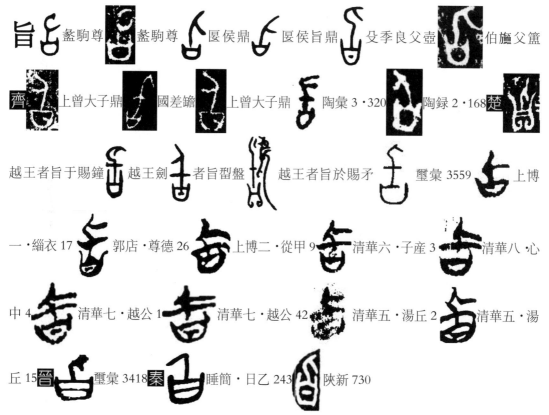 王作臣坒簠 　坒卣　 坒角

【注】從章比聲，古"坒"字。《坒角》從友，或為偶誤。小篆從土比聲，從章與從土會意同，《說文》城、堵、垣等字籀文均從章，可證。《說文》："坒，地相次比也。衛大夫貞子名坒。"本義為相連接，《吳都賦》："士女佇眙，商賈駢坒。"古同"陛"。●人名。《坒卣》："子易（賜）坒用乍（作）父癸障彝。"

陛 秦 陛 睡簡·為吏 10

【注】從阝坒聲。●秦簡"除陛"，宮殿臺階。《說文》："瑗，大孔璧。人君上除陛以相引。"

旨 旨 盞駒尊 　 盞駒尊 　 匽侯鼎 　 匽侯旨鼎 　 㠱季良父壺 　 伯黸父簠

齊 上曾大子鼎 　 國差瞻 　 上曾大子鼎 　 陶彙 3·320 　 陶錄 2·168 楚

越王者旨于賜鐘 　 越王劍 　 者旨邵盤 　 越王者旨於賜矛 　 璽彙 3559 　 上博

一·緇衣 17 　 郭店·尊德 26 　 上博二·從甲 9 　 清華六·子產 3 　 清華八·心

中 4 　 清華七·越公 1 　 清華七·越公 42 　 清華五·湯丘 2 　 清華五·湯

丘 15 晉 璽彙 3418 秦 睡簡·日乙 243 　 陝新 730

【注】甲骨文作旨、旨、旨、旨，從口從匕（匙），會以勺進食而有甘美之意；匕兼聲。匕、旨古音同在脂部。金文同甲骨文。或于匕之上增飾一筆作旨，與《說文》古文同。或又從甘，甘、口為形符會意同。●甜美、味美。《㠱季良父壺》："用盛旨酉（酒）。"●讀詣，到也。《盞尊》："王親旨（詣）盞，駒易（賜）兩。"郭沫若曰："旨殆讀為詣，言王親自到達盞處。'駒易（賜）兩'者，賜駒二匹。"（《文史論集》316 頁）●人名。《匽侯旨鼎》："匽（燕）侯旨初見事于宗周。"●晉璽"旨盧瘿"讀者，姓氏。●戰國文字多讀嗜。《清華五·湯丘 15》："飤（食）時不旨（嗜）鱄（珍）。"《睡簡·日乙 243》："旨（嗜）酉（酒）。"●讀稽。《清華八·心中 4》："盜（盜）心愿（謀）之，旨（稽）之，厇（度）之，監之。"●《越王者旨于賜鐘》"者旨"讀"諸稽"，複姓。

石_楚  清華八·邦道1

【注】石，《玉篇》古文旨字。●《清華八·邦道1》：“石軷為弱，以不廲（掩）於志，以至於邦家昏亂。”整理者讀釋為古，讀固，鄙固。疑讀枝。“石軷”很可能當讀為“枝幹”，指臣屬。

脂_楚  清華三·琴舞3　上博一·緇衣21　清華九·成人22　清華

十·四告12

【注】從貝（視）從旨，雙聲字。●讀示，教導。《清華三·琴舞3》：“脂（示）告余㬎（顯）惪（德）之行。”顯德，謂顯明的美德。《上博一·緇衣21》：“人之𡥈（好）我，脂（示）我周行。”人們都喜歡我，給我指出忠信之道。●讀稽。《清華九·成人22》：“又（有）眾無脂（稽），則審（中）幾之于示所。爭𤢡（獵）內（入）于公。”無稽，稽察問責無失職事項。

鮨_秦  印增450

【注】從魚旨聲。●人名。

譗（頡）

公臣簋　公臣簋　師𡨃簋　殺簋　彔卣　彔伯簋　趩觶　師遽簋　師遽方彝　令鼎　沈子它簋　致鼎　致簋　農卣　不栺方鼎　史懋壺　榮作周公簋　令簋　幾父壺　大簋　䰧簋　趞簋　無㝊簋　南宮乎鐘　師𡧍簋蓋　柳鼎　師酉簋　師酉簋　頌簋　頌鼎　頌壺　克鼎　克盨　大簋　大簋　大鼎　元年師兌簋　元年師兌簋　十三年𤼈壺　十三年𤼈壺　三年𤼈壺　三年𤼈壺　恒簋　永盂　大師虘簋　大師虘簋　師嫠簋　吳方彝

1668

盉方彝　盉方彝　盉方彝　趠曹鼎　元年師旋簋　元年師旋簋

元年師旋簋　智壺　智鼎　師艅簋　諫簋　虞簋　揚簋

旬簋　冊三年逨鼎　友簋齊　叔夷鎛楚　新蔡乙四 70　上博五·三德

16　清華五·厚父 5　清華三·説命上 4 秦　不娶簋蓋

【注】《公臣簋》從嘗旨聲。"韻"在銘文中均用作"稽首"之"稽"；"稽"亦從旨聲。聲符旨或省或繁，或左或右。金文或從頁旨聲。《友簋》聲符省為匕。楚簡多為"稽首"二字合文。小篆同金文。隸變後寫作䭫、䭫。《説文》："䭫，下首也。"《廣雅》："韻，低也。"即低頭行禮。本義叩首，銘文中多組成"韻首"一詞。䭫、韻是"稽"的古文，後世以稽代之，䭫、韻乃廢。稽首，古時的一種跪拜禮，叩頭至地，是九拜中最恭敬的。●古文字多讀稽，叩首。金文多與拜連用，作"韻首""拜韻首""拜手韻首"等，為朝廷跪拜大禮（詳"拜"字）。●讀啟，告也。《令簋》："丁公文報，用韻（啟）後人盲。"或謂讀稽。稽，《説文》"留止也"。銘意為，留福蔭于後人。

逆鐘

【注】從山韻聲，古"嵇"字。《説文新附》："嵇，山名。從山，稽省聲。奚氏避難特造此字，非古。"《改並四聲篇海》引《余文》"韻，考也；同也；當也；留止也。又山名。亦姓。今作稽。"韻為山名，可證"嶇"即山名之韻或嵇之專字。●讀頡。《逆鐘》："逆敢拜手嶇（頡）。"

齊　璽彙 0193

【注】從辰旨聲。"脣"之省文。●"䶵聞殷鉥"，疑為地名。

屏敖簋蓋楚　清華十一·五紀 117

【注】從尸旨聲。《説文》凥也。●讀韻。《屏敖簋蓋》："屏敖用環用璧，用眉（頡）首。"●讀指。《清華十一·五紀 117》："奮眉（指），唬（呼）振（唱）。"

 清華十一 · 五紀 108

【注】從人旨聲。●讀脂。《清華十一 · 五紀 108》："亓（其）黃義（犧）之佁（脂），是為韋（威）耑（瑞）。"

怡 楚 清華十一 · 五紀 99

【注】從心旨聲。●讀詣。《清華十一 · 五紀 99》："兌（變）怡（詣）進退，乃為唬（號）嫛（班）。"整理者注："兌，讀為'變'。變詣進退，即兵家所強調的用兵求變，《孫子兵法》有《九變》《虛實》等篇。嫛，讀為'班'，指次列。一說此字從丮，從攴，為'丮'字異體，虡攴，即簡一一五之'虡丮'。"

 指 乖伯簋 楚 郭店 · 性自 28 安大二 · 仲尼 5 秦 睡簡 · 答問

83 睡簡 · 答問 90

【注】從手旨聲。《安大二 · 仲尼 5》為"手指"合文。●金文讀諧。"拜手諧首"乃金文習語。●讀志。《呂氏春秋 · 行論》"故布衣行此指于國"高誘注："猶志。"《郭店 · 性自 28》："凡古樂龍心，益樂龍指，皆善（教）其人者也。"龍，讀寵，義為尊崇。"益"當訓為增益。"益樂"義近于新樂。此"指"當指武王取天下之志。●手指。《睡簡 · 答問 83》："齧斷人鼻若耳若指若唇，論各可（何）殹（也）？"《安大二 · 仲尼 5》："弟子女（如）出也，十指＝（手指）女（汝），十貝＝（目視）女（汝，汝）於（烏）敢為不善唬（乎）！害（蓋）君子斳（慎）其蜀（獨）也。"●指示。《睡簡 · 為吏 29》："則民傷指。"傷，輕慢。傷指，對其指示不予重視。

毴 楚 清華七 · 越公 32

【注】從毛旨聲。●讀稽。《清華七 · 越公 32》："其見農夫毴（稽）顚（頂）足見，顏色訓（順）必（比）而將耕者，王亦酓（飲）飤（食）之。"

 脂 齊 淺公宜脂鼎 楚 郭店 · 唐虞 11 清華一 · 耆夜 7 晉 璽彙

1273 璽彙 3972 璽彙 2735 秦 睡簡 · 秦種 128 脂 睡簡 · 秦種 130

【注】從肉旨聲。●人名。《淺公宜脂鼎》："淺（濫）公宜脂余（擇）其旪（臧）金，用鑄其煉

宜鼎。”“宜脂”，澯公之名。●讀旨，美也。《清華一·耆夜7》：“王又（有）脂（旨）酉（酒）。”
●《郭店·唐虞11》：“巽虔（乎）脂膚血勞（氣）之青（情），敕（養）眚（性）命之正。”“脂
膚血氣”是人身體的主要構成成份。●晉璽人名。《璽彙2735》“不脂”合文，《淮南子·説山訓》
説“不脂”即少言無聲之意。●油脂。《睡簡·秦種130》：“用膠一兩、脂二錘。”

 清華七·越公31

【注】從皿脂聲。●讀脂。《清華七·越公31》：“乃以眢（熟）食盬（脂）醢（醯）脅（脯）肶
多從。”

 清華三·説命下3

【注】從臼脂聲。●讀詣。《清華三·説命下3》：“罘（既）亦臅（詣）乃備（服），勿易俾郘（越）。”

 璽彙2617

【注】從弓脂聲。●晉璽人名。

 室叔簋

【注】從皀脂聲，疑“脂”之繁文。●讀嗜。《室叔簋》：“丝（茲）叚（簋）臅皀，亦霝人，子
孫其永寶用。”《詩·小雅·楚茨》：“苾芬孝祀，神嗜飲食。”鄭玄箋：“神乃歆嗜女之飲食。”這
裏是使動用法，即使神歆嗜之意。

 孟姬浯簋

【注】從仌旨聲，疑“脂”之異文。脂凝如冰，故從仌。字與“冶”易混。●人名。《孟姬浯簋》：
“孟姬浯自乍（作）鱐（饙）叚。”

 璽彙3359

【注】從黑旨聲。●晉璽人名。

 包山151

【注】從墨旨聲。●人名。

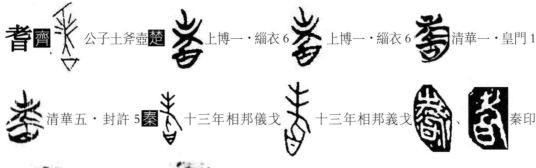

者齊 公子土斧壺楚 上博一・緇衣 6 上博一・緇衣 6 清華一・皇門 1

清華五・封許 5秦 十三年相邦儀戈 十三年相邦義戈 秦印

165 睡簡・秦種 136 睡簡・日甲 142

【注】從老省，旨聲。《說文》：“𦤶，老也。”本義年老者。●用為本義。《清華一・皇門2》：“穢（蔑）又（有）者耇虞（據）事鼾（屏）朕立（位）。”者耇，即耇老，高壽之人。亦作“壽耇”。●秦簡多讀嗜。《睡簡・日甲 142》：“者（嗜）酉（酒）而疾。”●人名。《十三年相邦儀戈》：“十三年，相邦義（儀）之造，咸陽工師田、工大人者、工積。”秦印亦為人名。●《清華五・封許5》：“楚（臧）者尔猷。”《左傳・昭公二十三年》：“不懦不者。”杜注：“者，彊也。”《廣雅・釋詁一》：“强也。”簡文“壯者”即漢人言之“壯强”。《論衡・效力》：“此言賢人亦壯强於禮義，故能開賢，其率化民。”又曰：“管仲有力，桓公能舉之，可謂壯强矣。”●讀祈。“祁”有大義，《詩・小雅・吉日》“其祁孔有”。《上博一・緇衣6》：“晉冬者（祈）寒，少（小）民亦佳（唯）日月（怨）。”“者寒”，嚴寒之意。

敤楚 清華八・攝命 29

【注】從攴者聲。●讀稽。《清華八・攝命29》：“余亦佳（唯）肇（肇）敤（稽）女（汝）悳（德）行佳（唯）穀（穀）罘非穀（穀）。”《易・繫辭下》“於稽其類”，注：“稽，猶考也。”

蓍秦 秦印 12

【注】從艸者聲。●秦漢印“蓍臣之印”，“蓍臣”地名。

詣楚 包山 156 清華一・保訓 5 包山 156 清華一・保訓 4

清華三・芮良夫 25秦 睡簡・秦種 115 睡簡・答問 139 印增 90

【注】從言旨聲。●讀稽。《周禮・宮正》注：“猶考也。”《清華一・保訓5》：“自詣（稽）氏（坁）

一厥）志。"●《清華三·芮良夫25》："虐（吾）楚（靡）所爰（援）［以］詣。"《小爾雅·廣詁》："詣，進也。"●送至。《送交答問184》："詣符傳於吏是謂'布吏'。"把通行憑證送交官吏，稱為布吏。

 不栺方鼎

【注】從木旨聲。《説文》無。《玉篇》木名。●人名。《不栺鼎》："不栺拜稽首，敢揚王休，用乍（作）寶鸞彝。"

 石鼓文

【注】從艸栺聲，疑古"蓍"字。●讀祁。《石鼓文》："駉駉（濟濟）馬麐（薦），蘋蘋芇芇。"馬薦，為馬食之草。蘋蘋芇芇，為形容詞並列式，形容草木之豐盛。祁祁，眾多也。

 菖 楚 天星 菖 包山40 安大一41 秦 印增572

【注】從艸旨聲。●天星簡讀蓍，占卜用。●讀夷。《包山40》"菖陵"讀"夷陵"，地名。上古音"旨"在章母脂部，"夷"在喻母脂部，二者同屬舌音，疊韻，讀音很近。郭店楚簡《緇衣》"晉冬旨寒"，今本作"資冬祁寒"，而"祁"與"夷"可通假（《韓非子·十過》"施夷之台"，《太平御覽》五七九引作"虒祁"），上古音"祁"在群母、脂部，與"夷"字疊韻，聲母喉牙可通轉。●讀蓍。《安大一41》："皮（彼）蓥（苗）者菖（蓍）。"《玉篇》"菖"為"蓍"之古文。《説文·艸部》："蓍，蒿屬。從艸，者聲。"●秦印"菖欤"，疑為姓氏。或釋為"苴"，不確。

 筲 楚 包山201 秦 印增582

【注】從竹旨聲。●讀蓍，占筮工具。《包山201》："廊（應）會以央筲（蓍）為子左尹舵貞。"●秦印"筲詘"，人名。

 勖 楚 清華八·邦道14 清華九·治政39

【注】從力旨聲。●讀者，訓為強。《清華八·邦道14》："命是以不行，進退不勖（者）。"

 稽 楚 郭店·五行33 匯考208 秦 睡簡·為吏5 會稽刻石

秦印 288

【注】秦簡從又（漢文字增繁從攴）從禾，從旨，旨亦聲。《說文》："稽，留止也。從禾從尤，旨聲。凡稽之屬皆從稽。"又《說文》"禾，木之曲頭止不能上也"。故稽之本義當為"停留"。《說文徐注》禾之曲止也，尤者異也。有所異處，必稽考之，即遲留也。《前漢‧食貨志》蓄積余贏，以稽市物。《注》稽，貯滯也。因為形體的接近，"禾"在鄭文公碑（）中已與"禾"混同。漢文字作稽、𥞑（帛編254）、𥞑（漢銅125），知稽可從又、攴、尤作。"旨"的筆劃也都有省並。《郭店‧五行33》裘錫圭疑為"稽"字異體，和《匯考208》之"枳"應該是繁簡關係。●考察。《睡簡‧為吏5》："操邦柄，慎度量，來者有稽莫敢忘。"●《會稽刻石》"會稽"，地名。●裘錫圭讀繼。《郭店‧五行33》："悉（愛）父，亓（其）秾悉（愛）人，悬（仁）也。"《郭店》隸定為枂，注云："'攸'字異體，讀作'迪'。《爾雅‧釋詁》'迪，進也'。"又按：該字與包山簡、郭店簡、楚帛書習見之"殺"形近而訛誤，疑仍應隸定為"殺"。其字帛本〈經〉作"繼"，《帛書》注云："'其繼愛人'，猶言其次愛人。本篇二五四行解說部分作'愛父，其殺愛人'，殺是差、減之意，與繼字義近。"（劉信芳《簡帛五行解詁》102頁）

鄁楚  包山 91　　清華一‧耆夜 1

【注】從邑旨聲。●《包山91》讀者，姓氏。●讀者，地名。《清華一‧耆夜1》："武王八年延（征）伐鄁（者），大矤（裁）之。"李學勤、趙平安先生認為："'鄁'古書作'黎'或'耆'等，……'鄁夜'就是伐黎後舍爵飲酒的意思。"（《清華簡《耆夜》名義解析》）"耆夜"之夜，應當照其字面的意思來理解，乃黑夜之義。所謂"耆夜"，就是武王裁者勝利後舉行飲至禮之夜。

弨晉  侯馬

【注】從弓旨聲。●人名。

餚楚  郭店‧緇衣 33

【注】從食旨聲，疑"旨"之繁文。●讀稽。《郭店‧緇衣33》："行必餚（稽）亓（其）所敝。"

垍楚  清華九‧治政 14

【注】從土旨聲。●讀者，訓為"強"。《清華九‧治政14》："威昌（以）爾（彌）箮（篤）嗌（益）垍（者）。"《左傳‧昭二十三年》不懦不者。《注》者，彊也。簡文意為：（君主的）威嚴就更加堅實強大。

明紐眉聲

簡·日乙 231

【注】甲骨文作 ⿰⿱⿰⿱⿰⿱⿰⿱⿰⿱⿰⿱⿰⿱，象眼睛上方着眉毛之形。金文承之。《説文》："眉，目上毛也。從目，象眉之形，上象額理也。凡眉之屬皆從眉。"本義為眉毛。年老人眉生毫毛，為長壽標誌。《詩·豳風·七月》："為此春酒，以介眉壽。"毛傳："眉壽，豪眉也。"孔穎達疏："人年老者必有豪眉秀出者。"高亨注："眉壽，長壽也。"●讀湄，水邊。《小臣謎簋》："唯十又一月，遣自䏠目（次），述東陝，伐海眉。"海眉，意即濱海地區。●眉敖：人名。《乖伯簋》："隹（惟）王九年九月甲寅，王命益公征眉敖，益公至，告。二月，眉敖至視，獻（獻）賮（帛）。"《九年衛鼎》銘也有"眉敖"。楊樹達曰："眉敖者，微國之君也，眉、微二字古通。"（《金文説》206 頁）●秦簡用為本義。秦文字或用"麋""賮"表示"眉"。

【注】甲骨文作 ⿰⿱、⿰⿱，從女從眉，眉亦聲。女以眉目悦人，形聲兼會意。《説文》："媚，説也。從女眉聲。""説"今悦字也。●愛。《睡簡·日甲 14 背》："内居西南，婦不媚於君。"●人名。《子媚鼎》："子媚。"

明紐美聲

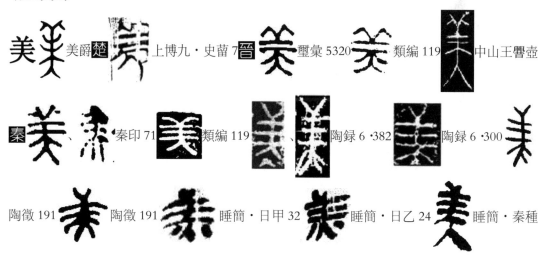

 65 美、𧮫、羕、美 秦編 614 𦍩 美陽銅權

【注】甲骨文作𦍩、美、𦍒、美、𦍤，象人首戴羽飾之形，本義為美麗。羽飾或訛為𦍏（羊）。金文從羊從大，羽毛不復存在了。楚文字作敱、岜、頯、敱。秦系文字與"羔"相混，見"羹"。《説文》："美，甘也。從羊從大。羊在六畜主給膳也。美與善同意。"本義是美麗，如《左傳》："娶妻而美。"引申為甘美、讚美等義。●美善。《中山王𢀙壺》："因軍（載）所美，卲（昭）灻（跋）皇工（功），詆郾（燕）之訛，以憼（警）嗣王。"《睡簡·日甲 32》："以生子，既美且長，有賢等。"●人名。《美爵》："美乍（作）氒（厥）且（祖）可公障彝。"●《美陽銅權》"美陽"，地名。《漢書·地理志》右扶風有"美陽"縣，在今陝西武功西南。

陜 陜 散氏盤 𪩩 匯考 69

【注】從阝美聲，疑"嵄"之異文。嵄，《玉篇》眉否切，音美，山也。●地名。《散氏盤》："登于厂源（原），奉（封）楮杆、陜陵。"●齊璽"麋陜者害坏"，疑為地名。

明紐米聲

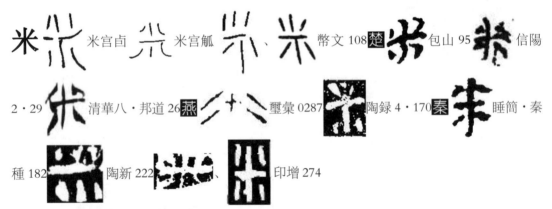 米 米宮卣 米宮觚 米 幣文 108 米 包山 95 米 信陽 2·29 米 清華八·邦道 26 米 璽彙 0287 米 陶錄 4·170 米 睡簡·秦種 182 米 陶新 222 米 印增 274

【注】甲骨文作𤖕、𤖕、𤖕、𤖕，像米粒形。●古文字多用為本義。《包山 95》："大市米塱人本。"《周禮·地官·司市》："凡市入，則胥執鞭度守門，市之群吏肆展成奠賈，上旌於思次以令市，市師涖焉，而聽大治大訟。"鄭注："思次，若今市亭也。"簡文"塱"似即《周禮》之"思次"之"思"，為市中管理機構。《璽彙 0287》"枱（範）湩都米粟鈢"，"米粟"是先秦文獻中的習見詞匯。《周禮·地官·舍人》："掌米粟之出入，辨其物。"疏："粟即粢也。"此璽應為範湩都掌管穀物的官所用之印。●秦印"米父綸"，姓氏。

 棥 秦 關簡 339

1676

【注】從林米聲。●讀楣。"米""眉"二者古音皆是明母脂部字，從二者得聲的字在古書中通假的例子很多。又睡虎地秦簡的《法律答問》簡八十一云："拔其須糜（眉）。"《封診式》簡五五云："糜（眉）突。"均可證。《關簡 339》："禹步擯房楘（楣），令某癉數去。"《集韻·文韻》云："擯，拭也。""擯房楘（楣）"就應該是擦拭房楣之義。擦拭房楣的用意，是為了讓癉病快快除去。在巫醫看來，這應是為了治癒病人的癉疾而採取的一個有效的方法。

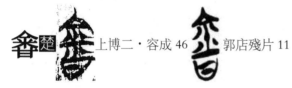

絑_齊 篆字印彙 258

【注】從糸米聲。●"☐絑愁鈢"，義不詳。

窨_楚 上博二·容成 46　郭店殘片 11

【注】從宀從甘米聲。與"審"字略混。●讀密。《上博二·容成 46》："……者、崇、窨（密）須氏。""密須氏"，邦國名。

悉_楚 清華十一·五紀 51　清華十一·五紀 53　清華十一·五紀 58　清

華十一·五紀 71　璽彙 2290

【注】從心米聲。●讀迷，困惑，迷亂。《清華十一·五紀 51》："母（毋）悉（迷）緒事。"《清華十一·五紀 53》："旹（春）秋母（毋）悉（迷），行豊（禮）屢（踐）旹（時），神不求多。"●《璽彙 2290》原印作，何琳儀讀為"悉芋咎"，悉為姓氏。（《戰國古文字典》1100 頁）悉諸為炎帝師，見《漢書·古今人表》。聯繫楚璽（璽彙 2262）"芋㠳"，當釋"芋咎悉"為是。芋，為姓氏。"咎悉"為人名。

眯_秦 睡簡·日甲 24 背　秦印 66

【注】從目米聲。●讀寢（寐），做惡夢。《睡簡·日甲 24 背》："一室中臥者眯也，不可以居。"●秦印"芑眯"，人名。

規_楚 上博五·季庚 15　上博六·用曰 17 _晉 中山王𧊒鼎

【注】從見米聲，"眯"之異文。《中山王𧊒鼎》所作，《金文編》釋為"規"，李學勤、李零二先生指出此文從結構上分析即"眯"字。古文字從目從見可相通，《説文》見部"視"字從見，

古文則從目，目部"睹"字從目，或體從見，"睞"字從目，或體從見，例不勝舉，足證將可釋為"睞"。（詳《平山三器與中山國史的若干問題》）●讀迷，惑也。《中山王䁆鼎》："猶粯（迷）惑于子之而迡（亡）其邦。"《說文》："睞，艸入目中也。從目米聲。"《廣韻》："物入目中也。又塵粗迷視也。"諸訓均與銘義相合，可證釋"睞"甚確。《上博六·用曰17》："用曰：莫衆而粯（迷）。"●讀敉，訓為安撫。《上博五·季庚15》："肰（然）則民邅（懲）不善，粯（迷）父兄子俤（弟）。"

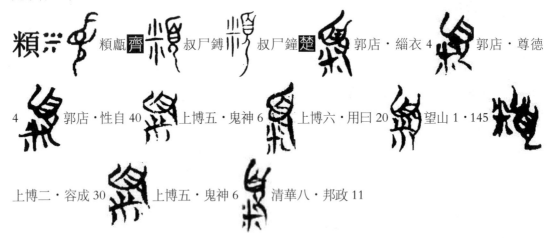

頪 齊 頪甗齊 叔尸鎛 叔尸鎛 楚 郭店·緇衣4 郭店·尊德4 郭店·性自40 上博五·鬼神6 上博六·用曰20 望山1·145 上博二·容成30 上博五·鬼神6 清華八·邦政11

【注】從頁米聲。《說文》："頪，難曉也。從頁米。"段玉裁注："謂相佀難分別也。頪類古今字。類本專謂犬。後乃類行而頪廢矣。"《廣雅》："疾也。""類"字從頪。●《叔尸鎛》："母（毋）或承頪。"承，讀胹。《廣韻》："胹，癡兒。"胹頪，愚蠢不慧。胹、頪義近，愚惑之意。●楚文字多讀類。《清華八·邦政11》："女（如）是，元（其）頪（類）不長唬（乎）。"類，族類。《左傳》僖公十年"神不歆非類，民不祀非族"，孔疏："族，類一也。"●讀述。"頪""類""述"古音同屬物部，"類"可通"述"，詳《古字通假會典》537頁"類－述"條。《郭店·緇衣4》："為上可睼（望）而智也，為下可頪而篝（志）也。"●讀律。《上博二·容成30》："質既受命，作為六頪（律）六郙（郘－呂）。"

類 秦 睡簡·封診57 、 、 秦印198

【注】從犬頪聲。●像。《睡簡·封診88》："其頭、身、臂、手指、股以下到足、足指類人。"●秦印人名。

籟 楚 蔡侯申盤

【注】從竹頪聲。●《蔡侯申盤》："禕（齋）護整讅（肅），籟文王母。"義不明。

纇 晉 璽彙3331

【注】疑從糸頪聲。●晉璽人名。

迷楚 郭店·語叢四 13　　上博六·孔子 22　　清華五·三壽 12　　清華八·處

位 1　清華一·皇門 11　　清華十·四告 21晉　　侯馬　　璽彙 1435　　璽

彙 1539

【注】從辵米聲。●楚文字多用為本義，迷惑、迷亂。《清華一·皇門 11》："正（政）用迷䛣（亂），獄用亡（無）成。"《中山王䁈鼎》用"䊷"表示迷。●晉文字均為人名。

麋鼎　　伯彌父簋　　麋侯鎛齊　　璽彙 3519　　分域 691　　璽彙

3693　　璽彙 0360　　山東 159楚　　清華二·繫年 57　　清華十一·五紀

67秦　　石鼓文　　睡簡·答問 81　　睡簡·封診 53　　　秦印 196

【注】甲骨文作 䖵、䖵、䖵、䖵、䖵、䖵、䖵、䖵，象目上有眉之鹿，突出其眉毛並以"眉"為聲。金文同甲骨文。或從鹿米聲。《說文》："麋，鹿屬。從鹿米聲。麋冬至解其角。"本義為麋鹿。麋是我國的一種稀有動物，俗稱"四不象"。●麋鹿。《石鼓文》："麋豕孔庶。"秦印"麋圈"應為秦漢時圈、苑中養鹿之所。●《璽彙 3693》"麋奔佳鈢"，姓氏。漢印中也有"麋"氏（看《漢征》10·4 下）。按，古代麋氏有兩個不同的來源。《通志·氏族略三》"以亭為氏"類下謂："麋氏，楚大夫受封於南郡麋亭，因以為氏；或言工尹麋之後，以名為氏，望出東海、南陽。"從兩枚古璽的系屬看，璽文中的麋氏可能來源於後者。●人名，見于《伯彌父簋》。●《璽彙 0360》"麋亡"為連綿詞，即見於金文的"蔑麿"、中山王圓壺的"百每"以及漢印中的"麋無"。與典籍中的"密勿"等一樣，有勉力、努力的意思。●秦簡均讀眉。《睡簡·答問 81》："縛而盡拔其須麋（眉）。"●讀彌。《清華十一·五紀 67》："帚（歷）日月成歲，麋（彌）天下。"

質部

影紐一聲

一 一 大盂鼎 ▨ 師獣鼎 齊 ▨ 洹子孟姜壺 楚 ▨ 龍節 燕 ▨ 重金扁
壺 晉 ▨ 安邑下官鐘 秦 —— 秦公簋

【注】甲骨文作一，以積畫為數，用一橫畫（一根算籌狀）來表示。卜辭中從一到四皆都是指
事字，均以積畫為數，分別寫作一、二、三、三，從五到九皆是假借字。金文均同甲骨文。戰
國文字"一"或可寫作"弌"。《説文》："一，惟初太始，道立于一，造分天地，化成萬物。凡
一之屬皆從一。弌古文一。"本義為數目字"一"。●數詞。《段簋》："十又一月。"《毛公鼎》："命
女（汝）亟一方。"亟一方，即治理一方之意。●皆也。《師獣鼎》："白（伯）亦克鰲由先且（祖）
蟲孫子，一冊（湛）皇辟懿德。"

弌 楚 ▨ 郭店・窮達 14 ▨ 清華四・筮法 47 ▨ 清華四・筮法 19 ▨ 清華
八・天下 5 ▨ 清華八・八氣 2 秦 ▨ 秦印 1 ▨ 關簡 367

【注】從戈一聲。從戈，也可能為弋之訛混，弋在此可能也有表聲的作用，弋、一為職質通轉。
●讀一，一樣、相同。《郭店・窮達 14》："穿（窮）達以旹（時），惪（德）行弌（一）也。"●
讀一，數詞。《清華八・八氣 2》："或弌（一）旬日南至，或六旬白霝（露）降。"

弍 齊 ▨ 陶錄 2・394

【注】從山弌聲。●地名。

鼠 晉 ▨ 中山王響壺 楚 ▨ 上博四・柬旱 5 ▨ 清華五・命訓 13 ▨ 清華五・啻
門 6 ▨ 清華八・邦道 12 ▨ 上博七・凡甲 20 ▨ 上博七・凡甲 21 ▨ 上博七・凡甲 22
上博七・凡乙 12 ▨ 上博七・凡乙 14 ▨ 上博九・史蒥 10 ▨ 清華九・治政 21

【注】從鼠一聲。，從字形上可釋為"鼠"，與睡虎地秦簡"鼠"作鼠，戰國帛書"鼠"作鼠相類似，只是鼠之齒形繁化；包山楚簡"鼬"作鼬、鼬，其聲符亦與鼠相類。●讀一。《中山王䇦壺》為數字"一"之繁體。《清華五·命訓6》"鼠月"讀"一月"。●讀一，用作程度副詞。《上博四·柬旱5》："虗（吾）瘇鼠（一）疠（病）。"劉洪濤據簡8"不穀（穀）瘇甚病"結構與此"吾瘇鼠病"相同，亦將鼠釋作"一"，解作"甚""極"，說"一病"就是"病甚""病極"，是病得很嚴重的意思。（《讀〈上海博物館藏戰國竹書（四）〉劄記》）

忎 楚 [忎] 清華十一·五紀57

【注】從心一聲。與《郭店·唐虞7》"忎"為一字異文。●讀隱。《清華十一·五紀57》："勿忎（隱）勿匿。"

影紐乙聲

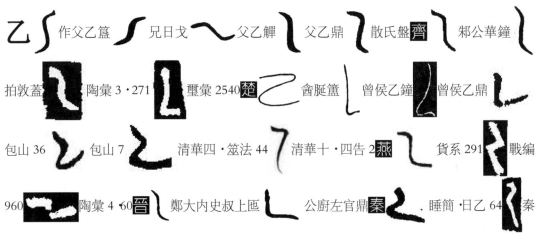

乙 作父乙簋　兄日戈　父乙觶　父乙鼎　散氏盤 齊 邿公華鐘

拍敦蓋　陶彙3·271　璽彙2540 楚 會脡簠　曾侯乙鐘　曾侯乙鼎

包山36　包山7　清華四·筮法44　清華十·四告2 燕 貨系291 戰編

960 晉 陶彙4·60 鄭大内史叔上匜　公廚左官鼎 秦 睡簡·日乙64　秦印275

【注】甲骨文作乙、乙、乙、乙、乙、乙。郭沫若說："乙之象魚腸，丙之象魚尾，不可庸說。"（詳《甲骨文字研究·釋干支》）《爾雅》："魚腸謂之乙，魚尾謂之丙。"然字形說解眾多，或曰象植物破土而出之萌芽形。或說象鳥形，上為頭、中為腹、下為尾。本義待考。金文同甲骨文。《說文》："乙，象春艸木冤曲而出，陰气尚強，其出乙乙也。與丨同意。乙承甲，象人頸。凡乙之屬皆從乙。"字從甲骨文開始，就借用為天干的第二位。●天干的第二位。《邿公釱鐘》："辰才（在）乙亥。"●先公先王先妣的廟號。《瘋鐘》："追孝于高且（祖）辛公、文且（祖）乙公、皇考丁公，龢鑾（林）鐘。"《父乙鼎》："乍（作）父乙尊彝。"殷周常以日干為人名。其中尤其以"父乙""父丁"為最多。究竟是以生日這天的天干命名，還是以黃道吉日或其他原因命名，眾說紛紜，有待考證。●曾侯乙：人名。《楚王熊章鐘》："楚王酓（熊）章乍（作）曾侯乙宗彝。"●大乙：即成湯。《二祀邲其卣》："遘于匕（妣）丙，彡（肜）日，大乙奭。"

肔 秦 [肔] 里耶8·720

【注】從肉乙聲。●辭例殘缺。

 黔 秦 印增 598

【注】從黑乙聲。●人名。

 麀 裘衛盉

【注】從鹿乙聲。●泛指鹿。《裘衛盉》：“矩或（又）取赤虎兩、麀鞞兩、鞞鞃一。”唐蘭曰：“麀當為鹿屬，鞞通賁，與帗音近……麀鞞，當是鹿皮作的披肩。”（《陝西省岐山縣董家村新出西周重要銅器銘辭的譯文和注釋》）或謂讀麀，《說文》大麋也。

 旯 仲旯父鼎

【注】從日乙聲。《說文》同淲，流下滴也。《奇字》從日乙。古文字當從乙聲。●金文人名。

 亿 秦 秦印 290

【注】從人乙聲。●秦印人名。

 礼 楚 九里墩鼓座

【注】從示乙聲。●讀禮。《九里墩鼓座》：“余以佥同生九礼。”九禮：指古時九種禮儀。《大戴禮記·本命》：“冠、婚、朝、聘、喪、祭、賓主、鄉飲酒、軍旅，此之謂九禮也。”

 囙 囙爵

【注】從囗乙聲。●人名。

 紀 燕 璽彙 5614

【注】從糸從匚乙聲。●燕璽人名。

曉紐肎聲

肎 燕  陶彙 4 · 70

【注】陳劍認為："肎/肕"字當係承襲秦系文字變來，其來源應與秦文字的"臁"或"臠"字中的"魯"有聯繫，而非六國文字里"古文逸"字一系的"挽""檫"諸形所從的"甶（兔）"，雖然"甶（兔）"形的下半也有"肉"形。秦子戈、兩形中的"魯"，如果其兔頭形省變為"尸"，下面代表兔身的兩筆變為"八"形，加上其下的"肉"，就跟"肎"形相對應了。這類位於全字中間作"人"形的兩筆變作"八"形的情況常見，如"夋""昊""夓"和"夎"等字皆是。又"兕"字下半代表兕身的兩筆變作"儿"形，也可以類比。"肕""屑/肎"本為一字，古代乐舞的行列稱"肕"，即《論語·八佾》"八佾舞於庭"之"佾"。舞者的集合單位詞稱為"肕"，宗彝、鐘鼓的集合單位詞稱為"肆"，共同的意義都是"列"，其音義都極為接近，它們最初應該就是同一個詞，至少是關係極近的親屬詞。（《甲骨金文舊釋"藟"之字及相關諸字新釋》）《説文》："肎，振肕也。從肉八聲。許訖切。"●燕陶人名。

肨 燕  陶彙 4 · 49

【注】從十肎聲。馬王堆帛書作（帛書病方 318），裘錫圭讀譆。《説文》："肨，響，布也。從十從肎。羲乙切。"●燕陶人名。

佾（屑） 楚  上博七·吳命 5　 安大一 88　 清華九·治政 38

【注】從人肎聲。●古代樂舞的行列，八個人為一行，一行稱一佾。《上博七·吳命 5》："卑周先王佾☒。"《説文·人部（新附）》："佾，舞行列也。從人，肎聲。"《論語·八佾》："八佾舞於庭。"●讀屑。《安大一 88》："軫（参）頯（髮）女（如）云（雲），不屑（屑）偯（髢）也。"《毛詩》作"不屑髢也"。●《清華九·治政 38》："上唯（雖）智（知）之，或（又）弗屑（屑）卹。""屑"當訓"肯"，"弗屑"即"不肯"，《逸周書·皇門》："作威不詳，不屑惠聽無辜之辭。"

偲 楚  清華三·芮良夫 25

【注】從心屑聲。"屑"即"屑"字。《説文·尸部》："屑，動作切切也。從尸、肎聲。"●讀逸。《清華三·芮良夫 25》："我亓（其）言矣，則偲（逸）者不懋（美）。"

醫 楚  曾侯 26

【注】從邑陥（疑古佾字）聲。●簡文"黃痰所馭醫軒"，醫軒，當為車名，無法與典籍相對

照。蕭聖中謂有可能是古文獻中的鸞車。蓋鹽字從肻聲，古文字從肻之字（如胯、屑）皆有振動之義，"肻"用為車名或許象征鸞鈴之聲。

【注】從車陷聲。●同"鹽"，所乘車名。曾侯乙墓竹簡62有"阩車"合文，原注釋說："'阩'，應即'陷'的異體。"天星觀楚簡遣策有"外車"（"外車"原也作合文），應即"阩車"。如果"陷"與"阩"確為一字異體，則"陷"與"肻"讀音相差頗遠。

曉紐血聲

【注】甲骨文作 ⛢、⛢、⛢、⛢、⛢、⛢、⛢，從皿，皿中有圓點，蓋古時祭祀以血為之，會血祭之意。《説文·血部》："𥂁，祭所薦牲血也。從皿。一象血形。"本義是古代作祭品用的牲畜血。引申泛指血液，如《晉書》："兵不血刃，攻無堅城。"●用為本義。《郭店·唐虞11》："異虞（乎）脂膚血劈（氣）之青（情）。"●讀恤。《陳逆簠》："余寅事齊侯，懼血（恤）宗家。"●喻傷之重。《上博三·周易2》："乳（需）于血。"

【注】從心血聲。●體恤、顧念。《清華九·治政40》："不𢟃（圖）审（中）正（政）之不絅（治）、邦豯（家）之多疠（病）、萬民之不恤。"●盟書人名。

門 2 清華三 · 芮良夫 6 清華九 · 治政 38 清華八 · 攝命 2 衋  侯馬 秦 詛楚文

【注】從血（或省作皿，古文字中血、皿每相混）從卪，會人跽見血憂懼之意。血、卪雙聲。《説文》：" 衈，憂也。從血卪聲。一曰鮮少也。" 段玉裁注：" 古書多用卹字，後人多改為恤。" 本義為憂念，當是 " 恤 " 的古字。卹、恤異體同義。●讀恤，憂慮。《叔尸鐘》：" 女（汝）台（以）卹余朕身，余易（賜）女（汝）馬車戎兵。"《清華五 · 啻門 17》：" 民咸解體自卹。" 解體，人心散亂。自卹，為自己打算。文獻多作 " 恤 "。《詩 · 小雅 · 蓼莪》：" 出則含恤。" ●謹慎。《追簋》：" 追虔夙（夙）夕卹氒（厥）死事。" ●人名，見于《曾姬無卹壺》，以 " 無恤 " 為名蓋源于無憂也。●讀卹，憂患。《叔尸鐘》：" 女（汝）專余于虣卹。" 虣、恤二字義近。●盟恤：即明恤、瞭解。《叔尸鎛》：" 女（汝）台（以）專弍公家，雁（膺）卹余于盟（盟）恤。"" 明恤 " 是古人標榜善政，《書 · 君奭》：" 王人罔不秉德，明恤小臣。" ●恤功：關心臣民的勞苦。《九年衛鼎》：" 余執龏（恭）王卹（恤）工（功），于邵（昭）大室東逆（朔）燮二川。"《詩譜序》：" 以為勤民恤功，昭事上帝，則受頌聲。" ●敬也。《詛楚文》：" 求蔑瀘皇天上帝及丕顯大神巫咸之卹（恤）祠。" 卹祠，詳 " 祠 " 字。

 清華八 · 邦道 25

【注】從心卹聲。●讀恤。《清華八 · 邦道 25》：" 乃愢（恤）亓（其）正（政），以禺（遇）亓（其）古（故）。"

 睡簡 · 為吏 26

【注】從邑血聲，疑卹之訛體，《字彙》：" 邮，與恤同。" ●讀恤。《睡簡 · 為吏 26》：" 將軍勿邮（恤）視。" 馬王堆也從邑作 （帛編 271）。

 清華十一 · 五紀 1

【注】從水血聲。●讀溢。《清華十一 · 五紀 1》：" 佳（唯）昔方又（有）洆（洪），畬（奮）洫（溢）於上。"

匣紐叀聲

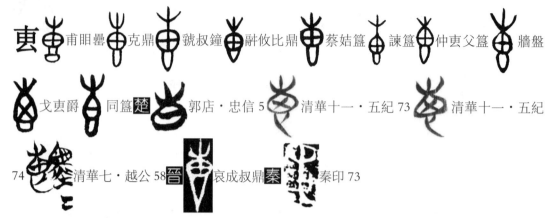

【注】甲骨文作 、 、 、 、 、 、 、 、 、 、 、 、 、 、 、 、 、 ，象紡錘上有綫繞之形，中間突起部分象所紡之綫團，上部象三股綫擰在一起。金文同甲骨文。作偏旁時常省其底部。《説文》：" ，專小謹也。從幺省；中，財見也；中亦聲。凡叀之屬皆從叀。 古文叀。 亦古文叀。"本義是紡錘。叀以及從叀之字，上古音有兩讀，一歸元部，讀專、傳等；一歸質部，讀惠。質元旁對轉，古音可通。王獻唐、徐中舒説 字上部由三股綫擰成，故又為總。"總"從糸惠聲，其讀為惠，更無問題。●多讀惟，語氣詞。《牆盤》：" 叀乙且（祖），迷（仇）匹㞢（厥）辟，遠猷複（腹）心。"●讀惠。《哀成叔鼎》："君既安叀（惠），亦弗其迻虁。"安惠，安仁和惠。●人名，見於《仲叀父簋》《史叀簋》。●讀惠，恩澤、好處。《郭店‧忠信5》："口叀（惠）而實弗从（從），君子弗言尔（爾）。"●讀繪。《清華七‧越公58》原作 ，為"叀墨"合文，疑讀繪。"繪墨"，在身體某個部位施墨刑。

【注】從黽叀聲，叀、黽共用 形。疑"蟪"之古文。●讀惠。《廣雅‧釋言》："惠，賜也。"《五年琱生簋》)："余 （惠）于君氏大章。"●人名。《叔 乍南宮鼎》："弔（叔） 肇乍（作）南宮寶障。"

【注】甲骨文作 、 、 、 、 、 、 、 ，象兼數束絲而總之形，其所總之結作 ，其下所連接之束絲或簡作 ，因與"叀"形近，後乃音化從叀，《説文》訛為"叀"。《説文》："纞，馬繁

也。從絲從叀。與連同意。《詩》曰：'六轡如絲。'"本義是韁繩。●均讀轡，馬轡、韁繩。《盠鼎》："賓貪馬纞（轡）乘。"《安大一44》："四駚（牡）孔屖（阜），六轡才手。"《安大一47》："駠牡孔屖（保），六轡才（在）手。"

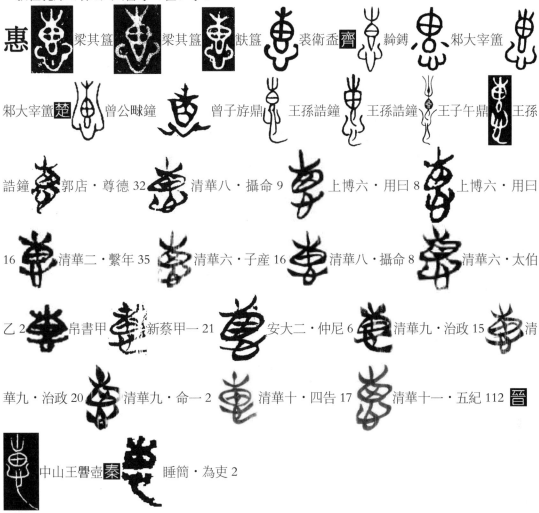

【注】甲骨文金文叀、惠一字（詳"叀"字）。金文或從心叀聲；從叀者，亦會意，徐鍇曰："為惠者，心專也。"《說文》："惠，仁也。從心從叀。蠠，古文惠從芔。"●仁慈，給人以好處。《中山王嚳壺》："慈孝寰惠，嬰（舉）孯（賢）迎（使）能。"《孟子·離婁下》："惠而不知為政。"●順從，唯命是從。《叔簋》："用康惠胅（朕）皇文剌（烈）且（祖）考。"《詩·邶風·燕燕》："終溫且惠，淑慎其身。"毛傳："惠，順也。"●善也。《沇兒鎛》："龢（和）遵百生（姓），思（淑）于畏（威）義（儀），惠于明（盟）祀。"

者減鐘

【注】從侖惠聲，疑為古"嘁"字。●讀嘁。"轣轣剖剖"，讀"嘁嘁喑喑"，均為象聲字。

定紐彗聲

彗 母丁觶 大夫始鼎 叔友父簋蓋 寑農鼎 楚 清華

十·四告 28  清華十·四告 29

【注】甲骨文作 ⅏、⅏、⅏、⅏、⅏、⅏、⅏、⅏，為"彗"之初文，象掃帚形。《母丁觶》等，或釋為"羽""友"，均誤。《大夫始鼎》為西周中期器，器銘"友"作 ⅏，同器亦有 ⅏ 字，故 ⅏、⅏ 斷非一字。⅏，均見於西周中期以前，均為人名，實與甲骨文釋"彗"之 ⅏、⅏、⅏ 相同，應釋為"彗"。金文"霅"字所從 ⅏（⅏ 所從），象手持雙 ⅏（有葉植物枝干，即甲骨文 ⅏ 之訛變）之形，即掃竹。《說文》："彗，掃竹也。從又持甡。篲，古文彗從竹從習。彗，彗或從竹。"段玉裁注："埽竹也。從又持甡。甡，眾生並立之皃。從甡者，取排比之意。"段玉裁隸 ⅏ 為甡，是據小篆訛變之字形，解為"眾生並立"則牽強附會。徐灝注箋："甡蓋象竹篲之形，非甡字。猶鳥足似匕而非匕，魚尾似火而非火。"則極有道理。《說文》彗字古文"篲"從習，上從"羽"即甲骨文 ⅏（並非羽毛之"羽"）之誤隸。●人名。《叔友父簋蓋》："弔（叔）彗父乍（作）�}段，其邁（萬）年用。"●王寧讀羿。（《清華簡拾《四告》之三讀札二則》）《清華十·四告 28》："鏓（封）豭不才（在）服，遠坒（往）遊，彗（羿）不則雙（翦）之。彗（羿）不石（度）茲事，淫於非彝、伋（愆）德，好獸（狩），欬（泆）不則剝達（撻）厗（厥）家。"楚文字彗、羽相混，故"彗"或作 ⅏，加飾點以別之。此處"彗"當是讀于歲切，是匣紐月部字，"羿"是疑紐質部，二字旁紐雙聲、月質旁轉疊韻，讀音相近。"封豭"就是"封豨"，《淮南子·本經訓》說羿"禽封豨于桑林"。"封豭不在服，遠往遊，羿不則翦之"，是說封豭不肯臣服於朝廷，到很遠的地方去漫游，羿以至於翦滅了他。"不則"即《尚書》中常見的"否則"或"丕則"，其意猶今言"以至於"。下面說"羿不度茲事，淫于非彝、伋（愆）德，好獸（狩），足（泆）不則剝達（撻）厗家"，就是說羿不考慮封豭滅亡的原因，不接受教訓，自己反而也沉溺於不循法度的錯誤德行，喜好狩獵，寒泆以至於殘害了他的家室。

篲 楚  曾侯 9

【注】從竹彗聲。●讀轊。簡文"鼻（翠）篲"讀"翠轊"。《廣韻》："轊，囊組名。或作轊。"

槥 秦  里耶 8·648 里耶 8·1394

【注】從木彗聲。●小棺材。《里耶 8·648》："今以初為縣卒痛死及傳槥書案致。"

慧 楚 璽彙 3618

【注】舊多隸作"慁"，"慁"字文獻典籍與字書不見。疑此字從思彗聲，是"慧"字的異體。

●楚璽"鋥<img_6 />"，讀慧，人名。古人有以"慧"為名的。漢印有"李慧、空侗慧"等。

 伯溫父鼎 楚 清華四·筮法 59

【注】甲骨文作、、、，應為形聲兼會意字，從雨從彗，彗亦聲。金文同甲骨文，唯聲符繁化。《説文》："，凝雨，説物者。從雨彗聲。"●疑讀錯。《伯溫父鼎》："白（伯）溫父乍（作）雪篚。"詳"賽"字。●楚簡用為本義。《清華四·筮法 59》："為霅（雪），為零（露）。"

 姜林母作　篋　伯多父盨

【注】從宀雪聲。《伯多父盨》中彗形稍訛。●疑讀錯。《姜林母篋》："姜林母乍（作）賽段。"《説文》："錯，鼎也。"訓為小也。楊樹達曰："賽字從宀從霅，義不可曉，以聲類求之，疑為錯之假字也。……蓋小聲謂之嘈，小棺謂之槽，小鼎謂之錯，其義一也。引申之。則彗為凡小之稱。……然則錯段猶云小段，不必以錯説文訓鼎而疑錯段連文之不合矣。"（《金文説》158 頁）

 晉 司馬成公權 圖典 185 秦 戰編 680

【注】從火彗聲。●人名。《司馬成公權》："卸（御）史命（令）代賛。"晉璽、秦印均為人名。

 秦 、、、、、 印增 607

【注】從虫彗聲。●人名用字。

 晉 璽彙 0715 璽彙 982 璽彙 1753 秦 少府鐵 秦印 210

類編 351 秦印 298 （　）睡簡·日甲 82 背

【注】從心彗聲。晉文字從心賛聲，應為"慧"之異文。●古文字多為人名。《少府鐵》："少府工慧。"

 晉 溫縣

【注】疑從广慧省聲。●人名。

上博一·性情38

【注】從心，聲符為彗、夬二字拼合。●讀慧，聰慧。《上博一·性情38》："又（有）丌（其）為人之慧女（如）也，弗牧不可。"慧，《郭店楚墓竹簡·性自命出》作"快"。

見紐計聲

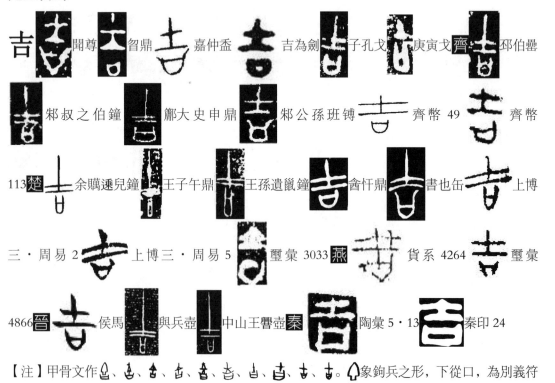

璽彙0137　璽彙0139　璽彙0140　璽彙0138　璽彙0210　璽彙2534　睡簡·效律52　睡簡·日乙135

【注】《說文》："計，會也。筭也。從言從十。古詣切。"●《璽彙0137》"計官之鈢"，計官，官名，相當會計。《璽彙0210》"軍計之鈢"，軍中的計官。●《璽彙2534》"計坪"，姓氏。東漢有計子勳；三國吳有計昭，黃武中為車騎將軍；宋代有計有功。●審核。《睡簡·秦種34》："計禾，別黃、白、青。"

見紐吉聲

閩尊　智鼎　嘉仲盉　吉為劍　子孔戈　庚寅戈　邿伯罍　邾叔之伯鐘　鄦大史申鼎　邾公孫班鎛　齊幣49　齊幣113　余贎逐兒鐘　王子午鼎　王孫遺鼠鐘　酓忓鼎　書也缶　上博三·周易2　上博三·周易5　璽彙3033　貨系4264　璽彙4866　侯馬　與兵壺　中山王響壺　陶彙5·13　秦印24

【注】甲骨文作𠙶、𠙴、吉、𠙵、吉、𠙺、吉、吉、𠙸、吉。●象鉤兵之形，下從口，為別義符

1690

號。鈞兵堅實，字與高（從口從京）、弖（強本字）構形相若。甲骨文或從 ，斧鉞象形，與從 會意同。甲骨文字形又略有訛省作 ，兩周金文多承襲此形。《説文》：“吉，善也。從士、口。” 善、喜等義由堅實之義引申。●善、美。《曾伯陭壺》：“隹（惟）曾白（伯）陭乃用吉金鐈鋚。” 吉金，即善金、美金，後世因以為鐘鼎彝器的統稱。清代著録古器之書多稱為“吉金録”。●月 相用詞。《旂鼎》：“隹（惟）八月初吉。”《敔簋》：“隹（惟）四月初吉丁亥。”初吉，即每月（夏 曆）初三月亮初露這一天。●《曾侯與編鐘》：“惟王正月，吉日甲午。”吉日：舊多據王國維《兮 甲盤跋》“古人名月朔為月吉”之説（《觀堂別集》第四冊 1206～1209 頁），而謂吉日為朔日。 是説本自《周禮》和鄭玄注。《周禮·大宰》：“正月之吉。”鄭玄注：“周正月朔日也。”《周禮》 一書顯系杜撰。對于鄭玄注，前人已有批駁。孫詒讓《周禮正義·天官·大宰》《疏》引王引之 曰：“經傳凡言吉日者，與朔不同。一月之始謂之朔日，或謂之朔月，或謂之朔。日之善者謂之 吉日，或謂吉。朔日不必皆吉，故朔日不可謂之吉日也。”金文中“吉日”猶言“好日子”。《儀 禮·士冠禮》：“令月吉日，始加元服。”●古璽印多為吉語和成語。《璽彙》收録多方如“大吉” 和“出入大吉”以乃“昌内大吉”璽。●吉祥、吉利。《清華四·筮法 38》：“秋：兑大吉，艮羅 （離）少（小）吉。”

佶 齊　　　節可忌豆　　　類編 272

【注】從人吉聲。●讀姞，姓。《節可忌豆》：“節可忌乍（作）氒（厥）元子中佶縢鐃（敦）。”

姞　　　枞車父壺　　　枞車父簋　　　尹姞鬲　　　尹姞彝觶　　　遣卣

遣尊　　　遣尊　　　姞旯母鼎　　　仲姞鬲

【注】從女吉聲，與小篆同。《説文》：“姞，黃帝之後百鯀姓，后稷妃家也。從女吉聲。”本義為 姓氏。姞姓出自軒轅黃帝，《史記》記載，黃帝有 25 個兒子，其中 14 個得到了他賜予的姓氏， 姞姓就是之一，得到這個姓氏的黃帝之子叫伯鯈，是姞姓的始祖。●姓。《仲姞鬲》：“中（仲） 姞乍（作）羞鬲。”或稱“姞氏”。《姞氏簋》：“姞氏自伐（作）為寶隓段。”●人名。《楊姞 壺》：“楊姞乍（作）羞醴壺，永寶用。”或認為是姞姓女子嫁于楊國後的自稱。

姞 秦　　　姞度鼎

【注】從立吉聲。●人名。

唐　　　唐卿驫鼎

【注】從厂吉聲，疑"硈"之省文。●讀姞，姓。《屠卿瞏鼎》："屠卿瞏乍（作）用寶鼎。"

頡 齊 璽彙 1948　楚 包山 155　上博二·容成 1 晉 邵鐘　晉

編 1320　秦 故宮 453　、　印增 346

【注】從頁吉聲。"頡"當是個部分表意的雙聲符字，古音"頡""頁"在匣紐質部，"吉"在見紐質部，音極近。《説文》："頡，直項也。"直項者，頡之本義。《詩·邶風》："燕燕于飛，頡之頏之。"《毛傳》："飛而上曰頡，飛而下曰頏。故今之言頡頏者，直上直下之謂也。"●讀詰。《邵鐘》："余畢公之孫，邵白（伯）之子，余頡詘事君，余睪乩武，乍（作）為余鐘。"湯餘惠《邵鐘銘文補釋》云"頡詘"應即"詰詘"。《説文》："詘，詰詘也，一曰屈襞。從言，出聲。誳，詘或從屈。"《廣雅·釋詁》："詰、詘，曲也。"《説文通訓定聲》詘字條下云："凡言詘者，皆曲之轉聲也，亦以屈為之。"《辭通》説古書中"詰詘"又作"詰曲""詰屈""詰籬"。"詰詘事君"是説委婉事君，不敢狂妄事君，"不敢驕"與此意近。●古帝王名。《上博二·容成 1》："……倉頡氏、軒轅氏、神農氏……"戰國文字多用為人名。

詰 楚 清華八·邦道 8　上博五·鮑叔 5　上博五·鬼神 3　秦 睡簡·日甲 24　睡簡·封診 2

【注】從言吉聲。●問、詰問。《睡簡·封診 2》："雖智（知）其訑，勿庸輒詰。"雖然明知是欺騙，也不要馬上詰問。《清華八·邦道 8》："詰亓（其）行，攴（變）亓（其）正（政）。"《説文》："詰，問也。"句謂其行不善者"詰"之，其政不善者"變"之，"民"將按照君王的要求做。

秸 秦 陶彙 5·144

【注】從禾吉聲。●秦陶人名

桔 秦 睡簡·日乙 104

【注】從木吉聲。●讀結。《睡簡·日乙 104》："不可殺牛，以桔（結）者，不襗（釋）。"

結 齊 陶彙 3·111　楚 上博一·詩論 22　結 包山 272　結 天星

仰天 5　包山牘 1　清華三·芮良夫 19　安大一 47 晉

十一年房子令趙結戈　溫縣　侯馬 秦　睡簡·日乙 2□　印增 505

【注】從糸吉聲。●結交。《睡簡·日乙 106》：“百事凶。以結者，易擇（釋）。亡者，不得。取妻，妻不到。”●《睡簡·日乙 14》：“窓結之日，利以結言。”結言，用言語約定。●讀髻，髮髻。《睡簡·答問 84》：“斬人髮結，可（何）論？”●人名。《十一年房子令趙結戈》：“十一年，方（房）子令肖（趙）結戈。”●《包山 272》：“靁（靈）光結帽。”劉信芳：馬項下之纓。●讀觼。《安大一 47》：“龙屖（盾）是斂（合），釱（釜）目（以）結（觼）納（軜）。”《毛詩》作“鋈以觼軜”。《説文·角部》：“觼，環之有舌者。從角，夐聲。鐍，觼或從金、喬。”上古音“觼”“結”皆屬見紐質部，音同可通。

劼　戎生鐘 楚　清華七·越公 38　清華八·攝命 1　清華六·子産 7

清華五·厚父 1

【注】從力吉聲，與小篆同。《説文》：“劼，慎也。從力吉聲。《周書》曰：‘汝劼毖殷獻臣。’”本義謹慎。●讀嘉。《戎生鐘》：“劼（嘉）遣鹵賓（積），卑（俾）譖征緐（繁）湯（陽）。”鹵，就是鹽。賓，就是委積。《周禮·地官·遺人》：“遺人掌邦之委積。”鄭玄注：“皆以其余財共之，少曰委，多曰積。”“譖”也有毀義，《廣雅·釋詁》：“毀也。”鐘銘的這兩句辭，和春秋初的晉姜鼎銘文有些類似。鼎銘云：“魯覃京自（師），辝（乂）我萬民。嘉遣我，易鹵積千兩，勿灋（廢）文侯覲命。”●《清華六·子産 7》：“又（有）道樂才（存），亡道樂亡，此胃（謂）劼穀（理）。”《爾雅·釋詁》：“劼，固也。”此二句意思是生存之道易於生存，滅亡之道易於滅亡，此乃固然之理。●讀詰。《清華七·越公 38》：“則劼（詰）燭（誅）之。”●《清華五·厚父 1》：“……王監劼績。”《書·酒誥》汝劼毖殷獻臣。《注》汝當用力戒謹殷之賢臣，使不湎于酒也。所謂“劼績”當即《酒誥》所説的“劼毖殷獻臣”之“劼”，“劼”是“劼毖”的省語，“王監劼績”就是王視察監管的情況，也就是視察禁酒的情況。

故 楚　清華三·説命下 7

【注】從攴吉聲。●讀劼。《清華三·説命下 7》：“余既訊（諆）故（劼）祕（毖）汝，思若玉冰，上下罔不我儀。”詳“訊”字。

黠 秦　印增 403

【注】從黑吉聲。●秦印人名。

分研 228

【注】從興（三晉文字習見偏旁，無法隸定，統一隸定為興）吉聲。●晉璽"侯𪚕"人名。

見紐季聲

【注】甲骨文作𥝩、𥝫，從子從禾，會幼禾之意。金文承之。《説文》："𥝩，少偁也。從子，從稚省，稚亦聲。"林義光曰："禾為稚省不顯。説文云稚亦聲。是季與稚同音。當為稺之古文。幼禾也。從子禾。古作𥝫，引申為叔季之季。亦與稺通用。詩有'齊季女'，'季女斯饑'。季猶稺也。"（《文源卷十》）本義當為幼禾。引申為排行最後的，如"虢季氏"。●排行最末者。《夆叔匜》："夆叔乍（作）季妃盥盤。"季妃，王侯的小妾。●一個季節的末了。《書也缶》："正月季春元日己丑。"季春即末春，春季第三個月。傳統夏曆，歲首為十一月，正月恰好為季春。

悸 楚  上博三·周易 48　　　　上博一·性情 15　　　　包山 90

【注】從心季聲。●《説文》心動也。《上博三·周易 48》："艮丌（其）足，不隧（拯）丌（其）䠶（隨），丌（其）心不悸。"《上博一·性情 15》："聖（聽）琴（琴）瑟（瑟）之聖（聲），則悸女（如）也斯難（戁）。"●包山簡人名。

誖 楚  郭店·性自 25

【注】從言季聲。●讀悸，驚恐。《郭店·性自 25》："聖（聽）琴（琴）开（瑟）之聖（聲），則誖（悸）女（如）也斯戁。"

綷 楚  包山 259

【注】從糸季聲。●"綉"之訛文。《包山 259》："又（有）綉（錦）綷〈綉〉。"

溪紐器聲

器　　　聾作寶器鼎　　　麥生盨　　　散氏盤　　　兩簋　　　兩簋 齊　　　鄱

侯少子簋　　　邾公華鐘 楚　　　黃子鬲　　　黃子壺　　　黃子壺　　　曾侯簋

大府銅牛　　　包山 266　　　清華八·邦政 3　　　清華十·四告 23　　　上博

五·鮑叔 3　　　清華八·虞夏 3　　　清華八·天下 1　　　清華八·邦道 16 燕　　　漁

陽大鼎　　　陶録 4·181　　　陶録 4·18 晉　　　信安鼎　　　哀成叔鼎　　　趙孟介壺

璽彙 5707　　　璽彙 1069　　　陶彙 6·19　　　十七年春平君鈹 秦　　　秦公

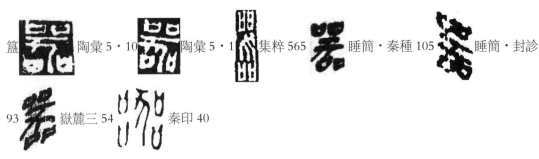

籩 陶彙5・10 陶彙5・1 集粹565 睡簡・秦種105 睡簡・封診

93 嶽麓三54 秦印40

【注】朱芳圃謂字從犬從品，為"狋"之本字。狋，犬吠聲也。(《殷周文字釋叢》180頁)案：器皿字初文當作品，象眾器形，後假而用為犬吠之義，增犬以標義作器。"器"復用為器皿，犬吠義則造"狋"為之。《説文》："器，皿也。象器之口，犬所以守之。"本義當為器皿。古文字偶有從二口者，與"哭"混。●器物之器。《趙孟介壺》："邗王之忈(賜)金，台(以)為祠器。"《散氏盤》："我既付散氏田器。"金文另有寶器、寶尊器、行器、田器、祭器、飤器、飴器等習慣用濾。楚簡亦多指器物。上博五・鮑叔7)："器必蜀(蠲)懇(潔)，毋內錢(殘)器。"●盛物單位量詞。器，本指器皿，《説文・部》："器，皿也。"段注："器乃凡器統稱。"故可用為盛物個體單位量詞。《馬王堆遣一52》："牛濯脾、含(月含)、心、肺各一器。"●器重。《上博二・從甲17》："是以曰君子難得而惕(易)史(使)也。丌(其)史(使)人器之。"

墅 楚 清華九・治政20 清華九・治政24

【注】從土器聲。●讀器。《清華九・治政20》："以亓(其)馬女、金玉、尚(幣)帛、名墅(器)粤(聘)覾不解(懈)。"

齧 齧湨侯戈 汩器器皿

【注】從皿器聲，為器皿之器本字。●當為地名。《齧湨侯戈》："齧(器)湨侯散戈。"

溪紐棄聲

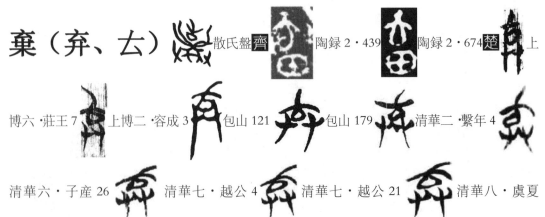

棄(弃、厺) 散氏盤 齊 陶錄2・439 陶錄2・674 楚 上

博六・莊王7 上博二・容成3 包山121 包山179 清華二・繫年4

清華六・子產26 清華七・越公4 清華七・越公21 清華八・虞夏

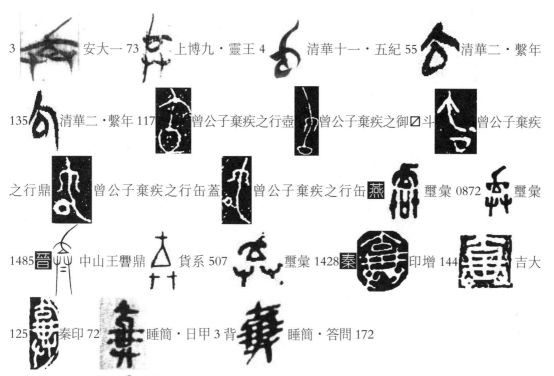

3 安大一 73　　上博九·靈王 4　　清華十一·五紀 55　　清華二·繫年
135 清華二·繫年 117　曾公子棄疾之行壺　曾公子棄疾之御□斗　曾公子棄疾
之行鼎　曾公子棄疾之行缶蓋　曾公子棄疾之行缶燕　　璽彙 0872　　璽彙
1485晉 中山王嚳鼎　　貨系 507　　璽彙 1428秦　　印增 144　　吉大
125 秦印 72　　睡簡·日甲 3 背　　睡簡·答問 172

【注】甲骨文作 、 、 ，從子從其（簸箕），從廾，雙手用簸箕把一個死嬰扔掉，會丟棄之
意。金文簸箕之形有所訛變。或作 ，與《說文》古文略同。或省去雙手，僅作倒子形。曾公
子系列器銘所作，與楚系文字相合，倒子的頭部和身體或分離錯訛。秦系文字作 ，為小篆所
本。簡化字“弃”從廾從厶（倒子），棄嬰之意仍存。《陶錄 2·674》“棄”字異體，從厶，從田，
會棄子於田野之意。《說文》：“ ，捐也。從廾推苹棄之，從厶。厶，逆子也。 古文棄。 籀
文棄。”許慎所釋為引申義。本義棄嬰，引申為拋棄、捨棄，如《詩·周南·汝墳》：“既見君子，
不我遐棄。”●流放、放逐。《散氏盤》：“實余有散氏心賊，則爰千罰千，傳棄之。”●棄世而去，
指逝世。《中山王嚳鼎》：“昔者，虘（吾）先考成王，曩（早）弃群臣。”《左傳·文公六年》：“死
而棄民。”●“曾公子棄疾”，為人名。古人常以“棄疾”和“去疾”為人名，二者義同，均為
除疾去病。●丟棄。《睡簡·日甲 58 背》：“乃棄其履於中道。”●《睡簡·答問 71》：“當棄市。”
棄市，在市場中當眾處死。

邯晉 戰表 920　　二年梁令戟束

【注】從邑厺聲。●人名用字。

遠齊 陶錄 2·100

【注】從辵棄聲。●“繇巷大匋里遠（棄）疾”，人名，讀棄。齊陶文或作“棄”。

端紐所聲

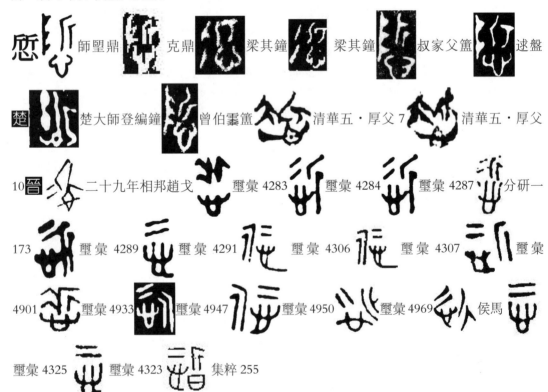

所 所觥 史密簋 毛公鼎 楚 曾公畎鐘

【注】從斤，左半所從可能是由一類形體斷開成為，形相交錯重疊，就成為（斤）。《詛楚文》"質"作，睡虎地秦簡"質"作，馬王堆帛書"質"作（《秦漢魏晉篆隸字形表》419頁），它們與（邢人妄鐘）有明顯的承襲關系。上引馬王堆帛書質字左上明顯不從"斤"，與金文（斤）來源於，雖和"斤"相似而實不同這一事實是相合的。陳劍認為：古文字發展中常有重複部分形體的現象，演變為毛公鼎的，再發展為、一類形體的可能性也是相當大的。"所"字形右半從"斤"，有可能是斧質之"質"的本字。"質"古音在章母質部，照三歸端，併入端紐。●《史密簋》："密曰：東征敓，南尸（夷）膚、虎會杞尸（夷）、舟尸（夷），葺，不所，廣伐東或（國）。"當讀質。"質"在古書中常用為質地、本性一類意思，由此引申出樸實、樸素、淳樸、質樸等意。這一類意義大致可以用"安於本性"和"安守本分"來概括。本銘説諸夷人"不質"，大概就是不安分的意思，猶今語所謂"不老實"。●《毛公鼎》："龏（雍）我邦小大猷，母（毋）所緘。"疑讀窒（質聲、至聲多相通，看高亨等《古字通假會典》第563頁）。"窒"古多訓為"塞"，"緘"古多訓為"閉"，"毋窒緘"於文意似可通。●讀鎮。《曾公畎鐘》："敝（蔽）邲（蔡）南門，所（鎮）雁（應）京社。"質，端母質部字，可讀為端母真部字的"鎮"，真、質陽入對轉。

師望鼎　克鼎　梁其鐘　梁其鐘　叔家父簋　述盤

楚　楚大師登編鐘　曾伯霥簋　清華五·厚父7　清華五·厚父

10晉　二十九年相邦趙戈　璽彙4283　璽彙4284　璽彙4287　分研一

173　璽彙4289　璽彙4291　璽彙4306　璽彙4307　璽彙

4901　璽彙4933　璽彙4947　璽彙4950　璽彙4969　侯馬

璽彙4325　璽彙4323　集粹255

【注】，舊多釋為"惎"。陳劍釋為慎。（《説慎》）當從心所聲。三晉文字的是從演變來的，其演變過程為→→→→。"愻"當即"慎"字異體。陳劍認為：金文中表示"哲"的

字，無一寫作從"所"，而表示"慎"的字，從來沒有一個真正寫作從"折"。●讀慎。質、恧、
誓當並音近。"質"古音在章母質部，"慎"在禪母真部，它們聲母為旁紐，韻部有嚴格的陽入
對轉關孫。西周金文中的質、恧、誓諸字可以讀為古書中的"慎"。《叔家父簠》："恧德不亡（忘）。"
《克鼎》："盅（淑）恧乓（厥）德。"《梁其鐘》："克恧（慎）乓（厥）德。"《清華五·厚父7》：
"迺（乃）弗恧（慎）乓（厥）悳（德），用敍才（在）服。"三晉鉨均讀慎。●讀神。《曾伯霖
簠》："恧聖元武，元武孔黹。""恧聖元武"，即"神聖元武"。"神聖"，古書習見。如《莊子·天
道》："夫巧知神聖之人，吾自以為脱焉。"●盟書讀質，盟質。

邢人妄鐘　楚　二十九年弩機　晉　侯馬　溫縣　六年

安平守鉨　鉨彙211　鉨彙1044　侯馬　三十四年頓丘令戈　十年銅

盒　鉨彙1610　秦　詛楚文　睡簡·答問148　嶽麓一·為吏8

嶽麓一·質一1

【注】當從貝所聲。《説文》："質，以物相贅。從貝從所。闕。之日切。"●質押、抵押。《睡簡·答
問148》："百姓有責（債），勿敢擅强質，擅强質及和受質者，皆貲二甲。"百姓間有債務，不准
擅自强行索取人質，擅自强行索取人質以及雙方同意質押的，均罰二甲。●人質。《二十九年弩
機》："王目（以）子橫質于齊。"●讀慎。《邢人妄鐘》："克質（慎）乓（厥）德，得屯（純）
用魯，永冬（終）于吉。"●盟書讀質，盟質。此字都見於"委質類"，辭例為"某某自質于君
所"和"既質之後"，意義當相同。郭沫若指出："'質'字在古文獻中每與'盟'字聯帶使用"，
"'質'與'盟'顯然為同義語。"●盟誓也。《詛楚文》："親印（仰）丕顯大神巫咸而質焉。"

痩　晉　鉨補186

【注】從疒質聲。●人名，可讀慎。

誓　番生簠

【注】從言所聲。●讀慎。《番生簠》："不（丕）顯皇且（祖）考，穆穆克誓（慎）乓（厥）德。"

析　晉　中山王嚳鼎

【注】從木所聲。它也許是"櫛"之本字或是為本質、樸質之"質"所造的專字。●讀慎。《中

山王䇦鼎》：“無不順道，考宅（度）隹（唯）型，于（烏）虖斯奘（哉）。”銘文云“無不順道，考度唯型”正是治國行政謹慎的表現。古書中云“慎哉”“慎之哉”“可不慎乎”之類説灋常見。

訢 楚 ⬛ 左塚漆桐　⬛ 上博一·緇衣 17　⬛ 上博三·彭祖 2　⬛ 上博五·弟

子 11 ⬛ 郭店·老甲 11　⬛ 清華六·孺子 13　⬛ 安大一 73　⬛ 清華十一·五

紀 87

【注】陳劍認為，楚文字訢、斯、謚、訢等都來源于西周金文中的㤅、㫋，應為所聲（或所省聲）。楚簡中讀為慎的此類字異體眾多，陳劍之説影響最大。然對其構形和來源然異議不斷、聚訟紛紛。今隸定從嚴，以資詳考。●讀慎。《郭店·老甲 11》：“訢（慎）冬（終）女（如）佁（始），此亡（無）敗事矣。”

𠱥 楚 ⬛ 上博一·性情 39

【注】“訢”之省文。●讀慎。《上博一·性情 39》：“人不𠱥（慎），〔斯〕又（有）𢜗（過），信矣。”

攲 楚 ⬛ 信陽 1·42

【注】從攴訢省聲。●讀慎。《信陽 1·42》：“迺（趣）攲（慎）龏（恭）言。”

遬 楚 ⬛ 清華三·琴舞 5

【注】從辵訢聲。●讀遬。《清華三·琴舞 5》：“褽（欲）皮（彼）趣（熙）不荅（落），思遬（遬）。”《尚書·舜典》：“百姓不親，五品不遜。”

憖 楚 ⬛ 清華六·管仲 23　⬛ 上博七·吳命 1　⬛ 上博四·曹沫 48　⬛ 清華一·尹

至 4 ⬛ 清華三·琴舞 4

【注】從心訢聲。●讀慎。《上博四·曹沫 48》：“不可不憖（慎）。”●讀殄。《上博七·吳命 1》：

"而慭（殄）豳（絕）我二邑之好。""慭""殄"語音關係密切，他們都是舌音真部字。今本《老子》第五十六章"同其塵"的"塵"，郭店簡《老子》甲本簡 27 作"斳"，馬王堆帛書《老子》甲本則作從"螯"字。●讀質。《清華一‧尹至 4》："湯㝬（盟）慭（質）及（及）尹。""盟質"一語，見《國語‧晉語四》。《左傳》昭公二十年云："黃池之役，先主與吳王有質。"杜注："質，盟信也。"《小爾雅》："質，信也。"楚詛文所見"質"亦訓盟誓。

訫 楚 郭店‧五行 17　　　余訫鐘

【注】"慭"之省文。●讀慎。《郭店‧五行 17》："君子訫（慎）兀（其）蜀（獨）也。"

謬 楚 包山 122

【注】從斳從㐱，雙聲字。●人名，可讀慎。

斳 楚 包山 145　　　包山 177　　郭店‧成之 3　　郭店‧成之 19

清華八‧邦道 22　　郭店‧老甲 27　　上博一‧緇衣 9　　上博三‧仲弓 23

安大一 74

【注】幺當從西周金文 （梁其鐘" "）訛變而來。●包山簡均為人名，可讀慎。●讀慎。《郭店‧成之 3》："古（故）君子之立民也，身備（服）善以先之，敬斳（慎）以圣（守）之。"●讀塵。《郭店‧老甲 27》："和其光，迵（同）其斳（塵）。"

縼 楚 上博八‧有皇 5

【注】從糸斳聲。●讀慎。《上博八‧有皇 5》："族瑗=必縼（慎）毋埜（忏）今可（兮）。""慎"常與"勿""毋""莫"連用表示禁戒，相當於"務必""千萬"等。《史記‧呂太后本紀》："慎毋送喪，毋為人所制。"《史記‧高祖本紀》："若漢挑戰，慎勿與戰，無令得東而已。""慎毋"用法與簡文同。

慂 楚 清華八‧邦道 13　　上博一‧詩論 28　　清華九‧治政 4

【注】從心斳聲。●讀慎。《上博一‧詩論 28》："《牆有茨》慂（慎）密而不知言，《青蠅》知患而不知人。"

 清華八・邦道 13

【注】從宀斬聲。●讀慎。《清華八・邦道 13》："備（服）母（毋）竁（慎）甚娸（美）。"

 清華五・湯丘 15

【注】從食斬省聲，即"飺"字或體。飺，《説文》以為"餐"之本字，訓"貪也。從食，殄省聲。"此當是從食殄聲。●讀珍，謂食材之珍貴。《清華五・湯丘 15》："飤（食）時不旨（嗜）饞（珍）。"

端紐至聲

【注】甲骨文作 ↓、 ⤸、 ⤹、 ⤺、 ⤻、 ⤼、 ⤽，從矢從一（一象地），羅振玉謂象矢遠來降至地之形，會到達之意。金文同甲骨文。《鑫鎛》加短橫為飾，與古文同。戰國楚系文字或省作 ⤾、⤿、⥀，或下加飾筆作 ⥁、⥂，他系文字無有此現象。作 ⥃ 者，為"至於"二字合文。《説文》："⥄，鳥飛從高下至地也。從一，一猶地也。象形。不，上去；而至，下來也。凡至之屬皆從至。⥅ 古文至。"《説文》誤矢降為鳥下。本義是到達，如《詩經》："如川之方至。"引申指極，

又引申指最，現在還有至交、至誠、至言等等。●到達。《大令尊》："明公朝至于成周。"●空間或時間範圍所及。《邾公牼鐘》："至于萬年。"●人名。《至鼎》："至乍（作）寶鼎。"●讀致，傳達。《珦生簋》："余既訊戾我考我母令，余弗敢燮（亂），余或至我考我母令。"林澐解"至"為傳達。句意為：是指向被征訊的"有司"重新傳達幽伯姜之命。（《珦生簋新釋》）●讀實。《安大一76》："歡（坎）=伐枏（檀）可（兮），今牆（將）至（實）者（諸）河之愬（干）可（兮）。"《毛詩》作"實之河之干兮"。上古音"至"屬章母質部，"實"屬章母脂部，二字音近可通。《易·履》"履虎尾，不咥人"，馬王堆帛書本"咥"作"實"可證。毛傳："實，置也。"

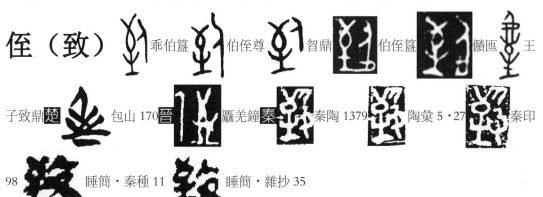

倳（致）　乖伯簋　伯倳尊　智鼎　伯倳簋　儳匜　王子致鼎楚　包山 170 晉　鼄羌鐘秦　秦陶 1379　陶彙 5·27　秦印 98　睡簡·秦種 11　睡簡·雜抄 35

【注】從人從至（兼聲），會人送至之意。《包山 170》或釋為至字，見銍、桎。演變過程先由 v 形變作中形，然後再加斜筆。《伯倳簋》突出人形之足，小篆遂訛為攵。《説文》："𡋵，送詣也。從攵從至。"字可隸定為"倳"，世用倳為倳娣字，乃俗字。●讀致，詣、送到。《智鼎》："乃卑（俾）☒目（以）智酉（酒）汲（及）羊，絲（茲）三寽，用倳（致）絲（茲）人。"《包山 170》："倳（至）命連囂妾……。"●讀致，施行、執行。《儳匜》："乃師或目（以）女（汝）告，則倳（致）乃便（鞭）千。"銘意為：你的官長又控告你，那就執行應打一千鞭。●讀致，堅也。《廣韻》："堅也。"《鼄羌鐘》："武倳寽力。"銘意為，勇武堅剛而得功。徐中舒謂"武致"為武功絕倫之意，曰："倳與致同，至也。武致，武之至也。武之至曰武致，猶文之至曰文致，工之至曰工致，堅之至曰堅致，精之至曰精緻，密之至曰密緻。皆成語也。"（引自《古文字詁林五》653 頁）●人名。《伯倳壺》："自（伯）倳乍（作）寶障彝。"《王子致鼎》："王子致自酓（作）飤貞（鼎）。""致"當為王子之名，非倳子之倳。秦陶人名。●送致，送致、招致。《宗邑瓦書》："周天子使卿夫=（大夫）辰來致文武之酢（胙）。"此義楚文字則用"至"。●讀至，到達。《睡簡·答問 93》："當論而端弗論，及傷其獄，端令不致，論出之，是謂'縱囚'。"應當論罪而故意不論罪，以及減輕案情，故意使犯人夠不判罪標準，於是判他無罪，稱為"縱囚"。●發送。《睡簡·秦種 11》："乘馬服牛稟，過二月弗稟、弗致者，皆止，勿稟、致。"駕車牛馬的飼料，過期兩個月沒有領取或發送的，都截止不再領發。●文券。《睡簡·雜抄 35》："冗募歸，辭曰日已備，致未來，不如辭，貲日四月居邊。"應募的軍士回鄉，聲稱服役期限已滿，但是證明其服役期滿的文券未到，這種情況與本人所説不符，罰居邊服役四個月。

桎楚　包山 144

【注】從木倳聲，疑"桎"之繁文。或直接釋為桎。●讀桎，拘束犯人兩腳的刑具。《包山 144》："取愴之刀以解尖=（小人）之桱（桎）。"

郅 楚  里耶 8・1277 印增 249

【注】從邑至聲。●里耶簡"郁郅"，地名。●秦印"郅纏"，姓氏。漢代有郅都、郅惲。

刟 楚  清華十・四告 20

【注】從卩至聲。●《清華十・四告 20》："母（毋）忿（變）於義，母（毋）蓥（失）於刟。"可讀質。"毋變於儀"對應前文的"憲能禮節"，"毋失於質"對應前文的"心善揖讓"。《説苑・反質》："是以聖人見人之文，必考其質。"

姪  叔德簋 楚 清華八・攝命 1

【注】甲骨文作、、，從女至聲，金文小篆同。《説文》："，兄之女也。"本義指姑稱呼侄女。後借用"侄"來表示，如今以"侄"為正體。《説文》有"姪"無"侄"。侄，本"致"字，用為姪娣之"姪"，乃俗字。《叔德簋》所作，《金文編》原釋為"嬗"。按，殷墟甲骨文中有字形為、、，于省吾已經正確地指出這些字是"遷"字；它們所從的共同部分是"至"。他還指出"至"字所從的"矢"形在古文字中有時作、形。（《甲骨文字釋林》277 頁）也是"至"字。其下部的""是由部演化過來的，這正象"矢"字上部的部位有時變化為一樣。所以，字應隸定為"嬗"，當即《説文》中的"姪"字。●兄弟之子。《清華八・攝命 1》："劼姪（侄）卹（恤）奠（攝），亡（無）丞（承）朕鄉（饗）。"●讀致。侄、致雙聲迭韻。致，《説文》："送詣也"。《叔德簋》："王易（賜）弔（叔）德臣嬗十人、貝十朋、羊百。""臣致"是"致臣"的倒裝。銘意為：王賜給叔德外地致送來的臣十人，貝十朋，羊百隻。

桎 楚  上博二・容成 45

【注】從木至聲。●拘束犯人兩腳的刑具。《上博二・容成 45》："既為金桎，或（又）為酒池。"

誆 秦 睡簡・語書 12

【注】從言至聲。●《睡簡・語書 12》："誆訕醜言麃斫以視（示）險。"誆，疑讀駤。駤，《淮南子・俶務》注："忿戾，惡理不通達。"訕，疑讀為詍，乖戾。醜，慚愧。麃，讀為儦、嫖，輕。斫，無知，《方言》卷十："楊越之郊凡人相侮以為無知謂之䀠，……或謂之斫。"郭注："卻斫，頑直之貌，今關西語亦皆然。""險"通"檢"，檢點。此句話的意思為：説些違背事理的話，裝作後悔和無知以顯示能約束自己。

畜 晉 璽彙 1501

【注】從田至聲。●晉璽人名。

 埕_秦 關簡 371

【注】從土至聲。●《關簡 371》："以壬辰，己巳、卯溉困埕穴，鼠弗穿。"《説文》："埕，螘封也。"《經典釋文》："螘，俗作蟻。"蟻在雨前封穴，古人早已認識到這一點。《淮南子·修務訓》云："蟻知為埕。"《太平御覽》卷九四七引焦氏《易林》："蟻封户穴，大雨將集。""為埕"即是"封户穴"。簡文可能是將名詞"埕"活用為動詞，"埕穴"表示堵塞孔穴。簡文"溉困埕穴"，應當包括打埽困倉和堵塞孔穴兩件事。

【注】甲骨文作 、 、 、 、 、 ，從宀（房屋），從至，會人所至止息之意；至兼聲。

金文同甲骨文，《竂叔簋》從宀㩁聲，為繁文。《説文》："⿳，實也。從宀從至。至，所止也。"本義為房屋，如《詩經》："築室百堵，西南其戶。"●房屋、宮室。《何尊》："王誥（誥）宗小子于京室。"●妻。《縣妃簋》："乃任縣白（伯）室。"《禮記·內則》："三十而有室。"鄭玄注："室，猶妻也。"●室家：家族、宗族。《枕氏壺》："盧（吾）目（以）匽（宴）歙（飲），肝我室家。"器銘或簡作"家"。《令狐君嗣子壺》："康樂我家。"《獻伯簋》："十欉（世）不謹（忘）獻身才（在）畢公家。"此兩器的"家"，與"室家"同義，均指一個特定的家族和宗族。●大室：即經籍中的太室。《尚書·洛誥》："王入太室裸。"孔安國《傳》"太室清廟"，孔穎達《疏》："太室，室之大者，故為清廟，廟有五室，中央曰太室。"即明堂中央之室。●讀日。《清華六·子儀 2》："自蠿月至于秋窒（日）備焉。"室、日二字書日旁紐雙聲、同質部疊韻音近；傳抄古文中徑用"㣥"（或作上下結構）為"日"。《説文》："㣥，近也。從辵㣥聲。"段注："《釋言》：'馹，傳也。'郭云：'本或作㣥。'按此假'㣥'為'馹'也。《聲類》云：'㣥亦馹字。'則附會《爾雅》或本而合為一字。"均可證"㣥"與"日"音同。●讀命。（《東周金文與楚簡合證》34 頁）《楚王熊悍盤》："正月吉日，窒鑄少（炒）盤。"●讀令，善。《清華八·邦道 9》："母（毋）咸（感）於窒（令）色以還（熒）心。"《詩·蒸民》"令儀令色"，鄭箋："令，善也。""還"當讀熒，楚簡中從睘聲之字與熒聲之字可以通用。詳"㣥"字。

清華八·攝命 12

【注】從參室聲。●《清華八·攝命 12》："言隹（唯）明，母淫，母弗𡫳。"𡫳，從室得聲，讀整，字亦作駤、悸、痙、窒、踬、㥪、懫、憲。《説文》："整，忿戾也。《周書》曰：'有夏氏之民叨整。'"《書·多方》作"叨懫"，孔傳："有夏之民貪叨忿懫而逆命。"《禮記·大學》："身有所忿懥。"《大戴禮記·武王踐阼》引《杖之銘》："惡乎，危於忿憲。"簡文"弗𡫳"即"忿懫""忿懥""忿憲"轉語，猶言忿恨、忿怒。

望山 1·17

【注】從爪室聲，當為楚之室字。或謂㥪之異文。●簡文"保（寶）𡫳"，筮具，或讀蓍。

睡簡·日甲 45 背

【注】從手室聲。●讀㩁，搗、撞。《睡簡·日甲 45 背》："以沙人（砂仁）一升㩁其舂臼。"

璽彙 2838　　璽彙 3113　　璽彙 1506

【注】從林室聲。●晉璽人名。

窓室

上博一·性情 4　　上博一·性情 5　　清華十·四告 21

【注】從心室聲。●讀節。"室""節"上古音相近。馬王堆帛書《老子乙本卷前古佚書》中《十六經·觀》"時節三樂"（語見《國語·越語下》的"節"寫作從手室聲的"㧏"。《上博一·性情4》："凡眚（性）或敩（動）之，或逆之，或㝮（節）之，或萬（厲）之，或出之，或兼（養）之，或長之。"《上博一·性情5》："㝮（節）眚（性）者，古（故）也。""㝮眚"，讀為"節性"，謂節制性情。"故"主要指合乎儒家思想的各種禮制和倫理道德規範。●讀秩。《清華十·四告21》："晨（振）於服御，寙=（懼懼）合（答）話，㝮=（秩秩）義斾（止）。""㝮="當讀"秩秩"。《詩經·小雅·賓之初筵》："賓之初筵，左右秩秩。"毛傳："秩秩然肅敬也。"

窒 齊 璽彙4090 璽彙3937 璽彙3938 晉 幣編182 貨

系223 秦 睡簡·日甲31背

【注】從穴至聲。●《璽彙4090》"窒帀登"，"窒帀"讀室中，複姓。●《璽彙3937》"窒孫☑"，讀室孫，複姓。●晉幣文單字，當為地名。●填塞。《睡簡·日甲31背》："注白湯，以黃土窒，不害矣。"

銍 楚 包山276 天星 仰天26 秦 秦印266

【注】從金至聲。●秦印"銍將粟印"，古邑名。春秋戰國宋邑，在今安徽省濉溪縣南、澮河北岸。《史記·春申君列傳》楚頃襄王二十年（前279年），黃歇説秦昭襄王曰："魏氏將出而攻留、方與、銍、湖陵、碭、蕭、相，故宋必盡。"秦置縣。"將"意為管理。"銍將粟"應即銍地管理米粟之官。●讀軽。《包山276》："赤金之銍。"

砥 楚 信陽2·8

【注】從石至聲。●讀卺，或體作葦。葦，《説文》蠡也。《廣韻》以瓢為酒器，婚禮用之也。《類篇》或作香。《信陽2·8》："一厚奉之砥（卺）。"

裎 楚 郭店·窮達3

【注】從衣至聲。●讀経。《郭店·窮達3》："冒（帽）裎（経）㿃（襪）懂（巾）。"

霡 楚 郭店·成之8

【注】從林至聲，古"経"字。●讀経。《郭店·成之8》："君衰（縗）霡（経）而尻（處）立，

一宮之人不勤（勝）其哀。"縗絰"指喪服。以一方布綴於上衣當心之處為之縗。喪服所系之帶以麻為之。在首為首絰，在腰為腰絰。

端紐靈聲

 作冊靈鼎

【注】象形字。金文象花蒂之形，"靈"之初文。● 人名。

靈 設簋 楚簋 楚簋 邢人妄鐘 靈鼎 靈卣 靈尊 靈尊

靈 靈甗 智鼎 楚 包山 167 包山 105 包山 151 上博五·鬼神 5

清華三·琴舞 10 上博六·慎子 1 上博八·命 2 上博六·申公 9 晉 晉

姜鼎 秦 （靈）睡簡·封診 53 陶彙 5·20 大墓殘磬 （靈）秦

公簋

【注】甲骨文作 、 、 、 、 、 、 、 等形。張亞初謂：甲骨文早期作 ，是"脫花"後的象形字，後來才在下面加意符止作 ，"止"表示花的下基，底座。花開總有花落時，唯有花托常在，所以靈有鞏固、常在、根本等意思。（詳《周厲王所作祭器設簋考——兼論與之相關的幾個問題》）學者們均隸定為"靈"，即"蒂"之初文，指花、瓜果與枝莖相連的部份。朱駿聲《說文通訓定聲》："蒂，《聲類》：'果鼻也。'《吳都賦》：'抗白蒂。'劉注：'花本也。'《老子》：'深根固蒂。'《禮記·曲禮》：'士靈之。'以靈為之。俗字作蒂。"《說文》"蒂"字下段注以為"靈者，蒂之假借字"，實"蒂"為"靈"之後起形聲字。楚文字作 、 等形，舊多釋為"步"，李零先生釋為"靈"。（《讀〈楚系簡帛文字編〉》）《說文》："靈，礙不行也。從更，引而止之也。更者，如更馬之鼻。從此與牽同意。"所釋當為引申義。本義當為根基、根底。楚簡中"靈"常讀質，靈、質同屬端母質部，常相通用。《禮記·大學》："身有所忿懥。"鄭玄注："懥，或作懫。""靈"本義為根蒂，"質"常見的"本""性""體"等義以及引申義"誠""實"當來自"靈"。金文中"靈"皆可讀質，而義訓各有所專。● 讀質，訓為"主"。《廣雅·釋詁三》："質，主也。"《管子·君臣下》："天道人情，通者質，寵者從，此數之因也。"尹知章注；"質，主也。能通于天道人情者，可以為主；其不能通，但寵貴之者，可以為從，謂臣也。"《設簋》："乍（作）靈才（在）下。"厲王胡為周之天子，其"作靈在下"，乃是作人間世界之主也。● 讀質，訓為"對"，答也。《楚簋》："楚敢拜手稽首，靈揚天子丕顯休，用作尊簋，其子子孫孫萬年永寶用。"

《金文編》“寊”字下注：“讀為對。”《莊子・徐無鬼》：“自夫子之死也，吾無以為質矣，吾無與言之矣。”成玄英疏：“質，對也。匠石雖巧，必須不動之質；莊子雖賢，猶藉忘言之對。蓋知惠子之亡，莊子喪偶，故匠人輟成風之妙響，莊子息濠上之微言。”莊子以惠子為“質”，即以惠子為對也。●讀質，訓為“定”。《詩經・大雅・抑》：“質爾人民。”朱熹集傳：“質，定也。”《秦公鎛》：“畯寊在位，高引有慶，匍有四方。”又《尚書・文侯之命》：“予一人永綏在位。”永，長也；綏，安也。畯寊在位，畯，長也；寊，定也。“畯寊在位”與“永綏在位”義近。“寊”的“定”義應是“本根”義的引申。●人名。《寊卣》：“寊乍（作）寶尊彝。”包山簡均為人名。●秦簡讀嚔。《睡簡・封診 53》：“刺其鼻不寊（嚔）。”●讀質，相當、對等。《禮記・聘義》：“介紹而傳命，君子於其所尊弗敢質，敬之至也。”鄭玄注：“質，謂正自相當。”《清華三・琴舞 10》：“寊天之不易。”和上天一樣永存。●讀實。《上博五・鬼神 5》：“名則可畏（畏），寊（實）則可𢘓（侮）。”表面看來很可怕，但實際上卻可得而侮之。《上博六・慎子 1》：“慎子曰：恭儉以立身，堅强以立志，忠寊（實）以反（返）俞。”“俞”有安定的意思。簡文當指忠實的品格會帶來自身内心的安定。●讀鑕。《上博八・命 2》：“忈（恐）不能，㠯（以）辱釜（斧）寊（鑕）。”此詞即“斧質”，亦作“斧鑕”，指斧子與鐵鍖，古代刑具。行刑時置人於鍖上，以斧砍之。“斧質”和“斧鑕”典籍習見。《上博六・申公 9》：“臣為君王臣，君王孚（免）之死，不㠯（以）晨欽（斧）寊（鑕），可（何）敢心之又（有）？”

⿸厂寊 晉  中山王譽壺

【注】從厂寊聲。舊多釋為“陟”字，蓋據《三體石經》“陟”之古文作，二者形近。陳斯鵬先生認為此字是“寊”字增益“厂”旁的繁構，疑可讀恤。（《讀〈上博竹書（五）〉小記》）●讀恤，體恤、憐憫。《中山王譽壺》：“⿸厂寊悉（愛）深則孯（賢）人親（親）。”上博簡《周易》簡 4 的“懫”字馬王堆帛書本作“洫”，讀《中山王譽壺》“⿸厂寊”為“恤”，可從。

⿰亻寊 齊  陶彙 3・1293  陶彙 3・1292  陶彙 3・1291  陶録 3・196 楚  清華十一・五紀 16  上博九・舉治 33

【注】從人寊聲，與“陟”《説文》古文同，用作“陟”大概是假借的用灋。●齊陶人名。●疑讀質。《上博九・舉治 33》：“深⿰亻寊固疋（疏），又（有）社（功）而癹（伐）。”深，深厚。質，質樸。固，堅固。疏，寬大。全句意謂禹雖有功，亦不廢深厚、質樸、堅固、寬大四德。

⿰彳寊 楚  郭店殘簡 15

【注】從彳寊聲。“徙”之古文。●義不詳。

 上博六·用曰 16

【注】從糸窒聲。●讀質。《上博六·用曰 16》：“繼（質）亓（其）又（有）戭（威）頌（容），而紉亓（其）又（有）寧。”

 上博三·周易 4

【注】從心窒聲。●讀窒。《上博三·周易 4》：“惷（窒）意（惕），中吉，冬（終）凶。”馬王堆帛書本作“洫”。

 清華六·管仲 6　清華六·管仲 6

【注】從石窒聲。●讀質。《清華六·管仲 6》：“竪碊不坒，執即（節）絭（彖）縆（繩）。”《逸周書·謚法》：“名實不爽曰質。”詳“鑒”字。

透紐竝聲

 獄盤　叔卣　、　叔尸鎛　中山王䛮鼎

【注】甲骨文作，從二立，一上一下，會上下更替偏廢之意。金文同甲骨文。小篆加曰為飾（聲化為白）。徐中舒曰：“《說文》竝部有替字作，或作，廢也。徐鉉曰：‘今俗作替。’按替與普皆從竝，普從日竝聲。替從竝白聲，兩個字的音義皆不同，但兩字隸定，其形極易混，故俗作替，以與普相區別。”（《中山三器釋文及宮室圖說明》）《說文》：“，一偏下也。從竝白聲。普，或從曰。替，或從竝從曰。”本義廢棄。●讀替，斷絕、廢除。《中山王䛮鼎》：“子子孫孫永定保之，母（毋）竝（替）氒（厥）邦。”《獄盤》：“用茲王休，其日引勿竝（替）。”《詩·小雅·楚茨》云：“子子孫孫，勿替引之。”《毛傳》：“替，廢。引，長也。”“日引勿替”，蓋言如日月運行之久長，永無廢止。《詩·小雅·楚茨》乃詠祭祀之詩，所稱“勿替引之”正好與新出金文互為印證。《叔尸鎛》：“母（毋）竝母（毋）已，至于葉（世）曰。”

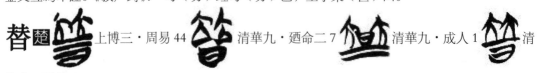 上博三·周易 44　清華九·廼命二 7　清華九·成人 1　清華十·四告 3

【注】上部所從不是像兩人並立的“並”字，而是替字的初文。當從日竝聲。●整理者認為從日並聲，讀普，《廣韻》博也，大也，徧也。或作普。《上博三·周易 44》：“恭普不飤（食），舊恭亡（無）禽（禽）。”井多已廢，不能依食，舊井久未修治，連禽鳥也不屑一顧。當釋為替，

讀泥，泥污。"替"是透母質部，"泥"是泥母脂部，為對轉字。馬王堆本和今本都作泥。《易·井》："井泥不食，舊井無禽。"孔穎達疏："井之下泥污不堪食也。"或說"替"與"泥"的辭義相通。《莊子·則陽》"與世偕行而不替"，成玄英疏："替，廢也，埋塞也。"●讀替。《清華十·四告3》："禛（顛）邈（覆）乓（厥）典，咸替百成。"●讀惕。《清華九·成人1》："王則鷹（悚）替（惕）愚（畏）忑（恐）。"

定紐聿聲

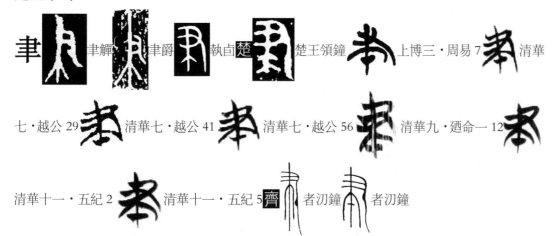

聿觶　聿爵　執卣 楚　楚王領鐘　上博三·周易7　清華七·越公29　清華七·越公41　清華七·越公56　清華九·迺命一12　清華十一·五紀2　清華十一·五紀5 齊　者汈鐘　者汈鐘

【注】甲骨文作𦘕、𦘖、𦘔，象手握毛筆形，為"筆"之初文。金文同甲骨文。《者汈鐘》增飾點，遂分化出"聿"字。按甲骨文金文，聿、聿一字，前者為初文，許慎分為二字。在古文字裏，"聿"和"隶"形體非常接近。"隶"《邵鐘》作𦘔，在銘文中用為"肄"。《楚王領鐘》"聿"字則寫成了"隶"。古音"聿"在以紐物部，"隶"在以紐質部，聲同韻近，所以在古文字裏，從聿聲之字常訛成從隶聲，反之，從隶聲之字也訛成從聿聲。詳見"律""建""肄"等字。"聿"字在用作意符時從不與"隶"相混，如書、畫、畫等，這證明音同或音近是造成文字訛混現象的因素之一。《說文》："𦘔，所以書也。楚謂之聿，吳謂之不律（是筆的切音），燕謂之弗。從聿一聲。凡聿之屬皆從聿。""從聿一聲"之說欠妥。本義為筆。後來"聿"多用於助詞，于是加"竹"旁另造"筆"字。●讀肄，列、組，為鐘磬之列。《者汈鐘》："光之于聿（肄）。"據文獻記載：懸鐘十六為一肄。●族氏名。見於《聿壺》等器。●讀筆。《執卣》："乙亥，尹各（各）于宮，商（賞）執，易（賜）金二、聿二。"●讀律。《楚王領鐘》："楚王領自乍（作）鈴鐘，其聿其言。"●讀律，律條。《清華七·越公29》："雩（越）王句戔（踐）女（焉）舀（始）作紀五政之聿（律）。"●讀律，法律。《上博三·周易7》："帀（師）出以聿（律），不痦（臧）凶。"●讀類。從聿聲的律和類皆來母物部字。《清華七·越公41》："凡此聿（類）也，王必親聖（聽）之。"

律 楚 **律** 清華八·處位8

【注】從人聿聲。●讀律。《清華八·處位8》："亓（其）禺（遇）於異律（律），吏人未智（知）。"整理者隸作"𢓜"，讀為"進"。按字形當隸為律，可能是律之誤書，同"律"。句謂遇到現行律、令並未涵蓋的情況，吏人不知變通。

 戌鈴方彝 **秦** 睡簡·語書 4 睡簡·秦種 3 嶽麓三 30

 秦印 36 青川木牘

【注】甲骨文作[字]，從彳聿聲，與《説文》篆文同。商代金文《戌鈴方彝》所作同甲骨文。●金文義不明。●秦簡均用為本義，法律、律令。《睡簡·秦種 14》："廄苑律。"管理廄圈和苑囿的法律。《睡簡·雜抄 39》："戌律曰。"戌律，關於行戌的法律。《睡簡·雜抄 36》："敦（屯）表律。"屯表律，關於邊防的法律。《睡簡·雜抄 33》："傅律。"傅律，關於傅籍的法律。《睡簡·雜抄 4》："除吏律。"除吏律，關於任用官吏的法律。《睡簡·雜抄 5》："遊士律。"關於游士留居手續和禁止幫助秦人擅自出境的法律。《睡簡·雜抄 16》："臧（藏）律。"藏律，關於府藏的法律。《睡簡·雜抄 16》："中勞律。"中勞律，關於從軍勞績的法律。

 建 [金] 律鼎 毛公鼎

【注】《金文編》原釋為"建"，裘錫圭、林澐等主張釋為"律"（《金文編校補》57 條）。古文字中可確知為"建"字的有《蔡侯申鐘》作[圖]，《中山侯鉞》作[圖]，《汗簡》所收"建"字古文作[圖]，均從乚、彑，不從辵。小篆從乄則是從乚、彑的訛變。《説文》訓"建"為立朝律，並無行動之義，故建本不得從辵。此文從辵，應隸作"逮"，古文字從辵、從彳無別。《毛公鼎》所作，當為"律"之異文，所從的[聿]即"聿"旁，同銘"畫"字所從的"聿"亦作[聿]可證。在古文字裏，從聿聲之字、從隶聲之字也常常相混，如睡虎地秦簡"律"字聲符從聿作[律]、[律]，或從隶作[律]。●讀律，約束、妨礙。在先秦古籍中有用一定濾准去約束之意，《易·師·初六》"師出以律，否臧凶"即其用例。《毛公鼎》："勿離律庶人。"即謂不要堵塞束縛庶民發表意見，也就是《國語》"民者宣之使言"之意。●《[圖]律鼎》人名。

 騂 **秦** 秦印 294

【注】從馬聿聲。騂，《玉篇》同騍。●秦印人名。

 筆 **秦** 睡簡·日甲 46 背 圖典 403

【注】從竹聿聲。●《睡簡·日甲 46 背》："取女筆以拓之，則不來矣。""女筆"二字，學者們曾提出了各種解釋，如鄭剛、劉樂賢先生釋之為女人用的篦子；劉釗先生認為是女人所用之筆；蔣英炬、李家浩先生認為"女"字通"汝"，猶你的筆的意思。單育辰認為：女讀如，《詰》四八背叄有"以若便（鞭）擊之，則已矣"，這裏的"若便（鞭）"正可以和《詰》篇四六背貳的"女筆"相對照，它們的意思猶今天所說的"鞭狀物""筆狀物"。（單育辰《秦簡"柀"字釋義

》)●秦印"左筆"，疑為人名。

（案）郾侯載簠

【注】從宀聿聲。●讀肆，放縱。《郾侯載器》："安毋案（肆）戜。"

郭店·緇衣30

【注】從糸聿聲。●讀綍，大繩。《玉篇》："綍同紼。"《周禮·地官·遂人》："及葬，帥而屬六綍。"《注》："綍，舉棺索也。"《郭店·緇衣30》："王言如絲，亓（其）出女（如）綧（緍）；王言女（如）索，亓（其）出女（如）綍（綍）。"《禮·緇衣》王言如綸，其出如綍。《疏》漸大出如綍，綍又大於綸。今本作綍。郭店楚簡《注釋》以為借作"紼"。裘錫圭先生按："'紼''綍'二字，字書以為一字異體，'聿'、'弗'皆物部字，又疑'綍'所從的'聿'實當讀為'筆'，'筆'、'綍'聲韻皆近。"（《郭店楚墓竹簡·注釋》七五裘按）絲、綸、索、紼蓋逐漸加粗，以喻君王言說不可不慎。

賣父辛觶　賣甲罍　賣作父辛尊　且辛簠　賣父辛簠　賣引觚

【注】從貝聿聲，"賣"之異體。賣從貝妻聲，妻又從聿聲；聿、妻聲同。●人名。《賣作父辛尊》："賣作父辛寶尊彝。"●讀進。《且辛簠》："其萬年孫孫子子永寶用賣。"《漢書·高祖本紀》："蕭何為主吏，主進。"顏師古注："字本作賣，又作賮，音皆同耳。"此賣、進相通之證。《文選·宋玉》："進純犧。"李善注："進，祭也。""永寶用賣"與金文習語"永寶用享"同義。

（爣）睡簡·日甲125

【注】從火聿聲，同"爣"。《說文》："妻，火餘也。從火聿聲。一曰薪也。"●讀燁，陳屍。《睡簡·日甲125》："戌不可以為牀，必以妻（燁）死人。"簡文借陳屍，言說戌日為牀，必有死人事件。

定紐失聲

璽彙3541　睡簡·為吏13　睡簡·雜抄26　里耶　睡簡·語書3　睡簡·為吏13　詛楚文

【注】從元從中，會隱遁之意，即"佚"之初文。《詛楚文》訛省。秦漢摹印文字與"先"相混，故小篆訛為冇形。●過失、偏失、偏差。《睡簡·為吏13》："吏有五失。"睡虎地秦簡多用"失"表示失，楚文字則用"遊"表示。●《璽彙3541》"失訏"，讀佚，姓氏。佚之狐，春秋時鄭大夫。●讀佚，逃走。《睡簡·雜抄26》："虎失，不得。"●讀逸、或讀泆，淫泆。《詛楚文》："淫失（佚）甚（耽）亂。"《廣韻·質韻》："泆，淫泆。"表放蕩、淫亂之義。《尚書·酒誥》和《左傳·隱公三年》中均有淫泆連用之例。淫泆，或作淫逸。

 石鼓文

【注】從矢失聲；聲符與《詛楚文》同。●讀秩。《石鼓文》："趍趍弆（六）馬，射之鈇=（秩秩）。"重言形況字，在句中言發矢之聲，或狀發矢之貌。

 睡簡·答問79

【注】從肉失聲。●骨節錯位。《睡簡·答問79》："若折支（肢）指、胅體（體），問夫可（何）論？當耐。"

洗 秦 〔篆〕 會稽刻石

【注】從水失聲。●《會稽刻石》："禁止淫泆，男女絜誠。"亦作"淫佚"，恣縱逸樂。

郑 晉 〔印〕 璽彙2222

【注】從邑失聲。●"郑埵"讀佚，姓氏。

秩 秦 〔簡〕 睡簡·答問55　〔簡〕 睡簡·秦種31　〔簡〕 睡簡·秦種46

【注】從禾失聲。●俸祿。《睡簡·秦種82》："稍減其秩。"《睡簡·答問55》："為有秩偽寫其印為大嗇夫。"有秩，指秩祿在百石以上的低級官吏。

定紐隸聲

隸 楚 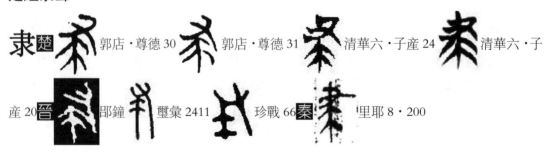 郭店·尊德30　郭店·尊德31　清華六·子產24　清華六·子產20　晉 郜鐘　璽彙2411　珍戰66　秦 里耶8·200

【注】金文象手持尾形。此字當為甲骨文（盡）所從，肆、隸等字均從之。《說文》："隶，及也。從又，從尾省。又，持尾者，從後及之也。凡隶之屬皆從隶。徒耐切。"又《說文》："眔，目相及也。從目，從隶省。"眔、隶二字本無干，唯篆文形近，故許慎誤相牽合，訓"隶"為"及"。在古文字里，"聿"和"隶"形體非常接近。"隶"《郘鐘》作 ，在銘文中用為"肆"。《楚王領鐘》"聿"字則寫成了"隶"。古音"聿"在餘紐物部，"隶"在定紐質部，聲韻同近，所以在古文字里，從聿聲之字常訛成從隶聲，反之，從隶聲之字也訛成從聿聲。詳見"律""建""肆"等字。"聿"字在用作意符時從不與"隶"相混，如書、畫、晝等，這證明音同或音近是造成文字訛混現象的因素之一。●讀肆，列也。肆，心母質部。肆、隶鄰紐，疊韻。《郘鐘》："大鐘八隶（肆）。"●讀肆。《郭店·尊德30》："侖（論）隶（肆）亓（其）頪（類）安（焉）。"●讀逮。《郭店·尊德32》："坓（刑）不隶（逮）於君子，豊（禮）不隶（逮）於小人。"●讀聿，遂也。《清華六·子產24》："乃隶參邦之命（令）。"原整理者讀為"肄"，注云："肄，《說文》：'習也。'"按：《書·湯誥》："聿求元聖，與之戮力。"《傳》："聿，遂也。"《釋文》："聿，允橘切，述也。"《正義》："聿訓述也。述前所以申遂，故聿為遂也。"《說文》："述，循也。"此為遵循義。下簡25"隶參邦之型（刑）"之"隶"同。●晉璽人名。

 㯕 楚 安大一39

【注】從艸隶聲。●讀棣。《安大一39》："募（唐）㯕（棣）之芋（華）。"下部所從實際是"聿"，楚文字"隶""聿"形近易混。

 隸 楚 清華八·攝命2

【注】從二隶相并，"隶"之繁文。●讀肆，發語詞。《清華八·攝命2》："隸（肆）余畫猷（繇）卜乃身，休，卜吉。"整理者："《爾雅·釋詁》：'肆，故、今也。'《尚書》'肆'字多用於分句句首表結果。""肆"作發語辭又見《孟子·盡心上》"肆不殄厥愠"。

 逮 楚 郭店·語叢一75 晉 璽彙0802 秦 石鼓文 圖典57

【注】從辵隶聲。《說文》："逮，唐逮，及也。從辵隶聲。"●及。《郭店·語叢一75》："逄復不逮從一衍（道）。"謂變來變去反而不及從一而終，也即以不變應萬變之意。《石鼓文》："汧殹泊泊，蔞=（蔞蔞）☑☑，舫舟囪（從）逮。"●晉璽人名。秦印"李不逮"，亦為人名。

 謙 敔簋

【注】從言隶聲。或謂"肆"之異文。●讀律。《敔簋》："奪孚（俘）人四百，啚于燓（榮）白（伯）之所，于怓衣謙，復付厥（厥）君。"衣謙，讀為卒律，全部記述其來歷。《爾雅·釋言》律，述也。《禮·中庸》上律天時。

 璽彙 3374　　侯馬

【注】從心隶聲。●晉璽人名。

 圖典 440

【注】從人悷聲。●"郵悷"，人名。

 璽彙 2102　　璽彙 2103

【注】從邑隶聲。●晉璽"邦五鹿""邦喜"讀逮，姓氏。漢代有逮普。

 港續一 92

【注】從木隶聲。●晉璽人名。

 十五年上郡守壽戈　　三十八年上郡守戈　　高奴權

睡簡·答問 194　　睡簡·雜抄 38

【注】從隶從柰。柰為疊加音符。"隶"下面訛變成"米"。葉玉英認為乃變形音化，"米"起標音作用。古音"隶"在來紐質部，"米"在明紐脂部。脂、質陰入對轉。來母與明母關係非常密切，已為學界所公認。(《古文字構形與上古音研究》370 頁)《説文》："隸，附箸也。從隶柰聲。𣜩，篆文隸從古文之體。"本義附屬。●奴隸、刑徒。《卅八年上郡守慶戈》："工隸臣于。"《漢書·刑灋志》有"隸臣"，隸臣為秦漢時期刑徒專名，為服刑期一歲之刑徒名稱。這表明工匠的身份為刑徒。

錸 齊 洹子孟姜壺

【注】"肆"本從"隶"聲，故《邿鐘》以"隶"為之。《洹子孟姜壺》從金隶聲，為肆堵專字。肆，漢隸皆從聿作𨽻(武威漢簡·士相見 16)、肆(曹全碑)。小篆從長隶聲。《説文》："𩐈，極、陳也。從長隶聲。肆或從彡。"從金文資料來看，"隶"和"肆"本同音，"肆"讀為心母乃後來的音變。高田忠周謂"肆"曰："朱駿聲云，按此字從長。本訓長也。詩崧高：'其風肆好。'傳：

肆,長也。此説有理,似是。然字又從隶聲,固自有義。隶者,及也,有次之謂也,當以為次陳之意。長且有次。極陳之義也。肆從隶聲,故此借隶為肆。金文從金作鐽,此肆堵專字,不可用于他義,而隶當泛用耳。"(《古籀篇三十三》)按此,肆當為形聲兼會意字。本義當為陳列。如《詩經》:"或肆之筵。"《論語》:"百工居肆。"老子注,肆市之類。●讀肆,列也。古代編懸樂器的單位,懸鐘十六枚為一肆。《邵鐘》:"大鐘八隶(肆)。"八肆,由八組鐘鼓樂器組成的周代最高的用樂編制,周天子才配享用。《洹子孟姜壺》:"鼓鐘一鐽(肆)。"一肆,由一組鐘鼓樂器組成的周代較低級的用樂編制,供王室日常用樂和大夫使用。《周禮·小胥》:"凡懸鍾磬,半為堵,全為肆。"《左傳·襄公十一年》:"歌鐘二肆。"杜預注:"肆,列也。懸鐘十六為一肆。"

肆 [秦]  嶽麓三 115　嶽麓三 109　嶽麓三 130　嶽麓三 132

【注】從長隶聲。●店鋪。《嶽麓三 118》:"婉以匿訾(貲)故,即鼠(予)肆、室。"

禄 [楚]  清華五·厚父 4

【注】從示隶聲。●讀肆。《清華五·厚父 4》:"或禄(肆)祀三后,永叙才(在)服。"詳"緐"字。

定紐叙聲

叙 [秦]  王尘女隸方彝　　王尘女隸方彝

【注】甲骨文作𤜤、我、𤘈、𣏌、𤘈、𥪡、𤘈,從又從𥪡(帚,帚亦聲),會以手訓習希獸之意,"緐"之初文。于省吾謂字象以手涮洗形,帚當為毫毛之形。或從數點者象水滴之形。金文緐多從巾者,刷洗之初隻以手,繼則以巾,此乃人事自然之演進也。(《殷契騈枝》48 頁)金文緐、叙一字。●金文人名。

緐(肆)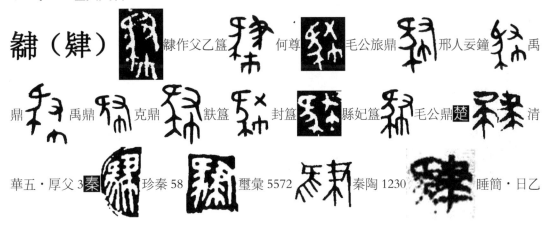

绿作父乙簋　毛公旅鼎　邢人妄鐘　禹鼎　禹鼎　克鼎　鈇簋　封簋　縣妃簋　毛公鼎 [楚] 清華五·厚父 3 [秦] 珍秦 58　璽彙 5572　秦陶 1230　睡簡·日乙

191 嶽麓一・為吏 25 　秦陶 1232 　璽彙 5120

【注】從巾叙聲。此字秦系文字作"肂"，本不從聿，但戰國以後的文字裏已訛成從聿或從隶作，希則訛為夬，遂作"肂"字。"肂"和"肆"本同音，"肆"讀為心母乃後來的音變。在"肆"音變讀心母后，由于人們誤以為"肂"和"肆"為異體字，所以"肂"也有了心母的讀音。《集韻・至韻》："肂，《説文》：'極陳也。一曰遂也，故也，又姓。或作肂、肂'。息利切。"《説文》："𣜩，習也。從聿希聲。𣜩籀文肂。肂篆文肂。"本義為刷洗希畜毫毛之形，引申為肄習。西周金文"肆"皆假借"𣜩"為之。●讀肆，縱恣。《大盂鼎》："率肆（肆）于酉（酒）。"《左傳・昭公十二年》："昔穆王欲肆其心，周行天下。"秦文字或以"逬"為肆。楚文字以"聿""希""遙"為肆，三晉文字以"悇"為肆。●讀肆，語助詞，與"惟"通。《毛公鼎》："𣜩（肆）皇天亡斁（斁），臨保我有周。"《詩・大雅》"肆皇天弗尚"作"肆"。《縣改簋》："𣜩敢隊（施）于彝曰：其自今日，孫孫子子母（毋）敢望（忘）白（伯）休。"●人名。《𣜩作父乙簋》："戊辰，弜師易（賜）𣜩曺戶、賣貝，用乍（作）父乙寶彝。"《秦陶 1230》《秦陶 1232》"宜陽肂"，均為陶工人名。●讀肂。《睡簡・日乙 191》："辰不可以哭、穿肂（肂），且有二喪，不可卜筭、為屋。"肂，《儀禮》注："埋棺之坎也，掘之於西階。"●《清華五・厚父 3》："朝夕𣜩（肆）祀，不盤于庚（康）。"整理者言："肆祀，本篇有幾種寫法：𣜩祀、祥祀、祓祀。關於字形解釋，可參看陳劍《甲骨金文舊釋'𪔂'之字及其相關諸字新釋》（《出土文獻與古文字研究》第二輯，復旦大學出版社，二○○八年）。《書・牧誓》：'今商王受惟婦言是用，昏棄厥肆祀弗答。'鄭玄注：'肆，祭名。'《周禮・典瑞》'以肆先王'，鄭玄注：'肆，解牲體以祭，因以為名。'"

陹　　　晶簋

【注】從阝𣜩聲。●讀肆，列也。《晶簋》："公賜晶宗彝一陹。"所謂"宗彝一肂"，指一套、一列銅器。或是大小相次的一類銅器，或是大小相等的一類銅器，或是數類相關銅器的組合。"肆"作為一套編鐘或編磬的集合單位詞出土文獻和古書均多見，春秋《洹子孟姜壺》有"鼓鐘一錄（肆）"，《邿鐘》有"大鐘八隶（肆）"，古書有"歌鐘二肆"（《左傳》襄公十一年、《國語・晉語七》），即《周禮・春官・小胥》"凡縣鐘磬，半為堵，全為肆"之"肆"。

薜　　楚　　　清華六・子產 3

【注】從艸𣜩聲，"薜"之古文。●當讀肆。《清華六・子產 3》："邦安民薜（肆）。"《禮記・表記》"君子莊敬日强，安肆日偷"，鄭注："肆，猶放恣也。""安肆"猶言安逸，"肆"是逸樂、安樂之意。

變　　　變鼎

【注】從女𣜩聲。●人名。《變鼎》："變董（觀）于王。"

定紐實聲

實 散氏盤郜召簋㝬簋 齊 國差𦉜 楚 郭店・忠信8 郭店・六德27 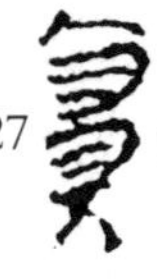信陽2・9 上博五・弟子23 清華一・保訓6 清華六・子產22 清華八・邦道7 清華一・皇門6 安大一6 安大二・仲尼1 清華六・子儀9 清華六・子儀15 清華二・繫年52 郭店・老甲19 秦 睡簡・答問210 睡簡・日乙34

【注】從宀從田從貝，張日升曰："家中豐于田產貨幣，故富為實之本義。"（引自《金文常用字典》735頁）田或訛作，是為小篆所本。楚簡田形多同化作目形。作者，疑"實"之省文，均讀置。《説文》："，富也。從宀從貫。貫，貨貝也。"本義富有。●充實、富裕。《國差𦉜》："用實旨酒。"用實，金文習語，用以裝盛、積儲。《㝬簋》："㝬其萬年黹，實朕（朕）多御，用桒壽，匄永令（命）。"《詩・小雅・節南山》："節彼南山，有實其猗。"●實際。《睡簡・秦種24》："而以其實為繇（徭）徒計。"按實際情況計算所需服徭情況、服徭徒眾的數量。●指盛器中的物品。《信陽2・9》："丌（其）實：……。"●實在、其實。《散氏盤》："我既付散氏田器，有爽，實余有散氏心賊。"《左傳・莊公八年》："我實不德。"●讀絰，古代喪服上用麻葛布做成的帶子。《郭店・六德27》："紝（疏）斬、布實（絰）、丈（杖），為父也，為君亦肰（然）。""實"與"絰"古音相近。《禮記・檀弓上》："絰也者，實也。"又據《儀禮・喪服》載，服父及君之喪，"斬衰裳，苴絰、杖……"，而簡文作"布絰"，與《喪服》稍有不同。《小爾雅・廣服六》"麻、紵、葛曰布。布，通名也"。説明"苴絰"是指用苴麻做成的絰，"布絰"亦是用麻布做成的絰，故"苴絰""布絰"可通。●讀食。《上博五・弟子23》："飤其實者，不毀其器。"《詩・大雅・生民》"以就口食"，劉賡《稽瑞》引"食"作"實"。"食其食者不毀其器"的意思是"吃食物的人不損毀盛（或者是煮制）食物的器具"。●讀置或讀寘，放置、安置之意。《安大一6》："差（嗟）我褱（懷）人，實（寘）皮（彼）周行。""實"屬船紐質部，"寘"屬章紐脂部。毛傳："寘，置。"楚文字或省為"宣"。《清華六・子儀15》："民恆不宣（寘），乃毀祟（常）各敄（務）。"《繫年52》："而焉將宣（寘）此子也？"《繫年》第五十二簡"宣"，通過與《左傳》文公七年對讀，整理者釋為"寘"。《左傳》文公七年："先君何罪？其嗣亦何罪？舍適嗣不立而外求君，將焉寘此？"簡文"宣"即寘字。簡文或疑"寘"之省作。《郭店・老甲19》："道亙（恒）亡（無）

名，儽（樸）唯（雖）妻（細），天堅（地）弗敢臣。厌（侯）王女（如）能獸（守）之，萬勿（物）牁（將）自寅。"

泥紐日聲

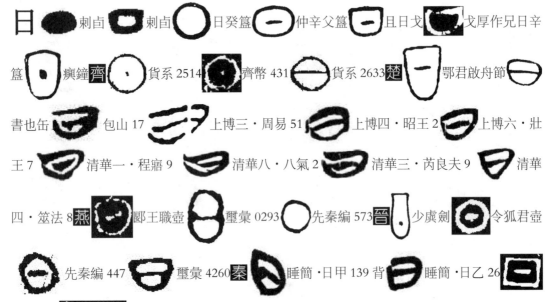

日 ● 剌卣 □ 剌卣 ○ 日癸簋 一 仲辛父簋 一 且日戈 戈厚作兄日辛簋 瘐鐘 齊 貨系 2514 齊幣 431 貨系 2633 楚 鄂君啟舟節 書也缶 包山 17 上博三·周易 51 上博四·昭王 2 上博六·壯王 7 清華一·程寤 9 清華八·八氣 2 清華三·芮良夫 9 清華四·筮法 8 燕 郾王職壺 璽彙 0293 先秦編 573 晉 少虡劍 令狐君壺 先秦編 447 璽彙 4260 秦 睡簡·日甲 139 背 睡簡·日乙 26 秦印 126 集證 277

【注】甲骨文作日、田、一、◇、◎、◇、○、◎，象太陽之形；本是圓的，因甲骨文鍥刻不便，所以寫成方形。金文略同。至小篆已不象太陽之形。《説文》："日，實也。太陽之精不亏。從口一。象形。凡日之屬皆從日。⊖古文。象形。"本義是太陽，如《詩經》："杲杲出日。"引申為白天，又引申為時間單位"一天"，如《詩經》："一日不見，如隔三秋。"●記量時間的基本單位，一晝夜為一日。《束鼎》："旬又三（四）日丁卯。"●每天、一天一天地。《小克鼎》："克其日用鼎肆辟魯休。"●白天。《蚉壺》："日夜不忘。"●祖先、兄長的尊稱。《剌卣》："剌乍（作）兄日辛尊彝。"《仲辛父簋》："中（仲）辛父乍（作）朕皇且（祖）日、皇考口癸障簋。"●太陽。《弭伯簋》："緣（戀）旅五日，用事。"旅五日，意為繞五日之旅。●《集證 277》"日馬丞"應讀駔。駔本指古代驛站專用的車，後來也指驛馬。"駔馬丞"乃管理傳馬之官。

姐 晉 璽彙 0789

【注】從女日聲。●"長（張）姐"，人名。

駔 楚  清華八·心中 3 左塚漆桐

【注】或認為"田"實即"日"符，此字確當是從馬日聲的駔字。●可徑讀逸或讀佚。"逸"餘母質部，"駔"日母質部，音近。《清華八·心中 3》："心情母（毋）又（有）所至，百體四叟（相）

莫不罳淕。"淕讀湛，《方言》卷十三："湛，安也。"郭璞注："湛然，安貌。"故"罳淕"猶言
"逸安""安佚"。詳"沃"字。

 拍鼎蓋 楚 清華十一・五紀3

【注】從土日聲，當為"埕"之本字，後又疊加義符土。旦，《廣韻》《集韻》丛同埕。本義塞
也。●塞也，引申為停滯、斷絕。《國語・晉語》："若襲我，是自背其信而塞其忠也。"韋昭注：
"塞，絕也。"《拍鼎蓋》："拍乍（作）朕（朕）配平姬鄗（庸）宮祀彝，絲（繼）母（毋）旦，
用祀永枼（世）母（毋）出。"●讀彌。《清華十一・五紀3》："有港（洪）乃旦（彌），五紀有
常。"爾、日聲系可通。

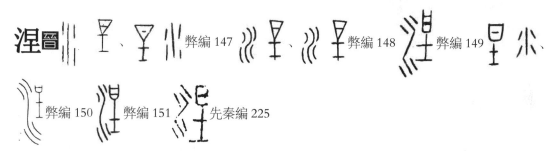 弊編147 弊編148 弊編149 弊編150 弊編151 先秦編225

【注】從水旦聲。●多見於韓方足小布，單字，地名。《古本竹書紀年》：周顯王十年（前359
年）"鄭取屯留、尚子、涅"，即此。西漢置涅縣。即今山西武鄉縣西北故城鎮。

 燕 璽彙2216 晉 類編210

【注】從邑旦聲。●燕璽"郢乍"、晉璽"郢弃（棄）厶（私）坅（璽）"，姓氏，讀旦。

 齊 邿公華鐘 叔尸鐘 楚 郭店・語叢一46 清華

十・四告13 晉 少曲令慎录戈 璽彙1978 陶彙9・069

【注】從火從日，日亦聲，當為"熱"的異體字，不讀古迥切或古惠切。（裘錫圭《古代文史研
究新探》35頁）"炅"與"旮"應為一字異體，均是古"熱"字的不同寫灋。"旮"與"慎"音
近，故《說文》以之為古文。《秦公鎛》"鎮"作 ，均可證旮、慎、鎮古音相近。●讀慎，慎
重。《邿公華鐘》："旮（慎）為之名（銘）。"●讀慎。《叔尸鐘》："旮（慎）中乓（厥）罰。"慎
中：謂慎重、公正。中有公正、公允之義。《論語・子張》："允執厥中。"皇侃疏："中，謂中正
之道也。"楚文字亦讀慎。《郭店・語叢一46》："又（有）旮（慎）又（有）懲（莊）。"●讀慎，
姓氏。《少曲令慎录戈》："十一年，命（令）少曲旮（慎）录。"春秋時楚太子白公勝後裔中有
被封於慎邑者，子孫便以邑名為姓。戰國時法家慎到，務刑名，學黃老，著有《慎子》。●秦漢

隸書往往把熱字寫成炅。馬王堆帛書《老子·德經》，甲乙兩本的"靜勝熱"，"熱"均作"炅"。《璽彙1978》"郾炅"人名，可讀熱。漢印有"潘去炅""竹去炅"（漢印897），均應讀熱。

【注】從尸炅聲。●讀熱。《清華十一·五紀94》："昬（暑）屍（熱）悁=（嬛嬛），會熨（氣）為瘙（狂）。"

【注】從金炅聲。炅，昚之異體。●讀鎮。《秦公鎛》："鐹（鎮）靜不廷，酈（柔）燮百邦。"鐹靜：即鎮靜，鎮撫、安定也。

【注】從欠炅聲。●讀喝。《上博四·柬旱16》："三日，王有野色，逗（屬）者有歇（喝）人。"喝人，中暑者。喝，從孟蓬生讀。

【注】從邑炅聲。●魏方足布讀耿，地名。"郔"從日聲，"日"泥紐質部，"耿"定紐耕部。聲系一組，韻部通轉。耿，《集韻》："俱永切，音憬。光也。本作炅。"西周封國，姬姓，在今山西河津市東南耿鄉城。《左傳》：閔公元年（前661），"晉侯作二軍，……以滅耿。"即此。

【注】從广炅聲。●燕璽人名。

旘 [晉] 璽彙4065

【注】從㫃炅聲。●晉璽"旘城朝"，姓氏。

視 [晉] 璽彙3152 璽彙3151

【注】從衣省炅聲，疑即《說文》之"衳"字。●晉璽"視復""視讓"，姓氏，疑讀軫。《廣韻·軫韻》："軫，姓。"《萬姓統譜·軫韻》："軫，軫國在楚之東……子孫以國為氏。"

岌 ^楚  郭店・六德 33

【注】從中炅聲。●疑讀實。古音"炅"在泥紐質部，"實"在定紐質部，聲為一系，疊韻。《郭店・六德 33》："息（仁）藭（柔）而酨，宜（義）弳（剛）而柬（簡）。酨之為言也，猶酨酨也，小而岌多也。"簡文"小而岌（實）多也"，與馬王堆漢墓帛書《五行》"匿者，言人行小而軫者也。小而實大，大之者也"中的"小而實大"相同。

寅 ^楚  帛書甲 　　清華四・筮法 48

【注】舊釋為"寮"，當從宀岌聲。●讀爇，燒死。《清華四・筮法 48》："寅（熱）、休（溺）者。"燒死或溺斃的人。《帛書甲》："乃命山川四晦（海），寮（熱）昦（氣）寒昦（氣），以為其戡（衛）。"

戡 ^楚  包山 139

【注】從戈岌聲。舊釋為熾，因與《說文》古文作𤎗形同。恐不能據以釋古文字，有可能是漢人看到古文寫本資料中從上下文看意義當為"熾熱"一類的熱字，對其字形已不能確識，就認作偏旁裏也有"火"、有"戈"的"熾熱"之"熾"了。●人名。《包山 139》："大脰尹公䍴必，與戡卅=（三十）致命。"

鄭 ^楚  包山 179

【注】舊釋為"鄬"，當從邑岌聲。●地名。除了有可能讀為"慎"之外，本簡之所從偏旁與簡 47 相同，劉樂賢將簡 47 之"新易"讀為"涅陽"，𤎊也有可能讀涅。

新 ^楚  包山 47

【注】從斤岌聲。●"新易"疑讀"慎陽"，地名。劉樂賢讀為"涅陽"。

䵞 ^楚 包山 125　　 包山 115

【注】從黽斯聲。●人名。

斯 ^楚 天星　　 包山 97

【注】從糸斲聲。●天星"𦇧車"，義不詳。●包山簡人名。

 _楚  包山 103

【注】從糸從黽（龜）斲聲。●人名。

 _楚 包山 82　　包山 124

【注】從易從黽（龜）炅聲。●均為人名。

 _楚 包山 85　　包山 194　　包山 124　　新蔡甲三 3

【注】從匕從黽（龜）炅聲。●《包山 85》"酓（熊）相䶂"，人名。

泥紐疒聲

 _晉 侯馬

【注】會意字。甲骨文讀疾，詳"疾"字。●盟書人名。

疾 毛公鼎　_齊 璽彙 1433　陶彙 3·556　_楚 鄧尹疾鼎　楚子棄疾

簠　上博四·內禮 8　上博六·競公 10　包山 123　疾 包山

220　包山 236　上博一·性情　望山 1·39　郭店·語叢一 110

清華八·處位 9　清華六·太伯甲 1　清華一·祭公 20　清華三·赤鳩 8

清華三·赤鳩 13　清華九·禱辭 18　清華十·四時 10　清華十一·五紀

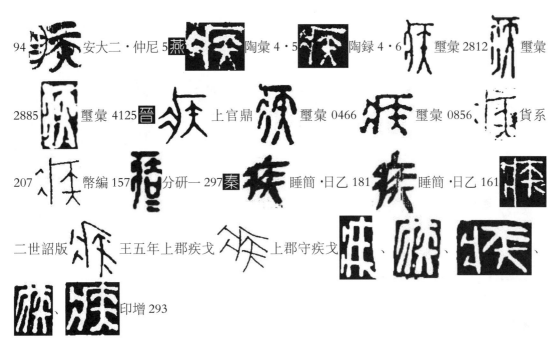

94 安大二·仲尼 5 燕 陶彙 4·5 陶録 4·6 璽彙 2812 璽彙 2885 璽彙 4125 晉 上官鼎 璽彙 0466 璽彙 0856 貨系 207 幣編 157 分研一 297 秦 睡簡·日乙 181 睡簡·日乙 161 二世詔版 王五年上郡疾戈 上郡守疾戈 、 、 、 、 印增 293

【注】甲骨文作 𤶋、𤶋、𤶋，從人從矢，會傷疾之意。甲骨文或以疒為疾，作 、 、 、 、 、 、 、 、 ，從爿從人，象人疾病臥床形，金文多見于偏旁，作 、 等形，戰國文字爿與人借用一筆作 、 等形。《毛公鼎》同甲骨文。戰國文字從疒從矢，會人中箭臥床有疾之意；疒亦聲。或謂矢為後加之聲符，李孝定曰："疒、疾當為古今字，古文衍化，往往于象形會意之本字另加聲符，疒字契文作 ，象人有疾病，偃臥床笫之形，説文訓倚，恍惚猶見本義，疾字從疒，從矢，矢乃後加聲符；籀文 ，乃智字，許君誤入疾下……訓疾速之字，契文作 ，即金文此字，象矢着人腋下，會意，謂其來之疾也，與訓病之疾，本非一字，惟矢中人，即有創病之義，與疾病之義近。後世遂以疒之後起字之'疾'兼疾病、疾速二義。而 亡矣，非疾之本義當訓急速也。"（《金文詁林讀後記》卷七）《説文》："𤶋，病也。從疒矢聲。 古文疾。 籀文疾。"本義當有疾病、疾速二義。●急、猛烈。《毛公鼎》："敄（旻）天疾畏（威）。"《師訇簋》："今日天疾畏（威）降喪。"疾畏，即疾威，發威震怒之意。《詩·小雅·雨無正》："昊天疾威。"●人名。《上郡守疾戈》："王六年上郡守疾之造戟。"●憎惡。《睡簡·語書 10》："緰（偷）隨（惰）疾事。"苟且懶惰，遇事推脱。《安大二·仲尼 5》："賜，女（汝）不幸，女（如）又（有）㤊（過），人弗疾也。"孔子認為子貢如有過為"不幸"，是因為人們對待其過不加憎恨。●疾病。《上博六·競公 10》："丌（其）人婁（數）多已，是皆貧胠（苦）疠（約）疾。"●《分研一 297》為"去疾"二字合文，古人習見人名。

瘁 齊 璽彙 3726 楚 清華三·赤鳩 8

【注】從心疾聲。●讀疾。《清華三·赤鳩 8》："是凶（使）句（后）瘁（疾）疾而不智（知）人。"●齊璽人名。

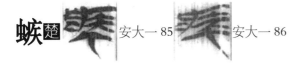

蛛 楚 安大一 85 安大一 86

【注】從虫疾聲。●《安大一 86》："牆（牆）又（有）蛺（蒺）蜇（藜），不可欶（束）也。"《毛詩》作"牆有茨"。毛傳："茨，蒺藜也。"《爾雅·釋草》："茨，蒺藜。"簡本作為蟲名的"蜇蜇"，或因與植物名"蒺藜"音同，後又急讀作"齊""茨"（參程燕《〈牆有茨〉新解》）。

疢 晉 十七年相邦春平侯劍 秦 湖南 90 、 秦印 149 關簡 298

【注】從火從疒，會熱病之意。疒亦聲。疒，泥紐質部。疢，透紐真部。透、泥均屬舌音，質、真陽入對轉。字俗作"疹"。●用為本義。《說文》："疢，熱病也。從疒從火。丑刃切。"《關簡 298》："黔首疢疾。"●餘例多為人名。

痰 晉 璽彙 1119

【注】從心疢聲，疑"疢"之繁文。●晉璽人名。

來紐栗聲

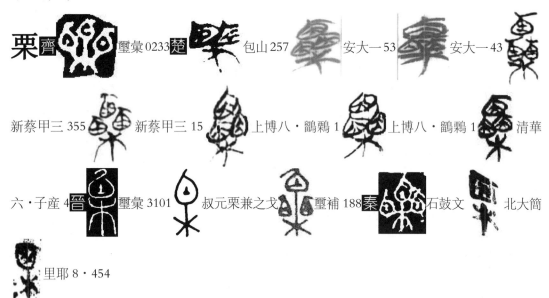

栗 齊 璽彙 0233 楚 包山 257 、 安大一 53 、 安大一 43 、 新蔡甲三 355 、 新蔡甲三 15 、 上博八·鷐鴂 1 、 上博八·鷐鴂 1 、 清華六·子產 4 晉 璽彙 3101 、 叔元栗兼之戈 、 璽補 188 秦 石鼓文 、 北大簡 、 里耶 8·454

【注】甲骨文作 、 、 、 、 ，從木從 、 ，像栗果之形。《說文》古文作 ，乃栗形之訛。《說文》："栗，木也。從木，其實下垂，故從卤。 ，古文栗從西［卥］從二卤。"本義為栗子樹。●用為本義，栗子、板栗。《包山 257》："燔（熬）魚二箕、栗二箕。"●晉璽"栗痏"姓氏。●讀慄。《安大一 53》："臨亓（其）穴，端（惴）＝亓（其）栗（慄）。"《毛詩》作"惴惴其慄"。●讀鴂。《上博八·鷐鴂 1》："子遺余婁（鷐）栗（鴂）今可（分）。"篇名《鷐鴂》，字或作"流離"，即"枭"，古人認為是一種會吃掉父母的不孝之鳥。●人名。見于《叔元栗兼之戈》。齊陶人名。

來紐利聲

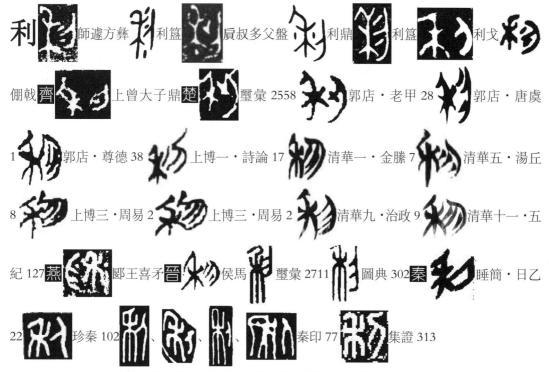

師遽方彝　利簋　　　　賈叔多父盤　利鼎　利簋　利戈

佣戟齊　上曾大子鼎楚　璽彙 2558　郭店·老甲 28　郭店·唐虞

1　郭店·尊德 38　上博一·詩論 17　清華一·金縢 7　清華五·湯丘

8　上博三·周易 2　上博三·周易 2　清華九·治政 9　清華十一·五

紀 127燕　鄝王喜矛晉　侯馬　璽彙 2711　圖典 302秦　睡簡·日乙

22　珍秦 102　、　、　秦印 77　集證 313

【注】甲骨文作𥝢、𥝌、𥝎、𥝘、𥝙、𥝚、𥝛、𥝜、𥝝、𥝞，從刀從禾（或增從土），商承祚謂字象以刀割禾，小點象穀粒隨刀紛紛落下，會鋒利之意。金文同甲骨文。《說文》：“𥝤，銛也。從刀。和然後利，從和省。《易》曰：‘利者，義之和也。’𥝥古文利。”許慎以為“從和省”，不確。本義是銳利、鋒利，如《孟子》：“兵革非不堅利也。”後來又引申為利益、利潤等義。●吉利、順利。《晉姜鼎》：“三壽是利。”●利益。《上博二·容成 49》：“知天之道，知地之利，思（使）民不疾。”●有利。《郭店·老甲 28》：“不可得而利，亦不可得而害。”●姓氏。《包山 164》：“鄔（鄂）君之人利吉。”利氏，《史記·漢高祖》有利幾。古璽印有“利高”“利張”“利紀”等，均為姓氏。●《集證 313》“利陽右尉”，地名。●讀梨。《上博七·鄭甲 5》：“奠（鄭）人命目（以）子良執命，囟（思）子豪（家）利（梨）木三晉（寸）綖（疏）索目（以）緱（供），毋敢厶（私）門而出，敭（掩）之城巠（基）王許之。”

珋 敔鐘

【注】從玉利聲。●讀利。《敔鐘》：“降余多福，福余順孫，參壽佳（唯）珋（利）。”

利鳴楚 安大一 4

【注】從鳴利聲，“喈”字異體。●讀喈。《安大一 4》：“黃鳥于䰾（飛），集于權（灌）木，丌（其）鳴鵤（喈）＝。”《說文·口部》：“喈，鳥鳴聲。從口，皆聲。一曰鳳皇鳴聲喈喈。”上古音“利”為來紐質部，“喈”為見紐脂部，見、來二紐關係密切，脂、質二部陰入封轉，音近可

通。西周銅器銘文中的"楷"，李學勤讀黎（參李學勤《從清華簡談到周代黎國》），簡本"嘗"之異文為此説又添一佳證。

恕 齊 陶彙 3·294 楚 郭店·語叢二 4 上博一·詩論 17

【注】從心利聲。●讀烈。《上博一·詩論 17》："《揚之水》其愛婦恕（烈）。""愛婦烈"表達的是想念妻子的強烈心情。●讀憽。《説文》："憽，恨也。"或省作恕、悷。《郭店·語叢二 1》："恕（憽）生於恥，黻（廉）生於恕（憽）。"怨恨生於羞恥，不滿生於怨恨。

莉 楚 上博二·子羔 3

【注】從艸利聲。●讀黎，黎民。《上博二·子羔 3》："舜之德若何，而可以得之童土之莉（黎）民也。"童土，荒蕪之土。《莊子·徐無鬼》："堯聞舜之賢，舉之童土之地，曰：冀得其來之澤。舜舉乎童土之地，年齒長矣，聰明衰矣，而不得休歸，所謂卷婁者也。"成玄英疏："地無草木曰童土。"

蜊 楚 安大一 86 安大一 85

【注】從虫利聲。●讀藜。《安大一 86》："牆（牆）又（有）蒺（蒺）蜊（藜），不可軟（束）也。"詳"蒺"字。

剢 楚 曾侯 4 曾侯 93

【注】從戈利聲。●人名。

黎 秦 睡簡·效律 27 秦印 136

【注】從黍，利省聲。●秦簡"比黎"同"比絷"，荆笆或籬笆。《睡簡·效律 27》："萬石一積而比黎之為戶。"以一萬石為一積而隔以荆笆，設置倉門。●秦印"黎月"，姓氏，黎侯國之後。

絷 秦 睡簡·雜抄 168

【注】從牛黎聲。●《睡簡·雜抄 168》："萬〔石一積而〕比絷之為戶。"同"比黎"，荆笆或籬笆。

霽 秦 石鼓文

【注】從雨黎聲。●《石鼓文》：“四轄（翰）霾霾。”霾霾，重言形況字，殆言四翰之壯盛、肥大之貌。

膝 秦 秦印 288

【注】從目黎聲。●秦印“任膝”，人名。

精紐卪聲

卪 卪爵 卪鼎 齊 陶録 2·299 晉 匯考 288 璽彙 4826 匯考 143

货系 0424 货系 0426

【注】甲骨文作 、 、 ，象人屈膝跪坐之形。金文多見于偏旁。《説文》：“卪，瑞信也。守國者用玉卪，守都鄙者用角卪，使山邦者用虎卪，士邦者用人卪，澤邦者用龍卪，門關者用符卪，貨賄用璽卪，道路用旌卪。象相合之形。”符節乃後起義，卪亦不象相合之形。●族氏名。《卪爵》：“卪。”●三晉文字（如《璽彙 4826》“王之上士卪”）均讀節，即符節。

攺 晉 （ ） 陶彙 6·72

【注】從攴卪聲。●韓陶人名。

雫 燕 郾王職戈 郾王詈戈

【注】從雨卪聲。●《郾王職戈》：“郾王職乍（作）雫萃鋸。”燕兵器銘文常用格式，辭例相關部位或作王、帀、廣等，為卒之所屬。銘文中的“卒”或“萃”，都應讀作“徒卒”之“卒”。雫，詳“萃”字。

劰 楚 郭店·五行 36

【注】從木從田卪聲。●讀懈。《郭店·五行 36》：“敬而不劰（懈），嚴也。”帛書本作“敬而不解（懈），嚴。”簡文整理本注 48 疑是“節”字，裘先生按：“此字恐亦書手寫錯之字，待考。”

即 散氏盤 師嫠簋 大盂鼎 毛公鼎 此鼎 駒父盨 諫

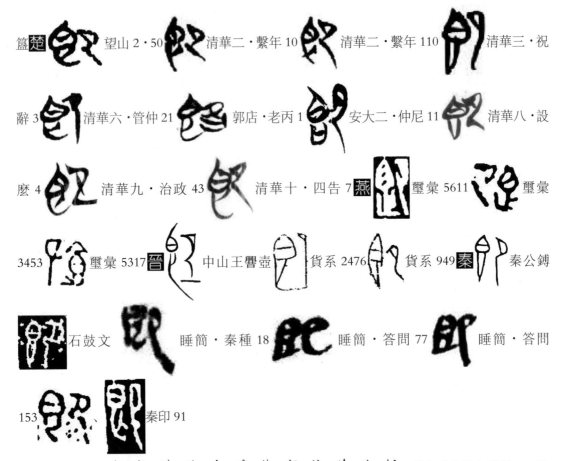

篡楚 望山2·50　　清華二·繫年10　　清華二·繫年110　　清華三·祝

辭3 清華六·管仲21　　郭店·老丙1　　安大二·仲尼11　　清華八·設

麇4 清華九·治政43　　清華十·四告7燕 璽彙5611　　璽彙

3453　　璽彙5317晉 中山王響壺　　貨系2476　　貨系949秦 秦公鎛

石鼓文　　睡簡·秦種18　　睡簡·答問77　　睡簡·答問

153 秦印91

【注】甲骨文作𝔞、𝔞、𝔞、𝔞、𝔞、𝔞、𝔞、𝔞、𝔞、𝔞、𝔞，從皀（食器）從卪，一跪坐着之人面向食器，會就食之意；卪兼聲。金文承之。《璽彙5317》舊釋為飲，不確。古文字中"皀""食"則形義俱近，從皀、從食互作的例子並不少見，詳廄、鄉、既、飤等字。《説文》："𝔞，即食也。從皀卪聲。"本義是就食。引申為接近、靠近，如《詩經》："來即我謀。" ●就。《大盂鼎》："余隹（唯）即朕小學。"即朕小學，意為就讀于我的小學。《兮甲盤》："敢不用令（命），則即井（刑）。"即井，就刑、用刑。 ●去、往。《兮甲盤》："母（毋）敢不即帥（次）、即市，敢不用令，則即井（刑）𪊨（撲）伐。" ●讀次。《中山王響壺》："夫古之聖王敄（務）才（在）得𡨃（賢），其即得民。"古即、次通用。《書·康誥》："勿庸以次汝封。"《荀子·宥坐》引作"勿庸以即"。楚文字多讀次。《郭店·老丙1》："大上，下智（知）又（有）之；其即（次），新（親）譽之。" ●付與。《𪤖鼎》："凡用即𪤖田七田，人五夫。"《散氏盤》："用夨𪊨（撲）散邑，乃即散用田。" ●即事：赴任、就事。《小臣𦀟鼎》："小臣𦀟即事于西。" ●即命：受授王命。《永盂》："即令（命）于天子。"《免簋》："王各于大廟，丼（邢）弔（叔）有（佑）免，即令。"以上均為從天子那裏接受詔命。《趞簋》："密弔（叔）右趞，即立（位），內史即命。"此為內史代王授命于趞。 ●即立（位）：金文習語，專指天子或作器的貴族大臣就位。《頌鼎》："王各大室，即立（位）。"《師毛父簋》："師毛父即立（位）。"《禮記·喪服大記》："卿大夫即位于堂廉楹西。" ●讀次。《璽彙3453》"安即（次）生辰"，"安即"讀"安次"，當以地名為氏。 ●讀齊。《安大二·仲尼11》："白（伯）屍（夷）、弔（叔）即（齊）死於首易（陽），手足不弅，必夫人之胃（謂）唬（乎）？" ●讀節。《上博一·詩論8》："雨亡政、即（節）南山，皆言上之衰

1730

也，王公恥之。"

 郭店・性自44　安大二・仲尼2

【注】從辵即聲。●讀節。《郭店・性自44》："又（有）其為人之迎迎女（如）也，不又（有）夫柬柬之心則采。"李零："應即《大戴禮・四代》之'節節然'。"《釋名》云："節，有限節也。"二字上博本作"低低"，注釋曰："低低，似可讀'惛惛'，專默精誠。"文意為：一個人的為人雖然謹慎節制，但如果沒有一顆忠誠、正直的心就會變得虛浮偽飾。●讀次。《安大二・仲尼2》："去身（仁），亞（惡）虖（乎）成名？造迎（次）、遉（顛）遹（沛）必於此。"

娶〈齊〉　魯少司寇盤

【注】從女即聲。●人名。《魯少司寇盤》："魯少嗣（司）寇封孫宅乍（作）其子孟姬娶媵（媵）般（盤）也（匜）。"

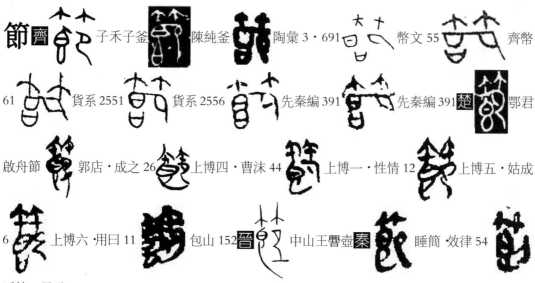

節〈齊〉　子禾子釜　陳純釜　陶彙3・691　幣文55　齊幣61　貨系2551　貨系2556　先秦編391　先秦編391〈楚〉鄂君啟舟節　郭店・成之26　上博四・曹沫44　上博一・性情12　上博五・姑成6　上博六・用曰11　包山152　〈晉〉中山王譻壺　〈秦〉睡簡・效律54　睡簡・日乙187

【注】從竹即聲，小篆承之。《說文》："竹，竹約也。"本義為符節。《包山152》或釋為箭，句義及斷讀均存疑。●符節：出使、傳令或徵調兵將用的憑證。《鄂君啟車節》："見其金節則母（毋）政（征）。"《漢書・蘇武傳》："杖漢節牧羊，臥起操持，節旄盡落。"●節制、減省。《中山王譻壺》："釦（鑄）為彝壺，節于禋（禋）祀（祀）。"《荀子・天論》："彊本而節用，則天不能貧。"●骨節。《睡簡・日乙187》："得於酉（酒）、脯脩節肉。"●讀即，如果。《睡簡・答問203》："者（諸）候（侯）客節（即）來使入秦，當以玉問王之謂殹（也）。"●準則。《子禾子釜》："左關釜節于敦（廩）备（釜），關錙節于敦（廩）鈃。"郭沫若曰："謂左關之釜以廩釜為準則，關鈊以鈃為準則。"（《兩周金文辭大系考釋》227頁）《陳純釜》："命左關帀（師）發敕成左關之备（釜），節于敦（廩）备（釜）。"敕成，猶製成。銘意為，陳純命令左關工師發製成左關使用的釜量，容量以國家倉廩所用的釜量為標準。

節  齊  采者節

【注】"節"的俗字，漢印文字習見，如▨（漢印 95）、▨（漢印 395）、▨（漢篆 106）、▨（漢銅 89）。●讀節，符節。

椰 齊 ▨ 節可忌豆 楚 ▨ 包山 259

【注】《節可忌豆》，何琳儀據原器摹作▨，左▨為"皀"是省文。（《節可忌豆小記》）故字從木即聲，釋為"椰"。《集韻》："椰栗，木名。可為杖。"●讀節，氏名。《姓氏尋源》："姜姓後有節氏，炎帝居生節莖。節姓宜出此。"《節可忌豆》："椰（節）可忌乍（作）�聿（厥）元子中姑勝鎛（敦）。"●讀櫛，《説文》梳枇之總名也。《包山 259》："四椰（櫛），一笲。"

輖 楚 ▨ 天星

【注】從車即聲。●讀軟，鬓漆過的車。

肥 齊 ▨ 陶録 3·486 楚 ▨ 上博二·容成 49 ▨ 望山 1·116 ▨ 上博三·周易 31 ▨ 上博五·季庚 6 ▨ 上博五·季庚 11 ▨ 包山 202 ▨ 包山 203 ▨ 清華一·楚居 16 ▨ 清華八·邦政 3 ▨ 清華三·琴舞 13 ▨ 清華七·晉文公 3 ▨ 圖典 138 燕 ▨ 璽彙 2507 晉 ▨ 璽彙 1642 ▨ 璽彙 1744 ▨ 類編 161 ▨ 璽彙 3259 秦 ▨ 睡簡·為吏 35 ▨、▨ 印增 152

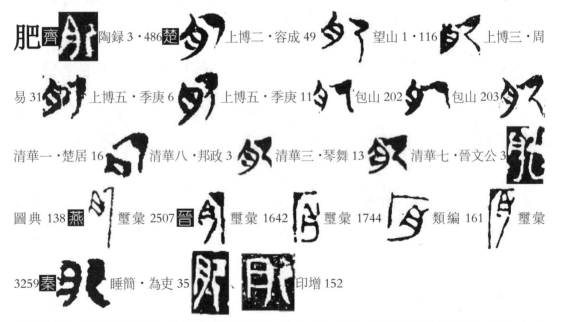

【注】舊多認為從肉卪聲。陳劍認為從配省聲，在出土文獻中，"配"這個詞常常用"肥"字來表示。例如：馬王堆漢墓帛書《老子甲本卷後古佚書·九主》"以肥（配）天地"。詳"配"字。《説文》："肥，多肉也。從肉從卪。"●多用為本義，與"瘦"相對。《包山 202》："舉（舉）禱東陵連囂肥�比（豕，豬），酉（酒）飤（食）。"●讀非。古"肥"與"非"通。《清華三·琴舞 12》："仡（訖）余莽（恭）害（曷）刢（以）？孜（孝）敬肥（非）絅（怠）亢（荒）。"詳"仡"字。●讀菲。《清華八·邦政 3》："亓（其）豊（禮）肥（菲）。"肥，並母微部，讀為滂母微部之"菲"，儉樸。《史記·三王世家》"毋伀德"，集解引徐廣曰："伀，一作'菲'。"索隱引孔文祥云："菲，薄也。"《論語·八佾》："林放問禮之本。子曰：'大哉問！禮，與其奢也，寧儉。'"

●古璽印多為人名。●《圖典138》"肥盾"，應為姓氏，"以鄉為氏"，漢肥鄉故城在今河北肥鄉縣西二十二里。肥義，趙武靈王相國。漢有肥詔；英布將有肥赫。

 望山2·13 望山2·13

【注】從羽肥聲，"翡"之異文。●讀翡。《望山2·13》："䍃（翡）翆（翠）之首。"

 璽彙0952 秦印8

【注】從艸肥聲。●秦印"郭芘"、晉璽"肖（趙）芘"，人名。

 璽彙3273

【注】從邑肥聲。●晉璽"郥象"，讀肥，姓氏

 八年陽城令戈 璽彙2645 圖典333 璽彙2533

【注】從疒肥聲。《八年陽城令戈》所從"冂"旁拐角處不作實筆，但以文字風貌視之，"肥"聲字無疑。《玉篇》："痡，同痱。"《說文》："痱，風病也。"●人名。《八年陽城令戈》："八年，陽城命（令）事壯，司寇犖痡。""痡"，又見《璽彙》2645、2533，均為人名。檢《璽文》7·13、《漢征》7·19—20人名用字往往從"疒"旁，這是古人驅病心理的一種風俗習慣。

 璽彙1833

【注】從手肥聲。●晉璽人名。或讀"史毛肥"，為"毛肥"二字。

 上博二·子羔1

【注】舊多認為從心卩聲。陳劍認為從配省聲，詳"配"字。●讀肥。《上博二·子羔1》："吏（使）亡（無）又（有）、少（小）大、忌（肥）襄（瘠）弁（辨）。"

清紐七聲

七  旬簋 善夫山鼎 大簋 齊 陶録2·493 貨系2556 楚

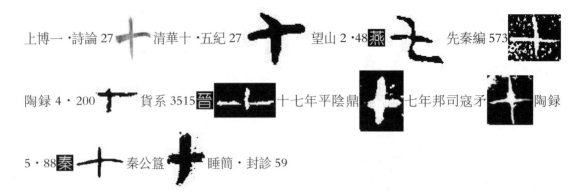

上博一·詩論 27　清華十·五紀 27　望山 2·48 燕　先秦編 573

陶録 4·200　貨系 3515 晉　十七年平陰鼎　七年邦司寇矛　陶録

5·88 秦　秦公簋　睡簡·封診 59

【注】甲骨文作十、十，甲骨文和金文"七"都是十字形，象刀刻的痕迹。甲骨文"七"橫畫較長。後因"十"由十漸漸訛爲十與"七"相同，戰國文字甲、七相混。小篆爲了避免"七""十"相混，就把"七"的豎劃的下端改爲曲筆。《説文》："卞，陽之正也。從一，微陰從中衺出也。凡七之屬皆從七。"本義爲切斷，是"切"的本字。後借用爲七數之專名，于是另加形符"刀"寫作"切"，還其本義。●數詞。《秦公簋》："一斗七升。"●《上博一·詩論 27》讀蟋。簡文"七達"即蟋蟀。

蝅 楚　清華一·耆夜 10　清華一·耆夜 13　清華一·耆夜 9　安大一 — 101

【注】從蚰（或從虫），七聲。●讀蟋。《清華一·耆夜 12》："蝅（蟋）蝅（蟀）才（在）箈（席），戡（歲）喬（聿）員（云）莯（莫/暮）。今夫君子，不惥（喜）不藥（樂）。"

卤 楚　清華十·四時 1

【注】從臼七聲。●整理者讀節。《清華十·四時 1》："卤（節）伇（約），張㐌（施）。"

切 齊　切斤徒戈

【注】《金文編》原釋爲"仕"，以字形言之，可從。黃盛璋釋爲"切"。秦系文字馬王堆帛書作切（帛書病方 301）。●《切斤徒戈》："切斤徒戈。"切斤：地名。春秋莒國舊都，古籍中又寫作"介根""計斤"，在今山東膠縣（現胶州）西之三里河村附近，城址尚存，遺迹甚多。黃盛璋先生對此已有詳實考證。（詳《燕、齊兵器研究》）

清紐㭍聲

㭍 齊　璽彙 0157　陶彙 3·625 楚　曾侯 67　清華六·子產

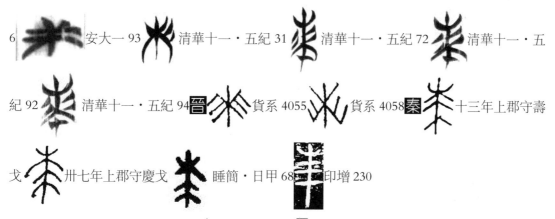

6 安大一 93 清華十一・五紀 31 清華十一・五紀 72 清華十一・五紀 92 清華十一・五紀 94 貨系 4055 貨系 4058 十三年上郡守壽戈 卅七年上郡守慶戈 睡簡・日甲 68 印增 230

【注】桼，初見于春秋時期，寫作 （《曾伯𩍰簠》 所從），從木，附加四筆象漆木流出漆汁之意。戰國文字承襲金文，漆汁一、二、三、四點多寡不拘。"桼"之演變，始作 ，繼則 、 、 等形。木旁或加飾筆作 ，木或作禾旁 。《説文》："𣐩，木汁。可以髤物。象形。桼如水滴而下。凡桼之屬皆從桼。"本義用漆樹皮內的粘汁做成的塗料。●讀漆，漆樹。《安大一 93》："桓（樹）之秦（榛）栗，柯（椅）桐杍（梓）桼（漆），爰伐琴瑟。"●讀漆。《清華六・子産 6》："桼=（漆漆）所以從即（節）行=豊=（行禮，行禮）𨒋（踐）政又（有）事。"簡文"漆漆"與"切切"乃同一詞，《禮記・祭義》："濟濟漆漆。"鄭注："漆漆者，專致之容。"●《十三年上郡守壽戈》："十三年，上郡守壽造，桼（漆）垣工師乘，工更長骑。"漆垣，地名。●秦印"桼犀"，應為姓氏，讀漆。●讀次。《清華十一・五紀 72》："夫七桼（次）執（設）尃（敷），而舟（周）盈（盈）曇（陰）易（陽）。"●讀節。《清華十一・五紀 94》："凡民又（有）疾，百𦡁（體）百桼（節），莫疾莫癃（痛）。""莫"訓"大"，《小爾雅・廣詁》："莫，大也。"故"莫疾莫癃"猶言"大疾大痛"。

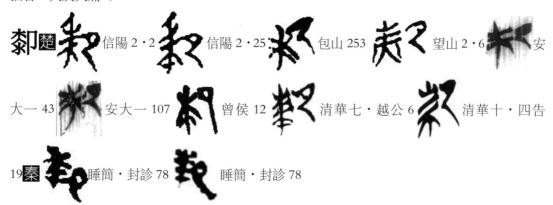

楚 信陽 2・2 信陽 2・25 包山 253 望山 2・6 安大一 43 安大一 107 曾侯 12 清華七・越公 6 清華十・四告 19 秦 睡簡・封診 78 睡簡・封診 78

【注】從卩桼聲，"厀"之異文。《説文》脛頭卩也。今俗作膝。●楚文字多讀漆。《包山 253》："皆肜中厀（漆）外。"●漆有黑義。《曾侯 12》："厀輪。"《周禮・春官・巾車》："漆車藩蔽。"鄭玄証："漆車，黑車也。"簡文"漆輪"當指黑色之輪。●秦簡讀膝。《睡簡・封診 78》："內中及穴中外壤上有厀（膝）、手迹。"●讀節。《清華十・四告 19》："憲能豊（禮）厀（節），心善聑（揖）襄（讓）。"

楚 上博五・鮑叔 8

【注】從止郗聲。●讀膝，大腿和小腿相連關節的前部。《上博五·鮑叔 8》："雱（雨）塝（平）墅（地）至郹（膝）。""雨平地至膝"極言雨之大。

 清華十·四告 46

【注】從黽（鼀）郗聲。●整理者讀祇，敬業。《清華十·四告 46》："郹（祇）光朕心。"

 上博一·性情 37

【注】從人桼聲。●《上博一·性情 37》："又（有）丌（其）為人之傃傃女（如）也。"讀節，整飭貌。《大戴禮記·四代》："子曰'……齊齊然，節節然，穆穆然，皇皇然，見才色脩聲不視，聞怪物恪命不改志。'"

 睡簡·效律 46   睡簡·效律 45   睡簡·雜抄 20

【注】從髟桼聲。●秦簡均讀漆。《睡簡·效律 46》："工稟鬒它縣，到官試之。"工匠到別的縣領漆，運抵官府，加以測試。

 高奴權   高奴禾石權   十五年上郡戈   上郡假守畾戈   三

年上郡守冰戈   集證 222·273   秦印 216   漆垣戈

【注】從水桼聲。水或作，乃戰國末期秦文字之習慣寫灋。《説文》："，水。出右扶風杜陵岐山，東入渭。一曰入洛。"本義水名，渭水支流，今名漆水河。發源于陝西麟遊縣西，東南流至武功縣西，注入渭水。●地名。《漆垣戈》："漆垣。"漆垣，即見于《漢書·地理志》的上郡屬縣漆垣。在已發現的秦兵中，高奴、漆垣皆為重要的造地，其地在今陝西銅川西北。據統計，戰國時秦兵器以上郡漆垣、高奴兩地所造最多。或簡稱"漆"。《高奴禾石權》："三年漆工配、丞詘造，工隸臣牟禾石。"《三年上郡守冰戈》："三年，上郡守冰造，漆工瘄。"●《集證 222·273》"漆狀"，應為姓氏。漆沈，春秋時魯相。

郗  多友鼎

【注】從邑桼聲。楚簡"郗"作、，所從"桼"與金文同。《説文》："郗，齊地也。"本義為地名。●地名。《多友鼎》："甲申之昏（辰），博（搏）于郗。"

 _楚 曾伯霖簠

【注】從雨桼聲，疑"桼"之繁文。雨為疊加意符，取漆流如雨之意。●人名。《曾伯霖簠》："曾白（伯）霖惄聖元武，元武孔黹，克狄淮尸（夷），卬燮緐（繁）湯（陽）。"

從紐自聲

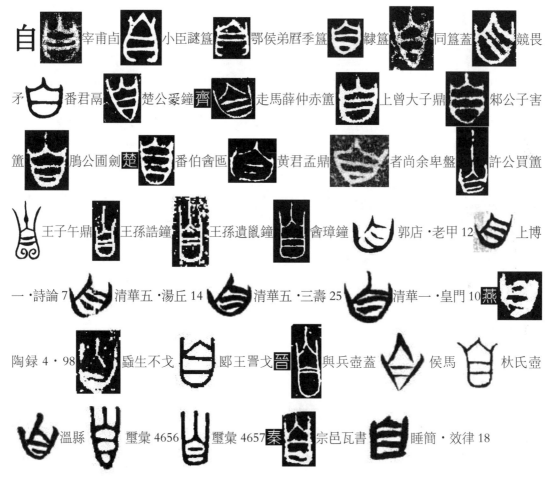

自　　　宰甫卣　　　小臣謎簋　　　鄂侯弟曆季簠　　　隸簋　　　同簋蓋　　　競畏

矛　　　番君鬲　　　楚公豪鐘 _齊　　　走馬薛仲赤簠　　　上曾大子鼎　　　邾公子害

簠　　　鵬公圃劍 _楚　　　番伯酓匜　　　黃君孟鼎　　　者尚余卑盤　　　許公買簠

王子午鼎　　　王孫誥鐘　　　王孫遺鬒鐘　　　酓璋鐘　　　郭店・老甲 12　　　上博

一・詩論 7　　　清華五・湯丘 14　　　清華五・三壽 25　　　清華一・皇門 10 _燕

陶錄 4・98　　　螚生不戈　　　郾王晋戈 _晋　　　與兵壺蓋　　　侯馬　　　杕氏壺

溫縣　　　璽彙 4656　　　璽彙 4657 _秦　　　宗邑瓦書　　　睡簡・效律 18

【注】甲骨文作 _{畄、畄、畄、畄、畄、畄、畄、畄、畄、畄}，象鼻子之形；字之中畫象鼻上腠理之形，下部左右二筆不連，以示通气之鼻孔。金文為求書寫之便利而將左右二筆書寫為一筆，並為小篆所本。金文或作山形，容庚、楊樹達謂山亦是"自"，甲骨文作畄，内中短畫，作一橫與二橫無別。《説文》："畄，鼻也。象鼻形。凡自之屬皆從自。畄古文自。"本義指鼻子，是"鼻"的本字，如甲骨卜辭："貞疾自（鼻子有病）。"後來"自"多用于"自己"義。"自"為引申義所專用，就加聲旁"畀"另造"鼻"字。●介詞，從、由。《令鼎》："王歸自諆田。"《廣雅・釋詁》："自，從也。"●自身代詞。《彊伯甗》："彊白（伯）自為用甗。"《右走馬壺》："右走馬嘉自乍（作）行壺。"●自然地。《郭店・老甲 32》："我亡（無）為而民自蝸（化），我好青（靜）而民自正。"

坦 晉 公 五年政令矛

【注】從立自聲。●"尸（夷）易坦"，人名。

鼻 晉 璽彙 0435　　璽彙 4082　　璽彙 3396

【注】從廾自聲。●晉璽人名。

苜 楚 清華十一・五紀 110

【注】從艸自聲。或説此字為"藍"字古文。●整理者讀茨。《清華十一・五紀 110》："以亓（其）口為售（薴），以亓（其）亦（腋）毛為苜（茨），以亓（其）繗為蓍（芹）。"整理者注："售，讀為'薴'，即苄薴。苜，疑讀為'茨'，《爾雅・釋草》：'茨，蒺藜。'或説此字為'藍'字古文，參看徐在國：《試説〈説文〉'籃'字古文》（《古文字研究》第二十六輯，中華書局，二〇〇六年，第四九六—四九八頁）。繗，清華簡《心是謂中》'目、耳、口、繗四者為相'，'繗'即'從'，應與四肢有關，讀為同在文部的'芹'。"

眉 晉　　、　　、　　秦印 166

【注】從尸自聲。●秦印人名。

袁 晉 分研 304

【注】從衣自聲。●晉璽"司工袁"，人名。

臱 齊　　、　　陶録 2・292 晉　　璽彙 2072　　璽彙 2753

【注】從肉自聲。疑古"膞"字。●晉璽人名。

鄎 楚 璽彙 3624

【注】從邑臱聲，"郋"之繁文。●楚璽"鄎鼻"讀自，姓氏。

詯 楚 天星　　上博五・三德 7　　清華九・廼命二 14 燕　　璽彙 2801

【注】從言自聲。《玉篇》或從面作誧。●讀計。《上博五·三德7》："凡飤（食）歓無量詣（計），是胃滔皇。"●讀暨。《清華九·迺命二14》："母（毋）或不善等會，詣（暨）告言逐（彌）速……而忘（妄）牁（將）斁喪，以不旻（得）所嚳（籌）旨。"整理者注："等，《説文》'齊簡也'；會，會計，合計。詣，讀為'暨'，自聲、既聲音近可通，如'洎'、'漑'通用。《書·堯典》'暨皋陶'，《説文》作'𦥼咎繇'，正始石經古文作''。逐（邇），讀為'彌'，更加。簡一五上闕四字左右。"●燕璽人名。

踇 ^楚  清華十一·五紀90

【注】從足自聲。●讀計。《清華十一·五紀90》："武踥步走踇（計），䢔（拳）扶咫尺敔（尋）。"整理者注："踇，從足，自聲，可參上博簡《三德》簡七'凡飤（食）歓（飲）無量詣'之'詣'，讀為'計'。"

牱 ^晉  璽彙0888　璽彙1959　璽彙3315　璽彙0675

【注】從牛自聲，疑"牁"之異文。●晉璽人名。

羏 ^晉  璽彙1209

【注】從羊自聲。"自"與《汗簡》作^自同形，《説文》古文作^自。●晉璽人名。

貟 ^燕  璽彙3959

【注】從貝自聲。●燕璽人名

愪 ^齊  陶彙3·1302

【注】從心貟聲。●齊陶人名。

湏 ^燕  璽彙1886

【注】從水貟聲。疑"洎"之繁文。●燕璽人名。

瘨 ^燕  璽彙2788

【注】從疒貝聲，疑"痹"之異文（"鼻"是個雙聲字）。痹，《集韻》音鼻，病也。《玉篇》手冷也，或作痹。●燕璽人名。

粕 齊  匯考 59

【注】從米自聲。●齊封泥"粕卿和鑲"，應為地名。

皇 燕  璽彙 0186　璽彙 0187　璽彙 0188　璽彙 0189

【注】從土自聲。●讀馹。裘錫圭先生指出："小篆里兩個偏旁左右並列的字，在先秦古文字里往往寫作上下重疊式。"檢《説文》土部："垍，堅土也。從土、自聲。讀若縣。"木部："臬，射準的也。從木、從自。""臬"字或從執作"槸"，自部："臬，危高也。從自、中聲。讀若臬。"小徐本"臬"作"槸"，即"槸"。《周禮·考工記·匠人》"置槸以縣"，鄭玄注："槸，古文臬假借字。"《周禮·考工記·輪人》"牙得則無槸而固"，鄭玄注："槸，讀如涅。"知本從日聲的"涅"可與從執的"槸"通借，而"槸"往往又與從自聲的"臬"通用，可見將從自聲的"皇（垍）讀馹，顯然也是合適的。（《古璽彙考》78 頁）燕璽"䢼皇"讀遽馹，驛傳也。遽、馹二字連文，《爾雅·釋言》："馹、遽，傳也。"

諻 燕  璽彙 3859

【注】從言皇聲，"詯"之繁文。●燕璽人名。

瘟 晉  璽彙 2402

【注】從疒皇聲。或疑"痹"之繁文（"鼻"是個雙聲字）。●晉璽人名。

洎 秦  石鼓文

【注】《説文》："洎，灌釜也。從水自聲。"●《石鼓文》："汧殹洎洎。"洎洎，言水流如釜中沸騰之狀。

炅 晉  璽彙 2995

【注】從火自聲。●晉璽人名。

腺 晉  璽彙 1051　璽彙 2030　璽彙 2637

1740

【注】從肉臭聲。●晉璽人名。

 圖典 346

【注】從欠臭聲。●"閻歟"，人名。

郭店・老甲 5　郭店・五行 39　上博五・競建 2　上博二・容成 48

清華八・處位 3　上博五・季庚 21　上博六・孔子 3　上博六・競公 7　清華

一・祭公 13　清華一・保訓 8　清華三・芮良夫 27　清華七・越公 16

中山王嚳鼎　璽彙 3250　璽彙 3251　璽彙 2175　睡簡・答問 140　睡

簡・秦種 196

【注】從辛從自，會以辛（刀具）施劓刑之意；自亦聲。《説文》："辠，犯法也。從辛從自，言辠人蹙鼻苦辛之憂。秦以辠似皇字，改為罪。"本義作惡或犯法的行為。●讀罪，犯法當處刑罰。《中山王嚳鼎》："隹（雖）又（有）死辠（罪），及參殜（世），亡不若（赦）。"《墨子・經説》："罪，犯禁。"《上博五・季庚 21》："璽（臧）辠（罪）型（刑）之，少辠（罪）罰之。"●"親"之訛文，本應作辠。《上博六・孔子 3》："上不辠〈辠一親〉息（仁），而桼（敷）舓（聞）亓（其）台（辭）於遊（逸）人唬（乎）？"●晉璽有"辠戊""辠筥"，讀自，姓氏。漢代有郎中令自為更，光祿勳。

 陶錄 2・588

【注】從肉辠聲。●人名。

 清華九・治政 36

【注】從貝辠聲。●讀辠。《清華九・治政 36》："賹（辠）戾型（刑）殘（戮）。"

1741

 包山 4

【注】從攴皋聲，疑"皋"之繁文。●姓氏。《包山 4》："敦是其箸（書）之。"

 上博五·三德 4

【注】從辵皋聲。●讀罪。《上博五·三德 4》："戔（殘）亓（其）新（親），是胃（謂）邊（罪）。"

 曾侯 9　曾侯 6

【注】從鳥皋聲，疑古翠字。翠為青鳥，故字或從鳥。●讀翠。《曾侯 6》："丌（其）旗，鼻（翠）首。"古代旗杆之首繫有鳥羽犛牛尾。

 望山 2·13　包山 269　信陽 2·2　包山 277

【注】從羽皋聲，古"翠"字。簡文或省為"翠"。●均讀翠。《包山 269》："絑（朱）菁（旌），一百裰（條）罕＝（四十）裰（條）鼻（翠）甾＝（之首）。"《包山 277》："二翠（翠）翠。"羽飾，為矛柄上端飾物。

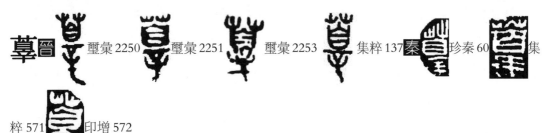 璽彙 2250　璽彙 2251　璽彙 2253　集粹 137　珍秦 60　集粹 571　印增 572

【注】從艸皋聲。疑"萃"之異文。卒聲字與皋聲字相通，參"翠"字。●晉璽有"萃戲""萃斈""萃鄰"等，讀翠，姓氏。漢印有"萃青肩"（漢印 97）亦為姓氏。

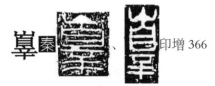 印增 366

【注】從山皋聲。●秦印人名。

痁晉 璽彙 2614　　璽補 191　　璽補 187

【注】從疒自聲，疑古"瘖"字。●晉文字人名。

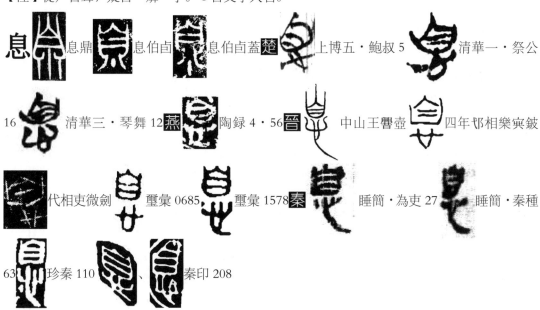

息 息鼎　息伯卣　息伯卣蓋　楚 上博五·鮑叔 5　清華一·祭公
16 清華三·琴舞 12　燕 陶録 4·56　晉 中山王嚳壺　四年邘相樂寅鈹
代相吏微劍　璽彙 0685　璽彙 1578　秦 睡簡·為吏 27　睡簡·秦種
63　珍秦 110　秦印 208

【注】甲骨文作𦥑、𦥑、𦥑，從自（兼聲），下加指事符號，示气息之所出。周初文字承襲甲骨文。戰國金文下部變形音化從心聲。《說文》："息，喘也。從心從自，自亦聲。"本義為喘气、呼吸。●用為本義，呼吸、氣息。《睡簡·日甲 36 背》："一室人皆毋（無）氣以息。"●休息、停止。《中山王嚳壺》："進孴（賢）散（措）能，亡（無）又（有）轉息。"●人名。《四年邘相樂寅鈹》："冶吏息執事。"●《睡簡·秦種 63》："豬、雞之息子不用者，買（賣）之。"息子，指小雞小豬。●《清華一·祭公 16》："女（汝）母（毋）目（以）俾（嬖）設（御）息（疾）尔（爾）臧（莊）句（后），汝母（毋）目（以）小謀敗大戲（作），女（汝）母（毋）目（以）俾（嬖）士息（疾）夫=（大夫）卿李（士）。"原整理者讀塞。當讀疾，古音"自""疾"同為從紐質部字。"息"，《郭店·緇衣 23》作"思"，詳"思"字。

蒠楚 清華十一·五紀 59

【注】從艸息聲。●整理者讀蒠，畏懼之貌。《清華十一·五紀 59》："母（毋）甬（用）備（懼）蒠（蒠）。"

熄秦 會稽刻石

【注】從火息聲。《說文》："熄，畜火也。從火息聲。亦曰滅火。"●《會稽刻石》："義威誅之，殄熄暴悖。"殄熄：滅绝，撲滅。

郎 楚 郎子行盆　　郎子行盆

【注】從邑息聲，與小篆同。《説文》：“郎，姬姓之國，在淮北。從邑息聲。今汝南新郎。”中國周代諸侯國名，故址在今河南省息縣境。●讀息，國族名。《郎子行盆》：“郎子行自乍（作）飤盆，永寶之。”息國，西周至春秋初期的諸侯國，姬姓，侯爵。息國故城位於今河南息縣城西南 6 公里的青龍寺一帶，春秋初期為楚文王所滅，其地被楚國設置為縣。東周文字或作“寋”。

憩 楚 郭店・緇衣 23

【注】從心，聲符相并。“息”之繁文。●讀疾。《郭店・緇衣 23》：“毋以卑（嬖）御（禦）憩妝（莊）句（后），毋以卑（嬖）憩大夫、卿事（士）。”息，今本作“疾”。不要因為卑賤的寵倖而拒絶莊重的嫡夫人，不要因為卑賤的幸臣而詆毀大夫、卿、士。劉信芳先生讀如字，“休也，止也。”《廣韻・職韻》：“息，止也。”有“杜絶、阻塞”之義。鄭玄注：“疾，亦非也。”今本語氣較重。

盡　盡 多友鼎　作冊嗌卣　師虤鼎　任鼎 楚　上博一・緇衣 12

上博一・緇衣 12　清華八・邦道 7　清華九・治政 22　清華九・治政 22　清華九・治政 22

【注】古文字多讀疾，是“疾”的假借字。上博簡《緇衣》下部所從的二“首”形是“自”之訛；《説文》“盡”字所從“𦥑”，則是從一類形體所從的訛變而來。、從𦣞聲，𦣞、息均從“自”聲，古音“自”“疾”同為從紐質部字，音近可通。●金文多讀疾。《作冊嗌卣》“盡死”即“疾死”，謂得病而死。《任鼎》“盡（疾）買”之“疾”應是快速之義，“疾買”即很快地買下。《多友鼎》“唯俘車不克以，卒焚，唯馬驅盡（疾）”是交待對戰利品的處理方式。“馬”前本來有“俘”字，承上省略。這兩句是說，俘獲的車不能用，盡數焚之；俘獲的馬則趕走有疾病的（實際上是指在戰爭中受傷的），留下好馬。（《據楚簡說金文及〈酒誥〉“盡”字》）●《師虤鼎》：“師虤，女（汝）克盡乃身，臣朕皇考穆穆王，用乃孔德孫（遜）屯。”馬承源謂為“盡”字別體。盡，《説文》“傷痛也”，傷痛乃身而臣侍穆王，猶今語奮不顧身。盡，也應讀疾。●讀疾，病也。《清華八・邦道 7》：“百（穀）茅（茂）長繁實，亡（無）盡（疾）以管（熟）。”《上博一・緇衣 12》：“毋目（以）辟士盡（疾）大夫向（卿）使（士）。”●讀疾，速、易。《清華九・治政 22》：“卑（譬）之若金，剛之盡毀，忞（柔）之盡釛。”比如說金屬，剛硬的弊端是（容易）毀斷，柔韌的弊端是（容易）捲曲。

1744

清華九·治政 38　 清華九·廼命二 10

【注】從心盡省聲。●讀盡，痛心。盡，《説文》“傷痛也”。《清華九·治政 37》：“古（故）萬民窶通寒心以憲（盡）于上。”所以萬民困迫痛苦寒心失望而對君主感到痛苦。

心紐瑟聲

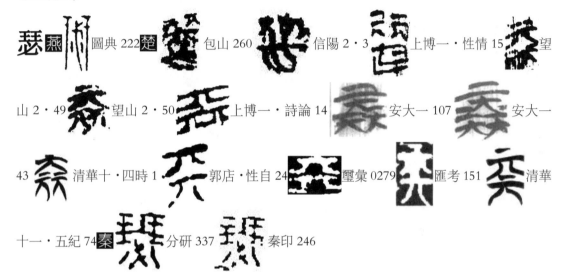

【注】楚簡中的“瑟”有四種形體，第一種作
，從开必聲。第二種不從“必”，寫作
。第三種“瑟”，進一步省略，寫作
（此種形態待考，或釋為“丽”）。第四種形體寫作
，上下排列。秦文字從珡必聲。●樂器名。《郭店·性自 24》：“聖（聽）盉（琴）开（瑟）之聖（聲），則誖（悖）女（如）也斯難（歎）。”《信陽 2·3》：“三斛（漆）瑟。”上博簡中常見“盉（琴）丣（瑟）”連言。●《璽彙 0279》“童
京鈢”，地名。●《秦印 246》“寺樂左瑟”，左瑟，官名。

 考古 2005·9

【注】從邑瑟聲。●楚封泥“鄸邪京鈢”，地名。

 上博二·容成 24

【注】從水瑟聲。●疑讀室或讀聖，意為“室塞”。《舜典》“朕聖讒説”，一般釋“聖”為“疾”，但《正字通》釋“聖”為“室塞”。上古音“瑟”“室”“聖”同在質部，聲紐也近。簡文“☒瑟涽流”謂“室塞水流”，因此禹要親自疏浚孟諸九河。

心紐四聲

四 虢季子白盤 毛公鼎 大盂鼎 保卣齊 國差罎 十四年陳

侯午敦 齊幣 449 陶録 3·604 㤓距末楚 邾王子旃鐘 曾侯與編鐘

王孫誥鐘 包山 111 清華二·繫年 92 清華七·晉文公 4

清華八·攝命 4 安大一 44 璽彙 5560 郭店·性自 9 、

帛書甲 郭店·六德 3 包山 254 清華八·攝命 2 清

華一·金縢 4 璽彙 0316 先秦 277 貨系 4186 燕 廿四年銅梃

陶彙 4·6 戰編 955 貨系 3543 貨系 3520 貨系

3499 圖典 148 晉 土匀錍 兆域圖銅版 邵鐘 廿七年大梁司寇

鼎 鄳孝子鼎秦 秦編鐘 大墓殘鐘 少工銀扣 上郡守匽氏戈

三年詔事鼎 集證 289 集證 168 睡簡·秦種 3 睡簡·答

問 98

【注】甲骨文作 三、三，寫作四橫畫。卜辭中從一到四皆是指事字，都是以積畫為數，分別寫作 一、二、三、三，當出于古代的算籌。從五到九皆是假借字。早期金文同甲骨文。春秋晚期或以厶（⌒）為四。或加分化部件八形作 𠕁、𠕚、四（此為小篆所本），復加短橫為飾則為四、四等形。《説文》：“四，陰數也。象四分之形。凡四之屬皆從四。𠕋古文四。三籀文四。”本義當為數目字四。●數詞。《兮甲盤》：“王易（賜）兮甲馬四匹。”《何尊》：“才（在）四月丙戌。”●《集證 289》“四川太守”、《集證 168》“四川輕車”。《漢書·地理志》：“沛郡。”班固自注：“故秦泗水郡，高帝更名。”《漢書補注》王先謙曰：《睢水注：“始皇二十三年置。”周曉陸以為：“泗水郡本為四川郡，此司馬遷作《史記》時尚明，後訛川為水，當在褚少孫補作之時，班固作《漢書》時沿其誤。”“四川”境内有淮、沭、沂、泗四水，故名。●《圖典 148》“四水娶”璽中的“四水”應該是複姓，諸姓書無載。檢《説苑·權謀》，春秋時越王勾踐之臣有名“四水”者，

1746

"越饑，勾踐懼。四水進諫月：'夫饑，越之福也，而吳之禍也。夫吳國甚富而財有余，其君好名而不思後患。若我卑辭重幣以請糴於吳，吳必與我。與我，則吳可取也。'越王從之"。因此，複姓"四水"者，或系四水之後裔，與複姓"嬰齊"等來源相類。

 陶彙 3 · 1090

【注】從人四聲，"仙"之異文。●齊陶人名。

 庚壺　伯駟父盤 齊　魯宰駟父鬲　庚壺 楚　曾侯 177　曾侯 144　清華七 · 趙簡子 10　安大一 46　安大一 47　上博九 · 靈王 2 燕　璽彙 1504 秦　睡簡 · 秦種 179　睡簡 · 日乙 194　秦印 193

【注】從馬四聲。四兼表意，謂四馬之車也。《説文》："駟，一乘也。"本義同駕一輛車的四匹馬；或駕四馬之車。●人名。《伯駟父盤》："白（伯）駟父乍（作）姬淪胅（媵）般（盤）。"●用為本義。《曾侯 144》："外新官之駟馬。"《庚壺》："其王駟虢方綾滕相乘駐（牡）。"駟虢：披甲之駟馬，典籍作"駟介"。《史記 · 晉世家》："獻楚俘于周，駟介百乘，徒五千。"杜預注："駟介，駟馬披甲也。"●讀四，數詞。《睡簡 · 秦種 179》："醬駟（四）分升一。"●讀呬。《睡簡 · 日乙 194》："擇（釋）髮而駟（呬）。"《説文》東夷謂息為呬。●秦印"駟扶"姓氏。春秋時鄭有駟偃；漢代有駟鈞；東漢有駟勳。

 里耶 9 · 19

【注】從食四聲。●讀四。《里耶 9 · 19》："鬻米半飤（四）。"半四，即八分之一斗。

 陶録 6 · 159

【注】疑從牙四聲。●秦陶單字。

 上博二 · 容成 37

【注】從水四聲。●讀伊。簡文"泗尹"即"伊尹"，既是湯臣，又曾"去湯適夏"。《史記 · 殷本紀》："湯舉任伊尹以國政。伊尹去湯適夏。即丑有夏，復歸於亳。"

 輯存 210　　　　秦印 20

【注】從牛四聲。●秦印人名。

心紐悉聲

 清華八・攝命 24　　　　清華八・攝命 25　　　　詛楚文　　　　睡簡・為

吏 4　　　　嶽麓一・為吏 46 正

【注】《説文》："悉，詳盡也。從心從釆。恩，古文悉。"●盡也。《清華八・攝命 24》："乃克悉甬（用）朕命。"《睡簡・為吏 4》："審悉毋（無）私。"

定紐狶聲

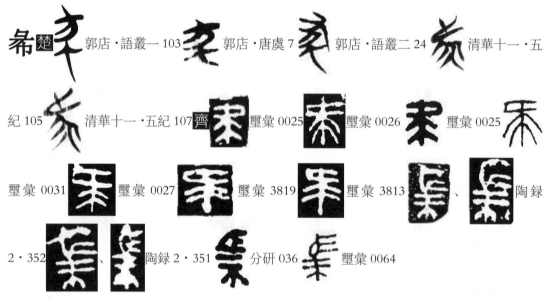 郭店・語叢一 103　　　　郭店・唐虞 7　　　　郭店・語叢二 24　　　　清華十一・五

紀 105　　　　清華十一・五紀 107　　　　璽彙 0025　　　　璽彙 0026　　　　璽彙 0025

璽彙 0031　　　　璽彙 0027　　　　璽彙 3819　　　　璽彙 3813　　　　陶録

2・352　　　　陶録 2・351　　　　分研 036　　　　璽彙 0064

【注】辛，與《説文》"殺"古文全同，詳"殺"字。一説為"狶"字，當以狶為殺。齊系文字舊多釋為馬。黃德寬改釋為"狶"。（《戰國齊系文字中舊釋"馬"字的再探討》）《説文》："狶，脩豪獸。一曰河内名豕也。從互，下象毛足。凡狶之屬皆從狶。讀若弟。彑，籀文。"古文字"狶"當為心紐質部字。●讀殺。《郭店・語叢一 103》："豊（禮）不同、不奉（奉）、不蚕（殺）。"簡文與《禮記・禮器》"禮不同、不豐、不殺"完全一致。殺有衰減義，《禮記・文王世子》："親親之殺也。"注："殺，差也"。《郭店・唐虞 7》："孝之殺，怸（愛）天下之民。"殺是差、減之意，與繼字義近。●讀肆，正直。《郭店・語叢二 24》："狶（肆）生於易，容生於狶（肆）。"●

齊璽均應讀肆。齊璽印文字"司希（肆）之璽""聞（門）司希（肆）璽""右聞（門）司希（肆）""右聞（門）司希（肆）璽""司希（肆）信璽""司希（肆）故璽""左司希（肆）
鉤""左司希（肆）故""司希（肆）聞（門）故""左中庫司希（肆）""平昜信司希（肆）
璽"等等。"司肆"，唐蘭認為："司肆官名，等於司市，是管理市場的。""門司肆"或"司
肆聞（門）"之璽，當是管理肆門的官吏所用璽印；"左門司肆""右門司肆"之璽，當指值守
肆之左右門的官吏所用璽印。●《璽彙3819》"司希（肆）棱鈢"，"司肆棱"可解釋為一種"官
名或身份+名字"的表達方式，即"棱"這個人的身份是"司肆"。●齊系陶文中舊釋"馬"的
字，同樣也應改釋為"希"讀作"肆"。齊陶文中，"關里希杚"出現頻率非常高，"關里"
是里名，"希杚"應是人名。"希"讀作"肆"，為陶者的姓氏。"肆"姓於文獻可征，《世本·
氏姓篇》："肆氏，宋大夫肆臣之後。"

【注】從辵希聲。●讀肆。《郭店·五行34》："植（直）而述（遂）之，遫（肆）也。遫（肆）
而不畏勥（強）語（禦），果也。"

【注】從人希聲。●讀肆。《清華十一·五紀90》："罯（擇）盥（蠲）飤（食）歙（飲）匎（飽），
止址（跛）端（蹲）尻（踞）傟（肆）。"整理者注："匎，從勹，卯聲，為'飽'之異構，《說
文》'飽'字古文從食卯聲。端，即'竣'之異體，清母文部，讀為從母文部之'蹲'。尻，讀
為'踞'，與'蹲'義同。傟，從人，希聲，讀為'肆'。蹲踞肆，意指儀態恣肆，引申為驕
倨無禮。《法言·五百》：'如夷俟倨肆，羈角之哺果而啗之，奚其彊？'《淮南子·說山》：'以
非義為義，以非禮為禮，譬猶倮走而追狂人，盜財而予乞者，竊簡而寫法律，蹲踞而誦《詩》《書》。'
參看黃德寬：《〈五紀〉篇'希''傟'的釋讀及相關問題》，待刊。此句疑為古之諺語，意謂擇
蠲則飲食可得滿足，足跛則儀態縱恣不雅，旨在說明手足的重要作用。"

皇門1   上博五·弟子16   清華十·四告4

【注】甲骨文作、、、，象陳二希于器中之形，本義為陳牲之祭，為肆祭之肆本字；
希兼聲。《周禮·春官·大宗伯》："以肆獻祼享先王。"金文同甲骨文。《說文》："，希屬。從
二希。古文绿。'《虞書》曰：'绿類于上帝。'徐灝注：'希與象同，從二象，陳牲之義也。古
通作肆。'《說文》引《虞書》曰"绿類于上帝"，今《尚書·虞書》作"肆類于上帝"，是绿、
肆假借。卜辭中用為陳牲之祭。●讀肆，直也、正也。《天亡簋》："不（丕）绿（肆）王乍（作）
庸（庸），不（丕）克乞（訖）衣（殷）王祀。"《易·繫辭下》："其事肆而隱。"虞翻《注》："肆，

直也。"又《史記·樂書》："肆直而慈愛者。"司馬貞《索引》："肆，正也。"不𦆡王，即正直的王。●人名。《萬簋》："王命萬𦊕弔（叔）𦆡父歸（饋）吳姬𩜁（飴）器。"●讀肄。《清華八·攝命7》："女（汝）能謞（歷），女（汝）能并命，并命難（勤）𦆡（肄）。"《詩·邶風·谷風》"有洸有潰，既詒我肄"，傳："肄，勞也。"難（勤）𦆡（肄）：勤於政務，不辭勞苦。●讀肆，不受拘束、縱恣、放縱。《上博五·弟子16》："寡（寡）䎽（聞）則沽（固），寡（寡）見則𦆡（肆）。"《左傳·昭公十二年》："昔穆王欲肆其心，周行天下。"《論語·陽貨》："古之狂也肆，今之狂也蕩。"

⿱𦆡曰  召尊  ⿱𦆡曰鼎

【注】從曰𦆡聲，"𦆡"之繁文。●讀肆，直也、正也。《召尊》："不（丕）⿱𦆡曰（肆）白（伯）懋父春（友）。"

⿰⿱𦆡曰攴  ⿰⿱𦆡曰攴卣 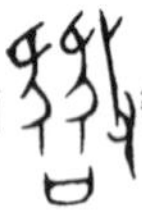 ⿰⿱𦆡曰攴尊

【注】從支⿱𦆡曰聲。●人名。

⿰𦆡攴  井宮鼎  ⿰𦆡攴伯鬲  仲⿰𦆡攴卣  ⿰𦆡攴鼎

【注】從支𦆡聲。●金文人名。

⿱𦆡火  善鼎  瓔⿱𦆡火盨  九年衛鼎  裘衛盉 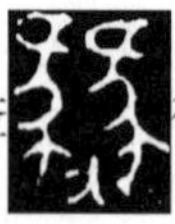 衛簋  一式獄簋

【注】從火𦆡聲。古"豩"字；𦆡、豩心紐雙聲，質文旁對轉。●讀豳。亦作邠，古邑名，在今陝西旬邑縣西三十里邠原上，周族的祖先公劉由邰遷居於此。《詩經·大雅·公劉》："篤公劉，於豳斯館。"《詩經》有《豳風》。《善鼎》："令女（汝）左（佐）疋（胥）𩁹侯，監⿱𦆡火（豳）師戍。"●讀芬。《衛簋》："⿱𦆡火夆䵻（馨）香，則登于上下。"⿱𦆡火夆，吴振烽、裘錫圭讀"芬芳"。"豩""豳"本由一字分化，可參看《金文詁林》"豩"字條。豳通芬。《周禮·春官·司几筵》："設莞筵紛純。"鄭注引鄭司農云："紛讀為豳。"紛、芬同聲。夆通芳。《史記·項羽本紀》的"逢（同蜂）午"，《漢書·霍光傳》作"旁午"，是蜂、旁相通之證。蜂從夆聲，旁從方聲，故夆、芳亦可通。"芬芳"見于先秦文獻，《楚辭·思美人》："妒佳冶之芬芳兮，嫫母姣而自好。"《荀子·榮辱篇》："口辨咸酸甘苦，鼻辨芬芳腥臊。"●餘例為人名。《九年衛鼎》："厲有𤔲（司）𤕌（申）季、慶癸、⿱𦆡火（豳）䙹。"

⿰⿱𦆡火攴  趞簋  ⿰⿱𦆡火攴王盉  靜簋

【注】從支⿱𦆡火聲。●讀豳，國名，典籍作"豳"。《⿰⿱𦆡火攴王盉》："⿰⿱𦆡火攴王乍（作）姬姊盉。"《趞簋》："命女（汝）乍（作）⿰⿱𦆡火攴（豳）𠂤（師）冢𤔲（司）馬。"●《靜簋》人名。

師賸父鼎

【注】從宀竅聲。●人名。《師賸父鼎》："師賸父乍（作）竅（圙）姬寶鼎。"

心紐劉聲

索爵　師獣簋

【注】象形字。象以刀分割俎案上的肉之形，是古書"肆解牲體"之"肆"的表意本字。《周禮·地官·大司徒》："祀五帝，奉牛牲，羞其肆。享先王亦如之。"鄭玄注："……玄謂進所肆解骨體，《士喪禮》曰'肆解去蹄'（按當作"四肆去蹄"）。"陸德明《釋文》："肆，解肆也。"賈公彥疏："羞，進也；肆，解也。謂於俎上進所解牲體於神坐前。"孫詒讓《正義》："據《大宗伯》《典瑞》注義，則肆者為凡解牲體之通名，豚解、體解皆謂之肆。"又《小司徒》："凡小祭祀，奉牛牲，羞其肆。"此字甲骨文金文有多種寫法，作牆、𢼨、𪔶、𪔵、𪔷、𪔸、𪔹等，均是一字異體。猶如卜辭從"知"從"冊"的𪔼字，也往往省變作𪔽、𪔾、𪔿、𪕀、𪕁、𪕂、𪕃等多種字形，有的彼此之間還差別頗大，都是完全可以理解的。陳劍就此作過詳贍考論，讀為肆。（陳劍《甲骨金文舊釋"𪔶"之字及相關諸字新釋》）本聲系下列各字，均參考陳劍說。●器名自稱，讀肆。《索爵》："索（索）諆（其）作有羔日辛劉彝。"《師獣簋》："用作朕文考乙仲劉簋。"金文習見的器名自稱"𪔶（肆）彝"，多見於鼎和簋，也出現於鬲、甗、盨、簠、盤、盂、爵、壺、卣和缶等各類器物。"𪔶（肆）彝"應是多種彝器的共名，與"宗彝""尊彝""旅彝"相類。將"𪔶"釋為"肆"以籠統的"祭祀"義來理解，也是合適的。

【注】從鼎劉聲。●讀肆，祭祀。《刺恳鼎》："刺恳肇作寶尊，其用盟（盟）𪔶（肆）宽娝日辛。""𪔶（肆）"與"盟""享""祀"均義近。《智鼎》："智用茲金作朕文考奔伯𪔶（肆）牛鼎，智其〔萬年〕用祀。""𪔶（肆）牛鼎"當理解為"用於肆祭的牛鼎"。●金文習見的器名自稱，詳"劉"字。●讀肆。《小克鼎》："克作朕皇祖釐季寶宗彝，克其日用𪔶（肆）朕辟魯休，用丏康勳、純祐、眉壽、永命、靈終……"古書"肆"字常訓為"陳"，"克其日用肆朕辟魯休"承上作器之語而言，猶言"克每天用（此器）以陳列展示我的君主的厚大的休蔭"。西周早期的《𝕔

1751

方彝》說"用作高文考父癸宝尊彝，用貳（绅—申）文考刺（烈）"，《商周青銅器銘文選（三）》注釋謂"貳"字"聲假為陳"，其對文意的理解似可從。"申"字本身也有"表明、表達"義，如《禮記·郊特牲》："大夫執圭而使，所以申信也。"亦即"申明""三令五申"之"申"。"肆"字也多訓為"申"，肆、申、陳質真對轉，音義皆近。總之，《　方彝》云作器"以申文考烈"，與《小克鼎》云用所作之器"以肆朕辟魯休"，二者頗可相印證。●《趖簋》："趖作鼐（肆）彝寶簋，用康惠朕皇文刺（烈）祖考……趖其萬年鼐（肆）寶朕多神（禦），用禱壽、丐永命……。"讀肆，訓為"陳"，《說文》訓為"極陳"，《爾雅·釋言》："肆，力也。"郭璞注："肆，極力。""肆極"與"盡力"義相因。"肆寶朕多禦"似可勉强翻譯作"盡力陳列、充實滿足我的眾多禦祭"。

 王作右簋　　　旟父鼎　　　　　　顥卣　　　君夫簋蓋　　宰甫卣　　中婦鼎

 蔣兌簋

【注】甲骨文作　、　、　、　，"鼐"之省文。●讀肆，祭祀。《盂方鼎》："盂鼐（肆）文帝母日辛尊。"《中方鼎》："中對王休命鼐（肆）父乙尊。"

 王作親王姬鬲　　大師小子師望簋　　　　奡簋

【注】甲骨文作　、　、　、　、　，"鼐"之省文。●讀肆。《大師小子師望簋》："大師小子師望乍（作）鼎彝。"金文習見的器名自稱，詳"刜"字。

 曆鼎　　魯侯獄鬲　　　闌監引鼎

【注】甲骨文作　、　，"鼐"之省文。●讀肆，用作祭名、祭祀動詞，舊注多以為係由"肆解牲體以祭"引申而來。《魯侯獄鬲》："魯侯獄作彝，用享鼐厥文考魯公。"《應公鼎》："應公作寶尊彝，曰奄：'以乃弟用夙夕鼐享。'"《曆方鼎》："曆肇對元德，孝友唯型。作寶尊彝，其用夙夕鼐享。"《周禮·春官·大祝》："大祝掌六祝之辭，以事鬼神示……凡大禋祀、肆享、祭示，則執明水火而號祝。"鄭玄注："禋祀，祭天神也。肆享，祭宗廟也。"孫詒讓《正義》："云'肆享，祭宗廟也'者，'肆'與《大宗伯》'肆獻裸'、《典瑞》'肆先王'之肆義同，亦謂解牲體也。""享鼐"或"鼐享"正即前引《周禮·春官·大祝》的"肆享"。

 敔簋

【注】甲骨文作　、　，"鼐"之省文。●讀肆。《敔簋》："敔對易（揚）王休，用乍（作）文

考父丙鼎彝。"金文習見的器名自稱，詳"劕"字。

段簋　寓鼎

【注】甲骨文作 、、、，"鼐"之省文。刀作匕形。●當用作祭祀動詞。《段簋》："唯王十又四祀，十又一月丁卯，王鼎畢登（烝）。戊辰，曾（贈）。王穉（蔑）段歷，念畢仲孫子，令葬釸遣（饋）大則于段。敢對揚王休……。""畢"係地名，古書記載文王、武王、周公皆葬於畢。"王鼎畢"就可以理解為"王對畢舉行肆祭"之意。《寓鼎》："王在莽京鼎（肆）☒。"

戎佩玉人卣　戎佩玉人尊　庶父卣

【注】從兔劀聲。兔也可能兼聲。兔為善奔逸的動物（即《說文》"逸"字下所說"兔謾詑善逃也"），在早期古文字"一形多用"情況較為普遍的時候，"兔"字確實是有可能同時被用來表示"逸"這個詞的。●均讀肆。《戎佩玉人卣》："戎佩玉人卣、尊：戎佩玉人父宗彝劀。"《庶父卣》："庶父作釸迁從宗彝劀。""宗彝肆"即卯簋蓋、繁卣和晶簋的"宗彝一肆"。《庶父卣》《庶父尊》分別都是尊、卣同銘，正即各自銘文所記同時所作成套酒器中的兩件。

卯簋蓋　多友鼎　（扱）秦子戈

【注】"劀"之省體。●讀肆。《卯簋蓋》："……賜汝瓚章（璋）三（四）瑴（瑴），宗彝一牆（肆）寶。"按毛公鼎銘說"賜汝秬鬯一卣、祼圭瓚寶、朱市悤（蔥）黃（衡）"，"宗彝一牆寶"的說法可與"祼圭瓚寶"相印證。《多友鼎》："賜汝圭瓚一、湯（盪）鐘一牆（肆）、鐈鋚百鈞。"李學勤以為《多友鼎》的"牆"字"即三體石經'逸'字古文，以音近假為'肆'"，舉晶簋銘和上引繁卣銘為證，謂"本銘湯鐘一肆即一套編鐘"。●秦子戈、矛諸器銘文大同小異，皆作"秦子作造中辟（"中辟"或作"左辟""公族"）元用，左右市（？）鮎用牆宜。《秦政伯喪戈》銘末亦云"市（？）鉷用逸宜"，另有秦兵《卜淦☒高戈》云"卜淦☒高作鑄，永寶用逸宜"。所謂"秦子"，研究者說法不一，但其時代均不出春秋早期。秦政伯喪戈和卜淦☒高戈，研究者亦定其時代為春秋早期。諸器中"逸"字用法皆同，但"用逸宜"到底當如何解釋也還是眾說紛紜尚無定論。詳"逸"字。

、　向劀簋

【注】"劀"之省文。●人名。

、　繁卣

【注】從匕 **曶** 省聲。●讀肆。《繁卣》："公賜（繁）宗彝一觱（肆）、車、馬兩。"

 大盂鼎　　叔她方尊　　叔她方尊　　叔她方尊

【注】"觱"之省體。●讀逸。《大盂鼎》："女（汝）勿她余乃辟一人。""逸""佚"相通古書習見，"肆"亦與之古音極近可以相通，如《穀梁傳》莊公二十二年《春秋》經文"肆大告"，《傳》文説："肆，失也。"《公羊傳》經文作"肆大省"，《傳》解釋説："肆者何？跌也。"《釋文》："肆，本或作佚。"《大盂鼎》："汝勿她（逸、佚）余乃辟一人。"文獻或作"佚"，《一切經音義》云"蕩之也"。"余乃辟一人"即"余一人"，猶云孤、寡，天子自稱。因此，大盂鼎此句是説不要使寡人陷於逸樂。●餘例為人名。

敱 師獣簋

【注】從攴 **曶** 省聲。●《師獣簋》："賜汝……干五錫、鐘一敱（肆）五金。敬乃夙夜，用事。"張亞初先生指出，《公臣簋》云"賜汝馬乘、鐘五金"，《叔尃父盨》云"叔尃父作鄭季寶鐘六金、尊盨四、鼎七"，與《師獣簋》銘的"鐘一敱五金"一樣，"五金""六金"皆應與上文連讀，是表示鐘的數量詞，"金"係鐘的代稱。其説正確可從。"鐘一肆五金"即編鐘一套共五件。

 者汈鐘　　上博一·性情28　　上博五·三德4　　上博五·三德11

清華一·耆夜2　　清華二·繫年58　　清華三·琴舞7　　清華三·芮良夫7

清華三·琴舞8　　清華六·子儀2　　清華六·太伯甲9　　清華六·管仲11

 清華五·厚父6　　清華八·邦道12　　清華九·成人12　　安大二·仲尼4

大二·仲尼4

【注】"將"之省文。楚文字"脫"字中的"兔"字下方所從之"肉"與金文"將"字中單獨的"肉"形無關。"脫"形右半，其實是由 **將** 形右半省去了其下的"肉"旁而作 **兔** 類形的"兔"變來的。曹錦炎先生曾指出石經古文右上所從是"兔"字，説"兔作 **兔** ，是由於兔作 **兔** 下部加飾筆而訛變成的。●讀逸，逸樂。《者汈鐘》："叀（惠）脫（逸）康樂。"上博簡諸例均用為"逸"。楚文字用"脫""急"表示逸樂之逸，用"遊"表示逃逸之逸。●讀遹或讀聿，句首語氣詞。《清華三·琴舞8》："脫（遹）元（其）㬎（顯）思，皇天之虹（攻）。"㬎，光明。思，語氣詞，用於句末。●讀失。《清華六·太伯甲9》："亦不脫（失）斬伐。"沒有失去"斬伐之功"，即建立了赫赫功業。●人名。《清華一·耆夜2》："复（作）策（冊）脫（逸—佚）為東尚（堂）之客。"

●讀逸，《字彙》走部：“逸，超也。”《清華六·子儀2》：“取（聚）及七年，車槐（逸）於舊嘍（數）三百。”集聚了七年的物質和軍事力量，兵車超過舊數的三百。●讀抶，擊笞。《清華二·繫年58》：“宋公之車慕（暮）軸（駕），用槐（抶）宋公之馭。”●讀肆，指店鋪。《清華九·成人12》：“市無犿（犿），商無瘕（肆），價不崇（常），無型。”●讀逸，逸樂。《安大二·仲尼4》：“君子之臭（擇）人裞（勞），丌（其）甬（用）之槐（逸）；尖=（小人）之臭（擇）人槐（逸），丌（其）甬（用）之裞（勞）。”《鹽鐵論·刺複》：“故君子勞于求賢，逸於用之，豈雲殆哉？”可以參考。

 上博三·周易 58

【注】從水槐省聲。其形左所從“爿”殘去，復原之後全字與三體石經“逸”之古文作吻合。●讀曳。《上博三·周易58》：“槐丌輪。”馬王堆漢墓帛書《周易》作“扡亓綸”；今本《周易》作“曳其輪”。曳，喻紐月部；逸，喻紐質部；月、質韻部頗近。張富海先生謂：“‘逸’、‘曳’音近相通，猶《儀禮·士相見禮》‘曳踵’之‘曳’，武威簡《士相見禮》作‘肆’。”《廣韻》：“水中曳船曰淪。”《易·既濟》：“初九，曳其輪，濡其尾，無咎。”意謂“初九，水中引船，水濺船尾，沒有災害”。

 清華六·孺子 1

【注】從死槐聲。●讀殔，義為暫厝待葬。槐，三體石經“逸”字古文，逸為喻母質部字，殔為喻母物部。《清華六·孺子1》：“奠（鄭）武公卆（卒），既糵（殔）。”《逸周書·作雒》：“武王……崩鎬，殔于岐周。”《呂氏春秋·先識》：“威公薨，殔，九月不得葬。”均與簡文類似。殔，《廣韻》：“埋棺坎下也。”即把棺材暫時淺埋於土中，是古人在正式殯葬前短時間存放靈柩的一種方式。《文選·顏延之〈宋文皇帝元皇后哀策文〉》李善注引《儀禮》曰：“死三日而殯，三月而葬。”

 信陽 2·18

【注】從木槐聲。●讀肆。《信陽2·18》：“樂人之器：一槁坐苆（前一棧）鐘，少（小）大十又三……。”信陽一號楚墓的前室出土編鐘十三枚，發掘報告指出與簡文“小大十又三”的記載相符。據陳雙新先生研究，西周晚期獨立的一套編鐘即“一肆”的數量已達8件，春秋戰國時代編鐘一肆最多有14件，而12、13件均屬常見。簡文“一肆”編鐘的數目與這一情況也是相合的。

急_楚 上博六·天乙 9... 左塚漆梮

【注】從心𨓚省聲；是在假借字"𨓚"上加注意符"心"、又省去"廾"形而成的安逸、逸樂、逸豫之"逸"的本字。其聲符部分省為祇作"兔"，與後文所論"逸"字本身情況相同。●讀逸。《上博六·天乙9》："酋（尊）且（俎）不折（制）事，聚眾不訴（語）悆（逸）。"或釋為"悁"。《左塚漆梮》"㳥戀"，蘇建洲釋為"逸"，讀為"溺逸"，即沉溺於逸樂之事。

清華九·成人17

【注】當從寶省，𨓚省聲。●讀扶，訓為"擊""戮"。《清華九·成人17》："則（賊）人攘（攘）人，道攺（奪）𦘔（聞）寶（扶），無𡨴（赦）。"《尚書大傳》："決關梁，踰城郭，而畧盜者，其刑臏"，又："降畔寇賊劫畧奪攘矯虔者，其刑死。"

秦政伯喪戈　　秦政伯喪戈

【注】"儵"是從秦子戈的"牆"過渡到"逸"的中間環節，其字可以分析為從彳牆省聲。●秦兵器"用儵宜"，詳"牆"字。

逸 齊　齊陳曼簠　齊陳曼簠 晉　蚤壺　　璽彙0304　璽彙
1616　匯考139　璽彙2620　璽彙2621　璽彙2622 秦　秦子矛　秦子戈　秦子戈　秦子矛

【注】"儵"形再省去"肉"，即成《蚤壺》的"徿（逸）"字；再添加"止"旁，即成為後世通行的"逸"。●安閒、逸樂。《齊陳曼簠》："齊墮（陳）曼不敢逸康。"《書·無逸》："生則逸，不知稼穡之艱難。"《國語·吳語》："而又不自安恬逸。"韋昭注："逸，樂也。"《詩·小雅·白駒》："爾公爾侯，逸豫無期。"文獻"逸豫"與銘文"逸康"義近。●超邁、灑脫。《蚤壺》："悳（德）行盛㳊（旺），隱徿（逸）先王。"㦷，從阝從垂，可隸為"隱"。張政烺曰："陲與差音近，疑讀為差。逸讀為軼，這句是說，差不多超過來了先王。"（《中山國胤嗣姧蚤壺釋文》）《三國志·諸葛亮傳》："亮少有逸群之才，英霸之器。"●《秦子矛》："左右帀䣛，用逸宜。""用逸宜"的解釋至為分歧，只用于秦器，用例甚少。王輝讀為"肆儀"，即祭祀前預習威儀，器為祭祀儀仗器。在古代典籍中，逸與肆通用。《尚書·盤庚上》："胥及逸勤。"蔡邕《司空文烈侯楊公碑》引逸作肆。肆又與肆通，《左傳·昭公三十年》："若為三師以肆焉。"《釋文》："肆本又作肆。"肆訓陳列。《玉篇》："肆，陳也，列也。"（詳《新見銅器銘文考跋二則》）字或作"牆"。●《匯考139》"曹逸鄢（縣）"，"曹"為古國名，地處三晉與齊魯之間，周武王封其弟叔振鐸，都陶丘，在今山東省定陶縣西北，魯哀公八年被宋所滅。"逸縣"為曹國縣名，確切地待考。《璽

彙 1616》"曹逸津"為曹國逸縣關津所用的印。《璽彙 0304》"曹逸貸府"指曹國逸縣主管借貸的府庫機構，"貣"讀貸。●《璽彙 2620》《璽彙 2621》《璽彙 2622》"逸徒"。《説文》："逸，失也。"段玉裁注："亡逸者，本義也，引申之，為逸遊，為暇逸。""逸"有安樂之義。"徒"之本義為"步"，引申之為"眾"。"逸徒"其義當如典籍中的"逸民"。《論語微子》集解云："逸民者，節行超逸也。"《漢書・律麻志》："舉逸民"，注："謂有德而隱處者"。此三枚印均應入成語、箴言一類。（曹錦炎《釋兔》）施謝捷認為"逸徒"為官職名，且分左、右（《古璽彙考》116 頁有"左逸徒""右逸徒"），但其具體官職不詳。

⿰礻兔 楚 清華五・厚父 10 清華五・厚父 13

【注】從示⿰爿兔省聲。●讀肆。《清華五・厚父 10》："㑒（保）教明悳（德），慎（慎）⿰礻兔（肆）祀。"

⿰俎刂 亥方鼎 小臣傳簋

【注】甲骨文作、、、、、、、、、，從刀從俎。從刀，則俎義益顯。陳劍認為象以刀割解俎案上的肉之形，與"⿰失刂"形音義皆近。●均用為人名。

⿱晶⿰俎刂 ⿱晶⿰俎刂媯壺 晉 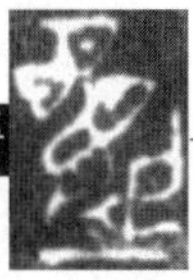晉公盆

【注】從晶⿰俎刂聲，實即從"刞"聲。"⿰失刂"與"刞"的讀音也很接近。從"⿰失刂"省聲之字可用為"佚""泆"，從"刞"省聲之字可用為"秩"，同從"失"聲，可證。●讀秩。《晉公盆》："敢帥井（型）先王，秉德⿱晶⿰俎刂⿱晶⿰俎刂，⿴口丿燮萬邦。""⿱晶⿰俎刂⿱晶⿰俎刂"即秩秩，形容德音之美好。《詩・大雅》："德音秩秩。"●讀侄或讀姪。《⿱晶⿰俎刂媯壺》："⿱晶⿰俎刂媯（姪媯）乍（作）寶壺。"

疊（疊） ⿰𠂤帚叔山父簋 楚 清華九・成人 2 秦 陶新 2633

【注】陳劍認為："⿱晶⿰俎刂"字應當有更原始的從"晶"從"刞"聲作"⿱晶刞"的寫法，但現有古文字資料中尚未見到。"⿱晶⿰俎刂"字省略"刀"旁，即成為"疊"字。●讀姪、讀侄。《⿰𠂤帚叔山父簋》："⿰𠂤帚弔（叔）山父乍（作）疊（姪）姬隮段。""疊"和"姪""秩"聲母相近，"疊"是葉部字，"姪""秩"是質部字。葉部跟緝部、質部跟月部分別都關係極為密切，而"葉/緝"與"質/月"部之間，又分別都有不少相通的例子。"疊"之與"姪""秩"的關係，大概與"枼/葉"之與"世""法"之與"廢"、"盍"之與"蓋"、"合"之與"會"、"執"之與"贄、摯"、"習"之與"彗"等字相類。●讀秩。《清華九・成人 2》："迺丂（考）僉（訊）庶眾，聖（聽）壬（任）羣疊（秩）。"羣秩，即百官。●秦陶人名。

⿰女疊 、嬻妊壺 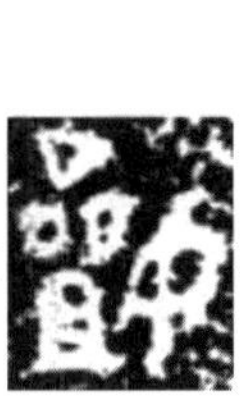嬻妊車軎 穌甫人匜 穌甫人盤

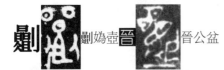

齊縈姬盤

【注】從女罍聲。●讀姪、讀侄。《齊縈姬盤》："齊縈姬之嬭（侄）乍（作）寶般（盤）。"古代諸侯貴族之女出嫁，以侄女和妹妹從嫁為媵妾者。《禮記·曲禮下》"國君不名卿老世婦，大夫不名世臣侄娣"，孔穎達疏："侄是妻之兄女，娣是妻之妹，從妻來為妾也。"《鹽鐵論·散不足》："士一妾，大夫二，諸侯有侄娣九女而已。"齊縈姬之嬭，即從縈姬嫁齊的兄弟之女。●國名或氏，銘器作"嬭"，典籍作"侄"。《嬭妊壺》："嬭妊（侄妊）乍（作）安壺。"

（囗中）齊嬭姬簠

【注】疑"嬭"之或體。●人名。

帮紐八聲

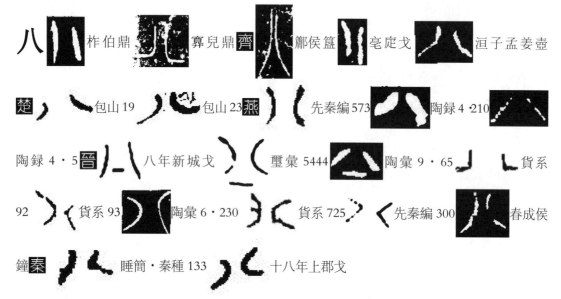

【注】甲骨文作ノ、八、八、八，用兩劃分背來指明相別分背之意。金文同甲骨文。戰國文字或加飾筆作。《説文》："八，別也。象分別相背之形。凡八之屬皆從八。"本義為將物分開。凡從八的字大都與"分"有關，如小、半、分、扒、瓣等。字從卜辭始就借用為記數之詞。●數詞。《洹子孟姜壺》："兩壺八鼎。"●讀泮。《陶彙9·65》"八宮"即"泮宮"，諸侯學宫。《禮記·王制》："大學在郊，天子曰辟雍，諸侯曰泮宫。"

璽彙0284

【注】從女八聲。●"囗囡奻鈢"，當為人名。

訜 秦 睡簡·語書 12

【注】從言八聲。●疑讀誖，乖戾。《睡簡·語書 12》："誈訜醜言麃斫以視（示）險，阬閭強肮（伉）以視（示）強。"詳"誈"字。

邠 晉 貨系 2297

【注】從宀八聲，疑"邠（豳）"之異文；八、分帮妞雙聲，質文旁對轉。邠，《說文》周太王國，在右扶風美陽縣，亦作豳。●韓方足布讀汾，地名，在今山西新絳東北。

穴 楚 上博二·容成 10 清華一·楚居 1 新蔡甲三 83 安大一 53 晉 陶錄 5·89 秦 睡簡·答問 152

【注】從穴八聲。《說文》："穴，土室也。從宀八聲。凡穴之屬皆從穴。"●鼠洞、洞穴。《法律答問 152》："倉鼠穴幾可（何）而當論及誶？廷行事鼠穴三以上貲一盾，二以下誶。豫穴三當一鼠穴。"《上博二·容成氏 10》："自內（入）焉，余穴踓（窺）焉。"●新蔡簡"穴舍"，人名，即穴熊。簡文或作"空"。●地名。《清華一·楚居 1》"穴窮"地望難以確認，頗疑與窮谷有關。●墓穴。《安大一 53》："臨亓（其）穴，端（惴）=亓（其）栗（慄）。"

空 楚 新蔡乙一 22 新蔡甲三 366 清華一·楚居 2 郭店·窮達 10

【注】從土穴聲，"塞"字古文。字兼會意，以土塞穴也。●《清華一·楚居 2》、新蔡簡均讀穴。"穴舍"人名，即穴熊，亦即鬻熊。●讀塞。《郭店·窮達 10》："驥（驥）駒張山，墅空（塞）於卲（枳）棽（棘），非亡體（體）壯也。"

窈 楚 安大一 55

【注】從如穴聲。●讀鴥。《安大一 55》："窈（鴥）皮（彼）唇（晨）風，炊（鬱）皮（彼）北林。""窈""鴥"諧聲可通。《說文·鳥部》："鴥，鸇飛兒。從鳥，穴聲。《詩》曰：'鴥彼晨風。'"《韓詩》作"鷸"。宋綿初云："鷸，《字書》作'聿'，疾飛貌。木華《海賦》：'鷸如驚鳧之失侶。'與'鴥'字異而音義同。"（參王先謙《詩三家義集疏》第四五五頁）

帮紐必聲

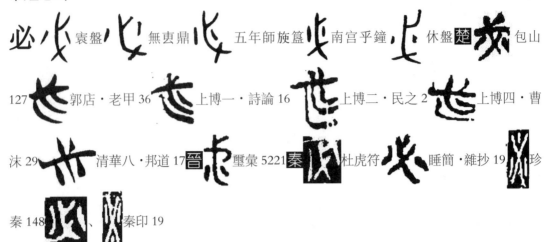

必 寰盤無叀鼎五年師旋簋南宫乎鐘休盤 楚 包山127郭店·老甲36上博一·詩論16上博二·民之2上博四·曹沫29清華八·邦道17 晉 璽彙5221 秦 杜虎符睡簡·雜抄19珍秦148、秦印19

【注】甲骨文作、，象古代兵器的把柄，郭沫若謂“柲”的本字。裘錫圭曰：“小篆戈字作等形，如果去掉象戈頭的一横，剩下來的象戈柲的部分正與金文必字所從的同形。”（《釋柲》）甲骨文或作，加指事符號示柲之所在。西周金文“必”皆在兩旁加飾點作。“必”所從之飾筆與“八”形體非常接近，又因為“八”與“必”古皆為帮紐質部字，所以人們就把作為形體的一部分，並視為聲符。《説文》：“，分極也。從八、弋，弋亦聲。”段注改“弋亦聲”為“八亦聲”。郭沫若在《金文叢考·釋弋》亦指出：“必即柲也，弋象柲形，八聲。”戰國文字承襲金文，柲形或由演變為、（璽印文字“必”作、），或訛變為（璽印文字“必”作），楚系文字或作（信陽楚簡“必”作）。本義是兵器的柄。作為兵器的柄一定要牢固，所以引申為“定”，這就轉化為副詞，表示必定、一定，如《商君書》：“濿世不一道，便國不必灋古。”●讀柲，長兵器的握柄。《五年師旋簋》：“戈琱㦰歇（厚）必（柲）彤沙。”鄭玄注：“柲，猶柄也。”●副詞，表示肯定。《新郪虎符》：“必會王符，乃敢行之。”●秦印“必穀”為姓氏。

謐 楚 包山191包山184上博四·柬旱4清華五·封許2清華三·芮良夫2清華三·說命下7

【注】從言必聲，楚文字是“謐”的省體。《正字通》：“謐，同謐。”“謐”，《説文》：“靜語也，一曰無聲也。”●讀謐。《包山102反》“將須謐（謐）”當指押送犯人必須慎重。《廣韻》：“謐，慎也。”●讀毖。《説文》：“毖，慎也。”《清華五·封許1》：“肇佑玟（文王），謐（毖）光氒（厥）剌（烈）。”光，《詩·韓奕》鄭箋：“榮也。”●讀毖，告誡。《清華三·芮良夫2》：“芮良夫乃作謐（毖）再终，曰：‘敬之哉君子！’”

伀 楚 郭店·語叢四10上博四·曹沫34上博五·三德16上

博五·鮑叔 5  上博八·王居 6

【注】從人必聲，當為匹夫專字。●楚文字多讀匹。《郭店·語叢四 10》："佖（匹）婦禹（愚）夫不智（知）其向（鄉）之小人、君子。""匹婦"，一婦人也。《孟子·盡心上》："五畞之宅，樹牆下以桑，匹婦蠶之，則老者足以衣帛矣。"《上博四·曹沫 34》："佖（匹）夫寡婦之獄訟，君必身聽之。"

覕楚  清華七·越公 44

【注】從見必聲。●《清華七·越公 44》："王乃遬（趣）徙（使）人戠（察）睛（省）成（城）市鄹（邊）還（縣）=尖（小大）遠泥（邇）之匐（勾）、茖（落），王則覕（比視）。"覕，整理者釋為"比視"，與下文"必聽"相對應。所從必旁缺筆。"比"的意思是考校。《周禮·內宰》："比其小大與其麤良而賞罰之。"《漢書·石奮傳》："是以切比閭里，知吏姦邪。"顏師古注："比，校考也。"和簡 46 中"王既必聽之"的"必"，用法相同。

戺楚  左塚漆梮

【注】從戶必聲。●漆梮單字，讀閉，與 b 邊"樧（讀開）"相對應。

柲秦 秦印 109 秦印 108

【注】從木必聲。●秦印"柲華""柲得"，人名。

蓾楚 包山簽牌

【注】從艸柲聲，疑"芯"之繁文。●包山簡讀蓾，同芯，菜名。

坔楚 清華三·赤鳩 13 清華三·赤鳩 14

【注】從土必聲。●可讀發。"必"幫母質部，"發"幫母月部，韻部旁轉。《清華三·赤鳩 13》："坔（發）墬（地）斬莢（陵），句（后）之疾亓（其）瘳。""發地斬陵"可以理解為挖掘土地，斬斷陵阜。

墣楚 郭店·語叢四 10

【注】從艸坐聲。●讀鮸。《郭店·語叢四 10》："車敭（轍）之莖酺，不見江沽（湖）之水。"酺讀鮪。"車徹之鮸、鮪"猶《莊子·外物》"車轍之鮒魚"。車撒中往往有一些積水，並可能會有小魚類存活。

 邲卣 作冊睪卣 邲甗 二祀邲其卣 配兒鉤鑃 清華

 八·攝命 1 清華八·攝命 30

【注】甲骨文作 ，從卩必聲。金文同。《説文》："，宰之也。"段玉裁注："蓋謂主宰之也。主宰之則制其必然故從必。"●人名。《邲甗》："邲乍（作）母戊彝。"●讀毖。《清華八·攝命 1》"劼邲（毖）姪攝"，意思就是告誡或訓誡侄子伯攝。●讀畢，謹慎。《配兒鉤鑃》："余邲（畢）龏威（畏）娶（忌）。"

 怭楚 清華三·琴舞 1 清華三·琴舞 2

【注】從心必聲。●讀毖。《清華三·琴舞 1》："周公作多士敬（儆）怭（毖）琴舞九絉（遂）。""多士儆毖"，即對眾士的告誡之詩。

 邲 邲且丁鼎

【注】甲骨文作 、 ，從辵必聲。《邲且丁鼎》聲符中間指事符號延長。《篇海類編》音蹩。●讀比，訓至。《邲且丁鼎》："癸亥，王邲于乍（作）冊般新宗。"

 甾楚 璽彙 0348

【注】從甘必聲。●楚璽"甾璽"，讀蜜，是楚國掌管蜜的官員所用之璽。或讀"必璽"。《漢書·韓信傳》："漢王不可必。"顏師古注："必，未必信之。"

 胇晉 璽彙 1210 璽彙 1191

【注】從月必聲。●晉璽人名。

泌晉 廿七年泌陽戈

【注】從水必聲。《説文》："，俠流也。從水必聲。"本義泉流輕快之貌。●《廿七年泌陽戈》："廿七年，泌陽工帀（師）絉，冶象。"泌陽：地名。

駜 楚  郭店·緇衣 42

【注】從馬必聲。●讀匹。《郭店·緇衣 42》："唯君子能好其駜（匹），小人剴（豈）能好亓（其）駜（匹）。"上博簡作"庀"。

笓 晋 十七年春成侯鈹

【注】從竹必聲。●晉器人名。

閟 楚 郭店·語叢四 4　　上博六·用曰 3　　上博九·舉治 24　　郭店·老甲

27 清華二·繫年 113　　清華二·繫年 101　　包山 233　　上博九·陳公

16 晋 璽彙 0734

【注】從門必聲；聲符或省為戈。同"閉"。●讀閉。《上博六·用曰 3》："閟（閉）言自闌（關）。"要慎於口舌，盡量不要多言。《郭店·老甲 27》："閟（閉）其兌，賽（塞）其門。"●《包山 233》："鎯禱行，一白犬，酉（酒）飤（食），閟於大門，一白犬。"宋華強認為"閟"字的省寫，讀伏。古書所載祭祀用犬牲之法，除了"磔"，還有"伏"。如《周禮·秋官·犬人》"凡祭祀，共犬牲，用牷物，伏瘞亦如之"，鄭玄注引鄭司農云："伏謂伏犬，以王車轢之。"賈公彥疏："此謂王將祭，而出國載道之祭時，《大馭》所云是也。"孫詒讓云"謂磔犬伏於軷壤，以王車轢之而行也"。可知"伏"跟"磔"的區別之處在於後者只是磔之而已，而前者是既磔之，再伏之於軷壤之上，又以車轢。簡文中對"大門"的祭禱方式果如古書所言——磔犬而伏於軷壤之上（或者再以車轢之）——那麼此儀式應該也是在宮內廟門之外施行的。●《清華二·繫年 101》："晉與吳會為一，以伐楚，閟方城。"《清華二·繫年 113》："公株（朱）句伐齊，晉自（師）閟長城句俞之門。"簡文"閟"用為引申義，指陣行閉闔，使道不得通，即閉闔陣形，包圍敵人。●晉璽人名。

宓  密戟　　小臣鼎　　伯密父鼎 齊　　分研一 531 楚　　清華

一·耆夜 6 燕　　陶彙 4·105

【注】甲骨文作、、、、、、、，從宀必聲。甲骨文有從二必的，古文字同一形體作偏旁單雙每無別。《小臣鼎》作，從宀從二必，與甲骨文一形同。《說文》："，安也。從宀必聲。"本義是安寧。段玉裁注："此字經典作密，密行而宓廢矣。大雅：'止旅乃密。'傳曰：'密，安也。'""宓"後來專用來表示氏，其本義便由"密"來表示。●讀密，國名。《小臣鼎》："唯十月事（使）于曾，宓（密）白（伯）于成周休眦（畀）小臣金。""宓伯"即密伯，為西周中期密國族首領，密國見于先秦典籍。●《分研一531》"高宓左宮"，"高密"地名。●燕陶人名。●讀毖。《詩·桑柔》："為謀為毖，亂況斯削。"毛轉："毖，慎也。"《清華一·耆夜6》："宓（宓）情（靖）慇（謀）猷，裒（裕）惠（德）乃救（求）。"指謹慎謀求治國與制勝的大略。

 寀楚  包山255  包山255  包山257  上博二·民之8  上

博一·詩論28  清華二·繫年39

【注】從甘宓聲。●讀蜜。《包山255》："寀（蜜）一砫（缶）。"●讀密。《上博一·詩論28》："《牆有茨》慎寀（密）而不知言，《青蠅》知患而不知人。"●讀密，寧也。《上博二·民之8》："城（成）王不敢康，迺（夙）夜晉（基）命又（宥）寀（密）。"《詩·周頌·昊天有成命》："昊天有成命，二后受之。成王不敢康，夙夜基命宥密。"毛傳："宥，寬；密，寧也。

 密  趙簋  史密簋  虎簋蓋齊  高密戈  高密戈秦

秦風113  陝新733  秦印183  睡簡·為吏5  里耶8·1079

會稽刻石

【注】從山宓聲。山形或訛為土。《說文》："，山如堂者。"山如堂者，即形狀象堂屋的山。或省作宓。多用為國名，即故密須國，在今甘肅靈台縣。●國名。《趙簋》："密弔（叔）右趙，即立（位）。"●人名。《史密簋》："史密父率族人釐白（伯）、僰。"●《高密戈》："高密䢀（造）戈。"高密，齊邑。應劭云："縣有密水，故有高密之名。"清《一統志》："高密故城在高密縣西南。"●秦簡本義，精密、細緻。《睡簡·為吏5》："微密鐵（纖）察，安靜毋苛。"

 㷼  密妘簋楚  嫚加編鐘

【注】從火宓聲。●讀毖，訓為慎。《嫚加編鐘》："㷼（毖）臧（壯）我憨（猷），大命母（毋）改。"●讀密，國名。《密妘簋》："㷼（密）妘乍（作）旅匫，其子子孫孫永寶用。"

瞇^秦 印增 578

【注】從目密聲。●秦印單字。

峃^齊 匯考 53 、 璽彙 0174 、 璽彙 0176 、 、 陶録 2·393

【注】齊系文字應該為"密"之省文，舊多釋"武"，誤。此字下從山，非從止。●地名用字，讀密。《春秋·隱公二年》："紀子帛、莒子盟于密。"杜預注："密，莒邑。城陽淳于縣東北有密鄉。"

幫紐畀聲

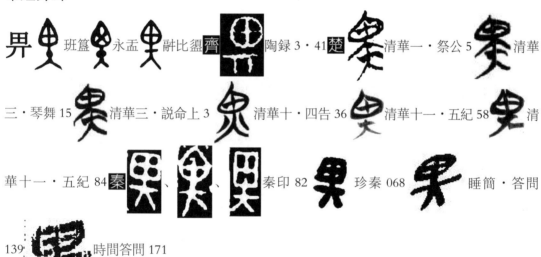畀 班簋 永盂 酃比盨^齊 陶録 3·41 ^楚 清華一·祭公 5 清華三·琴舞 15 清華三·説命上 3 清華十·四告 36 清華十一·五紀 58 清華十一·五紀 84 ^秦 、 、 秦印 82 珍秦 068 睡簡·答問 139 時間答問 171

【注】甲骨文作、、、、、，象矢鏃之形，"錍"之初文。《方言》："箭鏃廣長而薄鐮謂之錍。"或作銕、鎞、鈚。金文同甲骨文。戰國文字承襲金文，或加二飾筆作，或訛作、。《説文》："畀，相付與之。約在閣上也。從丌由聲。"釋形不確，"賜予"為假借義。裘錫圭謂的字形跟矢字相當接近，但是它們的區別仍然是很明顯的。矢只是一般地象矢形，畀則特別突出矢鏃部分。從字形上看，畀字所象的矢鏃是扁平而長闊的一種，這種矢鏃古代叫做匕。畀和匕古音非常接近。當矢鏃講的匕字應該就是畀的假借字。《集韻》以庀為疕字異體（匕、比同音）。可知矣。古書裏的"畀"字一般當"付與"講也均是假借義。"畀"字演變順序為畀→畀→畀→畀→畀。"畀"字的字形在小篆裏已經變得不很象形，所以《説文》便把字的假借義認作本義了（詳《語言學論叢·畀字補釋》第六輯））《金文編》下注語"與畀（畁）為一字"，畀、畁實不同字。●付與。《永盂》："賜畀師永厤（厥）田滄（陰）易（陽）洛，疆眔師俗父田。"賜畀，賜予、賞予。秦簡亦用為本義，付與、交給。《睡簡·答問 23》："盜盜人，買（賣）所盜，以買它物，皆畀其主。"盜竊犯行竊後，將所竊出賣，另買他物，均應退給還原主。●讀俾，使、令。《班簋》："亡不成，旻天畏（威），否畀屯（純）陟。"銘意為，不許不成功，而有損天威，否則上

天將不予佑助。《清華十·四告36》："畀余厲安，害糞大莫（謨）。"●賜給。《清華一·祭公5》"符（付）畀四方"即"付畀四方"，語見《書·康王之誥》。《清華三·説命上3》："帝殹（繄）爾以畀余，殹（繄）非？"●秦印人名。●讀鼻。《清華十一·五紀84》："南門之幷（間）為畀（鼻），筓（箕）為口，北主（斗）為心。"

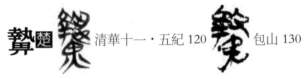
鷙 楚 清華十一·五紀120　　包山130

【注】從執畀聲。楚文字執或作𦥑。●讀蔽。《清華十一·五紀120》："天之五正，且鷙（蔽）比絅（治）埶（輯），五新（親）五櫜（德），天下之算。"整理者注："鷙，疑從畀得聲，讀為'蔽'。埶，讀為'輯'，義為聚集。"●包山簡"屈鷙"，人名。

㝮 晉 璽彙3034

【注】從宀畀聲。●晉璽人名。

歞 晉 十一年房子令趙結戈　　十四年武城令戈　　菁華30

【注】疑從欠畀聲。●均為人名。《十一年房子令趙結戈》："冶歞。"或釋為"甈""歁"。甈，《集韻》並許既切，歆去聲。《廣韻》黑也。

簘 晉 璽彙0542

【注】從竹歞聲。●晉璽"王簘"，人名。

鼺 楚 包山92　　包山166

【注】從黽畀聲。或增口、曰為飾符。●人名。

番 楚 包山163

【注】從畀從番，雙聲字。●人名。

䢵 楚 璽彙2529

【注】從畀從癹，癹為疊加聲符。或疑為"發"之異文。●楚璽人名。

 包山 125　包山 169

【注】從畀從臯，臯為疊加聲符。●人名。

 清華六·管仲 29　公廚右官鼎

【注】從竹畀聲。●讀蔽。《清華六·管仲 29》："唯齊邦區區，不若藩算（蔽）。"意思是：小小齊邦，不像周王朝的屏障之國，是桓公極言齊邦之小。《鹽鐵論·擊之》："撫從方國，以為蕃蔽。"●晉器"罷算"，疑為人名。

 里耶 8·1206

【注】從艸畀聲。●人名。

 清華六·管仲 22

【注】從辵畀聲。●讀畢。《清華六·管仲 22》："凡亓（其）民人，遷（畢）勦（務）不愈（偷），莫（愛）袋（勞）力於亓（其）王。"愈，讀偷，苟且也。"畢務不偷"全都做事不懈怠。

 遲盨　孟浿父鼎　齊　蠹浿侯戈

【注】從水畀聲。《説文》："浿，水。出汝南弋陽垂山，東入淮。從水畀聲。"本義古水名。●均為人名。《蠹浿侯戈》："蠹（器）浿侯散戈。"《孟浿父鼎》："孟浿父乍（作）寶鼎。"《遲盨》："遲乍（作）姜浿盨，用旹（享）考（孝）于姑公。"

 陶彙 3·901　陶彙 3·902　陶彙 3·903　秦

印增 296

【注】從广畀聲。●人名用字。

 帛書甲　清華二·繫年 6

1767

【注】從攴畀聲，"捭"之異文。●讀蔽。《帛書甲》："玫（扞）殼（蔽）之青木、黃木、黃木、白木、墨木之精（楨）。"●讀畀，交給。《清華二·繫年6》："幽王起自（師），回（圍）坪（平）王于西𩰚＝（申，申）人弗殼（畀）。"不畀，就是不交出平王的意思。

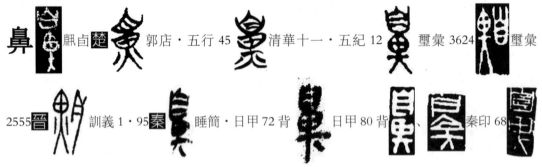

畀（蟲） 秦 印增 512

【注】從蚰畀聲。"蟲"異文。●人名。

鼻 鼿卣 楚 郭店·五行 45　清華十一·五紀 12　璽彙 3624　璽彙 2555 晉 訓義 1·95 秦 睡簡·日甲 72 背　日甲 80 背、　秦印 68

珍秦 340

【注】甲骨文作 𝍔、𝍕、𝍖，從自畀聲。"鼻"是個雙聲符字，自亦表音，《說文》"皇"字條下謂："自，讀若鼻，今俗以始生子為鼻子。"可證"自"最初與"鼻"同音。金文同甲骨文。●讀畀，付與。《鼿卣》："非令（命），曰乃兄眔（僭）鼻（畀）女（汝）。"就是説沒經王命，你的兄長賜僕于你便是僭越。●用為本義，鼻子。《郭店·五行 45》："耳目鼻口手足六者，心之㱾（役）也。"《清華十一·五紀 21》："目相豊（禮），口相義，耳相㤴（愛），鼻相㥯（仁），心相中（忠）。"●古璽均為人名。

臏 齊 璽彙 3689　陶録 2·588 秦 戰編 272

【注】從肉鼻聲。●齊璽人名。

齂 齊 陶彙 3·1024　陶録 3·656　陶録 3·489

【注】從口鼻聲。齂，上古音滂母質部；鼻，並母質部，二字疊韻、旁紐雙聲。《廣韻》匹備切，音濞。《玉篇》喘息聲。●齊陶陶工名。

嬶 秦 印增 605

【注】從女鼻聲。●人名。

圖典 84

【注】從水鼻聲。●秦印人名。

曾侯乙鐘　曾侯乙鐘

【注】從邑鼻聲。《說文》無。鄡，《龍龕》同“劓”。●鄡鐸，徵音的別名。《曾侯乙鐘》：“割肄鄡鐸。”“鄡鐸”是從中鐸派生出來的音名。“鄡”與“毗”音近可通，《詩·小雅》“天子是毗”，《鄭箋》：“毗，輔也。”中鐸是角音，鄡鐸是中鐸的上行輔助音（小三度音），即徵音。

印增 591

【注】從人鼻聲。●人名。

璽彙 4043

【注】從广鼻聲。●晉璽人名。

帮紐畢聲

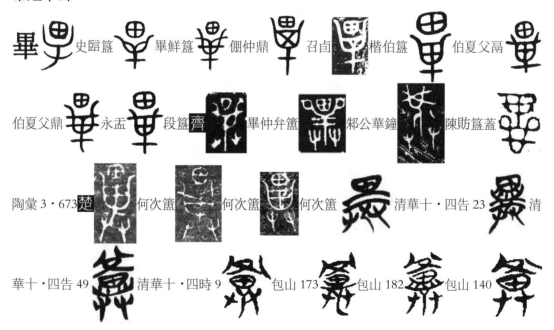
畢 史臨簋　畢鮮簋　倗仲鼎　召卣　楷伯簋　伯夏父鬲
伯夏父鼎　永盂　段簋 齊　畢仲弁簋　邿公華鐘　陳肪簋蓋
陶彙 3·673 楚　何次簋　何次簋　何次簋　清華十·四告 23　清
華十·四告 49　清華十·四時 9　包山 173　包山 182　包山 140

包山 159　　　　璽彙 3523　　、　　　　分研一 98 晉　　　邵鐘 秦　　　商鞅鈹　　會

稽刻石　　　秦印 72　　、　　　　秦印 51　　　睡簡・為吏 12　　　北鄉鼎

【注】甲骨文作 ，從單（狩獵杈形工具）從田，會于田間捕鳥之意。金文同甲骨文。或從田從羋（亦是狩獵工具）；或增從意符廾。楚文字從网亦為疊加意符。"畢"既然是网，就可以網羅無遺，因此引申指完結、終了等義。《說文》："畢，田网也。從華，象畢形。微也。或曰：由聲。"本義為田獵之网狀工具，如《詩經》："鴛鴦于飛，畢之羅之。"後虛化為副詞，表示全都。●地名。《段簋》："王鼏（在）畢登（蒸）。"●人名。《史晤簋》："乙亥，王彗（誥）畢公。"畢公，周文王之子，名高。曾輔佐武王克商。封于畿內的畢，即今陝西咸陽北的畢原。《楷伯簋》："十枻（世）不諲（忘），獻身才（在）畢公家，受天子休。"●讀毖。《邶公牼鐘》："余畢龏威（畏）忌，鑄辝龢鍾（鐘）二鍺（堵）。"孫詒讓謂"畢"當讀"毖"。《說文・比部》："毖，慎也。"●畢姬：西周晚期畢國女子。《伯夏父鬲》："白（伯）夏父乍（作）畢姬障鬲。●秦印有"畢最""畢賢""畢繆"等，姓氏。●全部。《睡簡・為吏 12》："五者畢至，必有大賞。"●盡也。《清華十・四告 23》："襄（攘）去忞（懋）疾，畢易（逷）庶訧（尤）。"有論者云："《四告》中'逷'即可訓為'使……遠離'。"金文中有'敭（畢）狄不恭'（《集成》00049 敭狄鐘）的說法，又有'方狄不享'（《銘圖》14543 述盤）的說法，'敭（畢）狄'和'方狄'都是偏正結構的動詞片語，後可加賓語，'敭（畢）'、'方'皆用為範圍副詞，訓為'盡、徧、悉'。彼處之'敭（畢）狄'即《四告》此處之'畢狄'。"

敭狄鐘　　沈子它簋 齊　　璽彙 0195　　璽彙 5706

【注】從攴畢聲。齊璽印文字，何琳儀釋為敭。（《戰國古文字典》1103 頁）劉釗釋為戭。（《璽印文字釋叢（二）》）當釋為"敭"。《說文》："敭，盡也。從攴畢聲。"戴家祥謂畢是敭的本字，象田网之形，由网羅引申出盡義，為了從字形上表示引申義，添加表示网羅的動作偏旁攴，寫作"敭"。段玉裁注："事畢之字當作此。畢行而敭廢矣。"畢、敭為古今字。●地名。《沈子它簋》："休沈子肇敭叙貯（賈）會。"●讀畢，盡也。《敭狄鐘》："敭狄不（丕）龏（恭），敭敭彙彙"楊樹達曰："敭狄不（丕）龏（恭），謂盡逐遠不恭之人也。"（《金文說》79 頁）●《璽彙 0195》"敭佅左啟（廄）"、《璽彙 5706》"輔刂敭封"，古地名用字。

璽彙 5502

【注】從犬畢聲。●單字，人名。

齊　璽彙 1479

1770

【注】劉釗釋為彊（《璽印文字釋叢（二）》），從弓叚聲。當從弓畢聲。●齊璽人名。

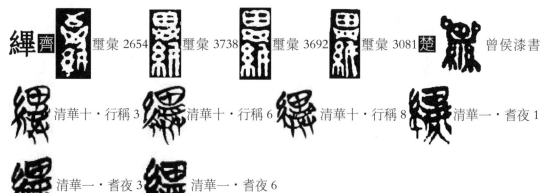

繂 齊 璽彙 2654　　璽彙 3738　　璽彙 3692　　璽彙 3081 楚　曾侯漆書

繩 清華十·行稱 3　繩 清華十·行稱 6　繩 清華十·行稱 8　繩 清華一·耆夜 1

繩 清華一·耆夜 3　繩 清華一·耆夜 6

【注】從糸畢聲。糸或作絲。《清華一·耆夜 1》從糸異聲，疑為誤書。●《曾侯漆書》讀畢，二十八宿之一。●《清華十·行稱 3》：“二旬又五日再（稱）繂归（抑），明日而發（廢）。”整理者注：“繂，約束。归，讀為‘抑’，與‘繂’義近。後文言‘奴（如）再（稱）繂归（抑），利伐殺型（刑）戮（戮）’。”●《清華十·行稱 6》：“利敀（田）轝（獵）、佗（馳）馬、繂（畢）紒（弋）、土社（功）之事。”整理者注：“繂紒，即‘畢弋’，或作‘罼弋’、‘畢翳’等，泛指射獵活動。《國語·齊語》‘田、狩、罼、弋，不聽國政’，韋注：‘罼，掩雉兔之網也。弋，繳射也。’”●讀畢。異、畢聲系古文字不通，當為誤書。《清華一·耆夜 1》：“繂（畢）公高為客。”“畢公”即畢公高，係文王第十五子，身歷文、武、成、康四代，乃魏國王室先祖。《史記·周本紀》：“武王卽位，太公望為師，周公旦為輔，召公、畢公之徒左右王師，修文王緒業。”●齊璽人名。

罤 楚 清華一·祭公 9

【注】從网繂聲（聲符實際從糸異聲）。●讀畢，姓氏。簡文“罤鉅”今本作“畢桓”，人名。

遒 楚 包山 74　　包山 193　　上博二·容成 9　　上博二·容成 1

【注】從辵畢聲，“趕”之異體。●包山簡人名。●讀畢。《上博二·容成 9》：“遒（畢）能其事，而立為天子。”

鄆 楚 包山 44

【注】從邑畢聲。●讀畢，地名“畢”專字。

帮紐閉聲

簡·日乙 177

【注】從門從才，會以橫木關門之意。"才"同"材"，《國語·晉語》："駕而乘材。"注："材，橫木也。"高鴻縉謂：門已閉自內見其門杠之形，故有關閉之意，動詞。✦非文字，乃物形，後變為才，意不可説。（詳《中國字例二篇》）或謂古文字從門，七聲。《説文》："閉，門闔也。從門；才，所以距門也。"本義關閉。●人名。《豆閉簋》："井（邢）白（伯）入右（佑）豆閉。"●見于《子禾子釜》，銘文辭殘意不詳。●秦簡多用為本義，關閉。《睡簡·日乙 177》："朝啟夕閉。"

【注】從門從牛，會將牛關於門內之意。《龍龕手鑒》以閈為閉之俗字。●均讀閉。《睡簡·日乙 46》："閈日。"

滂紐匹聲

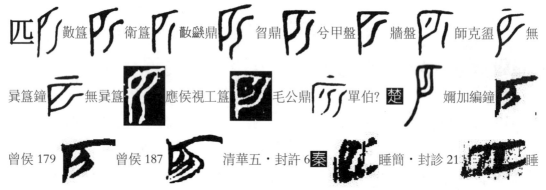

簡·答問 158

【注】從𠂤從𠃊。張世超曰："𠂤為𠀁（丙）之半，據殷墟卜辭，馬一丙，即同駕一車之馬二匹，半丙則為單馬。𠃊為區別符號，殆以區別于𠂤（石）也。匹與判、配同源。相對于駕車之二馬，則匹有配、偶義，于字則匹為半丙，猶片為半木也。金文匹區別符號之形多有變化，或于𠂤形內增飾點，或于上增飾畫，皆其繁變。"（《金文形義通解》3015 頁）戰國時秦系文字作匹，變成從匚八聲。《説文》："匹，四丈也。從八、匚。八揲一匹，八亦聲。"析形不確。本義當為馬一匹。銘文中多用為馬匹字，且多作合文，𠨰為"三匹"合文，𠨰為"四匹"合文，𠨰為"十匹"合文。●量詞。計馬數目。《兮甲盤》："王易（賜）兮甲馬三（四）匹。"《睡簡·答問 158》："有馬一匹自牧之。"秦文字用"匹"表示匹，楚文字多用"佖"表示匹夫之匹。●輔佐。《牆盤》："𠫑𠭯乙且（祖），逑匹氒（厥）辟，遠猷匑（腹）心。"《詩·大雅·文王有聲》："作豐伊匹。"

毛傳："匹，配也。"●《晉姜鼎》："用鹽（紹）匹（弼）辪（台）辟。"召匹，讀紹弼，輔弼、相佐之意。

匹**匹** 大鼎**楚** **匹** 郭店·老甲 10 **匹** 郭店·唐虞 18 **匹** 上博一·緇衣 21

【注】從匹從匕，匹、匕雙聲。甲骨文、金文之"匕"字常用作祖妣字，蓋取匹偶義知"匹"字之從"匕"乃聲符兼義。**匹**，應是匕之反寫，左上角與匹共用筆畫。●讀匹。《上博一·緇衣 21》："佳（唯）君子能玵（好）丌（其）匹（匹），小人歔（豈）能玵（好）丌（其）匹（匹）。"郭店·緇衣簡作駇。《郭店·唐虞 18》："方才（在）下立（位），不以匹（匹）夫為坙（輕）。"●讀配，配合。《郭店·老甲 10》："竺（孰）能匹以迬（重）者，牁（將）舍生。""舍"為"保留"的意思。《墨子·節葬下》："無敢舍餘力，隱謀遺利。"《漢書·穀永傳》："竊恐陛下舍昭昭之白過，忽天地之明戒。"顏師古注："舍為留也。"（堅持用）敦厚而安治的原則來治理天下的人，將保持生氣。

駵**楚** **駵** 曾姬無卹壺 **駵** 曾侯 129 **駵** 曾侯 131

【注】從馬匹聲。匹旁與戶相混。●讀匹，配偶。《曾姬無卹壺》："聖趄之夫人曾姬無卹，虖安茲、漾陵、蒿閒（間）之無駵（匹），甬（用）乍（作）宗彝障壺。"無駵（匹），指上述三地的鰥寡孤獨者。●讀匹，量詞。《曾侯 129》："晶（參）駵（匹）刣甲，黃紡之縢。"

真部

影紐因聲

因蔔鼎 齊 陳侯因資錞陳侯因咨戈 楚 清華七・越公 8清華八・心中 1上博二・容成 18上博二・容成 19郭店・語叢一 31清華三・芮良夫 10上博三・彭祖 1郭店・六德 14清華二・繫年 111清華六・孺子 7上博五・姑成 4 晉 中山王嚳壺 秦 睡簡・為吏 20關簡 316睡簡・語書 11

【注】甲骨文作、、、，從囗從大（，茵席編織之形，後訛為大），象上有編織花紋的方席形。《説文》：“，就也。”當為引申義。本義是褥子、墊子，是“茵”的本字。席子是人用來躺臥或依靠的東西，故引申為憑藉、依靠等義，如《左傳》：“因人之力而敝之，不仁。”後來“因”多用為虚字，席子的意思就用另加聲符義“艸”寫作“茵”。●連詞。《中山王嚳壺》：“因𨏥（載）所美。”《蔔鼎》：“因付氒（厥）且僕二家。”●人名。《陳侯因資錞》：“其唯因資揚皇考，𦀚（紹）緟高且（祖）黃啻（帝）。”陳侯因資，戰國時人，即齊威王。●讀姻。《清華六・孺子 7》：“𠒇（兄）弟昏（婚）因（姻）。”“因”即“姻”，原指由婚姻關係形成的親屬，故引申有親義。《詩經・大雅・皇矣》：“維此王季，因心則友。”毛傳：“因，親也。”清代陳奐《詩毛氏傳疏》：“因，古姻字。”

姻 秦 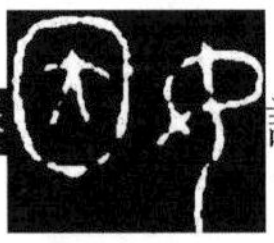詛楚文

【注】從女因聲。●用為本義，婚姻、聯姻。《詛楚文》：“絆以婚姻，袗以齊（齋）盟。”

駰 秦 秦駰玉牘

【注】從馬因聲。●“秦駰”，人名。

誀 楚 天星

【注】從言因聲。●義不詳。

 恩 楚 郭店・五行 13　上博五・姑成 9

【注】從心因聲。●讀溫。《郭店・五行 13》："察則安，安則恩（溫），恩（溫）則兌（悅）。"《詩・邶風・燕燕》"終溫且惠"，鄭玄箋："溫，謂色和也。"●讀慍。《上博五・姑成 9》："公恩（慍）……。"

 裀 楚 信陽 2・21　信陽 2・19

【注】從衣因聲。●讀茵。《信陽 2・19》："裀（茵）若（席）。"

 韗 楚 安大一 45

【注】從韋因聲。●讀茵。《安大一 45》："旮（文）韗（茵）象韖（轂）。"《毛詩》作"文茵暢轂"。

 痈 楚 包山 83　望山 1・88　上博七・吳命 1　上博四・柬旱 18　清華十一・五紀 96

【注】從疒因聲。●當是一種病名。《上博七・吳命 1》："非疾痈安（焉）加之。"●讀慍，怒也。《清華十一・五紀 96》："天墬（地）疾痈（慍），神見褐（禍）祸（孽），化（過）而弗改，天之所罰。"●包山簡人名。

影紐印聲

 印 毛公鼎 楚  曾伯霥簠　清華七・趙簡子 6　清華六・孺子 17
清華八・處位 1　清華八・處位 4　清華一・祭公 2　清華九・迺命二 8 晉 陶彙 9・92 秦 睡簡・秦種 22　睡簡・答問 56　珍秦 70　類編 259

類編 182、、類編 304印增 355、

印增 356、印增 357

【注】甲骨文作 、、、，從爪（覆手）從卩（跪人），會按壓之意。《說文》分為归、印二字。楚文字"印"多作上爪下卩，"色"多作左爪右卩。《說文》："，按也。從反印。俗從手。"《說文》："，執政所持信也。從爪從卩。"即以爪置於卩之左上為印，爪置於卩之右上為归。自甲骨文觀之，爪置於左右無別，印、归均為"抑"之初文。許慎分為印、归二字，乃因後世璽印出現，璽印用印時需按壓，故名之為印，後名動分化，乃以印為印信字，印、归各自有所專矣。"归"今為"抑"所代。●讀抑，安也，治也。《曾伯霥簠》："曾白（伯）霥阤聖元武，元武孔黹，克狄淮尸（夷），印燮鄉（繁）湯（陽）。"印燮，猶言安和。●楚文字多讀抑。《清華八・處位 1》："邦豪（家）尻（處）立（位），㱿（傾）昃（側）亓（其）天命，印（抑）君臣必果以尺（度）。"楚文字或用"殹"。●讀懿，皆影母質部字。孔晁云："懿，美也。"《清華一・祭公 2》："公亓（其）告我印（懿）德。"●用為本義，印章。《睡簡・答問 56》："廷行事以偽寫印。"

清華八・處位 4

【注】從水印聲。●當讀抑，用作連詞。《清華八・處位 4》："洇（抑）不由無澦（津）以出，民甬（用）衡（率）欲逃救（求）晻政。"

影紐卝聲

牆盤 齊子卝聯戈璽彙 2599璽彙 3651 楚郭店・性自 62

上博五・君禮 2上博五・君禮 1上博三・彭祖 4上博九・卜書 7・上

博八・顏淵 1、帛書甲清華三・琴舞 5清華三・芮良夫 26清華五・湯

丘 18清華五・厚父 12清華十・四告 9清華十・四時 7上博七・武

王8　帛書甲　（市）肙尚還戈　中山王嚳鼎　珍戰68

【注】甲骨文作　、　、　、　，象潭內有水之形，與《說文》古文同。甲骨文"泉"作　、　、　、　，與"肙"形近，二者作偏旁相通。金文《牆盤》等形，上一劃象平地，下象深谷紆曲深下之形，為"淵"之初文"肙"。隸變後楷書分別寫作"囦""肙"，今"囦"廢棄不用。楚文字或從凵、從穴。●深潭。《中山王嚳鼎》："叜（與）其汋（溺）于人施（也），寧汋（溺）于肙。"《上博七·武王8》："與其溺於人，寧溺=於=於肙（淵）（溺於淵，溺於淵）猶可遊，溺於人不可救。"《莊子·列御寇》："夫千金之珠，必在九重之淵。"《清華五·湯丘18》："宋（深）肙（淵）是淒（濟）。"●深遠。《牆盤》："肙穆（哲）康王。"《詩·邶風·燕燕》："其心塞淵。"孔穎達疏："其心誠實而深遠也。"●讀淵，人名。《上博八·顏淵1》："詹（顏）囦（淵）甯（問）於孔=（孔子）。"《珍戰68》"史肙"人名。●齊璽"肙獥"讀淵，姓氏。●《清華十·四時7》："廿=（二十）四日，四汃（淵）皆蟺（逾）。"整理讀淵，注："汃，又見於楚帛書，疑為'淵'字古文'囦'的省體。四淵，星象名，下文有'天泉'，疑與'四淵'有關。"《帛書甲》："以涉山陵，瀧汩汃溝（瀨）。"《帛書甲》舊多釋為凶，從凵從水，會低窪積水之地。此句文義學者多有討論，今從《清華十·四時7》讀淵。

淵　沈子它簋　秦　石鼓文

【注】從水肙聲。《說文》："　，回水也。從水，象形。左右，岸也。中象水貌。　古文從囗、水。肙淵或省水。"本義是深潭或有漩渦的水。●用為本義，深潭。《石鼓文》："汧殹沔=（沔沔），丞（承）皮（彼）淖（沼）淵。"戰國他系文字作"肙"。●讀溫。淵、溫雙聲韻近，含義相通。《沈子它簋》："叡，吾考克淵克，乃沈子其傾（顧）褱（懷）多公能福。"溫克，指道德修養上的一種溫文爾雅的品格。《詩·小雅·小宛》："人之齊聖，飲酒溫克。"鄭玄箋："中正通知之人，飲酒雖醉，猶能溫藉自持以勝。"

籲　龝貞

【注】從雔肙聲。●金文人名。

簡　齊　龢鎛　叔尸鎛　叔尸鐘

【注】從竹肙聲（或肙省聲），疑"箈"之異文。《說文》姻籲文作婣，是其佐證。●讀淵。《龢鎛》："簡簡義政，儇（保）盧（余）子姓。"《廣雅·釋訓》："淵淵，深也。"《叔尸鐘》："余命女（汝）政于躲（朕）三軍，簡成躲（朕）師旟之政德，諫罰躲（朕）庶民，左右母（毋）諱。"淵成，深成。

1777

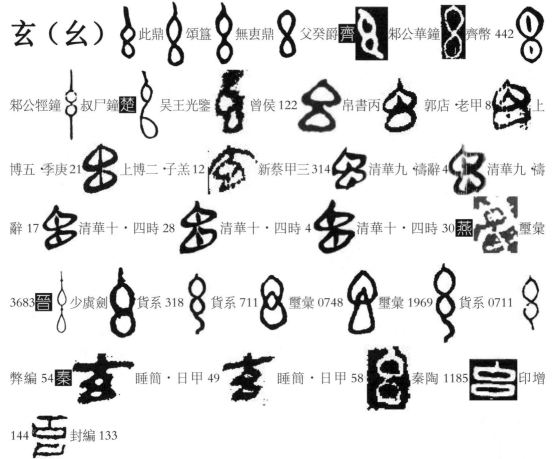

歟 戎生鐘

【注】疑從欠鼎聲。●讀淵。《戎生鐘》："懿歟不瞀䁆（召）匹晉侯。"

匣紐玄聲

玄（幺） 此鼎 頌簋 無叀鼎 父癸爵 齊 邾公華鐘 齊幣 442

邾公牼鐘 叔尸鐘 楚 吳王光鑒 曾侯 122 帛書丙 郭店 · 老甲 8 上

博五 · 季庚 21 上博二 · 子羔 12 新蔡甲三 314 清華九 · 禱辭 4 清華九 · 禱

辭 17 清華十 · 四時 28 清華十 · 四時 4 清華十 · 四時 30 燕 璽彙

3683 晉 少虡劍 貨系 318 貨系 711 璽彙 0748 璽彙 1969 貨系 0711

弊編 54 秦 睡簡 · 日甲 49 睡簡 · 日甲 58 秦陶 1185 印增

144 封編 133

【注】甲骨文作 ，李孝定謂"糸"之初文，象束絲之形。幺、玄、糸、系、丝、絲本為一字，後音轉而形亦變，今各為義訓。金文承襲甲骨文。《邾公牼鐘》加點為飾。戰國秦系文字上部或加橫筆為飾，為小篆所本。《說文》："玄，幽遠也。黑而有赤色者為玄。象幽而入覆之也。凡玄之屬皆從玄。 古文玄。"李孝定以為："許慎說解支離不足信， 之為玄，似以假借之說為優。周谷城、林義光以為 乃懸之本字，亦不足信，蓋懸之本字當為縣。周氏有謂許君幺下說解'幺，小也。象子初生之形'之'子'為果子，果子未聞有但稱'子'者，且 字舍葫蘆外，實無他果足以當之也。"（《金文詁林讀後記卷四》）本義當為束絲，引申為微小。幺、玄雙聲形近，一字之分化。●古文字多讀玄，赤黑色。《吳方彝》"玄袞衣"，即赤黑色的絲衣。周王常用此賞賜臣下。《敔簋》："錫玄衣赤袞。"●玄水：古水名。《同簋》："乎（厥）逆至于玄水。"●《上博五 · 季庚 21》："毋信玄曾。"玄或讀眩；曾讀層，有高的意思。即不要相信天花亂墜的言語。●玄妙、玄奧。《郭店 · 老甲 8》："古之善為士者，必非（微）溺玄達，深不可志（識）。"

1778

里耶 8·682

【注】從女玄聲。●人名。

陶彙 4·98、陶録 4·42、戰表 341

【注】從言玄聲。●燕陶"缶（陶）攻（工）詨"，陶工人名。

配兒勾鑃、配兒勾鑃

【注】從金玄聲。《說文》："鉉，舉鼎也。《易》謂之鉉，《禮》謂之鼏。"古代舉鼎器具，狀如鉤，銅制，用以提鼎兩耳。金文"鉉"則為"玄"之加旁字。●讀玄。《配兒勾鑃》："羃（擇）厎（厥）吉金，鉉鏐鏽鋁，自乍（作）鉤鑃。"鉉鏐，黑紅色銅料，金文多作"玄鏐"。

璽彙 0294

【注】從戈玄聲。●原印作，齊系風格。裘錫圭認為是偽品。（《淺談璽印文字的研究》）王恩田認為可以釋為"夒或丘立盟剢"。須字下所從的"久"是加注的讀音。須，侯部。久，之部。侯之旁轉。可讀為"須句丘澂盟璽"。（《"須句丘澂盟璽"簡釋》）

陶録 2·523

【注】從木玄聲。●齊陶"豆里☒核"，陶工人名。

璽彙 0342

【注】從糸玄聲；加飾符口。●"舟緒敬鉨"，疑為人名。

璽彙 1777

【注】從水玄聲。●晉璽人名。

清華八·處位 3

【注】從見玄聲。●讀眩，炫耀也、顯擺也。《清華八·處位 3》："反夋（貌）叟（稱）僞（偽），

1779

攲（抗）政肱（炫）邦。"

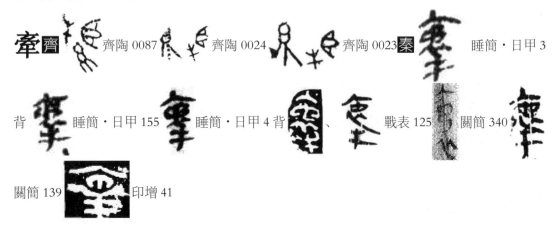

齊陶 0087　齊陶 0024　齊陶 0023　睡簡·日甲 3

背　睡簡·日甲 155　睡簡·日甲 4 背　　戰表 125　關簡 340

關簡 139　印增 41

【注】《説文》玄聲。戰國齊系文字從牛從糸從臣，會意。秦系文字從牛從表，字不能解。漢印作 （漢印 117），同。 ，從衣、矛，整理者隸定為表，讀為牽，是正確的，是省去牛的牽字。馬王堆帛書作 （帛編 43），從衣省。《説文》小篆作 ，當時訛變的結果。矛形訛變為玄，即由 到 ，衣兩旁的筆畫下垂即由 → 。《説文》："牽，引前也。從牛，象引牛之縻也。玄聲。" ●齊陶"奠易（陽）陳尋（得）叄牽"，人名。●星座名。《睡簡·日甲 155》："牽牛以取織女，不果。"

侯馬

【注】從糸從又表（牽）聲，隸定為"綏"。●讀牽，人名。"綏犢"當讀牽犢。劉釗認為 即牽字，從糸從又為累加之意符。（《古文字中的人名資料》）

匣紐胤聲

胤　遹鼎　遹鼎　上博三·周易 49　清華十一·五紀 84　晉

公盆　蚉壺　秦公鐘　秦公簋

【注】從八從肉從幺。朱駿聲云："從八猶從分，分祖父之遺體也，從幺如絲之繼續也，會意。"金文幺、玄不別，"胤"實從"玄"聲。古音"胤"在以紐真部，"玄"在匣紐真部，古音以、匣可通，聲近韻同。（詳葉玉英《古文字構形與上古音研究》240 頁）上博簡從行，"胤"之異體。《説文》："胤，子孫相承續也。從肉；從八，象其長也；從幺，象重累也。 古文胤。"古籍多訓嗣訓繼，如《左傳·十一年》"太嶽之胤也"，注"繼也"。"胤"與"嗣"義同。●嗣、後代。《蚉壺》："胤昪（嗣）姧蚉，敢明易（揚）告。"胤、嗣均有繼承、延續意。《詩·大雅·既醉》：

"永錫祚胤。"毛傳："胤，嗣也。"●胤士：即尹士、官員。《秦公鐘》："鼇（戻）龢胤士，咸畜左右。"《晉公盆》："余咸畜胤士。"孫詒讓以聲音考定當讀尹士。《廣雅·釋詁》："尹，官也。"●讀臠，夾脊肉。《上博三·周易48》："艮丌（其）瞁，劚（列）丌（其）衛（胤），蟊（厲）同（痛）心。"《周易》"列其臠，厲薰心"，王弼注："臠，當中脊之肉也。止加其身，中體而分，故'列其臠'而憂危薰心也。"●讀腎。《清華十一·五紀84》："皀塑（壁）為膁（肺）肝，良（狼）為胤（腎）。"

胤 蝨 [楚] 安大一 20 安大一 20

【注】從蝨胤聲。●讀振。《安大一20》："毘（麟）之角，蟲（振）＝公族，于差（嗟）毘（麟）可（兮）。"《毛詩》作"振振公族"。"蝨蝨"當為盛貌，眾多貌。"胤"與"引"、"引"與"慎"、"慎"與"振"古音可通（參《古字通假会典》第七七、九一頁）。《毛詩》當為借字。

匣紐弦聲

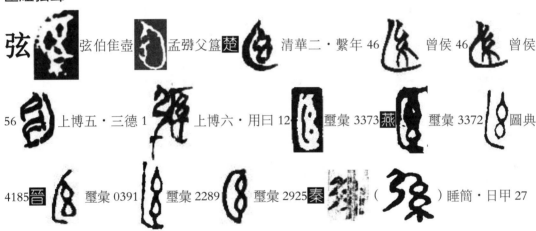
弦 [楚] 弦伯佳壺 孟孴父簠 清華二·繫年 46 曾侯 46 曾侯 56 上博五·三德 1 上博六·用曰 12 璽彙 3373 [燕] 璽彙 3372 圖典 4185 [晉] 璽彙 0391 璽彙 2289 璽彙 2925 [秦] （ ）睡簡·日甲 27

【注】，以往大都釋為"幻"，但與《説文》所謂"幻，相詐惑也。從反予"之義無關。古文字當為"弦"之初文。該字從弓（多訛為匚），從系（"幺"為"糸"之省），"系"之兩端連於弓，即弓弦之弦的象形初文。《上博六·用曰1》疊加形符弓。●國名。《孟孴父簠》："孟孴父乍（作）弦白（伯）妊滕（媵）隨段八。"弦為周代小國，春秋時為楚所滅。《璽彙3373》"弦罍"、《圖典4185》"弦疥"、《璽彙3372》"弦劊"，姓氏。●曾侯簡均讀弦，弓弦。《曾侯46》："一郑弓，弦賭。"上博簡亦讀弦，弓弦。《上博六·用曰1》："既出於口，則弗可悔，若矢之免於弦。"●讀弦。《上博五·三德1》："弦望齊宿。""弦望"，月半曰"弦"，分上弦、下弦；月滿曰"望"。《睡簡·日甲27》："弦望及五辰不可以興樂☒。"

臤弦 [燕] 璽彙 1847

【注】從臤弦聲。●燕璽人名。

鄰 楚  包山 192

【注】從邑弦聲。●讀弦，地名。《包山 192》：“鄰人武墨。”《春秋·僖公五年》“楚人滅弦”。

綋 楚 絃 清華十一·五紀 73

【注】從糸弦聲。●讀弦。《清華十一·五紀 73》：“綋（弦）望以為亢（綱）。”

見紐勻聲

勻  多友鼎 智鼎 伯戔父簋 亢鼎 楚 新蔡零 444 包山 130 燕 匯考 90 晉 土勻鉀 安邑司寇狄戈 先秦編 294 貨系 2015 璽彙 1997 璽彙 1565 璽彙 2707 三晉 72

【注】甲骨文“云”作 ，“勻”作 ，借助“云”稍加變化，以記錄“勻”這個詞，仍以云為聲。金文疊加形符 三（“金”之初文）以為區別。楚簡中今、勻常把兩短橫左側連在一起。《説文》：“勻，少也。從勹、二。”本義少。“均”當為“勻”的後起字。●人名。《勻簋》：“勻乍（作）寶彝。”●讀軍。《土勻瓶》：“土勻卣，四斗鉀。”土勻，即土軍，戰國時趙地名。戰國文字“勻”常用為“軍”。●讀鈞，重量單位。《多友鼎》：“易（賜）女（汝）圭䮫（瓚）一、湯鐘一䥇（肆），鑐鑾百勻（鈞）。”《包山 130》：“金六勻（鈞）。”●燕璽“勻蜀金”讀鈞，姓氏。●《璽彙 2707》“中勻”為複姓，讀“中軍”，氏不見於古書記載。吳振武認為這個姓氏應跟古書中所見的“中行”氏（亦見於燕私璽，見劉仲山《擷華齋古印譜》、“右行”氏（亦見於燕和三晉私璽，見《璽彙》4066、4067）、“左行”氏、“下軍”氏（亦見於漢印，見陳漢第《伏廬藏印》）一樣，來源於古代的軍隊編制，是以官為氏。《古璽姓氏考（複姓十五篇）》

狗 晉  狗是官鼎

【注】從犬勻聲。●“狗是官”，義不詳。

朐 秦 朐 里耶 8·703

【注】從肉勻聲。●“以朐具☑”，語義不詳。

 郭店·成之 8

【注】從異從匀，雙聲字。●讀袞。《郭店·成之 8》：“君黦褖（冕）而立於复（祚），一宮之人不勳（勝）其敬。”“黦褖”，裘錫圭先生讀為“袀冕”。白於藍先生指出“袀冕”一詞典籍未見，認為“黦褖”應讀作“袞冕”。（《讀郭店簡瑣記三篇》）若君主身穿袞服立於東階主位，宮廟之中所有參祭之人都將畢恭畢敬。

 菁華 22

【注】從衣匀聲。●人名。

【注】從糸匀聲，“絇”之省文。紃，《儀禮》作絇。●齊器“約奠”，人名。●讀紃。《清華一·楚居 4》“屈約（紃）”，人名。

【注】從言匀聲。●金文人名。●讀洵。《上博一·詩論 22》“詢（洵）又（有）情，而亡（無）望。”

【注】從土匀聲，與小篆同。《說文》：“均，平徧也。從土從匀，匀亦聲。”本義平也。●讀君。《蔡侯申鐘》：“均子大夫，建我邦國。”均子，即君子。均、君古音相同而聲借。周灃高謂均子大夫即詩經《載馳》《云漢》篇中的“大夫君子”。《詩·墉風·載馳》：“大夫君子，無我有尤，百爾所思，不如我所之。”鄭玄箋：“大夫，君子也。”●調和、協調。《蔡侯申鐘》：“定均庶邦，

休有成慶。"定均庶邦：即安定調和諸侯各國。●讀軍。《六年大陰令戈》："上庫工帀（師）中
均（軍）疧（瘠）。"●讀徇，循、巡查。《睡簡·答問187》："可（何）謂'宮均人'？宮中主
循者殹（也）。"什麼叫宮均人？是官中主管巡查的人。●《睡簡·秦種112》："均工。"均，《周
禮》注："猶調度也。"均工，關於調度手工業勞動者的法律規定。

昀[齊] 貴將軍虎節 [楚] 郭店·語叢三 2

【注】從兄勻聲。●讀軍。《郭店·語叢三 2》："父亡亞（惡），君猷（猶）父也，其弗亞（惡）
也，猷（猶）三昀（軍）之斿也，正也。"

昀[楚] 郭店·語叢三 19

【注】從貝勻聲。●讀均。《郭店·語叢三 19》："墜（地）能昀（均）之生之者，才（在）舉（早）。"

怐[楚] 清華三·赤鳩 12

【注】從心勻聲。右下角有合文符號。●讀眩。《清華三·赤鳩 12》："是囟（使）句（后）慸慸
怐怐（棼棼眩眩）而不智（知）人。"詳"慸"字。

黅[楚] 郭店·唐虞 2 上博二·容成 30 清華五·三壽 23

【注】從里勻聲。●讀均。《上博二·容成 30》："三年而天下之人無訟獄者，天下大和黅（均）。"
●讀怐，《説文》憂也。《郭店·唐虞 2》："窮﹦（身窮）不黅（怐），妥（均）而弗利，窮（窮）
忑（仁）歟（矣）。"

鄐[晉] 璽彙 2238

【注】從邑勻聲，疑"郇"之異文。●讀郇。晉璽"郵鄐守"，"郵鄐"讀曲郇，地名。

构[晉] 湖南 26

【注】從木勻聲。●晉璽"罖构"人名。

筍 筍鼎

【注】從竹勺聲。●地名，讀枸。《樊酈滕灌列傳》："周類軍枸邑，蘇駔軍于泥陽。"《司馬鎮索隱》枸邑在豳州。在今陝西旬邑縣東北。

【注】從金勺聲。《說文》："鈞，三十斤也。從金勺聲。銰古文鈞從旬。"本義為古代重量單位，合三十斤。●重量單位，一鈞為三十斤。《幾父壺》："易（賜）幾父笄、奉六、僕四家、金十鈞。"《書‧五子之歌》："關石和鈞，王府則有。"孔穎達疏：《律曆志》云：'廿四銖為兩，十六兩為斤，三十斤為鈞，四鈞為石'。"●讀均，等、同。《上博二‧子羔1》："伊堯之惪（德）則甚昷（明）囂（歟）？孔＝（孔子）曰：鈞（均）也。"

【注】從西勺聲。●楚璽"酌☐"讀鈞，姓氏。

【注】從目勺聲，或勺省聲。林義光謂旬即眩也。《說文》："旬，目搖也。從目，勺省聲。䀏旬或從旬。"本義為目眩。●人名。《伯旬鼎》："伯旬乍尊鼎。"●讀玄。《清華八‧八氣5》："旬（玄）冥衛（率）水以飲（食）於行。"玄冥，水神。

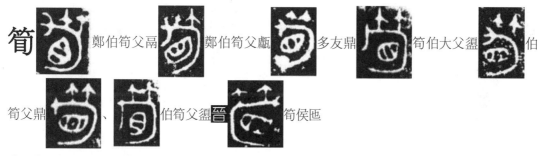

【注】從竹旬聲。聲符皆作旬，旬、旬同部，故知筍、筍同字，二者可視為古今字。《說文》："筍，竹胎也。"本義為竹筍。●讀郇。郇國，也叫荀國，周文王第十八子姬葡的封國。郇國的記錄見於《詩‧曹風‧下泉》："四國有王，郇伯勞之。"毛傳："郇伯，郇侯也。"鄭玄箋："郇侯，文王之子。為州伯，有治諸侯之功。"周朝時，郇國位於晉秦間，芮國南邊。現屬山西省臨猗縣西南。郇國大約在春秋初期被晉國吞併。春秋時為晉地。《筍侯匜》："筍侯☐乍（作）寶匜。"《多友鼎》：

"癸未，戎伐筍（郇）、衣（卒）孚（俘），多友西追，甲申之脣（辰），搏（搏）于郜。"《多友鼎》之"筍"即郇國。●人名。《鄭伯筍父鬲》："奠（鄭）白（伯）筍父乍（作）弔（叔）姬障（尊）鬲。"

敤銾簋　筍簋　卅二年述鼎　述盤 楚　郭店·唐虞

27 秦　秦印 46

【注】從言勻省聲，故此字多家釋為"詢"字初文。《說文》："　，駭言聲。從言，勻省聲。"段玉裁注："駭各本作駴。"容庚又說："說文言部有訇字，但詢字乃新附，可見詢字後出。"據語言文字發展規律，作為"駭言聲"（驚叫聲）的訇字也應在詢字之前。本義驚叫聲，當是"詢"的初文。●人名。《訇簋》："王各，益公入右（佑）訇。"●讀均，調和。《述盤》："穆穆趧趧，龢訇（均）于政。"●讀暗。楚文字"訇"非"勻省聲"，當從勹、言聲，古"言""音"形近。《郭店·唐虞 27》："大明不出，丂（萬）勿（物）膚（皆）訇（暗）。"或讀隱，"言"，古音疑母元部；"隱"，影母文部，二字旁轉可通。●秦印"訇子"，姓氏。當以鄉名為氏。

　榮仲鼎

【注】從目勻聲。《廣韻》亭年切，音田。目貌。●讀鈞。《榮仲鼎》："子易（賜）白金眴（鈞）。"

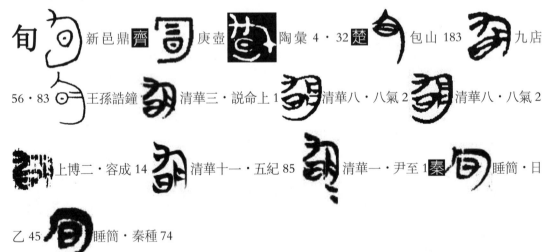

新邑鼎 齊　庚壺　陶彙 4·32 楚　包山 183　九店

56·83　王孫誥鐘　清華三·說命上 1　清華八·八氣 2　清華八·八氣 2

上博二·容成 14　清華十一·五紀 85　清華一·尹至 1 秦　睡簡·日

乙 45　睡簡·秦種 74

【注】從日勻聲。古文字眴、旬一字。《清華一·尹至 1》為"旬日"二字合文。●讀旬，十日為旬。《九店 56·83》："☒內（入）月旬。"《新邑鼎》："癸卯，王來奠新邑，二旬又四日丁卯。"●讀洵。《國風·鄭風·有女同車》："洵美且都。"鄭玄注："洵，信也。"《王孫遺諆鐘》："龢燮民人，余尃旬于國，兟兟（皇皇）趩趩。"我和善于人民，而敷信于我的國家。尃，讀為敷，遍也、宣示也。●《越王者旨於賜鐘》："旬旬台（以）鼓之，凤莫（暮）不貪（式）。""旬旬"結構如同現代漢語之"年年""天天"，表經常性的時間概念。●包山簡人名。●讀畇。《上博二·容

1786

成 14》："堯於是乎為車十又五乘，以三從舜於旬（畎）畕（畝）之中。"●讀徇，營求。《清華三·說命上 1》："王命㕛（厥）百攻（工）向，以貨旬（徇）求敓（說）于邑人。"

敃燕 璽彙 3863　　敃 璽彙 5576

【注】從攴旬聲，疑"攽"之繁文。●燕璽均為人名。

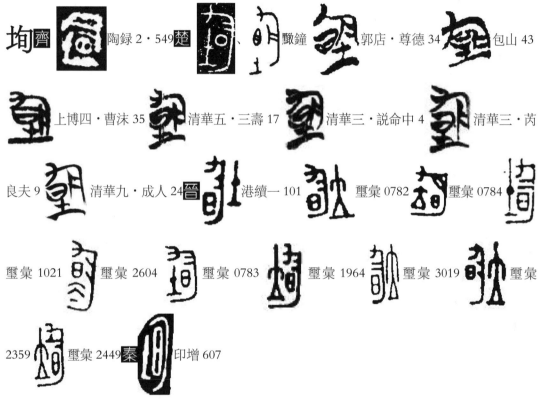
均齊 陶録 2·549　 楚 鼂鐘　　郭店·尊德 34　　包山 43

上博四·曹沫 35　　清華五·三壽 17　　清華三·說命中 4　　清華三·芮

良夫 9　　清華九·成人 24 晉 港續一 101　　璽彙 0782　　璽彙 0784

璽彙 1021　　璽彙 2604　　璽彙 0783　　璽彙 1964　　璽彙 3019　　璽彙

2359　　璽彙 2449 秦 印增 607

【注】從土旬聲，"均"之繁文。●讀徇，遍示。《清華五·三壽 17》："均（徇）寶（訽）傑（遏）悭（淫）。"《爾雅·釋言》："徇，徧也。"《史記·司馬穰苴列傳》："以徇三軍。"《正義》："徇，行示也。"《周禮·司市》："中刑徇罰。"鄭注："徇，舉以示其地之眾也。"寶，讀訽。"徇訽揭淫"是說遍示百姓以恥辱，揭舉邪惡之行，讓百姓知道什麼是恥辱，什麼是邪行，這也是教導的一種方式。●讀均，聲音調和。《鼂鐘》："龢（和）平均煌，需色若華。"●晉璽均為人名。●讀眩。《清華三·說命中 4》："若藥，女（如）不瞑（瞑）均（眩），越疾罔瘳。"均，見紐真部，眩，泥紐真部，音近可通。●讀均，平均。《郭店·尊德 34》："均（均）不足以坪（平）正（政），慐（緩）不足以安民。"

愢晉 分研 219　　璽彙 2873　　匯考 253

【注】從心均聲。或隸定為"愢"。●均為人名。

筍類編 18

【注】從艸旬聲。●"筍白伊之鈢"，姓氏。晉荀林父以邑為氏。

恂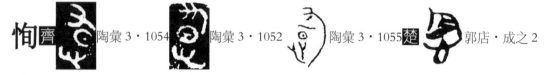郭店·成之 2

清華三·芮良夫 11

【注】從心旬聲。●齊陶單字，應為人名。●讀詢。《郭店·成之 2》："民不從上之命，不信其言，而能恂惪（德）者，未之又（有）也。"詢德，即指誠信于德。●讀徇。《清華三·芮良夫 11》："恂（徇）求又（有）志（才），聖智惥（勇）力。"

詢睡簡·秦種 12

【注】從言旬聲。●讀徇，巡行號令。《清華七·越公 54》："乃趣詢（徇）于王宮，亦趣取戮。"●《睡簡·秦種 12》："訐詢疾言以視（示）治。"《說文·言部》："訐，詭訌也。"《新書·禮容語下》："今郤伯之語犯，郤叔訐，郤季伐。犯則淩人，訐則誣人，伐則掩人。"詢，整理小組讀諼。《說文·言部》："諼，詐也。"《廣雅·釋詁二》："諼，欺也。"《公羊傳·文公三年》："晉陽處父帥師伐楚救江。此伐楚也，其言救江何？為諼也。"何休注："諼，詐。"又《漢書·息夫躬傳》："虛造詐諼之策。"可知，"訐詢"為同義複詞，詭詐義。

砀清華九·禱辭 8

【注】從石旬聲。●《清華九·禱辭 8》："亓（其）坴（來）迎＝，亓（其）坴（來）砀＝（徇徇）。"簡文或作"徇"，詳"徇"字。

徇印增 575

【注】從彳旬聲。●《清華九·禱辭 2》："亓（其）坴（來）徆＝，亓（其）坴（來）徇＝（徇徇）。"整理者注："徇，《廣雅·釋言》：'巡也。''徇徇'蓋巡行之安逸貌。""徇徇"當與前文"徆徆"類似，為群行貌、眾貌。"徇徇"又或作"莘莘""侁侁""駪駪"，《詩經·小雅·皇皇者華》："駪駪征夫，每懷靡及。"《國語·晉語四》引作"莘莘征夫，每懷靡及。"《楚辭·招魂》："豺狼從目，往來侁侁些。"舊注："侁，一作莘。"王逸注："侁侁，往來聲也。"《文選》張銑注："侁侁，眾貌。"●秦印"徇乙""徇且"，應為姓氏。

 戰編 294

【注】從竹徇聲，"筍"之繁文。● "箶渠"，讀荀，姓氏。

 戰表 606　　　筍鼎　　　秦印 79　　　集粹 688　　　集粹 536

【注】從竹旬聲。●《筍鼎》讀枸，"枸邑"省文，地名。●古璽印"筍渠""筍減""筍达（去）瘤"讀荀，姓氏。

 集粹 101

【注】從邑筍聲。●晉璽"篰習"，姓氏。

 璽彙 2140

【注】從心篰聲。● "鄸瘤"讀郇或讀荀，姓氏。

 子禾子釜

【注】從金旬聲。"鈞"之異文。《集韻》鈞古作鉤。●讀鈞。《子禾子釜》："中刑☒徒，贖以半鉤（鈞）。"

 枸矛

【注】從木旬聲。●地名。《枸矛》："枸。"詳"樏"字。

 秦陶 1241　　　枸矛　　　枸矛　　　集證 326

【注】從木駕聲。"樏"字見于《說文》。《說文・木部》："樏，大木，可為鉏柄。從木，駕聲。" "樏"從駕聲，"駕"亦見于《說文》。《說文・兮部》："駕，驚辭也，從兮旬聲。" "駕"字最早見于甲骨文，作 （《屯南》750）、 （《屯南》1300）諸形，從兮旬聲。出土古文字數據中秦"枸邑"的"枸"字多寫作"樏"，可見"枸邑"的"枸"很可能本來就寫作"樏"，即"樏"字才是"枸邑"之"枸"的本字。後來或是因為通假的關係，更可能是為了書寫辨認的方便從而加以簡省的原因，"樏邑"之"樏"才開始寫作"枸"。●地名。《樏矛》："樏。"《漢書・地理志》作"枸邑"，隸右扶風。《集韻・諄韻》："枸，邑名，在扶風。"

 秦印 298

【注】從土旬聲。●秦印"攀均"人名。

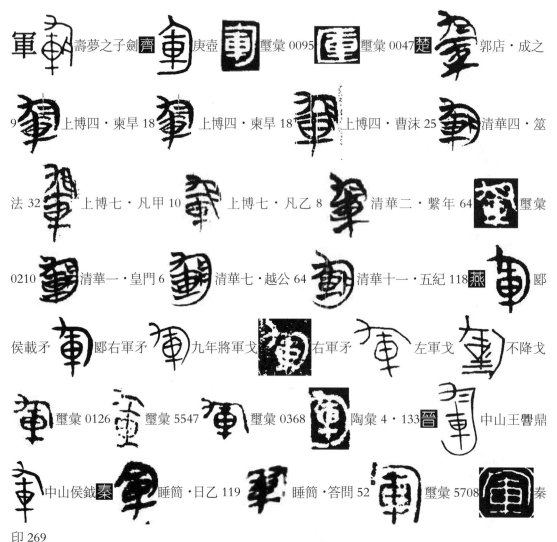

壽夢之子劍 齊 庚壺 璽彙 0095 璽彙 0047 楚 郭店·成之

9 上博四·柬旱 18 上博四·柬旱 18 上博四·曹沫 25 清華四·筮

法 32 上博七·凡甲 10 上博七·凡乙 8 清華二·繫年 64 璽彙

0210 清華一·皇門 6 清華七·越公 64 清華十一·五紀 118 燕 郾

侯載矛 郾右軍矛 九年將軍戈 右軍矛 左軍戈 不降戈

璽彙 0126 璽彙 5547 璽彙 0368 陶彙 4·133 晉 中山王譽鼎

中山侯鉞 秦 睡簡·日乙 119 睡簡·答問 52 璽彙 5708 秦

印 269

【注】從車旬聲（或旬省聲）。後旬旁由彡、勹演變為勹，許慎遂誤為"包省"。《說文》："軍，圜圍也。四千人為軍。從車，從包省。軍，兵車也。"古代以軍為最大的編制單位，春秋時各大國多設上、中、下或左、中、右三軍。●軍隊編制單位。《周禮·地官·小司徒》："五旅為師，五師為軍。"鄭玄注："軍，萬二千五百人。"《叔尸鐘》："余命女（汝）政于駁（朕）三軍。"三軍，周代軍隊編制。周制天子六軍，諸侯大國三軍。春秋時，齊國設上、中、下三軍。中山國亦有"三軍"。《中山王譽鼎》："含（今）盧（吾）老貯，親遙（率）參軍之眾，昌（以）征不宜（義）之邦。"●軍釾：器名，形如鈇。《中山侯鉞》："作絲（茲）軍釾。"●讀暈。《上博七·凡甲 10》："月之又（有）軍（暈），牀（將）可（何）正（征）？"●古璽印習見"左軍""中軍""右軍"，即三軍，為軍隊編制單位。

1790

倱 印增 307

【注】從人軍聲。●秦印"倱敞"，姓氏。

渾 渾左戈

【注】從水軍聲，與小篆同。戰國文字，系屬不詳。《説文》："𣶒，混流聲也。"本義水湧流聲。●讀鄆，地名。《渾左戈》："渾（鄆）左。""鄆"為魯邑，但魯有東西二鄆。《十三州志》："魯有兩鄆，昭公所居者為西鄆，莒、魯所爭者謂之東鄆。"戈銘之"鄆"，所屬未詳。

褌 新蔡零 190

【注】從示軍聲。●辭例殘缺。

齳 戰編 124

【注】從齒軍聲。●秦印人名。

箽 上博七·武王 5

【注】從竹軍聲。●讀運。《上博七·武王 5》："惥（仁）目（以）獸（守）之，亓（其）箽（運）十殜（世）。"

鄆 鄆戈

【注】從邑軍聲，與小篆同。《説文》："𩅊，河内沁水鄉。從邑軍聲。魯有鄆地。"本義古地名。●地名，春秋時魯國城邑。《鄆戈》："鄆。"即鄆地的戈。

葷 璽彙 4097

【注】從林軍聲，疑"葷"之異文。●晉璽人名。

運 漢中守運戈　泰山刻石

1791

【注】從辵（或從走）軍聲。聲符下或增從廾，《商周青銅器銘文暨圖像集成》釋為"運"，可從。●人名。《漢中守運戈》："六年，董（漢）中守趣（運）造。"●運行。《泰山刻石》："治道運行，諸產得宜，皆有法式。"

溪紐又聲

又 <柞伯簋> 楚 郭店·唐虞6 晉 貨系531

【注】象用手持取、引取一物（與象用手持"耳"的"取"字造字意圖相似），應該是"搴"與"擎"共同的表意初文。"搴"與"擎"聲韻皆近，古書中常訓為"手取""拔取"，它應該是為"又"字本義造的後起字。持取、引取義可以很自然地引申出"牽引"義，與"擎"引申出牽引義情況相同。"擎"與牽引的"牽"古多通用，它就是"牽引"這個引申義的後起字。搴、擎音義皆近，應是一語分化，其共同的表意初文正是"又"字。（詳陳劍《柞伯簋銘補釋》）"搴"與"擎"均溪紐真部字。●讀賢，多于、勝過。《呂氏春秋·順民》"則賢于千里之地"，高誘注："賢猶多也。"《柞伯簋》："王曰：小子、小臣敬又（有）又（賢）隻（獲）則取。""有賢獲"意為"射中目標的次數比別人多"。周王陳列赤金十鈑作為獎品，對全體參射人員說："敬又（有）賢獲則取"，即恭敬而又射中次數多的人可以取得這赤金十鈑。"敬"是最基本、最普通的要求，"有賢獲"則是取得獎品的條件。●讀賢。《郭店·唐虞6》："悉（愛）罜（親）隥（尊）又（賢）。"郭店簡中也用 字表示"賢"這個詞，除此外還用賢所從的聲符"臤"表示"賢"。簡文中"臤"有兩類寫濾，少數從臣從又，大多數作 ，其特徵是所從的"又"上面還有一筆。陳劍認為除掉"臣"之後剩下的"又"和多出來的部分就是"又"字的變形。"又"即"擎"字的表意初文，讀音與"臤"相近，所以"臤"把所從的"又"寫成形近的"又"，起表音的作用。後來，又以"臤"為聲符，為"又"造了後起的形聲字"擎"。"又""擎"和從"又"的"臤"這三個字的關係，與又、擎和從又的"奴"這三個字的關係，情況完全相同。"又"和"臤"本不是一個字，但在《柞伯簋》已經用為"臤（賢）"，戰國時代已經不用來表示它的本義即"擎""搴"，而表示"臤（賢）"了。

臤 <仲子觥> 臤父癸觶 引<作文父丁鼎> 楚 郘王子旃鐘 <郭店·語叢三52> 上博二·子羔6 上博二·容成1 上博三·彭祖8 包山122 上博四·曹沫9 上博一·詩論10 上博二·子羔8 郭店·五行14 清華六·子產13 晉 <八年陽翟令矛> 秦 印增115

【注】甲骨文作，從臣從又。戴家祥曰："許説不確，臤為臣之加旁字。臤從又從臣，當為牽引之本字。蓋臣為戰敗者收牽，臤字從又，指勝者所得也。上古語言質樸，主動詞與被動詞不分，施于人獸亦不分。其後庶業其繁萬品有別，于是別創從牛之牽，區別于從臣之臤。同聲通假，臤亦讀為堅。"（詳《金文大字典》上）戰國楚系文字作、，或音化從又。《説文》："臤，堅也。從又臣聲。凡臤之屬皆從臤。讀若鏗鏘之鏗。古文以為賢字。"●族氏名。見于《臤卣》《臤父癸觶》等器。●人名。《臤尊》："臤拜稽首，對揚競父休。"●讀賢。《邾王子旊鐘》："目（以）樂嘉賓、倗（朋）友、者（諸）臤（賢）。"●讀賢。《上博四·曹沫9》："子以臤（賢）稱而失之，天命。"《説文》多才也。《玉篇》有善行也。●讀賢，勝也。《上博一·詩論10》："蓋曰：動而皆臤（賢）於其初者也。""動而皆賢於其初者也"，意即每有舉動必定好於當初。

 惥 楚 清華六·管仲 13

【注】從心臤聲。●讀賢。《清華六·管仲13》："走（上）惥（賢）目（以）正。"

啓 燕  陶録 4·62

【注】從口臤聲。●燕陶人名。

緊 楚 、 上博四·曹沫 39

【注】從糸臤聲。●讀堅。《上博四·曹沫39》："人之甲不緊（堅），我甲必緊（堅）。"

厱 晉  璽彙 0860

【注】從厂緊聲，"緊"之繁文。●晉璽"長厱犢"，讀牽，人名。

椙 秦 分研 381 印增 584

【注】從木臤聲。●秦印人名。

鏗 楚  清華六·管仲 6 清華六·管仲 6

【注】從金臤聲。●讀堅。《清華六·管仲6》："鏗礩不坓，執即（節）絲（彖）緟（繩）。"礩，從𧱟，端母質部字，讀為章母質部的質。質，《小爾雅·廣言》："信也。"坓，讀枉。《禮記·少儀》"毋循枉"，《釋文》："邪曲也。"即，讀節。絲，讀緣，順也。堅強忠實之士正直，遵守法

度準則。"鋻"亦可讀賢。

犟 楚  清華十一・五紀 25 秦 印增 42

【注】從牛臤聲。●讀牽。簡文為"牽牛"合文。●秦印"楊犟",人名。

蝜 秦  秦駰玉牘

【注】從虫臤聲。●《秦駰玉牘》:"蝜蝜粢(蒸)民之事明神,孰敢不精?"蝜蝜,王輝讀為"掔掔",段玉裁注:"掔掔"當依《豳風》作"幾幾"。"幾幾"就是拘束忠厚的樣子。曾憲通認為"蝜蝜"可能同"賢賢",指善良或辛勞。

輱 晉  港續一 84

【注】從車臤聲。●晉璽人名。

掔 楚  郭店・成之 16 上博二・從甲 4 上博八・命 7 郭店・五行 48

包山 193  清華六・子儀 2 晉 中山王嚳壺

【注】從子臤聲。●讀賢。《中山王嚳壺》:"舉(舉)掔(賢)迻(使)能,天不斁(斁)其又(有)忎(願)。"《荀子・王制》:"欲立功名,則莫若尚賢使能矣。"包山、上博亦讀賢。●《郭店・成之 16》:"是以民可敬道(導)也,而不可算(弇)也;可駇(御)也,而不可掔也。"《說文・手部》:"掔,固也。"這裏指束縛之義。●讀羨。《清華六・子儀 2》:"乃尖(券)冊秦邦之掔(羨)余(餘)。"《清華六整理報告補正》引馬楠先生説讀"羨餘",云:"羨餘,見《周禮・小司徒》'凡起徒役,毋過家一人,以其餘為羨'。賈疏以為一家正卒一人,其餘為羨卒。"可從。●《郭店・五行 48》:"上帝掔(臨)女(汝),毋弍(貳)尔(爾)心。"《詩・大雅・大明》作"上帝臨女,無貳爾心",裘錫圭先生按:"簡文'上帝'下一字,恐即'臨'字之誤寫。"

腎 秦  睡簡・答問 25

【注】從肉臤聲。●用為本義。《睡簡・答問 25》:"祠固用心腎及它支(肢)物。"簡文中指用為祭祀的牲體。

1794

賢簋　賢簋晉　璽彙 1609　守丘刻石秦　睡簡·為吏

27　、　、　秦印 115

【注】從貝臤聲。秦文字省丶。戴家祥曰："説文三篇'臤，古文以為賢字'，臤從臣從又，臣訓'堅也'，象牽縛的奴隸之形。臤加又旁突出牽意。奴隸社會以奴隸為私有財產，故臤含財富之義。後人為了明確這種意思，再加貝旁，寫作賢。説文六篇'賢，多才也'，段注改為'多財也'，曰：'財各本作才，今正。賢本多財之稱，引申之多多皆曰賢。人稱賢能。'因習其引申之義，而廢其本義矣。"（《金文大字典》下）《説文》："賢，多才也。從貝臤聲。"本義為德才兼備。●賢良。《睡簡·為吏 27》："尊賢養孼。"秦文字用"賢"表示賢人、賢良之賢。楚文字多作"臤""孯"，三晉文字用"賡"。●人名。《賢簋》："賢從。"秦印均為人名。

賡晉　蚉壺　杕氏壺　璽彙 0940　璽彙 0938　璽彙 5563　璽

彙 5563　璽彙 2481

【注】從厂賢聲。疑"賢"之繁文。《蚉壺》臤字所從又旁作爪形。●讀賢，才能、德行。《蚉壺》："或得賡（賢）狉（佐）司馬貯，而冢（屬）貢（任）之邦。"《荀子·王制》："欲立功名，則莫若尚賢使能矣。"●讀賢，勝也。《禮·投壺》"某賢于某若干純"，《注》以勝為賢。《杕氏壺》："杕氏福及，歲賢鮮于（虞），可（何）是金契，盧（吾）台（以）為弄壺。"銘意乃謂此壺是杕氏勝鮮于所得。●晉璽均為人名。

堅秦　、　、　、　印增 115　睡簡·封診 59　

睡簡·答問 127

【注】從土臤聲。●讀礐，鞭打。《睡簡·答問 127》："大夫甲堅鬼薪，鬼薪亡，問甲可（何）論？"●硬也。《睡簡·封診 59》："地堅，不可智（知）賊跡。"●秦印人名。

硻楚　郭店·緇衣 44秦　陶新 2715

【注】從石臤聲。《説文》："硻，餘堅者。从石，堅省。口莖切。"《説文》"口莖切"，當為音變。又《説文》"臤，讀若鏗鏘之鏗"。●讀堅。《郭店·緇衣 44》："翌（輕）硻（絶）貧戔（賤），

而賍（重）鑾（絕）贎（富）貴，則好悬（仁）不礐（堅）。"●秦陶"咸鄜里礐"人名。

 圖典 438

【注】從人臤聲。●人名。

 璽彙 0426　璽彙 1450　璽彙 1743　璽彙 3166　璽彙 0739

【注】從厂臤聲。●晉璽人名。

 包山 179　璽彙 2964　璽彙 3955

【注】從攴從臣，當為"臤"之異文；古文字從臤之字又從攴，均可證。●燕璽"長生啟""公孫啟"，均為人名，可讀賢。●包山簡"周啟（堅）"人名，可讀堅，亦可讀賢。

 包山 82　包山 172　包山 182　上博七·凡甲 27

清華一·祭公 18　包山 73　上博六·慎子 1　上博七·吳命 9　清華九·治政 6

【注】從力臤聲，或從力臤聲，應該是"堅"字異體，從"力"以表"堅"之意。●包山簡讀堅，人名。包山楚簡中還有從"子"的"孯"字，應是"賢"字。●讀堅。《上博六·慎子 1》："恭嗇（儉）目（以）立身，努（堅）弳（強）目（以）立志。"●讀賢。《清華九·治政 6》："古（故）天下之努（賢）民皆瑝（興），而覩（盜）恖（賊）亡（無）所中朝立。"

 嶽麓一·為吏 45

【注】從手臤聲。●讀堅。《嶽麓一·為吏 45》："謹慎擎（堅）固。"

疑紐齵聲

 即簋　叔齵簋　叔齵簋

【注】甲骨文作𩔖、𩔖，象二虎相背之形，會二虎相斗之意。金文《即簋》同甲骨文。《叔虤簋》改為兩虎並立，則失怒而相對之狀也。字嚴格隸定應為虤。《説文》："𩔖，虎怒也。從二虎。凡虤之屬皆從虤。五閑切。"如今只作偏旁。●人名。《叔虤簋》："弔（叔）虤乍（作）寶隩段。"●《即簋》："嗣（司）琱宮人，虤旖用事。"旖，從㫃稻聲，金文中多指旌旖，用于舞蹈、禮儀之指揮。"虤旖"或謂連上句讀，解為琱宮人人名。

 王作赞母鬲

【注】從鼎虤聲。《説文》鼎下云："古文㠯貝為鼎，籀文㠯鼎為貝。"故小篆從貝之字，金文往往從鼎。《説文》："𩔖，分別也。從虤對爭貝。讀若回。"段玉裁注："從虤對爭貝，爭則分別矣。"本義為分別。●人名。《王作赞母鬲》："王乍（作）降鼎赞母寶鼎彝。"

 佣缶

【注】從邑虤聲。●讀䓓，氏名。虤，疑母元部；䓓，匣母歌部，二字古音近。《佣缶》："楚弔（叔）之孫䣄（鄾）子佣之浴（浴）缶。"李零謂"蔿"（金文作"佴""鄾"）、"䓓"是不同的兩個字："雖為同族之氏，但聲旁讀音迥異，不可能是一個字……是同一個族的兩個氏稱。"（李零《"楚叔之孫佣"究竟是誰》）

端紐丩聲

 丩 齊 璽彙3649 璽彙5706 弊編299 弊編299

【注】丩，疑以倒人表示死亡之意，"殄"之古文。《説文》："殄，盡也。從歺㐱聲。丩，古文殄如此。徒典切。"●《璽彙3649》"全☐丩武"、《璽彙5706》"輔丩戴封"，不詳。齊刀幣單字。

 釖 楚 信陽2·8

【注】從金丩聲，疑"鎮"之異文。●信陽簡"一釖"，簡文為一組盥洗器之一，疑為"鈍"字誤書，讀匜。

真 季真鬲 段簋 寓鼎 真盤 伯真甗 中鼎 楚 曾侯61 上博

六·用曰5 清華五·奋門18 上博六·用曰3 清華五·厚父6 清華十一·五

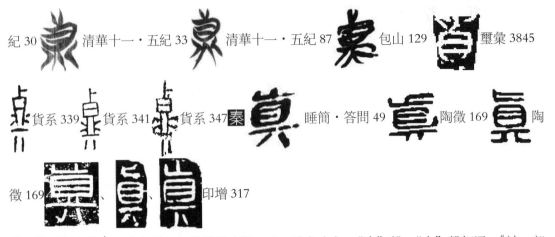

紀30　清華十一・五紀33　清華十一・五紀87　包山129　璽彙3845

貨系339　貨系341　貨系347　秦　睡簡・答問49　陶徵169　陶

徵169　、　、　印增317

【注】甲骨文作𣨶，金文同。字當從鼎丩聲。丩，珍之古文。"真"聲、"㐱"聲相通，《詩・鄘風・君子偕老》"鬒髮如云"，《說文・彡部》引鬒作㐱。《論語・鄉黨》："當暑袗絺綌。"皇侃本袗作縝。或謂"真"為會意字，從鼎從匕，會取食美味之意。《伯真瓶》下從丁，或以為迭加之音符。《真盤》下增從丌，此為小篆所本。至戰國下多從丌作𣨶、𣨶、𣨶、𣨶、𣨶、𣨶、𣨶，丩形演變為匕、匕、匕、匕、匕、匕等形。作匕者，為小篆所本。《說文》："真，僊人變形而登天也。從匕從目從𠃊（音隱）；八，所乘載也。𣨶古文真。"析形不確，所釋當為引申義。本義為美食美味，是"山珍海味"的"珍"的本字。引申指本質、本性，又引申指真實、真誠等義。後"真"為引申義所專用，美味之義便用"珍"來表示。●人名。《真盤》："真乍（作）寶般（盤）。"●讀至。真（章母真部）、至（章母質部）古音近。《段簋》："唯王十又四祀十又一月丁卯，王真畢登（蒸）。"●量詞，可訓為身。《曾侯61》："二真吳甲，紫蕨（縢）。"在簡文中，真只用於人甲，不用於馬甲。●實際。《睡簡・答問49》："誣人盜直（值）廿，未斷，有（又）有它盜，直（值）百，乃後覺，當並臧（贓）以論，且行真罪、有（又）以誣人論？"誣告他人盜竊值二十錢的東西，尚未判罪，本人又另犯盜竊罪，贓值一百錢，然後被察覺，應將兩項贓值合併論處，還是判處實際盜竊的罪，再按誣告他人論處？●讀顛。《清華五・厚父6》："孔甲之典刑，貞（顛）復（覆）氒（厥）德，湎（沉）湎于非彝。"●讀珍。《清華十一・五紀30》："降坨（施）寺（時）雨，懋（興）曺（育）萬生，六畜番（蕃）餘（餘）。十神又（有）八，以光天下六真（珍）。"●讀貞，訓正。"貞""真"出土文獻中有通假的例子。《上博六・用曰3》："次其有成德，閔言自關；訊亓（其）又（有）中墨，良人真（貞）安（焉），難之。"意思是靜止時懷有成德，謹慎言行自我約束；行動時持有準則，好人們以之校正自己的言行（即為好人做出表率），要做到這兩點很難。●晉布讀顛，地名，即顛軨，在今山西平陸縣東北三十里。

慎楚　上博六・用曰7　秦　、　、　秦印210　睡簡・秦

種196　睡簡・為吏3

【注】從心真聲。●謹慎、慎重。《睡簡・為吏43》："慎前慮后。"戰國齊系文字作𢘓，楚系文字作𢘓、𢘓、𢘓等形。晉系文字作𢘓、𢘓、𢘓等形。●讀貞。《上博六・用曰7》："贛=（坎

坎）隌＝（險險），亓（其）自視之泊。慎（貞）可斳（慎）哉。"

痕 秦 卅六年私官鼎 類編 266 療 北大簡

【注】從疒真聲。痕，《説文》病也。古同"癲"。馬王堆帛書病方 114 "痕疾者"，即讀癲。● 秦文字均為人名。

瞋 秦 睡簡·語書 11 戰編 218 印增 131

【注】從目真聲。●張目。《睡簡·語書 11》："因恙（佯）瞋目扼（腕）以視（示）力。"●秦印人名。

顛 晉 魚顛匕 秦 秦陶 859 陶彙 5·178 十鐘 3·45 秦印

172 類編 199

【注】《魚顛匕》舊釋為"顗"，認為是"頂"之籀文顗。按三晉古文"真"作貞（貨系 339），《魚顛匕》出土于山西渾源，晉系之物，故《魚顛匕》所作從頁真聲，當釋為"顛"。●魚首。《魚顛匕》："曰：佶圣蠆匕，述王魚顛。""述王魚顛"謂向王進獻魚顛（魚頭）。楚文字用"遺"等表示顛。●秦文字人名。

曺 楚 清華三·良臣 3 安大一 42

【注】從臼真聲。●讀顛。《清華三·良臣 3》："又（有）敊（泰）曺（顛）。"泰顛，人名。●《安大一 42》："又（有）馬白曺（顛）。"《毛詩》作"有馬白顛"。白顛：馬額正中有塊白毛，一種良馬。也稱戴星馬。

碩 楚 清華九·迺命一 10

【注】從石真聲。●《清華九·迺命一 10》："於虎（虖），𡉚（往）才（哉）! 從我先人，以𦕼＝（至於）丝（兹），㙤（世）弌（一）為碩（鎮）。"整理者讀鎮，訓為威服、安定。"碩"當讀為原字，訓為柱石，《廣雅·釋宮》："碩，礎也。"《廣韻·真韻》："碩，柱下石也。"《漢書·五行志》："起于柱石大臣之位，受命而王之符也。"因此可知，《迺命一》作者的先人數代皆為國中重臣。

清華十·四告 3

【注】從彳真聲。●讀顛。《清華十·四告 3》："徸（顛）遫（覆）臤（厥）典，咸替百成（政）。"

上博三·周易 25　上博三·周易 24　清華三·芮良夫 6　上博七·鄭

乙 4　上博七·鄭甲 4

【注】從辵真聲。●楚文字多讀顛，顛覆、顛倒。《清華三·芮良夫 5》："莫之伎（扶）道（導），亓（其）由（猶）不遺（顛）帀（傾）？"《上博七·鄭甲 4》："奠（鄭）子豪（家）遺（顛）遠（覆）天下之豐（禮）。"●《上博三·周易 24》："遺（顛）頤。"顛頤"，謂在上養在下者。《易 頤》"顛頤"，王弼注："養下曰顛。"或説"顛頤"就是"慎頤"，即重視頤養。

填齊　偏將軍虎節楚　曾侯 10　清華十一·五紀 88　帛書甲秦

印增 517

【注】從土真聲。●讀營。《偏將軍虎節》："填（營）丘牙（與）壞絆弁（偏）將軍信節。"銘文釋文據李家浩《貴將軍虎節與辟大夫虎節》一文的相關意見寫定，銘文中"填丘""壞絆"皆是地名，讀"填"為"營"，認為"營丘"即齊都"臨淄"，"壞絆"地望已不可考。●《曾侯 10》"組珥填"，"填"與"珥"連文，疑讀瑱。《説文》："珥，瑱也。""瑱，以玉充耳也。"《釋名·釋首飾》："瑱，鎮也。懸當耳旁，不欲使人妄聽，自鎮重也。或曰充耳，充塞也，塞耳亦所以止聽也。""珥"與"瑱"本為耳飾，用為車飾與馬飾。●《清華十一·五紀 88》："填曰組，咎（類）曰慮（作）。"義不詳。

清華七·越公 37

【注】從糸真聲。●精緻，細密。《清華七·越公 37》："群采勿（物）之不縝，諫（揚）繪（逾）諒人則刑（刑）也。"簡文是說采物不符合標準。

詛楚文

【注】從宀真聲。●讀置。《詛楚文》："拘圉其叔父，宾（置）者（諸）冥室檻棺之中。"

1800

賓秦天簡・日甲 71

【注】從穴真聲。●義不詳。

透紐天聲

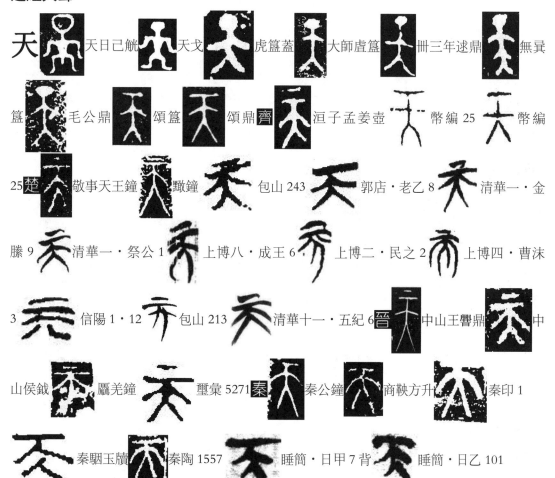

天天日己觥天戈虎簋蓋大師虘簋卌三年逑鼎無㠱簋毛公鼎頌簋頌鼎 齊洹子孟姜壺幣編 25幣編 25 楚敬事天王鐘𨟚鐘包山 243郭店・老乙 8清華一・金滕 9清華一・祭公 1上博八・成王 6上博二・民之 2上博四・曹沫 3信陽 1・12包山 213清華十一・五紀 6 晉中山王䰜鼎中山侯鉞𠫑羌鐘璽彙 5271 秦秦公鐘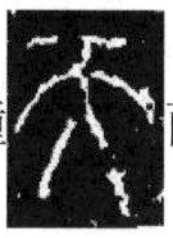商鞅方升秦印 1秦駰玉牘秦陶 1557睡簡・日甲 7 背睡簡・日乙 101

【注】甲骨文作等形，突出了頭部的正面人形，意在表示人的頭頂。頭頂上面就是天空，所以藉以表示“天”。甲骨文為了刻寫方便，多作方形或橫畫。後金文將頭簡化成一橫。或作，上橫為增飾。在楚簡中，“天”所從的“大”形下方筆畫有時寫得比較彎，如，與“而”混同；“而”下方筆畫有時也寫得比較直，則與“天”混同。●天帝、上帝。《毛公鼎》：“唯天將集氒命。”●讀大。《天亡簋》：“王祀于天室，降。”天室，即大室，或稱太室，用于祭天。李孝定考證：“天之與大，其始當本為一字。卜辭天邑商或作大邑商。天戊或作大戊。大乙，《史記・殷本紀》作天乙。”（《甲骨文字集釋・釋天》）●天子：帝王專稱，義為天之驕子。《剌鼎》：“天子萬年。”●上天子：神名，春秋時齊侯所祭奉的神靈之一。《洹子孟姜壺》：“齊侯拜嘉命，于上天子用璧玉備一嗣（笥）。”●天命：上天、天神

的意志。《泉伯簋》："右辟三（四）方，叀畣天令。"令、命古本一字。《論語·季氏》："君子有三畏：畏天命，畏大人，畏聖人之言。"●天君：即天尹，周代主要執政大臣別名。《天君鼎》："我天君鄉（饗）飲西（酒），商（賞）貝。"《尹姞鬲》："對揚天君休。"一説"天君"即天子。

実_楚 上博三·恒先 5 晉 陶彙 6·111 璽彙 5339 行氣玉銘

【注】從宀天聲，疑古巔字。●讀巔。《行氣玉銘》："行氣，実（巔）則遻。"何琳儀先生讀巔，頂也。依銘文句意"実"是名詞活用為動詞，指體内真氣到達頭頂。●《上博三·恒先 5》："智（知）嘅（既）而亢（荒）思不実（殄）。"李零讀殄，説"不殄"是"不滅""不絕"的意思。簡文意為，知道"天道"或"天行"既備之理，而遠思將來，則人事、人命不會絕滅。廖名春、李鋭讀亢為"亡"；実即"天"。亡，無也。天，在這裏作動詞，謂合乎天道。"知既而亡思不天"，意思是説，知道既成的天道，則沒有什麼思考不符合于天道，合乎自然的；亦通。●晉陶晉璽人名。

透紐申聲

申 即簋 大尊 大方彝 蕫鼎 多友鼎 杜伯盨 杜伯 杜伯盨 寡兒鼎 毛舉簋 此簋 此鼎 申簋 申簋_齊 戴叔朕鼎 鄦大史申鼎 陶錄 3·536 楚 楚子簋 黄韋俞父盤 曾仲大父螽簋 曾子邊彝簋 鄀陵君豆 王子申豆 曾侯 1 璽彙 1258 分研 172 清華二·繫年 20 上博二·容成 53 燕 璽彙 0876 璽彙 3646 璽彙 3137 晉 璽彙 1295 秦 不娶簋 不娶簋二 石鼓文 相邦辥君漆豆 上郡守錯戈 珍秦 131 秦印 282

【注】甲骨文作 、 、 、 、 、 、 、 、 、 、 、 、 ，象閃電伸張之形。雷電威力無窮，令人生畏，因被人們誤認為是神。金文同。或訛為 ，遂與畐（ ）上部相混。戰國文字"申"從口多為正立者，而 （畐）多為側形之口；並且畐（金文用為壽）均有制約

性的符號曰、口、寸等。《説文》："申，神也。七月，陰气成，體自申束。從臼，自持也。吏臣餔時聽事，申旦政也。凡申之屬皆從申。⊗古文申。胃籀文申。"本義為閃電。在科技不發達的古代，古人認為閃電是神的顯現，所以常以"申"來稱呼"神"。後加"示"旁為"神"，加"雨"旁為"電"。由閃電又引申出伸展的意義，如班彪《北征賦》："行止屈申與時息兮？"此義後來另加形符寫作"伸"。●讀神，神靈。《杜伯盨》："杜白（伯）乍（作）寶盨，其用亯（享）孝于皇申（神）且（祖）考、于好倗（朋）友。"●地支第九位，用以紀日。《命簋》："唯十又一月初吉甲申。"●王子申：人名。《王子申盞盂》："王子申乍（作）嘉嬭盞盂。"●讀陳，陳列、排列。《上博二·容成53》："武王素麇（甲）目（以）申（陳）於䜌（殷）蒿（郊）。"

 電 番生簋

【注】甲骨文與"申"同形。金文從雨申聲。雨為後加，其嬗變之跡與"云"同。《説文》："電，陰陽激耀也。從雨從申。胃古文電。"本義為閃電。●讀梴，一種勁直的木材。《番生簋》："易（賜）朱市、恩黃、鞞鞍、玉睘（環）、玉琮、車電軫。"車電軫，古代車箱底部四周用木梴製的軫。

 伸 楚 鑄客鼎

【注】從人申聲。●疑讀胂，《説文》："夾脊肉也。從肉申聲。"《鑄客鼎》："鑄客為集腏、伸腏、眔腏爲之。"集腏、伸腏、眔腏爲當為三個管理王室飲食或祭品的機構，其具體含義待考。

 軘 楚 清華九·治政42

【注】從車申聲。●讀軔。《清華九·治政42》："為旹（時）以相見坪（平）韶（邍）之审（中），毇（鑿）杜敚（除）軘（軔），被麇（甲）緩（纓）韋（胄），以眾相向。"除軔，猶發軔。

 軟 楚 上博二·子羔11

【注】從欠申聲。●讀吞。《上博二·子羔11》："又（有）鳦（燕）監（銜）卵而階（錯）者（諸）丌（其）前，取而軟（吞）之。"

 叟 應公鼎 應公鼎

【注】舊多釋為奄。王寧認為：下面的"大"極有可能是"天"，它與"申"下面的彎筆共用了筆畫，……這個字應該是個雙聲符的字，申、天都是聲符，應當讀為陳列之"陳"。●疑讀陳。《應公鼎》："雁（應）公乍（作）寶隣彝，曰：叟，目（以）乃弟用，凤夕鬺亯（享）。""陳"就是陳列義，古代多稱"陳鼎"，恒見於《儀禮》《周禮》等書，如《儀禮·士昏禮》"陳三鼎於

寢門外東方”，《公食大夫禮》“羹定，甸人陳鼎七”，……等等；“弟用”即次第而用，因為雁公這次鑄造的鼎不是一件。（《說楚文字中的“奄”》）

仲㑉卣

【注】從攴伸聲。《說文》：“㑉，理也。從攴伸聲。”本義明晰。●人名。《仲㑉卣》：“仲㑉作寶尊彝。”

四年令韓訷戈

【注】從言申聲。●人名。

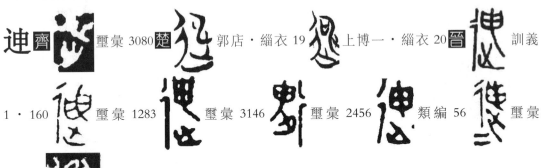

1·160　　璽彙1283　　　　璽彙3146　　　　璽彙2456　　　類編56　　　璽彙

2625秦　石鼓文

【注】從辵申聲。《璽彙2625》“申徒”合文，“徒”字省“土”，“申”字處於“土”旁的位置。●讀陳。《上博一·緇衣20》：“《君迪（陳）》員（云）：‘出内（入）自亦（爾）帀（師），雩（于）庶言同。’”《君陳》說：“内外政令出自你的考慮，眾人的意見都相同。”郭店亦讀陳。●讀陳，排列。《石鼓文》：“遄（吾）其（期）周道，☑馬既迪（陳）。”●晉璽“迪弤”讀申，姓氏。●《璽彙2625》“申徒”，複姓，或作“申屠”。

石鼓文

【注】從走申聲，疑“迪”之異文。●讀陳。《石鼓文》：“☑馬既趚（陳）。”

神

遣伯簋齊　陳肪簠楚　上博三·恒先4　上博五·鬼神4　上博七·鄭

乙 4　郭店·唐虞 15　清華六·子産 13　清華一·皇門 6　清華八·邦

政 5　郭店·太一 5　清華九·治政 43　晉 行氣玉銘　秦 詛楚文

秦駰玉牘　睡簡·日甲 2 背

【注】從示申聲。金文或以"申"為之。《郭店·唐虞 15》"申"旁中二"口"形濃縮作一斜畫。《説文》："禑，天神，引出萬物者也。從示、申。"本義為神靈。●古文字多用為本義，指祭祀對象。《癲鐘》："卲各樂大神，大神其陟降嚴祐。"《寧簋蓋》："其用各百神，用妥（綏）多福，世孫子寶。"百神，指上天列位神靈。《論語·述而》："子不語怪、力、亂、神。"何晏集解："神，謂鬼神之事。"

坤 晉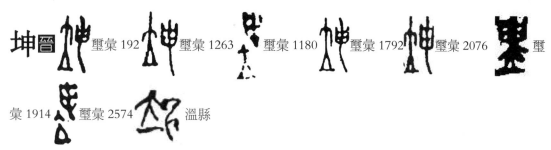

璽彙 192　璽彙 1263　璽彙 1180　璽彙 1792　璽彙 2076　璽

彙 1914　璽彙 2574　溫縣

【注】從土申聲。●晉璽多為人名。●《璽彙 2574》"坤成息"，或讀申，姓氏。

忡 秦  秦駰玉牘

【注】從心申聲。●忡，《集韻》"憂也。"《秦駰玉牘》："忡忡反痟（瘑），無閒無廖。"王輝把"忡忡"讀為"申申"，即"重複、反復不休"。

沖 晉  侯馬

【注】從水申聲。●人名。

陣 楚  吳王鐘　清華七·越公 7　清華三·良臣 4

【注】從阝申聲，與《説文》"陳"古文同。●讀陣，師旅也。《吳王鐘》："王發厚陣。"厚陣，猶言厚兵。●讀陳，陳兵。《清華七·越公 7》："君乃陣（陳）吳甲兵。"

䢉^晉  二十四年䢉陰令戈

【注】從邑申聲，為地名專字。●讀申，地名。《二十四年䢉陰令戈》："廿四年，䢉陰（陰）命（令）萬為、右庫工帀（師）莧、冶豎。"䢉陰，黃盛璋先生認為"䢉陰應在申北，屬韓無疑"。

勈^楚  包山 118

【注】從力申聲。●人名。

戨^楚  郭店·性自 7　　戨 上博四·曹沫 2　　戨 上博四·曹沫 13　　戨 上博四·曹

沫 24 戨 上博四·曹沫 43　　戨 清華一·祭公 4　　戨 清華五·三壽 15　　戨 清華

八·天下 6 戨 上博九·陳公 15

【注】從戈申聲。●多讀陳，陳列、軍陳之陳。《上博四·曹沫 13》："吾欲與齊戰，問戨（陳）奚如？守邊城奚如？"戨，營陳。●讀陣。陳、陣一字。《郭店·性自 7》："鳶（鳶）生而戨（伸）。""戨"當即戰陳（陣）、陳列之"陳"的或體，"雁生而陳（陣）"謂雁生來即會列陣飛翔。●讀陳，陳列。《清華五·三壽 15》："戨（陳）豊（禮）勸伆。""陳禮"即陳設禮儀之意。"伆"當讀技。"勸技"可參看《史記·貨殖列傳》"于是太公勸其女功，極技巧，通魚鹽"。

旜^晉  邵鐘　旜^秦 石鼓文

【注】從㫃從申，會旌幟伸展之義；申兼聲。字不見于字書。●讀伸。《邵鐘》："大鐘八隶（肆），其竈四堵（堵），喬喬其龍，既旜（伸）巒虡。"郭沫若曰："言蹻蹻乎有龍形之橫虡既連蜷于開暢之豎虡也。"（《兩周金文辭大系考釋》224 頁）●讀陳。《石鼓文》："其趣又（有）旜。""其趣又（有）旜"為"其趣旜旜"句式之變。"趣"讀為"擄"或"虜"，訓為"獲"，"旜旜"讀"陳陳"，指所獲獵物相互枕籍陳列之貌。

靪^楚 曾侯 98　靪^秦 睡簡·答問 179

【注】從革申聲。●均讀靳，疑為靳之異體。靳，駕車馬的皮件。《左傳注》："在胸曰靳。"《睡

簡·答問 179》："騷馬蟲皆麗衡厄（軛）靰鞏轅靷。"《左傳》僖公二十八年："韅靷靰鞅。"注：
"在背曰韅，在胸曰靷，在腹曰靰，在後曰鞅。"《說文》等書的解釋略有不同，但均指駕車馬
的皮件。

紳 楚 曾侯 3　包山 271　上博一·詩論 2　天星　望山

2·6 清華三·說命上 2　上博一·緇衣 10　曾侯 15　安大一 45

【注】從糸申聲；或增從止、又，均為繁文。●讀陳。《上博一·緇衣 10》："君紳（陳）員（云）。"
此義楚文字或作"䌓"。●讀引，表示歌聲的悠長。《上博一·詩論 2》："丌（其）訶（歌）紳（引）
而芴（易）。"●讀靷，引車前進的皮帶，一端套在車上，一端套在牲口胸前。上古音"紳"在
書紐真部；"靷"在餘紐真部。書、餘皆舌音，韻部相同可通。《安大一 45》："遊環㼌（脅）毆
（驅），幹（紟）紳（靷）鋞（鋈）纗（續）。"《毛詩》作"陰靷鋈續"。詳"靷"字。

呻 伯晨鼎

【注】從口申聲，與小篆同。《說文："呻，吟也。"本義吟誦。●讀紳，大帶也。《伯晨鼎》："畫
呻（紳）、鞾（幃）爻（較）。"

透紐身聲

身 楷伯簋　盠方彝　盠駒尊　憲鼎　癲鐘　癲鐘　班簋　師龢鼎

師克盨　猷簋　叔向父禹簋　士父鐘　叔趯父卣 齊　郘公華鐘　陶錄

3·494　公子土斧壺 楚　郭店·老乙 7　郭店·老甲 35　清華八·心中 1

清華八·邦道 1　清華八·攝命 7　清華八·攝命 3　清華一·保訓 11

郭店·六德 44　上博五·競建 9　清華七·子犯 5　上博六·競公 3

上博六·天乙 5　　上博七·武王 12　　安大一 105　　安大一 52　　清華九·廼命一 3　　清華九·廼命二 3　　清華十一·五紀 97　　璽彙 2705　　清華五·命訓 6　　清華十一·五紀 29　　清華十一·五紀 109　　清華十一·五紀 111　　燕　璽彙 3463　　璽彙 0364　　晉　中山王䚘鼎　　中山王䚘壺　　璽彙 4639　　璽彙 2688　　璽彙 2700　　珍戰 120　　梁十九年亡智鼎　　侯馬　璽彙 5195　　相邦建信君鈹　　相邦建信君鈹　　相邦建信君劍　　璽彙 5192　　圖典 389　　圖典 389　　珍戰 203　　璽彙 2681　　璽彙 2683　　璽彙 2684　　璽彙 2685　　璽彙 2686　　秦　睡簡·日甲 71 背　睡簡·為吏 34　　湖南 106　　秦印 162

【注】甲骨文"身""孕"一字，作🈳、🈳、🈳、🈳、🈳、🈳、🈳、🈳、🈳、🈳，象側立之婦女，突出了其腹部，腹中或增從●、🈳，均為有子之象。金文人形下多增飾一短橫。《中山王䚘鼎》增飾筆⌒。戰國文字多增口為飾。楚簡作🈳、🈳，"身"的中間部分變形音化從𠂤（以），"以""身"音近。戰國文字"䚘""躳"也可看作"身"之繁文。古璽的"䚘""躳"皆可讀身，借為"信"（周波在《戰國魏器銘文研究二篇》謂"䚘""躳""詢"都是單字璽，均當讀信）。《説文》："🈳，躬也。象人之身。從人厂聲。凡身之屬皆從身。"本義是妊娠，如甲骨卜辭有"婦好（人名）身""王曰有身"等詞句，指有孕。腹是人身體的主要部分，引申為人體全部亦稱"身"。●人體及生命。《叔向父禹簋》："廣啟禹身。"《毛公鼎》："🈳（以）乃族干（扞）吾（敔）王身。"《侯馬》："頯（没）嘉之䚘（身）。"●身内修養、品德。《叔𧻚父卣》："唯女（汝）焂期（其）敬辥乃身。"●親身、親自。《中山王䚘鼎》："身勤社稷，行四方，🈳（以）恩（憂）愁邦家。"《梁十九年亡智鼎》："遣（祖）省朔旁（方），䚘于丝（茲）從。"䚘，李學勤先生讀身，云："'䚘'，字從'口'，同戰國文字常見的'詢'應為一字異構，在此當讀為'身'。'身'，《爾雅·釋詁》訓為我，銘文中即指亡智而言。魏君往省北方，亡智有幸隨行，故云'身于茲從。'"（《論梁十九年鼎及有關青銅器》）"身從"一語古書常見，指親自跟隨或親自帶領。《戰國策·齊策》："昔吳

王夫差以強大為天下先，強襲郢而棲越，身從諸侯之君，而卒身死國亡，為天下戮者，何也？"
"身從諸侯之君"，鮑彪注云："諸侯從之。"金正煒云：《史記·春申君傳》索隱：'從'猶領
也。"從，使之從，謂帶領。"身從諸侯之君"，指吳王夫差親自帶領諸侯之君會盟黃池。"身于
茲從"當是指鑄器者親自隨行、親身參與了魏惠王"徂省朔方"一事。●第一人稱代詞，相當
於"我"。《上博七·武王 12》："身則君之臣。"《爾雅·釋詁下》："身，我也。"《爾雅·釋詁下》：
"朕、余、躬，身也。"郭璞注："今人亦自呼為身。"邢昺疏："身，自謂也。"●讀信。《趙十
六年守相鈹》"躳平君"，讀"信平君"。戰國璽印文字多讀信。《珍戰 120》"貴身"即"貴信"。
《璽彙 2688》"中身"即"忠信"。晉璽文字作者，何琳儀釋為𦩘，謂從為予聲，《璽彙 2681-2687》
"中𦩘"，讀豫，康樂也。應看做飾筆，與一樣，均應讀信。

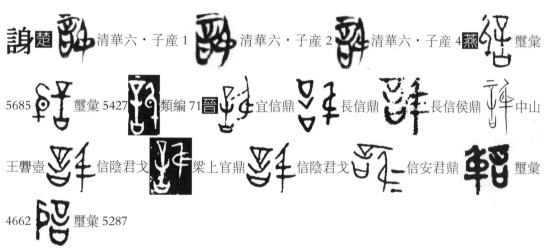

調 楚 清華六·子產 1　清華六·子產 2　清華六·子產 4 燕 璽彙
5685　璽彙 5427　類編 71 晉 宜信鼎　長信鼎　長信侯鼎　中山
王𦈂壺　信陰君戈　梁上官鼎　信陰君戈　信安君鼎　璽彙
4662　璽彙 5287

【注】從言身聲，"信"之異文。"信"本從言人聲，人、身音形并近。●戰國文字多讀信，信
任，誠實等。《清華六·子產 1》："勉以利民＝（民，民）用調（信）之。"《中山王𦈂壺》："余
智（知）其忠調（信）旃（也）。"《左傳·宣公二年》："棄君之命，不信。"●信安：地名。《信
安君鼎》："調（信）安君厶（私）官，膚（容）半（半）。"

敳 楚 璽彙 5704

【注】從攴身聲。●單字，讀信。

傳 晉 港印 154

【注】從人身聲。●讀信，單字璽。

慼 齊 陶録 2·107 楚 郭店·老丙 3　郭店·語叢三 28　郭店·緇衣 10
郭店·五行 12　郭店·五行 21　郭店·六德 26　上博五·君禮 1　上博

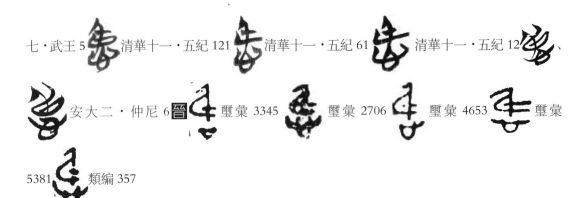

七・武王 5　清華十一・五紀 121　清華十一・五紀 61　清華十一・五紀 12、

安大二・仲尼 6 晉　璽彙 3345　璽彙 2706　璽彙 4653　璽彙

5381　類編 357

【注】從心身聲，"信" 之異文。●晉璽 "中（忠）息（信）" "息（信）"，均讀信。●楚簡多讀仁。《郭店・老丙 3》："古（故）大道雙（廢），安（焉）又（有）息（仁）義。" ●齊陶人名。

傷 晉　璽彙 3344

【注】從人息聲。"人" 為疊加聲符。身，真部透紐；人，真部日紐。二字疊韻旁紐。●單字，讀信。

窸 齊　陶彙 3・232　陶錄 2・198　齊陶 0822

【注】從穴息聲。●齊陶人名。

臀 晉　戰表 0580

【注】從肉躬（身）聲。●晉陶單字。

謝 晉　類編 253　璽彙 3129　璽彙 5450

【注】從言和（或躬，均為 "身" 之繁文）聲。●晉璽讀信。

定紐引聲

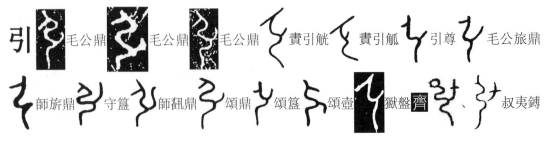

引 毛公鼎　毛公鼎　毛公鼎　費引觥　費引瓶　引尊　毛公旅鼎

師旂鼎　守簋　師觀鼎　頌鼎　頌簋　頌壺　獄盤 齊　、　叔夷鎛

1810

楚 清華三·祝辭 5　清華三·祝辭 3　清華一·程寤 6　清華五·厚父 11　清華八·攝命 8　清華八·攝命 23　清華九·治政 25 秦 睡簡·雜抄 8　秦公簋

【注】甲骨文作 𢎛、𢎛、𢎛、𢎛，從弓，從大（人），會人開弓欲射之意，于省吾釋為"引"。金文字形舊釋為"弘"，于豪亮以雲夢睡虎地秦簡"引"字作 𢎛，長沙馬王堆帛書"引"字作 𢎛，與金文或釋為"弘"字形似，遂改釋為"引"。（《說"引"字》）包山楚簡"笋"作 𦥑，下從引，亦正與此同。蓋字從弓，丿，引弓之象也，指事。《說文》："𢎛，開弓也。從弓、丨。"本義為拉弓。●長久。《毛公鼎》："不（丕）顯文武，皇天引厭（厥）德。"《秦公簋》："高引有慶。"《叔尸鎛》："余引猒（厭）乃心。"《爾雅·釋詁》："子子孫孫，引無極也。"陸德明《經典釋文》："引，長多也。"●《睡簡·雜抄 8》："輕車、趣張、引強、中卒所載傅〈傳〉到軍，縣勿奪。"引強，謂開張強弓也，簡文中當指兵種。●讀矧，副詞，亦也。《毛公鼎》："死（尸）母（毋）童（動）余一人在立（位），引唯乃智（知）。"王引之《經傳釋詞》："矧，亦也。"《書·康誥》："元惡大憝，矧惟不孝不友。"《清華八·攝命 8》："引（矧）行隳（墮）敬茅（懋），惠不惠，亦乃服。"簡文謂行墮者亦敬勉之，不惠者亦當施惠，亦汝之服。《清華九·治政 25》："少（小）於（乎）不固，引（矧）亓（其）或大唬（乎）？"小國不能穩固，何況大國？●兩個（或幾個）並列的結構中，如果前句用了否定式，後句用"矧"的時候，雖然不加否定詞，但後句也表示否定，有"也沒有""也不"的意思，也可說相當于"亦弗"（或"亦亡""亦無""亦不"等）。如：《毛公鼎》"越之庶出入事，于外敷命敷政，藝小大楚賦，無唯正聞，引（矧）其唯王知，乃唯是喪我國"，這裏的"矧"承上句"無"而為"亦不"的意思，"無唯正聞，矧其唯王知"是說不僅大臣正長不能聽到，周王也不能知道。另如，《詩經·大雅·抑》："神之格思，不可度思，矧可射思！"《作冊嗌卣》："亡子，子引（矧）有孫。"中的"矧"也是"亦亡（無）"的意思。這句是說，器主作冊嗌"沒有兒了，也沒有孫子。"

齊 陶錄 3·599

【注】從宀引聲。●單字，應為人名。

定紐田聲

田 𣪍攸比鼎　克鼎　𤱔鼎　告田觶　田農簋　田農甗

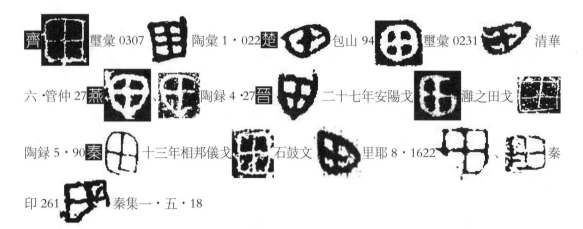

【注】甲骨文作田、田、田、田、田、田、田、田，象田塊形。徐中舒謂："（田）象田獵戰陳之形。古代貴族有囿，以為田獵之所，囿有溝封以為疆界，亦即堤防，其形方，因謂之防。……口象其防，十、井、丰等表示防內劃分之狩獵區域。故封疆之起在田獵之世。圍場之防，就田獵言，本以限禽獸之足。……而殷代行井田制，其井田之形亦必為方形。此井田乃農耕之田，已非田獵之所。"（《甲骨文字典》1466頁）在卜辭中，"田"既表示田獵之義，也指農耕之田。金文同甲骨文。《説文》："田，陳也。樹谷曰田。象四口。十，阡陌之制也。凡田之屬皆從田。"按徐中舒，"田"先有田獵之義，而後有農耕之田。●田土。《克鼎》："易（賜）女（汝）田于埜（野）。易（賜）女（汝）田于渒。"《辥仄比鼎》："射分田邑。"田邑，即土地和城邑。●量詞，田土單位。《智鼎》："用五田。"據經籍記載，一田即一夫之田，為一百畝。《周禮·考工記》："田首倍之。"鄭玄注："田，一夫之所佃，百畝。"●讀甸，官名。《大盂鼎》："佳（唯）殷邊侯、田（甸）雩（與）殷正百辟，率肄于西（酒），古（故）喪自（師）巳。"甸服，官職名。《周禮·夏官司馬》："方千里曰王畿，其外方五百里曰侯服，又其外方五百里曰甸服。"甸服是地位比侯低的方國君長。●讀甸，古代管理田食的官。《膳夫克盨》："王令尹氏友、史趛，典善（膳）夫克田人。"一說田人即田農，從事農業生產的下層人民。●指疆土。《上博六·天乙5》："文會（陰）而武易（陽），信文旻（得）事，信武旻（得）田。"天子施用禮樂教化之事就可以使天下得到治理，而施用軍事武力可以得到天下疆土。●《秦集一·五·18》"都田之印"，"都田"官名，掌田事。

【注】從身田聲。●讀田。《陶彙3·646》《分研一398》"左畠（田）灘鉩"；《璽彙0259》《匯考43》"右畠（田）清☒羽工璽"；《璽補418》"右畠（田）灘"、《璽補380》"王畠（田）壃鉩"，均指一種田官。

 璽彙 0209

【注】從邑畠聲。●"鄙夋之璽"，地名。

 陶録 2 ·171　 陶録 2 ·172　 陶録 2 ·63　 陶録 2 ·64　 陶録 2 ·171

【注】從艸畠聲。●人名。

 齊　璽彙 2196

【注】從心畠聲。●人名。

佃（甸）

克鐘　佣生簋　佣生簋　揚簋　柞鐘　柞鐘
柳鼎 楚　包山 186 晉　鄭令向佃矛　璽彙 2541　璽彙 2542　璽彙 2543 秦　睡簡 · 答問 190

【注】從人從田，會人耕種土地之意；田兼聲。佃、甸一字（蓋人、勹均為人形），許慎列為二字，後世因之。強運開曰："古佃甸為一字……春秋傳曰：乘中佃。中佃，一轅車也。左哀十七年傳：渾良夫乘中甸兩牡。杜曰：中甸，一轅，卿車。許所據作中佃。又按。魏三字石經侯甸古文作佃。皆佃甸古通之證。"（《説文古籀三補》卷八）晉璽文字下增飾符。《説文》："佃，中也。從人田聲。《春秋傳》曰：'乘中佃。'"中佃，一轅車也。一轅在兩牡之中。此非本義。●讀甸。《揚簋》："揚，乍（作）嗣（司）工，官嗣（司）量田甸。"田甸，古代管理田事的官。●讀佃。《克鐘》："易（賜）克佃（田）車馬乘。"佃車，一轅當中之車。或釋"佃車"即田車、獵車。《詩 · 吉日》："田車既好。"《石鼓文》："田車孔安。"●讀田，田地。《佣生簋》："氒（厥）從格白（伯）安伋甸。"●《睡簡 · 答問 190》："可（何）謂'甸人'？'甸人'守孝公、瀗（獻）公冢者殹（也）。"甸人，看守孝公、獻公墓的人。●晉璽"佃它人""佃書""佃氏胖"等讀田，姓氏。或以為"彊"之省文，不確。三晉文字"狚"作 （蚩壺），聲符與此相類。

敝 楚　曾侯 67　曾侯 65

【注】從攴甸聲。●讀田或讀畋。《曾侯 65》："黃犴馭郎君之一輮（乘）畋車。"畋車，田獵之車。

肇 楚　曾侯 165　曾侯 205

【注】從車敏聲，"輄"之異文。●讀畋。《曾侯205》："肇車八輚（乘）。"

拘 楚 清華十·四告18

【注】從丰旬聲。●讀甸。《清華十·四告18》："乃畫（建）侯執（設）戎（衛）、拘（甸），出分子。"整理者注："《書·康誥》：'侯甸男邦，采衛百工，播民和見，士于周。'《書·武成》：'丁未，祀于周廟，邦甸侯衛，駿奔走，執豆籩。'"

徊 楚 清華九·禱辭2

【注】從彳田聲。右下為合文符號。●《清華九·禱辭2》："亓（其）杢（來）徊＝，亓（其）杢（來）徇＝。"此處可讀陳，二者皆定母真韻，正可與下文同為真部的"徇"押韻。陳、田相通，典籍習見，《廣韻·真韻》："陳，眾也。""其來陳陳"即形容歸邑的民眾很多。

迴 楚 清華九·禱辭8

【注】從辵田聲。右下為合文符號。●簡文或作"徊"。《清華九·禱辭8》："亓（其）杢（來）迴＝，亓（其）杢（來）砀＝（徇徇）。"

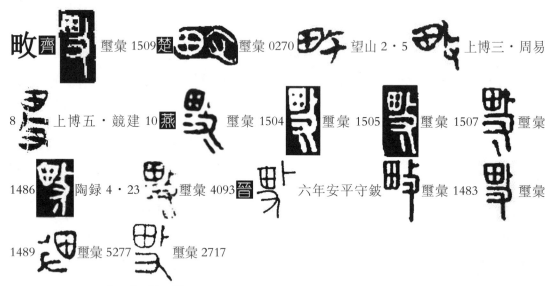

【注】甲骨文作𤰫、𤰫、𤰫、𤰫，從攴從田（兼聲），一隻手拿着工具在田間操作，會整田之意。戰國文字均從田從攴，與小篆同。《說文》："畋，平田也。從攴、田。《周書》曰：'畋尒田。'"本義為平整田地。●《璽彙5277》"畋"是職官名，當是主管田獵之事的官。《璽彙2717》"右畋"，猶如司馬之分左、右。●讀田。《上博五·競建10》："迫（驅）逐畋緻（弋）無羿（期）度。""田弋"連稱如《周禮·夏官·司弓矢》"田弋，充籠箙矢，共矰矢"、《左傳》哀公七年"及曹伯陽即位，好田弋"。●古璽印有"畋余子""畋繯""畋生章"，等多為姓氏，讀田。

盗壺

【注】從犬田聲（一為飾筆），此中山國文字所獨有。張政烺曰："古從犬之字，多與田獵有關，或是田獵之一動作。"（《中山王嚳礜壺及鼎銘考釋》）《盗壺》"左"從犬作 ，或為田獵時左右兩翼包抄之行為，故壺銘亦從犬。●讀田或讀畋，狩獵。《盗壺》："佳（惟）送（朕，朕）先王，茅（苗）搜狚（田）獵，于皮（彼）新奎。"

【注】從龠從田，會治田之意，田亦聲。"畮"出現較早，裘錫圭指出應即"疄"之初文。（見裘錫圭《史牆盤銘解釋》）●讀伸，伸張、繼續。《睍方彝》："用疄（申）文考剌（烈）。"《戰國策·秦策》："是王不用甲，不伸威，而出百里之地，王可謂能矣。"●讀申，國名，姜姓，春秋時滅于楚。典籍作"申"。《疄父盤》："疄父乍（作）寶尊彝。"●餘例為人名。

貉子卣

【注】從攴疄省聲，"畋"之異文。●讀田，田獵。《貉子卣》："王各于呂畋，王牢于厥，咸宜。"

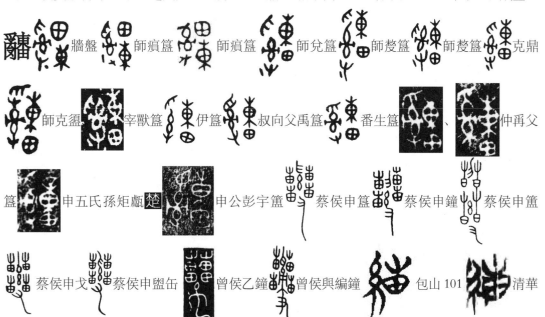

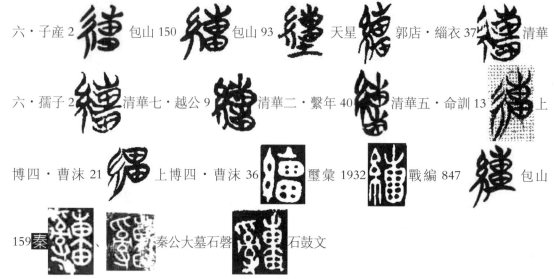

六·子產 2　包山 150　包山 93　天星　郭店·緇衣 37　清華

六·孺子 2　清華七·越公 9　清華二·繫年 40　清華五·命訓 13　上

博四·曹沫 21　上博四·曹沫 36　璽彙 1932　戰編 847　包山

159 秦　、　秦公大墓石磬　石鼓文

【注】金文𤲒數形，《金文編》原釋為"緟"，但右從東從田，"緟"字從重，是所從不同，故字宜隸定為"䵡"，讀申。裘錫圭指出，"其字當從田聲，田、陳古音極近（齊之田氏即陳氏），金文陳字從東，此字從田而又加東旁並不奇怪。……田、陳、申古音相近，《說文》以為'陳'從申得聲，故古文家又讀此字為'申'。"（見裘錫圭《史牆盤銘解釋》）案：甲骨文有𣂏字，從又從東（橐形），會以手約束之意。此義典籍以"申"字為之。《淮南子·道應訓》"約車申轅"，注"申，束也"。引申為重。或作𤲒，迭加田為聲符。西周金文作䵡，或疊加東為聲符作𤲒。春秋金文或繁化作𤲒，㞷為東之省文。秦系文字承襲金文，從䵡從東。楚系文字多從糸，為"䵡"之省。●讀申，增益也。《牆盤》："䵡（申）寧天子。"于省吾讀"䵡寧"為"重寧"，曰："這是說，穆王時已經安靜，而龔王時更加安寧，故曰'重寧'。"（《牆盤銘文十二解》）●讀申，國名，姜姓，典籍作"申"。《仲再父簋》："南䵡（申）白（伯）大宰中（仲）再父畢（厥）嗣（司）乍（作）其皇且（祖）考遲王、監白（伯）尊簋。"申國始封年代當在商末，地望當陝北西土。周宣王時改封元舅申伯於南陽盆地，為區別留居西土的本支，則稱其為"南申"，此處的"申伯"即仲再父簋銘提及的南申伯。楚文王於公元前 688 年左右"滅申置邑"，其實並沒滅申，應該是並申。楚國將其降為附庸；遷移部分申伯族人至淮河上游（今信陽境內）。《申公彭宇簋》："䵡（申）公彭宇自乍（作）䵡匩。"《曾侯乙鐘》："妥（綏）賓之宮，妥（綏）賓之才（在）楚號為坪皇，其才（在）䵡（申）號為遲（夷）則。"王仁聰曰："此字與楚字對文，知為國名，當為申息之申。"（《蔡侯𤲒考》）●讀申，陳也。《大克鼎》："今余隹（唯）䵡（申）㯥（就）乃令，易（賜）女（汝）叔（素）市參同（絅）莽（中）恩（蔥）。"《毛公鼎》："今余唯䵡（申）先王命，命女（汝）亟一方，弼我邦、我家。"●䵡（申）季：人名。《大克鼎》："王各穆廟，即立（位），䵡（申）季右善（膳）夫克，入門，立中廷，北鄉（向）。"●讀申，陳列。《上博四·曹沫 21》："䵡（申）功而食，刑罰有罪而賞爵有德。"

郭店·成之 23

【注】從阝䵡省聲。●讀申或讀陳，陳述。《郭店·成之 23》："孚（勉）之述（遂）也，強之工也；墫（申）之㝏（弅）也，訶（詞）之工也。"文意為：勉勵用事而終有所成，這是堅毅自强

的效果；陳述淹博，這是言辭精巧的成效。

清華三·琴舞 5

【注】從弓（楚文字弓、人混同）驫省聲。●讀申，繼續。《清華三·琴舞 5》：“思氓（勖）彌（申）之，甬（用）求亓（其）定。”“思氓（勖）彌（申）之”即“勉勵地繼續‘古之人’（的德行）”。

定紐敕聲

曾侯衣箱　清華三·琴舞 16

【注】甲骨文作𣂏，從又從束（與束同源），會以手陳束之意。敕，古“陳”字，陳列、陳設。《廣雅·釋詁一》：“陳，列也。”●讀陳。《清華三·琴舞 16》：“文非敕（陳）帀（斯），不𩵋（墜）卣（修）彥。”

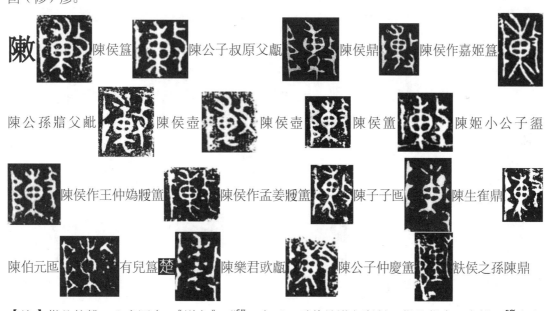
陳　陳侯簠　　陳公子叔原父甗　　陳侯鼎　　陳侯作嘉姬簠

陳公孫痀父瓵　　陳侯壺　　陳侯壺　　陳侯簠　　陳姬小公子盥

陳侯作王仲媯腰簠　　陳侯作孟姜腰簠　　陳子子匜　　陳生雀鼎

陳伯元匜　　有兒簠楚　　陳樂君歌甗　　陳公子仲慶簠　　𢼊侯之孫陳鼎

【注】從阝敕聲。●古國名。《說文》：“𨽥，宛丘，舜後媯滿之所封。從阝從木，申聲。𨻳古文陳。”陳國，乃虞舜之後，媯姓。周武王克殷紂，乃復求舜後，得媯滿，封之于陳，古名宛丘（今河南省周口市淮陽區城關一帶），轄地最大時達十四邑，大致是今天的河南省東部地區。公元前478 年陳湣公被楚惠王所滅，陳亡。《陳侯簠》：“敶（陳）侯乍（作）王媯媵殷，其萬年永寶用。”媯陳之陳，金文均作“敶”。《陳樂君歌甗》在山東省海陽縣出土。“陳”不加土，應是河南淮陽陳國器，而非齊國陳氏器。河南淮陽的陳國與海陽遙隔二三千里，陳國銅器何以會在山東半島的黃海之濱出土？唯一可能的原因是戰爭掠奪。（《跋陳樂君歌甗與邞盂——兼論齊桓公伐楚》）

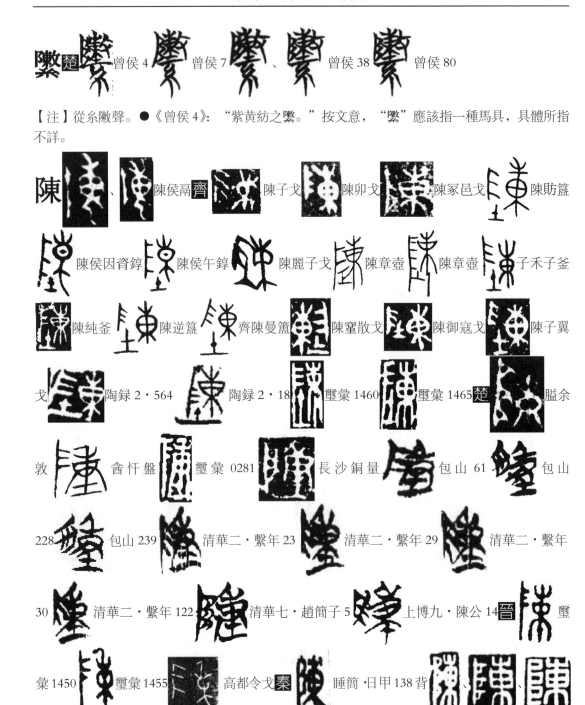

【注】從糸敶聲。●《曾侯4》："紫黄紡之繎。"按文意，"繎"應該指一種馬具，具體所指不詳。

【注】戴家祥曰："敶即陳之繁構。金文用作地名，往往加土旁，如陵之作墜等等。蓋強調該字的待定用灃。陳加土旁，為篡齊之田氏之陳，陳國之陳作敶，兩者有嚴格區別，決不混淆。"（《金文大字典》5037頁）但在楚國文字中，從土之"墜"除可用來指齊陳之陳外，更有絕大多數是

用來指媯陳之陳。戰國晉璽文字或從阜，或從邑（見於璽彙 1985—璽彙 2042，詳"重"聲）。戰國楚系文字作，所從之"重"是由變形音化而來的。●氏名。春秋時，陳國公子陳完避禍投奔到齊國，改氏為田，他的後裔世代成為齊國重臣，傳九世至田和而代齊。田陳金文均作"墜"。●陳舊。《睡簡·日甲 138 背》："月中旬，毋起北南陳垣及牆（增）之，大凶。"●陳列。《睡簡·為吏 1》："畫局陳弅（棋）以位耤（籍）。"秦文字用"陳"表示軍陳、陳列之陳，楚文字用"迪""戱""申"表示。

 楚 包山 137

【注】從言陳聲。●讀證。《包山 137》："癸亥之日執事人為之祟（盟）譽（證）。"

定紐臣聲

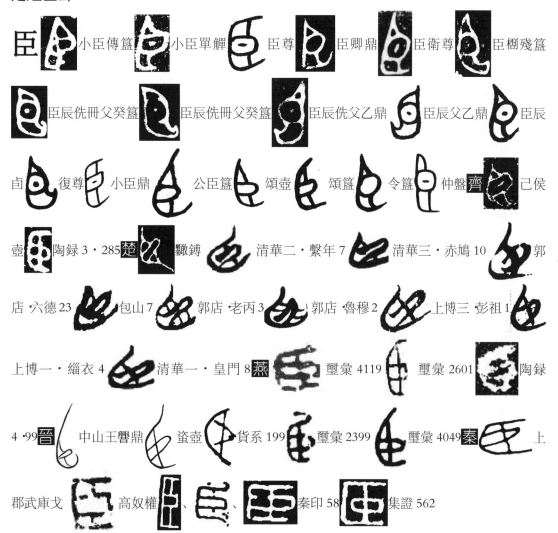

【注】甲骨文作、、、。郭沫若謂象豎目之形，人首俯則目豎，所以象屈服者之形。故古代官吏在君主的面前自稱臣。金文同甲骨文。《類編 499》為“得臣”合文。●男姓奴僕。《大令簋》：“姜商（賞）令貝十朋，臣十家，鬲百人。”上古奴隸就叫臣，男曰奴，女曰妾。《禮記·少儀》：“臣則佐之。”孔穎達疏：“臣，征伐所獲民虜也。”●官吏、臣屬。《中山王𡔷壺》：“述（遂）定君臣之䇂（位）。”●官名。《小臣鼎》：“小臣乍（作）尊彝。”●用為動詞，為臣下。《此鼎》：“畯臣天子霝冬（終），子子孫孫永寶用。”●《集證 562》“范臣”，人名。或謂釋為“臣”，秦文字臣均不作此形。

佢 楚  璽彙 3606 齊  齊陶 0282 燕  璽彙 2399  璽彙 3326

【注】從人臣聲，人與臣或共用筆畫。●人名。

俉 晉  晉編 1235

【注】從曰佢聲。●單字璽，應為人名。

疊 楚  清華九·迺命二 10

【注】疑從罍省、臣聲。●《清華九·迺命二 10》：“母（毋）或迸（抻）人之田土，部疊𢐲（剛）梏（猛），以相為音悳（德）。”疑讀罵。詳“迸”字。

䜣  䜣其雞卣  史䜣簋

【注】從音臣聲。《史䜣簋》從舌，疑“䜣”之異文；言是舌的孳乳字，從言從舌可通。䜣，《說文》訐也。《廣韻》訐發人之惡。●人名。《史䜣簋》：“䜣由于彝，其于之朝夕監。”

栕  折方彝  折方彝  折尊  折觥  栕父乙壺 齊  陶彙 3·857  陶彙 3·858

【注】從木臣聲。或釋為“相”，依字形當釋“栕”為是。《韻會》㮩或作栕。●古國名。《作冊折尊》：“令乍（作）冊折兄（貺）塱土于栕侯，易（賜）金、易（賜）臣。”●齊陶人名。

陁 燕  璽彙 0519  璽彙 2835

【注】從阝臣聲，土為累加贅符，疑"陈"之異文。●燕璽人名。

十一年繭令趙狼矛　璽彙2938　璽彙2942

【注】從弓臣聲。《集韻》音軫。《玉篇》弓強。劉釗先生認為這個字為"臤"字之變。（《古文字構形學》288頁）《説文》："臤，堅也。从又臣聲。凡臤之屬皆从臤。讀若鏗鏘之鏗。古文以為賢字。""弜"及從弜之字，均用於人名，沒有文例可資比對，暫入真部臣聲。●晉器姓氏，疑讀臣。《十一年繭令趙狼矛》："下庫工市（師）弜石。"晉璽見於璽彙2922—璽彙2943，均為姓氏。

璽彙2125

【注】從土弜聲。●晉璽人名。

陶彙3·737

【注】從心弜聲。●齊陶人名。

璽彙2944　璽彙2945　珍戰110

【注】從蚰弜聲，疑"蠠"之異文。●晉璽姓氏，疑讀臣。

璽彙2623　璽彙1189　訓義1·116

【注】從糸弜聲，"緊"之異文。●晉璽人名。

七年相邦鈹　璽彙1030　璽彙1605　璽彙2309　璽彙2904

【注】從疒弜聲，疑"瘝"之異文。●晉璽人名。

璽彙2627

【注】從疒臣聲，疑"瘝"之異文。或謂臧之省文（詳"爿"聲）。●晉璽人名。

逗^晉  晉編233

【注】從辵臣聲。●晉陶"逗亩"，人名。

屖^晉  璽彙0740

【注】從羊從厂臣聲。●晉璽"長屖"人名。

定紐陣聲

陣^燕  璽彙1541　璽彙3113

【注】從阝從車，會車陣如山阜之意。本義為車陣。典籍借陳為陣。●燕璽人名。

定紐奠聲

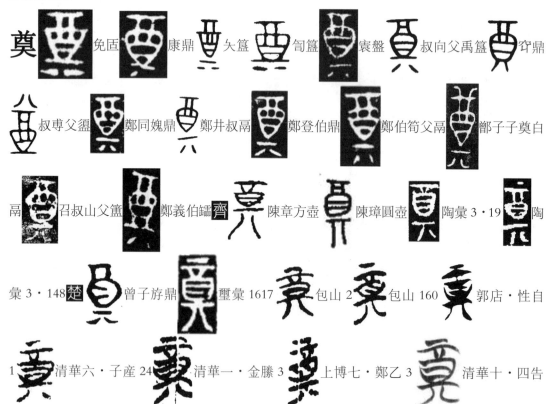

奠　免臣　康鼎　矢簋　訇簋　裒盤　叔向父禹簋　穿鼎

叔専父盨　鄭同媿鼎　鄭井叔鬲　鄭登伯鼎　鄭伯筍父鬲　鄀子子奠白

鬲　召叔山父簋　鄭義伯鑐^齊　陳章方壺　陳璋圓壺　陶彙3·19　陶

彙3·148^楚　曾子斿鼎　璽彙1617　包山2　包山160　郭店·性自

1　清華六·子産24　清華一·金滕3　上博七·鄭乙3　清華十·四告

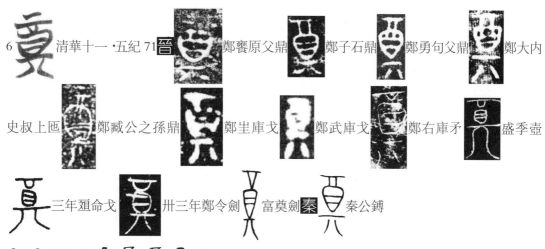

6 清華十一·五紀71 晉 鄭饔原父鼎 鄭子石鼎 鄭勇句父鼎 鄭大內

史叔上匜 鄭臧公之孫鼎 鄭里庫戈 鄭武庫戈 鄭右庫矛 盛季壺

三年疘命戈 卅三年鄭令劍 富奠劍 秦 秦公鎛

【注】甲骨文作 𨾸、𨾸、𨾸、𨾸，從酉，象置酒于祭台之形，以祭祀死者。金文下部繁化為丌。
●置祭，向鬼神獻上祭品。《新邑鼎》："癸卯，王來奠新邑。"《詩·召南·采蘋》："于以奠之，
宗室牖下。"●定、奠定。《叔向父禹簋》："用奠保我邦我家。"《書·禹貢》："奠高山大川。"孔
傳："奠，定也。"《史記·夏本紀》作"定高山大川"。楚文字多讀定。《清華一·金滕4》："以
奠（定）尔（爾）子孫于下堕（地）。"●或謂讀尊。《召伯鬲》："召白（伯）毛乍（作）王母奠
（尊）鬲。"●城邑名，即西鄭。《大簋》："唯六月初吉丁巳，王才（在）奠（鄭）。"《免尊》："佳
（惟）六月初吉，王在奠（鄭）。"周一代，"不常厥邑"，屢徙其都。常征先生對此曾概述説："周
自太王由涇洛之北'三遷'，南至岐山之陽，作國周原而營周城（舊址在今麟游縣南），其邦族
此後始以周為號。其子季曆繼之，十八年遷治程地而造程都（舊址在今武功縣北），是為'王季
宅程'。季曆之子文王四十四年，避饑饉渡渭徙崇，臨豐水而居，名曰豐京（舊址在今戶縣境）。
文王季世，命世子發築新城于東北鎬池之側，武王滅商，遂移都之，是曰鎬京，成、康、昭王
三世之後，至於穆王，東遷于鄭，或曰南鄭，或曰西鄭。自是而下，雖有懿王十五年西居犬丘
（今陝西興平縣東南，漢改名槐里）之舉，而終西周之世，多沿而未革。直至幽王滅國，平王
方棄鄭而東都洛邑（今洛陽）。"《漢書·地理志》："周自穆王以下都于西鄭。"西鄭，地望在今
陝西鳳翔。（呂亞虎《周都"西鄭"地望考》）●讀鄭，古國名。姬姓，周宣王在公元前806年
分封他的弟弟友（鄭桓公）于鄭（今陝西華縣東）地，幽王時桓公東遷。鄭武公時，先後攻滅
鄶、東虢，建立鄭國，都新鄭（今河南新鄭），主要版圖位於今河南鄭州一帶。公元前375年為
韓所滅。●讀鄭，姓氏。戰國初年，韓滅鄭。鄭被韓國滅亡。子孫以國為氏。●重、鄭重。《克
鐘》："克不敢象，尃（溥）奠王令。"奠王令，鄭重王令也。●讀甸，掌農田及生產之官員。
《師晨鼎》："疋（胥）師俗嗣（司）邑人，佳（唯）小臣、善（膳）夫、守☒、官犬，眔奠（甸）
人。"

墊 齊 璽彙0314 陶彙3·20 匯考41 楚 上博一·性情1 左塚漆

橺 燕 璽彙3295 璽彙3326

【注】從土奠聲，"奠"之繁文。●古璽印"墊臣""墊丘"讀鄭，地名或姓氏。●讀定。《上博

一・性情 1》："寺（待）兌（悦）而句（後）行，寺（待）習而句（後）墾（定）。"

曾侯與編鐘

【注】從殳奠聲，可視為"奠"之繁文。●讀定，奠定。銘文"達（撻）墾（殷）之命，罷（撫）毀（定）天下"，罷毀，讀"撫定"，即安撫平定。

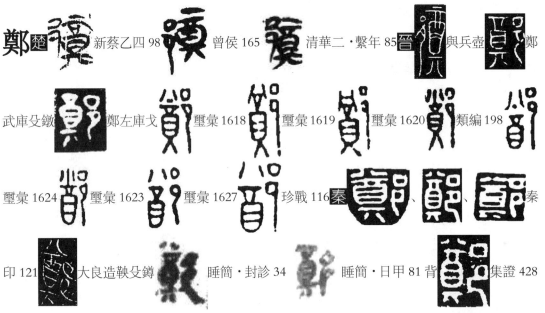

鄭楚 禱新蔡乙四 98、頊曾侯 165、奠清華二・繫年 85晉、與兵壺、鄭武庫殳鐓、鄭左庫戈、奠璽彙 1618、奠璽彙 1619、奠璽彙 1620、奠類編 198、奠璽彙 1624、奠璽彙 1623、奠璽彙 1627、奠珍戰 116秦、奠、奠、奠秦印 121、奠大良造鞅殳鏄、奠睡簡・封診 34、奠睡簡・日甲 81 背、奠集證 428

【注】甲骨文作奠，以"奠"為"鄭"。戰國文字或增從邑、亯，均為後起形聲字。《説文》："鄭，京兆縣。周厲王子友所封。從邑奠聲。宗周之滅，鄭徙潧洧之上，今新鄭是也。"本義為國族名。●國名、姓氏，詳"奠"字。

哀成叔鼎

【注】從亯奠聲，為"鄭"之異文。●讀鄭，國名。《哀成叔鼎》："余甗（鄭）邦之産，少去母父。"

楚王熊章鐘、清華八・處位 3、清華八・處位 8

【注】從宀奠聲，疑"奠"之繁文。●讀奠，置也。《禮・內則》奠之而後取之。《楚王熊章鐘》："楚王酓（熊）章乍（作）曾侯乙宗彝，寞之于西鶣，其永時（持）用亯（享）。"或讀寘，放置。《説文新附字》："寘，置也。從宀眞聲。""寘"為《説文》新附字，而先秦典籍有"寘"字，或許慎失收。《詩・周南・卷耳》："寘彼周行。"●楚簡讀定。《清華八・處位 3》："子立弋（代）

父，自竇（定）於後事。”

秦印 296 印增 603

【注】從門奠聲。●秦印“闐延”“闐委”讀鄭，姓氏。

楚 伯戔盆 晉 晉公盆

【注】從皿奠聲。《説文》無。●古器名，與“監”同為盛水、冰、沐浴之器，分有蓋、無蓋兩種。郭沫若謂盨、監的差別，在于方言不同而已。（《殷周青銅器銘文研究》130 頁）《伯戔盨》：“邛中（仲）之孫白（伯）戔自乍（作）饎（禱）盨。”

泥紐人聲

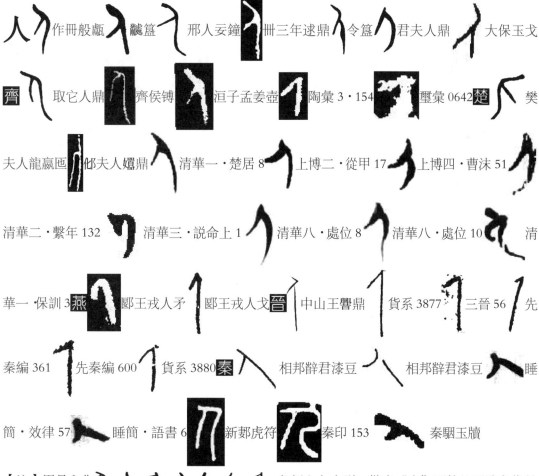

【注】甲骨文作𠂊、𠂉、𠂆、𠂇、𠂈、𠆢、𠂢，象側立之人形。楷書“人”兩筆的下端竟像是人的兩條腿了。《説文》：“𠆢，天地之性最貴者也。此籀文。象臂脛之形。凡人之屬皆從人。”

本義為"人"這種高等動物。甲骨文象人之形還有"大"字,象人正立之形;"卩"象人跪坐之形;"尸"則象下肢彎曲之形。先民造字非一人,各據不同角度以取其象,至一字而出多形,字形雖異,而其初義均同,後漸分化,意義各有所專。人的外延比較大,凡區別與動物的所有社會成員,均可以"人"稱之。●指某種身份、輩份的人。《令簋》:"婦子後人永寶。"●表示人數的量詞。《大尊》:"今我唯命女(汝)二人。"●人名用字。《上都公孜人簋蓋》:"上都公孜人乍(作)障毀。"●人民:平民。《洹子孟姜壺》:"齊侯洹子孟姜喪,其人民都邑董(懂)寞。"或作民人。《䡄鎛》:"與鄙之民人、都㕑(鄙)。"●人臣:臣下,與人主、人君、人宗相對。《中山王𧊒鼎》:"智(知)為人臣之宜(義)㫃(也)。"《睡簡·語書6》:"如此,則為人臣亦不忠矣。"●人主:與人臣相對。《中山王𧊒鼎》:"昔者,郾(燕)君子噲(噲)䁅(叡)弅夫貃(悟),㫃(長)為人宝(主)。"●人方:方國名,殷商帝乙、帝辛時的敵國。學者多認為屬東夷。《小臣俞尊》:"佳(惟)王來正(征)人方。"●王人:在王畿地域裏勞動的下層平民和農奴。《宜侯矢簋》:"易(賜)才(在)宜王人☒又七生(姓)。"金文中"某人",往往表示地區、籍貫,如《榮作周公簋》:"易(賜)臣三品:州人、重人、鬲(庸)人。"一說王人指"地位低微的官員""周王室克殷後降為奴隸的殷貴族"。(馬承源《商周青銅器銘文選·矢簋》注六)

信 齊 辟大夫虎符 燕 璽彙0191 璽彙0323 璽彙3248 璽彙4111 秦 睡簡·為吏7 嶽麓一·為吏28 秦印44 秦印578 秦集一·四·1

【注】從言人聲;字兼會意,會人言有信之意。燕系文字人與弓混用,均以弓代人,而不見以人代弓的用法。●用為本義,誠信。《睡簡·為吏7》:"一曰中(忠)信敬上。"楚文字用訐表示信。齊文字用㐰、訐、伯表示信。三晉文字用誩、息、哼、恖、躬、身為信。燕文字用誩、身為信。●讀申。秦印"信徒閒","信徒"讀"申徒",複姓。●《秦集一·四·1》"信宮車府",信宮,秦宮名。《漢書·百官公卿表》:"太僕……屬官有……車府、路軨、騎馬、駿馬四令丞。"此印為秦代信宮所屬車府令丞印,看來秦代各宮均設有車府,可能它們統屬於太僕車府,品秩亦低於太僕車府。●《璽彙0323》"信城侯","信成"為地名。

㐰 齊 璽彙0062 璽彙0282 璽彙0482

【注】從心人聲。●均讀信。

㻬 晉 中山王𧊒鼎 璽彙2561 匯考142

【注】從玉㐰聲。從玉,為追加之義符,古每析玉為信。●讀信,誠心、誠信。《中山王𧊒鼎》:"此易言而難行㫃(也),非㻬(信)與忠,其佳能之(其誰能之)。"古璽印均讀信。

俒^楚 安大一 88

【注】從人從玉從耳，會以玉塞人耳之意。人兼聲。●讀瑱。上古音"人"屬日紐真部，"瑱"為透紐真部。《安大一 88》："玉俒（瑱）象啻（掭）也，易（易）叡（且）此（晢）也。"《毛詩》作"玉之瑱也，象之掭也"。《説文·玉部》"瑱，以玉充耳也。"

伣 胡叔鼎^齊 陶徵21 圖典160

【注】從口人聲，與"信"《説文》古文作"伣"同。●人名。《胡叔鼎》："敔（胡）弔（叔）伣（信）姬其邁（萬）年子子孫永寶。"●齊封泥（圖典160）"左司馬聞鈞伣鉨"，讀信。

失^楚 清華九·成人 29　　清華九·成人 10

【注】從止人聲。●讀循。《清華九·成人 10》："不失（循）古（故）祟（常），咸鴋（揚）亓（其）又（有）港（巷）。"整理者注："新見字形，其上從止，下從人，本篇兩見，疑為'循'字。簡29'以失（循）興（繩）下蚘（尤）'一語可證。參看黃德寬：《清華簡所見"循"字考》（待刊）。"

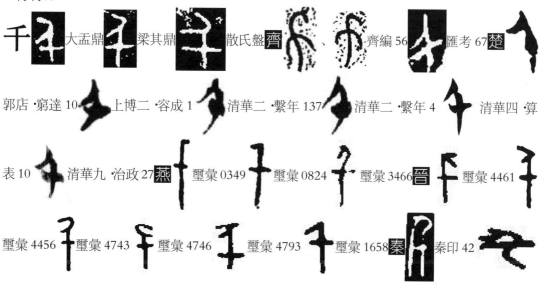

千 大盂鼎　　梁其鼎　　散氏盤^齊　、　齊編 56　　匯考 67^楚

郭店·窮達10　　上博二·容成1　　清華二·繫年137　　清華二·繫年4　　清華四 算

表10　　清華九 治政27^燕　　璽彙0349　　璽彙0824　　璽彙3466^晉　　璽彙4461

璽彙4456　　璽彙4743　　璽彙4746　　璽彙4793　　璽彙1658^秦　　秦印42

青川木牘

【注】甲骨文作 、 、 、 、 、 ，加一（指事字的標誌）于人，蓋造字之術窮，故以人代表之，而仍以人為聲。甲骨文加數目字于"千"中表示數千，人上加一橫為一千，寫作 ，加兩橫就是兩千作 ，加五橫就是五千作 。《説文》："仠，十百也。從十從人。"本義是十百。●數詞。《大盂鼎》："人鬲千又五十夫。"《儼匜》："我義（宜）便（鞭）女（汝）千。"●泛指多數。《翏生盨》："其百男百女千孫。"●讀阡。《青川木牘》："一千（阡）道，道廣三步。"●讀信。《璽彙1658》"番厶千"即"番私信"。

鮮[晉] 璽彙 4015　璽彙 4018　璽彙 4016　璽彙 4017　璽彙 4019　璽彙 4020

【注】從魚千聲，疑"鮮"之異文。《璽彙 4015》等為"鮮于"合文。●"鮮于"，讀鮮於，複姓。秦印則作"鮮于"。

芊[齊] 陶録 3．277

【注】從艸千聲。●齊陶人名。漢代篆文有此字作 ▨（漢篆 26）。

祥[晉] 王三年馬雕令戈

【注】從衣芊聲。●人名。

邘[晉] 璽彙 2108　璽彙 2109　璽彙 2110　珍戰 107　璽補 180

【注】從邑千聲，"鄬"之異文。或釋為"邘"，不確。三晉文字"千"多加飾點與"弓"相別，詳"尼"字。●"邘中""邘瓔"等，讀遷，姓氏。

疒[晉] 璽彙 1626

【注】從疒千聲。●晉璽人名。

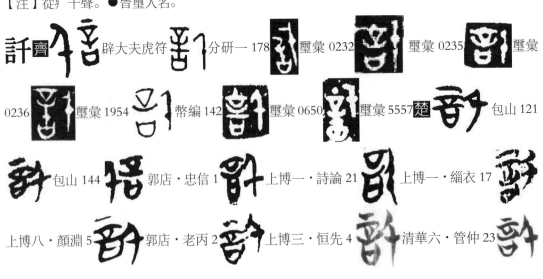

許[齊] 辟大夫虎符　分研一 178　璽彙 0232　璽彙 0235　璽彙 0236　璽彙 1954　幣編 142　璽彙 0650　璽彙 5557　[楚] 包山 121　包山 144　郭店·忠信 1　上博一·詩論 21　上博一·緇衣 17　上博八·顏淵 5　郭店·老丙 2　上博三·恒先 4　清華六·管仲 23

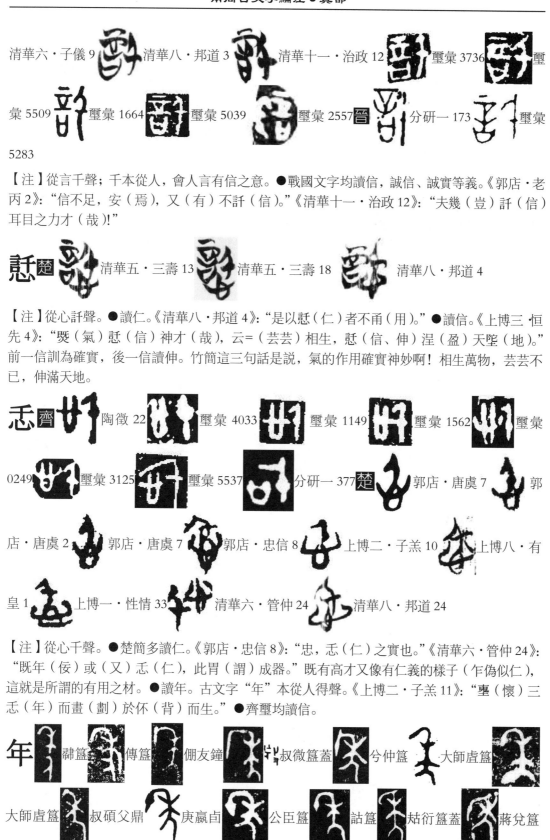

清華六·子儀 9　清華八·邦道 3　清華十一·治政 12　璽彙 3736　璽

彙 5509　璽彙 1664　璽彙 5039　璽彙 2557　分研一 173　璽彙

5283

【注】從言千聲；千本從人，會人言有信之意。●戰國文字均讀信，誠信、誠實等義。《郭店·老丙 2》："信不足，安（焉），又（有）不訐（信）。"《清華十一·治政 12》："夫幾（豈）訐（信）耳目之力才（哉）!"

慰 楚　清華五·三壽 13　清華五·三壽 18　清華八·邦道 4

【注】從心訐聲。●讀仁。《清華八·邦道 4》："是以慰（仁）者不甬（用）。"●讀信。《上博三·恒先 4》："戁（氣）慰（信）神才（哉），云=（芸芸）相生，慰（信、伸）涅（盈）天墬（地）。"前一信訓為確實，後一信讀伸。竹簡這三句話是説，氣的作用確實神妙啊！相生萬物，芸芸不已，伸滿天地。

忎 齊　陶徵 22　璽彙 4033　璽彙 1149　璽彙 1562　璽彙

0249　璽彙 3125　璽彙 5537　分研一 377　楚　郭店·唐虞 7　郭

店·唐虞 2　郭店·唐虞 7　郭店·忠信 8　上博二·子羔 10　上博八·有

皇 1　上博一·性情 33　清華六·管仲 24　清華八·邦道 24

【注】從心千聲。●楚簡多讀仁。《郭店·忠信 8》："忠，忎（仁）之實也。"《清華六·管仲 24》："既年（佞）或（又）忎（仁），此胃（謂）成器。"既有高才又像有仁義的樣子（乍偽似仁），這就是所謂的有用之材。●讀年。古文字"年"本從人得聲。《上博二·子羔 11》："臺（懷）三忎（年）而畫（劃）於怀（背）而生。"●齊璽均讀信。

年　𨼫簋　傳簋　倗友鐘　叔微簋蓋　兮仲簋　大師虘簋

大師虘簋　叔碩父鼎　庚嬴卣　公臣簋　𧫤簋　秸衍簋蓋　蔣兑簋

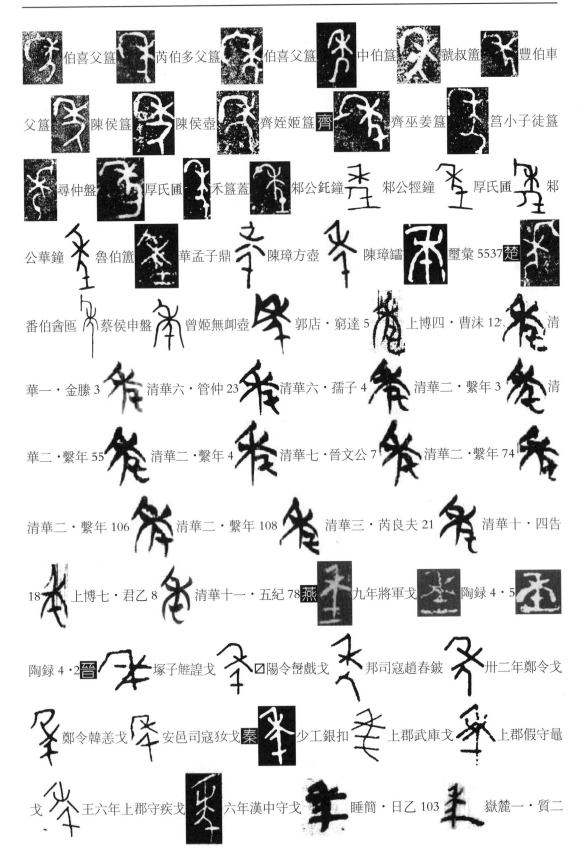

伯喜父簋　　芮伯多父簠　　伯喜父簠　　中伯簋　　虢叔簠　　豐伯車

父簠　　陳侯簠　　陳侯壺　　齊姪姬簋齊　　齊巫姜簠　　筥小子徒簋

尋仲盤　　厚氏匜　　禾簋蓋　　邾公鈺鐘　　邾公牼鐘　　厚氏匜　　邾

公華鐘　　魯伯簠　　華孟子鼎　　陳璋方壺　　陳璋罍　　璽彙5537楚

番伯酓匜　　蔡侯申盤　　曾姬無卹壺　　郭店・窮達5　　上博四・曹沫12　　清

華一・金縢3　　清華六・管仲23　　清華六・孺子4　　清華二・繫年3　　清

華二・繫年55　　清華二・繫年4　　清華七・晉文公7　　清華二・繫年74

清華二・繫年106　　清華二・繫年108　　清華三・芮良夫21　　清華十・四告

18　　上博七・君乙8　　清華十一・五紀78燕　　九年將軍戈　　陶録4・5

陶録4・2晉　　塚子𦥯誑戈　　□陽令䇂戲戈　　邦司寇趙春鈹　　卅二年鄭令戈

鄭令韓恙戈　　安邑司寇狄戈秦　　少工銀扣　　上郡武庫戈　　上郡假守罍

戈　　王六年上郡守疾戈　　六年漢中守戈　　睡簡・日乙103　　嶽麓一・質二

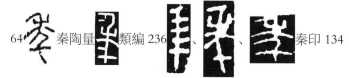

64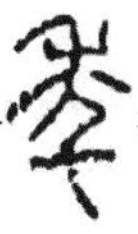秦陶量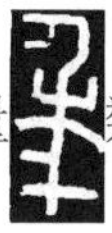類編 236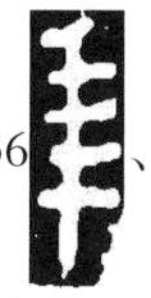、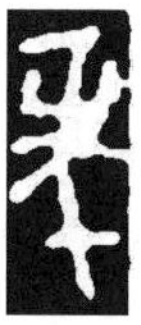、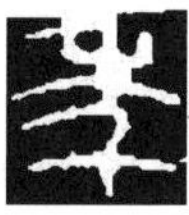秦印 134

【注】甲骨文作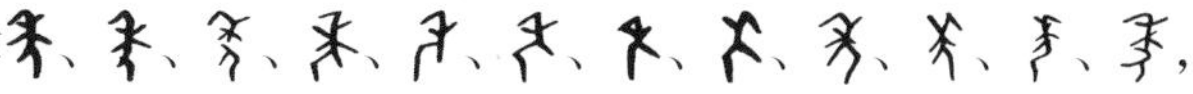，從人扛禾，會年谷豐熟之意。金文同甲骨文，或增從土。人立于土則為壬，人或加點作，點演為短横則為千，並以為聲。《説文》："，穀孰也。從禾千聲。《春秋傳》曰：'大有秊。'" 本義為穀物成熟豐收，如甲骨卜辭常見"受黍年""受稻年"等文字。《春秋》也有"大有年"句。引申泛指一年的收成。莊稼收割完畢，要過一個慶豐收的節日，這個節日就是一年的"年"。又引申指年齡。●紀時，指一歲。《師虎簋》："隹（惟）元年六月既望甲戌。"《師兑簋》："隹（惟）三年二月初吉丁亥。"《爾雅・釋天》："夏曰歲，商曰祀，周曰年。"●讀佞。《睡簡・日乙 22》："生子年不可遠行，遠行不（返）。"李家浩先生指出"年"當讀為"佞"，指"巧言善辯"。《清華一・金滕 3》："是年（佞）若丂（巧）能，多志（才）多埶（藝），能事槼（鬼）神。"《春秋》襄公三十年："天王殺其弟佞夫。"《公羊傳》"佞"作"年"。"佞"者，高才也。"若""而"，語之轉。簡文"年若巧能"，即"佞而巧能"。

⿰年阝 秦 印增 247

【注】從邑年聲。●"⿰年阝騎"，疑為姓氏。

⿱年皿 楚 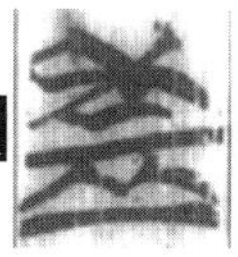安大一 39

【注】從皿年聲。●讀襛。《安大一 39》："可（何）皮（彼）⿱年皿（襛）矣？芋（華）若桃梓（李）。"上古音"年"屬泥母真部，"襛"屬泥母冬部。《説文・晨部》"農"字正篆"農"從"晨"，"囟"聲。上古音"囟"是真部字，與"年"相同。《説文・血部》"膿"作"盥"，從"血"，"農"省聲。古文字"血"旁或作"皿"，馬王堆漢墓帛書《脈法》"膿"字作"盥"，"血"旁即寫作"皿"。《詩集傳》："襛，盛也。猶曰戎戎也。"

⿱年心 楚 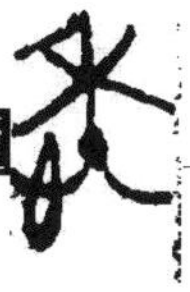上博一・詩論 8

【注】從心年聲。●讀佞。《上博一・詩論 8》："《小宛》其言不惡，少有⿱年心（佞）焉。"意思是説《小宛》一詩並無惡言指責，而是諄諄告誡之語，很少有巧佞的話。

仁 秦 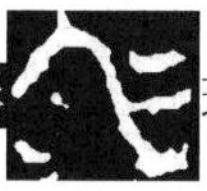珍秦 191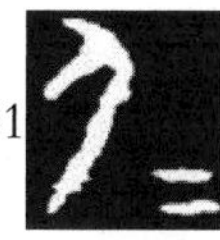璽彙 4507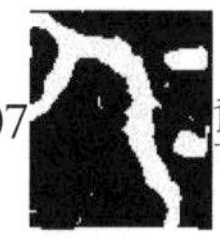璽彙 4508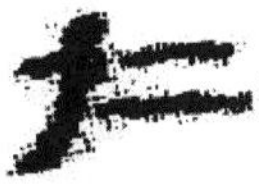睡簡・答問 63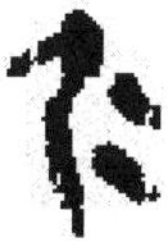

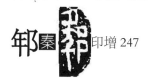

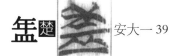

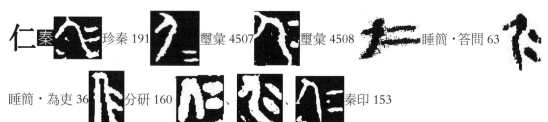

睡簡・為吏 36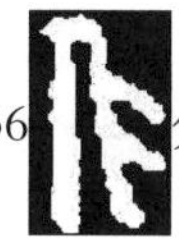分研 160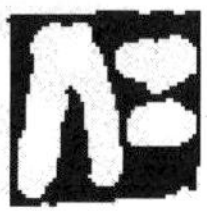、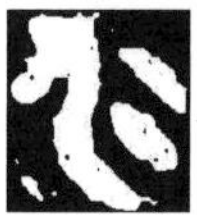、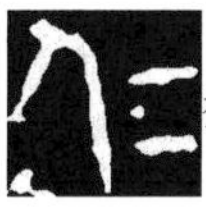秦印 153

【注】"仁"是"人"的分化字，從人，人亦聲，二為分化符號。《説文》："⿰亻二，親也。從人從二。臣鉉等曰：仁者兼愛，故從二。⿱千心古文仁從千、心。⿰尸二古文仁或從尸。"《説文》古文作⿱千心、⿰尸二，前一形當是仁之專字，亦見於楚簡。後一形即古文夷字，用為仁。本義指以人道待人，即講仁愛。古代"人""仁"常可互用，如《論語》："井有仁（人）焉。"●秦文字多用為本義，仁德、仁義。《睡簡·答問 63》："將上不仁邑里者而縱之，可（何）論？"此義楚文字作"忈""息""慝"，三晉文字作"⿰尸二"。

訒 秦 圖典 111

【注】從言仁聲，疑"信"之繁文。●秦印"審訒""忠訒"，讀信。

⿰彡言 參卣 ⿰彡言 參尊

【注】甲骨文作⿱彡人、⿱彡人，從人從彡，會人有長髮之意，人亦聲。金文小篆同。《説文》："⿱彡人，稠髮也。從彡從人。《詩》曰：'參發如云。'⿰髟真 參或從髟真聲。"本義為稠髮。戰國文字作為偏旁常與勿混同。●人名。《參尊》："參乍（作）甲考宗彝，其永寶。"

殄 秦 會稽刻石

【注】從歹參聲。●盡也。《會稽刻石》："義威誅之，殄熄暴悖。"殄熄：滅絶，撲滅。

砂 楚 清華十·四時 39　清華十·四時 39　清華十·四時 40

【注】從石參聲。●讀遁。《清華十·四時 39》："以砂（遁）痡（藏）。"整理者注："砂，從石，參聲，章母真部，讀為定母文部之'遁'。《廣雅·釋詁》：'遁，隱也。'與'藏'意近。"

診 楚 清華十一·五紀 71　清華十一·五紀 75 秦 睡簡·秦種 17

睡簡·封診 64

【注】從言參聲。●檢驗。《睡簡·秦種 16》："將牧公馬牛，馬牛死者，亟謁死所縣，縣亟診而入之。"由縣加以檢驗後將已死牛馬上繳。●省視，考查。《清華十一·五紀 71》："后乃診象，坒（匹）三（四）亟（極）：東維龍，南維鳥，西維虎，北維它（蛇）。"

珍 晉 涑鄪戈 秦 陶彙 5·426

【注】從玉參聲。參，秦文字或訛為尔。●人名。《涑鄪戈》："涑鄪發弓（弩）戈冶珍。"●秦陶人名。

畛 秦 青川木牘

【注】從田㐱聲。●田間小路。《青川木牘》："田廣一步，表八則為畛。"

弥 楚 能原鎛

【注】從弓㐱聲。疑"彌"之異文。●金文義不詳。

漿 楚 王孫遺鼠鐘

【注】從弓㐱聲。馬承源謂"漿"即"㐱"字。（《商周青銅器銘文選》428頁）。●讀鰲或讀戾。《廣雅·釋詁二》："鰲，佾也。""㐱，佾也。"鰲、㐱二字同訓，而漿、㐱、㐱字均從㐱聲，《唐韻》："㐱，之忍切，音㐱。"㐱聲文字字音後世發生陽、入分化，分為陽聲（真部），入聲（質部）二部，分入真部者有㐱、紉、㐱諸字，分入質部者有㐱字。而㐱、紉、㐱字與戾字義訓相通，㐱與戾字字音相同，故㐱、戾相通。《廣雅·釋詁》："戾，善也。"鰲、戾同字。《王孫遺鼠鐘》："鰲漿民人，余專昀于國。"銘意為，我和善于人民，而敷信于我的國家。"鰥漿"與"鰲鰥"同義，詳"鰲"字。

軫 番生簋 楚 郭店·五行43 上博四·曹沫63 安大一 88 秦 睡簡·日乙95 睡簡·日甲6背 印增538

【注】從車㐱聲。《說文》："軫，車後橫木也。"《考工記·總序》："車軫四尺。"鄭玄注："軫，輿後橫木也。"古代指車箱底部四周的橫木；借指車。●古代車箱底部四周用木框制的軫。《番生簋》："車電軫。"●《上博四·曹沫63》："鬼神軫武，非所以教民，唯君其知之。"可讀㐱。《漢書·五行志中之上》："惟金㐱木。"服虔曰："㐱，害也。"如淳曰："㐱音指戾之戾，義亦同。"又《五行志中之下》："所謂'六㐱作見，若是共禦，五福乃降，用章於下'者也。一曰，金㐱木曰木不曲直。"可見"㐱"是用在五行以及陰陽之氣相害中的一個術語，如何解釋"五行"以及陰陽之氣之相㐱，可能與"鬼神"一樣都不是統治者要教給老百姓的事情，所以簡文才云"鬼神㐱武，非所以教民"，當然"武"也非尋常百姓可以學的內容。●二十八宿之一。《睡簡·日乙96》："八月軫廿八日。"●隱匿也。《郭店·五行43》："大而晏者，能又（有）取安（焉）。少（小）而軫者，能又（有）取安（焉）。"《九章·惜誦》："心鬱結而紆軫。"王逸《章句》："軫，隱也。"●讀㐱或讀鬒。《安大一88》："軫（㐱）顉（髮）女（如）云（雲），不屑（屑）㒰（髢）也。"《毛詩》作"鬒髮如雲"。《說文·彡部》："㐱，稠髮也。從彡，從人。《詩》曰：'㐱髮如雲。'鬒，㐱或從髟，真聲。"《說文》以"㐱"為"鬒"的本字。

㡭 楚 包山 84　　清華三・説命中 2　　清華三・説命下 8

【注】從水軫聲。●讀慎。《清華三・説命中 2》："㡭（慎）之於乃心。若金，用惟汝作礪。"軫，照紐文部，慎，禪紐真部，二字音近可通。●包山簡人名。

衫 秦 詛楚文

【注】從衣㐱聲。●讀紾，糾結。《詛楚文》："絆以婚姻，衫以齊（齋）盟。"

來紐令聲

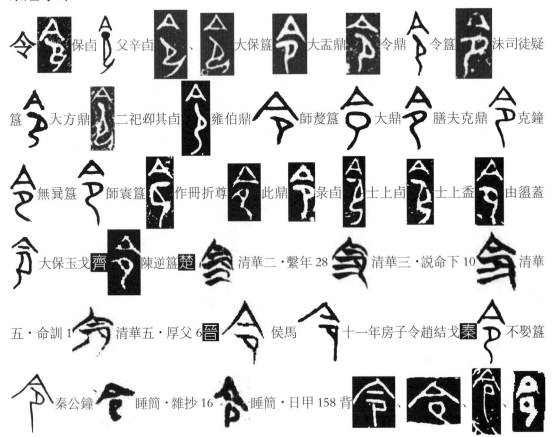

令　　保卣　　父辛卣　　　　大保簋　大盂鼎　令鼎　令簋　沫司徒疑

簋　　大方鼎　二祀邲其卣　雍伯鼎　師慇簋　大鼎　膳夫克鼎　克鐘

無㠱簋　師袁簋　作冊折尊　此鼎　彔卣　士上卣　士上盂　由㱃蓋

大保玉戈 齊 陳逆簋 楚　清華二・繫年 28　清華三・説命下 10　清華

五・命訓 1　清華五・厚父 6 晉　令　侯馬　　十一年房子令趙結戈 秦　不娶簋

令　秦公鐘　睡簡・雜抄 16　睡簡・日甲 158 背　　　　令

秦印 177

【注】甲骨文作𠇷、𠓜、𠓜、𠓜，從亼（倒口）從卩（跪坐之人形），會號令下屬之意。金文同甲骨文。《説文》："令，發號也。從亼、卩。"本義為發令。甲骨文金文命、令同字。●命令、號令。《中甗》："史兒至，㠯（以）王令曰。"●加封、賞賜。《考簋》："王令考赤市。"《頌鼎》："王乎（呼）史虢生冊令頌。"●讀鈴。《成周王鈴》："成周王令（鈴）。"●任命。《智鼎》："智，令女（汝）更（賡）乃且（祖）考嗣（司）卜事。"●特指天命，後世用"命"。《彔伯簋》："繇自乃且（祖）考又（有）𤔲于周邦，右辟三（四）方，叀𤔲天令。"●讀命，生命、壽命，典籍

1834

作"命"。《頌鼎》："通彔（祿）永令（命）。"●人名。見于《令簋》。

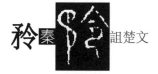

矝 秦 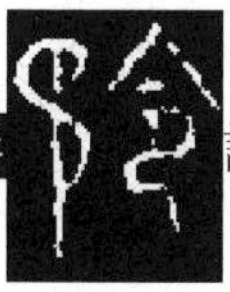 詛楚文

【注】從矛令聲，古同"矜"。●夸也。《詛楚文》："張矝恡怒。"

紷 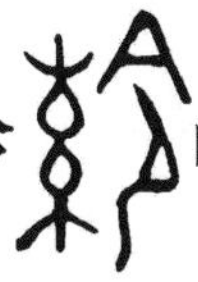 師𩛥鼎

【注】甲骨文作、、、、，從糸（或作索、素）令聲。金文同甲骨文，從糸令聲。黃錫全、何琳儀謂金文"紷"即"紟"字。（《㝬簋考釋六則》）●讀令，善也，用作狀語。《師𩛥鼎》："隣明紷（令）辟前王，事余一人。"

⿰索令  㝬簋 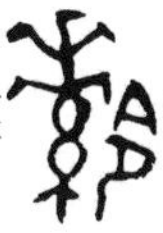 師克盨 秦 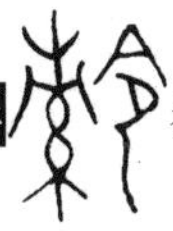 秦公鎛 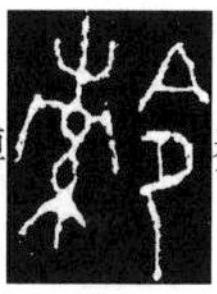 秦子鎛

【注】從索令聲。●讀令，善也，用作狀語。《㝬簋》："用⿰索令保我家、朕（朕）立（位）、㝬（胡）身。"《論語·學而》："巧言令色。"集解："令色，善其顏色。"●讀命。《秦公鎛》："秦公嬰（其）畯⿰索令才（在）立（位）。"

零 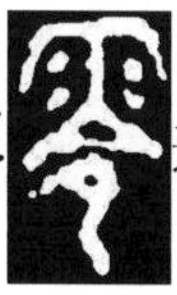 逨盤 秦 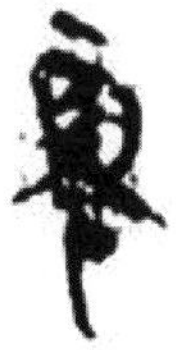 里耶 8·375

【注】從雨令聲。《說文》："零，余雨也。從雨令聲。"本義徐徐而下之雨。引申為零星、凋零。●讀靈，為單伯謚號。《逨盤》："雩朕皇高且（祖）零伯，炎明乓（厥）心。"●《里耶 8·375》"零陽"，地名。

伶 晉 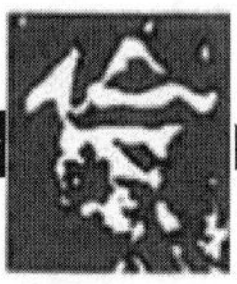 四十二年鄭令戈

【注】從人令聲。●讀令，官署長官。

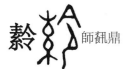

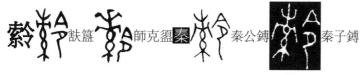

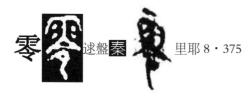

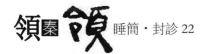

領 秦 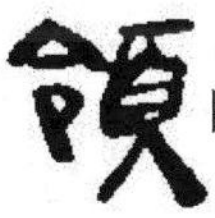 睡簡·封診 22

【注】從頁令聲。●衣領。《睡簡·封診 22》："帛裏莽緣領褎（袖）。"

阾 秦 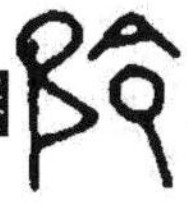 五年相邦呂不韋戟  五年相邦呂不韋戈

【注】從阝令聲。●秦器人名。

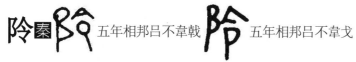

冷 秦 　　　 秦印 216

【注】從水令聲。●秦印"冷賢"，姓氏。漢有"冷耳"，以客從高祖起沛，以功封下相侯。

鮻 秦 　　　 里耶 8 · 1022

【注】從魚令聲。●簡文"乾鮻魚"，一種魚類。

笒 　　　 旬簋 　　　 征簋 　　　 笒觶

【注】從竹令聲，與小篆同。《說文》："笒，車笒也。"本義為車軨下面縱橫交結的竹木條。●人名。《征作笒公觶》："征乍（作）笒公寶障彝。"●職官用字。《旬簋》："嗣（司）邑人、先虎臣後庸、西門尸（夷）、秦尸（夷）、京尸（夷）、彙尸（夷）、師笒。"

鈴 　　　 成周王鈴 　　　 成周王鈴 　　　 班簋 　　　 師袁簋 　　　 番生簋 　　　 陳大喪史仲高

鐘 楚 　　　 楚王領鈴鐘

【注】從金令聲。《說文》："鈴，令丁也。從金從令，令亦聲。"段玉裁注："鈴似鐘而小。然則鐲鈴一物也。古謂之丁寧。漢謂之令丁。在旂上者亦曰鈴。"本義為金屬做成的響器，形式不一。●鑾鈴，即旌旂上作為飾物的鈴鐺。《番生簋》："魚葡（箙）、朱旂旜（旃）、金芫、二鈴。"●樂器，與"鐘"同類。《邾君鐘》："電（邾）君求吉金，用自乍（作）其龢鐘☒鈴，用處大政。"●人名。《師袁簋》："正（征）淮尸（夷），即斯乎（厥）邦啚（酋），曰冄、曰粦、曰鈴、曰達。"

命 　　　 賢簋 　　　 滕虎簋 　　　 師望鼎 　　　 逆鐘 　　　 應侯視工簋 　　　 駒父盨 齊

陳淳釜 　　　 洹子孟姜壺 　　　 洹子孟姜壺 　　　 邾大宰歸父盤 　　　 黏鎛 　　　 璽彙

3725 楚 　　　 鄂君啟舟節 　　　 王子午鼎 　　　 璽彙 0261 　　　 龍節 　　　 郭店 · 緇衣

22 包山 157 包山 2 上博二・從甲 19 上博一 詩論 7 清華一 程

寤 3 清華一・耆夜 2 清華八・攝命 24 珍戰 228 晉 廿七年頓丘令麤

西戟 兆域圖銅版 七年宅陽令矛 二年宫令司馬北戈 二十四年郫陰令戈

邢疫令邦乙劍 中山王䗊鼎 鄲孝子鼎 望山 1・54 、 侯

馬 秦 秦公簋 宗邑瓦書 秦景公石磬 睡簡・日甲 161 睡

簡・答問 95

【注】甲骨文命、令一字。金文多增從口，會發號施令之意。春秋戰國文字或增形符殳、攴，與政、教諸字從攴同意。戰國三晉系文字多增從人、立，以標其為職官之名，即"令"。《說文》："命，使也。從口從令。"本義是命令、差使。上古最高統治者要人民把命令視同生命，所以"命"又有生命等義。●派遣、命令。《克鼎》："王命善（膳）夫克舍令于成周遹正八自（師）之年。"《諫簋》："王乎（呼）內史吴冊命諫曰。"●天命。《毛公鼎》："不（丕）顯文武，皇天引厭氒（厥）德，配我有周。雁（膺）受大命。"●政令、瀍令。《毛公鼎》："雯之庶出入事于外，尃（敷）命尃（敷）政。"●賞賜。《康鼎》："命女（汝）幽黃。"●生命。《膳夫克盨》："降克多福，𪉮（眉）壽永令（命）。"●讀鈴，樂器。《敬事天王鐘》："自乍（作）永（詠）命（鈴），其𪉮（眉）壽無疆。"●讀令，即地方長官。《二十四年郫陰令戈》："廿四年，郫陰（陰）命（令）萬為、右庫工帀（師）蒬、冶豎。"晉兵器格式一般作"某地令某某，某庫工師某某，冶某"。●讀令。《分研 30》"命（令）狐"，複姓。●楚璽（璽彙 0261）"赹□命鉨"讀令；或讀命，為"赹□"的官府用以發佈命令的官璽。楚璽（珍戰 228）為單字璽，近似於後代的令箭、令旗之類，為官府或將帥發佈命令之用。

 郭店・語叢一 1

【注】從口命聲。●讀命。《郭店・語叢一 1》："又（有）天又（有）喻（命），又（有）勿（物）又（有）名。"

 上博九・舉治 31

【注】從魚命聲。●讀鱗。《上博九·舉治 31》："夬（決）澤（瀆）三百，首屮旨，身魿（鱗）鮚。"簡文大意疑為描寫大禹治水之辛勞，以致手彎曲而不能伸展，身之膚理也粗皸若魚鱗了。

念 楚  清華八·邦道 5

【注】從心命聲。●讀怨。《清華八·邦道 5》："會（念）自固以悲念之！"念，整理者讀怨，謂"怨"字古文。《説文》："怨，恚也。從心夗聲。悁，古文。"《説文》古文與（夗，上博一·緇衣 12）有聯繫。傳鈔古文（怨）的三個偏旁正完全對應"怨"，不會多出一"口"旁。劉信芳讀命。"悲念"讀為"非命"，但凡人力之所不及，古人謂之"命"也。

偷 晉

十六年戟 柏人戈 三年馬師鈹 薾令趙狽矛 三年鈹 襄城令戈 璽彙 3437 吉大 8

【注】從人命聲。●三晉文字均讀令，官署之長。

竲 楚  清華六·子產 8 晉 二十一年啟封令癲戈 三十三年鄭令戈

【注】從立命聲。●讀矜。《清華六·子產 8》："宅大心張，屴（美）外雁（態）竲（矜）。"《補正》引石小力先生云："'竲'可讀為'矜'。矜本從令得聲（參'矜'字段注），今本《老子》'果而弗矜'之'矜'字，《郭店·老甲》簡 7 作'孫'，從矛，命聲，命、令一字分化，故竲、矜音近可通。'矜'，夸也。"（《清華簡六〈子產〉釋文校讀》）●三晉文字均讀令，官署之長。

敏 楚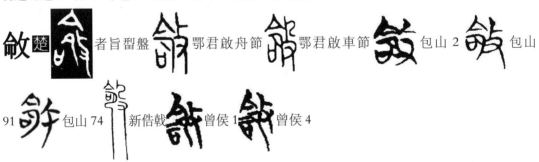

者旨習盤 鄂君啟舟節 鄂君啟車節 包山 2 包山 91 包山 74 新佮戟 曾侯 1 曾侯 4

【注】從攴命聲。●讀令，官署之長。《包山 2》："刉敏（令）壴（彭）圍命之於王大子而以墜（登）刉人。"●讀名。《新佮戟》："新佮自毆（名）弗載（戟）。"

賶 楚  璽彙 0351 包山 92

【注】從貝命聲。●均讀令。《包山 92》："登（鄧）賶（令）。"《璽彙 0351》"賶（令）鈢"。

矜 楚  天星 郭店·老甲7

【注】從矛命聲。●讀矜，夸也。《郭店·老甲7》："果而弗發（伐），果而弗喬（驕），果而弗矜（矜），是胃（謂）果而不強（強）。"詳"端"字。

箭 楚  箭戈

【注】從竹命聲。●地名。地望待考。《箭戈》："箭。"

鈴  毛公鼎 楚 清華五·封許6 安大一105 齊 邿公求鐘

晉 皮氏銅牌

【注】從金命聲，"鈴"之繁文。●讀鈴，綴于旗上之小鈴。《毛公鼎》："朱旂二鈴。"●讀鈴，樂器。《邿公求鐘》："用自乍其龢鐘☑鈴。"●讀粼。《安大一105》："易（揚）之水，白石鈴（粼）=。"《毛詩》作"白石粼粼"。毛傳："粼粼，清澈也。"《釋文》："本又作磷。"上古音"鈴"屬來紐耕部，"粼"屬來紐真部，音近可通（參白於藍《戰國秦漢簡帛古書通假字彙纂》第八四一頁）。

綸 晉  璽彙0498 璽彙3020

【注】從糸命聲，"綸"之繁文。●晉璽人名。

緇 齊  緇鎛

【注】從素命聲。●人名。

論 楚  上博八·有皇6 上博八·有皇6

【注】從言命聲。●讀命，告訴。《上博八·有皇6》："膠膰之腈也今可（兮），論夫三夫之䅲也今可（兮）。"《國語·吳語》："吾問於王孫包胥，既命孤矣。敢訪諸大夫。"韋昭注："命，告之。"《儀禮·士冠禮》："宰自右，少退贊命。"

【注】從阝命聲。下或增土繁化。●"平隘陳导"，地名。

【注】從命，厶為疊加聲符。●讀令，善也。《郾王職壺》："爺日任（壬）午。"●燕璽人名。

來紐粦聲

【注】甲骨文作炎，從大（人形），象粦火着人身之象。人行則粦火着于身，故金文增從舛。《説文》："粦，兵死及牛馬之血為粦。粦，鬼火也。從炎、舛。"本義為鬼火。●讀瞵。《尹姞鼎》："休天君弗望（忘）穆公聖粦明龡事先王。"瞵，目精也。唐蘭謂"粦"讀令，李學勤謂"粦"讀靈。

【注】從心粦聲。●憐，《廣韻》愛也。《石鼓文》："吴（虞）人憐亟，朝夕敬☐。"

【注】從巛粦聲。●疑讀齡。《睡簡·秦種61》："隸臣欲以人丁粦者二人贖，許之。"丁齡，丁年、丁壯之年。要求以壯年二人贖一個隸臣，可以允許。●里耶簡辭例殘缺。按，《釋文》作"粼"，《校釋》作"粼"。

【注】從阝粦聲。《廣韻》："鄰，近也，親也。《説文》'五家為鄰'，俗作隣。"●讀霝。《姛簋》："用乍隣寶彝。"

【注】從邑粦聲。●鄰居。《睡簡·答問 98》：“其四鄰、典、老皆出不存。”楚文字、晉文字用“奴”為鄰。

來紐叩聲

叩 燕 ○ ○ 弊編 303　陶録 2·286

【注】會意字。甲骨文作○○，從二丁（“城”之初文），會二城相鄰之意，“鄰”之初文。戰國古幣文與甲骨文同。●燕刀單字，疑為地名

奴 楚　郭店·尊德 15　望山 2·38　郭店·窮達 12　上博三·周易 57　清華一·皇門 6　安大一 20　清華九·治政 22　晉　中山王響鼎

【注】從文、叩，雙聲字。馬王堆帛書乙本“鄰”作“奴”，與此同。楚簡或繁化從口。●讀鄰，疆界相鄰的國家。《中山王響鼎》：“奴（鄰）邦難窺（親），栽（仇）人才（在）彷（旁）。”《清華一·皇門 6》：“王用能盍（奄）又（有）四奴（鄰）遠土。”●讀吝，吝惜。《郭店·窮達 12》：“古（故）莫之智（知）而不奴（吝）。”●讀麟。《安大一 20》：“奴（麟）之角，蟲=（振振）公族，于差（嗟）奴（麟）可（兮）。”

嶨 楚　安大一 10

【注】從凶奴聲。●讀振。《安大一 10》：“宜介（爾）孫=（子孫），嶨（振）=可（兮）。”《毛詩》作“振振兮”。“奴”多用為“鄰”。“振”屬章紐文部，“鄰”屬來紐真部，古音相近可通。馬瑞辰《毛詩傳箋通釋》：“振振，謂眾盛也。振振與下章繩繩、蟄蟄，皆為眾盛，故《序》但以‘子孫眾多’統之……《傳》訓為仁厚，失之。”

翠 楚　上博一·性情 29

【注】從土奴聲。●讀隱，隱蔽、隱藏。《上博一·性情 29》：“凡悦人勿翠（吝）〔也〕，身必從之。”

慜 楚　郭店·性自 59　上博四·內禮 6　上博四·曹沫 5

【注】從心奴聲，“憐”之異體。●讀鄰。《上博四·曹沫 5》：“臣聞之曰：慜（鄰）邦之君明，則不可以不修政而善於民。”●讀吝，吝嗇。《郭店·性自 59》：“凡兌（悦）人勿慜（吝）也，

身必從之。"亦可讀隱，"説人勿隱"，謂凡説服他人，言詞切勿虛矯不實也。

 陻易壺 上博一·詩論 20

【注】從阝叟聲，"鄰"之異文。●地名。《鄰陽壺》："陻（鄰）易（陽）。"●讀隱，隱而不露之意。《上博一·詩論 20》："丌（其）陻（隱）志必又目（以）俞（喻）也。"

 上博一·詩論 1

【注】從心陻聲。●讀隱。《上博一·詩論 1》："《詩》亡隱（隱）志，樂亡隱（隱）情，文亡隱（隱）言。"簡文謂人心之真實情志皆反映於詩歌、音樂、言語之中，無法隱匿或矯飾。

 清華六·孺子 10

【注】從里叟聲。●讀鄰。《清華六·孺子 10》："四醒（鄰）以虗（吾）先君為能敘。"

精紐聿聲

聿 楚　郭店·語叢一 6　郭店·語叢一 14　郭店·語叢四 15　包山

204　包山 209　包山 226　包山 228　上博二·容成 49　上博三·仲

弓 25　曾侯乙鐘　清華八·邦道 2　上博四·曹沫 8　清華三·芮良夫 9

清華七·越公 75　清華七·子犯 6　清華一·楚居 5　清華七·越公 74

上博九·舉治 32　上博九·舉治 8　晉　侯馬　璽彙 3263

【注】從聿（兼聲，"筆"之初文）從彡，會書寫有文彩之意，字在偏旁中或省作"聿"。●讀洗。《曾侯乙鐘》："割（姑）聿。"割聿：即姑洗，十二律之一。聿，器銘或作，疊加先為聲符。

●多讀盡。《清華七·越公74》："唯王所安，以屈聿（盡）王年。"●晉璽"聿君"讀盡，姓氏。
●讀盡。《清華三·芮良夫9》："凡百君子，及（及）尔（爾）聿（盡）臣。"盡臣，所進用之臣。
盡，進也。

博八·王居6

【注】從人聿聲，"儘"之異文。儘，《字彙》同盡。●讀盡。《清華一·皇門12》："朕遺父兄眔
朕聿（盡）臣，夫明尔（爾）惪（德）。"盡臣，忠臣。《詩·文王》"王之盡臣"，朱熹《集傳》：
"盡，進也，言其忠愛之篤，進進無已也。"《清華六·孺子15》"盡臣"，或據《補正》引馬楠
先生説"當釋為先王遺臣"。此數句當讀為："是有臣而為執辟，幾（豈）既臣之獲罪，或（又）
辱吾先君，曰是其盡臣也。"同時指出"'盡臣'謂前代、先王之遺臣無疑"，亦通。●讀盡。《上
博八·王居6》："命須亓（其）聿（盡）。"《左傳·昭公二年》："韓宣子曰：'周禮，盡在魯矣。'"
杜預注："盡，皆也。"《史記·禮書》："明者，禮之盡也。"司馬貞索隱："盡，詳也。"

【注】從先從聿；先、聿雙聲。裘錫圭、李家浩兩位先生説："肂應該先從'先'聲，可以與'洗'
相通。'聿'當即'津'字所以得聲的'聿'的省體。'先'屬文部，'聿'屬真部，二部古音相
近。'肂'大概也是'薑'、'釘'類兩半皆聲的字。"（《曾侯乙墓鐘、磬銘文釋文與考釋》）●讀
洗。《曾侯乙鐘》："割（姑）肂（洗）之征角。"割肂：即姑洗，十二律之一。《周禮·春官·大
司樂》："乃奏姑洗。"《史記·律書》："三月也，律中姑洗。"明王鏊《震澤長語·音律》："南呂
為羽，姑洗為角。"

【注】從心聿聲。●讀盡。《上博三·仲弓20》："君子所溼（竭）亓（其）青（情）、懥（盡）
亓（其）㪁（慎）者三。"《侯馬》："而敢不懥（盡）從嘉之盟。"

【注】從女聿聲。●讀盡。《清華六·子產20》："聿救（求）婯（盡）之臤（賢）可。""盡"謂
前代、先王之遺臣。

逮 楚 競孫帚 晉 兆域圖銅版

【注】從辵聿聲。《説文》："逮，目進極也。從辵聿聲。"與"進"聲義相近。《古文四聲韻》"津"古文作𤅀、津、𤃯、𦪌、𦩟、𦪷等，《集韻》"津"古文作𦩟，可見聿、進二字古音相同，作為文字聲旁可以通用。●《兆域圖銅版》："逮（進）退逃（兆）乏（窆）者，死亡若（赦）。"《金文編》將逮與進重出，讀進，對比同墓出土之《中山王𡧛壺》進作𨘷，故逮、進當為不同之二字。逮字訓"目進極也"，本有進義，故《兆域圖銅版》當讀為逮本字，而不必讀為進字。朱德熙、裘錫圭曰："進退猶言損益、出入，引申為違失、不遵從的意思。"（《平山中山王墓銅器銘文的初步研究》）銘意為，擅自伸長或縮短兆窆尺度者，死無赦。●讀盡。《競孫帚》："正月逮（盡）期。"農曆月終稱"盡"，即大盡 30 天，小盡 29 天，今稱大小月是也。民間又稱此為"大建""小建"，蓋混説大小月與每月斗建，以訛相傳。月盡即是晦日。

譶 楚 曾侯 214

【注】從言聿聲。●義不詳。

殱 楚 曾侯乙鐘　曾侯乙鐘　清華三・芮良夫 24

【注】從歺聿聲。●讀洗。《曾侯乙鐘》"割殱"，讀"姑洗"，詳"𦩟"字。●讀盡。《清華三・芮良夫 24》："散（歲）廼（乃）不厇（度），民甬（用）戾殱（盡）。"

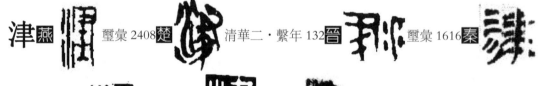

津 燕 璽彙 2408 楚 清華二・繫年 132 晉 璽彙 1616 秦 隸

睡簡・為吏 14　陶彙 5・330　秦印 220　嶽麓一・質二 47

【注】從水聿聲。●渡口。《睡簡・為吏 14》："千（阡）佰（陌）津橋。"《秦印 220》"宜陽津印"，津本指渡口，關津。秦漢時常於縣內渡口置吏管理。《後漢・王莽傳》："吏民出入，持布錢以別符傳。不持者，廚、傳勿舍，關津苛留。"此為宜陽縣關津之吏所用印。此義楚文字作"瀃"。

𨽍 楚 徐贄尹皆鼎　徐贄尹皆鼎

【注】《徐贄尹皆鼎》所作，廣瀨熏雄隸定為"𨽍"，讀洗。（《釋卜鼎——〈釋卜缶〉補説》）此

字很有可能是在“𣳠”上迭加意符“止”而形成的字。此字右旁下部象左腳向水之形，以表洗足意。上部“聿”當是“𦘒”的簡省體。這是“借用偏旁”的例子，因為“𦘒”的三撇與“止”形體比較類似，借用了其筆劃。“𦘒”是聲符。●讀洗，洗浴。《徐㱃尹皆鼎》：“余敢敬明（盟）祀，丩𣳠（洗）涿（沫）俗（浴），以去恤𧨝（辱）。”

銉楚  曾侯11

【注】從金𦘒聲，疑“銉”之異文。《集韻》銉，針也。●簡文中當指兵器。劉信芳讀矡，𦘒聲和堇聲可通。《過秦論》“鉏櫌棘矜，非銛於鉤戟長鎩也”，顏師古注：“矜與矡同，謂矛鋋之杷也。”在簡文中為守禦兵器。

舼 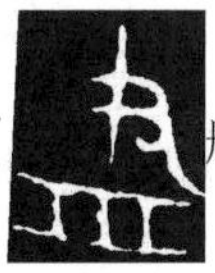 舼觶 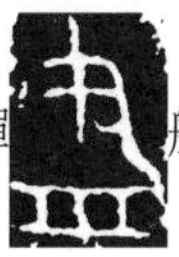 舼父辛觶  舼父己尊  夌伯舼鼎

【注】象以手持篙撐舟形，會津渡之意，“津”之初文。《夌伯舼鼎》篙形變為丄，字當隸為“舼”。舼，《集韻》同津。●族氏名。見于《舼父己尊》等器。

𦨶 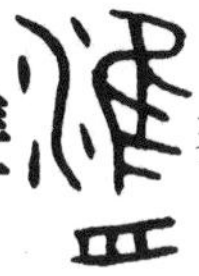 翏生盨  翏生盨

【注】從舟從淮，淮上有舟，會津渡之意，與《説文》“津”古文同。津，戰國文字從水𦘒聲。《説文》：“𣳠，水渡也。從水𦘒聲。𦨶古文𣳠從舟從淮。”“水渡”即把被水隔開的兩地聯繫起來，有引渡、連續之意。●地名，或説即津湖，故地在今江蘇寶應南六十里。《翏生盨》：“王征南淮尸（夷），伐角𦨶（津）、伐桐遹，翏生從。”《水經注・淮水》：“穿樊梁湖北口，下注津湖徑渡。”

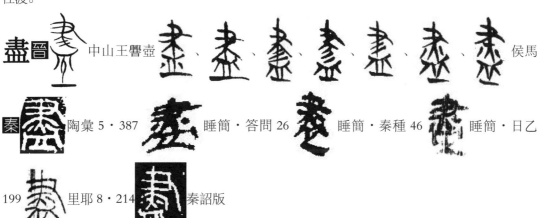

盡晉  中山王譻壺 、、、、、、 侯馬

秦  陶彙5・387  睡簡・答問26  睡簡・秦種46  睡簡・日乙199 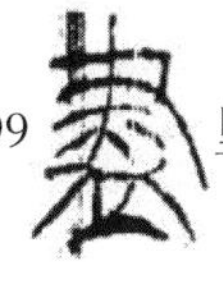 里耶8・214  秦詔版

【注】甲骨文作𡈼、𡈼、𡈼、𡈼，羅振玉釋為“盡”，從皿，象手持炊帚刷器皿之形，表示器皿中的飯菜已經吃完，會完盡之意。《説文》：“盡，器中空也。從皿㶳聲。”從古文字來看，“盡”不是從㶳聲的，應是從皿聿聲的形聲字。侯馬盟書作盡、盡，明顯從聿聲的。在“聿”的豎筆

兩側加飾點作，又作、，所從變得近似"火"字，這便是後來誤為從妻的由來。侯馬盟書"盡"字又作、、，在一豎筆上加ノ、ノ形飾筆，由此又分化出"盡"字。《説文》分"盡"和"盡"為二字，其實乃一字異體。兩類形體中的飾筆都成了構形的一部分，並與原字的一部分構成字的聲符即"妻""妻"。●竭盡。《中山王𧊫壺》："貯竭（竭）志盡忠，以猶（佐）右牽（厥）闢（辟），不貳（貳）其心。"●侯馬盟書均讀盡。詳"悷"字。

精紐銍聲

銍 師湯父鼎　銍公爵 楚 鑄客匜　郭店 · 緇衣 26　上博一 · 緇衣

12 上博七 · 凡甲 5 晉 璽彙 5370　璽彙 5371

【注】甲骨文作、，從二至，當為"至"之繁文。《説文》部首字有屾、㳺、蟲、䰨、棘，此等古文，亦皆從山、水、泉、魚、東，即與至、銍其例相合。甲骨文或繁化作、、。金文、戰國文字同甲骨文。《説文》"，到也，從二至。人質切。"段玉裁指出"重至與並至一也"，是"銍"亦可作""之證。"日"字傳抄古文作（汗 5 · 64）、（四 5 · 64），以"銍"為"日"古文。又《爾雅 · 釋言》："馹，遽傳也。"《釋文》："馹，郭音義本或作遷，《聲類》云：古馹字。"證明"銍""遷"與"日""馹"古音相近，古音為日紐質部。但從古書通假及從銍得聲之字看，"銍"亦有真部一讀，如《説文 · 日部》："暜（晉），進也，日出萬物進。從日、從銍（小徐本"日出"下有"而"，"從銍"作"銍聲"）。"按照小徐本的説法，"暜（晉）"從銍得聲，而"暜（晉）"古音入真部。《春秋 · 元命苞》："醜晉晉，言謭謭。"《注》："銍，音臻，至也。""臻"為真部字。"銍"字當從至得聲，《周易 · 履卦》"履虎尾，不咥人"之"咥"字，帛書本作"真"，亦可為參，故"銍"古應有真部的讀音。●讀箭，箭矢。《師湯父鼎》："王乎（呼）宰雁（應）易（錫）盛弓、象弭、矢臸、彤欮，師湯父拜稽首。"臸即銍，為暜（晉）之聲符。暜、箭古音相近，經籍通用。《周禮 · 職方氏》揚州"其利金錫竹箭"，鄭玄注："古文箭為晉。"●讀馹。《鑄客匜》："鑄客為御銍為之。"馹、銍古韻同在質部。馹，《説文》"驛傳也"。《爾雅 · 釋言》遽傳也。御銍，當即御馹，楚王御用之傳馹。●讀祭。"晉""祭"古音同屬精紐，音近而借。《上博一 · 緇衣 12》："《銍（祭）公之寡（顧）命》員（云）……。"●讀命。《郭店 · 緇衣 26》："非甬（用）銍，折（制）以垩（刑），隹（惟）乍（作）五瘧（虐）之垩（刑）曰瀍（法）。""命""令"古音聲紐一為明紐，一為來紐，韻部同為真部。"令""銍"聲紐皆為舌音，與"銍"字真部的讀音相近。上博簡作"霝"，傳世本作"命"。"霝"通"令"，楊雄《法言 · 淵騫》"竊國霝者也"。"霝"有善美之義，如《詩 · 鄘風 · 定之方中》"霝雨既零"，"命"又與"霝"通，《文選 · 蜀都賦》"其深則有白鼃命鱉"。●讀薦。《上博七 · 凡甲 5》："虐（吾）既長而或（又）老，篙（孰）為銍（薦）奉？"●晉璽單字。

矨 楚 清華八 · 攝命 7　矤 清華八 · 攝命 30

【注】楚文字"矢"通作，在偏旁中或作大，另詳"疾""医"等字。故"烖"為"䇜"之異文。整理者注：從二矢，即"箭"字初文"䇜"，讀為"虔"，訓為"敬"。叔尸鐘、鎛有"虔卹厥死（尸）事"，《逸周書·嘗麥解》有"憂恤乃事"。●讀虔。《清華八·攝命7》："女（汝）能敬（敬）哉，烖（虔）卹乃事。"

楚 上博九·舉治2　　新蔡甲三74　　新蔡零529　　新蔡零

11　璽彙0264

【注】從木䇜聲，"楂"之省文。●《璽彙0264》"楶麥公鉨"，地名。新蔡簡"楶里"，里名。"里"是先秦的一種基層組織。

楚　信陽2·21

【注】從糸楶聲，疑"繬"之繁文。●讀繬。《説文》："繬，帛赤色。"《信陽2·21》："一繬（繬）紫之幕（寢）裯（裯）。"

晉晉人簠　格伯作晉姬簠　晉侯僰馬壺　晉侯鳥尊　晉侯對盨

齊　麄羌鐘　陶録3·41楚　曾侯乙鐘　曾侯乙鐘　䚘篙鐘　大廚鎬

鄂君啟車節　鄂君啟舟節　郭店·緇衣22　曾侯37　望山

2·23 包山166　郭店·緇衣10　清華三·芮良夫1　清華三·芮良

夫10 清華二·繫年88　清華七·晉文公2晉　晉侯簠　晉姞匜

晉姞盤　晉公車曹　晉公車曹　晉公盆　晉姜鼎　、　侯馬

晉陽戈　晉陽令趙去疾戈　晉國下庫戟　璽彙1501　三晉42　晉□上

庫戈　貨系1422　錢典368　秦　　　　　　秦印126

【注】甲骨文作 、 ，象箭矢插入器中之形，會插箭之意。與"箙"之初文作 取義同，區別在于箭矢是否插入器中。《説文》："晉，進也。日出萬物進。從日從臸。《易》曰：'明出地上，晉。'"本義當為插進箭，也指箭竹。引申為插，如《周禮》："王晉大圭。"楚文字或省為臸。●國名。《晉侯尊》："晉侯乍（作）旅飲。"晉，周分封的諸侯國，姬姓。●晉陽：地名。《晉陽戈》："晉陽。"《左傳·定公十三年》："秋，晉趙鞅入于晉陽以叛。"戰國初期為趙都，在今山西太原南。●讀薦。（詳《著名中年語言學家自選集李家浩卷121頁》）《大府鎬》："大廚（府）為王飲晉（薦）鎬，集朐（廚）。""晉鎬"讀薦鎬，指進獻食物用的鎬。《周禮·天官·庖人》"凡其死生鮮薧之物，以共（供）王之膳與其薦羞之物"，鄭玄注："薦亦進也。備物品曰薦，致滋味乃為羞。"●讀祭。《郭店·緇衣22》："晉（祭）公之寡（顧）命員（云）。"●到也、進也。《清華三·芮良夫1》："寇（寇）戎方晉。"《上博一·緇衣6》："晉冬者（祈）寒，少（小）民亦隹（唯）日月（怨）。""晉"表到義，傳世本作"資"。"晉""資"古音同屬精紐，聲音相近，故相通假。

僭　楚　　　上博五·君禮6

【注】從人晉聲。●讀疾。晉，精紐真部；疾，從紐質部。《上博五·君禮6》："聖（聲）之僭徐，敡（稱）其眾寡。"徐，從余（喻紐魚部）聲，疑讀徐（喻紐魚部），"聲之疾徐，稱其眾寡"，意思就是：講話速度的快慢，要和聽眾人數的多少相稱。

鄑　齊　　　陶彙3·1325

【注】從邑晉聲。●齊陶單字，當為人名。

啍　齊　　　陶録2·261

【注】從口晉聲。●齊陶陶工名。

譖　楚　　　清華四·別卦7

【注】從言從心晉聲。●讀晉，即"晉"卦。帛書作"溍"。

精紐進聲

進 分甲盤 寅簋 召圜器 歸𢀳鼎 歸𢀳壺 歸𢀳壺

楚 郭店·尊德16 帛書甲 曾侯206 郭店·老甲4 上博

四·曹沫406 清華七·趙簡子1 清華八·處位6 上博九·陳公7

璽彙0274 璽彙3822 晉 中山王譻壺 璽彙0510 秦 秦印31 嶽

麓一·為吏20

【注】甲骨文作𦥛、𦥚、𨙨，從隹從止，會鳥前進之意。金文從辵從隹，與小篆同。《說文》："進，登也。從辵，閵省聲。"本義指前進，如《孫子兵濠》："勇者不得獨進。"引申為推薦、進見等義。戰國文字從隹從止（或從彳）者，按照古文字慣例，可釋為"進"。●前進、向前，與"退"相對。《寅簋》："又（有）進退。"●推薦、引進。《中山王譻壺》："進孯（賢）散（措）能。"《國語·晉語九》："獻能而進賢。"●進獻。《分甲盤》："母（毋）敢不出其賨（帛）、其責（積）、其進人。"進人，指進獻勞役人員。《歸𢀳鼎》："王易（賜）歸𢀳進金。"●進事：即薦事、任事，猶言供職。《召器》："盟（召）啟（肇）進事。"《呂氏春秋·季春紀·論人》："貴則觀其所進。"高誘注："進，薦也。"●整理者讀雔，馬名。《曾侯206》："鞤（乘）𪗉人兩雔，卑車。"●《璽彙0274》"詢里隹鈢"、《璽彙3822》"司馬隹"，均為人名。

清紐齜聲

齘（齜） 秦 秦印38

【注】從齒從七，今通作"齜"。《說文》："齜，毀齒也。男八月生齒，八歲而齜。女七月生齒，七歲而齜。從齒從七。"●秦印"吳齘"人名。

從紐秦聲

秦 旬簋 史秦鬲 洹秦簋 𥇛鼎 師西簋 師西簋 齊 邾

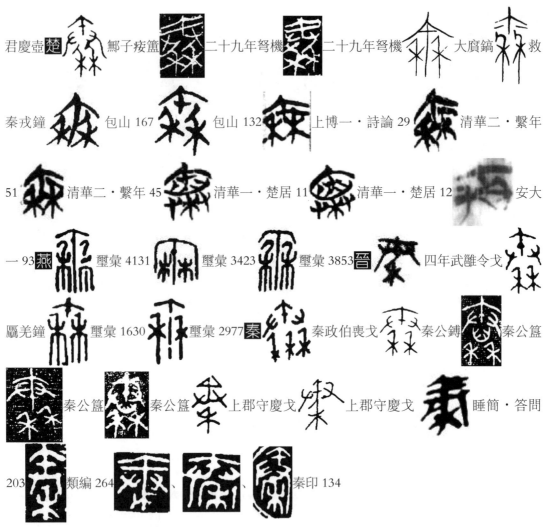

君慶壺 楚 郳子疲簠 二十九年弩機 二十九年弩機 大膚鎬 救

秦戎鐘 包山167 包山132 上博一·詩論29 清華二·繫年

51 清華二·繫年45 清華一·楚居11 清華一·楚居12 安大

一93 燕 璽彙4131 璽彙3423 璽彙3853 晉 四年武䧊令戈

䲭羌鐘 璽彙1630 璽彙2977 秦 秦政伯喪戈 秦公鎛 秦公簠

秦公簠 秦公簠 上郡守慶戈 上郡守慶戈 睡簡·答問

203 類編264 、 、 秦印134

【注】甲骨文作 、 、 、 ，從禾從午從廾，象兩手持杵打禾脫粒狀，會春搗收打禾麥之意，與《說文》籀文略同。"秦"本來是地名和古代諸侯國名，在今陝西中部的一帶。由于這個地方產穀，所以用兩手舉杵舂禾表示。金文同甲骨文。秝或省作禾，是為小篆所本。《說文》："秦，伯益之後所封國。地宜禾。從禾，舂省。一曰秦，禾名。 籀文秦從秝。"本義當為舂搗收禾。●國名，嬴姓。據《史記·秦本紀》記載，秦始祖柏翳曾為舜管理畜牧，繁殖很多，被賜土賜姓嬴。其後世非子（秦國先公）被周孝王封于秦，在今甘肅清水一帶。秦襄公因護送平王東遷有功，被封為諸侯。襄公子文公打敗犬戎，占有岐以西地，春秋時建都于雍（今陝西鳳翔東南）。戰國孝公時遷都咸陽（今陝西咸陽東北），商鞅變瀍，國力富強。後經惠王、昭王不斷經營，至秦王政二十六年（公元前221）滅亡韓、魏、楚、燕、趙、齊六國，統一中國。《秦公簠》："保鐾（業）乓（厥）秦，虩事緐（蠻）夏。"●秦夷：指居住在西部秦地一帶的夷人。《詢簋》《師酉簋》："秦尸（夷）。"●地名。《郳慶匜》："兒（郳）慶作秦妊匜鼎，其永寶用。"秦妊是慶的夫人。魯地有秦，見《春秋》經莊公三十一年，在今範縣舊治南，秦妊應系封在那裏的妊姓貴族的女兒。●秦封泥"寧秦丞印"，"寧秦"為地名。●讀榛。《安大一93》："桓（樹）之秦（榛）栗，柯（椅）桐杍（梓）桼（漆），爰伐琴瑟。"榛、栗、椅、桐、梓、漆，皆木名。●古璽印多為姓氏。

1850

郯 齊　璽彙 2206　璽彙 2207　璽彙 3604 楚　曾侯 3 晉　璽彙

1177　璽彙 1369　三年馬師鈹

【注】從邑秦聲，為地名"秦"之專字。●讀秦，地名。《曾侯 3》"二郯弓"。"秦弓"見於《楚辭·國殤》"帶長劍兮挾秦弓"。●人名。《三年馬師鈹》："右庫啟工帀（師）畀郯。"晉璽"長郯""樂郯""吳郯"等均為人名。

蓁 楚　上博二·容成 31

【注】從艸秦聲。●簡文"蓁林"指草木叢生之地。

遠 楚　清華九·治政 12

【注】從辵秦聲。●讀臻，至也。《清華九·治政 12》："㞷（患）戁（難）不遠（臻）。"

心紐辛聲

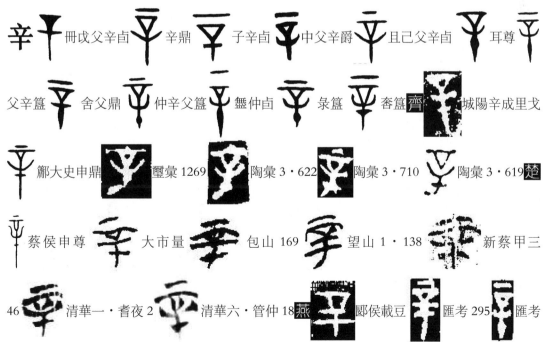

辛 冊戍父辛卣　辛鼎　子辛卣　中父辛爵　且己父辛卣　耳尊

父辛簋　舍父鼎　仲辛父簋　盤仲卣　录簋　奇簋 齊　城陽辛成里戈

酅大史申鼎　璽彙 1269　陶彙 3·622　陶彙 3·710　陶彙 3·619 楚

蔡侯申尊　大市量　包山 169　望山 1·138　新蔡甲三

46　清華一·耆夜 2　清華六·管仲 18 燕　酈侯載豆　匯考 295　匯考

295 璽彙1248 晉 貨系0113 貨系0114 貨系0116 璽彙0406

璽彙1266 秦 宗邑瓦書 秦印277

【注】甲骨文作𐎟、𐎟、𐎟、𐎟、𐎟，辛、辛乃繁簡二體，實為一字。郭沫若謂辛乃剞劂（刻鏤刀）之象形，古代常用這種刀在奴隸或罪犯臉上刺字。（詳《甲骨文字研究·釋干支》）早期金文作𐎟，正象鑿形工具之形，用以伐薪、施刑。《説文》：“辛，辠也。從干二。二，古文上字。凡辛之屬皆從辛。讀若愆。”所釋當為本義。《説文》：“辛，秋時萬物成而孰；金剛，味辛，辛痛即泣出。從一從辛。辛，辠也。辛承庚，象人股。凡辛之屬皆從辛。”析形釋義均不確。本義為鑿鑿一類的工具。引申為罪、辛辣等義。以“辛”勞動是一件辛苦的事，所以引申為辛苦。又借作天干的第八位。●天干第八位，用以紀日。《𦈏簋》：“唯六月既生霸辛巳。”●人名。《父辛簋》：“父辛。”《仲辛父簋》：“辛父其萬年無疆。”●先公先王及先妣的廟號。《錄簋》：“用乍（作）大且（祖）辛公寶障簋。”

倖 燕  陶録4·60

【注】從人辛聲。●《陶録4·60》“窑（陶）攻（工）倖”，人名。

涬 晉  晉公盆

【注】從水辛聲。●讀親。《晉公盆》：“珒（揉）涬（親）百𤔲（職）。”

婞  叔向父簋

【注】從女辛聲。《集韻》女字。●讀莘，氏名。《叔向父簋》：“弔（叔）向父乍（作）婞姒障段。”《詩·大雅》：“纘女維莘。”《毛傳》：“莘，太姒國也。”夏朝的初期，夏王啟封高辛氏的兒子摯于莘（還有説封啟的兒子于莘的），建立了莘國，地望在今天的陝西省合陽縣東南，後來莘國滅亡以後，他的後代就以國名作為自己的姓氏，稱為莘氏。

辭  司工量 司工丁爵 仲再父簋 兮甲盤 、 儔匜

秦 、 、 秦編2088 睡簡·雜抄35 睡簡·封診38 嶽麓三70

【注】西周早期《司工丁爵》從𤔔從𥄂。𥄂，即又古字，亦訓治，後漸訛為辛；辛、司皆屬心紐，

故"鬴"可視為"嗣"之異文,《司工量》等"鬴"亦用為"嗣",意為管理,可知矣。後"鬴""嗣"二字分化,"鬴"為《説文》篆文"辭"所本,為"言辭"專字。《説文》:"辭,訟也。從𤔔,𤔔猶理辜也。𤔔,理也。嗣,籀文辭從司。""𤔔"為辭字草率急就之形("𤔔"簡寫為"受")。"鬴"為嗣之本字,"辭"為異體,"𤔔"為訛體。●讀嗣,義為管理。《司工量》:"鬴(司)工(空)。"《兮甲盤》:"王令甲政(征)鬴成周四方責(積)。"●讀辭,言辭、文辭。《仲再父簋》:"中(仲)再父大宰南鬴(申)乓(厥)辭:乍(作)其皇且(祖)遟王、監白(伯)障毁。"《二世詔版》:"元年制詔丞相斯、去疾,灋度量,盡始皇帝為之,皆有刻辭焉。"秦文字用"辭""𤔔"表示辭訟、言辭、辭讓、辭退之辭(睡虎地秦簡、里耶秦簡、馬王堆帛書等),楚文字用"𧥻""𧥻""怠"表示,中山文字用"諱"。●讀辭,訴訟。《儼匜》:"牧牛辭誓成。"銘文或用"諱"。

諱 〔謰〕 儼匜

【注】從言辭聲。●讀辭,訴訟。《儼匜》:"女(汝)亦既從諱(辭)從誓。"從諱(辭),就是服從判決。

暈 齊 陶彙 3·917 璽彙 3521 楚 暈 上博一·緇衣 19 暈 郭店·語叢三 30 暈 郭店·語叢一 77

【注】從目辛聲,"親"之異文。●讀親。《郭店·語叢一 77》:"父,又(有)暈(親)又(有)障(尊)。"●齊璽人名。

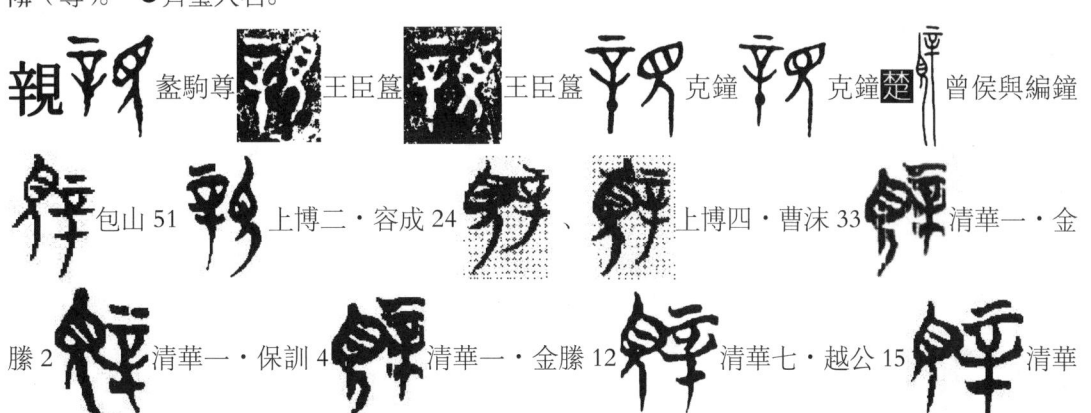

親 盠駒尊 王臣簋 王臣簋 克鐘 克鐘 楚 曾侯與編鐘

包山 51 上博二·容成 24 、 上博四·曹沫 33 清華一·金滕 2 清華一·保訓 4 清華一·金滕 12 清華七·越公 15 清華七·越公 30

【注】從見辛聲,"親"之異文。秦系文字均從羪。●讀襯。《王臣簋》:"易(賜)女(汝)朱黃(衡)奉親(襯)。"●讀親,親自。《克鐘》:"王親(親)令克通涇東至于京𠂤(師)。"楚簡均讀親。《清華一·保訓 4》:"昔垚(舜)舊(久)复(作)小人,親(親)勘(耕)于鬲(歷)茅(丘)。"●包山簡人名。

新 散氏盤 復公子簋 新鄘簋 師酉簋 楚 璽彙

0143  璽彙 0281  郭店・唐虞 5  郭店・緇衣 25  清華七・越公 14

 清華二・繫年 47 晉  二十八年晉陽戟  璽彙 3106  類編 463

【注】從斤辛聲，“新”之省文。●讀親。《師酉簋》：“新（親）易女赤市。”《郭店・緇衣 25》：“古（故）孥（慈）以悉（愛）之，則民又（有）新（親）。”●《璽彙 0143》“新邦官鉩”，鄭超疑“新邦”當讀為“親邦”。“新（親）邦官”大概是掌管少數民族的機構，與秦的“屬邦”義近。（《楚國官璽考述》）●宮殿名。《散氏盤》：“王于豆新宮東廷。”

𢡟 楚  上博七・吴命 4

【注】從心新聲。●讀親。《上博七・吴命 4》：“孤吏（使）一介吏（使）𢡟（親）於桃。”

騂 秦  陶録 6・4

【注】從馬辛聲。●義不詳。

𤘽 秦  石鼓文

【注】從牛辛聲。亦作騂。●讀觪或讀騂。《石鼓文》：“𤘽=（觪觪）角弓，弓兹以寺（待）。”《詩・小雅》“騂騂角弓”，《説文》引作“觪觪角弓”。《毛傳》：“騂騂，調和也。”

觪 晉  璽彙 4702

【注】從角辛聲。觲，俗作觪。●晉璽“觪壽”，讀辛，姓氏。

𤤃 楚  天星

【注】從玉辛聲。●義不詳。

亲  中伯簋  中伯壺蓋  萮簋 齊  羊角戈 晉  八年新城令戈  三晉 54 、 貨系 3994  璽彙 4690  陶彙 6・52

【注】從辛從木；辛亦聲，會伐木之意。戴家祥曰：“字從辛從木，辛為金質刃屬兵器，與木會意，為砍斫之柴薪。後復加斤旁表明辛義，寫作新。後又重復加艸旁表明木義，寫作薪。亲、新、薪為古今字。柴薪一般都是灌木，即所謂的荊榛……今經典‘亲栗’皆作‘榛栗’，榛通亲。”（《金文大字典中》）《說文》：“亲，果，實如小栗。從木辛聲。《春秋傳》曰：‘女摯不過亲栗。’”段玉裁注：“左傳，毛詩字皆作榛。假借字也。榛行而亲廢矣。”所釋為借義。●讀莘，古國名。《中伯壺蓋》：“中白（伯）乍（作）亲姬䜌人媵（媵）壺。”●讀新。《羊角戈》：“羊角之亲（新）造散戈。”●讀辛。《𦿔簋》：“唯六月既生霸亲（辛）巳。”●讀新。《八年新城大令韓定戈》：“亲（新）城大命（令）韓定、工帀（師）宋費、冶褚。”亲城：地名，典籍作“新城”。新城是韓、楚兩國的邊境重地，其地在今河南伊川縣西南。

郪 楚  清華五・湯丘 1

【注】從邑亲聲（聲符“亲”上或從中，詳“新”字）。●簡文“有郪氏”，讀莘，氏名。

婞 秦  詛楚文  詛楚文

【注】從見亲聲，“親”之或體。●讀親。《詛楚文》：“刑戮孕婦，幽約婞戚。”●讀莘，地名。《詛楚文》：“遂取我邊城新郢（隍），及郱（鄎）、長、婞（莘）。”

親 秦  睡簡・日乙 148  睡簡・答問 125  詛楚文

【注】從見亲聲。●親自。《詛楚文》：“親卬（仰）丕顯大神巫咸而質焉。”●親附。《睡簡・為吏 4》：“民心將移乃難親。”●《睡簡・答問 125》：“將司人而亡，能自捕及親所智（知）為捕，除毋（無）罪。”親所智，親戚朋友。監領人犯而將人犯失去，能自己捕獲以及親友代為捕獲，可以免罪。

寴  史懋壺  咢侯鼎  多友鼎 秦  會稽刻石

【注】從宀親聲，寴、親音義皆同，本為一字。繹山刻石“寴𨊠遠方”，會稽刻石“寴巡天下”，“親”均作“寴”。銘文中“寴”“親”用瀍亦同。《說文》：“寴，至也。”至者，親密無閑之意。徐灝曰：“親從見，則其義起于相見，蓋見而相親愛也。”●讀親，親密、親近。《多友鼎》：“公寴（親）曰多友曰。”《廣雅・釋詁》：“親，近也。”●讀襯。《王臣簋》：“易（賜）女（汝）朱黃（衡）𦅫親（襯）、玄衣黹屯（純）䜌（鑾）旂五日、戈畫㦰厚必（柲）彤沙，用事。”𦅫親，繪紋的內襯衣。

新  叔碩父鼎  仲義父鼎  仲義父鼎  師湯父鼎  塱簋

【注】甲骨文作彩、彩、新、彩、新、新、彩、新、新，從辛從斤，會伐薪之意；辛兼聲。或從
羊從斤；羊亦聲。金文同甲骨文。楚系文字木多移至辛上部，或省為中。《説文》：“新，取木也。
從斤羊聲。”本義是砍柴。“新”即古“薪”字。《馬王堆漢墓帛書》：“百姓斬木艾（刈）新而各
取富焉。”後引申為新舊之新。久而失其本義，加艸作“薪”代之。●初生的事物，與“舊”相
對。《中山王𰯼壺》：“新君子之，不用豊（禮）宜（義），不寡逆順。”新君，新登位的國君。《鉴
壺》：“敬命新陸（地）。”新地，新開闢的土地。●楚國樂律名。《曾侯乙鐘》：“赢孚之才（在）
楚號為新鐘，其才（在）齊號為吕音。”鐘銘表示曾國的赢孚律相當于楚國的新鐘、齊國的吕音。
●新郪：地名。《新郪虎符》：“甲兵之符，右才（在）王，左才（在）新郪。”●新邑：即洛邑，
亦稱成周。《臣卿鼎》：“公遣眚（省）自東，才（在）新邑。”《新邑鼎》：“癸卯，王來奠新邑。”
《書·召誥》：“周公朝至于洛，則達觀于新邑營。越三日丁巳，用牲于郊，牛二。越翼日戊午，
乃社于新邑。”《書·多士》：“惟三月，周公初于新邑洛，用告商王士。”●周新宮：西周宮室名，
周天子料理政務、舉行冊命典禮的場所之一。《師湯父鼎》：“王才（在）周新宮。”●讀親。《郭
店·老丙1》：“大上，下智（知）又（有）之；其即（次），新（親）譽之。”●秦印“新安丞印”
“新城丞印”。“新安”秦屬三川郡，其治在今河南澠池縣東。(《於京新見秦封泥中的地理内容》)

"新成"秦屬三川郡，其治地在今河南伊川縣（引同上）。

新{楚}包山 191　　上博二·君老 3

【注】從心新聲，疑親愛之本字。上博簡斤旁易為攴旁。●讀親，雙親也。《上博二·君老 4》："能事亓（其）惢（親）。"●包山簡人名。

新{晉}中山王畳鼎　中山王畳壺

【注】從宀新聲，乃中山國文字之特有寫濘。●讀親，親密、親近。《中山王畳鼎》："叟（鄰）邦難新（親）。"

薪{秦}平周戈　七年上郡守間戈　七年上郡守間戈　六年上郡守間戈

睡簡·雜抄 5　薪 睡簡·秦種 88

【注】從艸新聲。《說文》："薪，蕘也。"本義柴火，當為"新"的後起字。《禮記·月令》："乃命四監，收秩薪柴。"鄭玄注："大者可析謂之薪。"●秦兵器、秦簡牘多指"鬼薪"，秦漢時的一種徒刑，亦指服此刑的刑徒。《七年上郡守間戈》："漆垣工師嬰，工鬼薪帶。"

羇{晉}中山王畳鼎

【注】從目新聲。●讀親，親自。《中山王畳鼎》："羇（親）達（率）參軍之眾，目（以）征不宜（義）之邦。"

䋣{齊}璽彙 2613

【注】從糸從巾，亲聲。疑"襯"之異文。●齊璽"䋣歡"疑讀辛，姓氏。

皐{晉}璽彙 3042

【注】從日辛聲。●晉璽人名。

莘_晉 璽彙 2968

【注】從中（古文字中、艸一字）辛聲。●晉璽人名。

瘒_秦 、印增 294

【注】從疒辛聲。●人名。

庢 姑洗磬

【注】從厂辛聲。《説文》：“庢，唐庢，石也。從厂，庢省聲。”庢、脂部，辛、真部。真脂陰陽對轉。●疑讀磬，石磬。《姑洗磬》：“姑洗齊庢左十。”為戰國文字，系屬不詳。

瑲_齊 陶彙 3・863

【注】從玉庢聲。疑“碎”之異文。●齊陶人名。

鄣_晉 侯馬 錢典 230

【注】從邑辛聲，疑地名莘之專字。●魏方足布讀莘，地名。●盟書為參盟人員姓氏。

心紐卂聲

卂 、 卂伯簋

【注】字為截體象形，楊樹達曰：“從飛字省去首毛及兩翅之形。吳承仕曰：‘狀象兩翅，十象羽不見。雖從飛省，然皆有物可象。舊以為指事，失之。’”（《文字形義學》）《説文》：“十，疾飛也。從飛而羽不見。”飛而羽不見，其迅可知也，後世加意符辵作“迅”。卂、迅當為古今字。與楚文字“卜”同形，暫釋為“卂”。●人名。

芢_秦 石鼓文

【注】從艸卂聲，“芢”之繁文。●芢，《集韻》：“藥草也。蒿類。”《石鼓文》：“騂騂（濟濟）馬鏖（薦），蕍蕍芢芢。”蕍蕍芢芢，為形容詞並列式，形容草木之豐盛。